“十二五”国家重点
出版物出版规划项目

中国志书精品工程
High Quality Project of China's Local Records

汶川特大地震抗震救灾志

WENCHUAN TEDA DIZHEN KANGZHEN JIUZAI ZHI

《汶川特大地震抗震救灾志》编纂委员会　编

卷六

灾区生活志

方志出版社
Publishing House of Local Records

图书在版编目（CIP）数据

汶川特大地震抗震救灾志．卷六，灾区生活志 /《汶川特大地震抗震救灾志》编纂委员会编． -- 北京：方志出版社，2015.8

ISBN 978-7-5144-1197-3

Ⅰ．①汶…　Ⅱ．①汶…　Ⅲ．①抗震—救灾—概况—汶川县②地震灾害—灾区—生活状况—概况—汶川县　Ⅳ．①D632.5

中国版本图书馆 CIP 数据核字（2015）第 049048 号

汶川特大地震抗震救灾志

2008·5·12

汶

WENCHUAN
TEDA DIZHEN
KANGZHEN JIUZAI ZHI

WENCHUAN

TEDA DIZHEN

KANGZHEN JIUZAI ZHI

川

《汶川特大地震抗震救灾志》编纂委员会

主　任

陈奎元

副主任

吴恒权　项兆伦　张　茅　罗平飞　杨士秋　尹　力　王国庆　朱佳木
赵和平　徐经年　冯健身　赵正永

委　员

宋　涛　杨周复　刘燕华　苗　圩　丹珠昂奔　刘金国　张苏军　张少春
王世元　周　建　仇保兴　翁孟勇　王志国　矫　勇　危朝安　姜增伟
周和平　刘士余　黄淑和　支树平　张海涛　邬书林　王德学　邵琪伟
蒋坚永　周　波　郜风涛　郑立中　王守荣　王兆星　刘新华　陈文辉
史玉波　杨冬权　王石奇　孙来燕　徐德明　王昌顺　苏　和　刘　怡
李庆林　王海京　华　桦　于建伟　董贵山　刘继贤　寿晓松　陈祖武
张海鹏　刘庆柱　厉　声　王振中　景天魁　张星星　李孝聪　邹逸麟
田　嘉

办公室主任

田　嘉

办公室副主任

李富强　刘玉宏　邱新立（常务）

《汶川特大地震抗震救灾志》编纂人员

总　纂

田　嘉　　邱新立

指导专家（按姓氏笔画排序）

王卫明　　王复兴　　齐家璐　　苏炎灶　　李　云　　张东升　　陈泽泓　　武铁良
罗保平　　周　慧　　赵庚奇　　段育达　　姜昆阳　　梅　森　　谭烈飞　　颜小忠
颜越虎

校　核（按姓氏笔画排序）

牛润珍　　毛东武　　仇玉英　　任根珠　　刘仕仲　　刘柏修　　杨大明　　李继隆
李维怡　　张世民　　陈　华　　陈　野　　林顺道　　欧阳发　　卓　林　　郑汝成
郑洪英　　孟庆斌　　陶利辉　　梁建楼　　梁滨久　　曾祥林　　缴世忠

编　务

段志贤　　刘永强　　程方勇　　和卫国　　王会世　　曾　荣　　谷春侠　　李一龙
汪秀红

《汶川特大地震抗震救灾志》终审人员

朱佳木　　吴恒权　　项兆伦　　穆　虹　　姜　力　　杨士秋　　徐　科　　王国庆
赵和平　　孙原生　　刘永富　　江泽林　　陈祖武　　李孝聪

《汶川特大地震抗震救灾志·灾区生活志》编纂委员会

王建清　尹红彦　田保国　朱　军　庄　宁　刘　睿　刘钧军　孙永福
闫冠宇　严发友　李　剑　李庆华　李金科　李保俊　杨文涛　吴春耕
张　辉　张志青　张学权　张敦强　林　舸　林志华　郑远长　柳长森
聂新鹏　俸锡金　郭洪泉　麻名更　程　伟　薛佩瑄

《汶川特大地震抗震救灾志·灾区生活志》编纂人员

主　编

李学举　李立国

执行主编

罗平飞　姜　力

副主编

宋　涛　穆　虹　王　军　王铁宏　杨绍品　房爱卿　王海京　张作哈
张晓兰　姚引良

总　纂

邹　铭　张卫星

执行总纂

冯金社

副总纂

庞陈敏　李保俊　柳永法

编纂工作室编辑

张学权　俸锡金　王国庆　陈洪玲　陈　厦　朱晓丹　孙　舟　徐田丽
何肖光　王祥麟　孟麟辉　张成海　张成河　高晓彬　赵　凡　毕宁宁
邢　浩　刘日晖　史维勤

参编单位提供资料人员（按姓氏笔画排序）

丁书旺	万质贵	于建慧	马　红	马贱阳	卞宝驰	牛晓天	王　伟
王万平	王占峰	王永利	王立新	王宝胜	王雨亭	王炳南	王清伟
冯志国	甘显华	刘　通	刘　睿	刘书峰	刘文朝	刘冬竹	刘宝坤
刘振明	孙永福	安宝军	闫盈全	曲宗生	朱　军	朱慧春	闫冠宇
吴永建	何士坤	何云春	何建新	初英智	张安福	吴锦青	宋　娜
张　昕	张文祥	李　兰	张宝霞	张明远	李　剑	李　珂	李新临
李永斌	李志刚	李宗嗣	李海琪	邱小兵	杨　扬	杨胜生	杨潜德
苏　梨	周志高	陈伟忠	陈华荣	陈其针	陈俊生	罗立农	庞鸿魁
林志华	罗永林	明立志	段志翔	罗建平	金长树	姚振怀	姜　圣
赵文斌	祖国英	荣　光	赵　芳	唐　茂	赵永涛	赵洪波	钟建华
唐　肃	桑　毅	秦　洁	耿　敏	耿书海	郭　红	郭红宇	郭春生
陶国庆	崔　勇	常志东	曹　玮	曹昌杰	符金陵	阎　赤	阎掌峰
黄阿强	傅　虹	傅兆腾	彭伟光	焦勋廷	焦津强	曾宪才	鄢勇兵
程世平	程佛根	董　波	蒋永华	韩廷萍	蔡名照	谭成文	潘晓东
穆祥桐	薛　元	魏立忠					

《汶川特大地震抗震救灾志·灾区生活志》审稿人员

初　审

陈泽泓	田　嘉	邱新立	王铁鹏	赵庚奇	谭烈飞	齐家璐	周　慧
段育达	李　云	来红州					

复　审

陈泽泓	邱新立	荀兴元	马　红	张安福	周　浩	贾尧苏	宋春霞
阎　赤	吴永建	吴建安					

凡　例

一、编纂《汶川特大地震抗震救灾志》（以下简称全志），坚持以邓小平理论、“三个代表”重要思想、科学发展观为指导，贯彻落实习近平总书记系列重要讲话精神，坚持辩证唯物主义和历史唯物主义的立场、观点和方法，存真求实，全面、客观、系统地记述汶川特大地震灾害、抗震救灾和灾后恢复重建的全过程，以存史资鉴。

二、全志设11卷，《总述》总括汶川特大地震灾害及抗震救灾、灾后恢复重建活动全貌，概述特点；《大事记》记述抗震救灾和灾后恢复重建中有全局性影响的大事、要事；《图志》直观再现汶川特大地震灾害、抗震救灾和灾后恢复重建的真实场景；《地震灾害志》记述地震灾区地质地貌、地震灾害成因等，反映地震破坏、次生地质灾害等对自然生态环境、经济社会发展的严重破坏和灾难性影响，以及人民生命财产的巨大损失；《抢险救灾志》记述在中共中央、国务院、中央军委的领导下，全党全军全国各族人民全力抢救人民生命财产、抢修基础设施和防治次生灾害等的全过程；《灾区生活志》记述党和政府全力实施生活救助、恢复生产、保障受灾群众生活等工作；《灾区医疗防疫志》记述各方支援，全力开展医疗救治、卫生防疫、卫生监督及恢复灾区医疗卫生服务等工作；《社会赈灾志》记述全国各地、社会各界、港澳台同胞、海外侨胞以及国际社会的捐助活动；《灾后重建志》记述灾区人民自力更生恢复生产、重建家园，以及各地对口支援和社会援建等工作；《英雄模范志》重点记述抗震救灾英雄集体和模范人物事迹；《附录》收录与抗震救灾和灾后恢复重建有关的法律法规、重要文献、部分媒体评论及文艺作品。

三、全志综合运用述、记、志、传、图、表、录等体裁，以志体为主。对影响面大、事关全局的典型、特色内容，采用专记记述；与各卷记述内容密切相关的重要文献、档案资料等，采用文献辑存方式收录于各卷正文之后。

《英雄模范志》以传记形式记述在抗震救灾中牺牲的烈士、因公殉职并受到省部级表彰的人物；以简介形式记述2008年10月8日中共中央、国务院、中央军委联合表彰的全国抗震救灾英雄集体和模范，国务院、中央军委记功的集体和个人，以及中央军委表彰或记功的集体和个人。

四、各卷记述时限，《总述》《大事记》《图志》《灾后重建志》和《附录》为2008年5月12日至2011年10月；《地震灾害志》《抢险救灾志》《灾区生活志》《灾区医疗防疫志》《社会赈灾志》和《英雄模范志》为2008年5月12日至10月14日。为保持记述内容的相对完整，在必要的背景内容、捐赠款物统计、与抗震救灾工作密切相关的原始文件、重大事件后续发展等方面，记述时限适当上溯、下延。

《灾后重建志》中恢复重建工作“三年”和“两年”的时间概念，从国务院制定的《汶川地震灾后恢复重建总体规划》印发之日算起。其中，“三年”指从2008年10月1日起，至2011年9月30日止；“两年”指从2008年10月1日起，至2010年9月30日止。

五、全志记述范围，涉及地震灾害的，以2008年7月22日民政部、发展改革委、财政部、国土资源部、地震局联合发布的《汶川地震灾害范围评估结果》所界定的灾区范围为准，重点记述极重灾区10个县（市）、重灾区41个县（市、区）的地震灾害及抗震救灾；涉及救灾、赈灾的，以有关主管部门公告为准；涉及灾后恢复重建的，重点为《汶川地震灾后恢复重建总体规划》所确定的规划范围，即上述位于极重灾区和重灾区的51个县（市、区），一般用“重灾地区”代指。支援抗震救灾与灾后恢复重建对口支援，以事件（事项）涉及地区为准，包括非灾区及相关国家和地区。

六、全志横分门类，纵述史实。除《总述》《大事记》《图志》《英雄模范志》《附录》外，其余各卷按篇、章、节编次，节下设目。卷首设概述，篇下设无题述，章、节下视需要设无题述。

七、全志记述顺序，灾区一般按《汶川地震灾害范围评估结果》界定的极重灾区、重灾区和一般灾区的顺序排列，非灾区按民政部《中华人民共和国行政区划手册·2009》（中国社会出版社，2009年3月版）所列行政区划顺序排列；记述国家、地区，按其英文名称首字母顺序排列。

《大事记》依时叙事，有具体时、分的事条居前，无具体时、分的排后；时间相同的，按中央国家机关、解放军和武警部队、社会团体、灾区和非灾区省（区、市），以及国家、地区和国际组织顺序排列；为体现事物的完整性，个别时间跨度较大的，或将其结果记于开始之日，或将其起始情况记于结束之时。

《英雄模范志》记述英烈人物，按教育、公安、其他行业、解放军、武警部队顺序排序，各系统内按烈士被批准的时间先后为序，时间相同者以相关文件中的排名顺序为序；其他因公殉职人物排列于烈士之后，以表彰时间为序。记述英雄集体和模范，以中共中央、国务院、中央军委表彰文件所列名单为序。由国务院、中央军委记功的集体和个人，分别排列于公安系统抗震救灾英雄集体和模范之后；由中央军委表彰或记功的集体和个人，分别排列于解放军抗震救灾英雄集体和模范之后。

《附录》按类收录文献，同类文献按公布、刊发时间顺序排列。碑文据其所在地区，按极重灾区、重灾区、一般灾区顺序排列。

八、全志记述内容涉及国家法律法规的，以其时现行者为准。

九、全志行文规范，按照全志编委会制定的《〈汶川特大地震抗震救灾志〉行文规范》执行，个别条款有所调整。

县级以上行政区划名称及其隶属关系，以民政部《中华人民共和国行政区划手册·2009》

（中国社会出版社，2009 年 3 月版）为准。乡镇名称及其隶属关系，以民政部《中华人民共和国乡镇行政区划简册 ·2010》（中国统计出版社，2010 年 9 月版）为准。国家、地区名称的规范简称，以《世界地图》（中国地图出版社，2009 年版）为准。

出现频率较高的党政机关、企事业单位、行政区划等名称，大体按照全志编委会办公室制定的《〈汶川特大地震抗震救灾志〉专有名称全称、简称使用规范》（见《索引》）使用简称；出现频率不高的部门、单位名称等，或用全称，或用约定俗成的简称。《英雄模范志》中英雄集体的名称使用表彰文件中的名称。

在上下文不产生歧义的前提下，记述汶川特大地震发生当年的事情，除《总述》“恢复重建”部分及《灾后重建志》外，其余各卷均直书月、日，不标注“2008 年”；其他年份，标明年、月、日。同一段落中连续记述同月发生的多条事项，首次出现时标注月份，后直书日期。记述灾后恢复重建工作，同一目下记述同一年度内容的，首次出现年份时注明年份，后承前省略；记述跨年度内容的，逐年注明年份。

出现频率、知名度较高的人物，首次出现时交代职务（职称），其后一般直书其名。《英雄模范志》中人物职务以表彰文件中所列职务为准。

《英雄模范志》人物传、简介所记人物，凡未注明性别、民族及学历者，分别为“男”“汉族”及“高中（含）以下”。

《附录》收入的原始文献，只校正其中的错字、漏字、衍字以及明显有误的标点符号，标题、目题版式根据全志统一要求予以调整。

记述货币，除特别注明的币种外，均为人民币。其他币种与人民币的汇率，均以当时市场汇率为准，一般不作换算。物资价值按照当年市场价格折算。

计量单位一般保持原貌，不特作统一处理，以避免换算后出现误差和约数；对“亿”“万”数据的表述，也不强求一致。

十、全志资料，主要由中央国家机关、各民主党派和人民团体、各省（区、市）、解放军、武警部队提供，个别摘引自媒体报道、官方网站、公开出版物等，一般不注明资料出处，情况特殊者随文交代。《附录》收录公布或刊发的文献，一般注明出处。

全志记述的主要灾情数据，以 2008 年 7 月 22 日民政部、发展改革委、财政部、国土资源部、地震局联合发布的《汶川地震灾害范围评估结果》为准；其他数据，以中央国家机关、各民主党派和人民团体、各省（区、市）、解放军、武警部队等提供者为准。其中，《地震灾害志》所用数据，反映灾区总体情况和川甘陕三省灾区的数据，采用《汶川地震灾害范围评估结果》中的评估数，以及民政部、发展改革委、财政部、地震局发布的《汶川地震灾害损失校核结果的报告》中的校核数；所记经济损失主要为直接经济损失，记述间接经济损失的随文说明。其他各卷数据，反映同一事物的数据，凡有校核数的用校核数，无校核数的用评估数；地方数据用各级地方政府提供的数据，专业数据用行业主管部门、专业部门提供的数据，另有少量调查数据。因统计时间、统计口径不同等因素，统计范围与统计分组可能与评估报告不完全一致，致使个别统计结果会有出入；数据亦可能因四舍五入计数保留法而出现分项之和与总数不完全一致的情况。

《灾后重建志》中涉及总体规划和专项规划实施情况的数据，由国务院汶川地震灾后恢复重建工作协调小组办公室提供，灾损数据以规划公布数据为准；其他行业（专项）情况和数据，由中央和国家机关有关部委提供；项目重建、软件支援情况和数据，由各灾区、对口支援省市和有关社会组织提供。由于灾后恢复重建项目资金来源多样，对口援建和社会支持部分项目资金只是对口支援单位的投资部分；部分项目投资规模大于援建资金规模的，包含了中央重建基金、灾区地方自筹资金，或两者兼有；两者个别数据不一致而又不便取舍时，分别交代其资料来源。

《社会赈灾志》中的统计数据，以政府职能部门统计者为准；凡未说明截止日期的，截止日期为 2008 年 10 月 14 日。

目　录

第三篇 灾区群众安置 / 159

文献辑存

概 述

2008年5月12日发生的汶川特大地震，是中华人民共和国成立以来破坏性最强、波及范围最广、救灾难度最大的一次地震。中共中央、国务院组织全国各方面的力量，坚持“以人为本、政府主导、分级管理、社会互助、群众自救”的救助原则，迅速开展受灾群众生活救助，尽最大努力妥善安排受灾群众的生产生活。

一

汶川特大地震发生后，中共中央总书记、国家主席、中央军委主席胡锦涛立即指示尽快抢救伤员，确保灾区人民生命安全。5月12日16时44分，中共中央政治局常委、国务院总理温家宝乘专机飞往四川地震灾区指挥抗震救灾，并要求灾区各级党委、政府把保护人民生命财产安全放在第一位，全力安排好受灾群众的生活。12日晚，胡锦涛主持召开中共中央政治局常委会议，提出要把灾区群众生活救助放在重要位置，千方百计向灾区运送食品、饮用水、药品、帐篷、防寒衣被等救灾物资，确保灾区群众有饭吃、有衣穿、有干净水喝、有临时住处。

国务院抗震救灾总指挥部群众生活组由民政部牵头，外交部、发展改革委、财政部、住房城乡建设部、农业部、商务部、中国红十字会为成员单位组成，全面负责灾区群众生活救助工作。各成员单位紧急动员、周密组织、科学调度、快速联动，按照部门救灾联动机制和工作分工，认真履职尽责，形成整体合力，保证灾区群众生活救助工作有序有力有效全面展开。

国务院抗震救灾总指挥部分阶段制定临时生活救助、后续生活救助、“三孤”（孤儿、孤老、孤残）人员救助安置等政策，群众生活组成员单位及灾区民政部门切实实施过渡期群众生活救助各项政策，救助受灾群众近1300万人（次），实现各项政策与冬春群众生活救助、城乡低保、农村“五保”（保吃、保穿、保烧、保教、保葬）、社会福利等制度的有序衔接，最大限度地解决了灾区群众生活中的基本困难。

地震发生后，全国建立上下贯通、军地协调、全民动员、区域协作的工作机制，全力调集大批生活物资运往灾区。发展改革委、民政部、商务部、中国红十字会等部门及中央企业采取紧急调拨、采购等方式，大量筹集灾区群众急需的生活物资。至7月12日，共向灾区调运帐篷157.97万顶、彩条布3910.76万平方米、篷布646.6万平方米、棉被486.69万床、衣物1410.13万件、饮用水2760万瓶、方便面348万桶、饼干308吨、液态奶400吨、火腿肠60吨、奶粉47吨。在紧急调拨、采购物资的基础上，中共中央、国务院做出全国19个省（市）与灾区建立对口支援的工作部署，民政部迅速组织对口支援省市向灾区调运群众生活物资。饱含全国人民对灾区群众关心与支持的救灾物资，从全国各地源源不断运往地震灾区，对妥善安排灾区群众的生产生活起到巨大作用。

地震损毁通往灾区的公路、铁路、机场等基础设施，物资运输难度之大、任务之重，是前所未有的。交通运输部、铁道部、民航局等运输部门在组织力量抢通抢修公路、铁路、机场等基础设施的同时，积极调集运力、重组车次，采取“分段迂回、多方联运”等方法，确保救灾物资尽快运抵灾区。发展改革委、民政部、交通运输部、铁道部、商务部、民航局及灾区各级政府，积极组织救灾物资的转运调配。灾区各级政府、民政部门及时设立救灾物资发放点，对救灾物资进行登记造册，做到账物相符，根据各地受灾情况，酌情调剂救灾物资并迅速分发。同时，灾区各乡镇、村社建立相应的物资发放管理机构，严格发放程序和要求。灾区各级政府会同解放军指战员、武警官兵、公安民警及志愿者，冒着余震、泥石流、滚石的危险，自觉担当分发生活物资的重任，想方设法将生活物资及时送到灾区群众手中，竭尽全力解决受灾群众的基本生活困难。

二

汶川特大地震灾区大量房屋倒塌或损坏，使居住在山区及偏远地区的群众无法在当地继续生活，加之灾区各种次生灾害频发，大量群众仍身处险境。四川、甘肃、陕西、重庆、云南等省（市）受灾群众1510.6万余人需要紧急转移。这是中华人民共和国成立以来，因自然灾害引发的人数最多、规模最大的一次受灾群众大转移。

中共中央、国务院要求灾区各级政府在救助受灾群众的同时，千方百计组织好群众安全转移工作。灾区政府和受灾群众迅速行动，主要依靠自身力量积极组织转移。四川省政府迅速成立受灾群众安置和紧急避险工作领导机构，组织共产党员、干部克服余震、山体滑坡、道路阻塞等困难，带领受灾群众转移到安全地带。灾区群众不等不靠，守望相助，自发组织转移。有的村庄在自救转移中，让老人、儿童乘坐能动用的车辆先走，青壮年就地取材捆绑担架抬着伤员转移，党员和村干部走在转移队伍的最后。一些灾区企业不仅保证职工、家属的安全转移，还协助开展驻地受灾群众转移。英勇突进的各方救援力量不断向灾区汇集，形成合力。四川省建立起军地联合协调机制，组织解放军指战员、武警官兵、公安民警利用冲锋舟运载、徒步推进、空降兵力的“水陆空”联合方式，快速挺进地震重灾地区，全力协助灾区各级政府转移受灾群众。

在地震灾区，学校学生、“三孤”人员及零散“五保户”、公路铁路旅客、机场及车站滞留旅客、旅游团游客等是需要紧急转移的重点人群。解放军、武警官兵、公安民警等抢险救援队伍最先到达灾区学校，全力协助学校师生转移。铁道部、教育部迅速组织学生专列，解决学生转移运输困难。5月29日至8月28日，开行学生专列10列，运送学生团体41批、21563人。灾区“三孤”人员及零散“五保户”居住分散，转移难度相当大，灾区各级民政部门组织乡镇、村组干部、党员、民兵与乡亲邻里配合，组织疏散转移。灾区各社会福利机构组织人员采取背、抱、扶等方式，迅速将“三孤”人员转移到安全地带。

唐家山堰塞湖是地震造成的众多堰塞湖中最大、最复杂、最危险的极高危堰塞湖。伴随次生灾害的不断发生，堰塞湖的水位迅速上升，一旦溃坝会对下游形成洪峰，造成的破坏性绝不亚于地震灾害，唐家山堰塞湖下游市、县130万群众生命安全受到严重威胁。中共中央、国务院密切关注唐家山堰塞湖的险情，胡锦涛多次强调，要解决好唐家山堰塞湖排险问题，保证下游人民群众生命财产安全不受威胁。温家宝等国务院领导多次到唐家山堰塞湖考察。至5月31日8时，绵阳市委、市政府按照唐家山堰塞湖三分之一溃坝要求，安全转移19.75万群众，并对疏散片区进行地毯式搜索，保证不漏一人。随着唐家山堰塞湖实施泄洪，下游的绵阳市、遂宁市及重庆市等地也积极组织群众避险转移，以保证群众的生命财产安全。

地震使灾区公路严重受阻，交通运输部紧急部署滞留旅客转移，迅速调集客运车辆，加开班线，调整客运线路，保障受困旅客安全转移。地震造成四川省、陕西省境内10条铁路运输线中断，31列旅客列车、2万余名旅客滞留地震灾区途中。铁道部立即部署滞留灾区旅客安全转移工作，并要求成都铁路局、西安铁路局与滞留旅客列车建立联系，尽力满足旅客餐饮及医疗需求。至5月14日7时30分，受地震影响滞留途中的旅客全部安全转移。民航局在地震后立即部署滞留灾区旅客转移工作，至5月26日，组织20余家航空公司，迅速从灾区向非灾区省市转移受阻旅客72830人。地震发生时，灾区有649个旅游团、55487名游客受困。旅游局迅速组织6个应急救援工作小组，开展景区游客救助行动，根据灾情及时采取不同转移方式，保证游客安全转移出灾区。被困灾区各旅行社导游、司机在关键时刻履职尽责，全力保证游客安全，为转移救助游客赢得宝贵时间。

三

汶川特大地震造成灾区大批房屋倒塌损坏，群众安置成为抗震救灾中急难险重的任务。国务院抗震救灾总指挥部群众生活组和灾区各级政府想方设法安排好受灾群众临时住处，解决群众生活困难，通过迅速组织群众在空地搭建简易棚、利用坚固空房应急避险安置，调集采购帐篷、活动板房集中安置，以及搭建简易房、自建房和投亲靠友、借房租房分散安置等方式，使灾区群众得到妥善安置。

震后初期，灾区各级政府迅速在公园、公共绿化地带等公共空地及企业、学校等坚固空房等处，利用彩条布、农用薄膜、竹木板等搭建棚屋，组织群众应急避险安置。同时，利用各类体育场馆地势开阔、容量较大等优势，作为地震初期群众安置的主要场所。绵阳市九洲体育馆先后安置受灾群众50万余人（次），高峰时每天安置受灾群众、志愿者、抢险救援人员等7万人以上，并保证安置群众吃得饱、住得下、能上学、能就医，在灾区群众安置中发挥了巨大的作用，被国外媒体称作“全世界人口最多的灾民避难所”和灾区群众的“挪亚方舟”。

随着救灾工作的不断深入，群众安置工作逐步向稳定、安全、规范的方向发展。发展改革委、民政部、商务部、住房城乡建设部等部门紧急调拨采购救灾帐篷、彩条布、活动板房等急需的临时住所和搭建材料，积极支援地震灾区群众安置。根据国务院先后制定的一系列安置和保障灾区群众生活政策，民政部、财政部、住房城乡建设部紧急组织生产采购 90 万顶帐篷、搭建 80 万间简易棚所需的彩条布和篷布及 69.32 万套活动板房。此外，部队、社会各界及中央企业也出资购置大量帐篷、活动板房，切实解决了灾区群众的临时安置困难。

为保障集中安置点的规范有序、安全运转，灾区各级政府在群众集中安置点大力推行属地管理和单位管理两种体制，尝试实施社区管理、民主管理和自我管理 3 种模式，建立临时管委会、临时党支部等基层组织，制定安置点安全检查、社区警务、防范宣传等制度，为安置群众提供户政、气象、文化生活、教育、医疗卫生等服务。都江堰市“勤俭人家”群众安置点和北川羌族自治县擂鼓镇群众安置点，推出合理、有效的管理模式，成为地震灾区帐篷、活动板房群众安置的典范。

灾区各级政府及民政部门在积极组织群众集中安置的同时，坚持“援建与自建相结合、集中安置与分散安置相结合、属地安置与转移安置相结合”的方针，动员群众积极行动起来，做好过渡安置工作。在统一规划的前提下，区分城镇与农村、异地与就地等不同情况，分类研究安置措施。利用现有社会福利机构集中安置“三孤”人员，采购、生产帐篷、活动板房安置“三无”人员（因灾无房可住、无生产资料和无收入来源人员），制定补助政策鼓励群众投亲靠友，协调邻近省市分流安置受灾群众；发放租房补助，鼓励有条件的群众自建临时安置棚，通过“自行租房安置、修缮可用受损住房、劳务开发”等方式，解决安置问题。这些创新性的灾区群众安置办法，在切实解决群众安置方面发挥了巨大作用，也为今后的救灾工作提供了宝贵经验。至 5 月 30 日，四川省安置紧急转移群众 1190 万余人，其中生活困难群众 707 万人；甘肃省安置紧急转移群众 179.74 万人，其中生活困难群众 103.39 万余人；陕西省安置紧急转移群众 118.36 万余人，其中生活困难群众 49 万人。

四

汶川特大地震发生后，遇难者遗体处置任务紧迫、繁重而艰巨。民政部、公安部、卫生部、司法部迅速部署、周密安排，及时制定遇难者遗体处置意见。对能够确认遇难者身份的，由民政部门安排火化；不具备火化条件的土葬处置；对既无身份也无亲属辨认的，由公安、卫生部门对遗体统一编号、记录、拍照、提取可供 DNA 检测的检材。公安部紧急从湖南省、重庆市、贵州省、云南省公安机关抽调 183 名法医和专业技术人员，组成刑事科学技术工作组，赴四川省开展地震遇难者身份鉴别工作。

民政部紧急采购调运遗体运输、火化、处置设备，协调河北省、重庆市、贵州省等地民政部门派出殡仪职工，赴地震灾区协助开展遇难者遗体处置工作。在地震灾区，遇难者遗体处置按照严格的程序进行，建立DNA数据库，为家属寻找亲人提供准确信息。在遗体处置中，民政部门及当地政府充分尊重少数民族风俗习惯，妥善处置遇难者遗体。至7月12日，完成处置遇难者遗体工作。

地震造成人员伤亡及财产损失，灾区群众急需司法公证等法律服务。司法部迅速组织灾区公证处、律师事务所、法律援助机构、基层调解组织参与并提供法律服务。各地公证机构为灾区群众生活提供急需的公证证明，司法行政机关组织律师开展法律援助。截至10月31日，四川省共办理2000余起涉灾法律事务，70%以上免费服务，其余只象征性收费，为灾区群众化解各类矛盾纠纷2389件。至10月31日，四川灾区大、中型群众集中安置点全部建立起人民调解委员会，小型群众安置点设立了人民调解工作站（点、室），组织调解人员8.8万人，为灾区群众调解各种纠纷发挥了重要作用。

地震摧毁了灾区群众的生活家园，夺去数以万计人的生命，灾区群众承受着身体和精神上的双重创伤，亟待心理援助。国务院抗震救灾总指挥部及时动员组织部队、社会力量和专业医疗机构，对灾区群众进行心理疏导和精神抚慰。在汶川地震中，对灾区群众实施的灾后心理干预活动，是全国首次进行的大规模心理救援行动。同时，民政部及时组织社会工作者发挥专业技能优势，做好受灾群众尤其是孤儿的心理抚慰及康复工作。社会工作者用爱心减轻灾区群众内心的伤痛，用关爱抚慰灾区群众心灵的创伤。灾后心理援助引领灾区群众走出阴影，愈合伤痛，树立战胜困难、健康生活的信心和勇气，成为群众战胜地震灾害的有力支撑。

为做好遇难者家属抚慰工作，国务院制定给每位遇难者家属5000元抚慰金的抚慰政策，并迅速启动抚慰金发放工作。地震发生后，国际社会向中国政府和人民表达真诚的同情和慰问，一些外国政府向中国政府提出部分灾区中小学生康复疗养和学习的邀请，并提供各种形式的支持与援助。组织灾区学生赴国外疗养在中国尚属首次，中宣部及外交部、教育部、民政部、财政部、卫生部、民航局、质检总局等部门按照分工开展工作，组织灾区学生1570人赴俄罗斯、50人赴匈牙利、43人赴保加利亚、100人赴菲律宾，进行学习疗养活动。美国纽约州立大学22所分校邀请四川地震灾区13所高等院校的150名大学二、三年级学生，赴美国学习1年。

五

汶川特大地震造成灾区商贸服务网点严重受损，群众日常生活受到严重影响。商务部立即开展保障群众生活必需品及救灾物资快速调运，保证供应渠道畅通，并与发展改革委对生活必需品、救灾物资实行临时价格干预措施，加强灾区市场价格监管和市场秩序检查，减免鲜活农产品销售环节收费，稳定基本消费品价格，维护正常市场秩序。同时，商务部、农业部启动生活必需品市场跟踪监测制度，建立全国和周边市场与灾区供应产销衔接机制，尽快恢复灾区商业网点等综合调控措施，保证灾区市场平稳运行。

为解决灾区群众吃肉难及蔬菜、成品油、日常生活用品供应不足等问题，发展改革委、商务部、农业部组织协调迅速恢复灾区生产生活秩序，保障灾区市场供应。商务部向灾区投放流动售货车489辆，建立帐篷商店2700余家、活动板房便民商店400余家，恢复灾区原有部分商业零售网点。至6月16日，四川省、甘肃省、陕西省89004家商贸流通和服务业网点恢复营业，恢复率64.1%。

灾区商务及相关部门下大气力开展生产基地、农贸市场、农产品批发市场、受灾群众安置点等场所蔬菜、水果、肉食等农牧产品质量安全整顿，严把商品质量关，维护灾区市场经济秩序。同时，把市场、超市、学校周边、灾区群众安置点作为重点监管区域，实行不间断巡查，对存在的问题现场整改，引导群众安全消费。商务部门鼓励商户尽快恢复经营，并加强市场经营恢复监管，打击囤积居奇、哄抬物价等不法行为，维护了灾区市场物价的基本稳定；打击假冒伪劣、以次充好等行为，保障灾区商品质量和食品安全。

灾区商品供应与灾区群众生活息息相关，发展改革委、商务部、农业部、粮食局等部门紧急动员、迅速行动、有力组织，充分发挥市场预测和分析作用，落实应急救灾物资货源，调配群众生活必需品，支援灾区做好市场供应。发展改革委、财政部、粮食局先后紧急安排中央储备粮及国家临时存储稻谷、小麦、食用油，调往灾区应急供应。商务部组织食品、饮用水、药品、防寒衣被等市场供应，并特别注重做好群众生活必需的肉食品、蔬菜、鸡蛋供应工作，满足灾区群众基本生活供应。国务院抗震救灾总指挥部组织全国力量保证灾区生活燃料、燃油、燃气供应。

地震造成灾区银行营业网点受损，中国人民银行、中国银监会启动应急金融服务机制，引导银行业金融机构开辟“抗震救灾捐款快速通道”，搭建帐篷应急业务办理点，恢复个人业务和对公业务，方便群众存取款及对公业务，并优先办理财政救灾款和部队款项划转业务。同时，迅速开展金融网点恢复，采取在灾区废墟上创建“帐篷银行”，建立“汽车流动银行”“集装箱银行”等紧急营业方式，满足灾区群众基本生活需要和抗震救灾金融需求。

保监会在地震发生后，立即启动保险业重大突发事件应急预案一级响应程序，组织保险员工迅速开展地震灾害损失查勘理赔。保险监管部门组织保险行业开展灾害损失理赔，各保险公司迅速摸清灾区承保、出险和损失情况，建立24小时电话服务热线，通过上门走访、发短信等方式，主动与客户联系，慰问并了解情况。至2009年5月31日，全国保险公司及分支机构进行地震灾害损失理赔，赔付金额187543.75万元（不含再保险理赔14779.40万元）；涉及地震灾害理赔人寿部分赔付金额32280.51万元。

六

汶川特大地震发生时，四川省主要灾区小麦、油菜等农作物即将成熟，夏粮收获指日可待。农业部以抗震救灾、抢收抢种为第一要务，紧急动员、快速行动，部署灾区及周边省市农业部门组织帮扶队，成立跨区农机接待服务站，组织小麦跨区机械收割，帮助受灾地区抢收小麦和油菜，保证颗粒归仓。救援部队在完成抢险救援、群众转移任务后，迅速投入灾区农作物抢收工作。发展改革委、农业部等部门迅速为灾区提供农业机械及油料保障，保证夏粮抢收工作顺利进行。四川省组织灾区机关干部、进城农民工、民兵预备役人员、救援部队官兵等5万余人，发动农民65万人，组织夏粮抢收抢种，开展生产自救，积极恢复灾区农业生产。同时，国家出台对灾区小麦实行代收代储政策，保证大灾之年农民利益不受损失。地震造成灾区水系和农田水利设施损毁严重，部分水稻田需改种旱地作物和蔬菜，农业部按照“宜粮则粮，宜经则经”的原则，积极组织修复灾后农田，调集种子（苗）、农药和农机具，组织进行改种补种。2008年，四川省、甘肃省、陕西省、重庆市、云南省夏粮在种植面积减少7.67万公顷的情况下，获得1710万吨的好收成，比2007年增产25万吨，保障了灾区粮食和其他重要农产品的有效供应。

农业部和灾区各级畜牧部门在做好抗震救灾的同时，指导灾区修复损毁圈舍、补栏补饲，扩大生产规模，实现再生产，挽回地震灾害造成的损失。同时，农业部积极落实养殖业救灾和恢复生产资金物资，围绕动物疫病监测、圈舍修复、畜禽鱼苗调配、技术服务等，组织开展灾区畜牧渔业生产自救。

中共中央、国务院下大气力解决灾区群众就业问题。人力资源社会保障部要求各级劳动管理机构拓宽灾区群众就业渠道，大力开发废墟清理、维护治安、社区管理、卫生防疫等公益性就业岗位，安置灾区困难群众就业；引导各类资金通过以工代赈方式，帮助灾区群众优先、就近就业；有组织地开展劳务输出，鼓励灾区劳动力异地分散就业；加强就业培训，落实税费减免、贴息贷款、创业培训补贴等扶持政策。同时，人力资源社会保障部根据中共中央、国务院“一省帮一重灾县”的原则，确定19个省（市）向四川省18个县（市）及甘肃省、陕西省受灾严重地区提供劳务帮扶，切实解决灾区群众就业问题，帮助受灾群众尽快摆脱生活困难。

七

汶川特大地震造成灾区学校校舍严重受损，学生复课面临巨大压力。教育部要求，抓紧帮助灾区学校恢复教学，恢复学生集体生活，保证重灾地区学生在当地或其他地区复学。灾区教育部门在当地各级党委、政府的领导下，采取搭建帐篷、活动板房、借用其他安全用房等方式，组织普通高等院校、中小学、中等职业学校逐步完成就近复课工作。在抗震救灾阶段，灾区教育部门组织校舍受损严重、就地复课困难学校学生到其他省市就读，各接收学校积极组织接收灾区学生就读。在全国各地大力支援下，灾区逐步恢复普通高等院校和中小学教育教学、中等职业学校专业学习、高三年级学生备考应考等教育教学活动，使灾区各学校在9月1日实现全面复学复课。

地震灾害使原有教学、高考等工作部署受到冲击，灾区高考及各类招生考试面临困难。教育部决定全国高考正常举行，地震重灾地区高考按照延考区和非延考区实行“分别考试、分列计划、单独划线、同期录取”的原则进行。同时，各级教育行政部门、招生考试机构针对余震等自然灾害可能对如期举行高考产生的影响，提出相应对策和措施，组织力量为重灾地区考生无偿提供学习、生活条件，保证考生顺利参加高考。6月7—8日，四川地震灾区非延考区17个市（州）、136个县（市、区）高考考生421126人平安完成高考。7月3—5日，备受关注的四川、甘肃地震灾区延期高考区12万名考生平安完成高考。7月26日，四川省两次高考录取工作同时进行，共录取新生306873人，完成招生计划的105.87%。地震灾害造成部分灾区学生面临经济困难，财政部、教育部迅速研究部署对生源地为地震重灾区学生进行资助，对被大学录取的孤残考生免收学费，提供生活费补助；对未被录取的孤残考生，实行免费就读中等职业学校，并提供职业技能培训。国家和学校通过各种途径对被录取灾区学生进行资助，不让一名灾区学生因家庭经济困难失学。

地震后，中宣部按照中共中央部署，立即启动重大突发事件应急机制，全力组织抗震救灾宣传报道工作。中央和灾区新闻媒体对抗震救灾进行全天候播报，广大新闻工作者冒着生命危险深入一线，及时传递中央的声音，深入报道抗震救灾进展情况，生动展现了广大军民抗震救灾的英雄事迹，为抗震救灾提供了强大的舆论支持。中宣部、解放军总政治部、文化部、广电总局等部门加强新闻宣传和舆论引导，大力宣传抗震救灾斗争中的英雄事迹，在激发灾区群众重建家园的决心和信心的同时，努力丰富灾区群众文化生活。中宣部会同文化部、广电总局、中国文联等文艺主管单位，组织多个“心连心”慰问演出团、演出小分队赴四川、甘肃、陕西等地震灾区进行慰问演出，为数十万受灾群众和参与抗震救灾的解放军指战员、武警官兵、公安民警、志愿者演出上百场。文化部积极组织赈灾义演、义卖等活动，为灾区筹集资金和急需物资。广电总局组织灾区相关部门建立文化书屋、放映“坝坝电影”，灾区各级文化部门组织文艺工作者深入基层开展慰问演出活动，丰富群众文化生活。

八

汶川特大地震造成四川、甘肃、陕西等灾区供水、供电、供气、道路、沼气等生活配套基础设施，通信、邮政等服务设施及特种设备遭到不同程度损毁。全国中央企业及地方企业组成各类专业抢修队伍勠力同心，积极检修恢复临时生活配套、服务基础设施设备，保障灾区群众的基本生活需求。

地震发生后，发展改革委迅速从2008年中央预算水利建设投资中，安排1.6亿元，用于重灾地区乡村应急供水设施建设和设备购置。水利部协调上海市、重庆市、大连市、武汉市水务（利）局，组织18支、400余人工程抢修队，与四川灾区水利部门一起，紧急抢修供水设施1590余处，新建应急集中供水工程2129处，保证灾区群众基本生活用水。地震造成国家电网供电辖区内245座35千伏及以上变电站、3322条10千伏及以上线路停运。国家电网立即调集各省市电力公司近4000余名援建人员、1000余台发电机（车），进行线路变电站抢修，恢复电力基础设施。至6月10日，四川、甘肃、陕西等灾区国家电网系统229座可恢复35千伏以上变电站全部恢复，3160条可恢复10千伏以上电力线路全部恢复。地震使受灾地区燃气储配罐装厂（站）受到不同程度的损坏。中国石油、中国石化、成都市燃气公司等单位加强受损管线设施修复和安全排查工作。至5月23日，四川部分地震重灾地区天然气恢复供应。地震灾区道路损毁严重，直接影响救援人员输送和物资运输。交通运输部迅速下拨抗灾抢通专项补助资金2亿元，从湖北、重庆、贵州、云南、陕西等省（市）紧急调运58座战备钢桥，抢通四川省受损桥梁，组织12个省（市）对口支援四川灾区。至12月29日，四川省因地震受损或断道的5条国道、11条省道、254条乡道、2144条村道全部抢通。地震造成灾区沼气基础设施受损严重，给群众生活、生产和环境带来威胁。农业部派出工作组赴彭州市、绵竹市考察灾情，并为灾区筹集资金220万元，组织10个省农村沼气技术人员赴灾区协助修建沼气池，保证灾区群众基本生活设施设备安全。

灾区通信、邮政等服务设施及特种设备在地震中受损严重，特别是四川省7个县、211个乡（镇）电信通信阻断。中国电信、中国移动、中国联通等中央企业根据国资委要求立即成立工程抢险突击队，投入通信抢修工作，并从7个省的分公司派出大量技术人员，携带设备赴四川省进行支援。5月15日，绵阳城区等地通信网络基本恢复。抗震救灾期间，中国电信绵阳分公司共设立630个免费服务点，提供700余部免费报平安电话，免费服务150万余人（次），为灾区群众解决了通信困难。地震对四川、甘肃、陕西等地的邮政业造成严重破坏。四川省邮政公司组织省内各市州邮政局尽快恢复地震灾区邮政服务。13日，都江堰市邮政部门组织开出第一辆流动邮政车，为灾区群众提供服务。至25日，四川省17个极重灾和重灾县（市、区）全部恢复邮政业务，金融业务联网运行。

四川省部分特种设备在地震中受损严重，质检总局迅速组织相关省市技术人员赴四川灾区开展电梯、医用氧舱、锅炉、压力容器及管道排查、检验和修复工作。至5月27日，质检总局特种设备队完成四川省6个重灾市（州）特种设备恢复工作，恢复使用特种设备19861台，保障了灾区特种设备的使用安全。

九

汶川特大地震发生后，胡锦涛做出指示，要求地震灾区和全国公安机关积极投入抗震救灾工作，全力维护社会治安，保证人民生命财产安全。公安部迅速成立抗震救灾指挥部和抗震救灾前线指挥部，并牵头国务院抗震救灾总指挥部社会治安组工作，部署全国公安机关全力以赴投入抗震救灾，维护社会稳定。从5月13日开始，公安部分两个阶段，从全国27个省（区、市）32个城市调集公安特警队增援地震灾区。各公安特警队恪尽职守、连续奋战，在出色完成抢救生命任务后，迅速将工作重心转移到维护灾区社会治安上来。公安特警、武警官兵与灾区公安机关密切配合，执行治安巡逻，保卫重要目标，协助处置突发事件等任务。为解决灾区警力长期疲惫、无法调整等问题，公安部从全国部分省市及时抽调专业警力赶赴灾区开展工作。在灾区群众集中安置点，公安机关建立“帐篷派出所”“帐篷警务室”，加大巡逻力度，灾区群众安全感明显增强。各灾区公安机关迅速出台办理户口、居民身份证等便民利民措施，及时破获趁灾违法犯罪案件，严密社会面防控和重点部位的安全保卫，严格枪支、爆炸物品等危险品管理和废旧金属收购管理，全力维护了地震灾区的治安稳定。

公安消防部门迅速成立公安消防部队抗震救灾指挥部，在组织抢险的同时，对灾区石化、制药、酿酒等易燃易爆物品仓库、堆场等采取紧急处置措施，预防发生次生灾害。消防部门深入街道办事处、派出所、居民委员会、村民委员会及物品管理单位，对受损建筑的电、气管线进行检查，向广大灾区群众进行防灾宣传；对群众集中安置点展开消防安全大检查，配备灭火器具，预防建筑火灾、爆炸事故的发生。公安消防部门不断调整消防力量和消防装备，保证车辆、装备齐全。在抗震救灾期间，灾区未发生重大以上火灾事故，防火形势基本稳定。

地震造成四川省道路大面积受损，救援部队、医疗队及救灾物资运输车辆、大型抢险机械难以进入灾区，公安交通管理部门要求有关省市做好道路交通应急管理工作，适时实施交通管制，保证沪蓉、京昆高速公路和国道108线、213线、318线、321线等进入地震灾区主要道路畅通。各地加强抗震救灾道路交通应急管理，四川省交警总队与从北线进入四川的陕西省、甘肃省、青海省和从南线进入四川的重庆市、贵州省、云南省公安交通管理部门，建立协调机制，保证进出四川的道路安全畅通。全国各地为抗震救灾车辆开辟“绿色通道”，控制进入四川交通流量。贵州、云南、陕西、甘肃等省公安交通管理部门加强通往四川地震灾区主要道路疏导管控力度，有力维护了灾区的道路交通安全，保障抢险救灾物资运输车辆行驶畅通。

十

汶川特大地震发生后，国务院各部门和各地政府紧急行动起来，迅速筹集大量救灾资金物资调运地震灾区。全国各族人民、港澳台同胞、海外侨胞及国际社会也迅速行动，纷纷奉献爱心，慷慨捐助，为抗震救灾提供强大的资金物资保障。同时，救灾资金物资的管理使用备受社会各界关注。胡锦涛、温家宝多次做出重要指示，要求保证全部救灾资金物资真正用于灾区和受灾群众，保证廉洁救灾，向人民群众交一份“明白账、放心账”。从中共中央、国务院到地方各级政府采取多种措施，加强抗震救灾资金物资监督管理，做到“公开、公平、公正”，并主动接受审计监督、社会监督、舆论监督。积极组织资金拨付和物资供应，及时采取措施加强对管理使用情况的监督检查，保证资金物资及时有效用于灾区抗震救灾和受灾群众生活救助。

民政部、财政部不断完善抗震救灾资金物资监督管理。根据灾区群众生活类物资分配、管理等情况，确定物资分配原则、责任制度、分配方案；按照政府采购程序，选定生产厂家，并派出驻厂督导员全程监督检查。民政部、财政部及各省（区、市）按照《政府信息公开条例》等规定，建立救灾资金物资信息披露制度，主动公开抗震救灾资金物资来源、数量、种类、去向；各市、县公开救灾资金物资管理、使用、分配情况；各乡镇公开救灾资金物资发放情况，保证救灾资金物资合理使用。民政部主动接受社会媒体监督，通过新闻发布会、集体采访会和新闻发言人答记者问等方式，向媒体提供救灾资金物资使用情况；协调安排 10 余名领导接受媒体专访；在民政部门户网站开设抗震救灾专题、专栏，及时发布救灾信息。财政部在做好资金筹集、调拨和财税政策研究的同时，建立联动机制，制定相关制度办法，通过电视、广播、报刊、网络等媒体，及时向社会公布救灾资金接收、拨付情况，接受社会监督，全力做好抗震救灾资金物资管理使用的监督检查。

审计署针对地震救灾资金物资来源广泛、使用分散、环节繁多等情况，先后制定审计情况定期报送、审计情况定期公告、群众举报核查、纪律约束等制度；采用“跟踪审计、督促整改、分段推进”等方法，做到“边审计、边整改、边规范、边提高”，稳步推进抗震救灾资金物资审计。审计结果表明，救灾资金物资基本做到筹集合法有序、拨付及时到位、分配公开透明、管理严格规范、使用合规有效、存放安全完整，各类救灾资金物资账目比较清楚，未发现重大违法违规问题。

质检总局加大检验检疫力度，开展粮油食品、预包装食品、饮用水等的监督检查，对帐篷、活动板房及原材料、衣被、建筑材料、农业生产资料、消毒剂等的质量监督。四川、甘肃、陕西、重庆地震灾区质监部门深入调查了解生产企业的产能、库存情况，加强监督和检验检测，重点抽查与群众生活密切相关的食品、饮用水、衣被、帐篷、活动板房及原材料等的质量。发现不合格产品，责令企业停工，限期整改，并追究相关责任人责任，问题严重的移交司法部门处理，以党纪政纪和国家法律确保灾区群众生活物资的质量安全。

在汶川特大地震群众生活救助的艰难历程中，有中共中央、国务院的坚强领导，有国务院抗震救灾总指挥部的果断决策和直接指挥，有全国各族人民的大力支持，有国际社会的积极援助。国务院抗震救灾总指挥部群众生活组组织周密、措施有力、行动迅速，胜利完成了对 20 余万名“三孤”人员、1000 余万名“三无”人员及灾区群众的基本生活保障任务。留下了“救灾政策取得重大突破，救灾标准取得重大突破，救灾方式取得重大突破”的群众生活救助的宝贵经验，留下了万众一心、众志成城、同舟共济的民族团结意识，为抗震救灾工作提供了实践和精神上的宝贵财富。

经历汶川特大地震抗震救灾，全国减灾救灾的综合协调能力显著提升，应急保障能力显著提升，工作规范程度显著提升，社会动员能力显著提升，舆情引导能力显著提升，综合减灾能力显著提升，并形成了全国救灾工作的整体合力，生动展现了高效的国家管理能力和协调联动的应急救援能力，再次雄辩地证明了中国社会主义制度及其救灾管理体制的优越性。

中国现代化建设进入新的历史阶段，但未来发展道路并不平坦，作为世界上自然灾害最为严重的国家之一，不断加强救灾应急体系建设，关系到人民群众生命财产安全和切身利益，关系到国家经济社会的平稳发展，关系到全面落实科学发展观、构建社会主义和谐社会的宏伟目标，是各级人民政府坚持以人为本、执政为民、全面履行政府职能的重要体现。在推进新时期救灾减灾工作中，需要在实践中进一步解放思想、大胆创新，坚持以人为本，把握需求，在更高层次上提供服务；坚持“政府主导，分级管理，社会互助，生产自救”的救灾工作方针；坚持以保障人民群众生命财产安全和基本生活权益为出发点和落脚点；坚持以提高救灾应急能力为核心，使应急救灾与常态减灾相结合，综合运用行政、法律、科技、市场等多种手段，统筹做好各种突发自然灾害的应对工作，切实把推进救灾减灾工作作为践行科学发展观的重要任务，以更加饱满的热情，更加扎实的作风，更加强烈的责任感和使命感，为深入开展中国减灾防灾体系建设、切实保障受灾群众生活做出更大贡献！为全面建设小康社会，促进社会主义全面、协调、可持续发展而努力奋斗！

第一篇

灾区群众生活救助

5月12日晚，中共中央政治局常委会召开会议，全面部署汶川特大地震抗震救灾工作。国务院成立抗震救灾总指挥部，下设8个工作组（后增加水利组），组织开展抗震救灾。民政部是群众生活组牵头单位，立即组织各成员单位开展群众生活救助。受灾省市各级党委、政府也迅速成立抗震救灾指挥机构，带领灾区干部群众开展群众生活救助。

为帮助地震灾区群众渡过生活难关，民政部会同发展改革委、财政部、粮食局等部门，拨付中央救灾应急资金，调拨救济粮，对地震受灾群众实施救助。地震发生当晚，财政部、民政部立即安排中央救灾应急资金。在5月12—31日灾区群众应急生活救助期内，共向地震灾区下拨中央救灾应急资金10.2亿元。国务院抗震救灾总指挥部根据灾区群众生活实际困难，决定在6—8月灾区困难群众临时生活救助期内，对地震灾区困难群众实施临时性生活补助。财政部会同民政部紧急安排中央临时生活救助资金82.74亿元。同时，粮食局分3批下达抗震救灾中央救济粮（原粮）62.63万吨。各受灾省市及时下拨中央救助金、救济粮，并调拨省级政府救灾应急资金、救济粮，解决受灾困难群众的生活困难。由于地震造成灾区群众损失程度深、生活困难大、恢复重建时间长，国务院抗震救灾总指挥部决定在9—11月实施灾区群众后续生活救助，对因灾造成的“三孤”人员，遇难、失踪及重伤残者家庭人员，异地安置受灾人员，因灾住房倒塌或严重损坏且生活困难受灾人员，继续给予后续生活救助。财政部会同民政部共向四川省、甘肃省、陕西省安排中央后续生活救助资金25亿元，救助受灾困难群众398.52万人。在2008年12月至2009年5月的冬春生活救助期内，中央财政安排全国冬春救助资金40亿元，其中向地震灾区下拨冬春救助资金14.82亿元，占全国安排资金总数的37%。同时，民政部、财政部采取采购、社会捐赠等方式，对地震灾区群众展开救助，保证受灾群众安全温暖过冬。

在6—11月灾区群众过渡期救助期间，国家突破原有的灾害救助标准，创新应急救助政策，分阶段出台临时生活救助、后续生活救助、“三孤”人员救助安置等新的救灾政策，救助受灾群众近1300万人（次），并实现各项政策与现行冬春生活救助、城乡低保、农村“五保”和社会福利等制度的有序衔接。

为解决受灾群众基本生活需求，发展改革委、民政部、商务部、中国红十字会、全国总工会等部门和灾区各级政府，紧急向灾区调拨食品、饮用水、帐篷等生活物资。发展改革委、民政部、商务部紧急向灾区调拨水处理设备、救济粮、药品等救灾物资，并组织协调未受灾省（区、市）通过对口支援和社会捐赠等形式支援地震灾区。根据灾区急需帐篷、彩条布、食品、饮用水、棉衣被等生活物资情况，5月13日，民政部迅速成立紧急采购工作领导小组，实施政府紧急采购。各部委、各省（区、市）启动政府紧急采购程序，采购灾区急需的帐篷、活动板房、衣裤、棉被、饮用水、食品及生活用品，通过公路、铁路、航空及水路运输，迅速运抵四川、甘肃、陕西等地震灾区。至7月12日，向灾区调运帐篷157.97万顶、彩条布3910.76万平方米、篷布646.6万平方米、棉被486.69万床等生活用品，调运饮用水2760万瓶、方便面348万桶、饼干308吨、液态奶400吨等食品及饮用水，及时解决了灾区群众基本生活困难。

民政部按照“公正、公开、公平”原则和“保证重点”“及时快捷”要求，迅速组织开展抗震救灾资金物资发放工作。灾区各级民政部门依据户籍实行属地管理，完成核定救助对象，及时发放补助金和救济粮。四川、甘肃、陕西、重庆和云南地震灾区成立物资接收和调运工作组，建立物资转运站，将救灾物资转运至各受灾市州物资发放点。各受灾省市物资储备仓库共启用12个仓储基地承担救灾物资接转任务；灾区各级政府设立抗震救灾生活物资调配中心，根据受灾区域大小、受灾程度、人口密度、灾区群众需求分配物资并在群众安置点设立抗震救灾生活物资发放点，及时将救灾物资发放到灾区群众手中。

第一章　群众生活救助指挥机构

第一节　国务院抗震救灾总指挥部群众生活组

汶川特大地震发生后，国务院成立抗震救灾总指挥部，设立抢险救灾、群众生活、地震监测、卫生防疫、宣传、生产恢复、基础设施保障和灾后重建、水利、社会治安9个工作组，全面负责组织开展抗震救灾工作。

国务院抗震救灾总指挥部群众生活组由民政部牵头，民政部部长李学举为召集人，民政部副部长罗平飞任组长。群众生活组由外交部、发展改革委、民政部、财政部、住房城乡建设部、农业部、商务部、中国红十字会组成。各成员单位确定一名司局级干部为群众生活组成员，确定一名处级干部担任联络员，群众生活组办公室设在民政部救灾救济司。

群众生活组负责掌握受灾地区的灾情、灾区群众生活困难情况、灾区需求及综合抗灾救灾等有关方面的情况；协调帮助灾区解决受灾困难群众的生活问题，保障基本口粮、棉衣被、帐篷等生活必需品供应；制订实施受灾群众救助工作方案及相应的资金物资保障措施，协调解决抗震救灾和灾区物资保障；指导受灾地区做好因灾倒房群众的紧急安置，组织、指导受灾地区开展群众倒房恢复重建工作；保障灾区群众基本生活，保障灾区市场供应，接受和安排国内捐赠、国际援助，处理和救灾有关的涉外事务。

群众生活组各成员单位在中共中央、国务院的领导下，立即落实抗震救灾总指挥部的决策部署，立足本职，积极配合，全力保障灾区群众的基本生活。

民政部根据国务院抗震救灾总指挥部的部署，认真履行群众生活组牵头部门的职责，负责组织生产、调拨、采购帐篷、衣物、棉被等生活物资，组织开展社会捐赠活动，统筹管理、分配国内外捐赠资金和物资；组织对遇难者遗体火化、埋葬及遇难者家属抚慰工作；做好灾区“三孤”人员安置。5 月 12 日 15 时 40 分，国家减灾委、民政部根据《国家自然灾害救助应急预案》及地震灾情，启动国家二级救灾应急响应；22 时 15 分，经中共中央政治局委员、国务院副总理、国家减灾委主任、国务院抗震救灾总指挥部副总指挥回良玉批准，国家减灾委、民政部根据地震灾情将救灾应急响应等级提升为一级。同时，民政部迅速成立抗震救灾应急指挥部，李学举任指挥长、罗平飞任副指挥长，部机关各司（局）长任成员，应急指挥部办公室设在救灾救济司。应急指挥部下设紧急救援组、信息和物资保障组、综合保障组、宣传报道组、救灾捐赠组，实行联合办公。13 日，罗平飞紧急召开国务院抗震救灾总指挥部群众生活组第一次全体成员会议，研究部署抗震救灾工作，建立部门联动机制，协调解决灾区救灾物资的供应问题，并确定成员单位的责任分工及近期工作重点，建立工作制度。同时，协调公安部、卫生部协助群众生活组做好遇难者遗体身份鉴别等工作。15 日晚，民政部紧急召开国务院抗震救灾总指挥部群众生活组第二次会商协调会，就四川省提出的灾区救灾应急物资需求进行专题研究。21 日下午，民政部利用全国民政卫星视频系统，在成都召开“全国民政系统支援汶川大地震灾区电视电话会议”，李学举主持会议并动员部署抗震救灾（见图 1）。

图 1　5 月 21 日，民政部在成都召开全国民政系统支援汶川大地震灾区电视电话会议，民政部部长李学举主持会议并讲话

（民政部　提供）

外交部负责对外协调并代表中国政府统一接收外国政府和官方机构的捐赠资金和物资，转交民政部调配，负责做好外国救援队伍的接待和保障工作。外交部在地震发生后立即启动应急机制，成立抗震救灾应急领导小组，外交部党委书记、副部长王毅任组长。在抗震救灾应急领导小组的指挥下，外交部及各驻外机构全力做好抗震救灾涉外工作。

发展改革委、粮食局、物资储备局负责组织向灾区调运粮食、食用油等物资。5 月 12 日 16 时，发展改革委经济运行局召开紧急会议，研究部署应急物资、煤电油运输保障。23 时，会同财政部安排修复灾区损毁基础设施所需资金，紧急调运应急物资，保障灾区市场物价稳定。

财政部在地震后迅速召开部长办公会议，决定启动财政应急保障预案，成立财政应急保障政策协调小组，并与民政部研究制定保障灾区群众生活的具体措施和规定，落实采购活动板房和简易房资金。

住房城乡建设部组织生产、安装活动板房和简易房。5 月 12 日，住房城乡建设部成立抗震救灾指挥部，部长姜伟新任指挥长。有关司（局）负责人组成工作小组，实行每日会商制度，启动《建设系统破坏性地震应急预案》一级响应，并成立供水和燃气管道检测、灾后重建规划指导、施工技术指导等技术专家组。

农业部在地震后立即启动农业救灾应急响应，成立抗震救灾指挥部，部长孙政才任指挥长，相关分管副部长任副指挥长，组织部署农业部门抗震救灾。指挥部设办公室，由农业部办公厅牵头，具体负责组织协调工作。5 月 13 日，农业部值班室实行 24 小时双班值班制，加强与相关司（局）和全国各地特别是灾区农业部门的沟通，保障抗震救灾工作信息畅通。

商务部负责食品、饮用水、小包装粮食、食用油、日常生活用品等物资的市场供应。商务部地震后迅速启动一级应急响应机制，成立商务部抗震救灾应急领导小组，部长陈德铭任组长。领导小组下设综合协调组、物资供应组、国际援助接收组、新闻宣传组、资金保障组、生产恢复组和灾后重建规划组，并启动 24 小时应急值班机制，全力组织物资调拨、筹集，保证灾区群众基本生活需求。

中国红十字会负责组织发动红十字会系统捐赠工作，并组织救灾资金物资发放。5 月 13 日，中国红十字会成立抗震救灾指挥部，总会党组书记、常务副会长江亦曼任总指挥，下设应急救援组、国际救援组、筹资宣传组、后勤保障组。24 日，中国红十字会抗震救灾指挥部决定增设物资采购组，迅速组织捐赠、筹集物资。

第二节　灾区省市群众生活救助指挥机构

地震发生后，四川、甘肃、陕西、重庆、云南地震灾区各级党委、政府迅速贯彻执行中共中央、国务院的决策部署，立即成立抗震救灾指挥机构，带领灾区干部群众全力展开抗震救灾、群众生活救助等工作。

四川省迅速启动应急预案，成立抗震救灾临时指挥中心（后改为四川省“5·12”抗震救灾指挥部），四川省委书记、省人大常委会主任刘奇葆任指挥长，省委副书记、省长蒋巨峰等任副指挥长。指挥部下设总值班室、医疗保障组、交通保障组、通信保障组、水利监控组、救灾物资组和宣传报道组。

甘肃省委、省政府 5 月 12 日下午启动应急预案，成立抗震救灾领导小组，甘肃省委书记、省人大常委会主任陆浩任组长，省委副书记、省长徐守盛任副组长。同时，成立甘肃省抗震救灾总指挥部，徐守盛任总指挥，下设救援组、预报监测组、医疗卫生组、生产生活安置组、基础设施组、治安组和宣传组。指挥部各成员单位均成立应急救援队伍，建立 24 小时值班制度，并设立抗震救灾前线指挥部。

陕西省 5 月 12 日晚上成立陕西省抗震救灾指挥部，省委副书记、省长袁纯清任总指挥。5 月 13 日至 7 月 24 日，先后成立地震灾害应急救助领导小组、救灾资金物资监管领导小组、地震灾区恢复重建抗震设防要求工作领导小组、四川汶川地震伤员康复工作领导小组和专家组、保障市场供应工作应急领导小组，各专项工作领导小组均由省政府主管副省长或省级部门主要领导任组长。

重庆市委、市政府 5 月 13 日召开抗震救灾电视电话会议，成立重庆市抗震救灾总指挥部，由市委副书记、市长王鸿举任总指挥长。总指挥部下设信息组、宣传组、市政建设管理组、工矿企业组、医疗组、交通组、安保组、供应组和救助组。

云南省抗震救灾指挥部作为常设机构，地震发生后统一领导、指挥和协调云南省地震应急、抗震救灾和恢复重建工作。指挥部下设防震应急办公室（设在省地震局）、抗震救灾办公室（设在省民政厅）、抗震防震（恢复重建）办公室（设在省建设厅）。

第二章 群众生活救助

第一节 应急资金拨付与分配

地震发生后，民政部根据2002年下发的《关于规范特大自然灾害救济补助费分配管理有关问题的通知》，严格执行“中央救灾应急资金由中央财政预算安排，用于遭受特大自然灾害的省（区、市）和新疆生产建设兵团在安排灾民基本生活经费发生困难时给予的专项补助”及“新灾救济资金用于特大自然灾害灾民紧急抢救、转移安置，解决灾民无力克服的临时吃、穿、住、医等生活困难，及因灾倒塌房屋的恢复重建和损坏房屋的修缮补助”等规定，对地震受灾地区群众实施应急期（5月12—31日）生活救助，由民政部抗震救灾应急指挥部紧急救援组负责中央救灾应急资金拨付工作。

5月12日晚，财政部、民政部向四川省紧急下拨中央救灾应急资金2亿元。

5月13日，财政部、民政部根据地震灾区受灾情况，向甘肃省、陕西省各下拨中央救灾应急资金0.5亿元；向重庆市、云南省各下拨中央救灾应急资金0.3亿元。

5月16日，财政部、民政部加大中央救灾应急资金投入力度，向四川省下拨中央救灾应急资金（转移安置资金）5亿元。

5月18日，财政部、民政部向甘肃省下拨中央救灾应急资金1亿元。

5月20日，财政部、民政部向陕西省下拨中央救灾应急资金0.6亿元。

5月12—20日，财政部、民政部紧急下拨中央救灾应急资金10.2亿元，其中四川省7亿元、甘肃省1.5亿元、陕西省1.1亿元、重庆市0.3亿元、云南省0.3亿元。在下拨中央救灾应急资金的同时，民政部在救灾应急资金的管理和使用上，坚持“专款专用、重点使用”的原则，要求接受下拨资金的省市将下拨资金与本省市自然灾害生活补助资金统筹使用，主要用于灾区受灾群众紧急转移安置。在发放中，要保障重点，按照群众自救能力分类进行救助。接受下拨中央救灾应急资金的省市各级财政、民政部门要加强合作，共同管好、用好救灾资金。

民政部、财政部开通快速拨付“绿色通道”，保证中央救灾应急资金及时发放到灾区群众手中。5月12日22时，人民银行召开党委扩大会议，要求各级分支机构立即启动相关业务系统应急预案，维护支付系统、国库系统的正常运行。人民银行各级分支机构对民政、财政等部门拨付的救灾款项，做到随到随办，迅速拨至有关金融机构，并以最快的速度拨付至有关单位。同时，加强与公安、交通等部门的沟通与协调，严守押运纪律，保证救灾资金及时、安全下拨到位。银监会还要求各银行业金融机构尽快恢复各项服务工作，“保开门、保营业、保（资金）供应、保服务”。

各受灾省市紧急启动救灾应急预案，迅速制订抗震救灾应急资金拨付使用相关文件，及时安排下拨中央、地方政府救灾应急资金，重点解决紧急转移安置阶段受灾群众的临时吃、穿、住等生活困难。各受灾市、县民政部门立即组织救灾应急资金的发放，并登记造册，如实记录。发放时，各地根据群众的困难程度，实施分类救助，不搞平均分配，并在15天内将救灾资金发到受灾群众手中。

四川地震灾区823万人需要紧急救助。省民政厅立即成立救灾应急指挥部，下设救灾应急办公室，具体实施救助工作。5月13日，省民政厅、财政厅向地震极重灾区、重灾区紧急下拨省级救灾应急资金500万元，其中什邡市50万元、绵竹市50万元、绵阳市100万元、阿坝藏族羌族自治州300万元。

为迅速将救灾资金发放到灾区群众手中，5月13日，四川省民政厅下发《关于进一步做好当前抗震救灾工作的紧急通知》；14日，下发《关于进一步做好抗震救灾工作的紧急通知》，要求各市州认真做好救灾资金发放工作。各市州按照要求，对灾区紧急转移安置群众实施分类救助。各级财政部门本着“特事特办、急事急办”的原则，紧急启动资金调拨应急方案，开辟资金拨付“绿色通道”，及时下拨救灾应急资金和救灾专项资金。德阳市制定《德阳市抗震救灾资金和物资管理使用暂行规定》，保证救灾资金的及时发放。18日，德阳市下拨中央救灾应急资金700万元，其中旌阳区350万元、罗江县250万元、开发区100万元，紧急转移安置群众111.5万余人，救助群众93万余人，保障受灾群众有衣穿、有饭吃、有干净水喝、有临时住处，使受灾地区社会稳定。绵竹市财政局在国库系统无法办理国库资金调拨业务的情况下，及时联系人民银行德阳市中心支行和工商银行德阳市分行，开设临时专户代理国库资金调拨业务，保证绵竹市抗震救灾应急资金的及时调拨。

6月3日，四川省财政厅、民政厅紧急下拨中央救灾应急资金2亿元，并迅速拨付到各市州，及时发放到群众手中（见表1，图2）。

四川省财政厅、民政厅将5亿元紧急下拨中央救灾应急资金转移安置资金，集中用于地震极重灾区、重灾区群众转移及临时安置。

甘肃地震灾区185万人需要提供紧急生活救助。5月13日，省财政厅、民政厅迅速下拨应急资金10200万元，其中中央应急资金5000万元、省级财政资金5200万元；下拨陇南市5120万元、甘南藏族自治州1220万元、天水市1320万元、庆阳市1010万元、平凉市1020万元、定西

6月3日四川省分配中央救灾应急资金情况统计表

表1　　　　单位：万元

市（州）、县级市	应急资金	市（州）、县级市	应急资金
成　都	1000	南　充	240
自　贡	100	眉　山	230
泸　州	120	广　安	120
德　阳	700	达　州	130
什　邡	1500	雅　安	300
绵　竹	2300	巴　中	240
绵　阳	5300	资　阳	220
江　油	810	阿　坝	4500
广　元	1100	甘　孜	220
遂　宁	220	凉　山	220
内　江	210	合　计	20000
乐　山	220		

图2　6月5日，江油市受灾群众领取救济款

（民政部　提供）

市510万元。31日，省财政厅、民政厅又下拨应急资金17488万元，其中中央应急资金15800万元，省、市自筹资金1688万元；下拨陇南市10500万元、甘南藏族自治州2738万元、天水市1750万元、庆阳市1000万元、平凉市1000万元、定西市500万元。各市州收到拨付应急资金后，按照受灾情况及时下拨各受灾县。25日，省民政厅、财政厅、粮食局制定《甘肃省地震灾区困难群众临时生活救助办法》。6月6日，省抗震救灾总指挥部向各市州下发《关于尽快下拨发放抗震救灾应急资金的紧急通知》，对应急资金的下拨、发放提出要求。各市州按照要求，对紧急转移安

置群众实施生活救助。陇南市组织各县区、乡镇反复摸排核实困难群众生活情况，建档立卡，规范救助，实行困难群众临时生活救助“一户一卡”制度。中央和省应急资金下达后，陇南市及时向各县区下拨应急资金10000万元，其中武都区2500万元、宕昌县700万元、礼县1200万元、西和县800万元、康县1200万元、文县2100万元、徽县550万元、成县550万元、两当县400万元。陇南市还筹集抗震救灾应急资金500万元，下拨武都区50万元、宕昌县50万元、礼县50万元、西和县50万元、康县50万元、文县50万元、徽县50万元、成县50万元、两当县50万元、市本级50万元。

陕西地震灾区118.36万人需要紧急救助。省民政厅会同财政厅，制订资金分配方案，启动救灾资金紧急拨付程序。5月13—14日，省财政厅紧急向汉中市、宝鸡市、西安市、咸阳市、安康市、商洛市预拨应急资金1540万元，用于受灾群众紧急转移安置和生活救助。15日，下拨中央应急资金5000万元。23日，省民政厅、财政厅下发《关于做好“5·12”特大地震灾害救灾款物管理使用工作的紧急通知》，明确应急资金使用范围及发放原则，要求救灾应急资金发放及时，要造册登记，分类救助，不搞平均分配。至29日，共下拨救灾应急资金11000万元（见表2）。

5月13—29日陕西省救灾应急资金分配统计表

表2　　　　单位：万元

市、区	金　额	市、区	金　额
西　安	240	汉　中	4800
宝　鸡	4750	安　康	500
咸　阳	300	商　洛	160
渭　南	180	杨　陵	20
铜　川	50	合　计	11000

陕西省各市、县及时下拨中央、省级抗震救灾应急资金。西安市安排市级配套应急资金100万元，商洛市安排市级配套应急资金50万元。在发放中，坚持保障重点，按群众自救能力分类救助的原则。5月13日，宁强县第一批用于紧急转移安置受灾群众的救灾应急资金125万元和受灾群众救治资金10万元及时拨付到各乡镇。同日，略阳县财政紧急调拨救灾应急资金500万元。

重庆地震灾区15万余人需要紧急救助。5月13—30日，市财政局、民政局分4批，下拨应急资金3230万元，其中中央救灾应急资金3000万元、市级应急资金230万元。各区县根据受灾情况及时下拨到各乡镇。30日，市民政局下发《关于对汶川地震灾区困难群众实施临时生活救助有关问题的通知》，明确应急期救灾应急资金重点解决受灾群众临时吃、穿、住等生活困难，要在15天内发放到受灾群众手中。各区县按要求实施分类救助。

云南省昭通地震灾区有4.05万人需要紧急救助。5月13日至7月3日，云南省政府和昭通市连续下发通知，对应急期救灾应急资金发放做出明确规定。截至5月23日，云南省共下拨救灾应急资金4080万元，其中中央应急资金3000万元、省级应急资金1000万元、市级应急资金80万元。昭通市及时将救灾应急资金拨付到各县区。各县区按要求实施分类救助（见表3）。

5 月 14—23 日云南省昭通市救灾应急资金分配统计表

表 3　　　　单位：万元

县　区	中　央	省　级	市　级	县　区	中　央	省　级	市　级
盐　津	300	150	10	巧　家	200	—	—
大　关	350	100	10	彝　良	80	—	—
永　善	550	250	20	鲁　甸	80	—	—
绥　江	550	250	20	镇　雄	180	—	—
水　富	550	250	20	威　信	80	—	—
昭　阳	80	—	—	合　计	3000	1000	80

第二节　临时生活救助

一　临时生活救助政策制定

5 月 17 日，温家宝主持召开国务院抗震救灾总指挥部第 8 次会议，根据灾区群众实际生活困难情况，确定 6—8 月为临时生活救助期，对灾区困难群众实施临时生活救助，并制定救助金和救济粮的补助标准。

5 月 20 日，民政部、财政部、粮食局联合下发《关于对汶川地震灾区困难群众实施临时生活救助有关问题的通知》(以下简称《通知》)，明确实施临时生活救助对象为因灾无房可住、无生产资料和无收入来源的“三无”人员，补助标准为每人每天 10 元补助金、0.5 公斤成品粮，补助期限为 3 个月（6—8 月）。因地震灾害造成的“三孤”人员，补助标准为每人每月 600 元，受灾原“三孤”人员补足到每人每月 600 元，补助期限为 3 个月（6—8 月）。补助资金由中央财政专项安排，由基层民政部门直接发放给救助对象，实行按月发放。《通知》要求各级民政、财政、粮食部门深入灾区核查灾情，审核确定救助对象，并登记造册，张榜公布，加强对因灾生活困难群众救助金、救济粮的发放管理，做到专账核算，专款专用。

民政部在落实《通知》精神的同时，对地震造成的“三孤”“三无”人员组织排查和身份辨认，尽力帮助“三孤”人员寻找亲人；对暂时寻找不到亲属的人员及时安置救助，予以妥善的生活照料。对已核实的“三孤”人员，及时安排在重庆市、成都市和周边地区的福利院暂时生活。民政部还迅速研究制定《关于汶川大地震四川省“三孤”人员救助安置的意见》，通过亲属监护、家庭收养、集中供养、社会助养等方式，保障孤儿妥善安置；通过机构照料、亲属照料、社区照料等途径，保障孤老、孤残人员妥善安置。

受灾省市根据《通知》要求，相继制定救助金和救济粮发放办法。迅速组织力量，深入重灾乡镇、村组，摸清核实地震灾害的基础性数据，以乡镇为单位登记造册、建立台账、明确对象，规范救助程序，落实向受灾困难群众发放3个月生活救助金和救济粮的政策。（参见图3）

图3　北川羌族自治县民政局局长王洪发（右一）向群众宣讲临时生活救助政策（四川省民政厅　提供）

二　临时生活救助资金拨付

5月20日，财政部、民政部预拨中央自然灾害生活救助资金25亿元，其中四川省18亿元、甘肃省4亿元、陕西省2.5亿元、重庆市0.4亿元、云南省0.1亿元。

5月22日，财政部、民政部向四川省预拨中央自然灾害生活救助资金5亿元。

7月8日，财政部、民政部预拨中央自然灾害生活救助资金29.42亿元，其中四川省23亿元、甘肃省4亿元、陕西省2.1亿元、重庆市0.01亿元、云南省0.31亿元。

8月15日，财政部、民政部预拨中央自然灾害生活救助资金23.32亿元，其中四川省17.83亿元、甘肃省5.49亿元。

5月20日至8月15日，财政部、民政部向四川省、甘肃省、陕西省、重庆市、云南省预拨中央自然灾害生活救助资金82.74亿元，其中四川省63.83亿元、甘肃省13.49亿元、陕西省4.6亿元、重庆市0.41亿元、云南省0.41亿元；救助受灾困难群众916.84万余人，其中“三无”人员885.02万余人、“三孤”人员31.82万余人。

各受灾省市根据民政部、财政部、粮食局《通知》要求，及时下拨中央自然灾害临时生活救助资金和救济粮，对“三无”人员和因灾造成的“三孤”人员及原“三孤”人员实施3个月的临时生活救助。

在临时生活救助期间，四川省有700万余“三无”人员、20万“三孤”人员需要救助。省财政5月26日预拨中央自然灾害临时生活救助金23亿元，7月20日预拨中央自然灾害临时生活救助金23亿元，9月20日下拨中央自然灾害临时生活救助金17.83亿元。至9月20日，四川省下拨中央自然灾害临时生活救助金 638298.65 万元（见表 4）。省民政部门在发放临时生活补贴的基础上，及时整合和利用全省各市州敬老院、福利院等社会救助福利机构资源，实行孤儿、孤老集中安置，对部分查找到亲属的“三孤”人员由亲属代养。各民政福利机构的工作人员克服人手少、接收安置人员多、工作量大等困难，精心照料接收安置人员。绵阳市社会福利院职工齐羽带病照顾 16 名孤儿，5 月 20 日因劳累过度殉职。宁夏回族自治区民政厅安排条件较好的福利院、敬老院，悉心照料接收的德阳市 83 名“三孤”人员。

5 月 26 日至 9 月 20 日四川省下拨中央自然灾害临时生活救助金分配统计表

表 4　　　　单位：万元

市（州）、扩权县（市）	补助资金	市（州）、扩权县（市）	补助资金
成　都	98654	南　充	4767
自　贡	185.93	阆　中	2475
富　顺	66.42	南　部	1366.34
泸　州	1.33	仪　陇	1472.13
泸　县	0.36	眉　山	5100
德　阳	24415	仁　寿	5308
绵　竹	47630	广　安	130.62
什　邡	38513	岳　池	1.83
广　汉	789	达　州	594
中　江	11824	大　竹	16.54
绵　阳	148351	渠　县	26.89
三　台	16931.57	宣　汉	50
江　油	67363	雅　安	8090
广　元	105426	巴　中	4264
遂　宁	5724	平　昌	108.09
射　洪	2337	资　阳	2562
内　江	20.95	简　阳	348
资　中	49.18	安　岳	732
威　远	17.17	阿　坝	30224
乐　山	1374.38	甘　孜	183.08
峨眉山	310.07	凉　山	336.77
夹　江	159	合　计	638298.65

说明：扩权县是指扩大管理权限的县

四川省各市州接到生活救助金后，及时下拨到各受灾县，发放到群众手中。汶川县映秀镇在发放临时生活救助金中，实行分级负责制，以村（社区）为单位，村（社区）对镇政府负责，镇对县级职能部门负责，县级部门对市州抗震救灾指挥部负责。为保证全镇因灾困难群众能及时收到临时生活救助，汶川县农业银行采取移动营业方式，从成都市把救助金直接运到映秀镇等地，与乡镇职能部门把救助金发到村（社区），再由村（社区）发到群众手中。仅 6 月 13 日，映秀镇就发放救助金 40 万余元，老街村 119 户 381 名群众、渔子溪村 198 户 698 名困难群众及时领到救助金。在绵竹市遵道镇高安村，80 岁的孤老刘惠珍捧着一个大大的“谢”字，逢人就举，感谢政府的救助。

在临时生活救助期，甘肃省有“三无”人员约 130.25 万、“三孤”人员 6.47 万需要救助。中央财政下拨甘肃省自然灾害临时生活救助金 13.49 亿元。省民政厅在 6—8 月，分 3 批向 10 个受灾市（州）下拨中央自然灾害临时生活救助资金 134376 万元（见表 5）；根据省民政厅、财政厅、粮食局《关于将省林业厅、省农垦系统直属单位震后困难职工和家属纳入临时生活救助范围的通知》，下拨陇南市白龙江林业局困难职工生活救助金 100 万元。剩余部分在后续生活救助期中分两批直接补助到 10 个受灾市（州）。

6—8 月甘肃省分配中央自然灾害临时生活救助资金情况统计表

表 5　　　　单位：万元

市（州）	第一批	第二批	第三批	市（州）	第一批	第二批	第三批
陇　南	28100	27633	39313	庆　阳	2150	2130	3015
天　水	3640	3404	4141	定　西	240	670	704
平　凉	1980	1619	2140	临　夏	30	198	195
白　银	670	1610	1080	兰　州	30	200	332
武　威	240	289	324	小　计	40000	40000	54376
甘　南	2920	2247	3132	合　计	134376		

甘肃省各市州接到临时生活救助金后，及时下拨。在临时救助中，陇南市发放临时生活救助金 94029 万元，其中武都区 26808 万元、康县 9915 万元、西河县 7861 万元、成县 6421 万元、两当县 2074 万元、文县 16596 万元、宕昌县 5258 万元、礼县 15004 万元、徽县 4092 万元。剩余 1017 万元留作抗震救灾备用资金。甘南藏族自治州发放临时生活救助金 8299 万元，其中舟曲县 3352 万元、迭部县 1685 万元、卓尼县 1373 万元、临潭县 1417 万元、碌曲县 147 万元、玛曲县 116 万元、合作市 80 万元、夏河县 129 万元。

在临时生活救助期，陕西省有“三无”人员 45.3 万余人、“三孤”人员 3.7 万余人需要救助。至 8 月 31 日，省财政厅共下拨中央自然灾害临时生活补助金 46000 万元，其中安康市 4476 万元、渭南市 1580 万元、西安市 1302 万元、杨陵区 72 万元、铜川市 810 万元、咸阳市 1731 万元、宝鸡市 15020 万元、汉中市 18356 万元、商洛市 2653 万元。各市、区收到临时生活救助金后，及时下拨至受灾县。5 月 20 日，中共中央政治局常委、中央书记处书记、国家副主席习近平到略阳县城关镇考察，仔细询问灾区群众生活情况，当问到还有什么困难时，受灾群众说：“政府对我们安置得很好，我们有水喝、有饭吃、有地方住，很满意。”汉中市、宝鸡市、咸阳市的受灾严重县区及时发放因地震造成的“三孤”“三无”人员救助金，发放中普遍实行“四审五签”制度，即由受灾群众提出申请，村民小组初审签字，村委会审核查实签字，乡镇核查小组复查审核签字，县区应急办审核批准签字，受灾群众领取资金物资时签字，保证生活救助金及时发放到受灾群众手中。洋县要求各乡镇救灾资金物资发放评议实行百分制。乾县由县政府督查室、民政局和科技局组成联合核查小组，逐村逐户核查全县 20 个乡（镇）受灾群众人数，做到乡不漏村、村不漏户、户不漏人。永寿县 13 个乡（镇）249 个行政村，对各乡镇初查上报的受灾户，进行全面核查评估鉴定，逐户建立入户核查档案和台账，实行受灾户主、村干部、乡镇民政专干、乡镇领导、县核查组五级审核签字制度，并在每张入户核查表上均留有 5 个检查单位相关人员的电话号码，以便抽查审核。淳化县为受灾群众中“三无”“三孤”人员上门发放生活救助金 140 万元。发放中实行救助对象、县和乡民政、审计、纪检干部“五到场、五签字、五盖章”制度。

在临时生活救助期，重庆市有困难群众 6.51 万余人需要救助，其中“三无”人员 4.91 万余人、“三孤”人员 1.6 万余人。市民政局、财政局分两批下达中央自然灾害生活救助金 4100 万元。6 月 23 日，下拨万州区等 40 个区（县）群众生活救助金 4000 万元。8 月 12 日，下拨万州区等 40 个区（县）群众生活救助金 100 万元。各区县收到拨付的临时生活救助金后，及时下拨到各乡镇。梁平县对“三无”人员实施临时救助，并对受灾原“三孤”人员在原有生活费基础上每月补足 600 元；城镇孤老每人补助 900 元，城镇孤儿每人补助 750 元，农村“三孤”人员每人补助 1500 元；在临时生活救助期，解决了 2355 人的生活困难问题，其中城镇孤老 137 人、城镇孤儿 61 人、农村“三孤”2157 人。永川区为群众发放救助金 34.98 万元，对 69 名“三无”人员实施临时救助，其中农村低保 19 人、“三无”人员 50 人，发放救助金 6.21 万元；对因灾造成的“三孤”人员，按每月 600 元标准发放生活救助金，解决 5 人，发放救助金 0.9 万元；对受灾原“三孤”人员，在原有生活费基础上每月补足 600 元；在临时生活救助期，救助困难群众 1270 人，发放救助金 183.79 万元。

在临时生活救助期，云南省有“三无”人员 44583 人、“三孤”人员 450 人需要救助。6 月 5 日、7 月 31 日，省民政厅、财政厅下达昭通市中央生活救助金 4100 万元。昭通市 6 月 10 日、8 月 8 日分两批将预拨的中央生活救助金及时下拨到各县区（见表 6）。

6 月 10 日至 8 月 8 日云南省昭通市分配中央自然灾害临时生活救助金情况统计表

表 6　　　　单位：万元

县（区）	第一批	第二批	县（区）	第一批	第二批
昭　阳	30	77	盐　津	80	332
巧　家	60	212	永　善	200	646
大　关	100	328	镇　雄	100	191
绥　江	200	560	威　信	50	62
彝　良	50	58	小　计	1000	3100
水　富	100	556	合　计	4100	
鲁　甸	30	78			

三　中央救济粮拨付发放

中央救济粮拨付　根据国务院抗震救灾总指挥部第8次会议精神，发展改革委、财政部、粮食局、中国农业发展银行分3批向受灾省市下拨中央救济粮（原粮）62.63万吨。9月8日，根据受灾困难群众人数的调整及原粮折率，又调减中央救济粮11112吨，中央财政累计负担救灾粮折款102186万元。要求救济粮从中央储备原粮中划拨给省级政府，由省级政府统一负责原粮出库、调运、加工，免费提供给救助对象。救济粮按各地饮食习惯提供，对四川省提供约80%稻谷、20%小麦，对重庆市、云南省提供70%稻谷、30%小麦，对甘肃省、陕西省全部提供小麦。

5月20日，发展改革委、财政部、粮食局、中国农业发展银行联合下发通知，向四川省、甘肃省、陕西省、重庆市、云南省下达第一批中央救济粮38.4万吨（含5月15日国家有关部门已对四川省安排的稻谷10万吨、小麦5万吨），折合成品粮25.57万吨（折合比率：稻谷折大米65%、小麦折面粉69%）（见表7）。

5月20日中央救济粮分配统计表

表7　　单位：万吨

省（市）	救灾成品粮数量			中央救济粮数量		
	成品粮总数	面　粉	大　米	原粮总数	小　麦	稻　谷
四　川	18.38	3.68	14.70	27.95	5.33	22.62
甘　肃	4.11	4.11	0	5.96	5.96	0
陕　西	2.58	2.58	0	3.74	3.74	0
重　庆	0.40	0.12	0.28	0.60	0.17	0.43
云　南	0.10	0.03	0.07	0.15	0.04	0.11
合　计	25.57	10.52	15.05	38.40	15.24	23.16

7月7日，发展改革委、财政部、粮食局、中国农业发展银行联合下发通知，向四川省、甘肃省、云南省下达第二批中央救济粮19.85万吨，折合成品粮13.14万吨（见表8）。

7月7日中央救济粮分配统计表

表8　　单位：万吨

省　份	救灾成品粮数量			中央救济粮数量		
	成品粮总数	面　粉	大　米	原粮总数	小　麦	稻　谷
四　川	11.29	2.26	9.03	17.17	3.28	13.89
甘　肃	1.79	1.79	0	2.59	2.59	0
云　南	0.06	0.02	0.04	0.09	0.03	0.06
合　计	13.14	4.07	9.07	19.85	5.90	13.95

在救助期后，根据地震灾区受灾群众需求及民政部门核定的需救助人数，9 月 8 日，发展改革委、财政部、粮食局、中国农业发展银行联合下发通知，向四川省、甘肃省、云南省下达第三批中央救济粮 54903 吨；同时调减陕西省、重庆市中央救济粮 11112 吨，救助灾区困难群众 868 万人（见表 9）。

9 月 8 日中央救济粮分配统计表

表 9　　单位：吨

省（市）	中央救济粮数量			省（市）	中央救济粮数量		
	原粮总数	小　麦	稻　谷		原粮总数	小　麦	稻　谷
四　川	47035	5292	41743	陕　西	-7199	-7199	0
甘　肃	7028	7028	0	重　庆	-3913	-1120	-2793
云　南	840	201	639	小　计	-11112	-8319	-2793
小　计	54903	12521	42382				

中央救济粮发放　受灾省市接到中央救济粮抗震救灾计划通知后，及时组织加工、下拨中央救济粮。在临时救助期中，四川省接收下达中央救济粮 45.12 万吨（见表 10）。

6—8 月四川省中央救济粮分配统计表

表 10　　单位：吨

市（州）	第一批			市（州）	第二批		
	小　麦	稻　谷	小　计		小　麦	稻　谷	小　计
成　都	5300	22300	27600	成　都	7079	29918	36997
绵　阳	17400	73900	91300	绵　阳	13678	57804	71482
德　阳	10100	42800	52900	德　阳	5798	24500	30298
广　元	8700	36900	45600	广　元	4427	18708	23135
南　充	1900	7900	9800	南　充	272	1150	1422
眉　山	1300	5700	7000	眉　山	88	372	460
阿　坝	2500	10700	13200	阿　坝	1185	5007	6192
遂　宁	600	2600	3200	遂　宁	431	1824	2255
巴　中	500	2300	2800	巴　中	43	181	224
雅　安	2100	9100	11200	广　安	20	84	104
资　阳	800	3300	4100	凉　山	37	155	192
自　贡	200	800	1000	甘　孜	13	53	66
乐　山	1200	5300	6500	达　州	129	544	673
内　江	300	1200	1500	小　计	33200	140300	173500
小　计	52900	224800	277700	合　计	451200		

在临时生活救助期中，甘肃省粮食厅接收中央救济粮原粮 9.25 万吨，加工成面粉后下拨陇南市 46634 吨、甘南藏族自治州 4687.5 吨、天水市 5005 吨、庆阳市 2091 吨、平凉市 2437 吨、定西市 5327 吨、白银市 1735 吨、临夏回族自治州 239 吨、兰州市 42 吨。至 8 月 31 日，甘肃省共下拨救济粮成品粮约 6.82 万余吨，其中拨付中央救济粮 5.28 万吨，收到各界捐赠粮约 1.54 万吨。省粮食厅向陇南市调拨救灾面粉约 46634.31 吨，其中武都区 13320.56 吨、文县 8330.25 吨、康县约 4944.96 吨、西和县 3905.22 吨、徽县 2003 吨、成县 3204 吨、两当县 1015 吨、礼县 7455 吨、宕昌县 2456.32 吨。甘南藏族自治州在抗震救灾期间，调运面粉 4687.85 吨、大米 50 吨、食用油 20.44 吨，其中调运中央救济粮 3884 吨，分配到舟曲县、迭部县、卓尼县、临潭县 61 个受灾乡（镇）。舟曲县 19 个乡（镇）调拨面粉 2295 吨、食用油 15 吨，迭部县 11 个乡（镇）调拨面粉 1147.85 吨、大米 35 吨、食用油 5.44 吨，临潭县 16 个乡（镇）调拨面粉 622.5 吨、大米 2.5 吨，卓尼县 15 个乡（镇）调拨面粉 622.5 吨、大米 12.5 吨。

中央救济粮抗震救灾计划下达后，5 月 21 日，陕西省政府召开会议，研究落实中央救济粮抗震救灾计划事宜。会议确定，供应品种按各地饮食习惯，对陕南地区提供 50% 大米、50% 面粉，对关中地区全部提供面粉；原粮出库、调运和加工等费用，原则上以原粮加工副产品收入抵顶，不足部分由省财政厅在省抗震救灾资金中统筹解决；免收救灾粮在省内运输的路桥通行费用。27 日，省粮食厅、财政厅、中国农业发展银行陕西省分行、中储粮总公司西安分公司、省储粮公司联合下发《关于下达第一批中央救济粮抗震救灾调拨、加工、供应计划的紧急通知》，明确中央救济粮调拨、加工数量及质量标准，要求救济粮实行原粮提货制和成品粮送货制。出库救济原粮必须符合国家储备粮质量标准，加工后的成品救灾粮，面粉与大米分别符合国家“特制二等”小麦粉及“标准一等”晚籼米、晚粳米的质量标准规定。至 8 月 31 日，省粮食厅下拨中央救济粮成品粮 25162.8 吨，其中西安市 70.8 吨、宝鸡市 8322.6 吨、咸阳市 1599 吨、渭南市 480 吨、铜川市 219 吨、汉中市 12482.4 吨、安康市 1299 吨、商洛市 669 吨、杨陵区 21 吨。汉中市按照中央救济粮抗震救灾计划要求，由粮食部门按照救灾计划，组织救济粮原粮出库、加工和成品粮调运到县区政府所在地；民政部门负责提供救济粮救助名单并会同粮食部门、乡镇政府将成品粮及时发放给救助对象。5 月 25 日，第一批中央救济粮 120 吨运抵宁强；28 日，120 吨中央救济粮发放到宁强县青木川镇长沙坝和玉泉坝受灾群众手中。

在临时救助中，重庆市按照“统一组织、分级负责、落实责任、确保供应”的原则，迅速安排粮源及粮食加工，将中央救济粮及时划拨至地震灾区。至 8 月 31 日，重庆市向灾区“三无”困难群众调拨大米约 934.19 吨、面粉约 400.37 吨。各区县政府负责粮食调运及发放给“三无”困难群众，梁平县及时将调拨的中央救济粮下拨到 33 个乡（镇），按每人 32 公斤大米、14 公斤面粉标准，下拨大米 177.13 吨、面粉 75.91 吨。永川区按每人每天发放 0.5 公斤大米，共下拨大米 17.49 吨（见图 4）。

5 月 20 日至 9 月 8 日，云南省分 3 批向昭通市调拨中央救济粮 2185 吨，救助困难群众和“三无”“三孤”人员 6787 户、33128 人。

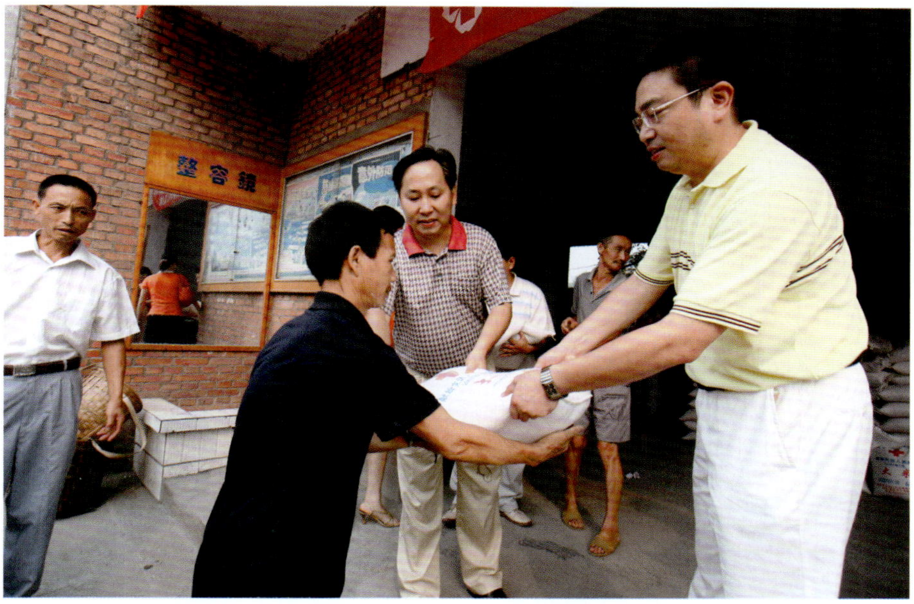

图 4　6 月 27 日，重庆市永川区民政局干部为受灾群众发放救济粮
（重庆市民政局　提供）

第三节　后续生活救助

一　后续生活救助政策制定

6 月 11 日，民政部、财政部联合组成政策调研组赴四川地震灾区，就 6—8 月临时生活救助过后，继续对地震灾区困难群众实施生活救助问题进行调查研究。调研组深入 9 个重灾市、县部分乡镇，走访受灾群众集中安置点，召开省、市、县、乡镇、村干部座谈会听取意见和建议。6 月 15 日至 7 月 6 日，调研组先后向国务院提交《四川受灾群众临时生活救助调研报告》《汶川地震灾区群众生活未来安排政策方案选择》及 4 份《关于汶川地震灾区临时生活救助的后续政策建议》。报告和建议提出，国家在前期向受灾群众实施生活救助后，灾区迫切需要得到新的国家救助政策，以尽快恢复正常生产生活秩序，建议 3 个月临时生活救助结束后，在 9—11 月继续实施临时生活救助。

7 月 12 日，温家宝主持召开国务院抗震救灾总指挥部第 23 次会议。李学举代表民政部、财政部作了《关于汶川地震灾区困难群众后续救助政策的汇报》。会议决定在 3 个月临时生活救助到期后，对四川、甘肃、陕西地震灾区困难群众继续给予后续生活救助。18 日，民政部、财政部下发《关于对汶川地震灾区困难群众实施后续生活救助有关问题的通知》。通知指出，在实施 3 个月临时生活救助政策后，对地震灾区四川省、甘肃省、陕西省困难群众继续给予后续生活救助。后续救助对象包括“三孤”人员，生活困难的遇难（含失踪）者、重伤残者家庭人员，异地安置人员，因灾住房倒塌或严重损坏且生活困难受灾群众。救助时间为 9—11 月。

后续救助为现金补助，不再发放口粮，每人每月平均200元。通知要求，各省要根据灾区救助对象生活困难情况，实施分类救助，适当提高“三孤”和生活困难的遇难（含失踪）者、重伤残者家庭人员补助标准。补助标准由省级民政、财政部门统一制定，报省级政府批准后执行。实施后续救助政策所需的资金，由中央财政予以补助，一次性切块安排给地方，包干使用。在11月底后续救助政策到期后，生活困难仍需救助的灾区群众，可分别不同情况纳入城乡最低生活保障、农村“五保”供养和冬春临时生活困难救助制度，保障其基本生活。灾区各级民政、财政部门及早准备，摸清各类需救助对象的人数，做好政策衔接，保障后续生活救助政策向现行社会救助制度平稳过渡。通知要求，灾区各级民政、财政部门要严格按照“民主评议、登记造册、张榜公布、公开发放”的程序，及时将补助金发放到救助对象手中。

二　后续生活救助资金拨付

9月21日，财政部、民政部按照国务院抗震救灾总指挥部第23次会议精神，预拨中央自然灾害生活救助资金12.5亿元，用于地震灾区困难群众后续生活救助，其中预拨四川省10亿元、甘肃省2亿元、陕西省0.5亿元。

11月10日，财政部、民政部安排中央自然灾害生活救助资金12.5亿元，其中四川省10亿元、甘肃省2亿元、陕西省0.5亿元。

在后续生活救助期，财政部、民政部安排25亿元中央自然灾害后续生活救助资金，救助受灾困难群众381.72万人，包括生活困难的遇难（含失踪）者、重伤残者家庭人员、异地安置受灾人员、因灾住房倒塌或严重损坏且生活困难的受灾人员及“三孤”人员。

根据民政部、财政部《关于对汶川地震灾区困难群众实施后续生活救助有关问题的通知》《关于下达2008年中央自然灾害生活补助资金的通知》，四川省、甘肃省、陕西省结合实际情况，开展地震灾区群众后续生活救助工作。

四川省及时下拨中央自然灾害后续生活救助资金20亿元，救助地震灾区困难群众327.3万人（见表11）。

9—11月四川省分配中央自然灾害后续生活救助资金情况统计表

表11　　　　单位：万元

市、县	第一批	第二批	小　计	市、县	第一批	第二批	小　计
成　都	7500	7500	15000	广　汉	72	72	144
德　阳	4774.50	4774.50	9549	江　油	12127.50	12127.50	24255
绵　阳	27139.50	27139.50	54279	三　台	2832.50	2832.50	5665
广　元	17006	17006	34012	射　洪	284.50	284.50	569
巴　中	663.50	663.50	1327	阆　中	274.50	274.50	549
雅　安	1594.50	1594.50	3189	南　部	231.50	231.50	463
阿　坝	7859.50	7859.50	15719	仪　陇	100.50	100.50	201

续表 11

市、县	第一批	第二批	小　计	市、县	第一批	第二批	小　计
甘　孜	4	4	8	夹　江	12	12	24
绵　竹	8042	8042	16084	仁　寿	518.50	518.50	1037
什　邡	6555	6555	13110	简　阳	41.50	41.50	83
中　江	2366.50	2366.50	4733	合　计	100000	100000	200000

甘肃省分两批下拨后续生活救助资金 40438 万元，其中陇南市 25448 万元、甘南藏族自治州 3000 万元、庆阳市 1320 万元、平凉市 3711 万元、临夏回族自治州 140 万元、武威市 145 万元、兰州市 316 万元，天水市、白银市、定西市以“三孤”救助为重点，分别下拨 4074 万元、1320 万元、964 万元，救助灾区困难群众 57.25 万余人。

陕西省下拨后续生活救助资金 1 亿元，救助灾区困难群众 13.97 万余人（见表 12）。

9—11 月陕西省分配中央自然灾害后续生活救助资金情况统计表

表 12　　　　单位：万元

市、区	金　额	市、区	金　额	市、区	金　额	市、区	金　额
西　安	220	咸　阳	635	安　康	1170	合　计	10000
宝　鸡	2450	汉　中	5500	杨　陵	25		

第四节　冬春生活救助

一　冬春生活救助资金拨付

随着天气逐渐转冷，地震灾区尤其是偏远山区受灾群众越冬面临困难。财政部、民政部在安排受灾群众冬春生活困难补助资金时，重点向地震灾区倾斜，共向地震灾区下拨冬春救助资金 14.82 亿元，占全国冬春救助资金总量的 37%，其中四川省 6.53 亿元、甘肃省 3.11 亿元、陕西省 2.28 亿元、重庆市 0.94 亿元、云南省 1.96 亿元。受灾省市地方财政安排冬春救助配套资金 2.23 亿元。

在冬春救助期间，四川省有地震灾区困难群众 870.7 万人。12 月 30 日，四川省财政厅下拨第一批中央冬春救助金 29400 万元（见表 13）。

至12月30日四川省第一批冬春救助金分配统计表

表13　　单位：万元

市（州）、扩权县	金　额	市（州）、扩权县	金　额
成　都	419	富　顺	227
攀枝花	460	泸　州	615
盐　边	207	泸　县	252
德　阳	687	绵　阳	2983
中　江	587	三　台	623
广　汉	251	江　油	929
什　邡	973	广　元	2305
绵　竹	1032	内　江	493
遂　宁	610	威　远	197
射　洪	432	资　中	254
乐　山	692	南　充	1004
夹　江	185	南　部	363
峨眉山	300	仪　陇	386
宜　宾	645	阆　中	351
宜　宾	277	雅　安	827
达　州	696	巴　中	696
宣　汉	257	平　昌	253
大　竹	219	广　安	530
渠　县	250	岳　池	229
眉　山	575	华　蓥	199
仁　寿	544	阿　坝	1506
资　阳	455	甘　孜	1048
简　阳	254	凉　山	1451
安　岳	297	合　计	29400
自　贡	375		

2009年2月28日，四川省财政厅下拨第二批冬春救助资金39900万元，其中中央财政35900万元、省级配套资金4000万元（见表14）。

在冬春生活救助中，四川省下拨冬春救助资金69300万元，其中中央财政资金65300万元、省级配套资金4000万元。

甘肃省财政厅、民政厅分两批下拨中央冬春救助资金31100万元，其中2009年1月5日下拨14000万元、2009年3月5日下拨17100万元（见表15）。

2009年2月28日四川省第二批冬春救助金分配统计表

表14

单位：万元

市（州）、扩权县	金　额	市（州）、扩权县	金　额
成　都	341	盐　边	313
自　贡	753	泸　县	430
攀枝花	655	中　江	759
泸　州	1085	广　汉	329
德　阳	642	什　邡	650
绵　阳	2560	绵　竹	689
广　元	2563	三　台	760
遂　宁	1041	江　油	716
内　江	792	射　洪	526
乐　山	1254	威　远	278
南　充	2010	资　中	465
宜　宾	1215	夹　江	279
达　州	1265	峨　眉	408
雅　安	1188	南　部	561
巴　中	1176	仪　陇	585
广　安	840	阆　中	559
眉　山	1000	宜　宾	455
资　阳	710	宣　汉	570
阿　坝	1580	大　竹	420
甘　孜	1582	渠　县	550
凉　山	1845	平　昌	542
仁　寿	755	岳　池	436
简　阳	496	华　蓥	292
安　岳	565	合　计	39900
富　顺	415		

2009年1月5日、3月5日甘肃省分配中央冬春救助资金情况统计表

表15

单位：万元

市（州）		1月5日	3月5日	市（州）	1月5日	3月5日
灾区市（州）	兰　州	560	660	天　水	1470	1740
	白　银	1170	1390	庆　阳	1320	2000
	平　凉	1210	1650	陇　南	1610	1700
	定　西	1430	1650	甘　南	690	910
	临　夏	1190	1390	金　昌	160	170

续表 15

市（州）		1月5日	3月5日	市（州）	1月5日	3月5日
非灾区市（州）	嘉峪关	10	20	张 掖	1190	1400
	酒 泉	750	970	合 计	14000	17100
	武 威	1240	1450			

在冬春救助中，陕西地震灾区有困难群众14万余人。12月31日，省财政厅下拨冬春救助金11300万元，其中中央财政资金10300万元、省财政资金1000万元。2009年3月16日，省财政厅下拨冬春救助金13500万元，其中中央财政资金12500万元、省财政资金1000万元。陕西省共下拨冬春救助资金24800万元，其中下拨西安市1790万元、铜川市890万元、宝鸡市1680万元、咸阳市2510万元、渭南市3880万元、榆林市4120万元、延安市3170万元、汉中市2690万元、安康市2180万元、商洛市1850万元、杨陵区40万元。同时，陕西省通过省、市、县财政安排2000万元，对14万余受灾群众，每人发放一次性生活补助100元。

为保障地震灾区困难群众安全过冬，12月29日，重庆市财政局、民政局下拨万州区等40个区（县）冬春救助金4200万元。2009年3月23日，重庆市财政局、民政局下拨万州区等40个区（县）冬春救助金5200万元。重庆市共下拨冬春救助资金9400万元。

在冬春生活救助中，云南省安排救助地震灾区困难群众55万人。12月28日，省民政厅、财政厅下拨第一批中央冬春救助资金8800万元，其中昭通地震灾区1200万元。2009年3月20日，省民政厅、财政厅下拨第二批中央冬春救助资金10800万元，其中昭通地震灾区1450万元。云南省共下拨冬春救助资金19600万元。

后续救助政策到期后，民政部将生活困难仍需临时救助的地震灾区群众，纳入冬春灾区群众生活困难救助范围，救助时段为2008年12月至2009年5月。同时，针对地震灾区群众实际困难适当提高救助标准，将失地等原因造成生活困难需长期救助的灾区困难群众，纳入城乡低保；对"三孤"人员，纳入城市社会福利和农村"五保"供养体系予以保障。

从12月起，地震灾区受灾群众冬春生活救助开始实施，城乡低保、农村"五保"对象身份已甄别，部分社会福利机构、农村敬老院等重建基本完成，实现灾后临时救助政策与救灾、低保、社会福利和农村"五保"供养制度有序衔接。

二　冬春生活救助物资分配

在冬春救助中，民政部、财政部通过招标采购、发动社会捐赠等方式，提前部署冬春期间困难群众生活救助，保证受灾群众安全温暖过冬。9月12日、10月4日，民政部、财政部召开会议对采购棉帐篷工作进行研究，落实棉帐篷采购资金预算2.7亿元，采购救灾棉帐篷8万顶，其中安排四川省2万顶、甘肃省5万顶、陕西省0.3万顶，其余0.7万顶作为储备应对冬季其他自然灾害。9月中旬，民政部组织救灾棉帐篷采购招标；10月上旬，生产企业开始生产，并采取"边生产、边发运”的方式，使救灾棉帐篷于 11 月上旬全部运抵各受灾地区。

各受灾地区积极做好灾区群众冬季救助。10 月 22 日，北川羌族自治县县委、县政府下发《关于切实做好受灾群众安全过冬工作的紧急通知》，部署受灾群众安全过冬工作。明确县委书记、县长为群众安全过冬的第一责任人，分管领导为具体责任人，联系乡镇的其他领导承担捆绑责任；各乡镇为责任主体，与县委、县政府签订《保证受灾群众安全越冬工作承诺书》，并作为年底工作目标重要考核内容，实行“一票否决”。县及各乡镇立即组织人员调查受灾群众的基本情况，摸清底数，登记建卡。至 11 月 30 日，北川羌族自治县民政部门向受灾困难群众发放棉被 15 万余床、棉衣（裤）20 万余套（件）、毛毯 6000 余床、电热毯 860 床，全县乡镇学校、企业接受御寒物资 22.54 万件。北川羌族自治县存储粮食 7140 吨、食用油 8.2 吨，1.1 万余户、近 3.21 万名受灾群众住进永久性住房。陈家坝乡青林村 8 组受灾群众张财蓉领到一床 3 公斤重的棉被、一套崭新的棉衣裤、每月 6 公斤大米和 1 个烤火盆。张财蓉边烤着火边对乡、村干部说：“有住、有吃、有穿、有火烤，这个冬天不觉得冷了。”至 12 月 5 日，四川省拨出御寒物资专项资金 2.15 亿元，筹集发放棉被（絮）379.19 万床、棉衣（裤）451.08 万件（套）、衣裤 431.89 万件（条）、电热毯 31.95 万床、取暖器 13.91 万台及热水袋、烤火炉等其他取暖用品，其中电热毯主要发给重灾地区乡镇活动板房区内居住群众及“五保户”、“三孤”人员等，保证受灾困难群众安全温暖过冬。

甘肃省通过政府采购的形式从外省市调运燃煤等取暖物资，为陇南市、甘南藏族自治州、天水市安排 2741 万元过冬取暖资金，并提高灾区取暖补助标准，安排受灾群众安全过冬。陇南市武都区及时发放过冬棉帐篷 13910 顶、棉衣（裤）84655 件（套）、棉被（含毛毯）43056 床，配发燃煤 160 吨、煤炉 2500 个（套）、电热毯 1800 床。

财政部、民政部对地震灾区群众取暖用煤情况予以考虑，地震灾区越冬所需取暖用煤、取暖设备由灾区地方政府在安排下拨的中央自然灾害生活救助资金中统筹解决。

第三章　生活物资筹集发放

第一节　生活物资筹集

一　物资调拨

饮用水调拨　地震造成重灾地区集中供水设施严重损坏、供水中断；灾区河水因地震及泥石流等次生灾害污染，井水变色、变味，无法饮用，使灾区群众饮水紧张。地震发生初期，有些地区一瓶饮用水被卖到7元，不久根本就买不到瓶装饮用水。至5月24日，四川、甘肃、陕西地震灾区仍有1200万余人缺少饮用水。

水利部组织力量抢修和恢复地震灾区供水设施，在县城、乡镇周边群众安置点依托市政、乡镇供水网管延伸供水，铺设临时性管网，解决部分灾区群众的饮水困难。同时，发展改革委、救援部队针对地震灾区安置点原水直供方式，水质不稳定、不达标，水源急需净化等问题，迅速调拨净水设备，过滤消毒供水。民政部、商务部等部门紧急调拨瓶装饮用水，缓解群众饮水困难问题。

净水设备调拨。重庆市发展改革委经济动员办公室5月14日组织调集12辆野战净水车，每辆净水车处理饮用水4吨/小时或生活用水5吨/小时，可解决3000～10000人饮水问题。26日，又调集21辆净水分装车，每辆净水分装车处理饮用水1吨/小时。至31日，重庆市发展改革委经济动员办公室向地震灾区调集35辆野战净水车、21辆净水分装车、20辆野战淋浴车及配件、耗材等前往地震地区。16日，浙江省发展改革委经济动员办公室组织协调国家净水设备技术动员中心和浙华水务有限公司，紧急生产SMT-UF-500型应急超滤膜水质处理器100套，价值247万元。6月5日，100套超滤膜水质处理器空运至成都。

住房城乡建设部第一台50吨/日碟管式反渗透应急供水设备5月13日晚自海口市调往四川

灾区。同时，第二台应急供水设备和10万片饮水消毒片在北京装运，另有20万片饮水消毒片在重庆装运。14日晚，首批2台应急供水设备、80万片饮水消毒片运抵四川灾区。至6月14日，住房城乡建设部共支援地震灾区移动净水设备92台，总供水能力达到2616吨/日，可满足26万人的饮水需求，缓解了部分极重灾区和重灾区群众饮水问题。另外，住房城乡建设部组织各地建设部门提供1000套单兵用净水器、30台手摇水泵、10台柴油发电机、7套纯二氧化氯消毒设备、130万片饮水消毒片和1套水质安全在线生物预警系统，其中5月15日9时30分，江苏省建设厅从苏州市建设局调运的6台膜处理净化水设备、1000台便携式野外净水器起运。16日，住房城乡建设部调往四川灾区的首台50吨/日碟管式反渗透应急供水设备在绵竹市汉旺镇香山村投入使用，为周边1万余居民提供饮用水，每天凌晨急需取水的居民排队长达两公里。

成都军区联指迅速调集多功能净水车、野战淋浴车、保障车辆等40余辆，从5月15日起，先后在青川、北川、汶川、理县、茂县、绵竹、什邡、彭州等地开设15个野战供水站、淋浴站，保障30万人用水、1.5万人洗浴，缓解了灾区群众生活用水问题。17日，为配合救援部队"进村入户"搜救群众，成都军区联勤部基建营房部从北京购买100台便携式净水器，空运至成都，并于19日与总部配发的单兵野战淋浴袋、饮水消毒片和12万瓶饮用水，送到救援部队官兵和灾区群众居住地。

美国GE、德国西门子、法国威利雅等公司援助四川地震灾区应急供水设备5月19日到达灾区。

中国红十字会与红新月会国际联合会ERU（应急反应工作组）6月2日携带5台水净化设备到地震灾区开展水净化工作。每台设备每小时可净化2.5～3吨水，每天为36个供水点提供50吨饮用水。（参见图5）

图5　5月19日，宁夏红十字会首批装载救援物资车辆赶赴地震灾区

（刘燕平　摄影）

瓶装饮用水调拨。地震造成四川灾区30万人急需5天左右饮用水的救助。四川省各级民政部门及时调拨50万箱饮用水运往地震灾区。至5月30日，省民政系统先后向重灾地区调运饮用水42809吨。至5月26日，甘肃省民政厅向地震灾区调拨饮用水22130箱。陕西省商务厅5月13日下发《关于做好抗震救灾期间部分生活必需品市场供应工作的紧急通知》，开始调运方便食品和饮用水。陕西省各级民政部门共向地震灾区调拨饮用水约16.55万箱。重庆市民政局向地震灾区调拨饮用水300箱。

商务部组织协调全国各地商务部门向地震灾区调拨瓶装饮用水，尽快解决地震灾区群众饮水困难。截至5月17日，商务部向地震灾区调拨216万箱饮用水，缓解供水中断灾区群众的饮用水问题。同时，四川省商务厅组织各市州商务部门向地震灾区紧急调拨饮用水。12日晚，乐山市商务局调集3.5吨饮用水调运至德阳。14日，自贡市商务局调运饮用水等10卡车、价值70万余元的抗震救灾物资，运往德阳市。14日，宜宾市商务局调集1000箱饮用水运往地震灾区。16日，泸州市商务局调集1250件饮用水运往地震灾区。德阳市商务局组织8家重点生产企业，每天调集不少于600件饮用水等生活物资，送往极重灾区的绵竹市、什邡市。绵竹市利用“万村千乡市场工程”① 试点企业融融百货配送中心，调拨、分发价值30万元饮用水和食品，广汉市商务局也向绵竹市调运桶装水、饮用水及食品等生活物资。

其他各受灾省市商务部门也积极向灾区调拨饮用水，帮助四川地震灾区解决群众饮水困难。重庆市商业委员会迅速组织饮用水运往四川灾区，至18日晚，共向四川地震灾区运送饮用水17.99万瓶及6900件。15日，云南省商务厅紧急调拨价值30万元的饮用水等生活物资40吨，从通往四川省最近的陆路通道连夜运往四川地震灾区。（参见图6）

图6　5月16日，各地向四川受灾地区紧急调拨大批瓶装饮用水
（四川省民政厅　提供）

① 万村千乡市场工程：由商务部2005年2月启动，通过安排财政资金，以补助或贴息的方式，引导城市连锁店和超市等流通企业向农村延伸发展“农家店”。

食品调拨　地震波及范围广，房屋倒塌严重，群众生活物资被压埋，需要转移安置的群众数量大，部分灾区群众断粮，急需大量食品解决群众基本生活困难。

国务院抗震救灾总指挥部5月18日会议提出，要着力安排好受灾群众的生活，认真解决好灾区群众吃饭问题，抓紧调运方便食品等生活物资。发展改革委立即组织各省市发展改革委紧急向地震灾区调运食品143481件。14日，四川省发展改革委经济动员办公室调拨罐装食品7000件、方便面405箱运往德阳；至17日，协调遂宁市食品企业，调拨各类罐装食品320吨、火腿肠16620件等生活物资70吨；同时，每天组织130吨各种罐装方便食品运往地震灾区。25日，四川省经济委员会调集食盐3吨、铁锅200口，运往绵竹市金花镇。5—6月，上海市发展改革委协调调拨"乐惠"快速米饭28万份、近65吨军用多种型号压缩饼干等运往地震灾区。15日，福建省发展改革委经济动员办公室调拨2万箱"古龙"牌午餐肉和香菇肉酱罐头110吨，价值270万元，运往地震灾区。17日，湖北省物流配送应急保障动员中心调拨1万箱"康师傅"方便面，紧急运往四川地震灾区。（参见图7）

图7　5月14日9时18分，成都军区某陆航团4架直升机装载灾区急需物资从成都凤凰山机场起飞。10时45分，抵达汶川县后群众搬运救灾物资。这是地震后第一架成功降落在汶川地震灾区的飞机

（张雷　摄）

受灾省市民政部门及时向本省受灾市州调拨食品。5月25日，甘肃省民政厅及时调拨方便面4.8万箱、奶制品70吨、面包及饼干4386袋，运往各受灾市、县。

商务部组织重点流通企业向地震灾区调拨方便面348万桶、饼干308吨、液态奶400吨、火腿肠60吨、奶粉47吨、蔬菜11957吨，调拨中央储备冻猪肉290吨。各受灾省市商务部门也紧急组织向地震灾区调拨食品。5月12日晚，德阳市商务局组织6卡车约60吨食品物资，23时许运抵绵竹、什邡。13日凌晨，又调拨1000余份牛奶、饮用水、面包、饼干等食品送往德阳市医院、被困学生及紧急转移到德阳的500余名老人和孩子手中。14日，宜宾市商务局调拨方便面960箱及牛奶、饼干、蛋糕等食品运往灾区。14—15日，广安市商务局调集1.3万余件、价值40万余元的方便食品运抵德阳、绵阳。至15日，乐山市商务局分3批向德阳市调拨食品73吨。16—17日，泸州市商务局调拨饼干1000件、方便面1000件，价值100万元的方便食品2.03万件，运往地震灾区。

甘肃省商务厅5月14日向地震灾区调拨6车1.2万箱方便面、1000箱饼干。15日，陕西省商务厅紧急调拨50吨饼干、沙琪玛等食品运往青川。重庆市商委调拨89.3万桶（盒）方便面、17.97万袋饼干等价值40万元的各类食品，运抵地震灾区。云南省商务厅15—18日紧急调拨方便面2000件、面包1400件、饼干1460件、火腿肠567件、牛奶32.25吨、酸奶27.75吨及价值30万元的40吨食品，运往四川地震灾区。

衣被调拨　地震受灾地区多为高山峡谷地带，重灾地区房屋倒塌，群众的衣被大部分被掩埋；地震后大部分灾区出现降雨天气，受灾群众在转移安置中，无法随身携带足量的衣被，夜晚住宿在室外，急需大量棉衣被等生活物资。

5月18日，民政部接到四川省急需50万床棉被、100万套衣服，甘肃省急需10万床棉被、18万床棉被褥、35万套棉衣（裤），陕西省急需20万床棉被、20万床棉被褥的需求报告，立即组织各级民政部门向地震灾区调拨棉衣被，紧急调拨中央救灾物资储备库（以下简称中央库）衣被等救灾物资，解决灾区群众生活困难。至15日15时，民政部向各地震灾区调拨救灾棉被22万床、棉衣17万件，其中向四川省调拨救灾棉被20万床、棉衣15万件，向甘肃省调拨救灾棉被2万床、棉衣2万件。陕西省民政厅在应急期调拨棉衣被58万床（套）。同时，民政部会商解放军总参谋部作战部向汶川县空投棉大衣、棉被，及时送到受灾群众手中。

全国各地、各级政府、解放军、中华慈善总会、中国红十字会、境外也向地震灾区紧急调运衣被等救灾物资。在应急救助期间，国家物资储备局向地震灾区调运救灾衣物8.51万余件、其他物品约19.46万件。截至7月12日，各级政府、解放军、中华慈善总会、中国红十字会与境外共向灾区调运棉被486.69万床、衣物410.13万件、毛毯13万件、毛巾被12万件。（参见图8）

帐篷及彩条布调拨　地震造成灾区房屋严重损毁，需要过渡安置灾区群众1510.6万余人。四川重灾地区房屋倒塌率达70%～80%。灾区强余震频发，使倒损房屋数量及需要过渡安置的受灾群众人数不断增加。重灾地区群众不断转移到城镇及相对安全、人员集中的区域，灾区救灾专用帐篷数量与需要安置群众的实际需求相差甚远。在应急救助期，地震灾区大量简易棚、工棚、钢

图8　江油市临时安置点组织救灾物资发放
（四川省民政厅　提供）

管大棚及成品帐篷多为灾区群众自建，在实际应用中先后出现卫生、消防及大量破损等问题，城镇滞留了大量受灾群众在塑料布、竹席、纸板搭建的简易窝棚中度日，难以维持基本生活。灾区政府、民政部门的应急救灾专用帐篷储备数量有限，运输又需要一段时间，受灾群众临时安置工作压力巨大。

5 月 12 日 15 时 40 分，民政部向所属 10 个中央库发出紧急调令，要求将库存的 14.96 万顶帐篷通过铁路、公路立即运往地震灾区，缓解受灾群众安置问题。民政部决定，从距离成都最近的西安中央库，调拨 5000 顶救灾帐篷迅速运往四川地震灾区。12 日夜，首批 2000 顶救灾帐篷从西安中央库启运。至 13 日 18 时，民政部共向各地震灾区调拨救灾帐篷 100380 顶，其中四川省 95880 顶、甘肃省 3500 顶、陕西省 1000 顶。（参见图 9）

图 9　5 月 13 日，武警黑龙江省总队官兵紧急装运救灾帐篷运往地震灾区
（民政部　提供）

5月12日地震发生当天，中国红十字会紧急调拨帐篷1057顶，四川省红十字会连夜将557顶帐篷运抵都江堰、北川、绵竹、彭州等地震灾区。

发展改革委在地震后立即组织各省市发展改革委向灾区调拨帐篷及彩条布。物资储备局5月13日紧急调拨1万顶救灾帐篷运往四川地震灾区。在应急救助中，物资储备局紧急调运棉帐篷9.71万余顶。其中，湖北储备物资管理局338处5月12日22时至13日5时，装运救灾帐篷1万顶、20节火车皮，运往地震灾区。四川省发展改革委经济动员办公室15日凌晨调拨20顶帐篷，运往绵竹地震灾区。四川省经济委员会19日将39吨彩条布运往德阳地震灾区；25日，又组织彩条布10吨运往灾区。

药品医疗器械调拨 地震造成灾区受伤群众人数多，公共医疗设施严重受损，外伤急救药品、医疗设备紧缺。5月14日，汶川县映秀镇中心卫生院院长告急："映秀镇急需医疗器械和药品，卫生院的药品目前已基本用尽。近两日如果没有足够的医疗器械和药品，伤员的死亡率和截肢率都会大幅度上升。"同时，灾区安置点急需大量防疫消毒药品及医护用品。

根据地震灾区急需药品及医疗器械的紧迫情况，发展改革委会同解放军总后勤部5月13日紧急启动地方企业为部队代储药品应急动员机制，商定调拨代储药品的单位及药品、医疗器械清单。13日下午，北京市、河北省、辽宁省、上海市、江苏省、浙江省、山东省、河南省发展改革委、药品监管部门和17家代储战备药品医疗器械企业接到药品调令后，陆续将外伤止血、抗菌消炎、镇静麻醉、防疫消毒等100余种救灾急需药品和医疗器材及时运往地震灾区。国药集团向四川省18家麻醉药品企业发送4万支止痛药品。国药控股公司紧急调拨血容量补充药、凝血药等药品。14—15日，第一批价值2500万元救灾药品从8个省（市）10个地区经航空、公路等方式，迅速运抵地震灾区。首批药品从调令下达、药品筹集、运输抵达仅用12个小时，极大地缓解了灾区药品、医疗器械的紧张局面。

5月16—18日，第二批救助药品从各地运抵灾区。北京地区的北京科园信海医药经营有限公司、北京君安康科技有限公司、北京医药股份有限公司、国药集团药业股份有限公司、北京天星普信生物医药有限公司、北京爱洁卫奥有害生物防制药械销售中心、北京谊安医疗系统股份有限公司等战备代储药品企业，调拨5类121个品种、3279件、价值2772.49万元的代储和捐赠药品，运抵地震灾区。河北省协调华北制药集团调集1433件、价值12.6万元药品，发往解放军总后勤部综合仓库。大连市代储企业大连美罗药业集团调拨66个品种、3807件、50.5吨、价值991万元药品，分两批空运至地震灾区。上海市协调上海医药集团公司调拨11个品种、604件、8.8吨、价值82万元药品，分两批空运至成都。江苏省协调南京医药股份有限公司、扬子江药业集团有限公司药材代储企业调拨20余个品种、12768件、120余吨、价值1137万元药品和器材运抵四川地震灾区。浙江省代储企业台州双鸽集团、新昌制药厂调集24个品种、42018件、565吨、价值1406万元战备代储药品，通过陆路运往地震灾区。山东省协调淄博新华制药股份有限公司、潍坊海王银河医药有限公司代储企业调拨85个品种、4082件、45吨、价值523万元应急药品，运往地震灾区。河南省协调药品代储企业飘安集团调拨两批32个品种、1983件、63吨、价值245万元药品，由空军和南航专机运抵灾区。（参见图10）

5月17日，重庆市抗震救灾指挥部物资供应组组织呼吸机、青霉素、葡萄糖注射液、破伤

图10　5月23日，山西省大同火车站职工抢装349箱、价值448.8万元的救灾药品，运往地震灾区

（王贵宝　摄）

风用药、监护液等140余吨医药用品、设备，价值302.15万元，装载7车运往四川地震灾区。18日、19日，灾区抢救伤员急需呼吸机等设备，发展改革委连续两次紧急调运深圳晨伟电子有限公司80台呼吸机支援地震灾区。同时，物资储备局紧急调运救灾药品4490件。20日晚，从大连美罗药业集团紧急调拨5119件、91.5吨、价值250万元药品，由中国海远（集团）总公司36小时内运往甘肃地震灾区。

发展改革委5月14—20日先后3次向国药集团下达调拨指令，要求紧急调拨救治类医疗器械和治疗类药品。国药集团部署各级子公司迅速落实发展改革委的调拨任务，中国医疗器械工业公司立即从46个生产厂家调拨大型医疗设备近3000台（套），并派出10余人组成技术支持组，赴地震灾区现场安装；国药控股股份有限公司和国药集团药业股份有限公司也紧急调拨3万余件，近200万盒抗生素、解热镇痛、营养补充剂等药品和生物制品运往灾区；国药控股西南公司位于地震灾区，在安排抗震救灾的同时，协助成都市卫生部门签收中央医药储备物资，保证医药物资及时送到地震灾区。至19日，国药集团将价值7071万元的医药用品运抵灾区。19日晚，国药集团对价值1亿余元的生活用品和消毒防疫用品，进行集中调拨，并在24小时内起运，调用专机7架（次）、火车车皮50余节、大型运输车80余辆，将近千吨医药物资迅速运往地震灾区。

照明用品调拨　地震造成灾区发电站、变电站和供电线路受损严重，受灾市、县大面积停电，灾区照明设备及用品紧缺。商务部与各省市商务部门组织重点流通企业，向灾区调拨抗震救灾照明用品。5月13日11时，商务部从上海市向四川灾区紧急调拨1万支手电筒、4万节电池、20万支蜡烛。至17日，商务部组织非受灾省市商务部门调拨21万盏马灯、21万支手电筒、64万节电池、320万支蜡烛，运往地震灾区。

各受灾省市商务部门积极组织向灾区调拨照明用品。5月14日，四川省宜宾市商务局调拨12万支蜡烛、3000支手电筒，运往地震灾区。同日，甘肃省调拨1车蜡烛和手电筒，发往本省地震灾区。至15日，重庆市商委调拨2万支蜡烛、1.2万支手电筒、300台应急灯、3.1万节电池，运抵地震灾区。

二　物资采购

饮用水及食品采购　地震发生后，紧急转移安置受灾群众急需饮用水和食品，民政部、商务部、中国红十字会、解放军等部门和系统立即启动紧急采购预案。5月14日，商务部从杭州市、武汉市、广州市紧急采购200万箱饮用水、29万箱方便面。至16日，商务部协调采购饮用水400万箱、方便面29万箱、饼干400吨、奶粉100吨、牛奶400吨。

四川省商务厅、甘肃省商务厅及重庆市商委组织各级商务部门，采购饮用水、食品等物资，向四川重灾地区运送，保障群众基本生活需求。四川省泸州市商务局组织采购饮用水1.5万件、36万瓶，方便面4000件、4.8万碗，饼干5000件、25吨，面包10万个，装满15辆卡车，于5月14日，运往成都、德阳。德阳市在接受调拨、支援的同时，积极组织饮用水、食品采购，解决群众生活困难。从13日开始，德阳市组织采购方便面、罐头、牛奶等1.52万余件（箱）及饮用水2.12万件等物资，用汽车、直升机运抵地震灾区。至16日，德阳市旌阳区采购粮油15.5吨，用于灾区群众生活救助。15日，甘肃省商务厅采购方便面1000箱、火腿肠700箱、罐头400箱、饮用水1760箱、食用油100箱、瓜果蔬菜约13吨，价值25万元食品，运抵松潘。14—15日，重庆市商委采购价值4.1万元饮用水，价值177.75万元饼干、方便面、面包、火腿肠等食品运抵地震灾区。（参见图11）

图11　全国各地采购的饮用水、方便食品等生活物资运抵四川灾区

（四川省民政厅　提供）

各中央企业集团根据国资委的要求，自筹资金采购食品和饮用水，对受灾群众进行救助。中国石油采购大米、面粉等 20 余个品种，价值 820 万余元的食品 200 余吨；采购价值 98 万元的饮用水 2 万余件、6.28 万升。中国电信四川公司采购大米 220 吨、食用油 1750 桶、方便食品 2 万件、饮用水 25.12 万余瓶。中核建设集团采购大米 14 吨、方便面 260 箱。国家电网绵阳电业局先后采购肉、蛋 7775 公斤，粮油 23.4 吨。中国水电集团成都院采购价值 45 万元饮用水、粮食、食品等。其他受灾中央企业及下属企业也纷纷出资，采购各类食品进行企业职工自救及受灾群众救助。

四川省抗震救灾指挥部紧急采购送水卡车及净水设备。至 6 月 15 日，采购 120 辆送水卡车、1 万只水桶和 200 台燃油发电机，为重灾乡镇群众送水，共投入临时净水设备 6500 台（套）、移动式制水设备 46 台、生命吸管 1 万支，保障群众应急饮水。

甘肃省民政厅 5 月 18 日紧急采购价值 1.34 万余元的方便面 4300 箱，运往省地震灾区。

陕西省汉中市民政局 5 月 14 日紧急采购价值 3404 元方便面 92 箱，价值 878 元饮用水 44 箱，运往本省地震灾区。

从 5 月 14 日开始，中国红十字会紧急采购饮用水 3.7 万箱、牛奶 1.28 万箱、方便面 4.1 万箱、粮食 0.65 万吨，运往四川地震灾区。

成都军区联勤部采购饮用水 500 件、压缩干粮 1800 件、野战食品 5 万份，运往汶川、茂县、北川等地震极重灾县（市）。

衣被采购　为解决受灾群众衣被问题，民政部动用 2008 年中央级救灾储备物资采购资金，紧急采购价值 882.7 万元棉被 14.23 万床、价值 646.9 万元毛毯 13 万床、价值 840 万元毛巾被 12 万床、价值 2875.53 万元运动服 399940 件。5 月 19 日至 6 月 25 日，先后组织运往四川、甘肃地震灾区。

全国总工会 5 月 19 日将采购的 4 类 19 个品种、128845 件（套），价值 606.9 万余元的棉衣被等救灾物资，用专列从北京运往四川地震灾区。23 日，采购棉被、服装等 5 节火车车皮、价值约 420.61 万余元的救灾物资，运往甘肃地震灾区。26 日，采购棉被、服装、雨衣、雨鞋等 4 节火车皮、价值 303.67 万余元的救灾物资，运往陕西地震灾区。

各受灾省市紧急采购衣被解决受灾群众生活需求。重庆市民政局 5 月 13—16 日采购 150.12 万元棉被、28.5 万元棉大衣。13 日，重庆市商委采购价值 27 万元衣物；重庆市供销社采购价值 129.6 万元棉被，迅速组织运往地震灾区。14 日，汉中市民政局紧急采购价值 4500 元衣物 330 件。16 日，德阳市旌阳区采购棉被 3700 床、棉絮 2450 床、棕垫 3600 床。6 月 30 日，陕西省民政厅组织完成 6 万床棉被、1.77 万余套棉衣加工任务，运往地震灾区。（参见图 12）

安徽省商务厅与合肥市百货大楼集团公司签订合同，5 月 19—25 日，采购价值 147 万元 2.1 万件秋装、夹克、毛巾被及价值 126 万元 2 万床毛毯，运往地震灾区。

中国红十字会从 5 月 14 日开始紧急采购棉被 1.04 万床、雨衣 3 万件，运往四川地震灾区。

中国石油采购 65 万元各类衣服、被褥等 1.5 万件（套），及时满足受灾职工及家属的需求。中国电信四川、陕西公司采购各类衣服 7400 余件（套）、棉被 5978 件、鞋 5092 双及床具等；中核集团购置棉被 306 床；新兴铸管集团购买服装 1200 件（套）支援灾区。

图 12　5 月 28 日，广西壮族自治区红十字会援助四川救灾物资运输车队行进在通往灾区的雪山公路上（中国红十字会总会　提供）

成都军区联勤部采购 9.8 万件（套）被装，运往汶川、茂县、北川等地震极重灾县（市）。

帐篷采购　在应急期安置中，各地震灾区群众急需大量临时住所，主要以帐篷、彩条布或篷布搭建的简易房为主。地震发生初期，帐篷数量满足不了群众安置的实际需求，有的灾区一顶救灾帐篷中，最多时挤 10 余人；中小学校、城乡医疗点也需要大量救灾帐篷恢复正常运行。

民政部在从中央库紧急向灾区调拨救灾专用帐篷，缓解群众临时住所安置的基础上，5 月 13 日晚，与财政部、审计署等部门组成紧急采购工作领导小组，并召开第一次会议，决定将年初安排的 2008 年中央级救灾储备物资采购资金 3 亿元，全部用于采购灾区群众急需的帐篷等生活物资，初步确定采购 12 平方米单帐篷 13 万顶、36 平方米单帐篷 0.9 万顶等救灾物资。救灾帐篷采购均采取“边生产、边发运”的方式，尽快运抵灾区。

5 月 17 日，紧急采购工作领导小组召开第 2 次会议，研究落实温家宝在国务院抗震救灾总指挥部会议上关于“尽快解决灾区群众的帐篷安置问题”的指示，决定在紧急采购帐篷 13.9 万顶的基础上，再采购 70 万顶。根据近 3 年救灾帐篷采购平均价格，参照物价上涨因素，采购领导小组初步确定，8 平方米单帐篷平均每顶 950 元，12 平方米单帐篷平均每顶 0.14 万元，36 平方米单帐篷平均每顶 0.32 万元，厕所帐篷平均每顶约 0.39 万元。

5 月 19 日，回良玉在成都主持召开国务院抗震救灾总指挥部四川前方指挥部第 5 次会议，专题研究解决救灾帐篷调运等问题。会后，民政部分别对帐篷和彩条布采购、生产、发运工作逐一落实。20日下午，采购领导小组召开第3次会议，根据国务院抗震救灾总指挥部“关于增加帐篷采购数量”的指示及灾区需求，决定将紧急采购帐篷数量提高到90万顶。

5月25日，紧急采购工作领导小组通过中招国际招标公司从全国200余家帐篷生产企业名录中，选取具有较强生产能力的企业，逐一函询，确定由14个省、75家企业承担紧急采购90万顶帐篷的生产任务，并签订生产合同。浙江省、江苏省生产厂家较为集中，产能较大，其中浙江省18家企业承担31.3万顶帐篷的生产任务，其余部分由其他省市企业承担。全部生产企业日生产量可达3万顶以上。采购领导小组要求，全部生产企业每日总发运量不得少于2万顶，要在6月20日前完成全部生产任务。民政部委托国家军需产品质量监督检验中心全程指导检验，并从各中央库抽调30名业务骨干，配合质检技术人员巡回抽查、检验产品质量并为企业提供技术指导。帐篷生产企业所在省市民政厅（局）在5月25日向各帐篷生产企业派出一名监督员，协调解决企业生产困难，督促企业加快生产进度。同时，建立生产企业与受灾市州直接联系渠道，边生产边发运，将采购帐篷尽快运送到地震灾区。5月30日，首批紧急采购的救灾帐篷运往四川省。至6月5日，民政部紧急采购的90万顶帐篷，分配给四川省74万顶、甘肃省13万顶、陕西省3万顶。至6月19日12时，90万顶救灾帐篷生产任务提前一天全部完成；27日12时，全部运抵地震灾区。（参见表16）

5月15日至6月20日民政部紧急采购帐篷统计表

表16

货物名称	数　量	总价（万元）	合同履行期限	分配地点
12平方米单帐篷（顶）	900000	124199.72	5月15日—6月20日	四川、陕西、甘肃
36平方米单帐篷（顶）	9000	2700	5月15日—6月20日	甘肃、储备
商务部出口型帐篷（顶）	41914	2327.30	5月20日—6月11日	四川、陕西、甘肃
简易厕所帐篷（座）	1000	385	5月15日—6月20日	储备
合　计		129612.02		

在民政部、财政部等部门组织帐篷采购的同时，各灾区省市民政部门、中国红十字会等部门也千方百计采购帐篷，运往地震灾区，解决群众临时住所困难。5月18日，甘肃省民政厅紧急采购6000毫米×3500毫米×2600毫米钢骨架军绿帆布帐篷100顶，运抵文县地震灾区。6月2日，陕西省民政厅紧急采购救灾帐篷1.1万顶。13—16日，重庆市民政局采购价值177万元帐篷。从14日开始，中国红十字会紧急采购帐篷1580顶，发运绵阳市红十字会421顶、德阳市红十字会422顶、广元市红十字会421顶、雅安市红十字会316顶，并迅速发放到群众安置点。（参见图13）

图13　地震发生后，云南省交通厅调集运输车辆，紧急向四川地震灾区运送物资

（交通运输部　提供）

全国总工会采购价值约404.11万元的帐篷、折叠床、药品等救灾物资，于5月21日，装8节火车车皮，运往四川地震灾区。6月11日，将价值121.5万元的900顶救灾帐篷，装1节火车车皮，运往陕西地震灾区。

各中央企业组织采购大量帐篷，中核集团某企业采购帐篷1.66万余平方米、中核集团采购彩条布7.5万余平方米、中国石油采购帐篷5777顶、中国电信采购帐篷3700顶、攀钢长城特钢公司采购并搭建帐篷6422顶、中国二重采购并搭建防震棚1700平方米、中国化工采购并搭建防震棚4000余平方米、中国石化巴陵公司采购帐篷202顶，运送到地震灾区安置受灾职工及群众。

其他生活物资采购　民政系统组织采购其他生活物资。民政部紧急采购价值1370万元的应急灯1万盏，价值350万元裹尸袋7万条，于5月12日至6月26日运往四川地震灾区。各受灾省市也积极安排其他生活物资采购。从5月13日起，德阳市组织采购应急灯、手电、手套等生活用品6.52万余只（双），彩条布、发电机等救灾物资约0.2万件（台）。14日，汉中市民政局紧急采购价值990元的手电筒及电池各150支（对），价值3000元的蜡烛6000支，价值7350元的铁丝1吨、20盘，价值2.74万元的汽油发电机5台。30日，陕西省民政厅紧急采购应急灯100盏。

商务系统紧急采购其他生活物资。泸州市商务局组织采购手电筒1.3万支，5月14日运往成都、德阳。13—15日，重庆市商委采购价值58.44万元蜡烛、手电筒、应急灯、电池，价值12.5万元的雨衣、50.22万元的手套。

重庆市药监局5月13—17日分44批，采购价值603.87万余元医疗药品、医疗器械、呼吸机、监护仪等医药物资。

中央企业组织采购其他生活物资运往灾区。中国石油采购215万元各种生活用品8000余件（套）及消毒品、药品等。中国电信采购照明用具5500个（套）、电池30825对、电扇1200余台、防水布8200平方米、口罩5.2万只、燃料10吨。国药集团外贸公司出资99万元购买37万只口罩，运往地震灾区。

非受灾省市有关部门积极采购其他生活物资支援灾区。浙江省总工会系统采购价值200万元、重约100吨的折叠床、蚊帐、水桶、热水瓶、毛巾、消毒液、球鞋、席子、锅碗、牙膏、牙刷等生活必需品。

从5月14日开始，中国红十字会紧急采购手电筒3万支，分配绵阳市红十字会8000支、德阳市红十字会8000支、广元市红十字会8000支、雅安市红十字会6000支。针对地震灾区进入夏季，蚊虫逐渐增多的情况，24日，中国红十字会紧急采购170万顶蚊帐。

成都军区联勤部采购400箱药品、100箱蜡烛、上万包急救物资，运往汶川、茂县、北川。

三　物资支援

生活物资对口支援　发展改革委、民政部、商务部、中国红十字会在调拨、采购生活物资的基础上，组织全国各省市向地震灾区支援各类生活物资。根据国务院抗震救灾总指挥部“各地、各部门紧急动员，快速反应，上下联动，密切配合，紧急调拨救灾物资，全力救助、安置受灾群众”的要求，民政部、商务部组织非受灾省市对口支援受灾省市。

5月13日，民政部向全国各级民政部门发出将救灾储备物资支援地震灾区的号召。19日，全国筹集帐篷43.98万顶、能搭建4.53万间简易房的篷布运往地震灾区。

地震发生初期，民政部根据安置灾区群众急需衣被等情况，分两次组织20个省（市），向地震灾区提供物资支援。5月16日，民政部紧急通知北京市、天津市、河北省、山西省、内蒙古自治区、上海市、河南省、湖北省、湖南省、广东省、广西壮族自治区民政部门，分别向地震灾区提供10万件衣物、10万床棉被，共向四川省提供100万件衣物、100万床棉被的物资支援。18日，民政部再次部署辽宁省、吉林省、黑龙江省、江苏省、浙江省分别援助10万床棉被、毛毯、毛巾被和10万套衣物，共向甘肃省提供50万床棉被、50万套衣物的物资支援。同时，民政部部署安徽省、福建省、江西省、山东省分别提供10万床棉被、毛毯、毛巾被和10万套衣物，共向陕西省提供40万床棉被、毛毯、毛巾被和40万套衣物的物资支援。（参见图14）

5月19日中午，回良玉紧急与江苏省、浙江省、山东省、河南省、湖北省、广东省主要负责人通电话，要求各省与四川地震灾区建立对口支援关系。确定江苏省对口支援德阳市，浙江省对口支援广元市，山东省、河南省对口支援绵阳市，湖北省对口支援雅安市，广东省对口支援阿坝藏族羌族自治州。对口支援物资包括帐篷、活动板房、照明设备、篷布、彩条布、食品、生活用品等。李学举也与六省民政厅厅长直接通电话，具体落实有关对口支援事宜。六省民政厅连夜研究对口支援物资组织调运等问题。（参见表17）

5月19日，民政部根据四川地震灾区多在山区，震后连续阴雨天气，帐篷运输难度大，群众急需彩条布搭建简易帐篷解决临时住所的情况，向四川省紧急调运75万平方米帆布，并选定北京市、江苏省、浙江省、广东省的4家生产企业，无偿支援四川省。21日，首批400吨彩条布起运四川。24日，罗平飞在全国对口支援地震灾区临时住所工作会议上，要求各级民政部门动员社会力量，组织对口支援，解决灾区群众急需的帐篷、活动板房等临时住处。会后，民政部紧急通知部分非灾区民政部门，通过组织捐赠、紧急采购等方式，向地震灾区提供物资支援。

图 14　地震发生后，河南省救灾中心向四川地震灾区紧急调运救灾物资

（周红卫　摄）

至5月25日部分省份对口支援四川省物资一览表

表 17

支援省	受援市（州）	支 援 物 资
江　苏	德　阳	700台2千瓦汽油发电机组、3.01万顶帐篷、约7.82万平方米活动板房及价值4289.9万元的其他救灾物资
浙　江	广　元	3.01万余顶帐篷、750吨挡雨布、3万米彩条布、32.6万床棉被、140.2万件衣物、898.47吨食品、1100吨瓶装水
山　东	绵　阳	5290顶帐篷、377.46吨挡雨布、81座移动厕所、消毒药品等10节火车车皮、30辆大货车及价值563.8万元的其他救灾物资
河　南	绵　阳	7791顶帐篷及价值2705.7万元的其他物资
湖　北	雅　安	30万件瓶装水、29万箱方便面等140节火车车皮，价值1400万元的救灾物资。3.3万顶帐篷、250张病床、2.71万余平方米的活动板房及价值1850万元的其他救灾物资
广　东	阿　坝	0.33万顶帐篷、50吨挡雨布及价值10286万元的其他救灾物资

陕西省紧急向四川省、甘肃省调运帐篷 8500 顶，运送电煤 15.1 万吨、成品油 5.05 万吨，调运食品、药品等其他生活物资 7300 余吨。西安市支援成都市、广元市方便面 550 箱、饼干 1986 箱、饮用水 3154 件、雨衣 1000 件、棉衣 900 套、帐篷 110 顶和药品 6985 公斤以及 71 车、395 吨、价值 600 万元的大米、食用油、肉类、蔬菜、帐篷、棉被、篷布等生活物资。6 月 5 日，西安市用 10 辆汽车装载价值 174 万元的生活物资送到宝鸡地震灾区。

重庆市组织工会、商会企业支援四川省价值 690.41 万元食品、衣被、药品等生活物资。

商务部建立对口支援四川地震灾区工作机制，由北京市对口支援什邡市，天津市对口支援茂县，辽宁省对口支援安县，吉林省对口支援平武县，上海市对口支援都江堰市，江苏省对口支援绵竹市，浙江省对口支援青川县，福建省对口支援理县，山东省对口支援北川羌族自治县，河南省对口支援江油市，湖南省对口支援彭州市，广东省对口支援汶川县，广西壮族自治区对口支援黑水县，海南省对口支援宝兴县，湖北省对口支援汉源县。商务部根据灾区需求，及时组织落实货源，协调交通运输，组织产销衔接、跨区域调运，向灾区运送大量生活物资。截至 6 月 1 日，商务部组织支援四川灾区饮用水 273 节火车车皮、饼干 254.22 吨、方便面 67 节火车车皮。（参见表 18）

至 6 月 1 日商务部组织企业支援物资一览表

表 18

品　种	数　量	货　源　地	运输方式	去　向
火腿肠	30 吨	河南省双汇	陆　路	四川省龙泉仓库
火腿肠	30 吨	江苏省雨润	陆　路	四川省龙泉仓库
饼　干	3.58 吨	河北省富迪食品公司	陆　路	四川省龙泉仓库
方便面	15000 箱	浙江省娃哈哈公司	陆　路	四川省龙泉仓库
饮用水	60000 箱	浙江省娃哈哈公司	陆　路	四川省龙泉仓库
饮用水	100000 箱	浙江省农夫山泉	铁　路	四川省龙泉仓库
奶　粉	7.42 吨	内蒙古自治区伊利集团	陆　路	四川省龙泉仓库
马　灯	10000 支	江苏省	空　运	机场接收组分配
蜡　烛	77000 支	成都市麦德隆	陆　路	四川省龙泉仓库
手电筒	10000 支	广东省新一佳公司	陆　路	四川省龙泉仓库
电　池	40000 节	广东省新一佳公司	陆　路	四川省龙泉仓库
铁　锹	10000 把	浙江省义乌小商品城	空　运	机场接收组分配
应急灯	100 个	广东省深圳市	铁路快运	四川省龙泉仓库
油　桶	10000 个	中粮集团	空　运	四川省龙泉仓库

接收对口支援生活物资　四川省民政厅 5 月 23 日、25 日两次下发《关于做好对口支援汶川特大地震灾区工作的通知》，组织接收对口支援物资。5 月 24 日至 6 月 6 日，省民政厅接收到吉

林省、江苏省、山东省、湖北省对口支援资金 4559.03 万元、帐篷约 3.89 万顶、活动板房 1.04 万余间（套）、衣物 6.81 万余件、棉被约 5.31 万床、衣被 1071 箱、食品 2.85 万余件、瓶装水 2.85 万余件等救灾物资；同时，还接收汽车、摩托车 30 辆，电话 100 余部及乳制品、药品、卫生用品、电池、蜡烛、睡袋等生活急需物品。（参见表 19）省民政厅及时将接收的对口支援物资发送到各灾区市州，各市、县也及时予以分发。

抗震救灾期间四川省接收对口支援生活物资一览表

表 19

支援省（市）	受援市（县）	接　收　物　资
北　京	什　邡	帐篷 3046 顶、花油布 5 件、简易厕所 73 套；食品 9.2 万余件、饮用水 8788 件、大米 33.55 吨、面粉 19.95 吨、乳制品 504.7 吨；药品 5994 件；棉被 4022 床、衣物 5288 件、被毯 5834 件；饮水机 43 台及其他生活物资 50.97 万件
天　津	茂　县	帐篷 1754 顶、睡袋 197 件；火腿肠 100 件、大米 2 吨、冻肉 2.5 吨；消毒液 2.5 吨
河　北	崇　州	帐篷 493 顶、简易房材料 300 平方米；食品 394 箱、饮用水 3347 件；衣服 3.13 万余件、棉被 2260 床、绒毯 23 箱、褥子 50 床、鞋 1600 双；水壶 100 个、塑料用品 32 箱、毛巾 50 件、手套 380 双、口罩 2000 个；学习用品 100 套、妇女用品 53 箱。另外，秦皇岛市民政局支援方便米线 495 箱、板栗 680 箱；床单 3780 条、棉被 810 床、毛毯 20 床、衣服 7400 件、雨衣 100 件、布料 40 捆、毛线针织品 3 件；小帐篷 356 顶；消毒液 95 件、蜡烛 720 箱、电话 100 部
辽　宁	安　县	酸奶 4.55 万箱、大米 424 吨；衣物 1140 件、棉被 2 万床；医药用品 660 件。沈阳市支援帐篷 1000 顶；大米 38 吨、粽子 200 箱。另外，大连市支援饮用水 6051 件、罐头 3785 件、大米 60 吨；衣服 7400 件；药品 660 件。辽宁省公安厅支援警用吉普车 20 辆、摩托车 10 辆、计算机 50 台及价值 300 万元的活动板房、通信设备等
吉　林	平　武	大米 492.5 吨、速冻玉米 110 吨、玉米汁饮料 63 吨、饮用水 750 件；学生运动服、鞋、书包、学习用品 2500 套；活动板房 47 套、发电机 21 台；铁铲 55 把、羊角锄 10 把
上　海	都江堰	帐篷 988 顶；饮料和饮用水 0.95 万件、方便面和方便食品 1645 件、糖 445 箱、排骨 301 箱、其他食品 1518 件；被子 335 床、衣物 3590 件、睡袋 82 箱、床 9 张、鞋 10 箱；手电筒 25 箱、电池 3 箱、应急灯 153 箱；医药用品 207 箱、卫生用品 3590 件及洗涤用品、婴儿用品、手套、应急袋、书包、书籍等；空气净化器 110 台、发电机 2 台、酸性水生成器 1 台、风扇 1 台
江　苏	德　阳	发电机 700 台；帐篷 3 万余顶及价值 4289.9 万元其他救灾物资
浙　江	广　元	帐篷 3.01 万余顶、防雨布 750 吨、彩条布 3 万米；棉被 32.6 万床、衣物 140.2 万件；瓶装水 1100 吨、食品 898.47 吨
安　徽	松　潘	帐篷 2500 顶、挖掘机 2 辆及价值 270 万元生活物资
福　建	理　县	帐篷 6000 顶；食品、衣服、日用品 6 节火车车皮。厦门市民政局支援 2 节火车车皮的气床垫、露营椅、睡袋、帐篷
江　西	小　金	帐篷杆 65 套、帐篷 162 顶；衣服 360 件、棉被 6475 床；发电机 1 台

续表 19

支援省（市）	受援市（县）	接　收　物　资
山　东	绵　阳	帐篷 5290 顶、防雨布 377.46 吨、移动厕所 81 座、消毒药品 10 节火车车皮、大货车 30 辆及价值 563.8 万元的其他救灾物资
	北　川	大帐篷 20 顶、篷布 50 吨；日用品 12.7 吨、防潮垫 20 床、计算机 6 台、打印机 6 台、净水器 5 台、越野车 1 辆、净水车 1 辆、环保厕所 3 套；咸鸭蛋、松花蛋、榨菜各 100 箱，方便面 1000 件
河　南	绵　阳	帐篷 7791 顶、活动板房 2.5 万平方米及价值 2705.7 万元的其他救灾物资
湖　北	雅　安	瓶装水 30 万件、方便面 29 万箱等救灾物资 140 节火车车皮，价值 1400 万元；帐篷 3.3 万顶、病床 250 张及价值 1850 万元的其他物资
湖　南	彭　州	益阳市支援大米 80 吨；服装 558 件、湿巾纸 17 件、毛巾 82 条
广　东	阿　坝	帐篷近 0.33 万顶、活动板房 1.5 万平方米、雨布 50 吨及价值近 1.03 亿元的其他救灾物资
广　西	黑　水	压缩饼干 1000 件、八宝粥 1800 件和饮用水、方便面、药品等。省红十字会支援食品、药品、饮用水 8 车。另外，南宁市电视台支援大米、食品、日常用品、奶粉、饮用水及衣服、棉被等 10 车；广西备灾中心支援价值 47.5 万元的帐篷、食品、棉被等；桂林市市民支援价值 112 万元的药品、棉被、被套、日用品等物资
海　南	宝　兴	价值 40 万余元的生活物资
重　庆	四川灾区	大米、方便面、袋奶粉、饮用水、饮料、饼干；童装、棉被、手套、凉被；药品及活动板房 1.99 万余套，价值 690.4 万余元
西　安	成　都 广　元	方便面 550 箱、饼干 1986 箱、饮用水 3154 件；雨衣 1000 件、棉衣 900 套；帐篷 110 顶；药品 6985 公斤

说明：1. 因全国各地支援地震灾区物资在登记时使用计量单位不统一，故无法总计

2. 各对口支援省市所对应的是以地市为主、县为辅，因此，在统计时有些数据有重复

甘肃省民政厅组织接收非受灾省市支援的棉衣被 221.23 万余件（床），及时分配到受灾市州。北京市支援棉衣被约 6.22 万件（床）、天津市支援棉衣被约 24.19 万件（床），均分送到陇南市；上海市支援棉衣被 131.65 万件（床），分送到陇南市、甘南藏族自治州、天水市、平凉市、临夏回族自治州和武威市；青岛市支援棉衣被 12.9 万件（床），分送到甘南藏族自治州；深圳市支援棉衣被 46.27 万余件（床），分送到陇南市、甘南藏族自治州。

抗震救灾期间，甘肃省各市州接收到价值 41317.9 万元的各类生活用品，其中北京市支援价值 2469.2 万元的衣物、奶制品、生活用品、学生用品，天津市支援价值 1100 万元的衣物、生活用品，山西省支援价值 280 万元帐篷，内蒙古自治区支援价值 3348.9 万元棉衣被、衣物、生活用品，辽宁省支援价值 1140 万元棉衣被、衣物、生活用品，吉林省支援价值 1820.6 万元棉衣被、衣物、生活用品，黑龙江省支援价值 2030.7 万元棉衣被、衣物、药品，上海市支援价值 4467.1 万元衣物、生活用品、医疗用品、食品等，江苏省支援价值 3160.2 万元棉衣被、衣物、毛毯、床垫、生活用品，山东省支援价值 400 万元棉衣被，湖北省支援价值 47.6 万元环保监测设备，深圳

市支援价值20133.6万元棉衣被、衣物、帐篷、学生用品、生活用品、医疗用品、通信器材、食品等，新疆维吾尔自治区支援价值920万元棉衣被、奶制品、药品、生活用品。甘肃重灾区陇南市还接收了雨衣61箱、雨伞81件、母婴用品7815件、蜡烛1556件、手电筒1244件、电池37件。截至10月30日，甘肃省接收方便面49526箱。（参见图15）

图15 5月19日，兰州军区空军调用直升机向甘肃地震灾区运送食品等救灾物资

（周者军 摄）

截至12月31日，陕西省接收各类药品、食品、米、面、油、帐篷、衣被、饮料及其他物资总价值2600万余元，向灾区发运各类救灾物资2500余吨，共1400余辆（次）。陕西省还接收厦门市支援物资5节火车车皮，其中毛毯589床、棉被753床、服装1271件、饮料5088箱、消毒液170箱，折叠帐篷、行军椅和伞、鞋等物资845箱；接收江西省宜春市支援衣服145件，上饶市支援衣服425件、毛毯和棉被267床，新余市支援衣服156件、毛巾被80件，鹰潭市支援衣服112件、棉被176床。

第二节 生活物资运输

一 公路运输

运输部署 地震造成灾区大面积山体滑坡，道路、桥梁及公路隧道严重受损。交通运输部立即启动国家公路交通运输突发事件应急一级预案，5月12日下午，交通运输部下发紧急通知，要求四川灾区附近省市的交通主管部门紧急调集运力，随时前往地震灾区。13日上午，交通运输部下发《关于对抗震抢险救灾物资免缴车辆通行费的紧急通知》，要求川陕甘渝交通厅（委）对运送抗震抢险救灾物资运输车辆一律免缴通行费，并确保快速、优先通行。15 日，交通运输部下发通知，要求各地交通主管部门、公路管理机构和高速公路运营单位对各地向灾区运送救灾物资的车辆，开通“绿色通道”。各地公路、运输管理机构组织充足运力，加强运输调度指挥，保障各类救灾物资和救灾人员及时运往灾区。各受灾地区相邻的省市道路运输管理机构落实本省市客货应急备用运力，准备应急运力支援灾区。交通运输部开辟从成都、兰州和西安方向进入灾区的 3 条陆上救灾物资运输线路（见图 16）。

图 16　抗震救灾期间，交通运输部开通的从成都、兰州、西安进入灾区的 3 条公路物资运输线路图
（交通运输部　提供）

第一条从成都市沿成雅高速公路至雅安市，北上由省道 201 线转经小金县至马尔康县，沿国道 317 线经理县进入汶川县；或从兰州市经国道 213 线至若尔盖县，经省道 209 线至马尔康县，

再沿国道317线进入汶川县。

第二条从兰州市沿国道213线南下至若尔盖县，沿国道213线继续南下至茂县；或从若尔盖县沿省道209线经红原县，转省道302线经黑水县进入茂县。

第三条分别从成都市或西安市，沿高速公路至德阳市或绵阳市。从德阳市沿省道106线经什邡市，沿省道105线进入绵竹市；从绵阳市经安县，沿省道105线进入北川羌族自治县。

运输车辆调集 为保障灾区抢险救灾人员、物资和受灾群众的运输，交通运输部从5月13日起从各省市组织运力。14日，紧急从距离四川灾区较近的重庆市调集100辆30～35座客车、100辆载重5吨厢式货车，赶赴灾区提供运力支援。救灾初期，交通运输部先后调集运输车1311辆支援四川灾区（见表20）。至7月16日，全国交通运输系统投入抗震救灾应急运力11.5万辆。

至6月2日交通运输部调集车辆统计表

表20

省（市）	车辆数量（辆）	到达四川灾区时间	返回时间
重　庆	200	5月14日	5月30日
贵　州	186	5月16日	5月26日
云　南	560	5月22日	6月2日
陕　西	100	5月20日	6月1日
甘　肃	265	5月16日	5月26日
合　计	1311		

各受灾省市交通厅按照交通运输部的要求，立即调集应急运力。5月12日晚，四川省交通厅紧急调集400余辆外地客货车连夜赴成都。15日，又调集客车1098辆、货车238辆。截至8月21日12时，四川省交通厅共调集客车2223辆、货车6365辆。四川省各运输部门及企业从5月13日开始组织调集车辆，投入物资运输、人员转移等工作。彭州市蚂蚁物流公司调集货车120辆、三界蔬菜运输协会调集货车9辆、双虎家私调集货车2辆、世杰家私调集货车3辆及65名个体车主的73辆货车迅速集结，赶赴灾区开展救灾物资抢运。至5月27日，成都市运管局组织调集货车1900辆、客车900辆。

甘肃省交通厅运管局地震后启动《甘肃省道路运输行业地震运输应急预案》，落实应急储备运力。5月15日，用两个小时落实客车460辆（座位16570个），货车349辆、2320吨位的运力。至28日，兰州市运管处储备货车104辆、650吨位。白银市运管处调集客车50辆，货车100辆、750吨位运力；庆阳市运管局调集客运车辆12630座（铺）、货运10540吨位、油罐车70辆运力；天水市运管处调集各种车辆614辆，其中货运车辆337辆、救援车辆18辆、备用车辆259辆；临夏回族自治州运管局调集30座以上客车50辆。在抗震救灾期间，甘肃省储备客运车、救灾车辆1367辆、29858客位，货运车辆11389辆、49024吨位。（参见图17）

图 17　5 月 20 日，甘肃省第一批救灾物资通过公路运抵文县石鸡坝乡薛堡寨村
（陈江平　摄）

5 月 13 日，陕西省交通厅运管局制订《陕西省抗震救灾保畅货物运输应急运力组织实施方案》，调集货车 100 辆，成立 10 个抗震救灾应急车队。16 日，调集 10 辆载重量 5 吨的食品车。18 日，省交通厅运管局成立抗震救灾保畅应急物资运输指挥协调办公室，制订应急物资运输运力调配方案，对陕西省运管系统保证畅通工作进行部署。

重庆市 5 月 14 日调集 200 辆客、货车驰援成都市。18 日，重庆市储备客运车辆 300 余辆、货运车辆 200 余辆。

云南省交通厅下发通知，对调集运输车辆进行部署。至 5 月 22 日 3 时，云南省公路运管局紧急调集载重 5 ～ 10 吨厢式货车 560 辆。

5 月 27 日，成都军区调集联勤运力驻四川省的两个汽车团、驻四川省某汽车独立营和驻云南省某汽车独立营 880 辆运输车，编成地面运输保障群，下辖 5 个汽车运输队，对应 5 个责任区，为灾区运送急需的药品、食品、帐篷和其他救灾物资。

运输保障　交通运输部建立跨省联动机制（参见图 18），及时发布通往灾区的路况信息，加强交通管制和路况信息省际互通。保证四川省高速公路和国省干线公路网络的正常运行，保证通往地震震中汶川县干线公路通畅。各受灾省市交通主管部门、公路管理部门和高速公路运营单位，加强运输调度指挥，对各地向灾区运送救灾物资的车辆，开通“绿色通道”，保障各类救灾物资和救灾人员及时运往地震灾区。截至 12 月 16 日，全国共为救灾运输车辆减免通行费 6.1 亿元。

5 月 12 日 22 时，成都市高速公路及高等级收费公路全部实行免费通行。13 日 9 时，四川省运管局开通抗震救灾“绿色通道”，对运送救援部队、救灾物资的车辆免收通行费，对进入四川省的救援部队官兵沿途免费提供就餐和车辆油料。对持有“应急交通”证的救灾车辆在国有加油点开辟专用通道优先加油。在灾区重点路段设立免费维修站点和流动小分队，为救灾车辆提供维修服务。在都江堰、汶川映秀等地震灾区设立救援点 50 个，救援维修车辆 4014 辆（次）。宝兴

图 18　5 月 20 日，山东省莱芜市交通局组织 18 辆运输车，向灾区抢运 183 吨救灾物资
（交通运输部　提供）

县 4 家维修企业在夹金山海拔 4000 多米处设立维修站点，从 5 月 18 日至 8 月 23 日，维修保障点救援、维修故障车 1578 辆。至 7 月 11 日，四川省运管营运系统为 100 万余辆抗震救灾车辆减免通行费 8961 万元。阿坝藏族羌族自治州是地震重灾地区，为保证交通运输畅通，5 月 13 日，阿坝要求州、县公安、交通、公路部门加强危险、重点路段的指挥疏导工作，加大疏运力度，保证重要物资运输“绿色通道”的安全畅通；在九环路、汶马路、映小路未抢通前，对马尔康县重要物资的运输，建议由绵阳经九寨沟方向运输，或由兰州经若尔盖方向运输，或由雅安经康定方向运输。

抗震救灾期间，甘肃省先后为 1694287 辆（次）抢险救灾车辆减免通行费 17860.41 万元。同时，开辟 3 条公路运输通道。第一条运输通道，从兰州市出发沿国道 213 线，经临夏市、合作市、碌曲县、若尔盖县、松潘县川主寺、松潘县至汶川县，以川主寺为节点向北到九寨沟县，其中兰州至松潘 671 公里、松潘至汶川 196 公里、川主寺至九寨沟 47 公里。这条通道部署客运车辆 805 辆、23790 客位，货运车辆 7848 辆、43625 吨位，维修救援站点 14 个。第二条运输通道，从兰州市出发沿国道 212 线，经临洮县、岷县、陇南市、武都区、青川县沙州、广元市至四川重灾地区，以武都区为节点经文县向西到九寨沟县，其中兰州经武都至广元 700 公里、武都经文县至九寨沟 275 公里。这条通道部署客运车辆 2448 辆、49265 客位，货运车辆 9563 辆、36322 吨位，维修救援站点 16 个。第三条运输通道，从兰州市出发沿国道 316 线，经定西市、天水市、成县、两当县、凤县至汉中市，以成县为节点向西南到达武都区，其中兰州至凤县 570 公里、成县至武都 140 公里。这条通道部署客运车 3753 辆、货运车 14947 辆，维修救援站点 16 个。3 条通道共部署客运车 7006 辆、货运车 32358 辆。至 6 月 10 日，甘肃省共出动路政人员 14050 人（次）、路政执法疏导车 5143 辆（次），巡查公路 24.86 万公里，设置安全应急警示牌 1519 块；5 月 12 日至 6 月 11 日，在高等级公路设立“抗震救灾服务点”，为救灾车辆发放方便面 1515 箱、饮用水 2574

箱、火腿肠18456根，发放各类药品125盒（袋）。5月14日，天水市交通局成立灾区物资运输保障组，负责由天水市中转、调运灾区物资运输工作，指导市内各大维修企业对车辆维修保障，协调各有关部门做好物资运输人员的接待；5月14日至6月19日，出动运政车辆650辆（次）、运政人员3220人（次）。

受地震灾害影响，宝成铁路交通中断，航空运力有限，西潼高速、西安绕城高速、西汉高速成为西北、华北、华东、华中通往四川地震灾区公路运输的主要通道。5月13日晨，陕西省交通运输厅开通抗震救灾“绿色通道”，西安至汉中、四川方向的西汉高速、西宝高速，国道108线周城公路、国道316线宝汉公路、省道212线宝汉公路和姜眉公路等收费公路，对运送抢险救灾人员、救灾物资车辆实行免费通行。至7月22日，陕西省收费公路免费通行各类救灾车辆2232625辆，其中免费通行货车570549辆（次），运送货物414.89万吨；免费通行客车及其他救灾车辆1662076辆（次），累计免收通行费6600万元。陕西省对前往四川省的救灾部队官兵沿途免费提供就餐和车辆油料，通过电视、广播、报纸等媒体及公路沿线可变情报板，滚动发布路况信息。为引导救灾车辆，陕西省交通厅紧急制作了37面大型指路标志，分设在西临进入西安绕城高速路入口处及绕城高速路进入西汉高速路入口处，连夜印制1万份温馨指路提示卡（见图19），向过往运输车辆发放。在服务区设立交通服务站和医疗救助点，紧急救助伤病人员，为司乘人员提供服务，保证救灾人员有水喝、有饭吃，车辆有油加。至5月19日11时，陕西高速集团所辖各服务区接待抗震救灾车辆2.53万余辆（次）、救援部队官兵11.97万余人（次）、救灾人员近50万人（次），免费提供饮用水5.02万余瓶、方便面3.16万桶、火腿肠8500根，为救灾车辆加油15吨。富县和宜君县服务区还免费为救灾车辆加水，为人员提供药品。截至10月31日，西汉高速公路投入保证畅通人员11479人（次），巡查3549次，保障148229辆抗震救灾车辆通行，减免通行费5433.33万元，为抗震救灾车辆加水4626辆（次），加油376辆（次），排障393辆（次），排险166辆（次），所辖服务区接待救灾人员687221人（次）。（参见图20）

图19　5月18日，陕西省高速公路工作人员为抗震救灾车辆发放入川提示卡

（交通运输部　提供）

图20　5月16日，西汉高速公路各服务区为过往部队官兵免费提供食品和饮用水
（交通运输部　提供）

重庆市5月13日至6月25日在高速公路设立“绿色通道”102处、抗震救灾专用通道46处，免费放行抗震救灾车32671辆（次），减免通行费963.54万元。5月13日至6月3日，地方收费公路通行救灾车辆9166辆（次），免征通行费金额18.19万元。重庆市交通运输厅开展高速公路引导服务工作。5月13日零时至30日8时，出动执法人员2813人（次）、执法车1370辆（次），引导护送各省市途经重庆赴四川地震灾区救援车队343批（次）、7275辆（次）；在通往成都高速公路通道上设立服务点14个，发放道路通行宣传资料2万余份，发放饮用水17136瓶、方便面2726盒；维修救援车10辆（次），为1200余辆车救援，为近2000名救援人员提供咨询和服务。

云南省交通运输厅开通抗震救灾物资运输专用通道，保证进入四川省的公路畅通。云南省、四川省交通厅安排沿途为支援四川省抗震救灾车队全线开放“绿色通道”，沿途基层运政所积极组织运送饮用水、水果和方便面等食品，保证运输车队人员饮水及食品供应。昭通市昭阳区运政管理所、水富县运政管理所职工为车队运送2000余份热菜、热饭。由于车队行进中拉的距离长达320余公里，运政职工每天在公路边工作服务时间12小时以上。水富县运政管理所几名女职工坚持工作，有时要忙到次日2时许，才能回家休息。云南省公路运输局与中国石油西南分公司联系，在沿途确定15个加油点，为救灾车辆提供优先加油服务。昆明市、曲靖市、玉溪市、昭通市等交通运政处和省运管局出资80万余元购买帐篷、睡袋、方便食品、饮用水、药品等生活用品，保障救援车辆、人员的需要。

交通运输部在组织地震灾区运输部门提供运输保障的同时，还组织其他省市做好救灾运输车辆调运及运输保障工作。全国各省市相继为抗震救灾车辆开辟“绿色通道”，其中贵州省高等级公路管理处共免费放行抗震救灾车辆34089辆（次），免收通行费1010.37万元。5月12—28日，湖北省减免抗震救灾车辆通行费199万元。5月12日至6月25日，浙江省交通厅减免抗震救灾车辆通行费176.96万元。至6月底，河南省高速公路免费放行运输救灾物资车辆45654辆（次），免收通行费2080.01万元。河南省交通厅道路运输局组织15个应急运输梯队，每个梯队都配备有维修和油料保障车。山西省高速路管理系统共放行救灾车辆 3.05 万辆（次），免收通行费 565.5 万元。内蒙古自治区、湖南省也为救灾车辆开辟“绿色通道”，免费放行。5 月 25 日，山东省淄博市交通局组成“山东省淄博市抗震救灾物资转运处”在绵阳火车站挂牌，转运处配备 11 辆大型货车及运政执法车辆、后勤服务保障车辆。（参见图 21）

图 21　5 月 13 日，救灾车辆免费通过汉中收费站

（交通运输部　提供）

生活物资运输　地震发生后，四川省、甘肃省、陕西省、重庆市、云南省立即组织向地震灾区运送生活物资。至 7 月 1 日，通过公路运送救灾物资 66 万余辆（次）。

5 月 12 日至 8 月 31 日，四川省交通运输厅抗震救灾运输保障指挥部接到省抗震救灾指挥部派车指令 5000 余单（次），调集应急货车 6391 辆，开行 13975 辆（次），运送救灾物资约 10.2 万吨，单日最大用车量 1029 辆（次）。四川省投入应急货车 44982 辆，运送抢险救灾物资约 44.2 万吨。

5 月 14 日 9 时左右，资阳市运管处 7 辆满载猪肉、熟食品、饮用水、饼干、手电筒的大卡车从资阳出发，运抵什邡、绵竹；至 26 日，资阳市运管处共派出货车 128 辆（次），从成都市运送救灾物资到汶川、茂县、北川、什邡、青川等地。18 日 12 时，阿坝藏族羌族自治州运管处将首批 200 吨军粮平安运抵绵阳灾区；至 25 日，阿坝藏族羌族自治州共调用货车 461 辆（次），运送救灾物资 2491 吨。18 日，内江市运管处紧急调集 50 ~ 100 辆货车，分批次运送 8000 吨大米赴地震灾区。遂宁市运管处组织货车 303 辆，运送救灾物资近 7000 吨。宜宾市交通运输系统调集货车266辆赶赴地震灾区。至25日，绵阳市运管处共调集车辆1889辆（次），转运救灾物资到北川、江油、绵竹、什邡、汉源、石棉、青川等地震灾区。“万村千乡市场工程”20家承办企业运送100辆（次）、约600吨物资到四川地震灾区。28日，四川省汽车运输成都公司邛崃分公司20辆危险品货物运输车抵达汶川、理县、茂县，参与抗震救灾物资的运输。驾驶员余春阳在装载物资时，腰不慎扭伤，仍咬牙坚持将物资装上车。在四川省抗震救灾物资运输队中，有数十对夫妻齐上阵的“夫妻车”。攀枝花市个体运营车主杨清勇、周春雨夫妻，用按揭方式购买了一辆东风货车，刚还完贷款，18日，两人便驾车赶赴地震灾区参加抗震救灾运输车队。19日，他们1岁零10个月的孩子突然生病，老人又无法照顾，杨清勇赶回攀枝花市家中；周春雨坚持在运输线上，在温度高达40多摄氏度的驾驶室里，冒着随时可能发生滑坡和泥石流的危险，翻险山，过烂路，吃干粮，喝凉水，睡车斗，运送救灾物资。27日，孩子病情刚有好转，杨清勇立即返回车队。

甘肃省委、省政府5月14日确定天水市为向陇南市运送救灾物资的中转站。天水市交通局从即日至6月19日，抽调社会运输车辆2580辆（次），运送生活物资18批，其中棉被48916包（件）、毛巾被14460床、彩条布31吨、饮用水8086件、食品8865件、瓶装水12吨、发电机100辆、衣服83940包（件）、毛毯3166包、床垫12729件、药品271件、雨具14010件、枕头枕套1050件、照明用品883件、大米64吨、鞋228双、木架506件、杂货8806件、其他物资460吨，以及天水市红十字会的救灾物资和市政府、市工会的慰问品等。天水市交通局先后组织运输车辆将生活物资运往陇南市8个县（区）、甘南藏族自治州4个县（区）、天水市秦州区及兰州市、平凉市、庆阳市、定西市、临夏回族自治州、武威市、张掖市等。5月20日9时，兰州市运管处紧急调度2辆应急储备车，装运救灾物资赶赴陇南地震灾区。13—20日，陇南市运管部门调度客车120班（次）、货车320辆（次），抢运救灾和生活物资0.28万吨；调度危险货物专用罐车36辆、288辆（次），运送成品油1080吨，保障陇南市抗震救灾物资、人员的正常运输和运转。至6月22日，甘肃省道路运输行业运送救灾及生活物资45万吨。甘肃省在保障本省内物资运输的同时，还完成赴九寨沟、汶川、松潘的3次运输救援任务，出动货车35辆，运送物资236吨。

陕西省交通厅运输管理局5月22日10时紧急调集100辆应急货运车队赴四川地震灾区，10天抢运救灾物资1100吨至汶川、茂县、都江堰、绵阳、广元等地震重灾地区。5月13日至6月22日，陕西省交通运输部门发往四川省货车2070辆，运送救灾物资2.75万吨。渭南市速达公司司机董小林开着新购置的车辆，带着妻子、女儿参加援助四川救灾物资运输。在翻越夹金山时，刚到山顶轮胎爆裂，一边是山崖，一边是深渊，天又下着大雨，停车非常危险，而且山上空气稀薄。董小林不顾危险，只身扑进泥水中，搬动比自己还重的备胎，迅速抢修好车辆，追赶上运输车队。董小林说：“全家人的性命，家中唯一值钱的财产就是汽车，全部押在抗震救灾的路上，我做好随时牺牲的思想准备。”为避免车辆出现意外全家发生不测，在去往茂县路上，董小林让女儿坐在另一辆车上。5月24日21时，陕西省抗震救灾运输车队接到调32辆车到成都双流机场装运救灾物资的命令，立即组织车辆前往机场装货。26日12时，32辆车全部派发完毕。运送救灾物资的车队翻越海拔4000余米的夹金山、梦笔山，穿越马尔康县到汶川县“死亡线”，28日下午抵达汶川，完成了运输任务。25日9时，陕西省抗震救灾运输车队50辆载装救灾、生活物

图 22　地震发生后，陕西省交通厅组织救援车队，翻越雪山为灾区运送物资

（交通运输部　提供）

资的大型货车从成都出发，经雅安、宝兴，翻越夹金山、梦笔山，日夜兼程，27 日 1 时将救灾、生活物资安全运抵马尔康。27 日上午，阿坝藏族羌族自治州救灾指挥部将 50 辆救灾物资抢运车，重新分配到州属的 15 个受灾地区。部分装载物资的运输车队继续向理县、汶川等地震灾区挺进。从马尔康县到汶川县的 200 余公里道路，一边是奔腾的河流，一边是陡峭的高山，一遇余震，山体滑坡，道路阻塞，山上石头随时滚落下来。陕西省抗震救灾运输车队以前很少遇到如此险峻的道路，又不熟悉道路情况，再加上几天跋涉，队员们十分疲劳，但车队克服困难，按时安全将救灾物资送到目的地。（参见图 22）

重庆市交通部门承担着重庆市及从重庆机场、铁路转运物资的运输任务。5 月 13—25 日，重庆市安排货车 663 辆（次），转运救灾物资 5806 吨。15—31 日，交通运输部重庆市抗震救灾赴四川省救援车队发车 330 辆（次），运送面包、饼干、饮用水、药品等物资 2540 吨至绵竹、什邡、邛崃、双流、绵阳等地震灾区。（参见图 23）

图23　5月23日，重庆市公交车队抢运医疗物资
（交通运输部　提供）

云南省交通厅组织省内和援助四川省的救灾物资运输。5月22日8时，560辆货车组成云南省交通运输支援四川省抗震救灾车队，分别从昆明、曲靖、玉溪、昭通出发，赶赴四川地震灾区。23日9时，先期到达四川的昭通市车队115辆车，行程846公里，冒着余震，翻越夹金山、梦笔山、雅克夏山，运送衣被、药品等生活物资到地震灾区汶川、马尔康、茂县、理县。5月28日至6月2日，云南省560辆援助四川省运输车辆行程151.3万公里，运送粮食、药品等生活物资4255吨，赶赴地震灾区。

交通运输部还积极组织非受灾省市交通运输部门紧急运送救灾生活物资支援受灾省市，保证群众基本生活物资及时运送到目的地。

山西省运管系统组织车辆向四川灾区运送食品、药品及防疫消毒设备等物资1200余吨，完成运输量77943吨，货运周转量10912万吨。

浙江省嘉兴市交通局完成4次救灾物资运输任务，5月12日至6月4日，调派8辆货运车，装载10万只粽子、2500册书籍及医疗器械、卫生用品等救灾物资104.8吨运往对口支援的广元地震灾区。杭州市运管局调集10辆大货车运送价值200万元，约100吨被褥、衬衫、折叠床、蚊帐、水桶、热水瓶、毛巾、消毒液、球鞋、席子、锅碗、牙膏、牙刷等灾区群众生活必需品赶赴成都。5月15日，绍兴县钱清汽车货运有限公司董事长陈建林出资10万元，购买2040箱饮用水、1000箱方便面，连夜行驶3000公里，26小时后将救灾物资运送到成都市抗震救灾指挥部。27日，温州市组织车辆运送62箱树胶手套、28箱手电筒及999箱服装、2799箱鞋、29箱婴儿用品、700箱饮用水、20箱药品等灾区所需各类生活用品5069箱（包），价值千万元的抗震救灾物资运往四川地震灾区。

山东省交通厅道路运输局5月13日下发紧急通知，要求保证对口支援绵阳灾区各类应急物资运输。18日，烟台市运管处15辆专用厢式货车，运送大米、苹果、药品、蜡烛、日用生活品140吨到绵阳地震灾区。至28日，淄博市、潍坊市、青岛市、德州市、滨州市、威海市、烟台市、菏泽市、济宁市、济南市出动车辆244辆，向北川等地震灾区运送衣物、食品、医药、饮用水等物资 803 吨，价值约 1483.87 万元。

5 月 21 日，河南省漯河市交通局组织“双汇”南街村车队 11 辆运输车，运送价值 60 万余元的火腿肠、方便面、饮料等生活物资赶赴绵阳。新乡市出动货车 72 辆，装载挂面 3 吨、面粉 5 吨、大米 10 吨、食用油 1 吨、被褥 100 余套、卫生器材 5 吨等物资，26 日 15 时抵达绵阳。信阳市运管局从 5 月 13 日至 6 月 13 日，组织各类车辆 262 辆（次），分 10 批向四川灾区运送各类物资 3650 吨。

地震后，湖北省道路运管局组织武汉市运输部门将 8 吨救灾物资运往四川地震灾区。孝感市运输部门运送救灾食品 16 吨至成都。贵州省交通部门组织货车 108 辆，运送救灾物资上千吨。

成都军区联勤部交通运输部抽调 10 辆车组成应急运输突击队，5 月 17 日，满载 50 余吨大米、1 万张床板、炊具、饮用水等生活物资的车辆，到达汶川县映秀镇。驻成都市某独立汽车营在抗震救灾运输中，先后出动车辆 3570 辆（次），行驶 85 万公里，运送生活物资 28522 吨。5 月 14 日至 8 月 31 日，甘肃省天水陆军预备役步兵旅共出动飞机 50 架（次）、车辆 325 辆（次），转运救灾物资约 1499 吨。兰州警备区迅速组织厂矿民兵转运救灾物资。5 月 13 日晚，兰州警备区抽调五〇四厂 25 名民兵、汽车 11 辆，紧急成立救灾工作队，赶赴四川灾区运送物资，行程 1300 余公里，运送价值 40 万元的牛奶、方便面、饮用水、火腿肠、饼干等 6850 箱方便食品，以及价值 10 万元的药品，17 日凌晨，安全抵达都江堰。至 22 日 14 时，重庆警备区出动 341 名官兵、车辆 28 辆赶赴四川灾区救援，运送生活物资 356.5 吨。

帐篷运输 地震灾区交通运输部门组织力量投入帐篷运输。至 6 月 19 日，四川省交通运输部门运送 97.46 万顶帐篷抵达灾区。

5 月 14 日至 6 月 19 日，甘肃省天水市交通局向甘肃受灾地区运送帐篷 2.63 万余顶。

5 月 16 日晨，重庆市沙坪坝区组织 16 辆车，运送帐篷等物资抵达成都市龙泉驿区。

5 月 17 日，云南省普洱市交通运政处从金孔雀交通运输集团征调 27 辆货车，从滇南运送帐篷等物资抵达昆明。22 日，云南省支援四川省抗震救灾车队 115 辆车，运送帐篷等物资到汶川、马尔康、茂县和理县。云南省前线指挥部 24 日投入 386 辆运输车，将大批帐篷等物资运送到都江堰、汶川、茂县、青川、平武、江油、什邡、绵竹等地震灾区。25 日 10 时，玉溪通力运输公司 10 辆集装箱货车运输巴基斯坦援助灾区的 2450 顶帐篷抵达青川。

非受灾省组织对口支援及帐篷生产企业组织帐篷运输。5 月 27 日 17 时，合肥市组织 35 辆运输车执行对口支援松潘县 2500 顶帐篷的运输任务。

浙江省湖州市是救灾帐篷的重要生产基地。5 月 25 日至 6 月 16 日，湖州市交通运输部门组织 6 家运输企业，投入运输车辆 48 辆（次），运送救灾帐篷 150 余吨、4.7 万顶，抵达广元。5 月 12 日至 6 月 4 日，嘉兴市交通局组织车辆运送救灾帐篷 1552 顶至广元地震灾区。5 月 27 日，德清县 1000 顶救灾帐篷起运绵阳地震灾区。同日，温州市 1740 顶帐篷起运四川地震灾区。

至 5 月 28 日，山东省淄博市、潍坊市、青岛市、德州市、滨州市、威海市、烟台市、菏泽市、济宁市、济南市出动运输车辆 244 辆，向北川等地运送篷布等物资。6 月 2 日，威海市运管处 30 辆专用货车，运送帐篷等抗震救灾物资赴四川地震灾区。2—4 日，滨州市运送 1200 顶帐篷、10 万米彩条布赴地震灾区。15 日，威海市运管处组织 20 吨以上大型货车 9 辆，载防雨篷布及其他生活物资，连夜赴成都市大邑地震灾区。

解放军、武警部队迅速调集运力向地震灾区运送救灾帐篷。5月15日晚，兰州警备区组织车辆运送价值25.5万元的防雨帐篷87顶，17日凌晨安全抵达都江堰。19日，驻四川省某部兵站车队将4000顶帐篷送抵绵竹市汉旺镇。20日18时，甘肃陆军预备役高射炮兵师调集3辆运输车，向陇南市武都区、徽县和文县运送帐篷30顶。

二　铁路运输

紧急部署　地震发生后，通往灾区的铁路严重受损。5月12日15时30分，铁道部召开全国铁路系统紧急电视电话会议，启动地震灾害应急预案，要求地震灾区各铁路局用“开行轨道车、单机和徒步检查”等方式，检查所有线桥隧涵、通信信号、牵引供电设备，发现受损处立即整修，保证列车运行安全。12日20时30分，铁道部在西安铁路局再次召开全国铁路系统抗震救灾紧急电视电话会议，传达国务院抗震救灾总指挥部对铁路部门抗震救灾工作的要求，动员全路立即组织力量，全力以赴抗震救灾，迅速恢复运输秩序，最大限度减少灾情对铁路的影响。同时，铁道部成立由部长任总指挥，副部长胡亚东、卢春房、王志国和铁道部总调度长安路生任副总指挥的抗震救灾指挥部，下设救援指挥、行车保障、治安保卫等7个工作组。指挥部作出规定，每日8时和18时由胡亚东主持召开全体成员会议，听取情况汇报，研究解决问题，部署抗震救灾工作。各工作组派专人24小时值班，及时收集、整理、汇总有关抗震救灾情况，每天定时向铁道部应急办公室报送。铁道部应急办公室负责与灾区地方政府、有关铁路局沟通，掌握灾情和抗震救灾的进展情况，向中央办公厅、国务院办公厅报送铁路部门抗震救灾信息。受灾严重的成都、西安等铁路局为适应抗震救灾需要，也迅速成立抗震救灾现场指挥部，负责组织协调救灾物资、救援人员运输。

宝成线109隧道，是宝鸡至成都铁路线上的一条重要隧道，是向四川省调运粮食、棉花、煤炭、石油等物资的重要运输线，也是成都铁路局开行列车最多的干线。地震造成109隧道南口塌方，洞口被掩埋，塌方落石与行进在隧道内的21043次货物列车相撞，导致列车脱线，12节油罐车起火，宝成铁路被迫中断。为提高进入四川灾区的运输能力，保障救灾运输需要，铁道部先后多次发布紧急调度命令，调整行车径路。第一阶段14—25日，宝成线客车改经阳安、西康线运行，调整后成都站开往广元方向的跨局旅客列车由21.5对减少到8对。第二阶段5月26日至6月30日，线路逐步恢复，成都开往广元方向的跨局旅客列车恢复至17对，通过调整列车开行方案，共组织旅客列车迂回198列。

5月24日，宝成线109隧道通车，铁路部门加快修复受损设备，组织大型养路机械稳固路基，使大部分受灾限速地点列车运行速度提高到60公里/小时以上，基本恢复宝成线的运输能力。6月2日，铁道部运输局发布1405号调度命令，组织西安局原经宝成线到成都、昆明铁路局车流经陇海、西康、阳安线迂回运输；原经宝成线到兰州、乌鲁木齐铁路局和青藏铁路公司的车流经阳安、西康、陇海线迂回运输，保障进出四川省铁路通道的畅通。9日，西康线紧急建成镇安县茅坪回族镇、旬阳县高家嘴两处线路所，提高了运输能力。15日，铁道部专家组对震后宝成线109隧道做出评估结论，隧道在新线建成前临时过渡期内结构安全，列车速度限行在45公里/小时。

铁道部针对紧急抢运救灾物资的需要，5 月 12 日晚从武汉、兰州、成都铁路局及广州铁路集团公司（以下简称广铁集团）调集 46 台机车，每台机车配备 4 班乘务员，赴四川地震灾区参加救灾物资抢运。武汉铁路局、广铁集团向成都铁路局调集 20 台东风 4 型内燃机车及 141 名乘务员；兰州铁路局向西安铁路局调集 5 台韶山 3 型电力机车及 40 名乘务员；成都铁路局调集 21 台内燃机车及 101 名机车乘务员，担任成汶、德天、广岳铁路支线抗震救灾物资运输和专运任务。13 日 1 时 45 分，武汉铁路局襄樊北机务段调集的 10 台内燃机车及 80 名司机、7 名管理人员集结完毕，经 14 小时行程 1128 公里到达南充，立即配合南充机务车辆段，更换机车无线列车调度、机车信号，使机车全部达到上线运用标准，并连夜制定“特殊行车办法”、“待班管理规定”等管理措施。随后，南充、襄樊北机务段 32 名队员分赴德阳、成都市北、绵阳、江油等地执行救灾任务。14 日，襄樊北机务段人员到达灾区第二天，机务段职工李玉春接到家里亲人去世的消息，强忍悲痛，登上机车和大家一起出发执行救灾物资运输任务。18 日，广铁集团怀化机务段抢险队接到牵引列车限速通过遂宁市遂宁大桥的通知。机车以每小时 5 公里的速度向前行进，每过一个桥墩，都有可能发生危险。抢险队副队长周先忠、党员胡德军抢先承担机车牵引任务，驾驶机车安全驶过大桥。在抗震救灾期间，广铁集团怀化机务段、武汉铁路局襄樊北机务段及兰州铁路局，共牵引专列 629 次，运输救灾物资 31 万吨。（参见图 24）

图24　5月16日，在长沙开往成都的 K577 次列车上，行李员与列车长、乘警核对、登记运往绵阳地震灾区的发电机等救灾物资

（铁道部　提供）

根据灾区物资调运具体情况，铁道部运输局为进一步提高运输效率，发布调度命令，从 5 月 17 日 18 时起，铁道部和各铁路局成立救灾运输调度指挥台，对抗震救灾物资计划、运输实行全程盯控。两级救灾调度台实行四班倒工作制，重点掌握帐篷、药品、饮用水、食品、设备、油品、电煤等抢险救灾物资的运输情况，保证救灾运输畅通。各铁路局改变平时先申请计划再装车运输的做法，物资到车站后，先装车后补运输计划。北京铁路局抗震救灾物资运输办公室提出：“再苦也没有灾区人民苦，再难也没有灾区人民难，我们要连续加班抢运救灾物资。”上海铁路局

开辟抗震救灾运输通道，救灾物资一路“绿灯”。郑州铁路局提出：“救灾物资不能等，哪怕一节也要开专列。”广铁集团和南昌铁路局等单位对救灾物资运输采取“优先请车、优先承认、优先配车、优先挂运、优先放行”的方法。济南铁路局提出：“只许车等货，不许货等车。”

铁道部根据大宗救灾物资紧急运输协调等问题，5月18日与工业和信息化部、民政部、商务部、卫生部、粮食局、中储粮总公司、中国石油、中国石化、国家电网和中国红十字会联合成立铁路抗震救灾物资运输协调小组。19日10时，协调小组召开第一次会议。会议研究决定，协调小组办公室设在铁道部运输局，每日16时前，各成员单位提出次日及近期运输需求，主要包括电煤、粮食、成品油等大宗物资运输。协调小组办公室于每日17时前，将运输需求交铁道部救灾运输调度台执行，并将运输完成情况反馈各成员单位。

紧急抢运 5月14日，各铁路局按照铁道部运输局1435号调度命令，对抢险救灾列车重点掌握，所有救灾专列装完即开，沿途不作改编，一站直达，运行等级高于客车，加速放行。在保证快速运送的基础上，各铁路局加强卸车组织工作，密切联系有关部门，采取分流卸车措施，保证及时接卸。地震灾区铁路局停开部分管内、短途和非主要方向的客车，腾出运力优先保证救援部队、抢险物资和灾区群众急需的食品、药品等生活物资运输。至15日18时，各铁路部门共开行“抢”字头专列179列，运送帐篷13万顶、方便面40万箱、饮用水200万箱及其他抢险物资、生活必需品赴地震灾区。

根据地震灾区急需救灾物资的情况，5月20日，铁道部决定：“在开往成都的客车上增挂行李车，主要运送帐篷、活动板房、药品等救灾急需物资。”21日11时25分，首列客车加挂行李车运送救灾物资的K117次北京西至成都客车从北京西站发出。22日中午，1087次客车加挂两节行李车，运送809顶帐篷从郑州站发往成都。至6月27日，由北京、上海、广州、昆明等地发往成都的旅客列车往返加挂行李车146节，装运帐篷、彩条布、苫布、通信器材等物资433批、52768件、906.2万吨。

5月22日，成都铁路局救灾办公室按照铁道部运输局调度命令，每3小时向四川省抗震救灾指挥部通报救灾物资接入和到达信息。内容包括车次、到达时刻、物资品类、数量及灾区周边重庆西、新丰镇、宝鸡东、安康东、襄樊北等编组站开车情况，未来十几小时成都铁路局各分界口接入救灾物资情况预报等，按照四川省抗震救灾指挥部提出的救灾物资分配方案，及时做好到站变更事宜，保证救灾物资直接运往灾区。

饮用水运输。5月13日，武汉铁路局接到铁道部的调令，先后开行3列运送饮用水专列。14日21时55分，农夫山泉水丹江口生产基地，5辆叉车将刚生产出的饮用水装上等候的列车，每节货车装1.2万瓶。武汉铁路局装卸运输公司从谷城车站抽调40名装卸工人轮流作业，6人一组完成一节火车车皮的装载任务，装车时间只用了两个半小时。武汉铁路局十堰车务段全员上岗，保证饮用水专列安全通行。15日10时20分，“抢”87641次专列在丹江口站编组完成。13时1分，“抢”87641次装载40万瓶饮用水向四川地震灾区出发。15日晚，“抢”87641次行至安康东站要改换机车，宝成、成昆等铁路受损严重，襄渝线成为进出四川省的唯一通道。襄渝线坡度大，桥梁、隧道多，加上列车负重量高，列车行进难度大，为此，安康机务段专门安排机车牵引，在改变上下行时，仍保持“抢”87641次车次不变。16日10时48分，“抢”87641次到达达州站，列车换上襄樊北机务段机车。襄樊北机务段职工对达州至成都间的线路不熟，不同单位的规章制度也有差别，每次开车前襄樊北机务段职工都与达成公司工作人员开小组会，研究运行中的难点问题。13 时 27 分，“抢” 87641 次运行至八庙站时，变为双机牵引。20 时 48 分，“抢” 87641 次列车满载饮用水及其他救灾物资到达成都东站。截至 10 月 14 日，铁道部组织各铁路局共开行专列 71 列，向四川地震灾区运送饮用水和饮料 671 万箱。（参见图 25）

图 25　5 月 20 日，郑州东站快速装运 480 吨饮用水运往地震灾区

（郭醒　摄）

帐篷运输。5 月 12 日 21 时，铁道部根据民政部关于向四川灾区调运帐篷的要求，发布第一个救灾物资调度命令，郑州、上海、南宁铁路局立即从郑州东站、合肥南站、南宁南站装运 3.5 万顶帐篷运往成都东站。13 日凌晨，郑州铁路局从各地调集 46 辆空棚车到达郑州东站。为防止帐篷在装卸中破损，车站停止机械作业，全部使用人力装卸。几十名装卸工人用 9 个小时，将 1 万顶帐篷从汽车上卸下，码放到棚车上，及时运往灾区。同日 6 时 11 分，第一列救灾物资专列——“抢”87601 次从湖北省孝感市中和乡卫家店站发往成都东站。同时，南宁铁路局装载的 1.5 万顶帐篷和 5000 副担架、上海铁路局装载的 1 万顶帐篷，也先后紧急运往四川地震灾区。7 时 53 分，西安车站在不到 13 小时内连夜抢装 5000 顶帐篷运往四川地震灾区。截至 10 月 14 日，全国各铁路局共开行帐篷专列 136 列，运送帐篷 91 万顶。

活动板房运输。5 月 25 日，铁道部接到国务院关于为地震灾区运送活动板房的命令。当日 22 时 30 分，铁道部接到住房城乡建设部活动板房对口支援方案。胡亚东、王志国连夜组织有关单位，研究制订运输方案。初步决定，采用集装箱列车为主的运输方式，承运第一批 25 万套活动板房，开行杨浦至绵阳，宁波、艮山门至广元南，厦门、福州东、南昌南至成都东，长沙东、重庆东至成都东、德阳，大朗至绵阳等 14 条“房”字头班列线。为配合班列开行，主要装卸车站备足人力、机械设备，中铁集装箱公司专门集结 5000 辆专用平车和 1.3 万个 20 英尺（6.096 米）集装箱；同时，预留 1000 只备用箱，组织循环运送，保证车等货随时发运。26 日，铁道部运输局下发《关于做好灾区过渡安置活动房运输组织方案衔接工作的紧急通知》，各铁路局救灾运输协调小组立即与所在省市住房城乡建设部门联系，按照已确定的四川省活动板房到达站卸车。成都地区：成都东站、大弯镇站；雅安地区：成都东站；绵阳地区：绵阳站；广元地区：广元南站；德阳地区：德阳站。各铁路局与建设部门或生产厂家进行衔接，准确掌握管辖区内活动板房生产厂家名称、生产数量、发运时间、发货单位名称、收货单位名称等情况，并共同协商确定铁路发货站和铁路运输方式，尽量选择发货条件较好的铁路大型货运站发货，将厂家生产的活动板房尽量集中，便于组织承运。26日，首列装载100套4000平方米活动板房集装箱列车，从北京市大红门物流基地开往成都东站；28日，到达成都东站，3个半小时就完成卸车任务。27日15时28分，600套活动板房专列从厦门北站驶向四川地震灾区。30日10时，“房”字头9041次专列装载500套活动板房从沈阳铁路局金州站开往四川地震灾区。（参见图26）

图26 5月15日，从沈阳发往绵阳的活动板房板材在沈阳铁路局沈阳车务段专用线装车

（吴光智 摄）

5月29日，铁道部临时开通成都铁路局江油站、广汉站、成都西南油品运输配送有限公司专用线、成都南站办理活动板房运输。30日，针对大量活动板房到达地震灾区后卸车难度大的问题，铁道部要求各铁路局摸清活动板房规格，会同发运单位正确选用货车和集装箱，主管人员深入重点装车站指导装车加固，保证装车质量，方便卸车。至10月14日18时，全国铁路部门共组织开行“房”字头集装箱专列198列，运送活动板房27万套。

航空煤油运输。5月18日晨，兰州铁路局向兰州车务段、兰州西车辆段等单位下达抢运25节油罐航空煤油的调度命令。兰州西车辆段颍川堡检修车间克服困难，在18日8时前，清洗出25节油罐，并组织干部职工连夜抢装航空煤油。19日4时52分，“抢”85398次列车连挂25节航空煤油油罐，从颍川堡出发，运往四川地震灾区。至28日，铁道部共下发紧急调令16个，为成都双流机场和绵阳南郊机场装运航空煤油959节油罐、近5万吨航空煤油。截至10月14日，铁道部共组织运输航空煤油17万吨。

电煤运输。5月14日，四川省经济委员会给铁道部运输局发函，请求将甘肃省华亭电煤运往巴蜀江油电厂。18日，四川省经济委员会得到发展改革委、铁道部回函并协商决定，每天开行甘肃省华亭、宁夏回族自治区、陕西省铜川电煤专列各一列，每日开行贵州省电煤两列，分别供应巴蜀江油电厂、成都金堂电厂和广安发电公司。19日，四川省主网火电厂电煤存量仅有102万吨，一旦电煤供应不上，将直接影响四川地震灾区抗震救灾。20日零时15分至3时30分，铁道部组织兰州、西安铁路局每天增开6列专列，将优质电煤发往四川地震灾区。西安铁路局首列电煤专列仅用195分钟就装车完毕。20日10时30分，“抢”937次列车装载2130吨电煤从铜川市瑶曲站出发，运往四川地震灾区（见图27）。23日19时23分，第二列装载3960吨电煤“抢”961次列车从安康万源站出发。29日14时53分，“抢”937次列车运送的2123吨电煤，从西安铁路局支线瑶曲车站运往四川地震灾区。至10月14日，全国铁路部门共运送电煤957万吨。

图27 5月20日10时30分，首列运送电煤列车“抢”937次，装载2130吨电煤从铜川市瑶曲站开出

（铁道部 提供）

至10月14日18时，全国铁路系统共开行抗震救灾专列20257列，运送救灾物资4810万吨，其中运送军用物资33万吨、电煤957万吨、粮食398万吨、石油448万吨、药品126万件、帐篷91万顶、活动板房27万套、棉衣被534万件、饮用水671万箱、方便面等食品719万箱。

三 水路运输

水路运输部署 交通运输部启动应急预案，要求有关部门和灾区交通运输部门迅速启动水路运输，保证运输的畅通。交通运输部水路应急指挥中心要求四川省、重庆市、湖北省、湖南省水路交通部门在保证人身安全的前提下，排查和检测航电枢纽受损情况，对有隐患的停机、停航。5月15日，为发挥长江黄金水道作用，减轻公路运输压力，交通运输部下发紧急通知，要求各地水运运输管理机构组织充足运力，加强运输调度指挥，保障各类救灾物资及时运往地震灾区。开辟长江至岷江经重庆、泸州、宜宾、乐山港进行集散的水上运输线路，长江三峡船闸开辟水上“绿色运输通道”，对运送抗震救灾物资船舶实行“优先签证、优先引航、优先过闸、优先装卸”的原则。21日，交通运输部根据重庆、泸州、宜宾均有专门集装箱港口，宜宾至乐山航道能通行500吨级船舶，乐山经成都至灾区高速公路畅通的情况，建议采取水陆联运方式，通过长江主航道水运至重庆、泸州、宜宾、乐山，再经高速公路将救灾物资运往地震灾区，并对长江沿线水路运输保障工作作出部署。

5 月 27 日，交通运输部发布 4 条救灾物资水路联运线路，利用综合运输体系，缓解救灾物资公路、铁路运输压力。

第一条，上海—重庆—成都。上海港至重庆港水路运距 2335.6 公里，运输时间约 156 小时（按 15 公里 / 小时计算，下同）；从重庆港转成都成渝高速公路 311 公里，运输时间约 3 小时 54 分（按 80 公里 / 小时计算，下同）。

第二条，上海—泸州—成都。上海港至泸州港水路运输时间约 175 小时（其中重庆港至泸州港水陆运输时间约 19 小时）；从泸州港转成都公路一条是高速公路 265 公里，运输时间约 3 小时 18 分；另一条国道约 290 公里，但路况不好。

第三条，上海—宜宾—成都。上海港至宜宾港水路运输时间约 182 小时（其中重庆港至宜宾港水路运输时间约 26 小时）；从宜宾港转成都的公路一条是高速公路 280 公里，运输时间约 3 小时 30 分；另一条国道约 320 公里（部分为省道），但路况不好。

第四条，上海—乐山—成都。上海港至乐山港水路运输时间约 192 小时（其中重庆港经宜宾港进入岷江乐山港水路运输时间约 36 小时），枯水期 500 吨以上船舶需换装 500 吨级以下船舶，丰水期不需换装。从乐山港转成都 130 公里成乐高速公路，运输时间约 1 小时 36 分；另一条 160 公里大型设备专用公路。

水上运力调集　地震后，四川省地方海事局紧急调用两艘可一次性运送 20 人以上、载运物资 2 吨以上的玻璃钢海巡艇，调集 49 艘轻型冲锋舟，抢运灾区急需的药品和生活必需用品。

5 月 13 日上午，重庆市港航局召开紧急会议，要求相关部门准备应急运力。13—21 日，调集客船 53 艘、集装箱船 16 艘、普通货船（拖轮）30 艘、集装箱 472 个、集装箱卡车 30 辆、载货汽车滚装船 106 艘、化学危险品船 5 艘、成品油船 5 艘。（参见图 28）

5 月 13—27 日，湖北省水路交通调配各类运输船 96 艘。

运输安全保障　5 月12日下午，交通运输部与气象局召开座谈会，就三峡水库坝区水域大风、大雾天气频发，严重影响通航安全的问题进行研究。提出加强探测系统研发设计，构建坝区风、湿、气压、气温、水温、能见度综合观测系统；研究坝区局地风雾的监测、预报、预警技术，形成坝区航运气象服务业务。由交通运输部负责探测设备建设，气象部门负责运行天气预报，共同为长江航运安全保障服务。

为保证抗震救灾物资水路运输通畅，5 月 16 日，交通运输部海事局下发紧急通知，要求水上交通安全各项工作措施要落实到人、落实到位，采取开辟“绿色通道”、简化办理程序、加强护航等措施，保证运输安全畅通。22 日，交通运输部海事局下发通知，要求加强抗震救灾水上通航安全工作组织领导，建立预警机制，做好恶劣天气预警、预控和联动疏导工作。

面对地震灾情，各地水上航运部门立即启动应急预案，保证水上交通安全。5 月 12 日，交通运输部长江航道局下发《积极应对地震灾害突发事件的紧急通知》，对抗震救灾保畅通工作进行部署。13 日，交通运输部长江航道局召开武汉市相关单位、局机关处室抗震救灾工作部署会，立即启动应急预案，要求全线特别是上游四川、重庆地区，认真做好航道维护，加强航道探测与航

图 28 地震发生后，重庆市港航局迅速组织串通滚装船，运输救灾物资和车辆

（交通运输部 提供）

标巡查，保证航标等助航设施正常，保证航道畅通安全。开辟“绿色通道”，保证抗震救灾物资运输畅通无阻。库区有关单位加强与地质灾害监测部门联系，加强对现有滑坡体跟踪与观测，一旦有滑坡情况，迅速调整航标，保证过往船舶安全。14 日，交通运输部三峡局对运送救灾物资的船舶开辟“绿色通道”，加强对装载救灾物资滚装船的现场监管，迅速签证，免征有关规费。长江海事局要求长江沿线各单位按照地方政府的统一部署，保证水上交通安全，救灾物资运输畅通，并迅速开通抗震救灾物资运输“绿色通道”，为抗震救灾物资运输船舶提供“优先签证、优先通过、优先引航”等服务。17—18 日，两艘装运救灾物资运输船舶远洋 1006 号、1009 号分别载运 3000 吨、5000 吨柴油，途经长江九江辖区前往地震灾区。九江海事局接到维护任务后，立即制订周密精细的航护方案，顺利完成航护任务。

5 月 13 日，四川省海事局下发通知，要求全省航务海事系统加强对航电枢纽、航道、港口、船闸、船舶运行的检测和维护。16 日，发出《关于切实做好抗震救灾期间水上交通安全工作的通知》，要求各地加大水上交通安全检查力度，强化水上交通安全值班工作，保证水上交通安全。13—18 日，省海事局每天派出 2 个工作组加强水上交通安全检查。19 日起，每天派出 3 个工作组进行水上交通安全检查。实行水上交通安全工作“日结日清”和“一周一会”制度。加强对辖区因地震造成山体滑坡而形成的堰塞湖进行观测，一旦发现险情立即按照水情传递制度通报水情，保障下游船舶的安全。13日，绵阳市海事局成立抗震救灾领导小组，对全市航务海事系统抗震救灾工作进行紧急部署。要求航务海事人员坚守工作岗位，保持通信24小时畅通。各水上交通安全片区联系人立即与海事处联系，了解灾情，及时掌握所属管辖河道的安全情况，做好防范余震的各项准备，密切注意重点水域水情，通过各种方式及时通知渡口码头，保证水路运输安全。受地震影响，上游水库开始放水，使成都市的新津县河道水位升高，给水上运输带来安全隐患。执法大队对新津县所有渡口和船舶安全检查，执行“五不出港”，即船况不好不出港、证照不齐不出港、载客超额不出港、天气不好不出港、驾驶员身体不适不出港；“五不发航”，即船况不良不发航、证照不齐不发航、乘客超载不发航、停航封渡不发航、气候不良不发航的制度，要求达到封渡线必须全部停航。至6月4日，共出动检查人员300人（次），检查渡口54次，修复渡口警示桩2处、告示牌3处，防止水上安全事故的发生，保证水上运输安全。5月12日15时许，绵阳市海事局组织人员对8处渡口码头进行检查。13日2时，绵阳市游仙区海事处接到三江大坝要放水减负的消息，立即逐一通知船舶经营人员加固系泊设备，停靠安全地带，撤离存在隐患的船舶和设施。14日，地震造成江油市通口河上游山体滑坡，形成堰塞湖，一旦决堤，巨大下泄水量将严重威胁下游人员的生命和财产安全，特别是下游香水湖正停泊着2艘大型采砂船。接到报告后，负责香水湖安全的绵阳市海事局立即会同安监、公安等10余个部门连夜将2艘采砂船和3艘接砂船炸沉，消除安全隐患。

甘肃省水运局（海事局）在各渡口开通抗震救灾“绿色通道”，保障各类救灾物资、人员、车辆优先、免费通行。文县碧口镇受灾严重，碧口镇至范坝乡之间，山体滑坡，公路中断，水路成为两地间的唯一通道。海事人员在陆地办公地点损毁的情况下，将办公地点搬到船上，坚持24小时值班，保障救灾物资运输船载车辆的安全畅通。

重庆市港航管理局、海事局落实水路运输保障措施。5月13日，市港航管理局启动水路交通应急运输组织工作预案，通知重庆长江轮船公司、民生轮船有限公司、重庆轮船总公司、川维物流有限公司、泽胜船务有限公司等单位，保证通过三峡船闸的救灾物资运输船优先过闸。同日，市港航管理局下发《关于加强地震后水上交通安全防范工作的紧急通知》，要求各区县港航管理局（处、所）、局直属单位、水上大队，加强水上交通安全防范组织部署，立即开展受震设施、建（构）筑物隐患排查整改，注意关注跟踪嘉陵江、乌江、涪江等支流的水位变化情况，督促相关航运企业，船舶、港口、码头及水上、水下施工作业单位提前做好安全防范。14日，市海事局下发紧急通知，要求各相关部门认真做好安全排查工作并迅速开通抗震救灾物资运输“绿色通道”。16日，市海事局下发《关于对抢险救灾船舶免征船舶港务费有关事宜的通知》，对抗震救灾物资运输船舶一律免征船港费。23日，市地方海事局转发《中华人民共和国海事局关于全面做好四川汶川地震救灾水上通航安全工作的通知》，要求加强水上交通安全防范，督促沿江船舶严加防范唐家山堰塞湖溃坝危险。6月6日，市海事局对嘉陵江沿线各有关单位下发《关于做好唐家山堰塞湖溃坝涨水防范应对工作的紧急通知》，要求各单位尤其是嘉陵江沿线单位要高度警戒，注意观察水位变化，加强相关信息收集，及时做好防汛准备，保证船舶和人员的安全。至6月30日，重庆市海事局对通过水路经重庆市境内的救灾车辆，实行停征交通规费，停收停（卸）车费、代理费，运费按成本收取等优惠政策，共减免费用326万元，维护抗震救灾物资运输专船43

艘（次）。

湖北省宜昌市港航局5月16日成立抗震救灾水上运输工作组，要求各港航管理部门、企业及滚装运输业主，对一切经水上运输抗震救灾物资及车辆实行手续优先办理、港口优先作业、船舶优先安排，减免所有港口作业、代理费用及水路交通规费，滚装船舶只收取运输成本费用，开通抗震救灾物资水上运输“绿色通道”。至6月12日，减免各项费用近200万元。

图29　5月19日下午，“帆顺266号”油轮满载6000吨0号柴油，从大连港起航，沿长江航道经重庆运往四川灾区

（交通运输部　提供）

物资运输　交通运输部组织长江沿线省市开展救灾物资水上运输。5月14日，通过三峡船闸的抗震救灾船舶75艘，运送物资8.23万吨。为保证救灾物资快速、安全运抵地震灾区，交通运输部协调水路沿线，对救灾物资运输采取水陆联运的方式，运输车辆整车装入滚装船运至港口。至29日，交通运输部三峡海事执法人员维护转运抗震救灾车辆滚装船93艘（次）、专船5艘、车辆952辆，转运物资12964吨。（参见图29）

5月13日，四川省航务海事系统按照四川省交通厅抗震救灾指挥部的要求，打通都江堰市经紫坪铺水库至汶川县映秀镇“公路—水路联运救灾通道”，将灾区群众急需的方便面、饮用水等生活物资，通过水路迅速运往地震灾区。至6月25日，四川省航务海事系统开行1.24万航（次）。

5月15日至6月5日，陇南市海事局出动海事巡逻艇95艘（次），投入船舶559艘（次），渡运救灾车辆2827辆（次），运送救灾物资6496吨，其中渡运6205吨。

重庆市港航管理局在地震发生后，立即启动水路交通应急运输组织工作预案，与湖北省港航管理部门协调，对来自华东、华中、华南等地的救灾物资运输车辆和人员通过宜昌至重庆（郭家沱、涪陵黄旗、万州红旗沟）滚装运输实施重点保障。5月13—23日，重庆市港航管理局安排专人赶赴三峡坝区，协调15艘运送救灾柴油、汽油船，41381吨汽、柴油优先通过三峡船闸运输。19日，重庆市港航管理局向宜昌海事局发函，请求宜昌海事局优先安排重庆市抗震救灾物资运输船舶通过三峡船闸。13—20日，重庆市港航管理局组织协调434辆运输救灾物资车辆优先上滚装船，保证将油品、救护车、药品、食品运输车等物资和车辆尽快转运至四川地震灾区。21日，当得知湖北省交通第一突击队的39辆车辆借道重庆赴四川地震灾区的信息后，重庆市交通委员会及港航管理局立即开展“绿色接力”，协调万州区串通滚装运输（集团）有限公司串通1号滚装船专船，由宜昌将物资和车辆运至重庆，并保障支援队伍快速安全通过重庆境内。串通公司派专人上船指导，船舶全速前进，24日11时，到达重庆市郭家沱滚装码头，比计划提前近6个小时。重庆市港航管理局协调郭家沱港埠公司、公安交警总队江北区支队8大队等单位开辟运输“绿色

通道"，优先安排车辆下船出港。郭家沱滚装码头至唐家沱高速公路收费站口实行交通管制，公安交警警车与水上执法大队车辆为车队开道，保证车队顺利驶离滚装码头到达高速公路唐家沱收费站，向四川地震灾区进发。13—30日，重庆市港航管理局组织177艘滚装船运送1458辆救灾车辆和1艘普通货船、23艘油船运输59781吨油料。宝成铁路、兰成渝输油管道因地震而中断，华东、华中、华南等地抗震救灾柴油、汽油救灾燃料90%以上需从重庆水道运输。重庆市港航管理局在主城区伏牛溪、朝阳河、黄千、万州6910油库、涪陵黄桷嘴等设置6个中转码头，中转柴油、汽油等燃料。至24日10时，重庆市港航管理局组织油品运输船舶32艘，从江苏省淮安市淮阴区、南京市及湖北省荆州市沙市区运送救灾柴油5.3万吨、汽油1.2万吨，运抵重庆码头进行中转，完成中国石油、中国石化抗震救灾第一批水路油运任务。第二批中国石油计划柴油一路从华中和华东地区运送16万吨，经重庆水路船舶运输至重庆再中转到灾区，另一路从沙市区运送汽油2万吨，经重庆水路船舶运输。重庆市港航管理局立即组织28艘载重量2000～5000吨油船组成运输队从南京、淮阴、沙市运输救灾油至重庆中转码头。5月16日至11月8日，重庆市三益物流（集团）有限公司抽调15艘船舶，行程2290公里，每一航次需要10天时间（不包括等三峡船闸时间），往返航行93个航（次），装运25万吨成品油，安全运送到目的地。重庆泽胜船务（集团）有限公司出动船舶26艘，历时5个月，运送救灾油品65万吨。至6月30日，重庆市港航管理局组织载重滚装汽车运输船舶445艘（次），运送救灾药品、食品等滚装车辆2763辆；组织油品运输船舶44艘（次），运输救灾油品117081吨。

5月13—27日，湖北省水路交通调配运力96艘，组织抢运省内各单位支援灾区医疗救护车、医疗器械、卫生防疫用品、移动通信发电机、群众生活用品等救灾物资845辆（次），约1.3万吨，减免规费约21万元。至6月12日，宜昌市滚装运输抗震救灾物资水上运输"绿色通道"，运送抗震救灾车辆1640辆（次），运输救灾物资22585吨，调度滚装船舶264艘（次）。

四　航空运输

运力调集　地震引发塌方、山体移位、泥石流等次生灾害，导致铁路、公路交通严重受损。受灾地区群众急需食品、饮用水、衣被、临时住所、医疗等救灾物资。中国民航局立即成立抗震救灾领导小组，下发《关于确保畅通优先保障抗震救灾物资和人员航空运输工作的通知》《关于利用航班运输和转运国外援助物资的紧急通知》《关于国外援助物资运输的意见》，对抗震救灾航空运输进行部署。各民航空管局相继成立抗震救灾领导小组，启动应急预案，开辟快速"绿色通道"，安排专用安检口，组织货运过检、组装。中国民航局各级行政管理机构、空管部门、运输航空公司、主要通用航空公司、各大中型机场及油料等保障单位积极参与救灾物资人员运输及运输保障工作。

地震发生初期，在其他交通及运输方式严重受阻的情况下，航空运输发挥重要作用。中国民航局为尽快将救灾物资运往地震灾区，大规模调集运力。5月13—29日，中国民航局组织23家航空公司，先后调集200余架运输飞机、1200余架包机，从全国各地向灾区紧急运送救援人员和救灾物资，各航空公司及时调整飞往灾区的机型和架（次）。东航调集220架飞机，承担抗震救灾包机运输任务。南航集中宽体机运输救灾物资，调集包括世界最大的、最先进的波音 747-400 型全货机、波音 777、空中客车 330 宽体客（货）机等 245 架。深航不惜代价，在地震当晚，调回深航投资控股的翡翠航在境外执行飞行运输任务的 4 架波音 747-400 型全货机，无条件回国参加抢险救灾。同时，深航调集 70 架客机运力，调减、调整航班 5000 余个，将 10 架客机改装成货机。民营奥凯航调集 1 架 B737 全货机执行救灾物资运输任务。

在调集运力的同时，中国民航空管局选派专人，调配雷达、移动通信车支援灾区空管。西南空管局应急指挥中心地震 5 小时后就开始组织运行，7 小时后成都双流机场重新开放，并坚持 24 小时通航。

民航机物资运输 中国民航局组织航班向地震灾区运送救灾物资。从 5 月 16 日开始，成都空管部门增加通往成都周边机场的航班量，缓解双流机场救援人员、救灾物资运输、疏散旅客的压力。5 月 12 日至 6 月 16 日，民航飞行学院保证民航运输飞行 281 架（次），卸装航油 455 吨。至 7 月 15 日，中国民航局保障四川救灾地区救灾飞行 4305 架（次），运送救灾物资 4.5 万吨。

在中国民航局抗震救灾领导小组部署下，20 余家运输、货运航空公司迅速组织向地震灾区运送救灾及生活物资，至 5 月 26 日，运送救灾物资 1.3 万余吨。来自国内外的食品、医疗药品及器械、通信器材、帐篷、橡皮筏、救生衣、救生筏、发电机、卫生防疫用品、搜救犬、生命探测仪等救灾物资空运至地震灾区。此外，还有不少航空公司利用航班和航班腹舱运送救灾及生活物资。

国航飞行总队在地震后立即启动应急预案。5 月 12 日 15 时 30 分，接到上级关于执行赴灾区包机任务的紧急通知后，飞行总队立即派出机组，由刚执行完 2008 年北京奥运会火炬境外传递任务的大队长申建明担任带队机长。机组进行周密准备，对备降机场资料、油量、通信及可能遇到的问题、天气情况等做出详细预案，客舱部、空警队对客舱进行安全检查。17 时 50 分，北京飞机维修工程有限公司迅速派出 4 名机务维修人员随机执行机务保障任务。20 时 51 分，CA071 航班在北京首都国际机场紧急起飞，运送救援人员和物资前往地震灾区。23 时 3 分，机组克服机场盲降系统工作不稳定等困难，安全降落在成都双流机场，这是灾后双流机场降落的第一架飞机（见图 30），为地震灾区群众运送食品、饮用水、药品等救灾物资。14 日，应解放军总后勤部的要求，国航 B747 航班由北京向成都运送野战食品 97 吨。16 日，国航重庆分公司接到松潘县政府赴重庆市采购的救灾物资运输任务。17 日上午，重庆分公司接到国航（AOC）航班运行控制指挥中心批复后，立即联系重庆机场监管办，迅速落实救援物资存储地点，安排 CA4427 航班（重庆—九寨沟）紧急装载食品 965 件、5.13 吨，运往九寨黄龙机场。18 日上午，CA4427 航班继续利用飞往九寨黄龙机场的航班为松潘县运送抗震救灾物资 518 件、5.1 吨，完成松潘县紧急采购救灾物资的运输任务。

5 月 13 日 2 时 50 分，国货航接到国航总部命令，临时增加货运包机 CA1089 航班，运送军用压缩饼干、毛巾被、帐篷等 40 吨 2100 箱救灾物资到成都。国货航北京运营基地迅速为救灾物资开辟“绿色通道”，安检室设 3 个专用安检口，货机室紧急组织 20 余名装卸人员进行货物过检和组装工作。3 时 30 分，完成 18 板、近 40 吨货物收运和组装工作。包机 8 时 32 分顺利起飞，

图 30　5 月 12 日 23 时 3 分，国航紧急抽调 CA071 航班执行救灾包机任务并顺利降落，这是地震后成都双流机场降落的第一架飞机

（中国民航局　提供）

成为全国专为灾区群众运送救灾物资的第一架货班。由于地震使成都双流机场建筑、通信、导航等设施遭到严重破坏，通信指挥系统几乎瘫痪；成都附近地区又普降中到大雨，气象条件十分复杂，给机组飞行增加了难度。4 时，CA1091、CA1093 航班执行北京—沈阳—成都救灾货运包机的运输任务，两班共运送救灾物资 193 吨。11 时，包机经 2 小时 25 分钟艰难飞行，终于在雨中成功降落在双流机场，及时把救灾物资送达地震灾区。16—17 日，国货航救灾物资货运包机在 12 小时内从北京、天津、石家庄运营基地运送救灾物资 379 吨。16 日 11 时 30 分，国货航西南营销中心接到将一批救灾物资发往九寨黄龙机场的任务。12 时 30 分，西南营销中心召开会议紧急部署。13 时 30 分，救灾物资到达成都空港货站，西南营销中心迅速开辟“绿色通道”，半小时内救灾物资即进入待运区。15 时，CA1415 航班装载着 10.6 吨救灾物资起飞，这是地震发生后第一批运往九寨沟灾区的救灾物资。16 时，航班顺利抵达九寨黄龙机场。

5 月 13 日 16 时，东航接到上海市应急办运送 1680 顶帐篷至成都的要求。东航紧急调整原定 14 日 3 时直飞安克雷奇—洛杉矶—旧金山的麦道 11（2170）号货机，承担救灾帐篷运输任务。至 26 日，东航共投入 41 架飞机，执行飞往成都、绵阳应急运输飞行 108 班，从 13 个省（市）运送救灾物资及医疗器械 350 余吨、搜救犬 14 条。

受地震影响，四川灾区通信网络几近瘫痪，通信基础设施受到巨大破坏。5 月 13 日，南航北京分公司货运部接到运送190件通信基础设施物资的任务后，立即与运行指挥部联系，获取成都双流机场开放情况和北京出港航班信息。南航北京分公司货运部从收货、验货、组装、运往机场各环节，调专人负责监管，保证货物安全无损、及时顺畅运往受灾地区。奥运会临近，北京首都国际机场因安检人员少，1号航站楼只开辟一条货物安检通道。为保障救灾物资优先通过安检及时运上飞机，南航北京分公司货运部与首都机场安检科协商，首都机场临时为190件救灾物资加开一条安检通道，快速通关。15时10分，南航北京分公司CZ3903航班装载通信基础设施重建天线等重达3.05吨的救灾物资，飞往成都。14日9时，南航黑龙江分公司应黑龙江省民政厅的要求，将1万顶帐篷运往成都双流机场。14日，应吉林省政府的要求，南航出动一架A321飞机由长春向成都运送医疗物资6.8吨。5月12日至7月2日15时，南航共派出波音747-400全货机、波音777、空中客车330宽体机、货机等共245架，执行救灾航班491个，救灾飞行1349小时，运送救灾物资2331吨、行李10146件。

海航针对地震灾情，紧急启动应急预案，成立地震灾害救援工作小组，调用10余架（次）飞机抢运救灾物资。5月13日12时10分，海航执行抗震救灾运输任务的第一架航班HU7991从海南起飞，装载134箱食品、帐篷、消防救护医疗器具救灾物资飞往成都。14时35分，HU7317航班装载110箱衣物等救灾物资飞往成都。海航山西航空有限责任公司派出5个架（次）的救灾专机向地震灾区运送救灾物资。同日11时55分，海航所属扬子江快运航空有限公司接到上海市应急办运送救灾物资到成都的任务后，立即启动应急程序，迅速完成调整航班运力、航权及航班时刻申请、集装箱调运、地面保障协调等工作，扬子江快运8/5056航班装载上海市政府组织的总重约10吨的药品、医疗器械等物资，19时8分起飞，运往成都。14日，扬子江快运8/5056、8/5055航班分别运送浙江省、吉林省救灾物资及帐篷12.5吨，破拆装置及医疗设备、药品、抢险工具、生活用品等14吨，飞抵成都双流机场。从15日开始，扬子江快运全货机波音737-300全天候往返海口与成都，做到人换机不换，完成救灾物资运输任务。仅16日，100余吨救灾物资按标准过检、码放、搬运、装机，运往成都。至27日，海航集团共执行抗震救灾航班98班，运送救灾物资683.47吨。

深航5月12日晚成立抗震救灾领导小组，启动应急预案，紧急向地震灾区运送救灾物资。13日4时，深航接到国家减灾委从天津运送248吨紧急救灾物资到成都的任务。为尽快将救灾物资运送到灾区，深航将10架客机改装成货机，成为第一家客机改装货机的航空公司。14日凌晨，深航一架波音747全货机在南宁紧急装载100吨食品飞往成都。由于南宁机场无配套大型装载设备，现场武警部队战士、机场员工200余人在客梯车上由人工传递，将百吨救灾食品传递到高达5米多高的波音747-400飞机上，整个装货过程历时10余个小时。至31日，深航出动波音747-400全货机、空客320、波音737客机170余架（次），飞行480余小时，运送国内外救灾物资4000余吨。

邮政航承担运送向灾区空投的应急食品任务。5月14日，邮政航接到赴桂林运送150吨空投应急食品的通知后，机务工程部保障小组随机前往，并在桂林两江国际机场迅速投入检修和装机工作，随后又随机前往成都双流机场，时刻保障飞机安全运行，连续工作48小时，完成救灾应急食品的抢运任务。15日，邮政航紧急调用两架运8飞机分别从天津、山东潍坊起飞赴桂林，起运解放军总后勤部准备空投的150吨应急食品。15日，邮政航昼夜空运73吨压缩食品至成都。至21日，邮政航执行救灾运输包机47班，向灾区紧急运送救灾物资240吨。

川航5月15日得知九寨沟灾区群众生活物资匮乏，当地政府准备组织空运物资时，主动承担运输任务。16日中午，川航两个航班运送物资6吨。至18日，执行航班169班，运送救灾物资6983件、8.94吨。

奥凯航是中国第一家民营航空企业。5月12日，奥凯航立即启动应急机制，积极调配客、货机等全部资源参与抗震救灾。先后执飞包机运行6个航班，运送救灾物资62.09吨；保障救灾航班22个班（次），运送救灾物资54.39吨。奥凯航在抗震救灾期间，全力参与救灾物资的运输，被天津市红十字会授予“博爱”奖杯及证书。

地震发生后，中国民航局迅速组织国内各航空公司向地震灾区运送国际救援物资，并协调外国航空公司承运、转运救灾物资。至6月12日，中国民航局国际处批复17个国家、组织26家外国航空公司货运包机48班，承运救援物资约3190吨；批复国内公司国际包机5班，承运救灾援助物资约481吨；协调国内航空公司，转运24个国家救灾物资（物资通过59个国际航班运抵中国）由北京、上海、广州等地及时中转至成都，共转运物资约622吨。至6月30日24时，成都双流机场共接纳转运来自44个国家和中国香港、澳门、台湾地区的443批、9989.82吨救灾物资，其中98批为专机运抵。（参见图31）

图31　5月20日，四川省交通系统组织货车装运从俄罗斯空运来的救援物资

（交通运输部　提供）

澳门、台湾地区航空公司在地震发生后，迅速组织生活物资的运输飞行。5月15日晚，台湾首架直航大陆运送救灾物资的货运包机抵达成都双流机场。15—21日，台湾华航、复兴、华信、长荣4家航空公司飞行7班，运送救灾物资216吨。17日，扬子江快运紧急召回正在国外执行航班任务的波音747型货机，将中国台商发展促进协会捐赠的约110吨抗震救灾物资，由台北直接运抵成都。23日，中国民航局批准澳门航空公司空客321包机飞抵成都，为地震灾区运送4吨医疗物资。

各航空公司积极组织国际捐赠物资的运输。5月14日，国航组织运送俄罗斯政府援助的帐篷、发电机、生活物品等救灾物资30吨。

5月27日，国航名古屋营业部应中国驻名古屋总领馆的要求，在国航总部支持下，CA406航班将1吨左右救灾物资运送到重庆。此举得到日本媒体的高度称赞，当日NHK电视台晚间新闻、28日的《朝日新闻》和《中日新闻》分别作了报道。

南航北京分公司5月19日接到运送伊朗捐助中国的首批救灾物资帐篷、草席、防水垫、药品等任务后，及时调整航班，从货物报关、出库、过重、分拣、核对、转关各个环节都派专人负责。由于同日南航刚转港到北京首都机场2号航站楼执乘，停机位紧张。南航和首都机场紧急协商让飞机停靠在最便捷的机位方便货物装卸，节约时间让航班准时离港。南航将救援物资于20日凌晨从伊朗首都德黑兰运抵首都机场；15时27分，空客330宽体飞机装载伊朗捐助中国的首批抗震救灾物资从北京首都机场起飞，17时54分抵达成都。中国驻伊朗大使解晓岩通过南航驻德黑兰办事处向南航表示感谢。至7月2日15时，南航选派波音777、空客330等优良机型从菲律宾、马来西亚、新加坡、澳大利亚、荷兰等国，将国际救援物资运抵四川地震灾区。

海航布达佩斯办事处5月23日、24日接到运送中国驻奥地利大使馆自筹的42顶、约1.12吨救灾帐篷和塞尔维亚政府捐赠的155顶、18.7吨救灾帐篷前往四川灾区的请求。海航布达佩斯办事处立即向海航集团抗震救灾协调领导小组请示汇报。海航集团领导当即批示："危难见真情，这批帐篷代表着友邦国家的一片深情厚谊，一定要尽全力保障好，不得拖延。"海航布达佩斯办事处立即提出预留舱位，保证有足够的空间装运物资；并积极协调各个货运客户代表，推迟其他货物运输时间，保证救灾帐篷优先运送等保障方案。同时，通知海航北京货运分部和成都营业部做好迎接物资的准备，力争在入境转关、中转运送、货物装卸环节上节省时间，将救灾帐篷迅速运抵灾区。28日20时30分，海航HU482航班从布达佩斯顺利起飞，装载中国驻奥地利大使馆筹集和塞尔维亚政府捐赠的第一批救灾帐篷运往北京。29日6时，航班顺利抵达北京首都机场，立即办理转关手续，并于19时35分飞抵成都双流机场。运输第二批帐篷的海航航班30日到达北京后，也迅速转运成都。

深航利用所属翡翠航国际航线资源和远程运输的优势，主动搭建国际救援通道。5月15日18时，深航一架波音747全货机满载120吨由无国界医生组织对中国援助的1000顶帐篷抵达成都。同日，翡翠航一架波音747-400全货机将法国政府向中国提供的第一批援助物资运送到地震灾区。17日，美国华盛顿州政府代表庄汉杰到深航货运部，请求帮助将从国际社会募集的重达5吨、710顶帐篷和118件方便面运往绵阳。物资超过该航班正常货舱载量，为使国际援助物资及时运抵灾区，深航货运部停止原计划货物的装运工作，腾出全部舱位，保障国际援助物资的运输。17日19时34分，承运国际救援物资的ZH9911航班顺利抵达绵阳。21日，深航向四川灾区紧急运送联合国难民署提供的1.1万顶帐篷。25日5时，深航在美国西雅图接收的全新波音飞机"希望航班"装载美国慈善组织提供的近3吨医疗器械和医疗用品，从西雅图起飞，27日下午抵达深圳，在深圳办理海关手续后，当天飞往成都。

直升机运输　5月14日，国务院抗震救灾总指挥部根据地震极重灾区、重灾区道路在短时间内难以打通的情况，决定在全国范围内征调直升机执行抗震救灾物资投放及运输任务。

气象预报。为做好直升机空投及运输工作，5月14—15日，根据军地气象专家联合分析会商，做出适合空投的准确天气预报，抗震救灾部队联合指挥部和成都空军某部利用有利的天气条件，成功向茂县、绵竹市实施3架（次）紧急空投救援。四川省气象局与部队联合指挥部建立军地联合气象水文保障专家组，启动应急加密观测，加强滚动临近短时天气预报服务，为空投护航。省气象局安排6个市（州）气象局（台）和15个地震灾区气象局（站），开展每小时一次的应急加密观测，向部队联合指挥部和成都空军气象部门、当地抗震指挥部提供天气现象、气温、风向风速、能见度、云量云状、云底高度等气象要素服务。

针对5月20日前地震灾区将出现转折性天气过程的情况，解放军抗震救灾联合气象水文保障组及时向抗震救灾联合指挥部发布灾区天气预警及重要水情通报。同时，联合气象水文保障组命令已进入重灾地区的5个军地联合机动气象观测分队，对灾区天气实况进行不间断加密观测。成都军区联指和空军成都地区抗震救灾联合航空管制指挥中心，根据天气预报及时抓住降水前的有利时机，变更空运调度预案。

灾区各级政府积极配合直升机空运空投。德阳市旌阳区发现当地农民焚烧秸秆，造成烟雾弥漫，影响飞机正常飞行，在实施救援时，旌阳区指挥部给各乡镇党委书记打电话，要求坚决执行"禁烧"命令，并带队昼夜巡查，保证空中"生命线"的畅通。

空运空投。5月15日，国务院抗震救灾总指挥部群众生活组接到胡锦涛及中共中央政治局常委、国务院副总理、国务院抗震救灾总指挥部副总指挥李克强和回良玉等关于调用直升机向地震灾区运送物资的批示后，立即与解放军、中国民航局、四川省抗震救灾指挥部等联系，加大空运、空投力度，使群众急需的生活物资尽快运送到地震灾区。

中国民航局根据国务院调用直升机运输物资的指示，立即从6家通用航空公司、民航飞行学院及交通运输部南海救助飞行队、国家海洋局等单位，调集直升机34架赶赴地震灾区参与救援与运输任务。中信公司、中信海洋直升机股份有限公司组成12架直升机和20余名飞行员、30余名机务保障人员为骨干的飞行机队，16日集结在广汉机场。成为中国民航系统参与四川省抗震救灾中派出直升机数量最多、飞行员及机务保障人员最多、第一个快速到达指定集结区域的通用航空公司。直升机在抗震救灾中，第一个从空中抵达汶川县及映秀镇、茂县、北川等地震极重灾区；第一个将食品、药品等救灾物资送到灾区群众手中；第一个从灾区运回伤员；第一个搭载通信小分队飞抵汶川；第一个将通信设备运抵地震灾区。

广汉民航直升机抗震救灾基地承担着保障直升机对四川极重灾区、重灾区的救灾物资运输和空投任务。5月28日，基地出动直升机14架，执行飞行55架（次），运送物资18.8吨。至6月30日，民航直升机抗震救灾基地共执行抗震救灾飞行1026架（次），运送救灾物资780吨。

中国民航第一架直升机5月15日14时17分从广汉机场起飞，飞赴绵竹市汉旺镇、清平乡执行空投救灾物资任务。当日，执行任务4架（次），空投救灾物资5.7吨。至6月1日，30架民用直升机共执行飞行救援任务608架（次），运送各类救灾物资152.6吨。在唐家山堰塞湖治理工作中，民航B-7802号米—26直升机共执行飞行任务94架（次），运送各类设备和物资575吨。

地震发生后，香港特区政府飞行服务队派出的"超级美洲豹"直升机进入广汉直升机基地，编入民航直升机救援队，在德阳山区进行救援，多次在什邡市、绵竹市、北川羌族自治县禹里乡执行任务，是在灾区坚守时间最长的专业飞行队伍，队员们克服环境陌生、语言沟通困难等问题，快速投入救援工作。5月26日14时20分，飞行服务队"超级美洲豹" B-HRM号运载1.5

吨大米及500公斤猪肉、蔬菜，飞往绵竹市汉旺镇、清平乡。“超级美洲豹”在薄雾蒙蒙的山间穿行，受河道、水库影响，直升机穿越狭窄山涧时颠簸得非常厉害，但机组人员凭着高超的飞行技术沉着应对，30分钟后平安降落在清平乡的一处空地上。这是飞行服务队进入四川省执行的第一次抗震救灾任务。6月6日，飞行服务队向清平乡灾区运送物资1.2吨。飞行服务队在20天内，参与完成飞行26架（次），运送物资7.9吨。

东方通用航空集团公司从5月15日开始，分别调集6架直升机飞赴广汉机场执行抗震救灾任务。5月15日至7月11日，东方通用抗震救灾直升机以广汉机场为主机场，飞行区域以搜救范围划定为，绵竹市、安县、代华庙、3949米标高点、茅店子5点依次连线的区域内。救援重点主要沿龙门山一线区域内的绵竹市汉旺镇和清平乡及绵竹市、什邡市境内的金河磷矿、安县高川坪、北川羌族自治县。飞行路线分为5条，即广汉机场—绵竹市汉旺镇—清平乡、广汉机场—什邡市—李家碾子—金河磷矿、广汉机场—安县—北川羌族自治县、广汉机场—水目佳场—绵阳市安县高川坪、广汉机场—都江堰市虹口乡—都江堰市光光山。至6月30日，东方通用出动直升机6架，执行救灾运输飞行任务192班（次），运输救灾物资119.41吨。

南航珠海直升机分公司装载0.75吨救灾物资的B-7304直升机5月19日15时43分从广汉机场起飞，飞往什邡市瓦窑坪执行空投救灾物资任务。在瓦窑坪上空，机组人员根据指挥部提供的方位，挑选离群众近且方便拿取物品的空投点。直升机在2000余米高的山坡上、距地面七八米的空中稳稳地停住进行空投，将救灾物资抛向地面。由于瓦窑坪村民居住地比较分散，机组人员又选择了两个村民居住相对集中的山坡进行空投。16时21分，B-7307直升机从广汉机场起飞，将0.75吨救灾物资空投到什邡市红白镇。17时55分，B-7305直升机装载0.5吨救灾物资，从广汉机场飞往绵竹市清平伐木场，实施沿途空投。至7月8日，南航珠海直升机抗震救灾机队共执行救灾任务46班（次），救灾飞行124架（次），救灾飞行108小时，运送各类救灾急需生活物资5.45吨。

解放军投入抢运和投放救灾物资工作。5月12—14日20时，成都军区共出动直升机90架（次），向汶川县城及映秀镇、茂县、北川等地震极重灾区投送食品、药品、帐篷等物资33.3吨。

5月15日晨，解放军空军出动飞机两架（次），为绵竹市空投8吨饮用水、食品、药品等救灾物资；陆航部队还出动直升机向地震震中和其他重灾地区空投大量救灾物资。17日11时，空军向灾区空投帐篷获得首次成功。救灾帐篷因柔软不便于捆绑而成为空中投送难题，空降兵某伞训研究所领受任务后连夜组织攻关，探索出依托自行研制的货运平台进行捆绑等方法，成功实现空中投送（见图32）。20日，空军某部在松潘县川主寺镇尕力台草原空投帐篷1000顶，帮助灾区群众渡过生活难关。

地震使甘肃地震灾区陇南市与外界联通的公路全部中断，抢险救援人员、医疗队、救灾物资和药品无法尽快运送到灾区。兰州空军、兰州铁路局、甘肃省交通运输部门采取空中、陆地、水上联合救援的方式，迅速实施空投。5月13日中午，甘肃省委书记陆浩在地震灾区拨通兰州空军政委房建国的电话，请求派出飞机向灾区运输物资。兰州空军党委紧急召开会议，通报陇南地震灾情，启动应急机制，成立空运救援领导小组。研究确定飞行航线、空运空投措施，进

图 32　5 月 17 日 11 时，空军依托自行研制的货运平台进行捆绑等方法，首次向灾区空投帐篷
（谭超　摄）

行安全预想预测，仅用一个小时，就完成了飞机、人员和装备的快速集结，调集兰州空军某团150 余名官兵装卸救灾物资。13 日晚，向文县空运 2 吨针剂药品、250 箱饼干、1000 箱方便面和 100 件饮用水，共约 12 吨救灾物资。为确保救灾物资在空投时不致受损和砸伤聚居在平地空投点的群众，兰州空军决定改变原空投方案，先用运输机从兰州机场把物资运送到天水机场，然后由直升机从天水机场运送到地震灾区空投。运输团副团长江祖盛主动请缨，担任空运空投飞机机长，并立即召集副驾驶员、领航员、通讯员、空中机械师，研究确定飞行航线及空运空投措施，进行安全预想预测。两个机组往返于兰州至天水空域，连续飞行近 10 个小时、10 架（次），安全完成抗震救灾物资空中运输任务。兰州空军直升机在天水机场装载救灾物资，运往陇南市武都区地震灾区。武都区地处弯曲的峡谷中，直升机降落点四面环山，没有塔台、导航台，飞行难度非常大。直升机经一个多小时的飞行，终于看到武都区东江镇地面上红旗标出的降落地标，直升机依山飞行，高度由 3000 米逐渐降到 100 米，平稳落地。灾区群众看到救援的直升机飞来，顿时发出掌声、欢呼声，并跟随直升机飞行方向奔跑。武都区区长说："地震发生后，群众急需药品、食品，而当地公路受损、桥梁塌陷，救援物资无法进入，空军为群众送来的不仅是物资也是福音。"直升机刚一停稳，官兵们立即搭建临时指挥所，观察当地气象，架设电台进行联系，以便大量物资安全、快捷地送抵地震灾区。在灾区指挥救灾的陆浩送来水果，向机组人员献上鲜花表示慰问。13—18 日，兰州空军直升机紧急

图 33 5 月 16 日，解放军组织人员、直升机为陇南市武都区东江镇群众运送救灾食品

（梁强 摄）

出动飞机 55 架（次），飞行 56 小时 47 分，将药品、食品、帐篷等 17.5 吨救灾物资空运到灾区群众手中。

兰州军区某陆航大队特级飞行员张晓中与战友们在地震发生后 10 天里飞行航迹遍布陇南市武都区、文县、成县、徽县等地乡镇，飞行 42 小时、34 架（次），运送 15 吨救灾及生活物资，受到灾区群众和当地政府的赞誉。（参见图 33）在地震灾区文县尚德、中庙等乡（镇），张晓中和战友们返航时，乡亲们在崎岖不平的山路上追跑，提着舍不得吃的干粮、瓜果、鸡蛋，迎着旋翼掀起的巨大气浪往直升机上送，张晓中和战友们把食品放下去，乡亲们又硬送上来。

第三节 生活物资转运

一 物资储备库组织转运

地震发生后，国务院、各部委立即将调拨、采购和对口支援的生活物资迅速调运到各地震灾区物资中转站。生活物资亟待转运至各受灾县（市、区），尽快发放到受灾群众手中。

5 月 21 日，回良玉到四川省生活物资中转中心和物资储备仓库考察并强调，要加强救灾物资调运管理并尽快发挥其作用，这是抗震救灾的一件大事、急事，必须全力做好。要尽量减少调运环节，尽可能直送灾区群众安置点；在实施对口支援中要搞好对接，快速筹集救灾物资，直接运到重灾市州；加强道路等基础设施抢修恢复，努力保证交通通讯畅通和运力需要，火车、汽车、飞机、水运多管齐下，将救灾物资迅速送达受灾群众手中。

物资储备局成立抗震救灾领导小组，要求位于受灾地区的物资储备仓库承担救灾物资转运任务，启用仓储基地12个。向四川储备物资管理局下发《关于储备仓库参与抗震救灾工作的意见》，将成渝地区6处国家物资储备仓库直接用于生活物资转运。至5月21日17时，全系统转运各类救灾物资26.3万件，发运面粉700余吨、医疗急救车10辆。其中吉林储备物资管理局六三五处（仓库）转运救灾物资0.3万件，湖北储备物资管理局三三八处（仓库）代发帐篷2万顶，三七三处（仓库）发运面粉700余吨，云南储备物资管理局五三〇处（仓库）代发帐篷0.14万顶，四川储备物资管理局四三七处（仓库）转运救灾物资23万余件，甘肃储备物资管理局五三四处（仓库）转运救灾物资0.9万件。

四川储备物资管理局四三七处（仓库）从5月17日开始承担救灾物资转运任务。至5月19日12时，转运各类救灾物资10万余件，主要转运食品、帐篷、衣物等救灾物资。5月17日至6月30日，接收救灾物资269317件、10258.18吨，出库转运物资256051件、8352.88吨。汽车发送救灾物资677车；火车发送救灾物资64节火车车皮、3712吨，发送救护车10辆。

甘肃储备物资管理局下属6处储备库，被纳入甘肃省抗震救灾应急物资转运仓库。5月12日至8月12日，共接收棉衣、棉被、帐篷、食品、饮用水、药品、板材等50余个品种、202682件。6处储备库接收救灾物资按甘肃省民政厅统一安排，及时出库，转运至各地震灾区，共出库救灾物资108097件。5月28日、31日，两批来自天津市、上海市、黑龙江省支援甘肃灾区的衣被、食品、药品、帐篷等41节火车车皮、3万余件物资到达六三八处（仓库）。六三八处（仓库）是第一次储存救援物资，人力、运力严重不足。永登县委、县政府及时协调武警永登县中队和驻永登县某部官兵，迅速协助将物资入库，并将660件救援药品迅速转运至甘肃受灾地区。五三四处（仓库）至5月20日15时，向地震灾区转运方便面1800箱、饮用水1000件、棉衣493包、小帐篷97顶、大帐篷46箱、踏花被285床、各型碗98箱、中餐盒23箱、军用棉被9包、睡袋94箱、毛衣57箱、棉雨衣52箱、口罩9箱等。6月2—6日，五三四处（仓库）向甘南藏族自治州转运衣被、药品、食品、饮用水、地毯、消毒粉、消毒柜、帐篷等26146件、28卡车。至8月12日，五三四处（仓库）接收活动板房镀锌彩钢板1275件、6060吨，并按甘肃省经委的通知要求，紧急出库运往地震灾区。

二　灾区省市组织转运

随着救灾物资不断运往地震灾区，四川省、甘肃省、陕西省、重庆市、云南省相继制定救灾物资管理、储运管理办法，成立物资接收和调运工作组，建立物资转运站，将救灾物资转运至受灾市州的物资发放点。

5月17日，四川省抗震救灾指挥部下发《关于确保抗震救灾物资安全运输的紧急通知》，省民政厅立即成立接收捐赠和物资调运工作组，成立成都双流机场、太平寺机场、凤凰山机场、邛崃机场、绵阳机场、火车成都东站、龙潭寺仓库和省民政厅机关8个物资接收工作点，具体承担国际国内救灾物资接收、中转、分配、运输等工作。省民政厅实施具体组织领导，各转运点对救灾物资接收、运出建立专账，详细核实物资种类和数量，保证记录数据进出一致。

来自全国乃至世界的救援物资被空运到成都双流机场后，四川省民政厅及时组织接收，按照灾区各市州反馈物资需求的信息，转运至各受灾地区。5 月 12 日，省民政厅紧急从转运站调运救灾专用帐篷 500 顶和价值 30 万元的食品，运往汶川地震极重灾区。14 日，组织转运救灾专用帐篷 1.35 万顶、棉衣被 13.8 万件和食品近 100 吨等群众生活急需物资运抵地震灾区。15 日，省民政厅组织向地震重灾市州转运救灾专用帐篷 0.28 万顶、棉被 1.56 万床、衣裤 0.62 万套、食品 0.97 万件和饮用水 0.3 万件等生活物资。19 日，省民政厅向德阳地震灾区转运彩条布 39 吨，用于地震灾区群众搭建临时住所。25 日，省民政厅将省经济委员会调运的 3 吨食盐、200 口铁锅发放到绵竹市金花镇，还发放 10 吨彩条布，解决群众的生活困难。至 30 日，省民政厅从转运站组织转运帐篷 52.63 万顶、方便食品 4.15 万余吨、饮用水 4.28 万余吨、粮油 5.08 万吨、肉类近 0.27 万吨、成品油 11.81 万吨、棉被（絮）227.11 万床、彩条布 3230.32 万平方米、帆布 104.12 万平方米、油毡 5.6 万平方米、发电机 0.4 万余台。

为将救灾物资迅速运往公路被阻断的地震灾区，各地抗震救灾指挥部使用航空运输方式，将物资运送到机场；再从机场救灾物资转运站，通过空投空运等方式，将救灾物资转运到地震灾区。大量运往四川省的救灾物资从成都双流机场和成都火车站运到凤凰山机场，登记入库后，由民政部门统一管理，按地震灾区上报的需求计划，用直升机送至一些公路阻断的县及乡镇。凤凰山机场利用停机库改造了 6 座大型仓库，存放药品、饮用水、牛奶、方便面、帐篷等生活物资，每天库存约 30 吨。

铁路是救灾物资运输的重要通道，成都东站是接卸和转运抗震救灾物资的重点单位。5 月 21 日，李克强到成都东站慰问铁路职工，检查指导铁路抢运、转运抗震救灾物资工作。李克强强调，铁路部门要充分发挥铁路大动脉的作用，继续全力抢运抗震救灾物资，把灾区群众最急需的帐篷、搭建帐篷的彩条布、活动板房、防疫消毒用品，以最快的速度运抵地震灾区。同时，继续搞好食品、饮用水、粮食、衣被等生活物资的抢运、转运工作，保证灾区救灾和受灾群众安置工作的需要，为抗震救灾提供可靠的运输保障。在转运分发食品、饮用水的场地，李克强看到成堆的饮用水、方便食品后指出，为了让灾区群众有饭吃、有衣穿、有干净水喝，铁路部门要进一步加强对食品、饮用水、粮食、衣被等物资的运输组织，快装快运，迅速通过公路转运，尽快把这些物品送到灾区群众手中。李克强还详细询问了在地震灾区承担抗震救灾物资接卸任务的车站、货场数量及与公路转运的衔接情况，叮嘱铁路和地方政府有关人员，进一步搞好工作的协调配合，将到达灾区各地的物资选择就近车站卸车，并立即转运，提高效率，争分夺秒地把救灾物资运送到地震灾区。在 22 日之前，由于铁路快速运输和大量救灾物资集中到达成都东站，日均到达 400 余节火车车皮，各车站货运量迅速增加，特别是卸车量增大。车站干部职工 2000 人 24 小时不间断卸车。成都东站组成 8 支党员突击队，最多一天卸车 960 节火车车皮。成都铁路局在物资转运中，创下日均装卸 8000 火车车皮的历史最高纪录。成都东站还主动与地方有关部门合作，通过汽车将一部分抗震救灾物资直接转运至地震灾区。

为合理调配即将到站的物资迅速转运，铁道部 5 月 22 日下达命令，要求成都铁路局每 3 小

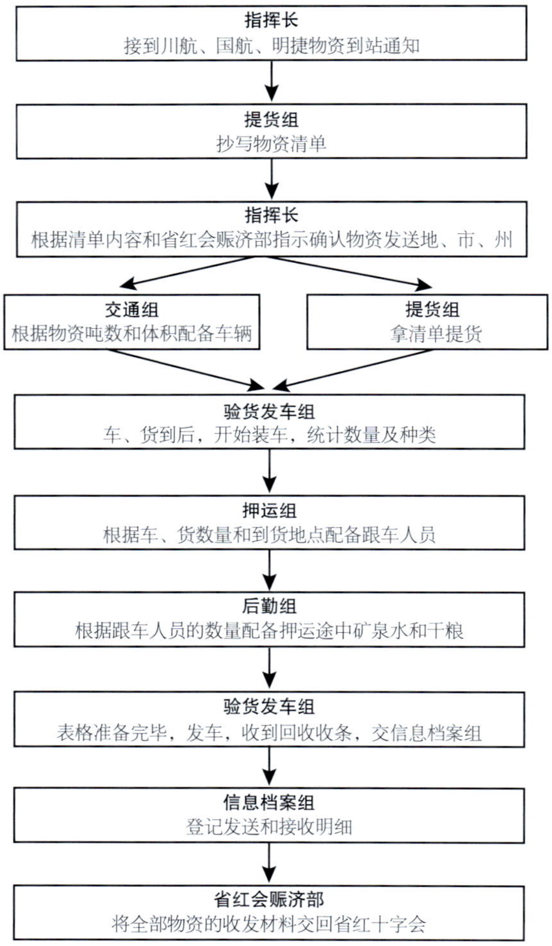

图34　抗震救灾期间，四川省红十字会成都双流机场收发救灾物资工作流程图

（中国红十字会总会　提供）

时向四川省抗震救灾办公室通报救灾专列到达信息，并对提出的物资分配方案，及时做好列车到站变更事宜，将救灾物资及时送到离灾区最近的火车站。火车成都北站设有省红十字会、民政厅、商务厅的临时办公室，办公室黑板上写着工作流程，接单—核单—验货—安排车辆—点货—发货—汇总—上报，每个环节下面都对应着具体工作人员名单。（参见图34）工作人员的工作夹里存有物品清单，包括物资来源、运输方式、发货地、物资名称、数量、单位、分配去向，便于随时安排物资的调运。

为将来自国内外的救灾物资及时转运至地震灾区，甘肃省民政厅在铁路、机场等处设立7个站点，通过空投、铁路、公路等运输方式，转运灾区群众急需的生活物资。同时，制定《“5·12”抗震救灾物资储运管理办法》，明确救灾物资储运要协调有力、运转高效、手续健全、投向准确、库存清楚、调运及时。甘肃省制定的《“5·12”抗震救灾物资调运管理规程》规定，省抗震救灾物资调运组根据省抗震救灾指挥部的分配指令，向各储备转运站下达中转、运输任务，对抵达物资进行清点、验收，填报“救灾物资验收单”，安排专人守护。根据灾区的需求，向各物资储备转运站、受援助市州或县区发出“救灾物资调拨单”。在救灾物资发送运输时，要有储存方、承运人、受援方三方负责人签字，以便留存备查。省民政厅根据受灾市州的情况，及时从转运站向灾区转运各类救灾物资。天水市救灾物资转运站通过空运、公路运输，先后接收并中转、调运3个国际组织、9个国家、13个省（区、市）及民政部调拨甘肃省的救灾物资4万余吨，接收经铁路运输的422节火车车皮，汽车运输3300辆（次）救灾物资。5月14日，兰州铁路局在天水市组建由铁路局、甘肃省民政厅和省经委、天水市政府组成的生活物资转运机构，承担铁路运往陇南、天水、甘南等灾区生活物资的转运任务。18日，兰州铁路局会同甘肃省经委、宁夏回族自治区经委建立救灾物资铁路运输协调机制，同时成立救灾物资铁路运输协调领导小组，负责本省（区）相关企业、部门救灾及灾后重建物资信息的收集，并以查定表的形式将具体运输需求，交铁路局救灾调度台执行。协调小组办公室建立信息沟通制度，每日与甘肃省、宁夏回族自治区经委经济运行办（处）沟通，交换运输需求和完成信息。为保证抗震救灾物资转运畅通，天水火车站将救灾物资专列列为“抢”字头列车，一切为“抢”字头列车让路。“抢”字头列车到站后，立即完成验封、剪封、卸车、点件、对货票等工作并及时交送民政局，顺利实现物资转运。在救灾物资转运工作开始后，天水火车站日接卸救灾物资达 80 余节火车车皮，加上正常物资接卸，接卸量超过车站的最大负荷量。为保证救灾物资及时转运，车站对救灾物资实行“解体、送车、卸车”三优先，保证救灾物资及时装卸。以天水火车站为终点的列车到达时，天水火车站协调人员及时联系有关部门，把汽车直接开到站台进行对装，使救灾物资及时完成交付和领取，保证救灾物资不积压。转运站还协调部队、民兵预备役人员 9500 余人（次），民工 3200 余人（次），参加物资转运工作。向陇南地震灾区转运帐篷、食品、药品、医疗器械、编织袋等 11 个种类、2.4 万余件、8000 余吨救灾物资。天水市政府在秦州区、麦积区建立 3 个转运站，专门调出一座气调库储运药品。至 10 月 31 日，甘肃省民政厅向地震灾区陇南市转运救灾帐篷约 14.56 万顶、棉被约 2.87 万床、棉衣 0.42 万件、各类衣物 77.1 万件、方便面 4.22 万箱，向甘南藏族自治州转运救灾帐篷约 1.3 万顶、棉被 8.47 万余床、棉衣 1.29 万件、各类衣物 15.41 万余件、方便面 0.37 万箱，向天水市转运救灾帐篷 2.61 万余顶、棉被 2.2 万余床、棉衣 0.2 万件、各类衣物 56.68 万余件、方便面 1366 箱，向平凉市转运救灾帐篷 0.27 万余顶、棉被 0.65 万件、棉衣 0.31 万件、各类衣物 30.79 万件，向庆阳市转运救灾帐篷 0.34 万顶、棉被 0.57 万床、棉衣 0.09 万件、各类衣物 14.73 万件，向定西市转运救灾帐篷 0.35 万顶、棉被约 1.9 万床、棉衣 0.44 万余件、各类衣物 27.49 万余件，向武威市转运救灾各类衣物 0.5 万件，向临夏回族自治州转运救灾帐篷 0.01 万顶、棉被 1 万床、棉衣 0.09 万件、各类衣物 2.23 万余件，向白银市转运救灾帐篷 0.06 万余顶、棉被 0.04 万床、各类衣物约 6.29 万件、方便面 0.03 万箱。

陕西省民政厅 5 月 13 日成立救灾物资接收调运组，负责制订救灾物资调运计划和省内外救灾物资的接收、调运、分配、发放登记、统计工作。设立陕西省和西安市、宝鸡市、咸阳市、渭南市、铜川市、汉中市、安康市、商洛市、延安市、榆林市、杨陵区物资工作点，承担国际国内救灾物资接收、中转、分配、运输等工作。宝鸡市工作点转运帐篷 0.51 万顶、彩条布 0.6 万卷、衣物 5.87 万余件、棉被 0.85 万余床、毛毯 0.74 万余床、饮用水约 6.4 万件、食品 1.45 万余件、药品 1.2 万余箱。咸阳市工作点转运救灾帐篷 400 顶、饮用水约 0.13 万箱、食品 0.27 万余箱、药品 380 箱、衣物 2.24 万件。渭南市工作点转运篷布 210 件、棉被 951 床、棉衣 372 件、面粉 35 吨、挂面 25 吨、大米 5 吨、饮用水约 0.51 万箱、方便面 0.3 万箱、牛奶 0.12 万箱。铜川市工作点转运帐篷 280 顶，饮用水、饮品、食品约 1.43 万箱（件），药品 60 件。汉中市工作点转运帐篷 1.9 万余顶、棉被约 30.99 万床、棉衣 6.25 万余套、毛毯 3.9 万余床、彩条布约 0.59 万件、粮食 704 吨、食用油 13.5 吨、食品 10.45 万余箱、药品 742 箱。安康市工作点转运棉被 1 万床。陕西省各转运点共转运救灾帐篷 5.77 万顶、棉被及毛巾被约 32.94 万床、衣物 20.9 万件、粮食 8633.6 吨。22 日 20 时，挂运 3 节火车车皮 592 箱服装、4 节火车车皮 1490 捆棉被的 41085 次列车抵达汉中火车站。为快速卸车，火车站腾出场地开阔、照明条件最好的货二线，利用客车开行空档，全站 7 个作业班组全部投入救灾物资抢卸。23 日 5 时 10 分，生活物资分载为 14 辆汽车及时转运宁强、略阳地震灾区。23 日，装载毛毯 589 件，棉被 753 件，服装 1271 件，饮料 5088 箱，消毒液 170 箱，折叠帐篷、行军椅和伞、鞋等物资 845 箱的 5 节

图 35　在抗震救灾期间，西安市社会志愿者和工作人员在西安市救灾仓储中心装运救灾物资
（陕西省民政厅　提供）

火车车皮，通过铁路运抵宝鸡市东货场。货场立即成立专门机构，腾出装卸方便、存储安全的库房存放救灾物资。指定专人与宝鸡市民政局工作人员共同清点货物，安排人员昼夜巡逻，保证救灾物资的安全。宝鸡市民政局按照“随到随收、及时调拨”的要求，立即提出分配意见，报经宝鸡市抗震救灾指挥部同意，迅速通知各县区拉运，组织人员加班加点，连续几昼夜将救灾物资转运到各县区。（参见图 35）

重庆市承担将全国各地抗震救灾物资经重庆转运四川地震灾区的任务，共设立 6 个物资工作点，开展国际国内救灾物资接收、中转、分配、运输等工作。重庆市在江北机场开通“绿色通道”，救灾物资航班抵达江北机场后，货车直接到停机坪接货，并立即转运往四川地震灾区。5 月 13 日 21 时 08 分，运送救灾物资的 CA4142 航班抵达江北机场。机场地面服务人员不到 10 分钟就将救灾物资卸下飞机，送到等候的武警部队官兵手中，迅速转运往四川地震灾区。26 日 3 时 30 分，从曼谷起飞的上航 FM9446 航班，载着泰国中华总商会向地震灾区捐赠的 1800 余顶帐篷 7 时 30 分安全降落在江北机场。重庆市民政局领导到江北机场迎接随机押运物资的泰国中华总商会、泰国上海商会会长等领导并受民政部委托接收捐赠救灾物资，送往四川地震灾区。这是第一批国外捐赠四川灾区的救灾物资经重庆转运。8 时，这批援助四川灾区的救灾帐篷从江北机场启程运往成都；12 时左右，运抵四川地震灾区。13—30 日，江北机场共接收转运救灾物资 428.62 吨。重庆市在保证航空转运的同时，还利用公路、水路向四川地震灾区转运救灾物资。13—30 日，重庆市出动货车 983 辆（次），转运救灾物资 8999 吨；重庆市交通委员会为救灾货运车辆 176 辆（次）发放临时通行证，转运救灾物资 1408 吨。重庆市还及时转运救灾物资至梁平等地震灾区。（参见表 21）

抗震救灾期间重庆市民政局转运救灾物资一览表

表21

运送时间	接收单位	物资类别及数量
5月12日	梁平县	救灾帐篷100顶
5月12日	双桥区	救灾帐篷10顶
5月13日	博赛集团	救灾帐篷50顶
5月15日	重庆市商委	救灾帐篷5顶
		棉被100床
5月19日	重庆市物价局	救灾帐篷10顶
5月21日	重庆市商委	棉被246床
5月24日	重庆市救助站	饮用水100箱
5月28日	市儿童福利院	火锅红薯粉皮70箱
5月28日	重庆市救助站	汽水400箱
5月30日	重庆市商委	棉被100床
5月30日	重庆市救助站	饮用水1箱
		服装81箱
		男T恤衫、女套装230件
		卫生巾日夜用各5件
		正奇鞋40箱
		自热米饭300箱
		凉被20床
		3M口罩9万个
		方便面15041箱
6月3日	云阳县	救灾帐篷100顶
6月25日	忠　县	救灾帐篷30顶
7月25日	南川区	救灾帐篷30顶

云南省民政厅、省红十字会和省慈善总会各设立一个救灾物资工作点，承担救灾物资接收、中转、分配、运输工作，及时将救灾物资转运至昭通市。至6月10日，省民政厅转运昭通市衣服8527套、棉衣800件、棉被3580床、大米45吨、方便面1300件、蛋黄派30件、沙琪玛100件、八宝粥700件、豆奶100件、卤鸡蛋133件、饮用水300件、食品16件、茶叶309件、药品9件、医用药品10件、消毒灵200包、旧衣物5.7万余件、卫生巾45件、折叠床100张、枕头100个、鞋585双、凉鞋帽20双及学习用品等。

驻成都某部营材仓库在地震发生后一星期内，向灾区紧急转运帐篷、发电机、储水罐等物资5万余件，接收区外铁路输送、空中运输物资0.3万余吨，其中帐篷3万余顶，转运帐篷、行军床、储水罐等物资0.8万余件。驻成都某军需仓库地震发生后不到一小时，就组织官兵投入救灾物资收发、转运；接收航空运输24架（次）、铁路运输86节火车车皮；向都江堰、彭州等地震灾区和救援部队转运被装物资60万件（套）、给养物资900万余吨。

第四节　生活物资发放

为加强生活物资发放管理，民政部6月1日制定《汶川地震抗震救灾生活类物资分配办法》，规定抗震救灾生活类物资根据受灾区域大小、受灾程度、人口密度、灾区群众需求进行分配，保证重点，保证及时、快捷、高效、公开、公平、公正地发放。严禁物资发放中的优亲厚友、性别歧视、年龄歧视和孤残歧视行为，在保障需求的同时，避免浪费。在抗震救灾生活类物资分配中，要建立责任制度，做到手续完备、专账管理、专人负责、账物相符。灾区政府在群众集中安置点统一设立抗震救灾生活物资发放点，负责抗震救灾生活类物资的具体发放工作。发放点设置明显标志，公示负责人名单和联系方式，发放情况定期向社会公布。物资发放点吸收受灾群众代表参加，实行收发“实名制”，物资收发单及存档记录由负责人签字。同日，民政部又制定《汶川地震抗震救灾资金物资管理使用信息公开办法》，要求地方各级政府及相关部门主动向社会公开接收的各类抗震救灾资金、物资来源、数额，分配去向、用途、数额、发放流程等情况。灾区乡镇政府、村民委员会、城市居民委员会公开受灾群众救助条件、救助标准、救助对象名单、上级拨付和发放数额等情况。

在大量生活物资运抵受灾地区的同时，四川省、甘肃省、陕西省、重庆市、云南省各灾区政府及时成立救灾物资发放点，乡镇、村、社建立相应发放管理机构，保证救灾物资及时、安全发放到群众手中。

四川省抗震救灾指挥部5月22日下发《关于切实做好救灾粮食、药品等救灾物资发放到村到户工作的紧急通知》《关于加强救灾物资发放管理的紧急通知》。各受灾市州根据通知要求迅速制定物资发放制度，完善发放手续，做到收发有据、账目清楚、专人负责统计、有据可查，自始至终公开发放事项。在受灾地区设立抗震救灾生活物资调配中心，对生活物资进行接收、登记、发放。四川省在地震灾区设立了4000个物资发放点，保证救灾物资及时、快捷、全部发放给受灾群众。至6月1日，省民政厅完成“三无”人员3个月临时生活救助，并根据各受灾地区对救灾物资需求的种类和数量，及时调配救灾物资发送到各地抗震救灾指挥部和受灾群众手中，共发放被褥220万余床、食品3万余吨、饮用水2万余吨、帐篷70万余顶、衣裤110万余套。其中5月12日，四川省民政厅将500顶救灾帐篷和首批价值30万元的食品，转运至汶川地震极重灾区物资发放点，及时向受灾群众发放。14日，民政厅组织救灾专用帐篷1.35万顶、棉衣被13.80万件（床）和食品近100吨转运抵达灾区物资发放点发放。15日，救灾专用帐篷0.28万顶、棉被1.56万床、衣裤0.62万套、食品0.97万件和饮用水0.3万件等生活物资，转运抵达6个重灾市（州）物资发放点，并发放到受灾群众手中。（参见图36）

四川省各市州政府及民政部门也加强对生活物资发放的管理，保证救灾物资公平、公开、公正发放。阿坝藏族羌族自治州抗震救灾指挥部5月23日下发《关于加强救灾物资发放管理的紧急

图36　5月24日，中国红十字会在绵竹市九龙镇群众安置点发放救灾物资，受灾群众领到棉被和食品等急需生活物资
（中国红十字会总会　提供）

通知》，要求建立州、县、乡、村、户分配发放体系，落实专人负责生活物资分配发放，并逐级上报备案。各县生活物资接收、中转点，不得以任何理由积压、滞留生活物资，不能出现物资运到灾区无人接货等现象，做到提早计划、提早分配、随到随发。基层民政部门建立健全发放制度，根据各地受灾程度的轻重，确定救济对象和发放数量，完善发放手续，做到管理严格规范、运行简捷有效，及时、准确地把生活物资发放到受灾群众手中。各县按照“谁主管、谁负责”的原则，建立救灾资金物资统一台账，实行“一账、一表、一单、一册”制度，发放明白卡。各市州还执行市州、县、乡、村、组“五级公示”和发放、领取“双签字”的制度（参见图37～38），实行层层负责。至29日，阿坝藏族羌族自治州物资发放点共发放饮用水995吨，其中汶川县85吨、茂县70吨、理县831吨，其余9吨分散发放。

成都市商务局分别从成都市新会展中心、成都东站、成都双流机场、保税物流中心、

图37　5月28日，中国红十字会德阳市工作组发放帐篷现场，群众领取帐篷后，签字并摁手印
（中国红十字会总会　提供）

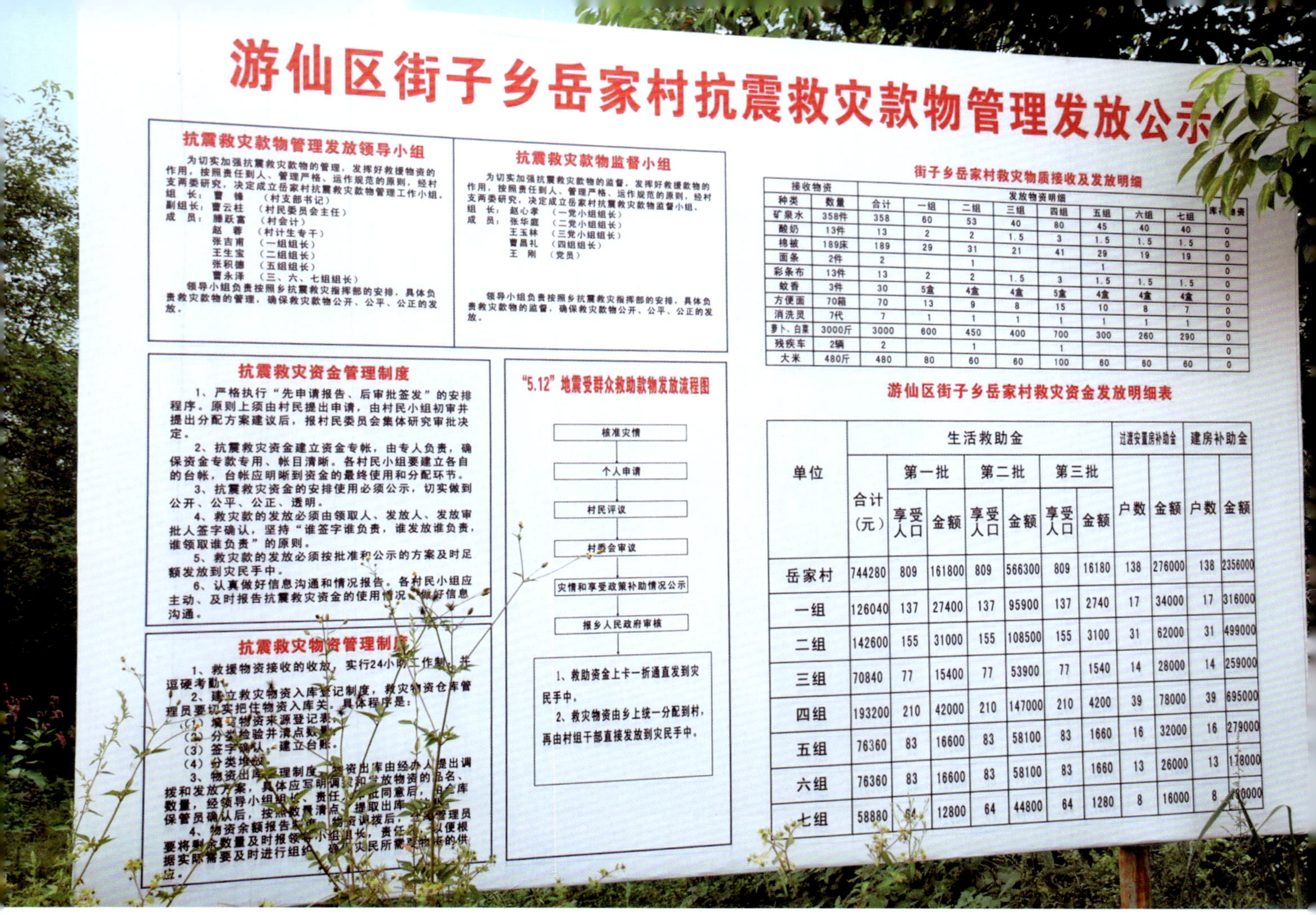

图 38　抗震救灾期间，绵阳市游仙区街子乡岳家村安置点救灾款物管理发放实行公示制度。图为公示牌

（四川省民政厅　提供）

航空港、雅驰、西河生活物资发放点及成都市商务局救灾物资直发点直接将日用百货发放到都江堰、彭州及大邑地震灾区乡镇。6 月 11—16 日，从成都市新会展中心灾区物资储存点直接向受灾群众发放床上用品、洗涤用品、妇女用品及生活日用品 3.79 万余件。都江堰市救灾物资调配中心对救灾物资严把“登记接收”“清点入库”“计划发放”“出库”和“反馈”五关。每天 16 时，都江堰市 20 个受灾乡（镇）将急需物资清单书面盖章上报，调配中心按需求做好分配预案，救灾物资转运到后，立即清点，按预案及时发放。在都江堰市抗震救灾物资调配中心，救灾物品登记处、发放处、贮存区等分布有序，转运生活物资的车辆络绎不绝。19 日 16 时 30 分许，调配指挥中心得知都江堰市 3500 余名高三年级学生在温江区成都农业科技职业学院异地复课，急需 2000 床棉被，立即调配汽车装运棉被，及时送到学校。

四川地震灾区民政部门组织救灾物资发放。地震使北川羌族自治县民政局办公楼内 29 名干部职工中 15 人遇难、2 人重伤，遇难家属 50 余人；县民政局幸存干部职工在废墟上竖起民政局的牌子，组建起救灾工作组，到各乡镇查灾、核灾，组织发放救灾资金物资。5 月 13 日 8 时许，首批救灾物资运到北川，县民政局局长王洪发强忍 20 位亲人遇难、失踪的悲痛，迅速召集人员组织物资的发放。接下来的十几天，王洪发一直在地震废墟中跑来跑去，统计救灾物资发放情况，考虑全县几千人的粮食问题，同时组织人员背着救灾物资送到因灾道路阻断的乡镇群众家中。

彭州市民政局局长宋天伟在地震发生后，立即组织人员进入抗震救灾应急状态。5 月 12 日

17时30分，物资筹备组组织的第一批救灾物资到达，宋天伟立即组织登记造册、联系车辆、安排仓库、招募志愿者、装卸货物，并安排人员护送到灾区。13日后，救灾物资源源不断到达，为确保救灾各项工作落到实处，宋天伟奔波于抗震救灾指挥部、抢险救灾现场、殡仪馆、救助站、敬老院等处，了解救灾物资需求的实际情况，并组织建立救灾物资明细台账，制定出一整套严谨规范、操作性强的工作规程，强化物资接收、储运、发放等环节的管理，如严格财经纪律，现金捐款全部在收款当日存入“救灾救济专户”，进行专项管理；根据地震灾害损失程度、受灾群众人数、伤残状况，有针对性地发放救灾物资；加强对物资接收、发放全程监督及定期检查。宋天伟还为民政局全体人员配发专门的水杯，要求大家在工作前备足饮用水和干粮，绝不能动救灾物资。在救灾物资移交的9天中，彭州市民政局发放食品96428件，饮用水101240件，帐篷、雨衣、雨伞25903件，未发生一起随意使用、丢失救灾物资事件，救灾物资全部安全、及时发放到群众手中。

四川灾区各乡镇干部及时组织向受灾群众发放救灾物资。地震发生初期，救灾物资很少。都江堰市胥家镇党委决定由一名副镇长带队，专门盯守在都江堰市协调物资发放点。5月13日，每个村仅有饮用水96瓶。镇里规定，按照村的大小、受灾程度、人口集中程度等情况，突出重点、兼顾公平进行发放。同时，镇里严格执行收发制度，收与发都要有记录，实行“实名制”，有负责人签字并备查。地震发生后，最缺的就是帐篷。17日，全镇只有430顶帐篷。胥家镇制定帐篷发放3条原则，强调“干部一定不能先要”。胥家镇党委书记赵志龙说：“下发物资不能过夜，必须尽快送到各村。如果帐篷摆在乡政府院子里，而老百姓在外面淋了雨，就是我们工作的失职。”胥家镇实践村一位村民一天晚上向赵志龙反映：“自己和90多岁的老母亲同住，家里房子倒了，没有分到帐篷。”赵志龙立即组织调查，当晚就调整一顶帐篷送到村民家中。胥家镇实新村9组分到两顶帐篷，组长文国栋78岁的母亲想要一顶，因不符合镇里“干部一定不能先要”的要求，文国栋做通母亲的思想工作，将帐篷分给了其他受灾群众。胥家镇实新村6组李元强一家6口人，住进分到的8平方米帐篷里，虽然稍显拥挤，但也安全整洁，一家人非常满意。实新村长期生病卧床的李元良，地震后家里房子成了危房。李元良正一筹莫展时，村干部将救灾帐篷送到李元良家里。实新村生活物资发放点墙上，大红纸上鲜明地写着“都江堰市救灾物资发放举报电话：87133876（白天）、87131993（晚上）”。村党支部书记王学良说：“实新村在物资发放过程中，没有发生一次哄抢，没有群众告状，关键就靠一个‘公’字。一瓶饮用水，当成救灾物资发放，就不只是一瓶水的问题，而关乎党和政府在群众中的形象。”

安县千佛镇社会事务与开发办主任庞锐经常在物资发放点，举着喇叭大声招呼各村村干部前去领取生活物资。副乡长李华志拿着小本在一旁做记录，并说：“发放物资的记录是要造册报到县里去的，谁也不敢乱来。”物资调配中心刚送来300床棉被、200床棕垫，按照每2人一床被褥、10人一床棕垫的标准，全乡2000余人远远不够。庞锐嗓音沙哑地说：“不够分，只有先发一部分，等后面的物资来了，再补上去。”干部坚持公平发放，使千佛镇群众比较满意。

汶川县映秀镇渔子溪村成立民兵应急小分队，负责寻找水源、帮助村民从废墟中找回物品、发放生活物资等。各村组成村民小组，协助民政部门为群众发放生活物资。村干部说：“村民的吃喝拉撒、卫生防疫，都包在村民小组的身上了。”

5月19日，甘肃省政府制定《甘肃省抗震救灾资金和物资管理办法》，要求县级民政部门根据受损程度，按照“公开、公正、公平”的原则，向灾区群众公布救助标准、享受救助条件及救灾资金物资数量。县级民政部门对救灾物资要建立严格的发放制度。对发放的各类物资分种类、数量、发放地区造表登记，分阶段对物资进行清理统计，做到账物相符。各乡镇领取物资时，在领取物资分配单上逐一签字。发往各县核定仓库物资，事先制订分配方案，出库时要填报调拨通知三联单，物资一出库直接运往乡镇，当天运达村里。各县、乡镇分别建立“救灾资金、物资管理领导小组”，设立“救灾资金”和“救灾物资”专账，保证救灾资金物资接收、核拨、发放渠道的畅通。在物资发放中规范申请、审批和发放程序，准确界定救助对象、合理核定救助标准。22日，甘肃省民政厅下发《关于进一步加强救灾物资分配发放管理工作的通知》，强调各级民政部门落实专人负责救灾资金物资接收、分配、发放。完善省、市、县三级接收调运机制，优化工作流程，畅通发送渠道。对接收的救灾物资，做到调拨、登记明晰，分配、报批公开透明，入库、发运有档可查，验收接收物资的手续齐备，发放、领取记录在案。救灾物资发放，突出重点，优先保证“三孤”人员、无自救能力的特困户、学校及医院等公益部门。陇南市加强抗震救灾资金物资管理，规范使用。接收物资由各县区政府统一分配到重灾乡镇、村的重灾户。29日，甘肃省扶贫办第一批抗震救灾太阳灶，运抵礼县宽川乡远门村，并及时发放到受灾户和困难户手中，每户一台，及时解决群众能源短缺，房屋倒塌无法烧水、做饭问题。陇南市武都区马街镇杨湾村在救灾物资发放中，召开支部书记、村主任、文书讨论会，并邀请村民参加，决定优先救济对象。杨湾村领到帐篷68顶，分3批进行发放，先考虑房屋倒塌的农户，再考虑危房的农户；全村从镇上领取到125袋面粉，一家一袋不够分配，只能给房子倒塌的农户先发，灾情严重的先发，还考虑到村上的老年人，最后基本上都能领到面粉。在陇南市武都区马街镇姜家山村地震废墟中一堵没有倒塌的墙上，贴着一张张大红纸，写有每户村民分到的救灾物资情况，旁边一张褪了色的纸上，公布每户倒塌房屋及损失情况，这堵墙被受灾群众称作“明白墙”。自“明白墙”建起后，村里未接到群众关于救灾物资发放不公的意见。姜家山村村委会主任说：“地震后，村里不断收到政府下拨和社会捐赠的物资。分配是否公平，群众非常关心，外界也很关心。村里专门成立物资发放评议组和监督组。”评议组组长对大家说：“我们的原则是先照顾困难户，然后平均发放，家里人多的再多发点。”72岁的村民姜佐才举双手赞成：“这样公平得很。”至10月27日，武都区发放资金32887.69万元，发放生活物资70余种。（参见表22）

甘南藏族自治州是地震重灾区，救灾物资发放难度大。在抗震救灾期间，甘南藏族自治州将36719件（箱）方便面及乳制品、饼干、面包等食品下拨到7个县（市）救灾物资发放点，发放到群众手中。（参见图39）5月29日，州民政局下发《关于加强救灾款物管理的紧急通知》，强调重灾区舟曲县、迭部县、卓尼县、临潭县要妥善安置受灾群众生产生活，维护灾区社会稳定，做好救灾资金物资接收管理工作。救灾物资统一由当地民政部门负责接收、发放。各县、乡接收的救灾物资，来源、种类、数量及时登记造册，要建立台账、完备手续、专账管理、专人负责、账款相符、账目清楚。救灾资金物资发放坚持“公平、公开”的原则，实行账目公开、发放对象公开、分配方案公开和发放程序公开。

抗震救灾期间陇南市物资发放一览表

表 22

拨付县	衣　被	食　品	饮用水	日用品
文　县	衣服 8998 箱、被褥 29053 床	方便面 28022 箱、饼干 1103 箱、奶粉 602 件、鸡蛋 564 箱、火腿肠 400 件、醋 560 件、酸奶饮料 80 件、其他食品 401 箱	20756 箱	母婴用品 1306 件、蜡烛 71 件、手电筒 112 件、电池 15 件
两　当	棉被 5204 床、毛毯 424 条、夏凉被 501 床、毛巾被 4536 条、棉大衣 258 件、棉衣 892 套、旧衣物 1666 袋、各类衣物 7284 件	方便面 1852 箱、饼干 60 箱、奶粉 50 件	—	母婴用品 200 件、蜡烛 60 件、手电筒 1 件、电池 2 件
康　县	衣物 13153 包、布匹 78 卷、被褥 562 床	方便面 6280 箱、牛奶 25 吨、饼干 346 箱、酸奶饮料 1500 件、其他食品 240 箱	5031 箱	雨伞 2 件、母婴用品 1061 件、蜡烛 50 件、手电筒 51 件、电池 6 件
成　县	衣服 147206 件、棉被 11781 床	方便面 3988 箱、牛奶 25 吨、饼干 274 箱、鸡蛋 50 箱、火腿肠 20 件、其他食品 409 箱	—	母婴用品 239 件、蜡烛 1030 件、手电筒 1000 件、电池 1 件
徽　县	衣服 7146 包、被褥 5445 床	方便面 6240 箱、牛奶 15 吨、米线 2000 件、饼干 355 箱、其他食品 476 箱	6478 箱	母婴用品 1052 件、蜡烛 60 件、手电筒 1 件、电池 2 件
西　和	大衣 230 件、衣物 224440 件、棉衣 138 件、被褥 12456 床	方便面 1896 箱、牛奶 15 吨、饼干 42 箱、奶粉 192 件、酸奶饮料 1215 件、其他食品 625 箱	—	雨衣 2 箱、电池 2 件、母婴用品 826 件、蜡烛 60 件、手电筒 1 件
宕　昌	—	方便面 3600 箱、牛奶 1.4 吨、饼干 970 箱、奶粉 15 件、火腿肠 170 件、酸奶饮料 1090 件、其他食品 647 箱	3061 箱	雨伞 3 件、电池 5 件、母婴用品 857 件、蜡烛 80 件、手电筒 15 件
礼　县	—	方便面 6226 箱、牛奶 15 吨、饼干 354 箱、酸奶饮料 2712 件、其他食品 556 箱	1800 箱	雨衣 3 箱、母婴用品 437 件、蜡烛 60 件、手电筒 2 件、电池 2 件
市直有关单位	—	方便面 550 箱、牛奶 22.8 吨、饼干 780 箱、鸡蛋 350 箱、酸奶饮料 1677 件	—	—

图 39　5 月 15 日，舟曲县八楞乡凤安山村领到救灾物资回家的受灾群众

（梁强　摄）

天水市民政局制定《天水市“5·12”抗震救灾物资管理办法》，下发《天水市关于加强“5·12”震灾救灾专用帐篷使用管理的通知》《天水市关于进一步加强救灾款物管理使用的通知》。在救灾物资发放管理中，坚持统一接收、统一储存、统一分配、统一发放、统一使用、统一管理。救灾物资发放的重点是重灾区和重灾户，特别是保障自救能力较差的受灾群众基本生活。物资发放时，建立群众救助台账，建立“受灾群众救助卡”。（参见表 23）

抗震救灾期间天水市生活物资发放统计表

表 23

品　种	秦　州	麦　积	武　山	甘　谷	秦　安	清　水	张家川	合　计
棉大衣（包）	20	16	15	14	14	14	12	105
棉衣（包）	25	18	15	12	12	9	8	99
衣物（包）	3974	2608	2781	2616	2495	2631	2143	19248
内衣（包）	130	80	85	85	75	90	58	603
儿童用品（包）	35	21	23	22	20	22	18	161
羊毛衫（包）	14	10	10	9	8	9	7	67
衣衫（包）	10	5	6	6	5	5	4	41
绒衫（包）	143	94	95	93	85	87	75	672
鞋（双）	315	196	216	211	196	197	163	1494
运动服（包）	27	17	18	18	16	18	13	127
棉被（包）	1157	732	788	761	698	740	547	5423
毛巾被（条）	1950	1650	1550	1350	1250	1050	850	9650
棉絮（包）	270	170	180	180	160	180	127	1267
毛毯（包）	120	81	90	86	78	81	69	605

陕西省民政厅要求各级民政部门在救灾物资发放过程中，按照《陕西省基层救灾款物管理使用暂行办法》的规定，各乡镇（街道办事处）编制《灾民救济花名册》，下发“受灾群众救助卡”。所有救灾物资发放，都必须登记造册，经群众本人签字（盖章）。5月23日，省民政厅、财政厅下发《关于做好“5·12”特大地震灾害救灾款物管理使用工作的紧急通知》，要求各地发放救灾物资时，优先保证重点对象。救灾帐篷保证用于因房屋倒塌、损坏造成无房住的居民、学校学生、医院住院病人等受灾群众，优先保障老人、残疾人、妇女和儿童。25日，省民政厅下发《陕西省救灾物资管理发放流程》，规定救灾物资发放要认真确定发放对象，做到公开、公平、公正。要根据群众困难程度，实施分类救助，不搞平均分配，并填写《救灾物资发放登记表》。12—31日，汉中市受灾县区物资发放点发放救灾帐篷4.22万顶，向受灾群众发放棉被及毛巾被（毯）9.7万床（条）、衣物20.9万件、粮食8633.6吨，保障受灾群众基本生活。14日，重灾区宁强县民政局将接收的第一批救灾帐篷220顶、棉被1000床，直接转运到广坪、青木川、安乐河、阳平关等乡（镇）物资发放点，发放到受灾群众手中。宁强县于12—13日先后派出33个工作组，深入各乡镇、村组查灾、救灾，设置10个生活物资发放点。宁强县广坪镇制订物资发放程序，在物资发放前，各小组对受益人名单及领取物资数量张榜公示，没有异议后，再进行发放。对领取物资进行造册签名（或按手印）。发放时，对“五保户”、孕妇、单亲母亲家庭等进行特殊照顾。水观音村一村民全家在地震后，一直靠大家接济过日子，总担心吃了这顿没下顿，救济粮发下来够一家人吃上大半个月，能接上夏粮了。在金山寺，一些妇女领到省妇女研究会送去的妇女用品后说：“你们不光想到了我们的吃饭问题，心里有我们这些女人、孩子，知道替我们着想，让我们很感动。”宝鸡市陈仓区胡店乡仙龙村4组一村民家的房屋在地震中倒塌，粮食没及时抢救出来，村干部将面粉、食用油、毛毯等生活物资送到该村民家中。

重庆市民政局要求物资接收组、物资运输组、群众救助组、救灾救济组，按照国家的有关救灾物资使用规章制度，制定、执行救灾物资接收、分配、拨付、发放、使用等管理办法，做到手续完备、专账管理、专人负责、专户存储、账目清楚，保证救灾物资分配合理，及时发放到位。建立公示制度，提高救灾物资管理使用的透明度，并通过媒体或公开栏等方式，公开物资接收及管理使用情况。6月6日，重庆市慈善总会在万州等地震灾区救灾物资发放点，发放棉被1.5万床、棉衣9261件。同时，重庆市将接收的生活物资直接运往灾区救灾物资发放点进行发放。（参见图40）

5月18日，云南省政府办公厅下发通知，要求进一步规范救灾物资管理使用。地震发生后，云南省设立生活物资工作点，对接收救灾物资登记造册后，及时发往昭通市永善、绥江、水富、盐津、大关等地震灾区。各受灾县民政局及时把救灾物资分配到乡镇救灾物资发放点，发到群众手中。

地震发生后，救援部队官兵在迅速赶赴受灾地区抢险救灾的同时，还协助当地政府抢运、发放生活物资。（参见图41～44）5月12日下午，成都军区驻成都联勤某分部紧急调集运输车41辆，从所属军需、营材、综合仓库装载防寒被装、饮用水、食品、帐篷等200余吨。20时，从部队某机场出发，分3个梯队从不同方向向灾区开进。13日1时，官兵们克服余震、山体滑坡造成道路

图40　10月20日，大足县向受灾群众发放棉被
（重庆市民政局　提供）

图41　5月14日，成都军区77123部队官兵把自己的饮用水分发给受灾群众
（周锐　摄）

受阻等困难，将200余吨生活物资安全运抵都江堰市聚源镇救灾物资发放点，发放到群众手中。

5月13—17日，在汶川县龙溪乡抢险救灾的某部官兵把三分之二的自带干粮、饮用水送给受灾群众，官兵们一日三餐仅靠半碗稀饭、一包泡菜和少量水维系体力。在一个多月的救援行动

图42　5月17日，济南军区某部官兵手提、肩扛救灾物资徒步赶往汶川县映秀镇，为群众送去生活急需品及药品

（张雷　摄）

图43　5月19日上午，解放军92057部队女兵为什邡市师古镇群众分发救灾物资

（曾庆　摄）

中，救援部队官兵为汶川、茂县、都江堰灾区群众运送粮食、生活物资80余吨，发放价值5万余元的各类药品。

5月17日20时，在阿坝藏族羌族自治州抗震救灾应急指挥部开会的阿坝军分区司令员夏春喜得知，距汶川县城13公里的茂县南新镇牟托村因地震造成200余人伤亡和失踪，道路受阻，急需派人送帐篷、食品、药品等生活及救灾物资时，夏春喜主动率领200名部队官兵和民兵组成的救援突击队，经过4个多小时的艰难跋涉，把2.5吨大米、59件方便食品、3顶帐篷、5箱药品送到牟托村救灾物资发放点。当地被困群众看到救援部队到来时，感动得声泪俱下。

驻云南某炮兵旅5月17日派300余名官兵冒着余震、山体滑坡的危险，徒步30余公里，将8吨救灾物资肩扛、背驮，送到断粮缺药的江油市枫顺乡2600余名受灾群众手中。

图44　5月21日，解放军77126部队官兵为灾区群众分发食品
（李志成　摄）

地震造成理县蒲溪乡公路中断，救灾物资运不进去，部分群众即将断粮。5月22日5时，甘孜军分区30名官兵和民兵组成送粮突击队，每人负重三四十公斤物资，在军分区政委张雅军带领下，向蒲溪乡进发。一路上，爬过海拔3000余米的高山，通过42处塌方，每一处都只能贴着崖壁通过。刚刚抢修好的便道，也只有50厘米宽，山上还不时有飞石滚下。8时15分，当突击队赶到被当地村民称为“老虎嘴”的地方时，山上突然传来“沙、沙”的声音，张雅军立即命令大家退到石坎下面躲避，随即鸡蛋大小的石头从突击队员们的头顶飞过，民兵戴强背着的装油塑料桶，被弹回来的飞石击中打出一个洞。近5公里路程，突击队6小时艰难跋涉，赶到目的地。许多羌族群众看到浑身被汗水湿透的突击队员们送来蔬菜、大米、面条、猪肉等生活物资时，都激动地流下眼泪。

地震后，由于通往各行政村的道路严重受损，中转到彭州市小鱼洞镇的救灾物资不能及时送到受灾群众手中。从5月22日开始，解放军某部汽车连连续奋战10个昼夜，为小鱼洞镇11个行政村和1个社区、1.4万余名受灾群众运送大米、帐篷、棉被、饮用水、蔬菜等各种生活物资5000余吨。至6月16日，解放军某部侦察连官兵在彭州市通济镇卸载、发放各类救灾物资312车、3164吨。7月5日16时，某部教导队在彭州市新兴镇采取“边卸载边发放、边发放边登记”的办法，用3个多小时，卸载蚊帐、凉席、棉被等紧缺生活物资4000余件，及时发放给受灾群众。

地震导致唐家山滑坡形成堰塞湖，严重威胁北川羌族自治县漩坪乡、禹里乡6000余名群众安全，被迫转移到较高地势的受灾群众急需食品、药品等生活物资。6月3日6时，驻云南某师组织200名官兵，每人负重20余公斤生活物资，从擂鼓镇指挥所向漩坪乡出发。地震后，通往漩坪乡的所有道路均遭到破坏，余震造成严重的泥石流和山体滑坡，加上唐家山堰塞湖水位上涨，根本无路可走。官兵们沿着“S”形路线艰难地向上爬。在荆棘丛生的原始森林里，不少战士手被刺伤、划伤，脚掌被断裂的竹尖刺破，肩膀被磨破。20余公斤的负重就像山一样压在官兵们的身上，每走出几百米就能遇到山体滑坡，随时会受到滚落飞石击中的威胁，行进异常艰难。中午时分，送粮分队行至曹山沟一带时，道路被山体滑坡阻拦。前面的官兵们用双手刨、双脚踩，一步步踩实路面，其余官兵依次跟进。经 10 多个小时的努力，在深山丛林中刨出一条路。18 时 30 分，200 名官兵连续翻越 4 座海拔 2000 余米的大山后，将粮食和药品送到漩坪乡救灾物资发放点。

地震使什邡市蓥华山以北的石门村、瓦窑村、天宝村 6000 余名群众受困，无法转移，群众缺乏医疗、食品、住宿等生活保障物资。6 月 16 日 9 时，乐山预备役旅迅速抽调 400 人组成物资输送队，向受灾村运送帐篷 40 顶、米面 2.5 吨、水 200 件和药品 20 余件。因余震造成山体滑坡，道路中断，预备役旅官兵从车上卸下物资，徒步向灾区运送。当行至一段 50 米长的迎风口时，左边是随时可能塌方的陡坡，右边是深不见底的悬崖。当运送队伍最后两名战士正通过迎风口中央地段时，余震突然发生，石头从高达 40 米的山坡上向两名战士所处位置急速砸下。一直处在警惕中的现场指挥、该旅政治部主任严九如一个箭步冲到两名战士中间，右手用力推了一下前面的战士，大喊一声“快跑”，左手顺势抓住后面的战士猛地按下。就在两人趴下的瞬间，山石擦着严九如左臂落下，顿时鲜血淋淋。严九如忍着剧痛，背起地上的帐篷，带领战士冲出迎风口。经过两个多小时的徒步行进，战士们将救灾物资全部运抵救灾物资发放点，发放到受灾群众手中。

武警部队在为地震灾区运送物资中，发挥突击队的作用。武警四川省总队组织各支队为受灾群众运送生活物资。5 月 16 日，武警凉山彝族自治州支队 150 名官兵，为北川羌族自治县禹里乡受灾群众运送饮用水 10 吨、送餐 200 余份，为 22 户受灾群众搬运价值约 15 万元的生活物资 10 余吨。17 日下午，武警阿坝藏族羌族自治州支队在汶川县海拔 2400 米的牛脑寨村成功接应空投物资，并迅速将物资运送、发放给当地受灾群众。18 日，武警阿坝藏族羌族自治州支队理县中队为营盘村受灾群众送去腊肉 1 吨、蔬菜 4 吨、面条 200 公斤、方便面 200 箱。20 日，武警阿坝藏族羌族自治州支队金川县中队为县敬老院、龙河村受灾群众送去面粉 300 公斤、大米 500 公斤、食用油 40 公斤、衣物 120 件（套）。21 日 4 时 30 分，汶川县城通往草坡乡的公路被阻断，4000 余名受困群众急需粮食、药品、帐篷等物资。5 时，武警眉山市支队官兵携带帐篷 30 顶和食品等生活物资冒雨出发，徒步 30 公里翻山越岭，克服山体滑坡、飞石坠落等困难到达草坡乡。23 日 5 时，又运送帐篷 50 顶到草坡乡。6 月 1 日，武警阿坝藏族羌族自治州支队向汶川县威州镇中学和附属小学送去价值 3000 元的生活用品。

武警某部到达地震灾区后，组织官兵为灾区群众送粮、送医、搭帐篷。5 月 12—20 日，被困汶川县绵虒镇的武警某部驾驶员复训队，为当地受灾群众发放蔬菜 1000 余公斤、水果 50 件、牛奶 50 件、鸡蛋 3 件。5 月 13 日至 6 月 12 日，武警某部官兵在汶川县汽车站和县城 4 处交通要道，设立灾区群众服务点，为群众提供水、饭菜、药品。每天定时为汶川、茂县、都江堰灾区群众送水，先后出动人员 200 余人（次）、车辆 100 余辆（次），送水 300 余吨。

各受灾省市人武部门迅速组织民兵协助当地政府发放救灾物资。5 月 15 日 11 时，宜宾军分区民兵赶赴安县桑枣镇进行救援，绕行 40 余公里山路，强行军 7 个多小时，将 2.8 吨食品、饮水、药品送到地震灾区。15 日，广汉市人武部出动 50 名应急民兵，协助广汉民航飞行学院向灾区救灾物资发放点紧急转运空投物资8.5吨。

陇南军分区组织各人武部在救灾物资发放点为群众发放粮食620吨、食用油50公斤、方便面150箱、衣物1406套、被褥235套、消毒药品120瓶，其中宕昌县人武部为群众发放大米、面粉320袋，成县人武部为群众发放大米和面粉400袋、食用油50公斤、衣物300套，文县人武部为群众发放方便食品150箱、衣物156件、消毒药品120瓶，西和县人武部组织民兵为群众发放大米120袋、面粉100袋、棉被150床、迷彩服600套，礼县人武部为群众发放粮食1000公斤、棉被85床、衣物350套，两当县人武部为群众发放大米、面粉各100袋，成县人武部组织30名民兵协助民政局将大米200袋、面粉200袋、手电筒200只、方便面200箱、饮用水200箱等生活必需品送到镡河乡受灾群众手中。甘南军分区组织舟曲县、迭部县人武部组织民兵600余人协助当地政府发放救灾物资，其中舟曲县人武部组织民兵350余人，为受灾群众发放救灾物资50吨；迭部县人武部组织各乡镇民兵250余人，为受灾群众发放救灾面粉23吨、大米6吨、饮用水963件、方便面1346箱，装卸救灾物资12车。

宝鸡军分区所属各县区人武部组织开展生活物资发放。陈仓区人武部会同区委、区政府筹措约15.73万元现金和价值1万余元的面粉、棉被等物品，送到陈仓区受灾最重的韩家源村群众手中；太白县鹦鸽镇人武部组成民兵救援分队，为受灾严重的太白县瓦窑坡4组41户、163名群众运送救灾物资、抗震帐篷、生活用品，运送粮食7000公斤；凤翔县人武部协助县委、县政府为重灾户、特困户、“五保户”发放救济面粉5000袋，价值26万元。抗震救灾期间，汉中军分区各人武部组织抢运、发放救灾物资。宁强县人武部为群众筹集和发放米面30吨、饮用水3500件、衣物4000余件，协调县民政局为阳平关镇、代家坝镇、广坪镇、高寨子镇发放帐篷700顶，给庙坝乡运送蔬菜5吨；略阳县人武部出动运输车1辆，为各乡镇运送和发放救灾物资50余辆（次），行程3000余公里，运输物资14吨、帐篷300余顶，组织20名民兵装卸方便面、饮用水、大米、面粉等救灾物资16吨；各乡镇人武部组织民兵协助乡镇政府为受灾群众发放方便面、饮用水、大米、面粉、衣物等救灾物资30余吨。

中央企业在开展自救互救的同时，发挥企业特点和专业优势，协助灾区各级政府及民政部门，向受灾群众发放生活物资。5月13日，新兴铸管3536公司将7000床棉被和近2万件衣物，紧急运往灾区群众安置点发放。航天科工四川航天金穗公司14日派出21辆救灾用车，向绵竹市、什邡市、安县群众发放饮用水、食品、被褥、帐篷等生活必需品及药、纱布等医疗用品。15日，派出3辆救灾用车，为安县桑枣镇第二小学及安县职业中专运送50件饮料、4箱牛奶、5箱饼干、10箱火腿肠等食品及帐篷、药品，及时发放给学生。17日，金穗公司组织车队，分五路奔赴灾区。第一路赴安县，向一救助点高考学生发放复习资料和文具；第二路赴什邡金河磷矿接待站，发放棉被和食品。其余三路分赴江油、都江堰、彭州地震灾区，为受灾群众发放帐篷及食品。兵器装备集团西物数码公司向安县雎水镇群众发放大米250公斤、蔬菜、火腿肠、罐头等方便食品，以及口罩2000只、新棉被10床等。中粮集团16日组织灾区部分企业向群众发放食品等生活必需品（见图45）。15—16日，中国储备棉管理总公司根据生产经营特点和灾区群众的需要，委托四川省棉麻公司紧急生产价值65万元的棉被5000条，并送至汶川县映秀镇、德阳市受灾群

图45 5月16日，中粮集团组织人员向绵阳市受灾群众分发食品等生活必需品

（国资委 提供）

众手中。宝钢集团16日组织7辆卡车，筹集2000条棉被、200台收音机、1万支手电筒、4万节电池、5450箱午餐肉、500顶帐篷，总价值200万元救灾物资，运抵绵阳灾区，发放到群众手中。华润集团雪花啤酒公司18日向什邡市、绵阳市政府救灾中心运送两客车食品和饮用水等生活物资，并协助发放到灾区群众手中。27日，华润雪花啤酒公司救援队随民政部紧急救援中心四川分中心，运送价值50万元药品和40吨救援物资至卧龙灾区，发放给受灾群众。13—31日，怡宝成都公司突击生产40万余箱“怡宝”纯净水，运送到灾区，向群众发放。

第二篇

灾区群众转移

汶川特大地震造成灾区大批房屋倒塌损坏。四川、甘肃、陕西、重庆、云南灾区受余震影响，塌方、泥石流、山体滑坡频发，灾区群众 1510.6 万余人急需转移。四川省、甘肃省、陕西省抗震救灾指挥机构制定疏散转移方案。各级政府组织党员、干部、解放军及武警官兵、公安民警迅速赶赴灾区，紧急转移当地受灾群众。同时，灾区群众克服山高、路险、滚石不断、堰塞湖阻碍等困难，展开自救转移。

灾区各级政府千方百计组织力量，对灾区学校学生、医院伤病员、福利院孤寡老人和孤残儿童、敬老院老人及散居的“五保户”、“三孤”人员实施紧急转移。学校教师不顾个人安危从即将倒塌的教室里抢救转移学生，公安抢险救援队迅速到达学校维护秩序，协助教师疏散转移学生。四川省公安机关在地震发生当天将 2 万余名师生转移到安全地带。灾区各级政府紧急部署，在组织孤老残幼紧急转移的同时，运送食品、衣被等物资，保证孤老残幼的安全及基本生活。

地震使绵阳市境内形成多处堰塞湖，其中唐家山堰塞湖下游的 130 万余群众生命受到威胁。5 月 29 日 16 时，唐家山堰塞湖避险疏散预案三分之一溃坝方案全面启动。30 日 8 时，绵阳市的市、县、乡（镇）、村各级干部在一小时内紧急动员，协助群众转移。救援部队指战员、武警官兵、公安民警 24 小时待命，全力保障唐家山堰塞湖避险疏散转移群众安全。至 31 日 8 时，19.75 万名群众安全转移，实现“零死亡、零受伤”的目标。

铁道部、交通运输部、民航局、旅游局及受灾省市交通部门立即组织调集运力，转移滞留机场、车站、列车、旅游景区被困旅客、游客。铁道部在积极抢修受阻铁路的同时，组织力量安全转移 2 万余名滞留途中旅客。四川省交通运输部门组织“大接力”，从灾区转运公路旅客 30 万余人。民航局迅速从灾区向外转移受阻旅客 72830 人。旅游局紧急应对，使滞留灾区的 649 个旅游团、55487 名游客安全转移。

第一章　当地群众转移

第一节　受灾群众转移

一　组织转移

地震使灾区房屋倒塌，泥石流、余震频发。受灾群众特别是山区及偏远地区群众，无法在原地继续生活，1510.6 万余人急需转移到安全地区安置。这是中华人民共和国成立以来人员数量最多、规模最大的群体转移。转移以政府组织为主，受灾群众自救转移，救援部队、武警官兵、公安民警营救转移也同时迅速展开。

5 月 12 日下午，温家宝要求四川省建立军地联合指挥协调机制，组织救援部队通过冲锋舟运载、徒步推进、空降兵力方式快速挺进震中地区，全力抢救转移受灾群众。

灾区政府组织群众转移　地震发生后，刘奇葆立即召集四川省有关部门负责人会议，紧急部署抗震救灾工作，要求迅速抢救伤员，把受灾群众转移到安全地带，保障受灾群众有饭吃、有衣穿、有房住，并在会后立即赶赴震中汶川县查看灾情。四川省民政厅 5 月 13 日下发紧急通知，要求民政部门根据实际情况，做好受灾群众紧急转移安置和生活救助工作。四川省各地民政部门把紧急转移安置灾区群众和保障受灾群众基本生活作为抗震救灾的首要任务，立即组成工作组，赴灾区核查灾情。14 日，蒋巨峰在成都主持召开指挥部会议，强调重灾地区各级政府、党员、干部和群众，奋力抢救受困人员，带领受灾群众克服余震、山体滑坡、道路阻塞等困难，尽快转移到安全地带。轻灾区在开展抗灾自救的同时，组成救援队、医疗队，连夜奔赴重灾地区，抢救转移受灾群众。为保障受灾群众顺利转移，四川省各地组织救援队深入灾区配合当地政府组织群众转移；省政府各部门建立协调机制，协助灾区政府组织群众转移。至 30 日，四川省紧急转移安置受灾群众 1190 万余人。

极重灾区北川羌族自治县道路阻塞、通讯中断，成为“孤岛”，幸存领导班子成员在县委大院成立抗震救灾临时指挥部，组织群众开展自救并向安全地带紧急转移。指挥部决定将群众向相对安全的任家坪北川中学大操场转移。转移时，学生、老弱病残、妇女儿童先走，党员、干部、青壮年留下继续搜救幸存者。一小时后，县城老城区5000余名受灾群众被暂时安置在北川中学操场。5月12日17时30分，赴党校学习的县委书记宋明在地震后紧急赶回，在北川中学操场正式成立县抗震救灾指挥部。指挥部边组织医务人员救治伤员，边派出5批人员赴绵阳市向上级报告灾情，请求援助。县委常委、组织部部长王理效领受任务后，冒着余震、滚石，步行十几里山路，拦截一辆汽车赶到绵阳，向市委报告灾情。12日夜，任家坪余震不断，风雨交加，四处不断传来哭泣、呼救和呻吟声，伴着山体垮塌声，群众感到极度恐慌和无助。党员、干部安慰群众：“政府一定会来救大家，绝不会放弃任何一个人。”并收集食品和饮用水及能遮风避雨的物品，让群众能避雨、充饥。13日8时30分，聚集在北川中学操场的受灾群众数万人，在县抗震救灾指挥部组织下，有序地向绵阳市九洲体育馆和南河体育中心转移。

北川羌族自治县漩坪乡政府为解决受灾群众吃住问题，5月12日15时20分迅速把青壮年组织起来，在没有垮塌的房子里寻找到篷布、食品、锅碗茶壶和生活用品，还从卫生院搬出200余件药品。由于能吃的东西太少，一个学生只有一把胡豆或豌豆，一个班也只能发一瓶饮用水，更无法保证成年人的食品和饮用水。12日天黑前，石龙村1组、2组全部搭好篷子，够1500余人临时避难。每4名学生发一床被子，大人没有被子，坐在几堆火旁过夜。后半夜雨下得很大，大家用抢运出来的锅碗瓢盆接雨水。13日晨，用雨水煮了几大锅稀饭，勉强充饥。经一夜大雨，水上涨了七八米，电话还是打不通。漩坪乡党委书记张康奇组织群众向地势较高的十里村转移。14日，水还在上涨，大家又开始向十里村更高处转移。17日，张康奇亲自带人到县城求救，向县抗震救灾指挥部汇报漩坪乡灾情和唐家山堰塞湖情况。18日，张康奇带着53名救援部队官兵回到漩坪乡。派往禹里乡的求救人员也带回30名武警部队官兵。同时，漩坪乡还通过“北斗一号”联系救援直升机，直升机迅速飞抵漩坪乡。直升机共执行飞行53架（次），向绵阳市转移学生、老人、伤员400余人。随后，其他受灾群众也被陆续转移，分别安置在绵阳市九洲体育馆和南河体育中心、安县永安镇和黄土镇、三台县安置点。12—17日，漩坪乡共转移受灾群众7000余人，转移过程中没有人员伤亡。

阿坝藏族羌族自治州是地震重灾区，道路中断、交通受阻。5月12日14时35分，汶川县民政部门将近3万受灾群众紧急疏散转移到相对安全的汶川县威州镇姜维城和黄岩村。九寨沟县及时组织转移717户、3034人。至19日，马尔康县组织转移受灾群众79851人。小金县紧急转移375户、1830人，在县城紧急划定5个避险安置点。各乡镇迅速设立紧急安置点，转移群众7.26万余人。

5月12日，都江堰市民政局副局长朱义成及5名工作人员，在陪同攀枝花市民政局人员考察虹口乡农村医疗救助工作时地震发生，朱义成等与深溪沟200余名村民及100余名游客被困在虹口乡深溪沟村。朱义成立即召集深溪沟村村委会会议，组织干部、党员展开应急救助工作，并成立以朱义成为指挥长、随行工作人员及村干部为成员的抗震救灾临时指挥部，下设应急救援组、

图 46　地震发生后，绵竹市清平乡小木岭受灾群众转移

（四川省民政厅　提供）

后勤保障组。应急救援组又分成 3 个工作组，分别进行应急转移路线、临时安置点地形勘察工作，共选择 3 个应急转移安置点，实施转移安置。第一梯队 80 余人向第一安置点紧急转移，第二梯队 100 余人向第二安置点紧急转移，第三梯队 100 余人向第三安置点紧急转移。12 日 16 时前，3 个梯队全部安全转移。后勤保障组分为 3 个小组，保障 3 个临时安置点受灾群众“吃、住”问题。后勤保障组把现有的棉被、大米、饼干、方便面、饮用水等物品实施集中管理，等待救援部队救援。14 日，余震频率降低，指挥部派出先遣队探路，经 9 个多小时，带领攀枝花市考察人员、村民、游客 300 余人翻山越岭，安全转移到都江堰市区。

地震使位于绵竹市的东汽汉旺基地遭到重大损失。东汽按照集团公司党委和行政部门的部署，12 个小时转移老人、妇女、儿童和当地群众 8000 余人。绵竹市清平乡小木岭地处高山峡谷中，地震使 2000 名群众被困。5 月 19 日 19 时，德阳市抗震救灾指挥部指挥长、德阳市委书记方小方召开专题会议，研究营救清平乡被困群众工作；晚上，组成德阳市尖峰志愿者服务队，并连夜编织用于营救群众的长 30 米、宽 60 厘米绳梯。20 日，“小木岭大营救”开始（见图 46）。16 时 25 分，中国民航局用米 -26 直升机将 110 名受困群众空运转移至广汉。

雅安市政府地震后紧急组织受灾群众转移。至 5 月 22 日，紧急转移受灾群众 20.73 万人，其中雨城区 1.93 万人、名山县 3.58 万人、荥经县 2.75 万人、汉源县 8.93 万人、石棉县 0.63 万人、天全县 0.46 万人、芦山县 2.05 万人、宝兴县 0.4 万人。雅安市还主动救助涌入雅安的阿坝自救转移群众 10544 人，为群众提供饮食、交通、住宿等服务。

巴中市政府加强地震期间应急转移组织领导，救援部队、武警部队、公安消防官兵和民兵战斗在第一线。巴中市从 5 月 12—31 日，紧急转移受灾群众 38.52 万人，其中巴州区 6.36 万人、通江县 10.63 万人、南江县 20.48 万人、平昌县 1.05 万人。

在受灾地区政府组织转移受灾群众的同时，各地组织的救援队深入灾区，走村串户，抢救转移受灾群众。自贡市救援队到达灾区后分成 18 支小分队，穿行在汶川、北川的大山深处，进入 3018 户群众家中，转移受灾群众 6130 人。

对受灾地区政府难以组织协调转移的群众，四川省各部门立即召开协调会议，协助当地政府组织受灾群众转移。5 月 22 日 11 时，滞留在阿坝境内的 1.2 万余名游客、学生、农民工急需转移和救助。四川省民政厅会同省交通厅、公安厅、卫生厅、教育厅和成都市抗震救灾指挥部，就滞留人员转送和临时救助问题召开协调会议，决定由阿坝藏族羌族自治州向省交通厅提供转移人员数量、初步去向、运送时间和预计到达时间，并组织运送车辆和人员输送转移，省公安厅保障交通秩序，转运车辆到达成都市石羊场汽车站后，由省卫生厅对伤病员进行救治，开展疾病防控工作。同时，省民政厅在石羊场公交站设立临时救助站、食品和饮用水发放点并紧急调运饼干、饮用水等食品，对暂时无去向的滞留人员进行临时救助，保证滞留人员基本生活；公安民警进入车站等群众临时集中安置点实施治安防范；省教育厅及时将滞留人员中的学生转移输送到临时安置点。至 31 日，滞留在阿坝的 1.2 万余名游客、学生和农民工全部从汶川经理县到马尔康，路经雅安后转送到成都并进行妥善安置。（参见图 47）

图 47　地震发生后，交通运输部协调有关省市组织应急运力，从成都出发运送救援人员，转移灾区群众

（交通运输部　提供）

地震发生后，甘肃省各级政府立即组织各市州对灾区受灾群众疏散转移，转移安置179.74万人。陇南市7个重灾县（区）、195个乡（镇），紧急转移受灾群众101.78万人。天水市委召开会议，紧急部署应急转移受灾群众工作。5月13日，天水市民政局下发紧急通知，安排救灾和受灾群众紧急转移工作。天水市7个县（区）、113个乡（镇），转移22.27万人；甘南藏族自治州组织转移8.19万人；平凉市转移安置8.05万人；定西市转移9.12万人；白银市转移7.59万人；临夏回族自治州转移1.7万人；兰州市转移3.4万人；庆阳市转移15.9万人，仅西峰区就转移3.57万余人。

地震造成徽县境内宝成铁路109隧道塌方，行驶的21043次货车与隧道南口山体塌方落石相撞，12节油罐车随时都有爆炸危险。同时，大面积山体滑坡致使109隧道被掩埋，嘉陵江河道堵塞截流，形成一座巨大的堰塞湖。灾情对周围6公里范围内的徽县嘉陵镇嘉陵村、大滩村、黄桥村1000余名群众和嘉陵初中400余名寄宿学生的生命安全构成极大威胁。5月12日15时50分，徽县县委领导带领有关部门负责人赶到现场，成立徽县火车站现场抢险指挥部。嘉陵镇党委、镇政府立即组织镇、村干部紧急行动，组织村民向6公里外的田家河村方向转移。村民乘坐机动车走在最前面，乡镇、村干部紧随其后护送村民和学生转移到安全地带。当地政府为转移村民搭建帐篷，发放饮用水、方便面、蜂窝煤等生活物资，妥善安置。

地震灾区多处于山中深谷地带，震前即是地质灾害高危险区，地震加剧地质环境变化，造成受灾地区大量群众房屋不能居住，需要转移安置。庆阳市西峰区肖金镇纸坊村位于蒲河流域，群众大多数居住在依山修建的土窑洞中。地震发生后，窑洞发生坍塌，庆阳市在综合评估基础上，对124户居民实施整体转移。静宁县对住房倒塌、受损严重且存在地质灾害隐患地区的247户、1209人实施紧急转移搬迁。

陕西灾区各级政府按照省政府的统一部署，建立紧急转移安置机构，制订紧急转移实施方案，实行“市、县、乡、村、家”五长负责制，加强、加密险情监测，设置警示牌，划定警戒区，发布预警信息。立即组织人力、物力，由公安、民政等部门，紧急疏散、转移受地震灾害威胁的灾区群众，做到对灾区群众救援排查无遗漏、无盲点、无事故。陕西省紧急转移受灾群众118.36万余人。受地震影响较大的汉中市、宝鸡市、西安市、咸阳市、安康市立即启动应急预案，成立抗震救灾指挥部，部署人员连夜深入灾区，组织危险地带和房屋倒塌、损坏城镇居民转移。各乡镇政府按照民政部门制订的转移安置预案，组织受灾群众转移。汉中市的市、县、乡各级政府紧急组织略阳县、宁强县等地震受灾重点县城乡危险地带居民紧急转移到安全地带避险。其他县区也及时发布预警信息，引导城乡居民转移，并通知各学校停课，责令所有矿山企业停止生产，建筑工地停止施工。汉中市汉台区对地震引发的围墙倒塌、房屋裂缝、道路滑坡、交通堵塞等情况现场查勘，对7个镇、50余个地质灾害隐患点逐一排查，及时转移在校学生和受灾群众，并通知区域内所有煤矿山、危险化学品、烟花爆竹生产经营企业、单位停止一切生产经营活动。镇巴县有序转移群众3.5万人。略阳汽车站及时将发车班次增加到110次；至6月1日，略阳汽车站调集班线客车320余次，向汉中市等地转移受灾群众0.92万人。

重庆市政府5月13日10时30分召开抗震救灾紧急电视电话会议，安排部署抗震救灾工作，要求各级政府、党政干部积极行动，把救助群众作为压倒一切的任务，积极组织灾区群众转移。重庆市受灾区县共转移受灾群众17.6万人。梁平县受地震波及，造成人员伤亡，房屋倒塌、损坏，道路、水利、公用设施、工矿企业等不同程度受损，47.85万人受灾。12日，县长李志雄召集相关部门紧急会议，组成4个应急抢险工作组赴灾区，协助重灾乡镇政府抢险救援、转移灾区群众。12日14时58分，县民政局组织人员赴文化镇受灾现场，抢救转移受灾群众。12日晚，县电视台反复播放地震信息和防灾避险知识，县城8万居民紧急转移到飞机场、北门体育场避险。梁平县共紧急转移安置受灾群众9.9万人。潼南县各级政府组织转移受灾群众0.5万人。由于地震之后余震不断，大足县政府千方百计组织各种车辆安全转移受灾群众。在车辆紧张的情况下，几名长途客车车主无偿提供7辆卧铺客车。车主们听从政府安排，24小时待命。19日晚，车主们免费把大足县龙水镇部分群众转移至龙水湖边的开阔地带，来回跑完3趟后已是20日凌晨。大足县转移安置受灾群众353人。（参见图48）

图48　5月13日，救援部队官兵组织灾区群众转移（民政部　提供）

至5月21日，云南省转移安置受灾群众9385户、4.5万余人。昭通市的水富县救灾工作组深入各村核查灾情，紧急转移受灾群众3195人；永善县1800余名民兵投入抢险救灾，紧急转移受灾群众9433人；盐津县紧急转移安置受灾群众1080人；绥江县紧急转移伤员17名，转移受灾群众9465人。其他市、县也迅速组织群众转移。

群众转移途中生活救助及交通保障　在灾区群众转移途中，沿途各地相互协助，为转移群众提供车辆、食品、饮用水等，使受灾群众能够安全到达目的地。汶川县在县城人流集中的地方设立临时救助站3处，安置转移群众3000余人（次），临时救助受灾群众6.5万人（次）。汶川、理县等地受灾群众紧急转移需途经泸定县，泸定县24小时为过往救灾人员与转移群众服务，免费发放面包、饮料。泸定县安全转移阿坝地震灾区伤员、受灾群众3万余人（次），接待群众

7030人，协助阿坝2.35万群众顺利返乡。九寨沟县组织力量护送1200余名到九寨沟打工外地务工人员顺利返乡。会川县接回在汶川县、茂县就读学生，免费接待灾区往来人员近6000人（次），服务过往车辆3000余辆、灾区群众2.5万余人。马尔康县搭建临时安置点6个，为转移群众提供临时铺位700余个，调集客车统一运送滞留人员。群众自发准备各种熟食、快餐提供给转移群众和过往救援队伍食用，民营企业免费为转移群众提供食宿。至5月19日，马尔康县共接待安置汶川、茂县、理县、黑水等地转移群众4000余人，派出车39辆（次），运送转移群众和滞留旅客1133人。

各部门、各级政府组织各类交通工具转移群众。四川省公路运输部门组织车辆全力转移受灾群众。从5月19日开始，成都市、甘孜藏族自治州、阿坝藏族羌族自治州、雅安市汽车运营管理部门和运输企业协作分段运输，绕行马尔康—丹巴—天全—雅安—成都700余公里，经10个昼夜，出动大型客车400余辆，转运阿坝受灾群众6万余人。至8月31日，四川省交通厅抗震救灾道路运输保障指挥部投入应急保障客车19831辆、开行43492车（次）、转移灾区群众约110.71万人（次）。从5月27日开始，汶川县汽车站每天储备30辆车的运力，安排5～15辆客车转运进出汶川县人员。绵阳市的绵阳、富临、兴达、明珠等出租公司400余辆出租车系红丝带，贴“爱心服务”标志，往返于极重灾区北川羌族自治县、安县两地转移受灾群众。至5月19日，绵阳市出租车转移受灾群众2800余人。

在抗震救灾期间，四川省水运部门投入船舶1.24万航（次），运送抢险人员11.72万人（次）、伤员及受灾群众8.46万人（次）。省水运部门在平武县何家坝渡口、白龙湖盐井溪码头及无任何通航设施的紫坪铺库区开辟3条水上生命线。（参见图49～50）至5月21日，南坝镇何家坝渡口一艘载重1吨的船共转移灾区群众、救灾人员近7.2万人（次）。13—17日，广元白龙湖海事所组织船舶13艘、671客位，货船2艘、载重60吨，快艇3艘、24客位，冲锋舟10艘、120客位，经盐井溪码头运输291航（次）、7270人（次），其中转移群众6548人（次）。四川省交通厅航务局紧急调动19艘冲锋舟、海巡艇和20余名人员，开辟紫坪铺库区运输线；抗震救灾期间，完成运输近700个航（次），运送抢险人员3700余人（次），抢救伤员及转移受灾群众2800余人（次）。

甘肃省公路运输管理局5月19日14时接到四川省交通厅公路运输管理局求助函，请求紧急支援40辆客车前往四川省运送汶川县受灾群众。20日9时，甘南藏族自治州40辆客运车和92名救援人员组成甘肃省交通厅抗震救灾紧急救援队，经600公里行程，冒雨抵达马尔康县转移受灾群众。至6月16日，甘肃省交通厅抗震救灾紧急救援队共出动客车70辆（次），分3批转移九寨沟县、汶川县和松潘县被困群众1600余人。

中国民航局调集运力，组织转运被困受灾群众。至6月1日，30架民航直升机共执行飞行救援任务608架（次），从灾区转运出受伤群众1511人。从5月15日开始，东方通用航空集团公司调集4架米171直升机和2架S76直升机飞赴广汉机场执行抗震救灾任务。至26日，共执行救灾飞行任务78架（次）、131小时51分，运送受灾群众492人、救援人员35人。21日，南航珠海直升机分公司机组从广汉机场起飞，直抵金河水电站，转运6名群众。21日，南航珠海直升机分公司另一机组直抵成都凤凰山机场，转运3名群众，其中包括1名被埋192小时后获救者。

图 49　地震发生后，四川省水运部门组织人员在平武县南坝镇水运码头渡运转移群众

（交通运输部　提供）

图 50　5 月 19 日，四川省海事部门组织人员在平武县南坝镇抢运救灾物资并转移群众

（交通运输部　提供）

图 51　交通运输部南海第一救助飞行队转运受灾群众和伤员

（交通运输部　提供）

5 月 15 日至 6 月 20 日，交通运输部南海第一救助飞行队（见图 51），东海第二救助飞行队 4 架直升机，执行飞行任务 36 起、5 架（次），运送受灾群众 225 人（次）。

二　自救转移

地震发生后，在救援力量尚未到达前，地震灾区群众迅速展开自救转移。（参见图 52）

地震使北川羌族自治县曲山镇约 1.46 万人失去家园。幸存的机关干部、教师、学生和居民开展自救转移。5 月 12 日 17 时左右，部分学生和群众自救转移到曲山镇任家坪村北川中学校园内临时安置。当晚，来不及向任家坪转移的部分群众聚集在县政府广场。13 日天亮后，开始向任家坪转移。群众用床板抬着重伤员，轻伤群众互相搀扶，转移队伍中有 80 余岁的老人，也有刚出生几天的婴儿，人流长达一公里。到达任家坪后，曲山镇 6000 余名群众又随即转移到绵阳市九洲体育馆。几天后，又从绵阳市九洲体育馆转移到永安帐篷安置点。北川羌族自治县擂鼓镇幸存群众克服山高、无路、滚石不断、小堰塞湖阻碍等困难，艰难转移到开阔地带。13 日上午，4000

图 52　地震发生后，江油市群众利用各种交通工具紧急转移（四川省民政厅　提供）

余名受灾群众冒着大雨继续集体向绵阳转移。北川羌族自治县陈家坝乡震后 1.32 万余人受灾。13 日上午，受灾群众面对无饮水、无食品、余震不断、滑坡严重的困境，一部分向江油转移，一部分向绵阳转移。至 13 日晚，受灾群众 1.2 万人成功自救转移。

罗江县在震后 20 分钟内，80% 以上群众从惶恐中自发转移到空旷安全地带，空巢老人、孤残人员在党员、村组领导、民兵组织、乡亲邻里的协助下实施自救转移。地震后一小时内，罗江县受灾群众 20 万余人安全转移。什邡市双盛镇司法所所长兰伟在地震后立即赶到受灾最重的红白镇支援抗震救灾，冒着倾盆大雨和沿途塌方、随时被泥石流冲走的危险，利用木板、门窗制作简易担架，徒步绕行十几里山路，将两名危重伤员转移到山下救治。红白镇司法所所长方国华在负伤的情况下，先后抢救出被埋压学生 13 名，并在大雨倾盆、山体松动、飞石乱滚、余震连续不断的情况下，转移几位生命垂危的老人、小孩到山下救治。后司法部授予方国华“全国司法行政系统二级英雄模范”称号。

5 月 12 日 14 时 28 分，什邡市木瓜坪火车站站长游成强准备乘车从什邡市返回火车站时，地震发生了。游成强多次与火车站电话联系不上，就冒险乘坐公共汽车，搭乘“110”警车、“120”救护车，逆着向外转移的人群，向木瓜坪火车站方向赶去。20 时 5 分，游成强蹚着雨水和淹没脚踝的泥石流，在漆黑的山路上摸索前行，并在手机上留下一段没有发出去的短信：“我的爱人，不知你现在怎样？我正在回车站的路上。如果我不能回来，你要帮我照顾好年幼的儿子和年迈的父母。”21 时 30 分，游成强终于到达木瓜坪火车站，立即组织人员把食品、饮用水集中起来，重点保证儿童、老人和妇女使用。当晚下起暴雨，游成强又把车站职工、家属和周边村民 1000 余人召集到安全地带，燃起篝火，背靠背围坐在一起，度过地震后的第一夜。一夜暴雨，造成泥石流侵入轨道，淹没了两个扳道房，原来的道路也被淹没。13 日 6 时 40 分，游成强果断决定带领职工、群众开始转移。10 时左右，转移队伍走到红白镇火车站。木瓜坪火车站副站长张义的妻子罗莉已怀孕，在红白镇工作。游成强叫张义去找罗莉。张义称1000多人要紧，不能耽误，随转移队伍继续前行。事后得知，罗莉在地震中不幸遇难。11时30分，转移队伍到达穿心店。游成强带领群众陆续登上当地政府提供的救援车，转移到什邡市。这时，手机有了信号，游成强拨通车务段值班室电话，报告：木瓜坪车站除一人失踪，其余全部安全转移出山，车站周边千余名群众也安全转移。10月，游成强被人力资源社会保障部、铁道部授予铁路系统"抗震救灾英雄"称号。

三　协助转移

地震发生后，解放军、武警部队及民兵预备役部队立即进入地震灾区，特别是一般救援力量难以到达的比较危险地区，全力协助转移受灾群众。（参见图53～54）

救援部队官兵是转移灾区群众的主力军。5月13日，乐山军分区官兵及民兵605人，紧急驰援彭州市龙门山镇和小鱼洞镇，疏散转移群众3000人，转移伤员203人。内江军分区400余名突击队员从15日8时起，翻越海拔2842米的高山，历经9个多小时艰难行程，终于打通一条"生命通道"。16日中午，突击队员把90根原木抬到因地震形成的堰塞湖边，扎成8艘木筏，把救灾物资送到受灾的安县千佛镇群众手中，并带领群众转移。转移途中，要通过一段20余公里悬崖峭壁地段，其中一段500米山径仅容一人靠峭壁而过。救援部队官兵用刀挖、手刨，硬是刨出一个个脚窝，还在危险地段系上两根保护绳，使受灾群众踩着脚窝，拉着绳索，安全通过。在有

图53　5月13日，救援部队官兵协助受灾群众转移

（民政部　提供）

图 54　执行转移受伤群众的空军某部直升机在绵竹市金花镇三河村临时停机坪降落前，官兵们为伤员做登机准备

（陈杰　摄）

些险段，救援部队官兵手拉手做成“保护绳”，引导群众艰难行进。3 天中，官兵 6 次翻越海拔 2842 米的高山，使 46 名重伤员脱离危险，500 余名轻伤员及时用上药品，转移受灾群众 7851 人。地震使安县通往高川乡、千佛镇的数十里道路被垮塌山体堵塞，道路、通信中断，两乡成为“孤岛”。14 日 8 时，救援部队沿睢水镇至高川乡公路搜索前进。21 时 30 分，救援部队转移群众 100 余人，救出 5 名受重伤群众，但高川乡仍有数千名群众被困。15 日早，200 余名救援部队突击队员从沸水镇胜利村出发，沿垮塌道路搜索前行，翻越 1840 米高山。17 日晚，艰难行进 56 公里到达高川乡，抢救受伤群众 300 余人，转移受灾群众 4500 余人。从 18 日 16 时开始，救援部队分 8 个救援队，进村入户搜救受灾群众，救出受伤群众、老人 30 余人，转移群众 150 余人。14—20 日，空军某部从高川乡营救出受灾群众 6000 余人，并转移到安全地带。

地震发生时，10 余名进行科学考察的中科院专家被困绵竹市清平乡。成都军区某部历时 30 多个小时，于 5 月 16 日将 10 余名专家成功解救并转移。15 日，经某部官兵 93 人沿途护送，清平乡受灾群众 3000 余人平安转移。

地震发生后，兰州空军党委紧急启动应急机制，成立空运空投、地面指挥等 5 个小组，对陇南灾区进行空中救助。5 月 13—18 日，兰州空军某部和陆战团转运重伤员 9 人。兰州军区某陆战大队特级飞行员张晓中和战友在陇南重灾区抢运重伤员 4 人。文县尚德镇一名重伤员生命垂危，张晓中机组在空中临时调整航线，飞往尚德镇。直升机落地后，重伤员被快速送上飞机，为治疗赢得宝贵时间。陪同亲属在离开前，向着直升机深深鞠躬，表示感谢。

武警部队官兵深入灾区，紧急转移灾区群众。5 月 13 日深夜，驻南充市武警部队官兵 200 余人赴地震灾区。因道路损毁，官兵们下车后徒步强行军 90 余公里进入汶川县，成为第一支到达汶川县城的抗震救灾队伍。至 19 日，武警南充市支队安全转移受灾群众 2266 人。13—18 日，武警广安市支队驰援极重灾区平武县平通镇，紧急转移受灾群众 321 人，转移伤病员 302 人，其中重伤员 67 人。14 日 10 时，武警凉山彝族自治州支队 340 名官兵驰援北川羌族自治县，在擂鼓镇、禹里乡、北川县城、小坝乡等重灾地区，转移运送伤员 447 人，转移安置受灾群众 1840 人。

武警陕西省总队在地震发生后，立即出动兵力 21270 人（次），紧急转移受灾群众 16659 人。5 月 12 日 15 时 30 分，武警汉中市支队宁强县中队，紧急出动 15 名兵力，迅速转移受灾群众 2000 余人、伤病员 42 名。13 日，武警汉中市支队勉县中队出动 30 名兵力，转移受伤群众 519 人。30 日，武警宝鸡市支队、汉中市支队、安康市支队投入 206 名兵力，转移群众 1000 余人。

第二节　学校师生转移

地震发生时，受灾地区师生正在上课。强烈地震使教室垮塌，各学校教师全力将学生救出教室并安全转移。各灾区地方政府、教育、交通运输等部门和武警官兵、公安民警，全力协助配合学校组织转移。

地震使百年老校北川羌族自治县曲山小学教室瞬间损毁，教师立即组织学生向外疏散。之后，300 余名幸存师生转移到曲山镇任家坪，5 月 13 日 9 时 30 分乘车向绵阳市转移；15 日下午，300 余名师生转移到绵阳长虹集团安置。

距北川县城 7.5 公里由汉龙集团承建的希望小学，地震发生时，有 483 名学生、28 名教师在校上课，教师们紧急将学生向教室外撤离。强烈地震稍一平息，学校立即组织全体师生到操场集合，清点人数，全校师生无一人伤亡。5 月 12 日 16 时 30 分，因湔江河水迅速上涨，为防止山体滑坡和可能到来的洪水，学校领导决定由老师带领学生转移到较高处的瓦窑坪。学前班学生中最小的 5 岁，老师带领学生，大的背小的，拉的拉，跑的跑，余震不断，奔跑不息，迅速转移到半山腰平缓处后，一些老师又在山下小街废墟里翻出棚布，砍来竹子，搭起简易棚。有几位老师冒险返回学生宿舍，抢出 60 床棉被让学生过夜用。12 日夜，学生在老师的护卫下，多数背靠背席地而眠。13 日上午，家长闻讯来到瓦窑坪，接走 412 名学生。还有 71 名学生，在老师带领下冒着大雨继续向任家坪转移。在塌方、泥石流和余震中，师生们艰难地爬过水洞山，走出黑森林，在岩石滚落形成的一线天，老师们把学生一个个小心塞过去。13 日 19 时，师生们终于到达任家坪，坐上救援车，转移到绵阳。

北川羌族自治县擂鼓中心小学 960 余名学生，在老师带领下从教室安全撤离到学校操场。5 月 12 日晚，多数学生被家长领走，还有近 300 名学生和老师度过地震后第一个不眠夜。14 日，老师将暂无家长接走的 38 名学生转移到绵阳。

北川羌族自治县漩坪乡党委副书记兼纪委书记贾娅，地震后立即组织漩坪乡小学 200 余名小学生转移到安全地带。5月12日17时30分左右，贾娅又带领几名民兵把漩坪初中500余名师生转移到安全地区。乡政府组织在学校地势较高处搭建帐篷，20时30分帐篷搭完，师生们有序入住。13日6时，学校组织年轻老师冒险抢运出面粉、大米、盐、学生奶、调料等食品，安排炊事员为师生熬粥。16日5时，学校组织未被家长接走的25名学生向擂鼓镇转移。历时9个多小时，于14时30分全部转移到擂鼓镇，并乘车于18时左右到达绵阳。地震中漩坪乡没有一名学生遇难，但贾娅4岁的女儿和父母却在地震中失去生命。

5月12日晚，北川中学老师将从教室中抢救出来的学生聚集在操场上，在余震、大雨中度过一夜。13日上午，绵阳市民兵连民兵驾驶25辆大巴车先后到达任家坪，优先转移北川中学学生。在转移过程中，高中生让初中生先上车，未能上车的学生由老师带领，顶风冒雨向绵阳市徒步转移。下午，大部分北川中学师生转移到绵阳市九洲体育馆。14日，北川中学全体转移师生被长虹集团接纳安置，生活得到保障。

地震发生后，北川羌族自治县擂鼓初级中学老师们沉着冷静地指挥学生迅速撤离到安全地带。5月12日晚，余震不断，老师燃起火堆，让学生围火而坐，互相鼓励，战胜寒冷和恐惧。13日上午，有家长接走部分学生，余下400名学生情绪仍不稳定，学校坚持要求未被家长接走的学生一个都不准私自离开。13日晚上，天下着雨，仍有200余名学生在校由老师看护。14日10时，42名未被接走的学生在6名老师带领下，安全转移到绵阳市九洲体育馆。

5月13日7时30分，北川职业高中幸存的620余名师生，以班为单位，相互鼓励搀扶，在老师带领下冒着大雨向绵阳方向转移。上午，成都市汽车运输（集团）公司组织16辆客车在运输救援武警官兵返程途中，把受伤的北川学生送到绵阳市九洲体育馆。17时30分，大部分学生被家长接走，剩余学生19时被转移到绵阳市九洲体育馆。江油市疏散转移小学生1801人、初中生1021人、教职员工140人，共2962人。

位于汶川县的阿坝师范高等专科学校是阿坝藏族羌族自治州唯一一所高等院校。地震造成校舍损毁，6000余名师生受困。5月18日，学校制订转移方案，决定异地复课。22日，1500余名师生绕道马尔康、丹巴千里大转移。23日晚，雅安市运管处紧急组织70余辆客车，转运2000名阿坝师专学生到成都。途经天全县，汽车站为学生提供休息场所，并免费发放饮用水和食品等。19—24日，甘肃省公路运输管理局派出40辆客车，将阿坝师专的593名学生转移至丹巴，将57名甘肃籍学生转移至兰州。（参见图55）在6天转移时间里，全体师生积极配合、相互关照，安全转移。

蒲江县交通局5月12日18时30分派出20辆公交车和班线转移寿安中学2000余名师生。地震发生后，平武县运管所调集20辆客车绕道青川、广元等地震灾区，把平武县505名高三年级学生转移到西南财经大学复习迎考。

甘肃省受灾市县学校受损严重，各学校积极组织师生转移。定西市的陇西县转移学生2650人，通渭县转移师生1429人；兰州市转移安置学生13415人。陇南市各校教师在地震发生后迅速组织学生转移。康县豆坪乡豆坪小学转移学生时，12名老师为防止发生拥挤踩踏，将学生一个个用手托出教室，并手挽着手把147名学生围拢在学校的空地上，当学生全部安全从教室撤离后，48间校舍轰然倒塌。5月12日地震时，陇南市武都区外纳乡吕赵教学点内，学校唯一的

图55 5月21日，甘肃省救援车队在汶川转运甘肃籍学生
（甘肃省民政厅 提供）

老师王桂英在两间教室里组织3个年级学生上课。突然课桌摇动，被地震吓坏的学生们哭的、闹的，乱成一团。学生们开始一起往外跑，挤在教室门口出不去。王桂英喊了一句："孩子们别怕，听老师的话，有老师在你们就在。"学生们立刻安静下来，66名学生排队往外跑。房子晃动得越来越厉害，教室里尘土飞扬，十几个一二年级学生因害怕而走不动路，在满是灰尘的教室里哭。王桂英抓紧时间组织几个大一点的学生两人拉一个，连推带拉将低年级学生往教室外面拖。这时，教室摇晃得更厉害，眼看就要倒塌，王桂英迅速把站在教室门口的3个学生推出教室。就在王桂英迈出教室门的一刹那，门倒下来，王桂英的腿被压在门框下。在学生帮助下，王桂英从门框下爬出。随即，教室倒塌，门框不见了踪影。在学校院子里，王桂英清点了7遍才点清学生人数，一个都不少。地震发生时，成县吕坝小学3名老师正在给学生辅导自习。老师们以最快的速度把学生疏散出教室，集中到院子里，让高年级学生相互牵着手，把低年级学生围在中间，相互照顾，并叮咛学生不要跑出校门。当师生们刚集合在学校院子中，所有教室、办公室房顶全部坍塌。校长魏永峰看到头顶高压线吱吱作响，晃动得厉害，校门口大门砖柱已拦腰断掉，摇摇欲坠，极其危险。魏永峰果断指挥老师立即把学生集中在学校操场上。这时，大门两边的围墙轰然倒地，所幸师生无一受伤。老师们把学生从震倒的院墙缺口处有序带出，交给前来接学生的家长。

陕西省各级教育部门、学校在地震发生后，及时组织师生转移。5月12日晚，陕西省教育工作委员会稳定安全办公室下发《关于认真应对地震灾害的紧急通知》。13日，受灾严重的汉中市成立教育系统防震抗灾工作领导小组，设综合协调、应急与督导检查、统计调查及后勤保障和宣传报道4个工作小组。各县区教育局组织人力迅速赶赴受灾一线安排抗震救灾。洋县教育局立即召开局党组会议，紧急安排部署全县教育系统各学校师生防震避险，电话要求各校迅速指挥学生和教师紧急疏散转移到学校操场等空旷远离建筑物的安全地带，通知家长接回学生。局领导分成4个检查小组赴各校指挥避险抗灾工作。洋县组织6万余名中小学生安全转移，无一人伤亡。汉中市有700余名学生在广元市四川核工业工程学校就读。地震发生后，经几次疏散分流尚有116名汉中籍学生无法返乡。汉中市委、市政府领导迅速指示市交通局、市教育局，组织专人专车到广元市接回汉中籍受灾学生。市教育局对汉中籍受灾学生返乡进行周密安排，设立受灾学生返乡接待处，为受灾学生免费提供饮用水和午餐，并及时通知各县区教育局接回返乡学生。16日12时30分，交通民警护送在四川核工业工程学校就读的116名汉中籍学生平安返回汉中。当日16时，所有学生全部被县区教育局或家长安全接回。地震发生后，镇巴县在组织全县受灾群众转移中，紧急转移中小学住宿生5000余人。15—16日，汉中市救灾车队协助转移广元市利州区宝轮镇的四川省水利水电技工学校等学校1663名学生离校。陕西理工学院因灾安排学生放假，8863名学生急待疏散。汉中市派出227班（次）客车，将学生送离汉中。

重庆市梁平县文化镇中心小学综合楼在地震中垮塌后，正在附近施工的川气东输50506钻探队员工主动投入救援工作，将受伤的946名学生安全转移。地震将梁平县礼让镇中心小学教学楼撕裂，房屋部分构件垮落，全校1505名学生在老师带领下安全转移。

地震使云南省水富县、绥江县、永善县、盐津县、大关县一些学校教学楼、学生住宿楼出现垮塌和裂缝。当地学校紧急停课，转移师生6979人。

地震后，武警官兵、公安机关抢险救援队伍最先到达灾区学校，协助学校老师转移学生。汉源县富林初中有一个班的学生被困在教学楼4楼，楼梯垮塌无法撤离。武警官兵火速赶到现场，教学楼已倾斜，巷道堵塞，在攀爬、投绳均不见效的情况下，武警官兵架起梯子，官兵们两手相牵，做梯子两边护栏，冒着余震，将52名学生从被困的4楼有序撤离到安全地带，无一人伤亡。汉源县公安机关救援队最先到达各个学校，协助学校教师将滞留学生按班级分组转移到安全地带，并组织家长到校认领。5月12日当天，汉源县公安民警组织疏散转移师生2万余人。

地震发生后，在四川灾区就读的非川籍学生急需返家，部分四川学生也需要安排到外地异地就读。铁道部、教育部立即组织学生专列，组织学生转移。5月29日至8月28日，根据四川省教育部门提出的转移计划，铁道部采取增开学生专列、提前预留图定（指平时正常开行）客车票额方式转移学生。成都铁路局召开会议制订运输方案，对转移运送学生专列增加乘务人员。为适应四川籍学生以辣为主的生活习惯，餐车工作人员研究菜谱，调剂菜肴口味，还为少数民族学生准备“特殊菜肴”。铁路部门共开行学生专列10列，运送学校师生41批、21563人，其中学生20388人、教师1175人。（参见图56）

地震造成位于广元市的四川省水利水电技工学校部分教学楼、学生公寓出现裂缝，为保证学生安全，学校停课并组织转移学生返家。但由于公路、铁路中断，家住北京、兰州、天水、西安、广州等地近千名师生难以成行。由于事发突然，学校储备粮食、蔬菜、饮用水有限，被安置在操场的滞留师生，每人每天只能领取4个包子、1瓶饮用水。公路开通后，学校就业指导中心主任左大志带领3名教师到汉中火车站打听消息，得知铁路部门可协助运送转移学生到陕西省西安市并可从西安市中转时，学校决定从汉中市“突围”。学校向有关部门求援，包租20辆大巴车到汉中集结，然后乘坐5月14日早晨的N358次列车集体转移到西安。在铁路部门支持下，N358次预留963张异地中转票额，全部分配到汉中车站，解决转移返家学生购票问题。因通信

图 56　6 月 12 日，青川县青川中学高一年级 130 名学生到达银川火车站
（刘泉龙　摄）

不畅，受困师生提前从广元出发，比原计划提前 10 个小时到达汉中。为使早到的学生顺利到达火车站，汉中火车站站长赵志远、副站长张增贵驾车赶到高速公路出口，引导满载学生的 20 辆大巴车。赵志远提出由广元市迂回、加开临客方案上报铁路局，被立即批准，客运段、车辆段相关工作人员紧急到岗值乘，检修保留车体。铁路局发布调度命令，14 日 22 时 10 分，N358 次救灾学生专列安全正点发车。

第三节　孤老残幼转移

汶川特大地震造成灾区福利院、敬老院房屋损坏，居家养老孤残老人、零散“五保户”、孤残人员被困家中，急需救助转移。灾区各级政府紧急部署，民政部门、救援部队官兵紧急排查转移，使被困孤老残幼及时得到救助。（参见图 57）

德阳市旌阳区社会福利院全院职工在地震后十几分钟内，将 56 名儿童、10 余名婴儿及 20 余名残疾儿童转移到较安全地方，此后一直坚守在工作岗位上 30 余天未回家。由于组织及时、措施得当，孤残儿童无一人受伤。四川省民政厅授予旌阳区社会福利院抗震救灾先进集体称号，并

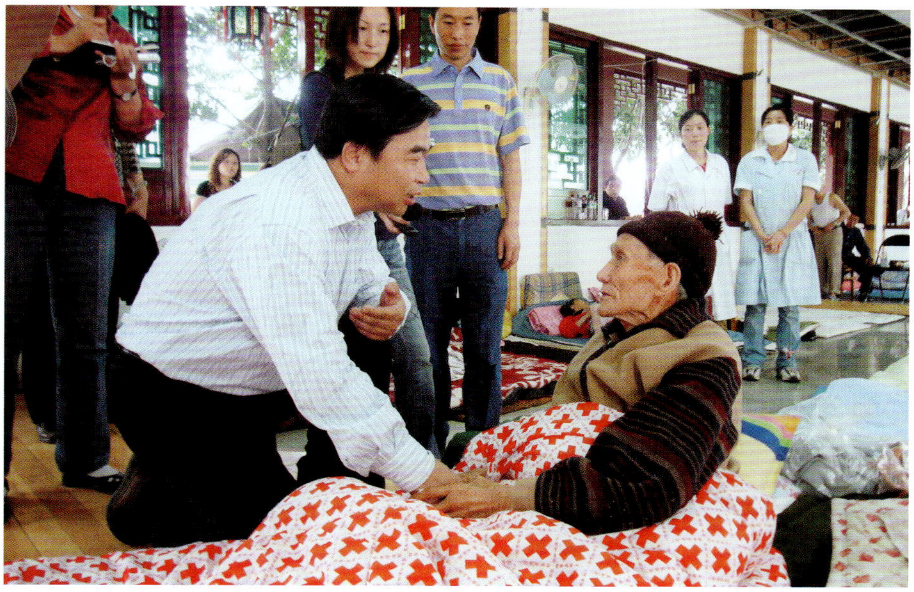

图 57　5 月 22 日，民政部副部长窦玉沛（左一）看望被救援部队转移出来的 93 岁老人
（四川省民政厅　提供）

荣记集体一等功。

什邡市有“五保”对象 535 人。地震造成敬老院及散居“五保户”住房倒塌或严重受损，什邡市民政局从 5 月 15 日开始，陆续将极重灾镇“五保”对象及城乡“三孤”人员转移安置到城区周边皂角敬老院、元石敬老院、康乐养老院。30 日，什邡市政府在北京市对口支援下，紧急启动什邡市社会福利救助中心一期工程，仅用 18 天即竣工，将 175 名农村“三孤”人员安置到市福利救助中心。

什邡市红白镇木瓜坪地处深山，82 岁的雍明珍老人被困在即将垮塌的房屋内。5 月 18 日，遂宁市救援队队员冒着飞石伤人危险，经 3 个多小时艰难跋涉，到达老人所住村。3 名救援队员将被单撕成布条，把老人捆绑在背上，轮流背着老人前行；经 5 个多小时艰难行程，把老人转移到安全地点安置。

阿坝藏族羌族自治州儿童福利院工作人员紧急将 4 名孤老、34 名孤儿转移到安全工棚内避险。5 月 14 日救灾帐篷运到后，又转移到救灾帐篷内居住。在地震发生后，理县桃坪敬老院 18 名老人立即被转移安置到安全地带并及时送去食品、衣物、棉被等物资，保证敬老院老人饮食和保暖。

南充市第一社会福利院在地震后要求职工取消休假，全力以赴投入抗震救灾。5 月 12 日下午，经 8 小时奋战，工作人员通过背、抱、扶等方式，将 100 余名孤残儿童安全转移到南充市武警医院内，100 余名老人也被转移到帐篷内。南充市精神病人福利院医务人员冒着生命危险从危房里抢出 40 余张病床、50 余套被褥供病人使用；为病人提供快餐、搭建临时厕所。6 月 27 日上午，南充市政府召集各部门研究南充市精神病人福利院 450 余名特殊精神病人安置和恢复重建问题。10 月 8 日，营山县汽车 87 队实施 460 名受灾精神病人转移，县公安局派民警护送，每车组都配备医务人员和抢救药品、器械。转移过程中，未发生任何事故。

在地震中，陇南市、甘南藏族自治州、天水市、庆阳市、平凉市、定西市等社会福利设施损毁严重。陇南市儿童福利院将全院百余名儿童及时转移安置。迭部县组织党员、干部重点转移和帮助残疾人、老年人和孤残儿童，转移安置“三孤”人员85户92人。天水市民政部门对受损福利院各项生活设施进行维修加固，对存在安全隐患的部位进行安全处理，转移安置65人，其中残疾儿童26人、残疾老人26人、正常儿童13人。天水市老年公寓安置27人，其中残疾老人5人。定西市3所社会福利院的工作人员紧急行动，迅速从危房中将入住人员转移出来，搭建帐篷妥善安置生活。

宝鸡市绛帐社会福利院党委组织干部职工，把常年卧床行动不便的老人、轮椅上的重残儿童、睡床上的婴儿等，抬的抬、背的背、扶的扶、抱的抱，转移出即将倒塌的住房，震后不到30分钟，5栋大楼内848名收养对象及时、有序、安全地撤离到院内。随后，连夜组织职工在空旷地带搭建帐篷55顶，对收养人员全部集中安置。针对收养人员中精神病员多，户外管理难度大的实际，制定保障措施，坚持每天检查治疗不间断；变换饭菜花样，并实行一日四餐制；对活动场所上空加盖隔热网，供应降温药片和绿豆汤，做好防暑工作；对产生心理恐慌人员进行心理疏导，开展防震知识宣传教育，稳定思想情绪；院领导亲自带班，坚持24小时值班和巡逻制度，保证收养人员在户外的治疗、饮食和休息。全院收养人员户外避震近一个月，未发生任何事故。岐山县民政局在地震后拨出101顶储备帐篷，发给县敬老院，安全转移安置老人、患者800余人。宝鸡市渭滨区各街道办事处为孤寡老人、空巢老人、残疾人等搭建帐篷42处，并安排人员统一管理。

部队官兵及时救助转移病残老人。5月16日，成都军区某部在平武县龙安镇转移龙安镇社会福利院80名孤寡老人，并搭设4顶简易帐篷，安排老人生活。部队官兵协助地方政府帮助社会福利院搭建活动板房14间，6月3日入住，安置80名孤寡老人。

第四节　堰塞湖避险群众转移

一　唐家山堰塞湖避险群众转移

唐家山堰塞湖避险群众转移部署　唐家山堰塞湖是地震中形成堰塞湖中最大、最复杂、最危险的极高危堰塞湖。唐家山堰塞湖下游的三台县、遂宁市、射洪县及江油市130万余群众生命受到威胁。

为贯彻中共中央、国务院关于唐家山堰塞湖避险的指示，绵阳市委、市政府成立唐家山堰塞湖避险疏散指挥部（以下简称绵阳市避险疏散指挥部），制订《绵阳市唐家山堰塞湖应急疏散预案》。同时，水利部专家组提出，唐家山堰塞湖必然溃坝，并存在三分之一溃坝、二分之一溃坝和全溃坝3种可能，而发生三分之一溃坝的可能性最大。如出现三分之一溃坝险情，绵阳市将转移常住人口19.75万人；如出现二分之一溃坝险情，绵阳市将转移常住人口91万余人、流动人口29万人；如出现全部溃坝险情，绵阳市将撤离常住人口99万人、流动人口30.9万人。绵阳市避险疏散指挥部制订两套紧急疏散转移预案。按三分之一溃坝预案，绵阳市七星坝及科学城片区转移到科学城山上，游仙区小岛及桑林坝片区转移到电视塔山上，游仙区韩家脊片区转移到东方绝缘材料厂山上，游仙区沈家坝片区转移到富乐山至白云洞一带山上；按二分之一溃坝和全溃预案，在三分之一溃坝预案范围人员转移基础上，绵阳市涪城区圣水、高水片区群众转移到圣水寺山上，涪城区平政片区群众转移到西山公园一带山上，主城区群众转移到科学技术创业园区，涪城区南河片区群众转移到南山中学一带，涪城区御营坝片区群众转移到洞天公园一带山上，经济开发区群众转移到南郊机场一带山上，涪城区小枧沟及松垭片区群众就近转移到附近山上。同时，划定三分之一溃坝、全溃坝淹没线，并设置转移路线标志，具体转移路线和地点，由相关转移市、县（区）细化到社区、村、组和群众。

5月21日，绵阳市政府制订《北川羌族自治县湔江唐家山堰塞湖下游沿岸的撤离疏散方案》。方案指出，此次转移范围以县包干，以乡包干，以河道包干，动员干部、救援部队、公安民警、年轻党员、民兵等力量，统一将群众转移至高处，以村或乡为单位集中安置，转移工作必须在31日前完成。

5月26日，绵阳市避险疏散指挥部召开唐家山堰塞湖群众避险转移动员大会，下发《唐家山堰塞湖群众撤离疏散宣传提纲》。29日，绵阳市及北川羌族自治县普遍降雨，唐家山堰塞湖集雨面积增加，堰塞湖大坝压力加大，绵阳市避险疏散指挥部决定提前实施三分之一溃坝方案。

唐家山堰塞湖避险转移实施　5月29日16时，绵阳市避险疏散指挥部发布一号令："唐家山堰塞湖避险疏散预案三分之一溃坝方案全面启动。"30日8时，市、县、乡镇、村各级干部在一小时内紧急动员，挨家挨户做避险转移宣传，指定避险群众召集人；救援部队官兵、武警官兵、公安民警进入紧急状态，24小时待命，一旦出现险情，就分头入户查找、通知、搜救，确保不漏掉一个人；绵阳市政府和救援部队准备冲锋舟，在撤离过程中发现掉队群众，迅速进行营救。绵阳市避险疏散指挥部成员实行分片、区包干责任制，将三分之一溃坝方案涉及地区，分为涪城区、游仙区、江油市、三台县、北川羌族自治县、科学城6个片区，每个片区设牵头人一名及责任人数名，各负责一个乡镇或街道办事处，负责检查督促包干片区疏散撤离方案落实到社区、村、组、户、人，保证包干片区人员"零死亡、零受伤"。至31日8时，按照三分之一溃坝必须转移的19.75万群众全部安全转移。避险转移完成后，绵阳市避险疏散指挥部组织人员对疏散片区进行地毯式搜索。绵阳市涪城区为做好避险转移工作，成立撤离转移指挥部，并制订撤离转移方案，按照三分之一溃坝设置14处安置点。30日，转移涪城区沿线青义镇、龙门镇、塘汛镇、丰谷镇等乡（镇）近3.5万群众。小岛是绵阳城区北缘涪江中的独立岛屿，被列为三分之一溃坝疏散区。当小岛社区干部向居民宣传避险转移方案时，部分群众有抵触情绪，特别是一些老人不愿撤离，有的说"可以搬到楼顶住"。小岛社区干部挨家挨户动员，一次不行就两次、三次，保证在撤离时限前将小岛社区4000余人全部疏散转移。年近80岁的小区居民姚大爷开始认为，"小岛的位置比陆地要高，历史上好几次洪水淹没了城中心，也没淹没小岛"。26日，小岛社区召开唐家山堰塞湖群众撤离动员大会后，姚大爷感到政府确实是在为群众着想，是为大家好，同意撤离。至31日，游仙区转移4个乡（镇）、1个经济试验区、15个村20个社区、6家企业8万余名群众，在预案指定的老龙山、九院、富乐山、白云洞等地搭建帐篷安置点40余个。游仙区富乐街道安置点位于富乐山公园半山腰一片空地上，安置避险转移群众2.7万人。31日零时45分，群众都睡熟了。富乐街道办事处党委书记王庆还在召集机关干部、各党支部委员、社区居委会主任开会，布置对安置点物资发放、帐篷管理、安置点治安、老病孕残等照顾工作。三台县成立唐家山堰塞湖避险疏散指挥部，制订《三台县涪江上游堰塞湖溃坝洪水应急抢险方案》《防洪度汛疏散转移预案》，建立县领导和部门对口联系13个沿江乡（镇）制度。6月10日凌晨，按照指挥部统一部署，县指挥部启动黄色、橙色预警，出动警力2000余人，永明镇、芦溪镇、潼川镇等沿涪江13个乡（镇）群众5.16万人，在各级干部引导下有序疏散转移。唐家山堰塞湖如溃坝，江油市是主要受害地区。江油市各级政府组织人员实地监测，预警、疏导和安置疏散转移群众，保证涪江沿线4.7万群众按时有序安全转移。江油市青莲镇党委5月23日、31日分别组织群众按三分之一溃坝、全溃坝方案避险，共转移群众1.4万余人，无一人伤亡。农科区组织7112名群众安全避险转移，实现“零伤亡”。北川羌族自治县漩坪乡地处唐家山堰塞湖淹没区，地震使19个行政村、105个社、1个社区、2个居民小组9227人受灾。乡干部和社区干部集中起来分为3个小组，一组人带领乡政府院子里的几百人先向地势较高的石龙村转移；一组人和乡卫生院工作人员到街上搜救；一组人和派出所民警一起守住两个街口，防止群众进入废墟找东西造成新的伤亡，防止不法人员趁机偷盗。

5月31日，绵阳市避险疏散指挥部发布第二号令：“全面做好唐家山堰塞湖全溃坝撤离准备工作，保证零死亡。”

6月1日，唐家山堰塞湖应急排险施工提前完成，现场人员全部撤离。唐家山堰塞湖抢险指挥部紧急召集有关部门和绵阳市及遂宁市主要负责人会议，并提出落实好堰塞湖三分之一溃坝方案人员转移避险工作，使避险转移群众有饭吃、有水喝、有住处、有病能医，做到转得出、安得好、稳得住、能持久，保证受洪水威胁的人民群众生命安全。提高群众的避险防范意识，确保在紧急情况下能及时、有序地进行转移。5日16时许，温家宝赶到唐家山堰塞湖坝顶，在询问堰塞湖情况后说：如果说地震是难以避免的自然灾害，那么排除堰塞湖险情，确保群众安全，就是我们的责任。唐家山堰塞湖隐患一天不消除，抗震救灾任务就没有完成。绵阳市避险疏散指挥部召开会议，要求各相关部门对已避险转移出来的群众一定要管好管住，不能漏掉一个人。会议规定，老弱病残及儿童不允许回家，晚上不允许回家，无紧急事情、无正当理由不允许回家；确有急需回家的群众，必须经过严格批准，实行有组织地回家，一旦警报响起，必须确保一个小时内，使撤离区成为无人区。每天19时必须确保撤离区成为无人区。由于飞机和救援人员无法进入，堰塞湖淹没区内还有北川羌族自治县禹里乡、漩坪乡、青片乡、白坭乡、坝底乡、白什乡、开坪乡等乡（镇）群众未转移出来，群众缺少食品和饮用水，情况紧急。绵阳市地方海事局接到北川抗震救灾指挥部和县交通局报告后，立即决定从市地方海事局、北川抗震救灾指挥部、北川地方海事处各抽调一人，从仙海库区调两名船员，从香水湖库区调一名船员，成立6人应急抢险救灾联合小分队，承担挺进灾区开辟航道为灾区运送物资、转运人员任务。同时，绵阳市地方海事局请求四川省海事局从广州市调集两艘快艇沿平武—九寨沟—松潘—茂县绕道进入堰塞湖淹没区执行任务。（参见图58 ~ 59）5月30日，绵阳市地方海事局

图 58　四川省地方海事局组织冲锋舟转移唐家山堰塞湖避险转移群众

（交通运输部　提供）

图 59　绵阳市地方海事局水上抢险救灾小分队用快艇运送堰塞湖避险转移群众

（交通运输部　提供）

迅速组织水上救援小分队将 4 辆车、2 艘快艇、2 艘皮艇、2.4 吨船用柴油及 11 名船员和海事人员经平武、松潘绕道 700 余公里到达唐家山堰塞湖，为平武、北川等地湖区 18 个乡（镇）、10 万余群众运送米、油、方便面等各种救灾物资 78.6 吨，运送救灾人员和群众 2100 余人，保证地震灾区水上运输畅通和安全。6 月 3 日，为转移安县肖家桥堰塞湖内千佛镇 1000 余名受灾群众，四川省地方海事局紧急支援绵阳市航务处一艘玻璃钢快艇，投入肖家桥堰塞湖参与抗震救灾。4 日，快艇在安县抗震救灾指挥部指挥下开始转移被困群众。

唐家山堰塞湖避险群众转移安置 为保障被转移群众生活，绵阳市抗震救灾指挥部下发《关于唐家山堰塞湖避险疏散撤离群众临时安置点管理的指导意见》，要求安置点选址地势应开阔、交通应方便，地面尽可能硬化、干燥，注意避开危崖、陡坎、危房、高压线等；安置点原则上每顶帐篷为一个小组，10 个小组为一个帐篷小区，多个小区为一个社区（居委会）。每顶帐篷设组长，帐篷小区指定一名负责人和多名工作人员，负责组织帐篷小区的社会治安、防疫、消防、物资管理等工作。绵阳市在撤离各乡镇和社区临近安全地带设立安置点，仅涪城区、游仙区在绵阳市郊就安排安置点 61 个，搭建帐篷 1 万顶。绵阳避险疏散指挥部组织人员在绵阳市地区画出三分之一、二分之一、全溃坝等高线，告知群众哪些地方可能被淹没。暂离家园的市民住进“帐篷社区”后，对每顶帐篷进行编号并推举“篷长”，对安置群众进行详细登记。

群众避险转移后，连日干旱无雨，洪水迟迟没有来，临时安置点帐篷内气温达 40 余摄氏度，中暑生病的群众最多一天达 3000 余人（次），被转移群众产生不理解情绪。绵阳市委、市政府立即安排 274 个群众安置点增加餐饮摊位 133 个、商业网点 177 个。高龄体弱特殊人员被集中安置在临时搭建的“老年帐篷公寓”，配备专门医护人员，志愿者每天为老人做可口饭菜。卫生部门为疏散群众设立 188 个医疗救助点，每个医疗救助点有 10 余名医生；电力部门为绝大多数安置点接通临时电源，提供夜间公共照明，为避险市民提供手机充电和电饭锅做饭用电；环卫工人抢建 384 座临时简易公厕；自来水公司在 7 个疏散区域安装临时供水管道，设供水点 694 个；燃气公司在安置群众较多的“帐篷社区”架起新锅炉，接通天然气，设临时洗澡点 384 处，让疏散群众洗上热水澡、喝上开水；文化部门每天晚上为“帐篷社区”群众放映露天电影，共放映 160 余场，并赶排出主题为“我们永远在一起”的文艺节目，在各安置点巡回演出，保证疏散群众移得出、稳得住。6 月 6 日，温家宝到游仙区美瑞有限责任公司、鹤林山庄疏散转移安置点，看望避险转移安置群众，并要求“一定要安排好转移群众的生活，做好他们的思想工作”。温家宝赶到游仙区鹤林山庄老年人安置点。陈桂珍老人再过 8 天就满百岁了，当得知来看望大家的这个人是总理时，老人激动得不知该怎么表达自己的感情，只是一遍遍地说：“你要好好工作，好好工作”……温家宝紧紧握住陈桂珍的手，语气坚定地说：“好，好，我一定听您的话，好好工作，好好工作！”11 日 16 时，唐家山堰塞湖泄流排险后，被疏散转移群众开始安全、有序返家。

二　其他堰塞湖避险群众转移

地震引发山体滑坡，在德阳市形成堰塞湖 14 处，其中危害较大的石亭江上游山区 8 处、绵远河上游山区6处。6月12日，绵远河堰塞湖排险泄洪，绵竹市、罗江县、旌阳区、广汉市14个乡（镇）、32个村的5.34万人避险转移，其中绵竹市6个乡（镇）、15个村转移群众3.17万人，罗江县略坪镇转移群众0.7万人，旌阳区5个乡（镇）、9个村转移群众0.27万人，广汉市2个乡（镇）、8个村转移群众1.2万人。

绵竹市因地震灾害形成4处堰塞湖，其中高危和中危堰塞湖各一处。5月21日18时20分，绵竹市汉旺镇小岗剑堰塞湖实施泄洪排险，洪水以3000立方米/秒速度沿绵远河向汉旺镇、拱星镇、兴隆镇等地区泄流。汉旺镇金鱼嘴水位高达19.5米，河水漫过河堤，觉远桥（属主道路承重桥）被洪水冲垮，桥右侧堤坝溃口达10米，拱星镇堤坝溃口长度达60米。险情严重威胁汉旺镇、拱星镇、兴隆镇、绵远镇、什地镇等4万余名群众生命和财产安全。13时40分，绵竹市人武部及时启动应急预案，协调部队组成应急抢险队伍，出动民兵1000余人，转移疏散群众3.4万人，解救受困群众16人，派出警戒200余人。同时，协调救援部队2000余人，动用车辆100余辆，沿绵远河两侧实施搜救，转移受困群众474人，疏散群众5000余人。（参见图60）

图60　6月18日，德阳市委、市政府在绵竹市堰塞湖除险避险现场指挥部召开堰塞湖排险工作现场会，研究部署德阳市堰塞湖排险和群众转移工作（四川省民政厅　提供）

广汉市人武部6月12日14时接到市防洪指挥部汉旺镇小岗剑堰塞湖泄洪通报，立即启动应急预案，成立救灾指挥小组，40分钟内集结民兵300名，携带救生衣、圆锹、编织袋等到沿河各村、社，协助疏散转移连山镇、松林镇、三水镇绵远河两岸8720户2.97万余群众到安全地带，并维护秩序、密切监视灾情动态，直到洪峰安全通过广汉境内，灾区群众无人员伤亡。14时2分，德阳市旌阳区人武部启动民兵应急预案，在收拢人员、车辆的同时，集结民兵190余人，沿河疏散群众6000余人，未造成人员伤亡。

什邡市红白镇因灾形成7处堰塞湖，为确保堰塞湖周边群众生命安全，什邡市抗震救灾指挥部及时指挥在红白镇政府周边平坦安全地带搭建帐篷和简易安置棚。5月16日下午，将堰塞湖周边受灾群众2850人安全转移到搭建帐篷和简易棚内。

罗江县6月12日接到四川省、德阳市抗震救灾指挥部紧急通知，受地震影响，绵远河上游的绵竹市汉旺镇、清平乡、天池乡，安县睢水镇太平山由于山体滑坡，形成多处堰塞湖，堰塞体溢水引起崩塌形成洪峰，直接威胁绵远河沿岸人民生命财产安全。罗江县沿江镇、村、组紧急行动，完成了略坪镇6个行政村、30个村民小组、1324户、5300余人及6家企业疏散转移。由于预案启动及时，组织指挥有序，洪峰到达期间，全县无人员伤亡。12日12时10分，按照四川省、德阳市抗震救灾指挥部的部署，武警水电部队对小岗剑堰塞湖成功实施泄洪。罗江县略坪镇接到洪峰即将通过信息后，紧急启动《略坪镇绵远河段防洪预案》，镇党委、镇政府组织人员立即赶赴现场指挥防汛工作，组织镇村干部及民兵紧急出动，深入各组，疏散沿河群众2600余人，安全转移河床内群众35人。17时许，洪峰安全过境，流量为1000立方米/秒左右。未发生人员、财产损失。

地震在广元市境内形成多处堰塞湖，威胁16万余群众生命财产安全和宝成铁路安全运行。针对红光乡、马公乡、石坝乡道路完全中断，外界救援力量无法进入的情况，青川县委、县政府要求各部门做好群众工作，尽快将群众转移到安全地带。同时，采取紧急措施，加强监测，在重点地段设置8个监测点，由解放军、专家和当地干部24小时轮流值班，监测水文变化情况。设置警戒线，将青川县关庄镇至剑阁县沿线200公里范围内群众转移至洪水线10米以上。设置预警信号，一旦发生险情，采取打信号弹、高音喇叭、打电话等方式，迅速告知下游群众。至6月19日18时，群众1万余人徒步转移至安全地带。

唐家山堰塞湖5月29日17时蓄水量超过警戒水位，随时可能出现溃坝。重庆市潼南县立即采取应对措施，避险转移安置群众2824人。

第二章　旅客游客转移

第一节　公路旅客转移

地震造成灾区大面积山体滑坡，多条高速公路、国道省道干线受损，交通设施严重受损，重灾县的公路交通一度完全中断，大量旅客滞留在灾区车站或途中。

地震发生后，交通运输部紧急部署滞留旅客转移。受灾省市公路交通运输部门迅速调集客运车辆，加开班线，转移疏散滞留旅客。四川省公路交通系统快速抢通九寨沟—黄龙—平武—绵阳、九寨沟—文县—广元道路，并立即调集运力，转移滞留在灾区旅客。5 月 13 日 17 时，四川省抗震救灾指挥中心发出指令，由彭州市交通局组织客运车辆运送救灾人员和旅客。彭州市交通局立即组织公交车 332 辆、班线车、出租车开赴受灾地区，转移灾区滞留旅客。甘孜藏族自治州、阿坝藏族羌族自治州、雅安市道路运输管理部门通力协作，打破常规，汶川县一线客运班车交由省运管局统一指挥，组织客运接力班车 40 余辆，及时转移滞留在汶川的旅客。20 日，调集 13 辆客车，由西线从汶川—理县—马尔康—丹巴—宝兴—雅安转抵成都，转移被困旅客 460 余人。至 25 日，阿坝藏族羌族自治州调集客车 2168 辆（次），集中转移汶川、理县、茂县灾区滞留旅客及救灾人员 58898 人（次）。至 6 月 9 日，平武县交通运输部门转移被困旅客 5000 余人。至 6 月 18 日，江油市运管所有序组织客运站发出客车 17067 班（次），运送旅客 241280 人（次）。

各受灾市、县交通部门在地震发生后，及时组织转移滞留在客运中心的旅客。地震发生时，都江堰市客运中心员工在检票组人员带领下，指引候车厅内滞留旅客向站前广场疏散，带领站台上滞留旅客向停车场疏散，呼喊已上车旅客立即下车躲避，还搀扶行动不便旅客向空旷地带转移。滞留车站旅客刚疏散完毕，发车站台顶棚轰然垮塌，10 辆客车被砸。由于疏散转移及时，都江堰市客运中心仅一名旅客不幸遇难，数百名旅客及时脱险。5 月 12 日 19 时，广元市运管处紧急调集客车26辆，输送滞留在广元火车站的787名旅客到成都、绵阳、德阳。阿坝藏族羌族自治州各级运管部门加强24小时值班，坚守在工作岗位上。很多职工的亲人在汶川县映秀镇、茂县、都江堰市等重灾地区，但无一人因此耽误工作，冒着余震及时组织运力疏散滞留旅客。

地震发生时，大量旅客滞留在新津县客运中心。新津县交通局立即关闭已出现损毁的客运中心候车大厅，将站内旅客全部疏散到无危险的停车坪；并立即安排班线客运车25辆（次），组织乡村客运车40余辆（次），当日平安转移旅客3000余人。6月8日，达成铁路成都金堂段因塌方导致列车脱轨，运输临时中断，造成近2000名旅客滞留遂宁。遂宁市运管处立即启动道路运输应急预案，在一小时内紧急调用应急运输车57辆（次）转移被困旅客。

地震发生时，运输公司驾驶员基本都是单独驾驶客车运送旅客。面对险情，驾驶员不顾个人安危，保证路途中旅客安全。5月12日，九寨运业壤塘分公司驾驶员唐明清驾驶载有25名旅客的客车从壤塘县驶往成都。路上遭遇地震，前方山体滑坡、乱石纷飞，刹车已来不及，唐明清选择了对司机而言非常危险的撞车制动方式，把车撞向左侧路边大树。旅客得救了，唐明清却被卡在扭曲的驾驶室里，3小时后才被救出，并失去左腿。唐明清说："用我的一条腿换全车旅客的安全，值了。"

四川省运输集团公司成都公司驾驶员王云舟驾驶载有20余名旅客的客车行至汶川县境内时地震发生。山体滑坡，碎石不断砸向客车。为保证旅客安全，王云舟将车安全地停在一段空旷路段。得知灾区急需用车，王云舟果断地将客车交给当地政府，自己带领20余名旅客冒着余震危险，经3天跋涉，安全到达都江堰。

地震造成宝成铁路运输线中断，大量从甘肃、内蒙古、山西、新疆等地返回四川的人员只能中途下车滞留于宝鸡、西安火车站。陕西进入四川的公路运输压力骤增，宝鸡市、西安市交通运输管理部门迅速组织转移四川旅客。5月13—21日，宝鸡市交通运输部门发车600余辆，转移四川、甘肃灾区旅客1.6万余人。14—25日，西安市交通运输部门转移四川旅客40824人。截至10月13日，陕西省共投入进入四川客运车5805辆（次），转移旅客112954人（次）。

地震使全国飞往成都的飞机大部分迫降重庆机场。5月13—25日，重庆市交通运输系统共转运机场旅客35024人，其中重庆市公共交通控股（集团）有限公司紧急调度50辆大客车。12—14日，发送41辆大客车开往成都，免费转移滞留旅客1938人（次）。

第二节　铁路旅客转移

一　旅客转移部署

地震造成四川省、陕西省境内10条铁路中断，其中成都铁路局管辖区内的宝成铁路和成汶支线、广岳支线和德天支线受灾严重，宝成线、成昆线、阳安线、西康线31列旅客列车、2万余名旅客滞留在地震灾区途中。

铁道部立即部署滞留灾区旅客安全转移。铁道部运输局果断采取“所有列车停止运行、接触网停电、施工停工、加强车辆防溜”等应急安全措施。同时，铁道部发布调令，采取停运、迂回等措施疏导滞留旅客转移，并要求成都、西安铁路局与滞留旅客列车建立联系制度，尽力满足旅客餐饮及医疗需求，组织滞留旅客安全转移。5 月 12 日，铁道部客运调度先后 3 次发布调整旅客列车运行路线及停运命令。命令北京西开 1363 次运行至柞水终止折返，改 F 1364 次返回北京西，沿途比照 1363 次停站办理旅客下车业务；12 日，成都尚未开出的 K292、K386、K452、1354、1434、K6、K246、1346、1718 次等 19 列旅客列车停运；扬州开 K248/5 次运行至阳平关后改经由阳安、襄渝、遂渝、达成线迂回运行去成都，迂回区段不办理客运业务。至 13 日 17 时，铁道部及各铁路局安排受地震影响旅客列车途中折返 33 列，迂回 18 列，停运 98 列。

成都铁路局客运处每 3 小时收集一次受阻列车情况，并与宝成线受阻各次旅客列车列车长通话，询问列车旅客情绪及食品、饮用水情况。宝成线各站与滞留在站内旅客列车保持“一对一”联系，协调解决滞留旅客列车中出现的各种问题；各车务、客运段为宝成线每列滞留列车派一名干部作为联系人，协助列车长搞好列车应急处理。绵阳车务段对受阻列车采取 3 种营救方案：对大站停留旅客列车，用汽车组织就地疏散转移；对中途停车，就地防护安全，等待线路恢复开通后疏散转移；与德阳、绵阳和江油等铁路沿线政府联系，准备上百辆大巴车转移旅客。沿线派出所向每列滞留列车派出 3 名公安民警，协助加强治安保卫并维护车内秩序。

地震发生后，宝成线 16 列、成昆线 8 列、阳安线 3 列、西康线 4 列，共 31 列旅客列车滞留。其中，北京西—成都 T7 次、成都—北京西 T8 次、北京西—攀枝花 K117 次、成都—福州 K390 次、上海—成都 K291 次、太原—成都 1485 次、成都—普济 7404 次、普济—成都 7403 次，8 列旅客列车、6158 名旅客被迫滞留在宝成铁路线上。为满足滞留时间长的 T7、K117、K390/1、7404/1 次等旅客列车需求，成都铁路局要求江油车务段、成都客运段从成都周边紧急采购食品和饮料，用汽车连夜运送，为滞留旅客无偿提供食品、药品、饮用水等生活必需品。对于停在区间不通公路的列车，铁路部门安排人力组织运送。成都铁路局共向滞留旅客列车供应方便面 233 箱、饮用水 398 箱、其他食品等 328 件。5 月 13 日，广元火车站组织 20 辆大巴车，将 896 名滞留旅客转移至成都。

二　旅客转移实施

6063 次列车旅客转移　6063 次旅客列车由宝鸡开往广元。地震发生时，担当 6063 次值乘任务的西安客运段连云港近郊车队 1 组列车长刘连瑞发现通信中断，迅速奔向机车组了解情况。司机报告：接触网断电。6063 次旅客列车被迫停在一个坡道上，列车 10 节车厢，前 6 节在隧道里，后 4 节在一座高约 150 米的桥上，桥下是湍急的嘉陵江，列车在余震中不停地摇晃，旅客生命财产安全面临威胁。车上孩子的哭声、大人的喊声混成一片，甚至有人要跳车。刘连瑞立即命令各车厢乘务员拧紧手制动阀，关好窗户，稳定旅客情绪。14 时 42 分，得到 6063 次列车救援消息的白水江车站3名救援人员赶到列车滞留现场，向刘连瑞通报了地震情况。大家分析，列车所处坡道位置，如继续发生地震会使列车滑逸，桥下是嘉陵江，极易造成车毁人亡；如地震造成隧道塌方，前6节车厢很危险。刘连瑞果断做出决定："为了保证旅客安全，立即转移。"刘连瑞让乘务员打开最后一节靠铁路护坡车厢便门，护送旅客下车。19名乘务员分成两组，一组在车上组织旅客，一组在车下防护接应。14时55分，在乘务员组织下，700余名旅客排成一队，紧张有序地向车尾撤离。由于大部分旅客背着背篓，提着大小行李，列车员除了保证不发生踩踏事故外，还帮助旅客拿行李、扶老携幼。特别是下车地点在桥上，负责接应下车的乘务员叮咛旅客沿着便道扶好栏杆，注意脚下有无障碍。15时45分，全车旅客安全下车。就在旅客刚下完车的同时，桥身一阵剧烈晃动，一块巨石从山上滚过铁路落入江中，距离6063次列车不足30米，在旅客中引起一阵惊呼和骚动。乘务员们沉着应对，安抚旅客。16时6分，700余名旅客转移到安全地带。之后，乘务员们又回到列车上待命。6063次列车是地震滞留旅客列车中旅客转移速度最快的列车。

T7次列车旅客转移 5月12日，成都铁路局成都客运段北京车队5组值乘北京西—成都的T7次列车。列车行驶至宝成铁路罗妙真至斑竹园间，地震发生了。列车被迫停在线路上，一边是湍急的江水，一边是陡峭的悬崖，山上滚落的石块不时砸在车顶。全车1104名旅客，列车乘务组52人。乘务组平均年龄22岁。乘务员按照列车长的指令，拉紧制动阀，安好铁鞋，防止列车溜逸；列车广播通报情况，宣传安全注意事项，稳定旅客情绪；乘务员双班作业，加强巡视。为保证全车旅客安全，列车长在每节车厢建立起由解放军、公安民警、党员组成的治安联防小组，负责维护车厢治安秩序。

乘务组遇到的首要困难是食品紧缺。因为仅有4个多小时就到达终点站，车上只有24罐八宝粥、7袋牛奶、72盒方便面和价值600元餐料。一些旅客拥到餐车抢购食品，列车长果断决定"车上的食品一律免费，但要优先发给孩子和老人"。这一决定得到全车旅客的支持，车上54名儿童和老人得到特殊照顾。因列车将到达终点，车上剩下的电量只够用一夜。为把电用在更需要的时候，列车长要求"关闭空调、开窗通风"。乘务组把安抚旅客情绪放在重要位置。6号车厢有一对家住江油市的夫妇，因担心地震后家中情况，一定要下车，乘务员邬诚赶来解释："下车会遇到危险，在车上还安全些。"夫妇俩不听劝阻，列车车门不开，男旅客要从窗户跳下去。列车紧靠悬崖，从山上滚落的碎石极可能伤着旅客，邬诚把男旅客紧紧抱住，男旅客回身就是一拳，邬诚被打了个趔趄，腰部撞在椅子尖角处。23岁的女列车长周拉赶来，耐心劝阻，并帮忙与其家人联系。当得知家人平安后，这对夫妇羞愧地说："对不起，你们是对旅客负责，刚才我们急眼了，你们别往心里去。"列车上一位80多岁的老妇人因身体不适，加上地震造成的恐慌，突然晕倒。列车广播找到一位刚从北京参加完学术会议回成都的中医大夫，用针灸疗法使老人脱离危险。乘务组为保证餐饮用水和重点旅客用水，把车上的水集中使用，但剩下的水消耗也很快。5月13日6时许，乘务员杨彬彬、刘小龙在当地群众帮助下，用两个多小时找到水井，并借来水桶，一桶一桶地把水抬到列车上，保证全车旅客用水。

5月12日21时，当班列车长周拉、备班列车长陈慧和司机下车寻找救援。周拉通过铁路电话与列车段取得联系，汇报了列车所在位置及旅客情况。周拉在与妹妹的通话中了解到，家里房子塌了，父母生死不明，急得眼泪流了下来。周拉与陈慧互相鼓励“不能哭，后面还有1104名旅客等着我们呢”，然后两人回到列车上继续工作。13日5时许，成都铁路局成都客运段3人赶到。因道路损毁严重，运送食品的汽车只能停在3公里外的地方。乘务员分成两个组，一组留守列车，照顾旅客；一组搬运食品。第一批食品全部免费发给旅客，乘务员们忍着饥饿继续工作。直到13日12时左右第二批食品运到，52名乘务员才吃上地震发生后的第一顿饭。

5月13日10时35分，经成都铁路局绵阳工务段干部职工抢修，宝成铁路上行线开通。14日7时30分，受地震影响滞留途中的最后一列旅客列车——北京西—成都T7次列车，在晚点38小时后安全到达终点站，全车1104名旅客安全转移。

在铁道部、各铁路局及沿线站段全力营救下，地震造成滞留的31列旅客列车无一出轨，2万余名滞留旅客无一伤亡，全部安全转移。

第三节　航空旅客转移

地震造成民航西南空管局、西北空管局及成都双流、绵阳等7个机场的空管指挥设施设备受损，国航西南分公司、国航重庆分公司、川航等7家公司及贵州贵阳、重庆万州、云南昭通、陕西汉中等21个机场设施设备受到影响。5月12—13日，各机场取消航班430余班，影响旅客6.4万人。

中国民航局立即研究部署抗震救灾物资运输和滞留灾区旅客转移工作。从5月16日开始，成都双流机场增加通往成都周边机场的航班量，以缓解运送救灾人员、转移旅客的压力。15—21日，台湾华航、复兴、华信、长荣航空公司飞行7班，运送救援人员及疏散滞留台湾游客852人。至26日，中国民航局组织20余家航空公司，从四川汶川地震灾区向外转移滞留旅客72830人。

国航西南分公司5月12—13日因地震影响取消航班112班，大量外地旅客滞留在成都双流机场。为及时疏散转移滞留旅客，西南分公司从13日零时至4时50分通宵飞行，执行10个航班，分别飞往山西长治、辽宁沈阳和大连、浙江温州、山东青岛和济南、广东广州、陕西西安、香港等地。通过更换空中客车340和波音777大客机执飞方式，实施“区域枢纽疏散法”快速转移旅客。由于空管设备部分损坏，双流机场实施控制流量和大量救灾飞机优先起降。至14日晚，双流机场仍滞留近万名旅客。14日21时，西南分公司抗震救灾总指挥组织召开紧急会议，决定利用运送救灾部队的进川航班9架、客机1900个客座，昼夜飞行，向北京、上海、广州枢纽机场快速分流积压旅客。23时，西南分公司党委工作部和西南营销中心迅速发布紧急航班信息通告，通过四川卫视、成都电视台、成都交通广播电台抗震救灾直播节目对外发布，国航对所有持票和持其他航空公司机票旅客实施免费签转。12—15日，国航西南分公司安排208个航班出港，转移运送旅客2.1万人。

南航5月12日至7月2日15时出动飞机245架（次），执行救灾航班491架（次），从灾区转移旅客、伤员等3万余人。受地震后流量控制等原因影响，成都双流机场大量航班延误或取消。5月13日，南航就有CZ6256（成都—西安）、CZ3472（成都—郑州）、CZ3866（成都—汕头）、CZ6346（成都—济南）、CZ6434（成都—大连）等航班因流量控制原因被迫取消。13日傍晚，南航将滞留在双流机场、目的地在华南地区的旅客通过南航波音777飞机，统一送往广州，再以广州作为中转枢纽，送往全国各地。14日3时15分、5时37分、6时46分，3架（次）承载成都滞留旅客飞机安全抵达广州白云机场，南航中转工作人员提前到达飞机口迎接滞留旅客，迅速为130余名需要继续前往其他城市的旅客办理免费转签后续航班所有手续，均转往14日正班航班，包括大连、厦门、长沙、汕头、西安等10余个航班，部分前往深圳的旅客转陆路方式返程；对续程航班在12时后的旅客，则安排到酒店住宿。14日，南航还安排两架空中客车320、一架麦道90飞机在执行运送救灾物资任务后从重庆回程时，转移运送100余名旅客到沈阳。

地震发生后，川航立即调集航班转移滞留旅客。5月12日21时45分，川航3U8891航班（成都—北京）满载着175名旅客顺利起飞。至14日，川航完成进出港航班159班，转移运送旅客8740人。

东航两架空中客车300和一架麦道11全货机、一架空中客车320和一架波音733客机，5月20日执行向灾区运送救灾物资任务回程时，从灾区转移滞留旅客156人。

因陆路交通阻断，九寨黄龙机场成为九寨沟唯一通往外界的空中通道。5月13日晚，临时涌入机场的游客1.5万余人，使机场滞留旅客2万余人。因九寨黄龙机场为高原机场，航线飞行条件复杂，对航空公司、飞机、飞行员都有较高要求，所以通航航班较少。13日，国航重庆分公司原计划10时30分起飞前往黄龙机场的CA4427航班，因地震原因一直待命至20时15分才从重庆机场起飞，成为13日唯一一架从重庆机场起飞到达九寨沟疏散旅客的航班，成功转移疏散旅客100余人。14日，国航增加5个航班，其中重庆分公司4班、西南分公司1班，从九寨黄龙机场转移滞留旅客1030人。为适应九寨黄龙高原机场飞机特殊性能要求，14日晚，西南分公司又调配一架高原性能空中客车319（B6038/128座）航班到重庆执行转移疏散任务。15日，国航3架飞机、重庆分公司2架波音737—700、西南分公司1架空中客车319执行9个航班，将滞留在九寨沟县的1100余名游客转移到重庆。为避免旅客滞留重庆，重庆分公司协同重庆机场，从公交公司增调几十辆大巴车空地联运。旅客凭借过站登机牌即可乘车赶往成都或到候补柜台办理改签手续，乘飞机离开。由于从九寨沟转移疏散旅客需经重庆中转，国航紧急调机执行CA4395（重庆—北京）航班，运送旅客75人。至18日，国航重庆分公司执行九寨—重庆航班18班，转移疏散滞留游客2123人；通过地面联运旅客120名，协助办理签转1009人。

海航5月13日下午接到民航西南管理局转移疏散滞留在九寨黄龙机场旅客紧急通知。海航立即调用138个座位空中客车319客机执行应急航班，选派优秀机组飞行，并为滞留旅客准备足够航空食品和饮料。14日6时，海航空中客车319飞机从西安起飞，一小时后到达九寨黄龙机场。14日，往返西安—九寨沟3次，转移疏散滞留旅客400余人，再从西安中转到全国各地。

川航 5 月 14 日 11 时 50 分应急临时指挥中心接到运送 18 个旅行团 1000 余名滞留在九寨黄龙机场的台湾旅客任务。公司临时指挥中心经慎重研究，考虑到成都双流机场将承担大量运输救灾物资和救援人员任务，航班进出港流量受到控制，决定 14 日下午从重庆调机执行两个九寨黄龙航班。随后，通知国航重庆分公司准备运力，挑选川航“巴渝风采”乘务组执行飞行任务。按照计划，每个航班转移疏散 131 名旅客安全离开九寨黄龙机场。至 16 日上午，1000 余名台湾旅客安全离开九寨沟。川航安排台湾旅客乘坐中转航班飞往深圳，然后到香港乘专机回台湾。为尽快转移滞留在九寨沟的旅客，14 日，川航市场营销部与民航西南地区管理局协调增加飞往九寨黄龙机场航班，川航市场营销部工作人员从 14 日 20 时一直等到 23 时 30 分，拿到批准增加航班文件。15 日增加 12 班飞机、16 日增加 10 班飞机，投入转移滞留九寨沟旅客工作中。13—15 日，川航转移滞留九寨沟旅客 3286 人。从 17 日开始，川航每天安排 10 个航班，分别从成都、重庆飞赴九寨黄龙机场转移疏散旅客。

由于地震及天气变化，全国各地飞往成都的飞机大部分改降重庆机场。从 5 月 13 日凌晨开始，飞往成都的 7 个航班备降重庆机场。国航重庆分公司 13 日为 7 个备降航班 622 名旅客提供备降服务，其中通过公交联运地面旅客 270 人，签转旅客 171 人，安排住宿 139 人，其余 42 人自行离开。12—17 日，重庆机场为中转旅客办理旅客临时乘机证明 247 证（次），接受备降航班 71 架（次），保障救灾航班 69 架（次），转运旅客 19594 人（次），其中空中转运旅客 15180 人，地面转运 4414 人；转运旅客车 53 辆（次）；转运外国旅客、台胞 1020 人。（参见图 61）

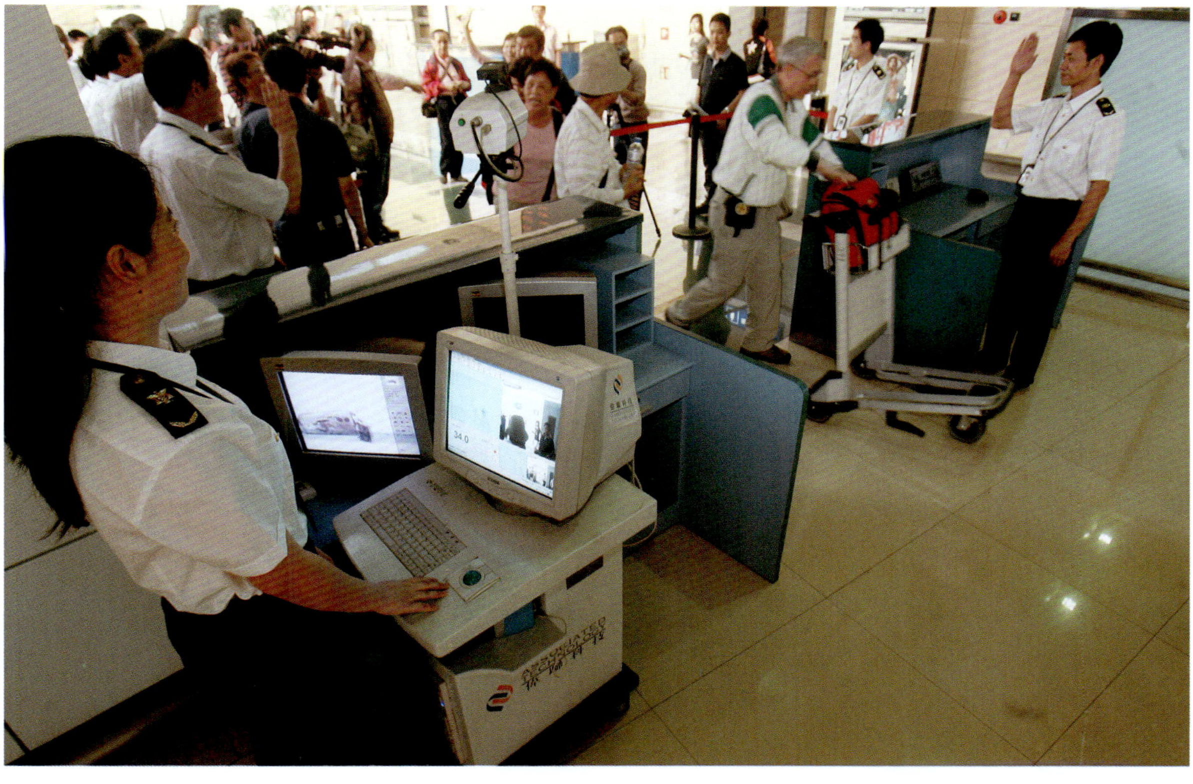

图 61　5 月 16 日，重庆检验检疫局为台湾旅客开通“爱心通道”

（质检总局　提供）

第四节　游客转移

一　景区游客转移

转移部署　地震造成649个旅游团、55487名游客被困灾区，其中旅游团队游客10386人、零散游客45101人。

国家旅游局迅速启动旅游应急预案一级响应，成立抗震救灾协调领导小组，组织6个应急救援工作小组。协调领导小组分析掌握每天灾区游客滞留数量、所处位置和安全保障情况并部署救助行动。5月13日，国家旅游局下发《关于全力做好抗震救灾工作的通报》，要求各省（区、市）旅游部门迅速通知所辖地区旅行社，立即停止组织赴灾区或途经灾区的旅游业务。各地抓紧收集了解灾区旅游者情况，特别是旅游团队在灾区被困情况和旅游者伤亡情况，建立灾区旅游团队台账制度。各省（区、市）旅游部门尽快将本地区旅行社组织前往四川受灾地区旅游团队和游客数量、伤亡情况报送国家旅游局。受灾地区旅游部门和旅游企事业单位要在当地党委、政府领导下，全力投入抗震救灾工作，帮助游客尽快撤离灾区。特别要高度关注国外和台港澳游客在灾区受阻和伤亡的情况。对伤亡游客要及时处置和提供救助。15日晚，国家旅游局抗震救灾协调领导小组第三次会议，要求立即研究救援预案，关注仍然被困的游客、关注没有联系上的游客、关注已联系上游客的转移情况。15日下午，国家旅游局抗震救灾协调领导小组组成专门工作小组前往成都，协助四川省旅游主管部门，组织国内外及港澳台地区游客安全撤离灾区。

5月18日下午，国家旅游局召开抗震救灾协调领导小组第六次会议，要求对已取得联系但还被困在灾区的旅游团队，确定方位，协调有关方面，帮助游客尽快撤离灾区。关注新发现的受困灾区团队游客和境内外散客情况，对新发现的境外游客被困灾区情况，尽快核实，及时上报有关部门。加强信息跟踪，与当地旅游部门及相关部门联系，及时掌握被困灾区旅游团队的情况，协调有关部门进行救助并帮助游客尽快撤离灾区。19—20日，国家旅游局召开抗震救灾协调领导小组第七次、第八次会议，研究部署旅游行业抗震救灾工作。

四川省旅游局把营救、转移游客放在首位，迅速组织收集旅游团队信息。从5月14日开始，省旅游局负责人分别带队赴灾情严重的都江堰、绵阳、德阳、雅安、阿坝等地，指导受困游客救助和行业自救工作，加强与交通、民航、救援部队和受灾市州协调联系，动员社会力量和资源，开展游客救援疏散、转移安置等工作。请求救援部队向受困游客地点空投食品、药品、饮用水等应急物资10余吨。协助阿坝藏族羌族自治州、甘孜藏族自治州和雅安市政府分别从郎川路—兰州、马尔康—丹巴—雅安—成都陆路方向，疏散转移游客5000余人。协调川航向重庆、成都、西安等地转运游客2000余人。商请空军、中国民航局动用直升机，将受困在汶川县

图 62　地震发生后，直升机疏散转移滞留景区游客

（国家旅游局　提供）

卧龙自然保护区的英国游客和在茂县的台湾游客，安全转移到成都。（参见图 62）

地震波及甘肃省康县阳坝风景区，造成通往阳坝风景区的通信、电力、交通中断，正在阳坝旅游的 67 名游客与外界失去联系。得知情况后，康县旅游管理委员会迅速组织旅游系统干部职工冒着余震的危险深入景区，安全转移游客。5 月 15 日 10 时 30 分，甘肃省运管局接到省交通厅下达关于提供运力支援四川灾区，转移滞留九寨沟景区游客紧急任务后，紧急集结车辆。16 日 9 时 30 分，甘南藏族自治州、陇南市组织 20 辆客车、2 辆油罐车、39 名救援队员，从国道 212 线、213 线赶赴九寨沟景区。21 时、22 时许，两支车队先后到达九寨沟。17 日 8 时，两支车队共搭载 300 余名被困游客沿原路返回。返程途中，得知还有 17 名游客受困于松潘县川主寺时，救援车队立即折返 10 余公里，将受困游客接上救援车。16 时许，陇南市车队搭载游客安全转移。18 时 30 分许，甘南藏族自治州车队搭载游客转移到兰州。历时 36 小时，行程 1300 余公里，甘肃省交通运输部门完成交通运输部下达的转移九寨沟景区被困游客任务。在转移被困游客行动中，甘肃省组织客车 70 辆、350 个班（次），从九寨沟县、汶川县、松潘县转移游客 1600 余人。（参见图 63）

图63　5月17日，甘肃省交通厅组织抗震救灾车队在九寨沟景区转移游客
（交通运输部　提供）

灾区旅游部门组织游客转移　灾区旅游部门干部、职工全力以赴救援、转移游客，灾区群众也积极协助旅游部门转移游客。

四川省旅游局接到北川羌族自治县小寨子沟300名游客被困的消息后，请求直升机支援。在救援直升机无法寻找准确位置，游客生命受到严重威胁的紧要关头，5月21日早晨，省旅游局派出3人侦察小分队空降到游客受困点附近，寻找游客，标定航标。在当地村民协助下，历时三天三夜，直升机往返10余架（次），将游客全部安全解救到成都。

德阳市旅游局在地震发生当天，成功疏散转移各景区、景点游客4095人，其中境外游客40人；并对被困在重灾地区旅游景区未能及时转移游客，通过组建应急小分队、协调解放军特种兵、协调直升机等方法进行救助转移。

绵阳市旅游局局长侍玉蓉在地震发生后迅速投入救灾，率先立起四川灾区第一个街边旅游局牌子（见图64），在满是瓦砾的马路边开始工作，为抢救群众、转移景区游客，忙得几天没合眼，迅速组织人员将1.07万余名游客安全转移。5月12日，平武县境内滞留中外游客1249名，其中境外游客90名。平武县文化旅游局立即组织职工到交通干线、宾馆、饭店、景区搜救滞留受困游客，在城北收费站、县城游客中心、城东入城口设立游客服务点。派两名工作人员，历经15小时深入白马景区摸清滞留游客情况，并协助当地政府做好安置工作。地震后，平武县城内停电、停水，所有宾馆、饭店无法营业，道路不通，无法将滞留游客及时送出，而县城内还有游客不断涌入。13日，平武县文化旅游局分3组，把滞留在城内游客400余人，安排在县城周边的5家“农家乐”接待点。15日，平武至青川道路打通后，文化旅游局与交通、民政、公安等部门、单位协作配合，440名游客乘8个旅游团队车辆、12辆自驾车及4辆中巴车，顺利转移出平武。滞留于平武县白马景区的290名游客经当地政府和有关部门协调，安全转移。地震发生后，滞留在北川羌族自治县青片乡游客302人，由旅游公司为游客搭建帐篷，保证游客食宿和人身安全；在20日后，由解放军空降部队将游客全部转移出景区。安县千佛镇及时将被困在千佛山景区的

图 64 地震发生后，绵阳市旅游局设立街边临时办公点（国家旅游局 提供）

500 余名游客，分 3 批安全转移出去。

北川羌族自治县文化旅游局局长林川的妻子在地震中受重伤，自己也被砸伤。林川从倒塌的楼房中爬出来，忍着伤痛到县城主要街道查灾，抢救群众。林川发现，县城有可能再次遭受洪灾袭击，立即和幸存同事一起组织茅坝油库一带 300 余人和北川大酒店门前集聚的游客、受灾群众 400 余人转移到县政府广场。5 月 19 日，林川参加省市旅游局联合救援行动，进入小寨子沟景区，安全转移疏散中外游客 300 余人。至 19 日，林川从废墟中救出群众 32 人，组织转移被困游客和群众 2000 余人。

江油市窦圌山旅游公司在地震后迅速成立应急救援中心，立即进行抢险救援。地震后，通信设施中断，手机无法使用，6 部对讲机成为窦圌山景区保证信息畅通的“安全网”。前山一名游客被飞石砸伤，血流不止，生命危在旦夕。前山索道公司两名工作人员对受伤游客作了简单包扎，背起来就往山下跑，在崎岖山路上跑得汗流浃背。到停车场后，两人顿时全身发软瘫坐在地上，受伤游客泣不成声地连连道谢。地震发生时，后山也有几名游客受伤，其中 3 名游客为重伤。公司救援小组立即把 3 顶滑竿改为简易担架，安排职工抬着 3 名重伤游客直奔安全地点。应急救援中心还抽调专人维护停车场秩序，指派人员搜寻游客，并及时派出人员赶往后山公路垮塌处进行抢修。景区职工冒着不断袭来的滚石，刚把公路勉强疏通，运送伤员的汽车就开过来。由于救援措施及时有力，窦圌山景区内 108 名游客，除 1 人因山体滑坡被埋遇难外，4 名重伤员都因及时得到救治而保住了生命，其余人员全部安全转移。

5 月 12 日，彭州市旅游局局长王晓蓉，陪同成都市大龙门山规划课题组专家在银厂沟景区勘察调研时发生地震，王晓蓉迅速将游客和村民安排到仙林酒店外开阔地带。为防止游客和群众因慌乱发生危险，王晓蓉向大家喊话，在场的 100 余人渐渐安静下来。王晓蓉组织大家抢救伤员，并安排景区管理处人员搜寻游客，将游客和群众集中在牡丹坪和白果坪停车场等安全地点。在余震不断的情况下，组织人员从废墟中救出 3 名伤者。王晓蓉把年轻未受伤人员组织在一起分为 3

组，一组寻找雨棚和油布等物品搭建能避风雨的临时住所，一组寻找棉被和衣物等御寒物品，一组寻找米面、水等食品准备晚饭。当热腾腾的稀饭做好后，王晓蓉把全部稀饭分发给游客和群众，自己却颗粒未进。

地震造成汶川县、茂县、理县、小金县、松潘县、九寨沟县国内外游客滞留。阿坝藏族羌族自治州及时调集车辆2168辆（次），安全转移游客。

地震发生时，位于金川县与汶川县交界的四姑娘山景区受到严重破坏，景区管理局立即部署游客搜救。5月12日15时，景区管理局副局长金松强带领6名搜救队员步行26公里，搜救游客。一路上余震不断，到处都有滚石，脚下裂缝随处可见。金松强手持对讲机，走在队伍最前面，随时提醒队员们注意安全。面对一批批返回的游客，金松强总是耐心地讲解注意事项和自救方法。19时，金松强看到大部分游客安全出沟，才坐下喝口水，吃点干粮，然后又带领队伍深入沟内搜救户外露营游客。直到13日3时50分，才将最后4名游客安全带出景区。

雷波县中田乡银厂村民贺洪建在地震中左腿受伤。5月13日，贺洪建从小龙潭景区回来的村民那里听说有23名游客被困、生死不明，就立即用蜂蜜涂抹伤口，打着手电筒走进景区寻找游客。21时，找到23名游客和小龙潭林场招待所幸存者易小军。游客中，一名妇女头部受重伤，易小军腰部被砸不能行走，伤势最重。13日夜，贺洪建凭借在山区野外生存的经验，给伤者进行简单处理后，用小龙潭停车场铺板点燃篝火为受伤游客御寒。14日5时，一夜没睡的贺洪建在游客配合下，用剩下的铺板制成担架，准备把重伤员易小军和23名游客带出景区。当队伍行至银厂沟鱼窝沱时，大家实在抬不动易小军。贺洪建先放下易小军，将游客们带上公路，独自又回到鱼窝沱将易小军背出来，易小军在救命恩人背上失声痛哭。有游客从公路上找来一辆破斗车，贺洪建把易小军放进斗车奋力向沟外拉。13时，贺洪建等遇到前来救援的武警官兵和成都军区空军搜救部队，25人全部获救。

汉中市旅游部门地震后启动重特大旅游安全事故应急救援预案，深入景区、宾馆调查灾情，稳定游客及干部职工情绪，疏散转移游客。各级旅游部门坚持全员上班、24小时值班制度，随时处理突发事故，保证信息灵通。根据余震预报和上级通知，多次组织人员深夜到各宾馆饭店将入住游客紧急转移到安全场所。抗震救灾期间，汉中市无一游客伤亡。

旅行社组织游客转移　地震发生时，各旅行社、旅游团导游迅速转移游客，保证游客安全。汶川县是从成都至九寨沟景区的途经之地，全国各地发往汶川县的旅游团队不同程度受到地震灾害影响。各地旅行社，尤其是大型旅行社，立即启动应急预案，保证游客安全和信息畅通。

地震发生时，四川省青年旅行社有国内外游客1218人滞留在灾区。因道路、信息中断，旅行社向救援部队求援，解放军某部以最快速度派人参与救援，将受困游客全部安全转移。

中国旅行总社及时与在四川省的团队联系。在信息不畅时，改用手机短信联系，报平安、报地点，中国旅行总社旅游团中未发生人员伤亡情况。中国旅行总社只有一些散客团，包括一些境外散客团在地震灾区。一个38人的旅游团按照行程5月12—17日在四川省活动，为保证滞留灾区旅游团队安全，中国旅行总社与当地地接社联系，迅速包租一辆大客车，为游客购买食物、饮用水，并将大客车停放在离成都双流机场较近又比较空旷地带，以便一旦通航，立即组织游客返回。

地震发生时，上海市春秋国际旅行社（以下简称春秋国旅）在四川省境内有游客 298 人，其中上海市游客 281 人、山西省游客 17 人，跟团导游和司机 20 人。5 月 12 日晚，97 名游客安全到达成都。由于余震不断，春秋国旅将游客分成 4 个团，选择成都市内空旷处安排休息。在九寨沟景区内游客 100 人，经与导游和游客确认，所有人员安然无恙。为保证游客安全，春秋国旅夜晚安排游客住在相对空旷的停车场，宾馆提供毛毯、被子等御寒物品并保障饮食供应。春秋国旅一个 34 人的上海市旅游团徒步赶到都江堰，春秋国旅成都分社安排车辆赶往都江堰迎接，当晚将游客安全转移到成都。其他游客也得到妥善安排。

四川省中国国际旅行社导游赵爱华带领中科院成都生物研究所 16 人到绵竹市云湖森林公园，住进含笑山庄，他们大都是离退休的老人。地震发生，山体滑坡，石头乱滚，房顶上的瓦片像下雨似地飞落，房屋倒塌，路面开裂。赵爱华和景区工作人员赶紧拿来钢管、铁棒，冲进倒塌房间营救游客。经半小时紧张抢救，16 名专家被全部抬出来，3 人遇难，6 人受伤，其中 3 人伤势严重。安顿好游客，赵爱华和宾馆工作人员发现下山的路被巨石阻断，只能在山上等待救援。在被困的 3 天时间里，赵爱华成了护士、营养师、心理辅导员，成了每位老人孝顺的“乖孙女”。赵爱华把床单撕成布条为腿部受伤老人固定；凌晨 4 时还在为生病老人寻找药品，给受伤老人喂盐糖水；和宾馆工作人员一起搭建灶台，每天给老人们煮稀饭和鸡蛋。赵爱华把鸡蛋捣烂，加糖加盐兑水，一口一口喂给伤员吃。每天亲自为伤者洗脸、洗脚、喂饭。5 月 15 日 20 时，救援部队赶到，将游客安全转移。

绵阳市金海观光旅行社业务经理赵帆带领 53 人旅游团队，在绵阳市与茂县交界处的千佛山景区接待中心签到时地震发生，大厅剧烈摇晃，天花板碎石不断落下，楼板重重地砸向地面，赵帆与大家互相搀扶着冲向门外。刚跑到停车场，游客接待中心开始坍塌。赵帆立即和领队一起将游客集中到相对安全的停车场一角。余震不断，停车场成了“孤岛”。旅游团队成员尝试用手机发 SOS 求救，没有成功。赵帆开始编写短信，记录下每天情况，“在千佛山遇地震被困，共有 300 人，而且山体在不断地塌方、崩裂。交通、水、电、气已全部断了，快来救救我们吧”。地震发生后，食品、饮用水紧缺，赵帆将车上备用的饮用水、4 箱方便面和少量食品集中在一起，按量分配给旅游团队成员，景区为团队提供 10 顶小帐篷。5 月 13 日，天下着小雨，继续待在原地太危险。有群众告诉赵帆和旅游团队，千佛山后山松树林内更安全些，建议去那里避难。赵帆组织旅游团队向山上转移，道路泥泞不堪，不时有人摔倒，赵帆紧紧地搀扶着游客中的一名孕妇，三四公里路程，大家走了两个多小时。上山后，赵帆安排伤员和孕妇休息，并招呼大家搭帐篷。14 日天晴了。赵帆从收音机里听到次日有暴风雨，因担心泥石流和滑坡，赵帆和旅游团队决定继续往外走，赵帆搀扶着孕妇一起下山。大家砍来竹子做拐杖，几个年轻人背着伤员，脚下除了碎石、山泥根本没有路。山谷里不时出现堰塞湖，窄的地方就找块木板爬过去；水深的地方就游泳过去，不会游泳的就拉着对面人递过来的竹竿被拽过去，大家全身都湿透了。21 时 40 分左右，遇到前来救援的部队。历经 67 个小时，旅游团队 53 人成功转移，孕妇也被安全送进绵阳市妇幼保健站。

二 途中游客转移

地震发生时，大量游客正在前往旅游景区或返回途中。为保证旅途游客安全，被困灾区各旅行社导游、司机在关键时刻挺身而出，全力保证旅途游客安全，平安将游客转移出灾区。

成都海外旅游有限责任公司导游徐健带着来自台湾南部彰化的郑氏家族老人旅游团，除一人58岁外，其他13人都在65～75岁之间。旅游团从九寨沟景区游览结束后，大巴车行驶到汶川县七盘沟村时地震发生了，前面的路被堵，后边的桥梁开裂，道路阻断，余震不断，山石不时滚落。徐健和台湾领队决定，先向游客讲明情况。稳定游客情绪后，徐健和台湾领队去邻近镇上购买了一箱方便面，车上还有来前备的饮用水。徐健在旅游车旁搭了个灶，捡来木柴，生起火，供晚上取暖。几天里，旅游团吃住在旅游车上。为照顾游客，司机负责安全、卫生，台湾领队负责开导安慰游客，徐健负责粮食采购，向当地政府反映情况，与外界联系。5月17日7时许，四川省旅游局应急办得到徐健所带旅游团被困消息，立即上报国家旅游局，安排一架民用直升机实施救援。然而，不断发生的余震造成通信再次中断。直升机降落到目标地点后，因无法联络到旅游团而被迫返航。17时左右，另一架军用直升机受四川省政府应急办派遣飞临汶川县接应，最终因天气原因无法降落。18日8时，有关方面终于再次联络到徐健所带旅游团并确认其所处位置。9时30分，四川省政府应急办派出直升机前往救援。12时4分，直升机返航，14名台湾旅游团游客中的11人被安全救出，余下3人因座位不够，等待另派飞机营救。被营救出的台湾游客除两人有轻度血压升高外，其他人员健康状况良好。19日下午，另外3名游客顺利搭乘直升机安全抵达成都。19日，台湾14人旅游团顺利离开成都返回台湾（见图65）。救援过程投入大量人力、物力，仅直升机就先后派出6架（次）。台湾旅行商业同业公会总会董彬代表获救游客向大陆方面表示感谢。董彬说："这些台湾游客能够安全健康归来，除了方方面面的大量努力外，也和滞留地政府和百姓的悉心照顾密不可分。"董彬还介绍："在听到各有关部门为此次营救采取的措施后，这些台湾游客都非常激动并表示，返回台湾后，一定要把大陆人民对他们的恩情告诉家乡的乡亲们，待将来条件允许后，还要多到大陆旅游。"

图65 5月19日，获救的台湾游客离开成都返回家乡
（国家旅游局 提供）

南湖国旅·西部假期旅游公司两个旅游团31名游客，在茂县飞虹桥遭遇地震。旅游公司专门成立应急小组，并派出相关领导奔赴灾区，及时安排游客安置及返程。31名游客在导游、司机带领下，在当地政府帮助下，从黑水过马尔康，途经金川、丹巴、泸定、雅江等地，历时100个小时，行程近800公里顺利回到成都。

四川省国际旅行社导游伍晓荣5月12日带领12人团队游客，结束旅程后返回成都，经过距汶川县映秀镇二三十公里的蒲家沟大桥时，道路瞬间摇晃起来，地震发生了。伍晓荣立即“命令”大家“每个人都不准离开座位”。两三分钟内，众多车辆被巨石压埋。伍晓荣看到后面大货车被巨大的山石掩埋，形成一定遮蔽面，如果大家尽量缩小受力面积，被飞石砸伤的概率就会减少。伍晓荣果断发出第二个“命令”：“所有人下车，躲到后面的货车背后。”此时，大部分游客已吓得不知所措，伍晓荣每一个“命令”，都是大家的定心丸。随着地震而来的是暴雨、泥石流、山体滑坡。伍晓荣判断桥很有可能垮塌，临时躲避处不能久留，一定要在当天离开山区。“我们一起走回都江堰”，成为伍晓荣的第三个“命令”。伍晓荣肯定地告诉游客，从这里走到都江堰只要两个小时。实际上当时大部分道路已被摧毁，旅游团所在位置距离都江堰有16公里，“两个小时走回都江堰”简直是天方夜谭，但伍晓荣清楚，需要用善意的谎言来鼓励游客。出发前，伍晓荣先指挥每人携带一瓶水、一块巧克力、一把雨伞。接下来，又把12名游客分成5组。伍晓荣和两名年轻男性游客打头阵，负责勘察和探路。山体滑坡发出巨响，大家几乎要吼叫才能听到对方讲话的声音，伍晓荣要求大家学会“前方不通”“上有飞石，快速通过”等手势。15时40分，伍晓荣带领团队开始徒步返回都江堰。由于手机信号中断，伍晓荣除了自己打开手机，要求每位游客关闭手机，保证当信号恢复时，有足够电量求救。16公里的山路布满滚落的飞石，路面塌陷扭曲，还有断裂的桥梁。伍晓荣在前面探路，拉紧女团员柔弱的双手，鼓励落后团员不放弃。16时30分左右，团队到达紫坪铺水库大坝。21时50分，伍晓荣带领旅游团到达都江堰，12名团员安全转移。

浙江省义乌市顺风旅行社导游蒋群英在地震发生时正带着义乌市11名游客，行进在茂县前往九寨沟景区的山路上。地震发生，一块巨石砸在蒋群英所在旅游车上，蒋群英和游客当即被压在车厢中。蒋群英从变形的车厢中挣脱出来，只觉胸部一阵疼痛，知道自己受伤了。蒋群英顾不得伤痛，立即清点人数。发现3名游客被压在车上时，蒋群英强忍着伤痛，不顾危险跑到附近村寨，向羌族同胞求援。此时，地震还在持续，山上碎石还在不断滚落。听到游客有难，羌寨中的村民们顾不上自己受灾，操起工具赶来救援。一小时后，一名伤者被成功救出，但另两名女游客遇难。蒋群英带领游客到达羌寨后，忙与村主任联系让游客在寨子里安顿。游客们在村民帮助下在空地上搭起简易帐篷，村民还送来自己的口粮。团队伤员很多，都急需照料和救治。5月12日晚，余震不断，又下起大雨，再加上通信中断，无法与外界联系，游客们焦急万分。蒋群英顾不上自己愈来愈强烈的伤痛，耐心安抚游客。14日，救援部队小分队开进村寨，带来急救药品。15日，部分公路修通，茂县政府组织能走动的游客先行转移。蒋群英让未受伤的5名游客先走，自己留下来继续照顾受伤游客。16日，蒋群英和其他伤员被送到黑水县救治。医生发现蒋群英伤情严重，需要立刻住院，蒋群英告诉医生自己是一名导游，“带领的团队中还有伤员需要照料，把他们安全送返家乡，这是我的责任”。18日凌晨，蒋群英和其他伤员安全转移到成都。此时，蒋群英感到自己快坚持不住了，但还是没有吭声，以坚强的毅力忍受着伤痛。18日下午，蒋群英在成都市第七人民医院再次接受检查，医生发现其胸椎第12节已骨折错位，相当危险，“像这样的伤势是断然不能走动的，否则伤势会加剧，很可能会造成严重后果”，建议她立即在成都入院治疗，可她考虑到游客的安全，没有听从医生的劝告，坚持要和游客一起回到杭州再接受治疗。浙江省旅游局派出应急工作小组，义乌市旅游局也派遣人员进行支援，19日，蒋群英和团队被安排乘飞机返回浙江。蒋群英所带11名团员，除2人不幸遇难、1人留在成都治疗外，其余游客安全回到亲人身旁。蒋群英回到杭州后，立即被送入浙江大学医学院附属第一医院。经医生检查，蒋群英胸椎第12节呈压缩性骨折、压缩程度达二分之一，伤势相当严重。医院骨科主任林向进介绍，这是一种极不稳定损伤，伤者必须绝对卧床休息，坐立和行走都极有可能压迫脊髓，造成瘫痪，而蒋群英居然能在如此艰难困苦的环境中坚持6个昼夜，“伤得这么重还能坚持这么多天，而且还一直是在奔波和行走中，简直是个奇迹”。

成都熊猫旅游集团国际旅行社导游余娟带领上海青年旅行社组织的31名游客由汶川县前往茂县，正行驶在叠溪海子公路上，地震发生了，车子在剧烈的震动中来了个180度大转弯后，巨大的石头砸在车旁。余娟指挥游客敲碎车窗，从车窗往外跳。余娟迅速逐一点名，发现两名游客骨折、一名游客手腕血流不止。余娟为游客进行简单处置后，又返回到旅游车边，冒着不断坠落的飞石抢出部分随车食品。这时，天开始下雨，小路又湿又滑，为了游客的安全，余娟在多次往返勘察前面道路，带领游客从小路艰难向下方相对安全的路上转移。17时左右，手机终于有信号了，在整整拨打50余次后，余娟与公司取得联系，“请公司转告，上海客人安全，请游客家属放心”。5月14日，余震仍然不断。天一亮，余娟又带领游客徒步向茂县松坪沟出发。14公里崎岖山路，飞石、余震不断，余娟带领游客走了4个小时。一路上，余娟来回组织游客，陪伴着伤员艰难地行走，不小心脚部两次扭伤，肿得像馒头一样，但余娟强忍剧痛咬牙坚持着。翻越一座海拔3000米高山后，终于遇到救援车，团队被送到松潘县黄龙宾馆后，余娟顾不上脚伤，又带着受伤客人去松潘县医院拍片、包扎，安排客人晚餐。15日，历经灾后72个小时生死大转移，余娟终于带领全团游客登上飞往重庆的航班。

司机刘世舟驾驶旅游客车，载着四川省光大旅行社大洋分社组织的29名武汉游客前往九寨沟。当客车行驶到茂县两河口沙坝路段时，地震发生了。顷刻间，山体滑坡，两块上吨重的大石头砸穿车顶，两名游客当场死亡。刘世舟紧紧抓住方向盘，飞快地把车驶向靠近岷江边的一片空旷河坝。车停稳后，刘世舟抓起一块石头砸碎车窗玻璃，救出游客。余震不断发生，一块巨石砸中刘世舟右腿，导致右脚多处骨折，裸露在外的骨头清晰可见。飞石还在不停地坠落，刘世舟只好蜷曲着身体滚到河坝上，保住了性命。看到游客安全转移到空旷处，刘世舟露出了微笑。

三　外国游客转移

地震发生后，经四川省中国国际旅行社多方协调和奋力营救，被困于汶川县卧龙自然保护区的美、英旅行团19名游客中的14人，于5月15日乘坐救灾直升机安全返回成都。16日，其余5人和旅行社导游安全返回成都，与15日被营救回成都的游客会合。（参见图66）

图 66 地震发生后，被困景区的外国游客转移获救

（国家旅游局 提供）

成都市海外旅游有限责任公司将来自加拿大、韩国、新加坡、马来西亚的境外游客安全转移。5 月 18 日 10 时 42 分，驻重庆某集团军派出两架直升机搭载着外国游客安全降落在成都北郊机场，35 名被困于四川卧龙景区的外籍游客被成功解救回成都。被解救出的外籍游客分别来自英国、法国、美国，游客中年龄最大的79岁。一名英国游客说："看到中国军队的直升机前来救援，我们都欣喜若狂。"当机组人员把自己的饼干、火腿肠和饮用水分发给游客时，这些外国游客深受感动，来自美国的游客罗伯特·立特瓦克说"非常感谢所有中国救援人员"，并表示以后还会到中国旅游，希望中国人民、四川省人民早日战胜地震灾害，重建家园。

地震发生时，中国国际旅行社总社导游李洁正带领美国世界野生生物基金会 12 位游客在汶川县卧龙熊猫基地参观。突然间，地动山摇，前方山峰垮塌下来，热浪迎面袭来。身后不远处一座小山峰瞬间消失，眼前满是烟尘。地震将李洁及 12 位游客困在保护区。由于景区大门被滑落的巨石堵塞，无法通行。景区工作人员找来梯子让游客翻过围墙，然后乘车返回饭店。此时，路旁高压线掉落，李洁手持竹竿小心翼翼地撑起高压线，让汽车通过。16 时 30 分左右，从熊猫基地到卧龙镇的道路被紧急抢通，李洁将游客转移到 7 公里外的卧龙镇。5 月 12 日夜，非常寒冷，天还下着雨。出于对安全的考虑，李洁安排游客在卧龙山庄停车场旅游车内休息，然后冒险跑进卧龙山庄抱来棉被、毛毯等，供游客们御寒。待游客休息后，李洁拿着手电筒，坐在靠近车门的最前排，以便随时为大家提供服务。游客需要上洗手间，李洁就下车为游客照亮道路。15日早上，李洁终于通过卫星电话与外界取得联系。10时左右，两架营救直升机赶来营救。由于机位有限，李洁把12名游客都送上飞机，自己却留在卧龙镇。美国游客黄玲说："尽管村民也受了灾，房屋被毁，住在帐篷中，但是他们还是尽自己的力量帮助游客。""那几天，热心的村民每天都给我们送来热腾腾的米粥，让我们感到很温暖。"美国游客潘妮还在一户村民家中吃了顿饺子，并说："那是我一生中吃过最香的饭！"游客们说："我们幸运地逃过了灾难，而奇迹的发生是一个个好心人帮助的结果。如果没有旅行社的努力、没有村民的帮助、没有军队的救援，一切都是不可能的。"至16日，滞留在卧龙熊猫基地的外国游客全部安全转移。

第三篇

灾区群众安置

汶川特大地震造成四川省、甘肃省、陕西省、重庆市、云南省灾区房屋严重损毁，受灾人口 4625.6 万人，灾区群众安置成为抗震救灾中急需解决的重大问题。5 月 12 日晚，中共中央政治局常委会召开紧急会议，要求确保灾区群众有饭吃、有衣穿、有干净水喝、有临时住处。中共中央、国务院领导多次深入灾区群众安置点体察民情，了解民意，解决群众临时安置中的各种困难。发展改革委、民政部、住房城乡建设部等部门挖掘各方面潜力，迅速组织开展大规模的群众安置工作，确保灾区群众得到妥善安置。

地震发生初期，大规模安置尚未进行，是灾区群众生活安置最艰苦的阶段。灾区各级政府和受灾群众选择街边、广场等公共场所，企业、学校等公共空房应急避险安置。群众主要使用彩条布、广告布、农用薄膜、竹木板等材料，搭建简易避震棚应急避险。同时，民政部门紧急设立灾区群众救助站，解决群众临时生活困难。各类体育场馆以地势开阔、容量大、相对安全等优势，成为各级政府和受灾群众的共同选择，解决了地震初期群众安置的场地。特别是绵阳市九洲体育馆成为地震灾区安置群众最多、安置时间最长的体育场馆，并积累了一整套管理模式和管理制度，成为灾区群众安置的典范。灾区解放军在群众安置初期，迅速腾出部分部队营房，为安置灾区群众提供临时住处。同时，救援部队官兵深入灾区帮助群众搭建帐篷、简易房。为让受灾群众吃上热饭热菜，成都军区联勤部在任务点率先开设赈灾饮食供应点 12 个。重庆市商委组成抗震救灾餐饮服务队，进入阿坝藏族羌族自治州及广元市开展“粥棚行动”，向救援部队官兵、武警官兵、公安民警、新闻记者和群众提供稀饭、馒头等热食，以其独特的形式、有效的方法，传递“军民互动”的温暖。四川省美食家协会、烹饪协会和成都市“三只耳”连锁有限公司陆续在四川省部分受灾群众安置点开设“爱心厨房”，为灾区群众制作热饭菜。“爱心厨房”得到北京美食联盟大力支持，来自全聚德等北京 12 家企业的 109 名厨师救援团，乘包机赶赴四川灾区，为灾区群众吃上热饭作出贡献。

国务院抗震救灾总指挥部制定了一系列保障灾区群众生活及安置政策，在向地震灾区困难群众发放生活补助金和救济粮的基础上，决定生产 90 万顶帐篷、提供搭建 80 万间简易棚的彩条布、提供 69.32 万套活动板房，从根本上解决了灾区群众的安置和生活困难。地震灾区各级政府和群众积极行动起来，坚持“援建与自建相结合、集中安置与分散安置相结合、属地安置与转移安置相结合”方针，在国务院统一规划下，区分城镇与农村、异地与就地等不同情况，分类研究制定安置措施，利用现有社会福利机构集中安置“三孤”人员，采购生产帐篷、活动板房安置“三无”人员，制定补助政策鼓励灾区群众投亲靠友、协调邻近省市分流安置群众、鼓励有条件的群众自建临时安置棚、发放租房补助鼓励群众自行租房安置、修缮可用受损住房和劳务开发安置等模式，大力开展群众性的安置工作。在灾区群众安置管理中，各级政府大力推行属地管理和单位管理体制，尝试实施社区管理、民主管理和自我管理模式。同时，建立临时管委会、临时党支部、帐篷及活动板房警务室等基层管理组织。制定安置点安全检查、社区警务、防范宣传等制度，并为安置群众做好户政、气象、文化生活、教育、医疗卫生等生活服务。

至 10 月 14 日，四川省应急安置期紧急转移群众 1190 万人，其中生活困难群众 707 万人；甘肃省安置紧急转移群众 179.74 万人，其中生活困难群众 103.39 万余人；陕西省安置紧急转移群众 118.36 万人，其中生活困难群众 49 万人。灾区群众安置率 100%。

第一章　应急避险安置

第一节　空房简易棚安置

一　避险安置组织

针对突发地震灾情，急需了解灾区群众生活状况，5 月 12 日 15 时，民政部、财政部迅速向四川地震灾区派出联合现场工作组。地震造成机场关闭，工作组绕道重庆前往地震灾区。13 日 5 时，到达成都迅速前往北川、绵竹。13 日晚，工作组完成第一份现场情况报告，及时向国务院抗震救灾总指挥部汇报地震灾情，提供决策依据。

地震发生初期，灾区余震不断，群众自发在公园、街边广场、学校操场、工厂和单位大院等空地搭建帐篷、避震棚或寻找安全空房等，成为应急避险安置的主要形式。（参见图 67 ~ 68）5 月 13 日，四川省城镇 1000 万居民选择公园、公共绿化地带、街边广场、道路中央隔离带、河堤、学校操场等平整开阔地段，利用彩条布、广告布、农用薄膜、竹木板等连片搭建棚屋应急避险。

5 月 12 日晚，地震灾区普遍降雨，阿坝藏族羌族自治州及周边地区普降大雨，给群众安置增加了难度。群众基本以几个人、几十人、几百人、上千人聚集，点燃篝火，互相鼓励，背靠背度过地震发生后的第一夜。至 31 日，阿坝藏族羌族自治州共设置简易棚（房）集中安置点 125 个，安置受灾群众 2.8 万人。

地震使江油市 70% 房屋不能居住，城区内 30 万人露宿街头。5 月 12 日晚，江油市委、市政府连夜在诗城西路搭建 3400 平方米简易帐篷，近万名受灾群众在李白大道、宏安御景园等地段的厂房内安置。从 13 日下午开始，北川、平武、青川等邻近县的受灾群众不断转移入江油。江

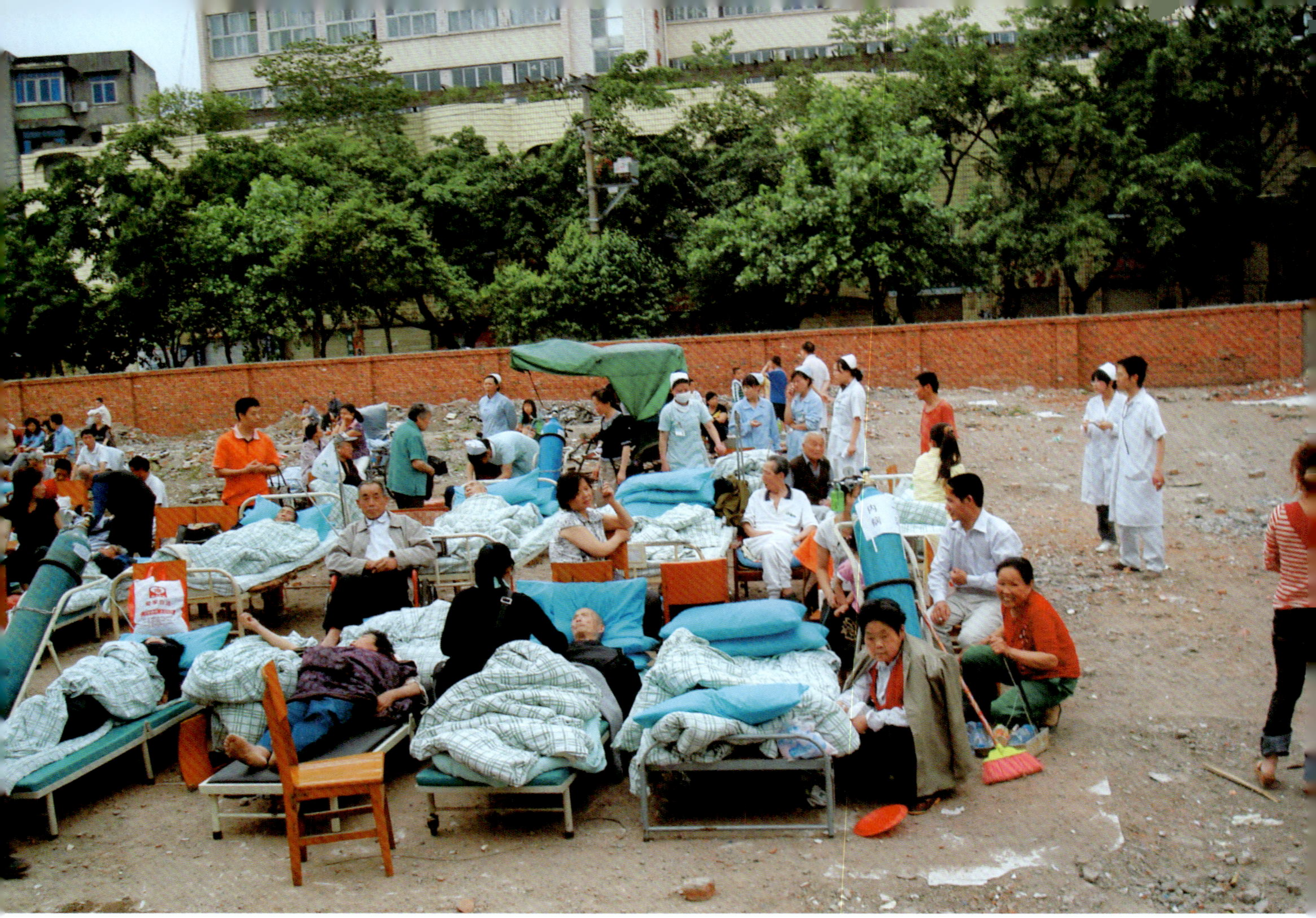

图 67　5 月 12 日地震发生后，德阳市旌阳区受灾群众在空地应急避险安置

（德阳市旌阳区地方志办公室　提供）

油市抗震救灾指挥部决定安置全部转移群众，并立即成立转移群众安置工作领导小组，建立接待站负责接待工作，积极协调城区企业腾出厂房并搭建 6000 余平方米的简易帐篷，临时安置转移群众，紧急调运食品、饮用水、衣物等生活物资发放到转移安置群众的手中。同时，在转移群众安置点增设流动厕所、洗澡间、洗衣房、医务室，方便群众日常生活。

图 68　地震发生后，江油市群众用简易方法就地安置

（四川省民政厅　提供）

5 月 14 日，梓潼县在石牛中学、三泉乡、西蜀宾馆、梓潼一中、西山肉联厂、儿童福利院设立 6 个集中安置点，安置来自北川、平武、青川等极重灾县受灾群众 2098 人及梓潼县房屋受损、无住处群众 1029 人，并妥善

解决群众生活需求。盐亭县在地震发生后，立即在县城石岭、红光、指南等地搭建一批临时救灾棚，供城区群众避险，统一安排县内6家建筑施工企业及供水、供电企业主动负责承担救灾棚搭建任务，3天内搭建起临时救灾棚280处，临时安置群众1000余人。在城区及各乡镇集中搭建简易帐篷5000余处，解决5万余户近20万名群众的临时居住问题。安县安洲驾校提供2.36万平方米训练场地，搭建起临时住所，安置受灾群众1600人。

在应急避险期间，江油市先后接待转移群众2.6万余人，并保证转移安置群众有饭吃、有衣穿、有干净水喝、有临时住处，帮助受灾群众渡过难关。随着北川、平武地震灾区群众大量涌入江油，江油市救灾物资告急。在临时应急安置点，地震灾区的孤儿、婴儿只能以水和稀饭充饥，有的饿得直哭，孩子的亲属只能暗暗流泪，无法解决孩子们的奶粉问题。地震发生后，江油市公安局巡警大队女民警蒋晓娟让婆婆带着6个月大尚未断奶的儿子去投亲靠友，自己全身心地投入到抗震救灾一线。5月15日，蒋晓娟在安置点协助工作中，发现许多嗷嗷待哺的婴儿，就主动提出给婴儿哺乳，许多群众抱着孩子围过来。一连几天，蒋晓娟以母亲特有的温柔、体贴，安抚着9名尚不谙世事的婴儿。看着孩子们在震后第三天终于吃上母乳，许多群众激动得流下了热泪，称蒋晓娟为“警察妈妈”。蒋晓娟说：“作为一名女性，我只做了我能够做的事情；作为一名母亲，我只是做了全天下母亲都会做的事情。”22日，蒋晓娟被公安部授予“全国公安系统二级英雄模范”称号。

在应急期安置中，广元市需要临时安置受灾群众125.53万人。广元市川港汽车城占地4万平方米，成为广元市最大避震地，先后安置受灾群众10万人（次）。5月12日晚，汉源县政府根据地震灾情立即出资、出人，冒雨搭建2300处临时雨棚，安置受灾群众。

四川省民政厅动员各级民政部门迅速建立群众救助站，开展群众安置工作。（参见图69）5月12日17时30分，上千名受灾群众从地震重灾地区转移到什邡市城区。18时30分，什邡市民政局迅速建立群众救助站。局长曾祥华给救济科科长下达命令：“去求援，想尽一切办法筹集大米，寻找帐篷。”救济科科长从什邡市粮食局和企业食堂借到粮食，组建5个临时伙食团，24小时为群众提供稀粥。至14日，什邡市民政局组织接收救灾物资1500吨，并迅速发放到5万名受灾群众手中，安置群众2万人。德阳市旌阳区设立受灾群众救助站，并立即通过新闻媒体向社会公布求助电话，挂牌接收受灾群众。为受灾群众提供遮风避雨、渡过难关的临时居所，妥善安置、安抚本辖区受灾群众并接纳周边市、县群众。为及时妥善安置受灾群众，旌阳区人武部组织民兵加班加点搭建救助站、搬运装卸抗震救灾物资。14日下午，旌阳区农业局接到区抗震救灾指挥部搭建孝泉镇、德新镇、柏隆镇、天元镇救助站的任务后，立即派城北、城南、旌阳、工农4个施工小组，投入到临时救助站的搭建中。各受灾群众救助站建立由各镇行政“一把手”任站长，区抗震救灾指挥部派出区级部门负责人为副站长，民政、公安、卫生、供电等部门配合的群众救助机制，保证受灾群众有饭吃、有衣穿、有干净水喝、有临时住处。至6月1日，旌阳区共设立救助站12个，搭建帐篷46顶，接收安置受灾群众10426人。同时，旌阳区根据区抗震指挥部安排，支援绵竹市搭建救助站帐篷10顶，搬运、装卸救灾物资200车、1000吨。民政救助点大多设置在开阔通风地带，面向灾区群众，提供救灾帐篷、棉衣被、饮用水、医疗救助物资等。

图 69　5 月 18 日，绵阳电业局将安置在启明星温泉和九洲体育馆等处的北川电力员工及家属，转移到设在梓潼县西蜀宾馆内的梓潼地震救助站

（宋星星　摄）

地震发生后，各灾区动员社区紧急安置受灾群众。都江堰市灌口镇紫东社区党总支书记刘佳琦带领党员、干部把党旗悬挂在社区临时指挥部，在紫东社区最大的新东门大市场建立群众安置点，首先保证安置群众的安全，并尽快找来水和食物等急需物资，安置受灾群众 2000 余人。5 月 13 日上午，温家宝主持召开国务院抗震救灾总指挥部会议后，立即乘车赶到都江堰灾区，看望在雨中避震的受灾群众。温家宝询问群众的安全和生活情况，特别是存在哪些困难。当得知有的婴儿缺少奶粉，很多群众缺水、缺帐篷时，温家宝说："今天就要解决这些问题，要把奶粉及时送到孩子家里，不让孩子挨饿。"16 日，成都市群众安置点——武侯区"爱心家园"正式启用，主要安置来自都江堰市的受灾群众。17时，首批64 名无家可归的受灾群众入住"爱心家园"安置点。安置点是一企业空闲职工宿舍，房间、食堂等设施齐全，有 121 套标准房间，8 人一间，房间内设有卫生间和洗澡设施，可接收安置灾区群众 1000 余人。在应急避险安置中，成都市安置受灾群众 95.36 万人。

地震灾区城镇各学校操场也成为政府安置群众的重要场所。四川省各级抗震救灾指挥部把学校操场纳入群众安置点建设规划序列，全力解决受灾群众基本安置问题。

北川羌族自治县民政局局长王洪发地震后奔跑呼喊："先到县中学操场去，那里最安全。"一小时后，5000 余名老城区群众被暂时安置在北川中学操场。5 月 12 日晚，北川中学操场聚集着北川县城及周边村庄转移来的受灾群众 8000 余人。在以后的抗震救灾中，县抗震救灾指挥部就设在北川中学校园搭建的帐篷内，县级机关和曲山镇部分干部职工吃住在帐篷内，始终坚持在抗震救灾一线。

5 月 12 日晚，广元市 2000 名受灾群众涌入广元东城学校操场避震。学校师生主动承担安置任务，用自备的发电机提供照明，为群众划分避震区域，免费提供饮食，并出资购买防雨篷布、铁丝等抗震救灾物资，帮助群众搭建临时避震棚。

彭州市天彭中学操场安置群众 4000 人。5 月 16 日晚，彭州市公安局光明路派出所女民警蒋敏，承受着地震造成母亲和女儿在内 10 余位家人遇难的悲痛，在天彭中学操场群众安置点工作，超大的工作强度，使蒋敏累昏在岗位上，醒来后，仍坚守岗位。

甘肃省、陕西省、重庆市各级政府千方百计临时安置灾区群众。同时，大批受灾群众自发搭建避震棚，临时自行安置。5 月 12 日，陇南市武都区受灾群众，利用机关大院、人行便道、公园等公共空地，搭建木质、铁钢质支撑临时帐篷避震。武都区建设局统一使用钢管、彩条油布搭建临时住所，共设立 11 个安置点，安置城区受灾群众 3 万人。12 日夜，汉中市、宝鸡市、西安市、咸阳市、安康市成立防震救灾指挥部，紧急疏散危险地带群众和房屋倒损受灾群众，利用城市广场等空旷地，集中安置灾区群众 118.36 万人。宝鸡市陈仓区受灾群众自发避震，形成较大居民安置点 10 个，聚集灾区群众 16 万人。陈仓区陈仓医院、虢镇医院、妇幼保健院、陈仓中医医院等医疗单位，组织人员利用街道空地搭建帐篷 100 顶，安置住院病人 900 名；虢镇中学在校园内搭建帐篷维持教学，教师在自行车棚临时办公。（参见图 70）麟游县抗震救灾指挥部统一安排在县城体育场、文化广场、碑亭广场、凤凰山广场搭建避震棚，安置避险群众 1.6 万人。

图 70　地震发生后，宝鸡市开放公园、广场等公共设施安置群众防震避险

（陕西省民政厅　提供）

甘肃、陕西、重庆地震灾区各市、县抗震救灾指挥部也将学校操场纳入安置点建设规划，有计划地安排灾区群众进入，并逐步形成政府组织的集中安置点。甘肃省西和县抗震救灾指挥部在部分学校操场搭建帐篷，设置避险安置点6个。陕西省千阳县在启文小学操场等开阔地设立8个避震区，安置群众4万人。

在抗震救灾初期，无论是极重灾区、重灾区还是一般灾区，城镇内学校操场作为安置点均占有相当大的比例。特别是随着抗震救灾工作的有序展开，道路两旁简易避震棚清理后，学校操场安置点地位更加突出。甘肃省两当县设有临时应急安置点6个，其中县城一中操场、香泉中学操场占两当县群众应急安置点总数的30%。庆阳市城区共划定受灾群众临时应急安置点23处，其中包括庆阳一中、庆阳四中、陇东学院、陇东学院附中、庆阳师范、西峰职专、庆阳电大和庆阳林校操场，占庆阳市区安置点总数的34.78%。

5月18日，教育部发出通知，要求抓紧灾区学校恢复教学，保证重灾地区学生在当地或其他地区复课，学校操场逐步恢复为教学场所。

驻地震灾区的部队及民兵帮助当地受灾群众搭建防震棚。5月12—20日，被困在汶川县绵虒镇的武警8740部队驾驶员复训队，为当地受灾群众搭建简易棚50间。13—19日，什邡市受灾区群众进入德阳市旌阳区，旌阳区民兵分队搭建临时住所2500平方米，搭建帐篷450顶，安置受灾群众7000人。从13日开始，解放军总装备部某基地机关大院接收来自北川、青川灾区群众88人，16日达到138人。基地抗震救灾指挥部决定设立救助站，安置灾区群众。17日，基地搭建帐篷15顶，安排床位150张，先后接待受灾群众255人。18日，胡锦涛到救援部队考察时，要求部队在灾区附近腾出一些营房，安置灾区群众，照顾灾区伤病员。18日16时，中央军委领导和副总参谋长等迅速召集成都军区联指会议，决定腾出部队靠近灾区，能通电、通水、如厕的空闲营房，解决3000名受灾群众住宿。20日，救援部队在成都市及德阳市腾出储备营房，安置灾区群众5000人。（参见图71）

图71　5月27日，解放军77126部队在灾区群众安置点开设便民沐浴点

（范远明　摄）

地处灾区的一些企事业单位利用周边空地，为职工及周边受灾群众搭建临时避震棚。5月12日，国家电网德阳电业局统一购置帐篷、雨布等物资，利用厂区空地、河堤、体育场安置职工。国家电网所属映秀湾水力发电总厂、成都电业局、都江电力设备厂等企业，采用紧急购买帐篷、组织职工搭建避震棚和腾空车库等方法安置

图72　5月14日，中国华电四川宝珠寺水力发电厂为职工及灾区群众搭建的防震棚（电监会　提供）

职工。13—14日，中国水电所属企业支援受灾严重的水电十局，在都江堰市紫坪铺镇、水电十局医院、水电十局中学、宝瓶花园、水电花园、安装分局和上基地建立7个安置区，搭建避震帐篷694顶，安置职工、家属1.06万人，以及当地受灾群众800人。12日，国家电网陇南电力公司为职工、家属搭建临时避震帐篷。康县政府指定一处紧急防震安置点，由县城80个单位共同搭建防震帐篷。陇南市气象局在山上空旷地搭建帐篷，安置受灾群众60人。（参见图72）

二　避险安置方式

在抗震救灾初期，因组织调拨、采购的救灾专用帐篷、活动板房还没有及时运送到灾区，救灾专用帐篷、活动板房数量较少，灾区群众安置以搭建防震棚为主，有简易棚、工棚、钢管大棚及成品帐篷等。

简易防震棚多为群众自发搭建，以竹竿、木棒、竹木板斜拉支撑，上面覆盖彩条布、广告布、农用薄膜等防水材料，以躲避风雨。由于缺少搭建材料，城镇简易棚大多连片搭建，以求发挥最大的空间。简易防震棚只是夜晚栖身之所，一般不设生活区域。5月13日，四川省地方电力局青川电力公司职工家属，动手砍竹竿、木棒，购买彩条布搭建简易防震棚；省地方电力局平武电力公司职工在河谷平地、半山台阶搭建上千处简易防震棚，遍布平武县25个乡（镇），成为政府救助的集中安置地。自发搭建简易防震棚建设材料主要靠群众购买，由于瞬间需求量激增，简易防震棚搭建材料一度紧缺。康县彩条布几近断销，两当县县级财政投入977万元，专门购置帐篷、彩条布，以缓解供求紧张局面。15日，西乡县民政局、财政局下拨乡镇救灾物资采购资金中，安排约109.53万元专用购买彩条布、铁丝等搭建简易防震棚材料。

工棚多由建筑工地辅助材料建设而成。搭建材料有杉篙、竹篙、铁丝、彩条布、篷布和帆布，采用立柱斜拉扦结构，内部空间高，型制较大，多为单位购买材料，组织职工集体搭建。工

图73　5月21日，德阳市旌阳区柏隆镇受灾群众住在搭建的彩条布简易防震棚里（德阳市旌阳区地方志办公室　提供）

棚作为防震棚，在四川省、甘肃省、陕西省的企事业单位中广泛应用。（参见图 73）略阳县政府统一制订县城广场、公园、道路两旁搭建工棚样式，搭建工棚 1370 个。

钢管大棚平时属临时库房，由专用钢管支撑，钢管螺丝衔接，上面覆盖篷布或帆布，内部空间大，且坚固耐用，但搭建技术要求较高，只有专业施工队伍才能完成。5 月 12—17 日，地处北川羌族自治县的解放军总装备部某部 575 工厂职工用钢管搭建大棚 1400 平方米，安置避险群众 2000 人。陇南市武都区委、区政府，指派区建设局组织施工企业用钢管、彩条油布搭建钢管大棚，设立 11 个安置点 3.2 万平方米。地处陕西灾区的中国大唐所属略阳发电有限责任公司先后出动职工 500 人（次）搭建和改造防震棚，共搭建简易防震棚 48 个、钢管大棚 9 个，安置企业职工及周边受灾群众。

成品帐篷大多由群众自行购买，型制多样，其中包括小型旅游帐篷、军用帐篷等不同用途、不同规格的帐篷。地震发生后，陇南市武都区政府鼓励群众购买成品帐篷临时避险。

抗震救灾初期灾区搭建的简易防震棚、工棚、钢管大棚及不同规格成品帐篷，因其凌乱、易燃、不耐用等缺点，逐步被救灾专用帐篷和活动板房取代。

第二节　体育场馆安置

从 5 月 16 日开始，大批群众从极重灾区陆续转移出来，急需选择大容量临时安置场所安置。同时，来自全国各地的救援人员、志愿者等也需要中转场地，群众安置任务非常艰巨。灾区各类体育场馆地势开阔、容量较大、相对安全、便于管理，迅速成为政府选择安置地点及受灾群众避震的共同选择。

5 月 12 日 15 时，绵阳市区受灾群众 1 万余人涌入位于涪城区的南河体育中心避震。广元市受灾群众 1 万余人也在地震后涌入位于利州区的南河体育场避震。面对突发地震灾害及群众无序涌入体育场馆的特殊情况，四川省各市、县政府、抗震救灾指挥部沉着应对，要求各地体育场馆立即向受灾群众开放，做好稳定避震群众情绪及基本生活保障，加强辖区内体育场馆安置点管理，指定公共体育场馆承担人员周转和临时安置任务。同时，各地体育场馆也迅速向受灾群众开放，并组织力量做好各项服务工作。

5 月 12 日 18 时，德阳市政府在德阳市体育中心设立市区第一家群众救助点，接待首批来自绵竹市汉旺镇东汽子弟中学师生 90 人。罗江县文化体育中心在球场内搭建帐篷安置受灾群众。13 日凌晨，成都市体育中心首批接待 1 万余名附近居住的避震市民。随后，成都市猛追湾游泳场、城北体育馆、青羊区体育场、金牛体育场、金牛区体育馆等体育场馆也全面向受灾群众开放。13 日 9 时 30 分，近 2 万名受灾群众冒雨涌入绵阳市九洲体育馆避险安置。同时，位于马尔康县马尔康镇的阿坝藏族羌族自治州全民健身中心和文化体育广场向群众开放，临时安置并向外转移受灾群众 4 万人。

地震发生后，甘肃省天水市秦州区南山体育场（见图 74）、通渭县南园体育场，陕西省洋县体育场、宝鸡市体育场、凤县体育场、岐山县城体育场按照当地政府要求，及时向受灾群众开放。

图 74　地震发生后，天水市秦州区南山体育场成为群众集中安置点

（甘肃省民政厅　提供）

一 绵阳市九洲体育馆安置

安置规模 绵阳市九洲体育馆位于高新区磨家镇，靠近成绵高速公路出口，占地20万平方米。地震发生后，绵阳市抗震救灾指挥部确定“就地、就近、分散”安置原则，面对来自北川羌族自治县、平武县等重灾地区的数万名群众，绵阳市委、市政府决定在九洲体育馆设置受灾群众安置点。

5月16—17日，九洲体育馆接纳安置受灾群众能力达到极限，体育馆内楼上、楼下、馆内、馆外，甚至体育馆对岸及科学城大道两边都住满受灾群众，而且受灾群众还在不断涌入。17—18日，三台县、梓潼县上千名受灾群众来到九洲体育馆。18日，北川羌族自治县曲山镇、擂鼓镇、陈家坝乡、禹里乡、漩坪乡受灾群众近3万人也来到九洲体育馆。为减轻和分散九洲体育馆安置压力，绵阳市抗震救灾指挥部按照属地管理原则，就地、就近设立330余处安置点，在地震后一个月内，有计划、分批（次），向安县黄土镇和永河镇、北川羌族自治县擂鼓镇等临时安置点，转移安置上万名受灾群众，逐渐减轻九洲体育馆的安置压力。

5月13日16时许，温家宝赶到九洲体育馆看望安置群众。看到馆内的救助工作井然有序，温家宝评价绵阳市抗震救灾工作，灾情最重，组织最好，抢救有力，指挥有序。在九洲体育馆主场地，安置着北川等地受灾群众，其中相当一部分是孩子，温家宝走到孩子们中间，与受灾群众和孩子们亲切握手交谈。临走时，温家宝还一再嘱咐，一定要把孩子们照顾好。5月23日，温家宝第二次到九洲体育馆群众安置点考察时，在体育馆“帐篷小学”教室，向孩子们招手说，大家是这次灾难的幸运儿，既然活下来，就一定好好活下去。当北川羌族自治县禹里中心小学学生王祥浩为温家宝系上鲜艳的红领巾时，温家宝俯身拍着王祥浩的肩膀，并亲吻王祥浩的脸颊。

九洲体育馆安置点从5月13日9时30分正式启用，到6月29日最后一批灾区群众撤离，超极限连续安全运行48天，主体内场、辅房、一二层内外环廊、户外绿地、运动场及所有物资、设备设施全部用于群众安置，并保证转移来的受灾群众吃得饱、住得下、能上学、能就医、无人伤亡、情绪稳定、顺利返乡。至6月29日，九洲体育馆共安置受灾群众、志愿者、医疗救护人员50万余人（次），高峰时每天人流都在7万人次以上。其中13—19日，九洲体育馆平均每天安置受灾群众3万人（次）；20—25日，平均每天安置受灾群众2万人（次）；26—31日，平均每天安置受灾群众1万人（次）；6月1—29日，平均每天安置受灾群众0.4万人（次）。九洲体育馆先后紧急安置来自绵阳市8个极重灾和重灾县（市、区）群众8万人，高峰期达到日4万人（次）。九洲体育馆是灾区最大、最集中、最典型的群众安置点，被国外媒体称作“全世界人口最多的灾民避难所”，被誉为灾区群众的“挪亚方舟”。（参见图75 ～ 77）

安置管理 在建立九洲体育馆受灾群众安置点初期，体育馆内哭喊声、惊叫声、找人声混为一团，秩序十分混乱。

绵阳市委常委、市总工会主席王倩根据市委、市政府统一部署，安排和布置工会抗震救灾工作。5月12日晚，市总工会奉命奔赴九洲体育馆负责群众安置工作，市总工会干部分成物资采购组、物资接收组、后勤保障组、后勤服务及治安保卫组，负责接收和安置陆续转移出来的群众。

图 75　地震发生后，绵阳市九洲体育馆是地震灾区最大、最集中的受灾群众安置点（四川省民政厅　提供）

图 76　5 月 15 日，从北川等灾区转移出来的群众被安置在绵阳市九洲体育馆安置点（陈文　摄）

为妥善安置九洲体育馆内避险受灾群众，加强安置点受灾群众、各责任区人员和志愿者的管理，成立九洲体育馆受灾群众安置领导小组，下设办公室、综合组、宣传组、后勤保障组、物资发放组、安全保卫组、卫生防疫组、学生工作组、志愿者管理组，并制定《九洲体育馆灾民安置组工作职责（暂行）》《市级部门灾民责任区工作职责（暂行）》《九洲体育馆灾民管理暂行办法》《九洲体育馆志愿者管理暂行办法》等文件，明确职责、任务及要求。绵阳市先后从 67 个市级部门各抽调一名机关干部，佩戴证件上岗，参加安置群众服务工作。同时，坚持每日例会制度、情况日报制度、每日工作简报制度、安置组工作人员 24 小时值班制度等，安置组采取分类管理办法，保证安置工作井然有序。

安置群众管理。安置领导小组将相当于 18 个足球场大小的九洲体育馆划分为 44 个社区，对

图77　5月15日，从北川等灾区转移出来的受灾群众在绵阳市九洲体育馆席地而眠

（陈文　摄）

每个划分区域和帐篷进行统一编号。每个社区由一个市级直属部门分管，一个社区有七八百人到万余人，各责任部门将社区内群众登记造册，由安置办公室统计汇总，每天对人员流动情况进行汇集、日报。对馆内受灾群众统一制作“救助证”，以作为安置群众临时身份和进出凭证。在九洲体育馆大门口设置“问询协调处”，对每天要求进入或离开的群众进行身份查证登记后，再予安排。对不属于救助范围的群众，进行耐心解释，劝其离开。对大批量要求离开和后期返回的北川群众，统一安排公交车运送。在一个多月里，共安排调用公交车600余辆（次），运送群众2.4万余人（次）。

志愿者队伍管理。九洲体育馆安置点建立后，先后有来自全国各地和绵阳市区万余名（次）志愿者，参与安置群众服务工作，为受灾群众妥善安置发挥了不可替代的重要作用。志愿者队伍中有白发老人、青年学生、企业负责人、退伍军人及部分受灾群众。志愿者饱含对灾区人民的爱心，不怕劳累地搬运物资、分发食品、救助伤员、打扫卫生。为加强对志愿者队伍的管理，安置领导小组要求负责志愿者管理的绵阳团市委，统一登记管理、统一制作志愿者标志、统一分配任务，使志愿者服务活动紧张有序。有的志愿者被受灾群众亲切地称为“临时社长”“临时村长”“临时保姆”。山西籍志愿者王建红卖掉自己所有股票，自购价值2000元的药品，与妻子赶到九洲体育馆自愿当上志愿者，为临时安置群众服务。

责任区市级部门干部管理。绵阳市63个市级部门在承担繁重的抗震救灾工作的同时，先后抽调1000余人（次）机关工作人员，参加九洲体育馆受灾群众安置工作。为加强对市级部门干部的管理，安置领导小组采取开例会点名、夜间巡查、工作上岗配证、车辆进出凭证等办法，对责任区管理干部进行监督管理。

安全管理。九洲体育馆安置受灾群众人数众多，群众流动性大，加上各类外来人员进入，人员成分比较复杂。九洲体育馆地处绵阳市郊区，占地面积大，无法进行封闭式管理，安全保卫工作任务非常繁重。根据绵阳市抗震救灾指挥部要求和九洲体育馆群众安置的实际需要，九洲体育馆受灾群众安置领导小组先后从绵阳市公安局抽调300名公安民警、160名预备役民兵，分别建立东、西、南、北4个区域流动警务室，实行昼夜不间断执勤。从5月13日九洲体育馆开放，执勤民警调解各类矛盾纠纷274起，处置3人以上事件10起，抓获各类违法犯罪人员140名，整治安全隐患360起，为受灾群众提供服务3563件，其中办理临时身份证明和户籍证明2917件，为维护九洲体育馆群众安置点稳定、打击犯罪发挥了重要作用。同时，公安民警热情周到的服务和良好的纪律作风，受到临时安置群众的好评。

安置服务　为使在九洲体育馆内避险安置的受灾群众住得安心、顺心，九洲体育馆受灾群众安置领导小组下属各组积极做好安置服务。

服务设施建设。在受灾群众大量进入九洲体育馆后，如厕成为大问题，随处大、小便的情况十分严重。特别是5月15—16日前后，站在九洲体育馆门前的桥上，就能明显感觉到空气污浊，臭气熏人。安置领导小组立即安排绵阳市环卫处，加班加点，昼夜施工，修建大型厕所1处、流动厕所5处，解决群众如厕难问题。针对群众从地震灾区出来长时间无法洗澡的情况，安置领导小组及时联系江西萍乡矿业集团支援热水锅炉，绵阳市建设局将平时两三天才能完成的安装任务，加班加点在不到24小时就安装完成一次可容纳70余人洗澡的热水锅炉和洗澡棚，使群众每天都能分批洗上热水澡；并在九洲体育馆内相继建起开水锅炉、饮用水净化设备等服务设施，保证安置群众有干净水喝、有热水澡洗。针对雨季雷雨天气，帐篷容易遭雷击和进水等问题，安置领导小组及时调整大树下危险帐篷区，组织市级部门在帐篷周围挖排水沟，为住帐篷的受灾群众配发隔潮布，使安置群众住得更安全、舒适。

物资调配管理服务。受灾群众在得到初步安置后，解决几万名受灾群众吃饭、饮水成为大问题。安置领导小组协调组织调配食品，从开始供应面包、饼干、牛奶、方便面等食品到供应热饭、热菜；从开始提供瓶装饮用水到后来满足开水供应，使群众的吃饭、饮水质量不断得到改善。安置领导小组还为群众发放T恤衫、汗衫、短裤、毛巾、拖鞋、面盆、香皂、蚊香及妇女儿童用品等。由绵阳市总工会机关干部组成的后勤保障组和物资发放组工作人员，为保证受灾群众能及时领取到所需物资，昼夜在物资发放处值班，使受灾群众的安置生活不断改善。（参见图78）

特殊群众安置服务。对受灾群众中老人、残疾人、孕妇、学生等特殊群体，安置领导小组组织专门力量，给予特殊照顾。各责任部门专门安排志愿者，为老人、残疾人进行“一对一”服务，提供专门食品和生活用品，先后为行动不便的残疾人提供200余辆轮椅。将孕妇和未满周岁的孩子及母亲统一安置到馆内临时建立的条件相对较好的母婴室，由妇联人员提供管理和服务。中小学生集中安置在体育馆内场，由教育部门负责。各责任部门辛勤工作，使特殊群众都得到悉心照料。5月14日，绵阳市民政局在九洲体育馆设立受灾儿童、老人接收安置联络点，负责处理各地转移来的无家可归、无依无靠的儿童和老人的接收安置事宜。在了解儿童、老人基本情况

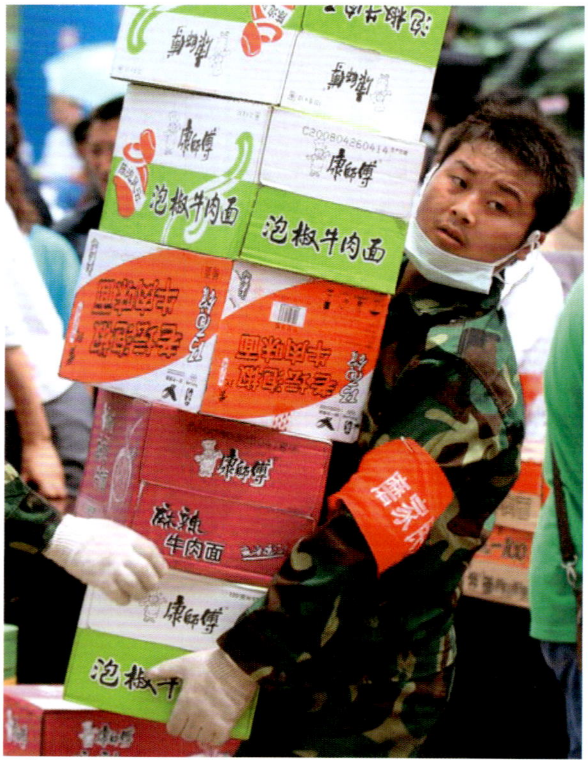

图78　5月18日，民兵在绵阳市九洲体育馆帮助安置领导小组发放食品等救灾物资
（胡金喜　摄）

后，妥善安置到社会福利院和儿童福利院。至25日12时，共集中安置儿童1697名、老人364名，其中1310名儿童被父母认领。

医疗卫生服务。受灾群众进入九洲体育馆安置点后，因地震直接造成的伤病及由此诱发的伤病员人数众多。为使群众及时得到救治，安置领导小组在体育场（馆）内安排绵阳中医院、安徽红十字会、上海普陀区中心医院等设置10个医疗救助点，组织1000余人（次）医疗工作者，对近4000人（次）伤员和患病群众进行救治。绵阳中医院受市卫生局委托，代行行政管理职能，直接向绵阳市中心医院、第三医院、第404医院、市人民医院、骨科医院、第520医院等转送受灾伤病群众1200余人，免费发放价值40万余元的药品。各医疗点还不定期地开展巡回医疗、查诊访诊等医疗救治工作，及时发现群众伤病情，解决群众病痛疾苦。同时，九洲体育馆安置领导小组加强卫生防疫工作，安排绵阳市疾控中心工作人员200余人（次），每天4次对馆内受灾群众安置区域消毒、捕杀蚊虫，进出车辆消毒，大批志愿者和海军总医院医护人员，始终参与卫生防疫工作；卫生执法监督所工作人员全程对群众食物及饮用水卫生情况进行监督检查；市环卫处50名清洁员工，在清除体育馆四周大量粪便后，顶烈日、冒酷暑，每天不定时对体育馆内卫生进行清理，保证九洲体育馆群众安置点未发生疫情。

教育服务。5月14日，四川长虹集团将安置在九洲体育馆的1300名师生安置到厂区内，帮助高三年级学生迅速复课。18日，安置领导小组与绵阳市教育局仅用24小时就在九洲体育馆篮球场，建立可容纳300余人的“帐篷学校”，并为每名入学学生发放书包、作业本、圆珠笔等学习用具。北川羌族自治县教育局、绵阳中学、绵阳外国语学校每天安排150余名教师，分小学、初中进行轮流教学，满足1200余名学生的学习需求。安置领导小组还协调国家、省、市各级心理教育专家，及时对学生和家长进行心理疏导，减轻因地震而受到的生理和心理伤害。温家宝及刘奇葆、蒋巨峰等领导先后到“帐篷学校”考察。（参见图79）

文化活动服务。由绵阳市委宣传部和外事办公室组成的宣传组，负责九洲体育馆受灾群众安置的对外宣传、媒体接待工作及群众文化活动。宣传组设置广播站和流动宣传车，指定专人先后广播4000余次，及时宣传国家法律法规、安置政策，鼓励群众重建家园，开展生产自救，并为安置群众寻亲找人提供重要平台。宣传组坚持每天出一期简报，反映九洲体育馆群众安置情况。同时，还为安置群众发送《绵阳日报》《绵阳晚报》近千份。宣传组联系市文化局和社会各界，有计划地为群众

图79　5月29日，为让绵阳市九洲体育馆“帐篷学校”学生在六一儿童节用上空调，绵阳电业局城区供电局职工在紧张施工

（国家电网　提供）

举办文艺晚会、卡拉OK歌会、具有羌族特色的锅庄晚会、广场电影等活动，丰富群众文化生活。

矛盾化解服务。受灾群众刚经历重大自然灾害，生理和心理都受到创伤，面对亲人去世、财产巨大损失，情绪极不稳定，很容易爆发大规模的群体性事件。安置领导小组要求工作人员经常深入到群众中，及时掌握群众思想动态，化解各类矛盾。安置领导小组除每晚召开例会，逐一听取几十个市级部门汇报，了解所负责辖区受灾群众反映的各类问题，能解决的问题当场处理。同时，注意掌握受灾群众的思想动态，及时化解各类矛盾，把不稳定因素处理在萌芽状态，对受灾群众反映强烈的临时安置点签字吃饭等问题，都及时妥善地进行处理，避免群体性事件的发生。

二　绵阳市南河体育中心安置

绵阳市委、市政府在南河体育中心设立群众临时救助中心，妥善安置从北川等地转移出来的受灾群众。

绵阳市南河体育中心是地震后绵阳市受灾群众临时安置点之一。5月13日上午，绵阳市抗震救灾指挥部安排市直机关工委协调市直各机关，开辟南河体育中心临时救助中心安置点；下午，将临时救助中心交由涪城区管理。涪城区委、区政府接受任务后，立即调集各方面力量，成立群众集中安置指挥部和“涪城区南河体育中心抗震救灾临时党委”，在南河体育中心临时救助中心搭设1.2万平方米、1000个钢架棚，并组建组织、宣传、保卫、后勤、医疗、志愿者服务等工作组。

5月14日下午，北川羌族自治县、安县、平武县的10605名受灾群众陆续转移到南河体育中心临时救助中心安置点。地震后，灾区群众心存余悸，加上失去亲人的悲恸，使安置初期的南河体育中心临时救助中心比较混乱。安置工作组迅速组成20个机关服务队，对安置群众实行分区包片、全天候服务，做到“群众一叫就到，一呼就应，一求必供，一询就答，服务周、全、快”。为让安置群众能尽快找到负责的部门和工作人员，分区包片的区级部门党员、干部及志愿者组成机关服务队、党员服务队、义务服务队，分别佩戴“你有困难，我来帮助”“党在我心中，我在你身边”“携手互助，共渡难关”等标志，坚持群众一到就提供全方位服务。为群众发放各种生活用品5万个（套），让受灾群众有吃、有住、有穿，使安置群众感受到“家”的感觉。

南河体育中心临时救助中心安置点工作人员对万余名受灾群众的信息进行调查录入，从中找到239名党员。5月15日19时，南河体育中心临时救助中心安置点召开全体党员大会，成立由北川羌族自治县幸存党员干部为成员的“涪城区南河体育中心抗震救灾临时党委”，组织党员开展受灾群众管理服务工作，26个救助点党支部带领党员迅速在抗震棚里开展党建工作。临时党委还制定《临时党委和党支部工作制度》《临时党委和党支部工作职责》《发挥党员先锋作用“十要十不要”》等制度措施，明确临时党组织和党员做什么、怎么做。临时党委悬挂出“有事找党员服务队”的醒目标语，并建起服务站；临时党支部也挂出牌子，亮出服务点。临时党组织在受灾群众中广泛开展“重建家园”“重温入党誓词”“擦干眼泪”“北川羌族自治县，我爱你”等主题活动，激发受灾群众重建家园的斗志，789名受灾群众写下“北川羌族自治县，我爱你”的心愿，36名受灾群众向党组织递交入党申请书，273名涪城干部、207名医护工作者、518名志愿者分别写下临别赠言。擂鼓镇苏保村村民魏永松在“北川羌族自治县，我爱你”主题活动留言中写道：“我要早日加入中国共产党，争取当个村干部，好带领村民建美好的家园。”15日，南河体育中心临时救助中心安置点成立志愿者管理组，组织志愿者整治体育馆内外环境、搭建安置帐篷和临时居住点、分发送配食物及衣被、喷洒消毒药水、装卸搬运各种救灾物资、进行心理辅导、分发宣传资料及报刊、张贴宣传图画等。16日，胡锦涛赴绵阳看望受灾群众，指导抗震救灾工作，特地赶到南河体育中心临时救助中心安置点，看望受灾安置群众。胡锦涛走到受灾群众中间，同群众亲切握手，详细询问家里有没有人员伤亡、在安置点生活怎么样等情况。胡锦涛还同党员服务队员、志愿者亲切交谈，感谢大家为抗震救灾作出的贡献。安置点群众纷纷拥上前同胡锦涛握手，许多人激动得流下了眼泪。

为让受灾群众在安置点住得下、住得好，南河体育中心临时救助中心安置点尽可能改善安置环境，变安置区为小区。救助中心安置点在群众安置棚搭建时，就进行统一规划，使居住棚整齐划一，并合理设置310个服务点，为群众提供电视、电影、开水供应、洗澡设施、免费电话、咨询服务等，使安置点就像居家小区。南河体育中心临时救助中心安置点遵循“有效管理，方便服务”的原则，制定出入管理、志愿者服务、食物饮水派送、受灾群众信息录查管理、受灾群众自我管理等制度，对安置点进行规范化管理，保证安置群众人身财产安全和管理服务到位。

由于安置住所建设时间紧，材料选择不到位，南河体育中心临时救助中心安置点及时改善群众居住环境、生活条件，将铺设的塑料膜换成空心砖垫底，上面铺木板平板床，使群众睡得平稳舒适，又防潮隔热。同时，在不同区域设置电视播放点，给每个棚区分发收音机，保证群众能随时收看、收听到新闻和娱乐节目。在南河体育中心临时救助中心安置点内挂着3块电影银幕，晚上为群众放映电影。医疗巡诊队随时在场内巡查服务，为群众提供必要的医疗救助。搭建“读书阅报亭”，为群众提供卫生防疫、文学作品等各类书籍，并安排专人对学生进行学习辅导。安装12部免费电话，便于群众与失散或远方亲人联系，先后有478名群众通过电话联系到失散亲人，7299名群众与远方亲人通电话。在集中安置的13天里，南河体育中心临时救助中心安置点接待救助群众1.2万人，办理有关事宜5700余件，使群众在救助点不仅住得下，而且住得好。

南河体育中心临时救助中心安置点的群众，很多在地震中受到不同程度伤害，需要及时救治处理。绵阳市涪城区区属3家医院派出120名医务人员，在临时救助中心安置点建3个“战地医院”，采取坐诊、巡诊、转诊等方式，24小时为群众服务。先后有23人转院治疗、213人就地治疗，发放各种预防药1.7万盒（包）。一位因山体滑坡致头部受伤群众转运来后，医护人员从其头部取出一颗黄豆粒大的碎石，使伤员脱离危险。

为尽快恢复学生学习生活，5月22日，涪城区仅用8小时搭建12间宽敞明亮的“爱心帐篷学校”。学校开设13个班，配备简易活动黑板，摆放桌椅，抽调涪城区43名最优秀的年轻教师，使受灾学生1090人重新走进课堂，安置点响起琅琅的读书声，站在学校旁的安置学生家长激动得失声痛哭。

三　广元市南河体育场安置

广元市南河体育场位于广元市利州区，占地6万平方米。这个平时为广元市民进行体育赛事、举办活动的体育场，在地震后成为广元市城区受灾群众最大的临时安置点。

地震发生后，受灾群众涌入广元市南河体育场，不到3个小时，即达到2万余人，一时间惊呼声、哭喊声混杂，场面非常混乱。南河街道办事处和体育场社区、市体育局（体育场主管部门）立即启动应急预案，体育场管理部门将场内的空地、可用的房屋、厕所及水电全部开放。同时，提供可供洗浴的洗澡棚。市体育局、体育场社区、南河街道办事处为群众提供瓶装饮用水、饼干、面包、牛奶、方便面等食品，并成立治安、防疫、保洁、安全、义工等小组。派出所民警、协警和特警组成巡逻队昼夜巡逻，与几天后赶来的杭州市援助民警一道维护治安管理。办事处、爱国卫生办公室、疾病控制中心专门组织保洁人员，每天4次对场内安置区域环境进行消毒、杀虫；20余名环卫清洁工随时对场内环境进行清扫，保证无重大疫情发生；社区还提供板蓝根、藿香正气水等药品，熬制中药供安置群众饮用，预防可能发生的疫情。各级民政部门及各级妇联组织对特困户、低保户、孕妇、“五保户”进行重点帮助和慰问，为群众提供牛奶、大米、粮油等食品，不定期发放T恤衫、汗衫、毛巾、拖鞋、香皂、蚊香及妇女用品等。

按照广元市委、市政府“一个支部就是一个堡垒，一名共产党员就是一面旗帜”的要求，体育场社区组织党员自发组建义工组织，参与分发物资、协助巡逻、搬运家具、搞清洁卫生、搭建帐篷，起到了模范带头作用，成为体育场内“最可爱的人”。

第三节　应急避险安置管理与服务

一　安置管理

地震灾区各级抗震救灾指挥部，对应急避险受灾群众安置采用属地管理、单位管理和派遣工作组 3 种形式。

属地管理一般以社区为单位，形式分为“原居住地基层组织管理”和“安置点所在地社区管理”两种模式。“原居住地基层组织管理”适用于极重灾区集体转移群众管理。都江堰市天马镇安置点以原居住同一村（社区）受灾群众为单位，即使是异地安置，仍然沿用原来基层组织管理方式。一般重灾区多采用“安置点所在地社区管理”。庆阳市安置点强调属地管理，由安置点所在地社区负责管理，公园门前广场原属九龙北路社区，其安置点就由九龙北路社区管理；南苑北佳超市原属南苑路社区管理，其安置点就由南苑路社区管理。重庆市应急安置点管理由区县政府负责，选择就近、安全厂房，幼儿园和学校作为安置点，属地乡镇、村委会具体负责日常管理。

单位管理主要是指由单位（企业）设立的应急安置点，这种安置点虽然也收容附近受灾群众，但其主体是单位职工及家属，应急安置点的建设单位同时也负责管理。国家电网在四川地震灾区各单位利用灯光球场、健身乐园、花园、生活区空旷地带搭建临时帐篷，安置职工和家属就采用单位管理的模式。（参见图 80）

图80　5月31日，中国大唐桂冠天龙湖电力公司位于岷江上游的天龙湖和金龙潭水电站员工搭建的临时住所

（潘翔振　摄）

派遣工作组管理形式是县级管理受灾群众应急安置点的重要方法。天水市秦州区派出由区委、区人大常委会、区政府和区政协领导带队的23个工作组，赴各乡镇、街道，协助基层社区管理应急安置点；麦积区由区委、区政府领导带领城管、卫生防疫等人员检查城区搭建临时防震棚较为集中的渭滨北路、桥南体育场等场所，现场指导群众科学抗震防灾；秦安县委、县政府组织公安、交警、消防、卫生等部门，巡查排摸，掌握震灾实情，开展排危抢险和人员救护。

各灾区安置点管理机构负责组织受灾群众入住，受灾群众食品、饮用水发放，并保证群众户外过夜安全。在四川地震极重灾区，安置点管理机构具体负责安置点的照明用电、生活用水、必需卫生设施的维护；提供工作人员、卫生人员、警务人员办公服务场所，并安排炊事人员提供集中供餐。同时，加强应急避险安置期间的治安管理。5月19日，安县沸水镇安置点外，有人故意抬高雨棚布价格，安置点警务室民警联合县工商局严肃查处不法商贩。23日，安县沸水镇安置点警务室接到沈阳市皇姑区金某开车骗走两名安置点内学生的报案后，立即联系县刑警大队，追至汉中市将两名学生成功解救。在警民联系卡制度的支持下，安县各安置点民警调处治安纠纷67起，化解矛盾纠纷26起。

陕西省委、省政府面对118.36万受灾群众需要安置的情况，组织人员在城镇危险地带设置警示牌，划定警戒区，建立发布预警信息制度。在应急安置点实行“市、县、乡、村、家”五长负责制，逐步建立生活、卫生、治安管理服务组织，使受灾群众得到初步安置。5月13日，陕西省公安厅下发《关于切实做好抗震救灾期间消防安全工作的紧急通知》，要求加强消防监督检查、消除火灾隐患，明确检查重点为灾区群众过渡安置点、救灾物资储备地及学校、医院、机场等公共场所。13日、24日，西安市公安消防支队先后检查易燃易爆类油气场所的消防安全，地震灾区各县市重点检查安置点（防震棚）防火间距、疏散通道、用火用电等。

二　生活服务

四川省受地震影响最大，特别是部分极重灾区、重灾区群众基本生活困难。阿坝藏族羌族自治州大部分地区处于高山峡谷，地势险峻，地质条件复杂，是灾害易发频发地区。连年重复叠加的自然灾害造成当地群众生活艰苦，自救能力十分薄弱。5月12日夜，汶川县受灾群众惊恐地聚集在县城街头和空旷地带。地震突发使群众空手离家，食品成为最大、最迫切需要解决的问题。14日21时，汶川县、北川羌族自治县等极重灾县（市）发出救援官兵、群众食品告急的消息。15日14时，松潘县救灾军民急缺方便食品。16日，四川省民政厅电告陕西省民政厅紧急购买，运输方便食品、牛奶、饮用水、火腿肠等物资。19日，汶川县急需大量粮食，汶川县卧龙镇灾区急缺食品和水；北川羌族自治县急缺饮用水，彭州市急需大量日常生活用品，青川县急需应急瓶装水。地震造成四川省极重灾区大批群众生活必需品严重匮乏。在抗震救灾初期，灾区商品市场遭到破坏，汶川县、茂县、北川羌族自治县、青川县、什邡市、绵竹市没有商店营业，绵竹市46万灾区群众住在帐篷里，一度拿钱也买不到东西。

针对灾区受灾严重、范围大的特点，5月13日，四川省抗震救灾指挥部下发《关于做好伤亡人员救助和善后工作以及群众工作的紧急通知》，要求及时下拨救灾及捐赠款物，全力保障应急避险受灾群众的基本生活。

集体供餐 地震发生初期，灾区普遍实行物资配给制，集体供餐是灾区群众主要的就餐方式。集体供餐根据安置点管理部门不同，划分为政府供餐、单位供餐和救援部队供餐。由于灾区执行物资配给制度，集体供餐免费提供。

政府组织供餐。政府供餐由灾区各市、县民政部门或抗震救灾指挥部指派专人负责，抗震救灾初期，地震灾区市、县政府利用残存生活物资维持供应，后来主要依靠应急救援物资。政府供餐形式经历了以方便食品为主，逐步走向热食供餐的过程。灾区群众救助站是政府集体供餐的主要方式。（参见图 81）

图 81 在应急避险期间，安县建立灾区临时供餐点，为灾区临时安置群众提供热饭热菜

（四川省民政厅 提供）

四川地震灾区最早的集体供餐救助站是由当地民兵预备役部队、武警部队设立的。5 月 12 日晚，汉源县人武部集中所有食品，安排营区民兵应急分队和灾区群众 450 人，分批（次）喝上热稀饭或汤面，并发放馒头 3000 个。5 月 13 日至 6 月 12 日，武警 8740 部队在汶川县汽车站和县城 4 处交通要道，设立灾区群众服务点，免费为灾区群众供应水、饭菜和药品。参与抢险救灾的武警 8693 部队在北川羌族自治县擂鼓镇针对灾区群众长时间没有进食的情况，在人员、车辆集中路段设立救助站，发放饮用水、方便面、帐篷、棉被等群众急需生活物资，救助灾区群众 10 万人（次）。5 月 13 日，李学举要求四川省民政厅在灾区设立民政救助站（点），做好灾区群众安置工作。同日，四川省民政厅发出《关于进一步做好当前抗震救灾工作的紧急通知》，要求各级民政部门做好灾区群众紧急转移安置和生活救助，把保障群众基本生活作为抗震救灾的首要任务。

5 月 14 日，四川省民政厅在德阳设立救助站点。什邡市人武部先后出动民兵 600 人，分别在洛水镇、红白镇、八角镇、蓥华镇和市体育广场等地点建立受灾群众临时救助站，筹措棉被、帐篷、药品、大米和饮用水等物资，协调安排受灾人员食宿，解决受灾群众实际困难。旌阳区人武部在地震发生后，先后组织民兵 440 人（次），协助旌阳区委、区政府在天元、孝泉、德新、柏隆、恒达机电城建立 12 个群众“爱心救助站”，组织民兵对绵竹市、什邡市滞留群众 1.56 万人实施爱心救助，帮助搭建临时帐篷，筹措棉被、食品、大米、饮用水和药品等物资，共协助运送食品、棉被、医疗药品等救灾物资 20 吨，保障灾区群众生活。15 日，广汉市人武部出动民兵 130 人，在高坪、金轮两镇建立 3 处受灾群众临时救助站，共接待来自绵竹、什邡、北川、江油、彭州等地受灾群众 1000 人。汶川县城设立临时救助站 3 处，临时安置群众 3 万人。黑水县设救助站 20 个、安置点 331 个，安置受灾群众 6 万人。

至 5 月 17 日 17 时，四川省民政部门在成都、德阳、绵阳、南充、雅安、广元、资阳、广安、自贡、遂宁、阿坝、凉山等地设立民政救助点 2789 个，救助受灾群众 235.62 万人。至 6 月，四川省民政部门先后在地震灾区设立临时安置和救助点 5100 处，紧急转移和临时安置受灾群众 1190 万人。（参见图 82）

图 82　5 月 25 日，德阳市旌阳区建立的第十一救助站（四川省民政厅　提供）

单位组织供餐。单位组织供餐是抗震救灾初期的一种特殊供餐方式。单位集体供餐分为灾区内单位供餐和灾区外单位供餐。（参见图 83 ～ 84）

灾区内单位供餐以灾区企业、餐饮业为主。5 月 12—17 日，地处北川羌族自治县的解放军总装备部某工厂聚集 2000 名避险群众，工厂多方采购粮食保证灾区群众的一日三餐。12 日晚，广元市群众 2000 人涌入广元东城学校避震，很多人没有吃晚餐，学校组织伙食团为群众提供免费晚餐并发放饮用水。

东方电气集团所属东汽位于绵竹市汉旺镇。地震发生后，为解决职工及受灾群众吃饭难问题，东汽采取措施，扩办食堂。从 5 月 14 日开始，先后办起东方公司康宁园食堂等 8 个食堂，开始每天供应 8000 余人免费就餐，最多时每天为 1.88 万人供餐。中核集团某企业与 18 家餐馆签订

图83　5月13日，都江堰电力设备厂利用简陋条件，为受灾职工、家属供餐

（向力民　摄）

图84　5月12日地震发生后，中国水电集团建设局第十工程局立即组织向职工及附近灾区群众免费发放盒饭

（中国水电集团　提供）

16天供餐协议，供餐金额36万余元，及时解决受灾职工、家属临时就餐困难。

花溪渔港是都江堰市唯一一家三星级餐饮店，5月12日晚，总经理马文凯带领没受伤的职工用石头垒起几口大锅煮粥，使4000名受灾群众吃上热饭。马文凯还拿出店里所有桌椅、锅碗瓢盆、大米蔬菜，解决安置转移群众8万人的就餐问题。13—18日，汶川县粮食局分别在县城威州大桥、德惠超市和电影院设点，为灾区群众熬粥并及时启动小型打米机，5天加工大米1.5万公斤。四川省地方电力局汶川振冲电力发展有限责任公司在汶川县威州镇、水磨镇成立3个伙食团，供应职工及灾区群众吃饭。在北川羌族自治县任家坪、绵阳市九洲体育馆等后来建立的较大群众安置点，也都经历过集体供餐的时期，成为抗震救灾初期单位自发组织集体供餐的典范。

甘肃、陕西地震灾区集体供餐。5月12日，陇南市气象局收留受灾群众60人。19日，陇南市气象局领导表示："只要职工有吃的、喝的，这些受灾群众就会有。"陕西省太白县鹦鸽镇瓦窑坡村楚家坪有 41 户受灾群众，13—16 日，群众实行集体供餐，度过最艰难的时期。

灾区外单位供餐是灾区以外单位、企业支持灾区抗震救灾，为群众提供餐食。5 月 14 日上午，重庆市商委发起餐饮企业赈灾活动，针对灾区群众吃饭难，提出"让灾区人民吃上一口热饭"的目标，组建支持四川灾区餐饮服务队。15 日上午，组织厨师和工作人员分赴汶川、北川、江油、安县、都江堰、绵竹、什邡等地开展"粥棚行动"。19 日，重庆市商委召开会议，提出扩大"粥棚行动"规模，组织第二批抗震救灾餐饮服务队伍，抽调机关 14 名干部带领 100 名餐饮企业职工，分成 7 个服务组分赴抗震救灾第一线，为救援部队指战员、武警官兵、公安民警、援助四川省的单位和灾区群众提供稀饭、馒头等热食。"粥棚行动"进入都江堰、江油、什邡灾区群众安置点，并在汶川县漩口镇、北川羌族自治县桂溪乡、安县晓坝镇和睢水镇 4 个极重灾乡（镇），安营扎寨，埋锅做饭。至 26 日，共开设供饭点 38 个，向灾区群众供餐 32.22 万余份。

5 月 16 日，成都市"三只耳"连锁有限公司陆续在彭州市小鱼洞镇、绵阳市游仙区、都江堰市天府大道和莲花小区灾区群众安置点开设 4 个"爱心食堂"，为灾区群众送热饭菜。同时，"三只耳"公司和四川省美食家协会向全省会员、成都市餐饮同业公会、北京晚报社、北京美食联盟紧急呼吁"餐饮人一起行动起来，协助政府在重灾区开展'爱心食堂'活动"。呼吁发出后，北京晚报社、北京美食联盟组织 109 名厨师救援团，携带 260 万元救灾基金，包机赶到成都，奔赴彭州市小鱼洞镇大楠村、都江堰市天府大道和青城大桥受灾群众安置点参加志愿服务。30 日，北京美食联盟组织 12 家餐饮企业第二批志愿者到达 4 个"爱心食堂"。随着灾区群众安置点逐渐规范，生活物资及时发放，"爱心食堂"才停止供餐。

成都传媒集团、成都市餐饮同业工会"爱心食堂"，由成都卞氏菜根香、皇城老妈、巴国布衣、谭鱼头、大蓉和、毓秀苑等餐饮企业组成，是响应"三只耳"公司和四川省美食家协会呼吁后成立的。自 5 月 20 日送出第一餐 2000 份免费热饭、热菜后，每天供应 2.8 万人用餐。之后，"爱心食堂"在都江堰市、彭州市、绵竹市、什邡市群众安置点设立 17 个分店，解决受灾群众 130 万人（次）就餐。高峰时，"爱心食堂"中央厨房和各地分店每天投入大米 14 吨、蔬菜 14 吨、猪肉 2.5 吨、油 1.25 吨。"爱心食堂"还利用流水化生产线，在节假日为灾区群众提供 2.8 万个包子、5 万个粽子、2.8 万个咸鸭蛋。来自全国各地志愿者 3500 人（次）在"爱心食堂"参加志愿服务。随着灾区群众生活安置逐步恢复，"爱心食堂"逐渐停止供餐。

救援部队供餐。地震发生后，最先进入灾区执行救援任务的部队，自 5 月 12 日起，根据责任区内灾区群众热食保障的需求，陆续开设赈灾饮食供应点。（参见图 85 ~ 86）当日，成都军区联勤部在任务点陆续开设赈灾饮食供应点 12 个，动用炊事车 9 辆、给养器材单元 5 套。这是最早开始的野战供餐部队。

5 月 18 日，胡锦涛考察地震灾区时，指示救灾部队抽调一些炊事车，在安置点执行炊事保障任务，让灾区群众吃上热食。19 日，成都军区联勤部调拨野战炊事车 8 辆、给养器材 34 台（件）、野营器材 80 件（个）、食品 2 吨及 60 名炊管人员，在什邡市蓥华镇、彭州市小鱼洞镇开设两个灾区群众饮食供应站，18 时 30 分开始提供热食，灾区群众 1000 人吃上热菜、热饭，其中蓥华镇 700 人、小鱼洞镇 300 人。22 日，成都军区联勤部分别在绵阳市迎祥广场、北川羌族自治县擂鼓

图 85　5 月 20 日，救援部队使用炊事车为受灾群众提供热食保障

（王跻峰　摄）

图 86　5 月 21 日，成都军区某部官兵在赈灾饮食点为受灾群众制作热食

（成都军区　提供）

镇和青川县竹园镇增设 3 个赈灾饮食供应站。24 日，又分别增设罗江县工业园和金山镇、汶川县威州镇 3 个赈灾饮食供应站点。至 6 月 19 日停止供餐，成都军区联勤部共保障 10.54 万余餐（次），消费主、副食 221 吨。

5 月 13 日起，陆军某集团军在任务点陆续开设赈灾饮食供应点 27 个，动用炊事车 23 辆，给养器材单元 10 套。至 7 月 3 日停止供餐，保障约 36.13 万餐（次），消费主、副食 319 吨，是供餐数量最大的部队。

5 月 17 日起，陆军某集团军在任务点陆续开设赈灾饮食供应点 107 个，动用炊事车 77 辆、给养器材单元 67 套、主食加工车 3 辆。至 7 月 14 日停止供餐，保障 34.84 万余餐（次），消费主、副食 229 吨，是供餐时间最长的部队。

自 6 月 1 日开始，因灾区群众安置任务基本完成，部队赈灾饮食供应点逐步移交当地民政部门管理。5 月 12 日至 7 月 14 日，救援部队先后开设赈灾饮食供应点 192 个，动用炊事车 190 辆、给养器材单元 103 套、主食加工车 12 辆、食品冷藏车 2 辆，消费主、副食品 1513 吨，保障 227.77 万余餐（次）。

地震灾区集体供餐是由于抗震救灾初期严峻形势迫不得已而采取的方式，这种方式存在着食品安全风险和不利于正常社会功能恢复两个弊端。5 月 27 日，国务院抗震救灾总指挥部根据国家减灾委、科技部抗震救灾专家组提出的"地震灾区近期可部分保持集体供餐形式，但要尽快向以户为单位和货币补助方式转变，以降低食品安全风险"的建议，要求各地尽快实行分户做饭。地震灾区各级政府迅速采取措施，解决群众分户做饭等问题，集体供餐逐步停止。同时，专家组还提出尽快建立灾区市场供应等建议。

饮用水供应　地震不仅破坏了灾区群众生活供水设施，而且因地质结构的改变，破坏了地下饮用水源，从而造成灾区群众生活饮水困难。广元市原以河水、山泉水、溪坑水和地下水为主要水源。地震后，广元市半高山以上灾区水源全部消失，部分偏远山区因原来饮用的山泉水、山坪塘被破坏震漏，群众生活用水陷入困境。青川县关庄镇沙坝社区、旭光村地下水位下降，再加上地震严重污染原有饮用水源，灾区所有水源都必须重新检验后才能使用，给灾区群众饮水造成极大困难。地震极重灾区都江堰市、什邡市、绵竹市及北川羌族自治县、汶川县饮水均发生严重困难。应急期德阳市急需饮用水 1.41 万吨，广元市共需饮用水 1.32 万吨。甘肃省的白银市群众生活饮用水缺 9330 吨，平凉市饮用水困难人口 26.52 万人。陕西省应急救助期间所需饮用水 1985.8 万瓶。

5 月 12—13 日，住房城乡建设部供水专家组连续召开专家座谈会。会议决定从全国紧急调集移动净水设备和净水药剂运往灾区，保证灾区群众饮水。会议强调，城镇灾区采取水车送水、饮水消毒片净水和水处理设备净化方式，解决临时应急供水问题。会议建议，地震灾区保护好幸存供水、储水、输水设施；保护好水源，严格防止水源污染、水质事故等次生灾害。会后，住房城乡建设部发出《膜处理净水设备安装和使用工作的函》，指导灾区群众正确使用净水设备。各地震灾区也先后制定相关供水保障措施，四川省水利厅先后制订《四川省地震重灾区乡村供水应急保障工作实施方案》《抗震救灾灾民安置点应急集中供水技术方案》，组织、指导地方水利部门开展应急供水；同时，编发《抗震救灾饮水安全应急常识》，指导群众科学安全用水。（参见图 87）

国务院抗震救灾总指挥部群众生活组自 5 月 12 日开始，向灾区紧急调运饮用水、液态奶及各种饮料，解决灾区群众饮水困难。灾区各级政府也积极展开自救，组织力量寻找新的水源解决灾区群众饮用水问题。13 日，四川省水利厅汶川县供水抢险队会同当地群众，在玉垒山下崖洞（被当地群众称为"龙洞"）中找到饮用水源，有效缓解聚集在汶川县城 4 万名受困群众生活用水紧张局面。地震造成汶川县漩口镇周边 7 个自然村水源断绝，2000 名当地受灾群众要到数公里外取水，云南省边防总队医疗抢险队队长陈本善利用外出巡诊和上山采药的机会，坚持寻找水源，终于在山间找到无污染的泉水。陈本善与救援部队官兵砍竹接水，将泉水引入漩口镇，解决镇内救灾部队官兵和当地群众饮用水问题，引来的泉水被当地群众称为"救命水"。

地震灾区群众缺水告急报告不断，中央军委要求救援部队利用野战供水方式解决灾区群众和

图87　5月14日，中国大唐陕西略阳发电公司为保障职工及附近群众饮用水安全，在地震棚区接通临时水源

（严磊　摄）

救援部队的饮水问题。成都军区联指组织机关干部、后勤工程学院、总后建筑工程研究所专家、厂家技术人员及川藏兵站汽车团、联勤某分部郫县营材仓库官兵及志愿者176人，利用总部紧急调运的10辆野战净水车和从辽宁省、山东省、云南省、重庆市征集野战净水车和淋浴车共40辆（套），自5月15日7时开始，分别在都江堰市、绵竹市汉旺镇、什邡市、汶川县映秀镇、北川羌族自治县、安县晓坝镇、青川县乔庄镇开设7个野战供水站，每个供水站具备4吨/小时饮用水保障能力和5吨/小时生活用水能力，每天为灾区群众提供15万人（次）600吨饮用水。又在汶川县雁门乡、茂县渭门乡、理县薛城镇、江油市九岭镇和青莲镇、平武县城、平武县响岩镇、青川县关庄镇建立8个野战供水站。抗震救灾期间，救援部队在四川地震灾区共开设15个野战供水站，每天可以满足30万人的饮水需求。至8月14日野战供水站全部撤回，救援部队共供水4.08万余吨，保障600万人（次）军民用水。5月24日，联合国秘书长潘基文在汶川县映秀镇考察灾情时，高度评价开设供水站服务群众和救援部队官兵的做法。

地震灾区采用拉水、送水方法解决没有水源山区及极重灾区城镇群众饮用水困难。平武县南坝镇野战供水站站长刘向东每天坚持两次为没有水源的垭头坪村送水。5月24日，彭州市小鱼洞镇供水站站长张宇在给群众送水时摔伤，造成右手骨折。地震极重灾区汶川县、北川羌族自治县由于供水管网无法修复，直到6月23日均采取用送水车和敷设临时管道办法，实行集中供水。

至5月31日，地震灾区政府和救援部队通过寻找新水源、调运瓶装水、野战供水和定期送水等方法，为四川省575万名灾区群众临时应急供水。

甘肃地震灾区本来就是干旱山区。甘南藏族自治州地震灾区临时安置点、救援部队官兵和救援工作人员饮用水主要依靠送水车和就近铺管引水解决。白银市灾区生活饮用水主要通过群众自救拉水。文县公路没有修复前，村社居民用驴驮马载和人背水解决生活用水；公路修通到村社后，由政府组织农用车拉水。甘谷县六峰镇邓堡村群众水窖全部受损，驻县部队用消防车给受灾群众送水；自5月21日起，经县“双拥办”协调，驻甘肃某部队每天派出两辆载重6吨的消防车，为96户灾区群众送水。

第二章　帐篷安置

第一节　帐篷生产

一　帐篷类型

帐篷安置是地震灾区群众临时性安置的主要方式之一。灾区群众安置所需的救灾专用帐篷，主要来自国务院抗震救灾总指挥部群众生活组紧急采购及经济发达六省对口支援。同时，国务院各部委、各受灾省市积极筹措，国际友好国家及组织、友好人士和国内社会各界、解放军组织捐赠，并迅速运抵地震灾区。

在地震灾区群众安置初期，帐篷、彩条布、篷布采购量大，要求时间紧。国务院抗震救灾总指挥部群众生活组协调发展改革委、民政部、财政部、交通运输部、铁道部等部门和有关地方政府统筹资金支持、原料供应、生产运输、接收发放等各个环节，紧急采购和运输救灾帐篷。5月20日，科技部抗震救灾前方联络组与四川省科技厅提出，地震灾区过渡安置救灾专用帐篷采购单价在每平方米500元以下，可临时居住一家人，使用寿命在两年以上。

在紧急采购中，民政部、财政部坚持国家政府采购程序，坚持产品质量标准，按照质检总局2007年技术标准（普通篷布）和2008年紧急采购“技术简化补充规定”标准，从6个救灾专用帐篷品种中，选择8平方米单帐篷、12平方米单帐篷、36平方米单帐篷、12平方米棉帐篷及简易厕所5个品种，其中12平方米单帐篷采购量在50万顶以上，是地震灾区群众过渡安置的主要品种，单价为每顶1380元。

救灾专用12平方米单帐篷由篷体、框架及配件（含三角桩、拉绳）3个部分组成，篷体由天蓝单面涂覆PVC防水阻燃涂层布材料缝制，框架由焊接钢管组合而成。帐篷全长3.7米、宽度 3.2 米、顶高 2.67 米、檐高 1.75 米，内部使用面积 12 平方米，可容纳 5 人临时住宿。帐篷为双坡面直墙的建筑样式，框架为插接式结构，设有落地横杆，两端山墙上开三角通风窗，一端山墙开门，另一端山墙开一个窗户，两侧墙各开两个窗户，侧墙可支起成阳篷，整体帐篷通过拉绳拉起，用三角桩加固，可以在自重和 8 级风力条件下安全使用，正常情况下，连续使用寿命在两年以上（参见图 88）。

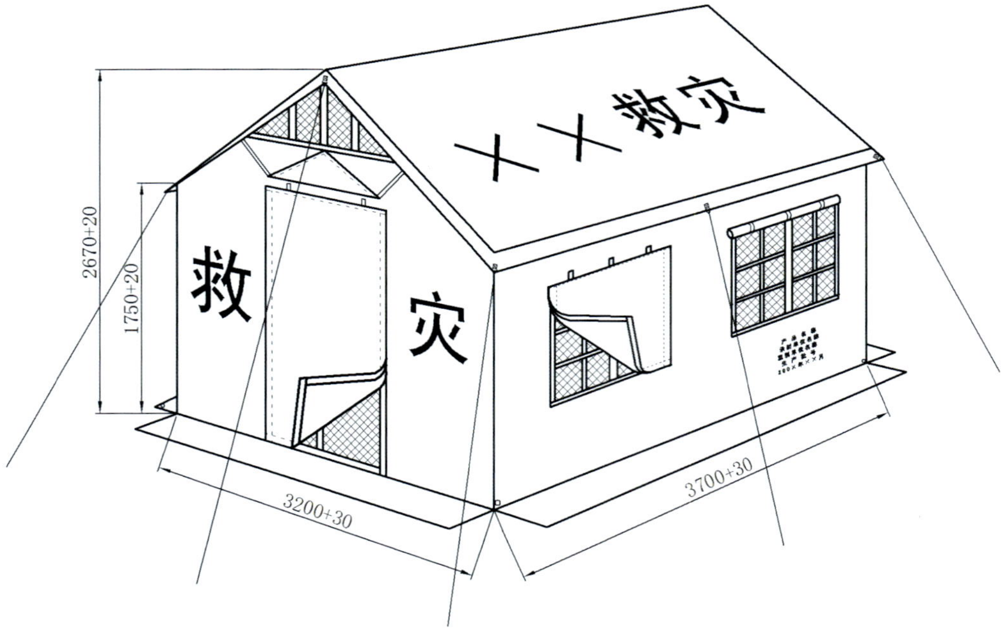

图 88　12 平方米单帐篷示意图

（民政部　提供）

救灾专用 8 平方米单帐篷以单面涂覆 PVC 防水阻燃涂层布为主要材料，与焊接钢管框架组合而成，其样式、主要技术性能和连续使用寿命与救灾专用 12 平方米单帐篷相同，可供 3 ～ 5 人临时住宿。8 平方米单帐篷主要用于地势复杂的山区、城乡小家庭及安置点服务设施，采购量在 20 万顶以上。

救灾专用 36 平方米单帐篷以单面涂覆 PVC 防水阻燃涂层布为主要材料，与焊接钢管制作框架组装而成，其样式、主要技术性能和连续使用寿命与救灾专用 12 平方米单帐篷相同，主要用于救灾指挥、灾后应急医疗救治、临时校舍、救灾物资中转贮存及工作人员住宿等。在抗震救灾中，36 平方米单帐篷采购量在 2 万顶以上。

救灾专用 12 平方米棉帐篷以天蓝色单面涂覆 PVC 防水阻燃耐低温涂层布为面料，涤纶针刺毡为保温材料，阻燃涤纶平纹绸为里布，灰色双面涂覆 PVC 防水阻燃耐低温涂层布为地铺，与焊接钢管为框架组合而成，由篷体、棉内胆、框架、地铺及配件（含三角桩、钩桩、拉绳）5 个部分组成，其中棉内胆由棉内胆篷顶、棉内胆侧墙、棉内胆山墙组成，棉内胆篷顶与棉内胆侧墙为整体结构，连续使用寿命在两年以上。救灾用 12 平方米棉帐篷为长方形双坡面直墙建筑样式，全长 3.7 米、宽度 3.2 米、顶高 2.67 米、檐高 1.75 米，内部使用面积 12 平方米，一端山墙开门，门上正中有风斗，另一端山墙对应位置有烟囱口，两侧墙各开两个窗户，整体帐篷通过拉绳连接三角桩固定，能在自重和 8 级风力下安全使用，可容纳 5 人左右临时住宿。在抗震救灾中，甘肃省高寒地区采购 12 平方米棉帐篷 1 万顶以上。

救灾专用厕所帐篷由篷体、框架、蹲便器座架、蹲便器、排泄物收集箱、残障人专用坐便器、太阳能照明灯及配件组成，以天蓝色涂覆 PVC 防水阻燃双面涂层布为篷顶材料，以乳白色双面涂覆 PVC 防水阻燃自洁涂层布为围墙材料，经过热合、缝制而成篷体，与焊接钢管为框架、方形钢管为蹲便器座架组合而成。帐篷全长 3.9 米、宽度 2.4 米、围墙高 1.76 米、脊顶高 2.66 米，帐篷底部为长方形并有门斗一个，围墙四周顶部留有空隙便于通风。正常情况下，连续使用寿命在两年以上。救灾专用厕所帐篷为双坡面直立墙结构，篷内设置蹲便器座架两套（每个蹲便器座架有两个蹲位），残障人坐便器一套。男厕所含小便池、小便桶 3 组。蹲便器座架一侧围墙下口有可掀起围帘，便于排泄物的及时清理。篷顶内设有悬挂式感应照明灯与篷顶外太阳能电池板装置配套使用，满足夜间照明需求，可同时满足 8 ～ 10 人使用。（参见图 89）在抗震救灾中，救灾专用厕所采购 1000 顶左右。

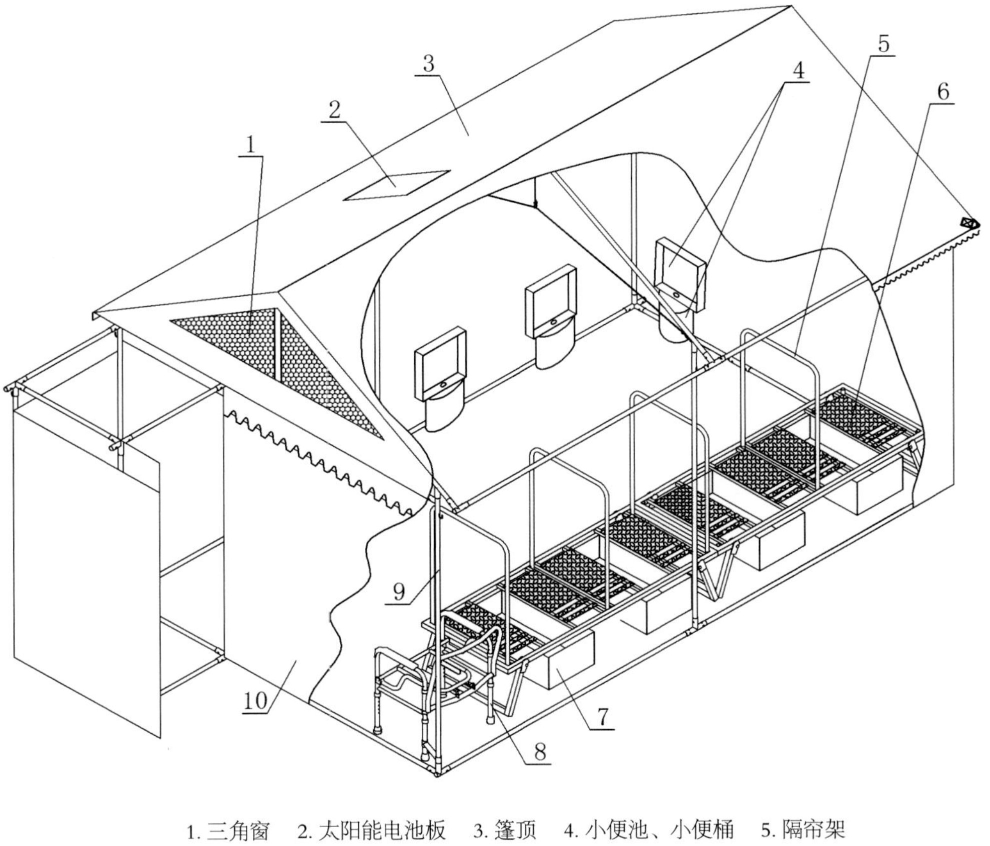

1. 三角窗　2. 太阳能电池板　3. 篷顶　4. 小便池、小便桶　5. 隔帘架
6. 蹲便器座架　7. 排泄物收集箱　8. 残障人坐便器　9. 框架　10. 围墙

图 89　救灾专用厕所帐篷部件及装配位置示意图

（民政部　提供）

二　帐篷制作

5月21日，胡锦涛强调，抗震救灾形势依然严峻，特别是安置受灾群众的任务十分艰巨。灾区需要大批帐篷、活动板房作为受灾群众的临时住所，是抗震救灾工作的一项紧迫任务。22日，胡锦涛赶往浙江省湖州市的帐篷生产企业，实地考察救灾专用帐篷生产情况。15时30分许，胡锦涛抵达湖州市银格户外旅游用品有限公司，对承担国家下达的3.6万顶救灾帐篷生产任务的企业干部职工提出，救灾任务依然艰巨，特别是安置受灾群众急需大量帐篷。努力生产出更多高质量的帐篷，就是对受灾群众的最大关爱，就是对抗震救灾的最大支持。胡锦涛还到浙江泰普森休闲用品有限公司考察企业生产救灾帐篷情况。地震发生后，泰普森公司已向灾区捐赠2000余顶帐篷，又承担了5万顶帐篷和20万套帐篷钢架的生产任务。胡锦涛走进缝制车间，边看边问原料来自哪里，每天产量多少，一天安排几个班次，能不能如期完成任务等。随后，胡锦涛又来到企业防水测试区，仔细察看帐篷的防水效果。胡锦涛提醒企业负责人，一定要保证救灾帐篷的质量，让受灾群众用上安全结实的帐篷。离开时，胡锦涛对企业负责人说，中央对生产救灾帐篷的企业寄予厚望，希望大家抓紧生产，保质保量，争取提前完成任务。同日，胡锦涛在德清县召开部分救灾帐篷生产企业负责人座谈会。会上，胡锦涛希望所有具备生产能力的企业，开足马力生产救灾帐篷，尽全力帮助受灾群众解决燃眉之急，为夺取抗震救灾斗争胜利贡献力量。胡锦涛提出，要加紧生产，千方百计增加帐篷产量；要确保质量，切实把好原材料关、生产工艺关、出厂检验关；要积极抢运，用最快速度把救灾帐篷运到灾区；要加强协调，各有关地区和部门要采取一切必要措施，全力支持承担帐篷生产任务的企业开足马力生产。

发展改革委5月25日发出紧急通知，要求各省（区、市）价格主管部门对救灾帐篷生产用布、钢管及过渡安置房生产用钢板、钢带、聚苯乙烯等主要原材料，采取临时价格干预措施等办法稳定价格。同时，要求各省（区、市）有关部门要指导企业调整生产结构，增加帐篷和过渡安置房的原材料生产；需从外省调运资源的，要及时处理资源供应、运输、生产中出现的矛盾和问题，保证资源落实。各相关企业要千方百计扩大生产，保证按计划完成救灾帐篷生产任务及相关原材料供应。

面对地震灾区群众对救灾帐篷的需求，全国14个省（市）75家专用帐篷生产企业，推掉其他商业合同，紧急扩大生产规模。（参见图90）5月19日晚，接到两天内保质、保量生产3000顶帐篷的武汉市爱立得公司，600名员工全部上岗，昼夜赶工，一天缝制5顶帐篷的定额，被改为两天完成15顶。为配合爱立得公司完成任务，武汉市服装协会组织太和、元田、雅琪、佐尔美、红人、爱帝知名汉派服装企业，中断夏装生产合同，调派2400名服装工人紧急缝制帐篷配套“罩衣”。服装企业从未生产过帐篷，小到针头、大到压边机，全部需要更换；技术人员连夜调整生产设备、更换针头；公司经理深夜敲开供应商的大门，紧急采购设备。

湖北省宜昌市政府决定一路由纺织服装企业赶制帐篷罩，另一路由金属加工企业制作帐篷支架，枝江华剑、奥美、明绅、仙女服饰、江口服装、万恒6家服装企业，千名职工通宵达旦；国有四〇三厂、八〇九厂、长机科技、宜昌纺机4家企业举全厂之力，宜昌船厂、葛洲坝机械船舶

图90 山东省邹平县鲁帆集团防水帆布有限公司接到帐篷生产任务后，立即调整生产线，加紧生产救灾帐篷

（王磊 摄）

公司、黄柏河船厂紧急援助。宜昌市16家生产企业、4000名员工和义工全力赶制帐篷，48小时完成2000顶生产任务。

江苏省扬州市作为全国最大的帐篷生产基地，至5月24日，承担救灾帐篷的生产任务增加到25.5万顶。江苏阿珂姆野营用品公司是全国最大的帐篷生产企业之一，具有日产帐篷5000顶左右的生产能力，承担了民政部下达的12万顶救灾帐篷生产任务。公司将500万余美元的外贸订单推迟或退单，52条生产线、3500余名工人进入“火线生产”，全力投入帐篷生产，生产线超出平时生产能力的3倍以上。15日，公司将第一批8000顶帐篷运往灾区；26日，向灾区运送3000顶帐篷；从30日后，阿珂姆野营用品公司每天向灾区发送5000顶帐篷。扬州市康乐机械有限公司在接到民政部3万套救灾帐篷钢架和9500顶成品帐篷的生产任务后，连夜订购原材料，召开动员会，鼓励和动员公司员工发扬“我们多吃一份苦，灾区人民少受一份罪”的精神，加班加点生产救灾帐篷。5月正值农忙季节，但公司400余名工人顾不上家中的农活，全力投入到救灾帐篷生产工作中。

浙江省是全国帐篷生产企业比较集中的省，承担着较大份额救灾帐篷的生产任务。中央救灾帐篷生产任务协调会议在杭州召开后，承担中央救灾帐篷生产任务的18家企业负责人表示，一定在6月20日前，完成救灾帐篷生产任务。宁波市帐篷企业夜以继日赶制救灾帐篷，不断给灾区群众送去挡风、遮雨、避阳的“爱心小屋”。5月22日下午，宁波普鲁司旅游用品有限公司总裁尤理谦赶赴德清参加帐篷生产会议，接到了民政部下达的在6月底前完成紧急生产4.2万顶救灾帐篷的任务。会上，胡锦涛握着尤理谦的手，嘱托尤理谦多生产优质救灾帐篷支援地震灾区。23日上午，尤理谦在公司召开誓师大会，鼓励公司所有员工憋足一股劲，多生产帐篷，生产出好帐篷。其他帐篷生产厂家也积极分担生产任务。宁波三木露营用品公司、宁波东润旅游制品有限公司、宁波枫缘休闲用品有限公司等8家企业，随后也加入生产救灾帐篷的行列。宁波贝来旅游用品公司接到商务部下达的5万顶救灾帐篷的生产任务，联合北仑其他厂家紧急生产。工厂还想方设法紧急采购原材料、增加流水线、招募工人、扩大产能，一些熟练的服装工人也紧急增援帐篷生产厂家，保证按时保质保量完成生产任务。台州市16家具有帐篷生产能力的企业，动员全部力量，开足马力，加紧生产，全力以赴支援灾区。22日下午，亚达集团、正特集团、临亚集团和永强集团4家帐篷生产企业负责人赶往德清县，参加救灾帐篷生产企业负责人座谈会，聆听胡锦涛的重要讲话。会后，4位企业负责人急忙赶回企业，传达会议精神。23日早，4家企业分别召开紧急会议，部署生产任务。至23日，台州市共接受民政部和浙江省政府下达的14.8万顶救灾帐篷生产任务。

北京企业接到民政部等部门限期生产1.1万顶救灾帐篷的紧急任务后，北京纺织公司会同市服装协会，从市属国有及国有控股服装企业抽调精干人员支援救灾帐篷生产。至5月23日中午，来自铜牛集团、大华天坛公司、北京衬衫厂等多家企业的115名一线熟练缝纫工，全部到位并上线工作。

5月24日16时，上海市经委召集洋帆、鑫苑、德新、爱立达帐篷生产企业座谈会了解企业生产能力、库存及订单情况。各企业明确表示，要最大限度保证地震灾区需求，在6月10日前完成1万顶帐篷的生产任务，30日前完成民政部下达的生产任务，同时还可以增产5万顶。洋帆实业有限公司帐篷生产车间，从投入救灾帐篷生产那一刻起，车间22条生产线600台机器就没有一分钟停止运转。5月28日，上海市民政部门组织生产首批1200顶帐篷起运绵阳。至6月15日，上海市承担民政部帐篷生产任务的两家企业，生产帐篷约4.54万顶，发运约2.84万顶。

第二节 帐篷安置点建设

一 帐篷分发

5月12日16时，民政部指令陕西省民政厅向四川、甘肃地震灾区调运救灾帐篷。陕西省民政厅立即行动，并请求省军区出动官兵140人，协助从中央储备库中装运帐篷。当晚，5000顶帐篷紧急发往四川地震灾区。13日，省民政厅又完成3500顶帐篷运往甘肃地震灾区的任务。

国务院各部委积极行动，5月18日，科技部与四川省科技厅联合向灾区运送1万顶救灾帐篷。19日，第一批100顶帐篷运抵安县桑枣镇中学，安置教师家庭70户、学生600人。20日，

图 91　6 月 4 日，青海省西宁火车站职工紧急抢装支援灾区的帐篷

（谢影　摄）

商务部根据国务委员兼国务院秘书长马凯的批示，协助民政部紧急采购帐篷 4 万顶。至 30 日，民政部和各地民政部门及有关单位、解放军、中华慈善总会、中国红十字会、境外友好人士共向灾区紧急运送救灾帐篷 61.94 万顶。

国务院抗震救灾总指挥部决定紧急采购 90 万顶救灾专用帐篷后，要求根据地震灾区需求分配并与活动板房分配方案相衔接。民政部将 90 万顶帐篷分配给四川省 74 万顶、甘肃省 13 万顶、陕西省 3 万顶，运送地点与受援三省具体商定。支援四川省的 74 万顶帐篷将由生产企业直接运送到灾区，其中分配给绵阳市 34.1 万顶、阿坝藏族羌族自治州 15 万顶、广元市 13.9 万顶、德阳市 11 万顶。成都市、雅安市需求由四川省内协调解决；另外，向四川地震灾区调运 49.6 万顶帐篷和一批彩条布。支援甘肃省 16.76 万顶、陕西省 3.2 万顶，国家提供的救灾专用帐篷均超出四川省、甘肃省、陕西省所提出的需求数量。（参见图 91）

5 月 20 日，国务院抗震救灾总指挥部群众生活组在要求地震灾区各省市进一步摸清底数，抓紧制订帐篷、活动板房、简易棚分配使用方案的同时，要特别关注交通不便、边远地区帐篷、彩条布运送、发放情况。30 日，李学举在四川省抗震救灾工作会议上要求，要保证救灾物资及时发放，灾区政府要及时研究、协调、组织、调运；设立抗震救灾物资调配中心，负责对帐篷等救灾物资的统一管理；并及时登记接收、清点、入库，组织发放。

按照 5 月 27 日国务院抗震救灾总指挥部第 14 次会议精神，5 月 30 日，民政部、住房城乡建设部联合下发《关于四川汶川大地震灾民临时住所安排工作指导意见》，提出群众临时住所建设和分配要区别情况，因地制宜，宜篷则篷，宜房则房。发放活动板房、帐篷和篷布，要遵循“调查摸底、分类排队、登记造册、民主评议、公开发放”程序，公示各类临时住所来源、数量、发放原则、发放对象，接受群众监督，做到“公正、公开、公平”。在当地政府统一领导下，民政部门负责帐篷和篷布的采购和供应，做好活动板房、帐篷和篷布的分配方案，依靠基层组织做好分配工作。

6月15日，民政部、财政部、住房城乡建设部下发《关于进一步做好汶川地震灾区救灾款物使用管理的通知》，提出“对适用于帐篷安置的灾区，要及时提供帐篷，并组织力量帮助运输、搭建。特别对山区、边远地区要突击抢运，尽快使受灾群众有较为安全的栖身之所”等要求。“交通不便山区、边远地区”和“突击抢运、及时提供”是帐篷安置工作的两个重点，也是地震灾区各省市帐篷安置工作的重点。

四川省自5月13日接收并发放第一批救灾专用帐篷，至6月19日，接收发放救灾专用帐篷97.46万顶，日平均发放2.63万顶。6月15日发放18.19万顶，是发放最多的一天。同时，四川省还接收活动板房31.88万套、彩条布2909.65万平方米、帆布682.52万平方米，安置灾区群众1190万人。

甘肃省的陇南市自5月13日接收救灾专用帐篷，至8月8日，接收救灾专用帐篷13.7万顶，防雨布、篷布37.91万平方米，其中分配市本级帐篷0.1万顶；武都区帐篷4.94万顶，防雨布、篷布13.61万平方米；宕昌县帐篷0.13万顶，防雨布、篷布0.5万平方米；礼县帐篷0.79万顶，防雨布、篷布1.18万平方米；西和县帐篷0.72余万顶，防雨布、篷布0.44万平方米；康县帐篷1.79万顶，防雨布、篷布9.04万平方米；文县帐篷3.95万顶，防雨布、篷布13.14万平方米；徽县帐篷0.23万顶；成县帐篷0.88万顶；两当县帐篷0.17万顶。

陕西省民政厅自5月13日紧急向汉中市、宝鸡市、商洛市、杨陵区调运救灾专用帐篷0.71万顶，至6月1日，向灾区调运救灾专用帐篷5.77万顶，其中中央调拨救灾帐篷3万顶，山西、安徽、福建、江西、山东、河南、贵州、西藏、青海、宁夏、新疆等11个省（区）调运帐篷2.77万顶。

云南省民政厅5月12日紧急调拨救灾帐篷200顶，运送到昭通地震灾区；13日，民政厅再次紧急调拨救灾专用帐篷565顶，保证灾区群众有临时住处。

二 帐篷搭建

地震造成山体滑坡、崩塌，许多岩体松动，再加上强余震、强降雨，新的地质灾害威胁严重。5月21日，国土资源部航空物探遥感监测，发现汶川县、北川县城外围200处崩塌、滑坡。专业人员根据监测情况，建议灾区安置点选址必须遵循“因地制宜、安全、实用及防震抗灾”的原则。

民政部、住房城乡建设部5月30日联合下发《关于四川汶川大地震灾民临时住所安排工作指导意见》，提出搭建临时住所要科学合理选址，避开地震活动断层和可能发生水灾、山体滑坡、泥石流、地面塌陷等灾害的区域，尽可能利用废弃、空旷地，少占或不占用农田等要求。

6月8日，国务院下发《汶川地震灾后恢复重建条例》，提出在受灾群众安置点建设中的“安全、方便、环保”原则。“安全”要求避开地震活动断层和可能发生洪灾、山体滑坡和崩塌、泥石流、地面塌陷、雷击等灾害的区域以及生产、储存易燃易爆危险品的工厂、仓库；“方便”要求交通条件便利、方便受灾群众恢复生产和生活；“环保”要求应当占用废弃地、空旷地，尽量不占用或者少占用农田，并避免对自然保护区、饮用水水源保护区以及生态脆弱区域造成破坏。

在帐篷安置点建设中，灾区各省市迅速落实国务院的规定，保证灾区群众生命财产安全。四川省针对救援部队、对口支援各省市救灾力量大量介入等实际情况，要求帐篷安置点选址首先由援建单位完成现场勘察，然后征求当地政府和抗震救灾指挥部的意见，获得批准后，再按照“防落石、防洪水、防塌方”的要求及“就近就便、整洁美观”的原则进行建设。甘肃省安置点选址，由灾区市、县抗震救灾指挥部派出工作组，与灾区各乡镇抗震救灾工作队进入灾区实地勘察，选择开阔平坦、无塌方、无滑坡危险的地段设立安置点。重庆市安置点建设由区县政府负责，组成公安、民政、城建、工商、卫生等部门参与的领导小组，按照“方便生活、便于迅速撤离、安全稳定”的原则，选择就近条件较好的厂房、村委会、幼儿园、学校、礼堂作为安置点，并按照一顶帐篷、两床席子配置，在公园、广场、学校操场、农村晒坝等开阔地搭建帐篷安置点。

救灾专用帐篷安装按照帐篷使用面积，选择相对坚硬平坦地块，平整架设场地，清除碎石杂物，然后按照说明书，分步架设框架，摆放篷顶、篷布，并在地面相应位置打入三角桩，固定拉绳后整理帐篷，最后在帐篷四周挖排水沟，并随挖随将培土布埋好。（参见图 92）救灾专用帐篷撤收过程与上述程序相反。救灾专用帐篷的安装属集体劳动，32 平方米帐篷组装与撤收需要 8 个人共同架设，其他型号帐篷组装均需 6 个人共同架设，用时在 15 ～ 20 分钟。

图92　6月，国家电网四川电力公司员工为群众集中安置点安装照明线路（国家电网　提供）

结合地震灾区特别是山区和边远地区交通运输条件较差，基层工作人员少，建设力量严重不足等情况，5 月 27 日，国务院抗震救灾总指挥部群众生活组建议，参与救援部队在可能的情况下，组织力量突击抢运帐篷和彩条布、篷布等救灾物资，帮助灾区群众搭建帐篷。（参见图 93）

根据中央军委、国务院抗震救灾总指挥部的部署，5 月 25 日，在汶川县救援的解放军陆军某集团军抽调官兵 1000 人、施工机械 9 台、直升机 60 架（次），紧急调运军用帐篷 100 顶，征集

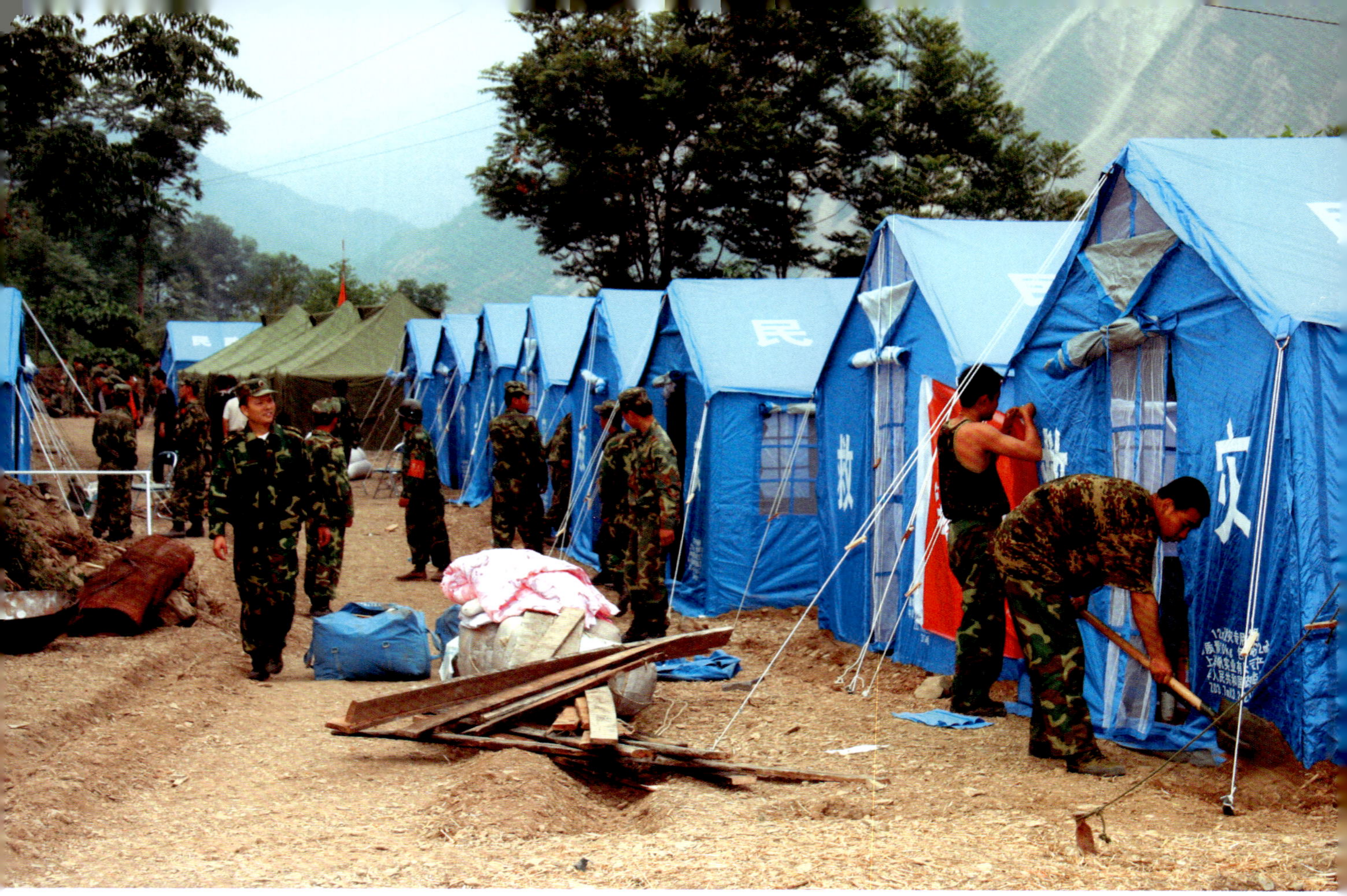

图 93　5 月 20 日，四川预备役高射炮兵师官兵为受灾群众搭建帐篷

（国家电网　提供）

地方救灾专用帐篷 200 顶、活动板房 5800 平方米，采取“多头并进、平行作业”的方式，分别在汶川县城、映秀镇、绵虒镇和绵虒镇萝卜寨村建立 4 个灾区群众安置点。截至 6 月 3 日，搭建帐篷等临时住房 4 万平方米，安置 4 个地区群众 2000 户。其中 5 月 26 日，集团军某团官兵 500 人在萝卜寨村搭建帐篷 151 顶，安置当地群众 235 户、1000 人，建成集日常起居、物资集散、通信联络等功能于一体，配备医疗、学生教育基础设施齐全的安置点，使萝卜寨村成为地震灾区第一个整村集体解决临时住所问题的行政村。

5 月 27 日，成都军区联指下发《关于下一步部队抗震救灾工作的指示》，将中央军委、国务院抗震救灾总指挥部部署的任务细化，提出在 6 月中旬前，在茂县南新镇、彭州市通济镇、什邡市湔氐镇、北川羌族自治县桂溪乡和平武县南坝镇，用帐篷、活动板房或简易房各搭建一个可住 100 ~ 150 户灾区群众的临时安置区的工作目标。截至 6 月 5 日，各救援部队完成南新镇、通济镇、桂溪乡、南坝镇、湔氐镇 5 个灾区群众安置点的建设任务，每户被安置群众均有一间房或一顶帐篷，每个安置点均设有公共厕所、商品供应、医疗服务等设施。同时，成都军区驻彭州市救援部队利用制式帐篷、就地取材的方法，协助灾区群众搭建安置点 65 个，使彭州市北部 5 个镇、80% 灾区群众得到临时安置。第二炮兵某部援建北川羌族自治县擂鼓镇柳林村群众临时房示范点和绵竹市东北镇河兴群众临时房示范村，并在 71 个乡（镇）、村庄，采取搭建帐篷、简易房等方式，各搭建一个安置点，安置灾区群众 22.26 万人。

5 月 27 日，四川省军区广元军分区承建的青川县竹园镇黄沙坝鱼水村安置点竣工，军分区苍溪县、元坝区民兵应急分队 130 人参加建设，投入军用帐篷 100 顶、XCC2002-150 型炊事车 3 辆。鱼水村安置点占地面积 1.87 公顷，安置青川县曲河乡、前进乡、石坝乡、红光乡灾区群众 800 人。安置点设有公共厨房、厕所、给水站和垃圾处理点等，受灾群众在这里不仅有临时住所，还能吃上热饭菜、喝上干净水。同时，建成青川县竹园镇黄沙坝鱼水村“帐篷小学”，使鱼水村安置点达到“能吃、能住、能洗澡、能防疫、能上学”的配套设施标准。至 31 日，四川省军区所属救援部队先后在安县晓坝镇、北川羌族自治县擂鼓镇、青川县竹园镇、罗江县金山镇、汶川县映秀镇建立 5 个群众集中安置点，安置灾区群众 6800 人。6 月 1 日 14 时，成都军区陆军某集团军搭建的北川羌族自治县桂溪乡桂溪村灾区群众安置点竣工，安置点占地面积 7420 平方米、总建筑面积 2049 平方米，搭建部队班用帐篷 85 顶，安置群众 500 人、80 户，具备召开会议、学习、看电视、娱乐、超市、医疗、通信、行政管理等功能。阆中市为过渡安置城区倒（危）房群众，集中部队训练场和七里街道办事处空地，搭建 8000 平方米简易帐篷，优先提供给倒（危）房户群众居住。阆中市这两个安置点均设立了救助点，接通自来水，安装了照明灯，设置有流动厕所。

第三节　帐篷安置点安置

地震发生后，灾区群众安置点建设受到中共中央、国务院和国务院抗震救灾总指挥部群众生活组的高度重视，并组织灾区干部、群众迅速开展帐篷安置点建设，临时安置灾区群众。（参见图 94 ~ 95）

5 月 17 日，在都江堰市荷花池市场用大型挖掘机、装载机清理出倒塌的楼房废墟，由专业人员进行防疫消毒后，搭建起帐篷安置点。在都江堰市幸福大道边一块空地上，救援人员搭建起可容纳 3000 人左右的帐篷 500 余顶，从 18 日开始安排受灾群众入住。20—21 日，广西公安救援队为都江堰市受灾群众搭建帐篷 110 顶，使 1000 余名在雨中过夜的受灾群众得到妥善安置。21 日，都江堰市翔凤桥社区受灾群众安置点搭建帐篷 500 余顶，建成一

图 94　民政部门在四川地震灾区搭建整齐的救灾帐篷安置点

（民政部　提供）

图 95　四川省民政厅帮助受灾群众搭建的帐篷集中安置点

（四川省民政厅　提供）

个具有娱乐活动中心、休息点、就餐点、卫生医疗室、厨房的可容纳 2000 余人的帐篷安置点。

地震发生后，绵阳市数十万受灾群众流离失所。绵阳市委、市政府迅速确定“就地、就近、分散”安置原则，立即在九洲体育馆、南河体育中心和永兴中学建立群众集中安置点，并向三台、梓潼等地转移安置部分来自北川、安县、平武的受灾群众。绵阳市抗震救灾指挥部还派出 300 余人组成的受灾群众安置工作组赴江油、北川等地指导设置安置点、就地安置受灾群众。北川羌族自治县、平武县、安县 3 个地震极重灾县，设立集中安置点 880 个，紧急安置受灾群众 311.58 万人，其中帐篷安置 9137 户、33737 人。至 7 月底前，绵阳市共组织发放帐篷 47 万余顶、衣被近 173.6 万件、成品粮 12.96 万吨、食用油 5667 吨。

5 月 13—20 日，北川羌族自治县安置受灾群众 14.2 万人，全县建立 364 个临时安置点，集中、分散安置 8.4 万人；在绵阳城区、江油、安县、梓潼等地转移安置 5.8 万人。曲山镇任家坪安置点 13 日起搭建帐篷 1000 顶，安置群众近万人，成为地震灾区存在时间最长的帐篷安置点。地震发生后，北川羌族自治县抗震救灾指挥部设在县城曲山镇任家坪村的北川中学校园帐篷内，县级机关和曲山镇部分幸存干部职工吃住在帐篷里，坚持在抗震救灾第一线。19 日，绵阳市抗震救灾指挥部指示市司法局负责北川羌族自治县擂鼓镇群众安置点管理服务保障工作。20 日，市司法局领导带领干部 20 人、志愿者律师 20 人，在擂鼓镇群众安置点搭建帐篷 36 顶、临时厕所 10 座，修整路面 3 公里；当天，装卸、调配、分发救灾物资 6 卡车。21 日，市司法局擂鼓镇安置点工作

图 96　5 月 21 日，绵阳市司法局在北川羌族自治县擂鼓镇建成可容纳近 3000 人的安置点，使群众有了“临时的家”

（四川省民政厅　提供）

队成立安置点工作领导小组，下设群众接收安置、物资接收发放、安全保卫、心理疏导、信息宣传 5 个小组，依靠北川羌族自治县委、县政府，先后接待安置灾区群众 6000 人。（参见图 96）21 日后，部分在绵阳市九洲体育馆和南河体育中心临时安置的曲山镇群众回到任家坪，也被集中安置在任家坪临时安置点。25 日，北川羌族自治县抗震救灾指挥部和县直机关由北川中学撤到擂鼓镇 38 米干道一带，擂鼓镇就地安置受灾群众和接受曲山镇等乡镇转移回来的受灾群众及县直机关单位、救灾援建人员达 4 万余人，是地震灾区最大的帐篷安置点。擂鼓镇党委和政府采取分散发放帐篷、生活用具和集中搭建帐篷等方式，妥善安置返乡无房受灾群众。（参见图 97）同时，曲山镇政府也组织 1100 余户、3600 余名群众，转

图 97　6 月 8 日，北川羌族自治县擂鼓镇受灾群众集中安置点应急供水

（水利部　提供）

移至任家坪临时安置点的帐篷区进行安置。6月底，北川羌族自治县抗震救灾指挥部撤离擂鼓镇，移至安县安昌镇办公，曲山镇万余名群众和其他各乡镇近万名群众在各地党委、政府的引导下，纷纷离开擂鼓镇各安置点，转移到其他指定地点安置。从6月21日起，安置在绵阳城区九洲体育馆、南河体育馆及江油、安县、梓潼等地安置点的4.5万名北川羌族自治县受灾群众陆续返回北川。

安县在地震发生后用最短的时间建起7个集中安置点和292个相对集中的临时安置点，安置受灾群众28.23万人，其中对城镇居民和千佛镇、高川乡两个重灾乡（镇）及14个高山村、28万受灾群众进行集中安置。睢水镇救助站安置无家可归群众4400余人，搭建帐篷490顶，协调调运救灾食品和饮用水100余吨、药品10余吨及棉衣、棉被5万件。5月下旬，永安镇安置点接收从绵阳市九洲体育馆和南河体育中心临时安置点撤回的北川羌族自治县曲山镇、漩坪乡部分受灾群众1000余人，安置在永安镇3个帐篷集中安置点。安州驾校临时安置点于5月中旬建成，由绵阳市中级人民法院管理，主要安置由北川羌族自治县漩坪乡转移出来的受灾群众，共有帐篷155顶，安置受灾群众1700余人；8月中旬，受灾群众转移到安昌镇竹林街援建活动板房小区安置。黄土镇安置点5月18日开始建立，由绵阳市劳动社会保障局管理，有近400顶帐篷、6000平方米，主要安置北川漩坪、禹里等乡（镇）转移出来的受灾群众，最多时安置2800余人。

平武县在近郊乡镇设立4个安置点，共发放帐篷约11.89万顶、篷布1.63万件（捆、包）。地震发生后，山体滑坡、堰塞湖等次生灾害直接威胁着水观乡及南坝镇、石坎办事处13个村的安全，迫使近9000余名受灾群众不得不撤离家园。此外，县城和南坝、响岩、平通场镇还有近3万人需要紧急安置。为此，军地联合指挥部及时在平通、响岩、南坝、县城等地设立13个大型集中安置点，每个安置点都由县级领导、部门领导、镇村干部组成工作组，驻点协调、指导、管理。同时，平武县共设立375个临时安置点，及时转移疏散并安置受灾群众18.6万人。

三台县各乡镇和县级机关地震后紧急出动，及时将群众转移到安全地区妥善安置。同时，安排下拨自然灾害生活救助资金317万元，解决群众口粮、衣被等临时生活困难。从5月13日开始，极重灾区部分群众开始转移到三台县。三台县成立接受安置群众领导小组，在三台县体育中心设立救助站，搭建帐篷500余顶，安置县城和北川等地受灾群众。21日，又在县体育中心附近搭建临时帐篷121顶。至26日，三台县共临时安置群众约2.51万人，其中接收北川等极重灾区群众1700人。

广元市在地震灾后，设立安置点1166个，搭建帐篷27万顶，安置41.03万余户、125.53万人，安置率92%。青川县竹园镇集中安置点搭建帐篷379顶，安置灾区群众4000人。

阿坝藏族羌族自治州至5月31日设置帐篷安置点550个，搭建帐篷2.25万顶，安置受灾群众14万人（次）。至7月下旬，阿坝设置帐篷安置点1668个，搭建帐篷14.9万顶。

甘肃省、陕西省在地震灾后，立即开展搭建群众安置点工作，保证受灾群众有饭吃、有衣穿、有干净水喝、有临时住处，妥善解决灾区群众安置困难。

甘肃省陇南市发放救灾帐篷2000顶、彩条布40万平方米，搭建帐篷安置点，安置城镇灾区群众40万人，农村灾区群众94.53万人。至6月底，甘南藏族自治州安置群众6.9万人。天水市以救灾帐篷和彩条布搭建临时帐篷组建安置点，安置农村灾区群众约1.3万户、约6.39万人，城市324户、1106人。至7月1日，甘肃省发放帐篷14.13万顶，彩条布163.52万平方米，设立群众救助站249个，设立固定安置点5635个，安置灾区群众179.7万人。

陕西省提出"安置点要实现一户受灾群众确保一顶帐篷，周边一定要有排水沟；一个安置点至少要有一个卫生点、一个警务室、一个便民商店、一个帐篷厨房、一个公共厕所、一条临时便道"等要求。至6月2日，宝鸡军分区人武部搭建帐篷1887顶、活动板房146套，安置灾区群众1927户、5716人；搭建"帐篷学校"两所，使554名学生复课。略阳县人武部组织民兵2315人，调运施工机械3台，平整场地3800平方米，搭建帐篷2762顶，安置灾区群众9.74万余人；宁强县人武部组织民兵500人，先后在青木川镇玉泉坝村、东坝村、长沙坝村，广坪镇金山寺村，二郎坝乡水田坪村搭建帐篷1000顶，建设5户以上集中安置点334个，安置群众4000人，各安置点均实现水、电、路、电视、电话"五通"的要求。陕西省发放帐篷3.5万顶，设立群众救助站点510个，设立固定群众安置点826个，安置灾区群众118.36万人。

第四节　帐篷安置点管理与服务

一　帐篷安置点管理

地震造成四川省、甘肃省、陕西省、重庆市和云南省1510.6万余灾区群众需要过渡安置。灾区过渡安置点人员多、流动性大、不同地区群众混合安置，常因生活琐事发生冲突，形成安全隐患。针对情况，灾区各级政府加强对安置点的管理，实施属地管理和单位自行管理两种体制。

属地管理是实行安置点所在地政府负责制。针对村（社区）受灾群众集中居住、打破原建制的大规模过渡安置点，按原村（社区）相对集中原则，成立过渡安置点社区管委会。社区管委会对安置点实行统一集中管理。管委会下设居民委员会，居委会下设居民小组，通过多层级的形式，最终实现社区化管理。社区是安置点最小的细胞，通过"再造社区"，将原来不同社区居民再次融入社区管理，解决基层管理结构的"盲点"问题。绵阳市8个集中安置点通过市级管理部门理顺关系、走上正轨后，于7月10日移交给前期协助配合的北川羌族自治县县级部门管理。县司法局、县规划建设和环境保护局、县人武部、县人民法院、县人民检察院、县科技局、县畜牧兽医局、县劳动社会保障局接手后，各责任乡镇进一步充实干部到安置点，落实责任主体，落实工作人员，建立健全工作制度，保障工作经费，改善工作方法，主动深入安置点了解情况，解决群众实际困难，稳步推进各集中安置点的日常管理服务工作。在7月下旬，北川羌族自治县明确提出受灾群众安置的责任主体为入住群众的乡镇党委和政府，集中安置点管理的责任主体为各乡镇授权设立的党总支和管委会。安置点实行授权小区管理机构管理和住户自治管理相结合的管理模式。

单位自行管理实行由指定单位负责的管理体制。地震发生后，北川羌族自治县擂鼓镇集中安置点主要由市级部门搭建帐篷并牵头管理服务，县抗震救灾指挥部统一抽调工作人员协助管理，其中擂鼓镇第一安置点由市建工委管理，擂鼓镇第二安置点由市司法局管理，擂鼓镇第三安置点由省军区管理；永安镇第一安置点由市检察院管理，永安镇第二安置点由市科技局管理，永安镇第三安置点由市委党校管理；安昌镇安置点由市中级人民法院管理；黄土镇安置点由市劳动社会保障局管理。北川羌族自治县把全县20个乡（镇）和集中安置点划分为片区，实行一个片区一个县级领导、一个县级部门的片区分工负责制度。片区分工负责制度进一步明确工作目标，将责任落实到人，实行部门包干，保证群众安置的各项工作落实到位。

地震灾区各帐篷集中安置点都建立相应的管理机构。北川羌族自治县为做好集中安置点内受灾群众管理、服务工作，先后成立临时党总支、临时党支部、临时管委会，组建治安巡逻队、义务消防队、义务防疫组等受灾群众自我管理服务机构，坚持每天不少于两次的集中防疫消毒处理，积极开展治安、消防巡查等自防、自救工作，实行工作日报告制度。各集中安置点创办广播站，坚持每日宣传关于群众安置、公共卫生等方面的政策和知识。受灾群众自治机构明确职责分工，密切协调配合，采取有效措施，共同做好安置点内受灾群众的管理、服务工作。各集中安置点逐步配套建设水、电、道路等基础设施，按比例配备“帐篷学校”、医疗点、集中供水点、厕所、浴室、垃圾收集点及必要的文化宣传设施等公共服务配套设施。集中安置点日常管理工作正常有序开展，受灾群众情绪稳定，社会治安秩序良好。

临时社区管委会　5月23日，地震局、科技部专家组经实地调查向四川省地震抗震救灾指挥部提出建议，针对灾区群众安置现状，应尽快由灾区地方政府组织设立临时社区管理委员会、临时社区党小组，实施灾区临时社区的全面管理。26日，四川省委组织部和省民政厅联合印发《关于在受灾群众集中安置点建立临时社区管委会和临时党组织的意见》，要求集中安置点尽快组建临时社区管委会，负责集中安置点的日常管理。

临时社区管委会设主任一人，一般由乡镇、街道指派，全面负责安置点日常管理工作；管委会组成人员也由乡镇、街道、对口联系单位工作人员担任，或由原村（居）组干部、受灾群众代表、政府联系干部、治安民警等多方人员组成，按照分工管理安置点的各项工作。管委会主任及其组成人员均专职从事管理工作。临时社区管委会设有人员安置登记处、咨询处、宣传广播处、物品收集发放处、民警值勤处、医疗服务处、理发处、亲友平安电话联络处、志愿者工作室、洗漱点、就餐处、电视观看点、图书阅览室、信息服务点、临时学校等管理服务机构，负责过渡安置点多点供水，统一配置和管理供水设施与水源；负责防疫和食品安全保障，协调实施心理援助、安排文体活动。同时，协调各类资源，组建志愿者服务队，围绕方便灾区群众生活，逐步增加服务项目，开展便民利民服务。（参见图98～99）

临时党支部　根据四川省委组织部和省民政厅《关于在受灾群众集中安置点建立临时社区管委会和临时党组织的意见》，四川地震灾区6000个灾区群众安置点先后设立临时党支部等基层党组织。5月28—29日，绵阳市司法局负责的北川羌族自治县擂鼓镇第二安置点开展党员登

图 98　6 月 3 日，安县桑枣镇救助站设立临时社区管理委员会（四川省民政厅　提供）

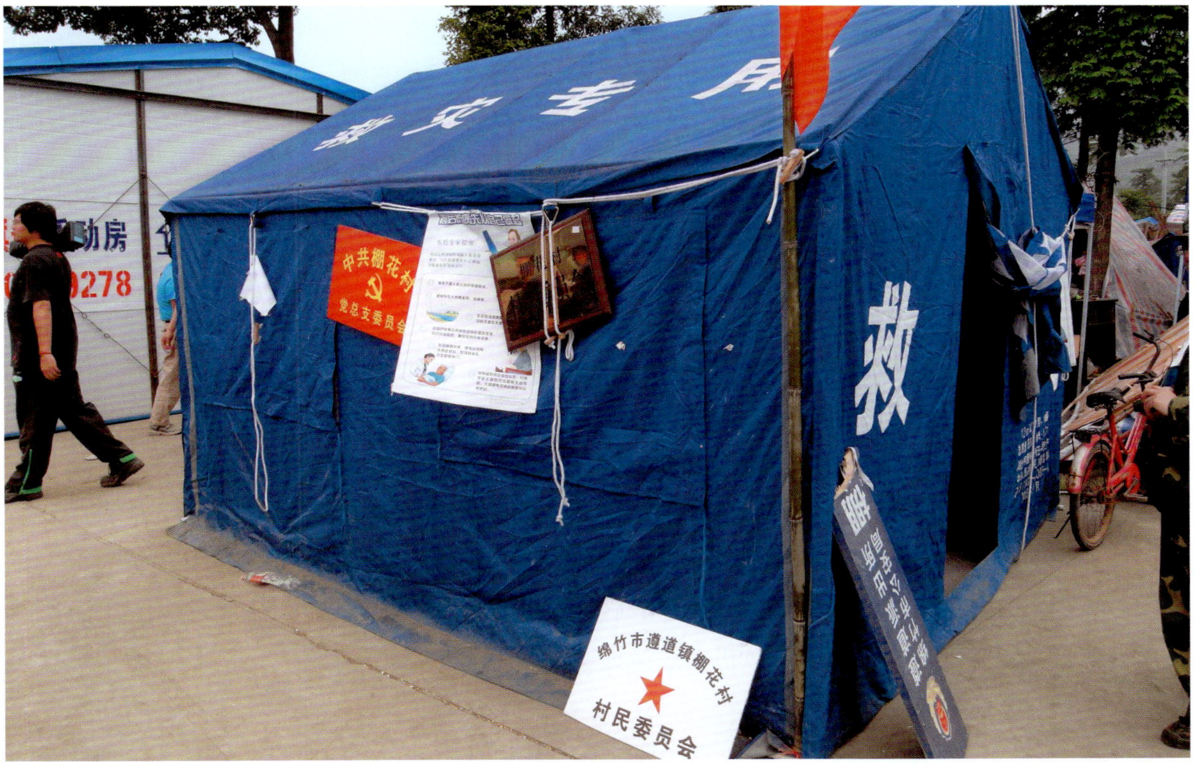

图 99　5 月 25 日，绵竹市遵道镇棚花村设立在帐篷内的村民委员会

（四川省民政厅　提供）

记活动，登记后的 73 名党员召开会议，民主选举产生绵阳市受灾群众擂鼓镇第二集中安置点临时党委，协助市司法局完成群众安置点管理和服务保障工作。青川县竹园镇集中安置点也设立了临时党支部。

二　帐篷安置点服务

户政、消防服务　地震造成大量人员伤亡、房屋损毁，人口信息遭到严重破坏，随着灾区群众安置、恢复重建工作的开展，群众户政服务需求量日益增大。安置点户政服务工作主要由临时警务室负责，有些较大安置点还在警务室内设立办证中心，专门为群众提供户政服务。5月21日，成都市公安局下发《关于切实做好为受灾群众办理户口、居民身份证等相关工作的通知》，要求各分局，市、县公安局各公安办证中心做好灾区群众办理户口、居民身份证等工作，开辟灾区群众办理户口和身份证“绿色通道”。27日，成都市公安局下发《关于加强抗震救灾期间流动人口服务管理工作的通知》，明确安置点警务室协助办理户口簿、临时身份证和暂住证职责，对安置点群众提出的补办户口、临时身份证及暂住证要求的，安置点民警应予受理，并及时与群众户籍所在地公安机关联系，协助办理；对安置点群众提出办理暂住证要求的，开辟“绿色通道”，及时办理。6月1日，绵阳市公安局提出《支持灾后重建服务灾区群众20条便民利民措施》，要求开辟户籍证明办理“绿色通道”，在北川羌族自治县、平武县、安县、江油市群众过渡安置点设立临时办证点，面向灾区群众开辟“绿色办证通道”。江油市公安局在帐篷警务室设立临时户政室，为灾区群众领取第二代身份证、开具有关证明，为群众外出安置、学生借读提供方便。至6月26日，绵阳市帐篷派出所办理灾区群众临时身份证1500张，开具户口证明2000份，其中九洲体育馆流动警务室办理临时身份证和户籍证明2917件。随着人口信息系统逐步恢复，成都市过渡安置点警务室“‘5·12’寻亲信息查询网站”面向灾区群众提供免费人口信息查询服务。

地震灾区安置点规模较大，入住人员流动性大，四川省由临时管委会、临时警务室对安置点每顶帐篷逐一编号，逐户清理核实入住人员。安县公安局制订《安置点入住人员登记表》，分别从姓名、年龄、性别、政治面貌、现任职务、家庭成员、所在村组、活动板房号、伤亡、受损情况10个方面，详细记录入住人员情况，并逐步开展采集人头照片资料，分片编号，建立安置点入住人员基本信息台账，实施安置点入住人员动态管理。7月27日，四川省公安厅下发《关于切实加强灾后重建期间实有人口管理工作的意见》，要求公安机关配合民政部门完成集中安置点门牌号清理、登记、编制和管理。针对灾区群众已失去家园，采用集中安置点居民人口信息登记后，原籍户口继续保留，待永久性住房建成后，再重新确认户籍管理的方法。四川地震灾区以安置点人员管理为基础，为地方党政机关决策提供依据。同时，帐篷编号便于灾区群众间相互查找，为安置点群众生活提供方便。

至6月26日，四川地震灾区公安机关和派出所接待灾区群众36万人（次），办理户口3.5万件，注销户口876人，受理二代身份证3.6万张，免费办理临时身份证8.4万张，为群众送证上门2.4万个，补办户口簿2.3万本，新生儿入户1820人，出具户籍证明1.8万份，帮助查找亲属7700余人。

公安部消防局针对安置点帐篷多、火灾隐患严重的情况，组织清理帐篷内使用柴灶、燃气（油）灶6000具，拆迁占用疏散通道、防火间距帐篷450顶，打通消防车通道48处。四川地震灾区地方人民政府以增设消防通道为重点，开展安置点内部帐篷区域规划整顿，合理调整已搭建安置点的整体布局。成都市、绵阳市、广元市、德阳市结合帐篷编号，完成消防通道设置。其中，广元市还在安置点适当位置设置集中用电（火）区和吸烟区，在安置点外建立临时停车场（点），指派专人看守，规范车辆停放秩序。成都市公安消防部门举办防范教育培训班237次，培训62481人，悬挂宣传标语1705幅，发放消防资料2.89万余份，举办安置点灭火演练109次。27日下午，都江堰市在玉堂镇外滩帐篷安置点举行模拟帐篷起火逃生自救、火灾扑救演练。都江堰消防大队联合当地公安、卫生、水电等相关单位，成功进行群众疏散、帐篷初期火灾扑救、人员搜救、火灾扑救等项目的演练。至8月21日，四川省公安消防部门在安置点设立消防警务室106个，投入消防官兵315人、消防车辆44台，配备灭火器5.4万具、消防水带38520米、机动泵148台。四川地震灾区各市州人民政府也先后投入经费2184.8万元，购置消防车8台及大批器材，做到安置点每10间（套）或半径25米范围内配备两具灭火器，帐篷安置点一篷一具，保证329个帐篷安置点群众消防安全。

气象服务　地震重灾地区地形地貌复杂，有高山、高原、盆地和平原，气候差别很大。地质灾害多由局部地区强降水引发，地震灾区气象服务是躲避地质灾害的首要条件。

5月15日，四川省气象局联合新浪网开辟灾区气象公共服务专栏，每3小时发布一次地震灾区气象实况和预报信息；通过移动通讯公司“10086”端口，每天向灾区全网移动用户免费发送天气预报；将省电视台旅游景区天气预报调整为地震灾区天气专题预报，并在每天12时30分增加一次地震灾区专题预报的同时，以滚动字幕方式每小时播出灾区天气实况和滚动预报信息。17日，省气象局紧急印制5万册《四川省“5·12”地震重灾区基本气候情况》小册子发往灾区，重点提供5—9月重灾地区气候分析资料。18日，省气象部门又开辟向成都市、德阳市、绵阳市、广元市、雅安市、阿坝藏族羌族自治州66.72万移动用户免费发送天气实况和天气预报信息服务。

为配合抗震救灾工作的开展，自5月14日开始，四川省气象局开展为卫生防疫部门提供《四川汶川地震灾区公共卫生气象服务专报》专项服务，向卫生防疫部门提供最新天气、降雨量和气温等气象数据。自19日起，气象部门部署开展灾区帐篷安置点气象条件对比观测工作，针对影响受灾群众生活和灾区卫生防疫的气温、降水、雷电等进行监测预报，并研究提出解决办法。省气象局增加灾区群众安置帐篷内温度观测服务，先后在彭州市小鱼洞镇、安县安昌镇、平武县平通镇、绵竹市汉旺镇、黑水县等群众安置点，设立帐篷温度观测站。

5月22日，四川省气象部门启动灾区临时安置房建设气象保障服务，为临时安置房的选址、建设、卫生防疫和气象灾害防御，提供科学决策依据。四川省气象局要求各级气象部门做好临时安置房选址区域的气候背景分析，了解地震灾区政府及有关部门恢复生产、基础设施建设等方面情况，有针对性地开展气象灾害风险评估和气候可行性论证。加强与临时安置点建设单位、卫生部门联系，了解服务需求，为临时安置点建设及卫生防疫工作提供所需的预报和服务，重点加强暴雨、雷电、高温、大风等强对流天气的预报，开展临时安置房内温度监测和预报。25日8时，省气象局启动地震重灾区上游江河流域临时区域应急观测业务，在重灾地区主要江河流域上游安县晓坝镇、什邡市红白镇等地，设立10个临时区域观测站，开展气压、温度、湿度、风向、风速、雨量观测，为灾区堰塞湖抢险和现场资料收集提供气象保障服务。

地震发生后，陇南市气象局职工抢出部分设备，观测、传输数据，使用固定电话或手机坚持传递气象信息。5月16日，宝鸡市出现高温天气，市区最高气温达38.4摄氏度，帐篷内最高气温达50摄氏度。宝鸡市气象局及时发布高温橙色预警信号，利用电视台、广播电台、手机短信平台、电子显示屏和市政府领导专用手机短信预警通道向社会公众发布。汉中市气象局在简易防震棚安装区域设立一套自动观测仪器，在居住帐篷内安装温度计和湿度计，开展帐篷内温度、湿度等气象要素对比观测和帐篷气象服务工作。18日15时，陕西省气象局应急办公室下发《关于在地震灾区开展针对帐篷气象服务工作的通知》，要求宝鸡市、汉中市气象局开展帐篷内气温、湿度等气象要素对比观测，向政府有关部门及社会公众提供有针对性预报和对比监测信息。16日20时35分、17日18时50分，陕西省气象台发布雷电黄色预警信号和雷电橙色预警信号，预报未来6小时汉中、宝鸡、咸阳、西安、铜川、渭南等地震灾区局部地区雷电情况。6月16日，汉中市、宝鸡市气象局根据汉中市宁强县、略阳县、南郑县及宝鸡市太白县和陈仓区帐篷、简易房内外气象要素对比观测，向市政府及社会公众发布《抗震救灾帐篷内气象要素专题预报》，提醒灾区群众尤其是帐篷内居住群众注意防暑。

重庆市气象局5月13日15时30分召开新闻通气会，向公众发布未来3天雷雨天气预报，准确预报13日夜间到15日，重庆市自西向东明显雷雨或阵雨天气过程，发出雷雨、大风、冰雹短时强对流天气预警。梁平县12日19时报送第一期地震气象服务专报，利用“12582”通过手机和小灵通发布预警信息1000条，利用“农信通”向社会公众发布预警信息。

文化服务 四川省文化系统先后在灾区群众集中安置点建立224个文化服务站，为53个灾区市、县配置流动文化服务车57辆、图书760万元码洋、流动电影放映车51辆。6月6日，四川省委宣传部、省精神文明办公室下发《关于加强受灾群众集中安置点宣传思想文化工作的通知》，要求地震灾区县市重视过渡安置点群众思想文化工作，在1000人以上集中安置点设置文化服务站，500～1000人安置点设立文化多功能活动室，并配套相关文化设施，向灾区群众免费提供图书和期刊借阅服务。要求组建多种形式文艺小分队，开展“千场数字电影进灾区”，“文艺直通车”进灾区和主题图片、美术、书法、摄影展，保证灾区安置点群众每周能看上一场电影。

在“图书流动服务”进灾区活动中，四川省文化厅开设“爱心书屋”和“图书流动服务点”63个，向灾区群众集中安置点捐赠图书6万册，分发抗震救灾资料19万份。省图书馆编辑“避震常识及自救、互救”“地震知识”“地震灾区的心理救援”“地震之后的疾病预防”等抗震救灾宣传资料，印刷40万份送往灾区。阿坝藏族羌族自治州图书馆在汶川、理县、茂县、黑水等8个灾区县设立流动图书服务点，配送书籍1.38万册。德阳市文化局在受灾群众集中安置点空地搭建“临时图书借阅室”，建成“爱心阅览室”22家，配送阅览室书架130个、桌椅220套和各类图书、音像制品10万册（张）。德阳市图书馆在绵竹市旌南开发区东汽安置点搭建“爱心书屋”，提供各类图书400册、阅览桌4张、凳子30把。广元市图书馆向群众安置点免费发放抗震救灾图书2160册。5月22日，成都市新闻出版局负责人、图书批发市场负责人和发行协会的企业家将价值近10万元的帐篷、图书和书桌分装在两辆货车上，送往都江堰、彭州捐建5个“爱心帐篷书屋”。

地震灾区广播电视设施恢复迅速。5 月 13 日，阿坝藏族羌族自治州电视台、州人民广播电台调整节目，推出连续、滚动、大时段抗震救灾新闻报道《抗震救灾特别报道》，开设“抗震救灾英雄谱”栏目。州广播电台先后与四川人民广播电台民族频率、经济频率、成都人民广播电台、福建人民广播电台完成5次电话连线直播，参加6月12日中央人民广播电台、四川人民广播电台、四川省 21 家市（州）广播电台联合直播抗震救灾、重建家园大型直播节目《挺起我们的脊梁》。13 日，茂县广电局采取安装地面卫星接收设施集中收看方式，开展应急电视播映。15 日，理县广电局在灾区群众避震场所架起两只高音喇叭，安装两台调频广播接收机，恢复“中国之声”广播节目播出。绵阳市九洲体育馆安置点内安装电视。随着过渡安置点的建设，四川省在 340 个安置点安装广播电视接收装置，其中采用有线光缆 206 个、数字微波和卫星接入 134 个，实现每个安置点都能收听、收看广播电视节目的目标。（参见图 100）至 8 月 5 日，四川地震灾区群众安置点完成有线电视安装到户工程，保证群众按时收看 2008 北京奥运会开幕式盛况。

为保证安置点灾区群众能够收看到北京奥运会的盛况，陕西省民政厅根据省政府指示，为宁强县、略阳县 20 个受灾群众集中安置点，配置电视机 20 台、数字卫星接收器 20 个，并于 8 月 4 日将电视机和数字卫星接收器送到群众安置点。

各地震灾区在开展广播电视服务的同时，还及时组织电影放映队进入安置点，为灾区群众放映电影。5 月 13 日，绵阳市新世纪农村数字电影院线公司组建 83 支放映队，在安县安昌中学、

图 100　在帐篷安置点，学生们使用科技部、四川省科技厅捐赠的卫星电视设备观看节目

（科技部　提供）

南河体育中心、九洲体育馆及各县（市、区）灾区群众安置点放映电影。绵阳市电影发行放映部门进入灾区 230 个安置点，在园艺山、小枧、丰谷等数十个救助站、社区及济南军区野战医院、第二炮兵、武警凉山彝族自治州支队、高炮旅等部队，208 公司、科创园、富乐山等堰塞湖撤离安置区，放映电影 11405 场。6 月 6 日，四川地震灾区文化部门开展“电影人心系灾区”的慰问放映活动，调集抗震防震、受灾自救、震后防疫等科教片，配送 49 套数字电影放映机，在受灾群众聚集点放映“爱心电影”。阿坝藏族羌族自治州以“周末坝坝电影”的形式，在社区、机关、学校、部队放映电影 3113 场（次），观众 31.8 万人（次）。9 日，北川羌族自治县在擂鼓镇放映第一场电影，同时组建北川羌族自治县电影公司，成立 10 支慰问、公益数字电影放映队。成都市电影行业最远行程 600 余公里，给灾区群众安置点、学校、援建单位、救援部队放映电影 3 场（次）。11 日，雅安市金熊猫院线公司面向各群众安置点开展“电影人心系灾区群众”慰问放映活动，先后在芦山、名山、天全、雨城等县（区）群众集中安置点放映《英雄谱》《中流砥柱》《农村饮水卫生》等影片。

教育服务　各救援部队、对口支援省市及灾区教育部门采取搭建帐篷等方式，逐步恢复灾区学生复课。5 月 18 日，绵阳市教育局在九洲体育馆搭起“帐篷学校”，北川羌族自治县、绵阳中学、绵阳外国语学校每天安排上百名教师分小学、初中开展教学，安置点 1200 名学生参加学习。22 日，古蔺县 100 名民兵在安县永安镇永安小学废墟上，拆除尚未倒塌建筑，清除操场上的垃圾，搭建 6 顶帐篷，建起第一所“帐篷小学”。27 日，汶川县卧龙镇中心小学师生在校内安全空地上搭建帐篷，开始复课，成为四川地震灾区师生自己动手恢复的第一所“帐篷小学”。同日，四川省军区广元军分区援建的青川县竹园镇黄沙坝鱼水村“帐篷小学”开学，小学设在占地面积 1.87 公顷、安置灾区群众 800 人的鱼水村安置点，有教职员工 11 人、学生 81 人，使鱼水村安置点成为第一个“能吃、能住、能洗澡、能防疫、能上学”的灾区群众安置点。6 月 5 日，解放军总政治部主任李继耐及蒋巨峰先后看望“帐篷小学”师生。（参见图 101 ～ 102）

图 101　深圳特警队“特警教师”到汶川县映秀镇“心连心帐篷小学”支教

（公安部　提供）

图 102 5 月 25 日，学生们在“八一帐篷学校”学习、生活

（四川省民政厅 提供）

5 月 31 日，北川羌族自治县擂鼓镇“八一幼儿园”开园。幼儿园由解放军陆军某集团军步兵师援建，占地面积 2000 平方米，拥有 12 顶棉帐篷及儿童滑梯、儿童床、风琴等教学设备、设施，救援部队抽调野战炊事车和军医负责饮食、医疗卫生保障。来自十里八乡的 170 名孩子入园学习，其中年龄最大的 6 岁、最小的 2 岁，这是四川地震灾区开办的第一所幼儿园。同日，安县人武部民兵在安县迎新乡铜锣村幼儿园搭建帐篷幼儿园，取名“红星幼儿园”，是灾区群众自己恢复的第一所幼儿园。

6 月 19 日，合肥特警队员在茂县渭门乡派出所腾出两顶帐篷，开办帐篷辅导班，为 32 名受灾儿童开设心理疏导、语文和数学等课程。这是公安民警在地震灾区办起的第一所学校。

在四川地震灾区有名的“帐篷学校”，还有成都军区空降兵某师援建的什邡市马祖镇“上甘岭”中心小学和洛水镇洛城村“伞兵帐篷学校”。

甘肃省教育厅要求地震灾区市州教育局迅速展开停课学校复课工作。5 月 13 日，陇南市教育局下发《关于动员全社会搭建简易帐篷的紧急通知》，号召教育部门、学校动员全社会力量，搭建简易“帐篷学校”，尽快复学复课。15 日，兰州军区某红军师政委张绘武在文县中庙乡联丰村看到高三年级学生强永凤坐在倒塌的废墟上学习，张绘武带领红军师官兵用一顶军用帐篷搭起

“帐篷学校”。17日14时，联丰村13名高三年级学生在这个“帐篷学校”开始了第一堂课。灾区群众提着腊肉、清茶，带着即将参加高考的孩子翻山越岭赶来，一些远在广元的学生也闻讯赶来，几天时间，前来投学的学生超过150人。救援部队专门腾出师指挥部两顶大帐篷作为教室，派出炊事班照顾学生的一日三餐，还挤出8顶帐篷供学生住宿，而80名官兵却在露天宿营。得到消息后，兰州军区统一协调，先后调拨511顶军用帐篷，拨付60万元专款，建设起“帐篷学校”。19日，文县范坝初中校园内师生在帐篷教学点前举行升旗仪式，唱响国歌。范坝初中是甘肃地震灾区第一所复课的初级中学。

医疗卫生服务 四川地震灾区安置点医疗点、防疫站是安置点设立时最早的服务机构，随着安置点管理的规范，安置点内医疗点、防疫站不断得到加强。按照四川省卫生厅的有关规定，群众安置点按照人数1000人以下、1000～3000人、3000～10000人和1万人以上4个档次，分别参照村卫生站、乡镇卫生院、一级综合医院标准配置专业医师、专业护士及医疗设备，以满足安置点的群众医疗卫生服务需求。灾区群众集中安置点全部实行免费医疗和防疫，安置点每天坚持消毒杀菌、疫情报告和预测预警制度。在绵阳市九洲体育馆内，绵阳中医院、安徽省红十字会、上海普陀区中心医院、海军总医院等1000余人（次）医护人员组成10个医疗救助点，完成4000余人（次）的治疗。同时，绵阳市疾病控制中心每天4次对安置区域消毒。5月22日，德阳市食品安全协调委员会办公室牵头组织市工商局、卫生局、食品药监局、抗震救灾指挥部等部门组成两个检查组，分别由市政协秘书长、市食品安全协调委员会办公室领导带队，围绕群众安置点供餐环境卫生状况、食品安全状况、饮用水安全状况、群众生活保障措施及落实情况等，通过暗访与走访相结合方式，对什邡市方亭街道办事处、市财政局、回澜镇，德阳市体育馆，旌阳区孝泉镇、天元镇、德新镇及绵竹市体育场等救助站食品安全、卫生防疫情况，以及绵竹市土门镇罗荣村4组、广济镇场镇居委会群众生活保障情况检查。检查组针对存在问题，提出整改意见和建议。什邡市人武部组建50个民兵防疫小分队，进入灾区乡镇、村庄，坚持每天在过渡安置点消毒，发放消毒用品，宣传卫生知识和防疫知识。至7月25日，阿坝藏族羌族自治州所属626个医疗卫生机构全部恢复医疗服务，在灾区群众集中安置点设置医疗点95个，派驻医疗人员2898人。医疗卫生、防疫人员处理垃圾点、厕所、蚊蝇滋生点9.8万处，监督食品生产经营单位14965户（次），监督饮用水供应点4307户（次）。成都市集中安置点设置医疗卫生服务站226个、卫生防疫站130个，医疗、防疫、监督人员1994人，提供医疗服务23万人（次），培训防疫监督人员5000人（次），实现医疗、防疫全覆盖。都江堰玉堂外滩安置点内，住着1100余名来自各受灾地区群众，清洁人员每天对蚊蝇滋生的墙角等地喷洒3次消毒水，垃圾和公共区域更是消毒的重点。德阳市所属6个县（市）恢复正常医疗服务秩序，集中安置点实行社区化管理，有专业防疫队伍、固定医疗站点，有专人负责监测报告传染病疫情。地震发生后，广州市志愿者都江堰医疗服务分队在四川地震灾区的不同城区设立5个医疗点，每天诊治约500名病人，并首创“流动医疗志愿帐篷医院”，直接到各村为村民送医送药，每天为约1000名村民服务。

甘肃省的平凉市卫生局、市疾病控制中心5月20—24日分成3个组，开展6项灾区县卫生监督应急工作督导检查。检查以受损水塔、水源改变地安置点生活饮用水为重点，采集监测水样43份，及时处理不合格水源。同时，监督检查各类单位957户，检测食品样品283份，检测饮用水样品70份。陇南市所属各级医疗卫生单位，检查学校483家、临时居民安置点1886个，监测食品样品865份、饮用水样818份，防止发生重大传染病疫情、饮用水安全事件和食物中毒事件。24日，礼县剧团、卫生局、地震局、文化馆联合组成“礼县赈灾宣传队”，走进礼县地震重灾区11个乡（镇），宣传防疫、防止次生灾害发生等知识，宣讲“水要烧开后再喝，死亡的牲畜要及时掩埋，吃饭时就些大蒜”，解说灾后防疫基本常识“死亡了的牲畜要埋至少一米五，浅了不行，达不到防疫的效果”。地震局工作人员发放地震防疫知识宣传材料，并讲解地震发生时如何保护自己和震后自救、避险，灾后防疫注意事项等。两当县卫生局编写《地震灾后卫生防疫知识》和《重视公共卫生、增强防病意识》宣传资料，由疾病控制中心、卫生监督所、爱卫办工作人员送到居民安置点。

5月23日，陕西省民政厅、财政厅下发《关于做好“5·12”特大地震灾害救灾款物管理使用工作的紧急通知》，要求发放救灾衣被、食品、药品等物资时，必须经卫生检疫部门检查，杜绝出现发放过期、腐烂、霉变的食品和药品。同时，加强对进入灾区安置点的食品、饮用水等物资的监管，保证群众生活安全。

第三章　活动板房安置

第一节　活动板房生产

一　生产部署

建设计划下达　地震造成四川地震灾区需要临时安置受灾群众 1000 万人、300 万户，且需要 2 ~ 3 年的临时住房安置时间，国务院抗震救灾总指挥部群众生活组面临着群众安置的巨大压力。在组织调拨、采购帐篷的同时，计划生产、建设 100 万套（后调整为 69.32 万套）活动板房，满足灾区群众生活需求。

5 月 16 日，住房城乡建设部召开抗震救灾工作会议，提出灾区群众活动板房建设问题，并决定就建设活动板房的可行性进行调研。18 日，住房城乡建设部召开全国各省市建设厅（局）长会议，住房城乡建设部部长姜伟新传达国务院建设受灾群众活动板房的任务，特别是胡锦涛、温家宝要求妥善安排灾区群众临时住处，保证受灾群众基本生活的指示。19 日上午，住房城乡建设部召开活动板房建设 33 家生产企业座谈会，协调 3 个月内生产建设 100 万套活动板房的任务。19 日下午，住房城乡建设部又召集发展改革委、民政部、财政部、国土资源部、交通运输部、铁道部、国资委、地震局和中央企业讨论活动板房建设资金、产能、重建、运力、原材料等方面的问题。20 日，科技部抗震救灾专家组根据社会学调查提出，灾区群众在帐篷内居住超过一个月，易产生烦躁情绪，应考虑灾区群众过渡性安置问题，并建议就地安置应在政府指导下，选择安全地域，在基本卫生与生活条件得到保证的情况下进行。

5 月 20 日下午，温家宝主持召开国务院抗震救灾总指挥部第 11 次会议，研究灾区群众生活安置、防范次生灾害等工作。会议决定，在两天内首批 6000 套活动板房板材起运地震灾区，

6月30日前达到25万套，3个月达到100万套。活动板房生产建设由住房城乡建设部负责组织，25个对口支援省（区、市）具体实施。20日晚，住房城乡建设部召开全国建设系统解决四川地震灾区受灾群众活动板房建设电视电话会议，成立地震灾区活动板房建设领导小组。20日，住房城乡建设部下发《关于建设四川地震重灾区受灾群众过渡安置房的通知》，向各援建省市下达活动板房建设计划。21日，下发《地震灾区过渡安置房建设技术导则（试行）》，提出活动板房建设的技术要求。24日，马凯在成都主持召开全国对口支援地震灾区临时住所工作会议，地震灾区活动板房建设工程正式启动。

根据住房城乡建设部建设计划，100万套活动板房分为3期实施，第一期25万套，由19个省市和4个计划单列市在6月25日前完成对口援建四川省的任务。同时，根据《地震灾区过渡安置房建设技术导则（试行）》，地震灾区活动板房一律使用环保材料，支架为轻钢结构，每套20平方米,100万套共2000万平方米，包括小学、中学、公厕等配套设施。要求电入户、水入院，尽可能方便灾区群众生活、居住。

建设计划调整 住房城乡建设部针对地震灾区群众安置情况及国务院《汶川地震灾后恢复重建条例》部署，对灾区群众活动板房建设计划先后进行3次调整（见表24）。

第一次调整。5月28日，住房城乡建设部下发《关于调整第一批地震灾区过渡安置房建设和分配任务的通知》，提出总任务仍为100万套，调整后第一期26.5万套，6月25日前完成；第二期35.25万套，7月20日前完成；第三期38.25万套，8月10日前完成。并提出优先安排学校等配套设施建设。

第二次调整。6月15日，住房城乡建设部下发《关于调整地震灾区过渡安置房（活动板房）建设计划的通知》，强调总任务调整为71.5万套，分两期完成。第一期26.5万套，6月25日前完成；第二期45万套，6月25日至7月31日内完成。

第三次调整。7月16日，住房城乡建设部下发《关于下达地震灾区过渡安置房（活动板房）建设任务与分配调整计划的通知》，总任务调整为69.32万套。同时，明确各援建省市任务量及受援地点；提出在活动板房建设中，优先建设学校、医院等公共设施临时用房，保证灾区学校9月1日复课，保证灾区医疗等服务功能恢复。

5月28日至7月16日活动板房援建计划调整统计表

表24　　单位：万套

援建方	计　划	建　设	援建方	计　划	建　设
北　京	8	6.78	福建（含厦门）	4	3.65
上　海	8	5.83	湖　南	4	2.05
天　津	8	4.71	江　西	4	3.27
广　东	6	3.76	山　西	4	3.73
深　圳	2	2.90	辽宁（含大连）	4	3.46
江　苏	8	3.20	云　南	1	0.53

续表 24

援建方	计 划	建 设	援建方	计 划	建 设
浙江（含宁波）	6	5.57	陕 西	1	2
山东（含青岛）	6	3.15	甘 肃	—	1.50
河 北	6	2.90	宁 夏	—	0.50
河 南	6	2.65	海 南	—	0.43
湖 北	6	2.86	吉 林	—	0.29
重 庆	4	1.80	合 计	100	69.32
安 徽	4	1.80			

建设分工 地震灾区活动板房施工建设采用由住房城乡建设部统一指导协调，四川省、甘肃省、陕西省相关部门规划、管理，各援建省市对口定点承包建设、具体实施的方法。参加工程建设的有北京、上海、天津、重庆 4 个直辖市，河北、山西、辽宁、吉林、江苏、浙江、安徽、福建、江西、山东、河南、湖北、湖南、广东、海南、云南、宁夏 17 个省（区），深圳、厦门、大连、青岛 4 个计划单列市及四川、甘肃、陕西 3 个受灾省。

5 月 20 日晚，住房城乡建设部召开全国支援四川地震灾区活动板房建设电视电话会议。同日，天津、辽宁、江苏、浙江、山东、广东六省（市）立即向地震灾区活动板房施工地点派出前方组、先遣组、前站组。21 日，北京市首批地震灾区活动板房施工队伍 500 人，携带 6000 套活动板房板材及物资、机械设备乘专列从北京出发；22 日，到达安县灾区施工现场，是第一支到达地震灾区施工现场的建设队伍。25 日，25 个援建省（区、市）、计划单列市相继组建领导、协调机构，建设队伍全部到达地震灾区施工现场。

6 月 25 日，住房城乡建设部在都江堰市河北省援建的聚源镇中心小学安置点，召开援建四川地震灾区活动板房现场会暨第二期工作动员会，全国 25 个省（区、市）、计划单列市援建代表 60 人参加会议。

活动板房建设工程实施方式，由住房城乡建设部负责统一指导、协调地震灾区活动板房工程建设的各方面事务，四川、甘肃、陕西 3 个受援省负责工程建设规划、管理及施工场地通水、通电、通路和平整施工现场的“三通一平”，参加援建工程施工的 25 个省（区、市）、计划单列市负责对口支援、定点承包和具体实施活动板房生产、安装、建设任务。

接到国务院抗震救灾总指挥部的通知后，四川省、甘肃省、陕西省抗震救灾指挥部立即行动。5 月 20 日，四川省抗震救灾指挥部提出抓紧解决受灾群众临时住所问题，在 3 天内核定需要解决临时住所的受灾群众户数和人数。当日，成都市、德阳市、绵阳市、广元市、雅安市、阿坝藏族羌族自治州计划建设安置灾区群众 30 户以上安置点 395 个，其中由政府统一新建活动板房安置点 30 个、集中搭建帐篷安置点 236 个、利用现有建筑安置点 32 个、群众自发搭建安置点 97 个，安置群众 154 万人。四川地震灾区在搭建帐篷、利用现有建筑设立安置点后，仍有 466 万人需要活动板房安置。第一期规划选址 535 处，3 个月内建成，计划安置灾区群众500万人。国务院抗震救灾总指挥部决定开展活动板房建设后，21日，四川省抗震救灾指挥部决定，成立由四川省建设厅牵头，民政厅、财政厅、国土资源厅参加的活动板房建设领导小组，统一组织协调四川省活动板房建设工作。22日，四川省召开地震重灾区受灾群众活动板房建设工作会议，决定组成6个工作组，由建设厅领导带队进驻重灾区6个市（州），帮助和指导活动板房建设工作。鉴于北京市建委、北京市建工集团援建灾区首批活动板房板材6000套已经抵达安县，会议要求各地迅速开展安置点规划选址。23日、27日、28日、30日，四川省抗震救灾指挥部、省政府办公厅、省民政厅连续下发有关加强地震灾区活动板房建设工作的通知，对活动板房建设的规划选址、建设标准、公共服务设施和基础设施配套等，提出"援建与自建相结合，统筹协调，多方努力，共同推进，采用多种建设方式搞好群众过渡性安置工作"的基本建设原则。四川省6个地震重灾市（州）和重灾县抗震救灾指挥部，迅速成立活动板房建设组织领导机构，落实安置点规划选址，组织施工队抓紧场地平整和水、电、路等基础设施配套建设。

6月2日，四川省抗震救灾指挥部下发通知，明确灾区活动板房需求数量主要包括受灾群众（包括辖区内中央和省属单位受灾群众）过渡安置所需住房（包括配建生活设施）、学校用房和各级医疗卫生机构用房3个部分，并对地震灾区第二期、第三期活动板房建设提出规划。

根据国务院抗震救灾总指挥部的安排，甘肃省组建由建设厅牵头的地震灾区过渡房建设协调小组，负责与援建省市联络、沟通，收集活动板房建设情况，协调建筑材料定购；受援市、县负责做好场地选址、平整，达到"通水、通电、通路"等要求，做好后勤保障与支援。规划原则是集中成片施工建设，过渡安置主要面向学校、医院、整村重建群众安置用房。

陕西省按照国务院抗震救灾总指挥部安排，共建设活动板房3.1万套、62万平方米，其中自建1.1万套、22万平方米，外省市捐建2万套、40万平方米。5月30日，陕西省民政厅、建设厅、教育厅、卫生厅联合下发《关于地震灾区过渡安置房建设的通知》，明确活动板房建设面向汉中、宝鸡等地震较重灾区，重点是宁强、略阳、南郑、勉县、陈仓、凤翔、千阳、太白8个县（区），主要用于学校、医院及灾区群众居住用房，优先保障学校高考、中考，医院救治用房和灾区群众中老年人、残疾人、妇女和儿童的安置。按照"统一规划、合理选址、集中建设"的原则，综合考虑灾区地理、地质、气候等因素及援建省市采购、生产、到货情况，陕西省活动板房建设采取分阶段建设的方式进行。第一期5000套、10万平方米，6月25日前完成；第二期1万套、20万平方米，7月20日前完成；第三期5000套、10万平方米，8月10日前完成。按照住房城乡建设部地震灾区活动板房建设分工，陕西省政府决定由建设部门负责活动板房采购、运输、安装和质量监督；教育、卫生部门负责提供所需建设"活动板房学校""活动板房医院"需求基本情况，并根据轻重缓急，排出次序，会同建设部门做好活动板房组织实施和检查验收。民政部门负责提供灾区群众所需临时活动板房方案，并负责活动板房分配的协调和计划安排。

建设资金　根据国务院抗震救灾总指挥部第11次会议决定，四川、甘肃、陕西地震灾区活动板房建设所需资金，采取国家财政拨款和地方支援兼顾的方法筹集，由国家、援建省市共同负担，国家拨付资金包干使用，不足部分由援建省市、计划单列市负责补齐。住房城乡建设部在《采用适宜技术建设过渡安置房的工作建议》中估计，四川省、甘肃省、陕西省需要安置受灾群众500万人，按户均4人、每户50平方米安置面积计算，灾区共需要6000万平方米住房，加上需要配套建设简易医院、中小学过渡校舍及其他服务设施1000万平方米，灾区过渡安置住房建设总面积7000万平方米。根据市场价格，使用彩钢夹芯板材建造活动板房，每平方米造价400元。6月2日，财政部、住房城乡建设部下发《关于印发〈地震灾区过渡安置房建设资金管理办法〉通知》，规定由中央财政统筹安排。专项用于地震灾区学校、医院等公共设施和安置受灾群众需要的活动板房购建及相关配套设施建设支出资金，只能用于受灾群众过渡安置活动板房；配套建筑包括学校、医疗诊所、便民商店、公共卫生间、集中供水点、垃圾收集站；配套基础设施建设包括生活燃气设施和场地平整及水、电、路、消防等。地震灾区活动板房建设资金实行定额包干办法。过渡安置的活动板房按建筑面积每平方米350元；配套建筑按配套建筑面积每平方米500元；配套生活燃气设施按套安排每套300元；场地平整及水、电、路、消防等配套基础设施，实行定额安排。通知还规定，地震灾区活动板房建设资金由住房城乡建设部根据建设计划和工作进度，报财政部审核后及时向有关省市、计划单列市财政厅（局）拨付资金。各有关省市、计划单列市财政厅（局）要在每周五15时前，将本地区中央财政统筹安排资金拨付情况、在中央财政定额包干资金外安排的资金及拨付情况报告财政部。

在中央财政统筹地震灾区活动板房建设资金拨付之前和活动板房生产、建设过程中，地震灾区活动板房建设始终得到援建省市、计划单列市的资金支持。

援建省市地震灾区活动板房建设资金主要有政府财政拨款（垫付）、贷款和捐款（捐建）3种形式。

在援建的25个省（区、市）、计划单列市中，大多采取政府财政拨款方式解决资金问题。江西省财政厅先行垫付资金3.44亿元，保证按时生产、按时供货、按时安装。5月19日，山西省省长孟学农在听取活动板房建设工作汇报后，要求“尽快筹集亿元启动资金”。省财政厅、民政厅、红十字会等部门紧急筹集1.5亿元资金先行垫付；省属各市财政也及时划出专款7060万元，其中晋城市1500万元、吕梁市3000万元、晋中市1560万元、忻州市1000万元；此后，又拨付国家和省活动板房建设补贴资金5.08亿元。河北省除下拨中央财政补助活动板房补助资金约1.19亿元外，两次调度3亿元资金保证建设资金需求。22日，湖南省政府常务会议决定，确定活动板房建设资金采取“多渠道筹集、财政兜底”的方法，省政府先期垫付3.55亿元，其中省财政拨款2亿元。北京市在筹办2008年奥运会的情况下，3天内紧急筹措1亿元启动资金，6月落实到位7亿元专项资金。深圳市先后拨款4.5亿元支持地震灾区活动板房建设，其中市财政紧急拨付捐建行政开支0.5亿元，市民政部门从社会捐款中拨付3.2亿元，市红十字会拨付0.8亿元。

贷款也是地震灾区活动板房生产单位、施工企业缓解资金紧张的主要形式。河北省政府协调国家开发银行河北省分行召开银行与企业洽谈会，解决活动板房生产企业资金紧张的问题；河南省政府副秘书长出面联系农业银行河南分行等金融单位，为活动板房生产企业落实贷款资金。人民银行福州中心支行发出通知，要求所属各行，保证活动板房生产企业流动资金贷款需求。援建省市、计划单列市一些建筑企业也主动承担活动板房建设费用。深圳市房地产开发企业承担第一批1万套活动板房生产、建设全部费用。海南省施工企业将先期垫付的建设资金全部用来支付工人加班费，以降低活动板房建设成本。

二　活动板房制作

型材选择　住房城乡建设部在《采用适宜技术建设过渡安置房的工作建议》中提出，地震灾区过渡安置房必须选用满足抗震性能好、建设周期短、遮风挡雨、避寒隔热、成本不高且可循环使用（使用期两年以上）的要求。根据要求，住房城乡建设部完成多种轻体简易房户型分析和市场调查，提出“彩钢夹芯板轻体装配房、无机板材装配房和就地取材搭建抗震棚”3 种活动板房备选方案。在 3 种方案中，彩钢夹芯板轻体装配房得到重视。这种活动板房以型钢为骨架，采用两面彩色薄钢板中间填充黏结聚苯乙烯泡沫板型材作为墙材和屋顶，可以流水线式生产，现场拼装。优点是重量轻，有一定抗震能力，即使垮塌对人员伤害也很小；保温隔热性能好，能够满足地震灾区气候条件；装配简单，一名普通工人一天可组装几十平方米；房屋本身可多次拆装，周转使用，最终拆除废弃时型钢和钢板可回收，聚苯板可作为新建建筑保温材料。彩钢夹芯板轻体装配房在同样材料和结构情况下，可拼装不同户型，满足单层简易医院、学校等公共设施临时建筑。

5 月 20 日，科技部抗震救灾前线联络组与四川省科技厅联合召开科技救灾专家咨询会第五次例会，来自国内外 20 名专家、学者集中研究灾区群众应急安置所用最新科技产品、技术和服务。在会后向四川省抗震救灾指挥部上报的《科技救灾专家咨询建议（六）》中提出搭建简易篷、简易房和工棚 3 种过渡安置应急住房建议。简易房因采用轻钢结构，硅钙板、石棉板为屋面，轻钢龙骨纸面石膏板、磷石膏砌块为内隔墙，可作为半永久性设施等优点，得到专家组的认可。住房城乡建设部最终确认利用彩钢夹芯板轻体装配房改装彩钢复合板房，用于地震灾区活动板房建设。住房城乡建设部建筑节能与科技司在《地震灾后重建阶段居民临时住房方案》中，说明彩钢复合板房屋由轻钢骨架与彩钢复合板组装而成。21 日，住房城乡建设部《地震灾区过渡安置房建设技术导则（试行）》（以下简称《安置房建设技术导则》），以彩钢复合板房屋为准，提出地震活动板房生产技术要求。（参见图 103 ~ 104）

图 103 《地震灾区过渡安置房建设技术导则（试行）》中彩钢复合活动板房屋类型之一
（住房城乡建设部　提供）

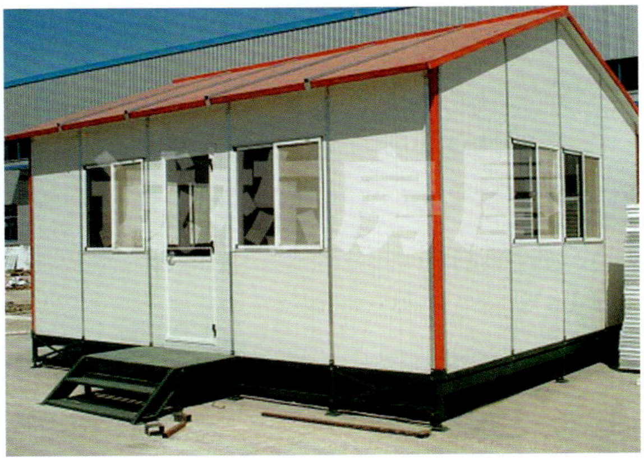

图 104 《地震灾区过渡安置房建设技术导则（试行）》中彩钢单体活动板房屋类型之二
（住房城乡建设部　提供）

结构设计 在住房城乡建设部《安置房建设技术导则》公布之前，部分援建省市根据相关建设信息，进行地震灾区活动板房设计。5月19日，山东省建设厅、重庆市建委召集专业技术人员研究活动板房规格标准、结构形式及方案设计，要求其既便于快速生产安装，又能满足地震灾区群众的居住要求。21日，《安置房建设技术导则》公布后，山东省建设厅多次修订完善编制《山东省援助四川过渡安置房技术手册》，印发生产企业指导生产。25日，吉林省建设厅规划设计人员全部投入过渡安置房设计。28日，陕西省建设厅完成建筑单体方案、规划及总平面布置图及正式施工图，并召开生产企业对接交底会，开始活动板房生产，并根据《安置房建设技术导则》，制订《陕西省地震灾区过渡安置房结构选型规定》，委托中国建筑西北设计研究院有限公司、陕西省建筑设计研究院有限责任公司、中联西北工程设计研究院3个甲级设计院，分别完成住房、学校、诊疗所和医院生产、建设方案。为便于安装施工，山西省建设厅技术人员分别设计单坡、双坡2类9种51套制造和施工图纸，以适应复杂山区地形情况下的活动板房施工安装需要。为规范安置房建设标准，山西省建设厅还要求太原市建设局制作安置房样板间，对使用原材料、安装方法、房屋整体质量做出示范。

在活动板房设计中，援建省市、计划单列市发挥各自特长，注重以人为本，创造性完成设计任务。为使支撑结构更加科学合理，辽宁省建设厅工程设计人员进入生产车间，与工厂技术员共同研究，最终确定采用“无钢结构骨架彩钢板自承重体系”房屋结构形式，充分利用彩钢板自身拉力性能，同时减少施工工序，降低造价。重庆市建委在完成支撑结构设计后，委托具有资质的检测单位完成设计支撑结构力学性能测试，保证活动板房坚固耐用、使用安全。厦门市在设计上要求彩钢板和塑料泡沫总厚度超过50毫米，增强安置房牢固性和防寒、防热功能。在户型设计上，援建省市、计划单列市均采用大开间、短进深形式，达到通风、采光性能好、方便房间布置效果的方案。江苏省在建筑单体设计中，居室采用两窗一门、空气对流设计并配备纱窗。在室内设计上，针对地震灾区潮湿闷热气候环境，海南省建设厅室内设计采用石膏板吊顶，达到保温、隔热、整洁美观的效果。福建省建设厅体现人性化设计，在室内加装隔墙密封板和室内分隔布帘，以方便隔代人居住。在室外设计上，充分考虑地震灾区多雨气候，普遍在门前屋檐设计1米进深雨棚，湖南省建设厅则要求活动板房（包括住房、公共厨房、公共卫生间、教室、宿舍、办公用房），门前屋顶出檐1～1.2米，后屋檐延长至0.3米，方便灾区群众居住生活。

材料供应 地震灾区群众活动板房板材主要由彩钢板和聚苯乙烯材料制作，计划生产100万套（后调整为69.32万套）、2000万平方米活动板房需彩钢板、聚苯乙烯数量较大，再加上活动板房建设任务时间紧迫，造成国内彩钢板、聚苯乙烯市场供应紧张，活动板房生产面临严峻形势。

为保证活动板房生产所需原材料供应，绝大多数援建省市都采用政府采购形式。甘肃省建设厅会同相关部门开展原材料政府采购，利用招投标形式，资金直接拨付到生产厂家。河北省建设厅以政府采购形式，由省政府出面从外省市协调调入聚苯乙烯1850吨，分别拨给保定市500吨、石家庄市500吨、邯郸市500吨、沧州市200吨、衡水市150吨；从邯郸钢铁公司优先调出200吨彩钢板，解决保定市第二批活动板房原材料紧张状况；省政府还向中国化工昊化华东化工公司发出紧急订购3000吨聚苯乙烯原料的函，疏通购货渠道。没有原材料生产企业的援建省市，迅速派人赴全国各地紧急采购，重庆市政府迅速商请宝钢集团，落实原材料供应渠道。山西省原材料供应由省经委负责，各市、县依靠地方政府主动联系，临汾市、晋中市、运城市、晋城市政府分别组成采购组，长治市政府派出专人常驻山东彩钢生产企业，采购聚苯板1000吨、彩钢板3200吨。

东南沿海经济发达地区，原材料采购多由活动板房生产企业独立完成。浙江省生产企业积极组织货源，省建设厅与民政、经贸、公安、交通等部门协调，保障原材料的运输。厦门市材料采购由政府部门委托国有专业采购企业招标或谈判，采购后直接供给生产企业，保证原材料成本控制，降低生产企业经营风险。

无论是政府采购，还是企业独立采购，各援建省市、计划单列市都重视原材料质量的检测。北京市实行驻厂督察制度，市建委选派9人组成驻厂督察组，驻扎生产现场，监督原材料质量。广东省建设厅派出工作组检查原材料质量，东莞市规定活动板房所用原材料必须具有检测合格证书。山西省建立清点验货责任制，选派质量检测员进入生产企业，检查各种原材料规格、质量。厦门市对承接活动板房生产企业实施生产全过程质量监控，严格检验原材料生产厂家经营许可证或3C管理材料，规范原材料采购渠道。

活动板房原材料短时间需求量增大，导致全国彩钢板和聚苯乙烯等原材料价格上涨。山西省彩钢板采购价格从5月中旬的每吨7900元，上涨到5月底的每吨9000元；聚苯乙烯原料价格同期从每吨1.35万元，上涨到每吨1.55万元。面对生产市场发生变化，国务院立即采用临时价格干预和增加原材料生产的方法，迅速稳定活动板房生产原材料市场。在临时价格干预方面，5月25日，发展改革委发出《关于加强抗震救灾帐篷和过渡安置房及生产用原材料价格监管的紧急通知》，要求各省（区、市）指导企业调整生产结构，增加活动板房原材料生产，确保相关原材料的供应。同时，稳定活动板房生产用热轧卷板、彩涂钢板、钢带、聚苯乙烯等主要原材料价格，资源自求平衡的省市，价格主管部门可依据价格法，经报请省级政府批准后，对活动板房生产用钢板、钢带、聚苯乙烯等主要原材料，采取临时价格干预措施等办法稳定价格。资源调出省市要切实承担稳定活动板房原材料价格的责任，协同资源调入省市，共同把活动板房生产用原材料价格稳定在灾前的水平。通知要求各省（区、市）对运输活动板房等物资车辆免收车辆通行费。

各省（区、市）迅速落实发展改革委通知要求。5月28日，河北省物价局发出通知，宣布对该省活动板房生产用彩涂钢板采取临时价格干预，确定从28日起3个月内，河北省内企业生产活动板房用彩涂钢板出厂价格不得高于11日的价格水平。28日，陕西省物价局发出《关于对我省抗震救灾物资实行临时价格干预措施的紧急通知》，将临时价格干预范围确定与帐篷、活动板房生产、建设相关的17种产品，维护活动板房正常生产建设市场秩序。当发现彩涂钢板、C型钢上游产品价格出现上涨时，河北省物价局于6月2日发出通知，将临时价格干预措施范围扩大到彩涂钢板上游产品热轧卷板、冷轧卷板、镀锌板和C型钢上游产品热轧窄带钢。

在增加原材料生产供应方面，5月31日，住房城乡建设部、国资委下发《关于紧急组织生产5万吨聚苯乙烯的通知》，要求中国化工60天内，提供总量5万吨活动板房所需聚苯乙烯；

宝钢、鞍钢、武钢、攀钢等中央钢铁企业扩大生产能力，全力保证彩涂板、钢带等原材料供应需求；中国石化、中国石油配合在45天内，分别生产3.5万吨和1.5万吨所需原料聚苯乙烯。同时，要求各援建省市、计划单列市建设部门立即组织活动板房生产企业在10天内，向中国化工订货。

企业遴选 5月17日，住房城乡建设部在金属结构协会帮助下，采取召开座谈会、网络查询、电话核实等方式，完成国内活动板房建筑材料生产企业数量、地点分布、产品价格、短期内应急供应能力等基本情况的调研。全国注册活动板房生产企业2000家，其中生产能力在1000平方米以上的105家，105家企业月生产能力为25.33万平方米。按照省市排列，月生产能力在万平方米以上的省市分别是北京市、上海市、河北省、广东省、江苏省、浙江省、山东省、四川省、重庆市。成规模活动板房生产企业少，绝大部分集中在东南沿海地区。

各援建省市先后进行活动板房生产企业的排查。5月19日，北京市建委派出工作组，摸排活动板房企业生产供货能力，从30家生产企业中优选13家投入生产。20日，安徽省建设厅发挥部门优势，完成17家钢结构企业生产能力考察，不到两天落实首批1.3万套活动板房生产企业。湖南省建设厅排查省内外活动板房生产企业20家。在广东省建设厅开展生产企业综合调查的同时，广州市、深圳市、佛山市、东莞市也展开生产企业摸底调查及企业遴选工作。甘肃省、江西省限于省内活动板房生产能力比较弱，迅速加强与省外生产企业的联系，将生产企业综合排查扩大到省外，完成省内外生产企业的遴选。在活动板房生产企业综合考察、排查的同时，各援建省市根据当地市场情况，先后完成活动板房采购、运输、配套设施安装费用的测算，确定活动板房生产结算指导价格。

由于国内活动板房生产企业规模较小，一般援建省市中标生产企业数量较多。大连市确定活动板房生产企业12家，天津市确定活动板房生产企业19家。山西省内没有彩钢板生产企业和聚苯乙烯生产厂家及大型活动板房生产组装企业，多数生产企业是只有一条生产线的民营小企业。因此，确定生产企业44家，并且分布在11个市、县。

在活动板房生产中，国有大中型企业发挥着重要作用。吉林省承担活动板房生产的是长春远大彩钢瓦有限公司等3家国有企业。深圳市选择深圳市雅致集成房屋股份有限公司、深圳市喜登门轻钢制品有限公司、深圳市鹏基龙电轻钢结构有限公司、东莞市通达隔热夹芯板有限公司和四川华西大成有限公司5家国有企业，承担活动板房生产任务。重庆市没有大型活动板房生产企业，重庆钢铁集团凭借技术力量和资金实力，立即引进7条生产线，加工生产彩钢板，与6家活动板房生产厂家一起，保证生产任务的完成。湖北省建设厅与武汉市政府共同投资，利用国有企业技术力量，增加生产线，扩大生产规模。福建省建设厅针对活动板房生产企业少、产量低的情况，组织部分国有企业临时转产活动板房生产，迅速解决地区活动板房产能问题。在活动板房生产过程中，国有大企业不惜工本，作出重要贡献。厦门市国有企业厦工宇威重工有限公司及厦门新长城钢构浪板有限公司、华胤（厦门）钢业有限公司原来不生产活动板房，但根据灾区活动板房生产需求，企业发挥技术力量优势，批量转产活动板房，以倒排生产进度的方式，保证厦门市完成援建生产任务。上海宝钢负责彩钢板生产，上海宫泽、奉浦等6家钢结构有限公司负责加工成材，7家企业不计报酬，推掉已排入生产计划订单，面向全国承接订单，保证彩钢板供应。

板材生产　在活动板房板材生产中，援建省市普遍推行生产责任制，与生产企业签订订货合同责任书。5月20日晚，在住房城乡建设部召开全国四川地震灾区活动板房建设电视电话会议后，天津市连夜制订活动板房生产方案，由援助四川地震灾区活动板房建设总指挥部与活动板房生产企业签订购货合同责任书，保证活动板房生产进度、质量和价格控制；30日，北京市副市长陈刚代表市政府与13家生产企业签订责任书，要求生产企业全力保证活动板房板材生产。对活动板房板材生产，各援建省市都采取对生产企业全程技术指导的方法，全面开展工作。福建省经贸委组建7个工作组，派出20名驻厂技术指导员，分赴各个生产企业，驻厂现场组织协调企业产能，指导企业加快生产。深圳市建设局派人进驻生产厂家，控制货源，帮助企业解决生产资金、技术和标准等问题。湖北省规范13家企业产品，统一为一种规格型号钢架式安置房和两种规格型号纯板式房，并派人到生产现场技术指导，保证活动板房生产符合国家标准。山东省建设厅从大专院校、科研机构和设计单位抽调6名专家、教授，组成3个技术专家组，采用巡回检查、督导方法，帮助生产企业解决技术难题。（参见图105 ～ 106）

图105　山东省莱芜隆泰钢结构有限公司复合板厂接到活动板房生产任务后，工人们加班加点生产板材
（张启凯　摄）

各援建省市为活动板房生产企业提供生产保障。湖南省经委协调各方面力量，保证省内签约活动板房板材生产企业24小时不间断供电。广州市明确活动板房板材生产企业优先供电、不断电、不限电；深圳市主动帮助厂家解决水、电供应问题；佛山市政府在与生产企业签订责任书中明确提出，当原材料价格上涨超过5%时，政府对生产企业实行补贴。河南省各市、县贯彻省建设厅“先救灾、后结算”的要求，拨出专项资金帮助企业生产。

援建省市推行生产合同责任制、全程技术指导和原材料供应，用水、用电保障等措施，确保地震灾区活动板房板材紧张、有序生产，提高生产企业产能。5月21日，安徽省活动板房板材生产企业全部投入生产，至23日，完成首批270套并及时装运，起运都江堰市。22日，昆明市20

图 106　河北省活动板房生产企业加班加点生产活动板房板材

（曹娟　摄）

条彩钢板生产线全部投入生产，企业持续 24 小时连续作业，至 29 日完成 1000 套活动板房生产任务。29 日，吉林省长春远大彩钢瓦有限公司等 3 家生产企业开始投产；31 日，完成首批 300 套活动板房生产任务，通过铁路直接运往四川。山西省 44 家民营小企业全部开足马力投入生产。大连市 12 家活动板房生产企业，组织职工昼夜连续生产，完成 1.2 万套活动板房生产任务。

各援建省市精心安排、组织，加快活动板房板材生产速度。北京市建委制订详细订货计划，精心安排生产，规定每日完成任务数量和交付安置房的时间、地点，监督企业满负荷、加班加点生产，完成活动板房生产任务。天津市抽调 109 名专业人员进驻厂家监督生产，生产企业 24 小时连续作业，48 小时完成第一所小学使用活动板房的生产，96 小时完成第一所中学使用活动板房生产。5 月 27 日，陕西省接到 1 万套、22 万平方米活动板房生产建设任务，40 小时生产 3000 平方米，30 日起运宁强县、略阳县安装，6 月 2 日再次起运 4200 平方米。

在地震灾区活动板房板材生产中，由于没有成规模生产厂家，湖南省选择异地生产方式，由省建设厅选派 10 名业务骨干，组成 5 个小分队分别前往北京、安徽、广东、陕西等地落实生产企业。一些距离地震灾区较远的援建省市，为克服运距长、运费高、板材耗损等问题，采用异地就近生产的方法，加快活动板房生产进度。6 月 18 日，海南省援建指挥部选派业务人员分赴湖北、广东、广西、四川、贵州、云南等省（区）考察活动板房生产企业，最终确定成都市雅致集成房屋有限公司承担生产任务。天津市在完成第一期活动板房生产任务后，在西安建立生产线，就近生产活动板房。吉林省活动板房建设前线指挥部根据建设任务调整实际情况，采用市场化运作方式，在地震灾区选定生产厂家生产活动板房，直接运往地震灾区进行搭建，既克服了生产、运输环节的困难，又节约了成本。

各级领导高度重视活动板房板材生产。5 月 25 日，胡锦涛专程到河北省廊坊市考察活动板房生产情况，并看望河北省中太建设集团即将赴地震灾区的施工队员。胡锦涛强调，要把解决灾区人民住所问题作为当前抗震救灾的头等大事抓紧抓好。地震灾区活动板房生产也得到各援建省市党政领导的高度重视。直接前往活动板房生产企业检查工作的有天津市市长黄兴国，河北省代省长胡春华，山西省人大常委会主任张宝顺，辽宁省人大常委会主任张文岳，江苏省省长罗志军，安徽省委书记王金山、省长王三运，浙江省委书记赵洪祝、省长吕祖善，湖北省委书记罗清泉、省长李鸿忠，宁夏回族自治区委书记陈建国、自治区主席王正伟等。

质量监督　各援建省市按照《安置房建设技术导则》分解技术要点，制订质量监督工作规范，建立全程质量监督体系，采用批次检验、专项检验等方法，保证活动板房的生产质量。江西省建设厅严格审查生产企业设计图纸，根据各安置点地形、场地情况提出改进意见，生产中要求企业按图生产、按图作业。湖南省质监局派出专人驻守生产企业，要求生产厂家按照《安置房建设技术导则》和设计图纸组织生产。河南省建设厅制订《灾区过渡安置房生产安装质量监督工作要点》，要求生产企业严格遵守。全程驻厂质量监控是活动板房生产的特色之一。北京市建委选派 9 名技术人员，组成驻厂质量督察组，全天候驻扎生产现场，监督活动板房的生产质量。福建省各市、县建立“一条龙”质量监督制度，在材料采购、生产制作和装车发货的各环节，均派出专业人员驻厂（点）监督和验收。省质监局成立援建灾区活动板房质量监管领导小组，组建驻厂监管工作组，负责组织、协调、指导全省活动板房生产过程监管和产品质量监督。江西省驻厂质量督察队伍由省国资委、省建设厅 30 名干部组成。山西省建立健全“实体检测和过程控制”相结合的“旁站式”质量监督制度，将原材料进厂、产品下线、分类标志、分组堆放、包装发运每个环节都纳入检查范围。

第二节　活动板房安置点建设

一　规划设计

勘察选址　按照国务院抗震救灾总指挥部的决定，地震灾区活动板房建设的规划选址工作由地震灾区省市完成。在安置点建设选址中，受援省与援建省市密切协作，坚持安全第一、反复勘察、相互支持及选址早、选址科学合理的原则，成为地震灾区活动板房建设工程的重要特点。

根据国务院抗震救灾总指挥部的决定，地震局会同国土资源部、环境保护部、住房城乡建设部等部门研究制订《地震灾区过渡安置房建设用地安全评估工作方案》，确定组成协调小组和专家组，明确工作方式、任务等，指导地震灾区做好活动板房建设用地安全性评估工作。同时，地震局下发《汶川地震灾区活动板房建设用地地震安全评价工作方案》，组织全国对口援建省（区、市）地震局指派100余名有地震安全评价工程师资格证书的技术人员，分为6个小组深入成都、德阳、绵阳、广元、雅安、阿坝，开展活动板房建设用地地震安全性评价工作。

5月20日，国土资源部组织北京、重庆、湖北、湖南等10个省（区、市）及中国地质大学等单位，抽调439名地质专家、干部，会同四川省、甘肃省、陕西省地质勘探系统人员，组成108个地质灾害应急排查组，采取统筹安排、对口帮扶、地方配合、包县工作、自备装备给养的方法，对县城、乡镇和村庄、群众临时安置点和救援人员集中地区，重要流域、交通干线和重大设施等重点地区，地震后新发生的和存在隐患的滑坡、崩塌、巨大滚石和泥石流进行地质灾害隐患排查、避险巡查和调查评估工作。6月15日，完成地震灾区隐患应急排查野外作业任务，逐县形成“一图一表一报告”。向当地政府和抗震救灾指挥机构提出撤离避让、监测预警、应急治理等建议。

5月21日，四川省建设厅下发通知，要求灾区活动板房规划选址要按照《四川省“5·12”地震救灾临时安置规划导则》要求，科学选址，做到尽可能利用废弃、空旷地，不占用或少占用农田；要保证安全，符合防火、防震、防雷击、防泥石流、防洪涝次生灾害的条件，尽量避开地震活动断层、生态脆弱区域及传染病自然疫源地。规划选址体现了“过渡安置规划和城市发展新区规划有机衔接，过渡安置区规划和单体设计有机衔接，近期建设内容和远期发展有机衔接，基本居住功能和城市生活配套有机衔接，人工建设和自然河流、林木等有机衔接，空间建造和人文关怀有机衔接”的原则。通知还要求：“过渡安置房建设场地平整工作由受援县市负责，基础与地平采用15厘米混凝土，室外供水、排水、供电、道路及垃圾处理等配套工程由受援方负责建设到位。”（参见图107）

四川省处于山区的地震灾区在活动板房建设中选址面临问题。地震重灾区阿坝藏族羌族自治州各受灾县、乡镇全部分布于高山峡谷间相对低平狭窄河谷地带，布局本来就十分局促，根本没有组团活动板房建设用地。汶川县威州镇需过渡安置受灾群众7000户，而可供用地只能容纳3600套活动板房。汶川县雁门镇安置点，选址紧邻岷江河床，一旦河流阻塞，安置点就可能被淹没，但这却是汶川县仅有的几块可供活动板房建设用地。小金县活动板房需求5400余套，但可供建设的地块仅能建设活动板房989套。5月23日，地处彭州市的成都军区某集团军农场腾出3.33余公顷农田，建设活动板房300套，付出高昂的代价。活动板房建设选址要求较高，即使勉强选地，也因地基建设而增加施工困难。雅安灾区边坡地对活动板房施工技术要求较高，有的安置点尚未投入使用，局部地基已出现沉陷。

选址难主要表现在施工现场仍处在群众居住、部队驻防或是废墟、堆场、危房等位置。5月23日至6月15日，辽宁省前线指挥部先后得到7批、18块建设用地，还不到所需用地的一半，而且地势低洼、泥泞不堪。各援建省市普遍采取“落实一地、建设一地、安置一批”滚动转换的方法，或一、二期援建工程同时展开，哪里具备条件就在哪里建设的方法。深圳市突破施工工艺流程，采用地上、地下、多工种、多工序24小时不断交叉施工的方法。四川地震灾区山高路险，建设物资运输进场困难。吉林省援建工地平均海拔3544米，路途艰险甚至无路可走，物资运输需

图 107　按照科学选址原则，灾区各地选定活动板房安置点建设位置

（住房城乡建设部　提供）

要多次倒运。山东省援建的北川羌族自治县道路、桥梁基本瘫痪，唐家山堰塞湖阻断中轴交通要道，导致全县 20 个乡（镇）有 16 个无法直接通行。各援建省市采用沿公路渐次推进的方法，视道路恢复状况，随时开辟作业面。山东省济南市、青岛市、淄博市、潍坊市、临沂市、菏泽市、泰安市援建队伍，自备发电机组，自行筹集机械，自带生活给养，绕行数百公里，才进入施工现场。四川地震灾区多在大山深处，广元、汉源等灾区地处偏僻，没有可依托的城市基础设施，不通路、不通水、不通电，通信中断，水泥、红砖、砂石等建筑材料供应紧张。各援建省市紧急调集发电机、消防车和水车，并制订建筑材料供应计划，迅速组织到地震轻灾区采购。

5 月 24 日，甘肃省建设厅组建过渡安置房前线指挥部，负责甘肃省活动板房建设工作实施、协调和落实。灾区各市州政府是活动板房建设的直接责任人，负责活动板房建设环境影响评价、地质灾害调查、建设用地规划选址、场地平整和相应水、路、电、消防等基础设施配套建设工作。

5 月 27 日，陕西省政府明确省建设厅负责活动板房生产、运输和安装，市、县负责过渡性安置房建设规划、选址、勘察、场地平整和水、电、路、消防等基础设施配套建设。省建设厅迅速成立过渡安置房建设领导小组，加强活动板房建设项目选址和建设管理。市、县建设部门指导使用单位依据需求及场地等情况，合理确定建设地点，保证安置房材料进场前，完成场地平整。至 28 日，陕西省共规划选址 770 处，计划建设活动板房 1.1 万套。

灾区部分县市迅速展开活动板房建设。5 月 17 日，成都市委下达成都建筑工程集团 20 万平方米板房建设任务，成都市临时安置房建设工程当天正式启动。至6月18日，确定活动板房建设点1914个（处），其中具备进场条件的活动板房建设点1223个。成都市建立活动板房建设协调小组，建立援建单位及受灾县区定期例会制度，汇总、沟通、研究、解决建设中出现的问题。建立水、电、气配套协调机制，成立运输保障组，专人负责安置房建材二次搬运工作。甘南藏族自治州按照“要优先安排重灾区特别是需要异地重建的灾区，优先安排倒塌房屋在短期内难以恢复重建的重灾户特别是有遇难者的家庭，优先安排学校、医院、诊所等公共设施”的要求，开展安置点选址工作，按照通路、通电、通水的要求，全州选择安置点391处。

地处灾区的国有大中型施工企业和救援部队在活动板房选址和平整场地工作中发挥重要作用。成都市活动板房安置点平整工程全部由成都市建工集团、城投集团、兴蓉公司、兴城公司、地铁公司5个国有公司完成。中国国电大渡河公司承担汉源县活动板房建设场地平整和基础设施建设任务。至6月28日，提前一个月完成三大区域场地、总面积133.3万平方米的平整任务，可搭建活动板房10829套，其中汉源县新县城干道沿线平整面积37.2万平方米，共有11个地块，可搭建活动板房3128套；九襄附近区域平整面积9.33万平方米，共有3个地块，可搭建活动板房1567套；供水、供电、主干道硬化、公共浴室、厕所、开水房等基础设施同时完成。5月24日，四川省军区达州陆军预备役炮兵旅组织8台大型机械平整场地，出动官兵1200人（次）挖地基、铺地面、搭屋架。

地震灾区活动板房建设工程现场勘察由援建省市和受援县市（单位）共同完成。5月20日，广东省建设厅先遣工作组到达成都，在25个援建省（区、市）、计划单列市中，是最先到达地震灾区展开现场勘察的。至5月25日，25个援建省（区、市）、计划单列市全部派出勘察组，展开施工现场勘察工作。援建省市在充分考虑到灾区群众生活、恢复生产等前提下，遵照“适度集中、因地制宜、宜聚则聚、宜散则散”和尽量避开易发生泥石流、滑坡、崩塌地带，尽量不占少占水田，尽量选用闲置地和一般农田，尽量保障交通、水、电基础设施配套方便的原则，合理确定各安置点规模和形式。对可集中的采取组团方案建设；对安置户数较少、难以集中的分散建设。地震灾区特别是阿坝藏族羌族自治州等重灾区地处山区，地质条件复杂、高差大，可用场地少而且分散，为尽可能利用废弃和空旷地，尽量不占用农田，勘察人员深入田间地头和机关、工厂、学校实地勘察，尽力满足安全、防火、防震、防雷击、防泥石流、防洪涝及避让河流、山坡和高压输电线等要求。

活动板房建设用地难，主要表现在可供建设用地严重不足。吉林省前方指挥部技术员在平武县工作人员带领下，踏遍平通镇、响岩镇、南坝镇，一般要勘察三四个点才能落实一个安置点。北京市建委先遣组队员每天睡眠不足3小时，驱车1000公里，走遍安县、江油市十几个乡（镇），才初步确定一期和二期建设用地。广东省援建阿坝藏族羌族自治州的几个县全在山区，可利用场地本身就少。汶川县、茂县和理县等一些山区县土地90%以上是山地，找到成片平地更困难。分配给汶川县映秀镇活动板房建设计划为6000套，真正能落实的不到3000套活动板房建设用地；下达给汶川县水磨镇4000套建设计划，可建设30套以上活动板房的用地只有4块，有的还要占用部分农田。由于建设用地严重不足，形成活动板房建设选址点多、分散的特点。湖南省援建现场指挥部技术人员每天工作10个小时以上，用将近一个月的时间，才完成100个安置点勘察测绘任务。北京市建委援建地点分布在什邡市蓥华、皂角、红白3个山区镇，建设地点分布在20处；在江油市的援建点分布在24个乡（镇）135处，其中雁门镇施工点距江油市102公里。北京市援建陇南山区，建设地点分布在300处。吉林省援建黑水县1082套活动板房，分布在17个乡（镇）93个安置点，除5个安置组团328套活动板房相对集中外，其余活动板房主要分布在高海拔学校，每所农村小学大多只建设1～5套活动板房。海南省援建邛崃市和金堂县的286个安置点，平均每个安置点16套，最多的安置点145套，最少的只有1套。

地震灾区救助工作千头万绪，群众安置工作情况复杂，使活动板房选址定点工作反复难定。同时，随着国家对受灾群众救助政策的实施，活动板房需求数量缩减，已确定建设点及数量始终在不断变化中，成为活动板房规划、选址的又一难题。大连市援建什邡市区、蓥华镇、洛水镇3处活动板房建设，地块完成初步设计后，什邡市指挥部又多次调整安置点规划用地，致使前期工作白做。吉林省援建平武县林家坝安置点最初确定建设400套活动板房，在完成勘察测绘、基础施工已经展开、活动板房材料已运抵的情况下，调整为166套。6月中旬，林家坝活动板房最终确定为61套，致使从长春运抵林家坝的活动板房300套、成都市生产的活动板房39套，全部需要二次搬运。

面对上述各种困难，援建省市前线指挥部技术人员付出大量艰苦的劳动。安徽省建委说服当地工作人员，在都江堰市柳街镇金龙村利用村庄水泥道路建设活动板房，针对柳街镇五一村住户分散的情况，将活动板房建在住户门口，解决用地难问题。厦门市建设与管理局为避免占用耕地，利用符合建设条件的山坡，或是清理建筑废墟，在原有建筑用地上搭建活动板房。山西省建设厅前线指挥部面对不断调整的建设计划，主动协调都江堰市建委、受援地乡镇，先后召开百次协调会，最终确定在青城山镇、大观镇、蒲阳镇等10个乡（镇）93个援建点，建设3.7万套活动板房。面对建设计划的调整，援建省市仍坚持原则。吉林省前线指挥部通过积极协调，将承建的3所农村小学，从海拔3800米的山上转移到山下，并针对黑水县维古乡西苏瓜村选址存在山体滑坡等危险，及时提请黑水县政府重新选址。

施工设计　活动板房建设设计集中了全国优秀设计人员。北京市建委坚持高标准组织人员，高起点规划设计，制订《北京市援建过渡安置房技术方案》和建设标准，北京市规划委员会组织市规划设计院、市建筑设计院、市政工程设计院、市水利科研所、市环卫设计院设计人员赴地震灾区，完成活动板房建设小区设计。北京市6家国企建筑集团也派遣设计人员进驻现场。

尽管活动板房建设设计属临时性质，但援建省市都严格执行规划审批程序。江苏省建设厅5月22日开始勘察设计，23日完成1号地块规划设计方案；29日，完成整个援建区活动板房建设总体规划设计，经协商、吸收当地政府的意见，组织专家论证，重新优化调整、完善设计方案等程序；30日，得到绵竹市政府的批准。上海现代设计集团、上海市政设计总院分别承担房屋建筑和市政配套设计。上海市政设计总院坚持按规范设计，完成相关市政配套设计才在图纸上签字、上报的原则。江苏省建设厅坚持“提高安置房小区功能和品质”的设计理念，坚持“设计、校对、审核、审定”4个基本环节，执行注册师签字、设计单位签章制度。天津市建委活动板房设计按照“量体定做、自主选择”的原则，每个援建项目开工前都召开援建前线指挥部、灾区政府和用户单位参加的方案研讨会，提供多套设计方案供选择。在活动板房小区布局设计上，北京市

图108　江西省建设厅支援四川灾区共建家园规划设计部加班加点进行活动板房小区设计（住房城乡建设部　提供）

建委在规模较大的安置房小区，规划设计主干道和次干道，实现住宅组团与商业、公共服务区合理组合。福建省建设厅在活动板房建设设计中，留有合理间距，保留较大公共活动空间和绿地，方便群众居住。江苏省建设厅尽可能实现布局多元化，形成“一心、两片、两轴”的空间设计结构。根据设计，活动板房小区疏散场地，将来可做绿地；道路设计框架，就是未来新城规划路网骨架；上下水设施，在新城建设时可统筹使用，实现过渡安置规划和城市发展新区规划的有机衔接。（参见图108）

住房城乡建设部发布的《安置房建设技术导则》中提出，灾区群众安置点配套基础设施建设，要保证电到户、水到院、每户一套液化气罐灶，集中设置公共卫生间、垃圾收集站和简易污水处理设施，保证群众得到妥善安置。5月25日，住房城乡建设部发出《关于地震灾区过渡安置房配套燃气设施（临时）建设有关事项的通知》，要求配套燃气设施（临时）建设任务由受灾地区省级住房城乡建设部门负责，与水、电、路、消防基础设施同步完成。此后，住房城乡建设部、商务部联合发出通知，提出1000间活动板房配置2～3间商业网点的要求，并具体指出商业网点配备比例为原则上100间以下活动板房，根据当地商业网点恢复情况适度设置；100～500间活动板房设置1～2间商业网点；500～1000间活动板房配置2～3间商业网点；1000～2000间活动板房配置4～6间商业网点；2000间及以上活动板房配置不少于6间商业网点。6月6日，四川省建设厅下发《关于做好“5·12”地震灾区过渡安置点排水设施建设管理工作的紧急通知》《关于做好地震灾区过渡安置点环境卫生配套设施建设和管理工作的紧急通知》。成都市民政局明确提出，活动板房配套设施设计要遵照“实行家庭生活方式”的原则。在以后印发的系列文件中，成都市民政局进一步明确，活动板房小区每5户按建筑面积20～30平方米设立一处公用厨房，每户配置一个灶位；每50户分设一个公共厕所和淋浴设施，每个公共厕所建筑面积30平方米，每个男女淋浴间各有6个淋浴器；每50户设置一个垃圾点；设立临时仓库，方便群众堆放物品；设立文化活动室、设置商业网点等配套设施建设的要求。

上述规范要求在稍大规模活动板房的建设中都得到了落实。青岛市前方指挥部制定《援川安置房室内给排水配套工程施工导则》和《援川安置房配套工程管理办法》等文件，要求小区布局设计与配套施工同步进行。江苏省建设厅在绵竹市景观大道安置房小区设计中，优先规划建设关系民生的公共建筑，在安置区域内建成从幼儿园到高中4个层次、7家教育机构，集中绵竹市7所医疗卫生机构，使景观大道安置小区成为灾后绵竹市的教育中心和医疗中心。北京市建委提出“基本具备城市社区功能”设计目标，除设计配套的卫生间、洗澡间、垃圾处理点、公共厨房的服务设施外，还设计商店、学校、银行和休闲广场、公共绿地等公益设施，创造良好的居住条件

图109　7月24日，中国红十字会设计援建的绵阳市游仙区街子乡博爱小学（中国红十字会总会　提供）

和生活环境。重庆市建委在每一个安置点，都设计供水点、垃圾收集点、淋浴房、公共厕所等公共设施。

在活动板房组团布局设计中，除保证道路，满足防火、通风、卫生等基本要求外，各援建省市还因地制宜地提高群众的居住舒适性。江苏省建设厅采用“组团内布局向心”的设计方法，方便群众交流，并增设组团间道路、绿化带，通过巧妙布局，设计健身、游乐等场所。厦门市建设与管理局在设计中充分利用地形，坚持组团与组团间距 9 米，组团内单体与单体间距 4 米，单体设计采用“12 房间＋ 2 卫生间＋ 2 厨房”和“6 房间＋1 卫生间＋1 厨房”两种形式，保持自然通风、采光和私有空间的私密性。江西省建设厅针对彭州市大部分地区为山区、耕地较少的情况，及时调整安置点设计方案，将原安置房前后间距 4.5 米修改为“门对门”间距不大于 3 米，“背靠背”间距不大于 1.5 米，大大减少耕地的占用。各援建省市从细节入手，通过设计提高活动板房的实用性。上海市建委在安置点专门设计无障碍设施。北京市建委在居住安置房设计中，按照 20% 的比例，设计无障碍出入房间，并完成小区道路硬化设计，方便轮椅进出。河南省建设厅安置房小区内道路设计，最大限度环绕到每间活动板房门口，方便群众在雨、雪天出行。上海市建委在卫生间设计中，注重供老年人、残障人使用的坐式卫生洁具的使用，并在都江堰市安置房小区设计了集中式倒便池。天津市建委除设计坐式卫生洁具，还设计了方便残疾人的出入坡道。北京市建委在卫生间加装隔板和隔墙。为有效排气，河南省建设厅还专门配备了换气扇。上海市建委在每间浴室配备衣帽钩，制作隔断和屏风，并针对雨雪天气，设计室内公共给水点，设置地块小区平面布置示意图和小区住房标志编号，并在安置房小区安装闭路电视，让灾区群众观看到 2008 北京奥运会盛况。河南省建设厅为每个援建小区都安装指示牌，印刷房间编号，每个房间都张贴温馨提示。在规模较大的安置点，福建省建设厅还设置了农村客运汽车站。

住房城乡建设部《安置房建设技术导则》提出活动板房防震、防雷、防火、防水、防风的“五防”要求。会同公安部、中国建筑科学研究院、中国建筑设计研究院专家对现行防火标准在过渡安置房中的适用性进行研究，并及时下发《关于加强地震灾区过渡安置房（活动板房）防火工作的通知》《关于加强地震灾区过渡安置房雷电防护的通知》《关于切实做好地震灾区过渡安置房防火防雷工作的通知》等，对活动板房建设中防火、防雷工作提出要求。5月28日，四川省公安消防总队下发《四川省地震灾区过渡安置房建设消防技术措施》，要求各地及时掌握活动板房建设基本状况，过渡安置点要做到每10套或半径25米范围内，配备两具灭火器。“五防”要求在活动板房建设设计中得到落实。重庆市建委、辽宁省建设厅要求防火单元、建筑间距、消防通道、安全疏散场地及避雷设施必须按照规范设置。大连市建设局在设计上对活动板房、校舍、公共厨房、淋浴、供水点、诊所等均设置了避雷、消防等保护设施。

二 施工力量

5月20日，住房城乡建设部召开四川地震灾区活动板房建设电视电话会议后，25个援建省（区、市）、计划单列市迅速调集施工力量，投入施工建设。在第一期施工高峰时，23个省份、计划单列市在四川、甘肃、陕西灾区投入施工人员达到10万人，投入大型机具3000台，克服余震、泥石流及连续阴雨天气等自然灾害，24小时连续作业，形成宏大的建设场面。第一期工程高峰期，在地震灾区参加施工队伍中，山东省有8300人、江苏省8000人、河南省7800人，位居各援建省（区、市）的前三位。派出特级资质建筑企业的，天津市有13家、河南省11家、北京市7家，位居各援建省（区、市）派出特级建筑资质企业前三位。参加地震灾区活动板房建设的上海建工集团、城建集团、中建八局、绿地集团、中交三航局、中铁二十四局6家大型国有骨干企业，拥有全国劳动模范、上海市劳动模范、上海市优秀项目经理人、重大工程总体设计负责人，是整体素质最高的施工队伍。

在活动板房建设工程中，25个援建省（区、市）、计划单列市采用与地震灾区群众联手共建的形式，大量使用地震灾区农民工。北京市建委在江油市活动板房建设中，70%使用四川籍农民工，其中当地的受灾群众占30%。在陇南市活动板房建设中，有300名当地受灾群众参加活动板房建设。河北省中泰建设集团在成都市活动板房建设中，四川籍农民工占施工人员总数的90%；石家庄市、沧州市和秦皇岛市在平武县活动板房建设中，全部使用当地受灾群众。其他使用当地群众参加施工数量较多的还有山西省、河南省、江西省、福建省、宁夏回族自治区及甘肃省天水市活动板房建设工地。与灾区群众联手共建的施工形式，具有“以工代赈”的性质，按要求完成对灾区农民工简单培训后，由灾区农民工从事场地平整、基础施工和板材安装等工作。施工企业可随时征求农民工的意见，不断完善设计和施工，并缓解劳动力紧张局面，降低施工成本。农民工可提高劳动技能，调动生产自救积极性，同时增加经济收入。参加北京市建委活动板房建设的农民工每人每个工作日可以获得60元收入。福建省建设厅使用灾区农民工3000人，累计60万个工作日，使当地增收4000万元。

三 板材调运

地震灾区公路交通设施严重受损。通往汶川县、茂县、北川羌族自治县、平武县、青川县等极重灾县及乡镇、建制村的公路交通一度完全中断，活动板房建设物资就是在这种不利的情况下调运的。

5月20日至7月31日，是全国25个援建省（区、市）、计划单列市集中调运活动板房板材的阶段。5月25日，住房城乡建设部、铁道部、交通运输部、公安部下发《关于确保地震重灾区受灾群众过渡安置房建设物资运输畅通与安全的紧急通知》，要求运送活动板房建设物资车辆须设置统一专用标志，各地交通主管部门、公路管理机构和高速公路运营单位对设有专用标志运送活动板房建设物资车辆，免收车辆通行费，保证优先通行。

公路运输也是活动板房运输的主要方式。全国总工会采用公路运送方式，向灾区运送活动板房；5月19日，全国总工会组织20辆大货车紧急运送5000平方米、75套活动板房赴四川地震灾区；23日，又组织20余辆大货车运送5000平方米、75套活动房赴四川地震灾区。6月9日，全国总工会将总价值348.34万余元的“工人文化活动室”活动板房，通过公路运输的方式运往四川地震灾区；17日，又将总价值约110.54万元的“工人文化活动室”活动板房，运往甘肃地震灾区。5月21日，广东省建设厅在广州市紧急征调6000平方米活动板房，由省交通战备办公室应急车队从广州运往汶川县映秀镇；又从成都紧急购买5000平方米活动板房，运往汶川县城，两个车队均于24日到达汶川县城，使广东省成为全国最早将援建活动板房运抵地震震中灾区的省。23日，安徽省建设厅首批270套活动板房，由19辆卡车、70名管理人员和技术人员组成的运输车队，安全行驶2000公里，于25日下午抵达都江堰市活动板房建设点。

灾区省交通运输部门组织活动板房运输。5月29日，四川省运输管理局召开活动板房运输动员会，要求各运输部门确保活动板房及时安全运达灾区。21日，凉山市道路运输部门组织110辆应急货车运送活动板房。6月4—21日，汉源县运管所共出动执法车90辆、运政人员234名，组织调集货车1585辆（次），完成20趟专列852车皮、13561套活动板房的运输任务。7月3日至8月7日，成都市运输（集团）公司、成都长途汽车运输（集团）公司等道路运输企业向阿坝藏族羌族自治州运送21031套活动板房。

北京市、天津市、上海市援建甘肃省6万套活动板房。6月11日，甘肃省运输管理局制订《甘肃省活动板房运输方案》，成立运输协调小组，紧急集结天水、陇南、甘南、临夏、定西、兰州应急储备运力800辆（9600个吨位）。至30日，运输活动板房约4850套。

云南省交通运输部门至6月30日共组织9.6～12.6米长大中型货运车250辆，运输活动板房约500车（次）。

非受灾省市交通运输部门组织活动板房运输。至7月24日，济南、潍坊、临沂、威海、滨州、日照、泰安、青岛等市运管部门向绵阳、北川运输活动板房7000余套。（参见图110）浙江省对口援建广元市，宁波市交通局采用“汽车甩挂运输＋干线铁路运输＋公路短驳”集装箱公、铁联运方式，运输活动板房11630套；至8月，湖州市向广元灾区运输活动板房2280套。7月25日，嘉兴市首批410套活动板房起运青川县前进乡和房石镇，采用重型卡车运至青川县，再用6辆2吨位的小卡车运至房石镇施工点。河南省对口援建绵阳市，新乡、焦作、濮阳、郑州、许昌、开封、周口、驻马店、三门峡、漯河等市交通运输部门先后出动人员3900余人（次），运输车2866辆（次）、总吨位22880吨，运输活动板房1.6万余套。

图 110　武警部队官兵抢运山东省支援北川羌族自治县的活动板房板材

（李强　摄）

山西省建设厅主要采取公路运输方式运送活动板房材料，省交通、交管部门安排运力，选派技术过硬的司机承担活动板房运输任务。（参见图 111）陕西省建设厅确定 3 家物流公司执行运输任务，5 月 30 日，首批活动板房运输车队从西安出发安全抵达汉中地震灾区。福建省经贸委会同省交通部门确定有资质、有实力（车辆配备 GPS 卫星安全定位服务系统）的两家公司承担运输任务。宁夏回族自治区活动板房公路运输任务由宁夏军区、武警宁夏回族自治区总队官兵承担（见图 112），运输车队通过天水市地震损毁山路时，因高海拔、大坡度，只能靠人力卸车通过，有时要经过两次甚至三次装卸，才能到达施工现场。深圳市武警部队调用 20 辆军车承担首批运输任务，直接从厂家装车驶往什邡，并留在当地继续执行转运任务。云南省是支援绵阳市的 6 个省（市）中，唯一全程依靠公路运输的援建省，运距达 1200 公里，往返需 6 天。云南省建设厅协调交通、公安交警和相关企业，打开在建的水麻高速公路半幅通道，专供援建运输车队通行。在通往平武县公路完全中断的情况下，云南省建设厅现场指挥部采取绕行青川县、使用小吨位运输车两次倒运、请求当地支援运力等措施，及时将活动板房板材运送到施工现场。前往阿坝的道路因山体滑坡受阻，两条活动板房运输路线均需绕行 600 ～ 700 公里，且多雨泥泞，有山体塌方等危险，成为限制阿坝活动板房运输的主要瓶颈。住房城乡建设部与四川省政府、阿坝藏族羌族自治州政府及北京、广东、江西、湖南、吉林等援建省（市）协商，由北京市、广东省等提供 2 万余套活动板房材料运至成都，再由成都军区川藏兵站部、济南军区某部车队及阿坝组织分运至各县施工点。原计划 7 月 25 日前救援部队撤离，成都军区为保证运输，将执行运输任务的 300 辆军车及官兵延至 8 月 5 日撤离，保证阿坝活动板房建设物资运输。

图 111　山西省吕梁市援建队伍运输活动板房建设材料的车队

（住房城乡建设部　提供）

图 112　6 月 16 日，宁夏军区、武警宁夏回族自治区总队将宁夏援助四川的活动板房板材通过公路运往四川地震灾区

（陈国华　摄）

活动板房运输车辆装载，体现了各援建省市工程技术人员的集体智慧。面对灾区路面损毁、道路颠簸、路况复杂，容易造成彩钢板开裂、弯曲，甚至折断的情况，山西省援建工作办公室及时推广“太原做法”。太原市在安置房运输中，合理铺垫，保证彩钢板不受划蹭；填充空隙，保证货物和车厢之间软连接；宽带绑扎，选用5～6厘米宽、有弹性尼龙宽带绳绑扎。这种方法使山西省运输损坏率始终控制在2%以下。

妥善解决公路运输汽车加油。河北省距四川灾区距离较远，省援建工作领导小组协调中国石化河北公司、河南省有关部门，在河南省晋新高速公路新乡停车区设立专门加油点。福建省则要求公路、石油和河运部门，保证活动板房运输车辆优先加油、优先轮渡。山西省晋城市组建多部门联合运输保障车队，中国石化阳泉分公司派出油罐车随运输车队往返，及时保证油料供应。

铁路运输活动板房是各援建省市普遍采用的方式。（参见图113）北京市建委针对大宗货运工作的特点，不断优化列车装车方案，探索集装箱与敞车结合、大包装套小包装的装运方法，用11天时间将活动板房运输能力从每天224套提高到1500套，创下一天发运550个铁路集装箱的纪录。在公路、铁路转运衔接上，河北省前线指挥部与火车成都东站达成协议，双方共同组织运力，全力转运活动板房。湖北省前线指挥部在汉源火车站附近的老县城开辟转运堆场，完成三级火车站一天停靠两列活动板房专列装卸任务。在活动板房转运中，救援部队、武警官兵发挥了重要作用。在抢运期间，天津警备区出动官兵3000人（次），武警驻厦门部队出动官兵5000人（次），保证建筑材料装车发货。

铁路部门对活动板房建设物资运输计划，做到“优先配车、优先装车、优先挂运、优先放行”。四川省、甘肃省建设厅活动板房前线指挥部，会同省经济委员会、交通厅、物价局和铁路局、中国

图113　5月31日，辽宁省大连市援建什邡市活动板房首列专列发车

（金争　摄）

石油各省销售公司以及灾区市、县人员组成协调小组，负责活动板房运输保障。甘肃省建设厅与兰州铁路局加强信息沟通，提前预告活动板房专列到达时间和数量，保障车站进出畅通。天水市政府在火车站附近设立大型货场，安排交通民警维护交通秩序，减少多次转运。活动板房板材体积大、重量轻、易破损，运输时间紧，且调运距离长。河北省建设厅及时督导各县市编制铁路运输计划，及时汇总编制全省的运输计划，科学选择运输方式，合理安排调度运力，做到活动板房随生产随运输。大连市建设局协调沈阳铁路局金州站实施24小时值班制度，全体装卸人员连续工作，保障第一时间发送列车。在运输大型工程机械时，金州站协调铁路局，实行专列只挂运一台超限车，直达什邡车站的先例。青岛市建设局与青岛火车站商定，以开通固定专列形式，每天一列，每列36节，运送72个集装箱，保证板房板材运输道路畅通和安全。天津市建委与天津火车站商定，在高峰期每天开出两列专列，加快活动板房的运输。

在活动板房运输中，铁路运输部门大力支持，太原铁路局、郑州铁路局向所属站（段）下发通知，派人主动与各市联系，为晋中市、晋城市调配25节火车皮、50个集装箱，发送300套活动板房。南昌铁路局厦门火车站和厦门建设与管理局联合开通“绿色通道”，5月23日至7月8日，发运1024节火车皮，其中专列25趟、火车皮889节，挂“抢”字头零担火车皮135节。

四　组织施工

按照国务院抗震救灾总指挥部第11次会议决定，地震灾区活动板房建设由住房城乡建设部统一指挥、协调。5月18日，住房城乡建设部“援川规划专家组”抵达成都，专家组由来自全国建筑、规划、设计专业技术人员近百人组成。“援川规划专家组”与四川省地方规划单位工作人员组成6个工作组，分赴地震重灾区成都、德阳、绵阳、广元、雅安、阿坝，协助当地政府开展过渡安置点规划选址和重建规划等工作，协调解决活动板房建设工作中出现的问题。

各援建省市及时转发住房城乡建设部有关文件和要求，并制订实施规划。5月20日，浙江省建设厅、河南省建设厅、河北省前线指挥部分别制订《援建过渡安置房工作方案》，明确活动板房建设责任范围、任务量核定、施工组织、设计和质量、验收移交、指挥调度等事项。26日，浙江省支援四川灾区前线指挥部在广元召开会议，提出统一认识、统一指挥、统一协调、统一标准、统一保障、统一对外的“六个统一”要求。吉林省确立“整体规划、统一协调、分工落实、紧密衔接”的施工组织原则。宁夏回族自治区建设厅提出目标任务、完成时限、建设标准、组织生产、资金管理、运输调配、施工安装、前期协调等工作目标。

各援建省市在施工技术、工作制度、施工组织等方面，按照住房城乡建设部《安置房建设技术导则》的要求，规范施工技术，开展安置点建设。河北省建设厅下发技术措施、基本要求等系列文件。浙江省建设厅编制《援建地震灾区过渡安置房设计方案图例》，供援建单位在建设活动板房中使用。河南省建设厅制订12个质量控制技术性文件，提出建设工作指导程序、建设选址、技术指导、施工技术与现场管理、质量监督、供电、消防、防雷等指导意见。针对受援甘肃省具体情况，深圳市建设局提出优先解决受灾群众基本生活条件，把完成好居民安置区、学校、医疗机构、社会福利公共服务设施作为首要任务。各援建省市制定严格的工作制度。河北省建立每日动态、前方快报、日报告工作制度。江西省政府统一组织活动板房建设任务，由省建设厅具体组织实施，实行统一指挥、统一调度、统一实施、统一监督。各援建省市严格施工组织。广东省分解建设任务，分别由广州、深圳、佛山、东莞四市承担建设任务。重庆市建委建立“指挥调度—规划设计—基础施工—生产加工—交通运输—安装施工—后勤保障”紧密衔接的工作运行机制。宁夏回族自治区党委、自治区政府确定银川市对口援建甘谷县，石嘴山市对口援建清水县，吴忠市对口援建张家川回族自治县，中卫市对口援建武山县，宁夏电力公司对口援建天水市秦州区，神华宁煤集团对口援建麦积区、秦安县。针对安置房工程任务重、时间紧的情况，山西省建设厅先后集中4000名施工人员、100台施工机械，组织“会战蓝光”“决胜灌口”“攻坚向峨”“鏖战紫坪”4个会战。江苏省在一期援建工程中，采取省政府直接组织、各部门联动、省市联动的“大兵团”作战方式；针对二期援建工程安置点分散、当地实际需求多样化等特点，采取市场化运作、竞争性谈判发包、项目代建管理方式。

针对江油市房屋破损严重等情况，北京市建委首先解决灾区群众居住的问题，随着灾区学生复课需要，再把建设重心转向学校等公共配套设施方面。北京市建委最先实行“援建与自建相结合”的方法，并在陇南市活动板房建设过程中发挥重要作用，为地理位置偏远、分散、规模较小项目主要施工方式，被援建省市普遍采用。吉林省建设厅针对学校受灾严重、急于复课的情况，从一开始就把援建的中心工作放在公共设施上，优先建设学校。宁夏回族自治区针对整套活动板房组装技术要求较高，又是援建工作的关键环节，提出“先易后难、先重点后一般、先城市后农村”的施工原则，得到各援建单位普遍认可。安徽省前线指挥部针对都江堰市建设实际提出“板房进城、帐篷下乡”的建议，受到成都市政府领导的重视，成为成都地震灾区群众安置和灾后重建的重要措施。

活动板房建设施工条件非常艰苦，面对选址难、进场难、施工条件差、自然环境恶劣等特点，各省市援建队克服各种困难，解决施工难题，全力完成地震灾区活动板房建设任务，保证群众及时住进安全、舒适、方便的过渡安置点。（参见图114 ~ 115）

图114　6月21日，援建施工队伍在搭建活动板房
（住房城乡建设部　提供）

图 115　援建人员在陇南灾区活动板房建设工地安装活动板房

（住房城乡建设部　提供）

节约耕地。活动板房施工理念可以概括为“保质、保量、保进度”，“降低成本、节约资源”，“有利于进度、有利于复耕”3 个部分。由于灾区活动板房建设施工时间紧、任务重，各援建省市均采用“边测绘、边规划、边建设、边完善”的施工方法。《安置房建设技术导则》提出活动板房混凝土基础厚度 30 厘米的要求，在具体施工中，辽宁省前线指挥部认为基础厚度 30 厘米，不仅造成水泥大量浪费，而且给复耕造成困难。因此，向住房城乡建设部及绵竹市有关部门提出修改建议，得到住房城乡建设部的重视，将活动板房基础混凝土厚度修正为 15 厘米。各援建省市从复耕和环保考虑，都不同程度减少了混凝土的使用。吉林省在《吉林省对口支援黑水县过渡安置房（二期）建设实施方案》中，明确规定确保不占或少占用耕地，确保恢复重建后复耕需要；占用耕地施工地点，除必须施工条形基础外，一律用红砖铺地，用原土溜缝，不做混凝土地面，并要求不占或少占用公共设施，如不占用学校的操场等。

各援建省市尝试采用各种方法保护耕地。辽宁省援助队收集场区内表层熟土，用于小区绿化。河南省援建队为保护耕地，把土地耕作层“熟土”铲去 30 厘米，统一堆放，以便复耕使用；并在活动板房施工中，回填含水率适宜泥土碾压平整，或采用粗砂铺设红砖、三合土地坪，坚决不用混凝土浇筑。湖南省援建的活动板房间距不用混凝土，采用鹅卵石铺设。辽宁省援建队经过勘测、计算，修正当地政府要求铺 10 ～ 20 厘米卵石的要求，采用原有土层压实达到强度的方法。浙江省援建队研究设计使用槽钢代替混凝土条形基础施工工艺，保护大量耕地。各安置区道路施工多以鹅卵石、多孔耐压砖、红砖、砂石和三合土作为材料，借以保护耕地。

地面施工。按照《安置房建设技术导则》，活动板房室内为混凝土地面，但在实际施工中，各省市援建队在保证地面安装强度和不积水的前提下，尽量不破坏原有地面，大多使用简易地砖材料。青岛市前线指挥部要求各施工单位，执行“少用混凝土，多用红砖，只在立柱基础上采用混凝土墩”的施工技术。湖北省援建队在汉源县萝卜岗镇集中安置区的施工中，考虑活动板房建设后复耕的要求，实施在平整后场地上做砖砌条形基础施工技术，在活动板房室内地面使用“干铺黏土砖”工艺。河北省援建队填方时，采用粉质黏土碾压平整，先垫一层油毡，再铺沙砾的方法。福建省援建队把活动板房室内地面由混凝土改为沙土平整后铺砖块的方法，共保护耕地12公顷，占福建省总援建面积的六分之一。青岛市援建队对潮湿低洼地，采用素土夯实、铺塑料布、红砖铺面、原土找平、铺油毡纸、铺地板革的做法。海南省援建队在金堂县川福号村施工中，将活动板房搭建在稻田上，采用室内外高差20厘米的方法，坚持使用红砖铺砌室内地面，保证土地复耕。江西省援建队在彭州市山区低洼地采用“一毡一沙一砖”的方式分层铺垫室内地面。

排水施工。各活动板房安置区排水设施建设，以防止雨水对房基的冲刷、防治积水为标准。河北省救援队在高差较大场地采用台地式排水法进行尝试。7月10日，青岛市援建队在北川羌族自治县曲山镇任家坪修建排水渠竣工，排水渠全长990米，其中明渠200米、暗渠390米，高2.5米、宽3米，管道长400米、直径为2.6米，最大挖深达22米，完成土石方14万立方米，总投资2000万元，是地震灾区活动板房建设中，设计施工的最大排水渠。

改进工艺。活动板房主体安装作业任务繁重，轻钢结构彩板安置房的结构复杂，配件零散，每幢8间团组要锁10280个螺丝钉，各援建省市创造性地开展施工。福建省漳州市现场指挥部与生产厂家、安装单位共同研究改进工艺，采用流水作业，实行分组分栋安装法，增加安装工人，加派技术人员现场指导，加快工程进度。山西省前线指挥部对活动板房主体部分和关键节点编制专项实施方案，由技术员指导施工。成都军区驻重庆市某红军师装甲团在茂县活动板房小区施工中，发挥专业兵种优势，将全团力量整合为18支作业分队，分别进入各个活动板房作业点，提高构建搭建、建材连接、墙体材料扣钉的速度，并在搭建中科学施工，创立“中心固定、多边进行”的螺钉快速旋入法。兰州军区某部高炮连在文县中医院活动板房组装中，在技术人员现场指导下，全连54人分成两组，其中一组专门负责活动板房板材切割、分类、组合，很快掌握活动板房搭建工具使用技巧、活动板房结构设计及板房组合技术，加快了施工进度。

辽宁省指挥部采用“在场地平整、混凝土基础没有完成的条件下，先架设钢梁、先安装上部结构，后做基础”的作业法。山西省临汾市为加快施工进度，在基础混凝土未施工时，先采用角钢支架固定，进行活动板房安装，后进行混凝土施工，浇筑地面，在保证质量的前提下，大大加快了施工进度。四川省极重灾区海拔大多在2800米以上，每天余震平均达两次以上，6月5日至7月10日期间，有16天降雨，其中7天是中到大雨，施工现场根本无法进入。各援建省市坚持雨中作业，创造进场先排水和雨天集中室内设施安装、雨后加紧室外作业的方法。上海市前线指挥部合理安排施工作业，实施“晴天抢道路、抢基础、抢排水沟施工，雨天抓立板、抓室内、抓基础设备投入和材料预制”的施工方法，加快施工进度，保证施工质量。

建设布局。为方便施工，各援建省市优化活动板房团组的布局。上海市、山西省援建队变更厨房室内灶台设计，实行“灶台居中面对面”的布局，满足使用功能，避免火灾隐患，还减少作业程序。湖南省援建队在德阳市活动板房建设施工中，使用不同颜色区分排水管（白色）、进水管

（蓝色）、燃气管（紫色），便于后期维修使用。在主体安装施工中，各援建省市尽最大努力减少占用耕地。山西省援建队在施工中，将原“5户联排＋厨房”的团组单向排列设计方案，改为“6户居住用房联排组团＋‘厨、卫、浴’单独集中组团”，实行“背靠背”的布局。（参见图116）河南省援建队将单向排列活动板房改为“背对背”团组，节省单排间距，并将组团间距由9米改为6米。青岛市援建队也采用“背靠背”团组建设方式，“背靠背”安置房间距80厘米，后窗错开安装，既保证通风又维护了入住群众的生活隐秘。

图116 6户活动板房住户共用的厨房
（住房城乡建设部 提供）

“五防”建设。住房城乡建设部《安置房建设技术导则》及《关于加强当前地震重灾区过渡安置房防水质量控制工作的通知》要求，活动板房建设做到“防震、防雷、防火、防水、防风”。“五防”中防雷电、防火是核心部分。5月23日，中国气象局下发《关于做好地震灾区防雷减灾工作的紧急通知》，四川省政府办公厅下发《关于加强地震灾区灾民临时安置点防雷工作的紧急通知》，要求地震灾区连片活动板房必须具有防雷电设施。27日，广元市结合安置点地质环境调查和灾害危险性评估，开始进行安置点防雷设施检查，为61处安置点安装了防雷设施。阿坝藏族羌族自治州加强集中活动板房防雷安全技术检测，至7月25日，完成21.7万平方米活动板房防雷检测，检测率达83%，全州学校活动板房防雷设施全部检测完毕。雅安市为学校、医院优先安装防雷设施，完成7万平方米活动板房防雷装置竣工验收，占全市活动板房总面积的15%。德阳市防雷工程检测小组，共检测安置点375个和400公顷活动板房场地地震安全评价检查。活动板房防雷电问题得到各援建省市的普遍重视，在施工建设中援建队注重划分防雷保护区域，安装避雷设施等。河北省援助队采取独立避雷针防雷的措施。上海市援建队在每栋活动板房都安装防雷接地装置，在室外安装漏电保护器。青岛市前线指挥部专门派出防雷电专家，进行专项防雷布局设计。在建设施工中，各援建省市主动做好防范活动板房搭建和使用中的用电隐患，选址避让高压输电线，室内线路采用明敷穿PC管布线方式，线管均采用阻燃材料。上海市援建队在每户增设空气开关，设置三级保护装置，以组团为单位设置总的电位联结和保护接地，避免雷击。

消防安全措施。《安置房建设技术导则》对活动板房建设中的防火问题提出具体要求；5月21日，公安部消防局下发《关于切实做好抗震救灾期间消防安全工作的紧急通知》。30日，四川省政府召开灾后重建消防会议，再次提出活动板房建设消防措施。活动板房建设中防火问题始终得到生产、建设者的重视。特别是活动板房厨房建设，各援建省市坚持使用岩棉夹芯板，不符合国家防火标准板材、吊顶一律不使用。在施工中，普遍粉刷防火涂料、安装防火板，并要求高度不小于1.5米。河北省援建队要求沿厨房四周砌筑高度不小于1.5米的120毫米砖墙，在活动板房小区组团之间设立消防通道并配备灭火器。厦门市援建队在住房与厨房之间增设隔离带。四川地震灾区多雨，各援建省市在施工中普遍注意活动板房墙体的防水、防风问题，在拼接处均采取防水、防风构造，墙体与基础交接处采用水泥砂浆、建筑密封胶或玻璃胶密封材料。海南省援建队在验收中，增加不少于5分钟的喷水测试，对墙体的防水问题进行检查。23日，《四川省“5·12”地震救灾过渡安置规划导则》下发，其中包括《地震应急避难场所消防基本要求》内容。28日，四川省抗震救灾指挥部下发《关于切实加强灾区消防工作的紧急通知》，重申消防法律法规和地震灾区活动板房建设必须安装消火栓等消防技术要求。6月8日，国务院《汶川地震灾后恢复重建条例》规定，过渡性安置地点所在地的县级政府应当组织有关部门加强次生灾害、饮用水水质、食品卫生、疫情的监测和流行病学调查以及环境卫生整治。要求受灾群众应当在过渡性安置地点所在地的县、乡镇政府组织下，建立治安、消防联队，开展治安、消防巡查等自防自救工作。同时，要求过渡性安置地点所在地的公安机关，应当加强治安管理，及时惩处违法行为，维护正常的社会秩序。规定地震灾区地方县级政府、灾区群众和灾区公安机关在过渡安置期间的职责、权利和义务。

配套设施建设。活动板房配套设施建设在活动板房安置建设中占有很大比重。天津市援建配套设施共折合活动板房24858套，占天津市援建活动板房总套数的52.4%。其中学校210所，折合活动板房10583套；医院30所，折合904套；集中安置区厨房、卫生间折合13371套。高比例的公共服务设施建设，体现着各援建省市现代化的施工理念。湖北省援建队不以“满足过渡安置房公共配套设施基本要求”为前提，考虑当地群众的生活习惯，结合山坡地的特点，在施工中将厨房、卫生间、供水点比例增加20%，垃圾收集点比例增加100%。在允许范围内，厦门市援建队适当增加卫生间、浴室数量，实现厕所与盥洗分离，并按户设置小厨房。活动板房配套设施建设与活动板房建设同步进行，以团组为单位“建设一个团组，配套一个团组，使用一个团组”，这种施工组织形式一直延续到工程结束。各援建队坚持公共服务设施和生活设施同步配套，确保集中安置点建成即具备居住、上学、就医等基本生活功能，工程完工就能入住投入使用。

节能环保。节能与环保也是活动板房建设工程追求的目标。6月14日，四川省建设厅下发《关于印发地震灾区过渡性安置点加强生活污水处理技术指导意见的通知》，提出高标准建设要求。各援建省市也先后制订相关文件。青岛市前线指挥部制订《援川安置房室内给排水配套工程施工导则》，提出集中建设卫生间、淋浴间，并远离居住区统一建设化粪池，通过排水系统将卫生间、淋浴间与化粪池连接，改变一个卫生间配一个化粪池的做法。北京市建委在活动板房设计施工中，引入最新的环保理念，采用“三格式化粪池”技术，实现安置区生活污水无害化处理。各援建省市在施工中结合地形、地貌，保护树木和原有植被，始终坚持不砍树的原则，并将保留树木结合地形建成休闲娱乐活动场所。天津市援建队结合地形、地貌最大限度保留原有树木，利用有限空间实施绿化。河南省平顶山市援建队在安置小区种植花草，驻马店市、新乡市援建队在小区安装室外健身器材。北京市前线指挥部在江油市活动板房设计中，保留并修缮用地内的3座古庙。上海市援建队在所有安置区使用节能电灯和节水型水龙头，河北省、厦门市援建队在安置区每个空间均使用螺旋管或U型管节能灯具。河南省援建队在部分安置小区装配太阳能热水器，安徽省援建队使用风能、太阳能环保型新产品。各援建省市在施工中，对活动板房实施“人性化”改动。厦门市援建队改建各家小厨房，四面都装有窗户，具备排气、通风、采光等条件，在有限空间里提供私密性强、温馨的家庭用餐环境。吉林省部分援建队针对高海拔地区电压不稳的实际，将日光灯改成100瓦或200瓦白炽灯。

五　建设进度

5月21日，住房城乡建设部下达活动板房第一期建设任务，要求各援建省市在6月25日前完成25万套建设任务。在提前完成第一期建设任务后，住房城乡建设部调整援建计划，要求在8月1日前完成第二期援建任务。6月10日，四川省抗震救灾指挥部召开过渡安置房建设现场会，要求活动板房建设工作在8月1日前保质、保量、按时完成。面对活动板房建设紧张的工期要求，各援建省市先后提出施工进度节点计划，采用“倒排工期、交叉作业、平行作业”等方法，迅速组建突击队展开劳动竞赛活动，促进活动板房建设进度。

在众多的活动板房建设突击队中，山西省太原市建设施工突击队由市长张兵生担任突击队长，是全国唯一的省会城市市长担任队长的。张兵生率领太原市援助四川建房突击队，在都江堰市用5天时间，建成“太原·崇义1号小区”，是成都市第一个功能齐全的活动板房小区。太原市、晋中市、朔州市援建突击队获得全国总工会“抗震救灾重建家园工人先锋号”称号。中国中铁投入5000余人、360套各类设备，按期完成为四川、甘肃、陕西地震灾区承建的1.1万余套、23.96万平方米活动板房任务。中国铁建下属9个单位、6100余人参加活动板房援建，援建点遍布四川省、陕西省13个市、县和52个乡（镇）；如期建成安置房约2.07万套，面积40.31万余平方米。7月26日，成都军区驻重庆市某红军师装甲团接到在茂县安置点搭建5200套活动板房建设任务。28日，装甲团到达茂县安置房施工工地，6处工地同步展开，昼夜施工，10天搭建活动板房5200套。江苏省援建队以时间节点控制工程进度，工程开工就确立“6月12日地震一月祭时，完成2000套活动板房交付，总体安装50%”及“6月25日前提前超额完成板房安装任务”的两个时间节点，全力保证时间节点完成任务。福建省援建队现场指挥部明确提出工程进度节点计划，按截止时限倒排工期，每日向各市通报任务分配和完成情况。河北省前线指挥部下发《关于倒排工期按时完成安置房建设的紧急通知》，按日设定工程进度计划，每日汇总、公布各市生产任务、完成情况和富余劳动力的情况，提高施工人员的生产效率。

承包制在活动板房建设中发挥着重要作用。宁夏回族自治区分解5000套活动板房建设任务，由自治区经委负责生产、建设1600套，宁夏电力公司负责2000套，神华宁夏煤业集团公司负责1400套，保证按时完成活动板房建设任务。大连市援建队实施“分组包干、定点定镇、承包到底”的工作准则，援建人员与当地政府随时解决各类问题。上海中交三航局与协作单位签订“施工进度节点目标及考核标准”责任书，明确每提前一天奖励5000元，延迟一天罚款1万元，确保施工质量和进度。

在全国25个援建省（区、市）、计划单列市中，安徽省援建队、河北省援建队均在6月15日提前10天完成第一期建设任务，并列第一，其中安徽省完成1万套、河北省完成17268套。至7月10日，安徽省援建队提前一个月完成援建任务，建设活动板房18483套（含过渡校舍136165平方米），成为全国最先完成任务的援建省，获得“安徽速度”“安徽质量”“安徽特色”的赞誉。

从6月18日完成第一期建设任务到7月24日，上海市援建队完成52786套活动板房建设任务，其中绵阳市、都江堰市49786套，包括居民住房34595套，中小学校和幼儿园50所、5990套，医疗点10个、9201套；甘肃省3000套，其中包括医疗点10个。另外，上海市援建队向甘肃省运送活动板房板材 5500 套。从 6 月 17 日完成第一期建设任务到 8 月 3 日，浙江省援建队完成 50637 套活动板房建设任务，建筑面积 107.41 万平方米，分布在青川、剑阁、利州、朝天、元坝、苍溪、旺苍四县三区的 400 个施工工地，其中学校 279 所、医院 17 所、其他公共设施 112 所。从 6 月 4 日完成第一期建设任务到 7 月 24 日，北京市援建队完成 50563 套活动板房建设任务，建筑面积 101.13 万平方米，其中绵阳市和什邡市 46250 套、92.5 万平方米，包括居民住房、中小学、幼儿园、医疗点等；陇南市 4313 套、8.63 万平方米。另外，委托陇南市建设 4169 套、8.34 万平方米，向阿坝藏族羌族自治州、绵竹市运送活动板房板材 1.1 万套。上海市、浙江省、北京市是地震各援建省（区、市）中完成任务前 3 位的省（市）。（参见图 117 ～ 119）

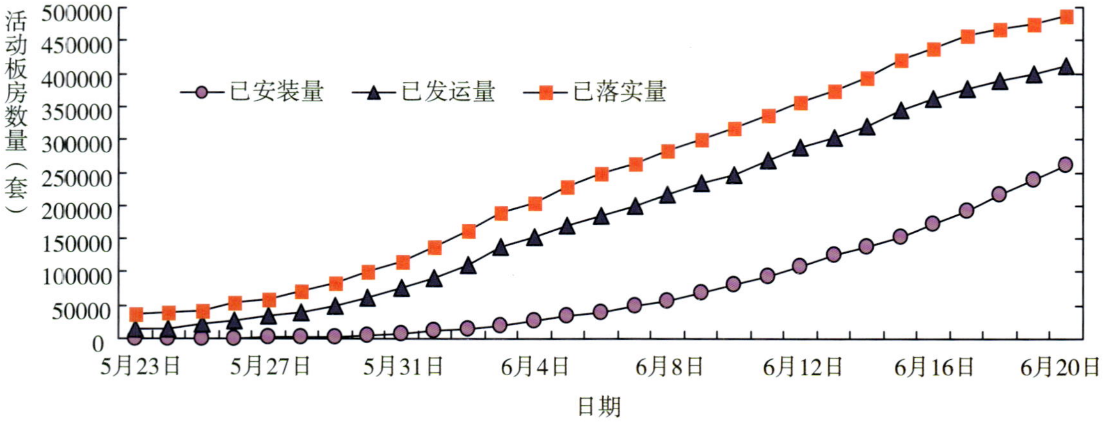

图 117　第一期活动板房建设任务进度图

（住房城乡建设部 提供）

图 118　建成使用的地震灾区活动板房安置小区

（住房城乡建设部　提供）

图 119　7 月 13 日，山西省援建的 37277 套活动板房主体工程全面竣工

（住房城乡建设部　提供）

在有关部门、援建省（区、市）及受援地共同努力下，至 8 月 25 日，四川省、甘肃省、陕西省建设完成活动板房 69.32 万套，建筑面积 1322 万平方米。其中，建设 3103 个居民安置点，安置住房及配套设施用房 47 万套，建筑面积 942 万平方米，基本解决灾区群众过渡性安置问题。建设学校 4182 所，建筑面积 280 万平方米，可满足约 146 万名学生复课需求，保证地震灾区 9 月 1 日中小学复课；建设高考用房 5946 间，保证近 7 万名考生安全高考。建设医院、诊疗所 1169 所，建筑面积 38.6 万平方米，利用活动板房设立警务站、商场、邮局、储蓄所、文化活动站、电话亭、理发店等公共服务设施近 62 万平方米，基本保证和恢复地震灾区正常服务功能。

第三节　活动板房安置点管理与服务

一　活动板房安置点管理

随着活动板房建设陆续完工，地震灾区受灾群众逐步从帐篷安置过渡到活动板房安置。活动板房安置管理更加艰巨和复杂。地震灾区群众活动板房安置点管理模式可以概括为目标管理、民主管理和物业管理 3 种模式。

目标管理 目标管理适用于原地搭建的小型活动板房群众过渡安置点管理。成都市民政局制定《受灾群众过渡安置点规范管理意见》，从加强组织领导、健全管理机构、规范职能事务、完善服务功能、健全管理制度、及时报送信息 6 个方面规范活动板房安置点管理。同时，成都市委目标管理督察办公室、市政府目标管理督察办公室、市民政局联合下发《关于下达全市受灾群众过渡安置点管理服务工作专项目标的通知》，将 2008 年安置点管理服务专项目标，分解为基层组织建设、基础设施建设及维护社区服务、监督保障 4 类 25 项，下发到 22 个市级部门、8 个受灾县（市、区），明确任务，落实责任，保证目标任务的完成。

民主管理 民主管理适用于多方人员组成、人员流动较大、居住规模较大的群众过渡安置点，在县区政府的指导下，发挥群众自治功能，实现民主选举居委会成员，民主制定管理规章，民主管理本社区乃至整个安置点的各项事务。都江堰市“勤俭人家”“幸福家园”活动板房群众安置点，彭州市丽春镇“福泉苑”群众安置点，都实行了这种管理模式。在民主管理的模式下，各安置点群众民主制订《居民公约》《社区文明公约》，利用召开栋长、户长会议等形式，开展栋、户及社区间的先进评比（参见图 120），宣传卫生、治安、消防知识，推进安置点入住群众的自我管理和自我服务。“勤俭人家”安置点在上海市社工的帮助下，群众开展“和谐巷”评比，社区居民定期召开“居民管理巷巷会”，灾区群众为社区管理建设出主意、想办法，提高自我管理、自我服务的能力。彭州市龙门山镇建立村民议事制度，以村为单位成立村民议事小组，组长由村党支部书记担任，成员由村民按“一户一票”方式民主推荐产生。村民议事小组监督村委会工作，提高村民参事议事的能力。绵阳市群众集中安置点推行社区管理，由入住群众推选产生临时社区成员代表大会和临时居委会。临时居委会在安置点设立平面示意图，房屋门牌号、床铺位号，建立《入住须知》《生活作息制度》等制度，设立宣传、卫生、治安、互助队等机构，实行民主管理、民主监督。

图 120 都江堰市“勤俭人家”安置点居民将“文明住户”授牌贴在门上

（新华网 提供）

物业管理 安置点物业管理模式由社区物业管理移植而来，用于单位管理群众安置点和超大型安置点，前提是要拥有比较完善的服务设施。地处四川地震灾区的中国水电十局的 4 个活动板房小区竣工后，水电十局在各小区设立小区管理处，按照“住宅物业管理的标准”实行规范化的综合物业管理，配置相应管理人员，成立家委会、离退休党支部，设立超市、食堂、娱乐室、医务室、警务工作站等设施。职工安置小区日常管理委托物业管理公司负责，费用由单位承担，水费、电费、物业管理费、伙食成本费由被安置职工自行承担。中国华能太平驿公司安置点开通闭路电视，安装电话和宽带网线，食堂、路灯、厨房、浴室、卫生间设施齐整，聘用 11 名保安、

13 名保洁人员，实行安置点的物业管理。

地震灾区超大型的安置点一般都实行物业管理模式，由当地政府出资，设立社区管委会、治安联防、医疗卫生、社会福利、托幼、教育等公共服务岗位，开展自我服务。8 月 29 日，成都市民政局和市房管局下发《关于做好我市地震灾区活动板房安置点物业管理服务工作的指导意见》，提出在活动板房 1500 间（套）以上规模过渡安置点，一般都推行专业物业管理模式，使居住在活动板房的灾区群众，能享受到小区物业管理服务。阿坝藏族羌族自治州群众安置点全部实行物业化管理模式，有配套医疗卫生、供水、供电、防火、防雷、应急市场等设施及警务室、卫生院和卫生防疫组织，并建有 1 万元的维修资金，做到垃圾每日清运、厕所和公共活动场所有专职人员隔日消毒。

实行物业管理的群众安置点物业服务人员，由临时管委会在灾区群众中选拔、聘用。都江堰市有"以工代赈"物业管理人员、保洁员 500 人。德阳市开发 5.2 万个环境清洁、卫生防疫、治安巡逻、灾情监测、安置点守护等公益岗位，重点安排生活困难、就业困难的灾区群众，保证受灾群众的生活来源。

成都市是活动板房安置点 3 种管理模式的代表。在 8 月 1 日前，成都市 12 万户、37 万受灾群众按照计划全部搬进活动板房，开始 2 ～ 3 年的过渡安置生活。在过渡安置点分批、分期入住中，先期接受受灾群众入住的安置点不断尝试创新，并总结出在全市过渡安置点推而广之的"成都模式"。

引进专业化物业管理模式。都江堰市"幸福家园"集中安置点，作为都江堰市乃至四川省首个建成入住的活动板房集中安置点，几乎成了过渡安置点管理工作的"试验田"，创造出不少在都江堰市推广的经验，引进专业物业管理模式就是其中之一。在安置点启用后，安置点管委会招收了部分安置点居民进行公共设施的管理维护、环境绿化等物业服务，但管委会很快发现，由于群众缺乏物业服务的专业培训，无法满足安置点"安全方便、整洁有序"的生活环境要求。"幸福家园"管委会与成都市物业管理协会达成协议，在"幸福家园"开展安置点专业化物业服务试点，推行其他人受托管理物业的物业管理模式，即临时社区管委会领导、居民自助服务、市物业管理协会免费培训。从 7 月 1 日开始，协会组织了一批专业物业人员，为"幸福家园"选拔了 63 名以工代赈人员，提供免费专业培训，培训包括环卫、绿化、秩序维护等物业技能，并协助"幸福家园"管委会制定包括巡逻、消防安全、保洁、交通秩序、公共设施使用与维护等 10 余项物业管理制度。同时，管委会还为物业人员配备对讲机、服装、自行车等装备。引入专业物业管理对安置点进行社会化服务，使受灾群众在活动板房安置点里居住、生活，也能享受到高档小区物业管理的优质服务。同时，将安置点区域内的维护治安、消防等社会基本职能交由专业化物业服务管理。

民主自治与社工服务管理模式。都江堰市"勤俭人家"活动板房集中安置点，共安置 3000 余户、11320 名受灾群众。这样大的群众安置点，除延伸党委、政府组织管理职能、社会服务职能，还突出群众的自我管理、自我服务、自我监督职能。在"勤俭人家"安置点管委会下，还有居委会、居民小组、栋和室等基本单元，居民小组长、栋长都从住户中产生。"民主自治是维系安置点运行的民间动力"，"社工是协调人际关系的润滑剂"。依托社工的带动作用，"勤俭人家"

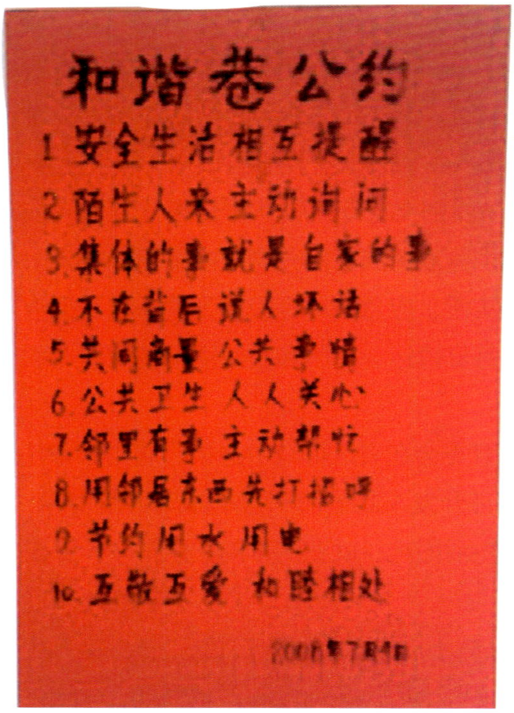

图 121 都江堰市“勤俭人家”活动板房集中安置点的《和谐巷公约》
（四川省民政厅 提供）

安置点争取了60名上海社工的支持，在安置小区内形成受灾群众的互助体系。社工们走家串户，召集居委会主任、居民小组长和住户一起开“居民自我管理巷巷会”。社工们以第三方的身份将居民意见收集上来，将政策解释传递下去；还培训居委会主任、居民小组长，教大家如何开会、与居民沟通。在这过程中，“勤俭人家”诞生了一个“和谐巷”。在和谐巷活动板房的墙壁上，几张大红纸上整整齐齐地写着10条《和谐巷公约》，“陌生人来，主动询问；邻里有事，主动帮忙”等都清楚地写在《和谐巷公约》里（见图121）。安置群众说：“刚来这里，大家互不相识，愁眉苦脸的，连招呼也不会打一个。现在，大家都成好朋友了，有什么事情一起商量。”自我管理让居民们由原来向政府提意见变成了自己动手干。一些等、靠、要、怨的心态改变了，自我管理的能力有所提高。都江堰市民政部门利用上海社工的支援服务，在都江堰市打造一支不走的社工队伍，长期服务于安置点的管理。

“流动小红旗”评比模式。彭州市通济镇花溪社区安置点管委会开展每周一次的卫生环境流动红旗评比活动，鼓励群众争当先进文明户。活动由社区管委会组织，各栋栋长和群众代表进行推荐评比，评判的标准就是活动板房内的地面是否干净，床铺是否整洁，个人卫生物品是否摆放整齐，活动板房门口卫生是否干净等。保洁员每天都要在小区各处检查清洁卫生，检查结果将作为流动红旗评比活动的参考条件。在都江堰市“幸福家园”“勤俭人家”安置点及崇州市鸡冠山新区安置点，也都开展了类似“流动小红旗”的评比活动。在“幸福家园”小区每家每户门口挂着“最清洁”“清洁”“不清洁”等不同的字条。自从安置点开展卫生评比活动起，大家每天不但要整理活动板房内的卫生，还争相打扫门口的清洁卫生，安置点卫生环境整洁舒适、秩序井然，社会风气良好。

建立《社区居民公约》管理模式。在都江堰市大观镇荷园“温馨家园”安置点，搬进活动板房的受灾群众，大部分是以前在田间地头劳作的村民，搬进安置点后成了社区居民。从前，大家的生活都是独门独院，现在不但家家户户只隔一道墙，还要共用厨房、厕所，环境卫生不再是一家一户的事情。“举止文明、礼貌待人，爱护公共设施，珍惜绿地花木”等，是大观镇荷园“温馨家园”过渡安置小区专门制订的《社区居民公约》内容，并发放到安置点的各家各户，提醒大家要共同遵守规章约定。为让村民尽快适应新的生活状态，由市民政局牵头，组建了一支有文化、卫生、司法、教育、城市社区等部门参与的社区知识宣讲队，定期到安置点进行社区知识巡回讲解。同时，从外地请来有社区管理经验的老师现场“传经送宝”，社区管委会也通过召开栋长、户长会等，给活动板房安置点的群众讲解卫生、治安、消防等相关知识。一些社区还为安置点每户群众印制发放“连心卡”，将安置点的党支部书记、管委会主任及驻村干部的联系方式印在上面，群众遇到困难和问题时，都可及时找到社区干部解决。受灾群众的生产、生活习惯和方式，由村民逐渐向社区居民转变，推动了安置点社区化管理的实现。

8 月 13—16 日，住房城乡建设部组织重庆大学师生深入四川江油、北川、青川、绵竹、汉旺、都江堰等市、乡镇安置点，通过现场踏勘、访问、问卷调查方式，了解灾区活动板房室内舒适度、电、气及环境卫生等情况，92% 受访群众对安置点管理、环境建设表示满意。

二　活动板房安置点服务

治安服务　社区警务制度以活动板房安置点警务室为中心，建立群防群治治安防控体系，包括“多警联勤”“军警民联动联勤”等模式，利用援助四川灾区特警、驻地武警、公安巡警、单位内保组织、物业保安、社区（农村）治保会等防范力量，维护灾区社会安全稳定，保证灾区群众正常生活。

5 月 27 日，成都市公安局下发《关于加强抗震救灾期间流动人口服务管理工作的通知》，要求全市公安机关在抗震救灾期间，将安置点的灾区群众纳入流动人口服务管理工作范围，落实服务与管理工作责任，明确提出在各安置点设立社区警务室，派驻社区民警、流动人口协管员、治保巡逻队员。29 日，成都市公安局下发《关于做好灾民安置点警务室建设及有关工作的通知》，要求公安机关将社区和农村警务工作延伸至灾区群众过渡安置点，设立安置点临时警务室，组建巡逻队，在安置点内及周边地区坚持 24 小时巡逻守护，维护灾区群众正常生活秩序。要求安置点警务室要统一外观设计、统一公开内容、统一工作台账，配合当地政府，加强安置点的规范管理。

四川地震灾区安置点警务室分为警务室和治安执勤服务点两种形式。广元市公安局在青川、利州、剑阁地震灾区集中居住 300 人以上的安置点设立警务室，300 人以下的安置点设立治安执勤服务点，全市共设立临时警务室 15 个、治安执勤服务点 25 个。安置点警务室和治安执勤服务点由市、县公安分局统一管理，安置点属地派出所所长为第一责任人，确定一名警长现场负责。广元市在 1000 人以上安置点警务室，配备执勤民警 2 人、辅警 3 ~ 5 人；500 人以上安置点警务室，配备执勤民警 1 人、辅警 2 人；500 人以下安置点警务室，配备执勤民警 1 人、辅警 1 人。警务室配备有电台、数码照相机等警用装备及纠纷调解记录、便民登记簿等警务工作台账，主要负责治安管理、人口管理、安全防范、情报信息收集、调解群众矛盾纠纷及配合做好群众心理障碍疏导等工作。安置点警务室根据安置群众人数配备警力。成都市在非灾区安置点警务室配备警力 4 人，实行 24 小时办公和警长负责制；各灾区安置点警务室配置民警 1 人及流动人口协管员、治保巡逻队员等。至 6 月 10 日，四川省共设立灾区群众安置点警务室 1180 个，其中活动板房警务室 785 个。

成都市加强安置点警务室力量，调动城区及外省特警 1100 人、社区民警 212 人、执勤人员 570 人进入安置点，最先建立社区警务制度。绵阳市安县公安局起草《致灾民的一封信》《关于加强灾民安置站治安防范工作公告》，由安置点临时警务室发放到安置点的群众手中，并在安置点广播站滚动播出，还发放警民联系卡2600张。同时，在活动板房警务室设置手机充电平台，服务灾区群众。在警民联系卡制度支持下，警务室可迅速获得治安信息，有效维护安置点及其周边社会治安安全。（参见图122）

图122　福州特警队在绵阳市汉仙桥派出所六里社区向群众发放治安宣传手册
（公安部 提供）

四川地震灾区安置点以警务室为平台，普遍建立抗震救灾治安巡逻队。治安巡逻队一般由民警、辅警和治安巡逻员组成，根据安置点周边治安情况、安置点规模大小、安置人员多少确定巡逻队人数。广元市根据辖区治安实际情况，在1000人以上安置点组建5～10人治安巡逻队；500人上下安置点组建2～3人治安巡逻队。治安巡逻队职能因地域不同而有所不同。广元市治安巡逻队只负责安置点周边外围治安防控；成都市治安巡逻队在巡逻民警带领下，还承担面向灾区群众做好解释、疏导及澄清谣言、稳定情绪等任务；安县治安巡逻队全部由村组干部、党员及志愿者组成，巡逻队佩戴抗震救灾治安巡逻臂章，每日22时至次日5时由警务室民警带队巡逻，重点检查使用蚊香、蜡烛，以及个人财物保管和救灾物资仓库等安全情况。

消防服务　5月21日，公安部消防局下发《关于切实做好抗震救灾期间消防安全工作的紧急通知》，要求加强地震波及地区重点单位和要害设施的消防监督检查。6月6日，公安部再次下发《关于开展过渡安置房和帐篷防火性能专项检查的紧急通知》，要求在地震灾区开展消防专项检查。6月9日至7月22日，公安部消防局带领前指消防组先后在四川、甘肃和陕西地震灾区检查、指导安置点消防安全工作，重点检查四川省15个重灾市、县安置点。公安部消防局投资10万元制作消防安全知识挂图，迅速送到地震灾区举办巡回展出，并结合消防检查发放消防常识宣传材料（单）14.1万份，发送消防宣传短信229万条。

四川、甘肃、陕西灾区公安消防总队也开展灾区安置点消防监督检查。5月16日，四川省公安消防总队起草《地震应急避难场所建设消防基本要求》，并报请省政府纳入《四川省“5·12”

地震救灾过渡安置规划导则》，下发各县（市、区）执行。23日，《四川省“5·12”地震救灾过渡安置规划导则》下发，其中包括《地震应急避难场所消防基本要求》等内容。28日，省公安消防总队下发《四川省地震灾区过渡安置房建设消防技术措施》，要求灾区县（市、区）及时了解帐篷、活动板房建设状况，做好过渡安置点规划、建设和管理，从根本上解决成片搭建棚户区极易发生大面积火灾问题。安置点消防警务室按灾区群众安置点户数划分为100户以下、100～1000户、1000～10000户、1万户以上4类，分类选派专业、半专业和志愿消防队员进驻。30日，四川省抗震救灾指挥部在成都召开灾后重建消防工作会议，提出在临时安置点实行联防，开展防火巡查，及时消除不安全因素。6月6日，公安部下发《关于开展过渡安置房和帐篷防火性能专项检查的紧急通知》后，四川省公安消防总队派出7个督导组、19名消防干部分赴6个重灾市（州），检查活动板房安置点65个，提出督导意见486条。

地震灾区群众进入活动板房后，四川省公安消防总队调配灾区安置点执勤警力，在5个重灾市（州）安置点设置消防执勤点46个，其中成都市13个、德阳市7个、绵阳市15个、广元市2个、阿坝藏族羌族自治州9个；投入警力343人、消防车44辆、手抬机动泵46台、便携灭火装备14具，消防警力覆盖重灾地区50户以上安置点282个。

成都市政府办公厅9月23日下发《关于切实抓好地震灾区受灾群众安置点安全管理工作的通知》，要求各有关县（市、区）政府将安置点安全管理作为安置点日常管理的一项重要内容，加强领导并与安置点其他工作同步研究、同步部署、同步检查；结合本地实际，研究制订安置点的安全常态管理机制。在各安置点设立社区安全工作领导小组，指定专人负责安全管理工作，制订消防、防雷、防汛、用电、用气等安全应急救援预案。通知明确安全管理的重点领域和具体要求，公安消防部门负责对安置点消防安全工作的检查、指导，督促各安置点配齐基本的消防器材，纠正消防安全违法行为，开展群众性消防安全教育，指导各安置点及时制订消防安全应急救援预案。将50户以上的安置点列为消防安全重点单位进行管理，其中1000户以上的安置点设置规范的消防警务室，配齐基本的消防设施设备，警务室配备一名消防警官或专（兼）职消防民警；50～1000户的安置点设消防警务执勤点，执勤点配备一名义务消防员。有关县（市、区）政府负责督促各安置点社区管委会加强日常消防安全管理，落实防火安全责任制，确定消防安全责任人；组织开展防火巡查，及时消除火灾隐患；组织开展经常性消防安全宣传教育；维护保养消防设施和器材，确保完好、有效；保障疏散通道、安全出口和消防通道畅通；组织制订灭火和应急疏散预案并实施演练；建立消防安全档案。在相对集中的安置点组建义务消防队，义务消防队由安置点管理人员和受灾群众组成，队员数量一般不少于本安置点总安置人数的2%；义务消防队实行24小时轮流值班（每班不少于3人），开展不间断防火巡查，及时发现并妥善处置初起火灾，及时组织受灾群众疏散，维护管理消防设施、器材和装备，对受灾群众开展防火宣传教育等。高度重视安置点受灾群众冬季取暖安全管理工作，在活动板房内禁止使用电炉、蜂窝煤炉具取暖，严禁使用各种形式的明火取暖。气象部门负责对安置点防雷安全工作进行检查和指导，督促各安置点做好防雷设施的管理、维护和保养，开展防雷安全知识宣传教育活动；及时通报强降雨和雷雨等灾害性天气气象信息，并针对性地提出灾害预防的建议意见。安置点社区管委会负责防雷设施日常巡查和防雷安全知识宣传，保证安置点的避雷针、避雷线、避雷器等防雷设施不得随意拆除、移位或损毁。每年雷雨季节来临前，向当地防雷检测机构申请对防雷设施开展定期检测。国土、建设、水务、民政、气象、水文等部门则按照各自的职责分工，负责指导安置点做好防范泥石流、山体滑坡、洪涝等次生灾害的相关工作，督促指导各安置点根据实际情况，制订防范因自然灾害引发次生安全事故的工作预案，适时组织演练。电力部门负责指导安置点布线用电作业，定期对安置点用电安全情况进行检查，及时纠正不安全用电行为；负责安置点电力设施的运行维护，开展安置点内低压电气设施的常规用电的检查工作。学校活动板房、安置户数 100 户以上的安置点配备有专职电工。燃气行政主管部门负责督促指导各燃气企业加强安置点的燃气安全检查和安全用气知识宣传，指导安置点的群众正确使用液化石油气和天然气器具；督促天然气供应企业加强安置点天然气管道的巡查、监护，确保天然气管网和供气安全。各安置点社区管委会负责安置点用气的日常巡查，保证安置点使用的液化气从正规的液化气配送点或充装站购入，禁止不合格的气罐和燃气灶具流入安置点，及时纠正不正确的使用燃气器具等行为。教育部门负责督促学校加强对学生的安全教育，排查整治“活动板房学校”周边的安全隐患，特别是对靠山临水的“活动板房学校”，要建立必要的安全防护设施，设立醒目的警示标志。督促各“活动板房学校”制订完善的灾害应急预案，并适时开展演练。公安交管部门负责“活动板房学校”周边交通安全隐患排查整治，根据学校周边道路交通特点，科学设置交通标志和交通安全设施，做好校车的隐患排查和督查；深入“活动板房学校”开展交通安全宣传教育，提高学生的交通安全意识；在学生上学、放学的高峰时段，安排警力维护校园周边道路交通秩序，保证学生安全和交通秩序。（参见图 123）

图123　5月22日，双流县水务局援建都江堰市龙池居民安置点的供水设施开始供水
（蒋文　摄）

卫生防疫与食品安全服务　地震发生后，住房城乡建设部组织筹集垃圾清运车 55 辆、洒水车 42 辆、吸粪车 32 辆、移动公厕 295 座及 414 套其他环卫物资运往灾区，并与中国环境卫生协

会组建灾区生活垃圾处理、粪便处理、建筑垃圾处理等专家小组，深入灾区群众安置点进行卫生防疫指导；编制《抗震救灾和灾后重建环境卫生工作手册》印发灾区。

5月20日，四川省抗震救灾指挥部将《震灾地区临时安置点卫生防病技术方案》下发至各市州政府抗震救灾指挥部、省直有关部门，要求做好地震灾害地区临时安置点卫生防病工作，保障人民群众身体健康，对防止受灾群众临时安置点传染病发生与流行、加强地震灾区疾病预防控制提出科学、规范的安置点选址、选材和设施标准等。强调饮用水安全，对饮用水水源的选择与保护，包括集中式供水和分散式供水的水源选择、保护、取用等提出具体标准要求；对饮水进行消毒常用的煮沸和消毒剂灭菌两种方式作了详细要求。强调食品卫生安全，要求强化食品卫生监督管理，加强食品卫生知识宣传，对灾区在简易条件下生产经营的集体食堂和饮食业单位进行严格卫生监督和临时控制措施。同时，对保障食品卫生的关键细节作了详细规定。强调环境卫生，对构建临时厕所、强化粪便处理，做好垃圾和污水的收集与处理的具体环节，对传染病人的排泄物处理等都提出具体的技术标准。加强病媒生物防制，对居住区蚊、蝇、蚤的处理及鼠类防治提出具体标准和处理要求。同时，要求加强疫情监测，各群众安置点设有专人负责传染病报告，开展症状监测和传染病疫情监测。发现鼠疫、霍乱、炭疽、疑似传染病相关死亡及疑似传染病聚集性病例时，应采用最快捷的方式立即进行报告；其他传染病或症状报告，每日向指定疫情收集单位报告一次。

6月24日，青川县爱国卫生办公室下发关于贯彻落实四川省抗震救灾指挥部《关于四川省地震区群众安置点及周边环境卫生督查情况通报》的意见，要求各片区指挥部，各乡镇、县属各部门要加大防疫工作力度，保证灾后无疫情。采取强力措施，组织环卫队伍，广泛发动群众，大力整治环境，开展清杂去乱、环境卫生综合治理活动，铲除病媒滋生地，切断污染源。加大消杀力度，要做到每个村、社，每个集中居民点都要有消杀人员，做到消杀频次达到每天两次以上，凡是有人居住的地方都要覆盖到位。认真组织人体免疫、动物免疫，控制易感人群流行病的发生，严防人畜共患病的流行。同时，加强设施建设，保证垃圾处理到位。各片区指挥部、各乡镇、县属各部门、各居民点，加大环卫设施建设力度。县规划建设局负责县城及周边环境卫生，生活垃圾的收集、清运、处置及临时集中居民点示范厕所建设、粪便的管理。各乡镇、各临时集中居民点增设环卫设施，生活垃圾做到住户收集、归点堆放、乡镇清运、分类处理、日产日清。

地震重灾地区是国家鼠疫监测点，钩体病和乙型脑炎则是当地的多发病，四川省、甘肃省、陕西省以安置点为重点，坚持传染病和突发公共卫生事件监测制度，展开卫生防疫检查。自5月14日开始，成都市以安置点为中心，采取拉网式排查方法，检查灾区卫生防疫情况，并结合检查展开死亡动物无害化处理、畜禽圈舍及养殖池塘消毒等工作。7月25日，广元市对2197个集中和分散安置点进行饮水、卫生监督监测，重点是甲类传染病、突发公共卫生事件及重大传染病疫情，先后在安置点设置医疗服务站和防疫站各656个、疾病控制监测报告站652个、饮水监测站598个、垃圾集中处理站824个、示范厕所927个。

第四章　分散安置

第一节　简易房安置

一　简易房建材调运

地震发生后，地震灾区在通过帐篷、活动板房对受灾群众进行集中安置的同时，通过自建简易过渡安置房、投亲靠友、自建永久住房3条途径，解决分散居民过渡期的安置问题。这既减轻帐篷、活动板房的建设压力，也缓解了灾后重建时建设用地的紧缺问题及农村居民过渡安置压力。

茂县凤仪镇宗渠村90%以上房屋倒塌，村民流离失所。在帐篷不够的情况下，阿坝藏族羌族自治州发放篾席、牛毛毡等材料，鼓励乡村农民自建过渡简易房。陇南市武都区农村群众利用废旧材料自建各种临时住所，采用各种方式自助自救，渡过难关；西和县农村采用搭建临时帐篷、邻里相帮等方式，解决群众临时安置问题；康县由于房屋受损和余震频发，灾区农民全部在室外避震，全县20.2万人在地震初期均依靠临时搭建防震棚。农民露天做饭，灶台多为石头砌垒，异常简陋。农户就近搭建简易棚，相邻户合建，部分无安全地带农户与长期相好户借地搭建，极少数农户受地域限制在墓地中搭建临时简易房安身。

住房城乡建设部在《采用适宜技术建设过渡安置房的工作建议》中提出，散居村落居民过渡安置，采取因地制宜、就地取材盖简易房方法。由政府发放部分经济补助，提供技术支持，农民可以自力更生建起来；材料就地取材，可以采用木材、竹子、旧砖瓦、土坯、稻草、铁皮、塑料布、油毡等，搭建满足最低居住水平的简易房。在抗震救灾实践中，搭建简易房选择地势较高、远离危墙的地方，将门板、柜板等平木板悬空20厘米搭成“床铺”，选择结实木料（多数从震垮废墟中就地取材），每两根一组顶端固定成“人”字桩，至少3组，下面埋入“床铺”两侧的土里，上边搭建一根横梁与人字桩上端固定，两侧用细木杆加密固定后，再用塑料布等防雨材料盖在棚架上，铺上稻草以期遮阴保温。

紧急调运 四川地震灾区多在山区，震后连续阴雨天气，帐篷运输难度大，群众急需彩条布搭建简易房。

5月20日，国务院抗震救灾总指挥部第11次会议决定，由民政部落实搭建80万间简易棚所需4000吨彩条布、帆布，采取“边生产、边发货”的方式，要求6月30日前完成。民政部立即协调北京市民政局和广东省、江苏省、浙江省民政厅分别与所在地企业签订4410吨生产合同。生产、调运所需8000万元资金，由上述四省（市）承担，无偿支援地震灾区。5月24日，首批400吨彩条布发往四川地震灾区。在组织有关省市调运的同时，民政部紧急采购500吨彩条布和75万平方米帆布，也迅速运往地震灾区，缓解群众搭建简易房所需材料的困难。

5月24日22时30分，民政部接到胡锦涛在《信息综合专报》上关于“四川绵阳灾区急需大量防雨布，可因地制宜，加大对山区提供彩条篷布，解决燃眉之急”的批示，以及李克强、回良玉、马凯关于落实胡锦涛批示的意见。22时40分，四川前方指挥部群众生活组与四川省民政厅研究解决方案。在四川省民政厅前期运抵绵阳市61吨彩条布的基础上，25日再安排15吨彩条布运往绵阳。同时，民政部决定使用民政部接收的非定向救灾捐赠资金，紧急采购0.2万吨防雨篷布运往地震灾区。（参见图124）

图124 5月29日，民政部副部长罗平飞（右一）在绵竹市查看群众安置情况（四川省民政厅 提供）

5月31日，为解决平武县、宁强县缺少搭建临时住处彩条布问题，民政部立即通知四川省民政厅，从中央采购抗震救灾物资中安排给绵阳市的彩条布（篷布）中调剂给平武县一批。民政部通知河南省民政厅使用河南省接收的救灾捐赠资金，采购200吨彩条布，调运宁强县。当晚，200

吨彩条布从郑州火车站起运。

对口支援 简易棚搭建需要大量竹席、油毡、彩条布等防雨材料。受地震不可预知和余震频发的影响，在很长一段时间，灾区农村居民不敢进入受损房屋，搭建临时住所材料几近断销。5月19日，根据地震灾区急需搭建简易房需彩条布等建材的特殊情况，回良玉紧急与六省主要领导通电话，建立对口支援四川地震灾区关系，确定广东省对口支援阿坝藏族羌族自治州，山东省、河南省对口支援绵阳市，江苏省对口支援德阳市，浙江省对口支援广元市，湖北省对口支援雅安市。民政部迅速组织六省开展对四川省5个市（州）的对口支援。20日，山东省民政厅通过工商、质监部门排查落实25家篷布生产企业、8家帆布生产企业、4家彩条布生产企业，并向社会发出捐赠号召；当晚，派出首架装载15吨防雨布飞机抵达绵阳机场；同日，潍坊市市长许立全分别从潍坊滨海开发区、高密市调运27吨彩条布运往济南；滨州市市长张光峰从邹平县调运10万平方米防雨帆布，连夜向济南机场集结。21日，山航、东航、深航3架运输机先后从济南机场起飞，装载第二批篷布、彩条布、防雨布、塑料布、尼龙布和纤维编织布等防雨物资飞抵四川地震灾区。至6月15日，山东省共调出580.76吨挡雨布，运抵绵阳560.76吨，其中5月26日前运抵北川挡雨布377.46吨，缓解地震灾区遮雨材料供应的紧张局面。5月21日，浙江省首批发运50万平方米挡雨布、3万平方米彩条布，同时，省经贸委调集100万平方米挡雨布，至24日全部运抵广元。20日，广东省首批调运彩条布25吨；至6月12日，调运挡雨布1450吨，运抵阿坝。

6月11日，国务院颁布《汶川地震灾后恢复重建对口支援方案》，确立新的对口支援关系、内容、方式和任务。六省对口支援四川省5个市（州）地震灾区的工作结束。至15日20时，六省向对口支援地区调运挡雨布2780.76吨、彩条布3万米。

至6月21日，民政部和各级地方民政部门向地震灾区调运的彩条布3910.76万平方米、篷布646.6万平方米、帆布75万平方米全部运抵灾区。

二 简易房搭建

5月19日，四川省民政厅在广元市利州区召开建设群众过渡周转棚屋现场会。会议提出，关于孤儿、孤老的安置问题，有条件的市州可利用现有敬老院、福利院等社会福利机构接收，予以临时集中安置；生产帐篷和简易活动房，临时安置灾区群众；制定补助政策，鼓励灾区群众投亲靠友；协调邻近省市和安排有条件的市州分流安置灾区群众，并安排相应的分流安置资金；鼓励有条件的农民家庭自建临时住房，政府给予补贴和优惠；发放租房补助，鼓励灾区群众自行租房临时安置。21日，陕西省民政厅召开会议，提出采取投亲靠友、借住公房、搭建帐篷和临时简易房办法，解决因灾房屋倒塌、严重损坏造成无房居住农村居民的住房。

灾区农村倒损房维修加固同样得到国家和当地政府经济补贴。6月12日，民政部、财政部、住房城乡建设部下发《关于做好汶川地震房屋倒损农户住房重建工作的指导意见》，提出“对其他损房农户给予适当补助”。各灾区市、县落实情况有所不同，甘肃省平凉市确定补助标准为，农村住房维修，按每户3间房、45平方米标准补助，一般性损坏维修每户补助3000元。陕西省农村居民损坏房屋需要修缮的，轻度危房每户每间补助200元。

地震灾区农村居民自建简易房的做法，得到灾区各省市抗震指挥部的大力支持。四川省民政厅要求各级民政部门调动灾区农民的积极性，利用现有条件和资源，精心指导和帮助农民搭好自建简易房。成都市自建简易房采取自愿原则，经地震灾区农户签字盖章确认后，每户发放2000元住房补助，各受灾市、县组建专门队伍指导农民搭建简易房，并进行检查验收。雅安市为1359户发放过渡安置费（2000元/户），发出资金271.8万元，发放率100%。德阳地震灾区农村选择院落附近、果园间隙、路边空地，由政府发放救灾帐篷、篷布或农户自备农具、建材、板材搭建简易房。什邡市要求各镇成立自建临时住房领导小组，在各村组搭建一个示范简易房，以点带面，明确工作进度，验收合格发放补助。由于组织有力，农户积极性较高，使自建简易房建设得到广泛推进。

在四川地震灾区农民自建简易房过程中，救援部队指战员发挥了重要作用。5月18日，胡锦涛提出，执行灾区救灾任务的部队要迅速组织能报出情报、能实施救治、能供应必要饮水和粮食的精干“三能”工作组，深入一线，迅速组织部队、民兵预备役人员进村入户抗震救灾。成都军区陆军某集团军进入茂县南新镇山区，开展“进村入户”活动，宣传国家、政府对农民自建简易房的优惠政策，鼓励农户就地取材，搭建“人”字形简易房，并逐村逐户帮助分散农户在半山腰搭建简易房。救援部队官兵会同茂县政府创造“政府帮扶、部队帮建、群众自建”的工作方法，坚持每两天与地方政府协调一次。救援部队除在建筑材料上给予群众帮助外，还动员群众主动提供建筑材料。至6月15日，救援部队官兵在南新镇18个行政村平整场地4000平方米，整修进出通道12公里，开挖排水沟8公里，搭建临时厕所10个，帮助清理废墟3万立方米，清理可利用建材5000立方米，搭建简易房1276间，安置农村居民6902人。

至8月8日，四川省农村地震灾区182.4万农户自建过渡安置简易房，占需要过渡安置农户191.4万户的95.3%。阿坝藏族羌族自治州7.7万农户自助互助搭建过渡简易房11.33万间，安置群众31.3万人，占需要安置计划的85.18%。其中，汶川县自建过渡安置简易房农户1.6万户，茂县2.2万户，松潘县1859户，九寨沟县自建过渡安置房或借住民房358户，茂县、九寨沟县的倒房群众全部从帐篷搬入自建过渡房或借住民房。德阳市自建临时简易房227790户，安置666043人，占农村倒、重损房需安置35万农户的65.1%。什邡市八角镇3012户、10227人临时简易房全部搭建完成。成都市自建的确保越冬过渡简易房11.3万户，投亲靠友1.4万户，解决灾区农村居民过渡临时住房。剑阁县应安置农村居民42680户，自建过渡简易房安置17716户，投亲靠友11653户和自建永久住房13311户，安置率100%，并接纳安置部分青川灾区群众。

甘肃天水、陇南地震灾区各县区及时制订安置规划，要求首先在原住宅院落、现在安置场所（包括院前、院后周围空地），搭建帐篷或篷布简易房，将分散安置点选择在空旷开阔、离山体沟崖和建筑物较远地带（参见图125），并组织群众清理残墙断壁、砖块、瓦砾，清路障、疏水路、拆除危墙和危房。天水市检查应急期省、市调拨帐篷、群众自行搭建简易房，对安全、保暖帐篷、自建房继续使用。陇南市武都区将中央、省、市关于抗震救灾文件精神传达到单位、社区、乡镇、村组，引导灾区群众依靠自身力量救助，利用房屋拆迁后的旧木料、旧砖瓦修建临时简易

图 125　天水市城区居民自行搭建在河堤上的简易房

（甘肃省民政厅　提供）

房，保证农村居民安全越冬。

甘南藏族自治州利用自建简易房解决 2.5 万人过渡安置。平凉市分散安置农村居民 21304 户、60519 人，其中根据农户意愿在原住所附近空旷处选点，采用搭建简易棚舍、帐篷、简易房安置 6895 户、29710 人，分别占需要安置农户总数的 32.36% 和 49.09%。陇南市解决 94530 人过渡安置，西和县农村分散安置 9815 户、44171 人，其中西和县群众搭建简易房 5860 户、26370 人，分别占需要安置总数的 59.7% 和 59.7%。白银市地震灾区农户通过自建临时安置房、投亲靠友等方法，自行解决过渡安置问题。

陕西省对无法集中安置的倒、危房农户坚持“分散安置为主、集中安置为辅”的原则，购买彩条布，分户在个人门前的场院或就近安全场地搭建简易房。千阳县乡镇全体干部，边查灾、边安置，在村外、屋外宽敞地段搭简易塑料篷实施自救，全县 5 万农村居民全部撤离危房、危窑。紫阳县成立各村主任具体负责的转移安置领导小组，逐村逐户排查农村居民倒塌损坏房屋，一经排查不能居住，立即撤出，并签订倒危房户的转移安置协议书，由乡镇干部、技术人员选址，利用彩条布、篷布、竹木搭建临时避险帐篷，每户发放 16 平方米彩条布和 100 元搭建费。在地震发生初期，陕西省安置避难群众 118.36 万人，其中搭建简易棚安置 81.5 万人。进入过渡安置期，陕西省各地主要采取对口安置、投亲靠友、借住公房的办法，安置农村灾区群众，仅有宝鸡市凤县根据农村群众居住分散等情况，搭建了少量家庭式简易房。

云南省水富县、永善县、盐津县、大关县、绥江县，倒、损房屋 42164 间，搭建毛毡临时篷、简易房 245 间，安置城乡灾区群众 11715 人。

三 简易房改造

按照四川省、甘肃省、陕西省灾后恢复重建计划，地震灾区农村72.6万户受灾群众需要解决越冬临时住处问题，其中四川省53.6万户、甘肃省16万户、陕西省3万户。

四川省民政厅、财政厅、建设厅联合下发通知，提出“不让一名受灾群众挨冻”的工作目标，以增加农村自建过渡房保暖措施为重点，开展简易房改造。茂县简易房改造采用就地取材方法，在凤仪、土门、较场、沙坝和赤不苏各选一个试点，要求按照设计人员绘制规划图纸施工，外墙用砖垒砌，内墙使用竹浆板，屋顶用旧木料和石棉瓦达到保温效果。每间简易房20平方米，配备厨卫设施，造价2000元左右，家庭5人以上两间，4人及以下一间。政府集中改造简易房占地，采取租用农民土地的形式，租期按两年过渡期计算，租金按每亩地农作物年产值计算，如果占用土地上有树木，按照每棵大树60元、小树20元发放补助。自建简易房农户，政府向每户发放补助1000元。

四川省军区内江军分区司令员刘保健在安县秀水镇龙泉、群益和顺江等14个山区村庄，调查简易房屋需求和应用情况，提出防震、防风、防雷、防雨、防寒、有电、卫生和实用8项指标，并与秀水镇抗震救灾指挥部共同制订被群众称之为“土板房”的简易房建设方法。土板房每套长6米、宽4米、檐口高2米，可供4～6人住宿，还能存放粮食等物品。一般建在农户原住房附近，尽量靠近水源，采用铁丝加固、草帘隔热、防雨材料封顶、纱窗透气、四周起排水沟，电源由专业人员安装，并限定使用功率。土板房搭建材料尽量就地取材，利用地震房屋旧石料做基础，旧木料做框架，使用农村常见草席、塑料布、草袋等轻型材料做围墙和顶棚，使用寿命一年以上，建设成本每间不超过500元。土板房建设施工由当地民兵负责，军分区将具有木工、瓦工、建筑等技术的民兵合理编组，组建小分队，每队8～10人，负责搭建一间土板房。建设小分队分为场地平整、物资准备、房屋搭建和捆绑加固4个小组，每组2～3人。场地组负责场地平整，利用砖头、水泥板铺设水泥地面；物资组按照建设规格完成废旧建材加工、分类；搭建组负责土板房主体框架搭建，以木条贴顶；捆绑组利用铁丝、抓钉完成土板房整体加固。每个小组每天可搭建2～3间土板房。为保证施工质量，刘保健每天抽出两个小时检查土板房建设情况，不合格一律及时改建。6月12日，内江军分区与秀水镇党委、镇政府在九一村召开土板房建设现场会。军分区5个民兵分队、秀水镇35个行政村和3个社区干部参加会议，现场参观150户土板房样板房，观摩10名民兵现场搭建展示表演。至6月30日，内江军分区民兵为247户农村居民，搭建土板房256间、总面积4400平方米。

从6月24日后，救援部队在四川省把帮助村民搭建能基本满足越冬需求临时简易房作为“进村入户”的活动重点，采取竹垫铺地、石棉瓦封顶、护栏加固改造农户简易房。同时，利用山上片石、废墟砖块垒砌防风防雨墙，增强简易房稳固性、安全性和御寒效果。截至11月30日，四川地震灾区农户53万户自建简易房全部采用保暖措施，灾区农村简易房改造工作完成，保证灾区农户安全越冬。

甘肃省农村简易房改造主要面向整体搬迁、整体重建村庄，在救援部队官兵帮助下，采用重建示范村方法完成。示范村统一规范设计，每村设有党员活动室、卫生所、“三孤”人员救助站、日常生活用品代销点、洗澡场所、公用电话亭、洗衣晒衣场地和收看电视等公共场所，帐篷、简易房每户搭建一所，内设床、桌椅、简易衣柜等，每户有厨房、储物间并实现通水、通电。兰州军区某步兵师，在陇南市利用救灾物资、灾区群众拆除废旧材料，建成6个灾区农村重建示范村，搭建简易房354间，入住236户，过渡安置群众1033人。

地震灾区农村自建简易房安置方法，在重灾地区农村居民过渡安置中发挥了重要作用，随着灾后恢复重建工作的开展，阿坝藏族羌族自治州农村居民安置住房逐步由帐篷临时安置转向自建过渡简易房安置。农村群众住房安置总体趋势是，转移异地集中安置群众通过帐篷安置，其余农村居民逐步过渡到自建临时住房或永久住房安置。地震灾区农村自建简易房安置方法，更适宜灾害严重地区。在四川省农村自建简易房安置比例达到绝大部分，在甘肃省占三分之一，而在陕西、重庆、云南等受灾面积较小的省（市），简易房安置办法在过渡安置中作用较小，灾区群众大多采取投亲靠友、借房租房或直接自建永久住房方法，自行解决安置问题。同时，绝大多数农村居民选择自建简易房安置方法与地震灾区各级政府鼓励性方针政策关系密切。苍溪县建设过渡安置房16591套，其中群众自建过渡简易房11623套，政府统一搭建活动板房4968套，自建简易房占全部过渡安置房总数的70.06%。至7月27日，阿坝藏族羌族自治州领取自建简易房补贴的农村居民有4万户，每户获得2000元补助。

第二节　自建房安置

一　安置扶持政策

6月8日，国务院《汶川地震灾后恢复重建条例》规定，“县级以上政府应当通过政府投入、对口支援、社会募集、市场运作等方式筹集地震灾后恢复重建资金”。11日，民政部、财政部预拨地震农村居民房屋重建资金300亿元。15日，民政部、财政部、住房城乡建设部下发通知，要求“对自行搭建临时住所的，要按当地政府的有关规定予以补助”，同时要求“统筹做好分散安置、临时集中安置和投亲靠友人员的临时救助工作”。29日，国务院《关于支持汶川地震灾后恢复重建政策措施的意见》规定，“对房屋倒塌或严重损坏、无房可住的农户住房建设，中央财政原则上按平均每户1万元的标准给予补助；对其他损房的农户给予适当补助”，并要求受灾省市接收社会捐赠资金，重点用于农户倒损房屋恢复重建。

7月1日，民政部会同四川省、甘肃省、陕西省政府编制三省地震灾区农房倒损恢复重建规划，重申：倒房和危房户均按照中央平均每户补助1万元，灾区地方财政安排、对口支援和社会捐赠补助平均每户1万元，即平均每户补助2万元；损房户均按照户均3000元给予补助。

国务院关于房屋倒塌或严重损坏居民过渡安置、重建资金补助政策，得到地震灾区省市的认真落实。5 月 29 日，四川省抗震救灾指挥部下发《关于组织发动群众开展生产自救重建家园的通知》《关于鼓励农村居民自建过渡期安置房的通知》，要求对因地震灾害造成房屋垮塌或严重受损，经鉴定无法居住必须拆除重建，而自行修建过渡期安置房的农村受灾群众，按每户 2000 元标准给予建设过渡期安置房资金补助。

6 月 20 日，四川省政府下发《四川省“5·12”汶川地震灾后农房重建工作方案》，除再次明确自建过渡简易房农户补助 2000 元，还规定自建永久性住房农户平均补助 2 万元补助政策。至 8 月 8 日，四川省共自建过渡安置房 184.32 万套。以广元市为例，广元市至 7 月 25 日，农户自建过渡用房 195962 户，发放临时补贴 144459 户，发放率 73.72%，其中青川县自建过渡简易房 61081 户，发放临时补贴 61081 户，发放率 100%；剑阁县自建过渡简易房 20179 户，发放临时补贴 20179 户，发放率 100%；旺苍县自建过渡简易房 16430 户，发放临时补贴 16430 户，发放率 100%；苍溪县自建过渡简易房 11623 户，发放临时补贴 11108 户，发放率 95.57%；利州区自建过渡简易房 25187 户，发放临时补贴 15676 户，发放率 62.24%；元坝区自建过渡简易房 19422 户，发放临时补贴 10550 户，发放率 54.32%；朝天区自建过渡简易房 42040 户，发放临时补贴 9435 户，发放率 22.44%。四川省民政厅在广元市利州区召开自建过渡房安置和分散安置现场会，总结推广灾区群众因地制宜开展自建过渡房安置经验。（参见图 126）

图 126　江油市群众在地震后就地搭建房屋

（四川省民政厅　提供）

甘肃省政府规定灾后农村居民住房重建，在中央专项补助1万元外，省财政再补助1万元，每户均补助2万元。至7月28日，中央财政拨付甘肃省38亿元农村建房资金全部划拨到各灾区。

陕西省政府8月7日下发《关于支持地震灾后恢复重建有关问题和政策措施的意见》，除按中央规定补助农村居民外，还提出4项配套政策："灾区房屋倒塌或严重损坏、无房可住农户建房，由中央财政每户补助1万元外，省、市、县按5:3:2的比例每户再补助1万元；受灾县（市、区）农村民房重建中生活困难遇难者家庭、生活困难重伤残家庭、家庭年人均纯收入低于693元低保家庭中丧失主要劳动力单亲家庭、重度残疾人员家庭和危重病人家庭'五类'特困户，每户再增加1万元，其资金由省扶贫资金、省红十字会、省慈善协会接收捐赠中解决；20户以上整体搬迁村基础设施建设由省财政给予补助；住房需要维修、加固农户，除执行中央补助政策外，省财政再增加每户补助1000元，按照省、市、县按5:3:2的比例负担。"9月4日，陕西省民政厅、财政厅下发《关于下达农村灾民倒危房重建资金的通知》，拨付关中和陕南六市（区）农户倒危房重建专项资金43938万元。（参见图127）

图127　7月30日，陕西省、援建陕西省的天津等地领导为宁强县汉源镇亢家洞村五里坡安置点群众发放重建房款和房屋维修补助资金

（黎德华　摄）

7月12日，重庆市民政局下发《重庆市"5·12"汶川地震倒损民房恢复重建工作实施方案》，规定灾区民房恢复重建补助标准："地震房屋全倒或房屋主体严重损坏无法居住农户重建住房，原则上按每户平均1万元标准补助，对其他损房农户给予适当补助。具体到每名群众，根据家庭贫困状况、人口多少等相关因素，在一个镇街内明确具体标准，不搞平均分配。对维修住房户每间按500元标准补助。"至10月14日，重庆市财政拨付重建专项资金252451969.38元，其中中央资金800万元、自筹捐赠资金244451969.38元。

7月28日，云南省民政厅、财政厅、建设厅下发《关于下达2008年中央自然灾害灾后重建补助资金的通知》，规定受地震影响灾区房屋倒塌或严重损坏需重建农户及因滑坡威胁需异地重建户每户平均补助1万元，对其他损房农户给予适当补助。昭通市低保户、“五保户”、特困户每户增加补助2000元。同时，拨付中央专项补助资金1亿元，其中昭通市9140万元、丽江市200万元、曲靖市130万元、楚雄彝族自治州320万元、迪庆藏族自治州210万元。

二 危房评估

地震灾区农村居民过渡期自建房安置分为可用住房修复和倒损房屋重建两个部分，为此，首先需要对受损房屋作安全评估。

地震发生后，国家减灾中心及时启动“空间与重大灾害国际宪章”机制，从欧盟国家、美国、日本等国获得灾区卫星实拍影像，并于5月13日获得第一批灾区灾情监测评估数据。发展改革委、民政部、财政部、国土资源部、统计局、地震局、国家汶川地震专家委员会会同四川省、甘肃省、陕西省开展地震灾害范围评估。16日，科技部抗震救灾专家组编制完成《建筑安全诊断与重建》技术手册，提出房屋建筑、道路和桥梁等设施安全评估、维修和重建技术要求。18日，住房城乡建设部从江苏省紧急筹集价值200万元钢筋混凝土检测仪、裂缝宽度测试仪、裂缝深度测试仪、激光测距仪等房屋安全检测设备76台（套），空运至成都。

6月8日，国务院《汶川地震灾后恢复重建条例》规定，地震灾害调查评估是县级以上政府采用全面调查评估、实地调查评估、综合评估的方法，评估内容包括“城镇和乡村”的“人员伤亡情况，房屋破坏程度和数量”等。12日，民政部、财政部、住房城乡建设部制定《关于做好汶川地震房屋倒损农户住房重建工作的指导意见》，要求重点排查住房倒塌或严重损坏、无法居住的危房以及受灾害威胁需搬迁的农户，按照原地重建和异地新建，分类统计，登记造册，逐户建档立卡，为恢复重建工作提供准确依据。

住房城乡建设部5月14日至6月18日先后从北京、上海、天津、杭州、广州等地选派138名房屋安全鉴定专业技术人员，赴都江堰、德阳、绵阳、雅安开展房屋安全鉴定，排查房屋34482幢（户）、建筑面积1803万平方米。6月4日，住房城乡建设部组织专家，赴都江堰、绵竹、江油、什邡、彭州进行调查，编制《灾后住宅重建标准建议》，制定受损住宅结构加固预案和加固图集，编制城区房屋震后损伤处理工作纲要（意见稿），并在江油市试点后推广。12—13日，住房城乡建设部组织重庆、湖北、成都等地32名专家，赴绵竹市拱星镇、什邡市蓥华镇和洛水镇、江油市马角镇和安县秀水镇核查测量，初步评估鉴定住房损毁情况，匡算灾前住房数量和灾后住房损毁情况。抗震救灾期间，住房城乡建设部组织中国建筑科学研究院、北京市建筑设计研究院、云南省住房城乡建设厅、江苏省住房城乡建设厅等单位，派出23批（次）、239名房屋评估人员，赴四川省开展房屋应急评估。

地震灾区农村房屋主要分为简易房屋和非简易房屋两类，简易房屋包括土（石）木结构、砖木结构两种；非简易房包括砖混结构、钢筋混凝土框架结构。根据2类4种房屋破坏程度，分为5个等级，其中简易房屋全部毁坏、50%破坏房屋和非简易房屋毁坏、严重破坏房屋不具备修复价值房屋为重建房屋，一般损坏房屋为维修加固房屋。

四川省、甘肃省、陕西省、重庆市、云南省先后开展城乡住房安全排查。5月13日，四川省建设厅下发《关于做好地震灾区城乡房屋建筑及市政基础设施安全性及损失评估有关工作的紧急通知》，要求各县市抗震救灾指挥部立即展开房屋安全评估鉴定，并组建6个工作组，省内外工程质量安全技术员2800人，赴成都、德阳、绵阳、广元、雅安、阿坝地震重灾区，采用拉网式方法排查城乡因灾受损房屋。国务院《汶川地震灾后恢复重建条例》颁发后，7月11日，四川省抗震救灾指挥部再次下发《关于开展灾区群众住房安置督导检查工作的通知》，要求实行市级领导挂帅包片、联系乡镇的市级部门牵头、乡镇村干部配合三级联动工作方式，派出工作组走进农村，逐户走访调查核实。调查结果由牵头单位联系领导、工作人员、乡镇领导、民政干部和受灾农户共同签字确认。

甘肃省抗震救灾指挥部5月12日发出紧急通知，要求灾区各市、县及时排险救灾，停止高危岗位作业，保证公用设施、校舍和群众住房安全。陕西省市、县派出工作组逐村逐户全面排查农村居民受损房屋，保证村民安全，其中高陵县政府针对个别群众不肯搬家的情况，派出工作组走村入户，排查危房危窑，提出“不让一名群众生命受到伤害，不让群众财产受到任何一点损失”的目标。

5月13日，重庆市要求梁平县委、县政府务必普查危房、险房，彻底排除险情，尤其是对20世纪修建的住房，人口密集的楼宇、民房，特别是学校、医院等人员密集的地方，做拉网式排查，及时消除隐患。

地震灾区农民住房安全评估、危险排查专业技术较强，在整个抗震救灾灾区居民安置中进展缓慢，落后于地震灾区群众安置进度。7月25日，绵竹市仅完成地震危房应急评估，虽然设定5个等级，但灾区群众不放心评估结果，表现出不敢返回受损房屋居住，不知道房屋损坏程度和修复价值等情况。

三　维修加固

由于持续不断的强余震，地震灾区农户损坏房屋维修加固工作于7月后逐步展开，一般采用国家补助、农户自主维修加固施工的形式。与借房、租房灾后安置形式相同，损坏房屋维修加固只适用于一般灾区。在过渡期安置中，雅安市组织灾区群众自力更生，恢复损坏房屋47.7万间，占应恢复总数的41.74%。阆中市群众修复各类一般性受损房屋30万间。5月19日，地处绵阳市的西南科技大学组织7家建筑公司，分为8个工程段，完成全校受损校舍房屋清理；6月11日，学校组织29支施工队伍开展校园应急加固维修，8月20日工程竣工。7月初，中国大唐所属四川大唐碧口水力发电厂组织在原址修复部分房屋，安置职工219户、255人。

6月1日，甘肃各灾区市、县部署恢复重建工作，决定在逐级、逐点、逐户鉴定评估倒损住房的同时，开展损坏房屋修复工作，提出7月底前完成损坏房屋、窑洞维修加固目标，保证群众在入冬前住上安全保暖的房子。兰州市农村住房核定维修加固3001户、7502间，在25日全部完成。平凉市住房因灾受损1.9万余户、5.71万余人，核定应维修房屋约5.73万间；8月初，采用改建、局部修复、除险加固完成1.37万余户、约3.67万余间，占应修复房屋的64.1%；至10月中旬，完成约1.9万户、5.63万余间。文县纳入修缮范围农户约4.1万户、房屋约12.55万间，完成3.14万余户、9.43万余间。陕西省农村核定维修加固住房22.1万户、61.2万间，其中宁强县、略阳县、勉县和宝鸡市陈仓区4个重灾县（区）加固12.1万户、33.1万间，在10月全部完成。云南省昭通市核定450所受灾学校修复560间、3.18万平方米，加固751间、4.27万平方米。7月26日，昭通市启动除险加固工程；至10月中旬，完成加固维修4845平方米，占应维修加固总数6.5%。

地震灾区农村在受损房屋修复安置中，相当一部分村民自行安置在相对安全的受损房屋内，不需要临时过渡安置，这种情况主要出现在强余震过后的一般灾区。陇南市农村损坏居民住房1382户、5027间，其中倒塌、严重损坏512户、1992间。在应急期，仅60户300人搭建帐篷，其余都在自家轻损伤房间临时安置，不需要安排临时住所。康县自7月后未发生强余震，大部分农户居住在结构安全的房屋中。在过渡期安置中，康县的21个乡（镇）修建越冬安置点11处、194间，主要用于安置“五保户”、特困户。

第三节　投亲靠友与借房租房安置

一　投亲靠友

地震灾区群众投亲靠友、借住公房和租房安置是传统的受灾群众安置方式，在过渡期灾区农户安置中，特别是在一般灾区和小范围灾区省市发挥了重大作用。抗震救灾初期，阿坝藏族羌族自治州部分农户即采用投亲靠友方式，利用“亲帮亲”的形式，暂时解决安置问题。由于道路受损严重，汶川县映秀镇部分群众步行至成都、都江堰市区投亲靠友，理县投亲靠友受灾群众266人，九寨沟县投亲靠友农户1370人。

按照国务院《汶川地震灾后恢复重建条例》规定，“政府对投亲靠友和采取其他方式自行安置的受灾群众给予适当补贴，具体办法由省级政府制订”，地震灾区各省市在鼓励灾区农户投亲靠友、租房借房时，与自建过渡安置简易房一样，发放补助金。5月20日，民政部副部长姜力在国务院新闻发布会上指出：“要采取尽可能投亲靠友，开放包括政府机关在内公共设施、公共场所等方式，让受灾倒房群众居住。”

成都市向投亲靠友自行安置的农村灾区群众，每户给予2000元住房补助。青川县对投亲靠友自行安置农户按照“以人算账、以户结算、整体搬迁”的原则，由各乡镇登记造册，县财政在国家补助1000元后，再增加每人补助3000元。中国水电成都院对投亲靠友自行解决临时过渡的职工，按3个月每户每月600元给予过渡补贴费。阿坝藏族羌族自治州受灾群众投亲靠友安置4443人，占应安置受灾群众31.3万人的1.42%，是四川受灾地区投亲靠友安置农户最少的地区。绵阳市投亲靠友安置农户216406户、409631万人，是四川受灾地区投亲靠友安置农户最多的地区。广元市政府鼓励灾区农户投亲靠友或租借民房居住，剑阁县公店乡新家村村民王国良，根据政府安排腾出自己的部分住房，安置青川县马公乡朝阳村转移出来的李仕江一家，两家人同一张桌子吃饭。王国良还把自己已栽种部分秧苗的0.23公顷农田均给青川灾区农民耕种。德阳市以投亲靠友形式重点安置无力搭建简易避震棚农户及空巢老人、留守儿童等，在5月28日，就投亲靠友安置64734人。至7月

25日，四川省农村投亲靠友安置22.7万户、72.3万人，占全省应安置农户191.4万户的11.86%。

受灾农户投亲靠友成为甘肃省过渡安置中的重要方法。甘肃省采取投亲靠友安置灾区群众121281人。天水市共安置农村居民176142人，其中租房49878人、投亲靠友83301人、自建安置房42963人，投亲靠友安置占全市分散安置农户总数的47.29%，大大超过自建简易房安置农户人数。陇南市农村分散安置采用投亲靠友、借住租用房屋两种方法，安置农村居民44523人，没有农户选择搭建简易房过渡安置。

在应急期安置中，投亲靠友安置方式在陕西省占有较大比重，紧急转移安置118.36万人，采用投亲靠友安置265763人。过渡期安置中，陕西省需要安置47万人，均采用投亲靠友、租房借房和对口安置方法，没有搭建简易房分散安置农户。岐山县188个村，需要安置1184户、3760人，其中520户、1500人投亲靠友，利用公房540间安置664户、2260人。重庆市由于受灾程度相对较轻，过渡期学生、城乡“三孤”人员安置完毕，仅大足县有农村居民353人因房屋垮塌和严重受损，通过投亲靠友、借住房屋分散与转移安置。

四川省投资集团川南发电公司接待投亲靠友职工家属60人，公司安排住宿，联系学校借读，要求职工食堂办好伙食，并调整泸州市江阳区江北镇往返泸州市区的交通车，保证职工每天能返回市区照顾投亲靠友的亲属。

地震后，投亲靠友安置中还有异地投亲靠友的。5月16日，都江堰市地震灾区群众朱玲珑及丈夫、女儿、外孙女4人到上海市虹口区姐姐家安置。21日，上海市虹口区街道、信访办、教育局领导到朱玲珑姐姐家看望他们，医护人员主动上门体检，教育局领导联系附近小学保证朱玲珑外孙女就学。至6月19日，上海市共接受地震灾区投亲靠友群众882户、2027人，其中男性875人、女性1152人。

二　借房租房

借住、租用房屋分散安置灾区农村居民，多采用政府出面借租形式，仅出现在灾情较轻的地区。在四川省6个重灾市（州）中，雅安市受灾程度最轻。至7月25日，雅安市应安置灾区农户39974户、145091人，其中租房安置23383户、83894人，占分散安置农村灾区居民总数的57.82%。

甘南藏族自治州为保证入冬前不能入住新居分散农户安全越冬，州、县政府组织租借房屋，全州搭建活动板房或安全简易保暖房安置群众1194户、居住棉帐篷201户、租用房屋1415户、住厢房12907户，租借房屋和住厢房农户14322户，占应安置农户总数的83.43%。平凉市在过渡期动员乡、村干部协调或亲属相帮，借住村部、文化室或邻居住房，安置4627户、20640人；村民自主租住房屋安置2371户、10169人。政府租房和村民自主租房安置人数占应安置60591人的50.85%。陕西省岐山县由政府在农村租赁房屋20间，安置残疾、智障等特困村民20户、31人；每月房租50元。重庆市永川区利用村会议室和敬老院建立安置点，安置村民93户、379人；北碚区在清凉旅馆和下坝旅社设立安置点，安置农户39户、120人。

地震灾区企业职工过渡安置多采用租房、借房形式解决。中国大唐所属四川大唐碧口水力发电厂职工自愿在厂外借房安置136户、161人。

第四篇

灾区社会事务

汶川特大地震发生后，中共中央、国务院及国务院抗震救灾总指挥部果断决策，动员各方面的力量，加大灾区社会事务处置力度。

随着地震灾区天气逐渐炎热，地震遇难者遗体的腐烂带来病菌繁殖蔓延，加之灾区地处深山，地震引发的次生灾害频发，遇难者遗体处置直接关系到灾区水源、环境污染及群众生产生活安全，遇难者遗体处置任务十分艰巨。公安部、民政部、卫生部迅速制定遇难者遗体处置原则和办法。公安部紧急抽调183名刑事科学技术人员组成工作组，对无法确认遇难者身份的，建立身份识别DNA数据库，开展遗体身份鉴别。民政部紧急向灾区调运48台遗体运输、火化处理设备，加大遗体处置力度。民政部门与救援部队及相关部门严格遵守操作规程，尊重遇难者尊严，采取火化或掩埋方式妥善处置遇难者遗体。卫生部、解放军总后勤部、质检总局组织防疫队赴灾区广泛开展遗体消毒、环境消毒。

地震严重破坏了原有的社会结构及关系。遇难者与继承者关系遭到破坏，房屋所有权证、土地使用权证、银行存单、保险单、股票账户、购房合同等凭证丧失殆尽。灾区公证人员不辞辛苦，保证公证的真实，维护灾区群众合法继承遗产权利。遇难者生前各种社会关系被割裂，拆迁、补偿、产权、财产、合同、劳资、继承纠纷大量出现，灾区律师通过疏导、调解，化解矛盾，维护法律尊严，维护公共利益和当事各方权益。四川省司法厅在6个极重灾县（市），重建人民调解委员会或人民调解工作站（点、室）2198个，恢复人民调解组织4407个，成立法律咨询服务点1025个。在抗震救灾期间，四川灾区共办理继承公证4650件，灾区律师化解各类矛盾2389件。

中共中央、国务院非常重视灾区社会工作。5月17日，胡锦涛在四川省抗震救灾工作会议上指出，要深入灾区群众特别是遇难者家属家中，做好思想疏导，做好心理安抚，维护好特殊情况下的社会秩序，保证灾区社会安定、人心稳定。民政部、卫生部、教育部等部门制定有关政策，选派心理专家和社会工作者组建服务队，动员组织针对灾区群众的心理援助及社会工作服务。国内许多高等院校、科研院所、社会团体及组织等也自发组建服务队，以直接服务、发放宣传教育材料，调研评估需求，研讨培训等多种形式，开展心理援助和社会工作服务。

在组织力量妥善处置遇难者遗体的同时，国务院抗震救灾总指挥部5月17日决定，向因灾遇难者家属每人发放5000元抚慰金。地震灾区各级民政部门迅速落实国务院关于遇难者家属抚慰工作的指示，采取“边确认、边发放”方式发放抚慰金，并向群众公布发放情况，接受社会监督。地震灾区学生身心健康受到国际社会的广泛关注，俄罗斯、匈牙利、保加利亚、菲律宾、蒙古、日本等国家邀请部分灾区中小学生前往疗养、休养或访问。美国纽约州立大学邀请四川省高校大学生赴校学习。

第一章　遇难者遗体处置

第一节　遗体处置措施

一　中央部门制定遗体处置措施

地震后，灾区普遍降雨，高温、高湿天气使遇难者遗体处置工作迫在眉睫。四川灾区遇难者人数最多，但殡仪馆和殡仪服务站的房屋、设施、设备不同程度受损，殡仪馆火化能力有限，加之交通受阻，遇难者遗体处置运输困难，难以实现遗体全部火化。

四川省民政厅就地震遇难者遗体处置问题向民政部紧急请示。5 月 13 日晚，民政部迅速做出《关于尽快妥善处置四川 7.8 级地震遇难者遗体的答复意见》，提出“将遇难者遗体就近火化，或就地掩埋，或由遇难者家属进行土葬处理”的原则。同日，民政部在向四川省民政厅答复遗体处置意见的同时，紧急联系生产厂家，调拨遗体处置物资设备，并向中国殡葬协会下达组织生产 7 万条裹尸袋的任务。中国殡葬协会组织生产企业昼夜赶制，15 日 14 时，7 万条裹尸袋全部运抵成都。

为妥善、及时处置遇难者遗体，预防地震灾区的疫情发生与流行，保障灾区群众身体健康和公共卫生，维护灾区社会稳定。5 月 16 日，卫生部下发《抗震救灾卫生防疫工作方案》，要求全国抗震救灾卫生防疫救援队对遇难者遗体实施卫生处置时参照执行。同日 19 时，民政部主持召开公安部刑事侦查局、民政部社会福利和社会事务司、卫生部疾病预防控制局参加的地震遇难者遗体处置工作会议，起草《公安部、民政部、卫生部关于“5·12”地震遇难人员遗体处理意见的报告》，上报国务院抗震救灾总指挥部批准后，于 18 日，由民政部、公安部、卫生部联合印发《“5·12”地震遇难人员遗体处理意见》。《意见》要求尊重遇难者尊严，规定对通过有效身份证件或经亲属辨认，能够确认死者身份的遇难者，由民政部门安排火化；不具备火化条件的，土葬处置。对既无有效身份证件也无亲属辨认，无法确认身份的遇难者，公安、卫生部门将根据灾区的实际情况，尽力对遗体进行编号、记录、拍照、提取可供 DNA 检验的检材，由公安部门统一保管和检验，建立"5·12"地震遇难人员身份识别 DNA 数据库，遗体及时火化或土葬。遇难者经确认是外国人的，遗体由中国殡葬协会进行防腐处置，遇难者身份确认、通知、遗体运输等问题按有关规定处置。《意见》强调，遗体搬运和土葬应当在卫生部门的指导下，参照卫生部有关技术方案进行。在遗体处置时，要严格遵守操作规程，尊重遇难者尊严，做好遇难者家属的安抚工作。尊重遇难者的尊严包括有条件的应由民政部门对遇难者遗体进行整容后，进行火化或土葬等内容，并对卫生防疫、协调配合和经费保障等方面提出明确要求。（参见图 128）

图 128　5 月 15 日，重庆市抽调 54 名殡仪职工组成第一支殡葬服务队赶赴四川灾区协助处置遇难者遗体。图为殡葬服务队在灾区处置遗体（重庆市民政局　提供）

5 月 17 日，公安部、民政部、卫生部派出由民政部社会福利和社会事务司牵头的地震遇难者遗体处置工作组，赴灾区指导、协调遗体处置工作。工作组抵达四川灾区后，立即召开由四川省抗震救灾指挥部、公安厅、民政厅、卫生厅及成都市、绵阳市、德阳市有关部门负责人参加的紧急会议，传达温家宝关于妥善、及时处置地震遇难者遗体的指示及《意见》精神。18 日，工作组与四川省民政厅、卫生厅有关人员赴绵阳市、德阳市及什邡市、绵竹市汉旺镇了解遗体处置情况，并考察殡仪馆、疾病预防控制中心的工作。工作组要求灾区各殡仪馆 24 小时不停机工作，并保存好遇难者骨灰。同日，为解决在贯彻落实《意见》中出现的救援部队、公安部门法医鉴定人员因交通问题，无法及时到达现场，造成遗体鉴别、资料和样本采集工作无法正常进行等问题，民政部社会福利和社会事务司请示国务院抗震救灾总指挥部群众生活组，请求予以协调解决，保证救援部队及公安部门及时到位开展工作。

5 月 20 日 16 时，国新办在北京举行新闻发布会，民政部副部长姜力在谈到遇难者遗体处置工作时，明确指出中国政府非常重视地震遇难者遗体处置工作，民政部紧急向灾区调运

48台遗体运输、火化、处置设备。公安部、民政部、卫生部共同研究协商，分工负责遗体处置工作。

5月23日，公安部、民政部、卫生部联合下发《关于做好“5·12”地震遇难人员遗体身份鉴别工作的通知》，对遇难者遗体资料、样本采集范围、内容、方式、保管和检验等问题做出明确规定，凡是没有有效身份证件、也无亲属辨认、无法确认死者身份的，要采集遗体资料、样本。采集主要包括对每具遗体进行唯一性编号，对遗体自然情况、所处位置、遗留物、衣着等情况进行记录、拍照，并提取可供DNA检验的人体生物检材。提取材料和检材由公安部门统一保管、检验。DNA检验结果应及时录入“5·12”地震遇难人员身份鉴别DNA数据库。民政部门对身份不明人员遗体进行火化、土葬时，要认真核查遗体是否佩戴已被采集过的DNA检材标志。

5月23日，公安部、民政部、卫生部联合下发《关于“5·12”地震受伤人员转移救治中死亡遗体处理的通知》，规定伤病员在转移救治过程中死亡的，由救治地民政部门指定当地殡仪馆统一负责遗体火化工作。通知要求殡仪馆制订工作方案，指派专人负责，严格执行服务规范，免费提供遗体运送、冷藏、火化等服务，免费提供骨灰盒。通知规定，遗体处置时要尊重死者尊严，尊重少数民族丧葬习俗，并做好亲属安抚工作，骨灰可由亲属领回。遗体火化后无人认领的骨灰，由救治地殡仪馆编号后暂时保存，待地震灾区恢复正常生产和生活秩序后，救治地公安部门和殡仪馆负责保存的遇难者相关资料、骨灰等再作移交。受伤人员在医疗机构死亡的，医疗机构要依法出具“死亡医学证明书”，及时通知当地民政部门指定的殡仪馆。对无法确认遇难者身份的，按照公安部、民政部、卫生部《关于做好“5·12”地震遇难人员遗体身份鉴别工作的通知》执行。

二　四川省制定遗体处置措施

四川省遇难者人数最多，遗体处置工作非常艰巨。四川省民政厅就遗体处置程序做出明确规定和要求，并立即成立“5·12”遇难人员遗体处置工作组。5月13日晚，遗体处置工作组电话通知成都、德阳、绵阳、阿坝等地，要求各殡葬管理单位、殡仪馆做好遗体认领、登记，处置手续必须完整、准确。14日，省民政厅制订《关于汶川“5·12”遇难人员遗体处理工作方案》。15日，抗震救灾指挥部下发《关于做好“5·12”地震灾害遇难人员遗体处理的紧急通知》。省公安厅、民政厅、卫生厅下发《四川省“5·12”地震遇难人员遗体处理暂行办法》，要求做好遇难者遗体处置工作。省民政厅要求各市州对遇难者遗体处置暂不收取火化等基本丧葬费用，先挂账，待政策明确后再统一处理。经省政府批准，为成都市、绵阳市和广元市殡仪馆各添置冰棺2具、运尸车2辆、火化炉2套，总投资336万元。

地震发生后，四川省公安厅、民政厅、卫生厅分别制订工作方案，迅速展开遇难者遗体处置工作。5月16日，省卫生厅下发《关于加强地震灾后尸体处置的紧急通知》，要求各地采取果断措施，及时处置灾后遇难者遗体，并对防范地震灾后遗体处置过程中可能出现的疫情传播等情况做出部署。要求对需要深埋的遇难者遗体，必须按消毒方法进行消毒后，在不污染环境及水源的条件下，距地面两米以下埋葬。对患有甲、乙类传染病人的遗体，必须进行火化。

四川省民政厅在5月17日、23日先后下发《关于做好“5·12”地震灾害遇难人员遗体处理的紧急通知》《四川省民政厅关于进一步规范和完善“5·12”地震灾害遇难人员遗体处理工作的紧急通知》。25日，紧急转发公安部、民政部、卫生部《关于“5·12”地震受伤人员转移救治中死亡遗体处理的通知》。省民政厅数次发文，要求各地坚持以人为本和实事求是的原则，严格要求、严格管理，按照职责分工，认真做好遇难者遗体处置相关工作，对遗体处置工作要完备相关手续，做到不留后遗症。严格按照公安部、民政部、卫生部《意见报告》的精神，对遇难者遗体火化等基本丧葬费用实行免除政策。强调各殡仪馆要认真核对公安部门在遗体检验中的编号，保证编号的唯一性，骨灰存放要做好详细记录和保管。明确伤病员在转移救治过程中死亡的，由救治地民政部门指定当地殡仪馆统一负责遗体火化，免费提供遗体运送、冷藏、火化等服务，免费提供骨灰盒，骨灰可由亲属领回。27日，省抗震救灾指挥部制订《四川省“5·12”地震灾害遇难人员遗体处理暂行办法》，要求各级党委、政府、救援部队加强协调配合，各相关部门尽力按照相关操作规程，及时妥善处置遇难者遗体，尊重死者尊严和少数民族丧葬习俗，做好遇难者家属安抚，并就遇难者遗体身份鉴别、遗体处置和遇难者遗体处置档案保存制订详尽规程。

第二节　遗体处置方式

一　身份鉴别

公安部组建刑事科学技术工作组　5月16日，公安部刑事侦查局、公安部物证鉴定中心协调湖南省、贵州省、云南省公安厅及重庆市公安局等50余个单位，抽调183名刑事科学技术人员组成刑事科学技术工作组（以下简称刑事技术组），开展遇难者遗体身份鉴别工作。刑事技术组携带100套法医检验和30套照相设备，出动各种车52辆，仅用20个小时就完成千里异地集结。18日，赴四川地震灾区开展地震遇难者遗体身份鉴别工作。刑事技术组到达灾区后，立即成立临时领导小组，下设检验工作组、后勤保障组、卫生防疫组等，其中检验工作组负责遗体生物检材提取。刑事技术组主动与当地相关部门联系，分析研究灾区遇难者身份鉴别的规律特点，在重点区域安排固定技术力量，在周边地区安排机动技术力量，建立区域信息反馈和响应机制，保证及时到位开展检验。

刑事技术组重庆市公安局技术支援队44人，5月18日18时抵达成都；19日凌晨赴汶川县映秀镇，按照国际标准检验遇难者遗体及提取DNA样本。刑事技术组贵州省公安厅技术支援队43人，18日23时抵达成都；19日凌晨，赴青川县鉴别遗体身份；26日，刑事技术组支援队赴汶川县映秀镇后，先后调拨5辆车赴汶川、茂县、理县等地运送法医防护用品和耗材。刑事技术组云南省公安厅技术支援队 43 人，19 日下午抵达成都后，立即赴绵竹、什邡，提取遇难者无名遗体 DNA 检材 55 份、遇难者亲属 DNA 检材 132 份。刑事技术组湖南省公安厅技术支援队 53 人，19 日 20 时抵达成都后，立即赶赴绵阳参加遇难者遗体处置。

汶川县映秀镇是地震灾情最重、遇难者最集中、遗体检验工作量最大的地区。映秀镇抗震救灾指挥部将遇难者身份鉴别工作与集中搜救、消毒防疫、废墟清理、灾后重建等同步安排，建立“五位一体”联动机制，即一旦发现遇难者遗体，救援部队指战员、武警官兵、公安刑事技术人员、卫生防疫人员、民政人员同时到场，按照遗体消毒、编号、记录、检验、净化、辨认、包裹、运送、定点火化或集中掩埋等处置程序，分工负责，规范有序开展工作。5 月 29 日，刑事技术组其他支援队也转赴映秀镇，对遇难者遗体面部进行清理，并组织开展统一编号、准确记录、清晰照相、规范提取、扼要登记、单独包装、集中送检等工作。

公安部 5 月 17 日至 6 月 6 日派专家组赴四川灾区，指导当地公安机关开展遇难者身份鉴别工作。专家组协助四川省公安厅制订遇难人员遗体检验方法、建立遗体信息和样本采集、亲属查询和血样采集、样本包装和送检、DNA 检验和比对、结果确认和发布、信息统计和报送等工作规范，制订《“5·12”地震遇难者检验简表》下发到技术人员手中。公安部刑事侦查局专门开放全国 DNA 数据库 DVI 子库，开发汶川地震未知名遇难人员遗体信息管理查询系统软件。5 月 31 日，首次通过遇难者身份鉴别 DNA 数据库进行亲属查询比对，直接认定 15 名未知名遇难者身份。为保证遗体识别工作顺利进行，公安部刑事侦查局提供 DNA 血样采集卡、公安部物证鉴定中心提供 4000 人（份）国产试剂和 2 万个生物样本包装袋。同时，为建立遇难者身份鉴别 DNA 数据库，公安部物证鉴定中心无偿提供身份鉴别 DNA 数据库比对系统和相关设备。

在抗震救灾期间，公安机关检验遗体 840 具，提取生物检材 3394 份，检验遇难者 DNA 检材 3394 份、遇难者亲属 DNA 样本 5205 份，通过数据库比对确认 525 名遇难者身份，并通过各部门反馈给遇难者亲属，为准确识别遇难者身份，妥善处理遗体，提供了科学证据。

四川省开展遗体身份鉴别 在公安部组织刑事技术组开展遇难者身份鉴别工作的同时，遇难人数最多的四川省组织省民政厅、公安厅、司法厅按照公安部的相关要求，迅速开展遇难者身份鉴别。

四川省民政厅 5 月 14 日下发紧急通知，要求各级民政部门认真做好遇难者遗体的甄别，完善相关手续，妥善处置好遇难者遗体，按照相关要求周到细致地做好伤亡人员的善后和家属安抚工作，配合公安、卫生等部门做好遇难者遗体甄别及资料收集，妥善处置好遇难者遗体。灾区所属各殡葬管理单位、殡仪馆认真做好遗体认领、登记和火化工作，做到火化处置手续完整、完善、准确；若火化中遇到技工短缺、设备维修等方面的困难及时报告省民政厅，统一协调解决。无灾和灾情较轻的各市、县民政局、殡葬服务单位，组织力量支持和帮助重灾地区处置好遇难者遗体。

四川省公安厅从 8 个市（州）公安机关抽调 112 名法医、影像技术人员赴地震重灾区提取遇难者生物检材，其中由省公安厅刑事技术处 4 名刑事技术民警、宜宾市公安局 10 名法医、眉山市公安局 10 名法医组成的遗体身份鉴别先遣队，5 月 17 日赴汶川县映秀镇。宜宾市 10 名法医分成 3 个小组，连续工作 7 个昼夜，检验 57 具遇难者遗体，提取遇难者检材 158 份。同时，省公安厅又抽调资阳市公安局9名法医，24日赴汶川县映秀镇，每天工作16小时以上，8天检验42具遇难者遗体。6月10日，乐山市公安局9名刑事技术专业人员赴汶川县映秀镇，对邱光华机组空难和地震遇难者遗体进行鉴别，先后鉴别遗体26具，其中邱光华机组成员及乘客遗体18具，提取DNA检材74份。

四川省司法厅组织法医赴绵阳等地震灾区开展遇难者DNA鉴定。5月17日，省司法厅抽调20名社会司法鉴定机构法医病理鉴定人，组成赴绵阳地震灾区法医工作组。同日晚，在北川县城临时搭建的帐篷里，法医工作组分成12个小组，在3个遗体检验点进行24小时值班，按照统一操作规程进行遗体检验。无法辨认的遗体均编号标记，对遗体身高、性别、体重、年龄、衣着、标志物等进行检查登记、照相，对高度腐败遗体提取肋软骨或磨牙，检材集中运送或冷藏，法医工作组参与300余具遇难者遗体检验。

四川省司法鉴定机构在集中处置遇难者遗体的殡仪馆，提取血迹或骨头、牙齿等作为检验DNA样本，建立遇难者亲属DNA取样系统。收集大量遇难者亲属DNA样本，并派专业人员与司法鉴定工作者在各地开展DNA知识介绍与DNA检测比对答疑咨询，解决遇难者遗体因面容辨别困难，亲属无法及时认领问题。在遇难者亲属DNA取样工作基本就绪后，四川基因阁司法鉴定所自主开发“遇难者亲属DNA数据库”生物信息学软件系统，集成亲属社会身份信息、寻亲信息、DNA分型数据及DNA比对引擎等多个软件模块，调试成功后立即安装在DNA数据库中使用。至12月31日，四川基因阁司法鉴定所针对61个DNA样本，对应35例遇难者遗体辨认案例，成功进行DNA分型与比对，及时完成遗体辨认。

二　环境消毒

在抗震救灾初期，对遗体进行消毒处置，成为卫生防疫的首要任务。卫生部、解放军总后勤部、质检总局组织防疫队立即赴灾区开展遗体消毒、环境消毒。

解放军卫生防疫医疗队最先赶到地震受灾严重地区开展遇难者遗体卫生防疫工作。总后勤部为地震灾区解放军卫生防疫队配发橡胶材质防化服和卫生防护口罩，并要求在防疫工作中使用。在遇难者遗体处置时，解放军卫生防疫医疗队着重遗体、裹尸袋及集中或分散安葬点的消毒；在挖掘遗体中，对暴露遗体（包括残片）及时铺撒一层漂白粉，进行消毒。当遗体完全暴露并进行移动时，打开裹尸袋铺一层漂白粉，将遗体移入裹尸袋后，再在遗体上撒一层漂白粉，拉上裹尸袋，搬运到安葬地点。成都军区卫生防疫队赴距北川县城3公里的任家坪村执行遇难者遗体及环境消毒任务。5月16日上午，卫生防疫一队接到北川羌族自治县抗震救灾指挥部指令，9名卫生防疫队员进入北川县城城区后，立即与绵阳市疾病控制中心等单位防疫人员用背负式喷雾器，对暴露遗体及环境进行消毒。

5月18日至6月30日，质检总局所属天津、辽宁、上海、江苏、福建、山东、广东、重庆、宁波、厦门、深圳检验检疫局和总局机关服务中心、中国检验检疫科学研究院两个直属单位，分3批派出39支、393人组成的卫生防疫队，对北川羌族自治县、安县、平武县和都江堰市47个大中小学校、15个群众安置点、42个村进行卫生防疫、消毒杀虫。出动人员4897人（次），使用消毒剂和杀虫剂146291公斤，实施卫生处置遇难者遗体199具。在遗体处置中，质检总局卫生防疫队执行卫生部《遗体卫生处理》规定，尊重逝者尊严，保障公共卫生安全，按照“先消毒、后掩埋”的原则处置遇难者遗体。各卫生防疫队在对遗体实施消毒前，先默哀、三鞠躬，然后使用漂白精片（有效氯55%），按1:200配制（即5000毫克/升）含氯消毒液喷洒整个裹尸袋；有条件的打开裹尸袋，对遗体进行全身喷洒消毒或撒盖漂白粉。在遗体临时存放点周围喷洒适当消毒除臭剂，减轻对周围环境的污染。5月19日12时，质检总局深圳检验检疫局卫生防疫队承担北川茶厂遇难者遗体消毒任务，使用药剂为质检总局统一配给的消毒剂和杀虫剂。瑞苠牌消毒液，按1:100比例配制，有效成分与含量为苯扎氯铵1.12%～1.37%；神网牌杀虫剂（水乳剂），按1:100比例配制，有效成分与含量为氯氰菊酯5%。（参见图129）

图129　5月19日，深圳检验检疫局卫生防疫队为处置遗体的解放军官兵消毒
（质检总局　提供）

四川省卫生厅为防止遗体腐烂造成疾病流行，按照规范对地震遇难者遗体进行卫生清理与消毒。对一般遗体采用含1500～3000毫克/升的含氯消毒剂消毒；有蝇蛆滋生遗体，用50～100毫升/平方米溴氢菊酯类或其他杀虫剂进行杀虫处理。对患有肝炎、结核等传染病的遗体，以5000毫克/升含氯消毒剂擦拭或喷洒，消毒时间在30～60分钟；或用0.2%～0.5%过氧乙酸擦拭或喷洒，消毒时间在15～30分钟。对挖出遗体的区域，用1500～3000毫克/升含氯消毒剂或漂白粉或石灰进行消毒。

三　火化与掩埋

在完成遇难者身份鉴别、遗体消毒的同时，四川省、甘肃省、陕西省、重庆市、云南省按照国务院抗震救灾总指挥部及相关部门要求，根据各地震灾区的不同情况，迅速开展遇难者遗体火化或掩埋。

调集火化人员及设备　四川灾区道路被毁，重灾地区遇难者人数不断增多，遗体火化工作十分艰巨。5 月 13 日，四川省民政厅从自贡市、泸州市、南充市、内江市、资阳市、眉山市、广安市组织 28 辆殡葬车、60 余名工作人员到都江堰市殡仪馆集结，支援重灾地区遗体运输、火化。成都市温江区殡仪馆派出 5 名司机和 4 辆殡仪专用车赶往都江堰，帮助接运遇难者遗体。13 日夜，自贡市殡仪馆将两车价值 2.2 万元的殡葬用品运往灾区。14 日，温江区殡仪馆再次安排 4 名火化工和 1 名火化炉维修人员，前往都江堰市殡仪馆协助工作。三台县殡仪馆帮助北川羌族自治县火化遇难者遗体，并对殡仪馆内场地、设备进行全面消毒。14 日，泸州市殡仪馆援助裹尸袋 1330 条，并派出 8 名殡仪职工、3 辆殡仪专用车支援都江堰市殡仪馆。

石家庄市殡葬管理处与成都市东郊殡仪馆联系，5 月 14 日派出 8 名遗体整容、防腐、火化专业技术人员，16 日抵达成都，投入东郊殡仪馆遗体处置。15 日 14 时，重庆市江南殡仪馆由 20 名火化、殡殓人员组成赴四川省抗震救灾支援突击队，前往地震极重灾区都江堰市，连续工作 22 个小时；15 日，火化遇难者遗体 100 余具，转运、帮助辨认遇难者遗体 132 具。15—19 日，重庆市江南殡仪馆和重庆锡周殡仪科技有限公司支援灾区队员火化遇难者遗体 320 具，下葬、检验、转运遗体 789 具。16 日，贵阳市景云山殡仪馆 6 名专业技术人员组成贵州省殡葬专业救援队抵达成都，并分赴成都市东郊殡仪馆、都江堰市殡仪馆开展工作。石家庄市殡仪馆、重庆市援川殡葬服务队、贵阳市景云山殡仪馆 3 支援川殡葬服务队在地震发生的十几天里，尽最大力量维护逝者尊严，每天工作 18 小时以上，被全国总工会授予“抗震救灾、重建家园工人先锋号”荣誉称号。

四川灾区遇难者遗体火化与掩埋　四川灾区民政部门按照公安部、民政部、卫生部《意见报告》要求，组织开展遇难者遗体处置。截至 10 月 8 日，地震造成四川省 68708 人死亡，遗体处置任务十分艰巨。

地震发生当天，成都市民政局立即派出工作组赴都江堰、彭州、崇州 3 个重灾市，开展遇难者遗体处置工作。集结成都市所有殡葬车，协调救援部队 40 辆军车，专门用于遗体运送。协调石家庄市、重庆市、贵阳市 59 名火化技术人员和遗体整容人员赴都江堰。按照“属地管理和就近处理”的原则，成都市对能确认身份和不能及时确认身份的遇难者遗体，实行分类处置，并就遇难者遗体处置有关问题，向社会发布公告。至 6 月 5 日，成都市火化遇难者遗体 2735 具，掩埋遇难者遗体 1492 具。在遇难者遗体处置中，都江堰市采取发现后立即运走、装车前先在车厢里垫一层砂土或铺塑料布等方法。在遗体掩埋前，尽量对遗体进行拍照和记录性描述。遗体处置尽可能采取火化方式进行，若无条件的，尽可能在远离生活区和水源地固定地点、集中掩埋。在对遗体及局部土壤进行消毒处理后，深埋地下 1.5 ~ 2 米，上面加盖石灰和土壤等方法，妥善处置遇难者遗体。5 月 14—16 日，大量遇难者遗体被运到都江堰市殡仪馆。为及时有序地火化遇难者遗体，殡仪馆把职工分为综合、接运、火化、后勤保障、综合协调 5 个小组，所有职工吃住在殡仪馆内，6 台火化炉昼夜工作；负责搬运、火化遇难者遗体的职工在工作的同时，还主动安抚遇难者家属；火化职工持续几十小时不能换班，累了只能靠在一旁休息一下。火化工作得到了遇难家属的理解，一名女青年家中有 6 位亲人遇难，当工作人员准备将6位亲人遗体分别火化时，女青年主动对工作人员说："师傅，把这6具遗体放在一起火化吧，这样你们辛苦一次就可以了，也让一家人一起走吧。"22—24日，都江堰殡仪馆职工又转战紫坪铺水库，穿上防护服，坐上冲锋舟，先后搜寻遇难者遗体37具。截至10月4日，都江堰市殡仪馆出动车辆1500余辆（次），投入人员2200余人（次），接运火化遇难者遗体2400余具。

德阳市在遇难者遗体处置中，凡有亲属认领并愿意火化的由民政部门安排火化并免收火化费。对无人认领的，按照卫生防疫和环境保护的相关要求，就近掩埋。5月13日，为及时处置极重灾区绵竹市汉旺镇等地大批遇难者遗体，德阳市抗震救灾指挥部汉旺片区指挥部决定在汉旺山区挖掘深坑实施遗体集中掩埋。14日，在汉旺镇金龙村英雄山公墓集中掩埋地震遇难者遗体500具。集中掩埋遗体工作在卫生防疫人员参与中进行，对遗体全面消毒，并撒大量石灰粉。绵竹市殡仪馆干部职工连续七天七夜，接运遇难者遗体300余具，转运遗体1000余具。在什邡市，地震遇难者的遗体放置在医疗机构的空地上、广场上、街道旁等处，殡仪管理所仅有的几辆殡葬车难以应付局面，工作人员利用殡仪车过道等位置，每车可转运五六具遗体。由于什邡市遗体数量过多，殡仪管理所的冷藏室无法存放，天气又异常炎热且经常下雨，对遗体的存放非常不利，民政局领导立即做出把遗体暂放到烈士陵园，再尽快想办法处置的决定。殡仪管理所用仅有的油布为遇难者搭建了一个大的遮雨棚，对运送来的每具遗体进行妥善放置，并清洗、编号，做好火化和掩埋的准备。至11月，德阳市民政局调拨裹尸袋1.6万条，处置遇难者遗体7217具，免费火化遗体998具，免费运送遗体1250具。

绵阳市地震遇难者人数较多，公安、民政、卫生等部门采取火化、集中掩埋、分散掩埋等方式处置遗体，并做好鉴别、辨认、编号（见图130）。5月12—15日，绵阳市5家殡仪馆共火化遇难者遗体307具。各殡仪馆按照物价部门核准价格，向自行护送至殡仪馆火化遗体的遇难者家属收取火化等相关殡葬费用。地震遇难者火化收费政策明确后，立即向社会发出"退返'5·12'地震遇难人员家属基本丧葬费"公告，陆续清退已收取因地震遇难者遗体火化费用。13—17日，

图130　5月28日，绵阳市殡仪馆工作人员对地震中遇难者的骨灰进行编号，方便亲人认领
（四川省民政厅　提供）

绵阳市殡仪馆从北川等地陆续接运遇难者遗体537具，按照整容、接运、编号等程序进行火化，7台火化炉超负荷运转，导致2台火化炉烧毁，只得转运79具遗体至三台县、盐亭县和遂宁市殡仪馆。对北川羌族同胞遇难者，按照羌族丧葬习俗，在天黑后为遇难者穿上羌族民族服装后再进行火化。至10月9日，绵阳市殡仪馆共火化地震遇难者遗体1009具。北川羌族自治县将586具地震遇难者遗体运至周边殡仪馆火化，遇难者骨灰盒交由绵阳市殡仪馆管理。北川羌族自治县设5处地震遇难者遗体集中掩埋点，共掩埋3438具，并进行外壳加固处理，其中茶厂掩埋220具，茅草坝中学校门口掩埋2860具，擂鼓镇干河坝掩埋78具，禹里乡集中掩埋200具，陈家坝乡上场口掩埋80具。公安部门编号、取样1123具；照相1123具，为每具遗体拍3～4张照片，留一张作辨认。作DNA鉴定476具，家属留样本476具。大规模集中掩埋处置遗体后，北川羌族自治县公安局、民政局、卫生局对零星发现的地震遇难者遗体按照“远离水源、严格消毒，就地火化、深埋”的原则，及时掩埋并建立地震遇难者遗体处置台账，掩埋零星遇难者遗体110具。

广元市在遇难者遗体处置中，火化184具，其中利州区34具、朝天区13具、元坝区6具、青川县109具、旺苍县3具、苍溪县7具、剑阁县7具、开发区5具。青川县红光乡在未形成红石堰塞湖之前，掩埋遗体700余具。在红石堰塞湖形成后，为防止遗体漂浮、污染水源，县政府成立漂浮遗体处置工作组，安排资金10万余元，提供裹尸袋2000余条，发现遗体后先由公安部门查验、照相、编号、提取毛发和血样，卫生部门对遗体进行消毒、装袋，再深埋入远离水源的山坡上。青川县木鱼镇木鱼学校对有亲属认领的遗体由亲属进行安葬，未被认领的由公安部门对遗体照相、编号，由镇政府按要求组织人员进行掩埋。但有的遗体掩埋较浅，经雨水冲刷开始暴露。5月19日，青川县县长带领公安、卫生、民政、教育等部门人员赶赴现场，与救援部队官兵一起将300具遗体进行重新深埋。对所安葬遗体做到对应编号，设置墓碑刻上遇难者名字，建起由专人负责绿化、保洁的“遇难学生陵园”。

阿坝藏族羌族自治州在遇难者遗体处置中，对无法确认遇难者身份的，建立身份识别DNA数据库；有条件的对遗体进行整容，尊重遇难同胞尊严，然后火化或掩埋。至12月31日，茂县共火化和掩埋遗体4016具。在茂县叠溪镇，县民政局派专人将34具遇难者遗体擦洗干净，按当地风俗习惯裹上布匹，待遇难者亲属认领后，将遗体就地火化。汶川县映秀镇按照规定程序对遗体进行处置。发现遗体后由现场医生取血样备查，经法医、公安部门鉴定及照相，供亲属以后认领。在亲属还未与遇难者见面时，在原废墟地进行喷药消毒，抬取出遗体后，撒漂白粉与石灰再消毒，装进裹尸袋，抬至原漩口中学左侧山顶处掩埋。掩埋前，为不让在废墟放置时间过长、已有异味遗体造成污染及疫情，防疫工作者及负责抬运的救援部队官兵再次对遗体进行消毒，埋于3米以下深坑中，做到“埋一层、撒一层石灰”。为保证对遇难者尊重，争取一具遗体一个坑，但遗体越来越多，裹尸袋一度出现短缺，后期只能把多具遗体一起掩埋。救援部队官兵24小时三班倒连续工作，在7米深的壕沟内，埋6层遗体。当地群众及遇难者家属对遗体在特殊时期的特殊处置方式，基本上能理解并给予支持。

四川省其他地区也认真落实公安部、民政部、卫生部《意见》的要求，做好遇难者遗体处置工作，做到“发现一具、处置一具”，防止地震灾区疫情发生。

图 131 5 月 15 日，四川省殡葬工作人员在绵竹市汉旺镇转运遇难者遗体

（民政部 提供）

其他灾区遇难者遗体火化与掩埋 甘肃、陕西、重庆、云南地震灾区在遗体处置中，按照不同情况妥善处置遇难者遗体。

甘肃省迅速落实公安部、民政部、卫生部《意见》要求，开展遇难者遗体火化掩埋工作。至10 月 8 日，甘肃省地震遇难者 370 人，其中陇南市 323 人，包括武都区 5 人、农村 318 人，遗体分别由亲属识别认领。武都区 5 具遗体送殡仪馆火化，农村遇难者 318 具遗体由于不具备火化条件，全部就地土葬处置。甘南藏族自治州 15 名遇难者集中在舟曲县，按藏、汉风俗对遗体进行火葬或土葬处置。天水市遇难者大部分在农村，10 名遇难者遗体全部土葬处置。平凉市因遇难人员都在边远农村，8 名遇难者遗体全部土葬处置。庆阳市在地震中 7 人遇难，均为农村人口，因不具备火化条件，全部由亲属按照当地风俗习惯，进行土葬处置。临夏回族自治州 2 名遇难者都是回族，按照少数民族丧葬风俗进行安葬。余震造成 5 人遇难，当地政府及民政部门按照《意见》要求，完成遗体处置工作。

至 10 月 8 日，陕西省地震遇难者 125 人，其中汉中市 49 人、宝鸡市 33 人、西安市 27 人、咸阳市 12 人、安康市 4 人。125 具遗体中，65 具土葬，60 具火化。

至 10 月 8 日，地震造成重庆市死亡 19 人。梁平县 6 名遇难者中，文化镇中心小学学生 5 名、梁山镇大河坝社区居民 1 名，均进行火化处置。

至 10 月 8 日，云南省因地震遇难 1 人，采取土葬方式处置。

另外，河南省 2 人遇难、湖北省 1 人遇难、湖南省 1 人遇难，均按照当地遗体处置要求，进行妥善处置。

第二章　法律服务

第一节　律师服务

司法部在5月12日地震发生后，立即召开部长办公会议并决定成立司法部抗震救灾领导小组，要求灾区各司法行政机关在进行抗震抢险的同时，为当地政府及受灾群众恢复灾区正常生活提供及时有效的法律服务。8月28日，司法部下发《关于认真做好地震灾区法律服务和法律援助工作的意见》，对律师事务所、公证处、法律援助机构、基层调解组织参与并提供法律服务做出详细部署。

四川灾区各级司法行政机关、律师协会及律师事务所组织律师开展法律救援行动。5月15日，四川省司法厅律师工作处、省律师协会秘书处以手机短信形式发出通知，要求各地律师事务所和律师协会，在全力抗灾自救的同时，积极做好抗震救灾中法律服务和法律援助。22日，省律师协会抗震救灾指挥部成立，组织指挥全省律师行业抗震救灾和灾后法律服务。省司法厅要求灾区律师行业围绕救灾、赈灾和恢复重建，开展法制宣传和法律咨询。省律师协会下发通知，要求各地认真学习宣传《中华人民共和国防震减灾法》《中华人民共和国突发事件应对法》《国务院汶川地震灾后重建条例》等法律法规并以此为依据做好灾后法律服务。省律师协会同省政协社会法制委员会、省社会科学院法学研究所编发《抗震救灾基本法律常识》一书，提供灾区律师处理涉灾、涉法事务参考。省律师协会编印《汶川地震涉灾法律事务问答》《抗震救灾恢复重建法律法规政策文件汇编》等书籍，指导律师依法提供涉灾法律服务，帮助灾区群众依法处理涉灾法律事务。成都市司法局和四川衡平、四川迪扬、四川守民、四川九益、四川中超等律师事务所单独或会同有关部门、四川大学等高等院校编辑出版《地震灾后热点法律问题解析》《灾后恢复重建法律知识手册》《抗震救灾恢复重建法律政策100问》等法律宣传书籍。四川省律师行业共编发涉灾政策、法律资料42种4.7万册，免费发往地震灾区。（参见图132～134）

图132　6月2日，都江堰市公证处公证员开展法律咨询服务
（四川省民政厅　提供）

图133　绵阳市法律援助中心在灾区建立帐篷法律援助咨询站，为群众提供法律服务
（四川省司法厅　提供）

四川省法律援助中心5月19日发出紧急通知，要求迅速设立抗震救灾法律援助“绿色通道”，对灾区群众法律援助申请不再审查经济困难状况，给予100%受理，并在12小时内安排律师、公证员、司法鉴定人员等法律服务人员迅速办理，及时化解因灾引发的矛盾纠纷。对相关身份证明不齐全的，可先办理法律援助，后续补齐有关手续。对灾区群众提出申请宣告失踪、宣告死亡案件提供法律援助。各级法律援助中心在重灾地区建立法律援助工作站，公布24小时法律援助值班电话，组织“抗震救灾法律援助律师服务团”，全面开展各项法律援助工作。至6月13日，成

图 134　阿坝藏族羌族自治州司法局在汶川县映秀镇开展“送法进安置点”活动
（司法部　提供）

都市、德阳市、绵阳市、广元市、雅安市和阿坝藏族羌族自治州共接待法律援助咨询 10566 件（人、次），受理法律援助案件 132 件。

四川省律师行业按照省司法厅、省律师协会要求，迅速投入灾后法律服务。四川晓君律师事务所、四川林志律师事务所主动到重灾地区安置点设立法律援助站和法律服务点。受损严重的四川都江、四川太白、四川西华、四川豪迈、四川秦川、四川维州等 20 余家律师事务所，利用帐篷、活动板房等现有条件迅速执业。四川石泉律师事务所是北川羌族自治县唯一一家律师事务所，在地震中被垮塌的山体掩埋，事务所主任和一名行政人员遇难。幸免于难的律师代国章、刘照彬也经历亲人遇难、住房倒塌等灾难，但两人 6 月 11 日在北川羌族自治县擂鼓镇救灾帐篷内恢复执业，为灾区群众提供灾后法律服务，前来求助的群众在帐篷外排起长队。

绵阳市的四川联衡、四川道融民舟、四川弘风等 14 家律师事务所组织律师志愿团，在绵阳市九洲体育馆等 8 个群众安置点，开展法制宣传、法律咨询活动。德阳市司法局出动流动法律服务车，派出四川兴咏、四川宏剑、四川方纬等律师事务所的 20 余名律师深入社区、街道，开展宣传咨询活动。广元市司法局抽调四川剑宏、四川利州、四川天称等律师事务所律师组成 9 个咨询组深入灾区的田间地头，开展咨询服务活动。雅安市组织律师走上街头，发放法制宣传资料，解答群众提出的涉灾法律问题。四川亚峰律师事务所在灾后第三天就开通抗震救灾法律咨询热线，主动为受灾群众解答涉法问题和进行心理抚慰。阿坝藏族羌族自治州所属律师事务所开通“148”法律咨询专线，开展昼夜咨询服务，并在群众集中安置点设置法制宣传橱窗，方便群众及时、就近了解相关政策、法规。成都市、德阳市、绵阳市 30 余家律师事务所通过局域网和法律咨询热线，利用广播、电视、报刊等媒体，宣传抗震救灾法律知识，耐心解答灾区群众关注的宣告失踪、宣告死亡、保险赔付、房屋损坏赔偿等热点和焦点问题。

四川省律师协会代表5月26日出席省政府关于清理地震灾害现场问题专家座谈会，就清理主体、清理程序、证据保全等涉法问题发表意见和建议。6月4日，省司法厅厅长刘作明主持研究律师代理都江堰市聚源中学遇难学生家长提出赔偿事宜，形成《关于都江堰市聚源中学遇难学生家长利益诉求化解方案论证意见》，上报省委政法委员会。8月12日，应省政府办公厅要求，省司法厅组织律师通过认真分析论证，拟制《5·12汶川特大地震灾害遇难、失踪人员名单公布方案》，呈交省政府。

担任企业法律顾问的律师事务所主动为客户着想，替客户分忧，帮助企业渡过难关。四川康维律师事务所工作人员在灾后第三天，就冒着余震危险，克服交通不畅等困难，派出律师前往位于地震极重灾区绵竹市汉旺镇的东汽提供灾害善后处理和灾后重建法律服务。四川鼎立律师事务所根据灾区客户需求，及时就劳动合同、工资发放、债权债务等问题提出法律意见，派律师赴省外为灾区一客户收回被拖欠已久的100万余元货款。四川鼎立律师事务所还针对顾问单位四川大学华西医院救护伤员工作受到多家网站不切实际指责，及时发出10余份律师函进行交涉，促使对方撤除帖子，停止侵权，维护顾问单位合法权益。

地震灾害引发各类民事纠纷，灾区群众由于损失严重、经济困难、缺乏聘请律师的经济能力等问题。各级司法行政机关要求律师行业切实加大法律援助力度，简化程序，扩大受援范围，重点为“三孤”人员和特困群众提供法律援助。工作中，律师法律援助范围不断扩大，只要确认是受灾群众，律师均给予不同程度的援助。律师是完全依靠向当事人收取费用作为单位及个人收入的，但在救灾服务中，提供法律援助费用由律师个人全部承担。

至10月31日，四川省律师行业共开展法制宣传587场（次），接受法制宣传群众8.4万人（次）；编发涉灾政策、法律资料42种4.7万册；提供法律咨询1100场（次），接受咨询服务群众3.3万人（次）；化解各类矛盾2389件；为灾区各级政府提供法律服务448件次，提出各类意见和建议422条；所办理的2000余起涉灾法律事务，70%以上免费服务，其余只象征性收费。

甘肃省司法系统开展“法律进灾区、法律进安置点、法律进帐篷、法律进活动板房、法律进工地”活动，宣传与灾区生产、生活、恢复重建有关的法律法规，编写印制有关抗震救灾、灾后恢复重建的法制宣传教育资料和传单，发放到灾区群众手中。“陇南市法律援助服务队”重点向群众宣传《物权法》《治安管理处罚法》等法律法规，现场解答法律咨询500余人（次），发放法律宣传资料2000余份。陇南、甘南、天水等重灾区律师免费为群众提供法律咨询，解答灾区群众关注的宣告失踪、宣告死亡、保险赔付、房屋损坏赔偿等热点、焦点问题，解答群众提出的涉灾法律问题。截至10月，甘肃省共办理法律援助事务353件，介入调解、化解矛盾纠纷1568件，维护灾区的社会和谐稳定。

宝鸡市司法局、市律师协会6月1日组织直属的6个律师事务所、30余名律师走上街头，开展抗震救灾法律咨询服务宣传，现场接待群众120余人（次），发放宣传资料3000余份。宁强县三泉律师事务所律师为一起工伤索赔案件仲裁机构不受理、诉讼超时的问题，远赴山西调查取证，经过反复交涉，促使当地有关部门依法受理工伤认定申请。

重庆市司法局与重庆广电集团合作，6月7日组织重庆百君、重庆中世、重庆丽达、重庆索通和重庆合纵等律师事务所律师赴四川灾区为受灾群众提供法律援助。在受灾群众聚居的双流县日月城、都江堰市“幸福家园”、绵阳市九洲体育馆、绵竹市体育场、什邡市安置点等地设立法律援助服务站，为灾区居民提供现场法律咨询，发放相关法律法规宣传资料，协助处理非诉讼法律事务，并在安置点开通24小时法律援助热线。梁平县司法局积极开展“抵制谣言、维护稳定”的法制宣传活动和抗震救灾知识宣传。5月17日，县司法局向各乡镇受灾群众发放抗震救灾知识宣传单2万余份，开展法制宣传活动，做好正确舆论引导，宣传抗震避险知识，引导群众不信谣、不传谣；组织各乡镇司法助理员参加当地党委、政府组织的抗震救灾工作，做好安全防范、矛盾纠纷排查和调查处理工作。

第二节　公证服务

汶川特大地震造成人员伤亡及财产损失，急需通过公证保护灾区群众的合法权利不致丧失、不受侵害，但地震使许多公证机构办公场所倒塌、毁坏，设备档案资料丢失，公证工作受到严重影响。

四川省司法厅5月20日下发《关于积极开展抗灾和灾后重建公证法律服务工作的通知》，要求各地司法部门发挥公证职能作用，积极为灾区法人、自然人及境外居民提供优质、高效、便捷的法律服务；在地震后的特殊情况下实行公证执业区域指定管辖，对失去办证条件的县域公证处由其所在市州公证处办理；对失去办证条件的市州公证处报请省司法厅指定其他相邻市州公证处办理。25日，省司法厅组织成都市城区8个公证处的29名公证员，组成12个公证法律服务应急小组赴都江堰，按照抗震救灾指挥部要求对灾后3500余处危房外观外形、危房公告张贴和腐败变质食品清理工作现场进行保全证据公证。6月12日，省司法厅下发《关于依法做好抗震救灾恢复重建期间公证法律服务工作的补充通知》，要求各市州公证机构要遵循公证法律法规有关规定和意见，办理灾区公证事务。公证服务范围包括办理灾区死亡、失踪公证，保全证据公证，捐献等现场监督公证，委托公证，涉外、涉港澳台公证，声明书公证，存款、财物、房屋证明、遗嘱继承公证，提存、健康生存证明公证等。要求办理上述灾区各类民事公证减免收费。截至10月，四川省司法机关为灾区群众办理继承公证4650件。

四川灾区公证部门及时为灾区群众提供公证法律服务。（参见图135）5月15日中午，一名台湾游客遇难者家属到成都市公证处申请办理死亡公证，公证员顾不得吃午饭，立即受理公证事项。

地震将北川羌族自治县公证处办公楼掩埋，4名公证人员遇难。6月12日14时28分，北川公证处在擂鼓中学废墟上举行恢复公证业务仪式，在帐篷中办理公证。当天，公证处就接待解答灾区群众公证咨询150余人（次），受理办结公证5件。一个月内，接待来访群众5000余人（次），受理公证案件680余件，出证500余份，全部免收公证费。

图 135　5 月 27 日，成都市司法局龙泉公证处公证员冒着余震进入都江堰市重庆小天鹅火锅店进行现场公证
（四川省司法厅　提供）

按照崇州市灾后重建与新农村建设安置相结合的有关规定，地震受灾户可选择货币安置，但对选择货币安置的群众，要求必须提交另有住房或亲友为其提供长期住房的公证证明，才能领到政府发放的安置款。由于此项工作要求在一周内完成，而崇州市鸡冠山、文井江、怀远、街子、三郎、元通、观胜等 10 余个乡（镇）受灾群众，多数选择货币安置，通过投亲靠友方式解决住房，被安置受灾群众和接收安置产权人要求对“承诺书”办理公证。市公证处及时研究、制订工作方案，从办证程序、证明材料和应注意事项等方面进行部署。公证人员受理、审查、制作、审批、出具公证文书形成“一条龙”作业，一周内为受灾户和住房安置户办理“承诺书”公证 100 余件。

陇南市、甘南藏族自治州、天水市公证处坚持在帐篷中 24 小时值班。至 10 月，为灾区群众办理死亡及遗产继承公证 22 件。

5 月 17 日，在由陕西省委宣传部、省民政厅、省文化厅、省广播电视局、省红十字会和省慈善协会主办，陕西电视台承办的“朝阳行动我们万众一心”大型赈灾晚会活动中，省汉唐公证处义务为晚会募捐活动进行现场监督公证，后又针对灾区群众日益迫切的公证法律需求，开辟办理公证“绿色通道”，免费为涉及灾区群众民事、经济事务办理公证。

第三节　调解服务

一　恢复调解组织

在灾区，伤员救治、赈灾物资发放、食品领取、帐篷使用、财产处置、人员安置、保险理赔、遗产继承、财产权益等方面容易产生矛盾纠纷。灾区律师遵循“有法律从法律、无法律从政策”的精神，坚持在法律和政策框架内为群众提供服务。当政策、法律界限不明，律师则根据公平原则向纠纷双方进行解释、说服。通过疏导、调解，最大限度地化解各类矛盾纠纷，维护法律尊严和政策权威，维护公共利益和当事各方的合法权益。

从 5 月 14 日开始，四川省、甘肃省、陕西省、重庆市、云南省司法厅（局）基层工作处以电话形式向各市州司法局了解各地司法所、人民调解委员会人员、财产受灾及损失情况，提出受灾地区各级司法行政机关要在当地党委、政府的领导下，积极抢险救灾，发挥职能优势，维护灾区社会稳定并及时上报受灾情况。

四川省司法厅 6 月 2 日下发《关于切实做好灾后矛盾纠纷化解工作的紧急通知》，要求迅速建立、恢复人民调解组织，广泛动员机关干部、人民调解员、法律服务工作者，积极做好灾后重建中矛盾纠纷化解工作。截至 10 月 31 日，成都市、德阳市、绵阳市、广元市、雅安市和阿坝藏族羌族自治州受灾群众安置点重建人民调解委员会或人民调解工作站（点、室）2198 个，恢复人民调解组织 4407 个（参见图 136 ～ 137），有调解人员 8.8 万名。成都市、都江堰市、彭州市、德阳市、什邡市、绵竹市、绵阳市、剑阁县、汉源县司法行政机关抽调机关干部和法律服务工作者组成工作组，成立法律咨询服务点 1025 个，进驻或定期进入矛盾纠纷多发、受灾群众集中的安置点及乡镇开展工作，共接受群众咨询 34.58 万人（次）。

图 136　5 月 29 日，绵阳市司法局帮助北川羌族自治县擂鼓镇安置点建立临时党支部、群众自治委员会和调解委员会
（四川省司法厅　提供）

在恢复调解组织的同时，各级司法行政机关加强调解组织的制度和能力建设，根据灾区特点，建立相应的配套制度。双流县、彭州市、都江堰市、什邡市、绵竹市、剑阁县、汉源县、绵阳市游仙区等司法局不仅统一制作人民调解标志、纠纷调解登记本、法律服务咨询登记本和工作展板，还统一将《人民调解任务》《人民调解工作原则》《法律服务联系点服务内容》及工作人员姓名、照片、联系电话等内容公示上墙，便于受灾群众联系、监督。成都市、绵阳市、德阳市所属县（市、区）司法局制订《临时居住点矛盾纠纷排查调处预案》，建立矛盾纠纷每

图137　成都市司法局在彭州市小鱼洞镇群众安置点建立的人民调解委员会

（四川省司法厅　提供）

周排查制度，强化人民调解工作纪律。7月，四川省司法厅编印2.2万册《汶川地震涉灾人民调解案例选编》和近50个典型案例，免费发送到省、市州党政领导、相关部门，以及市县司法行政机关和成都市、德阳市、绵阳市的司法所、人民调解委员会，便于广大司法助理员、人民调解员学习、借鉴，提高调处涉灾矛盾纠纷的能力和水平。9月10—12日，四川省司法厅在郫县召开灾后重建人民调解暨法制宣传培训座谈会。

甘肃省司法厅5月20日下发紧急通知，要求灾区各级司法行政机关迅速建立、恢复人民调解组织，广泛动员机关干部、人民调解员、法律服务工作者积极做好灾后重建中矛盾纠纷的化解工作。

二　调解纠纷

地震灾区各级司法行政机关和人民调解组织紧密结合灾区实际，创新工作形式，认真总结经验，采取拉网式排查，分片包干、责任到人，周查周报，“一般纠纷及时调、重大纠纷随时报”等方法，加大纠纷预防、排查和调处力度。

彭州市司法局在群众安置点建立“小红帽”人民调解员队伍，使人民调解员成为化解矛盾调解员、维护稳定信息员、社情民意调查员、法律政策宣传员。什邡市、都江堰市等司法局设置流动宣传调解工作站1772个，定期巡回在各乡镇村居和各群众集中安置点，与群众进行面对面交流，帮助协调解决遇到的各种困难。地震发生初期，救灾物资十分缺乏，个别地区出现分配不均现象，群众常因物资、食品发放问题发生纠纷。5月21日23时，双流县黄龙溪镇受灾群众安置点因分发牛奶引发群体性纠纷，40余名受灾群众各执一词、互不相让，临时党支部书记兼人民调解员罗平贵与调解工作站其他人员立即赶到现场。在了解情况后，对双方做疏导、劝解工作，经过近两小时的努力，终于化解纠纷。

地震中，不少学生因房屋倒塌失去生命，悲痛欲绝的亲属们常聚在一起相互哭诉。5 月 24 日，痛失子女的什邡市蓥华镇 50 余名受灾群众在镇政府外，要求解答学校建筑质量、教师救援学生、遇难学生领取补偿等问题。什邡市司法局蓥华司法所所长兼镇调委会调解员朱洪万迅速对情绪激动的群众展开疏导、劝解、安抚和法律宣传工作，并成功引导群众选出诉求代表。通过推心置腹的劝解、说服，群众情绪逐渐平息。在梁平县文化镇中心小学受灾善后处理中，部分遇难学生家属情绪激动，认为校方对学生遇难有重大责任，拒不同意对学生遗体进行处置。文化镇调委会通过耐心疏导，以情感人、以理服人，认真做好遇难学生家属思想工作，并通过综合协调，给予合理补偿。

地震使人的生命和家庭财产突然消失，给群众带来大量继承方面的问题，并因意见无法达成一致而产生纠纷。什邡市红白镇柿子坪村村民肖某与孙某属重组家庭，婚前肖某有三女一子，孙某有一女一子。肖某遇难后留下 10 万元存款，儿女要求分割其父留下的遗产，但无法达成一致意见。什邡市司法局红白司法所和调委会主动介入调解纠纷，通过 3 次调解，使孙某及其子女达成了协议，各方当事人都十分满意。

在抗震救灾期间，四川省 6 个极重灾市（州）司法所和人民调解组织共排查矛盾纠纷 2.94 万件，调解涉灾矛盾纠纷 4.99 万件，调解成功 4.83 万件，成功率 96.8%；防止纠纷激化 3369 件，涉及 8.73 万人。

甘肃省各级调解组织调解了大量因危房搬迁、搭建防震棚、分配救灾物资而引起的纠纷。天水市秦州区西口镇一村庄被定为危险不能居住村庄，要求群众搬迁，部分群众以“不习惯，生活不方便，特别是种地务农更为不便”为由拒绝搬迁。西口镇人民调解员王长利进驻该村，上门对 76 户群众做疏导、劝解工作，最终化解矛盾，使群众顺利搬迁。文县中庙司法所做到灾后重建和本职工作两不误，积极开展矛盾纠纷排查调处、法律知识宣传，直接参与成功调查处理有关群众临时安置占地、救灾物资发放、损毁房屋拆除等各类纠纷 50 余起。抗震救灾期间，陇南市共调解矛盾纠纷 3468 件，调解成功 3326 件，成功率 98.5%。甘南藏族自治州开展矛盾纠纷“百日会战”活动，以“不漏掉任何一起矛盾纠纷”为目标，以排查“群体性纠纷、民间纠纷、重点信访案件、突出治安问题”为重点，采取走访群众、接待来访、召开群众代表座谈会等形式，逐单位、逐村、逐社、逐户开展排查工作。活动期间，排查各类矛盾纠纷 3254 件，调查处理 3204 件，成功率 98.5%。

抗震救灾期间，陕西省灾区司法行政机关共排查化解与抗震救灾有关矛盾纠纷 1630 件，占矛盾纠纷总件数的 82%。重庆市司法行政机关和人民调解组织共调解涉灾矛盾纠纷 1599 件。

第三章　社会工作服务

第一节　社会工作组织

汶川特大地震发生后，灾区群众需求多元化、社会问题复杂多样，灾区群众特别是儿童、青少年、老人、妇女等群体的生活秩序、社会功能受到极大损害，各种社会功能亟待恢复调整，社会关系需要重整。民政部、国务院妇女儿童工作委员会、四川省民政厅、部分灾区对口援建省市民政部门、灾区各级政府及有关社会工作行业管理机构和服务机构积极整合社会工作专业力量，采取有效措施，为灾区干部群众提供专业支援和服务，介入灾害救援和灾后恢复重建。

一　组织发动

迅速恢复灾区群众的生活秩序、社会功能等问题得到中共中央、国务院领导及各级政府、抗震救灾指挥部的重视。5 月 17 日，胡锦涛在四川省抗震救灾工作会议上指出，要深入灾区群众特别是遇难者家属家中，做好思想疏导，做好心理安抚，维护好特殊情况下的社会秩序，确保灾区社会安定、人心稳定。

民政部 5 月 17 日下发紧急通知，要求各级民政部门组织专业社会工作者，发挥专业、技能优势，做好受灾群众尤其是孤儿的心灵抚慰及心理康复工作。21 日，李学举在全国民政系统支援汶川特大地震灾区电视电话会议上提出，要进一步强调发挥好社会工作者的重要作用，对群众实施人文关怀、心理疏导和社会支持，帮助群众重建社会关系、调适社会心理、恢复社会功能。

中国社工协会联合中国社会组织促进会等10家社会组织，于5月13日，通过电视、网络等媒体向全国38万家社会组织及社会工作者发出抗震救灾倡议书，号召“发挥社会工作优势，积极投入抗震救灾”。21日，协会开通“抗震救灾志愿者热线”，接受社会各界志愿者报名，引导志愿者有序参与抗震救灾。29日，中国社工协会启动“2008地震灾区心理危机干预志愿服务促进计划”，分批培训5000名心理志愿者。中国社工教育协会向全国200余所高等院校发出倡议，号召各高校尤其是灾区及灾区周边高校借助自身专业优势服务地震灾区。四川、上海、湖南、广州、深圳等省、市民政部门也积极行动起来，倡导并组织社工人员投身灾区一线，组织动员凝聚政府、高校、社会组织等各方面力量，为灾区社工服务顺利开展提供组织保障。

全国各省社工组织积极发动。广州市社工协会、广州义工联合会、中山大学等5所高校和专业社工团体，于6月21日共同发起广州社工界支援四川抗震救灾行动启动仪式，中山大学、广东工业大学、华南农业大学、广州大学、广东商学院的社工系师生代表和广州社工从业人员代表近1000人出席仪式。

二　调研需求

民政部组织中国社工协会、中国社工教育协会、民政部社工研究中心及有关高校，共同研究社工介入地震灾区的时机、思路和方案，联合中国社工协会、中国社工教育协会等社会组织和北京大学等高校赶赴地震灾区，深入了解社工介入灾害救援和灾后恢复重建的必要性与可行性。5月20—23日，民政部社工人才队伍建设领导小组办公室两次组织社工专家召开讨论会，研究、讨论社会工作者参与地震灾区的时机、思路、方案及服务内容等，将专业社工介入灾后救援和灾后重建摆上日程。27日，由民政部组织12名来自高校社工专业的教授、副教授组成专业社工服务队从北京启程，前往四川地震灾区。在5天时间里，专业社工服务队先后前往彭州地震灾区、都江堰市群众集中安置点、成都市第二社会福利院、成都市救助管理站、西南财经大学爱心学校等地进行调研和服务。四川省民政厅与西南财经大学组成联合调查组，就灾区民政工作和群众需求开展问卷调查，为政府决策提供第一手资料；上海市、湖南省、广州市、深圳市民政部门和国（境）内外有关社会组织通过向灾区派遣需求评估专家等方式为社工介入灾害救援与灾后恢复重建进行调研。通过需求调研，为确定社工介入时机、内容、步骤、广度与深度打下基础，确保外部社工力量有效介入灾区服务，为灾区社工服务方案的制订与实施提供依据。（参见图138）

5月27日至6月1日，民政部组织赴灾区社工服务队，进行需求评估及对孤儿、孤老、孤残人员提供专业服务。同时，民政部鼓励支持各地民政部门利用灾后恢复重建对口支援机制，选派社工专家和一线社工组建社工服务队，前往灾区开展专业服务；支持中国社工协会、中国社工教育协会等全国性行业组织，发挥行业组织作用，凝聚专业力量，服务地震灾区。

图 138 社会工作者在四川地震灾区开展老年人需求调查

（民政部 提供）

三 组建队伍

四川省民政厅和部分对口援建省市民政部门、社工行业和服务组织、高等院校根据自身实际情况和灾区实际需求，及时组建灾区专业社工服务队。上海市成立“上海社工灾后重建服务团”，通过公开招募方式，分别组建由华东理工大学、阳光青少年服务中心与上海师范大学、复旦大学及浦东新区社工协会牵头的 4 支都江堰活动板房安置点社工服务队；四川省组建成都市群众安置点社工服务队；湖南省组建理县社工服务队；广州市组建映秀社工服务队和水磨中心小学社工服务队；深圳市组建文县社工服务队；中国社工教育协会组建灾区“希望学校”社工服务队。香港无国界社工等社会组织、西南财经大学等高校也联合多方力量组建灾区社工服务队。至 2009 年 6 月，国（境）内外 100 余家社工服务机构、20 余家高校组织 1000 余名社工专业人员，在地震灾区提供社工服务。

四川省民政厅 5 月 24 日派遣“四川社工人才百人计划”中的 24 名社工进入成都市第二社会福利院、成都市救助管理站、成都市锦江区青少年活动中心群众安置点开展服务。由于情况紧急，省民政厅除为社工提供简单的住宿外，吃饭、交通等生活问题都靠社工自己解决，但社工人员没有任何怨言，立即投入紧张的工作。同时，省民政厅联合西南财经大学、西南石油大学等高校社工专业师生，采取设立社会工作站或派遣社工服务队的形式，为灾区儿童、基层民政工作者等提供心理援助和康复辅导。上海市、广州市、深圳市民政部门立即行动，研究并组织社工队伍赴灾区开展服务。

5月16日，上海市民政局和上海市社会工作者协会印发《“上海社工赴四川灾区援助团”招募书》，组建上海社工灾后重建服务团。6月25日，上海社工灾后重建服务团第一支队伍——华东理工大学服务队进驻都江堰市“勤俭人家”安置点。7月24日，上海社工灾后重建服务团的3支队伍——复旦大学服务队、阳光·上师大服务队和浦东新区服务队分别进驻都江堰城北“馨居祥园”安置点、“幸福家园”安置点和“滨河新村”安置点。截至12月25日，上海社工灾后重建服务团共派出29批、236人（次），为2.2万名灾区群众提供社工专业服务。

6月23日，广州市民政局派出5人组成的社工队赴广东省对口支援的汶川县，进驻映秀镇建立“广州社工映秀站”。至12月30日，广州市民政局先后组织9批、63人（次），赴灾区开展专业社工服务。5月21日，首批转运到广州市治疗的灾区伤员抵达后，广州市民政局动员广州社工界迅速召集专业社工进驻医院开展服务，分别在广东省人民医院、中山大学附属第一医院、中山大学附属第二医院、广东省中医院大学城分院及广州市第一人民医院设立5个社工服务站。至12月30日，307名社工和具有社工知识的志愿者，服务灾区伤员及家属234人，服务时间达2900小时。6月11日，深圳市民政局社会工作处、深圳市社工协会、深圳市慈善总会联合组成8人先遣队，赴对口支援的陇南市，参与文县开展灾后重建需求评估，并设立“深圳社工文县工作站”，先后派出3批、每批4名社工，到文县社工工作站服务。

至12月30日，中国红十字会基金会以公开招标方式，资助社工服务队及服务项目，包括中国青年政治学院绵竹社工服务站、北京市朝阳区蒲公英培训中心“四川灾区专业社工综合服务项目”、上海市公益社工师事务所“都江堰市过渡安置点社区居民的社会关系重建项目”等。

地震发生后，联合国儿童基金会与国务院妇女儿童工作委员会办公室合作，在地震灾区建立40余所“儿童友好家园”，开展儿童社工服务。社工服务队伍的建立，有效弥补了灾区社会服务力量的不足。

第二节　社会工作介入

一　介入领域

地震发生后，灾区社工服务主要围绕减灾救灾、生计发展、关系调适、教育辅导、社区建设等开展，不断深入到群众中去。

减灾救灾 各社工服务队积极参与救灾物资需求评估和资源连接工作。文县社工服务队作为深圳市援建文县的第一支队伍，深入开展灾区调研，对深圳市重建投入资金总额做出估算，提出需要紧急启动和对口帮扶项目；并与深圳市慈善会密切配合，反馈灾区需求，发挥慈善会援建灾区的作用。广州映秀社工服务队协调广东狮子会和广州物资集散中心资源，向北川羌族自治县民政局赠送办公设备，向汶川县水磨镇中心小学赠送复课设备，向绵阳市游仙区忠兴镇养老院和汶川县映秀群众安置点赠送帐篷。上海市浦东社工服务队创造救灾物资分配新模式，通过发放“爱心加油券”方式，使灾区弱势群体、自愿承担社区公共服务人员优先获得上海市慈善基金会捐赠的救灾物资，使救灾物资分配发挥扶贫助困和促进社区互助的双重功效。

生计发展 针对灾区群众生活贫困、就业困难等问题，各社工服务队积极开展生计建设项目。上海市浦东社工服务队组织灾区妇女成立了“火凤凰合作社”，组织培训妇女参加绒绣就业项目；实施“幸福启程就业援助计划”，为灾区有就业意愿的青年和妇女提供上海地区就业岗位并免费提供技能培训。广州映秀社工服务队将灾区妇女的哀伤辅导与生计建设有机结合起来，实施“映秀母亲”项目，组织当地妇女以刺绣方式寄托哀思，并通过联系买方、举办义卖会等方式，帮助营销刺绣作品，建立就业基金。深圳市的文县社工服务队联合深圳市当地企业开展“文县土特产专销”计划，帮助灾区发展经济，改善灾区群众生计。湖南省“湘川情社工服务队”和“青红社工站”为残疾人生计发展项目做了许多有益的服务与探索。

关系调适 各社工服务机构和人员，通过提供个案辅导，组织亲子活动，开办亲子关系小组，举办有关讲座辅导等方式调节受影响的代际关系，尤其是单亲家庭关系；通过组织成长小组、兴趣小组等方式，帮助儿童青少年强化朋辈群体支持；通过组织妇女、残疾人手工技能小组及藏、羌绣项目等，为特殊群体提供情感沟通和社会支持平台；通过主动开展灾区调研，宣传抗震救灾和恢复重建政策及协调干群矛盾等方式，增强基层组织力量，调节和加强基层干群关系；通过动员社会力量开展结对帮扶等方式，拓展灾区群众社会关系网络。

教育辅导 针对地震灾区遇难学生家长、教师、学生心理压力大、情绪不稳定及学校重建复课后面临的各种困难，各社工服务队积极介入，开展学校社会工作。中国社工教育协会在中国青少年发展基金会的支持下，为德阳市、广元市中小学开展矛盾协调、资源连接、个案辅导、成长小组、生命教育等多样化的学校社工服务。湖南省“湘川情社工服务队”派出驻校社工，将成长小组课程和生命教育课程列入学校课堂，帮助学生改变人际关系，促进沟通互动，学习适应社会技巧。

社区建设 各社工服务队通过开展心理辅导、便民利民、社会福利等项目，提供社区服务；开展社区教育、促进社区居民参与；开展基层工作人员培训，提高社区工作人员工作的专业能力和水平；开展丰富多彩的娱乐活动繁荣社区文化；协调外部医疗和康复资源改善社区卫生条件；开展安全宣传和发动社区居民参与保障社会治安环境；开展技能培训、建立和引入经济项目等方式发展社区经济。上海市、湖南省、广州市、深圳市等社工服务队在社工介入灾区社区重建方面，做了大量工作。

二　介入地点与对象

介入地点　部分社工服务队选择所属省市对口援建的地震灾区服务。上海市社工服务队选择都江堰市，深圳市社工服务队选择文县，湖南省社工服务队选择理县，广东省社工服务队选择汶川县。部分社工服务队也选择其他地震极重灾区。广州市社工服务队选择汶川县映秀镇，“无国界社工服务队”选择擂鼓镇，中国青年政治学院社工服务队选择绵竹市，西南财经大学社工服务队选择北川羌族自治县等。

介入对象　地震灾区社工服务队普遍以灾区群众最关心、最直接、最现实、最迫切的需要开展服务，重点为丧亲群体、儿童青少年群体、老年人群体、残疾人群体、妇女群体提供专业服务。（参见图 139 ～ 140）

图 139　5 月 24 日，“阳光天使在行动工作坊”社会工作者在群众安置点对妇女开展心理援助

（民政部　提供）

图140 山东省济南泉城义工陪护在山东省疗伤的灾区小伤员（山东省民政厅 提供）

三 介入保障

设立社工服务站点 各社工服务队在当地政府支持下，普遍设置社工服务站点。上海社工在都江堰市“勤俭人家”“馨居祥园”“幸福家园”和“滨河新村”4个活动板房群众集中安置点，设置社工服务站；广州市社工在汶川县映秀镇、深圳市社工在文县分别设置社工服务站；国务院妇女儿童工作委员会和联合国儿童基金会在部分重灾地区建立起40个“儿童友好家园”，作为开展儿童社工服务的站点；中国社工教育协会和中国青少年发展基金会在广元市、德阳市的10余处“活动板房学校”和希望学校设置社工服务站点；中国青年政治学院在绵竹市建立青红社工站等。

建立服务保障制度 各社工服务队普遍采取人员轮换、督导培训、总结评估等制度，保证社工服务的持续性。

人员轮换制度。上海市、广州市、深圳市、中国社工教育协会等社工服务队普遍建立人员定期轮换制度。各服务队要求队员撤离时必须做好阶段性总结，与后续服务队员做好交接，做到队员衔接期间服务站点不关门、不断人、服务有延续。

督导培训制度。上海、广州、深圳等地民政部门和中国社工教育协会等机构要求新进灾区的服务人员，由专业督导带队，及时帮助解决服务过程中遇到的困难和突发情况；对新进灾区的社工人员定期开展专业培训，尽快适应灾区复杂环境，开展工作。西南石油大学等灾区所在地高校还借助支援灾区的香港各大学专业教师力量，定期对派往灾区的社工服务人员开展督导和培训。

总结评估制度。上海市、广州市、深圳市等社工服务队伍组建专家评估组，以实地访谈、文献查阅等方式定期对服务过程、服务成效进行评估，将评估报告作为改进工作、督导进程的重要依据。

培育当地社工队伍　“上海社工灾后重建服务团”吸纳都江堰市社工人员进入服务团队，通过“传帮带”的方式，提高当地社工的专业能力。中国社工教育协会通过引导“活动板房学校”和希望学校教师参与社工服务、学习社工方法、参加社会工作者职业水平考试等方式，引导学校社工服务实现本地化。广州社工、深圳社工、湖南社工及其他社会组织和高校的社工服务队也开展灾区当地社工队伍培育工作。

四　介入方法

地震灾区各社工服务队熟练运用各类专业方法，为灾区群众提供服务。

个案工作方法　各社工服务队普遍运用个案工作的专业知识、技术和程序，帮助有困难和需要的个体或家庭发掘和运用自身及环境资源，改善与环境之间的适应状况。社会工作者在深入评估服务对象需求的基础上，通过与服务对象建立专业关系，共同制订服务计划，采取情绪安抚、心理辅导、生计援助、助学助养等一系列方式，帮助灾区群众恢复个人和家庭的社会功能。

小组工作方法　各灾区服务组织将有共同需要和共同问题的灾区群众组织起来，通过组织小组成员互动互助，恢复和发展社会功能。社工服务队为丧亲群众举办音乐治疗小组，为儿童青少年举办各类成长小组、游戏小组，为安置点居民举办消防与家庭安全教育小组，为灾区当地社区干部举办社工知识教育小组等。

社区工作方法　为解决灾区居民自治问题，灾区专业社会工作者针对地震后灾区自治能力薄弱的情况，运用社区发展理念，通过举办各类活动强化社区参与意识，通过开展邻里互助建立社区自治网络，通过建立中介组织推动社区自我服务，通过培育社区骨干实现社区自我管理。上海社工开展的“社区信息沟通平台项目”“居民自我管理弄堂会项目”“银龄计划”“共创和美家园社区融合系列活动”及广州社工、青红社工开展的“生计为本”社区发展项目，都是社区工作方法运用的典型案例。

第三节　社会工作开展

一　社区社工服务

社区关系重建　上海社工提出“让陌生人熟悉起来，让不安的人放下心来；让我们一起互动起来，让我们的能力发挥出来”的口号，运用个案、小组等专业方法，对安置点群众从心理和精神层面进行救助，帮助老人、残疾人、青少年等重燃生活希望，走进社区大家庭中来。社工们鼓动安置点文体活动爱好者组建兴趣团体定期开展活动，成立棋队、腰鼓队、合唱队、舞蹈队等，举办奥运会知识竞赛、安全知识讲座、晚托班辅导等活动；“流动文化车”项目带来的“流动图书馆”和“流动电影院”，为受灾群众提供灵活多样、方便快捷的书籍和电影等文化服务。湖南省援助四川社工服务队在理县组织举办联欢晚会、趣味运动会、文艺演出等活动；北京师范大学剑南社工站在绵竹市剑南镇安置区开展音乐、绘画、外语、书法等活动；民间组织“什邡义工”在什邡、平武等地的安置点组织举办文艺演出，设立活动中心，定期开展卡拉 OK 演唱、才艺表演等活动。

各地社工通过创办“勤俭快讯”社区报，设立“信息之窗”、印制分发“社区资源图”、开设“居民信箱”等，在安置点社区建立信息沟通平台，促进社区居民间、社区管委会与居民间、社区管委会与社区志愿服务机构间的沟通与交流，消除邻里、社区间隔阂，建立受灾群众互动支持网络。复旦大学社工服务队开展“共创和美家园”社区融合系列活动，组织社区安全教育、社区志愿者组织、“小喇叭”社区宣传活动、“走到一起来”大型社区晚会等，使安置点群众熟悉社区、融入社区。

社区自治管理 在安置点建设初期，群众对政府有等、靠、要的依赖倾向。在碰到安全、卫生、活动板房漏水等问题，管委会没有能力解决时，社区极易发生冲突。华东理工大学社工服务队在走访的基础上，启发和组织活动板房两排近邻、门对门居民在巷子中间座谈，协商研究解决问题，促进邻里间的熟识及自我管理机制的建立，居民主动参与社区建设，邻里关系逐渐和谐。都江堰市“勤俭人家”安置点群众，经商讨确定“和谐巷”的名称，并经民主讨论制订了居民生活准则《和谐巷公约》。（参见图 141）

图 141 社会工作者在四川地震灾区群众安置社区居民小组开展社区自治活动

（民政部 提供）

社区干部培训　华东理工大学社工服务队在都江堰市“勤俭人家”安置点，举办多期社区骨干能力提升学习会和居委会主任培训项目。至12月30日，上海社工培训都江堰安置点社区基层干部160余名，使社区干部初步掌握沟通技巧、居民动员技巧、邻里互助网络搭建技巧、社区互动网络搭建技巧等社区工作方法。北京师范大学剑南社工站面向安置点居委会干部举办周末减压工作坊。

二　学校社工服务

中国社工教育协会与中国青少年发展基金会合作组织在德阳市、广元市部分学校开展为期两年半的抗震希望学校社工服务。9月2日，抗震希望学校社工服务行动启动仪式暨培训会议在北京举办，9所高校第一批22名专业社工，赴德阳市、广元市9所中小学校开展专业服务。社工在各学校策划并实施改善师生关系的“献歌恩师”“感恩丝带”“真情画卷”和“我和老师的故事”等教师节感恩活动，拉近师生间的距离。开展生命教育主题活动，培养学生“珍惜生命、尊重生命、热爱生命”的态度，提供学习生活适应、社会责任意识培养、团队凝聚力、团队成长服务，帮助学生增强生活信心和社会责任感，实现生命的意义和价值。举办亲子互动活动，开展家长学校、家长服务内容，促进老师与学生、学生与家长间良好的互动，促进更新教育理念、增强相互理解。关注特殊学生和震后受灾严重学生，缓解地震后造成的客观障碍对学生造成的影响，发掘学生自我肯定意识和自我管理与组织能力。开展教师培训、专题讲座，改善班主任技巧，引进“助人自助”“以学生为中心”的教学理念，提高教师专业技能、抗逆力，舒缓压力。此外，项目还开展留守儿童关爱行动、社工小信箱、爱心岛等服务。来自12所高校社工系的老师和学生107名、200人（次），为9所学校20676名学生、1030位教师提供直接服务，开展个案38个，召开主题班会和小组会70余次，各类培训和讲座58次，其他各项活动46次。除学校师生外，各类外展服务（社区、家长）约2500人，通过各类培训、社区服务、学校间教学观摩等间接活动，受益人超过10万人（次）。（参见图142 ~ 143）

图142　5月22日，甘肃省青年心理工作者在陇南市武都区城关中学临时搭建的帐篷教室里，对临近高考的高三学生做心理调适

（吴镇涛　摄）

湖南省援助四川社工服务队在理县杂谷脑镇、甘堡乡开展学校社会工作，通过举办增加课外知识、培养兴趣爱好、提高想象力和创造

图 143　社会工作者运用“游戏治疗”等方法，抚慰四川地震灾区儿童心理

（民政部　提供）

力活动及游戏治疗等方法促进学生改善人际关系，提高合作意识。在甘堡乡，湖南社工服务队帮助搭建“帐篷学校”，通过动员学生发挥特长，组织文艺活动，提升生活信心，密切师生关系。

深圳市社工在文县建立工作站，发起贫困学生援助计划，通过连接社会资源，至 9 月底，资助 260 余名贫困学生。工作站和深圳市慈善会合作，推出“中小学学校重建项目”，社工通过实地考察、电话访问等方式，对学校受损情况、师生情况进行调查核实，并提交 365 所学校名单及受灾资料，联系协助有关单位对灾区学校进行重建。

三　特殊群体社工服务

妇女社工服务　妇女社会工作主要开展妇女教育、妇女身心健康服务、提供就业创业机会等系列活动。大部分社工服务机构和人员都将妇女列为重点服务对象，通过建立妇女生计互助小组、开展生计培训，并向伤残妇女、丧子妇女提供心理康复援助等方式，帮助受灾妇女抚慰情绪、缓解压力、强化社会支持、提升生计发展能力。北京农家女文化发展中心、北京大学法学院妇女法律研究与服务中心、北京红枫妇女心理咨询中心、河南社区教育研究中心、云南西双版纳妇女儿童法律健康咨询中心、陕西省妇女理论婚姻家庭研究会等积极向灾区派遣志愿者，面向灾区妇女等群体开展心理辅导、亲子关系改善、生计恢复等服务。7 月，北京农家女文化发展中心在绵竹市遵道镇开办抗震救灾农村妇女骨干培训班，150 余名妇女参加培训。同时，援助绵竹市九龙镇新龙村成立妇女互助中心，帮助当地妇女开展文化娱乐活动，建立妇女生计互助小组，提

图 144　社会工作者组织灾区妇女学习绒绣技术，恢复和发展生计
（民政部　提供）

供生计培训，并向伤残妇女、丧子妇女提供心理康复援助。

民政部社工服务队在受灾较重的彭州市调研时发现，在群众暂时安置后，普遍为未来的生计发愁。社工服务队不仅对群众进行安慰，还迅速与有关部门联系，解决谋生的途径，增强群众主动适应社会发展的能力。（参见图 144）

儿童社工服务　国务院妇女儿童工作委员会办公室、联合国儿童基金会、壹基金、英国救助儿童会等组织，在灾区成立儿童活动中心，开展地震后的儿童保护，向受灾儿童及家庭提供以社区为基础的游戏、娱乐、教育、卫生和心理支持等一体化服务，帮助儿童尽快消除地震造成的不利影响，回归正常生活。（参见图 145 ～ 148）

由四川省政府妇女儿童工作委员会办公室牵头，四川地震灾区组织实施的“儿童友好家园”项目，6 月在安县秀水镇建立第一个试点“儿童友好家园”。至 2009 年 2 月底，“儿童友好家园”发展到 40 个，工作人员 120 名，遍布成都、德阳、绵阳、广元、雅安、阿坝、凉山、攀枝花等

图 145　5 月 23 日，中国红十字会“心灵阳光”心理救援队队员与灾区孩子们一起做游戏
（中国红十字会总会　提供）

图146　7月7日，北京航空航天大学"心系四川·彩虹明天"服务队在安县黄土镇受灾群众安置点，为受灾儿童做心理辅导

（仇钎　摄）

图147　6月11日，福建省第二批心理援助服务队——阳光分队志愿者在都江堰为灾区孩子做心理辅导

（民政部　提供）

地，涉及21个县（市、区），参加"儿童友好家园"受益儿童10万余人（次）（见表25）。

"儿童友好家园"项目活动以"园内活动为主、送活动上门为辅"，上门服务活动主要针对一些交通不便地方的儿童和行动不便的残疾儿童。项目活动采取分年龄段、分区域活动的方式，组织安排儿童活动并对陪同儿童来园的家长，提出具体配合要求。针对0～6岁儿童及家长，开展亲子游戏和育儿知识教育；对6～12岁儿童及家长开展体育、娱乐等放松性活动；对13～18岁青少年及家长以开展沟通交流活动及青春期生理和心理健康教育为主。根据灾区活动板房安置点

图 148 5 月 23 日，山东省志愿者在四川灾区“帐篷学校”带领学生课间跳起集体舞，用心理干预的方法，帮助学生摆脱地震的阴影

（侯长青 摄）

的具体情况，对未上幼儿园的学龄前儿童，进行全天服务；对上幼儿园的儿童和学龄期儿童，安排下午放学后和节假日进行服务；星期一至星期五白天，各点园主要服务于 3 岁以下儿童和家长，开展亲子活动和科学喂养的知识宣传，有时也开展一些入户调查和送知识上门等活动。“儿童友好家园”项目以工作点园为载体，将儿童及家长集聚在一起，向受灾儿童提供一系列服务，让儿童在活动中得到身心训练、友好交往和相互支持，增强灾后身心康复能力。家长在“儿童友好家园”也受到育儿知识和方法的培训，增强照顾孩子的能力。

截至 2009 年 2 月四川灾区“儿童友好家园”点园分布统计表

表 25

<table>
<tr><th>市（州）</th><th>点园（个）</th><th>县（市、区）</th><th>点园（个）</th><th>开 园 时 间</th></tr>
<tr><td rowspan="4">广 元</td><td rowspan="4">6</td><td>元 坝</td><td>1</td><td>10 月</td></tr>
<tr><td>利 州</td><td>2</td><td>10 月</td></tr>
<tr><td>朝 天</td><td>1</td><td>11 月</td></tr>
<tr><td>青 川</td><td>2</td><td>9 月</td></tr>
<tr><td rowspan="2">雅 安</td><td rowspan="2">3</td><td>芦 山</td><td>2</td><td>古城村：9 月 25 日
横溪村：10 月 10 日</td></tr>
<tr><td>天 全</td><td>1</td><td>10 月 20 日</td></tr>
</table>

续表 25

市（州）	点园（个）	县（市、区）	点园（个）	开园时间
德　阳	5	绵　竹	3	10月
		旌　阳	1	10月
		什　邡	1	10月
绵　阳	12	江　油	3	三合：10月15日 太平：10月18日 武都：12月25日
		平　武	2	平通：9月5日 龙安：11月22日
		安　县	4	沸水：6月 秀水：6月 晓坝：6月 茶坪：6月
		北　川	3	永兴：10月1日 柳林：10月 胜利：10月
成　都	3	彭　州	1	丽春：10月13日
			1	新兴：9月20日
			1	敖平：10月1日
阿　坝	5	九寨沟	2	9月
		理　县	1	10月
		小　金	1	10月
		汶　川	1	10月
凉　山	3	会　理	3	2009年1月11日 2009年1月15日
攀枝花	3	仁　和	2	2009年2月19日
		盐　边	1	2009年2月19日
合　计	40		40	

壹基金从7月起，分别在汶川县三江乡、水磨镇开设“儿童之家”项目。“儿童之家”三江工作站由壹基金出资并督导，云南青少年发展中心负责项目的执行及监管。“儿童之家”每周定期为孩子和村民放映电影；组织手工、绘画、阅读等兴趣班，举办学习成果展；组织孩子成立表演团，为附近村民或部队慰问演出；举办摄影展，收集震后孩子和村民生活照片等活动。除设置活动中心外，壹基金“儿童之家”三江工作站还为有需要的灾后儿童进行心理危机干预，对灾区儿童家庭和教师提供心理关怀、情绪疏导，让老师和家长对孩子有较好的正面引导和教育。2009年6月，壹基金“儿童之家”项目继续在三江建立街村“儿童之家”、照壁村“儿童之家”、河

坝村“儿童之家”、柒山村“儿童之家”、麻柳村“儿童之家”，并建立一个壹基金儿童游乐园。壹基金水磨镇“儿童之家”活动室每周5天例行开放，项目工作人员组织儿童开展户外活动，儿童绘画、手工活动及排练儿童演出队集体藏舞等，并开展各类兴趣班。通过组织儿童开展各类活动，改善、稳定儿童心理、教育状况。至2009年6月，壹基金水磨“儿童之家”工作人员（志愿者）提供服务76人（次），直接受益儿童1397人（次）。

灾区儿童社会服务工作还关注对留守儿童的服务。中江县142万人口中有45万人外出务工，有留守儿童8万余人，地震后留守儿童的学业辅导和心理康复方面急需援助。7月，共青团中江县委联合南开大学、天津师范大学志愿服务团在柏树乡中心学校和龙台镇中心学校开展“灾后留守学生心理康复夏令营”活动。在柏树乡中心学校，南开大学志愿者灾区服务团为留守学生提供灾后心理疏导、考前学习辅导和职业生涯规划等服务。在龙台镇中心学校，天津师范大学灾区支教培训服务团为留守学生准备了“2008北京奥运”图片展览、心理重建趣味运动会、经典诗词晨读、“新知影音室”电影放送和“爱，因为在心中”联欢文艺晚会等特色活动。

青少年社工服务　灾区大量青少年聚集社区，为帮助青少年稳定情绪、复学复课，提高环境适应能力，各社工服务队积极开展青少年社工服务活动。

开展困难青少年救助。上海市浦东社工服务队与上海市慈善基金会浦东分会合作，将搜集到的低保、“三无”和其他同等困难家庭的青少年信息，汇集提交浦东分会，由浦东分会和浦东社工协会向社会募集资助款，以上海市慈善基金会浦东分会名义支付资助款。至11月中旬，都江堰市“滨河新村”和“城北馨居”的9名青少年，获得1.16万元的资助。

开展复学辅导服务。上海浦东社工服务队与“半边天”基金合作为四川灾区群众提供“滨河学堂”晚托班服务，解决安置点青少年学习环境较差等问题，并提供亲子关系辅导服务，开展“成长的烦恼”等系列家庭教育讲座，帮助家长更好地参与孩子的学习生活，发掘家长与孩子自身潜能，增强学生的自学能力。阳光·上师大社工服务队针对安置点学龄青少年假期学习场所拥挤、家庭教育缺失等问题，整合资源成立“向阳屋”青少年活动室，开办“幸福阳光学堂”暑期课业辅导班及开学后的“萤火虫”晚托班，每天定期对社区内青少年开放，招募大学生志愿者进行课业辅导和兴趣开发。

开展青少年小组与社区活动。阳光·上师大社工服务队组织“奥运乐一夏”青少年趣味运动会、“幸福小当家”安全知识竞赛活动、“119”消防安全宣传活动；浦东社工服务队组织“庆八一迎奥运军民大联欢”“争做奥运小健将”等活动；华东理工大学社工服务队组织“巷巷体育会”活动。通过活动使安置点青少年及家长迅速熟悉并紧密联系，逐步恢复遭到破坏的社会关系，适应新的环境。

老年人、残疾人社工服务　为老年人服务成为援助灾区各社工服务队和社会组织的工作重点，其中最为典型的是鹤童社工、上海社工和广东社工。地震发生后，鹤童社工通过网络向全国养老机构发出倡议，成立“5·12孤老孤残长期照护全国联盟”，派出专业照护小分队奔赴德阳地震灾区，在德阳市中医院和德阳市人民医院照护孤老、伤残人员。对因地震致孤、致残的老年人进行长期照护，天津市鹤童老年公益基金会承接中国红十字基金会灾后重建项目“红十字鹤童绵竹市紫岩护理中心”，以专业社工为核心，形成服务与护理互为支撑、心理与生理互为依托，以老人为本的机构服务模式。上海浦东社工服务队在安置点开展“银龄计划”，举办一系列旨在促进老年人之间互动、促进老年人参与的社区活动。同时，协助当地建立“滨河新村”老年协会，引导老年协会骨干人员参与并管理老人兴趣活动小组。

华东理工大学社工服务队在都江堰市“勤俭人家”安置点，开展“同心互行—跨代爱心支持计划”行动，组织社区青少年为社区老年人提供照料陪伴服务，并促进青少年社区参与、培育志愿服务精神。上海浦东社工服务队在都江堰市“滨河新村”安置点，开展“银龄计划”长者关怀项目，举办促进老年人社区参与的“银龄当当趣味运动会”“九九重阳—我们在一起”联欢会、“健康随行—冬季预防保健讲座”等活动，并协助建立社区老年协会。民间组织“什邡义工”在什邡市、北川羌族自治县、平武县开展老人服务活动。

多数社工服务队将为残疾人服务作为工作重点。湖南湘川情社工服务队通过建立残疾人康复训练基地、协调湖南省假肢矫形康复中心捐赠康复器具、聘请康复师等方式，免费为理县残疾人开展康复训练；通过组织残疾人与正常人共同开展小组活动的方式，消除对残疾人的歧视，增进团结互助；通过开办盲人推拿按摩培训班、安排有一技之长的残疾人到湖南娄底涟钢公司就业、建立刺绣小组、对接养殖大户支持残疾人开展养殖等方式，帮助致残人维持和改善生计。中国青年政治学院青红社工站针对残疾人开展“社区生计”项目，帮助当地残疾人建立生计互助小组，发挥残疾人潜能，改善残疾人生活。

上海浦东社工服务队在都江堰市“滨河新村”安置点，实施“畅享生命”助残计划。截至8月30日，服务队对“滨河新村”残疾人，以及地震中受伤居民34人，进行信息核查和情况了解。服务队对一些残疾人提供心理咨询服务，并将社区内有残疾证的居民和经医院诊断为致残的群众，纳入“爱心加油站”，每月将“爱心加油券”配发给每位残疾人，每人每月可获得面值30分的“加油券”。同时，服务队吸纳残疾人加入“火凤凰计划”绒绣班，提高其经济收入。

中国青年政治学院青红社工站在陇南市武都区安置点开展面向社区残疾人的服务。社工站通过联系康复资源，为需要康复残疾人提供康复服务和指导。社工站挑选家庭困难且生计愿望强烈的残疾人加入社区生计互助小组，在社工的协助和一定资金的资助下，共同发展可持续家庭生计，并借助小组动力，缓解家庭个体孤立无援的状态。北京师范大学剑南社工站、香港理工大学也在绵竹市清平乡建立社工服务站，在灾区开展残疾人关怀服务。

第四章　其他社会事务

第一节　抚慰金发放

5 月 17 日下午，温家宝主持召开国务院抗震救灾总指挥部第 8 次会议。会议决定，按遇难人数对因灾遇难者家属每人发放 5000 元抚慰金。会议要求："除了做好遇难者遗体的身份辨认和火化、埋葬工作，还要做好遇难者家属的抚慰工作。"21 日，李学举在全国民政系统抗震救灾电视电话会议上提出，尽快把国家给每位遇难者的 5000 元抚慰金发放到其家属手中，保证遗体处理工作快速、安全、顺利地进行，让死者安息、让生者得到安慰。24 日，民政部针对抚慰金发放的特殊情况下发通知，要求对在灾区遇难的外省籍人员，如其家属未能在遇难地领取抚慰金的，籍贯地民政部门在核实情况后，可使用救灾捐赠资金按上述规定发放。6 月 14 日，民政部、财政部、住房城乡建设部联合下发通知，要求各地做好遇难者抚慰金的发放工作，明确发放对象为，在灾区遇难的所有人员，包括户籍在本地和外省（市、县）籍人员，其家属应在遇难地县级民政部门领取抚慰金。还要求省市民政、财政部门要制订全省统一的抚慰金标准和发放程序，市、县不得擅自调整抚慰金发放标准。

灾区各级民政部门迅速落实国务院关于做好遇难者家属抚慰工作的指示。四川省、甘肃省、陕西省、重庆市、云南省先后开展抚慰金发放工作。

四川省民政厅、财政厅 5 月 18 日发出通知，要求做好地震遇难者抚慰金发放工作。27 日，下发《关于做好"5·12"地震遇难人员家属抚慰金发放工作的紧急通知》，明确抚慰金发放原则、对象、标准和程序。要求采取边确认边发放、"确认一个发放一个"的办法，及时开展发放工作，保证及时发放到位；对领取人提供相关证明资料要认真审核，做到真实、有效；发放和领取情况及时向社会公布。通知明确，抚慰金发放对象为汶川地震遇难人员的直系亲属。抚慰金以现金形式发放，所需资金由省财政厅按遇难人数计算并专项调拨。发放以县（市、区）为单位，由县（市、区）级民政部门组织实施。原则上按照属地管理的办法，由遇难人数统计地发放。暂时无人认领的，保留在账内，待发放工作全部结束后，余款交回县（市、区）级财政部门。通知强调，遇难人员统计，按已确认属于汶川地震遇难者人数计算，其标准为遇难者每人发放5000元，发放程序为领取人（配偶或子女或父母）出具因汶川地震死亡证明书、家属关系证明及本人有效身份证明材料；严格审核领取人出具的相关有效证明资料；抚慰金发放要登记、造册；发放情况要及时公布，接受社会监督。随后，省民政厅、财政厅、粮食局下发《关于落实“5·12”汶川地震受灾困难群众救助和遇难人员家属抚慰金发放有关问题的补充通知》，进一步明确地震灾区遇难人员抚慰金发放原则、发放范围、发放形式、发放标准及发放程序。由于地震造成死亡、失踪人员多，灾后社会事务不断增多，四川省遇难者抚慰金发放遇到困难。地震造成阿坝藏族羌族自治州20277人遇难，至7月24日发放遇难者抚慰金2204人，只占应发人数的10%，这很大程度上是由于遇难人员身份鉴定和遗产继承纠纷等造成的。

甘肃省财政厅、民政厅、审计厅、监察厅5月19日制定《甘肃省抗震救灾资金和物资管理办法》，明确用救灾资金支付地震灾区因灾遇难者抚慰金，保证地震灾区遇难者抚慰金的来源。同时，省民政厅确定发放标准为，对遇难者家属发放一次性抚慰金8000元，其中中央财政补助5000元、省级财政补助3000元。17日，庆阳市副市长带领市民政局人员上门慰问华池县遇难者周某的家属，并送去抚慰金8000元及米、面、油、衣被等生活用品。甘南藏族自治州民政局领导冒着余震、滑坡的危险，徒步25公里进入地震重灾区舟曲县，慰问遇难者家属，向15户遇难者家庭发放抚慰金。30日，省财政厅、民政厅下发《关于下发“5·12”地震遇难者抚慰金发放办法的通知》，明确遇难者抚慰金发放标准为每人8000元，未达到标准的补足。6月20日，省民政厅又印发《“5·12”汶川地震遇难人员家属抚慰金发放办法的通知》，要求各市州和县区不得擅自调整抚慰金标准。各市州民政部门严格执行遇难者抚慰金发放标准和各项要求。甘肃省共有遇难人员370人，发放率100%。

陕西省民政厅、财政厅下发通知，规定对遇难者家属发放抚慰金5000元。陕西省476个单位组织对遇难者家属进行各种形式的慰问活动，走访慰问遇难者家庭和个人1964个（次）。5月19日，省民政厅、财政厅按照西安市、宝鸡市、汉中市、安康市上报死亡114人，拨付抚慰金专项资金57万元，后又增拨11名遇难者抚慰金5.5万元。陕西省拨付遇难者抚慰金62.5万元，125个遇难者家庭得到抚慰。

重庆市民政局5月29日下发《关于切实做好“5·12”地震灾害遇难人员家庭抚慰工作的紧急通知》，提出在地震灾区遇难的重庆籍人员和在重庆市因地震遇难者，以现金方式按每名遇难者5000元标准，向遇难者家庭发放抚慰金。同时，重庆市在接收的社会捐赠资金中，对每个遇难者家庭再安排生活困难补助金3000元，全市统一标准。重庆市红十字会组成救助队，赶赴重灾区梁平县向5位遇难者家属和37位伤者发放慰问金2.85万元，并现场分发方便面、饮用水。市人大常委会副主任、市总工会主席胡健康先后慰问69名遇难重庆籍农民工家属，给每个家庭送去3000元慰问金，帮助遇难者家属渡过难关。市民政部门在抚慰遇难者家属的同时，还邀请1～2名心理咨询师参加活动，送去抚慰金并开展心理救援，帮助遇难者亲属尽快走出心理阴影。

在抚慰金发放过程中，重庆市在合理合法范围内，帮助解决遇难者家属提出的生产、生活中的实际困难和要求。灾区一些县级民政部门在规定的抚慰金外，还增加县级补助金。璧山县大路镇大竹村袁某在地震中遇难，县民政局及时把中央遇难者抚慰金 5000 元、市生活困难补助金 3000 元、县级补助资金 5000 元一并发放到家属手中。重庆市因地震灾害死亡 136 人，其中在四川省遇难 117 人、在重庆市遇难 19 人，按每名遇难者 5000 元，以现金方式向遇难者家庭发放抚慰金；在接收的社会捐赠资金中，对每个遇难者家庭再安排生活困难补助金 3000 元。重庆市共发放抚慰金、补助金 108.8 万元，发放率 100%。

云南省水富县一名 5 岁女孩在地震中遇难，各级领导先后送去 6800 元抚慰金及粮食、油、糖等慰问品安抚家属。同时，又从地震灾害民房恢复重建资金中补助 1 万元。

第二节　灾区学生应邀出国疗养访问

一　出国学生遴选

地震发生后，俄罗斯、匈牙利、保加利亚、菲律宾、蒙古、日本等国家领导人先后以各种方式向中国政府表示，愿意邀请部分地震灾区中小学生前往疗养、休养或访问。美国纽约州立大学 22 所分校邀请四川地震灾区 13 所高等院校的 150 名大学二、三年级学生赴美国学习一年。

组织灾区学生赴外国疗养在中国尚属首次。胡锦涛批示：“要妥善安排，精心组织，使活动成为今年中俄交往中的‘亮点’。”中共中央政治局委员、国务委员刘延东及国务委员戴秉国也多次作出指示。中宣部、外交部、教育部、民政部、财政部、卫生部、新闻办、民航局组成地震灾区中小学生赴俄罗斯疗养跨部门协调领导小组，外交部负责归口协调，教育部负责落实。6 月 15 日、7 月 6 日，教育部部长周济两次主持召开部长专题办公会议，研究做好遴选地震灾区学生赴俄罗斯疗养工作有关问题。

选派学生全部来自国家确定对口支援受灾县市受灾学校，以初中学生为主，有少量小学高年级学生，年龄在 10 ~ 16 周岁之间，身体健康，自理能力强，品学兼优。各省在选派时，都优先安排受到各级表彰的抗震救灾优秀中小学生，也有少数在地震中受伤但已治愈的学生。同时，四川省选派学生中有 66 名是在地震中失去亲人的孤儿。教育部要求有关省教育厅要认真做好中小学生和工作人员遴选工作。疗养团成行前，有关省教育厅组织专家在所在省会城市对全体成员进行为期 3 天的集中培训，内容包括外事礼仪、纪律教育、安全及常用外语对话训练等。同时，为疗养团成员统一购置了必要的生活物品，并根据各个国家的特点，精心准备团队和个人礼品。

二　出国学生体检

教育部与四川省、甘肃省、陕西省政府和教育部门联合筛选约 2000 名学生代表分赴国外疗养和康复治疗。外交部、教育部商请质检总局对出国疗养学生在体检、出境检疫等方面给予配合。质检总局随即向相关直属检验检疫局发出通知，要求各局主动与地方外事、教育主管部门联系协调，严格按照“国际旅行健康证明书”所列项目体检，并免收全部体检费。

2008年7月至2009年8月，四川、甘肃、陕西、重庆检验检疫局国际旅行卫生保健中心严格按照中国公民出国体检项目和质检总局的要求，提供优质服务，设置专门工作日和时段，先后为1927名中小学生、教师、辅导员等人员体检，体检合格的1925人签发“国际旅行健康证明书”，为113人实施口服两粒霍乱疫苗并办理“疫苗接种或预防措施国际证书”，免除体检费28万元，并做好出境和入境旅检，保障所有出国人员健康走出国门，安全返回。（参见图149）

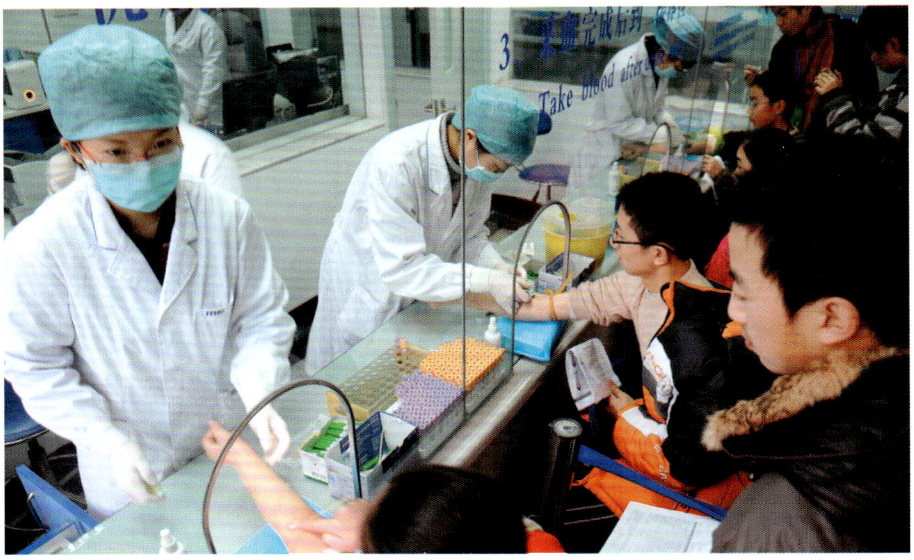

图149　2009年1月6日，四川出入境检验检疫局为前往菲律宾疗养的灾区中小学生进行体检

（质检总局　提供）

三　出国学生疗养访问

灾区中小学生赴俄罗斯疗养　5月23日，灾后首位访华的外国元首俄罗斯总统梅德韦杰夫在与胡锦涛会晤后，在新闻发布会上宣布，邀请中国四川、甘肃、陕西地震灾区1570名中小学生于2008—2009年分两批赴俄罗斯一些地方的儿童中心、疗养基地、康复营等以夏令营形式接受康复治疗，其中2008年1000人、2009年570人。在2004年9月，俄罗斯发生别斯兰市人质事件后，中国政府曾邀请部分受伤俄罗斯儿童到中国接受治疗。俄罗斯驻华大使拉佐夫表示：“在中国四川发生造成几万人死亡的破坏性地震后，俄罗斯伸出援助之手的时候到了。”

7月16日，胡锦涛在中南海接见赴俄罗斯疗养的地震灾区中小学生代表。胡锦涛说，这次地震，给灾区造成巨大损失，也给灾区孩子带来很大伤害。在抗震救灾的日子里，党和政府最关心的是灾区的孩子，全国人民最牵挂的也是灾区的孩子。希望同学们把这种关爱转化为激励自己成长进步的动力，刻苦学习知识，培养优良品德，锻炼强健体魄，保持健康心态，长大以后真正成为国家的主人，为家乡、为祖国作出更大贡献。胡锦涛还嘱咐，希望同学们在中俄两国老师指导下好好休息，好好疗养，尽早恢复身心健康，也希望同学们利用这次难得的机会，同俄罗斯小伙伴多交朋友，做增进两国人民友谊的小使者。

7 月 17 日至 8 月 5 日，四川、甘肃、陕西地震灾区 1018 名中小学生和随团教师，其中学生 919 人，分别前往俄罗斯“西伯利亚神话”儿童康复中心、“小鹰”全俄儿童中心、“海洋”全俄儿童中心、“小鹰”疗养康复营、“奥林波斯神”儿童疗养康复运动营和“礼花”疗养院 6 个疗养中心疗养。

7 月 17 日、19 日、24 日，各疗养分团分赴俄罗斯各疗养地。疗养地所在边疆区、州的主要领导及中国驻俄使领馆领导等亲自到机场迎接。华侨华人、留学生代表也自发到机场迎接。各疗养地为帮助学生们走出地震灾难阴影，做了精心准备，组织各类兴趣小组、体育比赛，音乐、舞蹈、美术、游泳、健身等活动。（参见图 150）各疗养地举办“中国日”“中国文化日”“俄罗斯文化日”“奥运日”等主题日活动，宣传、展示中俄两国悠久历史和灿烂文化，为北京 2008 年奥运会祝福加油。为丰富疗养生活，各疗养地举办各种联欢晚会、舞会、野营等活动。疗养地将学生分组，每组除中方随团教师外，还配备俄方专业辅导员和大学生志愿者，并邀请俄方儿童与中国学生同吃、同住。俄方各疗养地聘请专业营养师，科学调配饮食；每天提前订食谱，听取中方意见，变换花样。位于符拉迪沃斯托克市的“海洋”全俄儿童中心为照顾习惯吃辣的四川籍学生的口味，特地在餐桌上加放辣椒酱、酱油等调料。驻哈巴罗夫斯克总领馆工作人员联系当地华人商

图 150 8 月 3 日，灾区疗养分团的学生在俄罗斯“小鹰”全俄儿童中心参加运动会

（教育部 提供）

会购买150公斤猪肉，驱车50公里送到中餐馆，烧制成四川风味红烧肉运到疗养地。“礼花”疗养院特聘4位中国厨师为学生们包饺子。“海洋”全俄儿童中心对疗养团363名学生体重进行检测，入住疗养地后，有336名学生体重增加。

7月27日，在“海洋”全俄儿童中心礼堂，来自四川地震灾区的300名学生举行“中国日”活动。学生们用灯笼、对联、中国结、剪纸等饰品布置礼堂，并精心编排丰富多彩、极具中国特色的文艺演出，节目内容包括歌曲、舞蹈、民乐演奏、服装展示等。来自北川羌族自治县的学生身着白色短袖衫，系着红领巾，用手语和演唱表演《感恩的心》。

7月30日，梅德韦杰夫邀请在俄疗养的45名四川地震灾区中小学生代表及5名中方陪同人员赴莫斯科参观克里姆林宫。梅德韦杰夫与学生们合影留念，并希望学生们更多地了解俄罗斯，喜欢俄罗斯，尽可能多地结交俄罗斯小朋友，在俄度过一个轻松愉快的假期。

8月2—5日，赴俄疗养人员从6个疗养地分别乘坐中国民航包机安全回国，结束在俄罗斯的疗养和学习生活。2009年7月23日至8月12日，四川等地震灾区第二批550名中小学生赴“海洋”全俄儿童中心进行为期20天的疗养。

灾区中小学生赴匈牙利、保加利亚疗养　5月21日，正在中国访问的匈牙利前总理麦杰希·彼得提出，匈牙利政府愿意接待50名中国地震灾区中小学生赴匈牙利疗养。随后匈牙利驻华大使库绍伊致函中国外交部正式提出邀请，并表示匈牙利政府将承担全部国际旅费、四川至北京的往返旅费及在匈牙利疗养期间的食宿费用。8月4—26日，应匈牙利政府邀请，来自都江堰市、彭州市的50名中小学生，在1名领队、5名老师、1名队医的陪同下，以夏令营形式赴匈牙利疗养。

6月17日，保加利亚政府通过其驻华使馆提出，愿意邀请地震灾区儿童赴保加利亚度假疗养，以表达保加利亚政府和人民对中国人民的友好感情。保加利亚是最早承认并与新中国建立外交关系的国家之一。地震发生后，保加利亚国家领导人第一时间致电慰问，并亲自前往中国驻保加利亚大使馆吊唁。8月4—25日，应保加利亚政府邀请，来自梁平县的43名中小学生，在7名老师的陪同下赴保加利亚疗养。

8月2日，刘延东在人民大会堂看望将赴匈牙利、保加利亚疗养的近100名中小学生。刘延东代表中共中央、国务院向学生们表示诚挚的慰问，赞扬学生们在灾难面前表现出的坚强乐观、乐于助人的优秀品质，勉励学生们发奋图强，成才报国，希望学生们在匈、保两国好好疗养，展现中国儿童良好的精神风貌，成为增进两国人民友谊的小使者。

8月4日，赴匈牙利疗养团抵达匈牙利首都布达佩斯，中国驻匈牙利大使张春祥等使馆人员到机场迎接，疗养团入住藏卡青少年中心。5—14日，疗养团开展各项体育活动和“了解匈牙利活动”，参观帝豪尼半岛、洋娃娃博物馆、巴拉顿湖、非洲博物馆、露天动物园、“石海”。15日，疗养团转至布达佩斯奇列贝尔茨疗养中心。16—24日，疗养团组织篝火晚会、观看焰火表演、攀岩等活动并参观布达佩斯动物园、天文台和奇观宫，游览布达佩斯并组织参观多瑙河湾旅游风景区。22日，在张春祥等陪同下，匈牙利外长根茨女士前往疗养中心看望疗养团团员们。根茨向每名学生赠送了纪念品，学生们回赠绣着大熊猫的蜀绣工艺品和一幅“友谊长存”书法作品。一名来自都江堰市的女学生，把亲手绘制的文化衫赠送给根茨，文化衫上方画着布达佩斯市城堡和中国长城，下方是一棵绿色友谊之树，寓意中匈友谊长青。26日，赴匈牙利疗养团学生们结束疗养回国。

8月4日晚，赴保加利亚疗养团师生抵达首都索菲亚。5日上午，中国驻保加利亚大使张万学举行欢迎仪式。保加利亚组织者针对重庆地震灾区学生情况，配备活动辅导员，安排丰富多彩活动。6日，疗养团来到“阿尔贝娜”海边度假村参观游览。学生们与多布里奇市少儿民族舞蹈团进行联欢，保加利亚小朋友为迎接中国小伙伴精心准备最具民族特色的歌舞“霍罗”舞。7日，学生们来到素有“黑海明珠”美誉的港口城市瓦尔纳并参观城市海洋馆。11—20日，学生们抵达位于保加利亚中部山区的“里巴里察”疗养站。保方辅导员带领学生们做康复游戏及其他娱乐活动。学生们先后瞻仰、参观保加利亚民族英雄本科夫斯基、列夫斯基纪念碑等。22日中午，张万学夫妇在官邸为学生们举行招待会，保加利亚议会司法委员会主席、保中友好小组主席斯托伊洛夫、副外长波波夫等官员及旅保华侨、中资机构代表近百人出席招待会。招待会上，全体学生合唱保加利亚歌曲《美丽的森林》和中国歌曲《感恩的心》，表演太极拳并与代表一起跳起保加利亚传统民族舞蹈。25日，赴保加利亚疗养团学生们结束疗养返回重庆。

灾区中学生访问菲律宾　8月9日，菲律宾总统阿罗约偕家人到北京参加奥运会开幕式。开幕式后，胡锦涛会见了阿罗约。阿罗约提出作为对中国地震灾区重建的支持，菲律宾愿意邀请四川地震灾区100名中学生访问菲律宾，胡锦涛当即表示感谢。9月24日，菲律宾驻华大使馆正式照会中国外交部，邀请100名地震灾区中小学学生访问菲律宾，并承担访问期间国际旅费及在菲律宾食宿、交通等费用。

2009年1月11—17日，绵阳市、德阳市所属11所中学的100名学生、11名工作人员组成四川地震灾区中学生代表团访问菲律宾。访问期间，代表团在马尼拉参观华裔博物馆，参加菲律宾宋庆龄基金会在世纪酒店举行的欢迎午宴；游览了罗布克河，欣赏罗布克少儿合唱团、罗布克青年乐队表演。16日上午，阿罗约总统在总统府接见了代表团。阿罗约表示，得知来自四川地震灾区百名中学生在菲律宾过得非常愉快，感到由衷的高兴。3名中国学生代表将绣有牡丹花和“吉祥如意”字样的“羊头羌绣”献给阿罗约。17日下午，中学生代表团结束访问返回成都。

灾区学生访问学习活动　2008年8月15日至2009年5月25日，应美国纽约州立大学校董会主席卡尔·海顿和前代总校长约翰·克拉克邀请，四川大学、电子科技大学成都学院、西南财经大学、西南交通大学、成都理工大学、成都信息工程学院、乐山师范学院、四川农业大学、四川师范大学、西华大学、西华师范大学、西南科技大学和西南石油大学的150名大学二、三年级学生赴美国纽约州立大学22所分校学习。150名本科学生来自汶川县附近40个县。学习活动得到中美两国政府和民间人士的大力支持，灾区学生在美国的所有费用由纽约州立大学募集370万美元予以解决；国际差旅费由教育部国家留学基金管理委员会提供。2008年9月，全国人大常委会副委员长陈至立访问美国途经纽约时，接见学生代表并与学生进行座谈。2009年4月14日，刘延东访问美国期间，代表中共中央、国务院专程看望学生代表。刘延东勉励同学们好好学习，以优异成绩报答祖国和国际社会的关爱，鼓励学生们把亲友师长及社会各界关爱化作成长的动力，在学习和生活中，积极向上、奋发有为，不辜负祖国和人民的期望，成为国家建设的栋梁之才。灾区学生在美学习期间，举办了多场中国文化晚会，自编、自导、自演中国服饰展示及乐器、舞蹈、书法、饮食等展示活动，令美国师生赞叹不已。

美国社会各界对中国地震灾区学生赴美学习予以广泛关注。纽约州政府、纽约州立大学师生、纽约侨学界、在美中资机构和校友会等都给予支持、帮助。纽约州立大学副校长尼克表示，学生在各方面所取得的成绩让人有理由相信，同学们一定能学有所成，将来能为灾区重建作出重要贡献。美方老师在看完灾区学生表演的诗朗诵《我有一个强大的祖国》后说："我虽然听不懂他们的语言，但能感受到他们所传递的坚强、自信。"接待学生的美方家庭代表表示："亲眼看见了灾区孩子的成长与变化，坚强和感恩是这些学生身上最优秀的品质，懂得感恩将对学生未来成长大有裨益。"

2009年7月30日至8月6日，绵阳市60名学生、7名工作人员赴蒙古进行休养、访问。

2009年8月22—29日，成都市、绵阳市、广元市、阿坝藏族羌族自治州11所学校86名学生、16名工作人员赴日本交流访问。

第五篇

灾区市场供应与金融服务

汶川特大地震造成四川省、甘肃省、陕西省极重灾区和重灾区商贸服务（含粮食流通）网点损毁严重，145445个网点受损，占灾前网点总数的50.77%；受损网点面积1525.6万平方米，占灾前网点总面积的60.7%，给灾区群众生产、生活带来极大困难。

商务部迅速启动应急预案，要求灾区各级商务部门全力恢复受损商贸流通网点，保障灾区市场供应，维护市场稳定，满足灾区群众基本生活必需品供应。灾区各级商务部门全力恢复商业网点，做到群众集中安置点建到哪里，商业网点就延伸到哪里，采取商业网点扶持政策及税收优惠政策，调动流通企业和个体商户的积极性，支持和鼓励具备条件的商业网点克服困难，尽早恢复营业。为尽快恢复灾区商业网点经营，商务部以恢复原有商业网点、建立帐篷和活动板房便民店、配发流动售货车等方式，支持灾区建立过渡性商业网点。民政部、商务部、住房城乡建设部组织调运帐篷和活动板房，在地震重灾地区建立相对固定的帐篷便民店，发挥小批量仓储作用，解决灾区群众日常生活需要。同时，在群众集中安置点、安置区域内建立活动板房便民店，作为过渡性商业网点，保障群众生产生活需求。至6月16日，四川省、甘肃省、陕西省89004家商贸流通和服务业网点恢复营业，恢复率达到64.1%。商务部针对灾区群众居住分散，生活用品需求量大等特点，为重灾地区配置流动售货车，在受灾群众安置点流动售货，承担商品批发配送任务。至7月10日，商务部向四川、甘肃、陕西地震重灾地区投入流动售货车489辆、帐篷商店2700余家和活动板房便民店400余间（套）。

在恢复商业网点的基础上，商务部会同物价部门规范市场秩序，进行生活必需品和成品油市场监测，通过商务部“商务预报”网站和新闻媒体，及时发布灾区市场信息。为规范市场价格，对与抗震救灾工作密切相关的药品、医疗器械、日用品、燃料、建筑材料等商品实行临时价格干预措施。严厉打击借地震灾害串通涨价、囤积居奇、哄抬价格、牟取暴利等价格违法行为，保证灾区市场运行平稳，价格与震前基本持平。为保障灾区商品质量和食品安全，各灾区省市工商管理部门加强对农产品批发市场、农贸市场、受灾群众集中安置点等场所蔬菜、水果、肉食等农牧产品质量安全检查，加大市场监管力度，保障市场供应，物价平稳，社会安定。

根据灾区群众生活需要，商务部组织调配物资，恢复市场流通，加强产销衔接，保障灾区粮油食品、农副产品、日用品、生活燃料等物资市场供应，基本满足灾区群众购买生活必需品需求。灾区各地商务、农业部门会同公安、工商、质检、物价等部门，加强对灾区商品、食品市场监管，维护灾区市场秩序，保证群众吃上“放心食品”。

为保证灾区商业物流体系尽快恢复正常，加快灾区经济复苏，人民银行、银监会、保监会在地震发生后，迅速投入抗震救灾。人民银行、银监会要求银行业金融机构在抗灾自救的同时，履行社会责任，克服困难，恢复营业，保证银行服务，解决了灾区救灾和群众生活的金融服务需求。灾区银行业受损网点6401个，至5月30日，98.8%受损网点恢复营业，向四川受灾地区发放抗震救灾及灾后重建贷款155.89亿元，向甘肃、陕西、重庆灾区发放紧急救灾贷款5.5亿余元。保监会要求各保险公司统筹协调公司资源，按照“主动、迅速、准确、合理”的要求，落实理赔服务措施，简化理赔程序和环节，建立绿色理赔通道，提高理赔效率，让受灾群众尽早得到保险赔款，帮助灾区人民树立起重建家园和恢复生产的信心。

第一章 市场恢复

第一节 恢复商业网点

一 优惠政策

扶持政策 为贯彻落实国务院抗震救灾总指挥部第16次会议精神，尽快恢复商业网点，搞活灾区商品流通。6月10日，商务部下发《关于鼓励地震灾区个体摊点经营搞活商品流通的意见》，提出在商业网点恢复过程中，灾区各级商务主管部门要发挥个体摊点经营投入低、形式活、流动强和见效快的优势，引导个体工商户参与灾后商业网点恢复，在较短时间内恢复经营。灾区各级商务主管部门会同有关部门在灾区群众安置点、临时帐篷区、学校、社区等人口集中的地方统一开辟便民摊点经营场所，优先安排个体工商户经营，并帮助个体工商户维修在地震灾害中受损的便民摊点经营场所，尽快恢复经营；引导个体工商户采取流动售货车、售货服务摊点和门店等多种方式灵活经营，协调有关部门，帮助个体工商户向灾区群众提供食品、百货、餐饮、理发、维修、洗衣等商品和生活服务；调动"万村千乡市场工程"和"双百市场工程"大型流通企业的积极性，认真组织货源，发挥企业配送优势，为摊点经营的个体工商户配送急需商品；认真落实个体工商户恢复经营有关税费减免政策；积极与当地邮政储蓄银行等金融机构沟通，帮助个体工商户获得必要的流动资金贷款。商务部对运输费用和网点修复提供运费补贴、贷款贴息，调动流通企业和个体摊贩的积极性，鼓励个体工商户采用多种灵活方式参与灾区商业网点恢复。商务部对四川、甘肃、陕西、重庆、云南地震灾区下拨2.91亿元补贴资金。安排资金1.41亿元用于新建和改造23470个农家店；安排资金6700万元，用于新建和改造24个批发市场和45个农产品批发市场；安排资金2200万元，对承担重灾县市场保障和商业网点恢复的22家流通企业，给予3个月运费补贴和流动资金贷款贴息。同时，会同财政部安排资金6105万元，补贴维修灾区受损的6105个“万村千乡市场工程”农家店，其中四川省5096个，甘肃省、陕西省、重庆市、云南省共1009个。

在灾区市场流通体系恢复重建过程中，各级政府主管部门在财政、税收、规费、金融、就业、生活等方面提供政策支持。四川省商务厅在地震发生后，迅速成立恢复商业网点经营领导小组，会同商务部制订恢复灾区商业网点经营工作实施方案。5月30日，省商务厅下发《四川省商务厅三条措施帮助外贸企业恢复生产》，强调要加强指导，帮助企业尽快把精力转移到重建和发展上来；加强与商务部和省级相关部门的沟通联系，尽力帮助外贸企业解决恢复生产中遇到的困难和问题；尽快调整出台外贸支持政策，支持省外贸企业恢复生产。6月10日，省商务厅对受灾地区商业网点经营恢复工作进行全面部署，并实行3项政策鼓励措施。为尽快恢复受灾严重的成都市、绵阳市、德阳市、广元市、雅安市、阿坝藏族羌族自治州县、乡镇商业网点，帮助其商场、店铺、市场及餐饮等商贸流通、生活服务网点设施正常营业，对5月30日前恢复营业的商业网点，给予运杂费补贴；对到受灾严重市（州）和县（市、区）、乡（镇）开设过渡性或临时性商业网点的企业，无偿提供移动售货棚，并给予运杂费补贴；对组织送货到灾区城乡接合部、农村乡村销售企业，给予运输车辆一次性补贴，并给予运杂费补贴。为保证恢复商业网点经营工作落到实处，省商务厅提出3项保障措施，从“万村千乡市场工程”承办企业中首批确定15家实力较强、信誉较好大型流通企业作为实施主体，到受灾县（市、区）开展商业网点经营工作；建立省（市）商务部门对口援助受灾县（市、区），省内市（州）商务部门对口支援受灾县（市、区）的帮扶工作机制；省商务厅和市（州）商务部门建立“一把手”负总责、分管领导具体负责、分级负责、上下联动的责任制，明确工作目标和具体措施办法，保证各项工作落到实处。省内各市（州）积极争取中央、地方政策支持，加速恢复市场供应。德阳市商务局深入企业排查灾情，恢复生产经营，先后数次向商务部、省政府相关领导和省商务厅请示，为企业恢复生产、经营和灾后重建积极争取税收、补贴和贴息扶持等政策。至6月17日，四川省商务厅向德阳市拨付灾后恢复市场供应专项资金300万元；对各恢复营业的“万村千乡市场工程”农家店，给予5000元扶持费用。

甘肃省商务厅5月13日成立抗震救灾地区市场供应工作领导小组，负责受灾地区市场监测预警，协调市场供应并统一部署市场紧缺商品采购调运等工作。领导小组下设8个工作组，建立厅机关24小时值班制度。甘肃省商贸流通业灾后恢复重建项目36个，总投资12077万元，其中中央重建资金3646万元、银行贷款5780万元、企业自筹2651万元。为帮助受灾地区尽快恢复商业流通，保障灾区群众日常用品供应，省政府紧急筹资订购灾区商品配送车20辆，分别配发陇南市、天水市、甘南藏族自治州恢复灾区商品供应承办企业，用于恢复重灾地区商业流通运营。从6月11日开始，各承办企业根据当地受灾情况和群众生活需求，积极组织货源运往群众居民安置点，保障灾后特殊时期商品供应，平抑市场价格，稳定受灾地区群众情绪。文县加强市场服务，采取免收摊租费、免费消毒等优惠政策，规范经营秩序，维护市场经营活动。天水市建立地震灾区和周边地区主要经销企业长期稳定供货关系，畅通“绿色通道”，落实灾区内外无差别政策，支持生产经营大户和重点企业向市场直销，降低流通成本。对从事粮油肉蛋业的食品生产经营企业和个体商户，实行各种费用优惠减免政策。同时，商务部门为经营户提供场所，扩大商品销售市场。甘南藏族自治州为调动商贸流通企业积极性，减轻企业负担，通过下拨补贴资金方式，分 4 批将 110 万元资金下拨舟曲县、迭部县、卓尼县、临潭县商贸企业，保证商品流通供应；在安排全州“万村千乡市场工程”中，优先安排受灾县恢复重建“农家店”40 个；为保证重灾县群众商品供应不断档、不脱销，向灾区发放救灾帐篷 30 顶、毛毯 200 条，支持受灾商业网点尽快恢复经营。定西市对 171 户受损商业网点鉴定确认，给予适当补助，帮助尽快恢复经营，保障市场供应。

5 月 13 日，陕西省商务厅下发《关于做好抗震救灾期间部分生活必需品市场供应工作的紧急通知》，要求各灾区商务主管部门加强市场运行监测，完善市场预警机制，建立健全猪肉等重要商品储备制度，完善调控措施，建立应急供应工作机制，保证抗震救灾期间部分生活必需品市场供应。6 月 2 日，省商务厅下发《关于建立抗震救灾应急食品储备的紧急通知》，提出按照 50 万人每人每天 2 瓶饮用水、0.25 公斤方便面，按供应 3 天计算，全省要建立 1800 吨饮用水、400 吨方便食品企业应急食品储备，才能保证抗震救灾应急食品供应能力。省商务厅本着“企业自愿承担、相对集中便于管理和动用”的原则，在全省范围内选择确定 28 家信誉佳、实力强、管理好的大中型食品生产、流通企业作为承储企业。各承储企业按照储备品种和数量需求组织收储，严把入库质量关，做到“管得好、调得动、运得出、用得上”。对列入企业临时应急储备的食品，从救灾专项资金中对相关费用给予适当补贴。具体补贴标准为，储存费、占用资金利息和检测费用，按 2 元／吨・天包干；应急食品储备所需资金，由承储企业自行解决。6 月 1 日至 7 月 31 日，陕西省 28 家大中型生产、流通企业共储备饮用水 1800 吨、方便面 305 吨、饼干 76 吨、沙琪玛 18 吨、干馒头片 1 吨。为承储企业补贴费用 26.55 万元。在灾区群众最困难的时期，应急食品及时调运到灾区，缓解了受灾群众的生活急需。

5 月 26 日下午，重庆市抗震救灾指挥部物资供应组召开会议，要求在保障商品供应方面做到“四强化”，即强化日用品监测，建立定期监测机制，对粮食、食用油、成品油等 20 余个品种商品价格、库存量、发货量等进行实时监控；强化物价监督管理，加强对农贸市场、超市及有关大型专业批发市场等商品集散地的商品供应、储备及价格运行情况监督，保证物价稳定；强化运力调度，加大对运力协调调度力度，保证成品油、液化石油气和重庆餐饮服务队运输需要；强化物资供应，在做好市内物资供应保障基础上，做好支援灾区物资供应，针对抗震救灾的不同阶段，充分调动批发零售商的积极性，在物资供应范围上逐步从应急物资供应，向日用生活品供应过渡，在物资供应方式上，逐步由无偿支援向优惠前提下的市场买卖方式过渡。

税收优惠政策　5 月 13 日下午，税务总局召开局长办公会，部署税务系统抗震救灾，并立即会同财政部研究出台灾区有关税收优惠政策。5 月 14 日至 7 月 9 日，税务总局连续下发《关于四川省等遭受强烈地震灾害地区延期申报纳税的通知》《关于做好地震灾害期间税收征管工作的通知》《财政部、税务总局关于认真落实抗震救灾及灾后重建税收政策问题的通知》《关于个人向地震灾区捐赠有关个人所得税征管问题的通知》《关于增值税一般纳税人抗震救灾期间增值税扣税凭证认证稽核有关问题的通知》《关于四川省遭受地震灾害地区出口货物退（免）税有关问题的通知》《财政部、税务总局关于地震灾区补发税务登记证问题的通知》《关于四川地震受灾期间有关税收征管问题的批复》等文件，对地震灾区纳税人、扣缴义务人延期申报纳税事宜进行明确，允许灾区纳税人、扣缴义务人延期申报纳税、延期缴纳税款，不加收滞纳金、不罚款。要求抢救和保护好灾区税收征管资料，对纳税人因地震而损毁、丢失的发票（含增值税专用发票和普通发票）、税票（含各种完税凭证）、税务登记证和发票领购簿等，凡纳税人提出申请的，主管税务机关按规定补发税务登记证和发票领购簿并及时做好发票供应。各级财政税务机关贯彻落实税收法律、法规中适用于抗震救灾及灾后重建的有关税收优惠政策。明确个人向地震灾区捐赠涉及的个人所得税政策。

税务总局还根据地震灾区税务工作出现的其他问题，陆续下发《财政部、税务总局关于印发〈汶川地震受灾严重地区扩大增值税抵扣范围暂行办法〉的通知》《关于“5·12”地震受灾企业延期缴纳税款和欠税问题的批复》《财政部办公厅、海关总署办公厅、税务总局办公厅关于落实汶川地震灾后重建进口税收政策有关问题的通知》《财政部、税务总局关于延长部分税收优惠政策执行期限的通知》《财政部、税务总局关于农村金融有关税收政策的通知》，文件重新梳理了现行税收法律、法规中，可适用于抗震救灾、灾后市场恢复及恢复重建有关税收的优惠政策，对地震灾区企业所得税、个人所得税、房产税、契税、资源税、城镇土地使用税、车船税、进出口税等做出具体规定。

为促进地震灾区商贸、服务企业恢复，增加劳动力就业，税务总局提出，对受灾严重地区商贸企业、服务型企业（除广告业、房屋中介、典当、桑拿、按摩、氧吧外）、劳动就业服务企业中，加工型企业和街道社区具有加工性质的小型企业实体，在新增就业岗位中，招用当地因地震灾害失去工作的城镇职工，签订一年以上期限劳动合同，并依法缴纳社会保险费的，经县级劳动保障部门认定，按实际招用人数和实际工作时间予以定额依次扣减营业税、城市维护建设税、教育费附加和企业所得税。对因地震灾害失去工作的城镇职工从事个体经营的（除建筑业、娱乐业及销售不动产、转让土地使用权、广告业、房屋中介、桑拿、按摩、网吧、氧吧外），按每户每年 8000 元为限额，依次扣减当年实际应缴纳的营业税、城市维护建设税、教育费附加和个人所得税。纳税人年度应缴纳税款小于上述扣减限额的，以其实际缴纳税款为限；大于上述扣减限额的，应以上述扣减限额为限。税收优惠政策适用于地震极重灾区 10 个县（市）、重灾区 41 个县（市、区）和一般灾区 186 个县（市、区）。税收优惠政策措施，除增值税扩大抵扣范围政策外，凡未注明期限的，一律执行至 12 月 31 日。

财税政策减轻了灾区企业、群众的税收负担。至 2009 年 9 月，四川省地税部门减免各类税收 192183.2 万元。其中，落实企业实际发生的因地震造成损失企业所得税，税前扣除政策减征企业所得税 67544.82 万元；落实企业捐赠税前全额扣除政策减征企业所得税 18365.63 万元；为受灾严重地区损失严重企业免征企业所得税 48309.46 万元；为因地震灾害造成重大损失的个人减征个人所得税 30236.38 万元等，减轻受灾地区企业负担，利于企业恢复、扩大生产，促进灾区市场供应恢复。

二　网点经营

恢复受损商业网点　地震发生后，商务部启动一级应急响应机制，成立抗震救灾应急领导小组，在全国范围内组织调运大批灾区急需生活必需品和救灾物资，妥善安置灾区群众生活，做好市场供应工作。5 月 17 日，商务部召开会议，提出“保证灾区有货源、有商店、有网点、重建有规划”等措施。18 日，商务部部长陈德铭赴四川地震灾区指导抗震救灾时提出，轻灾区商场店铺，只要有条件的，就要克服困难，尽快恢复营业。在一些重灾区，商业设施受到严重损毁，在重建工作中要统筹考虑，恢复受损商业设施和商业网点。24 日，财政部、商务部在成都召开地震灾区恢复商业网点和保障市场供应现场会。根据温家宝关于立即组织向灾区调运食品等紧缺物资，并在有条件的地区尽快恢复商业网点的指示，商务部部署灾区各商务主管部门和企业尽快恢复商业网点、市场经营，搞活商品流通，保证灾区市场供应。至 6 月 16 日，四川省、甘肃省、陕西省 89004 家商贸流通和服务业网点恢复营业，恢复率 64.1%，其中四川省恢复 82268 家，恢复率 63.2%；甘肃省恢复 4090 家，恢复率 67.7%；陕西省恢复 2646 家，恢复率 98.6%。

地震造成四川省商贸流通和服务业企业遭受严重损失。为尽快恢复受灾市州和县、乡镇商业网点经营，帮助商场、店铺、市场及餐饮等商贸流通、生活服务网点正常营业，按照四川省委、省政府的部署，省商务部门在抓灾区救灾物资组织调运的同时，全力抓好商业网点经营恢复。在保障灾区市场供应方面，通过加强灾区市场供应监测工作，指导商务企业组织货源，充实库存，保障方便食品、肉蛋、蔬菜、食用油等生活必需品供应，全力维护灾区市场稳定，并加大对灾区生活必需品市场的监测。以“万村千乡市场工程”为主体的零售企业深入灾区，有序增加粮、油、肉、菜等生活必需品和日用工业品的市场供应，保证灾区市场不断档、不脱销。设立过渡性商业网点，选择受灾群众集中居住点、部队营地和救援人员密集区域，组织商贸流通、餐饮企业入驻经营；在交通中断的乡村组织摩托车、背篼小分队送货销售，并引导“万村千乡市场工程”承办企业到乡村开设农家店。5 月 28 日，省商务厅召开党组扩大会议，强调抗震救灾进入安置受灾群众、恢复生产和灾后重建阶段，商务系统要保障灾区市场供应，保证社会稳定；并制订《四川省商务厅恢复地震灾区商业网点经营工作方案》，从加快商业网点恢复与设立，及时调整保障市场供应商品物资、供应方式，恢复商业网点经营组织与实施，恢复商业网点经营政策措施、保障机制等方面进行部署。至 27 日，四川省受灾商贸企业 18326 家恢复经营，占受灾商贸企业的 33%，其中商品交易市场和批发企业 699 家，零售及其他企业 17627 家。恢复经营商业网点 13065 家，其中 15 个重灾县（市）恢复经营 698 家。7 月 28—29 日，中共中央政治局委员、国务院副总理王岐山赴绵阳市涪城区、北川羌族自治县、都江堰市等地震重灾地区检查金融、商贸等部门灾后恢复重建政策措施落实情况。当了解到灾区市场货源充足、价格平稳、品种丰富时，王岐山指出，商贸流通直接关系灾区群众生活必需品供应和生产恢复，要抓紧恢复商贸流通网点，加强市场监管，确保食品安全和商品质量。对灾后恢复重建面临的困难和问题，要及时研究和完善政策措施，能办的尽快办。

四川省各市州采取各种方式推动商业网点恢复。5 月 19 日，成都市商务局下发《关于做好灾区群众集中安置点商业网点配套工作的通知》，要求各县（市、区）商务主管部门，特别是都江堰市、彭州市、崇州市及大邑县商务局，做好灾区群众集中安置点商业网点的建设工作，灾区群众集中安置点建到哪里，商业网点就延伸到哪里。协调相关部门，为企业经营活动创造条件。对进入安置点开展经营的商业网点，免费提供经营场地，协调必要的电力保障，方便企业收银机、冰柜等经营设备正常使用。提供电话、传真线路，以利企业商品经营相关信息的传递，提高配送效率。还要求成都市各品牌连锁企业，“万村千乡市场工程”“双百市场工程”承办企业及其他信誉良好的商业企业，主动进入灾区群众集中安置点，开设便利店、连锁超市等。经营商品类别以粮、油、小百货、文具、个人卫生用品、洗涤用品、小食品等日常生活用品为主，做到便民利民。（参见图 151）

图 151　雅安市在震后建起多种形式的商业网点和农贸市场，建立检查检疫制度，保证商品安全供应

（农业部　提供）

5 月 13 日，在都江堰市青城山搭建的第一个露天临时粮店开始营业。20 日，在都江堰市“幸福家园”群众安置点建立第一家应急超市。21 日，在彭州市隆丰镇第一个灾区生活必需品应急市场恢复运营。22 日，互惠超市在位于都江堰市二环路的“幸福花园”群众安置点开设都江堰市第一家“救灾便民店”。6 月 2 日，都江堰市 16 家灾区群众安置点“救灾便民店”全部开业。彭州市商务局组织建设放心店工程，在各受灾乡镇及安置点建立临时放心店、流动放心店，在 7 个重灾镇分别建立 14 家放心商店。成都市商务局规范灾区群众集中安置点商业网点配套建设，在建成的入住灾区群众集中安置点设立便民商店 52 家，其中都江堰市 23 家、彭州市 16 家、崇州市 9 家、大邑县 4 家。由连锁企业参与经营，实行统一配送，保证商品质量和平价销售，价格不高于震前水平。按照住房城乡建设部、商务部的要求，每 1000 套活动板房配套设立一个 60 平方米商业网点。成都市一般 20 平方米一家，大的安置点配套 1 ~ 3 家便民点，成都市 432 家验收合格日用品放心店全部恢复经营。成都市商务局引导协调红旗连锁、互惠超市、老邻居连锁公司等成都市重点连锁企业，加快灾区商业网点恢复。至 9 月 9 日，成都市基本恢复受灾地区商业网点，其中受损严重的都江堰市商业铺面、门店恢复营业 7764 家，达 64.7%。组织流通企业设置赈灾便民店 38 家，其中安置点便民店 32 家，带动点内 93 家商场启动经营。红旗连锁店设在彭州市、崇州市的直营店全部开门营业；“老邻居”设在都江堰市、彭州市的日用品放心店 440 个，基本恢复

经营，保障受灾地区物资供应充足，物价稳定。

德阳市商业网点在地震中遭受严重损失，绵竹市、什邡市损失尤为惨重，商业网点处于瘫痪状态。为保障灾区市场供应，德阳市商务系统采取措施恢复灾区商业网点经营，保证灾区生活必需品供应。5月28日，德阳市商务局召开灾后恢复商业网点经营，保障市场供应工作会议。要求深入灾区调查研究，掌握灾区恢复经营、市场供应、监管情况。6月16日，德阳市除绵竹、什邡部分地震重灾地区外，商贸流通、服务业恢复营业网点19102家，95%商贸流通、餐饮服务等商业网点恢复经营。绵阳市商务局在地震后提出6项举措推动商贸重建，即规划建成布局合理、功能齐全的商品零售网络体系；建成集散力强、辐射面广的商贸批发体系；建设高效便捷、功能较强的物流配送体系；建设安全卫生、规范定点屠宰加工体系；建立组织完善、反映迅捷应急保障体系；巩固开放型外经贸发展体系。30日，绵阳市城区和受灾较轻的县区90%以上的商业网点恢复正常营业。

汶川县由于受地震及次生灾害威胁，群众长时间处在紧急避险状态。阿坝藏族羌族自治州商务局和各县经济商务局动员连锁经营企业在具备经营的前提下恢复经营，加强日用品货源组织和调运，保障市场重要商品供应，促进城乡商贸流通业正常经营活动恢复。6月，鑫兴超市建起商业网点4家，并建起地摊12家、猪肉摊8家、小吃店9家。汶川县映秀镇建起副食品店13家、猪肉摊3家、蔬菜摊2家、水果摊1家、维修店1家、液化气站1家、五金店2家。理县、茂县由于乡村道路交通受阻，只能恢复县城和集中安置点供应，建立帐篷生活必需品应急市场，搭建应急商场、商店，吸引个体经营户恢复商贸经营。其余各县商贸流通和服务业基本恢复正常，物资供应充足，市场价格无异常波动。至6月26日，阿坝藏族羌族自治州恢复农产品交易市场6家、其他商品交易市场8家、“万村千乡市场工程”市场21家、批发企业63家、零售企业596家、餐饮企业180家、其他服务业73家。

甘肃省利用“万村千乡市场工程”承办企业，对陇南、天水、平凉、庆阳、定西、甘南受灾地区开展商贸恢复工作。5月14日，城区有9家经营户恢复营业，不到一个小时所售食品就被抢购一空。15日，武都区委、区政府组织相关职能部门加紧市场维修加固，组织市场人员对各经营户实地走访，深入家中动员开业经营。16日，70%经营户开业经营。调运方便面18274箱、奶粉278件、饼干和面包1228箱、火腿肠110箱、马铃薯和大蒜50吨、挂面245箱、小食品16件，市场供应得到保障，城乡食品市场逐渐恢复。由于农村大部分村民房屋受损，无法居住，各乡镇政府将受灾群众临时安置点设在农贸市场内，造成各处农贸市场无法正常运行。农户就将上市蔬菜、花椒、水果等农产品摆在公路两旁，以路为市，占道经营，造成交通堵塞，严重影响粮油、帐篷、药品等救灾物资运输。为解决经营难问题，各级政府寻找临时经营场地，引导农户入市交易。在加强市场服务中，采取免收摊租费、免费消毒等措施，维护市场正常经营秩序。至30日，恢复灾区农家店商业网点1600家。武都区及时部署商务、工商、市管、物价、卫生等部门开展灾区恢复商业经营工作，组织经营者抢修商业网点、制定相关措施，恢复市场经营，稳定供应。以市场灾后重建为契机，武都区投资6900万余元，对安化、两水、琵琶、汉王、马街、甘泉、佛崖、三河、洛塘、外纳等10家重点农贸市场进行改造扩建。9月8日，安化市场改扩建工程开工；22日，两水市场开工建设；28日，琵琶市场开始新建。

陕西省为尽快恢复地震灾区商贸流通服务网点经营，满足灾区群众生产、生活的需要，省商务厅先后召开 11 次会议，研究安排灾区市场供应工作，保证抗震救灾期间灾区群众生活必需品的市场供应。5 月 14 日，省商务厅启动《陕西省部分生活必需品市场供应突发事件应急预案》，同时启动生活必需品市场监测日报制度，建立 24 小时值班和领导带班制度，与铁路、公路、民航等交通部门联系制度，建立抗震保供应急工作机制。陕西省各受灾市根据本地自然条件、地域特点和主要副食品产销状况，以及分类管理副食品市场调控方案，针对重要商品、重点地区及特殊人群制订专项预案，落实应对措施，保证市场供应不断档、不脱销。根据受灾面大、紧急转移安置灾区群众数量多等实际情况，21 日，汉中市商务局下发文件，将桃心岛、世纪阳光等流通企业定为重点联系企业，并迅速组织方便食品、饮用水、照明器材、棉衣被、雨衣雨具、挖掘工具、保湿器材等应急商品，满足市场急需。发挥市场监测样板企业和“万村千乡市场工程”实施企业在应急救灾中的作用。至 6 月 2 日，汉中市通过各种渠道调剂方便食品 7.26 万余箱（件）、饮用水 3259 件、棉被 20.91 万床、衣物 11.27 万件、食用油 14.4 吨、过冬烤炉 4786 个、药品 33 箱、石棉瓦 9.2 万张。保障灾区市场生活必需品货源充足，价格运行平稳。宝鸡市、咸阳市、安康市采取加大应急商品库存、延长营业时间等方法，充分挖掘在地震中未受损或轻度受损流通企业的潜力。对出于安全考虑暂时封闭的企业，组织采取设立临时售货点、出动流动售货车、送货下乡等方法满足灾区群众购物的需求。至 10 月 14 日，陕西地震灾区市场服务体系项目建设初见成效，大部分商业流通企业营销总额恢复到震前水平。

建立帐篷及活动板房商店 为贯彻落实温家宝在国务院抗震救灾总指挥部第 16 次会议上提出的关于尽快恢复商业网点，在群众安置点建立帐篷商店和便民商店的指示，民政部、商务部从 5 月 27 日开始，陆续向灾区调运帐篷，建立“帐篷商店”，解决群众生活必需品的供应。29 日，商务部第一批搭建商店帐篷 605 顶交付给承办企业，并陆续运抵都江堰、彭州、什邡、绵竹、理县，用于设立灾区临时商业网点，开展营业售货。至 6 月 3 日，共建立“帐篷商店”2455 家，其中商务部在灾区群众集中安置点和群众居住相对集中的乡村建设“帐篷商店”2000 家，由四川省大型流通企业进行经营。经营企业主动承担社会责任，保证商品质量，平价经营。商务部会同财政部对经营企业配送成本，予以一定补贴。成都市、彭州市第一批 30 家“帐篷商店”，由四川老邻居有限责任公司搭建并开始经营。“帐篷商店”既销售商品，也具有小批量仓储功能。各临时商业网点每天销售额在 2000 元左右。6 月 7 日，江油市最边远的枫顺乡“万村千乡市场工程”日用品农家店，以“帐篷商店”方式恢复营业，标志着江油市 126 个乡级、村级“万村千乡市场工程”日用品农家店全部恢复营业。

5 月 29 日，四川省商务厅组织落实《商务部、住房和城乡建设部关于在地震重灾地区过渡安置区建设临时商业网点的通知》，要求根据实际情况在临时安置区，每区设立 1 ～ 3 个活动板房商业网点。临时安置区零售商业网点的选址建设，由市、县建设主管部门负责；“万村千乡市场工程”承办企业和商贸流通企业入驻开展经营，由市、县商务主管部门负责安排和指导；商务主管部门主动与当地建设主管部门衔接、协调，对临时商业网点选址、设立、管理等提出建议意见；所有临时商业网点均由市、县商务部门负责统一喷绘与设施大小相匹配的红色标志。喷绘内容包括抗震救灾便民店、“万村千乡市场工程”徽记及承办企业名称、建店地址和编号、联系电话、举报投诉电话。

为支持成都、德阳、绵阳、广元、雅安、阿坝等市（州）尽快恢复商业网点经营，保障市场供应，商务部紧急采购200套活动板房，分3批运抵各县（市）。6月3—5日，第一批调往都江堰、绵竹、北川、青川、宝兴；6—8日，第二批调往汶川、什邡、彭州、汉源、平武；9—11日，第三批调往茂县、理县、黑水、安县、江油。确定6月中旬前，建成便民商店投入使用。同时，以“万村千乡市场工程”为基础，在城乡接合部、道路未中断的农村乡、村搭建活动板房，定点供应生活必需品，并组织农业生产资料销售及农产品收购调运。（参见表26）

6月四川省重灾地区活动板房商业网点分配统计表

表26　　　　单位：套

市（州）	县（市）	数　量	其　中		发货时段
			县市城区和集中安置点	乡　镇	
成　都	都江堰	15	5	10	3—5日
	彭　州	15	2	13	6—8日
德　阳	绵　竹	20	5	15	3—5日
	什　邡	15	5	10	6—8日
绵　阳	北　川	15	5	10	3—5日
	平　武	15	5	10	6—8日
	安　县	10	2	8	9—11日
	江　油	10	2	8	9—11日
广　元	青　川	15	5	10	3—5日
阿　坝	汶　川	20	5	15	6—8日
	茂　县	10	2	8	9—11日
	理　县	10	2	8	9—11日
	黑　水	10	2	8	9—11日
雅　安	宝　兴	10	2	8	3—5日
	汉　源	10	2	8	6—8日
合　计		200	51	149	

6月13日，都江堰市“幸福家园”群众安置点生产自救便民服务合作社开业。都江堰市工商局与“幸福家园”临时社区居委会协商，腾出5间活动板房作为营业场所，共同设立灾区群众安置点首家生产自救便民服务合作社，用于经营美容美发、日用小百货、烟酒副食、腌卤制品和卫生用品等，统一制作招牌，上墙明示各项管理制度。市工商局先后接受安置点内20余户受灾群众申请，遴选并确定其中生活比较困难、急需就业的受灾群众入店经营，建立“活动板房便民店”向集中安置点内受灾群众提供日常生活必需品服务。市工商局为便民服务合作社经营者分别办理（或补办）个体工商户营业执照，缓解部分受灾群众就业难题。

分发流动售货车 商务部向地震灾区提供489辆流动售货车（长安之星和庆铃商用车）。其中四川省350辆、甘肃省50辆、陕西省30辆、其他省市59辆。

5月27日，商务部在成都市龙泉聚和农产品交易中心，将首批50辆灾区流动售货车移交给四川省商务厅，并由商务厅将车辆分发给承担灾区恢复商业网点经营任务的22家商贸流通企业。从27日开始，流动售货车赴受灾群众集中安置点、商业设施受损严重乡镇，在成都、彭州、绵竹市汉旺镇、宝兴、汉源等地震重灾地区运营，提供便民商业服务。28日，商务部第二批50辆灾区流动售货车按照计划发送到成都市、德阳市、绵阳市、广元市、雅安市。29日，第三批50辆流动售货车运抵绵竹市、什邡市、北川羌族自治县等重灾地区。6月2日，商务部办公厅下发《关于加强流动售货车和帐篷商店管理的通知》，明确“流动售货车优先保障重灾区，适当照顾次重灾区，不得投放非重灾区”的发放原则；强调流动售货车专门用于灾区商品供应货物配送、销售。先后运抵四川灾区的150辆流动售货车，行驶近7000公里，流动售货30万余元。

四川省商务厅把商务部提供的350辆流动售货车分配到重灾市、县商务部门。6月2日，在三台县流动售货车发车仪式上，天天量贩有限责任公司郑重承诺，公司要用最好的服务、最好的商品、最优的价格保障灾区市场供应。公司12辆流动售货车满载生活必需品出发，将商品送到受灾群众手中。4日，乐山市第一批3辆装满货物的流动售货车驶往灾区，帮助恢复重灾区商务网点，保障灾区市场正常供应。首批运送商品有300余个品种、价值20万余元，全部是灾区人民急需的大米、蔬菜、调料、日常生活用品等，所有商品均以成本价出售给灾区群众。售货车运送班（次）根据货物销售情况而定，运送时间持续到灾区商业网络恢复正常。5日，德阳市出动流动售货车27辆，售货里程1.8万余公里，为灾区群众提供生活用品。至13日，广客缘配送中心在北川羌族自治县擂鼓镇等乡镇，开通流动售货车16辆。

甘肃省商务厅迅速配发流动售货车。6月11日，商务部紧急支援甘肃重灾区的50辆流动售货车运抵陇南市，并举行交接发放仪式。甘肃省商务厅将8辆灾区流动售货车送到文县，保证灾区群众日常用品不脱销、不断档。文县城区6家超市和农贸市场在地震中受损，企业通过自救加固，组织货源，恢复正常营业。甘南藏族自治州在省商务厅支持下，向舟曲县、迭部县、卓尼县、临潭县配发20辆抗震救灾流动售货车，保证灾区群众基本商品供应。

陕西省及时配发流动售货车到灾区。6月11日，商务部支援陕西地震灾区30辆流动售货车，分别发放汉中市商务局20辆、宝鸡市商务局10辆。

第二节　规范市场秩序

一　稳定市场物价

5月13日，商务部启动灾区生活必需品和成品油市场监测日报制度，组织商务部驻前方工作组与灾区商务部门深入一线，实地了解市场供应情况。通过商务部“商务预报”网站和新闻媒体，及时发布灾区市场信息。至6月30日，向社会发布信息1.7万条。

四川省5月13日启动应急工作预案，省、市、县物价部门均成立了抗震救灾应急领导小组，统一领导和指挥本地区价格应急监管与处置工作，并实施价格干预措施。15日，省物价局下发《关于授权对地震灾区部分价格实施临时价格干预措施的紧急通知》，授权对地震灾区实施价格临时干预措施。16日，省商务厅发出《关于进一步强化市场供应工作的紧急通知》，要求各地商务主管部门启动生活必需品市场监测预警系统，每天16时前利用传真或电子邮件报送当日市场监测及供应情况。各监测点对抗震救灾和灾区群众安置需要的物资和生活必需品价格，实行每日两报制度，并把监测品种由震前30个增加到165个。20日，省政府下发《关于进一步加强价格监管保持市场物价稳定的紧急通知》，在现行临时价格干预措施的基础上，对与抗震救灾工作密切相关的药品、医疗器械、医疗用品、日用品、建筑材料、燃料等商品价格实行临时价格干预措施。地震发生后，四川省各级物价部门整合价格执法力量，严厉打击借震灾之机串通涨价、囤积居奇、哄抬价格、牟取暴利等价格违法行为。至12月，共派出抗震救灾、灾后重建市场价格检查巡查组1万余组（次），出动执法检查人员3万余人（次），检查企业和商家10万余户，查处价格违法案件1000余件，经济制裁金额400万余元。都江堰市一家餐馆每0.5公斤饺子价格抬高到50元、成都市荷花池市场一商家将原每顶180元的帐篷抬价卖到650元，均受到相应的处罚。5月16日，绵阳市物价局接到群众举报，南山华联超市提价销售瓶装饮用水、方便面，涉嫌哄抬物价。绵阳市物价局责令立即纠正价格违法行为，并给予5000元罚款的行政处罚。6月11日，梓潼县物价局接到群众举报，许州镇某砖厂抗震救灾期间提高红砖销售价格，地震前红砖销售价格0.26元／块，地震后价格提高至0.32 ~ 0.34元／块，且不开具购货发票。梓潼县物价局对生产企业罚款2万元，对承包人进行批评教育。

全国“菜篮子”产品批发价格日监测。四川省内农产品批发市场交易量于地震初期一度下降50%多，至5月30日，恢复到80%以上，灾区农产品市场供求基本平衡。（参见表27、图152）

5月14—25日部分灾区及周边地区市场监测动态一览表

表27

日 期	监测市场		市场动态
5月14日	四川	南充川北农产品批发市场	市场交易量略减，但菜价运行基本正常，仔猪价格每公斤22~24元，比前一段略低
		成都龙泉聚和果蔬交易中心	交易正常
		达州塔沱批发市场	上市蔬菜保持在2500吨左右正常水平
	贵州	贵阳五里冲市场	蔬菜交易量在2000吨左右
	甘肃	天水市瀛池果菜批发市场	蔬菜上市量在600吨左右，其中蒜价格在2~2.2元／公斤
		秦安果品市场	水果交易量60余吨
	陕西	咸阳新阳光市场	外地新鲜土豆、青笋、蒜薹等蔬菜调入量明显减少，价格略有上涨；本地蔬菜上市量基本稳定
		西安朱雀市场	震后蔬菜上市总量减少约两成左右

续表 27

日 期	监测市场		市场动态
5月15日	四川	成都市温江区西部禽蛋批发市场	鸡蛋价格有所上涨，市场针对情况发布6.2～6.3元/公斤参考价
		南充川北农产品批发市场	交易量在800吨左右
		广安市邻水县农产品交易中心	交易品种、交易量有所减少，价格无大变化
		江油仔猪批发市场	市场已不能交易
5月16日	四川	成都西部禽蛋批发市场	已达30～40吨左右，市场交易基本恢复正常水平
	甘肃	天水市瀛池果菜批发市场	市场交易蔬菜640吨
		靖远县瓜果蔬菜批发市场	每天从四川调入芹菜10吨左右，本地菜逐步上市，市场基本平稳
	重庆	盘溪蔬菜市场	交易量维持在2100～2300吨间，市场供应充足
	贵州	贵阳五里冲市场	每日交易量在2000余吨，交易量减少10%～15%
5月17日	四川	成都西部禽蛋批发市场	价格稳定，货源充足
		彭州农产品市场	开始恢复交易，16日恢复到800～900吨
	陕西	西安朱雀市场	近两日交易量在700～800吨，比震前减少一成，菜价稳定
		云阳市场	交易未因地震而涨价，当日上市200吨左右，市场交易活跃
5月18日	四川	成都西部禽蛋批发市场	当日成交量增加，价格稳定。货源主要来自乐山和成都近郊大邑、崇州等地
		彭州农产品市场	蔬菜交易量比17日有所下降，肉类价格由物价部门控制，比前几天下降5元左右
	贵州	贵阳五里冲农副产品批发市场	蔬菜交易量虽比前两日减少，但本地菜大量上市，对价格影响不大
	陕西	西安朱雀农产品市场	组织5辆汽车、运送60吨方便面及火腿肠等食品至绵阳
5月19日			监测灾后一周，除重灾地区个别农产品市场和交易受到一定影响外，全国鲜活农产品市场总体平稳，猪肉、蔬菜、水果价格略降，鸡蛋、水产品价格略有上涨，走势基本正常
5月24日	四川		猪肉价格略涨，鸡蛋、8种蔬菜价格有所下降。当日猪肉价格23元/公斤、鸡蛋价格6.2元/公斤、8种蔬菜价格1.56元/公斤
5月25日	四川	绵阳高水市场	蔬菜近几日成交量保持在1500吨以上，猪肉日交易量225吨左右
		成都西部禽蛋批发市场	猪肉零售量每日保持在70～80吨左右，与灾前比变化不大，价格比较平稳；鸡蛋交易量维持在90吨左右，价格略升
		彭州蔬菜市场	成交量在1000吨左右，价格变化不大

图152　成都市在灾区群众安置点内设立便民商店（四川省民政厅　提供）

甘肃省政府7月24日向各市州政府、省直各部门及有关单位下发《关于进一步加强灾区价格调控监管工作的通知》，要求加强产销衔接，依法实施干预措施，实行政策扶持，加强监测检查，保持灾区市场价格稳定及居民生活必需品价格基本稳定。陇南市物价局制定《关于地震灾后严厉打击价格违法行为专项行动实施方案》，由物价、工商、公安等相关部门组成陇南市物价督查检查组，加强价格监管，并要求各县区政府统筹安排，抓好震后市场物价稳定工作，立即开展市场物价督查和检查，保证同步推进“稳物价、安民生”活动。要求各县区价格投诉举报电话24小时开通，每天两次将专项督查检查行动实施情况上报市物价局。从5月13日开始，陇南市物价局通过宣传价格、法律、法规、政策，在电视、报刊上定期公布与群众生活密切相关的商品和服务价格变化信息，规范经营价格。成立由物价、工商、公安、商务等相关部门组成的陇南市物价督查检查组，分别派出4个检查组、500余人（次），采取明察暗访的方式，对商场、超市、各经营门店进行巡查。陇南市开展“稳物价、安民心”活动，有效防范灾后市场价格异常波动，维护居民生活必需品价格基本稳定。现场受理群众来电、来访和价格投诉，解决群众反映的价格问题；对粮食、食用油、肉禽、蛋奶及食品制成品等群众基本生活必需品进行专项检查；实施重要商品调价备案制度，严格控制不合理涨价；对列入干预措施目录商品和企业价格情况进行监测；密切关注粮、油、肉、蛋、奶、菜等重要商品和节令商品价格走势。每个县选择两个以上群众集中采购商品超市或市场，指派专人驻守，建立联系点，实行定点、定时、定人、定品种监测，保证抗震救灾相关商品价格稳定和灾后市场正常经营秩序。陇南市物价局会同市工商局、公安局、商务局、监察局发出关于地震灾后严厉打击价格违法行为联合通告，在9个县（区）城乡张贴公示。对涉及灾后居民生活必需的粮油、蔬菜、副食品、雨篷布、液化气等日用生活品价格实行限价管制。制订加强物价监管方案，下发对部分居民生活必需品实行价格干预通知，会同相关部门共同做好震后市场物价监管工作。甘南藏族自治州物价局与工商等相关部门联合，成立价格监管工作领导小组，启动重要商品市场供应和价格日监测制度，及时部署地震灾区价格监管工作，保证抗震救灾商品供应和市场价格的稳定。对重要商品市场价格实行每日巡视、日报制度，同时保证监测预警电话和“12358”价格举报电话24小时开通。要求各县（市）根据实际情况，对灾区群众生活必需品和救灾物资实行限定差价率或利润率、规定限价、实行提价申报制度和调价备案制度等干预措施，加强本地价格尤其是调入灾区相关物资价格监管，防止价格大幅上涨。对受灾地区企业和个体工商户实行减免行政事业性收费，减轻经营户负担。灾区价格监督检查中，重点检查粮食、食用油、肉禽蛋奶菜、饮用水等群众生活必需品价格及药品等救灾物资的价格。认真做好基本生活必需品、紧缺商品及重要工农业生产资料价格监测。对列入调价申报和备案范围商品市场供求和价格变化情况进行重点监测，保证重要商品价格基本平稳，受灾较为严重的舟曲县、迭部县、临潭县、卓尼县被列为价格监测主要区域。

陕西省地震灾区商业设施受损严重，为保障灾区粮油食品、生活用品及生产资料市场供应，陕西省及时启动《市场供应突发事件应急预案》，建立抗震救灾应急食品储备及应急供应工作机制，加强各种形式的产销衔接。省商务部门深入灾区，及时掌握消费品市场供求情况和价格波动情况，采取有效措施，保证灾区市场稳定及粮油食品、生活用品和生产资料货源充足、价格运行平稳。在抗震救灾期间，陕西灾区城乡煤炭、燃油、燃气储量足，运输通畅，供应安全。省物价局价格监测中心5月14日对10个设区市、杨陵区和大荔县、武功县等重要商品市场的价格进行监测，粮食及柴油价格平稳，食用油及肉禽蛋价格稳中有降，民用燃料价格稳中有涨。地震发生后，陕西省除鲜奶价格有所上涨外，其他生活必需品价格均呈稳定或下降趋势，其中蔬菜、水产、禽肉价格下降明显，粮、油、肉、蛋等商品价格运行平稳。省物价局选择西安市朱雀农贸市场、宝鸡市斗鸡农贸市场、汉中市皇冠过街楼蔬菜批发市场、安康市南门农贸市场，对16—25日，主要农产品市场供应情况及价格变化情况监测。西安市、宝鸡市、安康市、汉中市主要农产品市场供应正常，价格稳定，未发生缺货、断货现象。猪肉、鸡蛋日交易量平均在60吨、3.2吨左右，波幅在10%左右，价格波动幅度在3.3%～11.6%。袋装牛奶价格相对稳定，价格一直维持在13元/公斤。28日，省物价局下发《关于对我省抗震救灾物资实行临时价格干预措施的紧急通知》，规定临时价格干预范围包括帐篷、活动板房、钢材、水泥、玻璃、木材、砖瓦砂石、救灾帐篷生产用布、聚苯乙烯、睡袋、防潮垫、彩布条、钢丝床、折叠凉椅等17种救灾物资。通过限定差价率或利润率、实行调价备案制度等方式，保证了灾区防震用品价格的基本稳定。6月7日，省物价局、建设厅、民政厅、交通厅下发《关于采取限价措施稳定陕西省抗震过渡安置房等价格的通知》，对抗震活动板房等救灾物资采取4项最高限价干预措施，对活动板房及主要原材料采取市场限价措施。彩钢板市场限价1万元/吨、型钢市场限价6000元/吨、聚苯乙烯市场限价1.7万元/吨、成品活动板房市场限价420元/平方米。通知规定，省内活动板房生产企业要保证陕西省抗震救灾的需要，凡违反最高限价外销牟利者，其差价部分视为价格违法资金，由各地物价部门从严查处上缴国库。为稳定灾区所需活动板房等救灾物资运输价格，陕西省对活动板房等救灾物资的运输车辆免收车辆通行费。各级物价、建设、民政、交通等部门，加强协作配合，保证抗震救灾物资生产供应。10日，省物价局下发《关于对部分县（区）建材价格实行应急监测的紧急通知》，规定实行建材价格应急日监测的区域为汉中市宁强县、略阳县、勉县、南郑县、汉台区，以及宝鸡市凤翔县、太白县、陈仓区、渭滨区。建材价格重点监测品种为，线材（普线6.50，

Q235）、螺纹钢（12，Q235）、水泥（42.50强度普通硅酸盐）、普通平板玻璃（5毫米）、黏土实心砖、水泥砂、毛石、小青瓦等。同时，对其他建材价格也开展了监测。交通运输价格监测范围为，公路客运价格、农村客运价格、城市公交价格、出租车市场和价格。陕西省在对地震灾区建材及交通运输价格应急监测中，加大价格自律的宣传力度，通过召开告诫会、政策提醒会等方式，敦促企业不制造涨价谣言，不串通合谋涨价，不跟风搭车涨价，不哄抬价格，不囤积居奇，创造良好的抗震救灾价格环境。建立地震灾区建材及交通运输价格应急监测日报制度，汉中市、宝鸡市、西安市、咸阳市、安康市物价部门按《地震灾区应急价格监测表》，每天9时、15时前两次报告监测情况。在地震灾区设立应急监测点，选聘一批价格监测员，组成价格监测队伍，并建立市场巡视制度，通过到集贸市场和超市实地采价，及时掌握灾区市场价格变化动态，获得科学、准确的应急监测数据。加强信息报送，实行零报告制度，24小时开通监测预警值班电话，保证通信网络畅通，一旦发现市场异常情况或哄抬物价、串通涨价、价格欺诈、不明码标价及不执行价格干预措施等价格违法行为，从重从严从快查处。对部分县区建材价格实行应急日监测，防止趁灾囤积居奇、哄抬物价、串通涨价等扰乱市场秩序价格违法行为发生。

重庆市迅速启动生活物资供应应急预案和生活必需品日报告制度，各地商务部门进行商品监测和运行情况报送，大型流通企业、批发市场加大货源组织，保证重庆市生活必需品市场供应。根据市场监测，重庆市生活必需品市场供应充足，基本能保证抗震救灾和市场供应，没有出现断档、脱销等情况，保证价格稳定，灾后市场供应运行平稳。5月17日，市商委组成3个检查组，深入重百超市和仓储配送中心、华牧屠宰场、伏牛溪油库等企业和市场，实地检查抗震救灾、市场物资供应情况，及时监控市场供应动态、价格走向并指导企业清仓查库，摸清“家底”，保证市场供应充足，运行平稳，价格与震前基本持平，部分品种价格有所下降。至20日，重庆市主城区蔬菜、猪肉等主要农产品供应充足，价格稳定，基本能满足市场需求。主城区生猪屠宰量均保持在8000头／日左右，与震前基本持平，四季豆、藤菜、青椒等部分蔬菜价格与震前相比有所下降。

二　保障食品安全

四川省加强对灾区生产基地、农产品批发市场、农贸市场、受灾群众集中安置点等场所蔬菜、水果、肉食等农牧产品质量安全整顿。5月14—25日，省畜产品安全检测中心对成都金利实业有限公司、成都春源食品有限公司、四川高金食品股份有限公司、四川四海集团、四川永鑫肉类食品有限公司、四川井研食品有限责任公司等供应灾区和救援部队的肉食品加工企业开展盐酸克伦特罗（俗称“瘦肉精”）专项抽样检测，共检测样品579头（份），均未检出“瘦肉精”。16日，检测中心紧急组织订购“瘦肉精”快速检测卡3000份，免费发往邛崃、乐山、资阳、遂宁、苍溪、阆中等地畜牧部门。同时，检测中心还抽取成都、绵阳、德阳、雅安、南充、自贡等地50家饲料生产经营企业和养猪场（户）的饲料样品67批，检测地西泮、呋喃唑酮、喹乙醇，结果均符合规定标准；抽取遂宁、乐山、达州、宜宾、凉山、攀枝花等地畜产品样品657批，检测违禁药物和兽药残留，其中抽取鸡蛋57批检测氯霉素，抽取牛奶80份检测氯霉素，抽取猪肉60批检测磺胺类药物，检测结果均符合规定标准。

5月29日，四川省整顿和规范市场经济秩序领导小组办公室下发《关于进一步加强整顿和规范市场经济秩序工作的通知》，要求成都市、德阳市、绵阳市、广元市、雅安市、阿坝藏族羌族自治州整顿和规范市场经济秩序办公室严把商品质量关，维护灾区市场经济秩序。各级工商管理部门加强灾区食品安全监管，发布食品安全通告，要求食品经营者合法经营，重视食品安全。各级工商管理部门把大米、蔬菜、饮用水、方便面等食品作为重点监管品种；把市场、超市、学校周边、灾区群众临时安置点作为重点监管区域，实行24小时不间断巡查。委托3家质检机构深入灾区，对饮用水、方便食品、卫生防护用品等15种商品质量进行监测，根据监测和快速检测结果，及时发布消费警示，对不合格商品、违法经营行为迅速依法查处。市场经济秩序领导小组建立16个部门参与的食品安全联席会议制度，组织3次联合检查、17次明察暗访，编印宣传手册6万册。8月4—6日，市场经济秩序领导小组办公室、省商务厅、绵阳市市场经济秩序领导小组办公室相关人员赴都江堰、北川、安县灾区了解商业网点恢复、物资供应及灾后重建情况，特别是对灾区活动板房安置点的便民小商铺、乡村农贸集市及流动售货车商品质量和物价情况进行检查。

四川省畜牧食品局要求各部门履职履责，抓好畜牧产品质量安全监管和动物防疫、检疫，严防有害农产品进入流通消费环节，扰乱市场秩序。9月，四川省开展生鲜牛奶三聚氰胺专项检查监测。省畜产品质量安全检测中心对成都市、眉山市、德阳市、绵阳市、凉山彝族自治州抽取9家收奶站、8家乳品加工厂收奶点（收奶罐、收奶车）和4家养殖场生鲜牛奶样品49批，在2家乳品加工厂成品库房抽取学生饮用奶4批、样品53批，均未检出三聚氰胺。至9月22日，省畜产品质量安全检测中心分别在6家饲料生产企业、8家饲料经营企业和25家养殖场抽取奶牛饲料51批，在3家饲料生产企业抽取蛋白质饲料原料7批，经检测，51批奶牛饲料和7批蛋白质饲料原料均未检出三聚氰胺。24日，省畜牧食品局在希杰（成都）饲料有限公司（韩资企业）生产的奶牛产奶期补充饲料中检出三聚氰胺，含量30毫克／公斤。省畜牧食品局组织省畜产品质量安全检测中心专家对该公司生产奶牛饲料的15种原料进行检测溯源，经检测发现，该公司从四川久源实业有限公司购进的玉米DDGS（指酒糟蛋白饲料，即含有可溶固形物的干酒糟）中含有三聚氰胺，含量为137毫克／公斤。经对四川久源实业有限公司生产工艺各环节仔细检查，发现生产工艺流程操作规程中规定，在生产食用酒精的糖化过程中要加入尿素1～2公斤／吨酒精，发酵过程中还要加入1～4公斤尿素和8000万单位青霉素，而三聚氰胺生产的主要原材料为尿素和液氨，在催化剂作用下经高温分解、聚合而成。省质量技术监督局随即派出工作组进行调查处理，对四川久源实业有限公司生产的960吨玉米DDGS产品予以查封，并部署对生产玉米DDGS的6家企业展开专项抽样检测。26日，省畜产品安全检测中心对四川新希望乳业示范奶牛场的饲料添加剂实施抽检。按照农业部发布的“饲料中三聚氰胺的测定”方法（NY/T 1372-2007）进行检测，从该场使用的美国进口奶牛饲料添加剂“麦可食酵母培养物”中检测出三聚氰胺，含量为1031毫克／公斤。鉴于“麦可食酵母培养物”奶牛饲料添加剂中检出高含量三聚氰胺，省畜牧食品局会同有关部门对养殖场剩余“麦可食酵母培养物”产品进行封存。省畜牧食品局及时印发《关于迅速清查停用进口饲料添加剂“麦可食（酵母培养物）”的紧急通知》，要求各地畜牧兽医部门对经营和使用环节的蛋白饲料实行100%抽样送检。在生鲜牛奶三聚氰胺专项整治活动中，四川省共出动执法人员51663人（次），检查饲料生产企业1772家（次），其中蛋白原料生产企业132家；抽检奶牛饲料生产企业产品233批（次），抽检奶牛饲料生产企业的蛋白原料350批（次）；检查饲料经营企业31280个（次）；检查生产使用自配料的规模化奶牛养殖户24682个（次）。对检测出三聚氰胺的3种饲料及饲料原料，依法进行查处，对召回和库存问题产品及时销毁。按照“五不放过”原则，即案情没有搞清的不放过，假冒伪劣商品的源头和流向没有查明的不放过，制假售假责任者没有依法处理的不放过，该移送司法机关没有移送的不放过，包庇、纵容、参与制假售假的国家公职人员没有受到追究的不放过原则，及时开展追踪溯源的调查，从源头上把好畜产品安全关。（参见图153）

图153　5月26日，四川省兽药监察所技术人员对投放畜产品药物进行抽样检测，保证灾区市场鲜肉类产品安全

（农业部　提供）

成都市在重灾地区实行对灾区农贸市场、救灾物资接收发放点和农产品生产基地每日检测制度。至6月22日，抽检蔬菜680批（次），合格679批（次），合格率99.9%，其中生产基地抽检184批（次），合格率100%；批发市场抽检310批（次），合格率100%；重灾县农贸市场抽检10批（次），合格率100%；救灾物资接收发放点、灾区群众集中安置区和救援部队驻地抽检176批（次），检测合格175批（次），合格率99.4%。5月23日至6月1日，广元市农业局、市农产品质量检测中心采用快速检测方法连续10天对城区农产品批发市场、生产基地和灾区群众安置点进行农产品农药残留检测，检测蔬菜样品105个、水果样品4个，合格率均达100%。雅安市落实乡镇报检点、驻地检疫人员24小时检疫值班制度和定点屠宰加工企业“两有、两清”制度，即进场生猪有免疫耳标、检疫合格证明，生猪来源、入场检疫记录必须清楚。雅安市雨城区动物卫生人员采取驻地检疫和市场巡查相结合，严把检疫关口。6月1日，动物防疫人员在市场巡查时发现16头未检生猪，补检不合格，全部做无害化处理。

陇南市武都区工商执法人员对辖区内所有集贸市场、商场、超市及个体经营门店进行检查，重点对食品、饮料、粮油、蔬菜、帐篷、简易床、各种雨具、手电筒、蜡烛及抗震救灾物资价格、质量及储备情况进行检查。在加大市场巡查的同时，动员个体工商户尽快恢复正常生产经营活动，教育经营者诚实守信、顾全大局，严防假冒伪劣商品和不合格食品进入灾区。基层工商所重点对运往灾区的食品进行快速检测，并与辖区食品经营户签订《抗震救灾期间食品安全责任书》，配合相关部门做好集贸市场、批发市场等的安全排查、卫生防疫，有效维护市场秩序。甘南藏族自治州质监局所属质量技术监督检测所组织开展计量专项检查和免费检测，保证震后商品质量，维护计量准确可靠和群众安全消费，并配合州食品安全委员会对合作市进行“抗震救灾食品质量安全大检查”，对食品生产加工企业，特别是食品生产加工小作坊进行专项监督检查，并坚持回访，对救灾食品及物资生产企业进行登记建档、备案，保证救灾食品及物资质量安全。重点对食品定量包装、执行标准、生产许可证、生产日期、保质期等进行细致检查，打击各种生产加工假冒伪劣食品的违法行为，加大对肉制品、豆制品、粮食加工等食品的质量安全监管力度。对城区蔬菜、粮棉油肉等与民生相关的重点市场开展多次检查，均未发现商品质量问题。还组织人员与民政部门和各乡镇政府配合，加强对捐赠物资、商品的全面监管和跟踪排查，防止假冒伪劣物资和商品流入捐赠救灾物资中。合作市羚崴面业有限责任公司被指定为救灾面粉生产企业，为保证小麦质量安全，州质监局组织人员进行专项检查，对存在问题进行监督整改，要求企业健全岗位责任制、原辅料进货台账和产品销售台账。对每批产品进行出厂检验，保证产品质量安全。碌曲县工商局会同县食品药品监督管理局、卫生监督所、物价局等职能部门及新闻媒体，深入各大超市、市场、店铺、摊点，检查食品、蔬菜、帐篷、棉被、燃油等生活必需品质量、价格，对存在问题现场整改，引导群众安全消费。

云南省加强畜产品质量安全监管。至10月14日，永善县共出动动物卫生执法人员936人（次），检查动物运输车1673辆、肉类摊点3235个，其中检查上市猪3159头、牛60头、羊72只、狗34只，检查鸡副产品摊位4个、副产品2吨，查处变质猪肉300公斤、无检疫证冻鸡肉20公斤。对变质猪肉和未经检疫的冻鸡肉全部依法没收，并作销毁处理。水富县21个产地检疫申报点共检疫活畜3580头，对检出的23头病害畜进行妥善处理。水富县还在公路动物运输检查站增派人员，坚持24小时值班，对过往动物及其产品严加检查，对查出的121公斤病害猪肉焚烧处理，并在定点屠宰场检疫猪肉7252头，高温处理病害猪肉32头。

三　市场管理

6月10日，商务部下发《关于鼓励地震灾区个体摊点经营搞活商品流通的意见》，强调各灾区商务主管部门在鼓励个体工商户尽快恢复营业的同时，加强市场经营秩序监管；打击囤积居奇、哄抬物价等不法行为，维护灾区市场物价基本稳定；打击假冒伪劣、以次充好等行为，保障灾区商品质量和食品安全。

四川省市场经济秩序领导小组办公室5月13日下发《关于在抗震救灾期间维护市场秩序的紧急通知》，要求加强市场监管，保证市场稳定。（参见图154）省工商局强调加强市场监管，打

图154　四川省整顿和规范市场经济秩序领导小组会同省卫生厅、省工商局、省食品药品监督管理局等有关部门组成联合检查组，在都江堰市、汶川县检查食品市场（四川省民政厅　提供）

击各种违法行为，组织个体工商户及私营企业开展生产、生活自救。至6月30日，全省工商系统出动执法人员20.9万人（次）、车辆5.2万辆（次），检查各类市场4.2万个（次），查处各类案件1460余件。在抗震救灾期间，省工商局建立灾区生活必需品应急市场，并限定市场修建时间、修建规模、服务对象。应急市场建成后及时移交当地政府或移交政府确定的企业法人及其他法人组织，并组织招商、管理。建设模式和管理模式区别对待，严明抗震救灾各项纪律，保障应急市场资产不流失，促进灾区市场服务体系恢复重建。省工商局严厉打击扰乱市场秩序违法违规行为，对囤积居奇、哄抬物价、以次充好、制假售假及散布虚假信息等行为，工商部门一律依法从快、从重处理，先后通报8起查处典型案件。对因地震灾害造成电信信息不通的38个市、县，省工商局将“12315”专线转移到工作人员手机上或临时办公地点，随时受理消费者申诉、投诉、举报，解决率99%。

至10月14日，四川省饲料监管部门共出动执法人员73947人（次），检查生产企业880余家（次）、经营户1.7万余户、养殖场（户）2.15万余个；受理举报投诉案件113起，立案查处101起，结案101起，其中查处重大案件2起；捣毁制假售假窝点9个，查获不合格产品442吨，货值77万余元，挽回经济损失42万余元。省动物防疫监督系统出动动物卫生执法人员12万余人（次）、车2.5万余辆（次），查处违法屠宰销售行为430起，查获非法加工经营病死病害动物4.06万头（只）、动物产品约15万吨；对病死病害动物及产品依法进行无害化处理，罚没金额68万元。省兽药监察系统出动兽药监督人员1020人（次），对11家承担调往灾区兽用消毒剂生产任务的企业进行监督检查；派出2563人参加兽药市场专项监督整治活动。省兽药残留监控中心对供应灾区的5种畜产品、12种药物残留进行检测，检测1052批。

四川省工商、质监、食品药品监督管理系统及相关单位对成都市、德阳市、绵阳市、广元市、雅安市、阿坝藏族羌族自治州食品、药品、建材、农资市场多次进行整治，打击扰乱灾区市场秩序的违法违规行为。对囤积居奇、哄抬物价、以次充好、制假售假及散布虚假信息等行为，工商部门一律依法从快从重处理。至6月14日，绵阳市共出动监管、执法人员4505人（次）、车1228辆（次），重点检查辖区内乳制品、饮用水、膨化食品、酱油、食醋、酱腌菜、白酒、食用植物油、大米、小麦粉、肉制品、茶叶等17类高风险食品生产企业产品质量，查处违法案件37起，销毁过期变质食品1200余公斤；受理并妥善处理“12365”投诉67件。药监部门对检查发现的62个（次）过期药品、11个（次）无原包装标志药品、破损维生素C注射液和酒精当场销毁，对检查发现人血白蛋白假药、复方定利巴韦林劣药进行立案查处；对检查发现的可疑藿香正气液和小儿止咳颗粒要求停止使用。至7月，广元市出动监督检查人员5569人（次）、车1592辆（次），检查药械生产、经营、使用单位4920户（次），检查食品、饮用水等生产企业200余家，抽检产品240批（次），合格216批（次），合格率90%；受理群众举报投诉19件，办结16件；立案查处药品、医疗器械262件，结案262件，取缔无证经营23户；行政处罚涉案金额40.64万元，没收物品价值8.72万元，没收违法所得5.57万元，罚款45.17万元，罚没收入50.75万元。至6月，雅安市检测食品共2795件，合格率100%；抽样检测各类食品样品373批（次），合格361批（次），合格率97%，其中大米、面粉、火腿肠、乳制品、蔬菜等合格率为100%；对学校、医院、农贸市场等重点场所出动执法人员8.59万人（次）、执法车8695辆（次），检查11.63万次，制发《卫生监督意见书》1924份，销毁过期食品300余公斤；共出动执法检查人员2037人（次），出动车555辆（次），检查药品、医疗器械生产、经营、使用单位1800家（次），查处各类违法案件53起，涉案金额0.82万元，取缔无证经营户2户。至8月，成都市共出动监管、执法人员15.2万余人（次），巡查食品集贸市场1.65万个（次）、食品批发市场2470个（次），检查食品批发商约8.17万户（次）、食品超市约4.43万家（次）、食品经营户49.8万户（次）、食杂店53.67万户（次）；对173.98万件饮用水、方便面、乳制品等即食食品和1433.65吨大米、面粉、食用油等进行检验，处置2298件（包、袋）无生产日期、过保质期、不符合食用要求或破损食品；组织调运、查验药品9.27万件、医疗器械1.53万件，价值2993.05万元；查验捐赠药品约10.1万件、医疗器械2.24万件，价值11078.27万元。成都市完成对15个国家和联合国粮农组织、世界卫生组织捐赠的56批药品、医疗器械的清点、分类、翻译、贴中文标志和抽检工作，并对不符合规定的7批药品进行处理。至9月，德阳市检查集贸市场2193个（次）、食品批发商4885户（次）、食品超市商场5162家（次）、食杂店6.99万户（次），立案查处10件，简易程序处罚74件；查获面、乳制品、饮料等违法食品约1.4万公斤，总货值金额10万元；出动药监执法人员93人（次），检查药品生产企业19家（次）。至8月19日，阿坝藏族羌族自治州对食品市场检查32次，出动执法人员3136人（次）、执法车153辆（次），检查集贸市场1134个（次）、生活必需品应急市场332个（次），检查食品经营户2.57万户（次）、供水点35个、农村饮用水取水点214个，抽检合格率100%；查处过期食品0.2吨，食品立案6件，发出整改通知94份；派出10个工作组，分赴13个县126个乡（镇），对153家药品经营使用单位进行药品快速检测和监督检查，检测药品957个品种、医疗器械60个品种；出动药品、医疗器械执法人员5541人（次）、车1547辆（次），检查药械生产、经营企业、医疗机构7943家（次），查处药械案件66件，罚款5.19万元，取缔无证经营户3户。

四川省农业部门组织各地农业执法人员，检查农资门市、农产品生产基地、农产品批发市场等。三台县组织农业行政执法人员开展“绿色护农”行动，至 7 月 2 日，对 63 个乡（镇）、102 个场镇的 894 个农资经营网点进行拉网式检查，检查种子品种 174 个、农药品种 264 个、肥料品种 19 个，查扣违法经营的散装玉米种 1655 公斤、水稻种 48 公斤，依法查处种子违法案件 6 起，农药违法案件两起，依法移交司法部门案件 1 起；罚没收入 6852 元，挽回经济损失 26.34 万元。至 7 月 11 日，绵阳市共出动 356 人（次），检查灾区群众安置点农产品安全质量 87 次，抽检救灾农产品样品 125 个，合格 125 个，合格率 100%。至 6 月 29 日，阿坝藏族羌族自治州出动动物卫生执法人员 272 人（次）、车 68 辆（次），检查屠宰加工企业 112 次、农贸市场 192 次，同时，在州内 4 条省际公路动物防疫监督检查站检查动物约 1.46 万头（只）、动物产品 25 吨，消毒运输车 1434 辆（次），补检动物 786 头（只）。

至 7 月 12 日，四川省农业部门出动农业执法人员 7371 人（次），检查农资门市、农产品生产基地、农产品批发市场等 8999 家（次），查处案件 37 起，收缴高毒禁用农药 433.97 公斤；抽检生产基地、农产品批发市场、农贸市场、群众集中安置点等重要环节和场所蔬菜、水果等样品约 1.06 万个，平均合格率 98.92%，其中抽检生产基地样品 4042 个，合格率 98.63%；抽检农产品批发市场和农贸市场样品 5205 个，合格率 99.17%；抽检群众集中安置点、灾区物资接收发放点样品 1203 个，合格率 98.83%。对都江堰市、彭州市、剑阁县、青川县、什邡市、江油市、茂县、理县产地环境和产品质量进行抽样检测，合格率 94%。7 月 21 日，群众举报崇州市大划镇有屠宰加工病死猪（肉）的黑窝点，省畜牧食品局立即会同成都市农业委员会派出动物卫生监督和畜产品安全监管专家及执法人员赶赴现场。在大划镇划石村一村民家中查获病死猪 27 头、病死猪肉 1210 公斤。在崇州市江源镇桅杆村一肉食品加工厂查获病死猪肉 280 公斤，查出涉嫌病死猪冷冻肉 240 余吨。经省动物防疫监督总站和省农业科学院检测中心实验室检测，在查获死亡生猪内脏中检出多种病原微生物，冷冻猪肉送检样品与国家强制标准不符，为质量不合格变质肉食品。26 日，崇州市政府依法对查获的病死生猪、冷冻猪肉做无害化处理，案件移交成都市公安局立案查处。至 9 月 30 日，绵阳市组织 1162 名动物卫生检疫员、出动 29189 人（次），共检疫动物约 227.29 万头（只）、畜产品 11060.24 吨，对检出的 760 头（只）病死动物全部进行处理。至 8 月 6 日，绵竹市动物卫生监督执法人员共检疫出 16 头（只）动物的不合格肉品；查获病死猪肉上市案件 6 起、230 公斤；查处未经检疫猪肉上市案件 4 起、270 公斤，对查获肉品全部依法收缴并作无害化处理。（参见图 155）

甘南藏族自治州工商局要求各县（市）工商系统采取措施，加强抗震救灾期间市场监管，增加市场巡查频率，扩大检查范围，增加食品检测次数，发挥“12315”申诉举报网络作用，同其他执法部门、新闻媒体联合行动进行市场监管。重点开展“菜篮子”“米袋子”等副食品价格和质量检查，特别是加强对关系群众生活生产的粮、油、肉、禽、蛋、菜、奶、饲料、液化气、化肥、建材等价格进行监控。打击价格垄断、价格欺诈、哄抬物价、串通涨价、囤积居奇等违法行为；严厉查处短斤少两、以次充好等损害消费者权益、捏造散布涨价信息等扰乱市场秩序的不法行为。加强对粮、油、肉、蔬菜、水果、奶制品、豆制品等食品安全的监管，对农村市场、城乡接合部、各类集贸市场和商品批发市场的监督检查，防止不合理涨价，防止不合格食品进入市

图 155　5 月 22 日，汶川县动物卫生监督人员在县城较场街畜产品市场，对售卖猪肉进行检疫检查
（农业部　提供）

场，发现问题及时进行处理。舟曲县工商局针对地震引起的经营商户关门、市场生活必需品供应紧张、涨价等混乱现象，启动《舟曲县工商系统市场监管应急预案》，成立抗震救灾市场监管应急分队。舟曲县城关工商所不顾余震危险，组织执法人员对县城商场、市场、超市、街道经营网点进行 3 次“拉网式”检查，共检查经营门店 1680 家（次）；对个体经营门店、摊点经营的食品、蔬菜、粮油、饮料、肉蛋禽、液化气、药品等生活必需品销售价格进行检查，要求保持在地震前水平；对食品经营户进销货的台账进行详细检查，要求及时填写台账，从正规渠道进货；发动群众举报欺行霸市、以假充真、短斤少两、散布虚假信息等扰乱市场秩序行为，从严打击乱涨价、哄抬物价等违法经营行为，使灾区物价稳定、人心稳定。舟曲县工商系统职工在办公条件极其困难的情况下坚守岗位，城区市场巡查每日 3 次，乡镇市场巡查每日 1 次，对商品交易市场和安全进行全天候监管。在监管中查获价值 1500 余元假冒食品；查处价值 9000 元假冒化肥；查获 3 种价值 430 元侵权奥林匹克标志商品。由于市场监管得力，舟曲县各类商品价格稳定、货源充足，群众消费心态平稳，市场秩序稳定。陇南市各级工商部门组织广大执法人员，会同物价、商务、公安部门全面加强对辖区内市场监管，打击不法商户违法经营行为。抗震救灾期间，市工商部门出动执法人员 3072 人（次）、车 316 辆（次），检查门店 10628 家、集贸市场 148 家、商场 11 家、超市 29 家，查处各类违章违法案件 22 起，罚款约 4.6 万元。通过全面检查，灾后商品价格保持稳定，市场秩序正常。

第二章　商品供应

第一节　生活用品供应

一　粮油食品供应

灾区群众粮油供应　地震造成部分灾区群众断粮，灾区粮油供应成为群众生活的大问题。中央及地方有关部门，迅速开展粮油供应、粮油加工，保证灾区群众的生活需要。

5月13日，中央有关部门成立抗震救灾领导小组，先后4次召开抗震救灾工作专题会议，研究部署粮食系统抗震救灾具体办法，制定下发灾区粮油管理、供应、稳定、监督等项措施；并组织5批工作组，分赴受灾省市指导灾区、驻灾区部队、救援部队粮油供应，调研和落实夏粮收储等工作。粮食局发出《关于做好抗震救灾确保灾区粮油供应工作的紧急通知》，要求灾区各级粮食行政管理部门立即行动起来，迅速制定和落实灾区粮油供应具体措施，保证受灾地区粮油供应和市场稳定。加强对粮食价格及市场动态实时监测和预警，随时掌握粮油收购与库存、加工与供应及市场价格等情况，并根据实际情况做好粮食应急预案启动工作。加强市场监管，保障灾区粮油市场秩序稳定。同日，商务部发出通知，要求各省（区、市）商务主管部门加强市场监测，维护市场稳定，按照协调安排，落实应急救灾物资货源，调配生活必需品，支援灾区做好市场供应。灾区启动生活必需品每日监测制度，深入批发、零售企业，掌握生活必需品和应急救灾物资市场供应和价格情况，做好市场预测和分析，监测粮食、食用油、肉类市场供应和价格走势。14日，发展改革委价格监测中心报告，四川省主要副食品价格基本平稳，大米、面粉、食用油及其他肉禽蛋类价格基本平稳。

地震发生后，各方面救援力量陆续抵达灾区，粮食供应任务日趋加重，四川省抗震救灾指挥部请求中央给予支援。5月15日，发展改革委、财政部、粮食局按照《国家粮食应急预案》规定，紧急安排中央储备和国家临时存储稻谷10万吨、小麦5万吨、食用油1.4万吨，用于灾区应急供应。中储粮总公司迅速通知成都、兰州、西安、云南各分公司，按照“就近加工、确保时效”的原则，合理安排具体库点、粮食品种和数量，做好储备粮油出库衔接，24小时不间断出库。15日8时，中储粮总公司成都分公司确定46个出库库点，落实108个对应的加工企业，分解出库计划，组织人力物力，保证救灾粮油及时发运。16日下午，眉山等地中央储备粮陆续出库，使储备粮油及时运送到灾区群众手中。17日，国务院抗震救灾总指挥部第8次会议决定，6—8月，向灾区困难群众每人每天发放0.5公斤救济粮，明确抗震救灾粮源按照“就地就近”要求，从中央储备粮库库存中调拨。发展改革委等部门向中储粮总公司下达动用中央储备粮计划，分别对四川、重庆、甘肃、陕西、云南等地震灾区进行供应。中储粮总公司迅速要求成都、兰州、西安、云南分公司，按照“就地就近、高效快捷、保障有力、确保供应”要求，落实中央储备粮具体出库库点，使救灾粮源源不断运往灾区。5月16日至7月5日，中储粮总公司出库救灾粮油24.87万吨（参见表28），保证灾区群众救济粮供应，维护灾区社会稳定。在执行国家下达粮食调拨任务的同时，中储粮总公司支援灾区开展社会救助，向灾区无偿救助大米、面粉4200吨。

5月16日至7月5日中储粮总公司救助粮食出库一览表

表28　　　　单位：吨

单　位	发往地点	种类及数量	单　位	发往地点	种类及数量
湖南分公司	青川灾区	大米2040吨	兰州分公司	甘肃灾区	面粉170吨
湖北分公司	青川灾区	大米660吨	西安分公司	汉中、宝鸡灾区	大米100吨
成都分公司	青川、四川重灾区	大米430吨	河南分公司	地震灾区	大米800吨

5月16日，粮食局加强粮源的组织调度、加工调运，全力做好粮油市场供应工作。随时了解掌握四川灾区粮油供应情况，跟踪国家安排救灾粮油出库、加工、调运和发放的进度，指导帮助四川省粮食部门做好灾区粮油市场供应工作。加强市场监测，特别是对四川省及周边省市地震灾区粮油市场供应情况进行重点监测，发现问题立即采取措施予以解决，并与国家有关部门和单位沟通协调。19日，商务部针对市场供应情况，坚持每天对灾区市场供求情况进行分析。在灾区交通恢复正常后，迅速组织粮、油、肉、菜、蛋等生活必需品供应灾区，必要时投放储备。

地震发生后，四川省粮食局下发《关于成立抗震救灾工作领导小组确保粮油供应的紧急通知》《关于进一步落实抗震救灾工作的紧急通知》，强调粮油储备、调拨、加工、供应等有关部门加强粮油加工生产组织调度和成品粮油储备，保证市场供应不脱销、不断档。加强粮油市场监测和监管，打击囤积居奇、哄抬物价等违法行为，维护粮油市场秩序。省粮食部门抓好粮油供应，在灾区尽快恢复粮油供应网点，采取增设临时网点、送货上门、流动售粮等多种方式抓好粮油供应工作。四川省417个粮源供应站（点），迅速启动灾害应急预案，各市州粮食部门加强市场监控，实行临时价格干预。成都、德阳、绵阳、广元、雅安、阿坝地震重灾地区部分主副食品价格明显上升。5月15日，单日个别地方晚籼米价格上涨高达11%，有些地方出现抢购断档脱销的情况。各市州粮食部门迅速干预市场，采取规定限价、实行提价申报和调价备案等方式，打击哄抬物价等行为。同时，各粮油加工企业加紧生产，加大市场粮源投放力度，仅16—18日，粮食部门就向市场投放粮油1.6万吨，迅速平抑粮价，保证市场供应。成都市粮食局及时派人到各大粮油批发市场、大型超市巡查和监控粮油市场，在崇州市、新都区、双流县确定3000吨成品粮储存点，以备应急所需。省商务厅市场运行监测体系监测，9月15—21日，粮油市场价格基本平稳，灾区小包装大米、小包装面粉、桶装菜籽油市场供应正常，其中小包装大米零售均价3.95元/公斤，比非灾区低0.02元/公斤，比震前下降0.1%；小包装面粉零售均价3.85元/公斤，比非灾区低0.03元/公斤，比震前下降0.3%；桶装菜籽油零售均价15.56元/公斤，比非灾区高0.05元/公斤，比震前下降1.3%。灾区粮食价格与非灾区基本持平，食用油零售价格略高于非灾区。

5月20日，甘肃省商务厅制订《抗震救灾生活供应应急实施方案》，要求优先保障粮油肉等生活必需品运输，落实境内外无差别政策，支持生产经营大户和重点企业向市场直销，降低流通成本，对从事粮油肉蛋菜等主要食品生产经营企业和个体户，在收取集贸市场管理费、个体工商户管理费及质量技术监督检验费等方面实行优惠。同时，启动100万元资金，向陇南市商务局拨付经费10万元。天水市粮食系统在地震中损失比较严重，粮库损毁，粮油加工设备损坏，粮油超市毁坏。天水市各级政府加快粮油加工企业技术改造，增强粮油加工生产和储备能力。商务、粮食、供销等部门多渠道组织货源，加强产销衔接，建立市内和周边主要经销企业与粮、油、肉等食品来源地长期稳定的供货关系。6月初至8月中旬，中央储备粮库调出救灾小麦7254吨，加工面粉5005吨，下拨天水市所属二区五县灾区。粮油市场供应在3天内恢复正常营业和供应。平凉市完成省粮食局下达的抗震救灾面粉加工调拨任务，从中央储备粮库调入救灾小麦12740吨，加工面粉8793吨，按照预定时限要求将救灾面粉运到灾区，调拨陇南灾区面粉6356吨，调拨市内7个县（区）救灾面粉2437吨。

5月21日，陕西省商务厅下发《关于加快恢复地震灾区市场经营搞活商品流通的紧急通知》，提出建立抗震救灾应急食品储备、紧急组织调运物资、采取优惠政策鼓励支持企业增加生产、实行临时价格干预等措施，实现“保供稳价”的工作目标。

重庆市商委于5月15日下发《关于做好保障市场供应维护市场稳定的紧急通知》，要求各级商务部门充实必要生活必需品库存量，做好食品、饮用水等应急物资储备。

调拨粮油加工　地震造成灾区不少粮食加工设施和供应网点损坏，使灾区稻米加工供应成为问题。5月13日，财政部、粮食局下发紧急通知，要求受灾地区加强粮油调度调配、地方储备粮油加工、运送。财政部按救灾稻谷每吨70元、小麦每吨50元标准，共拨付补贴资金3593万元，用于受灾地区中央储备粮出库、加工、调运。发展改革委针对中央调拨救济粮在地震灾区代收代储工作量加大，粮食烘干、仓储、加工设施不足，有的仓储设施被震损，急需维修等问题，安排 2200 万元建设资金，添置小型烘干机 72 台（烘干量为每次 12 吨）、粮食清理设备 102 台、台秤 318 台、通风机 212 台、小型大米加工机组 100 台。中央财政安排 1.5 亿元资金，用于维修出现储粮安全隐患的 100 万吨受损仓房。粮食局派出人员赴相关省市落实收购和烘干设备货源并协商齐鲤（集团）杭州川骑科技有限公司，为灾区捐赠 6 台稻米精碾机和 2 台清理去石机组合设备，总价值 20 万余元。在四川省粮食局等部门协调配合下，6 月 2 日，杭州川骑公司第一批设备在青川县试机成功；第二批设备 3 日在绵竹市试机成功，每套设备日产量 28.8 吨。至 11 月 18 日，绵阳市共加工救灾粮食 12.83 万吨，加工成品粮 8.12 万吨，满足了市场供应。

四川省粮食局组织地方储备和商品成品粮 2.6 万吨、食用油 3549 吨。5 月 14 日，省粮食局紧急启动省级储备粮油，安排粮油批发中心直属加工企业生产成品粮油。16 日，省粮食局发出调配通知 30 批（次），调配粮油 3536 吨，首批 100 吨大米运抵汶川县。17 日，都江堰市至汶川县映秀镇的道路抢通，省粮食局组织车 14 辆，抢运 85 吨粮油到映秀灾区。12 日 18 时，成都市粮食局迅速派人检查龙潭寺、二仙桥粮食仓库等单位仓储设备及储粮安全情况。在受灾地区和集中安置群众的县（市、区）建立粮油储备与配送中心，建立 11 个粮食应急储备点。14 日下午，成都市粮食局向极重灾区都江堰市、彭州市调拨储备小包装大米 200 吨、小包装食用油 20 吨。13—18 日，成都市粮食局向受灾严重的九寨沟县草地乡运送大米 2500 公斤、食用油 200 余公斤。至 7 月 20 日，成都市粮食局组织接收中央调拨救灾粮（原粮）76558 吨，调往成都市受灾地区及省内灾区成品粮 28364.72 吨、食用油 181.6 吨，向绵阳、德阳、雅安及黑水、茂县、理县等缺粮重灾区调运大米 673 吨、菜籽油 48 吨。

甘肃省民政厅紧急向灾区调拨粮食 150 吨，其中陇南市 100 吨、甘南藏族自治州 10 吨、天水市 10 吨、平凉市 5 吨、庆阳市 5 吨、定西市 5 吨、武威市 5 吨、临夏回族自治州 5 吨、白银市 5 吨。5 月 14 日，甘肃省第一批救灾面粉由景泰县运出，16 日运抵陇南市。国家共向陇南市调拨面粉 46634 吨，其中市外调拨救灾面粉 40424 吨，市内 12 个加工企业加工调运面粉 6210 吨、食用油 28.5 吨。白银市、平凉市、定西市、庆阳市粮食加工企业紧急加工中央救济粮，共加工面粉 79581 吨，及时运往陇南市、甘南藏族自治州、定西市。

陕西省从 5 月 27 日开始，组织粮油加工企业，抓紧加工调运救灾成品粮，解决灾区群众基本生活困难。（参见表 29）陕西天山西瑞面粉公司、西安爱菊粮油工业公司、宝鸡大新面粉有限公司、宝鸡祥和面粉有限公司、乾县民乐面粉加工有限责任公司、铜川新区面粉加工厂、渭南昂威面粉股份合作公司、华羚农业科技有限公司、城固百盛大面粉厂、勉县天元面粉厂、西康粮油工贸公司、商洛市白鹤面粉有限公司、省储备粮咸阳直属库负责加工小麦；陕西军粮供应站、汉中成祥米业有限公司、陕西城固粮食收储公司汉明米业、勉县定军山米业有限公司、陕西双亚粮油工贸有限公司负责加工稻谷。成品粮出厂坚持“不符合国家质量标准规定的原粮不准出库，不符合国家质量标准的成品粮不准出厂，没有质量检验报告的成品粮不准向群众供应”的“三不准”原则，保证发放给群众的面粉全部符合国家特二粉质量标准。宝鸡市大新面粉有限公司、祥和面粉有限公司承担宝鸡市救灾粮加工、运输任务。两家企业在全力调运加工救灾粮的同时，定做了 15 公斤包装救灾粮专用袋，方便救灾粮发放。

至 5 月 27 日陕西省部分市、区调运救灾粮统计表

表 29　　单位：吨

市、区	调运救灾粮数量	市、区	调运救灾粮数量	市、区	调运救灾粮数量
西　安	70.80	渭　南	480	安　康	1299
宝　鸡	8322.60	铜　川	219	商　洛	669
咸　阳	1599	汉　中	12482.40	杨　陵	21

救灾部队粮油供应　5 月 13 日，粮食局部署 14 万救援部队官兵粮油供应工作，粮食局军粮办公室开通 24 小时应急电话，建立军粮供应情况报告制度，并派出首批工作组赴四川重灾区，督促灾区军粮主管部门，恢复地震损坏军粮供应设施，一时难以恢复的及时增加临时网点，并送粮上门保证供应。在做好军粮供应的同时，做好抗震救灾预备役官兵、抢险救援队、医疗队等相关人员的粮油供应。军粮供应单位创造条件，尽可能为救援部队提供熟食、热食和方便食品，保证质量、安全和营养，一日三餐有供应；对没带购粮证件的救援调防部队，特事特办，实行先供应后结算的方法，保证供应。21 日，粮食局第二批工作组赴四川、甘肃、陕西灾区指导协调军粮供应工作。22 日，粮食局下发通知，从军粮供应手续、军粮质量安全、军粮供应数据准确、军粮供应保障能力恢复、军粮供应卡管理等方面规范抗震救灾期间军粮供应工作。粮食局多方征询救援部队意见，研究军粮供应方案，完善军粮应急供应措施。四川省粮食局主动与救援部队接洽，根据救灾部队的需要，安排各地粮食局筹集军供粮源随时接供。灾区省市粮食部门安排粮食加工企业 24 小时工作，充实成品粮库存，搭建临时供应网点，及时准确向救援部队公布地址、联系电话。粮食局在抗震救灾期间，协调灾区五省（市）57 家骨干军粮站，供应救援部队军粮 1.08 万吨，供应食用油、肉类等 100 余种副食产品 600 吨，供应价值 900 万元的生活日用品；为抢险救灾预备役部队、救援队、医疗队和社会各界志愿人员供应粮油及副食品 1.73 万吨。地震造成受灾省市军粮供应设施和临时设立军供网点损坏，粮食局组织对地震损坏军粮设施、临时供应网点的设立进行核实统计，并报财政部。6 月 18 日，财政部安排中央财政补助资金 940 万元，用于修复地震损坏的军粮供应设施和设立临时军供网点。粮食局负责协调安排中央财政补助资金 940 万元，其中四川省 695 万元、甘肃省 120 万元、陕西省 84 万元、重庆市 28 万元、云南省 13 万元。

二　肉食品与蔬菜供应

地震发生后，灾区肉菜供应一度出现波动。5 月 14 日，成都市发生数次余震，对当地生活必需品市场运行造成一定影响。市场叶类蔬菜供应量有所下降，价格较 13 日上涨近一倍；鲜猪肉供应短缺，只有少量储备冻肉出售；白壳鸡蛋价格由 13 日的 3.3 元 / 公斤，涨至 3.8 元 / 公斤，涨幅达 15%；市场熟食销售量大幅增加。16 日，成都农产品中心批发市场白条猪肉价格 20.5 元 / 公斤，较灾前上涨 2.5%。集贸市场猪后腿肉零售价格每公斤 26.5 ~ 27 元，较灾前上涨约 1 元。成都聚和蔬菜批发市场红椒、冬瓜、大葱价格较灾前分别上涨 67%、20% 和 18%；豆角、青椒、芹菜等价格

上涨10%左右。陇南市肉类、蔬菜、方便食品价格较灾前不同程度上涨，平均涨幅在8%左右。

5月12日晚，商务部成立抗震救灾应急领导小组，指导地震灾区生活物资的市场供应工作。领导小组要求灾区商务部特派员办事处与当地商务机构保持密切联系，及时沟通灾情和市场供求情况。根据灾区群众生活需要，组织调配物资，保障灾区市场供应。13日，商务部发出通知，要求各省（区、市）商务部门加强市场监测，维护市场稳定，落实应急救灾物资货源，调配生活必需品，支援灾区做好市场供应。为保障灾区及全国市场生活必需品供应，维护市场正常秩序，商务部从蔬菜调拨和储备投放两方面入手，在海南等地组织一批储存期较长的青菜向灾区调运。同时，在必要时直接投放猪肉、牛羊肉等储备商品。为保障灾区肉类市场供应，商务部紧急向四川省、甘肃省分别投放中央储备冻猪肉4900吨、585吨。（参见图156）

图156 抗震救灾期间，流动售货车为宝兴县硗碛藏族乡灾区群众运送蔬菜

（商务部 提供）

5月19日，商务部会同财政部以竞卖方式，组织投放部分中央储备肉，重点保障地震灾区猪肉市场供应。铁道部优先安排铁路运输计划，将中标企业四川资阳四海发展实业有限公司的400吨中央储备肉迅速运往灾区，以满足灾区救灾物资供应需要。30日，根据灾区市场需要，商务部再次安排投放3223吨储备肉计划；至6月23日，投放储备肉2442.6吨。5月19日，胡锦涛对安排好青川县回族群众生活，提供食品应考虑少数民族风俗习惯做出重要批示。四川省商务厅立即与专门生产出口伊斯兰国家食品的骨干企业四川省美宁实业集团清真食品有限公司联系协调，筹集20吨牛、羊、鸡、鸭、鹅等罐头清真食品，连夜从遂宁市派专人、专车运抵青川县蒿溪回族乡、大院回族乡，发放给受灾回族群众。同时，省商务厅主动与省民委等部门联系，全面了解北川、平武、青川灾区少数民族地区饮食风俗习惯，并与美宁集团等清真食品重点企业建立专门供应机制，保证受灾少数民族群众特殊食品供应需求。28日，四川省抗震救灾指挥部下发《关于切实做好少数民族受灾群众特殊食品供给工作的通知》，成都市、广元市、阿坝藏族羌族自治州

等安置回族受灾群众时，组织供应清真食品，包括清真牛奶4吨、清真方便面1万件、清真饼干1000件、清真肉食4吨、清真罐头4吨、清真肉肠38.5吨、清真清油78.5吨。青川县109名穆斯林群众致信胡锦涛，在集体签名感谢信中写道："全乡和外来避灾2000多名回族群众有水喝、有地方住，还吃上政府专门送来的清真食品，我们深情感谢党中央、胡总书记、亲人解放军、政府对灾区少数民族的关爱。"

5月13—29日，农业部组织向灾区调运农产品，并3次下发通知，要求保证灾区农产品市场供应。至30日，农业部组织地震灾区临近农产品批发市场调运粮食、蔬菜等生活必需品1357.65吨。

四川省畜牧食品局5月16日抽调10人，组成5个工作组，分赴17家肉食品加工企业调运肉类加工品。至6月10日，从13家企业调运肉食品2766吨。

据四川省商务厅监测，9月15—21日，灾区肉、禽、蛋类市场价格基本正常。鲜猪肉批发价21.5元/公斤，比非灾区低0.31元/公斤，比震前下降1.1%；精瘦肉零售价格28.26元/公斤，比非灾区低0.1%，比震前下降1.6%；五花肉21.19元/公斤，比非灾区低0.23%，比震前下降2.3%；鲜牛肉批发价28.5元/公斤，比非灾区低0.03%，比震前上涨3.5%；白条鸡零售价为16.4元/公斤，比非灾区高0.23%，比震前上涨1.5%；鸡蛋零售价为9.4元/公斤，比非灾区高0.72%，比震前上涨8%。灾区肉、禽、蛋市场价格水平略高于非灾区市场，供应正常。同期，四川灾区蔬菜平均批发价2.13元/公斤，比非灾区低3%，比灾前下降3%，灾区蔬菜市场价格略低于非灾区蔬菜市场价格，价格总体比较平稳。

平凉市物价局在原生活必需品应急监测的基础上，加大粮食价格及肉、禽、蛋等生活用品价格监测力度，保持物价基本平稳的态势；食用油、蔬菜价格略有下降。

重庆市5月12—20日主城区蔬菜、猪肉等主要农产品供应充足，价格稳定，能满足市场需求。20日，生猪屠宰量为7913头，猪源60%左右来自重庆市生猪产地，40%来自与重庆市接壤的市外周边地区。生猪收购价、猪肉批发价、猪肉零售价稳中略降，生猪收购均价、猪肉批发均价分别为15.6元/公斤、18.5元/公斤，比11日下降3.1%和2.1%；精瘦肉、后腿肉、三线肉零售均价分别为28.5元/公斤、23.9元/公斤、21.9元/公斤，比11日下降4.4%、3.1%、3.6%。20日，主城区蔬菜供应量4176吨，比11日上升3.5%，市场供应充足，价格比较稳定，部分蔬菜价格与灾前比有所下降。农贸市场四季豆、藤菜、青椒批发价格分别为1.2元/公斤、3.8元/公斤、1.2元/公斤，比11日下降20%、9.5%、40%。大型超市和农贸市场的食用油、猪肉、鸡蛋、蔬菜零售价格与灾前基本持平。

三　日常生活用品供应

从5月13日下午起，由于担心再次发生余震，成都市许多市民到商店抢购食品、饮用水、蜡烛等商品，一些超市出现居民排长队购买食品和饮用水的情况，还有一些商场、超市、农贸市场出于安全考虑，暂时关门歇业。都江堰市、绵竹市等受灾地区商业设施在地震中受损严重，已无法开门营业。

5月13日，四川省商务厅反映，地震灾区急需方便食品、饮用水、手电筒等商品。当地大型商场方便面、饮用水等均已运往灾区，急需补货。商务部紧急从天津、上海、浙江、湖北等地组织落实应急救灾商品货源。同时，河北省商务厅通过商务部应急商品数据库，对省内蜡烛、手电筒、方便面、饼干、毛巾被等应急救灾商品库存情况调查摸底；组织落实货源，落实库存物资，随时安排调往灾区；还要求相关企业在现有库存基础上扩大生产，充实应急救灾商品的货源，并做好调运准备。

温家宝在商务部5月20日上报的《全国农副产品和农资价格监测分析（日报）》上做出批示，要求商务部紧急协助四川省商务厅从成都组织救灾物资向主要灾区调配。至21日18时，四川省商务系统组织并发运救灾物资2806车（汽车）。商务部组织江苏省扬州鑫园旅游用品有限公司、上海市杨帆实业有限公司提供设立帐篷商店的帐篷陆续运抵灾区。30日，商务部、财政部下发《关于恢复地震灾区商业网点和保障市场供应的紧急通知》，确定山东、广东等15个省（市）承担对口保障市场供应任务，以方便食品、主副食品、调味食品、日用消费品、学习用品等作为重点保障供应商品。（参见图157）通知要求相关省市商务主管部门根据灾区需要，及时组织落实商品货源，保障灾区市场供应。对承担具体实施任务的企业，负责从四川省内外调集货源，并组织运往县、乡镇、村等销售点。对调运到乡、村的货源要因地制宜，采取汽车、摩托车、自行车等多种运输方式。成都市商务局分别从成都市新会展中心、火车东站、双流机场、保税物流中心、航空港、雅驰、西河救灾物资发放点及市商务局救灾物资直发点，将日用百货商品先后发到都江堰市、彭州市及大邑县。

图157　汉源县建立抗震救灾便民店（四川省民政厅　提供）

地震造成公路交通中断，马尔康、壤塘、金川等地出现局部食盐供应紧张情况。四川省盐务局及时采取紧急措施，组织调运，保证灾区食盐供应稳定。省经济委员会和省盐务局先后组织空投6批（次）、23吨食盐，满足汶川县、茂县、北川羌族自治县、平武县、青川县食盐供应。

甘肃省商务厅先后紧急组织救灾物资，通过多种渠道及时送往灾区，保障群众生活需要及市场供应。甘南藏族自治州在抗震救灾中为维护地震灾区市场稳定供应，调动和安排商贸流通和运送商品企业，向受灾较重的乡镇运送群众日常生活必需品；自治州商务局为减轻流通和运送日用品企业负担，至6月16日，通过分批下拨补贴资金方式，分4批将110万元资金下拨舟曲县、迭部县、卓尼县、临潭县商贸企业。在安排“万村千乡市场工程”中，自治州优先安排受灾县抗震救灾恢复重建“农家店”40个，以恢复灾后商业网点建设。

第二节　生活燃料供应

一　煤炭供应

地震发生前，四川省产煤矿井约有900余处，日均产煤17万吨。地震发生后，被损毁矿井300处，重灾区200余处，矿井安全设施损坏严重。为避免余震引发新的灾害，四川省绝大部分煤矿震后停产停工。5月12—20日，四川省煤炭产业集团公司共生产原煤25.7万吨，平均日产2.86万吨，比震前的5月上旬，平均原煤日产量减少约8000吨。19日，四川省电煤库存102万吨，按震前正常发电耗煤水平计算，可生产使用13天。但各电厂电煤库存数量不均，其中成都金堂发电公司位于川西平原，承担着对成都、德阳、绵阳等重灾地区的供电任务，金堂发电公司库存电煤4万吨，只有5天的生产用量。如不采取措施，四川省各大发电厂会发生因燃煤供应不上而停止供电，对抗震救灾造成重大影响。

能源局会同四川省发展改革委、省煤矿安全监察局、省煤炭产业集团公司成立联合调查组，深入各矿区摸清煤矿损失，排查煤矿隐患，提出应急方案，制定恢复生产措施，并将情况专报国务院抗震救灾总指挥部。从5月15日开始，能源局启动应急方案，保证金堂、江油、广安三大电厂燃煤供应。铁路部门加大电煤调运力度，每天开行华亭、宁夏、铜川电煤专列各一列，贵州电煤每3天开行两列，分别供应四川省三大电厂。陕西省和西安铁路局为完成运送电煤任务，提出“优先配空、优先装车、优先挂运”与“快装、快取、快卸”的“三优先”“三快”调度计划。5月20日至12月31日，陕西省为四川灾区调运电煤6072车、391644吨。5月28日，温家宝主持召开国务院常务会议，要求全力保障灾区煤、电、油的需要。能源局协调全国煤炭生产企业，铁道部组织运力，保证四川灾区电煤供应。至6月15日，四川省主网火电厂电煤库存达到110.5万吨，相当于15天的电煤量。

四川省在接受外援的同时，全力做好煤矿恢复生产工作。5月20日，四川省煤炭产量为3万吨左右，电煤供应不足1万吨，电煤日供应缺口4.3万吨。省经济委员会先后下发《关于切实做好煤矿抗震救灾和恢复生产工作的紧急通知》《关于地震灾害后全省煤矿恢复生产有关问题的紧急通知》和《全面保证灾后电煤供应的工作方案》，并组织专家赴广安、达州进行煤炭资源整合方案调整核查及煤炭生产能力核定工作。至31日，四川省生产煤矿数量由地震发生初期停产，到近450处煤矿恢复生产，煤炭日产量上升到11.3万吨，电煤供应量上升到5.1万吨，实现了四川省煤矿阶段性复产目标。

地震对甘肃省煤矿生产影响较小，各煤矿通过生产自救尽快恢复生产。平凉市是甘肃省煤炭主产区，有全省大型煤炭生产基地华亭煤矿。平凉市鼓励各煤炭生产企业生产自救，各煤炭生产企业分别制订恢复生产方案。至6月19日，因地震灾害停产的企业中，有29家恢复生产或基本恢复生产，只有一家企业短期内不能恢复生产。平凉市经委加强调度，安排组织全市煤炭企业扩大产量。各煤炭经营企业自筹资金，储备煤炭，保障正常供应。康县煤炭主要从华亭煤矿运输，县城有6家煤炭供应点，农村有煤炭经销点27家，震后正常经销，保障了群众需求。成县城市、乡镇供应煤175吨；徽县灾后从外地调运煤炭906.9吨，经县抗震救灾指挥部研究后，对3012户特重灾户，每户发放300公斤煤炭。天水市煤炭管理部门组织煤炭经营企业，增加煤炭供给，强化生产调度，保证煤炭供应，优先保障群众生活需要，优先保障受灾户、困难户和农村群众越冬。2008年天水市城乡用煤约275万吨，其中城市用煤约165万吨、乡镇用煤约110万吨。经主动联系，加紧煤炭调运，在用煤期储备煤炭200万吨。

陕西省煤炭生产企业均不在地震灾区，煤炭生产未受影响。陕西省煤炭企业提高产量，支援灾区。2008年陕西省生产煤炭21249.14万吨，与2007年同期相比增长23.5%；销售煤炭21116.5万吨，与2007年同期相比增长23.8%。少数重灾区煤炭经营企业受损，影响煤炭正常供应，由于采取措施及时，迅速恢复供应。在铁路运输紧张的情况下，陕西省组织汽车向该省受灾地区运输电煤，运输指标比震前每日增加1万吨。

二　燃油供应

成品油调运　地震使石油企业设施设备遭到破坏。地震发生前，四川省70%的成品油靠兰成渝石油管线运输。地震发生后，为避免余震对石油管线的影响，暂时停输22小时，成品油运力出现短缺，引发灾区燃油供应紧张，中国石油在四川省油库只能维持3～4天的销售量。5月13日，灾区加油站有的停止加油，有的限量加油，给抗震救灾工作带来影响。

5月13日，国务院应急管理办公室将四川省政府报国务院特级明传电报《关于恳请解决抗震救灾物资的请示》转交商务部、民政部、中国石油办公厅，分别对来电所附抗震救灾物资清单中“救灾物资”和“油料物资”予以协调和落实，并要求将办理结果及时反馈。28日，温家宝主持召开国务院常务会议，要求做好成品油总量平衡和市场供应。国家物资储备局和各石油集团公司在做好应急保障的同时，加强落实成品油后续资源保障。中国石油紧急安排7.5万吨成品油供应四川省后，又与国家物资储备局商定安排4.5万吨柴油供应四川公司。中国石化追加四川、重庆分公司成品油资源3万吨。停止荆荆管线管输和长株潭管线备油，将计划配置湖北省的成品油和长岭、荆门炼厂原安排管道垫底柴油调整调往四川灾区；又从西北、东北等地调运成品油到四川灾区。中国石油西北销售公司启动“绿色通道”，通过公路向绵阳市、德阳市、广元市运送4万吨成品油。中国石化东北销售公司紧急调运成品油5万吨，用专列分别从辽宁省大连市、辽阳市、锦州市起运，发往四川灾区。中国石油华东销售公司通过长江水运向四川省轮运2万吨成品油。国资委组织企业通过管道、公路、铁路和水路运输方式向地震灾区调运成品油。12—28日，中国石化共向四川灾区调运成品油9.75万吨，完成当月配置计划的190%。中国石油动用直升机将工程技术人员运到兰成渝石油管线现场，进行检测、搜索、抢修，历时22个小时，兰成渝石油管线重启，输油量很快升至震前水平；震后16天内，共输送成品油22.4万吨。中国石油炼化企业增加产量，推迟检修，仅14日，就加工原油31.62万吨、生产柴油18.96万吨。至31日，中国石油向四川灾区紧急调运成品油53万吨，使四川灾区成品油供求基本平衡。（参见图158～159）

图158　5月15日，中国石化紧急追加灾区所属油品销售企业柴油2万吨、汽油1万吨，通过铁路、公路运输抵达成都天回油库，油罐车等待装油运往各加油站（国资委　提供）

图159　5月25日，中国石油运油车辆冒着余震、泥石流的危险，向四川灾区运送油料（国资委　提供）

同时，物资储备局要求四川储备物资管理局二五五处（仓库），迅速接通地震前因改扩建仓储设施而切断的输油管线，尽快恢复供油，缓解供求矛盾。四川储备物资管理局二五五处（仓库）与施工单位天津大港公司商定施工方案，经三天四夜抢修，5月17日，管线注油并流入装卸区清净罐150余吨。18日，四川储备物资管理局二五五处（仓库）接到物资储备局紧急出库成品油通知，连夜制订方案和安全预案，保证救灾用油及时、安全出库。20日，四川灾区各加油站取消加油限量，恢复正常供油，缓解了燃油供应紧张局面。至6月15日，四川省油库库存31.9万吨成品油，其中汽油15.4万吨、柴油16.5万吨；与震前4月30日的24.4万吨相比，增加7.5万吨。（参见表30）

5月物资储备系统出库应急保障救灾油料统计表

表30　　　　单位：吨

出库单位	地点	油品种类	数量
四川储备物资管理局一五七处	重庆	柴油	18000
四川储备物资管理局二五七处	四川	柴油	22400
甘肃储备物资管理局二五七处	甘肃	柴油	3000
贵州储备物资管理局五五〇处	贵州	航煤油	8350
合计			51750

航空用油供应　随着抗震救灾工作的全面铺开，运送救灾人员和物资的各类航班日益增多，使绵阳机场航空煤油用量由每天10余吨增加到100余吨；成都双流机场航空煤油用量由每天的1200吨增加到1500吨，机场航空煤油告急。5月16日晚，国务院抗震救灾总指挥部基础保障组根据李克强的指示，召开第五次会商会议，对绵阳机场、双流机场航空煤油用量紧急协调。经会商协调，将解放军总后勤部和中国航油集团发往成都的1200吨航空用油，共28节油罐车调整流向，改发绵阳机场；物资储备局紧急动用贵州储备物资管理局五五〇（仓库）国储航空煤油1万吨，分拨绵阳机场3000吨、成都双流机场7000吨；协调中国石油从解放军总后勤部库存中动用5000吨拨给双流机场。17日起，由中国航油集团安排兰州炼油厂、新疆乌鲁木齐市炼油厂向四川发运航空用油，以保证后续航用煤油供应。17日，绵阳机场航空煤油库存由告急时的300吨增至4500吨；双流机场航空用油库存1.7万吨，使两机场航空用油供应基本满足抗震救灾的需要。至27日，中国航油集团保障救灾航班2047架（次），加注航油15056吨；保障机场特种车13965辆（次），加油778吨。

堰塞湖抢险用油供应　5月27日，唐家山堰塞湖抢险工作开始后，1000余名部队官兵和50余台（件）抢险工程机械设备集结待命。为保证抢险任务顺利完成，发展改革委会同铁道部、中国石油等单位，制订保证堰塞湖抢险用油供应方案，成立堰塞湖抢险油品供应现场指挥部，下设保障组，保证每个抢险日供油30～40吨；明确油料供应由绵阳市董家沟油库负责；制作8吨卧式油罐一次性空投；大桶200升/桶，采用集装箱装运，集中空投（见图160）；小桶30升/桶

图 160　6 月 2 日，中国石油供应的抗震救灾抢险油料通过直升机吊运至唐家山堰塞湖抢险现场

（国资委　提供）

分批空投。如遇不好天气空投受到影响，采用人工背负小桶徒步送达方式，保证堰塞湖抢险供油。

灾区燃油供应　5 月 28 日，中国石油向成都地区投放成品油 3564 吨，其中汽油 1479 吨、柴油 2085 吨；中国石化投放成品油 752 吨，其中汽油 271 吨、柴油 481 吨，保证抗震救灾及工业、商业、民用燃油供应。

地震期间，四川省经委调入成都、德阳、绵阳、广元、雅安、阿坝汽油 10.9 万吨、柴油 16.4 万吨。从甘肃省通过汽车运输调运 2000 余吨成品油，全部用于阿坝藏族羌族自治州的抗震救灾；协调陕西省延长集团调运 4000 吨成品油进入四川省，缓解成品油供应压力。

地震造成宝成铁路中断，兰成渝成品油管道紧急停输，道路交通不畅，成品油运力出现短缺。中国石油在震后 48 小时内，紧急抽调车辆 977 辆、员工 1749 名，担负抗震救灾保障供应成品油配送任务。至 5 月 31 日，中国石油先后从河北、内蒙古、河南、湖北、湖南、陕西、宁夏调集各型油罐车 1198 辆，其中投入四川灾区 666 辆，抢运救灾用油 2.27 万吨。地震使青川县木鱼镇受灾严重，抗震救灾抢险救援队急需油品开动救援机械。5 月 13 日 13 时，中国石油广元销售分公司通过白龙湖水路运送柴油 3000 升、汽油 2000 升到木鱼镇。14 日，中国石油从重庆市永川区和江津区、陕西省咸阳市等油库调运成品油 184 车、3654 吨。5 月，中国石油增加从西北销售公司调入四川计划13.1万吨，保证5月调入四川成品油资源达到45万吨。中国石油四川省销售公司采取设置定点加油站、24小时不间断营业、开辟“绿色通道”、组织流动加油车、公布油品保供人员电话等措施，全力为抗震救灾车辆和机械提供加油服务。中国石油成都市销售分公司所属各加油站24小时敞开供应，每天配送205车油品，迅速稳定成都市成品油供应市场秩序。（参见图161）成都市销售分公司90%以上机关员工深入排队车辆多的加油站，24小时跟班作业，保证抗震救灾和人民群众生产、生活用油。

图161　地震发生后，中国石油成都高新区天山加油站为急救车队加油

（国资委　提供）

中国石化川渝分公司紧急调运5万吨成品油进入四川省，增加汽、柴油3万吨供应量；增加加油车、油罐车等灵活加油工具，深入救灾一线供应油品，并从湖北省、四川省组织加油车14辆、油罐车6辆，深入重灾地区进行流动加油，保证重点机构和车辆用油。中国石化川渝分公司把绵阳九院、东汽、成都铁路局等单位列为重点保障供油单位；为来自广东省的救援部队军用卡车500辆加柴油43吨、汽油3吨；为解决滞留成都双流机场运送救灾物资车辆用油，紧急调小车和油罐车送油，每次运送10～20吨，并从附近省市紧急抽调加油职工，充实四川省加油站力量。

甘肃省商务厅在灾区加油站设立“救灾车辆加油绿色通道”，优先保证抗震救灾车辆用油。李克强在《专报信息》第22期、第572期上，对抗震救灾面临的困难及陇南市、汉中市柴油供应紧张问题做出批示。发展改革委提出应急措施，从甘肃省非地震地区油库调拨350吨、从中国石油协调3000吨柴油调往甘肃灾区，缓解陇南、甘南等地救灾用油急需，再增加甘肃省柴油供应2.7万吨，以接后续。文县石油公司下设5个加油站，震后加固维修保证供油；康县有3处加油站，震后紧急调运汽油650吨、柴油920吨，保障前往文县车辆供油；两当县有3处加油站和1家油品经营公司，震后各加油站自筹资金，及时进行应急维修，储备汽油500吨、柴油7500吨，保障燃油正常供应；徽县地震后调运柴油5138升，保障正常供油。中国石油甘肃省甘南销售分公司在地震后，立即启动抗震救灾应急预案，成立抗震救灾“保供”领导小组，研究部署抗震救灾成品油供应，采用向外省市求援，向周边市州求助的方式，打破地域界线，多支付运费19.2万元，保证受灾较重的舟曲县、迭部县的成品油供应，实行统一调配，保障油品供应，先后调进油品5137吨，其中汽油1200吨、柴油3937吨，保证运送救灾物资车辆用油。

根据陕西省提出的需求，发展改革委协调中国石油、中国石化，每日向汉中市供应柴油150吨。陕西省商务厅将通往四川省公路上的59座加油站，作为保证抗震救灾用油重点加油站，对陕西省成品油调配采取3项措施，协调外省追加陕西省1万吨柴油；安排国家在陕西省炼油厂日供陕西成品油500吨；增加流动加油车，为途经陕西进入四川运送救灾物资车辆加油提供方便，减轻四川境内车辆加油压力。下发《关于加强成品油价格上涨后市场管理工作的紧急通知》，要求保证成品油价格调价措施的实施，做好成品油价格上涨后市场管理，保证陕西省内成品油市场秩序稳定。

重庆市商委5月16日下发紧急通知，要求驻渝中国石油、中国石化、龙禹石油分公司克服困难，利用铁路、公路、水路等各种运输渠道，组织调运成品油资源，保证重庆市成品油市场供应和抗震救灾用油，对油源调运过程中需要市政府协调解决的问题及时上报，并向总公司申请追加资源调运计划。在进行专题研究的同时，提出保障成品油、液化石油气市场供应措施。协调石油企业加大资源储备，力争储存量增长20%以上。加大中国石油兰成渝管线向重庆市供油力度，协调铁道部门及时安排运力，保证订购液化石油气尽快调运到位。做好与石油和炼油厂的衔接，通过江海联运等多渠道组织货源。同时，抓紧支援四川省资源指标转换，动用国家储备等工作。

云南省昭通市等受地震波及，部分县区灾情较为严重。在本省抗震救灾的同时，云南省从人力、物力、财力等方面给予四川灾区支持，使成品油需求量骤增。5月18日，云南省成品油库存13.33万吨，仅能维持5天的需求量。为保障云南省成品油市场供应平稳运行，20日，省政府发出《关于请求紧急协调增加云南省成品油配置计划的函》，恳请发展改革委在成品油西南通道受阻情况下，帮助协调增加中国石化云南省资源配置计划10万吨，协调中国石油从东北通过海运调配一定资源供应云南省，并协调铁道部支持云南省成品油运输，解决云南省面临的成品泊严重紧缺问题。26日，昭通等地成品油供应紧张，商务部立即协调有关企业，增加对云南省的资源配置。

三　燃气供应

地震造成部分天然气设备损毁、管道破坏，按照安全生产应急预案，大部分气井5月13日关闭停产，仅有少数气井维持生产以保证民用。江油市江油电厂两台330万千瓦天然气发电机组、两台30万千瓦燃煤发电机组在地震中受损停运，造成江油地区大面积停电。中国石油西南油气田迅速调配气源，保障两台天然气发电机组投入运营，解决江油市医院急救、水厂供水、街道照明等用电需求。通过采取紧急检测、修复等措施，灾区部分气田、气井和生产装置安全快速恢复生产。西南油气田天然气生产能力达140余亿立方米/年，约占四川、重庆地区天然气供应总量的85%。至17日，中国石油西南油气田恢复到地震前99%产气能力，在缓解四川省电力设施受损严重带来的缺电问题，保障灾区群众生活，恢复生活燃料供应等方面发挥了重要作用。

5月17日，中国石油、中国石化灾区企业恢复产气能力后，为保障抗震救灾、CNG和燃气发电等专项和重点行业用气，恢复灾区民用天然气供应。（参见图162）22日，中国石化四川钻井分公司50792XNS井队宣布开工，成为地震灾后第一支恢复生产的钻井队。至6月4日，中国石化在四川省天然气日产量稳定在645万立方米，接近震前水平的90%，产销基本平衡。7月底，川西气田产气量也恢复到震前水平。

图162　抗震救灾期间，中国石化组织人员全力抢修输气管线，保障灾区天然气供应
（国资委　提供）

5月27日，根据国务院在3个月内为地震灾区建设69.32万套活动板房并配套液化石油气供应的决定，中国石油下发《关于下达向四川灾区供应液化石油气配置计划的通知》，按照3.3万吨/月向四川地区配置液化石油气资源，其中安排活动板房用气1.3万吨/月。5月12日至6月15日，中国石油、中国石化共供应四川省商品天然气85715万立方米，平均日供应量2449万立方米，恢复到震前的88%。

成都市能源办与中国石油、中国石化、成都市燃气公司联系，5月16日零时，使都江堰市城区、彭州市城区恢复天然气供气。至22日，都江堰集能公司修复天然气管道138公里，覆盖面达到公司管网覆盖总面积的55%。24日，完成城区和5个乡（镇）天然气管道空气置换作业。都江堰集能公司管网覆盖区域全部通气，城区企业也恢复生产。6月6日，都江堰市152个小区、15819家居民用户、138户工业和商业用户恢复供气，3个CNG（压缩天然气）加气站正常营业，完成15个灾区安置点天然气配套工程建设。彭州市日供气量恢复到15万立方米，恢复到震前水平。8座配置站恢复，城区全部恢复供气，工业恢复生产。

甘肃省的两当县、成县、徽县液化气站受损，各供气站自筹资金维修后（参见图163），供气恢复正常，其中两当县液化气站储气24.18吨，保证正常供应。甘南藏族自治州质监局为保障地震灾后尽快恢复灾区群众正常生活，保障燃气市场安全、稳定供应，组织有关人员驱车800余公里对舟曲、迭部、卓尼等地燃气设备进行检验。组织行政执法人员多次深入液化气充装单位开展安全检查，先后检查夏河县、城南、临潭县等7个液化气站。各液化气站都建立健全24小时值班制度，严格管理和操作标准，未发现有违规问题。

图163　5月12日，地震造成甘肃省成县站2号过滤器内漏，该站人员进行紧张抢修作业

（韩旭　摄）

西安市秦华天然气公司为保证居民用气安全，地震发生时西安市19台燃气调压器自动切断，停气影响约2500户居民，另有47个用户小区自行关闭燃气供应，停气影响约6000户居民。巡线管理站巡线员赴各自管线，及时对管道进行拉网式重点检查，经4个多小时的检查修复，恢复停气用户正常供气。陕西省政府协调延长中国石油向汉中灾区调拨液化气500吨，保证群众正常生活用气。

受地震灾害影响，重庆市液化石油气源供应紧张。重庆市商委5月13日开始，对各区县液化石油气市场供应情况实行日监测报表制度，随时掌握市场运行情况。因石化企业组织气源无法运输进入重庆市，与铁道部及西安、成都等地铁路部门协调，对向新疆乌鲁木齐炼油厂订购的360吨、9节火车车皮，向雅克拉炼油厂订购的240吨、6节火车车皮液化石油气，18日分别装车起运重庆。23日，重庆市商委加大与铁道部门的联系，落实各项运力措施，保证液化石油气运输。同时，重庆市各液化石油气储配站加强与供应商衔接，通过汽运方式加大气源组织调运力度，保证液化石油气市场供应充足。至22日，重庆市液化石油气库存1974吨，主城九区库存860吨，可满足主城区8天的正常用气需要。

第三章　金融服务

第一节　银行服务

一　应急部署

地震发生后，人民银行和银监会、证监会、保监会立即成立抗震救灾工作领导小组，启动应急预案，紧急研究和安排抗震救灾，保证辖区金融服务各系统的正常安全运行。

人民银行下发紧急通知，要求人民银行各分支机构高度重视抗震救灾，确保支付清算系统稳定运行，保证网络运行安全，保障现金供应，建立国库资金汇划“绿色通道”，做好抗震救灾信贷支持和金融稳定，支援灾区灾后重建。5 月 13 日上午，银监会下发《关于做好抗震救灾金融服务工作的紧急通知》，要求受灾地区银行业各级监管部门和金融机构尽快恢复各项金融服务工作，做到工作不断、秩序不乱，保开门、保营业、保（资金）供应、保服务，配合灾区政府开展抗震救灾和灾后重建工作，配合有关部门开展灾后次生灾害的应急处理，帮助受灾群众和受灾企业排忧解难。

全国各金融机构在遭受地震灾害的特殊时期，采取特殊服务方式，保证地震灾区金融服务质量。5 月 14 日，为引导银行业金融机构开展应急服务，银监会下发《关于向救灾专用账户捐款免除跨行转账手续费的通知》，要求各银行业机构开辟抗震救灾捐款快速通道，特事特办，提高效率，精简环节，不得以任何形式向境内外汇往灾区捐款收取手续费，并注意仔细核实捐款专用账号的真实性和准确性，保证各项捐款迅速汇往灾区。

5 月 19 日，人民银行和银监会联合下发《关于全力做好地震灾区金融服务工作的紧急通知（第 1 号）》，要求四川、甘肃、陕西、重庆、云南等重灾省（市）银行业金融机构加强协调，密切合作，履行“六项服务承诺”，即开设抗震救灾捐款、汇款“绿色通道”；做好救灾款项的支付清算服务，保证救灾款项尽快到达指定收款人账户；做好资金调运和汇划，保障灾区客户提取现金的需求，保证政府和全国各地救灾款项及时入账和拨付；在保证安全的基础上，设法恢复受灾地区网点的正常营业，特殊情况下可设临时营业点，以保证客户办理业务的需求；对有关抗震救灾的国际救助资金快速办理，并尽可能减免费用；开启抗震救灾绿色授信通道，做好抗震救灾贷款投放，支持抗震救灾物资的及时采购和流通，对电力、通信、公路、铁路等受灾害影响大的行业和企业采取特殊的金融服务支持，保证信贷审批效率，确保救灾贷款及时到位。同时，银监会接到公安部协查通报，要求协调有关银行业金融机构，查处有关犯罪嫌疑人在网上利用中国红十字会名义进行诈骗的活动。银监会连夜召开相关商业银行负责人会议，要求立即按照公安部要求提供有关资料，做好协查工作，停止公安部提供的可疑账户交易，并下发紧急通知，提示各商业银行进行风险防控，要求对以可疑名义开设银行捐款账户的，认真核实，保证群众的捐款不受损失。

5 月 26 日，人民银行下发《关于地震灾区银行业金融机构办理支付结算有关事宜的紧急通知》，要求受灾地区人民银行分支机构、银行业金融机构、中国银联按照特事特办、控制风险、简化程序、便民优惠的原则，进一步做好灾区支付结算服务工作，满足灾区居民基本生活和灾后重建的需要。28 日，人民银行下发《关于印发〈中国人民银行支持受灾群众补助金发放实施方案〉的紧急通知》，要求受灾地区人民银行分支机构协调当地政府主管部门及辖区内各银行业金融机构，做好受灾群众身份信息采集、补助金收款账户开立、补助金发放等各项工作，构建补助金发放快速通道，确保补助金准确、及时发放到受灾群众手中。8 月 6 日，人民银行、银监会、证监会、保监会联合发布《关于汶川地震灾后重建金融支持和服务措施的意见》，提出要支持灾区金融机构尽快全面恢复和提高金融服务的功能，鼓励金融机构加大对灾区的信贷投放，加大对灾区金融机构的资金支持力度，发挥资本市场、保险市场功能支持灾后重建工作，加强灾区信用建设。

二　应急服务

地震发生后，人民银行成都分行、西安分行、兰州中心支行，紧急部署抗震救灾金融服务工作，要求辖区各级金融机构坚守岗位，加强组织领导，建立应急指挥系统；加大对抗震救灾信贷的支持力度，设立抗震救灾金融支持“绿色通道”；保证资金、重要业务系统安全；加强应急值班，保证应急处置工作各项措施的落实和各项业务工作正常开展。人民银行成都分行国库处工作人员冒着余震危险，打着手电爬到分行办公大楼 21 楼，在 5 月 13 日 3 时左右，将财政部向德阳市、绵阳市、阿坝藏族羌族自治州等 16 个市（州）划拨的 18 笔、4.5 亿元救灾款项及时拨付到位。人民银行成都分行迅速开辟国库资金汇划“绿色通道”，保证救灾资金及时拨付到位。至 14 日 18 时，四川省辖 37 个直接参与支付清算交易的商业银行，有 36 个可正常登录系统办理业务。14 日，人民银行成都分行清算分中心处理支付业务 3.38 万余笔、239.48 亿元，其中大额支付系统处理业务 2.66 万笔、236.12 亿元；小额支付系统处理业务 7264 笔、3.36 亿元，小额支付系统业务量达地震前日均业务量。在地震发生后的几天内，四川省各级国库部门及时完成救灾资金拨付、税款入库工作。中央国库通过国库资金拨付系统共拨付各类救灾资金近500亿元；四川省分库共办理抗震救灾紧急拨款890.35亿元。人民银行德阳、绵阳、广元等中心支行科技人员，及时对中心机房设备和网络系统进行检测和抢修，在地震发生后一个小时内恢复国库、支付结算、货币发行、征信、办公自动化等系统的正常运行。绵阳市中心支行对暂不能恢复业务的江油市、安县支行，采取将两地业务集中到中心支行办理的办法，对受灾特别严重的北川羌族自治县代理支库，采取在国库会计核算系统内开立临时账户方式予以解决，保证抗震救灾款项及时拨付。

地震使都江堰市所有银行网点包括自助设备被迫关门停业。随着地震灾区生活生产的逐步恢复，灾区群众需要到银行取款买日用品，领取赈灾款和再贷款的发放。中国工商银行首先在网点开辟“社会公益捐款绿色通道”，并在其网站开通“抗震救灾献爱心”快速捐款专区。5月14日下午，工商银行四川省分行营业部在都江堰市支行东门分理处门前搭建帐篷，开办应急业务办理点，恢复大部分个人业务和部分对公业务，恢复一台ATM机（自动柜员机）方便居民存取款；对公业务优先办理财政救灾款和部队款项划转，都江堰市14日接收的第一笔20万元现金支票赈灾款业务，在这个应急点得到办理。15日上午，成都市农村信用联社在都江堰大道和幸福大道路边草坪上，设立两顶特殊帐篷，里面摆放计算机、打印机、提钞箱、密码输入键盘等普通银行应有设备，可办理农村信用社的一切金融业务。这是地震后都江堰市首家恢复经营的金融机构。营业当天，就办理存取款业务295笔、金额688万元，并代理都江堰市政府下属的新城投资公司1000万元赈灾资金的结算，这类金融服务机构被当地群众称为“坝坝银行”。成都市商业银行推出两辆金融服务车，办理对公和个人储蓄业务。19日，交通银行干道分理处开业；农业银行通知都江堰市客户到其郫县分支机构办理业务；建设银行紧急调度灾区抗震救灾所需的信贷投放规模，分别调增四川分行和重庆分行贷款计划，用于灾区交通、通信、电力等基础设施的恢复重建所需贷款投放；中国邮储银行总行计算机中心启动备灾系统，全面接管四川中心交易数据。

四川省银行业金融机构受灾点5375个，占网点总数的42.36%。成都市、德阳市、绵阳市、广元市、雅安市、阿坝藏族羌族自治州6个重灾市（州）金融机构营业网点毁损数量大。人民银行成都分行、四川银监局积极采取措施，引导和支持金融机构对被地震破坏的设备、营业网点进行抢修、维护。5月16日，工商银行成都市都江堰干道分理处恢复营业；中国农业银行在都江堰市救灾指挥中心、海龙药业集团设立金融服务点；中国建设银行迎宾路分理处恢复营业；都江堰市主要银行业金融机构均恢复营业，保证受灾群众提取现金、办理挂失。

四川省各级银行业金融机构在开展自救的同时，采取在地震废墟上建立“帐篷银行”“汽车流动银行”“集装箱银行”等紧急营业方式，满足灾区群众和抗震救灾基本金融需求。至5月20日，先后建立临时服务网点200余个。（参见图164～165）各营业网点还适当延长对外服务时间，提供夜间及临时上门收款、送款等服务。北川羌族自治县联社在地震中受损严重，多年积累的2910万元资产毁于一旦。19日，北川羌族自治县信用联社通过“借场地、借设备、借网络、借人员”的方式，在距灾区群众安置点——绵阳市九洲体育馆最近的涪城区恢复营

图164　成都市商业银行在都江堰推出流动银行服务车，为群众提供金融服务
（银监会　提供）

图165　成都市银行金融机构搭建“活动板房银行”，为受灾群众提供服务
（银监会　提供）

业，并先后恢复城区的4个分社。20日，北川擂鼓分社在安昌镇搭起“帐篷银行”对外营业。随后北川羌族自治县信用联社网点均在异地恢复营业，办理客户查询、挂失、存取款业务，代发政府下拨受灾群众救助金、抚慰金等业务，成为北川最早恢复营业的金融机构。在抗震救灾期间，北川羌族自治县信用社办理各项业务172526笔、177296万元，其中存、取款18146笔、14068万元，贷款2920笔、6508万元，查询23982笔、8668万元，挂失7238笔、9626万元，代发政府“两金”120240笔、138426万元。7月28日，王岐山到擂鼓信用社帐篷营业点慰问，看到员工们在40摄氏度高温下为受灾群众办理存款、查询、挂失、代发政府补贴时，感慨地说：“你们的帐篷银行办得很好，全国闻名。”

财政资金“绿色通道” 各级银行金融业监测跟踪抗震救灾财政专项资金划拨，对资金业务进行及时处理。因绵竹市通信中断，四川省财政厅拨付的4000万元救灾款，无法及时拨付到绵竹市财政局，工商银行德阳市分行紧急征得中国银行德阳支行的同意，为绵竹市财政局在异地凯江支行开立救灾专用账户，保证4000万元救灾款快速到位。

信贷审批“绿色通道” 各级银行金融业对电力、电信、公路、铁路等部门及符合信贷政策的受灾企业、抗震救灾单位，专设贷款审批“绿色通道”，保证在最短的时间内提供救灾融资。工商银行四川分行及时启动“三级联动”机制，以最快速度完成救灾运输大动脉成绵高速公路1.67亿元维修贷款审批。5月13日，成绵高速公路贷款在短时间内投放，创造项目贷款上报审批及资金到位的最快纪录。至21日，工商银行四川分行向交通、电力和制药企业发放贷款22.12亿元，并办理国际贸易融资业务。至22日，中国银行四川分行对电网电力、重大装备、公路交通、建筑施工、电信、供水、供气、医院、学校、食品医药等抗震救灾重点行业提供贷款34.63亿元。农业银行四川分行研究出台“信贷八条”，集中150亿元信贷规模，投放到成都、德阳、绵阳、广元、雅安、阿坝，重点支持受灾最重的15个县（市）和广大农村地区恢复生产、重建家园。交通银行成都分行设立“抗震救灾信贷支持特别通道”，对成都市受灾地区上报的有关抗震救灾授信业务，在资料齐备的情况下，保证24小时完成审查审批。

社会捐赠“绿色通道” 为保证抗震救灾社会捐赠服务，各金融机构迅速在全辖区网点制作提示板和标志牌，公布各级红十字会、慈善总会捐款账号，设立救灾捐款专柜，优化流程、优质服务，受理社会各界向灾区捐赠。5月13日4时，工商银行绵阳分行与四川分行紧密配合，完成绵阳市政府抗震救灾捐赠处账户开立，为203万元捐款当日到账赢得时间。

保险赔付“绿色通道” 从5月14日开始，四川省辖区各家银行、保险机构加强纵向、横向联系衔接，为客户开辟应急理赔快速通道，配合做好受灾地区人身、财产保险赔付工作。至25日，3家保险公司为建设银行系统受灾客户快速办理保险赔付9.25万元。

救援部队资金“特别通道” 各金融机构迅速启动救援部队应急资金保障系统，保障救援部队应急资金支付。人民银行成都分行针对救援部队在现金供应、资金调拨方面存在的困难，协调工商银行、交通银行，为成都军区财务部门提供金融服务，对救援部队开户、现金及资金汇划等金融需求提供方便，做到“账户随到随开，业务随到随办，提现随到随取，服务优先优惠”，保障救援部队的资金供应。5月18日，工商银行四川省分行研制100张“成都战区抗震救灾牡丹联名卡”，按照救援部队要求及时将数百万元救灾资金直接划拨到每张卡中。

特殊查询服务　建设银行对因灾遇难、失踪、记忆丧失、孤残等客户的直系亲属或监护人，可凭相关证明材料查询相应人员在建设银行个人金融资产情况，极大地方便灾区群众对资金的了解和使用。

“无介质”取款服务　建设银行率先推出对地震灾区个人客户，凡无法提供银行卡、存折等交易介质的，凭有效身份证明和取款密码，可获3000元以下救急取款；如无法提供身份证明，经核实开户信息、取款密码等要素无误，也可获1500元以下救急取款。

减免信用卡费用　对客户因地震灾害造成无法及时归还信用卡透支款项，建设银行四川分行实行顺延免息期或减免利息。农业银行四川分行对灾区群众银行卡透支，统一延长免息期限，贷记卡透支账户免息期限在原期限基础上顺延3个月。

个贷“宽限期”活动　建设银行规定对个人借款人，灾情发生后给予最长6个月的宽限期。宽限期内，借款人可不归还贷款本息，对其贷款不算违约、不计罚息。对灾后核准发放个人住房贷款及其他贷款均执行人民银行利率下限（个人住房贷款在基准利率基础上下浮15%，其他贷款在基准利率基础上下浮10%）。农行规定从地震发生之日起6个月内，对受灾害影响无法正常还款的个人贷款（含个人住房贷款），不计收罚息或复利，也不在人民银行个人征信系统和农业银行内部信贷管理系统反映不良信用记录；对用于救灾及灾后重建各类新发放贷款，包括“三农”（农业、农村、农民）客户贷款、中小企业贷款、一般法人客户贷款、个人客户贷款及项目贷款等，均在现行利率政策范围内执行最优惠利率；对灾区居民新发放个人住房按揭贷款，均执行下浮15%优惠利率。

四川省银监局落实中国银监会放宽市场准入政策，开辟市场准入“绿色通道”，鼓励和支持符合条件的银行业机构到灾区设立分支机构，增加灾区金融服务和信贷投入的有效供给。批准兴业、浦发、华夏、招商、渤海、重庆银行及南充市商业银行、邮政储蓄银行在重灾地区设立支行，批准交通银行德阳分行开业。引导辖区内银行到极重灾区新设网点，指导金融机构合理布局。

甘肃灾区各金融机构在全力开展自救的同时，坚持确保基本存取款正常进行、确保救灾资金及时拨付到位、确保个人和单位现金支付、确保灾区金融秩序不乱。在办公用房和网络设施受损严重的情况下，创造条件抓紧恢复受损的银行营业网点。从5月14日开始，重灾区金融机构大部分网点陆续恢复营业，许多营业网点由于房屋严重受损，不能正常营业，就在搭起的临时帐篷中办公。为保证抗震救灾资金的及时汇划，金融机构专门开辟资金汇划“绿色通道”，设立便民服务窗口，免除所有手续费用，服务灾区救灾工作。陇南市各金融机构在受灾后，采取有效措施，实现经营自救，及时组织力量，全力修复受损网点。农业银行陇南分行采取抢修恢复和租借小学教室等方式，32个办公网点在21日全部恢复正常营业。中国银行武都支行在13日上午率先开通ATM机和POS机（多功能销售终端机），向社会提供24小时现金服务。建设银行文县支行15日在建设银行系统第一个恢复营业，武都支行、两水支行临时搭建“帐篷银行”恢复营业。农村信用社干部职工冒着余震危险，购买帐篷470顶，设置145家“帐篷银行”恢复营业。9家联社本着特事特办的原则，采取不同方式筹集信贷资金，专用于支持辖区受灾群众恢复生产、重建家园，并简化贷款手续，减少中间环节，方便受灾群众。在灾后重建中，信用联社系统自筹资金361958万元，发放到200698户。后中国邮政储蓄银行陇南市分行被中国银监会授予“全国银行业系统抗震救灾先进集体”荣誉称号。

陕西省鼓励受灾严重无法在原址恢复营业的机构，在保障安全的前提下，设立“帐篷银行”。5月19日，设立第一家“帐篷银行”——宁强县代家坝农村信用社“帐篷银行”。抗震救灾期间，陕西省共设立50家“帐篷银行”。省银监局批准将交行一个支行迁址到重灾区宝鸡市陈仓区，设立陈仓区支行，加强当地的金融服务。邮政储蓄银行在受灾地区开办66个小额贷款网点，投放431个终端；农业银行、工商银行发挥自助设备和自助银行转账支付作用，保证所有ATM机正常对外开放。汉中市银行业机构的691个网点冒着余震危险全面恢复对外营业。陕西省加快灾区农村信用社专项票据兑付进度；运用专项票据兑付等方式，增强农村信用社支持“三农”灾后重建信贷投放能力；对灾区农村信用社持有专项票据，经审核后基本满足兑付条件的，简化考核程序，及早予以兑付。陕西省农村合作金融机构专项票据共发行103家，发行金额为27.65亿元。截至12月31日，兑付央行票据102家、金额27.17亿元。

5月21日，人民银行重庆营管部、重庆银监局联合下发《关于做好地震灾区金融服务工作相关问题的紧急通知》，要求辖区人民银行各级行，各银监分局、办事处，各银行业金融机构采取有效措施，做好抗震救灾信贷工作，支持抗震救助物资的及时采购和流通。对电力、通信、公路、铁路等受灾害影响大的行业和企业，对灾区的有效信贷资金需求，优先受理，加快审批，优先保证。对各银行业金融机构由于抗震救灾所导致的流动性不足问题，人民银行各级行提供优先的再贷款支持。对抗震救灾方面所签发的商业汇票，人民银行重庆营管部优先给予再贴现支持。重庆银监局和人民银行重庆银管部各级机构协调指导，在每个受灾群众集中安置区域至少设立一家银行业金融机构网点。人民银行各级行确保灾区现金供应，并帮助受损机构尽快恢复开展支付业务。对四川、甘肃、陕西、重庆、云南等重灾省（市）开立人民币银行结算账户的受灾群众提供便捷的“绿色通道”，实行“委托代理、分类管理、适时清理”的特殊方式，各银行业金融机构特事特办，保证受灾群众顺利开立账户。各银行业金融机构及时掌握地震灾区金融情况，充分考虑受灾群众和企业的实际问题。对灾区不能按时偿还各类贷款的企业和个人，不催收催缴、不罚息、不作不良记录、不影响其获得灾区其他救灾信贷支持，协助其渡过难关。31日，重庆市银监局出台银行业支持灾后重建4项信贷政策，对灾后重建贷款发放实行优惠政策，贷款利率和期限根据灾后重建工作总体步骤合理确定；对经营正常、信用良好，但因灾害造成偿债能力下降的企业、农户，允许贷款合理展期，展期期限与重建工作进度相匹配；在保证法律要素齐全的情况下，尽量简化贷款手续，缩短贷款审查时间；对于借款人因地震造成巨大损失且不能获得保险补偿或以保险赔偿、财产清偿和担保追偿后仍不能偿还的债务，即认定为呆账并及时进行核销；对银行卡透支款项，持卡人和担保人已在地震中死亡或经依法宣告失踪、死亡，以其财产或遗产清偿后未能还清债务的，也应认定为呆账并及时予以核销。国家开发银行重庆分行发放抗震救灾应急贷款1600万元，重庆市农村信用社发放30户农户修建房屋抗震救灾贷款72.7万元。

第二节　保险理赔

一　财险理赔

地震发生后，中国保监会立即启动保险业重大突发事件应急预案一级响应程序，要求各保监局和各保险公司根据应急预案的要求，迅速投入抗震救灾，举全行业之力支援灾区抗灾救灾，帮助灾区渡过难关。5 月 13 日，保监会下发通知，要求各保险公司统筹协调公司资源，按照“主动、迅速、准确、合理”的要求，认真部署和督促落实理赔服务措施，简化理赔程序和环节，建立“绿色理赔通道”，提高理赔效率，让受灾群众尽早得到保险赔款；增配相关人员和设备，建立 24 小时值班制度，保持报案电话畅通，保证人员及时到位；加强对基层公司重大灾情赔案处理工作的指导，妥善处理可能出现的各种问题。14 日，中国保监会抗震救灾工作组赴四川地震重灾地区，慰问抗震抢险第一线保险员工，指导灾区保险机构抗震救灾。25 日，保监会发出通知，要求四川省、甘肃省、陕西省、重庆市、云南省保监局和各保险公司、保险中介机构进一步做好地震灾区保险服务。随着抗震救灾工作从抢险阶段进入到安置阶段，保险业做好保险理赔服务，使保险理赔成为群众安置资金的重要方面。各公司迅速摸清灾区承保、出险和损失情况，建立 24 小时电话服务热线，利用上门走访、发送短信等形式，主动与客户取得联系，慰问并了解客户情况，力所能及地帮助客户解决实际困难。通知强调要针对灾区实际，制订具体保险理赔方案，指导灾区理赔服务。在风险可控的前提下，对涉及个人人身伤亡和健康医疗赔付险种，只要案件事实清楚，要简化理赔程序和手续，将赔款第一时间交付到客户手中；对涉及团体或法人客户人身伤亡险种，要及时与投保单位联系，摸清伤亡情况，根据保险责任及时理赔；对涉及农业保险要应赔尽赔，及时给予赔付；对大型保险标的查勘定损时间较长的，要先预付赔款资金，帮助保户尽快恢复重建；对损失重大、科技含量高的案件，要迅速组织专业科技人员，开展查勘定损，及时评估损失状况，制订周密理赔方案，妥善处置理赔问题。加强灾害理赔工作监管，在理赔过程中，出现应赔不赔、无理拒赔、惜赔拖赔现象要严肃查处，追究责任。26 日，中国保险行业协会制订发布《保险业抗震救灾人身伤亡给付服务八项应急指引》。八项应急指引包括，无保单受理，对因灾造成有效保单灭失或损毁的，如申请人提供保单基本信息与保险公司信息库相吻合，无保单受理；放宽身份证明要求，对被保险人或受益人身份证明灭失或损毁的，或者对按合同约定申请给付时需提供死亡证明和户口注销证明的被保险人死亡案件，可由乡镇或乡镇以上政府出具相关证明，或由保险公司根据实际情况灵活掌握，尽早给付；取消定点医院限制，保户到临时救治医院（点）就诊，均按保险合同约定定点医院处理；合理确定伤残给付条件尽早给付，对因地震致残的被保险人，主动勘查后，可按保险公司评估伤残等级先行给付伤残给付金；今后客户按照合同约定提供的伤残鉴定，证明其伤残级别高于保险公司认定时，将补足差额；延长保单交费宽限期，对 12 日及以后处于有效状态且需续交保费的保单，如客户交费困难，将60日宽限期约定放宽，最长可延长至12月31日；免除相关应收费用，对因地震导致报案延迟、交费延迟等情况，免除客户延迟费用及相关利息，对因地震灾害导致保单遗失或污损的，免收保单补发工本费；提供优惠利率保单贷款，为支持灾后重建，对因受灾导致经济困难急需现金客户，各保险公司可酌情提供优惠利率保单贷款，并可提高贷款比例、延长贷款期限；根据客户需求提供延伸服务，在灾区给付保险金时，根据客户需求开展延伸服务。如客户提出暂时不便保管现金的，可采取开具领款凭条等多种形式，保证客户需要现金时，即可领取。

中国保险业在开展抗震救灾，向灾区人民捐款、捐物的同时，迅速开展地震灾害损失查勘理赔工作。5月15日，平安人寿、平安财险有关负责人赴成都市龙泉驿区十陵街道，将地震后公司第一笔赔付款10万元送到在地震中不幸坠楼身亡意外伤害保险客户家属手中。16日，太平洋财险向彭州市、崇州市教育局预付“中小学校校方责任保险”赔款105万元。至17日，各保险机构地震灾害保险理赔赔付保险金927.6万元。

四川省保监局迅速启动重大突发事件应急预案一级响应程序，指导辖区保险业开展抗震救灾工作。5月13日，四川省保监局成立由局长任组长的抗震救灾指挥小组，并赴都江堰市现场指挥保险业抗震救灾工作。同时，永安财险、人保财险、中国人寿、太平洋人寿、中银保险四川省分公司主要负责人也赶赴绵阳、德阳、都江堰等灾区指挥保险业抗震救灾工作。四川省各保险机构在灾区设置485个有醒目标志的固定、流动报案点，方便群众报案；坚持24小时电话服务热线，通过短信、电话、营销员上门寻访及到救治医院慰问等方式，查访保险客户；反复公布各家公司报案电话，发布寻找客户广告；发扬行业协作精神，不论哪家公司和哪位客户报案，都积极受理，再在行业内相互通报；深入灾区政府各部门寻求相关信息支持，获取遇难者名单，进行客户身份识别。地震发生后，约60%左右的报案是各保险公司主动查找的，有的公司自行查找达90%以上。同时，扎实开展查勘理赔工作，对能够即时查清受损情况的，立即予以赔付；暂不能查清人员伤亡情况的，确系各公司被保险人的先预付部分赔款，保证受伤人员能够得到及时救治。稳妥处置理赔问题，防范化解苗头性风险，四川省保监局开通24小时地震信访投诉热线，对投诉人建立跟踪回访机制，指定专人定期汇总分析投诉案件，密切跟踪公司处理进度，避免因个别投诉处理不当而引发群体性事件。大地财险四川省分公司在成都地区机构因地震灾害理赔金额1063.74万元，其中支付因地震造成都江堰市学生平安保险赔款634.43万元，支付因地震造成成都市非城镇户籍从业人员综合社会保险赔款305.08万元、其他赔付124.23万元。

四川省各保险机构在做好遇难者理赔的同时，为农业、工业等生产企业提供理赔。6月3日，人保财险有关负责人将692.5万元能繁母猪地震保险赔款支票，交到北川羌族自治县曲山镇四川省大禹野生食品有限公司负责人手中。这是能繁母猪保险业务自2007年在全国正式开办后集中支付的最大一笔赔款。地震灾害造成成都、德阳、绵阳、广元、阿坝能繁母猪不同程度受损，特别是北川、平武、什邡、绵竹、青川等地，能繁母猪损失更为严重。灾情发生后，人保财险启动农村保险快速理赔机制，全力开展震后能繁母猪保险理赔，并采取多项措施要求各分支机构以最快速度将保险赔款送到灾区保户手中。至7日，人保财险共理赔能繁母猪保险1196件，赔付2414万元，其中四川省1071件，赔付2241.07万元，而仅绵阳市即有能繁母猪保险赔案141件，赔付1419.74万元。（参见图166）

图166　6月8日，人保财险为汶川县漩口镇、映秀镇能繁母猪养殖户发放能繁母猪参保赔偿款
（阿坝藏族羌族自治州畜牧兽医局　提供）

6月27日，永安财险德阳市中心支公司在绵竹举办“消费者贷款意外伤害保险”赔款现场兑现大会，现场赔款客户6名，每户领取赔款10万元，共支付保险赔款60万元。另有两名客户家属因路远未能及时赶到现场，由公司安排专人联系解决。德阳市中心支公司和绵竹市营销服务部按照“重合同、守信用”的保险诚信原则，逐户核实“消费贷款者意外伤害保险”被保险人伤亡情况。经过4天艰苦细致的工作，核实8名客户在地震中遇难，公司在两天内迅速整理理赔资料，缮制赔案，完善审核手续，现场兑现赔付。（参见图167）

四川省虹欧显示器件有限公司在绵阳市经济开发区POP项目在建厂房，投保建筑安装工程一切险。该项目由两家保险公司各承保50%，共保干事公司为太平洋财险上海分公司，非干事公

图167　永安财险理赔部负责人将10万元赔款送到被保险人受益人手中
（保监会　提供）

司为日本财产保险（中国）有限公司。地震造成被保险人在建厂房遭受严重损失，损失包括建筑安装工程、工艺设备、动力设备及洁净室清洁费用、索赔准备费用和施救费用6个部分。按承保协议，两家保险公司共向被保险人赔付3121.98万元；按共保协议，各承担1560.99万元。这是地震中中外保险公司共保赔付数额最大的地震灾害损失理赔案。

平安财险北京市分公司在四川省承保的拉法基集团下属公司企业财产险赔案是此次地震中保险行业理赔数额最大的一起赔案。拉法基集团在四川省下属公司企业受到地震严重破坏，导致8起事故，造成厂区建筑、设备原料及利润巨大损失，保险公司赔偿被保险人7.2亿元。

5月13日，甘肃省保监局启动保险业重大自然灾害突发事件应急预案二级响应程序，下发《关于启动甘肃保险业重大自然灾害突发事件应急预案全力做好抗震救灾工作的紧急通知》，要求各级保险机构启动应急预案，建立指挥机构，建立24小时值班和领导带班制度，建立计算机信息系统应急方案，保证理赔服务工作正常开展。加强对各级理赔机构和理赔人员调度管理，增强理赔服务力量。甘肃省各级保险企业开展抗震救灾和地震灾害损失查勘理赔工作。陇南平安保险公司因地震灾害引发属于地震保险责任范围报案23件，全部结案赔付。在地震理赔工作中，陇南市保险系统13个现场查勘理赔小组赴抗震救灾一线查勘，以“快速理赔、特事特办”的原则，采取预付、现场赔付等方式，加快结案速度。甘肃省能繁母猪共投保711213头。地震发生后，人保财险甘肃省分公司迅速成立3个理赔查勘小组赴受灾地区，开展受损标的排查工作。25日，甘肃省分公司总经理在重灾区康县望关乡沈湾村，将1000元赔款交给保户，这是地震后甘肃省能繁母猪死亡损失的第一笔赔款。重灾区文县近500余户养殖农户也及时拿到赔款。至2009年6月20日，甘肃省10家保险企业受理保险理赔有效案件692件，支付赔款金额5959.21万元，其中财产险有效案件625件、赔付5912.15万元。甘肃省各保险企业中，地震灾害损失理赔数额最大的是太平洋财险甘肃分公司承保的工商银行甘肃分行、农业银行甘肃分行、甘肃电力公司、中国移动甘肃省有限公司、中国大唐碧口水力发电厂5家企业财产保险。地震中，5家企业的建筑物和设备设施受到严重破坏。接到被保险人报案后，甘肃省分公司立即进行查勘和理赔工作。至12月25日，甘肃省分公司向5家企业支付赔款4064.69万元，其中工商银行甘肃省分行523.94万元、农业银行甘肃省分行606.57万元、甘肃电力公司2419.56万元、中国移动甘肃省有限公司64.62万元、中国大唐碧口水力发电厂450万元。

陕西省保监局要求保险业积极做好抗灾理赔工作，对保险责任内损失及时开辟“绿色通道”，快速展开服务，及时报告最新灾害损失情况，做好安全保障并开展自救常识教育。陕西省保险企业共支付地震灾害损失赔款2785.43万元，涉及地震灾害理赔财产险部分2588.27万元。向地震灾区宁强县、略阳县、勉县和宝鸡市陈仓区共支付赔款104.49万元。5月12日，三原县旅游局3名职工在茂县境内遇地震引发的山体滑坡而遇难。3人出行前在中华联合财险陕西分公司三原营销服务部，办理了“中华旅行安心卡”旅行意外伤害保险业务。地震后，陕西分公司在确认3名被保险人不幸遇难后，简化理赔流程，先行赔付31.5万元。

重庆市保监局在地震发生后立即成立应对地震灾情工作领导小组，并启动保险业突发事件应急预案，要求重庆市保险机构不能拖赔，不能惜赔，更不能以地震是除外责任为由而拒赔，定损理赔要足额快捷，先按保额足额赔付，然后再补手续。重庆市各保险企业立即开始保险标的地震灾害损失查勘和理赔工作。重庆市13家保险企业对地震造成损失进行保险赔付602.28万元。至5月15日，人保财险重庆市分公司，组织各分支机构对35341个客户以电话、短信、传真、书面、现场回访等形式，进行回访、问灾，对地震期间受理的2259个出险客户全部进行回访，重点排查3100余家企业受灾情况，对其中因灾造成事故隐患的460家企业进行现场查勘和防灾防损工作。

云南省保险企业震后有5件地震灾害损失理赔案件，赔付金额78.29万元，其中有3件发生在地震灾区昭通市及其辖区，赔付53.32万元。人保财险昆明市分公司承保建行股份有限公司云南省分行财产一切险扩展地震责任保险。地震造成被保险人所属昭通市建行及所辖永善县支行网点办公楼等受损，依照保险条款，昆明市分公司向被保险人赔付51.24万元。

截至2009年5月31日，全国48家保险公司及分支机构进行地震灾害损失理赔，赔付金额为187543.58万元（不含再保险理赔14779.4万元），涉及地震灾害理赔财产险部分为155263.07万元（见表31）。

2008年5月至2009年5月全国48家保险业地震灾害财产险理赔统计表

表31

险　种	案件数（件）	赔付金额（万元）	险　种	案件数（件）	赔付金额（万元）
健康保险	11	3.95	责任保险	74	1440.73
意外伤害保险	1822	8183.62	校方责任保险	53	1951.05
学生平安保险	786	771.30	农业保险	188	97.48
企业财产保险	377	105919.75	能繁母猪保险	1644	2300.07
工程保险	116	14440.63	货物运输保险	8	1062.97
家庭财产保险	4411	2292.43	其他保险	41	186.51
农房保险	976236	16591.15	合　计	985802	155263.07
机动车辆保险	35	21.43			

二　寿险理赔

5月18日，中国保监会召开抗震救灾专题工作会议，要求各寿险公司结合抗震救灾实际情况，尽快研究制订灾害理赔方案，抓好保险理赔服务，保护被保险人的利益。

5月13日，中国人寿四川省分公司决定，向所有奋战在抗震救灾一线的救援部队官兵、武警官兵、公安民警、医护人员及相关专业救灾人员每人提供20万元人身意外保险保障；新华人寿四川省分公司向全体抗震救灾消防官兵每人赠送保额25万元人身意外伤害保险；平安财险向中信海洋直升机股份有限公司12架赴抗震救灾一线实施救援直升机及71名机组机务人员提供捐赠保险，保险包括飞机机身、零备件一切险及责任险，71名机组和机务人员意外伤害保险。

四川省各寿险公司及各级分支机构，启动应急预案，开展地震灾害损失查勘理赔。5月16日，太平保险四川省分公司接到报案后，仅用一个半小时，便将都江堰市聚源中学一遇难学生的3万元赔款送到家属手中。遇难学生家长4月9日在太平保险四川省分公司，为全家4口人投保“全家福综合意外伤害保险”，保额12万元。投保仅一个多月，孩子在地震中遇难。家长向四川省分公司设在都江堰市群众救助中心现场理赔服务点报案，四川分公司迅速启动“绿色理赔服务通道”及时理赔。农业银行四川省分行向太平洋财险成都市营业部投保团体人身意外伤害保险综合险，在地震中，农业银行四川省分行31人遇难、15人失踪、2人受伤。至7月10日，成都市营业部赔付782.07万元。5月13日，嘉禾人寿客户服务中心接到报案，都江堰市龚某在地震中因房屋倒塌遇难。因客户身处地震灾区，交通、通信不畅，给查勘核实带来极大困难。经多方联系核实龚某确系公司客户，决定简化所有程序，立即赔付。但因道路被阻，赔付款无法送达客户家属手中，公司决定通过银行转账方式赔付。14日，在拿到被保险人家属银行账户后，公司立即将8万元预付款转入被保险人家属账户。什邡市宏达股份有限公司女职工李某在地震中遇难。2007年8月，李某在中国人寿广汉市支公司投保保额8万元的“康宁终身”保险和人身意外伤害保险，先后交保费870元。14日，广汉支公司接到李某亲属报案后，迅速开启快速服务通道，简化理赔手续，立即赔付。15日，广汉市支公司员工驱车赴广汉市连山镇，将8万元赔付款交到李某亲属手中。太平人寿四川省分公司承保国家电网映电总厂投保在职员工1288人，地震中厂房垮塌，客户投保资料无从查找。四川省分公司立即从系统调取被保险人资料，提供给映电总厂并一起全力搜寻员工下落。29日，映电总厂向四川省分公司提交遇难员工名单和理赔申请，四川省分公司不到24小时，就完成近百名遇难客户理赔审核和赔付程序，并于6月2日派人专程赴映电总厂办公地点，送去158万元保险金。什邡市红白林业站站长卫某在地震中不幸遇难，生前在中国人寿什邡市支公司投保10万元“国寿鸿丰两全保险”，赔付金额31万余元，受益人吴某在成都的

图168　都邦财产保险股份有限公司在都江堰设立临时户外理赔服务点
（四川省民政厅　提供）

女儿家中居住。8 日，公司派人驱车赶往成都将吴某接到公司接受理赔；赔付完毕，又派车将其送回成都。

太平洋人寿四川省分公司承保东汽团体意外伤害保险理赔案，是地震中最大的一起寿险理赔案。东汽是太平洋人寿四川省分公司法人客户，保险投保员工 10078 人，对应保险费金额 226.1 万元。地震中，东汽受到严重破坏，造成重大人员伤亡。5 月 13 日，四川省分公司成立东汽地震理赔专案组（参见图 169），调集骨干力量组织实施东汽理赔工作；分公司领导赴绵竹市汉旺镇慰问东汽员工，展开地震灾害遇难者勘查定损工作。为克服余震对四川省分公司各项救灾工作的影响，15 日，太平洋人寿将四川省分公司“95500”服务电话切换到上海华东服务中心，实现异地电话服务。同时，将理赔业务流程由原来中心支公司—分公司—总公司，简化为中心支公司案件初审后，直接上送总公司，由总公司客户权益部逐一审核东汽地震理赔案件，并在太平洋保险网站开通“抗震救灾快速服务通道”，开通短信上传功能，提醒客户通过短信报案。经理赔调查人员深入东汽总厂及各分厂开展查勘估损工作，7 月 27 日，四川省分公司向东汽遇难员工家属和伤残员工给付第一笔保险金。至 2009 年 6 月 29 日，四川省分公司共受理东汽地震灾害有效报案 253 件，其中意外伤害身故 148 件、意外伤害残疾 15 件、意外伤害医疗 90 件，完成理赔给付 253

图 169　地震发生后，太平洋人寿迅速设立东汽寿险理赔受理处

（保监会　提供）

件，给付金额5015.9万元，结案率100%，并实现东汽地震理赔案件零投诉。

平安人寿甘肃省分公司客户蒲某，2003年投保“761—康乃馨”保险，保额3万元。地震发生时，被保险人被山上滚落的石头砸中身亡。甘肃省分公司5月19日接到报案后，立即联系客户业务员、客户工作单位核实情况。因地震原因无法赶往现场，分公司遂联系甘肃省电视台“5·12地震”快报节目组人员，核实意外事故属实。受益人19日申请理赔，分公司予以受理，确认此次意外属保险责任，通过地震“绿色理赔通道”当天赔付3.04万元，并送上3000元慰问金。

中国人寿北京分公司承保中国人寿陕西分公司所有网点财产一切险及地震扩展责任保险。地震中被保险人房屋、建筑、设备、设施受到破坏，北京分公司向被保险人理赔367.09万元。

平安人寿重庆市分公司5月13日接到报案，客户唐某系小学生，地震中不幸遇难，购买险种为“平安鸿利保险”。重庆市分公司启动紧急预案，理赔人员分别从重庆市和万州区赶赴现场，迅速核实被保险人身份。同日下午，理赔人员将地震灾害第一单赔款2万元交到客户家属手中。

水富县永安小学学前班学生王某，在中国人寿水富县支公司投保国寿康健学生、幼儿人寿保险。地震发生时，王某不慎跌落池塘遇难。在接到报案核实情况后，水富县支公司开辟“绿色理赔通道”，5月13日清晨到被保险人家中，将1万元给付款送到被保险人父亲手中。

截至2009年5月31日，全国48家保险公司及分支机构进行地震灾害损失理赔，涉及地震灾害理赔人寿险部分为32280.51万元（见表32）。

2008年5月至2009年5月全国48家保险企业地震灾害损失人寿险理赔统计表

表32

险　种	案件数（件）	赔付金额（万元）	险　种	案件数（件）	赔付金额（万元）
人寿保险	4530	14472.66	学生平安保险	3694	3127.76
健康保险	901	1280.67	其他保险	2	25.70
意外伤害保险	2887	13373.72	合　计	12014	32280.51

第六篇

灾区农业生产自救与以工代赈

汶川特大地震使四川省、甘肃省、陕西省、重庆市、云南省种植业、畜牧业、渔业遭受到不同程度损毁。农业部迅速启动农业救灾应急方案，落实恢复农、牧、渔业生产所需资金物资。四川省调集农技人员 3.9 万人、农机具 5.3 万台，组织灾区机关干部、进城农民工、民兵预备役人员、救援部队官兵等 5 万余人，发动农民 65 万人，开展抢收粮食、修复农田、筹集种子、抢修农机、改种补种秋播作物。各灾区农业部门组成抢收抢种农作物帮扶队，帮助农民抢收夏粮、抢种秋收作物，做到应收尽收、应种尽种、应改尽改，保证不空田、不荒田。在夏收期间，四川省抢收油菜 89.33 万公顷、小麦 133.67 万公顷，修复损毁农田 5.13 万公顷，抢修损毁农机具 2500 余台（套）。四川省农业厅按照“宜粮则粮、宜经则经”的原则，组织地震灾区农业部门做好适龄种苗抢时移栽，确定 14 个县（市）为改种补种重点区域，对不宜栽种水稻的农田改种旱地农作物。农业部围绕农作物抢收抢种、种苗调运、耕地圈舍修复、农业服务体系功能恢复等，指导地震灾区开展农业生产自救。至 6 月 10 日，四川省共改种补种旱地农作物 4566.67 公顷，组织技术人员进村入户，传授栽培技术，指导农作物科学生产和病虫害、鼠害防控，减轻灾害对农业生产的影响。2008 年，四川省、甘肃省、陕西省、重庆市、云南省夏粮在种植面积减少 7.67 万公顷的情况下，获得 171 亿公斤的好收成，与 2007 年同期相比增产 2.5 亿公斤，保障灾区粮食和其他重要农产品的有效供给。

地震发生后，各级人民政府着手解决灾区群众谋生问题，灾区各级管理部门将就业工作纳入灾区重建规划，推行“政府投资、群众投劳”的以工代赈方式，开发废墟清理、治安维护、社区管理、卫生防疫等公益性就业岗位，把重建与赈济结合起来，鼓励支持农民工回乡创业，安置灾区困难人员就业，帮助灾区群众有组织地劳务输出。人力资源社会保障部根据中共中央、国务院“一省帮一重灾县”的原则，组织开展对口支援。援建省市在恢复重建中，优先吸纳受灾地区劳动者就地、就近就业。四川省、甘肃省、陕西省根据对灾区农民就业意愿调查，通过现场招聘、信息发布、远程招工等方式，拓宽就业渠道。各级劳动保障部门根据劳务接收地区岗位需求，通过整合培训资源，落实税费减免、贴息贷款，制定创业培训补贴等扶持政策帮助重灾地区、重点人员实现就业。至 12 月 15 日，全国各对口支援省市向灾区提供有效岗位信息 593452 条，帮助灾区劳动者实现异地输转就业 48117 人，对口支援项目吸纳灾区劳动者就地、就近就业 16898 人。

第一章　种植业生产自救

第一节　农作物抢收

一　抢收部署

地震发生时，四川省主要灾区小麦和油菜等农作物收割尚未完成，甘肃省、陕西省也陆续进入小麦收割季节。四川省小麦种植面积 138.57 万公顷，地震前收割 29 万公顷；甘肃省小麦种植面积 10.44 万公顷，地震前未收割。同时，地震造成农业机械损毁，灾区人员大量外出避险，使农作物抢收工作面临困难。

5 月 12—22 日，农业部部长孙政才先后主持召开 6 次会议，部署全国农业系统抗震救灾和农业生产工作，要求各级农业主管部门落实中央抗震救灾部署，加强夏季粮油作物田间管理，全力组织小麦跨区机收，保证颗粒归仓。各受灾地区要摸清灾情，判断灾害走势，加强对粮油生产灾害影响分析，为救灾和恢复农业生产提供决策依据，及早采取应对措施。要求各受灾省市要把抗震救灾放在首位，想方设法抓农时，抢收抢种（以下简称“双抢”）。13 日，农业部召开会议，启动对四川省、甘肃省、陕西省、重庆市、云南省地震灾情会商制度，对种植业灾情进行全面评估，配合地震灾区做好夏收、夏种、夏管的“三夏”生产。农业部派出专家工作组协助灾区开展农作物“双抢”，落实恢复农业生产所需资金、技术和物资。14 日，农业部启动农机灾情日报制度。19 日，农业部党组发出通知，要求加强小麦后期田间管理，抓住关键农时，抓紧“双抢”，组织成立帮扶队、小分队，抢收成熟的小麦和油菜，适时栽种水稻和玉米等秋收作物，做到不空田、不荒田，加强技术指导和服务，组织机关干部和农业技术人员到灾区田间地头，手把手、面对面地帮助农民搞好夏种和病虫害防治。（参见图 170 ~ 171）

图170　5月21日，农业部部长孙政才（左二）在什邡市察看玉米应急育苗情况
（农业部　提供）

图171　5月14日，农业部调运的救灾物资发往地震灾区
（农业部　提供）

各受灾省市按照农业部统一部署，迅速开展抢收工作。地震造成四川省粮油、蔬菜生产损失严重。5月13日，四川省农业厅成立抗震救灾指挥部，紧急派出6个工作组，分赴成都、德阳、绵阳、阿坝重点调查农业灾情；同日，省农机局发出《关于全力开展抗震救灾工作的紧急通知》，制定措施，组织农机投入抗震救灾。15日，省农业厅召开会议，研究部署四川省农业系统抗震救灾工作，督促和指导各地搞好“双抢”。16日，省农业厅下发《关于切实抓好当前“双抢”工作的紧急通知》，要求组织动员群众，抓住晴好天气，抢收成熟小麦和油菜。发动进城务工农民就近帮助抢收；村、社组织助耕队帮助重灾户和缺少劳动力的农户抢收；轻灾区和非灾区组织专业收割队、基层干部和农村劳动力，加快抢收进度。19日，省农业厅下发《关于抓好全省灾后蔬菜生产的紧急通知》，要求及时组织采收、销售成熟的春莲白、春白菜及瓜豆类蔬菜，加强蔬菜生产管理，提高产量和质量，降低地震灾害造成的损失。

甘肃省农牧厅5月13日召开紧急会议，成立农业抗震救灾领导小组，具体指导协调全省农业抗震救灾工作，建立24小时值班制度，实行灾情“一日两报”制度。14日，省农牧厅下发《关于切实做好农业抗震救灾工作的紧急通知》，转发农业部《关于进一步做好农业抗震救灾工作的紧急通知》，部署全省农业抗震救灾和“三夏”工作，要求各级农业部门处理好抗震救灾与农业生产的关系，加强田间管理和病虫害监测与防控，推进跨区联合收割，适时抢墒复种。17日，省农牧厅下发《关于选派农业技术人员深入地震灾区开展抗震救灾工作的通知》，抽调近30名科技人员，组成5个专家组，分赴陇南、甘南、天水、庆阳、平凉等地受灾村、社，指导恢复种植生产，帮助灾区群众生产自救。14—20日，先后派出3批13个工作组到灾区指导抢收。

陕西省农业厅5月19日提出农业灾后恢复意见，要求调配农机，组织跨区作业，搞好信息、组织协调和服务，帮助灾区群众收割夏粮。组织技术干部深入到各灾区，下乡包村、抓点，开展技术指导和培训。26日，省农业厅召开厅务会议，要求抓好夏收夏种，组织小麦跨区机收，协调柴油供应，保证农作物抢收工作顺利进行。

重庆市5月13日成立农业系统抗震救灾工作领导小组，市农业局下发紧急通知，提出结合农业实际，做好抗震救灾工作的意见，要求各区县农业行政主管部门开展农业灾情收集、险情排查，发动农业系统干部职工全面投入抗震救灾和恢复生产。

为组织地震灾区“双抢”开展，5月21日，农业部发出紧急通知，强调发挥农业机械（以下简称农机）作用，组织成立帮扶队，抓紧“双抢”。23日，农业部印发《农机化司关于开展“三夏”农机化工作督导的通知》，决定派出督导组分赴四川、甘肃、陕西、重庆等受灾省（市），督导抗震救灾和“三夏”农机化生产。

二　调配抢收机械

各灾区农业部门及时组织调配农业机械，加强跨区作业联合收割机管理，保证地震灾区小麦抢收。5月15日，四川省农机局下发《关于保障汶川“5·12”地震救灾工作顺利进行的紧急通知》，要求各级农机部门在保障安全和不影响抗震救灾工作秩序的前提下，科学指挥，合理调度，积极组织农机跨区作业，避免联合收割机大规模跨区转移，保障抗震救灾运输救灾人员、物资和抢救伤员的运输通道畅通。加强对跨区作业联合收割机的管理，加强对联合收割机机手的引导和教育工作，维护抗震救灾的正常秩序。

从5月15日开始，四川地震重灾地区成都市、德阳市、绵阳市、广元市等农机部门针对机械收割任务重、跨区作业机械多等情况，设立跨区作业机手接待站，统一调度“双抢”工作。德阳市农机局启动抗震救灾应急预案，组织联合收割机进行收割。德阳市农机局和绵竹市、什邡市农机局分别派出骨干力量负责跨区作业机手接待站调度组织工作，接待和引导外来机械进入绵竹市、什邡市进行收割。四川省在小麦抢收中，共投入联合收割机（含引进外省联合收割机）11956台（以县为单位统计）。

6月5日，陇南市抗震救灾总指挥部为加快地震重灾区小麦抢收工作，决定由财政部门筹资100万元，购置脱粒机604台发送到灾区，加快小麦脱粒作业，其中文县80台、武都区112台、成县72台、徽县70台、礼县72台、西和县62台、康县66台、两当县30台、宕昌县40台。

针对地震灾区急需大量农机设备的情况，5月21日，中国农机工业协会、中国农机流通协会、中国农机鉴定检测协会、中国农技推广协会农业装备与工程技术分会和中国农机化导报社联合发出《全国农机系统抗震救灾恢复生产倡议书》，号召全国农机生产流通企业、有关单位和机构向灾区捐赠急需的农机物资，帮助灾区快速恢复农业生产。全国农机企业积极发挥技术和设备优势，迅速调集抢收机械，组织“双抢”帮扶队伍，赶赴地震灾区参加抢收。15日8时30分，一拖集团20余名专业技术人员组成抗震救险工程队，调集价值200万余元的拖拉机、发电机等专用设备，从洛阳赶赴四川地震灾区。20—30日，福田雷沃国际重工股份有限公司抽调28名专业队员，组成抗震救灾“三夏”抢收队，除调集10台雷沃谷神联合收割机外，配备维修人员和充足的配件，保障联合收割机正常工作。22日，国机集团所属洛阳市中收机械装备有限公司组成9人服务队，赴绵竹市汉旺镇东蒲村、新隆村参加抢收。在收割时，中收机械装备有限公司制订降低割台高度机械收割方案，使小麦割茬高度不超过6厘米，减轻农户处理秸秆劳动，避免灾区秸秆焚烧，为救援直升机提供安全着陆环境。25—27日，服务队在完成绵竹市汉旺镇抢收任务后，又赴安县雎水镇宝元村进行抢收作业。22—27日，服务队为德阳市、绵阳市5个重灾乡（镇）300余户农户抢收作业28.2公顷，抢收小麦1.4万公斤。25日，浙江省浙江大农实业有限公司、浙江柳林机械有限公司等17家农机生产企业，共同捐赠8台联合收割机、拖拉机等农业机械，运往广元投入抢收工作。至30日，27家农机企事业单位，捐赠各类农机设备11944台（套），其中拖拉机111台、联合收割机10台。

三　用油保障

用油供应　5月24日，发展改革委、农业部，中国石油、中国石化联合下发《关于确保“三夏”期间农用柴油供应的紧急通知》，要求各地积极做好农用柴油供应工作，在正常供应的基础上增加柴油投放数量，加强调运，增加库存；采取有效措施，优先满足联合收割机、拖拉机等农业机械用油，保证夏收夏种顺利进行。各地石油供应部门采取“发放优先供应卡、出动流动服务车送油到田间地头”等措施，保证农机用油供应。加强“三夏”期间农用柴油供应工作督查，避免出现农业机械因缺油而延误作业，严肃查处成品油批发和零售企业违反规定擅自提价、变相加价、囤积居奇、哄抬价格、短缺数量、抬级抬价等价格违法行为。各地经贸委、发展改革委、物价局、农机管理局和石油供应部门，完善沟通协调机制，密切配合，互通信息，掌握柴油供应动态，协助所在地的石油公司组织好货源，做好配送工作，防止农机用油缺油断档。

6月12日，胡锦涛、温家宝就保障农业“三夏”物资供应做出重要指示，要求有关部门、地方和企业强化农机用油专供渠道、农机加油卡、送油到田等服务措施，保证农业“三夏”生产物资需求，勿误农时。

用油管理　5月15日，四川省农机局对跨区作业燃油供应保障提出意见，强调保障抗震救灾燃油供应是燃油供应部门的首要任务。要求参加跨区作业的联合收割机手，积极支持配合，自觉维护燃油市场秩序，尽量避开到抗震救灾主要交通运输干线加油站（点）加油，尽量避开在抗震救援加油高峰时段到加油站（点）加油。严格制止和打击囤积、倒卖燃油和堵塞加油站（点）及干扰抗震救灾运输和救护车辆用油的行为。20日，四川省财政厅紧急安排700万元资金，用于成都市、德阳市、绵阳市、广元市、雅安市、阿坝藏族羌族自治州6个重灾地区农机作业燃料补助。23日，省农机局下发《关于下达农机作业用油补助资金的通知》，对农机作业补助金使用提出意见，明确资金使用范围，要求重点用于解决因灾造成人员伤亡、房屋倒塌的农户，家庭机收作业用油补贴。要求各级农机部门会同财政部门及时下达救灾资金，加强资金监督、管理，保证资金专款专用。同日，绵阳市农机局安排落实农机“双抢”用油补助救灾资金200万元，重点用于重灾农户小麦抢收。

从5月15日开始，德阳市农机局和绵竹市、什邡市农机局针对加油站损毁严重的情况，协调有关部门调配加油站点，增设流动加油车，保证收割机具油料供应。

四　组织抢收

地震发生时，四川省主要灾区尚未完成农作物收割工作，其中都江堰市、彭州市大部分小麦未收割，成都市其他县（市、区）完成50%小麦收割；德阳市完成40%小麦收割；绵阳市还未开始小麦收割。从6月初开始，甘肃省、陕西省等地也陆续进入小麦收割季节。

5月13日，四川省农业厅在组织工作组赴地震重灾地区组织抢收的同时，要求受灾各村、社组织助耕队帮助重灾户和缺少劳动力农户抢收，轻灾区和非灾区组织专业收割队帮助重灾地区抢收。从15日开始，省农机局协调成都市、德阳市、绵阳市、广元市农机部门统一调度抢收机械。（参见图172～174）17日，成都市农业管理委员会连夜组织调运郫县、新津县、温江区农机专业合作组织的15台联合收割机，赴都江堰为农户收割小麦。17—22日，成都市新都区、崇州市、郫县、温江区、双流县、大邑县、青白江区143台联合收割机赴都江堰、绵竹，帮助受灾农民抢收小麦。17—20日，德阳市、绵阳市调运本地700余台联合收割机，组成“机收突击队”，赴各乡镇收割小麦5000公顷。18日，德阳市旌阳区农机局获知柏隆镇1.26万余公顷成熟小麦待收后，紧急协调组织30余台高性能联合收割机，支援柏隆镇抢收小麦800余公顷。至25日，绵阳市各级农机系

图172　5月28日，福田雷沃国际重工股份有限公司抗震救灾“三夏”抢收队在绵竹市九龙镇新龙村收割小麦

（杨杰　摄）

图173　6月2日，厦门检验检疫局卫生防疫二队在平武县南坝镇帮助群众收割小麦

（质检总局　提供）

图 174 5 月 21 日，武警广安市支队官兵在平武县平通镇帮助群众抢收油菜（四川省民政厅 提供）

统投入联合收割机达 1900 余台，组织农机手 5000 余人、农机技术人员 600 余人，组成机收队 72 支，成立跨区机收接待服务站 77 个开展抢收，每日完成 9300 余公顷小麦收割任务。30 日，绵阳市小麦收获基本结束，完成小麦收割 12.63 万余公顷。安县农机局 53 名职工组成“双抢”突击队，辗转于黄土镇、永安镇、秀水镇、花荄镇、迎新乡，出动各级助耕队 96 支、2350 人，抢收油菜、小麦 8000 余公顷；组织机收队 18 支，联合收割机 245 台，为 18 个乡（镇）收割小麦约 2700 公顷。除因地震造成部分粮食作物、农田被毁无法收割外，安县共抢收油菜 1.55 万公顷，占播栽面积的 99.1%；收获小麦 1.04 万公顷，占播种面积的 98.7%；收挖马铃薯 1500 余公顷，占播种面积的 6.7%。

5 月 18—22 日，德阳市旌阳区黄许镇金相村个体农机经营户龙成模等 3 人驾驶自家收割机到安县雎水镇、绵竹市汉旺镇等地震重灾地区，义务为灾区群众抢收小麦 40 公顷。眉山市东坡区农机户万廷富等人调集 12 台高性能联合收割机，赴都江堰、江油、绵竹帮助农户收割小麦 166.66 公顷。

甘肃省、江苏省分别派出农机手、收割机赴四川灾区参加抢收。5 月 20 日，武威市凉州区 108 名农机手，驾驶 36 台小麦联合收割机，赴都江堰、绵竹、汶川，抢收小麦 1900 余公顷。12—30 日，徐州市、连云港市 5000 余名农机手，投入收割机械 1100 余台，赴四川重灾地区抢收小麦。徐州市沛县 5 名农机手，赴绵竹、什邡参与抢收工作。沛县刘元农机专业合作社 32 名农机手，驾驶 7 台联合收割机，靠吃方便面、睡道路旁，赴彭州市天彭镇和绵竹市汉旺镇、九龙镇等地为灾区群众抢收小麦 133.33 公顷。

救援部队在完成抢险救援、转移群众任务后，随即帮助灾区农户开展抢收。5 月 20 日，第二炮兵抗震救灾现场指挥组抽调官兵 105 人成立帮民突击队，租用收割机 2 台，帮助绵竹市东北镇玉马村 27 户村民收割小麦 8 公顷，并采取分户打包方式，将小麦搬运到每户村民家中。同日，内江军分区组织 594 名退伍军人和 31 名现役军人赴安县晓坝镇，帮助群众抢收小麦。23 日，济南军区 71309 部队 60 余名官兵赶到平武县南坝镇垭头坪村抢收豌豆。由于豌豆进入成熟阶段极易出现爆裂现象，早一天抢收，就少一些损失。村民看到官兵将一捆捆豌豆藤送到家里，连声道谢。至23日，四川省还有10.66万余公顷小麦未收割，主要集中在北川、平武、安县、江油、青川、彭州等山区县（市）。重灾地区道路坍塌严重，收割机械无法进入，气象部门预测部分灾区还将出现降雨，抢收任务十分严峻。23日，济南军区某部官兵紧急赴青川县北部的三锅乡，帮助群众抢收小麦。在缺乏收割设备的情况下，部队官兵利用镰刀收割，每天连续作业13个小时。至31日，四川省参与抢收抢种农民65万人，协调组织机关干部、志愿者、民兵预备役人员、部队官兵等5万余人，收割小麦12.18万公顷。成都市、德阳市、绵阳市收割夏收作物15.58万公顷，占四川省机收面积的70.2%。2008年四川省夏粮总产761.7万吨，增产6万吨，增幅0.8%，实现连续5年增产；蔬菜总产量1440万吨，同比增加62万吨，实现产值172亿元，与2007年同期相比增加19.5亿元。2008年上半年四川省农民人均现金收入2147元，与2007年同期相比增加288.8元，其中夏收作物人均增收86.9元。

陇南市重灾县区小麦成熟约1.43万公顷，冬油菜成熟约0.81万公顷未收割。甘肃省农机局在文县、舟曲县成立农机抗震救灾作业服务队，为受灾群众免费收割小麦。6月10日，省农机局与省农机监理总站联合派出3个工作组与周边省市协调组织联合收割机，安排路线、时间，赴灾区抢收小麦。在道路危险地段设置标志并派出监理人员指挥联合收割机安全行驶。陇南市、县两级财政投入夏收资金604.4万元。成县以乡镇为单位组建17支机收服务队、75台脱粒机，开展夏粮脱粒服务。成县农机局调配2台收割机，组成流动作业服务队，分赴城关镇李武村、索池乡寨子村跨区抢收小麦；同时，组织3个农机作业大户成立流动作业服务队，分赴抛沙镇高桥村和转湾村、王磨镇陈庄村帮助受灾群众抢收小麦。5月19日，徽县由33名县级领导带队，抽调271名科级干部和943名职工组成工作组，实行县级领导包乡镇、科级干部包村包社区，工作人员包居委会的方式，自备干粮，深入田间地头，帮助受灾农民抢收。徽县以乡镇为单位组建15个机收作业服务队，每台机具配备2名操作人员跟机作业。徽县农机服务站组织5名技术骨干分赴重点乡镇、村社，对夏收工作进行技术指导。夏收期间，徽县收割小麦160余公顷。至6月23日，陇南市夏收共抽调1300人，组建30个机收作业队，58个机收服务组，投入联合收割机63台，为14753户农民机收小麦0.63万公顷、脱粒710万公斤，收获夏粮5.46万余公顷。（参见图175）

陕西省131.73万余公顷小麦、17.8万公顷油菜成熟待收割。西安市立即设立60个跨区作业接待服务站，组建306个跨区机收作业队，签订1018份跨区作业合同，免费发放2790个跨区作业证、投入农机具7.1万台（件），完成小麦机收面积19.34万公顷，机械化秸秆综合利用面积16.63万余公顷。安康市派驻农业干部和专业技术人员下到田间地头，组织抢收7.33万公顷夏粮。镇巴县农业局组织480余人（次）抢收油菜籽0.46万余公顷、马铃薯0.28万公顷。在夏粮抢收期间，宁强县成立3支农机服务队、583个互助组，帮助受灾困难户、缺劳户抢收小麦约3.11万公顷。至6月30日，陕西省抢收小麦131.73万余公顷、油菜17.8万公顷，占应收面积100%。

昭通市投入2200人（次），帮助受灾农户生产自救。绥江县组织挂钩帮扶人员2075人进村入户抢收小麦。至6月1日，水富县抢收农作物总面积1183.33公顷，其中小麦390公顷、马铃薯240公顷、油菜253.33公顷、蔬菜300公顷。绥江县抢收农作物923.33公顷，其中小麦346.67公顷、马铃薯70公顷、油菜266.66公顷、蔬菜240公顷。永善县抢收农作物总面积533.33公顷。

图 175　6 月 4 日，陇南市直属农牧系统干部职工自带工具、干粮赴定点联系帮扶村和帮建村，帮助农民夏收

（陇南市农业信息中心　提供）

第二节　农作物抢种

一　修复农田

农业部 6 月 2 日召开抗震救灾和“三夏”生产专题工作会议，要求粮油作物抢收工作基本完成，灾区农业部门要迅速推进夏播、夏种，调整种植结构，抓紧改种补种，帮助灾区恢复生产。四川省委农村工作领导小组要求抗震救灾的重点转到安置受灾群众、恢复生产和灾后重建工作中去，抓住农时组织灾区改种补种，尽快将粮食、蔬菜等作物改种补种面积任务落实到乡镇、村组和田块。

四川省农业厅 5 月 16 日派出 10 个工作组赴 20 个市、县评估农田损毁程度。19 日，省农业厅根据农田损毁情况，制订《四川省汶川特大地震灾害损毁农田修复技术方案》，明确农田表土、地埂、基础设施、肥力修复技术要求。5 月 16 日至 10 月 14 日，四川省农业部门根据农田损毁不同程度，按“轻重缓急、先易后难”的原则，分阶段修复。

表土修复　对表土被泥石、沙砾覆盖的耕地，清除覆盖泥石、沙砾，清除工程量过大的，就近寻找表土，进行客土修复耕层；对无客土的地块，将较大石块拣出；对土层被冲毁农田，就近寻找土壤，进行客土修复土层，使土层厚度达到 50 厘米以上，表土层厚度达 15 厘米以上，增施有机肥对土壤进行培肥。对土层浅薄、基岩为泥岩、页岩的，进行底土深挖或爆破改土。

地埂修复　对垮塌田地埂的恢复，主要调整原有支离破碎、零星分散地块，根据不同砌埂材料使用不同砌埂方法。

排水设施修复　旱地、坡面蓄排水设施修复主要是“三沟”（沿山沟、引排水沟、地边沟）、“三池”（蓄水池、沉沙池、储粪池）修复完善。对冲毁的“三沟”，重新进行恢复建设，对局部垮塌的，利用原有材料进行安砌、修补；对被冲毁、垮塌的“三池”，利用原有材料，进行恢复建设；清理、修补、浆砌开裂、渗漏的“三池”。稻田排灌设施恢复主要是对田间灌溉渠、田间排湿排涝渠、田间排洪渠和桥、涵、闸、农田制口等附属工程的恢复。

什邡市南泉镇方碑村全村有农田 193.33 公顷，村民不等不靠，积极开展生产自救，至 6 月 16 日，方碑村修复损毁较轻水稻田 146.66 公顷。修复时，对裂缝小的农田用清理出的田面河砂回填于裂缝中，用废旧塑料薄膜垫底后用黏土回填，夯实整平。对部分裂缝大、田面沉降较多的田块，用块石或用塑料袋装好砂石塞入裂缝后平整田间。重点疏浚清理引水渠，对开裂、渗漏渠道和附属工程，进行清理、修补、浆砌和勾缝处理。对修复工程量不大的损毁渠道，利用原有材料或用预制件或页岩砖修复；对损毁工程量较大、短期内无法修复的，采用开挖土渠或安装 PVC 管道办法，保证排灌渠系畅通。对 13.33 公顷不能修复的灌水农田，改种玉米、大豆和蔬菜等旱地作物。至 10 月 14 日，四川省修复轻度毁损耕地 4.33 万余公顷，占轻度灾毁耕地 88.67%；修复中度、重度毁损耕地 0.81 万公顷，占中度、重度灾毁耕地的 15.11%（见表 33）。

5 月中旬至 10 月 14 日四川省农田修复统计表

表 33　　单位：万公顷

市（州）	修复农田	轻度损毁	中度损毁	重度损毁
成　都	0.25	0.21	0.02	0.01
德　阳	1.04	0.99	0.04	0.01
绵　阳	2.15	1.81	0.23	0.10
广　元	0.94	0.68	0.18	0.08
阿　坝	0.70	0.57	0.09	0.04
雅　安	0.07	0.07	0.01	0
合　计	5.15	4.33	0.57	0.24

陕西省政府先后 10 次下达生产救助和恢复重建资金 9965 万元，恢复农田 4274 公顷。

云南省水富县对损坏轻微农田调整种植结构，对损坏严重的农田采用砌石、垒坎等措施进行修复，投入资金 338 万余元，恢复修建农田 420 公顷。

二　筹集种子

四川灾区除常年栽种水稻等农作物需要种子外，约有近 4.66 万余公顷水田改种旱地作物，需杂交玉米种子200万余公斤、蔬菜种子5万公斤。

5月23日，中国种子协会向全国种子企业发出倡议，呼吁各企业向灾区捐赠农业生产急需种子。中国农业科学院蔬菜花卉研究所组织各地20余家农业科学院蔬菜研究所、园艺所向四川灾区开展捐赠种子行动，筹措蔬菜种子1.5万余公斤、价值约320万元。奥瑞金种业集团向灾区捐赠价值300万元种子。针对灾区生态特点，奥瑞金种业集团召开救灾品种论证会，确定6个适宜灾区种植的玉米品种。种业集团员工用3天时间，完成30万公斤种子加工调配任务，送往成都市、德阳市、绵阳市、广元市受灾地区，并组织专家和农技服务队采取“良种配良法”措施，指导农民生产自救。至24日，山东登海种业、北京金色农华种业等20余家种子企业，共筹措适宜灾区恢复农业生产所急需种子875.68万公斤，其中杂交玉米品种43个、种子824万公斤，蔬菜11类、品种91个、种子51.68万公斤。四川省种子站向灾区提供50个杂交玉米品种580万公斤、6类蔬菜种子7.5万公斤供种信息，保障救灾用种供需对接。

农业部会同四川省农业厅，从20余家大型种子企业筹集杂交玉米种子40余个品种、1000万余公斤，白菜、萝卜、豇豆等蔬菜种子50万余公斤。从国家粮食储备库中为四川灾区选调杂交玉米种子300万余公斤，白菜、萝卜等蔬菜种子100万余公斤。向灾区调运5000万余公斤种薯、玉米和蔬菜种子等生产资料，满足灾区灾后生产用种需求。四川省财政厅、农业厅根据抢种需要种子情况，安排农业生产救灾资金800万元，用于灾区购买玉米、蔬菜改种、补种种子补贴，其中成都市155万元、德阳市237万元、广元市64万元、绵阳市202万元、雅安市56万元、阿坝藏族羌族自治州86万元。从5月24日开始，四川省种子质检站组织力量，协助灾区相关县（市、区）采购种子，并对全国各地向灾区捐赠的玉米、蔬菜等种子开展质量抽检工作，对抽检不合格的种子，不允许下田。（参见图176、表34）

图176　5月18日，奥瑞金种业集团调运种子运往地震灾区
（农业部　提供）

至6月10日四川省改种补种种子落实情况统计表

表34　　　　　　　　　　　　　　　　　　　　　　　　单位：万公斤

市（州）	玉米			蔬菜		
	玉米品种	数量	地点	蔬菜种类	数量	地点
成都	川农玉2号、资玉2号、临奥1号、雅玉2号、川单25、蓉单8号	6.36		夏阳白菜、白玉夏萝卜、黄金小白菜、津春1号黄瓜、挂面王豇豆、红花青壳四季豆、四季莜麦菜	0.65	彭州 崇州 都江堰
德阳	中农2号、雅玉28、鄂玉10号	28	各县			
绵阳	川单25、东单60、正红311、雅玉12、登海11、正红2号、绵单1号、鄂玉10号、三北2号	14.20	江油 北川 平武 安县 梓潼 涪城 游仙	菜大豆、豇豆、黄瓜、大小萝卜	2	江油 平武 安县 梓潼 涪城 游仙
广元	雅玉2号、8号、10号，中正3号、盛玉9号、隆单9号、禾玉9566号、奥玉17、中单808、中正4号、东单60、成单22、绵单1号、农华7号、川单15、长玉13	2.30	青川 剑阁 苍溪 旺苍 利州 元坝 朝天	大白菜、白菜、莴笋、萝卜	1.34	青川 剑阁 苍溪 旺苍 利州 元坝 朝天
雅安	中单808、雅玉2号、雅玉10号、隆安玉8号、川单15号、正红2号、盛玉9号、川单29、川单12、正红6号	1.46	天全 芦山 雨城 荥经 宝兴	大白菜、小白菜、莴笋、菜豆、豇豆、秋黄瓜、萝卜、西红柿、四季豆	2.58	天全 芦山 荥经 宝兴 雨城
阿坝	阿七三交、中单2号、农大3138、豫玉22、阿单9号、川单15、雅玉10号	1.96	汶川 茂县 理县			
合计		54.28			6.57	

甘肃省农牧部门调运玉米种子15万公斤、大豆种子29万公斤、小麦种子3万公斤、荞麦种子3000公斤，投入灾后改种、补种。陇南市组织种子企业和农户在专家和技术人员指导下，逐村、逐户、逐品种、逐地块进行田间抽检；各县区种子管理部门组织专职检验员对种子进行严格检查，不符合标准的种子不得使用。徽县农业部门调进夏播玉米种子10万公斤、优质大豆种

子29万公斤。舟曲县农牧局紧急调运玉米种子2.5万公斤、小麦种子1.5万公斤、荞麦种子3.5万公斤。

陕西省略阳县农机公司引进玉米等新品种51个，推广玉米良种27.4万公斤、小麦良种6.5万公斤、水稻0.49万公斤、油菜良种0.4万公斤。镇巴县农业局组织生产资料供应部门调运、调剂农作物救灾备荒种子5吨，西安市贮存玉米种子700万公斤，基本满足灾区夏种需要。

云南省水富县经济商务部门调节筹备杂交玉米种子455万公斤，与2007年同期相比增加15万公斤；杂交水稻40.5万公斤，与2007年同期相比增加0.5万公斤。至5月21日，永善县调节农作物种子365吨。

6月13日，农业部落实中央财政投资2400万元，分别在成都市、德阳市、绵阳市、广元市、雅安市、阿坝藏族羌族自治州的8个县（市、区），各建设一处规模为2公顷的蔬菜应急育苗场，并购置卷帘机、遮阳网、防虫网、农机具等配套设备，满足灾区抢种用苗需求。

三　抢修农机具

地震造成四川省、甘肃省、陕西省、重庆市损毁农机具9.7万台（套）、机电排灌站1.5万座、机电排灌设备1.9万台（套）。（参见表35）从5月20日开始，灾区进入全面抢修农业机械阶段。21日，农业部下发紧急通知，要求各地农机管理部门组织农机专家和专业技术人员赴灾区指导农机具及机电提灌站、机耕路、机库棚等设施抢修工作。灾区丘陵山区多，机电灌溉是农业生产和抗旱保苗必不可少的基础设施。四川省约93.33万公顷农田为机电灌溉农田，占耕地总面积的23%。地震造成13070座农村提灌站毁损，直接影响提灌灌面20.53万公顷，抢修提灌站是保证农田灌溉的重点。旺苍县农村机电提灌站损毁200座，2000余公顷农田无法灌溉。5月25日至6月10日，旺苍县农机局抽调40名农机技术维修人员，组建12支农机抢修抢险突击队赴灾区。4名突击队员携带管道设备，赴旺苍县三江镇厚坝村3社进行抢修，突击队连续工作12小时，抢修铺设管道60米，架起输电线路400米，解决40余公顷农田的灌溉问题。北川羌族自治县水务农机局召开紧急会议，成立5个工作组赴乡镇组织指导农机具抢修工作，在5月13日至10月14日期间，抢修农机具2500余台、机耕道76公里。

地震造成甘肃省拖拉机等农业机械毁坏，农机具库棚、泵房等设施发生破损、坍塌，农田机耕道路、排灌机械损毁严重。5月17日，甘肃省农机推广部门抽调5名技术人员赴陇南市、甘南藏族自治州、天水市、庆阳市、平凉市组织农机抢修。甘南藏族自治州农机系统投入抗震救灾农机人员400人（次），抢修农机具896台（套），抢修农机库棚及泵房面积6310平方米；天水市农机局维修农机具116台（套）、农机库棚4350平方米、机耕道路280.6公里。甘肃省各市、县农机部门抽调农机技术人员4000余人（次）深入灾区一线，抢修受毁农机具4500台（套），抢修排灌站（泵房）860座，修复农机提灌站（泵房）及农机库棚5000平方米，修复机耕道路20公里，投入抗震救灾农业机械1.05万台（套）。

5 月 12 日至 10 月 14 日五省（市）生产设施暨农机具修复情况统计表

表 35

项　　目	四　川	甘　肃	陕　西	重　庆	云　南
投入抗震救灾农机人员（人）	24252	4000	6400	4219	2800
抢修损毁农机具（台、套）	23301	4500	3000	180	465
抢修排灌站（座）	5000	860	170	436	3
抢修农机库棚（万平方米）	5.61	0.50	0.84	0.25	0.33

四　调配化肥

地震造成液态氨运输困难，使四川省氮肥厂因原料缺乏而停产，导致化肥特别是尿素供应紧张。6 月 19 日，农业部组织云南省云天化国际化工股份有限公司支援四川省复混肥料 2500 吨，其中水稻专用肥 1300 吨、玉米专用肥 1200 吨。6 月初，贵州省开磷化肥有限责任公司、陕西省巨川富万钾股份有限公司向灾区捐赠磷酸二铵 60 吨、复合肥 420 吨、有机钾肥 10 吨、保育肥（有机物料腐熟剂）3 吨，价值 198.7 万元，分别运往四川、甘肃陇南、陕西汉中。绵阳市农业部门组织调进绵碳铵 1080 吨、农药 20 吨，落实中央救灾尿素 5000 吨，临时冻结绵阳市境内化肥外调销售，组织开展“送肥下乡直销农户”活动，缓解全市化肥、农药供应的紧张局面。绵阳市因灾受损农资网点全面恢复，农资销售额 2.1 亿元，销售化肥 16.5 万吨，其中尿素 3.3 万吨、碳铵 7.3 万吨。5 月 30 日，雅安市雨城区农业局组织调运氮肥 100 吨，其中尿素 40 吨、碳铵 60 吨，分发到各受灾乡镇。至 7 月 7 日，四川省农业厅收到全国各地支援农用化学肥料 3324 吨、农药 224.81 吨、各种农用仪器设备 2.42 万台（套）。

“三夏”期间，甘肃省农资局向陇南市调配化肥 3000 吨。省供销社无偿援助陇南市化肥 100 吨，调拨平价化肥 500 吨。陇南市供销社系统共组织调进各类化肥 74326 吨，购进农用地膜 235.1 吨、农药 87.2 吨，保证灾后恢复生产所需农用物资需求。

农业部为陕西省提供中央救灾储备化肥进口氯化钾 5000 吨。陕西省将其中 4000 吨氯化钾加工成氯基型复混肥 1 万吨供应有关灾区。7 月 16 日，陕西省又为汉中市组织化肥 4700 吨，其中尿素 1164 吨、磷酸二铵 3536 吨，生产资料货源充足，满足需求。

云南省永善县在“三夏”期间，筹备化肥 18578 吨，其中尿素 6938 吨、过磷酸钙 4486 吨、钙镁磷肥 3185 吨、复合肥 3521 吨、钾肥 448 吨；筹备农用地膜 185.4 吨，其中微膜 117.1 吨、普膜 68.3 吨；筹备农药 61.5 吨。水富县经济商务部门调节筹备化肥 28 万吨、农膜 4322 吨、农药 498 吨。

五　改种补种

灾区水系和农田水利设施损毁严重，部分水稻田需改种旱地作物或蔬菜。四川省农业厅按照“宜粮则粮、宜经则经”的原则，确定14个县（市）为改种补种重点区域，抢种玉米3.16万余公顷、红薯0.38万公顷、大豆约0.18万公顷、马铃薯约0.17万公顷、荞麦66.66公顷、蔬菜0.97万余公顷。（参见表36）四川省农业厅要求玉米改种在6月15日前完成（推迟一天每亩平均减产10.2公斤），避免使用早熟品种，选择成单30、川单13等中熟、抗逆（抗大、小斑病和耐高温干旱）的品种，种植密度比春播玉米增加500～1000株/亩；海拔1600米以下的地区，采取扦插马铃薯苗或种植中熟玉米、大豆，海拔1600米以上地区补种速生蔬菜，同时，备种短生育期马铃薯品种种薯。7月15日前完成蔬菜改种补种任务，8月上中旬开始增种秋薯。

抗震救灾期间四川省部分重灾县（市）农作物改种统计表

表36　　单位：公顷

市（州）	县（市）	计划改种面积	改种粮食作物					改种蔬菜
			玉米	红薯	大豆	马铃薯	荞麦	
成都	都江堰	1452.33	700	—	440	—	—	312.33
	彭州	4333.33	1866.67	1133.33	—	—	—	1333.33
	崇州	1000	933.33	—	—	—	—	66.67
德阳	什邡	1470	1176.67	—	173.33	—	—	120
	绵竹	3286.67	2420	666.67	166.67	—	—	33.33
绵阳	北川	4066.66	2733.33	—	—	—	—	1333.33
	安县	8000	6686.67	—	280	—	—	833.33
	江油	5716.54	5191.07	—	—	—	—	525.47
	平武	6053.34	3466.67	1020	200	—	—	1366.67
广元	青川	2866.66	2133.33	333.33	200	—	—	200
雅安	汉源	1333.33	33.33	680	53.33	—	—	566.67
阿坝	汶川	2392	1175.33	—	—	20	—	1196.67
	理县	1095.21	395.67	—	—	291	66.67	341.87
	茂县	5882	2744	—	261.33	1378.67	—	1498
合计		48748.07	31656.07	3833.33	1774.66	1689.67	66.67	9727.67

5月17日，四川省政府办公厅下发《关于切实抓好当前“双抢”工作的紧急通知》，要求抢种期间，加强肥水管理，水稻移栽返青后及时追施分蘖肥，玉米要及时查苗补缺，施好提苗

肥。红薯栽后要及时追施提苗肥，适时追施穿林肥。做好病虫监测，制订防治预案。19日，四川省农业厅制订《灾后粮油和经济作物恢复生产技术方案》，对作物苗期管理、田块整理、肥水管理、病虫害防治等提出技术要求。同时，对水果、蔬菜、茶叶、中药材、蚕桑等经济作物田间管理也提出技术要求。28日，四川省抗震救灾指挥部要求各市、县及农业、农机局负责本辖区灾后农作物改种、补种技术指导和技术培训，细化落实技术方案，搞好示范栽培。（参见图177）

图177　5月23日，绵阳市一农机手用久保田步行式插秧机插秧
（中国农机化信息网　提供）

绵竹市农业局按照尽可能多栽水稻、没有水源实行"水改旱"的原则，制订技术方案，派专业技术人员进村示范。5月26日，第二炮兵抗震救灾现场指挥组派出55人，帮助绵竹市东北镇玉马村35户受灾群众插秧5.33公顷。至6月7日，绵竹市建立5个市级"水改旱"示范点，每个示范点面积达13.33公顷；每个乡镇建立一个示范点，面积超过3.33公顷；发放技术宣传材料2万余份，培训农户1.5万户，带领农户完成1066.67公顷无水栽秧稻田，改种玉米2420公顷，改种蔬菜33.33公顷。安县计划改种补种8000公顷，其中改种补种玉米6666.67公顷、大豆333.33公顷、蔬菜1000公顷。至6月18日，安县组织200余名农技人员集中建立100公顷改种玉米高产示范片和40公顷蔬菜示范片，分别安排品种对比和不同播期改种实验。安县除千佛、高川2个重灾乡（镇）外，其余18个受灾乡（镇）均建立一个3.33公顷以上示范点；落实改种补种玉米6686.67公顷、大豆280公顷、蔬菜833.33公顷。9月17日，四川省科技厅组织验收组对安县玉米高、中、低产3种类型和对照田（受灾后未进行"水改旱"的水稻田）现场测产。示范片平均亩产578.2公斤，对照田平均亩产291.7公斤。示范片比对照田每亩平均增收粮食286.5公斤，农民增收515元。安县采用筛选品种，分期播种，集成"抗逆高产品种，争早抓苗，增密调肥，沟宽窄行种植，高效综合防治虫病，一次性施肥、化控防倒"等高产、规范化玉米种植技术进行改种，实现减灾增收，为灾后生产自救提供了良好的技术模式。

陇南市计划复种面积8.26万公顷，其中粮食作物7.2万公顷，包括水稻0.2万公顷、玉米1.33

万公顷、大豆 2.8 万公顷、荞麦 2 万公顷、马铃薯 0.87 万公顷；经济作物 1.06 万公顷，包括蔬菜 0.8 万公顷、其他经济作物 0.26 万公顷。陇南市发挥地区热量条件较好的优势，按照“宜粮则粮、宜菜则菜”的原则，对条件较好的地区扩大蔬菜等经济作物复种面积，对半山地区扩大荞麦、豆类、马铃薯等粮食作物；对不适宜粮食作物生长的地区复种饲草和绿肥。5 月 26 日，徽县农牧局组织农技、种子、良种场等单位科技人员和各乡镇农技站站长，对城关镇、银杏树乡、伏家镇、柳林镇、永宁镇、栗川乡、泥阳镇、水阳乡小麦、油菜新品种示范点、良种繁殖田、试验田进行现场观摩和鉴定评估，提出徽县秋播冬小麦品种的布局原则，川道河谷及中部浅山丘陵区以清引 10 号、D6−10、清引 15 号、兰天 99−471−14−2、清引 14 号、98−72 等品种为主推品种；搭配种植兰天 15、兰天 23 号、清引 16 号、D6−3、清引 19 号；示范种植清引 23、98−178−3−1−3、清引 24 号。南北二山高海拔及阴湿林畔地区以清引 9 号、兰天 21 号、清引 13 号、D6−11 为主推品种；搭配种植兰天 13 号、兰天 17 号、兰天 21 号；示范种植清引 18 号、清引 19 号、清引 20 号、清引 23 号、原种 00−30−2−1 等品种。冬油菜布局原则，中部低海拔地区以陕油 8 号、秦优 8 号、陕油 9 号为主推品种，示范种植秦优 9 号，搭配种植陕油 6 号、秦油 7 号，在南北二山高海拔地区推广以冬性、半冬性油菜品种为主，重点推广杂优 1 号、甘杂 1 号、94−15 等品种。至 6 月 20 日，陇南市完成复种面积 9.74 万公顷，其中粮食作物 7.81 万公顷、经济作物 1.51 万公顷、其他作物 0.42 万公顷，全市复种指数在常年 132% 的基础上提高 8 个百分点，复种面积增加 2.13 万公顷。徽成盆地浅山丘陵区及康县、武都区下山区、文县碧口片、礼县雷坝片麦茬地扩大，大豆复种面积由 2007 年的 2.87 万公顷扩大到 4 万公顷，荞麦复种面积由 2007 年的 1.61 万公顷扩大到 2.37 万公顷，马铃薯复种面积由 2007 年的 0.21 万公顷增加到 0.45 万公顷。6 月 25 日，陇南市政府决定，在解决 200 万元复种种子补助款的基础上，再拨付 50 万元，作为扩大蔬菜复种启动资金，购置适合复种的萝卜、架豆、白菜、甘蓝及小叶菜等蔬菜良种，并将启动资金及时发放到农民手中。

安康市、汉中市水稻面积 13.33 万公顷，占陕西省水稻种植面积的 95%。安康市派驻农业干部和专业技术人员组织抢播水稻 4.67 万公顷。镇巴县农业局组织抢播水稻 0.43 万公顷，扦插红薯 0.45 万公顷，抢种回茬玉米 0.08 万公顷，抢播蔬菜 0.19 万公顷。

至 6 月 30 日，重庆市水稻栽插基本完成，抢种红薯 333.33 公顷、蔬菜 200 公顷。

云南省农业厅针对地震灾后抢种补种情况，向灾区补助 1825 万元资金，用于粮食种植。永善县农业局联系 15 个乡（镇），组织 200 余人赴灾区抢种补种农作物，移栽水稻 94.87 公顷、地膜玉米 4333.33 公顷、马铃薯 6186.67 公顷、红薯 253.33 公顷、魔芋 2686.67 公顷、烤烟 445.87 公顷、蔬菜 3313.33 公顷。2008 年，昭通市完成粮食作物种植面积 39.21 万公顷，完成晚秋种植 11.21 万公顷。

第二章　养殖业生产自救

第一节　畜牧业生产自救

一　存活畜禽处置

地震对畜牧生产造成巨大破坏，部分灾区幸存畜禽因缺乏饲养条件而死亡，损失进一步扩大。部分灾区采取提前出栏或异地饲养措施，饲养存活畜禽，减少损失。

提前出栏　5月16日，农业部专家工作组在彭州市通济镇调查了解到，当地养殖户圈舍几乎全部垮塌，饲料损失严重，水源遭受破坏，养殖条件恶化，导致活畜继续死亡。专家组建议，省畜牧食品局组织当地屠宰加工企业收购健康畜禽，由政府采购供应灾区群众和救援部队，既可减少灾区群众的损失，也可减少无害化处理工作的压力。省畜牧食品局成立肉食品保障组，分赴17个市的肉食品加工企业协调采购肉类加工品，为灾区群众和救援部队提供肉食品。至6月10日，省畜牧食品局肉食品保障组从13家肉食品加工企业，调运肉食品2766吨，其中冻猪肉1433吨、火腿肠681吨、罐头652吨。

四川部分灾区筹集资金、恢复生产，组织畜禽收购。地震后，德阳市出现道路交通不畅、饮水和食品特别是肉食品供应困难等问题。为减少灾区因畜禽损失而造成农户更大的损失，缓解肉食品供应困难等问题，5月16日，德阳市畜牧食品局协调德阳市瑞麟食品有限公司、什邡市高金元一食品有限公司、德阳众品实业有限公司3个肉类加工企业收购灾区因饲料、水源短缺急于出栏的生猪。17日，德阳市政府与市农业银行协商，落实贷款600万元，扶持上述肉类加工企业收购需提前出栏的生猪。同时，广元市组织7家肉类龙头加工企业基本恢复生产，至6月3日，收购屠宰生猪5万余头，加工白条猪肉3000余吨，向广元市城乡市场及省内其他灾区供应猪肉

1835吨。6月15日，汶川县威州镇附近的山体裂开几十厘米宽、上百米长的裂缝，随时都有山体滑坡的危险。汶川县畜牧兽医局制订紧急避险转移期间畜禽的处置方案，动员社会力量收购灾区畜禽。6月15日至10月14日，汶川县收购畜禽2630头（匹、只）。6月16日，阿坝藏族羌族自治州畜牧兽医局组织马尔康县、若尔盖县、红原县、阿坝县畜牧兽医局与屠宰商协调，从茂县收购商品猪3000余头。至7月10日，地震灾区提前出栏生猪、牛、羊等牲畜30.8万头、家禽230万只，使地震后失去饲养条件的畜禽基本得到有效处理。

异地饲养 在组织活畜收购的同时，四川极重灾区对失去养殖条件的畜禽实行异地转移安置。5月17日，德阳市畜牧食品局成立两个恢复生产、生活秩序工作队，赴绵竹、什邡指导畜牧业生产。至20日，德阳市就近转移存活畜禽3850头（只），其中奶牛83头、生猪834头、其他畜禽2933头（只）。22日晚，四川省大禹野生食品有限公司请求绵阳市畜牧兽医局协助转移位于北川羌族自治县曲山镇邓家渡四沟口的PIC[①] 邓家祖代种猪场5000余头种猪。在地震发生前，四川省大禹野生食品有限公司PIC邓家祖代种猪场有种猪8000余头，是西南地区最大的PIC祖代种猪场。地震中，该种猪场2.5万平方米的圈舍损毁，300余头种猪死亡，流失3000余头，存活5000余头露宿废墟，缺水缺料，面临死亡的威胁。22日晚，绵阳市畜牧兽医局分别向四川省畜牧食品局和绵阳市抗震救灾指挥部汇报情况，请求四川省抗震救灾指挥部协调救灾部队协助转移存活种猪。

四川省委、省政府要求以最大力量支持邓家种猪安全转移工作。5月24日，四川省抗震救灾指挥部协调部队50名官兵、军用车43辆，紧急赴北川羌族自治县抢运种猪。至25日，抢运种猪2100余头（见图178）。考虑到唐家山堰塞湖泄洪期临近，尚有3000余头种猪转移的任务，省畜

图178　5月24日，救援部队官兵协助四川省大禹野生食品有限公司PIC种猪场转移存活种猪
（绵阳市畜牧兽医局　提供）

① PIC，即Pig Improvement Company缩写，为1962年成立于英国的全球最大的猪育种改良公司。PIC成为该公司品牌名称。四川大禹野生食品有限公司2002年从英国引进1600头PIC公司种猪。

牧食品局再次向省抗震救灾指挥部和省政府申请救援。27日，成都军区后勤部、联勤部及北川救援部队先后4次派出官兵350余人（次）、军车130余辆（次），将种猪3000余头转移至梓潼县和江油市，为大禹公司挽回经济损失1000万余元，并消除可能带来的水源污染隐患。

恢复生产　6月2日，农业部要求重灾地区重点帮助仍有生产能力的畜禽良种场（户）、规模场（户）修复受损圈舍，设法保持仔畜禽的生产能力；轻灾区加紧开展生产自救，重点修复加固圈舍，引导养殖者及时补栏；引导和扶持有条件的养殖户抓紧恢复畜牧业生产，利用当地青绿饲料资源及周边土地、农闲田地等增加饲草料种植面积，发展肉兔、鹅等草食畜禽生产，尽快恢复到地震灾前的生产水平。同时，优先发展肉鸡、肉鸭等生长周期短、圈舍要求相对低的畜禽生产，满足当地畜产品消费需求。国家在2008年支持生猪标准化规模养殖场（小区）的建设项目中，向四川省、陕西省、甘肃省共增加资金4400万元，用于支持灾区恢复生猪生产；向四川省增加资金500万元，用于5个生猪扩繁场的建设，恢复种猪生产能力。

四川省畜牧食品局调整畜牧专项资金1530万元，争取农业部调整生猪标准化规模养殖小区和生猪良种扩繁场项目资金3900万元，帮助受灾群众开展畜牧业生产自救。6月6日，省畜牧系统启动科技助农减灾增收行动，1.62万名科技人员带资金、带技术、带项目上山下乡，进村入户，联系帮扶农户6.16万户。科技人员加大动物疫病防控、圈舍修复、综合饲养技术的指导和推广力度，重点帮助畜禽良种场（户）、规模场（户）修复受损圈舍及供水供电设施，尽快恢复仔畜禽苗供应能力和商品畜禽生产能力，指导有条件的受灾农户养殖禽兔等投入少、见效快的小家畜禽；轻灾区重点支持种畜禽场，加固扩大圈舍，扩大生产规模和数量，增加仔猪、禽苗的生产和市场供应。省畜牧食品局就广元市圈舍修复提出，畜牧业恢复生产重点在次重灾区和轻灾区。6月18日至7月7日，广元市畜牧食品局提出恢复畜牧业生产分类指导意见。对极重灾区按“人畜分离、优化生态和规模养殖”的原则，统一规划畜禽圈舍修复和重建；对重灾区提出“少减产、少减收”的目标，尽快对受损圈舍除险加固，发动养殖场（户）自筹资金，填槽补栏，扩大养殖规模；对非灾养殖户提出大增产、大增收的发展要求，加快标准化养殖场建设，鼓励养殖户（场）填槽补栏，弥补受灾害场（户）的损失。

四川省畜牧系统通过派出干部和专业技术人员深入灾区、编写资料等形式开展助农减灾活动。截至5月29日，德阳市畜牧局组织畜牧兽医人员780人、眉山市畜牧局组织干部职工415人、宜宾市畜牧局派出干部职工352人、乐山市畜牧局组织科技人员150余人、巴中市畜牧食品局派出畜牧工作人员127人，深入村社了解核实灾情，指导养殖业主开展圈舍修复等生产自救。剑阁县畜牧食品局组织技术人员编印《震后生猪圈舍重建指南》1万册，发放到受灾养殖场（户）；派出技术人员进村入户，指导受损圈舍养殖户修复加固圈舍，帮助垮塌圈舍养殖户选址购材，重修圈舍。至6月6日，剑阁县下寺片区121户养殖户动工维修圈舍，89户养殖户规划新建圈舍。6月16日，广元市畜牧食品局和市交通局联合派驻青川县七佛乡抗震救灾工作队到芙蓉村2社，帮助开发见效快的养殖项目，提供鸡苗，指导防疫技术，鼓励受灾群众搭建养鸡棚圈，扶持养殖户建立养鸡协会，发展土鸡养殖。至6月26日，广元市共组织2000余名畜牧科技人员到灾区指导圈舍修复。

至9月30日，四川省修复圈舍1746万平方米，畜禽填槽补栏9172.1万头（只），畜牧生产能力恢复到地震前的80%。

地震灾区其他省市也迅速开展圈舍修复。兰州市针对地震造成265个规模养殖场、3.38万平方米生产用房和畜禽圈舍墙体裂缝、地基塌陷的情况，维修重建规模养殖场房32座、12460平方米，重建畜禽圈舍48座、21340平方米。平凉市维修圈舍15083平方米。咸阳市修复圈舍10.13万平方米，补栏畜禽11.92万头（只）。昭通市的永善县、绥江县修复圈舍约3万平方米，补栏畜禽4.88万头（只）。

二　补栏与饲料调运

畜禽补栏　农业部在组织饲料调集的同时，要求严格按照地震灾后畜禽圈舍建设和养殖技术指导方案，强化畜牧产业科技支撑，大力推广应用PIC生猪等优良畜禽品种和无公害标准化养殖先进实用技术，统筹规划畜禽良种繁育体系建设，合理确定良种扩繁场数量和布局，优化种畜禽场、扩繁场、人工授精站点布局，基本实现“良种扩繁场到乡镇、进村社”。农业部畜牧业司针对仔猪供应紧张的问题，研究制订《进一步提高母猪生产能力的技术指导意见》《蛋鸡生产技术推广方案》，会同国家外国专家局召开推行“自然养猪法”现场会，帮助养殖户实现节能减排、节本增效。农业部组织有关部门编写畜禽养殖管理技术等内容短信，6月10—19日，通过中国移动、中国联通发送8000万条短信至四川、陕西、甘肃、重庆、云南灾区农民。10日，四川农业大学动物营养研究所组织10余名专家编印猪舍选址、猪场布局、猪舍建筑结构、种猪选择、猪饲料营养及疫病防治等内容的《养猪业灾后重建实用问答》手册，印制6000余册，免费发送18个受灾县养殖户。截至12月26日，四川省畜牧系统出动1.62万名科技人员，先后举办现代生猪养殖新技术、优质肉牛安全生产技术、家禽生产新技术、生猪人工授精技术等培训班，培训124万人（次），发放畜牧养殖、疫病防治等科技资料180万余份，推广畜牧新技术700余项。

广元市地震后需要种猪3200头，其中长白种母猪500头、种公猪50头，约克种母猪500头、种公猪50头，杜洛克种公猪100头、外二杂母猪[①] 2000头；需巨高长毛兔种兔1000组；需波尔种母山羊500只、波尔种公羊15只；需西门达尔种母牛100头、西门达尔种公牛2头。广元市畜牧食品局要求实施“母猪工程”，采取财政倾斜、招商引资、金融服务等措施，鼓励扶持业主、养殖户新建母猪养殖小区10个。广元市各种猪繁育场为灾区的养殖户提供优质二杂母猪和商品仔猪。截至10月14日，广元市完善优质纯种场2个，规范建设4个外二杂母猪扩繁场，发展外种杂交仔猪生产场5个。为解决“母猪工程”实施中的技术问题，广元市加强畜牧兽医技术推广和培训，培训1500余人（次）。5月15日，剑阁县畜牧食品局技术干部在市内各大二杂母猪繁殖场选调母猪。至6月5日，从广元市玉田农业开发有限公司、广元市剑阁康茂农业投资有限公司种猪场调回外二杂母猪300头，从德阳等地种畜场调进种公猪29头。四川省锐昌牧业科技有限公司从6月8日至7月31日，开展向受灾养殖农户提供优惠售猪活动：对极重灾区青川县受灾农户购买外二杂母猪优惠30%；对其他受灾县区的受灾农户购买外二杂母猪或仔猪优惠15%；

① 外二杂母猪，指两个引进猪品种交配所生后代。如用长白猪Landrace公猪和约克猪Yorkshine母猪交配所生后代，称“外二杂”。

对资金困难的重灾户暂预付优惠价格的一半，另一半款可用繁育仔猪折款偿还。锐昌牧业科技有限公司共售出外二杂母猪 2200 余头，让利 50 万余元。至 6 月 10 日，成都市共补栏生猪 6.56 万头、家禽 67.32 万只。至 6 月 15 日，雅安市调运饲料 158 吨，调进仔畜禽 12652 头（只）。6 月 20 日，黑水县畜牧兽医局组织 3000 只“九顶山鸡”无偿分发给 96 户受灾较重的农户。至 7 月 10 日，无偿发放“九顶山鸡”6300 只，有偿提供能繁母猪 213 头、种公猪 8 头、能繁母牛 65 头、优质山羊 80 只、畜禽饲料 8 吨。至 7 月 1 日，绵阳市选留后备母猪 3.2 万头，帮助养殖户引进良种猪 3480 头；补栏增养畜禽 369.08 万余头（只），其中生猪 21.2 万头（母猪 3.2 万头、引进良种猪 3480 头）、牛 842 头、羊 1.2 万只、禽 346.6 万只。江油市补栏生猪 5.43 万余头、牛 838 头、羊 1246 只、禽 5.37 万余只。阿坝藏族羌族自治州畜牧兽医局与九寨食品饲料配送中心协调，采取 150 元 / 吨运费补贴措施，组织饲料 2300 吨，建饲料配送点 6 个，组织各县畜牧兽医局调运商品猪 1.6 万余头，补栏仔猪 6.4 万余头、禽兔 18.6 万羽（只）。至 9 月 15 日，阿坝藏族羌族自治州协调人保财险阿坝分公司兑现 126 头能繁母猪赔付，推进茂县东兴乡四坪村生猪养殖小区建设，新增专业养殖户、重点养殖户 126 个；落实 PIC 生猪养殖示范户 151 户，饲养 PIC 商品猪 2981 头，推广 PIC 父母代公猪 9 头、母猪 290 头、外二杂母猪 168 头，兑现每头 PIC 父母代母猪补贴 200 元；核定 2007 年验收合格圈舍饲养 PIC 生猪情况，兑现 2007 年 153 个规模圈舍补贴 21.42 万元；为石鼓村示范养殖 PIC 生猪示范，多方筹措资金补贴修建圈舍 1500 平方米，按每头猪补贴 1000 元的标准购进 PIC 父母代母猪 140 头。（参见图 179）

图 179　6 月 17 日，什邡市畜牧局工作人员为马祖镇东岳村养殖户免费发放鸭苗（德阳市畜牧食品局　提供）

甘肃省组织力量对瘦弱牲畜、孕畜和仔畜进行重点饲养，努力降低牲畜死亡率。兰州市动员受灾群众开展自救，加快畜禽补栏工作。至 6 月 16 日，兰州市共补栏畜禽 2500 余头（只）。甘肃灾区农牧系统开展技术培训。至 8 月 21 日，迭部县组织技术人员举办培训班 11 期；徽县共举办各种形式科技培训班 16 期，培训 2120 人；天水市举办规模养殖场（小区）标准化防疫消毒技术培训班，发放《地震灾后动物疫病防控》等宣传资料2300份（册）。

陕西省政府为应对生猪供应可能出现短缺等问题，下拨1000万元资金扶持养殖项目，发展养殖业。略阳县农业局为白水江镇权力村调运仔猪102头，略阳县畜牧兽医总站为徐家坪镇任家台村免费调运种母猪60头、种公猪1头。汉中市农业局为略阳县秦家坝村购置二元良种母猪100头、猪饲料500公斤、配套药类200袋、乌鸡鸡苗1万只、孵化器1台，举办养殖技术培训班3期，免费发放养殖技术手册200册。至10月14日，汉中市农业局组织养殖技术培训60余场（次），印发宣传资料3万余份，培训8000余人。7月10日，彬县畜牧部门为韩家乡龙尾沟村小山组和鹅池村太白庙村民小组购置60组240只良种肉兔。至8月4日，咸阳市畜牧兽医部门帮助养殖户调运畜禽种苗10.86万头（只），其中仔猪2.02万头、家禽8.84万只，调运饲草料726吨。

畜禽饲料　5月15日，农业部派出专家组赴彭州市通济镇杨叉村、桥楼村了解灾情。当得知杨彬猪场存栏300余头猪马上要断料时，随行的四川省畜牧食品局负责人当即为杨彬养猪场协调解决2吨饲料，以解燃眉之急。18日，农业部会同中国畜牧业协会、中国饲料工业协会、中华慈善总会联合在西安举办“中国畜牧饲料行业抗震救灾”募捐活动，现场募集900万余元款物。6月1日，农业部畜牧业司与四川龙蟒集团协商，促成龙蟒集团寻甸基地40万吨饲料级磷酸氢钙项目尽快投产。2日，农业部畜牧业司建议协调银监会，对灾区磷酸氢钙生产企业原有贷款实行挂账停息或财政贴息，对进口或购置生产设备给予税收优惠，对生产企业新增贷款放宽抵押条件，中央财政和地方财政给予一定贴息补助。农业部建议云南省放宽磷酸氢钙出省限制，通过公路运输满足四川省部分磷酸盐生产企业原料需求。7月10日，农业部畜牧业司协调发展改革委将灾区饲料级磷酸盐企业生产所需的矿石原料，列入抗震救灾物资运输计划，将饲料级磷酸盐列入支农物资范围，及时发布饲料级磷酸盐指导价格，严厉打击借机涨价和囤积行为。发展改革委采取价格申报制度、在附近省组织货源、放宽云南磷矿石出省限制、引导企业采用新型添加剂等多项措施，解决饲料生产和供应遇到的困难。农业部畜牧业司制订《饲用植酸酶使用指南》，指导饲料企业科学使用植酸酶，提高饲料级磷酸盐的使用效率，减轻饲料级磷酸盐供应紧张压力。

5月22日，成都市农业委员会派专人与大北农饲料公司联系协调落实饲料。同日晚，大北农饲料公司将捐赠的4吨饲料送到受灾养殖户家中。6月18日，四川省畜牧食品局向四川省政府提交解决饲料用玉米和豆粕应急需求及运力的请示，请求省政府转报国务院抗震救灾总指挥部，按收购成本价或低于市场价20%的价格协调解决20万吨中央储备玉米。20日，四川铁骑力集团向绵阳市游仙区及北川羌族自治县、安县、平武县、江油市养殖户赠送高档浓缩乳猪饲料36车，价值120万元。

7月18日，发展改革委、财政部、粮食局、中国农业发展银行向中储粮总公司和四川省、吉林省发展改革委、粮食局、财政厅及有关农业发展银行分行下发《关于下达2008年国家临时储存玉米定向销售出库计划通知》，安排中储粮总公司向四川省部分饲料生产企业定向销售国家临时储存玉米19.73万吨。玉米出库价格和出库费用为国标一等1540元/吨、国标二等1500元/吨、国标三等1460元/吨，出库费用30元/吨。玉米配售额为成都华西希望农业科学技术研究所有限公司0.12万吨、绵阳希望饲料有限公司0.06万吨、四川金太阳畜牧饲料有限公司1万吨、四川铁骑力士实业有限公司3万吨、四川铁骑力士饲料有限公司2.4万吨、四川铁骑力士实业有限公司乐山分公司0.3万吨、四川响当当饲料有限公司0.3万吨、广安万千集团有限公司0.12万吨、绵阳冯氏饲料有限公司 0.2 万吨、广汉国雄饲料有限公司 0.18 万吨、成都三旺农牧股份有限公司 8 万吨、双流正大有限公司 0.8 万吨、内江正大有限公司 0.8 万吨、绵阳正大有限公司 0.9 万吨、成都正大有限公司 1 万吨、彭山新希望饲料有限公司 0.15 万吨、资阳嘉好饲料有限公司 0.15 万吨、泸州希望饲料有限公司 0.25 万吨。同时，要求定向销售玉米必须全部运往四川省，由上述 18 家饲料生产企业用于饲料加工，严禁销售给其他企业或改作其他用途。

至 9 月 15 日，阿坝藏族羌族自治州分别在汶川、茂县、若尔盖等地设饲料配送点 7 个，调运配送饲料 6055 吨，其中汶川县 860 吨、茂县 4815 吨、若尔盖县 380 吨。茂县畜牧兽医局为畜牧业生产筹措运输补贴资金 59162 元，协调九寨食品公司、饲料销售大户累计调运饲料 2410 吨。

甘肃省各市、县政府及时统筹救灾资金 1052.84 万元，组织调购饲草料 5265.4 吨，协助乡村干部逐户发放饲草料。甘南藏族自治州利用退牧还草工程等项目资金共购置饲草料 9530 吨。

第二节　渔业生产自救

一　设施恢复

5 月 16 日，农业部就渔业基础设施修复提出，尽快修复养殖池塘及配套设施，恢复重建水产良种生产基础设施，恢复良种生产和供应能力，修复大棚、车间等生产用房和围墙、道路等辅助设施，修复库区水产养殖网箱及其配套设施的要求。28 日，成都市各渔业部门联系专家共商重建方案，优化设计，使企业通过重建达到升级扩产；对渔业基础设施损毁较重的帮助联系重建修复急需材料，协助相关部门修复道路、桥梁，优先安排进、排水渠的疏通；对渔业基础设施损毁轻微的安排专人解决企业实际困难。至 8 月 15 日，成都市恢复鱼池 536.07 公顷、生产用房 47731 平方米、进排水渠 26 公里。至 6 月 20 日，广元市恢复白龙湖 70% 网箱养鱼，围栏养鱼全面恢复；水产龙头企业白龙湖水产开发有限公司标准化示范养鱼基地全面恢复正常生产，以冷藏为主的水产品加工业恢复 60% 生产能力，水产良种繁育场逐步恢复。

5 月 20 日至 6 月 20 日，四川省受灾水产养殖企业与养殖户展开生产自救，使渔业生产逐步恢复。各级水产主管部门为震后经济条件较好的生产单位和养殖户联系调运鱼药、饲料和苗种。德阳市广汉金角水产养殖场 18 公顷鱼池震后池水漏干，50 吨成鱼、400 万尾鱼苗全部死亡，损失近 500 万元，但鱼池池体、进水渠等未出现严重垮塌。在死鱼无害化处理后，金角水产养殖场赶在鱼苗生产季节来临前，采取将池底铺上塑料布和黏土等临时性措施，重新放水、放鱼苗，年底再彻底整修。至 6 月 19 日，四川省 6 个重灾市（州）恢复渔业基础设施 7228 处，修复池塘 3133.3 公顷，补放水产鱼苗种 8800 吨，恢复生产和办公用房 3.9 万平方米。10 月，四川省受灾渔业企业基本得到恢复的 360 家，占总数的 90%；部分恢复的 20 家，占总数的 5%；放弃修复和暂时无力恢复的 20 家，占总数的 5%。（参见表 37）

至9月30日四川省渔业基础设施修复统计表

表37

市（州）	受损鱼池修复（公顷）	生产和办公用房修复（平方米）	网　箱（公顷）
成　都	1352.02	30575.02	—
绵　阳	2495.95	30370.24	0.83
德　阳	897.87	16399	—
广　元	193.90	10157.17	10.79
雅　安	41.06	1685.90	—
阿　坝	7.50	3363.84	—
巴　中	30.00	644	—
资　阳	334.00	960.43	0.13
遂　宁	602.67	1077.40	—
广　安	495.60	—	—
达　州	276.13	711.85	—
内　江	264.20	316	—
自　贡	516.83	2299.60	—
眉　山	198.97	8743.55	0.91
南　充	573.56	1296	—
乐　山	53.07	—	—
合　计	8333.33	108600	12.66

天水市在地震后紧急投入资金8万元，填补池塘裂缝、加固池塘。经调节水质，改善鱼塘环境，使34.4公顷鱼塘恢复正常养殖，为养鱼户挽救5吨池鱼，减轻损失10万余元。陇南市武都区水产部门筹资7万余元，购买生石灰及漂白粉等消毒药物，实施养殖池塘消毒，预防养殖病毒和疫情传播，并调进优质水产种苗草鱼、鲫鱼、虾、蟹等200万尾，保障水产正常经营。

5月14日，陕西省水利厅要求各级渔业管理部门了解养殖塘坝、渔机具和水产养殖的受损情况，合理评估渔业设施、养殖塘坝、水渠道路等基础设施坍塌损毁情况，做好前期资金、技术、物资、施工等准备。勉县受灾群众采取对一般受损水域加开增氧机增氧，降低水位，对水体进行生石灰消毒及用黄土、水泥砂浆等防渗漏应急处理等措施；对较大面积或受损严重的池塘、水库采取降低水位或空塘（库）及用黄泥、水泥砂浆填筑等及时处理措施修复鱼池，完成土石方4206立方米。

重庆市农业局为减少因灾害给渔业生产带来的损失，从预防入手，加强安全隐患排查，指导渔民开展生产自救。北碚区水产站技术人员指导复兴镇、水土镇、蔡家岗镇等地区鱼池修复时，对受损鱼池进行加固夯实，对池底渗漏的鱼池，在池底铺垫一层细碎黏土，然后注水，借水流使黏土均匀铺于池底，护底堵漏；对池壁渗漏鱼池，将水放至渗漏处，然后再用混凝土从鱼池内部裂缝灌浆进行堵漏；对暂时无法进行整治的鱼池，做好增水、保水、蓄水工作，等到休塘时再对鱼池进行整体修补防漏。重庆市共组织修复鱼池2160.33公顷，占全市鱼池总面积的98%。

云南省水富县农业局组织渔业部门干部、技术人员赴向家坝镇、太平乡、两碗乡519个农户，开展鱼类暂养设施、水产养殖鱼池修复、灾后死鱼无害化处理及疾病防治、水产养殖救灾应急处理技术指导，投入资金10万元，无害化处理死鱼3.6吨，消毒环境89.47公顷，消毒水体131万平方米，组织投放各种规格鱼苗50万余尾。对鱼池裂缝进行灌浆修补，对垮塌鱼池进行砌石、垒坎修复，对关河渔业护栏网进行补修，共投工投劳7.5万个，投入资金254万余元。至9月30日，水富县渔业生产全部恢复。

二　种苗调配

5月16日，农业部要求受灾地区科学评估成鱼和种苗损失情况，清点留存的亲本（指动植物杂交时所选用的雌雄性个体）和种苗数量，根据基础设施修复和重建进度，及时统计恢复生产所需亲本、苗种的品种和数量。至6月20日，四川省因地震灾害损失成鱼2.75万吨、苗种0.29万吨。渔业恢复生产需要调运苗种7160吨、亲本920吨，需资金1.8亿元，其中四川省需资金1.42亿元、陕西省需资金2000万元、甘肃省需资金800万元、重庆市需资金500万元、云南省需资金500万元。四川省根据重灾地区对渔业生产品种、数量的需求，协调受灾较轻或未受灾地区调集大规格鱼种进行支援，协调鱼饲料、鱼药生产企业支援灾区，共向重灾地区调运鱼种350吨、亲鱼200组、饲料1000吨、鱼药500余件。

根据灾区成鱼和苗种损失情况，农业部渔业局提出“就近调剂供应”的原则，减少运输环节成本，避免长途运输造成鱼苗死亡，组织各级水产原良种场和苗种繁育场在保证苗种质量的基础上，扩大生产规模，做好亲本和苗种生产。通过多种渠道供应灾区恢复生产所需种苗，特别保证山区和边远地区的种苗供应。农业部渔业局还协调安徽省、江西省、湖北省、湖南省渔业部门及中国水产科学研究院组织本省或本单位水产原良种场和苗种繁育场，在保证苗种质量的基础上，扩大生产规模，增加储备，保证恢复生产所需亲本和苗种供应，重点做好冷水性鱼类、四大家鱼、鲶鱼和长吻鮠等受灾地区主要养殖品种的亲本和苗种的生产供应。中国水产科学研究院部署院属北京市房山鲟鱼繁育基地为地震灾区准备10万尾鲟鱼苗种；黑龙江省水产研究所渤海冷水性鱼类试验站准备4万尾虹鳟、金鳟和哲罗鱼苗种，并与国内相关养殖企业联系，组织更多的冷水鱼苗种供应地震灾区；黑龙江省水产研究所冷水性鱼类饲料实验加工厂向灾区提供鲟鱼、虹鳟鱼养殖生产所需的专用饲料；黑龙江省水产研究所渔业机械实验厂为灾区加工养殖生产所需的增氧机和投饵机。

成都市组织养殖户、企业、基地开展生产自救，投放各种规格鱼苗、鱼种约5000万尾，其中冷水鱼苗种1120万尾、其他鱼苗种3880万尾，投放亲鱼400公斤。都江堰市投放苗种280万尾，其中冷水鱼苗种80万尾、其他鱼苗种200万尾。彭州市投放苗种3000万尾，其中冷水鱼苗种1000万尾、其他鱼苗种2000万尾；同时，投放亲鱼200公斤。崇州市投放亲鱼200公斤。大邑县投放苗种400万尾，其中冷水鱼苗种40万尾、其他鱼苗种360万尾。安县水产站帮助养殖户联系调运鱼种853万尾、11吨，解决了养殖生产的燃眉之急。至9月30日，四川省组织省内水产种苗场共向灾区提供鱼种350吨、亲鱼200组。

云南省水富县渔业部门组织投放各种鱼种约50万尾。

第三章　以工代赈与劳务帮扶

第一节　以工代赈

在地震灾区灾后恢复重建的同时，各级政府着手安排灾区群众谋生。人力资源社会保障部要求拓宽灾区群众就业渠道，以开发废墟清理、治安维护、社区管理、卫生防疫等公益性就业岗位，安置灾区困难人员就业；鼓励引导灾区群众参加以工代赈和生产自救，优先就地就近就业；组织劳务输出，鼓励异地就业；加强就业培训，落实税费减免、贴息贷款、职业培训补贴等扶持政策，实施就业援助。至 6 月 16 日，四川省发布近千家企业 10 万余个工作岗位，举办 60 余场专项招聘会，2 万余人与用工单位达成意向性协议。

7 月 15 日，四川省政府常务会议决定，在灾后恢复重建中，推进以工代赈政策。灾后恢复重建基金中安排以工代赈资金，主要用于废墟清理和农村小型农业基础设施修复；鼓励采取以工代赈方式组织实施对口援建项目建设。以工代赈恢复重建项目的省以下地方政府不提供配套资金，要适度提高劳务报酬所占比例。四川省劳动保障厅会同财政厅下发《关于对地震灾区实施就业援助的通知》，并对灾区就业困难人员发放“就业援助优惠证”，作为享受就业扶持政策凭证。5 月 20 日，绵阳市就业中心在北川羌族自治县、安县等 9 个群众安置点举办流动招聘会，派出 10 余辆“抗震救灾援助活动招聘车”，收集省内外 500 余家用工单位、4 万个岗位信息，使千余人达成用工意向。6 月 3—4 日，四川省职业介绍服务中心就业援助工作组赴德阳、什邡、绵竹，为灾区群众提供政策咨询、职业指导、就业推荐等服务，提供就业岗位近 2000 个，发放就业援助宣传资料 800 余份，400 人填写《个人求职登记表》，为 50 余名灾区群众提供职业指导服务。15 日，旺苍县举办就业招聘会，达成用工意向 560 余人，当场签订用工协议 350 余人。崇州市劳动保障局收集企业爱心岗位、公益性岗位，并开通灾区就业直通车；至 7 月 30 日，共收集各类用工岗位 3 万余个，举办大小型招聘会 6 次，973 人与用工单位达成意向性就业协议。6 月 25 日，绵阳市多部门联合举办大型就业招聘会，省内外 206 家用工单位提供 2.5 万个就业岗位，近 2 万名求职者进场选择职业，登记洽谈 14586 人，现场达成意向性用工协议 5770 人，参加职业培训报名 120 人。德阳市为以工代赈开发 5.2 万余个公益性就业岗位，重点安排生活困难受灾群众就业。（参见图 180）

图 180　德阳市劳动社会保障局、什邡市劳动社会保障局在什邡市蓥华镇举办专场劳动就业招聘会

（四川省民政厅　提供）

7 月 17 日，四川省政府要求灾区就业计划落实至县、乡、村。按照实名制管理方式对灾区城镇失业人员、灾区农村失地农民逐一登记造册；对持有就业援助证人员落实岗位补贴和社保补贴；向自谋职业、自主创业人员一次性发放失业保险金；对自主创业并招用其他失业人员就业的，给予创业补助金；对外出务工劳动者实施全程免费服务；对有就业去向的实行免费定向培训；对接受职业培训和创业培训的给予培训补贴；对培训后参加职业技能鉴定的按规定提供职业技能鉴定全额补贴。8 月 11—13 日，剑阁县劳动保障部门为灾后城镇登记失业人员、基本生活困难农业劳动者设置乡镇劳动保障协理员岗位 73 个，并进行劳动保障法律法规相关政策知识培训。广元市对公益性岗位、零就业家庭、有组织劳务输出、职业技能培训人员和享受政策受灾企业实行实名制管理，对所有申报并落实特殊政策的单位和人员建立申领发放名册。至 8 月 20 日，广

元市开发公益性岗位15079人，2329户零就业家庭实现至少有一人就业，有组织劳务输出20727人和技能培训6881人都做到实名制管理。8月20日，四川省与重庆市就业服务机构举办专场招聘会，30余家企业提供1000余个就业岗位；被录取的130余名学员经两个月技能强化培训，取得国家职业技能资格证书。22日，巴中市举行就业援助招聘会，58家用人单位提供电工、焊工、驾驶员、营业员等37个工种、3355个岗位信息，平均工资在1500元以上岗位达2070个。在灾后恢复重建中，成都市劳动社会保障部门在都江堰市、彭州市社区及群众集中安置点设立20个就业援助点，对因灾失业或下岗受灾群众就业意愿进行调查，进行就业援助登记5万人。6月10日，成都市就业局启动灾区就业援助大行动巡回招聘会，组织130个用人单位，提供就业岗位1.40万个，涉及金融、IT、服务、生产加工、房地产、机关事业等行业49个工种，现场交流2万余人（次），达成用工意向2075人。11日，成都市妇联就业援助服务中心和17家企业近50人，赴安县晓坝镇、桑枣镇、雎水镇群众安置点，为8000余名受灾群众提供1000余个就业岗位，并举办专场就业援助招聘会；至12月31日，成都市妇联系统及女企业家协会共向灾区提供就业岗位1.43万个，帮助2880名灾区妇女就业。8月29日，成都市劳动保障部门在彭州市通济镇举办灾区巡回就业援助创业项目推荐会，16家企业推荐适合灾区群众创业项目18个，600余名当地群众参加现场咨询，280人当场报名参加培训。至2009年3月，成都市以工代赈提供岗位5.3万余个，其中都江堰市提供短期公益性岗位6229个、崇州市2903个、彭州市以工代赈人员3.7万人，务工人员月工资都在千元以上。大邑县以修复乡村公路为以工代赈项目，共支付劳动报酬36万元。

甘肃省政府规定，凡使用中央财政资金、各级地方财政资金、对口支援资金及无特定要求的捐赠资金建设的基础设施和公益设施中，技术成分低、劳动密集型项目，都要采用以工代赈方式实施。对受灾企业重建项目中吸收“援助对象”的，将享受税费减免、社会保险补贴等优惠政策；对口帮扶就业援助地区各类职业介绍机构，对地震重灾区援助对象提供免费职业介绍并成功就业的，可给予一次性职业介绍补贴；对口帮扶就业援助地区各类企业（单位）吸纳地震重灾区援助对象，与之签订1年以上劳动合同并缴纳社会保险费的，可按其为援助对象实际缴纳的基本养老保险费、基本医疗保险费和失业保险费给予相应补贴；对在地震重灾区从事灵活就业的援助对象，可享受灵活就业人员社会保险补贴政策；对地震重灾区劳动者转移到深圳市就业的，给予一次性单程铁路、公路交通费补贴；对在当地或转移到其他对口帮扶就业地区参加职业培训的，可给予一次性职业培训补贴；通过初次技能鉴定的，给予一次性职业技能鉴定补贴。甘肃省各级劳动保障部门通过开发卫生防疫、护送病伤员、治安维护等公益性就业岗位，保证灾区城镇零就业家庭实现至少一人就业。甘南藏族自治州根据灾后重建工程需求，组织劳务人员1600人参与舟曲县灾后重建及水电工程等招商引资项目建设，劳务收入467.36万元。甘南藏族自治州各乡镇引导5600农民工参与乡镇民生工程建设，劳务收入1635.76万元。7月18日，甘肃省劳动保障厅组建就业援助直通车或小分队，赴灾区就业援助对象家中，开展送岗位、送政策、送技能、送服务、送温暖和落实社保补贴活动。以用人单位委托招聘、用人单位现场招聘、专场集中招聘和基层分散招聘等方式，联系当地企业和外省企业，开展招聘岗位对接活动。对零就业家庭开展入户调查，收集符合零就业家庭需求的就业信息，上门开展职业介绍服务。8月16日，陇南市举行地震灾后就业援助和小额担保贷款发放活动，为67名受灾失业人员发放小额担保贷款134万元；天水市在恢复重建工程中，争取以工代赈项目69个，总投资4747万元；以工代赈易地搬迁1589户、8046人，总投资8345万元。天水市草编工艺品是甘肃省草编生产的重点产品，占出口总量的80%以上，产品远销日本、美国等30余个国家和港澳地区，每年为国家创汇40万余美元。天水市政府发挥地区草编特色，组织秦安县、甘谷县、麦积区农民3万余人参加草编工艺品生产。"甘谷麻鞋"是甘谷县的传统产品，甘谷县在麻鞋生产中解决下岗职工160余人再就业，带动2000余名农民参与麻鞋生产。

陕西省在灾后重建中推行以工代赈的方式，将灾区废墟清理、治安维护、物资运输等岗位纳入公益性就业岗位，按标准落实公益性岗位补贴。陕西省规定对因地震灾害造成受灾严重的县区失业人员和从灾区转移进城务工的农村劳动者，在灾区或转移到省内其他地区参加职业培训的，由培训地区按规定给予一次性职业培训补贴；对灾区劳动者有组织转移到天津市就业或培训的，由受灾地区给予一次性单程铁路、公路或水运（路）交通费补贴和每人300元的一次性生活费补助，所需资金由受灾地区从专项资金中列支；对省内各类用人单位招用灾区劳动者，与之签订劳动合同并缴纳社会保险费的，按其为灾区劳动者实际缴纳的基本养老保险费、基本医疗保险费和失业保险费给予补贴，补贴期限最长不超过一年。陕西省劳动保障部门适当放宽因灾失业人员小额贷款条件和享受灵活就业社保补贴人员的年龄限制，提高重灾县区职业培训补贴、公益性岗位补贴的标准。陕西省加大就业专项资金扶持力度，对宝鸡市、汉中市增拨省级就业专项资金近1300万元。宝鸡市、汉中市开展以政策、岗位、社保、培训、资金和维权"六援助"为主题的就业援助活动，在市、县举办10余场抗震救灾招聘会，灾区2000余人就地实现就业。5月22日，陕西省拨付汉中市以工代赈恢复重建项目资金800万元；拨付人畜饮水工程投资354万元，其中以工代赈资金290万元；拨付乡村道路工程投资649万元，其中以工代赈资金510万元。在抗震救灾期间，略阳县共有以工代赈项目57个，总投资701万元。

第二节　劳务帮扶

一　就业援助

人力资源社会保障部根据中共中央、国务院"一省帮一重灾县"原则，确定北京、天津、河北、山西、辽宁、吉林、黑龙江、上海、江苏、浙江、安徽、福建、江西、山东、河南、湖北、湖南、广东、重庆向四川省成都市、绵阳市、广元市、德阳市、雅安市、阿坝藏族羌族自治州及甘肃省、陕西省受灾严重地区提供对口就业援助。要求支援地在灾区开展招聘活动前，采取信息先行的办法，帮助灾区劳动者提前了解岗位信息，并由灾区组织报名，提高招聘成功率。支援地劳动保障部门要帮助到当地就业的灾区劳动者提供技能培训等就业服务，促使其在支援地稳定就业。

接受就业援助 四川省利用对口支援平台，与18个援建省（市）协调就业援助。与北京、江苏、浙江、福建、山东、广东、重庆劳动保障部门协调，集中在群众安置点发布工作岗位信息近5万条。广元市劳动保障局赴青川开展灾后专项就业援助。至6月16日，广元市劳动保障局组织现场招聘会21场。浙江、山东、广东、新疆及四川50余家企业或中介机构参加招聘会，提供用工信息近2000余条、就业岗位2万余个，近3万名受灾群众现场咨询政策，求职登记2838人，技能培训登记1796人。江油市劳动保障部门与外省各大企业衔接，收集就业岗位万余个，举办6场现场招聘会，发放各类就业宣传资料及招工信息4000余份，填写求职登记表450余份，对没有专业特长的失业人员开设免费职业培训班，实现培训、就业的“一条龙”服务。截至12月31日，德阳市农村转移和输出劳动力101.8万人，全年劳务收入54.7亿元；阿坝藏族羌族自治州劳动保障部门先后在汶川、理县、茂县、松潘、黑水、九寨沟、小金等重灾县举办30余场“阿坝藏族羌族自治州5·12大地震灾后就业援助行动”招聘会，劳动力转移输出9.03万人，实现劳务总收入5.04亿元。2008年，四川省动员四川务工人员创办公司或实体带动本地农民外出就业，输出劳动力28万余人；转移输出农村劳动力达2023.4万人，劳务收入1228亿元，四川省农民人均劳务收入2243元。

甘肃省政府把劳务输转工作纳入目标责任制考核范围，签订责任书，市、县劳务输出办公室“走出去”考察，与企业建立长期联系，实施订单培训、定向输出。陇南市2008年组织输转灾区城乡劳动力26.07万人，培训农民工36.81万人；农民工技能培训11.61万人，劳务收入27.92亿元，务工人员人均收入4498.15元；组织赴新疆拾棉工5.5万人，劳务收入1.2亿元；鼓励农民工返乡就业，在全国各地建立较为稳定的劳务基地435个，回乡创业人数达2.98万人，扶持返乡创业带头人创办企业12户。舟曲县组织1800人赴新疆采摘蔬菜、棉花等季节性务工，劳务收入525.78万元；组织700人赴兰州、酒泉、嘉峪关等地务工，劳务收入204.47万元。迭部县劳务输转990人，组织输转1080人，自谋输出402人，劳务收入551.2万元。5月12日至10月14日，卓尼县向省外输转7570人，向省内输转5700人。甘南藏族自治州6—10月共投资16.5万元，培训普通劳务技能650人。天水市农村劳动力培训9608人，有效输转9228人，输转率为96.1%；5月12日至10月14日，天水市组织输转外出务工人员23.25万人，省外务工121290人，省内务工111210人，参加本地工程建设务工44110人，参加乡镇民生工程建设务工32410人。国家补助资金357.2万元用于天水市开展酒店、餐饮、家政服务、保安、缝纫、建筑、机械加工、计算机等多种职业技能培训。灵台县利用传真、电话、信函及网络等形式与省外用工单位联系，考察论证后与7家单位签订《劳务用工协议书》，印发《招工简章》3.5万份，对全县13个乡（镇）外出务工人员进行以法律法规和务工技能为主要内容的培训，培训农民工6600余人，其中技能培训1300人。通过培训，先后向北京、浙江义乌、福建莆田、山东、兰州、新疆等地输送务工人员5800人，向灵台县公安、扶贫、农牧、教育、工会、团委、妇联等单位组织输出1290人。灵台县朝那镇两次给包头市输送建筑农民工102人，什字镇、上良乡、独店镇一次就给天津自行车厂输送农民工184人；就地转移500余名农民工在天平铁路、西平铁路等重大建设项目从事合适工作，1900余名劳动力实现就地输转；截至10月，灵台县就地输转大柳煤矿、铜城水库、铜城电厂劳动力6000余人，占输转劳动力总数的33%。

陕西省抽调专业技术人员，对重灾市、县人力资源市场建设和信息网络建设给予援助、支持。2008—2009年上半年，陕西省在开展劳务帮扶中劳动力输转就业563.8万人，经济收入192.9亿元。8月25日，西安市、宝鸡市联合举办对口就业援助招聘会，106家企业提供涉及机械维修、企业管理、财会秘书、市场营销、餐饮服务等行业3100余个就业岗位，3500余人到现场咨询应聘，680余人与企业达成就业意向。

实施就业援助 6月4日，全国总工会书记处决定开展包括对地震灾区进行就业帮扶在内的十大帮扶行动。23日，全国总工会办公厅下发《关于对地震灾区实施就业帮扶工作的通知》，决定开展跨地区劳务协作活动，对受灾地区职工和农民工组织实施就业帮扶。天津、江苏、浙江、广东、福建等省（市）工会和近800家企业响应全国总工会号召，提供近20万个用工信息，全国总工会筛选出8.6万个空岗信息。四川省总工会及绵阳市总工会组织本省、市160余家企业提供1.1万个工作岗位，并在当地电视、广播、报刊等媒体上连续播出。29日，“全国工会就业帮扶爱心行动”在绵阳启动。6月29日至7月2日，全国总工会组织天津、江苏、浙江、广东、福建等省（市）工会、10个主要工业城市工会和30余家企业赴四川，在绵阳、剑阁、绵竹、彭州组织4场招聘活动，4.7万人进场应聘，2.5万人洽谈咨询，发放资料5万余册，7049人达成求职意向。30日，剑阁县举办全国总工会“就业帮扶招聘会”，来自天津、黑龙江、江苏、浙江、福建、广东、江西、四川等省（市）工会及50余家用人单位，提供3.5万个就业岗位，9000余人参加招聘，3132人达成就业意向。

图181 6月25日，中国侨联、人力资源社会保障部在成都联合举办“侨商心系灾区、襄助万人就业”启动仪式

（人力资源社会保障部 提供）

人力资源社会保障部下发对地震灾区实施就业援助的通知后，各地劳动保障部门开展各种就业援助活动。6月25日，由中国侨联、人力资源社会保障部联合举办“侨商心系灾区、襄助万人就业”启动仪式在成都举行（见图181），来自江苏、浙江、江西、广东、重庆侨联及中国侨商联合会组织的40余家企业81人参加，各家企业共提供就业岗位4000余个。

北京市承担劳务输入地任务后，市劳动保障部门多方筹集就业岗位，与灾区联系。7月12日，北京市组织都江堰、绵竹、什邡等灾区48名家政人员到北京从事家政服务工作。8月3日，都江堰、绵阳、什邡等灾区“川妹子”进北京为“奥运会”服务。“川妹子”进京后，进行封闭强化集训，学习家政职业心态、北方菜制作、面食制作、普通话、交通常识、生活习俗等课程。18日，北京市劳动保障部门精选40家用工单位，在什邡举办就业援助专场招聘会，提供涉及家政服务、保安、驾驶员、餐饮服务、车间操作工等50余个工种、5000余个就业岗位。招聘会当日，7300余名灾区求职者参加现场咨询应聘，2000余人与企业达成初步就业意向。9月4日，北京市与什邡市劳动保障部门举办第二次专场招聘会，21家企业提供就业岗位2073个，涉及家政服务、保安、驾驶、餐饮服务、车间操作工等50余个工种，灾区3000余名求职者到场参加应聘，872人与企业达成就业意向。

6月25日，天津市由就业、培训、职介等部门组成招聘工作组赴陕西灾区开展对口就业岗位援助。工作组采集就业岗位3500余个，其中电子操作工2000余个、食品操作工500余个、保安员200余个、超市服务员300余个、专业技术和管理岗位500余个，月工资均为1000元以上，为初、高中毕业生提供技校招生1000人。8月3日，1050名陕西地震灾区务工人员到天津就业。务工人员与企业签订一年以上劳动合同，工资不低于1000元。天津市劳动保障部门给予每人每月200元岗位补贴，并承诺灾区务工人员不适应所在岗位时，劳动部门会进行适当调整，安排二次就业、三次就业。7日，天津市在汉中举行大型就业招聘会，35家知名企业提供6000余个就业岗位，16所技工院校为1000人提供技能培训。汉中市各个县（区）农村劳动力和20余所技工院校的毕业生近1.3万余人参加现场招聘会，初步达成就业意向1962人、求学意向100余人。天津市对到天津接受职业技能培训的学生提供交通费、住宿费、学费，每年享受生活费补贴1500元。10月，天津市与陕西省签订对口就业援助协议，60余家知名企业和10余所技工学校为陕西省提供8100个就业岗位和1000个培训援助名额，并出台赴天津务工就业免中介费、报名费、交通费，补生活补贴、社保补贴、岗位补贴的“三免三补”和求学人员免交通费、住宿费、学费，补生活补贴的“三免一补”综合性援助政策。

上海市和都江堰市劳动保障部门联手推出“赴上海务工人员绿色通道”，开通上海市与都江堰市远程视频面试系统，经现场洽谈初步确立意向求职者，可在互联网上直接参加远程面试，凡经上海市企业远程面试后录用的可高效便捷地办理录用登记、体检、政审手续，实现“一条龙”就业服务。7月7日，首批阿坝灾区221名务工者到达上海，从事餐饮行业相关工作。9月8日，上海市根据灾区求职者实际需要精挑细选招聘信息，由44家企业提供2500余条岗位信息，下达到都江堰市人力资源市场，入场应聘求职者达8000余人（次），近700名求职者经面试与用人单位达成录用意向。上海市劳动保障部门还在招聘现场开设“就业援助服务窗口”，向都江堰市求职者提供上海市就业岗位信息，介绍上海市就业政策，接受各种就业咨询，开展职业指导并建立就业援助长效机制。

江苏省规定："凡转移到江苏的灾区失业人员和进城务工农村劳动者，可享受与江苏城镇登记失业人员同等的管理标准。"江苏省在公共就业服务机构开展重灾地区高校毕业生就业援助帮扶服务专场招聘活动，为四川省高校毕业生提供400个就业岗位，帮助有在江苏就业意愿的四川籍毕业生就业，为灾区高校毕业生进行重点推荐，重点援助，重点服务。6月27日，江苏省职业介绍中心为灾区外出务工劳动者和重灾地区高校毕业生举办专场招聘会，由50余个单位，提供1000余条就业岗位信息。截至6月30日，扬州市9家大型企业提供就业岗位近千个，有餐饮服务员、机械操作工、缝纫工等工种，月收入均在1200元以上，免费提供食宿。有些企业通过增加后勤、包装等工作岗位，想方设法帮助灾区群众就业，其中50%以上岗位面向缺少技能的普通劳动者。7月6日，江苏省在绵竹举办对口就业援助招聘会，挂牌成立"江苏省劳动和社会保障厅对口就业援助服务工作站"。24家大型企业提供6000个岗位，1.3万余名群众前来咨询应聘。江苏省为劳动者提供从"家门"到"厂门"的全程化服务。8月15日，江苏省劳动保障部门从南通市、泰州市、扬州市、苏州市、无锡市、镇江市精选22家知名企业，提供电子操作工、缝纫工、餐饮服务员、足疗技师等30余个工种在内的3499个岗位信息。招聘当日，1300余人参加现场咨询应聘，401人当场与企业签订意向性用工协议，700余人咨询就业政策和企业招聘条件等问题。9月9日，江苏省赴绵竹举办对口就业援助招聘会，41家企业进行现场招聘，提供4900个就业岗位，涉及纺织缝纫、普通操作、电工电焊、保安保洁、宾馆服务、调度检验、设备维修等30余个工种，月工资均在1000元以上，企业同时承诺依法签订劳动合同，缴纳社会保险，提供免费食宿。3000余名灾区劳动者参加招聘活动，初步达成就业意向251人。至9月21日，江苏省向绵竹市提供岗位信息3.86万个，吸纳灾区务工人员5136人。

浙江省温州市发起"为灾区提供就业岗位"活动，民营企业为灾区提供岗位信息6395个，远程招工、网上招聘、现场招聘200余场（次），发布就业岗位信息上百万条，接受网上及电话咨询50万人（次）。6月20日，温州市20家民营企业和1家协会，赴安县、绵竹举办现场招聘会，为群众提供2025个就业岗位，753名灾区群众与企业达成就业意向。23日，浙江省收集就业岗位4.2万个，统一提供给对口援助地区广元市劳动保障部门，用于安排因灾失去家庭劳动力的受灾人员外出就业。8月7日，温州市举办灾区就业招聘会，43家知名企业提供十几个行业、4500余个就业岗位。来自四川、甘肃、陕西地震灾区的2000余名劳动者求职应聘，1080人达成就业意向。9月5—6日，浙江省劳动保障部门赴青川举行专场招聘活动，49家企业提供6300余个就业岗位，1.5万人参加应聘，当场达成意向性协议2415人。

福建省规定："对入闽就业的灾区援助对象，省级财政给予500元／人的职业培训补贴；对各级公共就业服务机构或其他职业介绍机构引进或介绍灾区援助对象成功就业并签订劳动合同的，省级财政给予75元／人的职业介绍补贴；对福建省内各类企业（单位）招用灾区劳动者，与之签订劳动合同并缴纳社会保险费的，按其为灾区劳动者实际缴纳的基本养老保险费、基本医疗保险费和失业保险费给予补贴，补贴期限最长不超过一年；对入闽就业的灾区援助对象，一次性给予就业生活费补贴200元／人。"厦门市劳动保障部门所属公共就业服务机构，开通四川省务工人员求职登记直通车，提供集中服务。至7月3日，有百余名四川省务工人员就业。7月3日，首批来自德阳市的51名劳动者到达长泰县务工，并享受免费住宿和每月180元伙食补贴，子女入学与本地学生享受同等待遇等条件，企业还为务工人员提供年底返乡、返厂双程车票。9日，福建省成立对口支援彭州市就业援助中心，帮助彭州受灾群众在福建实现就业，并提供就业培训、劳动维权等服务。9月18日，福州市就业援助现场招聘会在彭州举行。福州市劳动保障部门收集49家企业、6518个岗位信息，以普通工和一般操作人员为主，月工资在1000元以上，招聘会上有574人初步达成工作意向。

山东省开展对口支援北川羌族自治县“爱心就业援助行动”，共筹集用工管理规范、工资标准较高、能解决食宿的就业岗位近4万个，涉及机械制造与加工、电子操作工、服装加工、首饰加工、水产品加工、餐饮服务等60余个工种。至6月30日，烟台市向北川羌族自治县发送8503个岗位信息，涉及食品加工、水产加工、电子加工、服装加工等专业工种。至7月4日，山东省提供就业岗位5.31万个，9个地市与对口帮扶乡镇取得联系，烟台市劳动保障部门将2.71万个就业岗位信息提供给北川羌族自治县。8月7—14日，山东省在绵阳市区、北川、三台开展现场集中招聘活动，山东省劳动保障厅组织枣庄市、烟台市、潍坊市、济宁市、威海市、莱芜市劳动保障局、胜利油田管理局就业服务机构及108家企业代表参加招聘活动，提供12645个就业岗位，达成就业意向888人。22日，绵竹市40名务工人员抵达泰安，分别安置在4家企业工作，用工企业负责为务工人员提供食宿，缴纳社会保险，工资收入均在1200元以上。至8月25日，山东省收集6.28万个就业岗位信息，向绵阳市、北川羌族自治县提供5.65万条岗位信息，安置北川灾区群众1023人。

广东省7月9日赴四川省举办“对口援助汶川县劳务输出招聘会”，40家企业提供6000余个岗位，进场求职者近5000人，2130人达成就业意向，912人确定录用。广东省劳动保障部门对参加招聘会求职者给予公共交通、午餐、通讯等费用补贴，用人单位提供免费食宿，月工资收入均在1200元以上。15日，深圳市164家企业提供近50个工种、2.5万个工作岗位，涉及加工制造业，工种岗位以普工、保安等为主，岗位年收入均达到2万元。招聘会吸引了13636名灾区求职者进场应聘，4097人达成就业意向。为满足企业和应聘者的需要，招聘会还请深圳市用工需求大企业到招聘会现场进行招聘；用工量较大又急需用工的企业因不能前来现场招聘的，通过在深圳市职业介绍中心与招聘现场，开通3条远程招工系统专线进行视频面试，为远程系统专线提供330余个岗位。9月1日，深圳市与陇南市举办劳务招聘会，9家深圳市用工企业共提供就业岗位2000个，2028人到现场应聘，308人与企业签订用工协议。

在灾后恢复重建中，重庆市启动“灾区就业援助巡回招聘行动计划”，举办30余场招聘会，组织352家用工单位，提供3.08万个工作岗位，深入都江堰、彭州、崇州开展送岗位到灾区巡回招聘，为3.16万名求职人员提供就业服务。重庆市劳动保障局规定：“凡转移到重庆市参加职业培训的重灾县区失业人员和从灾区转移进城务工的农村劳动者，到重庆市参加就业、再就业培训，创业培训和在岗农民工技能提升培训，分别按重庆市下岗失业人员再就业培训经费补助办法执行；各类用人单位与灾区劳动者签订劳动合同并缴纳社会保险费的，按其为灾区劳动者实际缴纳的基本养老保险费、基本医疗保险费和失业保险费给予补贴。”6月3日，重庆市组织20家企业、征集4000余个就业岗位，到什邡参加就业援助招聘会，当场达成就业意向698人，近200人到重庆上岗务工。8月1日，重庆市援助团组织40余家企业、3000余个就业岗位，到崇州市文井江镇受灾群众安置点，举办就业援助现场招聘会，3250名劳动者登记求职。参加现场招聘会的用工单位都是生产经营规模较大、就业岗位较稳定、社会信誉好的知名企业，月工资收入均在1000元以上，并提供食宿。20日，四川省和重庆市就业服务机构联手举办就业招聘会，30余家企业提供1000余个就业岗位。

新疆维吾尔自治区对受灾地区高校毕业生本人自愿要求到新疆就业的给予多方援助，免费为学生保存档案；对在非公有制企业就业的，统一办理在乌鲁木齐市落集体户口手续。为在新疆上学的四川籍高校毕业生和在新疆打工的四川籍农民工中面临毕业子女，提供就业推荐服务，对灾区毕业生适当放宽招聘条件。对生活困难的灾区毕业生给予减免测评费和体检费优惠。同时，对前往四川地震灾区招聘到新疆工作的劳动者，免费保管人事档案，提供工龄认定、职称申报、档案工资晋升、代缴社保、户口挂靠、组织关系接转等全方位的人事代理服务。新疆生产建设兵团决定为甘肃灾区提供12.5万人采拾棉花的工作意向，并分阶段组织实施。7—8月，新疆生产建设兵团各植棉师团与输出地区签订劳务合作协议；9—10月引进拾花工；11月，及时足额兑现拾花报酬并组织拾花工安全返乡。新疆生产建设兵团劳动社会保障局还与铁路部门协商拾花工铁路客运事项，为灾区拾花工乘车提供便利。9月3日，新疆维吾尔自治区劳动保障厅召开支援甘肃地震灾区劳务洽谈会。乌鲁木齐市、昌吉回族自治州、克拉玛依市、石河子市等劳动保障局共为甘肃灾区农民工提供季节性拾花工岗位10万个，提供建筑、煤炭、纺织、餐饮服务、食品加工、化工等稳定就业岗位2万个。

截至12月15日，全国对口支援省、市向灾区提供有效岗位信息593452个，帮助灾区劳动者实现异地输转就业48117人，对口支援项目吸纳灾区劳动者就地、就近就业16898人，全国就业援助工作发展顺利（见表38）。

截至12月15日对口支援省、市援助灾区就业情况统计表

表38

支援省、市	提供岗位数量（个）	帮助就业人数（人）		
		异地转移人数	项目吸纳人数	小　计
北　京	29990	1499	865	2364
天　津	15600	1605	—	1605
河　北	3216	627	873	1500
山　西	3851	561	528	1089
辽　宁	7965	506	818	1324
吉　林	2428	78	—	78
黑龙江	4680	89	1200	1289
上　海	9496	1700	1828	3528
江　苏	56918	7193	1760	8953

续表 38

支援省、市	提供岗位数量（个）	帮助就业人数（人）		
		异地转移人数	项目吸纳人数	小　计
浙　江	148721	11411	167	11578
安　徽	15436	619	1156	1775
福　建	65235	5746	2469	8215
江　西	14678	1648	52	1700
山　东	48496	1522	783	2305
河　南	4138	360	83	443
湖　北	11598	733	975	1708
湖　南	9084	220	772	992
广　东	93412	7800	982	8782
深　圳	36930	3040	680	3720
重　庆	11580	1160	907	2067
合　计	593452	48117	16898	65015

二　职业技能培训

地震发生后，教育部、人力资源社会保障部组织开展就业培训，提高地震灾区就业人员技能。阿坝藏族羌族自治州先后在7个重灾县开展农村劳动力职业技能培训，对省内用工企业在岗培训7337人，品牌工程培训2332人，劳务扶贫工程培训923人。四川省劳动保障部门与财政、农业、扶贫、教育等培训项目主管部门协调，完成200万人就业培训任务。

成都农业科技职业技术学院与都江堰市农发局、人事局组织实施“灾后重建农民实用技术培训”项目。针对灾后农业生产现状，将农民实用技术培训与产业培训、绿色证书培训、新型农民科技培训相结合，围绕特色优势产业，培养农村实用人才和技术骨干，为灾后现代农业发展提供人才和技术保障。培训内容涉及生猪、肉鸭、蔬菜、食用菌、猕猴桃、花卉、川芎、茶叶等当地特色产品种植或养殖实用技术。培训从8月持续到11月，共培训当地农民、产业发展带头人、村级技术骨干1500余人（次）。学院为郫县举办“农村发展局干部素质提高工程”培训班，帮助干部提高抗震救灾和灾后重建能力，培训分10期，培训300人。内容涉及现代农业发展形势、现代农业发展及农业新技术与管理（蔬菜、林果、花卉种植及病虫害防治）、农产品质量安全监管、农业循环技术、农产品市场营销、畜牧兽医、畜禽养殖新技术和疾病防治（动物检疫、蜂产品加工）、农机推广及农业相关法律法规、人力资源管理和计算机应用等。2008年暑假，学院服务团在对彭州、都江堰、崇州等重灾地区灾后生产状况调研的基础上，选定彭州市丽春镇跃进村作为学院与彭州市灾后重建合作示范村。学院建立7个农业科技示范点，以学院人才和科技优势为灾区服务。

雅安市发挥职业学校资源优势，积极创造条件开展“川妹子家政”“雅女裁缝”“初级电焊工”等系列培训，共培训5370人（次）。在雅安市农工办统筹下，雅安市教育局组织实施“温暖工程李兆基基金百万农民培训”，落实培训任务到各中职学校和培训机构，完成1800人的培训任务。平武县是地震极重灾县（市）之一，平武职业中学是四川省劳务扶贫示范培训基地，学校克服地震造成的困难，主动承担劳务扶贫培训任务。7月29日，平武县在职业中学临时教学点，启动震后首次劳务扶贫培训工作，百余名贫困家庭成员参加培训。通过培训，学员输送到河北、河南、黑龙江、广东等地国有企业就业。8—11月，广汉市职业中专学校根据广汉经纬机械制造厂生产发展需要，对新招员工进行职业技能培训，以提高其职业技能，确保就业质量和生产需要，培训内容涉及车工、铣工、磨工、焊工专业理论知识和专业技能，培训员工162人。广汉市职业中专学校根据四川科力铁硬质合金公司生产发展需要，2008年11月至2009年3月，对新招员工和部分老员工进行转岗和在岗职业技能培训，培训内容涉及磨工、车工、钳工专业理论知识和专业技能，培训员工172人。广汉市职业中专学校还根据广汉欧甲门业公司生产发展的需要，2008年9月至2009年3月，对新招员工进行职业技能培训，培训内容涉及焊工、钳工技能，培训员工192人。（参见图182 ~ 183）

陇南市各县区劳动保障、劳务、农牧、扶贫等相关部门通过整合社会资源，创新培训模式，

图182　6月18日，彭州市畜牧局和北京大北农集团公司在彭州联合举办灾后畜禽养殖技术培训会

（彭州市畜牧局　提供）

图 183　宝兴县大溪乡举办制茶工培训班，帮助灾区群众掌握制茶技术

（教育部　提供）

保障经费投入，开辟社会化培训方式。以春节前大量农民工返乡时机和中、高考后时间为重点，引导培训与技能培训相结合，重点开展家政服务、建筑装潢、保安、餐饮、美容美发、服装加工和劳务经纪人等行业培训。2008 年，陇南市向江苏省宿迁市高级技工学校、甘肃东方技工学校、陕西机电工业学院等市外培训机构和院校输送 5563 人，接受为期 2 ~ 3 年的免费技能培训。至 12 月 31 日，陇南市分别推出武都区“武凤巧妹”“阶州建筑”，文县“阴平制鞋工”，宕昌县“哈达铺”劳务品牌，提高农村劳动力组织化程度和就业稳定性，使陇南市的劳务输出走向全国劳务市场。天水市劳动社会保障局出资 357.2 万元，对务工人员进行酒店、餐饮、家政服务、保安、缝纫、建筑、机械加工、计算机等职业技能培训。天水市农村劳动力培训 9608 人，向省内外输送务工者 9228 人，并创建家政服务“天水女娲家政大嫂”“天水白娃娃”“羲皇故里建筑工”“龙城保安”等品牌服务。卓尼县政府及各乡镇分别举办“拾棉技术培训班”“农牧村劳务技能培训班”“农牧村沼气生产职业技能鉴定和后续管理服务人员培训班”，参加培训劳务人员 650 人，投入培训费用 16 万元。

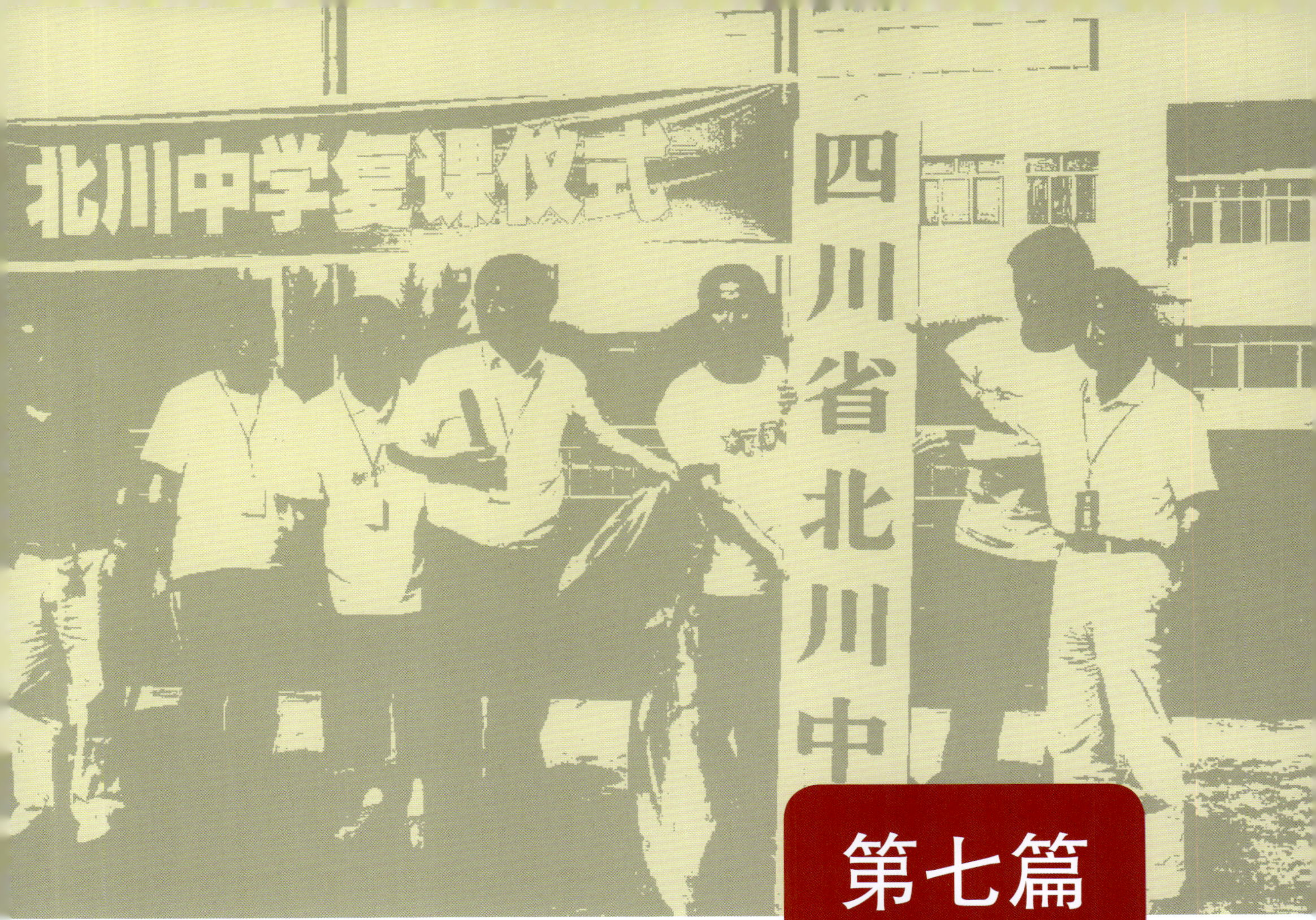

第七篇

灾区教育与文化生活

汶川特大地震使四川省、甘肃省、陕西省、重庆市、云南省教育设施遭受不同程度的破坏。按照中共中央、国务院的部署，全国教育系统教职员工创造条件帮助灾区学生复课，把地震灾害造成的损失减到最低程度。财政部迅速启动应急机制，向四川省、甘肃省、陕西省拨付教育救助资金1.03亿元。灾区各级教育行政部门统筹协调、精心组织，针对受灾学校的实际情况，本着“安全第一、先易后难、逐步到位”的原则，采取抢修受损校舍、搭建帐篷教室、搭建活动板房教室、租借安全房屋等方法，根据不同情况，按照“条件成熟一所复课一所、条件成熟一个年级复课一个年级”的原则，有计划、有组织地组织灾区学校复课。同时，组织非受灾地区学校支援重灾地区学校。四川省安排重灾地区部分学生在省内非受灾地区异地复课，部分学生转移到外省市就读。在全国各地的大力支援下，四川省通过就近复课和省外就读，逐步恢复普通中小学教育教学、中职学校专业学习、高三年级学生备考应考和普通高等院校正常教育教学，地震灾区各学校在9月1日实现全面复学复课。

经国务院研究决定，全国高考照常举行，重灾地区高考分延考区和非延考区，实行“分别考试、分列计划、单独划线、同期录取”的原则。6月7—8日，四川省、甘肃省非延考区如期举行2008年度普通高考。7月3—5日，备受关注的四川、甘肃地震灾区62个县（区）高考延考区12万考生参加高考。四川省两次高考录取同时进行，共录取新生306873名，完成招生计划的105.87%。凡投档考生，学校均设法予以解决，没有学生因地震而影响升学。同时，国家和学校通过多种途径进行资助，不让灾区学生因家庭经济困难而失学。

为丰富灾区群众文化生活，宣传中共中央、国务院抗震救灾的指示，弘扬中华民族团结一心、共克时艰的精神，中宣部迅速启动重大突发事件应急机制，全力以赴组织抗震救灾宣传报道工作。坚持“团结稳定鼓劲、正面宣传为主”的方针和“及时准确、公开透明”的原则，及时发布震情、灾情信息和抗震救灾工作进展情况。中央和灾区新闻媒体对抗震救灾进行全方位、多角度、立体化、全天候播报。文化部门积极组织赈灾义演、义拍等活动，为灾区筹集资金和急需物资。发挥文化共享工程、流动图书服务、流动舞台车的作用，向灾区群众提供文化资源和文化服务，恢复灾区群众的文化活动。中宣部安排文化部、广电总局、中国文联等文艺主管单位组织多个“心连心”慰问演出团和小分队赴四川、甘肃、陕西地震重灾地区进行慰问演出，为数十万受灾群众和救援部队指战员、武警官兵、公安民警、医疗卫生工作者及志愿者演出上百场。灾区文艺工作者也深入基层进行慰问演出，与灾区群众共同创造美好的精神家园。

第一章　灾区教育

第一节　学校复课

一　高等院校复课

就地复课　地震使四川、陕西灾区高等院校校舍、设备及附属设施遭到不同程度的损毁，教学秩序被打乱，教学计划被迫中断。5 月 18 日，教育部发出《关于继续做好抗震救灾工作有关事项的紧急通知》，要求对教学设施进行安全排查，抓紧帮助灾区学校恢复教学，恢复学生集体生活，保证重灾地区学生在当地或其他地区复课。7 月 28 日，四川省教育厅下发《关于切实做好灾区高等学校安全复学复课工作通知》，要求在保证学生安全的前提下，加强领导，统筹规划，稳妥做好复学复课的各项准备。四川重灾区高等院校，通过灾情评估及对受损校舍维修加固，9 月 1 日前实现就地复课 17 所。

西南科技大学校舍受损面积 67.2 万平方米，仪器设备受损 12805 台（件），图书资料受损 17.15 万册，造成直接经济损失达 53271 万元。5 月 19 日，西南科技大学研究决定，对原有教学计划及方式进行调整。19 日开始，学校组织绵阳市东辰建筑工程有限公司等 7 家施工单位，用一周的时间对全校受损校舍实施震后清理。6 月 11 日至 8 月 20 日，组织具有加固资质的 29 支施工队，对教学楼、实验楼、学生宿舍、学生食堂、办公楼等公共建筑和部分校内教职工宿舍进行应急性加固维修。8 月 25 日，西南科技大学全面恢复正常教育教学秩序。

四川农业大学在地震后，立即组织专业技术人员对受损教学楼、学生宿舍、新校区图书馆和食堂进行检查，划定出可供师生避震休息的安全场所。组织人员对部分受损较轻的校舍进行抢修，完成对逸夫楼和多幢教学楼及学生宿舍的维修。5 月 16 日，学校全面复课。四川农大都江堰分校迅速组织 5 个工程队、300 余名工人，对校内受损建筑物进行加固维修。同时，安徽省瑶海钢结构股份有限公司援建 350 间活动板房，供大三年级学生返校复课住宿使用。7 月 2 日，四川农大都江堰分校 1452 名大三年级学生正式复课（见图 184）。

图 184　7 月 2 日，四川农业大学都江堰分校大三年级学生复课（教育部　提供）

5 月 26 日，陕西省教育厅下发《关于尽快恢复高校正常教学秩序的通知》，要求各高校采取措施，恢复学校正常教学秩序。陕西理工学院地震后组织编印下发《抗震防震安全常识》《地震后心理关怀与自我调适策略》等心理辅导手册。8 月 18 日，陕西理工学院克服地震造成的各种困难，在南北校区举行 1 万余名师生参加的升旗仪式，秋季学期正式开学。

异地复课　地震重灾地区各高等院校采取转移安置、对口支援、搭建活动板房、抢修危房等方法，使学生得到妥善安置，按计划保证毕业生按时毕业、新生按时入学，实现复学复课。至 9 月 1 日，四川重灾地区 21 所高等院校中，4 所在异地复课。

阿坝师范高等专科学校位于汶川县，学校周边道路受阻，通信中断，校舍损毁，6000 余名师生被困，短期内无法在学校原址学习和生活。5 月 18 日，阿坝师专决定实施省内异地复课。学校距成都不到 200 公里，因道路无法通行，疏散队伍必须绕行马尔康、丹巴、天全才能到达成都，行程近 500 公里。22 日，首批 1500 余名阿坝师专师生开始转移。至 27 日，共转移疏散学生 3446 人、教职工及家属 671 人、校内民工 300 余人。阿坝师专师生转移到成都后，在西南民族大学、成都体育学院、成都电子机械高等专科学校临时安置。阿坝师专经考察联系，确定将郫县古城镇攀枝花学院教育实习基地、西华大学彭州校区作为复课点。6 月 18 日，攀枝花学院、阿坝师专、成都前行科技发展有限公司（承担复课担保服务）三方代表签订异地复课协议（见图 185）。30 日，阿坝师专与西华大学签订异地复课协议。为尽快复课，阿坝师专通过四川新视觉教育图书有限公司得到高等教育出版社、四川大学出版社、中国大学出版社协会、中国光华科技基金会及其他 34 家出版社的支援，所需教材绝大部分按时送达学校异地复课点。9 月 1 日，阿坝师专异地复课典

图185　6月18日，阿坝师范高等专科学校与攀枝花学院、成都前行科技发展有限公司举办异地复课签约仪式

（教育部　提供）

礼在古城镇攀枝花学院教育实习基地举行。

四川工商职业技术学院地处都江堰市，地震造成学院80%的建筑物受到严重损坏。学院2007级轻化工程系539名学生前往广东轻工职业技术学院，进行为期两年的异地就读学习；其余4500名学生在成都电子机械高等专科学校、成都农业科技职业学院和本校复课。2008年度招收2000余名新生，全部安排到四川烹饪高等专科学校龙泉校区就读。

二　中小学（幼儿园）复课

复课部署　教育部5月18日下发紧急通知，要求各级教育行政部门和学校抓紧帮助灾区学校恢复教学，恢复学生集体生活，保证重灾地区学生在当地或其他地区复学。对转移到安全地区的灾区学生，要在做好妥善安置、保证安全的前提下，通过搭建帐篷、活动板房等方式，设立临时课堂，尽快复课。26日，教育部制定下发了《教育系统做好灾区师生安置和恢复重建准备工作的方案》，就灾区学校防范余震和次生灾害、保障师生生命安全、卫生防疫、学生复课、学生心理援助、学生升学考试、学生资助和扶贫、学校恢复重建准备工作以及教育系统对口支援灾区等方面的工作做出部署。教育部提出，在抢险救灾阶段，通过“帐篷学校”、异地安置等多种形式，解决部分中小学生复课问题，妥善安置受灾教师、学生，在秋季开学前恢复受灾学校正常的教育教学秩序，保证灾区在9月1日全面复学复课。6月6日，教育部成立地震灾后学校恢复重建工作领导小组，负责统筹指导、协调和帮助灾区学校开展灾后恢复重建工作。7月25日，财政部、教育部下达资金23.2亿元，用于四川、甘肃、陕西地震重灾区中小学校舍维修加固和教学仪器设备重置，保证9月1日灾区中小学全面复学复课。

四川省教育厅5月17日下发通知，要求各级教育行政部门、学校在做好抗震救灾及防止次生灾害发生的前提下，逐步复课。各级教育行政部门要本着“安全第一、先易后难、逐步到位”的原则，由市州教育行政部门统一安排，有计划有组织地进行，条件成熟一所复课一所，条件成熟一个年级复课一个年级。18日，省教育厅成立灾后中小学安全复课工作组，下设复课统筹、计划规划、保障服务、宣传信息、值班应急 5 个组。针对四川受灾地区不同情况，有计划、有组织地落实灾区学校安全复学复课工作。组织具有资质的房屋安全鉴定机构对受损校舍进行安全排查。鉴定为严重危房的，坚决停止使用；鉴定为一般危房的，在维修加固、保证安全的前提下才能使用；未经安全鉴定的校舍，一律不得使用。教育行政部门统筹解决灾区学校教育教学设施和学生学习用品，所需经费在各级教育救灾资金中解决。学生因灾缺失的教材由省级教育部门协调相关出版部门免费提供。安全复课工作组要求各校做好学校卫生防疫、消毒杀菌和在校人员卫生保健工作，防止病菌繁殖和传播，保证食品、饮用水的卫生安全。20 日、23 日，省教育厅两次召开灾区学校安全复课工作会议，部署地震灾区学校安全复课工作。8 月 4 日，省政府办公厅下发紧急通知，重置中小学校教学仪器设备。四川省统筹使用中央财政资金和省级资金 24.86 亿元。重灾县共需重置教学仪器设备 1000 万台（套、件），其中用于 9 月 1 日复学复课必需的 303 万台（套、件）、9 月 1 日后的 697 万台（套、件）。（参见图 186 ～ 187）

图 186　5 月 27 日，雅安市雨城区教师在街头辅导小学生学习（教育部　提供）

四川省教育厅 5 月 26 日下发《关于高三复课工作的通知》，要求各重灾地区市州教育行政部门把组织高三年级学生复课作为复课工作的重点，在保证安全的情况下，因地制宜地解决复课问题。

6 月 2 日，四川省教育厅制定《灾区复课学校教育教学工作指导意见》，就灾区各类学校复课后的教育教学原则、课程开设、课时安排、教育教学内容、教学方式等提出具体意见，要求灾区教育行政部门和学校制订相应教育教学方案，逐步恢复普通中小学教育教学秩序。3 日，省教育厅下发《关于扎实做好安全复课和提前开学、秋季开学工作的通知》。在 8 月 25 日前，完成师生心理疏导及秋季学期教育教学准备任务。9 月 1 日，灾区所有中小学生正常就学。

灾区中小学校复学复课后，四川省教育厅下发《关于切实加强秋季学校安全工作的紧急通知》，要求各级各类学校再次排查校舍和泥石流沟口、靠山（崖）及工程施工场所。受损校舍鉴定必须由具备资质的专业机构进行并出具书面鉴定报告，校舍维修加固要由具备相应资质的建筑设计单位进行设计、施工，施工现场与教学区要有效隔离。学校复课后，一个校区内可能有多所

图 187　5 月 24 日，成都军区 77133 部队官兵在茂县宗渠村搭建帐篷学习点，让学生就近复课。图为部队官兵为帐篷学习点安装电灯

（高效文　摄）

学校的学生，校园建筑情况呈现多样化，既有未损校舍，也有维修加固校舍；既有活动板房，又有帐篷或借房上课等情况。学生复课与维修、建设工地混杂，给校园安全和学生管理带来隐患，增加了管理难度。省教育厅要求各地、各校健全完善教育教学管理、寄宿制学生管理、卫生安全管理、食堂管理等相关制度和管理办法，健全完善各种应急预案，做好应急准备工作，保证校园安全、有序、文明、和谐。同时，省教育厅要求加强与卫生防疫部门配合，认真做好学生食品、饮水卫生和疾病防控等工作，保证灾后学校无大疫。

8 月 12 日，四川省教育厅召开灾区中小学复学复课专题会议，要求各督查组按照分工，帮助和督促各地有针对性地解决特殊困难和问题，保证复学复课的所有准备工作在 25 日前完成，最迟不得超过 31 日。26 日，省教育厅派出 6 个工作组，分赴 6 个重灾市（州）驻点督办，帮助和督促灾区如期完成全面复学复课任务。绵阳市各级教育行政部门、学校配合有关部门对校舍受损情况进行评估鉴定。经鉴定确认不能修复或没有修复价值的危房实施拆除、清运；对轻度受损的校舍，制订维修加固方案并报告当地政府，利用暑期组织维修加固。6—8 月，绵阳市共投入 191659 万元，完成 221.1 万平方米校舍维修加固。对受损严重或在短期内不能修复的校舍，上报当地政府，建设活动板房，保证按时复学复课，并配置黑板、课桌椅、教科书、教学仪器设备、图书资料、远程教育设备及体育、卫生等生活设施，保障基本办学条件。

落实教师是灾区中小学校复课的重要问题。至 8 月 30 日，四川省通过组织支教、招聘和调配等方式，落实灾区教师 3862 人，其中省教育厅在省内非地震重灾区选派优秀支教教师 182 人，通过实施中央“农村义务教育阶段学校教师特设岗位计划”招聘 1319 人，省外对口支援选派支教教师 285 人，省内其他非灾市、县选派对口支教教师 51 人，灾区招聘和在区域内调配教师 2025 人，保证复学复课基本需求。9 月 1 日，四川地震灾区 51 个重灾县（市、区）的 5979 所中小学校、340 万名中小学生，在新学期全面安全复学复课。

甘肃省教育厅组织受灾市州学校复学复课。（参见图 188）受灾严重的陇南市教育局要求有条件的学校，利用操场空地搭建防震棚，在做好防震救灾工作的同时，安排中学尤其是毕业班学生尽快复课。6 月 1 日，胡锦涛到陇南市武都区马街镇姜家山“帐篷小学”看望师生。同日，胡锦涛在列车上召开会议，要求重视做好学校复课等工作，在保证安全的前提下，创造条件帮助灾区学生复课。要落实好高考延考政策，为灾区学生提供更好的复习和生活条件，制订考场防震应急预案，保证考点和学生复习迎考安全。要认真规划灾区学校重建工作，提高校舍建设抗震标准，高度重视学校建筑质量，为师生们提供安全可靠的教学和生活环境。6日，李克强到文县范坝中学看望师生，考察学校复课情况。至6月17日，陇南市完全复课学校2844所，复课学生474363人；部分年级复课学校40所，复课学生44003人，复课学校占陇南市学校总数的97%，复课学生占陇南市学生总数的93.1%。7月25日，甘肃省教育厅下发《关于做好灾区学校秋季学期全面复课准备工作的通知》，要求受灾各市州教育局做好秋季全面复学复课工作。8月15日，陇南市教育局由20名干部组成9个工作组，分赴9个受灾县（区）督促检查学校秋季复课准备工作。24日前，财政部下达3.1亿元校舍维修加固及教学仪器补助资金全部到位。9月1日，甘肃省小学生全部开学复课并保证灾区学龄前儿童全部入学。

图188　5月20日，碌曲县双岔乡多松多村小学生领到捐赠的书包

（刘海东　摄）

陕西灾区各级政府按照“因地制宜、一校一策”的原则，采取“搭建防震临时教室、租借安全房屋、实行二步制或隔日制教学、异地上学”等措施，基本保证正常教学。5月15日，汉中市教育局下发中小学复课通知，安排第一次复课工作，采取多种措施创造条件复课。24日，汉中市教育局安排第二次复课工作，1118所中小学恢复正常教学，占汉中市学校总数的56%；复课学生284192人，占汉中市在校学生总数的57.1%。至6月20日，汉中市中小学全部复课，其中正常条件复课的1630所，占学校总数的81%；采取搭建活动板房、租借安全房屋、分流学生等方式复课的389所，占学校总数的19%。各学校灵活调整教学计划和上课时间，保证完成教学任务和学期工作目标。

5月31日，胡锦涛赴宁强县指导抗震救灾工作时，专程到金山寺看望正在简易防震棚里上课的师生们，并为学生们带去学习用品。胡锦涛在小黑板上写下“一方有难、八方支援、自力更生、艰苦奋斗”，并带领学生们齐声朗读。6月20日，温家宝到略阳县二中看望在活动板房中上课的学生。温家宝动情地对学生说：在灾难面前，我们整个民族，我们灾区的广大群众表现出来的坚强、勇敢、自信和奋斗的精神，一定能把自己的家乡建设好，把我们的国家建设好。临走时，他为师生们写下了“艰难困苦、玉汝于成”的勉励语。

就近复课　四川省、甘肃省教育厅组织开展中小学就近复课，特别强调重灾地区中小学在保证师生安全的前提下，创造条件使灾区学生就近复课。

成都市教育局成立教育系统抗震救灾应急指挥小组，负责抗震救灾和中小学复课工作。5月13日，市教育局会同有关部门对复学、复课提出要求，经建设、质检部门检查无安全隐患的学校，要无条件复课；校舍需维修加固的学校，利用周六、周日加紧施工，排出时间表，争取尽快复课；鉴定为危房的学校，通过异地、异校安置或在操场上搭建临时教室等形式复课；坚持高三、初三年级优先的复课原则。并提出主城区16日开始复课；受轻灾的县（市、区）中小学，19日开始陆续复课；都江堰、彭州、崇州等重灾地区的高三、初三年级优先复课。市教育局调整物力、财力、人力，帮助重灾地区中小学复学复课。成都市组织搭建49所“帐篷学校”、165所“活动板房学校”；租赁坚固房屋，安排学生复课；协调多个学校合并上课，减少场地选择困难，减轻教师配备压力；指导各县（市、区）教育局对本区域中小学教师资源进行统筹调配。联系新华文轩公司免费提供教材2.6万套，保证县区中小学受灾学生“人人有教材、个个有书读”。市教育局利用现有教具、设施设备，在灾区各学校间合理调剂使用，并根据受损情况及时统筹添置所需教学仪器设备，为灾区学校免费提供课桌椅2000余套、作业本1.8万册及文具等。要求成都市中小学将抗震救灾知识、余震疏散演练、心理干预、防疫知识讲座覆盖到每个班级、每名师生，并发出《关于做好地震灾后德育工作的通知》，培训550名心理健康教师，印发30万册《心理援助手册》，对82.48万名学生开展心理疏导。都江堰市聚源中学在地震中损毁。19日，聚源中学师生在聚源小学开始复课。（参见图189）6月23日，都江堰市中小学生在安徽等省援建的12.1万平方米活动板房教室内开始新的学习生活。

德阳市教育局与卫生、公安、建设、财政等部门组成复课工作领导小组，明确分工，组织开

图189　5月25日，解放军78155部队各中队与都江堰市聚源小学结成“一帮一”帮扶对子，官兵为同学们分发学习用品

（陈军　摄）

展中小学复学复课。5 月 16 日，市教育局下发《关于做好灾后有关工作的通知》，要求在排除隐患、保证安全的前提下，高三、初三年级学生优先复课，其他各年级分步复课。19 日，德阳市高三年级按计划全面复课，部分初三年级学生复课。6 月 12 日至 7 月 12 日，教师全部到岗，使用现有安全校舍、设置“帐篷学校”、搭建“活动板房学校”、本地异校复课、流动课堂等形式，解决中小学生的复学复课问题。7 月 18 日，德阳市政府召开部署中小学全面复学复课工作会议。9 月 1 日开学前，德阳市在 252 个校点搭建活动板房 387692 平方米，复学复课所需教育教学、生活设施设备全部到位。德阳市各级各类学校在复学复课时，制订详细的应急预案，组织应急演练，增强学生自防、自护、自救的能力，卫生、公安等部门积极做好学校食品、饮水、环境等卫生防疫及校园周边安全等工作。

绵阳市教育局 5 月 15 日下发《关于切实做好中小学（幼儿园）复课安全工作的紧急通知》。17 日，制订《绵阳市灾后过渡时期重灾区中小学（幼儿园）复课方案》，采取分阶段、多种形式，组织灾后学生复课。20 日，江油市组建 1 所临时学校，安置受灾学生 300 人；安县组建 9 所临时学校，安置受灾学生 1400 人；其余县（市、区）学校通过搭建“帐篷学校”“活动板房学校”租借民房、调整上课时间及错时上课、开设教师“流动辅导站”“流动课堂”“送教到村、社区”、网络辅导等形式复课。6 月 7 日，绵阳市教育局就近或异地安排，绵阳市高三年级学生全面复课。市教育局对北川等极重灾县（市）下发《关于进一步加强领导，确保学校今秋全面复学复课的紧急通知》，要求集中调配人力、物力、财力，划分复课片区，制订复课工作责任表，落实县、乡镇责任人，保证复学复课。各责任片区于 8 月 21 日顺利复课。市教育局采取省内地区支援、招募志愿服务者（包括心理疏导教师）等方法，补充师资配备，优先满足重灾地区学校的需求。至 7 月 10 日，绵阳市 1035 所学校复课，占全市学校总数的 85.75%；复课学生 59.76 万余人，占全市在校学生总数的 89.68%。（参见图 190 ～ 191）

广元市教育局 5 月 19 日下发《关于灾后中小学安全复课的实施意见》，制订《全市中小学复课过渡校舍设施建设计划》。截至 8 月 1 日，广元市复课学校 437 所，另设教学点 613 个，教

图 190　地震发生后，江油市太白中学加固校舍，就地复课（四川省民政厅　提供）

图191 5月26日，崇州市怀远中学学生在帐篷教室内学习（教育部 提供）

学班8295个，复课学生384792人。9月1日，广元市恢复正常教育教学秩序，学校复课率为100%。青川县是极重灾县（市）之一，县教育局派出6个小组，深入学校落实复课准备工作。至8月1日，青川县86所学校（含村小）全部复课，复课学生32158人。剑阁县教职工在地震发生后奋起自救，自发投工投劳，用一个多月时间翻盖校舍房屋1000余间，搭建帐篷3000余顶，拆除危房30万余平方米，清运废渣5000余立方米，平整场地10万平方米，为学校复课创造必要条件。利州区栖凤小学教职工冒着酷暑与援建人员一起搭建活动板房教室，仅用3天时间就搭建活动板房教室15间。

雅安市教育部门5月15日召开中小学复学复课工作会议。会议确定复课使用的教学设施须经安全检测合格后方能使用，以保证师生绝对安全为原则，采取先高年级后低年级复课的“先高后低”原则，分学校制订“一校一策”的中小学复课方案。17日，雅安市抗震救灾指挥部办公室下发《关于尽快组织全市中小学校安全复课的紧急通知》。至23日，雅安市58所普通中小学复课，其中高中11所、初中28所、小学19所，占雅安市普通中小学校总数的9.5%。雅安市高三年级复课5379人，占高三年级学生总数的70%；初三年级复课3734人，占初三年级学生总数的21.3%。重灾区汉源县成立汉源县中小学复学复课工作领导小组，县教育局请专家对学校教室和教学辅助用房进行鉴定，制订复课方案。在汉源二中操场、县城新区广场搭建临时教室121间，落实新桌椅4400套、黑板105张，筹集教材4500套，为城区4所中小学、6567名学生尽快复课做好准备，并对汉源二中房屋进行鉴定，制订复课安全预案。17日，汉源二中高三年级540名学生复课。高考、中考结束后，汉源县中小学复学复课采取“原址复课、异地选址复课、并校复课”等形式开展复学复课。在湖北省委、省政府的援助下，至8月31日，汉源县中小学搭建过渡安置房教室746间，办公室、师生宿舍983间，总面积55151平方米；搭建抗震教室90间、5424平方米。9月1日，汉源县43627名中小学生、846名幼儿复学、复园。石棉县教育部门按照突出重点，分步实施，条件成熟一个恢复一个的原则，采取帐篷教室、搭建活动板房、借房、腾房

图 192　6 月 2 日，雅安市组织力量修建汉源县富林中学校舍，保证学生 9 月 1 日复课

（廖仕林　摄）

等方式复课，并与县级相关部门配合，搭建活动板房 25257 平方米，其中教室 197 套、12017 平方米，宿舍 662 套、13240 平方米。芦山县 57 所中小学、幼儿园受灾，形成危房 2558 间、54024 平方米，经鉴定不能使用的校舍 40830 平方米，维修加固后可使用的校舍 13194 平方米。芦山县教育局、建设局与湖北省援建工程技术人员到各校现场勘查，逐校规划施工方案。至 8 月 26 日，芦山县中小学搭建活动板房 921 间、17780 平方米；42 个“活动板房学校”校点全部安装避雷设施，除一所中心校实施分步上学外，其他所有中小学正常复课。9 月 1 日，雅安市 575 所中小学的 192986 名学生 100% 复学复课。（参见图 192 ～ 193）

阿坝藏族羌族自治州教育局下发《关于调整全州中小学中等职业学校行课时间的通知》《中小学（幼儿园）复课实施方案》《关于切实做好灾后中小学安全复课工作的紧急通知》，派出工作组赴各重灾县督促指导复学复课工作，与县、校签订责任书。汶川县映秀镇映秀小学位于地震中心区，地震造成校舍全部损毁，师生伤亡惨重。5 月 20 日，疏散到成都市的教师们到各大医院查找映秀小学受伤学生，到各群众安置点查找幸存学生，并为学生联系就近入学学校，映秀小学幸存的学生在救助安置点附近入学率达 85%。8 月 26 日，映秀小学在原址附近开学复课，并举行复课后首次升旗仪式。除部分在外地治病和异地复课学生外，132 名学生到校上课。映秀小学复课后取消班的建制，只保留年级。地震使卧龙自然保护区中小学校校舍全部受损成为危房，师生们只能待在临时搭建的雨棚里。5 月 27 日，卧龙镇中心小学校

图 193　绵阳市游仙供电局魏城供电所电力员工为魏城“帐篷学校”义务安装照明灯具
（王元树　摄）

在校内空地上搭建起的“帐篷小学”里复课，中断两个星期学习生活的学生们重新回到课堂，这是卧龙灾区第一所开始复课的“帐篷小学”。茂县教育部门根据茂县地处高山峡谷地带，昼夜温差较大的特殊自然条件，采取在帐篷内固定木板或竹胶板，开设窗户等办法，解决中午避暑、早晚御寒的问题。为了节省帐篷，个别学校利用受损的石木结构教室，采取保留木桩，拆掉屋顶和石墙，钉上木板、竹胶板、油毛毡和彩条布等方法，达到安全、避暑、防寒的效果。临时性过渡教室与活动板房相比节约资金 90%，缓解了救灾资金紧张等问题。7 月 12 日，茂县 112 所中小学和幼儿园全面复课。9 月 1 日，阿坝藏族羌族自治州各县中小学全面复课，复课学生 146664 人，其中本地复课 133603 人、省外安置就读 3234 人、省内异地复课 9827 人。

至 8 月 18 日，四川省 51 个受灾县（市、区）中小学、幼儿园就近复课取得进展，中小学生复课 3037757 人，占中小学计划秋季在校学生总数的 92.9%；幼儿园复学 304709 人，占幼儿园计划秋季在园幼儿总数的 83%。

甘肃省教育厅组织各受灾市州教育部门和学校展开停课学校复课工作。5 月 13 日，陇南市一中、文县一中和受灾严重的成县一中、徽县一中、两当县一中、礼县一中高三年级学生首先复课。14 日，陇南市武都区滨江中学搭建 12 顶帐篷，安排部分学生 16 日复课。23 日，陇南市一中和陇南市各县中小学全部复课。甘肃团省委为武都区城关中学搭建活动板房教室 40 间、2400 平方米，解决学生复课困难。同时，团省委第一批“抗震希望学校”也落户武都区。25 日，兰州军区某红军师在陇南抗震救灾部队建成“兰州军区红军师帐篷学校”，使500名学生复课。舟曲县是甘肃省唯一一个少数民族重灾县，学校受损十分严重，许多村庄各民族群众让出家中厅房做教室，帮助学校搭建帐篷，积极支持学校复课。至16日，舟曲县9所中学在校学生8881人全部复课，114所小学开始复课，成为甘肃重灾区小学全部复课的第一县。天水市搭建帐篷1077顶、活动板房6637套，并下发305顶过冬棉帐篷，基本保证427所受灾学校11.4万名师生复课和秋季上课。平凉市各县区各学校采取借用政府办公用房、农家空余房、单位教室，以及搭建帐篷等方法开始复课。至26日，平凉市108所学校、9541名中学生全部复课。

省内异地复课　地震灾区省内异地复课中小学校主要集中在四川省。

成都市教育局将都江堰市3500余名高三年级学生异地安置到地处温江区的成都农业职业技术学院复课。学生来自都江堰中学、都江堰外国语实验学校、都江堰四中、水电十局子弟学校、光亚学校等9所中学。5月19日，成都市教育局组织协调、调运3900套床上用品、洗漱用具和学习用具，并联系新华文轩集团免费提供紧急印制的教材和复习资料。

德阳市教育局对需要安置复课学生采取本市异地安置方式，重点帮扶极重灾区绵竹市受灾学生，将短时间不能复课的绵竹市2048名学生、孝泉中学176名高三年级学生安置在德阳城区的德阳三中、德阳二中、德阳七中和衡山路学校就读。什邡市、罗江县农村高三年级学生则安置在本地城区中学就读。5月19日，德阳市高三年级学生全部复课。

绵阳市教育局组织重灾地区转移学生在绵阳市城区安全复课，解决了重灾地区和其他高三年级学生的复课问题，并搭建“帐篷学校”安排其他年级学生复课。5月19日，校舍遭受地震严重损毁的北川中学500余名高三年级学生，被安置到长虹培训中心复课（见图194）。至6月4日，北川中学初、高中各年级学生全部复课。9月1日新学期开学，725套活动板房教室，包括音乐房、实验室、图书室、多媒体教室等教学设施搭建完成，学生在新校舍开学。温家宝在四川地震灾区考察时，到长虹集团培训中心参加了北川中学的秋季开学典礼。温家宝鼓励师生要用刻苦学习、

图194　5月19日，北川中学高三学生在长虹培训中心举行复课仪式
（四川省民政厅　提供）

不屈不挠的精神，高尚的品格，为人民、为人类服务的理想，来赢得尊严、赢得荣誉，将来和北川人民一道，把北川建设得更好，并在教室黑板上书写了“多难兴邦”4个大字。

广元市教育局制定《关于青川中学高三学生异地复课的实施方案》，将青川中学高三年级840名学生异地安置到广元外国语学校复课。5月26日，840名高三年级学生抵达广元外国语学校开始高考复习。

汶川县地处地震中心区，95所中小学中91所校舍受损严重，学生安置任务繁重。6月30日，四川省教育厅召开专题会议，研究部署汶川县部分中小学生过渡安置和安全复课工作。会议决定，由省内解决部分中小学生安置复课，由自贡市、内江市、宜宾市、泸州市、遂宁市、达州市、广安市、攀枝花市、凉山彝族自治州各负责安置中小学生600名左右。要求各安置地与被安置地教育行政部门本着“安全第一”原则，保证过渡安置过程中及安置到位复课后学生安全。9个对口支援市（州）教育行政部门与汶川县政府具体协商，制订安置方案，保证7月16日前汶川县中小学生全部复课。阿坝藏族羌族自治州22所学校需异地安置学生复课，其中18所学校在省内异地安置复课，复课学生9349名。汶川县投资120万元维修安置点校舍，购置办公、生活用具及学习用品等，灾区学生就读期间免收一切费用。汶川县漩口中学是阿坝藏族羌族自治州唯一一所农村高级完全中学。地震使漩口中学校舍被毁，学校师生经5天抗震自救，长途跋涉，5月16日转移到成都，在西南财经大学、成都中医药大学、成都医学院临时安置；19日开始，学校陆续复课。四川省教育厅从眉山市、资阳市抽调优秀教师为学生授课，汶川县漩口中学170名高三年级学生投入高考前复习。17日，西南财大成立四川省高校第一所灾区爱心学校。由省教育厅、西南财大、汶川县教育局和平武县教育局组成领导小组，为地震重灾地区失去双亲或与父母失去联系学生提供学习生活用品。学校为灾区学生安排相对独立的教学、生活区域，开设“爱心阅览室”“爱心计算机室”“亲情会客室”；拨专款为灾区学生购置卧具1000套，为每名学生准备夏装2套。18日，汶川县漩口中学83名学生和部分教师辗转抵达爱心学校。26日，爱心学校开学（见图195），邀请成都市第七中学优秀教师为495名高三学生作考前辅导和交流，并由西南财大学生志愿者每天轮流陪伴学生。至6月30日，爱心学校先后安置来自汶川县映秀小学、银杏小学、漩口中学及平武中学等重灾地区学校师生1226名，学生跨度从幼儿园到高中三年级。爱心学校分小学部、初中部、高中部，按年级整合编班，安排教学、生活双班主任。9月1日，汶川县卧龙自然保护区耿达小学214名学生在大英县象山镇小学异地复课；216名卧龙小学学生在遂宁市安居区东禅镇中心小学复课。

解放军总装备部驻四川省某基地5月21日在绵阳市九洲体育馆场地上建起占地1.5万平方米的“八一帐篷学校”，由北川教育体育局和总装某基地党委共同管理。23日，北川曲山小学、陈家坝小学、漩坪初中、太洪小学等的913名学生、139名教师在“八一帐篷学校”复课。为改善师生们的学习和生活条件，该基地在自身受灾严重的情况下，出资650万元，并在社会各界的支援下搭建活动板房教室22间、寝室108间，建成计算机网络教室、多媒体教室、远程教育系统和校园广播系统并配备了餐厅、洗澡间、医务室。6月9日，“八一帐篷学校”师生迁入装有空调的活动板房。2008年秋季，陈家坝小学、漩坪初中、太洪小学等校师生回原校学习；曲山小学等学生908人，设置6个年级的16个教学班，继续在“八一帐篷学校”学习。随着永久性校舍

图 195　5 月 26 日，西南财经大学灾区爱心学校举行开学典礼

（教育部　提供）

相继建成，学生们陆续回到原校学习。绵阳市九洲体育馆“八一帐篷学校”是地震灾区建设规模较大、设施设备较好、复课较早、复课效果较好的“帐篷学校”。党和国家领导人，总装备部及各级党委、政府领导多次到“八一帐篷学校”考察。“八一帐篷学校”被批准为“少年军校”“新教育试验基点校”“中国科学院心理研究所心理辅导站试点学校”“英派斯爱心学校”“中山大学、四川省科技厅、四川省军区政治部心理培训基地”。“八一帐篷学校”与北京小学、上海市宝山区长江路小学及金山区海棠小学结成手拉手学校。

至 8 月 18 日，四川省 51 个受灾县（市、区）中小学生异地（省内外）复课人数达 27765 名，占中小学计划秋季在校学生总数的 0.8%。其中，省内异地复课学生 19002 名，省外复课 8763 名（见表 39）。

至 8 月 18 日四川省受灾县中小学生秋季异地复课统计表

表 39　　单位：人

市（州）	中小学计划秋季在校学生总数	省内异地复课人数	省外复课人数
成　都	251849	0	0
德　阳	373763	2533	117
绵　阳	660153	5603	3708
阿　坝	98480	10195	3422

续表 39

市（州）	中小学计划秋季在校学生总数	省内异地复课人数	省外复课人数
广　元	385942	596	1416
雅　安	175670	75	0
南　充	412859	0	0
巴　中	342164	0	0
遂　宁	117833	0	0
乐　山	34734	0	0
眉　山	203935	0	0
资　阳	161581	0	0
甘　孜	50718	0	100
合　计	3269681	19002	8763

说明：1. 中小学包括小学、初中、普通高中和特殊教育学校
2. 成都市于 6 月 25 日全面复课；绵阳市放假，计划 8 月 21 日复课
3. 南充市、巴中市、遂宁市、乐山市、眉山市、资阳市、甘孜藏族自治州 7 月 3 日前放假，放假前地震重灾县已全部复课
4. 阿坝藏族羌族自治州计划秋季在校学生人数增加 8361 人
5. 此表统计的受灾县指 10 个极重灾、28 个重灾（不含汉源）、13 个一般受灾县（市、区）

三　中等职业学校复课

就地复课　5 月28 日，教育部办公厅下发《关于做好地震灾区中等职业学校复学复课、就业援助和招生工作的通知》，要求在保证师生安全的前提下，采取对校舍进行安全勘查和修缮加固后，符合安全标准的，就地复课；搭建帐篷或活动板房，设立临时课堂；将学生转移到本省内其他学校；将学生转移到对口支援地区中等职业学校学习等方法，开展受灾地区中等职业学校复学复课。

四川省教育厅 7 月 31 日召开重灾地区 6 个市（州）职业教育工作座谈会，推动灾区中等职业学校学生安置复课，保证灾区中等职业学校 9 月 1 日复课。（参见表 40）彭州市职业中学综合大楼、教学大楼、实训大楼在地震中不同程度受损。5 月 15 日，学校建筑修复领导小组根据专家提交的校舍质检报告，组织人员对受损校舍进行维修；23 日，学校教学楼、综合楼维修完毕；26 日，高二、高三年级学生复课。学校专门进行地震疏散演练，请河北师范大学心理教育专家对全体学生进行震后心理疏导。6 月2 日，高二就业班开始复课；16 日，学校实训大楼修复完毕；18 日，高一年级复课。

至 9 月四川灾区六市（州）中等职业学校复课情况统计表

表 40

市（州）	中等职业学校复课		市（州）	中等职业学校复课	
	学生数（人）	比例（%）		学生数（人）	比例（%）
成　都	165000	100	雅　安	15593	100
德　阳	51000	100	阿　坝	3348	100
绵　阳	18200	100	合　计	305431	100
广　元	52290	100			

省内异地复课　5 月 13 日，北川羌族自治县职业中学师生转移到绵阳市九洲体育馆；21 日，又集体转移到绵阳职业培训学院。绵阳职业培训学院为北川职中师生提供必要教学条件和办公场所；安装闭路电视，方便师生观看新闻、了解地震消息和寻亲讯息；编制《对口联系帮助北川职业高级中学教职工安排表》，每名北川职中教职工都有专人负责联系，帮助解决困难。26 日，北川职中在绵阳职业培训学院开始复课。参加 2008 年高考的 20 余名学生中，11 名学生考入大学。

地震发生后，威州民族师范学校原址不能正常上课，四川省教育厅、阿坝藏族羌族自治州抗震救灾指挥部、阿坝藏族羌族自治州教育局和绵阳市教育局以“保留建制、自主管理、整进整出”的方式，组织 1200 余名师生转移到江油市的江油师范学校异地就读。

第二节　学生省外就读

一　高等院校学生省外就读

教育部及灾区教育行政部门为尽快恢复学生复课，做出灾区学生可安排相关省外就读的决定。成都东软信息技术职业学院（以下简称成都东软学院）距离震中汶川县映秀镇直线距离仅 19 公里，地震使学院受到严重损毁。成都东软学院对学生负责，为灾区分忧，成立由东软集团和成都、大连、南海 3 所东软学院负责人组成的省外就读领导小组。东软集团启动 3 所学校应急联动机制，制订了成都东软学院学生赴大连、南海东软学院就读方案。6 月 24 日，成都东软学院 4600 余名师生离开成都，乘专列赴辽宁省大连市、广东省佛山市南海区进行为期两个月的省外就读。这是地震灾区高等院校学生人数最多、转移距离最远的一次异地就读行动。8 月底，师生结束异地就读返回成都。9 月 17 日，成都东软学院复课暨开学典礼在都江堰市青城山下的校园举行。20 日，来自全国各地近 2000 名 2008 级新生报到入学，成都东软学院教育教学工作全面恢复。

二　中小学生省外就读

灾区中小学校校舍损毁严重，有的在短时间内难以恢复。6月2日，四川省教育厅根据援助省（区、市）的意愿和重灾县中小学复课需要，决定将部分学生转移到省外就读，并制定《关于做好转移灾区学生到外省就读工作的指导意见》，要求转移灾区学生到省外就读必须把学生安全工作放在首位。中小学以短期转移就读为主，应届毕业生和小学低年级学生一般不宜安排，未依法确定监护人的孤儿暂不安排。转移灾区学生到省外就读必须坚持学校同意，学生、家长自愿原则并严格审批程序。各重灾市（州）、县（市、区）学生转移至省外就读，需各市（州）政府批准并报省政府备案；各市（州）政府批准前报省教育厅核准。受灾地区政府行政主管部门、学校要掌握情况，加强跟踪，保证学生安全、正常的学习生活。至8月底，四川省51个受灾县（市、区）中小学生19369人在省外就读。（参见图196～197）

图196　济南市槐荫区段店镇大金庄小学的师生欢迎来自江油地震灾区的同学
（侯新建　摄）

5月28日，部分省（区、市）首批“援学”行动在绵竹启动，汉旺中学、绵竹中学202名中学生赴天津市中学就读。30日，汉旺小学、孝德小学及其他学校小学生106人，赴江苏常州就读。30日，安县学生500人赴云南昆明学校就读。云南省开展“把爱心留给孩子——七彩云南爱心大行动”，昆明市教育局选择10所小学为“爱心学校”，每所学校安排学生50人，“集中食宿、插班就读”。云南省政府按每生每月660元标准拨给学校，安排灾区学生学习生活。昆明市教育局制定《安县学生管理办法》，对灾区学生在昆明学习期间的安全管理作出规定。6月3—4日，北川羌族自治县擂鼓镇小学生809人、初中生592人先后赴山东济南就读。7月7日，擂鼓镇初三年级学生50人赴沈阳音乐学院开始为期3年的高中和4年大学生活。绵阳市教育局通过多种渠道，妥善转移学生3708人赴辽宁、山东、重庆、云南就读。

图 197 5 月 22 日，从四川地震灾区转至青岛市大学路小学就读的同学们快乐地参加课间活动
（孙文丽 摄）

6 月 4 日，广元市教育局制定《广元市地震重灾区异地转移就读实施方案》，组织学生 5718 人省外就读，其中集体组织转移省外就读 1184 人，学生自主转移省外就读 4534 人。6 日，青川县马鹿小学四年级学生 132 人、教师 4 人赴广东东莞北大学园博雅外国语学校就读。11 日，青川中学学生 130 人赴宁夏银川六盘山高中就读，青川中学选派 6 名教师全程参与就读学生的教育管理和学科教学工作。同时，青川中学初一年级学生 100 人赴河北省邢台七中就读，青川县大院小学学生 200 人赴云南省通海县就读。

阿坝藏族羌族自治州 4 所学校，安置省外就读学生 3767 人，其中汶川县两所学校，省外就读学生 2588 人；茂县一所学校，省外就读学生 597 人；理县一所学校，省外就读学生 582 人。7 月 2 日、12 日，汶川县漩口中学学生 999 人、教师 117 人分两批乘专列赴山西省长治市长安慈善学校就读。学校实行半军事化管理，并组建校舞蹈队、合唱团等文艺团队，开展多种形式的文体活动。8 月 8 日，北京奥运会开幕，长治市参加奥运火炬传递的 20 名火炬手与灾区就读学生举行了火炬接力活动。山西省潞宝新能源集团董事长韩长安主动承担所有灾区学生及教职员工在长治期间学习、生活、医疗保险及寒暑假往返长治市和汶川县的交通等费用。2009 年 7 月，漩口中学师生返回汶川县水磨镇水磨中学继续学习。

甘肃省、陕西省在安排好本地学生复课的基础上，积极接待外省就读学生。甘肃省教育厅下发《关于做好地震灾区学生来我省就读工作的紧急通知》，要求各市州教育局、相关学校安置灾区到本地就读的学生，不得以任何理由推诿、扯皮或拒绝接收，并为灾区学生提供必要条件，安排好学习、生活。至 6 月 5 日，甘肃省各市州接受安置地震灾区就读学生 230 人，其中兰州市 104 人、嘉峪关市 19 人、白银市 12 人、天水市 6 人、酒泉市 29 人、张掖市 6 人、武威市 13 人、定西市 5 人、平凉市 12 人、庆阳市 2 人、临夏回族自治州 8 人、甘南藏族自治州 14 人。

被安置就读的学生分别来自成都、绵阳、德阳、陇南地震灾区。兰州市各中小学校为灾区学生开辟“绿色通道”，由专人负责，明确接收程序，简化入学手续，及时登记造册。义务教育学段由县区教育局按相对就近的原则，协调安排就读学校；高中学段由市教育局或学校安排就读。兰州市教育局对到兰州市就读义务教育阶段学生免收择校费，职业学校学生免收学杂费。学校对经济困难学生在学习、生活上予以特别资助，并对灾区学生进行心理辅导、心理调适，稳定情绪。

根据汉中市政府的紧急通知，5月15日，汉中市教育局与有关部门安排专人专车接回在广元就读的汉中籍学生116人，在汉中市聋哑学校设立受灾学生返乡接待处，免费提供饮用水和午餐，直到所有学生被各县区及家长接回，并安排就读。汉中市汉台区接受并安置广元市转入的学生7人。凤翔县28所中小学共安置灾区就读学生7099人。

三　中等职业学校学生省外就读

教育部6月6日召开教育系统灾后重建对口支援工作电视电话会议，要求把灾区中等职业学校学生转移安置就读、实习和就业作为对口支援工作的重点，通过支援地和受援地“结对子”的方式，将灾区中等职业学校学生转移到本省内其他学校或对口支援的外省市中等职业学校就读学习。

四川省教育厅6月2日在下发《关于做好转移灾区学生到外省就读工作的指导意见》中提出，把中等职业学校转移学生工作作为重点，支持鼓励灾区中等职业学校与省外优质教育资源合作办学，帮助重灾地区学校学生到发达省市学校就读完成学业，争取援助单位提供顶岗实习岗位，开展就业援助。四川省共向省外转移安置中等职业学校学生61264人就读、实习。

地震发生后，北川职中学生406人，被转移到对口支援北川的山东省免费就读。6月14日，第一批北川职中111名学生，赴德州汽车摩托车专修学院就读。17日上午，山东省德州汽车摩托车专修学院举行北川学生免费就读复课仪式（见图198）。为北川职中学生安排了宽敞明亮的教室，配备最强的教师，成立“北川学生成长基金”，免除两年7200元学费、书本费、住宿费，每月发放生活费，还为每名羌族学生定做羌族服装，并请北京心理专家为学生进行心理辅导，组织北川职中师生到北京天安门广场观看升国旗仪式。28日，第二批北川职中200名学生，赴济南市历城中专、青岛电子学校、山东轻工工程学校就读。青岛电子学校承担北川职中学生学习、生活费用，每月为学生发放100元生活补助，为学生定做校服，老师和学生结成“一帮一”对子，开展帮教活动。在山东省钳工技能大赛中，一名北川职中学生荣获第一名，取得高级职业资格证书；两名北川职中学生获三等奖，取得中级职业资格证书。7月13日，第三批北川职中学生95人，赴山东潍坊商业学校就读。学校每月为北川职中学生发放300元生活费，为学生补习因地震耽误的课程；开设心理辅导课，在校内师生中开展青年志愿者活动，丰富就读学生的校园生活。

绵竹中等职业学校无法在原址复课，学校将一、二年级2600余名学生转移到全国14个省（市）的99所技工类学校就读，其中北京市223人、天津市58人、河北省119人、辽宁省106人、

图 198　6 月 17 日上午，德州汽车摩托车专修学院为北川羌族自治县就读学生举行欢迎仪式

（韩景慧　摄影）

江苏省 569 人、安徽省 91 人、福建省 97 人、江西省 97 人、山东省 283 人、河南省 100 人、湖北省 397 人、湖南省 95 人、广东省 342 人、重庆市 57 人。

甘肃省各级教育及相关部门组织转移灾区中等职业学校学生省外就读。7 月 28 日，甘肃省教育厅下发《关于进一步做好地震灾区中职生转移培训和今年招生工作的紧急通知》，对地震灾区 2008 年秋季无法正常开学的中等职业学校学生，转移到省内外其他学校就读，并动员往届初高中毕业生到职业学校学习或参加专业培训；转移到省内外其他中等职业学校的灾区学生，在享受国家中等职业学校学生资助政策的同时，免收学费、住宿费、课本费。甘肃省需异地就读学生 17637 人，至 9 月 16 日，转移就读 14255 人，其中外省职业学校（学院）1101 人、省内 10 所职业学校 2160 人、联合办学 6314 人，通过劳动、扶贫等部门向江苏、广东、深圳等地技工学校转移就读职业学校一年级学生 1180 人，另外 3500 人也被安排至省外就读。

9 月 21 日，陕西省略阳县 21 个乡（镇）的 230 名中等职业学校学生赶赴天津，在天津市 5 所知名中等职业技术学校的 8 个专业，进行为期 1 ～ 3 年的职业技能培训和学习。就读学生全部纳入天津市中等职业学校招生计划，学习期间免除学费、书本费、住校费，每人每年获 1500 元生活补贴，毕业后颁发天津市中专学历证书，由天津职业学校推荐安置就业。

重庆市中等职业学校为灾区学生开辟“绿色通道”，免费接受来自灾区学生近300人在市级以上重点职业学校就读，并优先为灾区学生推荐就业机会。

第三节　困难学生资助

一　高等院校困难学生资助

特别资助政策　地震发生后，财政部、教育部迅速研究部署生源地为地震重灾地区学生资助工作。5月31日，财政部、教育部联合下发《关于切实做好高校地震受灾学生资助工作的紧急通知》，要求各高等院校将在校普通本专科学生中，生源地为地震重灾地区的农村学生和城市家庭经济困难学生纳入国家助学金资助范围，按每人每月平均200元标准，发放5～7个月的国家助学金。同时，各高等院校向困难学生给予一次性特殊困难补助和伙食补贴。8月，教育部下发《关于认真做好2008年高等学校新生资助有关工作的通知》，要求各高等院校全面、详细了解掌握生源地为地震重灾地区农村和城市家庭经济困难的新生、在校生情况，按照新资助政策要求，做好各项资助工作。9月1日开学后，教育部对直属高等院校资助落实情况进行调查了解，在教育部直属各高等院校中有家庭受灾学生20571人，其中家庭遭受重灾学生9239人。各高等院校针对受灾学生的实际情况，采取紧急资助措施，保证家庭受灾学生的基本生活和学习；及时发放5～7个月国家助学金，向家庭遭受重灾学生发放国家助学贷款，紧急安排特殊困难补助，增发临时伙食补贴，实施学费减免，调增勤工助学岗位。8月，财政部会同教育部下发《关于对汶川地震重灾区家庭经济困难学生实施特别资助政策的通知》，在2008年秋季学期至2009年春季学期，对生源地为地震重灾地区普通高等学校全日制本、专科在校家庭经济困难学生免除学费。中央财政对受灾省高等院校和接收灾区学生较为集中的其他省高等院校给予补助，补助标准为每年每生4200元；其余高等院校免除学费资金，由学校自行安排。通知对扩大国家助学资金面提出具体意见，在2008年秋季学期至2009年春季学期，生源地为地震重灾地区的普通高等学校全日制本、专科在校生国家助学金政策覆盖面扩大到70%，平均补助标准仍为每年每生2000元。新增资金全部由中央财政负担。同时，各高等院校可根据情况，自行发放特殊困难补助。

四川省高等教育阶段学校根据财政部、教育部的通知要求，在2008年秋季学期至2009年春季学期，全年安排中央财政资金4.96亿元，对高等教育阶段（含普通本科高等学校和高等职业学校）家庭经济困难学生11.8万人免除学费，免除学费人数占灾区在校学生比例的85%。同时，普通高等教育阶段的灾区学生国家助学金覆盖面扩大到85%。四川省高等教育学校灾区学生享受助学金平均覆盖面增加了57%，国家助学金资助人数增加8.3万人，增加资金1.65亿元，平均补助标准为每年每生2000元。四川省为保证地震重灾区家庭经济困难学生顺利就学，对生源地为地震重灾地区普通高等学校全日制本、专科在校生，以及2008年秋季新入学学生，实行先办理入学注册手续，再根据核实受灾情况，落实有关资助政策“绿色通道”制度。

甘肃省财政厅、教育厅根据《财政部、教育部关于下达2008年秋季学期普通高校特别资助政策资金预算的通知》要求，向有关市财政局、教育局和甘肃省各高等学校下达2008年秋季学期特别资助政策资金4027万元。甘肃省37所普通高等院校11804名重灾区经济困难学生得到资助。

应急资助措施　地震发生后，社会各界采取紧急资助措施，解决灾区困难学生基本生活和学习问题。中国教育发展基金会筹措资金，对延期高考地区2008年四川省被高校录取新生56360人发放交通补助，共拨付资金1020万元。李嘉诚基金会捐助四川地震灾区15个重灾县家庭经济困难在校大学生生活费用开支，资助标准为每人每学年2000元，每年均按10个月计算，按月发放。国航为延期高考地区被高等院校录取新生发放免费机票400张，并发放4折机票1200张。中国扶贫基金会资助考入大学的重灾区大学生300人每人一年1840元，共55.2万元。

全国总工会在2008年“金秋助学”活动中，对地震灾区困难职工、困难农民工子女进行资助，保证来自灾区的困难职工和农民工子女不因灾、因贫辍学。以2008年考上大学、中专新生、在读高中生为主要资助对象，采取捐资助学、结对帮扶、定点资助等方式进行帮扶。在“金秋助学”活动中，全国总工会拨付四川省助学资金2700万元；四川省、甘肃省、陕西省各级工会分别投入4300万元、1400万元和1000万元；全国结对帮扶各省工会共投入1531万元，资助受灾职工和农民工子女约45万人，其中四川省27万人、甘肃省5万人、陕西省13万人。各级工会对灾区学生资助，主要采取结对帮扶形式，对灾区当年考取外省高校和灾区籍省外高校在读困难职工和困难农民工子女，由就读所在地工会动员党政干部、企事业单位、社会爱心人士等与灾区学生结成帮扶对子，向受助学生提供助学金、生活学习用品、联系勤工俭学、实习机会和就业岗位；对在本省内就读的灾区困难职工和困难农民工上学子女，由全国总工会确定19个省（区、市）、10个市总工会分别结对帮扶四川、甘肃、陕西重灾地区市、县，其他受灾市、县学生由四川省各级工会组织负责帮扶。

中国政法大学开通“地震灾区考生资助绿色通道”，对在2008年考入中国政法大学的地震灾区考生，免除大学期间学费，并提前联系考生发放困难补助，发放入学路费及在校生活用品费用。北京科技大学对地震灾区2008年新生作出“包学费、包路费、包生活费”的承诺。同时，对受灾家庭困难学生发放临时性生活困难补助、寒暑假回乡路费补贴，优先办理国家助学贷款，办理校内无息贷款，优先安排勤工助学岗位。上海交通大学对地震中家庭遭受重大损失的本科生提供学费减免，直至本科毕业，其中双亲亡故学生免学费，单亲亡故学生减免一半学费。复旦大学为因灾致贫的新生提供入学路费，路费随录取通知书送达。

四川大学对来自地震灾区且失去经济来源的所有学生提供国家助学金等经济援助；对烈士子女和孤儿资助学费、住宿费、基本生活费，最高资助金额达1.3万元/人·年。西南民族大学对灾区孤儿实行免学杂费、免住宿费至大学毕业的“全免”政策。西南科技大学对地震重灾地区学生和家庭经济困难学生，先办理入学注册手续，再根据核实受灾的情况，落实资助政策。

甘肃省省属37所普通高校落实财政部、教育部重灾区入校学生就读政策，为来自地震重灾区的4608名家庭经济困难学生，发放国家助学金921.6万元、特殊困难补助434.1万元、社会助学金113.1万元、伙食补贴46.4万元、勤工助学岗位资助134.3万元。为重灾区2431名家庭经济困难新生开通“绿色通道”，减免学费350.4万元。2008年，甘肃省高等学校为地震重灾区家庭经济困难学生提供资助1999.9万元，保证重灾区学生顺利入校就读。黑龙江省鸡西大学对2008年在甘肃省招收的延考区考生免收3年学费，对孤残考生还免收3年住宿费，同时启动学校专项救助金，每月对孤残考生进行生活费补贴。

陕西省开展贫困大学生资助活动，截至10月14日，共资助贫困大学生3932名，资助1306.7万元。团省委、省希望工程办公室联合华商报社推出“希望工程圆梦—牵手行动”等大学新生助学行动，活动筹款467万元，资助31520名贫困学生。南郑县申请中华慈善总会、中国银联、陕西省慈善总会的资助项目，使4所高中学校各有一名考入高校的家庭经济困难学生获得1万元资助。陕西省实施生源地信用助学贷款，2008—2009年，宝鸡市共为3706名大学生办理每年6000元生源地信用助学贷款，年度贷款总数2223.6万元。宁强县为179名大学生办理生源地信用助学贷款，年度贷款总数63万余元。同时，社会各界为大学生捐款资助311人，发放资助金69万余元。8月18日至11月8日，陕西理工学院向陕西省教育厅报送691名地震灾区家庭经济困难学生资助名单，批准发放临时生活补贴42万元，减免学费294.4万元，增补助学金98万元。9—11月，勉县为近8000名在校贫困大学生办理减免学费和补助生活费申请手续；至2009年7月，为在校大学生6000余人减免学费和补助生活费3120万元。宝鸡市制定《宝鸡市贫困家庭高中毕业生高等教育入学救助办法》，对考入二本以上高等院校，符合资助条件的贫困学生每年给予一次性资助5000元。2008年，宝鸡市859名学生享受高等教育入学资助。

重庆市落实财政部、教育部的通知要求，做好地震灾区家庭经济困难学生资助工作。5月21日，重庆大学拨出60.96万元专款，对因灾家庭生活困难的1016名学生按每人600元的标准发放临时特殊困难补助。6月5日，重庆大学向50名家庭经济特别困难受灾学生发放5万元“抗震救灾新长城自强助学金”。重庆大学在新学年国家助学金评定过程中，适当向家庭受灾学生倾斜，按照每生每月300元最高标准100%覆盖地震重灾地区家庭经济困难学生。重庆大学免除1000余名来自地震重灾地区家庭经济困难学生的学费。2008年暑假期间，重庆大学还向留校的家庭受灾学生每人发放200～300元暑假生活补贴。重庆邮电大学安排15万元，对来自地震灾区的受灾家庭困难学生进行专项补助。5月19日，西南政法大学在“抗震救灾献爱心善款发放仪式”上，向地震灾区的91名学生、家庭特别困难的54名学生，分别发放救助款10万元。6月4日，重庆交通大学为来自地震灾区学生集中发放慰问金和慰问信，慰问金按家庭受灾程度分为2000元、800元、500元、200元，向345名学生共发放14.4万元。重庆工商大学为地震重灾地区学生开设“绿色通道”，采取缓交学费、减免学费、免费提供学生平安保险、免费发放卧具等措施，并实行以学校“奖、贷、助、补、减、勤”为核心的“资困助学”配套政策。重庆工商大学制定并实施《2008—2009学年汶川地震重灾区学生学费减免方案》，对282名学生实施不同额度的学费减免，减免总额约140万元。

二 中小学困难学生资助

8 月，财政部会同教育部下发通知，要求 2008 年秋季学期至 2009 年春季学期，对生源地为四川、甘肃、陕西地震重灾地区 51 个县（市、区）的普通高中家庭经济困难学生免除学费，中央财政按照一学年每生 900 元的标准，一次性安排补助资金；按一学年每生 1000 元补助标准安排生活补助费。2008—2009 学年，中央财政安排 2.04 亿元，使 22.7 万名普通高中家庭经济困难学生得到资助；通过中国教育发展基金会中央彩票公益金资助项目，对上述范围学生补助生活费。在民政部门对灾区群众生活补助政策的基础上，中国教育发展基金会从募集到的抗震救灾款中拨出 1604 万元专项资金，对四川省遇难中小学生家庭每户补助 3000 元。同时，四川省教育发展基金会配套拨付 113.1 万元，主要用于高校遇难师生及中小学遇难教师补助。为保证地震重灾地区普通高中三年级学生正常学习、生活，以充沛的体力和良好的精神状态参加高考，教育部协调中国教育发展基金会分 3 次对四川、甘肃、陕西地震重灾县高三年级学生给予生活补助，其中拨付四川省 2536.32 万元（包括抚恤金、交通费补助 276.45 万元）、甘肃省 458.2 万元、陕西省 163.88 万元；按每生每天 10 元的标准发放伙食补助，受补助高三年级学生接近 14 万人（次）。

8 月，四川省财政厅和教育厅转发财政部、教育部的通知，要求各市州、扩权试点县政府，结合四川省的实际提出补充意见，一并遵照执行。四川省特别资助政策实施范围（指生源地）为国家确定的极重灾区 10 个县（市）、重灾区 29 个县（市、区），其他地区受灾家庭经济困难学生资助工作由各地结合国家现有政策，自行妥善解决。四川省高中阶段和高等教育阶段学校，对符合财政部、教育部规定免收 2008—2009 学年学费的家庭经济困难学生，凡已收取学费的，及时全额退还给学生。对生源地为地震重灾地区高中阶段学校在校生实行“绿色通道”制度，即先办理入学注册手续，再根据核实受灾情况，落实有关资助政策，保证地震重灾地区家庭经济困难学生顺利就学。地震灾区义务教育阶段学生执行“两免一补”政策，即城市学生免除学杂费，农村学生免除学杂费和书本费，给予家庭经济困难寄宿制学生发放生活补助。四川省财政安排资金 749.27 万元，用于汶川县 2008 年秋季学期跨市州异地复课学生生活补助。中国教育发展基金会拨付 1020 万元对延期高考地区 2008 年高校录取新生发放交通补助。中国扶贫基金会资助绵竹市东汽中学、北川中学两个高中自强班，每班 27 万元；帮助 100 名学生完成 3 年学业，每人每年获 1800 元资助；连续两年资助重灾地区小学生 300 人，每人每年 450 元。

地震发生后，甘肃省教育厅及时将中国教育发展基金会筹措的资金下达给有关县区，对陇南市所辖武都区、康县、西和县、礼县、宕昌县、成县、文县和甘南藏族自治州所辖舟曲县等 8 个重灾县（区）13915 名有学籍、在校应届高三年级学生给予 150 元伙食补助经费，每人每天 10 元，补助期为 15 天，补助 208.73 万元，并要求有关县区教育局安排专人负责，登记造册，及时、足额将补助费发放到学生手中。6 月 16 日，中国教育发展基金会再次对徽县、两当县、合作市、临潭县、卓尼县、迭部县、玛曲县、碌曲县、夏河县 9 个延期高考县（市）的 4413 名在校应届高三年级学生一次性每人补助250元伙食费；同时，对已补助150元的8个县（区）13915名学生每人追加补助100元；两项补助资金共249.48万元。18日，甘肃省教育厅将补助资金下达到各县（市、区）。9月，甘肃省教育厅下发《关于下达2008年度“深圳—甘肃助学基金”资助经费的通知》，根据《“深圳—甘肃助学基金”管理使用办法（修订稿）》的要求，将2008年基金收益的40%、122.92万元用于资助武都区、文县、康县、舟曲县、迭部县家庭经济困难普通高中学生，每月补贴10元伙食费，每生每学年100元，共资助12292人。将2008年基金收益的20%、61.45万元，用于资助43个国家扶贫开发重点县中小学家庭特困学生，初中每生每学年150元，资助2048人，资助金额30.72万元；小学每生每学年100元，资助3073人，共资助30.73万元。甘肃省财政厅和教育厅根据财政部、教育部有关文件，下发《关于下达2008年秋季学期汶川地震重灾区普通高中家庭经济困难学生免学费中央补助资金的通知》，要求按一学年每生900元标准，对甘肃省8个地震重灾区，下达2008年秋季学期，地震重灾区普通高中家庭经济困难学生免学费专项补助1154万元，其中陇南市1098万元、甘南藏族自治州56万元，主要用于学校运转经费等开支；并要求陇南市、甘南藏族自治州财政和教育部门将补助资金及时下达到所属学校，加强资金管理，接受监察、审计部门的监察审计及社会监督。

6月2日，陕西省高等教育招生考试办公室为宁强县、略阳县、凤县受灾较重县各拨付10万元，用于考场设置及组考工作。略阳县安排3万元用于县一中高考考生生活补贴；为县一中、县三中、略钢子校高中调拨帐篷106顶、彩条布2000米、大米面粉6吨、蔬菜8吨、饮用水600余件、副食品300件和防暑降温药品。宝鸡市在2008年秋季学期至2009年春季学期，对生源地为地震重灾区普通高中家庭经济困难学生免除学费。宝鸡市陈仓区共上报高中贫困学生20792人（次），资助935.64万元。同时，对地震灾区学生补助生活费为年生均1000元，资金从中央彩票公益金中安排，通过中国教育发展基金会发放。2008—2009学年，宝鸡市9420人受到中央彩票公益金资助，资金达942万元，其中受助人数最多的陈仓区，5931人受到每人1000元的资助。太白县财政局为每名考生每天提供20元标准生活补助，安排考生统一在太白中学食堂用餐，每场考试为每名考生免费提供一瓶饮用水，解决全县考生考试期间吃饭、饮水等问题。

三　中等职业学校困难学生资助

8月，财政部会同教育部下发通知，在2008年秋季学期至2009年春季学期，对生源地为四川、甘肃、陕西地震重灾地区51个县（市、区）的中等职业学校家庭经济困难学生免除学费，中央财政按照一学年每生2000元标准，生活补助每年生均为1500元。2008—2009学年，中央财政安排资金3.97亿元，使中等职业学校家庭经济困难学生得到资助。

四川省中等职业学校免除学费人数为15.2万人，占灾区在校学生的70%，全学年安排资金3亿元。对中等职业学校家庭经济困难学生生活费补助，继续执行现行国家助学金政策，资助一、二年级所有全日制在校农村学生和城市家庭经济困难学生，一学年资助1500元。

甘肃省财政厅、教育厅下发《关于下达2008年秋季学期中等职业学校国家助学金的通知》，为各市州省属中等职业学校下达2008年秋季学期中等职业学校国家助学金7067.48万元，其中中央补助资金 5653.98 万元、省财政补助资金 1413.5 万元。甘肃省财政厅、教育厅根据财政部、教育部有关文件精神，制定下发《关于下达 2008 年秋季学期汶川地震重灾区中等职业学校家庭经济困难学生免学费中央补助资金的通知》，按一学年每生 2000 元标准，对甘肃省 8 个地震重灾县（区），下达 2008 年秋季学期地震重灾区中等职业学校家庭经济困难学生免学费专项补助资金 1902.5 万元。

陕西地震灾区对符合中央资助条件的中等职业学校学生免除学费，中央财政按照一学年每生 2000 元标准一次安排补助金，补助金超过学费标准的，超出部分安排给相应学生作为生活费补助。中等职业学校家庭经济困难学生生活费补助，继续执行现行国家助学金政策，每生一学年平均标准为 1500 元。2008 年秋季至 2009 年春季，中等职业学校生源地为 51 个地震重灾县（市、区）的学生免学费，其中宝鸡市陈仓区 2008 年秋享受救助学生 2345 名，资助 234.5 万元；2009 年春中等职业学校享受救助学生 2531 名，资助 253.1 万元。勉县为两所中等职业学校 969 名贫困学生，减免学费 193.8 万元。汉中市汉台区资助中等职业技术学校学生 131 名，年资助 13.1 万元，连续 3 年共资助 39.3 万元。宝鸡市 2008 年秋季 34463 人享受中等职业助学金，资助 2584.73 万元；2009 年春季宝鸡市 3.2 万名学生享受中职助学金，资助 2400 万元，其中补助生活费执行现行国家助学金政策，通过国家助学金给予补助，每生一学年 1500 元。

第四节　高考与录取

一　抗震保考

启动高考应急预案　5 月 12 日地震发生时，距全国高考还有 25 天，四川省 517560 名高三年级学生报名参加高考，但地震灾害打乱了灾区原有的高考备考工作部署，高考命题场地房屋受损，对口职教师资班、高职招生和藏族、彝族文单独考试命题点安全保密设施遭到破坏，命题工作被迫中断，听力磁带制作无法进行，试卷印刷被迫停滞。由于通信中断、交通受阻，各市州高考备考工作受损情况无法掌握，重灾地区校舍及相关设施严重损毁，不具备组织高考的条件。

5 月 13 日，教育部考试中心召开紧急会议，启动教育考试突发事件应急预案，成立应急指挥小组，启动国家教育考试考务指挥平台应急指挥、突发事件处置、视频指挥、加密传真等系统，组成应急小组赴灾区。提出四川省部分地区按常规高考、部分地区延期高考，全部按常规高考，全部延期高考 3 种高考方案报教育部。

5 月 14 日，教育部向中共中央、国务院报送《迅速启动高考应急预案，应对四川汶川地震灾害》报告。刘延东要求全国高考按常规举行，重灾地区应特事特办。15 日，教育部高校学生司和考试中心联合派出工作组赴成都，指导四川省教育厅、考试院研究制订四川省高考调整方案。21

日，教育部考试中心召开会议，要求保证正常地区和灾区考试；成立两个工作组，分别赴四川、甘肃灾区，协助做好如期高考和延期高考准备。24日，赴四川省工作组与四川省教育厅研究制订《四川省2008年普通高考应对余震的应急预案》，包括考试进行中发生较大余震的处置办法等。

四川省教育厅在地震后迅速成立抗震救灾工作领导小组，下设高考应急组负责抗震保考工作。省教育考试院成立抗震保考应急工作组，并启动突发事件应急预案。派出3个工作组前往通信中断的德阳、都江堰、绵阳等重灾地区，了解受灾情况及开考能力。5月13日，省教育厅向省应急办递交《关于请求调拨救灾帐篷的报告》，省应急办立即调拨帐篷，及时解决241名命题、制卷人员工作、住宿问题，并安排有关人员与武警部队官兵组成突击队，进入命题场地保护试题成品及设备，加派警力昼夜执勤，加强巡查。25日，四川省政府成立以地震、教育、水利、国土资源、建设、电力、卫生、公安等部门为成员单位的“四川省普通高考应急处理指挥中心”，负责分析研判余震等自然灾害对如期举行高考的影响，并提出在临近高考或高考期间，如出现重大异常情况，决定采取是否如期考试、局部中断考试、部分科目暂停考试，授权有关县（市、区）政府在出现异常情况时快速处置的权利等处置办法。（参见图199）

图199　6月25日，受地震影响延考的阿坝师范高等专科学校少数民族预科部，在西南民族大学召开直升统考动员大会

（教育部　提供）

6月3日，甘肃省高等教育招生考试委员会制定《甘肃省2008年普通高校招生统考防震预案》。

陕西省政府5月19日决定，2008年陕西地震灾区高考及中考如期举行，并成立由公安厅、卫生厅、地震局等相关部门组成的高考应急指挥中心。

灾区高考实施办法　5月15日，四川省高等教育招生考试委员会下发《关于征询抗震保考情况和有关安排意见的紧急通知》，要求各市州对本地区考生人数、受伤学生人数及处置方案、考点考场受灾及听力设备检查修复措施、保密设施、考生交通、食宿及正常开考等情况，如实上报。四川省15个市（州）备考工作正常，能保证如期开考。6个市（州）部分县（市、区）灾情严重，校舍及相关设施遭到不同程度损毁，存在严重安全隐患，加之道路中断、通信不畅、次生灾害时有发生，危及考生安全，不具备如期组织高考条件。16日，四川省政府向教育部发出《关于恳请教育部同意我（四川）省因地震灾害不能如期开考的地区延期举行2008年高考的函》。17日，省政府召开各市（州）分管教育市（州）长及教育局长、招办主任会议，研究高考调整方案。经教育部批准，省政府决定，受灾严重的6个市（州）40个县（市、区）延期高考，具体考试时间根据救灾情况另行确定；其他地区高考时间不变。18日，省政府发布《关于我省2008年普通高考的通告》，公布延期高考的40个县（市、区）并提出教育部门组织力量为重灾地区考生无偿提供复习、生活条件，保证考生顺利参加高考。因地震灾害，普通高考听力设备受到严重损毁，短期内无法恢复，即使加紧修复，由于余震不断，也难以保证普通高考外语听力考试顺利进行。19日，省高等教育考试委员会、省教育厅发出通知，决定取消四川省普通高考外语科听力考试，普通高校职教师资、高职班对口招生英语听力考试一并取消。21日，广元市政府根据广元市余震次数增多、强度增大，高考考点不能保证考生安全，不具备办考条件，向省政府紧急报告。经省政府同意并报教育部批准，决定广元市所辖5个县（区）延期举行2008年普通高考。四川省延期高考县（市、区）共45个、考生96421人，其中成都市12580人、德阳市19586人、绵阳市36616人、广元市15914人、雅安市7035人、阿坝藏族羌族自治州4690人。

5月20日，甘肃省政府发出《关于陇南市、甘南藏族自治州2008年普通高考的通告》，公布延期高考的17个县（市、区）为陇南市的文县、武都区、宕昌县、礼县、成县、西和县、徽县、康县、两当县及甘南藏族自治州的舟曲县、迭部县、卓尼县、临潭县、碌曲县、玛曲县、夏河县、合作市，共有考生23492人。

保证高考考生安全　5月22日，教育部下发《关于进一步加强2008年普通高等学校招生全国统一考试安全工作的紧急通知》，要求各级教育行政部门、招生考试机构树立“安全第一”思想，保证“平安高考”。30日，教育部高校学生司、考试中心负责人到中国地震局了解情况，中国地震局通报了地震预测情况并提出高考用房需经建设部门鉴定；考点设置避难场所、疏散通道；发生余震时，不可盲目外跑，要有序疏散，配备负责疏散人员并进行演练；延期举行重灾地区高考，重灾地区不设考场等建议。

四川省政府落实教育部“安全第一”“平安高考”的要求，5月28日，省政府办公厅下发《关于做好普通高考用房专项抗震鉴定工作的紧急通知》《关于做好2008年普通高校招生统一考试工作的通知》，省招生考试机构采取抗震保考措施，保障先期进行高考的421126名考生平安完成高考。对高考安全保卫、试题押运、守护及考试治安管理等作出部署，并组织专家组对考点、考场、考生食宿点等高考用房进行抗震鉴定和多次检查。同时，制定《四川省2008年普通高考应对余震影响考生须知》《四川省2008年普通高考应对余震影响的处置预案》，要求各考点在保证高考用房安全的前提下，特别注意对建筑物可能存在的安全隐患进行清理，并在考场通道出口处采取相应措施，保证考生和考试工作人员在出现险情时能顺利疏散。各考点根据考点布局，在考点的运动场等空旷地带设立临时避震安全场所，并划定各考场疏散区域，设立应急疏散通道，在考点明显处张贴防震安全场所、应急疏散通道示意图及标记。各考点还组织考生、监考员和工作人员进行防震疏散演练。按照“分级管理、分级负责”的原则，对备考工作和市（州）、县（市、区）保密室的软硬件条件进行检查清理。严格按照教育部的规定，完善《考务工作细则》，严格考点设置，凡设置在县政府所在地以外的考点，考前派专人实地检查。四川省招考委组织29个巡视组，6月3日前深入如期开考的市（州）、县（市、区），检查备考及考试的各环节工作。

陇南市招考委要求2008年全市高考必须在活动板房教室中进行，保证灾区考生、工作人员的安全。陇南市抗震救灾指挥部协调各方关系，与援建方联系，多方面争取搭建活动板房的资金和材料。至6月30日，陇南市共搭建高考活动板房教室709间。

5月26日，陕西省政府召开2008年普通高校招生考试工作电视电话会议，要求各地市制订高考防震工作预案，并在考前对考生进行心理辅导和应急疏散演练，消除考生因心理恐惧对考试造成的影响。30日，陕西省政府办公厅下发关于做好高考防震应急处理工作的紧急通知，对考前准备、考试期间发生余震的应急处置工作等提出明确要求。西安市96个高考考点，6月6日15时举行了防震紧急疏散演练。

二　两次高考

5月31日，四川省气象台在会商的基础上，发布有出现降水过程高考天气预报消息，在高考准备阶段，提醒各级教育部门重视明显降水对试卷运送、考场准备、考生集中等方面的不利影响，并关注各地短期和短时临近天气预警预报。天气预报消息通过电视、广播、手机短信、传真、“12121”电话等向社会广泛传播。各考点在考前组织监考教师和工作人员进行应对可能出现的突发情况，进行防灾疏散大演练。考试期间，在考场周围设3层警戒线，形成相对封闭的警戒控制区域，以应对突发事件。

如期高考　6月7—8日，四川地震灾区非延考区17个市（州）、136个县（市、区）如期举行2008年普通高考。由于非延考区、延考区普通高考、对口职教外语科听力考试取消，外语科考试时间调整为100分钟，听力考试的30分分值调整到其他试题上，满分仍为150分。22日，教育部组成工作组到四川灾区检查如期高考准备，要求全力保证考生生命安全。25日，四川省对全部如期高考考场进行安全排查。31日，教育部考试中心赴四川省工作组协助四川省制订《四川省2008年普通高考应对余震的应急预案实施细则》《四川省2008年普通高考应对余震影响考生须知》《四川省 2008 年普通高考应对余震影响的临机处置办法》。

甘肃省招考委 5 月 30 日下发《关于进一步加强 2008 年普通高校招生全国统一考试防震等安全工作的紧急通知》，要求强化考点、考场安全管理，保证高考安全。

5 月 31 日至 6 月 1 日，陕西省招生办公室派出两个工作组分赴汉中市、宝鸡市检查高考防震及备考工作。6 月 6—9 日，省招办派出 5 个督查组，分赴宁强县、略阳县、勉县、宝鸡市陈仓区、凤县督查高考工作。地震使汉中市 14 所考点受损，涉及考场 361 个。为保证高考顺利进行，保证师生安全，汉中市搭建活动板房 3 万平方米，解决汉中市及宁强县、略阳县 3 个考点 113 个考场用房；调整考点和考场，解决南郑县 75 个考场；采取加固维修教室解决 10 个考点 173 个考场用房。6 日，汉中市高考工作准备就绪，7—9 日，陕西省高考应急指挥中心在省招办集中办公，现场指挥高考工作。7—8 日，汉中市考生在余震中如期参加全国普通高校招生考试。2008 年，汉中市共有 26748 人报名参加高考，19516 名考生参加考试，设 11 个考区 24 个考点、944 个考场，其中活动板房考场 113 个；直接参与高考及其他各类工作人员 250 人，外围服务人员 80 余人，与 2007 年同期相比增加 1 倍以上。

延期高考　6 月 8 日，教育部办公厅分别复函四川省、甘肃省，同意两省延期高考地区考试时间安排在 7 月 3—5 日。6 月 9 日，教育部考试中心向四川省、甘肃省发出延考科目时间安排通知，向青海省发出协助甘肃省做好命题、翻译工作的通知，决定 7 月 3 日上午考语文、下午考数学，4 日上午考综合、下午考外语，5 日考自命题科目。

四川省教育考试部门严格执行教育部和省政府制定的政策、规定和《四川省 2008 年普通高校招生考务工作细则》，省教育考试院 6 月 21 日制定《四川省 2008 年普通高考延考区考务工作方案》。22 日、26 日，省政府办公厅先后下发《关于做好因灾延考区考点检查确保考生及考务工作人员生命安全的紧急通知》《关于做好 2008 年因灾延考区普通高校招生统一考试工作的通知》。25 日，省国土资源厅致函省教育厅，提出延期高考县及考点地质灾害预测分析及预防措施建议意见，对延考区考前 3 天（6 月 30 日至 7 月 2 日）、高考期间（7 月 3—5 日）气象趋势及地质灾害进行预测分析并提出防灾建议。省教育厅转发省国土资源厅的函，要求各市州教育部门主动协调国土资源、环保、气象等部门，加大隐患排查力度，完善防灾预案。30 日，四川省、甘肃省延期高考需用活动板房教室搭建完毕，全部通过鉴定。

6 月 27 日，四川省委、省政府协调省抗震救灾指挥部批准，成都军区陆航团启用 4 架直升机从成都起飞，将 4000 余份高考试卷分别送到汶川县、理县、茂县和马尔康县，这在国内高考历史上尚属首次。7 月 6 日上午，阿坝藏族羌族自治州考生试卷被集中到州政府所在地马尔康县，由两架直升机平安运送到成都凤凰山机场。随即，两辆警车一前一后将载有高考试卷的专车径直护送到阅卷场。为保证试卷运送道路畅通与安全，从成都凤凰山机场到高考阅卷场的 10 余公里内，每个路口都有交警站岗，及时疏散交通、清除路障，保证专车通行。

6 月 28 日，四川省教育考试院发出《关于做好我省普通高考延考区异地考试工作的通知》。四川省参加异地高考考生 8968 人，其中都江堰市 3594 人在位于温江区的成都农业科技职业学院参加高考；绵竹市 2048 人在位于德阳市区的四川工程职业技术学院参加高考；北川羌族自治县 934 人在绵阳长虹培训中心参加高考；平武县 380 人在绵阳市区普明中学参加高考，496 人在成都市树德中学参加高考；青川县 1143 人在广元市利州区东城实验学校参加高考；汶川县 373 人在成都市石室中学参加高考。7 月 2 日，延期高考考生走进各考点熟悉考场，并进行考前防震疏散演练。

甘肃省招考办 6 月 10 日下发通知，对两个延考区 2008 年普通高校招生考试的考试管理、高校录取工作进行安排。陇南市、甘南藏族自治州 17 个县（市、区）的 23492 名考生于 7 月 3—5 日参加延期举行的高考，两地共设 24 个考点、810 个考场。延考区各考点根据省、市州制订的应急预案，结合各地实际制订详细应急措施，保证延期高考顺利进行。

7 月 3 日，备受关注的四川、甘肃地震灾区 8 个市（州）、62 个县（市、区）12 万名延期考生参加高考，其中约 78% 考生在本地活动板房内参加考试，15% 考生在本地经抗震鉴定合格的教室内参加考试，极少部分考生到异地参加考试。延考语文试卷作文题目为《最想说的》。5 日，四川省、甘肃省延期高考平稳结束。

地震中，绵竹市汉旺镇东汽中学损失惨重。高三年级 9 名学生因伤势较重，分散在德阳、重庆、贵州、广州住院治疗，大部分住院考生希望能参加 2008 年高考。在多方协调下，7 月 3—4 日，在重庆市第三军医大学新桥医院治疗的 3 名考生和在德阳市人民医院旌南分院治疗的 4 名考生，在四川省、重庆市招考部门共同努力和医院的帮助下，在医院病房为学生专门设立特殊考场参加高考。跨省设立特殊高考考场，这在中国恢复高考制度 30 年来还是首次。（参见图 200）

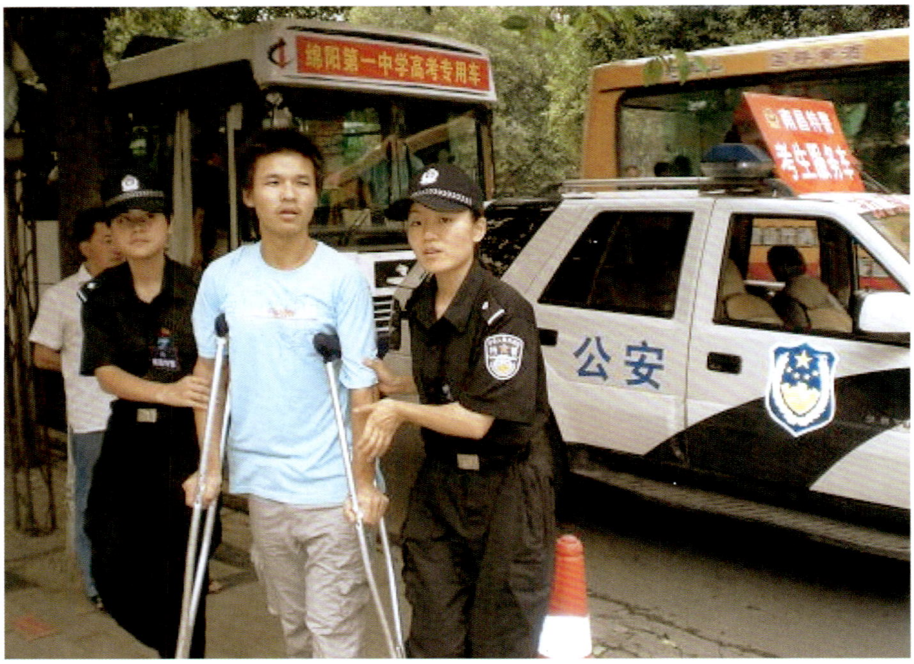

图 200　7 月 3 日，南昌特警队员帮助地震中受伤学生赴考场参加延期高考

（公安部　提供）

三　高考录取

5 月 23 日，教育部办公厅下发《关于调整 2008 年四川省普通高校招生来源计划的紧急通知》。四川灾区 2008 年高考考生近 10 万人，在四川省招生高校近 1470 所，其中省外高校 1100 余所。

教育部要求各高校对四川省招生计划名额在原有基础上增加 2%，延考区与非延考区考生按 1:4 的比例进行招生。非延考区和延考区实行“分别考试，分列计划，单独划线，同期录取，分别投档”的办法，编制招生计划。7 月 15 日，四川省政府提出做好 2008 年高考录取，实行教育部提出的招生办法。录取工作严格按照“阳光工程”要求，录取期间，派专人随时了解残疾考生录取情况，并邀请省残联派员进驻录取现场，商请有关高等院校录取残疾考生。2008 年，因地震灾害及其他原因残疾的高考考生 333 人，通过多方努力，全部被高等院校录取，其中本科 141 人、专科 192 人。残疾新生在赠送给四川省教育考试院的锦旗上写道：“大灾大爱，感受党和政府深切关爱；扶残助学，彰显和谐社会人文关怀。”

在高考录取期间，教育部派人进驻四川省录取场。在录取场通过发函、打电话等形式，向生源好的高校反映实情，推荐生源。在四川省招生的高等院校尽最大努力增加招生计划，特别是对延考区，凡投档考生，学校都设法予以解决，没有一名学生因地震而影响升学。对录取中未完成的计划，均由省、市、县招办采取公开征集志愿、组织专人从高分到低分征集在库、在线考生志愿的方式，尽力为未录合格考生提供上大学的机会，完成招生计划。河北省高校原计划在四川省招收学生 1533 人，其中本科生 1008 人；调整后达 1558 人，其中本科生 1028 人；招延考考生 320 人，其中本科生 210 人。录取期间，北京大学、清华大学等名校还向四川省增投计划，仅北京大学就向四川省增投招生计划 49 人。香港大学在计划录取 4 名考生的基础上增加到 20 人，并向多名考生提供全额奖学金或半额奖学金。中国政法大学在 2008 年高考录取中对地震灾区考生按 105% 比例提档，考生一旦进入提档线后一律不退档，全部录取。哈尔滨工业大学对灾区考生第一志愿报考并达到调档线、专业服从调剂的考生，全部录取。若报考考生整体成绩突出，学校将在四川省投放预留计划。考虑到四川省灾后重建对工科人才的需求，东南大学在安排四川省招生计划外，使用预留计划增加招生数量，优先录取灾区孤儿。四川大学对来自汶川县的普通类本科考生，符合高考招生录取政策的，优先录取；对在抗震救灾中表现特别优秀的考生，符合相关规定的，破格录取。四川农业大学在四川省增投计划 92 人，从在四川省招生总计划中留出 20%、1149 人用于录取灾区考生。四川省内的西南交通大学、西南财经大学、绵阳师范学院等高等院校，都出台关爱地震灾区考生招生方案，对来自重灾地区第一志愿的报考考生，符合相关录取政策的优先录取。兰州大学对地震灾区考生高考成绩达到兰州大学在考生所在省区投档线下 20 分内（不低于重点线）的，优先录取；取消对地震灾区高考考生相关考试科目单科成绩的要求。对在地震灾区省自主招生的缺额计划，全部投放在地震灾区省。西北师范大学对地震灾区考生考分达到考生所在地省投档线的优先录取，并满足专业志愿；取消对地震灾区高考考生相关考试科目的单科成绩要求；对考入西北师范大学的地震灾区孤残考生免收一年学费。2008 年，四川省报考普通高校考生 517560 人。全国近 1470 所高等院校在四川省招生总计划为 289859 人，其中非延考区各类招生计划 233499 人，延考区各类招生计划 56360 人。在教育部和在四川省招生的普通高等院校的支持下，完成招生计划，录取新生 306873 人，完成招生总计划的 105.87%，争取省内外高校增投招生计划 20094 人。

5 月 26 日，甘肃省教育厅向教育部汇报了陇南市、甘南藏族自治州受灾和考生报名情况，提出陇南市、甘南藏族自治州延期举行高考有关问题的实施意见。甘肃省延期考区生源数量占全省生源数量的 8%，从教育部在已下达甘肃省的计划中，单列出部分计划并请求教育部在已下达计划的基础上，再按 5% 的比例增加计划，按比例分解出延期考区单独招生计划。对各高校不做分省计划的招生专业及特殊类型招生，延期考区考生达到学校相应专业或特殊类型招生最低录取要求的，有关高校增加计划单独录取。同时，请求教育部给甘肃省增加外省高校本、专科招生计划，缓解特殊时期甘肃省招生压力；请求教育部协调在甘肃招生的省内外普通高校，配合并支持延期高考省招生录取工作，尤其是在招生计划及专业上给予支持。延考区计划招生 10685 人，其中本科计划 4981 人、专科计划 5704 人，录取率可达 45.5%。6 月 4 日，教育部办公厅下发《关于调整 2008 年甘肃省普通高校招生来源计划的紧急通知》，对甘肃省招生计划调整汇报内容予以答复。7 月 4 日，甘肃省招考委下发《关于做好 2008 年甘肃省普通高校招生延考区和非延考区录取工作的通知》，就招生计划分解、考生志愿填报、录取工作等进行安排。本着延考区和非延考区考生在选择学校和专业及各自所占招生数量、比例机会均等的原则，将甘肃省普通高校招生计划按照延考区和非延考区进行分解，省内外院校招生计划按照延考区和非延考区 1∶10 的比例进行分解，省内计划按比例分解后，分别公布延考区和非延考区分批（次）、分科类、分专业的招生计划；省外院校计划分解后，对于非延考区公布学校分批（次）、分科类、分专业招生计划及延考区只公布学校招生计划数和在甘肃省招生分科类全部专业目录。甘肃省普通高校招生录取工作整体上向后推移，录取时间延考区和非延考区同步进行。延考区和非延考区分别投档、学校分别下载审录、分别上传录取结果。非延考区招生计划数与招生专业一一对应，按常规正常录取。在延考区录取工作中，甘肃省内高等院校公布按批次、分科类、分专业计划，按常规正常录取。对于省外院校只公布招生计划数和学校在甘肃省招生分批次、分科类所有专业目录（名称）。考生在公布学校招生专业中选报专业志愿，招生学校根据考生选报专业志愿确定录取考生专业。甘肃省对陇南、甘南延考区采取特殊照顾政策，2008 年陇南市、甘南藏族自治州普通高考录取率为 58.4%。

6 月 25 日，陕西省政府召开会议，明确灾区考生录取的基本原则，决定对宁强县、略阳县考生照顾 10 分录取。8 月 15 日，陕西省高考录取工作结束，宁强县、略阳县在当年高考录取分数线下多录取考生 211 人，两县录取率平均比往年提高 9 个百分点。宝鸡市 2008 年文史、理工类考生一批、二批、三批本科和专科录取人数分别为 4425 人、9413 人、27569 人、36767 人，分别比 2007 年增加 340 人、133 人、545 人、517 人，各批（次）的达线率分别为 10.93%、23.25%、68.11%、90.83%，均比 2007 年有所提高。

7 月 1 日、18 日，教育部分别向四川省、甘肃省发出《关于普通高校保送招收“抗震救灾优秀学生”的函》。为弘扬青年学生在抗震救灾中的英勇无畏精神，经教育部特批，6 月 27 日被中央精神文明建设指导委员会办公室、教育部、共青团中央、全国妇联授予“抗震救灾英雄少年”称号、有突出表现的北川中学申龙和王佳明、彭州中学欧阳宇航、理县中学张博 4 名优秀考生，被分别免试保送北京大学、清华大学、国防科技大学和装甲兵工程学院。教育部又批准保送四川省 16 名、甘肃省 3 名抗震救灾优秀高三年级学生进入高等院校学习。

第二章　灾区文化生活

第一节　群众文化活动

一　开展文化活动

文艺创作　中国广播艺术团体验生活小分队 5 月 25 日至 6 月 4 日，赴绵阳、德阳、成都、都江堰体验生活，创作出反映抗震救灾内容的新作品。体验生活过程中，灾区余震频繁，小分队体验活动行程 2000 余公里，坚持深入抗震救灾一线，并根据军民团结抗灾的生动事迹，创作了 20 余段小品和曲艺作品，其中歌曲 4 首、相声作品 1 段，由中国广播艺术团“心连心”小分队在慰问演出中进行表演。

5 月 25 日，中国文联按照中宣部部署组织抗震救灾体验生活小分队赴宝鸡市陈仓区、宁强县、略阳县体验生活，创作文艺作品，有的作品在灾区演出。

全国总工会拨付资金 80 万余元，组织文艺小分队赴地震灾区演出 10 场。（参见图 201）

四川省各级文化部门在全力投入抗震救灾的同时，迅速开展群众文化活动，组织文艺工作者赴重灾地区体验生活，创作抗震救灾题材文艺作品。四川省文化馆在全省范围内征集抗震救灾题材歌曲、诗词等文艺作品，同时制作《我是汶川人》《五星红旗在十三亿人心中飘扬》等优秀歌曲音像光盘，配送到各灾区文化馆（站），组织广大群众歌咏演唱。省文化馆在 5 月 31 日编印出以抗震救灾为主题的《感动中国》诗歌特辑。6 月 26 日，出版《抗震救灾戏剧曲艺作品专集》，并创作录制出版《爱撼天地——5·12 汶川地震原创歌曲》音乐光盘 2000 余张，赠送灾区上千个群众安置点和全省各基层文化馆（站）。《金牛群文》《宜宾文化》《达州文艺报》《富顺文艺》等数十家地方文化刊物相继推出抗震救灾摄影专辑，赠送救援部队、机关、企事业单位、学校等 2

图 201　5 月 26 日，成都市青白江区举行抗震救灾晚会

（四川省民政厅　提供）

万余册。至 5 月 25 日，四川省组织文艺团体及文艺工作者创作诗歌 4000 余首、歌曲 2000 余首、纪录片 30 余部（集）、报告文学 100 余篇、摄影作品数万幅，举办赈灾晚会 10 余场，其中电视纪录片《力量》、大型诗歌图集《瞬间与永恒：5·12 汶川大地震纪实》、大型摄影画册《5·12 汶川大地震》、诗歌散文集《大爱同行——四川省抗震救灾诗词散文选》、歌曲《士兵啊士兵》等文艺作品产生广泛的社会影响。创作完成故事影片《五月的声音》《5·12：汶川不相信眼泪》，长篇报告文学《蜀中巨震》《五月国殇成都人》，长诗《汶川之歌》，大型交响乐《汶川》，大型音乐剧《永恒》《羌风绝唱》等作品。四川省文联、省摄影家协会组织 20 余位省内知名摄影家，分三路赴都江堰、绵竹市汉旺镇、北川等地震重灾地区创作。成都市文化局在地震发生后迅速成立“抗震救灾、重建家园”文艺创作领导小组，组织文艺创作人员以抗震救灾志愿者的身份深入灾区，为灾区群众创作出《抗震救灾、众志成城》《我们会赢》《希望》《信念》等歌曲、小品和诗歌作品。9 月 8 日，什邡市洛水镇 50 名受灾群众赶到成都，在文化公园内表演自编自演的歌舞节目。11 日，中国第一张羌族原创歌曲专辑《万年火——羌咏组歌》在成都出版发行。

5 月 15 日，重庆市第一首抗震救灾歌曲《生命的呼唤》创作完成，并参加 17 日重庆市组织的赈灾义演。19 日，重庆市文艺单位、音协、大专院校等收到专业、业余词曲作者创作歌曲 10 首、歌词 26 首、诗歌 2 首，由重庆市艺术创作中心筛选后分别推荐到文艺院团进行排练。

举办展览　5月13日，在中国写实画派例会上，有人倡议以集体创作方式反映地震灾害及抗震救灾场面，得到许多画家响应，并在北京时代美术馆夜以继日作画。26日，26名画家集体创作完成高2米、长20米的大型油画《热血五月·2008》在北京时代美术馆展出。作品由16幅画面组成（参见图202），以中国人民众志成城、抗震救灾为情景，表达画家对灾区人民的爱心。经嘉德赈灾义拍所得3350万元，全部捐赠灾区。6月3日，中国艺术研究院主办，《美术观察》杂志社、中国油画院承办，北京时代美术馆协办“大型油画作品《热血五月·2008》学术座谈会”。

图202　5月25日，画家在创作《热血五月·2008》参展作品
（文化部　提供）

四川省各级文化部门在地震发生后组织举办以“抗震救灾、重建家园”为主题的图片、美术、书法、摄影等艺术展览，在受灾群众集中安置点开展定期巡回展出1200余场。（参见图203）5月28日，四川省记者协会主办，省新闻摄影学会承办，东方电气集团公司协办的“抗震救灾·众志成城大型图片展”在成都市红星路步行街广场展出。6月12日，“震撼——5·12—6·12日记”纪念展，在大邑县安仁镇建川博物馆开展，展出与地震有关的物品3000余件，包括温家

图203　5月17日，宜宾市红十字会举办书法义卖活动
（张小兰　摄）

宝在灾区指挥救灾时使用过的扩音器、军用地图，停在地震发生时刻的座钟，来自地震灾区废墟中的预制板残骸，都江堰市聚源中学学生宿舍楼标牌等。21—23日，内江市举办“内江市众志成城、抗震救灾摄影展”。7月15—17日，乐山市文化馆举办“抗震救灾、众志成城——2008中国抗震救灾大型新闻图片展览”。1—30日，攀枝花市文化馆举办“抗震救灾、众志成城、奉献爱心”摄影纪实巡回展。16日，“心系汶川·全国美术特展”在四川美术馆开幕，260余件作品入选。8月12日，“5·12汶川大地震特展”在建川博物馆开展，展出实物8000余件。9月21日，“大美四川——‘中国画·画中国——走进四川’作品展”在四川美术馆开幕。

6月30日，新华社甘肃分社、鑫报社、甘肃省摄影家协会发起举办“甘肃省抗震救灾大型纪实摄影展”，在兰州市东方红广场展出，随后组织在兰州市张掖路步行街、西固区、兰州大学、中科院兰州分院等地巡回展出。7月1日，由甘肃省委宣传部、省文化厅、鑫报社、省摄影家协会、省博物馆联合举行的“众志成城、同舟共济——甘肃抗震救灾大型纪实摄影展”和“情系甘肃、重建家园”展览分别在省博物馆、兰州市东方红广场举办。同时，兰州画院、兰州美术馆为抗震救灾献爱心，组织全体画家作画义卖活动，并在美术馆举办书画展览。

7月12日，由重庆市抗震救灾指挥部宣传组、市文联、市新闻工作者协会、渝中区政府等单位主办，市摄影家协会、市新闻摄影学会承办的“川渝一家、血浓于水——2008抗震救灾重庆大型纪实摄影展”在解放碑步行街开展。

图书服务 四川省文化厅实施“重建心灵家园文化共享工程赈灾服务点”“崛起中华魂·知识重建家园流动讲座”“阅读的乐园·图书流动服务”等工程，先后在重灾地区共建图书流动服务点140个，提供流动图书18万余册，服务达50万人（次）；开设“爱心书屋”和“图书流动服务点”63个，向受灾群众集中安置点捐赠各类图书6万余册，分发各类抗震救灾资料19万余份。省图书馆编辑《避震常识及自救、互救》《地震知识》《地震灾区的心理救援》《地震之后的疾病预防》等抗震救灾宣传资料，印刷40万份，及时送往地震灾区。德阳市文化局利用地震后现有的文化资源，在居民集中安置点安全空地上搭起“临时图书借阅室”，建成“爱心阅览室”22家。阿坝藏族羌族自治州图书馆2008年接待读者1.53万人（次）、流通图书2.24万册（次），并在汶川、理县、茂县、黑水等地设立流动图书服务点，配送书籍1.38万册。广元市图书馆向居民安置点免费发放宣传抗震救灾图书2160册。6月19日，四川省文化共享工程分中心紧急购置帐篷10顶及大量消毒药水、药品等送往都江堰市支中心，并购置2000余册少儿读物、中小学教材等送往广汉市的3个乡（镇）。

6月2—7日，甘肃省图书馆与文化共享工程甘肃省分中心文化服务队各向当地图书馆赠送一台视频播放设备和系列光盘资料，要求利用图书馆和共享工程各种设施，开展有关地震预防、震后自救、灾区防疫、心理援助、优秀影片等方面的文化服务宣传活动，以抗震救灾活动为主题，开展“图书馆服务宣传周”活动。6月初，天水市街道群众文娱活动基本恢复正常。为尽快恢复震后农家书屋，活跃农村广大群众文化生活和学习科技种地知识，天水市文化文物出版局向甘肃省文化主管部门争取1200万元资金，新建、维修、加固农家书屋500个。

至11月，全国总工会拨款近1000万元，在四川地震灾区受灾群众相对集中的安置点援建131个工会文化活动室，配置图书、文体器材、电视机等。

二　文化共享工程服务

地震发生后，文化部全国文化信息资源建设管理中心（以下简称全国文化建设管理中心）根据地震灾情情况，利用全国文化信息资源共享工程[①]（以下简称文化共享工程）建设渠道，迅速组织震后自救、灾区防疫、饮食安全、防治传染病、心理救援等灾区急需的文化建设资源。至6月5日，全国文化建设管理中心向灾区捐款及捐物折款约87.32万元，直接支援灾区文化系统83.84万元，其中向文化共享工程四川省级分中心拨付10万元，用于维修受损的共享工程设备。第一批赴四川省送交抗震救灾资源10套光盘140张，价值1.03万元。全国文化建设管理中心分赴四川省、甘肃省、陕西省带去灌装200G数字资源的20台移动播放器、9台共享机，价值12.82万元。向四川灾区快递邮寄20套文化共享工程设备，价值60万元。

文化部组建文化共享工程赴四川省资源服务小组，携带140部抗震救灾资源光盘，乘火车赴成都，为灾区送去《地震知识——大地震》《震后紧急防疫》《地震发生后的自救知识》《灾区心理救援》《地震后的饮食安全》《抗震现场急救知识》等视频作品。5月31日，全国文化建设管理中心向文化共享工程各级分中心下发《关于在抗震救灾、重建家园时期，全国文化信息资源共享工程积极开展服务活动的通知》，要求受灾地区省级分中心发挥核心作用，支援、指导本地区工作。同时，组织、带领工作人员走进灾区帐篷、广场等群众集中安置点，为群众播放抗震救灾、医疗救治、灾后防疫、重建家园和激励人民斗志的优秀视频作品。文化部在四川省、甘肃省、陕西省集中设置900个灾区过渡性综合文化服务站，发放900套设备，其中四川省780套、甘肃省90套、陕西省30套。设备包括服务器、PC终端机、无线路由器、UPS电源、移动播放器、移动硬盘、卫星机顶盒台、音箱、投影仪、软幕布及卫星接收设备。全国文化建设管理中心组织人员编印设备使用手册同时下发，保证设备的正常使用。

全国文化共享工程四川省分中心（以下简称四川省分中心）5月18日紧急购置10顶帐篷，并编制抗震救灾知识手册8000余份，送往灾情严重的绵竹市中心。17—23日，绵竹市中心利用文化共享工程设备先后4次到大南街群众安置点，放映文化共享工程管理中心赠送的赈灾服务资源《动物世界》《我的长征》《挥师三江》等影视作品，并现场发放四川省分中心编印的《众志成城、抗震救灾》等系列宣传资料。26日，文化共享工程第一批赈灾流动服务点在绵竹、安县同时落成。27日晚，绵竹市中心放映小分队到汉旺镇慰问救援部队。泸州市的合江县中心特别组建一支“帐篷电影队”，分别到北川羌族自治县擂鼓镇、中江县永安镇和绵阳市区、安县等地放映电影，慰问救援部队指战员和灾区群众。6月1日，地震极重灾区北川羌族自治县文化共享工程赈灾服务点落成。3日，文化共享工程第一个带卫星接收能力的赈灾服务点在广汉市高坪镇建立，来自北川、青川、汶川、绵竹等地灾区的群众在高坪镇体育中心文化共享工程赈灾服务点，观看通过卫星和地面宽带系统传输的来自全国管理中心和四川省分中心的文化

① 全国文化信息资源共享工程由文化部2002年正式启动，旨在综合应用网络、通信、存储、计算、数字化等现代信息技术，通过数字化信息资源共享、网络化传输与服务，保障公民基本文化权益，缩小城乡差距，逐步清除数字鸿沟。该工程是政府构建公共文化体系重要组成部分。

节目、重建信息、防疫知识等，安置点少年儿童也收到文化共享工程寄来的少儿影视、少儿图书和教辅资料。省文化厅制订《四川省文化信息资源共享工程灾区服务点建设实施方案》，利用全国文化建设管理中心送来的抗震救灾资源和设备，在重灾地区居民集中安置点建立基层服务点。先后在绵阳、德阳、绵竹、都江堰、广汉、什邡、江油、安县、北川、三台、梓潼、盐亭等地55个群众集中安置点建设文化共享工程赈灾服务点并投入使用。19日，文化共享工程第一个赈灾服务点在都江堰市解放社区灾区群众安置点落成。四川省分中心组织技术人员迅速开辟四川省分中心“众志成城、抗震救灾专版栏目（http：//www.sclib.org/test.asp）”，包括地震时间报道、灾后疫情防治、地震知识与自救等内容，向社会及时发布地震震情、灾情、社情等群众关注的系列信息。

甘肃省图书馆与文化共享工程甘肃省分中心6月2—7日联合组建文化服务队，先后赴陇南市武都区、康县、成县及天水市秦州区、麦积区等地，深入乡村、图书馆、学校，行程1400余公里，住帐篷，吃方便食品，克服困难，将文化信息资源送到灾区群众身边。

文化共享工程宝鸡市中心5月13日召开灾后自救动员大会，并在宝鸡市渭河公园等群众密集避震防震场所搭建的帐篷内建起“帐篷支中心”，印发防震防疫宣传资料，借阅图书杂志并利用文化共享工程设备和资源放映电影。（参见图204）文化共享工程陕西省分中心联合陕西图书馆，25日特别举办《地震知识解读》公益讲座，邀请西北大学地质系专家从地震活动及特点、分类、危害、地震研究发展水平等方面作科学阐述，对震后自救互救方法进行重点介绍，并与到场群众500余人交流。

图204 地震发生后，全国文化信息资源共享工程宝鸡“帐篷支中心”为灾区群众提供图书、报刊
（文化部 提供）

文化共享工程重庆市分中心在三峡广场，为市民播放管理中心制作的抗震自救科普知识视频，向街上行人发放500份服务宣传资料，并利用重庆图书馆拥有的地震文献，及时制作重庆图

书馆馆藏地震文献目录供读者查阅，为市民免费办理各种借阅证、网上书卡等 62 张，开辟设立多台计算机抗震救灾信息查阅区，在大厅播放地震常识及防震知识宣传片。文化共享工程重庆市分中心收集有关地震科普知识，制作成《怎样面对地震灾害》防震知识小手册，通过重庆分中心网络平台直接、快捷地向群众宣传地震基本常识及防御知识。

第二节　广播电视电影

一　中央广播电视报道

启动突发事件报道机制　地震发生后，温家宝在前往四川灾区的飞机上提出，媒体要如实、及时地发布震情、灾情和救灾情况。广电总局、中央人民广播电台、中央电视台召开紧急会议，部署抗震救灾及保障震后广播电影电视安全播出。广电总局监测中心成立抗震救灾领导小组；广电总局成都监测台也成立抗震救灾领导小组，负责成都监测台的抢险救灾、恢复重建及安全播出；广电总局无线电台管理局成立抗震救灾应急领导小组。中央人民广播电台、中央电视台分别成立抗震救灾宣传报道领导指挥小组，并启动突发事件报道预案。

5 月 13 日，广电总局启动一级紧急响应和应急预案，建立 24 小时值班制度和信息专报制度，保证信息畅通；严格按照中央要求和宣传纪律，认真做好广播电视抗震救灾宣传报道，及时准确、公开透明地报道灾情；发挥广播电视报道及时、迅速的优势，掌握舆论引导主动权；采取有效措施，保证广播电视正常播出、安全播出。灾区广播影视部门组织力量，抓紧抢修受损设施设备，保证广播电视发射转播台站、卫星地球站和有线网正常运行；尽快摸清灾情，将广播影视设施设备受损情况及时上报广电总局；组织调集 5 万台有短波功能的收音机送到灾区群众手里。同日，广电总局部署中央电视台、中央人民广播电台、中国国际广播电台抗震救灾宣传报道工作，要求 3 台立即把宣传报道工作重点转到抗震救灾上来，把抗震救灾宣传报道作为广播电视宣传工作的重中之重。各类节目服从抗震救灾的宣传报道，广播电视节目要淡化歌舞升平气氛，利用滚动字幕、字版等形式播发激励精神、鼓舞斗志的口号等。有关地震伤亡人员数字信息，以中国地震局和国务院应急办发布的信息为准，既要如实报道灾情，又要正面宣传，安定人心，澄清谣言。不得引用非正常渠道和网上信息，尤其是不得报道非权威部门发布的地震预报消息。发挥广播电视报道及时迅速优势，多采用直播和互动形式，加大报道信息量。增加气象信息、抗震救灾信息、中共中央关心受灾群众及各方支援信息等。用多种形式传播自救、互救、防病等救灾常识。3 台抗震救灾宣传情况和节目调整情况每天上报广电总局。

在地震发生后，广电总局监测中心启动应急预案，成都监测台、西安监测台排查各站点、采集点设备震后隐患，保证设备正常运行；并加强对中央台及境外电台对地震灾区报道的监测，主动将流动监测工作向甘肃、陕西、云南等地区推进。广电总局无线电台管理局启动应急预案，预付救灾款项，保障在地震中受损的 594 台、722 台、724 台、952 台正常工作。组织技术人员抢修受损设备，迅速恢复发射机正常播音，并对震后保障广播影视播出工作进行部署和安排。对灾区广播电路进行预测选频、发射机天线调配、节目传输路由调整等；调度北京、黑龙江、海南、西藏、陕西、青海、新疆直属发射台的8部短波发射机和1部中波发射机，加强对四川灾区的广播覆盖工作。针对甘肃重灾区文县广播电视节目传输，需用车辆从200～300公里外运送录像带进行节目传送的情况，决定利用广播影视应急播出和新闻采集系统（即VSAT网），打通一条应急传送通路，保障灾区广播电视节目传输的应用。5月19日晚，该系统正式开通。

突出灾区安置点报道 地震发生后，中央人民广播电台、中央电视台突出灾区安置点报道，详细报道群众转移、灾区安置点社会秩序和卫生防疫、各级领导对灾区安置点看望、慰问及社会各界对灾区安置点群众支援、帮助等内容。宣传采取动态消息、特写、通讯等新闻报道及灾区安置点现场直播和抗震救灾晚会直播等形式。

至6月30日，中央人民广播电台投入前方记者90余人（次），先后深入到受灾严重的50余个市、县、乡镇展开多点采访，采写了大量灾区安置点的报道。5月12日推出直播抗震救灾特别节目《汶川紧急救援》，13日开始全天24小时报道。除即时报道灾区安置点动态外，还在22日设置《灾区群众安置》宣传报道主题，全天直播报道灾区安置点情况。为帮助灾区群众寻找亲人，《汶川紧急救援》开设“寻亲纸条”“平安纸条”，并将写满灾区群众牵挂的“寻亲”“报平安”的纸条制成片花，在直播节目中滚动播出，为社会搭建亲人沟通平台。至6月2日15时，《汶川紧急救援》连续播出420小时，连线前方记者、国务院各部委负责人、专家近3100人（次）、播出录音报道1300余条、消息4000余条。

随着抗震救灾工作的推进，中央人民广播电台对灾区安置点开展心理救助情况进行宣传报道。根据广播疏导听众情绪的优势，《汶川紧急救援》节目适时增加心理危机干预的内容，邀请心理专家进行直播访谈或电话连线，回答听众提问并互动，对灾区听众进行现场疏导和指导，唤起全社会对心理救助的重视。除在各频率节目中以多种形式加大报道量外，还重点开办专题节目。5月22日，由中国医师协会、中央人民广播电台经济之声联合推出《汶川特大地震心理援助计划——彩虹行动》，在两个多月的时间里，每天在多个时段的直播节目中，组织国内100名权威心理学专家，用互动形式，有计划地针对灾区群众心理干预不同阶段的特点进行救助，还联合相关专业机构，培训具有心理咨询师资质的专业志愿者，开设24小时全国免费心理救助热线“400—881—6655”，开展点对点的心理援助服务。26日，全国第一个面向灾区少年的节目《同在星空下·送给地震灾区的孩子们》，第一个面向灾区儿童的节目《星空下的故事》，在中央人民广播电台中国之声开播。这是两个每天给孩子们心灵抚慰与心理救助的节目，节目播出持续至6月30日。

中央电视台在地震发生后，立即组织首批28名工作人员前往四川灾区，在灾区12天里，前方工作人员采访范围基本覆盖所有的重点受灾县市和城镇，围绕抢险救灾、群众安置、防疫和群众转移等内容，持续发回数百条新闻和直播报道。抗震救灾期间，中央电视台分赴四川灾区采访记者556人（次），并联络到18个地方台、150余名记者参与报道，其中采访、制作大量四川灾区安置点报道。5月17日，中央电视台“焦点访谈”栏目播出《焦点访谈—我们共同面对》特别报道节目，报道彭州市妥善安置群众生活的情况。“焦点访谈”栏目还先后8次分别对灾区安置点予以报道，报道内容涉及抢建活动板房、群众互助互爱、灾区恢复生产、救灾物资发放、灾区群众生活、心理救助等方面。

中央电视台经济频道5月19—21日每晚连续推出大型直播特别节目《万众一心、抗震救灾》，详细报道灾区群众安置、群众生活、群众心理救助等内容。中央电视台中文国际频道推出6集专题片《震撼2008》，涉及灾区安置点的有《9小时国际救灾物资大转运》《千里大转移》《安置——从生存到生活》等专题片，引用大量前方记者掌握第一手素材，及时回应西方媒体对中国抗震救灾工作提出的质疑。外宣频道多次通过电话连线、新闻综述等报道形式对青川县灾区安置点群众日常生活、灾后重建工作及全国各地、国际社会支援灾区情况等内容展开报道。

随着六一国际儿童节临近，中央电视台各频道对灾区安置点报道重点转向灾区儿童，不断播出《给灾区孩子一个温暖的"儿童节"》《灾区学校陆续复课》《军队搭建帐篷学校》《甘肃地震灾区初、高三学生今起全部复课》等报道，关注对灾区少年儿童安置、复课、心理治疗等相关情况。少儿频道从儿童视角制作播出《受灾地区学校大营救》《抗震小英雄》及系列节目《地震探秘》等节目，密切关注受灾地区学校、学生情况。

中央电视台《抗震救灾、众志成城》特别节目，6月2日至8月5日相继播出《救灾工作全力推进、群众安置注重细节》《四川眉山：自救互助、重建家园》《陕西、甘肃：不等不靠克服困难、加紧恢复工农业生产》《受灾群众今天全部搬出绵阳九洲体育馆》《四川地震灾区过渡安置房建设任务完成逾90%》等新闻，报道安置点情况、群众安置、生活、自救、灾后重建等内容。中央电视台各频道也组织播出安置点的相关报道，《灾民渴望新家、政府提供三年临时安置房》《央视"心连心"艺术团在四川灾区唱响希望》《全国高校四川地震灾区招生录取工作开始》等报道，采用新闻特写、新闻评论、动态消息、通讯等多种报道形式，详细报道灾区安置点建设、灾区群众生活、灾后重建等内容。

二　灾区广播电视恢复

启动应急预案　5月12日，四川省广电局党组召开紧急会议，启动应急预案，成立抗震救灾领导小组。领导小组下设安全播出组、宣传组、技术设备组、灾情调查组、接收援助组。绵阳市、阿坝藏族羌族自治州、广元市、甘孜藏族自治州、成都市、雅安市广播电视播出机构均在震后不久召开会议，成立抗震救灾指挥部，建立上下贯通、全体出动、分工明确、政令畅通的工作机制。绵阳市广电部门坚持"受灾群众疏散转移到哪里，广播电视就通到哪里"的方针，按照《绵阳市广播电视安全播出应急预案》要求，各司其职，快速恢复，安全播出。阿坝藏族羌族自治州广电局成立广播电视抗震救灾领导小组，下设5个应急处置组，并启动地震灾害应急预案，安排部署全州广播电视安全播出、维护稳定及抗震救灾值班等工作。广元市广电系统成立广播电视安全播出领导小组，下设抢险救灾组、技术恢复组、安全播出组，并制订应急抢险方案和安全保障有关措施。

5月13日，甘肃省广播电视局成立抗震救灾工作领导小组和总指挥部，下发《关于全力做好甘肃省广电系统抗震救灾工作的紧急通知》，建立24小时值班和领导带班制度，实行每日报告和零报告制度。

图 205　地震发生后，陇南市灾区群众通过收音机收听新闻

（甘肃省民政厅　提供）

陕西省广电局抗震救灾工作领导小组成立后，立即实施应急宣传播出方案，下发通知，要求省广电系统要保障广播电视播出，各部门、各单位在震后立即成立由主要领导带班的临时值班室，坚持 24 小时值班，严格执行报告制度。陕西省广播电视网络传媒股份有限公司成立由董事长、总经理负责的抗震救灾指挥中心，并组织受灾市、县公司昼夜突击抢修，施行安全管理和安全播出的领导责任制。西安市广电局全面启动广播电视系统应急预案，坚持执行重要时期值班及领导带班 24 小时不离岗制度。

重庆市文化广播电视局成立抗震救灾工作领导小组，紧急启动广播电视抗震救灾应急机制，要求全市各区县文化广播新闻局、重庆广电总台等各级广播电视机构，做好抗震救灾的宣传和安全播出工作。震后 20 分钟，重庆市文化广电局即通过市安全播出调度中心（监测台）预警调度信息系统，向全市各播出前端发出指令。随后逐日发布指令，要求各播出传输机构加强安全值班，保障广播电视传输系统畅通，保证广播电视节目传送。重庆市各受灾区县广播电视台分别成立广播电视网络安全播出传输领导小组，下设毁损排查清理组、应急恢复抢险组、后勤保障组、安全保卫组等工作机构，分别负责广播电视重要节目和重大活动安全播出管理、安全播出应急处置组织领导、落实安全播出措施和办法、应对各类重大问题，并快速向上级报告安全播出的工作情况。

云南省广播电视系统启动应急预案，指导全省广电系统安全播出。水富县广电部门召开抗震救灾紧急会议，对抗震救灾工作进行全面安排部署，修复损毁广播电视设备，保障广播电视正常播出。

广播电视恢复播出　地震发生后，四川省广电局立即启动应急预案，投入抗震救灾，组织恢复广播电视播出。四川省人民广播电台在常规电源中断的情况下，立刻启动 UPS 应急电源，节目播出没有中断一分钟。四川省唯一一座大功率中短波发射台 520 台，因地震造成供电系统瘫痪，严重影响广播电视信号在灾区的覆盖面。四川省广电局立即组成指挥小组前往 520 台协调指挥抢修工作，5 月 14 日全部恢复正常播出。为扩大广播信号覆盖，又临时启动四川省人民广播电台 4 套调频频率，扩大播出覆盖面。

5 月 17 日，温家宝指示，要抓紧恢复广播、电视，特别是广播的恢复。四川省广电局在地震后 20 天内，通过企业捐赠、紧急采购等方式，为青川县、汶川县、北川羌族自治县广播电视播出机构及四川广电集团所属 609 台、522 台、527 台紧急运送调频发射机 17 部，为青川县、安县、绵竹市、北川羌族自治县、崇州市广播电视播出机构及 510 台、545 台、546 台、541 台紧急运送电视发射机 10 部，为 545 台、546 台紧急调运中波发射机 2 部。另外，还调运调频天馈系统、电视发射天线等应急恢复播出设备。至 18 日，14 个因地震播出发射中断的广播电视台全部恢复应急播出。

四川电视台、四川广播电台和成都电视台、成都广播电台等媒体，在地震当天就并机直播，及时报道地震灾情和救援情况，推出群众安置、生产自救、重建家园和普及防震防疫常识等内容；开通寻人短信平台，24 小时不间断在屏幕下方滚动播出，帮助灾区群众寻找亲人，提供寻人、报平安与互助信息。当四川省抗震救灾转入安置群众、恢复生产、恢复重建阶段时，四川省广播电视系统重点开展安置重建阶段加强生产自救、家园重建规划等方面报道。6 月 4 日，四川省 6 个重灾市（州）及所有重灾县全部恢复中央人民广播电台 1 套节目播出；5 日，全部恢复中央电视台 1 套节目播出。在抗震救灾期间，四川省广电局 545 台在信息孤岛上坚持播出，北川、什邡等电视台在帐篷临时直播间里坚持播出。（参见图 206）

图 206　都江堰市紫坪铺镇受灾群众使用捐赠的收音机收听广播

（藏立中　摄）

绵阳市广电系统地震发生后组织力量抢修广电设备，尽快恢复广播电视播出。5 月 12 日 17 时，绵阳广播电台临时恢复播出；19 时，绵阳电视台临时恢复播出。15 日晚，绵阳市、三台县、盐亭县广播电视发射台经抢修恢复正常播出。同时，还在灾区安置点建起临时广播电视设施，组织架设车载流动宣传车恢复应急播出。绵阳市、县广电部门在不具备连通有线广播电视的208个安置点，建立临时广播电视设施（包括临时广播站和电视集中收看点），在北川羌族自治县擂鼓镇和任家坪村、平武县南坝镇等地新增6个无线广播电视节目发射点。绵阳市广播电视机构在群众安置初期，通过临时广播向群众宣传自我管理、维护安置点治安秩序、做好卫生防疫等方面内容；当受灾群众基本安置后，开始播报抗震救灾最新动态、政府公告、寻找失散亲人、疾病防治温馨提示、救助信息、心理疏导等节目。在堰塞湖抢险排险阶段，利用广播电视作为指挥工具，引导数十万疏散转移群众有序避险，并为安置点提供抗震救灾特别节目。在过渡安置后期，利用广播电视向群众宣传重返故里、积极开展生产自救和重建家园的宣传。安置点“帐篷学校”开学后，广播电视站利用简易设备对开学典礼进行现场直播，将3个班、百余名师生的开学典礼传送给疏散区群众。6月1日，北川羌族自治县无线广播电视恢复播出。8月1日，在山东省广电局援助下，北川羌族自治县广播电视台全面复播，自办电视节目正式恢复播出。

阿坝藏族羌族自治州广电局在地震后作出“先应急播出、后全面恢复”的部署，采取县城抢修有线电视网络，乡镇和各村及安置点通过卫星直播等方式，及时恢复灾区广播电视的播出，使汶川、茂县、理县等重灾县群众收听、收看到广播电视节目。州广电局采取县城恢复有线网络，乡镇和各村寨安置点安装卫星电视接收设施、发放收音机等方式，解决安置点群众收听收看广播电视问题，安置点广播电视覆盖率达100%。甘孜藏族自治州电视台在《甘孜藏族自治州新闻》中开设“关注汶川地震”“抗震救灾英雄谱”栏目；广播节目新设“关注汶川地震”栏目，共播出20余期；“生活之窗”栏目及时播出15期地震知识；主办、录制播出《康巴儿女祈福灾区大型诗歌朗诵会》及抗震救灾宣传片2部、抗震救灾歌曲3首。

广元市广电局地震后在空旷场地搭建帐篷恢复办公，及时制订应急抢险方案和安全保障措施。5月12日15时30分，广元人民广播电台开始地震后的第一次播音；21时，广元市城区有线电视恢复正常播出。15日凌晨，广元市有线广播电视信号传输全面恢复。广元广播电台12日专门开通频率106.9兆赫车载电台，进行24小时巡回广播，及时发布信息，向社会通报灾情和市委、市政府抗震救灾的措施。广元广播电台分别与重庆电台新闻频率、陕西电台音乐台、广东东莞电台、四川电台交通频率107.2兆赫及陕西汉中电台并机，共同主持直播广元市抗震救灾特别节目。6月13日后，广元市广电局对广元电视台、广元人民广播电台的节目进行及时调整，组织对地震专家、建筑专家、社会学家、心理学家访谈。18日，广元电台、新闻中心等针对遇难学生家长开办心理辅导节目并进行采访。至6月11日，广元电台、新闻中心共派出记者1596人（次），派往重灾地区记者141人（次）；播出抗震救灾信息2383条、栏目56期2246分钟、抗震专题38部、本地连线312条，与中央台、四川台和其他省市台连线1096分钟。

绵竹市广电局5月15日在临时搭建的广播播控室内，用FM99.8频率恢复应急播出，《抗震救灾快报》广播节目全天候滚动播出。16日，绵竹电视台17频道恢复应急播出；18日，广播电台播出全部恢复光纤传输，绵竹市乡镇（除山区乡外）都可用收音机收听到绵竹人民广播电台广播。21日，电视《抗震救灾特别节目》正式播出。22日，有线电视前端应急恢复播出，传输中央及省、市电视节目35套。23日，广播电视无线、数字微波、有线开始全天传输近30套节目。

什邡市广电局12日16时，临街搭建“帐篷电台”播出第一条信息；19时，部分有线电视恢复传输；19时5分，什邡电视台特别新闻在恢复广播电视网中播出，实现24小时滚动播出；21时，什邡广播电台、电视台与中央人民广播电台、四川人民广播电台、中央电视台、四川卫视、凤凰卫视等10余家广播电视媒体成功连线进行新闻传输。抗震救灾期间，德阳广播电视台、旌阳区局、广汉市局、中江县局、罗江县局也迅速恢复广播电视播出。

雅安广播电视台在地震发生后，组织技术人员对受损网络设备设施进行修复，迅速恢复电视信号正常传输。5月13日至6月10日，在只有32人、9台摄像机、5套非线性编辑系统、3辆采访车的情况下，制作29期725条、长1300余分钟的节目，及时向观众报道雅安市抗震救灾情况。

重庆市文化广电系统在地震发生后，迅速组织人员检修广播电视设备设施，恢复广播电视信号、广播电视网络正常传输，保障广播电视安全播出。重庆市广电总台在地震发生后的15时30分，就将悍马直播车开赴都江堰灾区，从5月13日开始，24小时为观众直播最新新闻。14日，重庆电台经济频率与四川电台经济频率合作，两地同步直播“川渝一家亲、寻亲报平安”特别节目，方便广大听众了解灾区信息及相互沟通。重庆电台广播6个频道打破常规播出编排，实行地震重大事件特别直播报道，为广大市民报道来自权威机构的信息。至7月10日，重庆市文化广电系统共播发新闻稿件26.09万余条，记者连线节目29.22万余条，短信互动消息95.15万余条；共派赴灾区记者130人（次）。视界网上载文字新闻9.87万余条，视频新闻1.29万余条，上载图片3.63万余张，专栏点击率达116.43万余次。采访涉及绵阳市九洲体育馆群众安置点和南河体育中心群众安置点、江油市各大群众安置点、都江堰市安置点等，从重庆视角报道灾区安置点建设、社会秩序、灾区儿童、灾区婴儿、群众自救、灾后重建、群众心理救援及社会各界对灾区安置点的援助。报道大多采取直播的形式，翔实报道灾区安置点群众生活情况，其中重庆广电总台18日播发的《用乳汁喂养灾区婴儿女警被誉为最美母亲》报道，产生较大社会反响。至27日，重庆卫视全天恢复电视剧正常播出，各级广播电视机构陆续恢复正常播出。

汶川地震灾区广播电视恢复播出情况，参见表41。

5—8月汶川地震灾区广播电视恢复播出一览表

表41

地　区	广播、电视	恢复播出时间	说　明
雅　安	雨城区电视频道和雅安人民广播电台	5月12日14:31	启动备用电源
成　都	成都电台	5月12日14:57	恢复应急播出
德　阳	什邡人民广播电台	5月12日16:50	恢复播出
	什邡电视台	5月12日19:00	全天滚动播出
	什邡有线电视信号	5月12日19:00	基本恢复
	罗江县109个行政村的广播电视信号	5月12日16:45	全部恢复
茂　县	四川省广电局（茂县）545台	5月12日17:00	恢复播出
广　元	广元人民广播电台	5月12日15:30	恢复播出

续表 41

地　区	广播、电视	恢复播出时间	说　明
广　元	广元市城区有线电视	5 月 12 日 21:00	恢复正常播出
绵　阳	绵阳市广播电台	5 月 12 日 17:00	临时恢复
	绵阳市电视台	5 月 12 日 19:00	临时恢复
雅　安	汉源电视台	5 月 13 日下午	恢复播出
阿　坝	茂县广播电视台	5 月 13 日	恢复应急播出
广　元	广元市城区有线数字电视信号	5 月 14 日 9:00	全面恢复
	南山 720 发射台	5 月 14 日 9:00	恢复开播
雅　安	汉源县九襄片区有线电视光纤信号	5 月 14 日晚	恢复传输
四　川	520 台 7225 千赫	5 月 14 日 18:35	恢复发射
	520 台 1116 千赫	5 月 14 日 18:55	恢复播出
	520 台 639 千赫	5 月 14 日 19:25	恢复播出
广　元	广元有线广播电视信号传输	5 月 15 日凌晨	全面恢复
绵　阳	绵阳市广播电视发射台	5 月 15 日晚	恢复正常播出
	三台县广播电视发射台	5 月 15 日晚	恢复正常播出
	盐亭县广播电视发射台	5 月 15 日晚	恢复正常播出
	梓潼县广播电视发射台	5 月 15 日晚	恢复临时播出
	平武县广播电视发射台	5 月 15 日晚	恢复临时播出
德　阳	绵竹电台	5 月 15 日	恢复应急播出
	绵竹电视台 17 频道	5 月 16 日	恢复应急播出
	绵竹电台	5 月 18 日	全部恢复光纤传输
	绵竹有线电视前端	5 月 22 日	恢复应急播出
	绵竹广播电视无线、数字微波、有线	5 月 23 日	开始全天传输
四　川	藏区 5 个试验台的 25 部设备	5 月 28 日	全部恢复正常播出
绵　阳	北川羌族自治县无线广播电视	6 月 1 日	恢复播出
阿　坝	布瓦山无线发射台		正式恢复发射
	理县广电局	5 月 15 日	恢复“中国之声”播出
四　川	阿坝、绵阳、德阳、广元、成都、雅安等 6 个重灾市（州）及所有重灾县（市、区）	6 月 4 日	全部恢复对中央台 1 套节目的播出
	灾区广播影视转播中央电视台 1 套节目	6 月 5 日	全部恢复
绵　阳	北川羌族自治县广播电视台的自办电视节目	8 月 1 日	恢复播出
陇　南	武都区电视节目	5 月 13 日 16:00	恢复播出
	康县电视节目	5 月 14 日 15:00	恢复播出
	文县电视节目	5 月 18 日 6:00	恢复播出

续表 41

地 区	广播、电视	恢复播出时间	说 明
天 水	秦州区电视节目	5 月 13 日 0:00	恢复播出
	麦积区电视节目	5 月 13 日 0:00	恢复播出
宝 鸡	陇县广播电视台自办电视节目	5 月 14 日 13:00	全面恢复播出
	陇县广播电视台无线自办节目	5 月 14 日 15:00	全面恢复播出
	千阳县龟山无线发射台	5 月 13 日 18:30	恢复正常播出
重 庆	合川区受损的广播电视网络	5 月 17 日	基本恢复
	潼南县广播电视传输网络和广播电视村村通网	5 月 17 日	全面恢复
	重庆农村有线电视网	5 月 17 日	全面恢复
	梁平县广播电视信号	5 月 28 日 16:00	基本恢复
	梁平县 15 个乡（镇）的广播电视信号	5 月 28 日 16:00	基本恢复

按照“先广播后电视、先无线后有线、先过渡后重建”的原则，四川、甘肃、陕西、重庆灾区广播电视系统职工全力投入抗震救灾，组织力量抢修广播电视设备，采取措施尽快恢复广播电视播出。截至 6 月初，地震灾区广播电视基本恢复正常播出。

云南省昭通市广播电视系统机房和办公楼等受灾，受灾机房和相关设施及时得到修复，广播电台、电视台未停播。灾后恢复重建中，争取省财政和省广电局各类资金 240 万余元、市级财政投入 198 万元，恢复和改善凉风台发射站、凤凰山发射站、昭通市电台、昭通市电视台部分基础设施设备，修复建筑面积 800 余平方米。

广电设施恢复 地震造成四川省广播电视设施损毁严重。灾区安置点广播、电视设施建设和管理工作主要集中在四川灾区。四川各灾区在安置点架设部分“帐篷电台”，用喇叭、喊话器、无线话筒、移动宣传车、车载广播等形式进行抗震救灾工作宣传报道，并及时向灾区安置点群众赠送收音机、电视机等接收设备，使群众及时收听、收看到各类抗震救灾信息。

6 月 2 日，广电总局赴四川省抗震救灾指导小组与四川省广电局制订过渡期恢复播出应急方案（第一批），为极重灾区的 200 个乡（镇）广播电视站配备相应广播电视设备；在四川省第一批 494 个安置点建立广播室。广电总局赴四川省抗震救灾指导小组又与四川省广电局共同制订灾区安置点广播、电视设施建设方案。方案确定以集中安置点 50 户为单位，配置一个广播室和两个电视集中收看点，测算每个安置点（以 50 户计）需资金 8000 元，设备通过应急采购方式购买。配置标准为，广播扩音机 1 套、卫星接收系统 2 套、电视机 2 台、DVD 播放机 2 台。配置方案经广电总局批准后，四川省广电局分 3 批采购，为 6 个重灾市（州）及重灾县 734 个过渡安置点，设置广播室和电视集中收看点，为阿坝藏族羌族自治州配置 500 套卫星接收系统和电视机。6 月初，四川省 6 个重灾市（州）734 个过渡安置点设置广播室和电视集中收看点，为灾区群众发送 22 万台收音机。6 月上旬，安排 1809.05 万元用于灾区广播电视过渡期恢复播出（第一批），其中部分资金为安置点和乡镇广播站购置 1388 台电视机和 1388 套卫星接收装置、

1388台DVD播放机。30日，中宣部、广电总局捐赠四川省广电系统抗震救灾专项经费指标下达，经费用于7个重灾县（市）广电设施设备恢复重建，其中汶川县、理县、茂县广播电视台400万元，绵竹市、什邡市广播电视台200万元，青川县广播电视台200万元，北川羌族自治县广播电视台200万元。

7月11日，四川省制定并上报《四川省广播电视灾后恢复重建规划》，要求采用多种办法解决各安置点和活动板房居民收听、收看广播电视问题，并提出在农村以行政村为单位，建设村广播收扩室和电视集中收看点。四川省广电局接受对口支援省援助，加强安置点广播、电视设施建设。浙江省先期投入3100万元，建设青川县活动房安置点广电过渡网和县乡广电共缆传输网络两个项目建设；河南省先期投入500万元，帮助江油市配套广播电视采、录、编、播配套设备，购置活动板房安置区和雁门山区5个乡（镇）集中安置点的群众听广播看电视所需“小天锅”，并捐赠电视机200台，解决群众收看电视节目问题。至8月初北京奥运会开幕前夕，四川灾区无线广播电视覆盖率达98%，其中集中安置点覆盖率达100%；修复广播电视受损台站19个；购买广播电视专用设备272台（件、套），投入资金约1600万元；恢复光纤干线500公里，修复省、市、县、乡镇、村广播电视网络及“村村通”工程线路700公里；发放收音机222499台、电视机约1500台，基本满足灾区安置点的群众收听收看奥运会节目。

四川省广电局根据广电总局批复同意的《四川地震灾区广播电视过渡期恢复播出方案》及《四川地震灾区广播电视过渡期恢复播出方案（第二批）、（第三批）的请示》，使用广电总局下拨紧急救灾援助资金，为北川羌族自治县、平武县、理县、汶川县、茂县、青川县、彭州市播出机构，应急采购145万元广播电视恢复播出应急及辅助设备；为其他县（市、区）播出机构应急采购56万元广播电视恢复播出应急及辅助设备；为绵阳、广元市级广播电视台分别应急采购25万元广播电视恢复播出应急及辅助设备；为四川广电集团609台应急采购31万元恢复播出及辅助设备；为四川省88个一般受灾县（市、区）的广播电视播出机构各购置12.1万元广播电视恢复播出及辅助设备，保证四川省受灾市、县广播电视台在地震灾害百日后，基本恢复节目制作和播出能力。

绵阳市广电部门通过建立安置点临时广播电视设施、组织流动宣传车等方式，对安置点受灾群众进行抗震救灾宣传。市、县广电部门在具备连通有线电视条件的活动房安置点，安装5万余户有线电视；在不具备连通有线广播电视的208个安置点，建立临时广播电视设施，其中包括临时广播站和电视集中收看点。在唐家山堰塞湖抢险群众疏散期间，绵阳市广电局紧急调配器材，抽调技术人员，在南山、园艺等临时安置点安装临时无线广播设施和有线广播系统。

阿坝藏族羌族自治州广电局组织378台电视机、540套卫星地面接收设施、351台发电机发往汶川县、理县、茂县48个乡（镇）、378个受灾村，15天安装完毕。汶川县广电局在阿坝县、红原县等地方政府帮助下，至6月3日，完成17个村卫星地面接收设施安装调试工作，并帮助成都军区红军团安装地面卫星接收设施。阿坝藏族羌族自治州通过在县城抢修有线网络，在乡镇和各村寨安置点通过发放收音机、安装卫星电视接收设施，解决安置点收听、收看广播电视问题，使安置区广播电视覆盖率达100%。

广元市广电局在城区29个群众安置点和救助站临时安装有线电视线路，配备电视机，免费维修和更换机顶盒，对活动板房安装有线电视入户，共投资130万余元，安装9000余户。广元市广电局向青川县提供20套地面卫星设施和20台彩电，在青川县城制高点临时搭建广播电视发射台，在城区和重灾地区居民聚居点搭建10个高音喇叭覆盖点，利用省、市援助设备组织巡回宣传车，形成地面设施接收中央、省广播电视节目，无线发射广播电视和巡回宣传构成的立体宣传框架。对灾区安置点广播、电视设施建设实行统一规划、统一建设、统一管理，免交入网费和收视费，保证安置点受灾群众能听到广播、看到电视。

7月10日，德阳市委要求各地将广播电视信号接入受灾群众集中安置点，每个集中安置点设立一个广播电视集中收听、收看点，为住户分散安置点收看电视节目提供服务。安置点所需设施设备由当地政府负责统筹安排，广电部门负责设备安装及信号接入工作。各地在建设活动板房中，要按照“每个安置点配备一个广播室和一个集中收看电视场所”的要求，将广播室和电视集中收看点纳入基础设施配套建设中，统一规划场所。至奥运会开幕前夕，德阳市完成重灾地区活动板房有线电视入户4万余户，新增和恢复抢通因灾受损用户5万余户，基本保证安置点群众收听、收看。德阳市广播电视台网络公司义务为重灾地区安装有线电视宣传点17个，免费安装有线电视接收终端1478户（个），新建主、支干线19.3公里，新安装4台集供电源、32台干线放大器和楼栋放大器。

雅安市广电局将省广电局下拨的“村村通”分散安置点设备及时安装到灾区安置点，要求由乡镇安排有经验的人员进行设备管理，保证受灾群众能看到电视节目。雅安市网络公司安排专业技术人员分赴宝兴、汉源、芦山、名山修复有线电视传输网络，更换放大器15个、光（电）缆20余处近2公里，保证雅安市49509户有线电视用户和2856户互联网用户在抗震救灾期间能够正常收看电视节目和上网。

成都市广电局及时与市财政局协调和沟通，从成都市广电局年初预算项目等经费中，调整68万元用于安置点广播电视设施建设。经四川省广电局同意，向都江堰、彭州、崇州、大邑等重灾县（市）下拨，包括电视机、收音机及接收设备等共11713件（套），广播电视专用线1.34万米、灾后应急恢复资金及慰问金131万元，资金及慰问金大部分用于安置点广播电视设施建设。同时，协调社会力量共向灾区捐助电视机70台，卫星接收设备70套。为保证安置点广播、电视设施建设进度，成都市广电局共组织施工人员5000余人（次），动用抢险及施工车辆1000余台（次），铺设光缆220余公里，覆盖活动板房12.6万间，在奥运会开幕前，完成340个安置点广电设施建设，设置388个电视集中收视点、209个广播室，保证全市所有安置点受灾群众能收听、收看到奥运会广播电视节目。8月4日，成都市广电局分8个组对全市受灾群众安置点广播、电视集中收视点信号通达情况，进行全面督查指导，对发现问题及时提出整改意见。安置点广播电视室设施、设备安装、调试好后移交安置点管委会，由管委会招聘专人负责日常运行和管理，由当地广播电台派员进行业务培训和指导。

5月18日至6月24日，甘肃省广电总台微波传送中心组织人员在文县搭建移动卫星基站，安全运行700余小时，开通中央电视台、甘肃电视台、上海东方卫视、深圳广电局、兰州军区与文县新闻回传和现场直播通道，为甘肃抗震救灾新闻报道提供强有力技术保障。5月19日至6月24日，移动卫星传输平台向各电视媒体回传电视新闻、直播连线289次、63条，素材210小时；完成电视新闻回传1208、1671条，素材600小时。地震造成天水—成县—武都部分长途光缆干线中断。甘肃广播电视台网络传输有限公司组织113人（次）完成光缆抢修、设备安装调试，306公里光缆线路迁改割接工作。6月底前，完成直埋光缆线路部分加固防护工作，保证电视信号畅通。康县广电局组织力量，抢修恢复受损设施设备，更换维护受损设备56台（次），抢修因灾中断电缆线路20余公里，维护用户信号300余户，保证广播电视信号正常转播和正常传输。两当县广播电影电视局工程技术人员全面检修广播电视制作和输出设备；网络维护人员全力以赴抢修线路，新建有线电视网22公里；多方筹集资金新购置非线性编辑机2台、播出机1套、摄像机2台。5月23日，两当县有线电视网络全部抢通。7月15—26日，甘肃省广电局用省财政拨付的769万元抗震救灾资金，为陇南市、甘南藏族自治州七县一区7689个地震重灾行政村和自然村群众配送电视机，保证重灾区19.23万群众能收看到北京奥运会电视节目和抗震救灾工作报道。

陕西省广电部门按照省政府灾后恢复重建规划，将30个无线广播电视发射、监测台列入重建项目，加固0.36万平方米，新建0.76万平方米，购置设备260台（套）；28处广播电视台列入重建项目，加固0.14万平方米，新建8.02万平方米，购置设备6838台（套）。5月27日，陕西省广电局将75套村级广播室设备送至宁强、略阳、勉县，用于村级广播室灾后重建。9月20日，省广电局将953套中星9号直播"村村通"（含村级广播室）设备送至11个县（区），用于灾区群众收听、收看广播电视节目。10月10日，广电总局下拨救灾款，由陕西省广电局采购摄像机、非线性编辑系统、硬盘播出系统、监视器、音频工作站等设备33台（套），下发汉中市广播电视局。

5月12日20时，水富县召开抗震救灾紧急会议，决定在集中安置点安装65户卫星地面接收设施，保证群众能收听、收看到20余套广播电视节目。

三　电影放映

组织电影放映　5月23日，广电总局召开会议，部署电影系统抗震救灾创作和放映。提出加强统筹创作力量，整合创作资源和素材，力争拍摄出反映民族精神、时代精神和社会主义核心价值观的优秀影片，拍摄出灾区群众需要的科教影片。集中协调救援资金和设备，尽快恢复灾区数字电影流动放映，尽力推动放映队增加放映场次，满足灾区群众文化生活的需求，尽量给予放映设备、片源、车辆和补贴的资助。广电总局组织相关技术工作小组，分赴四川等地震灾区，调查了解当地电影单位和放映设施的损失情况，帮助灾区制订灾后重建规划方案。广电总局对四川省电影系统集中进行援助，紧急调拨用于救灾的电影专项资金350万元，其中资助四川省文化厅慰问受灾群众及恢复电影放映100万元，资助四川太平洋院线和峨眉院线为灾区恢复放映150万元，资助峨眉集团前期创作100万元。在调拨资金的同时，广电总局电影局向四川省文化厅调剂198套设备，其中广电总局政府采购调拨108套、新天地院线公司投入50套、金沙院线公司投入40套，全部投入成都、德阳、绵阳、广元、雅安、阿坝，推动灾区安置点电影放映工作。中国电影器材公司召集北京时代今典公司等设备生产商的技术人员与广电总局电影数字中心技术人员，在29日前完成全部投放设备集成安装、注册认证和节目输入。广电总局电影数字中心与中影新农村、北京科影厂、华龙公司、中影录音基地配合，紧急赶制首批35部数字电影片源硬盘，全部输入投放设备；《抗震防灾演习》《房屋抗震》《震后恢复重建》《农村饮水卫生》等科教片及《惊涛骇浪》《冲出亚马逊》等故事影片，被迅速送达灾区各放映点放映。同时，组织技术人员赴四川灾区进行现场服务。

6月3日，中影集团器材公司及设备供应单位组成的农村数字放映设备小组赴成都市郊区，向当地院线统一集成发放49套，用于抗震救灾数字放映设备。工作组还赶往阿坝、甘孜，为当地发放安装数字放映设备59套。中影集团派出工作组到灾区安置点拍摄，内容涉及群众安置、就医、灾区学生等方面。北京科学教育电影制片厂在北京邀请灾后防疫、心理干预方面专家，紧急录制灾后疾病救治方面的《地震之后：生命在呼唤》、心理救援方面的《地震之后：心心相连》等节目并迅速播出，为中央电视台“科教频道”提供《灾后心理救援》《灾后疾病防控》和《科学救治伤员》等3期节目。5月18日，为拍摄抗震防疫知识数字电影《为生命护航——地震灾后卫生防疫》，北京科学教育电影制片厂多次深入绵阳市九洲体育馆、北川中学、北川羌族自治县擂鼓镇、都江堰等地拍摄有关灾区安置点的素材。

截至11月，全国总工会组织各地工会组建了6支移动电影放映小分队，赴灾区放映电影300余场（次）；拨付资金70万余元，向受灾严重的21个县（市、区）每县赠送1台数字电影放映机，赠送电影拷贝1150余场（次）。由辽宁沈阳、大连等6个市、35名队员组成的辽宁省工会放映队，从沈阳出发，每天行车十五六个小时，行程1200余公里，用两天时间走完原本要三天才能走完的路程。于6月7日下午赶至安县，当晚就为灾区群众放映电影。此后，辽宁省工会电影放映队几乎每天晚上都为安县群众放映电影。

四川省电影公司在地震后迅速成立抗震救灾指挥中心，与各影院及关联公司联系，赴德阳、温江、绵阳、资阳、南充等地了解影院受损情况，部署灾后自救工作。从5月15日开始，绵竹市广电局开始恢复电影放映工作，并从6支放映队伍恢复到15支，在200个安置点放映慰问电影2000余场，在262个村放映公益电影3144场。26日，四川省电影公司、太平洋院线、新天地农村院线共同发起的“爱心放映大行动”正式启动。27日，四川省电影公司成立赈灾义映工作组，派出放映小分队为受灾群众及大学生放映电影。同时，对具备放映条件的中江、广汉、江油、盐亭、平武、三台等地逐步开展赈灾义映。从7月10日开始，四川省对灾区安置点进行电影设施投资建设，四川省抗震救灾资金物资监督检查领导小组下拨省文化厅采购地震灾区农村电影放映设备资金1041.06万元，下拨峨眉电影制片厂拍摄救灾影片经费200万元，下拨甘孜藏族自治州广电局电影放映资金500万元。

在抗震救灾期间，四川省各级电影放映系统在受灾群众集中安置点开展电影放映活动，以成都市、德阳市、绵阳市、广元市、雅安市、阿坝藏族羌族自治州6个重灾市（州）为重点，调集抗震防震、受灾自救、震后防疫等科教片，配送49套数字电影放映机，组织264支放映队，放映电影12268场。都江堰市电影公司与成都金沙院线、峨眉院线组织放映队，把电影送到受灾群众安置点。从5月15日开始，成都金沙院线放映队在都江堰、彭州、崇州、大邑等地受灾群众安置点免费放映电影7000余场。从8月开始，成都金沙院线数字电影公司又开展“重建精神家园、文化抚慰心灵”主题放映活动，在都江堰、彭州、崇州、大邑等14个县（市、区）190个受灾群众安置点免费放映数字电影1638场（参见图207），让受灾群众在家门口就能免费看大片。成都金沙院线数字电影公司还在当地受灾群众中招聘有技术基础的群众，经过放映培训和实际操作训练，使持有放映上岗证的16名灾区特殊放映员组成10支金沙直属放映队。在放映专业技师的指导下，放映队员从8月26日开始，在都江堰、彭州自己家门口进行长期、分片、蹲点放映。成都市电影行业单位深入灾区，最远场（次）路程达600公里以上，为灾区群众安置点、学校、援建单位、救援部队放映电影3000余场（次）。

图207　成都金沙院线数字电影公司为灾区群众放映爱心电影（四川省民政厅　提供）

绵阳市各县（市、区）组织9辆流动电影皮卡放映车、84套灾区慰问电影设备进行巡回放映。北川羌族自治县电影公司在职职工大部分遇难，幸存的3名职工于6月9日在擂鼓镇放映了第一场电影。阿坝藏族羌族自治州广播电视服务公司和各县广播电视局不定期送电影到各安置点放映。广元市电影公司组织流动放映队，配置流动放映车，在安置点巡回放映。11—16日，阿坝藏族羌族自治州电影公司流动放映队途经金川、丹巴、雅安等地，到映秀镇开展“电影人心系灾区群众”电影放映活动，为映秀镇、漩口镇、水磨镇等灾区群众放映数字电影《宝贝计划》等故事片及《农村安全饮水》等科教片，共为灾区群众放映电影5场（次），观众6400人（次）。

甘肃飞天农村数字电影院线有限公司在陇南重灾区武都、文县、成县、徽县、两当等地，开展赈灾慰问数字电影放映活动。武都区放映62场，观众8680人；文县放映100场，观众12650人；两当县放映53场，观众7320人；徽县放映95场，观众11760人。武都区广电局放映队深入大山深处，到全区30余个乡（镇）巡回放映电影120余场，在陇南市各县区放映电影325场，观众42460人。陇南市地理环境特殊，有的放映点在大山深处，不通公路，放映设备只能靠人背马驮。陇南市夏季是多雨季节，雨后山体滑坡时常发生，泥石流挡住去路，毛驴也无法通过，放映员就把放映设备扛在肩上，走几十里山路送到放映地点，保证灾区群众看上电影。甘南藏族自治州8个电影放映公司、30个放映队深入草原、牧区、山区为农牧民放映各类影片1335场（次）。甘肃省文化共享工程文化服务队共接收赠送设备5套、光盘500余张，先后在帐篷集中区域播放共享工程优秀影片及地震预防、震后自救、灾区防疫、食品安全等专题资料片 4 次，观众近万人。（参见图 208）

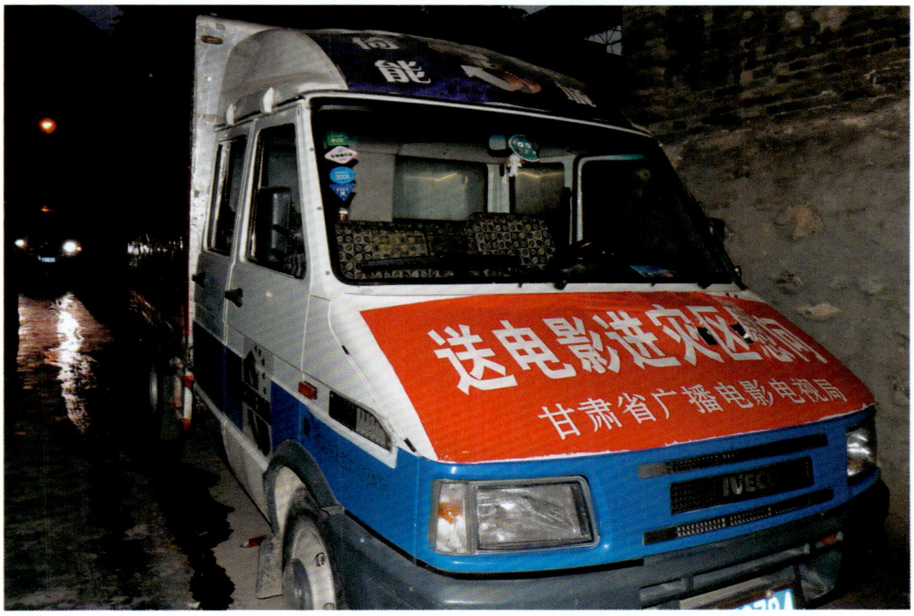

图 208　抗震救灾期间，甘肃省广播电影电视局送电影到文县地震灾区
（甘肃省民政厅　提供）

陕西省文化厅在收到广电总局电影局 50 万元紧急救灾款支援后，立即将救灾款分拨各地，用于受损影院的简单加固和送电影到群众安置点。南郑县电影公司在全县选择 16 个群众较为集中防震点，开展电影公益放映活动，共放映 42 场。

5—7 月，重庆市在广场、社区、中小学校、乡镇等地放映电影 2.8 万余场、观众 6985235 人（次），其中在 10 个受灾区、县放映电影 4640 场、观众 1230693 人（次）。5 月 16—23 日，重庆保利万和电影院线下属的环艺电影城、保利电影城、建设电影院举行“赈灾电影放映”活动，把票房收入全部捐给灾区。5 月 30 日至 7 月 4 日，在重庆市各区县广场、社区进行数字电影放映活动。以“众志成城、抗震救灾”为主题，放映抗震救灾宣传片、地震灾害科教片及《惊涛骇浪》《党员吴显才》《灾难时刻》《众志成城——筑起防疫安全网》等励志类抗震救灾电影，深入宣传如何躲避地震等自然灾害常识。7 月 5 日，重庆市文化广播电视局、市体育局共同举办“抗震救灾众志成城、奥运鼓舞重建家园”——重庆市“同日万场迎奥运”系列公益电影放映活动启动仪式，各区县以“奥运鼓舞、重建家园”为主题，将迎奥运宣传片及体育相关的励志类电影相结合，在农村乡镇及中小学进行巡回放映。

“坝坝电影”放映　“坝坝电影”即露天放映电影。在四川地震灾区，放映“坝坝电影”成为缓解群众紧张情绪、鼓舞群众抗震救灾斗志的重要途径。灾区群众说：“放‘坝坝电影’嘛，只放喜剧，悲剧走开。”

绵阳市游仙区屈昆、邓雪英夫妻地震前从事饲料经营生意，地震灾害使家中楼房成了危房，经济损失 10 万余元。看到镇上安置点受灾群众文娱生活十分匮乏，夫妻俩花 2000 余元钱，托北京朋友购置了一台进口 16 毫米电影放映机，又从电影公司借来《任长霞》《举起手来》等群众喜爱的影片，免费为附近群众放映“坝坝电影”。

5 月 29 日起，受命在彭州市小鱼洞镇太子村执行救援任务的乐山市五通桥区民兵应急分队，利用五通桥区慰问团送来的发电机、影碟机和相关电影设备，每天晚上为灾区群众放映一部电影。“坝坝电影”不仅放赈灾文艺晚会影片，还有《集结号》等，丰富了灾区群众和救灾官兵的精神文化生活。

5 月 29 日 20 时，100 余名群众聚集在一起，在绵竹中学足球场上津津有味地看“坝坝电影”——《犬王》。受灾群众被引人入胜的故事情节所打动，暂时忘掉了地震带来的巨大伤痛。到各受灾群众安置点放映电影的“火三轮”放映工作队有时为满足群众要求，要连续三四个晚上放映“坝坝电影”。仅绵竹市就有 5 个家庭“火三轮”放映工作队。

四川省电影公司、新天地农村院线在地震发生后，联手组织开展“爱心放映大行动”活动。公司在绵竹市二号立交桥附近设立放映点，使从汉旺镇、清平乡、遵道镇等重灾地区转移来的千名群众，能够在临时安置地看上电影。电影放映员、新天地农村院线职工赵先富家在绵竹市孝德镇白衣村 3 组，失去家园的赵先富在二号立交桥群众安置点第一次放映“坝坝电影”就受到群众欢迎。“爱心放映大行动”正式启动后，赵先富自己忙不过来，把妻子、儿子都动员起来，每天晚上连续放映两场。赵先富说：“我以前经常在绵竹的各个村放映露天电影，之前都要花大力气宣传，因为大家都习惯了在家看电视，都不爱出来看电影。地震过后，我每天下午四五点在广场上挂银幕，这里的老百姓就开始奔走相告，互相邀约出来看电影，因为这是他们一天当中最开心的时候。”绵竹市共有 5 个这样的“坝坝电影”放映点。（参见图 209）

图 209　5 月 24 日，四川省“爱心家园”社区放映的第一场“坝坝电影”

（四川省民政厅　提供）

第三节 演出活动

一 赈灾义演

5月18日晚，由中宣部、中央外宣办、文化部、广电总局、新闻出版总署、解放军总政治部、中国文联、中国作协、中国记协共同发起，中央电视台承办的“爱的奉献”——2008宣传文化系统抗震救灾大型募捐活动，在中央电视台隆重举行。胡锦涛作出重要批示：“感谢中央电视台和发起单位的同志们，感谢广大文艺工作者。我们心连心，同呼吸，共命运，就没有克服不了的困难。胜利一定属于英雄的中国人民。”中共中央政治局常委李长春，中共中央政治局委员、中央书记处书记、中宣部部长刘云山，中共中央政治局委员、国务委员刘延东等出席。长达4个小时的募捐晚会，由《灾情就是命令》《祖国与你同在》《生命不能等待》《凝聚每份爱》等板块组成，突出“众志成城、抗震救灾”主题活动。出席晚会的中央领导带头捐款，全国各宣传文化、广播影视单位和大型企业、社会团体踊跃捐款。本次活动共募集15.28亿元，电话意向捐款1835万元，是中华人民共和国成立后宣传文化系统规模最大、募集数额最多的一次募捐活动。中央电视台第1、3、4套节目和央视网对募捐活动进行现场直播，全国43家省级卫视和437个地级城市有线网络及各大新闻网站进行同步转播，其中通过卫星电视收看晚会群众达6亿人，央视网视频直播点击量达2.16亿页（次），全球49个国家和地区电视媒体转播或使用此直播信号。

在抗震救灾期间，四川省直属文艺团体和艺术院校开展赈灾义演和慰问演出900场。5月15日，广安市文化馆连续3天组织社区艺术团，在广安市城南片区人口密集广场、社区开展“爱在人间”赈灾义演活动。雅安市文化馆承办“我们在一起、心手相牵”赈灾义演。泸州市文化馆举办“泸州—汶川心脉相连”赈灾义演。

甘肃省各地在地震发生后，开展“振奋精神、重建家园”为主题的文化活动。5月17日，由甘肃省委宣传部、兰州市委、兰州市政府主办，兰州市委宣传部、兰州市广播电视总台承办的“我们在一起——大型烛光祈福赈灾活动”在东方红广场举行（见图210）。活动现场群众为地震灾区同胞捐款23万元，企事业单位捐款1051.7万元。18日、23日，甘肃省委宣传部、省民政厅、省红十字会、省文联、甘肃日报社、甘肃电视台和兰州市新闻媒体先后举办大型“情暖中国——大型赈灾义演活动”“诗慰亡灵、心系灾区——甘肃省文艺界新闻界抗震救灾‘诗歌之夜’大型诗歌朗诵会”等，筹集捐款179万余元。25日晚，在甘肃省广电总台演播大厅，由省委宣传部、省文化厅、省民政厅、省广电局、省新闻出版局、省广电总台等单位共同举办“与爱同行”义演，以百人合唱《众志成城》开启大幕，唱响“团结一致、众志成城、不畏艰辛、奋力拼搏”的中华精神。义演以歌曲联唱、现场连线和采访等方式，表达甘肃省人民对灾区人民的真切关怀，现场捐款6709.69万元，捐助物资价值2789.4万元。礼县剧团、卫生局、地震局、文化馆等单位19名共产党员和共青团员组成“礼县赈灾宣传队”，到礼县重灾区雷坝、滩坪、雷王、肖良等11

图 210　5 月 17 日，兰州市在东方红广场举办主题为“我们在一起”的大型烛光祈福晚会

（中宣部　提供）

个乡（镇）抗震救灾一线，用群众喜闻乐见的地方戏曲、诗朗诵、书法、绘画等形式，把受灾群众急需的灾后防疫、防止次生灾害发生等知识送到各个受灾村庄。兰州大剧院推出让灾区儿童与《大梦敦煌》一同过“六一”活动，并组织《大梦敦煌》赈灾义演。

陕西省戏曲研究院与陕西省电视台、华商报社、陕西书画艺术研究院 5 月 15 日晚联合举办大型赈灾义演文艺晚会“爱是永恒的主题”，在陕西省戏曲研究院剧场门前演出。这是陕西戏曲界、书画界人士自发组织的一次大规模义演活动。演出前，进行名家书画现场义卖，许多书画家、作家献出书画作品参加义卖。由陕西省文化厅、陕西省戏剧家协会、西安市戏剧家协会、曲江新区管委会联合主办，西安秦腔剧院承办的“中青年优秀演员赈灾义演”专场演出活动，15 日晚启动，整个活动在西安易俗社小剧场持续演出一个月共 30 场，演出所有收入通过中国红十字会捐献给灾区群众。17 日晚，由陕西省委宣传部、省民政厅、省文化厅、省广播电影电视局、省红十字会、省慈善协会共同主办，陕西电视台承办的大型赈灾晚会“我们万众一心”，在陕西电视台演播厅举行。这是陕西省灾后推出的第一个抗震救灾晚会，省民政、交通、铁路、医疗等部门及参加救援部队指战员和武警官兵代表出席晚会，并现场捐款。陕西卫视、陕西 1 套并机直播，西部网和陕视网联合全国 10 家网络媒体进行网络直播。晚会现场捐赠 604 万元，场外认捐 1057 万元；现场募集物资折合 396 万元。17 日晚，在西安市小南门外休闲广场，由陕西省心理健康教育研究会与陕西广播电视报社联合举办“凝聚每份爱、点燃颗颗心”烛光晚会。节目进行中，家里房屋在地震中被摧毁的4位四川绵阳在西安打工女孩来到演出现场，看到演出非常感动，向现场观众深深鞠躬，泣不成声。现场观众高呼“中国，加油！”“四川，加油！”“灾区人民，加油！”，各界爱心人士现场向灾区捐赠价值8万元的物品和现金。6月5日，香港文汇报陕西办事处邀请近百名来自文化、艺术和企业界的爱心人士，满载慰问物品，到秦岭峰顶灾情严重的太白县鹦鸽镇进行慰问演出。

中国、德国艺术家5月17日晚在重庆市朝天门广场联袂演出“我们是一家人·‘5·12’赈灾义演”。宏奈手风琴乐队、愚人花园乐队等德国艺术家和中国演艺界人士登台演出。重庆市杂技艺术团表演以抗震救灾为主题的杂技节目。在演出活动现场，德国联邦政府捐款1100万元，德国企业界捐款200万元，帮助受灾地区群众渡过难关；重庆市友好城市杜塞尔多夫市代表捐款50万元，用于梁平县倒塌学校重建工作。义演现场捐款1592万余元，接到捐款和祝福电话756次，共募得善款10060万元。

云南省昭通市文体局、市民政局5月17日举办“献爱心·京戏专场赈灾义演”活动，募捐款47727元，通过有关部门送往灾区。22日，由曲靖市红十字会发起，市文化局、市广播电视局共同承办的“心系汶川赈灾义演活动”，在曲靖市珠江源广场举行。

二　慰问演出

按照中宣部部署，文化部、广电总局、中国文联、全国总工会、部队等组织文艺工作者赴灾区慰问演出。至7月，为灾区群众、救援部队指战员、武警官兵、公安民警、医疗卫生工作者及志愿者约130万人（次）慰问演出近250场。

文化部5月25日组织国家文艺院团知名艺术家组成6支抗震救灾体验生活小分队，赴四川地震灾区，开展为期两周的体验生活、创作采风行动。6月3日，李长春在成都太平寺机场接见文化部和广电总局抗震救灾体验生活小分队全体成员。李长春指出，实践是文艺创作的源泉，人民又是实践的主体，所以创造条件让文艺工作者到第一线来，是学习灾区人民在大灾大难面前表现出来的伟大精神；在体验生活中，激发文艺工作者的创作灵感，创作一批弘扬伟大民族精神的作品。23—28日，文化部组织著名歌唱家、戏曲艺术家、话剧演员等近30人组成两个“心连心”慰问演出团分赴四川重灾地区慰问演出。在深入灾区的6天里，文艺工作者们用《公仆赞》《吐鲁番的葡萄熟了》《红旗飘飘》等脍炙人口的老歌帮助灾区群众抚慰忧伤，用《与你同行》《最美中国人》《勇敢向前冲》等新创作歌曲鼓舞灾区群众战胜困难。文化部“心连心”慰问演出团赴受灾严重的汶川县映秀镇、漩口镇、水磨镇，彭州市白鹿镇、通济镇及都江堰市群众安置点等地，为10万余灾区群众及救援部队指战员、武警官兵等演出13场。文艺工作者们自备干粮在客车上就餐，不给灾区群众添麻烦。在乡镇坝子上的临时安置点，在震后的废墟旁，只要能容纳群众的地方，文艺工作者们就搭台演出。（参见图211）

根据中宣部的安排，广电总局组织文艺工作者前往四川地震灾区体验生活，开展抗震救灾“心连心”慰问演出。6月19—22日，抗震救灾“心连心”艺术团、广电总局中国广播艺术团小分队一行23人，赴绵阳慰问演出，先后在江油市太平镇和大康镇，安县花荄镇、睢水镇、安昌

图 211　6 月，文化部组织抗震救灾“心连心”慰问演出团在四川灾区演出

（文化部　提供）

镇，绵阳市长虹培训中心北川中学师生安置点和绵阳机场解放军某陆航团驻地进行 8 场演出，观众 11.2 万人（次）。25—29 日，抗震救灾“心连心”艺术团中央电视台小分队前往四川地震重灾地区慰问演出，5 天内行程 1300 余公里，演出 9 场，观众 10 万余人（次）。中央电视台领导亲自带队，安排群众喜爱的主持人及众多知名文艺工作者参加演出。为突出四川省本土特点，小分队还邀请四川省巴蜀笑星加盟演出。从 25 日开始，中央电视台小分队在完成计划内的雅安市雨城区中里镇中学、宝兴县、嘉绒藏族村寨、石棉县、绵阳市九洲体育馆、北川羌族自治县擂鼓镇新建家园群众安置点的 6 场演出外，又先后在雅安市碧峰峡大熊猫养殖研究基地、安顺场红军纪念馆广场、雨城区加演 3 场。中央电视台小分队不给当地政府添麻烦，在露天操场、斜坡场地、演出大篷车上为群众演出。29 日，中央电视台小分队在绵阳市九洲体育馆广场，为最后一批撤离九洲体育馆的灾区群众慰问演出。只能容纳 3000 余人的广场，吸引了 1 万余名灾区群众。

中国文联 6 月 25—29 日组织两支抗震救灾“心连心”慰问艺术团小分队分别赴宝鸡市陈仓区、凤县、凤翔县、宁强县、略阳县、勉县慰问演出。中国文联“心连心”慰问艺术团深入重灾区群众安置点、学校、工厂、部队驻地等地慰问演出。演出包括歌舞、曲艺、小品、魔术等几十个优秀节目，大部分是为灾区群众新创作的作品。两支小分队在陕西灾区演出 11 场（次），观众达 40 万余人（次）。7 月 12 日，中国文联“心连心”艺术团赴略阳灾区慰问演出，约 3 万群众观看。下午，“心连心”艺术团又到中国大唐略阳发电厂慰问演出。

地震发生后，全国总工会拨付 80 万余元，组织文艺小分队赴地震灾区进行慰问演出 10 场。6 月 22—27 日，全国总工会文工团分别赴都江堰市受灾群众安置点、德阳市东汽、绵竹市清平磷矿、彭州市军工企业等地慰问演出。23日，由全国总工会、四川省总工会共同举办的“全国工会抗震救灾重建家园文化帮扶行动”启动仪式，在都江堰市“勤俭人家”受灾群众安置点内举行，并为首个“工会文化活动室”揭牌，全国总工会文工团演员们为“勤俭人家”安置小区受灾群众和受灾职工表演文艺节目。24日，全国总工会文工团在成都市劳动人民文化宫举行“弘扬抗震精神、重建美好家园”大型慰问演出。来自成都市抗震救灾一线的解放军指战员、武警官兵代表、建筑施工抢险队员代表、医务防疫工作者代表和市、县工会职工代表、部分企事业单位代表300余人观看演出。26日，全国总工会文工团在绵阳市五一广场举行慰问演出，4000余名企事业单位职工和群众观看演出。

解放军和武警部队文艺工作者深入灾区和救援部队，开展创作和慰问演出活动，并推出900余件文学、音乐、戏剧、影视、小品和曲艺等抗震救灾题材的文艺作品。5月15日，解放军总政治部宣传部率先组织一支由总政歌舞团、总政话剧团、空军政治部创作室创作骨干组成的采访小分队深入重灾地区和群众安置点，采访部队官兵和受灾群众。从24日开始，总政治部直属文艺团体及海军、空军、第二炮兵、武警部队文工团，成都军区、济南军区、兰州军区相继派出13支演出小分队、189名演员赴灾区慰问演出。20余天里，为32万军民演出181场（次）。文艺工作者们白天在山路上长途跋涉转场演出，晚上露宿帐篷。25日，总政治部再次组织总政歌剧团、总政歌舞团、八一电影制片厂和解放军军乐团文艺工作者，组成部队抗震救灾体验生活小分队，深入灾区采访、体验生活。总政话剧团作家燕燕和王海鸽主动要求去最艰苦、最危险的地区采访，创作出《瞬间出动》《云上的日子》和《微笑》等散文作品。6月18—19日，中宣部、总政治部组织中央抗震救灾“心连心”慰问艺术团，分赴绵竹、什邡演出6场，慰问救援部队官兵和当地灾区群众。（参见图212）7月4日，中央抗震救灾“心连心”慰问艺术团赴甘肃，组成两个小分队赴陇南市的文县碧口镇和城关镇、康县王坝乡、成县抛沙镇、武都区东江镇及天水市秦州区娘娘坝镇、秦安县郭嘉镇、甘谷县白家湾乡等地演出9场，灾区干部群众和救援部队指战员、

图212 解放军“心连心”艺术团在灾区慰问演出
（总政治部 提供）

武警官兵、公安民警、志愿者20万人观看演出。

灾区文化部门组织开展各种类型的慰问演出活动。四川省文化厅以省、市州专业艺术院团和群众文化机构为主要力量，组建多种形式的文艺小分队，深入灾区群众集中安置点，演出3000余场（次）。四川省总工会组织慰问演出小分队深入成都、绵阳、德阳、广元、阿坝为灾区职工群众慰问演出30余场（次）。5月22日至7月30日，四川省歌舞剧院先后赴彭州、都江堰、绵竹、北川等地慰问演出52场，出动演职人员600余人次。四川人民艺术剧院分别赴彭州、绵阳、德阳、绵竹、崇州、汶川的15所中小学校，为灾区中小学生献爱心义务演出15场，师生1.4万余人观看演出。参加献爱心义演活动的演职人员自备车辆，自带干粮、水，当天演出当天返回，不给当地政府和部门添麻烦。5月30日，由四川省委宣传部、成都市委宣传部主办，四川电视台、凤凰卫视、成都电视台承办的四川省抗震救灾大型特别节目《以生命的名义》，在成都电视台1200平方米演播厅演出。四川电视台、成都电视台、凤凰卫视中文台、新浪网、全国卫星音乐电台联播网等33家电台、四川人民广播电台“城市之音”、神韵在线等40余家媒体进行现场直播，百位群众喜爱的演艺界人员为灾区群众演唱。6月25日，四川省体育局、省体育总会主办，省社会体育指导中心具体实施的“四川省全民健身灾区行”系列活动陆续在成都、德阳、绵阳、广元、雅安、阿坝进行，活动以体育表演、互动体育游戏等形式，倡导灾区人民大力弘扬团结协作、超越自我的体育精神，激发灾区群众共克时艰、重建家园的信心和勇气。7月26日，成都市锦城艺术宫举行抗震救灾慰问演出文艺晚会“红星闪耀在春风里”，1400人观看演出。8月27日，四川电视台承办的“从废墟中崛起——四川省抗震救灾‘百日纪念’大型主题晚会”在成都电视台演出。

四川地震灾区各地文化部门克服各种困难组织开展群众性演出活动。德阳市文化馆组织中老年合唱团、少儿合唱团以“向抗震救灾中最可爱的人致敬”为主题的系列慰问活动。绵阳市文化馆组织群众文艺演出力量，成立文艺演出小分队深入安县、北川、九洲体育馆等灾区和群众临时安置点进行慰问演出。广元市文化馆党员文艺宣传队赴青川县金子山为济南军区猛虎团红军营进行慰问演出，并组织编排广元市“众志成城重建家园”专题文艺演出。6月8日，在中国传统节日——端午节，数十位巴蜀笑星赴崇州市街子镇、文井江镇等多个受灾群众安置点演出，给受灾群众送去欢笑。从6月开始，中央、四川省、德阳市各级20余支抗震救灾文艺队分赴绵竹、什邡开展慰问演出280余场。德阳市组织市直文化系统文艺工作者，分赴89个受灾群众安置救助点，组织流动车队、文艺小分队开展“情系灾区人民、重建美好家园”慰问演出活动90余场（次）。

在甘肃地震重灾区，各文化演出团体和业余文艺单位积极开展各类文化活动，鼓舞灾区群众战胜困难、重建家园。康县县政府组织群众参与所在街道、社区各类文化活动，组织各类群众文艺团体在广场、街道演出26场，观众1.41万人（次）。天水市组织10个街道、103个社区积极开展文娱活动，丰富灾区群众精神文化生活。110余支社区文艺演出队，240余支群众健身队，定期或不定期在居民集中安置点、小区组织开展歌咏、舞蹈、声乐、曲艺、相声、小品、器乐等演出活动，参加活动者达2300余人。兰州市精神文明办公室等部门承办以“抗震救灾、华夏同心”为主题的创建全国文明城市系列活动，在活动中共演出53场，参演单位30余家，演职人员2000余人，观众2万余人。7月下旬，甘肃省委宣传部、省文化厅组织6支抗震救灾文艺小分队赴陇南、甘南、天水、定西、平凉、庆阳等地震灾区慰问演出。文艺小分队半个多月行程1.36万余公里，演出70场，观众34万余人（次）。7月20日，甘肃省京剧团抗震救灾文艺小分队行程千里到达灵台县蒲窝乡演出。开演前天突然下起了雨，但前来观看演出的群众不肯离去，打着雨伞等待观看演出，演出小分队迅速做出按时演出的决定。当天下午，小分队又赶到灵台县独店镇演出。演出结束后，当地领导和群众一直把演出小分队送出镇外几里远，才依依不舍地挥手道别。随后，小分队又先后赴崇信县黄花乡、黄寨乡，泾川县王村镇、党原乡，崆峒区安国乡、大秦乡、白庙乡、大寨乡等10个乡（镇）慰问演出。24日，甘肃省陇剧院"享受爱的阳光"慰问地震灾区演出小分队行程1400余公里，到天水市秦州区平南镇，武山县洛门镇，甘谷县礼辛乡，麦积区甘泉镇和花牛镇，清水县郭川乡、温泉村、关泉村，秦安县陇城镇慰问演出9场。前往花牛镇演出时道路受阻，大车无法直达演出地，演员们就背着道具下车步行。郭川乡受灾比较严重，道路崎岖不平，小分队步行4个多小时才到达目的地。

2008年"千台大戏送农村"活动是丰富甘肃省基层农村文化生活的一件大事，尤其是在地震后起到了凝聚人心、振奋精神、树立新风、催人向上的作用。7月25日，"千台大戏送农村"活动小分队赴陇南慰问演出。每到演出地，群众都站在公路两边夹道欢迎；每场演出，观众都将舞台围得水泄不通。演出中，观众反应热烈，情绪激动。每次演出结束，观众都不愿离开，依依不舍地与小分队惜别。在10天里，"千台大戏送农村"小分队先后在陇南市20个县乡（镇）、村和矿业集团进行慰问演出。演出单位专门创作的相声《英雄赞歌》、快板书《胡总书记到陇南》、评书《大爱无疆》等节目，受到群众的欢迎。当演出到高潮时，观众争相把采摘的野花献给演员们。8月3日，甘肃省歌剧院组成文艺演出小分队，经过13个小时颠簸到达舟曲。4日，为江盘乡和城关镇的群众进行首场演出，闻讯赶来的观众人山人海，像过年一样热闹。当演员满怀激情地唱完一首《父老乡亲》时，一位年过七旬的老大娘走上前，将洁白的哈达献给演员。7日，演出小分队到达临潭县新城镇，由于下雨，当地领导建议取消演出。小分队演员商量决定，只要有群众愿意看，就是天上"下刀子"也要演。音响一开，群众从四面八方来到演出地点。演出结束后，乡亲们在雨中为演出小分队鼓掌送行。

陕西省省内外文艺团体在地震后迅速组团赴灾区开展慰问演出。5月13日至10月14日，共有省内外178个文艺团体和单位赴灾区慰问演出，演出专场441场（次），观众861万人（次）。25日晚，由镇巴县委县政府、汉中市国税局主办，镇巴县国税局、镇巴县文工团承办的音乐会《唱支山歌给党听》在镇巴县城锦源广场举行，3000余人观看演出。

重庆市文化部门在地震后组织开展多种形式的演出活动。6月19日，重庆市杂技艺术团到重庆市公安消防总队，为刚从抗震救灾一线归来的广大消防官兵慰问演出。7月8—9日，重庆市文化广播电视局领导率市曲艺团、市杂技团、市歌剧院、市京剧院、市川剧院和市话剧团演职人员80余人，组成抗震救灾慰问团赴崇州，为怀远镇和三郎镇两个集中安置点群众举行两场"巴山蜀水亲又亲——重庆市专业艺术院团赴四川省崇州慰问演出"，安置点附近上千名群众观看演出。慰问演出期间，成都市抗震救灾指挥中心专程给重庆市抗震救灾慰问团送去锦旗，表示感谢。

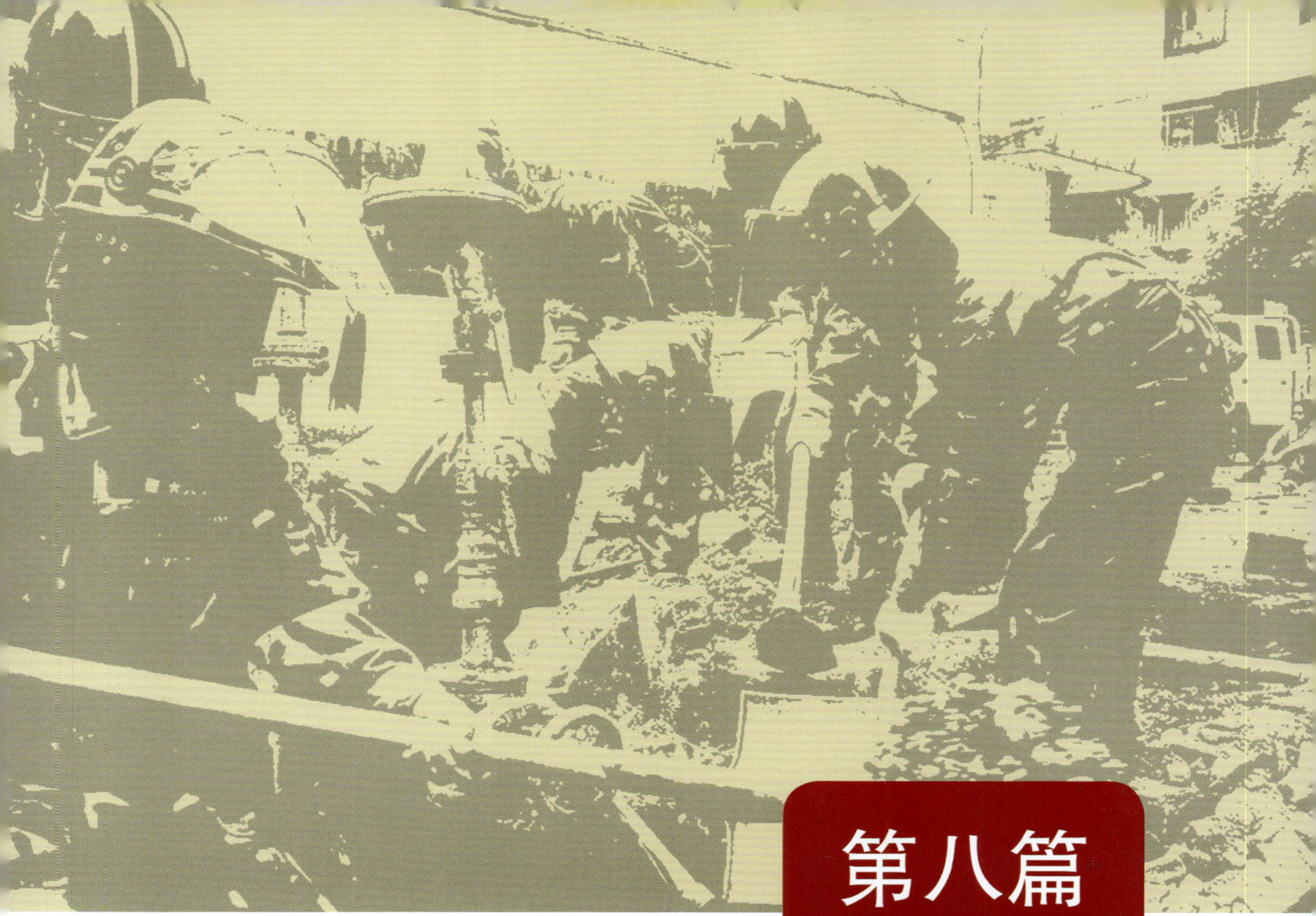

第八篇

生活与服务设施设备修复

汶川特大地震造成四川省、甘肃省、陕西省、重庆市、云南省水利、供电、供气、道路、沼气等基础设施，通信、邮政服务设施及特种设备、设施严重破坏，直接影响灾区群众的生产和生活。

5月20日，发展改革委决定从2008年中央预算内水利建设投资中安排1.6亿元，用于重灾地区乡村应急供水设施建设和设备购置。21日，财政部支出1亿元，用于重灾地区小型供水设施、小型水质处理设备和小型移动设备购置。水利部协调有关省市水务（利）局，迅速组织18支援助四川省供水工程抢修队400余人，配合灾区水利部门紧急抢修供水设施1590余处，新建应急集中供水工程2129处。国家电网立即调集非灾区省市电力公司4000余名援建人员、260余名医疗人员及1000余台发电机（车），加快线路、变电站抢修，恢复电力基础设施。至6月10日，四川、甘肃、陕西、重庆灾区国家电网系统229座可恢复35千伏及以上变电站全部恢复，3160条可恢复10千伏及以上输配电线路全部恢复。四川省内石油天然气、石油化工及燃气公司等部门加强受损管线设施修复和安全排查工作，至5月23日，部分地震重灾市天然气恢复供应。交通运输部地震后分4次向四川省、甘肃省、陕西省、重庆市下拨抗灾抢通专项补助资金2亿元，组织12个省（区、市）对口支援四川省；交通系统和武警交通部队先后投入救灾人员6545名、抢通保通机械设备1391台、保障车1153辆，进入四川省协助开展干线公路抢通保通和通乡、通村公路抢通工作。至12月29日，四川省因地震受损或断道的5条国道、11条省道、254条乡道、2114条村道全部抢通。震后，农业部派出工作组，赶赴四川灾区考察灾情，研究维修及恢复措施，并为灾区恢复生产筹集资金220万元；组织10个省农村沼气技术人员协助修建沼气池，为重灾镇抢修受损较轻的沼气池和沼气设备，为群众免费安装沼气灯和沼气灶。

地震发生后，灾区移动通信、电信等公司迅速成立工程抢险突击队，投入通信抢险工作。同时，非灾区7个省分公司组织大量技术人员及技术设备前往支援。至5月15日，绵阳市城区、三台县、盐亭县、梓潼县等片区通信网络基本得到恢复。在北川、平武、安县、江油等地震重灾地区，抢险队分别采用卫星传输、软放光缆等方式，17日零时实现恢复通信。四川省邮政公司组织各市州邮政局开展抗震自救，尽快恢复地震灾区邮政服务。至25日14时，四川省17个重灾县全部恢复邮政业务和金融业务联网运行。

质检总局在地震发生后，立即组织特种设备队赶赴地震灾区，完成对四川省6个重灾市（州）受损特种设备的检验任务。至5月27日下午，恢复使用特种设备19861台，因严重损坏报废和暂时无法修复的1057台，免费更换零配件价值1045.9万元，保证了地震灾区各种特种设备的安全使用。

第一章　基础设施修复

第一节　供水设施修复

一　修复部署

汶川特大地震造成四川省、甘肃省、陕西省、重庆市、云南省水利设施和供水设施严重破坏，造成灾区群众饮水困难。

5 月 13 日，水利部成立抗震救灾指挥部。水利部抗震救灾指挥部前方领导小组与四川省“5·12”水利抗震救灾指挥部组建供水保障组。19 日，供水保障组决定选派非受灾地区和轻灾区技术人员赴地震重灾地区协助调查统计饮水工程损毁、群众临时居住点数量、人口、范围和供水需求等情况；协助开展应急供水抢修工作、重建规划供水系统和水质监测工作。20 日，发展改革委下发《关于下达 2008 年地震重灾区乡村应急供水设施中央预算内计划的通知》，决定从 2008 年中央预算内水利建设投资中安排 1.6 亿元，其中四川省 1.4 亿元、甘肃省 1000 万元、陕西省 400 万元、重庆市 400 万元、云南省 200 万元，用于重灾地区乡村应急供水设施建设和设备购置。财政部共安排专项资金 14 亿元，用于 2200 余座地震受损小型病险水库应急除险加固。

二　修复实施

水利部组织抢修队修复　水利部针对地震灾区供水设施受损严重、灾区抢修人员紧张等情况，迅速由供水保障组协调上海市、大连市、武汉市、重庆市水务（利）局，组织供水工程抢修队支援地震灾区。（参见图 213 ～ 214）

图 213 5 月 19 日，水利部阿坝藏族羌族自治州工作组与当地水利部门研究工作

（万毅 摄）

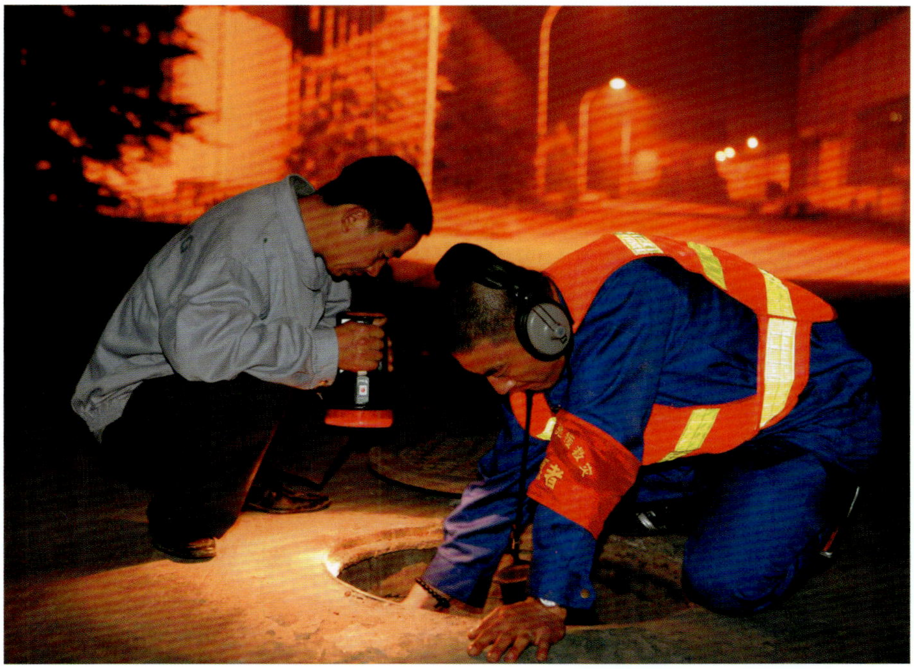

图 214 5 月 22 日，上海市水务局供水抢修队争分夺秒抢通广元市供水管路。图为技术人员在听漏检测

（虞建波 摄）

上海水务局供水抢修队负责解决绵竹市广济镇、什邡市洛水镇和蓥华镇等 15 个乡（镇）、15 万群众的应急供水问题；同时，修复德阳市供水设施，解决受灾严重的绵竹市剑南镇、广济镇、玉泉镇、土门镇、板桥镇、金花镇、遵道镇，什邡市洛水镇、湔氐镇、蓥华镇、红白镇、师古镇和罗江县金山镇、调元镇、略坪镇等乡（镇）供水设施，恢复深井水源 20 处、泉水（溪水）水源 10 处。

大连市水务局组建 13 人组成的专业供水设施抢修队伍，赶赴安县进行供水管道检漏、机电设备安装、供水设备恢复等抢修工作。抢修队制订2座水塔鉴定和修复意见；重建供水设施4处，安装变配电系统和变频调速装置4套、水箱1个、水泵6台；铺设电缆197米、管线500余米；检漏技术人员对安县7个乡（镇）和绵阳市抗震救灾指挥部进行漏点检测，检查管线80余公里、阀门井140余个，查出漏点40余处，恢复安县兴仁乡、迎新乡、界牌镇、黄土镇、永安镇、沸水镇、乐兴镇、宝林镇、睢水镇和绵阳市抗震救灾指挥部等地应急供水，解决安县12个乡（镇）5.6万人的应急供水困难。

武汉市水务局接受修复任务后，迅速成立由35名专业技术人员组成的供水抢修队。5月19日凌晨，携带7卡车、60吨管线材料和价值130万余元物资，赴都江堰、彭州。24日，武汉市水务局针对修复任务重、人员少等情况，又调集10名专业技术人员增强抢修力量。至27日，出动抢修力量98人（次），完成都江堰市、彭州市管网检漏126公里，其中都江堰市67公里、彭州市59公里。查出DN[①] 200以上管道漏点8处，使都江堰市局部地段水压明显上升；抢修DN100以上管网7处，铺设供水管道1616米。

重庆市水利局和重庆市饮水安全协会5月22日成立由南川区水务公司、永川区侨立水务公司、荣昌县渝荣水务公司组成的3支15人供水抢险工作队。23日，3支供水抢险队满载3车供水抢险物资器材，在余震不断的情况下，赶赴青川县抢修安装应急供水工程。24—25日，供水抢险队连续抢修接通青川县通往木鱼镇、关庄镇3.5公里供水管道，使1万名群众喝上自来水。25日下午，供水抢险队分3组，赶赴受灾严重的青川县前进乡、黄坪乡、沙州镇完成供水抢险任务。至29日，重庆水利抢修队安装完成青川县8个乡（镇）集中供水点117处，抢修管道5120米，新安管道15公里，解决5万名群众的应急供水问题。

灾区省市组织力量修复 四川省供水设施损毁主要分布在地震重灾区成都市、绵阳市、德阳市、广元市、雅安市、阿坝藏族羌族自治州所辖26个县（市、区）。水利部协调上海市、重庆市、大连市、武汉市水务（利）局，组织18支、400余人工程抢险队，与四川水利部门紧急修复供水设施1590余处，新建应急集中供水工程2129处。地震使成都市中心城区发生一处管网爆管和两处漏水。塔子山沙河边DN1400过河架空管焊缝受地震影响漏水严重；水六厂二期土桥控流站DN1600输水管线上一个DN300排气阀出问题，造成严重漏水；人南线四段DN400水泥管爆管，故障点位于供水大动脉上，严重影响了成都市中心城区30%的供水能力。成都市水务局和市自来水公司抢修人员，经20多个小时的连夜冒雨抢修，于5月13日下午相继修复通水。地震造成都江堰市20家供水单位供水管网、供水设施严重受损，都江堰市供水行业管理部门组织抢险队伍全力投入应急抢修。至7月30日，都江堰市和全国各地10余家援助单位，先后组织20911余人（次），对都江堰市1000余处供水管网和381.7公里管道进行抢修，修复管网1309处。地震造成绵阳市水务集团生产点、加压站停运，水质检测中心检测工作被迫中断，691处农村集中供水工程、26.9万处分散工程受损，353.55万农村人口饮水受到影响。5月12日，绵阳市水务局组织技术力量，通过维修水处理设施，更换输水管道，安装净水设备，优先保证场镇、农村、学校、医院及受灾群众相对集中处的供水；通过延伸北川羌族自治县陈家坝乡和桂溪乡、江油市彰明镇、

---

① DN是公称通径（或叫公称直径），是各种管子与管路附件的通用口径。

三台县中太镇、梓潼县黎雅镇等供水站供水管网，解决供水问题；通过开辟第二水源，铺设临时供水管网，满足北川羌族自治县擂鼓镇从7000人增至3万余人的安置点群众供水需求；安县水务局配合援建单位新凿水源井，铺设管网2400米，解决安县桑枣镇香溪村668户、2043人供水保障问题；北川羌族自治县擂鼓供水站及时向盖头山村近600名返乡受灾群众免费运送自来水，并抓紧修复原有水源和供水管网，使群众回得来、留得住、有水喝。江油市彰明镇南江村因地震导致水井水位下降、铁锰超标，800余人饮水困难，基层水利管理站组织人员定时、定点送水，临时解决受灾群众用水基本需要。绵阳市水务局采取措施另辟水源井，恢复长期正常供水。12日，绵阳市水务集团公司启动城市供水一级应急预案。16时40分，二水厂开始恢复地表水供水；22时38分，三水厂恢复正常供水。13日，绵阳市水务集团组织志愿者20余人、送水车6辆，赴北川协助转移群众222人，并为沿途群众提供食物和1200余瓶装饮用水。17日，绵阳市水务集团公司组织送水车12辆，向北川羌族自治县任家坪村和擂鼓镇、安县永安镇和安昌镇、江油市等重灾地区运送生活用水，解决灾区救援部队官兵、群众基本生活用水需求。至6月12日，绵阳市水务集团共向北川羌族自治县、前线指挥部和部分医院提供饮水机118台、饮用水6000余桶，运送生活用水450余车（次）、8900余吨。先后在绵阳市富乐山、川音足球场等地安装临时供水管道5470米、水龙头和面盆450余个、储水箱等设施30余个，运送自来水150车（次）、2054余吨。

甘肃省水利厅成立抗震救灾指挥部，各市州水利部门成立抗震救灾工作领导机构。5月20日，水利厅抗震救灾指挥部决定，成立7个专业工作组和技术专家组，采取“紧急抢修临时供水和长远规划、灾后重建相结合”的方法，进行城镇供水设施紧急抢修。至7月31日，修复水厂20座，占损毁水厂的90%；修复供水管道13.7公里，占损毁供水管网的86.7%。舟曲县40个村供水工程严重受损，县水利部门出动342人（次）、机动车58辆，巡查管线10.5公里，补漏23处。按“轻重缓急”应急处理14个乡（镇）、22个村损毁供水工程22处，维修重建截引池14座、蓄水池14座，更换管道75.4公里，保障1.7万人饮水。天水市供水设施受到严重损坏，水源地井房、饮用水厂车间、高位水池等83处不同程度地发生基础下沉、墙体裂缝、地面塌陷等。市建设局拨款140万元，企业自筹资金60万元，紧急修复城区供水设施受损重点部位，基本达到正常供水要求。同时，完成五县供水设施抢修，抢修供水管道38公里、管网45处，并恢复抢修配套设备。庆阳市2602处（座）水利工程设施因地震灾害造成损失，震损严重的主要是水塔。庆阳市农村供水救援组针对塬区农村供水设施主要以机电井配套水塔为主、肖家嘴水库主要以泵站扬水工程为主、川区以小电井和大口井为主、北部山区以场窖配套集流场为主的现状，制订不同抢修方案，分类实施修复工程。水塔不能正常使用时，村民就采取就近挖坑用塑料薄膜防渗应急蓄水的方法；工程水源被掩埋后，组织人员紧急掏挖，并组织群众在塬区就近完好的机电井拉水；发现农户水泥窖出现渗漏后，组织群众到就近的集中供水工程处运水。设立集中供水点，组织集中送水。对于塬区地下水位下降、出水量不足的机井，紧急采取更换小流量深井潜水泵，解决群众饮水问题。至救援工作结束，庆阳市共修复农村供水工程1877处，其中乡村集中供水工程174处、新建堤防8处；维修重建水塔106座、蓄水池48座、管理房77间，维修更换供水管道69公里，新建堤防0.82公里，恢复解决供水人口10.48万人。平凉市水务局地震后要求各县区立即放空于崆峒水库、庄浪竹林寺等水库蓄水，防止余震造成水库大坝损坏。灵台县发现蒋家沟水库坝体下游出现裂缝，采取放空库存等措施进行处理。各县区组织人员抢修损坏管路，完成管路恢复1.5万米。5月12—13日，陇南市武都区人武部组织30名民兵供水抢修分队，对武都区破裂管道进行抢修，13日恢复供水。22日19时，舟曲县县城供水水源地设施遭到破坏，主管道水家至北关段DN250铸铁管道发生断裂。经排水公司10多个小时抢修，全面排除故障，机组恢复正常运行。迭部县共抢修供水（暖）设施91处。碌曲县自来水公司净水厂高位水池裂缝，配水管网损毁6.4公里，城区排水管网破裂，地震发生后及时抢修。天水市部分供水管网损坏，供水构筑物、建筑物基础下沉。12日下午，天水市自来水公司通过购置设施设备、改管并网、抢修等临时应急措施，使受损管网恢复约3公里，保障天水市正常供水。至10月10日，甘肃省对156处水源破坏工程，采取恢复水源、从邻近水源地用塑料管临时引水等办法，解决21万人饮水困难；对破损严重、不能修复的水窖2.5万眼，通过清理修复窖场、采取临时蓄水设施等办法，解决12.5万人应急饮水；对水塔倒塌、裂缝的供水工程168处，修复水塔42处，解决15万人应急饮水；从机井直接接供水管道或安装变频泵、管道加压泵等办法，解决23.2万人应急饮水；动员当地群众掏挖泉眼、就近找水源等办法，解决2.78万人应急饮水；组织人员和车辆采取向缺水山区拉水、人力背水等办法，解决0.23万人应急饮水；对管道损坏供水工程，通过及时更换断裂管道，抢修漏水管道2756公里，解决150.42万人应急饮水；对机电设备、水处理设备损坏供水工程，更换水泵1096台（套）、水处理设备23台（套），解决64.8万群众应急饮水；恢复供电解决7.9万人应急饮水。

陕西省水利厅会同省发展改革委、财政厅先后下拨供水应急抢险资金2500万元，重点扶持西安市、咸阳市、宝鸡市、汉中市、杨陵区农村饮水工程应急抢修。省水利厅抗震小组采取24小时值班，每两小时电话统计一次最新情况，并向水利抗震抢险指挥部汇报。同时，制订详细的水利设施抢修方案，对漏水或渗漏管道，采取用管道夹减少渗漏的方法，保证临时供水；对拉裂管道，采取关闭阀门停水，架设临时管道或拉水供水，并组织人力及时更换管道；对受地震灾害影响产生裂隙的清水池等构筑物，组织专业人员进行排查，在保证构筑物基础安全的情况下，利用砂浆进行补填，保证设施正常使用；对受损严重的水塔在停止使用的同时，采用变频恒压供水系统进行供水。对农村饮水受损水塔进行复核分类，对险情严重的水塔限期拆除，在有危险的供水构筑物周围拉起警戒线，设立安全警示牌636个，并确定专人全程守护，避免次生灾害的发生。组织人力对城区所有管道进行拉网式排查，按照“小补大换”的原则，对损坏管网进行修复。5月14日，省水利厅供水处得知彬县等地水塔裂缝严重影响周边群众安全的情况后，立即派出两名工程抗震专家，与咸阳市水利局有关领导深入永寿县、彬县和长武县排查类似灾情，对受损水塔提出拆除建议。15日，省水利厅供水处组织22名技术人员和专家分成5个组，连夜赶赴汉中市、安康市、宝鸡市、商洛市、西安市和渭南市的受灾县区，对受损的供水设施展开拉网式排查、指导抗震和恢复生产工作。20日，省水利厅下发《关于抓紧做好城乡供水设施灾后恢复工作的通知》，要求各市、县水利部门积极开展灾后重建工作，保证当地群众饮水安全。5—7月，宝鸡市发展改革委先后4次发文，下达中央预算内资金200万元，对重灾区乡村供水设施抢修和恢复重建，分别在渭滨区、金台区、陈仓区、凤翔县、岐山县重建水塔30座，维修水塔13座；用于重灾区乡村应急供水设施建设和设备购置资金150万元，在扶风县、眉县、麟游县、千阳县、岐山县重建水塔23座，维修水塔8座；用于重灾区应急处理工程修复200万元，修复12个县（区）农村饮水工程22处，供28790人饮水；用于震损水库设施应急除险加固专项资金100万元，对陈仓区的落花沟水库、范家河水库、五味峡水库、麻窝水库及金台区的寺沟水库和岭西水库、岐山县的丁童水库，分别进行应急除险加固。为保障宝鸡市60万余人供水安全，市自来水公司先后组织抢修人员，巡查管道500余公里，检测漏点84处，修复主干道漏点30处，修复损坏消防栓6处，保证市区灾后生产生活用水。宝鸡市自来水公司注重供水应急保障系统建设，投入资金6800万元，分别完成阎家务应急引水复线工程、底店输水复线工程、高新区段城市应急供水复线工程项目建设，实现供水主管道双向或多路供水管网。西安市自来水公司组织200余人对城市供水管网进行全面排查，及时发现隐患，立即组织处理。各地下水厂对水源地供水管道、生产设备、供电线路及深井进行紧急检查。12日15时，经紧急排查发现三桥街DN100爆管管道、凤城一路DN600爆管管道、南二环东段DN2000管道发生漏水故障，抢修人员紧急修复。13日，修复通水。南郑县有关部门完成修复漏点，更换、维修电控设备，濂水河架空管道维修和县城3500米供水管网改造及蓄水池加固与5号、8号井井壁修复，并购置部分被损坏的化验设备，乡镇完成供水管网及水塔修复，投资291万元。地震使宁强县自来水公司4号井建筑物多处裂缝，管道爆裂5处，全县17个乡（镇）供水工程受损，影响21863人饮水；农村供水工程受损38处，影响11902人饮水。宁强县人武部组织12名民兵抢险队员，配合水利局施工队伍，冒着县城4号井建筑物随时坍塌的危险，更换受损管道设备。经两小时紧急抢修，县城恢复供水。宁强县人武部组织民兵对宁强县青木川、毛坝河、广坪等严重受损的集镇供水工程进行路线勘查，及时从原人饮工程主管道上接出支管，将山泉水引入临时安置点。至22日，全部修复正常供水。略阳县受损乡镇组织民兵142人，修复自来水管道2.6公里。其中，西淮坝乡民兵抢修自来水管道300余米，白雀寺乡民兵抢修自来水管道200余米，惠泽水业公司民兵抢修自来水管道1.1公里。6月25日，岐山县民兵拆除范家营、杏园等7座水塔，8月底完成重建。凤县民兵修复县城大坪水厂、凤州及河口供水站3处震损城镇供水工程，铺设应急供水管道315米，对渗漏处进行处理，维修管网1290米。抗震救灾期间，陕西省水利部门组织人员拆除150座严重受损水塔，修复供水系统294处，抢修城乡供水管网507公里；投入县城供水抗震应急资金391万元、人力2232人（次），出动机械车47辆（次），修复供水管道180余处，新增加变频设备8台，使23.5万人恢复正常饮水。

为解决城镇供水困难问题，重庆市财政局7月3日下达2008年地震灾区城镇供水设施应急抢修中央预算内基建资金500万元，下拨丰都、荣昌、永川、石柱、长寿、巫溪、巫山、铜梁、双桥、万盛、南川、涪陵、武隆、彭水、黔江、酉阳、秀山、忠县、奉节、梁平等区（县）各25万元，用于地震损毁城镇供水设施应急修复及恢复重建。

云南省根据灾情，安排发展改革委、财政部、水利部下达云南地震灾区乡村应急供水设施建设资金400万元，用于昭通、丽江地震灾区乡村供水应急设施建设。至10月31日，云南省水利部门抢修供水工程7510处，建设临时供水设施543处，修复水厂8处，修复供水管2388公里，

图 215　5 月 29 日，安县受灾群众在集中供水点用水

（唐谨　摄）

解决 29.19 万人饮水困难，应急供水修复工程全部完成。

救灾部队帮助灾区修复　地震发生后，解放军、武警部队官兵及人武部组织民兵等迅速奔赴四川灾区，抢修城镇供水设施，保障群众生活用水。5 月 15—20 日，武警成都市支队驻汶川县映秀镇前进指挥所派出小分队，上山寻找水源，铺设引水管道 1 公里，从山顶引水，为群众修建蓄水池，及时解决映秀镇枫香树村、张家坪村群众饮水困难。5 月 23 日至 6 月 2 日，武警乐山市支队出动官兵 890 人（次），在漩口镇小学、古溪沟村、八角庙村、宇宫庙村、瓦窑村挖沟 3.6 公里，铺设生活用水管道 3.8 公里，解决 7000 余人饮水困难。支队在漩口镇小学救援时，为让学生尽早复课，主动向漩口镇抗震救灾联合指挥部请缨，派出 10 名官兵上山搜寻水源，勘察管道铺设路线，分段挖沟，3 天铺设饮用水管道 1.3 公里。学校 3 个蓄水罐受损，官兵们以木桩为架，采用肩扛等方法，爬坡步行 1 公里，修复 3 个各重达 500 公斤的蓄水罐，并抬到学校蓄水点，保证师生饮水。地震使汶川县漩口镇政府所在地场镇和红福山村群众生活用水困难。5 月 17 日至 7 月 12 日，武警资阳市支队官兵到达漩口镇，立即派出两个搜寻小组，翻山越岭，为群众寻找到 3 处水源，并勘察路线，确定架设方案，为灾区群众铺设引水管道 2.25 公里、修建蓄水池 5 个、挖掘沟渠 950 米。6 月 2 日，77128 部队组织官兵在汶川县威州镇、雁门乡开挖自来水沟 7 公里，铺设自来水管 5 公里。4 日，阿坝军分区独立营官兵 30 人在威州镇秉里村、茨里村开展“进村入户、重点帮扶”活动，官兵们和民兵挖掘土石方 35 立方米，接通水管 200 米。雁门乡过街楼村 2 组民房大部分倒塌、水渠被毁。九寨沟民兵突击队进驻该村后，主动从河边帮助拉水，为群众灌溉庄稼和果树。7—11 日，民兵突击队将该村 3 公里灌溉水渠抢通。九寨沟民兵出动 500 余人（次），挖掘机 1 台，清理碎石塌方 8000 余立方米，修复灌溉水渠 3 公里。5 月 24 日，71117 部队 2 营 5 连官兵徒步赶赴理县木卡乡列列村山顶抢修饮水渠。因水渠源头地势低，向对面高地改道异常困难，官兵们用 8 小时靠镐、钢钎开凿，将水渠打通。6 月 25 日，71117 部队 1 营组成 120 人抢修队，迂回薛城镇箭山村向南沟村抢运水管。在 8 公里长、仅容一人通过的羊肠小道上，官兵们运送水管 470 根，在悬崖峭壁上新架管道 4.7 公里，替换受损管道 3.1 公里；至 7 月 10 日，输水管道打通供水。7 月 3—9 日，71117 部队出动官兵 210 人，冒着余震危险，采取“边抢修、边引水”的方法，疏通理县营盘村 4 公里饮水渠。地震发生后，理县人武部积极组织民兵维修蓄水池，抢修引水管道，尽快帮助受灾群众恢复正常生活秩序。先后动员民兵 1800 余人（次），协助全县 77 个行政村修建应急安全饮水和灌溉系统。5 月 16 日 8 时 30 分，茂县自来水公司一危房下的地下水管发生爆裂，城区供水中断，武警 8740 部队 30 名官兵立即赶往水管爆裂处进行紧急抢修。官兵们冒着余震和危房随时倒塌的危险，先将危房推倒，迅速分 3 组轮流作业。经 10 小时紧张挖掘，成功挖开一条长 30 米、宽 2 米、深 1 米的引水渠道。18 时 30 分，茂县城区恢复供水。

地震使北川羌族自治县全县供水中断。5 月 23—25 日，武警南充市支队组织 40 名官兵，冒着余震、飞石、塌方、泥石流危险，沿崎岖山路，用肩挑、人扛等方式，将 10 余吨饮用水管送达北川羌族自治县桂溪乡各村、组，铺设饮用水管 6 公里。6 月 20 日，71811 部队侦察营接到恢复平武县南坝镇饮水工程抢修供水任务；22 日，侦察营 100 名官兵，从宿营地垭头坪村徒步 10 余公里，攀至南坝镇东侧大岩山绝壁上展开作业。7 月 12 日 15 时，南坝镇抢通道路并恢复供水。地震使江油市重华镇自来水厂水源渗漏，7000 余人饮水告急。5 月 16—19 日，77225 部队 2 营出动官兵 900 余人（次），配合当地有关部门，在江油市区开挖自来水管道沟 2.04 公里，检查修复受损自来水管道 200 公里，初步恢复市区居民供水。19 日，77225 部队在重华镇老君山峡谷里找到新的水源。经百余名官兵四昼夜奋战，在山体上开挖出长 4100 余米的沟槽。自来水厂员工与官兵们用两天时间，完成自来水管道铺设。25 日，重华镇居民使用上自来水。

武警广元市支队 354 名官兵 5 月 18 日至 7 月 26 日分别在青川县乔庄、竹园、木鱼、沙州、关庄等镇和广元市王家营物资转运站等地，协助浙江省援建工程队接通水源，安装饮用水管 9 公里，为广元市部分受灾群众临时安置点安装饮水设施。地震造成距青川县沙州镇 7 公里处在山坡地段的一座高 27 米、长 53 米供水塔石板震翻、水管震掉，使沙州镇 1.3 万余人饮水困难。5 月 21 日，71762 部队抽调技术骨干进行预算，成立搬运、架设固定、管道铺设、管道连接小组，出动 50 名官兵，搭建一钢骨结构承载直径为 45 厘米的水管。9 连组织 23 人肩扛、背驮，将 13 吨钢管运到山势陡峭的山腰间；8 班 9 名战士 3 天铺设水管 40 公里；9 班 6 名战士加班加点每天焊接 400 余个接点；全连 13 名技术人员，冒着余震危险，在 20 余米高的脚手架上进行搭建加固。23 日 15 时 30 分，完成钢骨结构搭建，使群众喝上干净水。6 月 24 日上午，71697 部队工兵连派出官兵 50 人，抢修因余震造成的青川县竹园镇派出所附近多处断裂供水管道。经过近两小时奋战，官兵开挖沟道 75 公里，抢修管道 60 余公里，为白沙、竹园、黄沙社区 6000 余户居民恢复供水。7 月 11 日，71620 部队 2 营 60 名官兵，穿越广元市朝天区朝天镇明月峡大峡谷，翻越海拔 2000 余米高山，分两个铺设组挨家挨户检修输水管线。5 小时内为朝天镇朱家庄铺设输水管线 5.4 公里。

96531 部队 5 月 15 日进驻绵竹市，迅速组织抢修供水主干网。15—20 日，紧急抢修市政管网漏水管道，恢复原有管网供水。5月21日至7月15日，新建18个灾区群众安置点供水主干管网，解决群众过渡安置生活用水问题。96531部队抢修供水设施共投入480人，出动兵力1.5万余人（次）、机械装备2800台（班），开挖管沟49公里、清理土石16.6万立方米，紧急抢修绵竹市区138处漏水管道，修复供水管网22公里，新建供水主管道46公里，配套引接生活供水管道9.8公里，解决18个灾区群众安置点、25万人用水问题。（参见图216～217）6月12日，95944部队驻什邡市红白镇7连克服山高、坡陡、林密等困难，在松林村至红白村山路上接通水源，恢复灾区用水。16日，7连把重达100余公斤、直径63毫米的PE水管运往海拔1500米的深山水源地，每人平均负重20余公斤，沿坡度近70度的陡峭山间小路前进。夜间，天下着雨，山路湿滑难行，官兵们手足并用，抓住树根艰难爬行，许多官兵的脸、手都被芒草划破。6天里，官兵们架设长

图216　5月23日，解放军96531部队在绵竹市区马尾桥抢修焊接严重受损的城市主供水管道

（陈双维　摄）

图217　5月20日，第二炮兵工程技术总队修复绵竹市原有供水管网。图为官兵焊接供水管道

（第二炮兵　提供）

达4公里供水线，安装3个6立方米储水罐组成的净水设备，将山泉引入红白村活动板房储水池，为红白镇3000余名受灾群众解决用水困难。红白镇柿子坪村3组93户村民，平时饮用水是从8公里远的山顶，经3座山、靠12公里人工渠引流。地震发生后，水渠多处受损，95982部队1营2连多次清理疏通，使水渠保持畅通。进入6月后，什邡市连降暴雨，余震不断，引发大面积山体滑坡，导致饮用水渠多处被堵，柿子坪村村民和新搭建的“帐篷学校”师生用水告急。30日5时30分，95982部队1营2连85名官兵紧急出动。克服山高、坡陡、路滑、飞石不断等困难，急行军翻越3座大山。7时35分，2连官兵到达水源地山顶，发现受损水渠断续达5公里，靠近下游有2处严重受阻。官兵们立即修挖长30米、高1米的埂子，改变流水方向。8时27分，2连编成警戒队、清淤队、救护队和指挥组、保障组，分头抢修。清淤队以班为单位，每班由一名熟悉当地环境的群众协助，向各个堵塞点分段同时清理。16时45分，水渠全线疏通。15日，中江县仓山镇自来水厂60米供水（元兴—仓山段）渠道垮塌。中江县人武部组织仓山镇武装部动员集结应急民兵50人，投入抢修受损管线、渠道，7天抢修好毁损渠道，比预计提前3天。

地震使彭州市龙门山镇、小鱼洞镇多处供水设施严重受损。5月24日9时，71622部队组成25支寻水队，为灾区群众寻找水源、检验水质、焊接水管、架设管道、引水入村。至26日11时，龙门山镇、小鱼洞镇群众安置点均使用上干净卫生的饮用水。19日，达州预备役炮兵旅投资5000余元，购买水管3200米、水龙头110个，解决平武县平通镇桅杆村井水枯竭问题。组织30名官兵，铺设饮水管2.35公里，修建淋浴棚5个，解决桅杆村400名群众及100余头牲畜的饮水问题。28—30日，71960部队出动官兵200余人（次），为彭州市通济镇红山村挖掘水井。29日，71622部队对彭州市龙门山镇田家湾水源点和飞水岩水源点化验水质，证明水质符合饮用标准后，立即出动260人，冒着泥石流、塌方等危险，经10小时奋战，搭建铺设输水管道2路、长1325米，把田家湾水源点水引入龙门山镇团山村，解决400户村民饮水困难。71622部队还出动320人，历时12小时清理团山村至龙门山镇三沟村飞水岩瀑布5公里输水管道150立方米覆盖土石，焊接钢制输水管道裂缝处12处，把飞水岩水源点水引入三沟村，解决435户村民用水问题。6月2—5日，71960部队1营出动官兵135人（次），每天攀爬1400米山峰，潜入4米深的蓄水池中清理淤泥和沙石10余吨，维修白鹿镇水观村供水管道。4日，71622部队派出坦克2营官兵105人，赴小鱼洞镇大湾村，经近9小时挖掘疏通水沟1.5公里，清理土石163立方米，埋设引水管道1.5公里。经彭州市卫生防疫中心检测水质合格，将小鱼洞镇滴水崖泉水引入村内。16—17日，71897部队工化营出动50余名官兵，帮助白鹿镇水观村居民铺设供水管道，两天连通关沟地至水观村安置点近4公里的供水线路。23日，彭州市新兴镇社区地下自来水供水管道被推土机撞破，71897部队工化营修理所迅速派出10名官兵赶往现场，采取“边挖边排、先堵后补”的办法，及时修复破裂管道，解决周围200余户村民用水。17日，71426部队4营出动兵力45人，翻越3公里丛林，在自来水公司职工指导下，清理蓄水池淤泥80立方米，搬运更换疏通管道20根，铺设修复自来水管1公里，并由军医对水源取样化验。30日4时21分，彭州市磁峰镇加油站自来水塔供水管道断裂，修理所48名官兵抢修小分队，在抢修供水管道的同时，派出警戒维持交通秩序，经4小时冒雨作业，排除险情2处，修复水管30米，并及时恢复附近道路交通。7月4日，71960部队指挥连出动56名官兵、自卸车2辆、装载机1台，经4个多小时作业，疏通彭州市通济镇黄村下水道300余米，运送土石380立方米，平整场地700余平方米。14日，71897部队步兵1营迅速出动40余名官兵，赴彭州市白鹿镇水观村活动板房安置点，2个多小时冒雨清挖沙石20余立方米，疏通排水管道110米，并挖掘一条长20米、宽2米、深3米的排水沟，及时排除积水。20日，71897部队工化营出动60余名官兵，帮助白鹿镇社区安装2万立方米储水罐1个，铺设供水管道1.2公里。21日，71897部队修理所出动50余名官兵，前往彭州市新兴镇君山村铺设供水管道，4小时搬运铺设水管150余根、800余米，连通君山村供水管道。23日，71897部队坦克营出动50余名官兵，赴新兴镇社区安装净水装置。4小时搬运铺设水管50余根、300余米，连通社区供水管道。

武警陇南市支队一中队69名官兵5月28日18时30分赴武都区安化镇甘树湾村，为群众寻找水源。官兵们在米仓山南麓半山腰寻找到一眼山泉，分9个救援小组，采取锹挖、手搬、肩扛、绳拉的方法，轮番作业。山泉施工工作面越挖越深，土层渗出的水越来越多，塌方、滑坡危险越来越高。村民们打起灯笼、手电筒给官兵们照明。在纵向挖掘4米仍不见泉眼的情况下，官兵们又横向挖掘15米，搬运土石900立方米，经一天两夜，终于挖出泉眼，为甘树湾村找到“生命泉”。甘南藏族自治州的舟曲县有86处供水设施受到不同程度损坏，舟曲县人武部先后组织民兵3300余人（次），对供水设施进行抢修。卓尼县民兵对木耳镇木耳村供水工程和康多乡卡维供水工程水源进行抢修，更换供水管道8.7公里。

第二节　供电设施修复

一　电力恢复

5月13日，国家电网在成都成立国家电网抗震救灾工作组，抗震救灾指挥部设在华中电网公司。国家电网立即调集其他省市电力公司援建人员近4000名、医疗人员260余名及发电机（车）1000余台，加快线路、变电站抢修速度，恢复电力基础设施。地震灾区电源损毁严重，国家电网在华中地区电力供应十分紧张的情况下，从华中电网向四川灾区输送电力，为抢险救援、医疗、通信、群众安置点、医院等重要用户提供电力供应。同时，采取临时供电、应急发电机（车）供电等方式，在正常电网恢复供电之前，尽力满足灾区救灾指挥、现场人员搜救、医疗救护、通讯指挥等的电力需求。在抗震救灾期间，国家电网共调集应急发电设备1205台（辆），其中发电车45辆、发电机1160台，总容量3.97万千瓦。从12日18时30分开始，利用调集的应急设备为抗震救灾及群众生活提供应急供电。（参见图218）

5月13日13时30分，重庆电力公司组成援助四川省抗震救灾突击队，调集发电车7辆、后勤保障车7辆、指挥车2辆及发电车工作人员70余人，赴四川地震灾区执行紧急供电任务。这是国家电网第一支到达灾区的电力支援队伍。同日22时，重庆电力公司第二批支援的28台配电变压器运达成都。

图 218　6 月 16 日，湖南电力公司抢修人员在四川灾区将电杆挂上索道过河

（邹立平　摄）

地震发生后，四川省经济委员会启动电力应急预案，下发《关于确保抗震救灾期间电力供应的紧急通知》，要求重点保障医药、救灾设备和物资生产企业的用电需要。将全国各地支援的移动发电车和各型发电机等设备 1113 台、总容量 3.5 万千瓦，调配到各地震重灾地区使用；从甘肃省碧口电站多购电力，做好启动避峰用电应急预案准备，组织企业实现避峰能力 150 万千瓦，保证了电网的安全。四川省经委从全国 14 个单位邀请 32 名专家组成专家组，赴巴蜀江油发电厂进行系统检查、诊断、抢修、试验和试运行。6 月 28 日、7 月 14 日，巴蜀江油发电厂 32 号、31 号机组相继恢复发电。经抢修，5 月 24 日，主网发电量 23598.8 万千瓦时，比地震前正常发电量下降 9.78%，比 13 日上升 29.32 个百分点；用电量 21830.2 万千瓦时，比地震前正常用电量下降 12.73%，比 13 日上升 30.14 个百分点。至 6 月 10 日，四川省在地震灾害中受损需抢修恢复的 35 千伏及以上变电站有 154 座、10 千伏及以上线路有 2605 条恢复运行。7 月 24 日，地震震中汶川县映秀镇 35 千伏春天坪小型化变电站建成正式移交，结束了映秀镇依靠发电机临时供电的局面。

地震造成都江堰市停电，国家电网都江堰供电局组织职工 400 余名，出动车辆，携带工具、物资，冒着余震和大雨，抢救都江堰供电局工程队被埋员工，并分头对全市受损电网进行抢修。5 月 12 日 18 时 28 分，都江堰市两座 110 伏变电站修复恢复供电。13 日 10 时 28 分，都江堰市部分重要用电户和大部分路灯恢复供电。14 日夜，都江堰市恢复线路 10 条，城区路灯、安置点、自来水厂、医院等重要区域全部恢复供电。14 日，德阳电业局、眉山电力公司抢修人员连续工作 24 个小时，使遭受重灾的东汽恢复供电。15 日，绵竹城网照明全部恢复，重要的市政设施、市政部门基本恢复供电。至 20 日 18 时，德阳电网基本恢复供电；31 日，全面恢复德阳市城区及农村主干电网供电。（参见图 219）

5 月 17 日 10 时，青川县、乐山市五通桥区、峨眉山市、井研县的供电局组成的突击队在完成青川县城内多处修复任务后，赴大坝乡抢险。汽车行至距大坝乡 7.5 公里时，山体垮塌阻断交

图 219　5 月 16 日，什邡供电局员工冒着余震在满是废墟的红白镇抢修供电设备

（刘硕　摄）

通，至少需要 3 个小时才能通车。为抢时间，突击队员立即找来箩筐、背篼装运工具、材料，肩挑背扛，徒步两小时到达大坝乡，当日恢复大坝乡供电，并为 8 处群众安置点安装照明线。20 日，都江堰市至映秀镇的道路基本打通。21 日 10 时，成都、乐山电业局职工 100 余名，组成抢修队带着发电设备赶赴映秀镇进行抢修。途中，雨雾弥漫，余震不断，飞石袭来，道路时通时断。经过 4 个多小时的跋涉，抢修队终于进入因灾停电 9 天的映秀镇。抢修队员分两组，一组架设路灯线路，一组架设帐篷线路（见图 220）。20 时 20 分，用 6 个多小时，使映秀镇抗震救灾指挥机构、救灾人员及受灾群众安置点 1600 余处、周边道路全部安装线路和灯具，一次性成功通电。27 日 8 时，为青川县乔庄镇回龙村“帐篷小学”20 余顶帐篷教室通电；9 时，青川县城一小、乔庄镇小学、回龙小学 1000 余名小学生恢复上课。

图 220　8 月，四川电力公司乐山电业局抢修员工在受损的映秀湾水电站 10 千伏线路施工现场抢修电网

（王志奇　摄）

至 6 月 3 日，绵阳电业局完成 52 个安置点施工供电，其中城区 6 个、游仙区 1 个、江油市 4 个、安县 40 个、北川羌族自治县 1 个；新装变压器 14 台，总容量 3825 千伏安；新建 10 千伏

线路 7.7 公里；新装低压配电设备 56 套。

地震造成汶川县水磨镇漩口水电站发电水渠泄洪井口被塌方泥石堵塞，使水磨镇供电中断。5 月 27 日，武警巴中市、南充市、眉山市、宜宾市、内江市支队组成抗震救灾第三梯队，投入 635 名官兵，连续奋战 21 天，清理塌方泥石 1 万余立方米，疏通发电水渠。6 月 16 日，电站恢复正常发电，解决水磨镇 2 万人照明问题。

5 月 12 日晚，甘南藏族自治州、陇南市供电公司启动应急预案。公司领导分片了解各县电力局受灾情况，指导抢修恢复，并赴舟曲县、迭部县、成县周围变电站、线路查看灾情。至 20 日，甘肃省境内受损、停运的 35 千伏及以上线路全部恢复；停运的 337 条 10 千伏线路恢复 328 条；停电的 1.45 万个台区、79.13 万户居民，修复 1.35 万个台区，恢复 76.3 万户居民供电。6 月 14 日，甘肃电网生活配套设施全部恢复。甘肃省电力部门在做好修复供电基础设施的同时（参见图 221），还承担了为修复 109 隧道提供施工电源的任务。甘南藏族自治州、陇南市供电公司及徽县电力局，成立宝成铁路 109 隧道改道供电工程领导小组，5 月 23 日至 6 月 30 日，完成供电工程建设，保证 109 隧道改道工程正常供电。

图 221　5 月 15 日，甘肃电力公司抢修队与当地群众运送电杆，修复电力设施（冉亮　摄）

5 月 12—14 日，国家电网陕西电力公司组织电力企业职工清查地震中发、供电损毁设施状况，要求各电力企业在保证企业设备、人员安全的前提下，迅速完成抢修任务，保证受灾地区群众正常的生活用电。12 日 22 时 7 分，汉中市 330 千伏武侯变电站 2 号主变压器恢复运行；13 日 20 时 20 分，330 千伏南郊变电站 330 千伏 II 号母线恢复运行。14 日 20 时 47 分，略阳电厂重新并入主网，陕西电网在地震后 54 小时全面恢复对外供电。15 日 8 时 54 分，220 千伏勉县变电站 220 千伏 II 号母线转运行；19 日 23 时 45 分，220 千伏勉县变 1 号、2 号主变压器抢修完工，恢复运行。至 7 月 14 日，略阳电厂 3 号机组恢复孤网运行，6 号机组经抢修恢复并网运行（参见图 222）；户县第二发电厂 1 号、2 号机组恢复并网发电；秦岭电厂 6 号机组恢复运行。

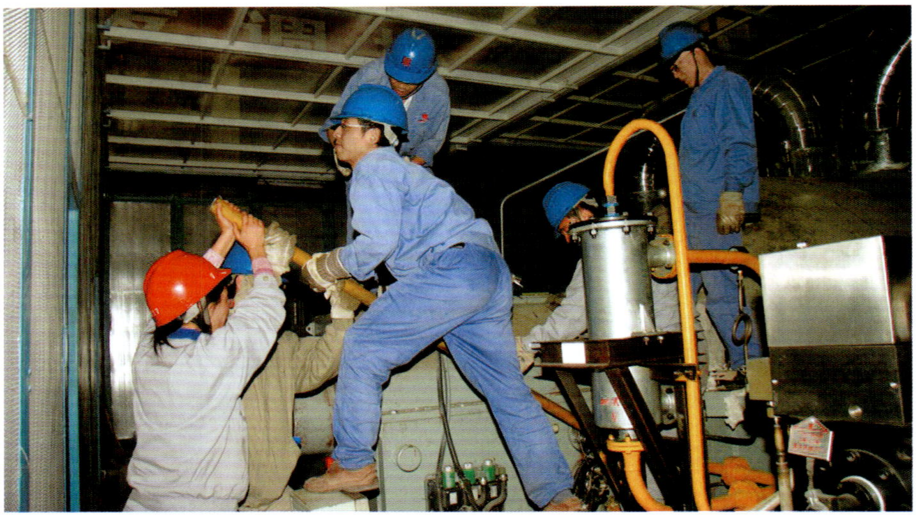

图222　地震造成中国大唐略阳发电公司6号机组多处受损，系统解列。5月12日，略阳发电公司组织人员对6号机组人工盘车
（严磊　摄）

地震发生后，水富县供电企业派出抢修人员对昭通地区35千伏桃宏线、10千伏龙泉路Ⅱ回线跳闸造成停电线路进行抢修。对损坏设施进行修复，并投入电力资金130.1万元，及时恢复供电。

经国家电网各公司全力组织抢修，地震灾区供电设施修复工作进展迅速。5月13—31日，国家电网各公司经营区域内需要恢复用户陆续实现电网方式供电，恢复1875个乡（镇）、17937个行政村、461.34万户供电（见表42）。至6月10日，四川、甘肃、陕西、重庆灾区国家电网系统229座可恢复的35千伏及以上变电站全部恢复，3160条可恢复的10千伏及以上电力线路全部恢复。（参见表43～45）

5月13—31日国家电网供电修复统计表

表42

省（市）	乡镇（个）	行政村（个）	供电用户（万户）	恢复日期
四　川	1392	10856	347.87	5月31日
甘　肃	370	5866	87.65	5月22日
陕　西	92	1142	15.17	5月16日
重　庆	21	73	10.65	5月13日
合　计	1875	17937	461.34	5月31日

至6月8日国家电网35千伏及以上变电站受损及修复统计表

表43　　单位：座

省（市）	500千伏电站	330千伏电站	220千伏电站	110千伏电站	35千伏电站	小计	修复日期
四　川	—	—	9	61	84	154	6月8日
甘　肃	—	1	1	4	63	69	5月17日
陕　西	—	—	—	3	1	4	5月12日
重　庆	—	—	—	—	1	1	5月12日
合　计	0	1	10	68	149	228	6月8日

至6月10日地震造成10千伏及以上线路受损及修复统计表

表44

单位：条

省（市）	500/330千伏线路	220千伏线路	110千伏线路	35千伏线路	10千伏线路	小计	恢复日期
四　川	2	27	117	106	2355	2607	6月10日
甘　肃	0	2	9	73	337	421	5月20日
陕　西	1	2	4	3	99	109	5月15日
重　庆	0	0	1	1	21	23	5月12日
合　计	3	31	131	183	2812	3160	6月10日

至10月31日国家电网抢险救灾调集应急电源部分情况统计表

表45

省　份	来　源	支援单位	支援应急发电车		支援应急发电机	
			数量（辆）	容量（千瓦）	数量（台）	容量（千瓦）
四　川	省外支援	河南公司	6	950	181	5182
		湖北公司	2	400	15	60
		湖南公司	6	1911	74	4668
		重庆公司	7	2680	135	1300
		江西公司	—	—	100	6509
		陕西公司	—	—	102	2410
		江苏公司	5	1486	60	343
		安徽公司	—	—	38	121
		华中公司	—	—	100	213
		浙江公司	—	—	200	140
		山西公司	—	—	55	750
		上海公司	—	—	15	245
四　川	省内安排	泸州电业局	2	400	2	400
		广安电业局	1	400	—	—
		乐山电业局	1	200	—	—
		成都电业局	2	1000	8	495.5
		绵阳电业局	1	200	9	110
		德阳电业局	—	—	24	2106
		广元电业局	—	—	2	215
		眉山电业局	1	200	—	—
		自贡电业局	1	400	—	—
		省　公　司	—	—	8	1201.28

续表 45

省　份	来　源	支援单位	支援应急发电车		支援应急发电机	
			数量（辆）	容量（千瓦）	数量（台）	容量（千瓦）
甘　肃	省外支援	宁夏公司	2	1056	—	—
		青海公司	2	450	—	—
		西北公司	—	—	30	250
		新疆公司	2	650	—	—
甘　肃	省内安排	天水供电公司	1	200	1	30
		兰州供电公司	1	100	—	—
		白银供电公司	1	100	—	—
		甘南供电公司	1	88	—	—
		定西供电公司	—	—	1	30
合　　计			45	12871	1160	26778.78

二　安置点供电

安置点配套供电设施建设　国家电网主要负责四川灾区设立的1234处群众安置点供电任务（参见表46），其中成都电业局供电辖区内群众安置点552个、德阳电业局供电辖区内群众安置点339个、绵阳电业局供电辖区内群众安置点180个、广元电业局供电辖区内群众安置点152个、阿坝公司供电辖区内群众安置点7个、岷江水利电力公司供电辖区内群众安置点4个。国家电网为保证灾区活动板房、帐篷及其他安置点设施通电，使安置点“建成一个、通电一个”，垫付资金2.6亿元，并协调国家电网四川电力公司调集发电车（机）914台为群众临时安置点等场所提供应急电源。国家电网成都电业局、德阳电业局、绵阳电业局等迅速组织力量，抢修电网受损设备，为安置点搭接临时电源，安装照明设备，保障临时安置点的电力供应，使四川灾区活动板房、帐篷和其他安置设施通电率达100%。（参见图223）

5月14—15日，国家电网重庆电力公司员工日夜守护着400千瓦应急发电车，保证居住在绵阳市九洲体育馆群众的照明及合适温度。南充电业局对永兴220千伏变电站受损2号主变压器及3个开关进行修复，随时保证九洲体育馆群众用电。27日18时，绵阳市唐家山堰塞湖实施三分之一溃坝方案，需要对疏散群众进行集中安置。国家电网绵阳电业局游仙供电局为38个临时安置点提供照明和必要的烧水、电视、指挥部用电。游仙供电局组织18人对安置点进行现场查勘，制订临时供电方案。配网运行班、检修班、施工队35人投入施工，用5个小时完成经济试验区银峰纺织厂集中安置点临时安装探照灯3盏、防雨照明灯38盏；临时烧水、电视、指挥部电源8处，满足安置点照明及使用需求。5月28日至8月2日，国家电网山东电力公司所属济南、青岛、潍坊、菏泽、滨州、泰安、枣庄、淄博供电公司派出217人，完成北川羌族自治县2万余套活动

图223 6月12日，四川电力公司广元电业局员工在广元市区南河街道橄榄油基地为活动板房集中安置点安装电源设施

（蒋勇 摄）

5月13—31日国家电网所辖群众临时安置点供电统计表

表46

省、市（州）		帐篷（顶）		活动板房（间）		其他安置设施（间）	
		当地建设	通电率	当地建设	通电率	当地建设	通电率
四川	成都	62379	100%	155469	100%	12900	100%
	德阳	68650	100%	127781	100%	42000	100%
	绵阳	34900	100%	140076	100%	35215	100%
	广元	72007	100%	47544	100%	43000	100%
	雅安	6418	100%	5665	100%	115	100%
	阿坝	1600	100%	3592	100%	1900	100%
甘肃		75	100%	2489	100%	—	—
陕西		—	—	2000	100%	—	—
合计		246029	100%	484616	100%	135130	100%

板房电气设施安装施工任务。从5月25日开始，国家电网江苏电力公司承担绵竹市活动板房电力设施建设任务。至6月16日，共建成10千伏架空线路6780米、0.4千伏架空线路5070米、沿墙线10320米、新组立电杆372根、配电变压器48台。7月，国家电网江苏电力公司完成江苏省援建绵竹市2.8万套活动板房及小区电力设施建设任务。

地震发生后，四川省地方电力局及时筹集电力救灾物资，并通过多方协调，获得电力救灾物资援助，其中成都电监办等部门支援小型柴油、汽油发电机30台；南方电网支援电力变压器、电力导线、电表、电力线路机具等价值2000万元的救灾物资；浙江正泰电器股份公司支援价值 700 万元的电表、开关等，解决部分地震重灾县的供电问题。5 月 26—29 日，四川省地方电力局协调 50 台微型发电机，分送平武县、彭州市、都江堰市、郫县、绵竹市、汶川县、理县、茂县、小金县、松潘县、青川县、宝兴县、芦山县解决应急供电。至 6 月 11 日，四川省地方电力局为 98 个乡（镇）恢复供电。至 6 月 20 日，218 座电站恢复或部分恢复发电。

5 月 14 日，国家电网甘南供电公司对受灾严重的舟曲县江盘乡姚家楞村、八楞乡凤安山村、峰迭乡嘴上村、南峪乡骆子坪村等临时安置点架设供电线路。甘南供电公司组织人员、车辆、施工材料，自带干粮，赴临时安置点现场，奋战 4 个昼夜，临时架设变压器 4 台，架设 0.4 千伏线路 4.5 公里，无偿支援入户线 1.2 公里、灯泡和开关 415 套，保证群众临时安置点供电。陇南供电公司为武都区、文县及文县碧口镇等受灾严重地区的 9 个群众临时安置点，天水市秦州区赵家嘴村 1 个临时安置点新建、改造 10 千伏线路、0.4 千伏线路 6239 米，安装配电变压器 9 台、容量 1630 千伏安，安装户表 2489 户。

5 月 19 日，国家电网汉中供电局电力员工冒着余震，克服供电电源较远、临时搭建防震棚分散、抢修物资匮乏等困难，为略阳县徐家坪村立杆 14 根，架设 0.4 千伏线路 720 米，为 72 个防震棚通电。略阳县政府在城关镇菜子坝紧急征地 6.67 公顷，修建活动板房集中安置 2000 户受灾群众。国家电网陕西电力公司配合安置工程，改迁两条 10 千伏线路共 20 档线路，其中改迁 10 千伏同杆双回线路 1.16 公里，新架设配电变压器 8 台，新建低压线路 5.3 公里，安装电表 2000 只，建设费用约 600 万元。

安置点用电安全 国家电网在完成安置点配电工程的同时（参见表 47），加强供电设施管理，建立安置点常态抢修机制，将安置点纳入高危重要客户管理范围，各安置点实行定人、定点专人

5 月 12 日至 12 月 31 日国家电网安置点供电工程项目统计表

表 47

省、市（州）		10 千伏线路（公里）	配电变压器		低压线路（公里）	柱上开关（台）	计量装置（只）		环网柜（台）	电缆分支箱（台）	电杆（根）	
			（千伏安）	（台）			电能表	互感器			方杆	圆杆
四川	成都	93.37	68905	290	668.24	14	907	1124	—	161	9	1889
	德阳	195.48	36130	204	1268.50	12	787	654	—	—	11	2974
	绵阳	264.25	66250	408	746.43	9	830	1097	6	63	141	1135
	广元	89.29	11995	229	465.65	1	553	616	—	—	—	1555
	乐山	4.65	2000	9	22.08	1	6	—	1	36	—	15
	凉山	2.30	330	7	5.06	—	582	24	—	—	—	102
甘　肃		6.24	1630	9	1	—	2489	—	—	—	—	—
陕　西		1.16	—	8	5.30	—	2000	—	—	—	—	—
小　计		656.74	187240	1164	3182.26	37	8154	3515	7	260	161	7670

负责制，建立用电情况专用台账。开展安置点内用电检查，督促安置点专职电工对用电设备巡视检查，为受灾群众提供安全用电技术支持。至 12 月 15 日，完成 242 个安置点的安全用电检查服务工作，检查活动板房 61113 间，纠正违章行为 247 起，排除安全隐患 1377 处，发出整改通知书 195 份、安全用电宣传资料 15037 张，张贴《安全用电须知》宣传画等 11613 张，现场集中播放用电安全服务宣传片 21 次。

国家电网按照国家电气装置安装工程施工及验收技术规范及住房城乡建设部《地震灾区过渡安置房建设技术导则（试行）》的要求，对群众安置点供电用电设施进行检查验收，并加强设备投运后的运行维护管理工作，杜绝带病运行。对投入使用的群众安置点，各地市电业局（供电公司）组织力量检查用电，开展定期和不定期的安全检查和巡视，在灾区各地政府的支持下，排查供用电安全隐患，及时送达用电检查结果通知书，并督促整改。

国家电网四川电力公司由营销部牵头负责灾后帐篷、活动板房的供电工作。为做好帐篷、活动板房安全用电，四川电力公司营销部制订并下发《地震灾区过渡安置临时居住设施供用电技术和管理规范》《四川公司震后临时营业场所服务规范》。同时，针对受灾单位各类电能表的需求计划，四川电力公司详细安排部分电业局电能计量中心，开展对口支援抗灾电表的检定和配送工作，提供足够电能表，满足临时供电设施用电需求。针对活动板房用电检查中发现的安全隐患情况，下发《关于加强临时安置房供电设施施工及用电安全管理的紧急通知》，明确了施工和用电安全标准。各电业局每周派专人进行安全用电现场服务，解疑答问，排查消除用电安全隐患。

国家电网德阳电业局为防止活动板房建设和投入使用后发生用电安全事故，成立活动板房安全督察小组，由营销、农电、安监等部门人员参加，建立督察小组安全督察和督察人员责任制，建立定期分析研究制度，及时通报活动板房安全用电中存在的问题，制订整改措施和办法。同时，制订《过渡安置房供用电合同》，明确用电设施设备的产权分界点、运行维护分界点和计量点，建立活动板房管理台账，详细记录活动板房的基本信息，制订《过渡安置房用电检查管理办法》，坚持每周进行安全督察检查。至 8 月 31 日，共发现安全用电隐患 685 处，出具用电检查结果通知书 216 份。对存在的问题实行专人跟踪、专人负责，形成闭环管理。同时，对活动板房维护电工开展 270 余人（次）的业务培训。

开展供电优质服务　全国各省电力公司迅速贯彻国家电网的工作要求，开展灾区群众安置点供电建设及用电业务受理工作。实行一口对外、专人负责、特事特办，提供快速、便捷业务及扩报装服务，做到安置点建成一个，安全用电服务到位一处。

在安置恢复阶段，国家电网四川电力公司将灾区所有用电业务纳入电力服务“绿色通道”办理，实行专人、限时办结制，办理时间缩短到承诺时限的一半，即居民客户不超过 3 个工作日，低压电力客户不超过 7 个工作日，高压单电源客户不超过 15 个工作日，高压双电源客户不超过 30 个工作日；装表接电时限为城乡居民客户 3 个工作日，非居民客户 5 个工作日。同时，设置“95598”服务专线，提供 24 小时服务；在迎峰度夏期间，做好有序用电方案，保证安置点有电用，在安置点达到一定规模的地方，配置应急发电设备；对非灾区赴灾区的支援和服务人员，统一命名为“四川公司援助服务队”。设计统一队旗、徽记、胸标、袖标、车标等标志；拍摄安全用电宣传片，并制作成数码电影，在灾区电影放映前或在灾区电视台、安置点播放，播放1万场（次）；编写安全用电手机短信，群发给灾区群众。

中国水电集团水电十局为提高活动板房安置点小区管理部门的服务质量，对各小区管理处的服务工作进行月考核。在一个月内，如有3次住户投诉，查清属实后，被投诉的小区管理部门负责人将承担责任。国家电网阿坝公司为群众发放便民服务卡3000张，开通24小时服务热线，为汶川县映秀镇安置点受灾群众提供故障报修、用电咨询、安全检查等贴心服务。成都电业局营销服务人员坚守岗位，正常办理用电业务，各服务窗口为客户提供热情、周到的供电服务。“95598”服务热线通过群发短信、新闻现场答疑等方式及时公告电力形势，并与成都交通广播台取得联系，实时通报热线服务和故障抢修情况，缓解电话呼入拥堵压力。

6月2日，绵竹供电局临时营业厅，在帐篷安置点简易房内正式开门营业。这是四川地震灾区第一个功能完备、业务齐全的规范化供电营业厅，成为灾区提供优质供电服务的窗口。

第三节　供气设施修复

汶川特大地震发生后，四川省、甘肃省、陕西省、重庆市、云南省燃气储配灌装厂站均受到不同程度损坏。江油电厂两台330万千瓦天然气发电机组、两台30万千瓦燃煤发电机组受损停运，造成江油地区大面积停电。甘肃省14座燃气储配灌装厂站、37.72公里供气管道损坏。西安市秦华天然气公司对全市19台燃气调压器自动切断、停气，47个用户小区自行关闭燃气供应，受停气影响居民8500余户。按照安全生产应急预案的要求，中国石化川西地区大部分气井5月13日关闭停产，只有少数气井维持生产，保证群众用气。受灾省市燃气主管和供应部门及时开展检测、减压抢修、修复输送设施，保障抗震救灾、民用、压缩天然气（CNG）供应工作。地震使江油市高压燃气管道受损50%、中低压燃气管道受损100%。解放军77225部队官兵成立“党员突击队”，经两天半抢修，16日15时32分，全面修复民用、商业燃气管道，使近7万余用户恢复通气（见图224）。

中国石油西南油气田地处四川盆地西南部，是中国重要的天然气生产基地之一，天然气生产能力达140余亿立方米/年，用户遍及四川、重庆、云南、贵州、湖南、湖北等地，约占川渝地区天然气供应总量的85%。地震后，四川省境内的中国石油、中国石化及成都市燃气公司迅速组建救灾抢险指挥部，加强受损管线设施修复和安全排查工作。至5月15日，中国石油供气量恢复到震前的60%以上，中国石化供气量恢复到震前的70%左右，成都市燃气公司排查恢复2.5万余户居民用气。22日，中国石油西南油气田分公司供应川化、泸天化、川天化大型化肥企业天然气量分别达到74万立方米、177万立方米和115万立方米，为计划合同量的185%、108.59%和111.65%。中国石化西南油气田分公司供应川化公司天然气量达59万立方米，为计划合同量的118%；为雅安市供应CNG2.9万立方米，保证灾区车辆用气；

图224　5月16日，经解放军77225部队官兵紧急抢修，江油市民用、商业燃气管道恢复使用
（李进　摄）

优先保障救灾用气，组织调配70万余立方米天然气，保证4台燃气机组发电所需，缓解四川省电力设施受损给抢险工作带来的缺电问题，并派出抢险队为成都军区供气管线进行隐患排查、整改，保证10万救援部队及国务院抗震救灾总指挥部的天然气供应；恢复江油、苍溪等受灾地区居民用气、CNG供气；派出由47人组成的修复队伍，赴都江堰市检测抢修天然气管道和供气设施。至17日，中国石油西南油气田分公司恢复震前99%的产气能力。6月13日，天然气生产能力全部恢复。

中国石化川西气田公司地震后制订复产实施措施，对复产井逐一检查流程、外管，消除安全隐患后开井。输气单位在复产过程中，对每条管线制订应急预案，加强管线巡查及各压力点的监控，各分厂（队）将每天开井、检查、巡查、整改情况上报西南油气田抗震救灾指挥部。各分厂成立应急投产小组，制订应急抢险预案并对照复产方案提前检查气井、站场、阀室等主要设备安全情况，在开井前对管线进行试压，保证安全后逐步开井投产。5月20日，川西气田所有工程施工作业全部恢复生产，天然气产量由震后最低日产量48万立方米，恢复到日产量280万立方米。至7月31日，川西气田公司产气量恢复到震前水平。

5月12日至6月10日，中国石油、中国石化供应四川省商品天然气72697万立方米，其中中国石油58469万立方米、中国石化14228万立方米；平均日供应量2423.23万立方米，其中中国石油1948.97万立方米、中国石化474.27万立方米，恢复到中国石油、中国石化向四川省计划年平均日供气量2869万立方米的84.46%。

地震发生后，绵阳市燃气企业联合组织46个工程抢险小分队对遍布城区的天然气管网、设施设备昼夜检查抢修。5月13日18时，绵阳市恢复20万余用户中90%的天然气供应。16日，绵阳市除不具备通气条件的危房外，天然气通气率达到100%。至23日，四川省部分地震重灾市恢复天然气供应。19日，成都市中心城区全部恢复供气；24日，都江堰市损毁天然气管道全部修复，大部分居民和工商用户恢复通气；彭州市除极少数居民用户避灾无人在家未经安全

图 225　5 月 17 日，德阳市天然气公司在德阳市区抢修因地震受损的天然气管道
（尹文福　摄）

排查不能通气外，城区天然气全部恢复供气。6 月 6 日，广元市处理管网泄漏 36 次，抢修调压设施 89 台（次），处理管网改线 6900 米，出动 300 余人（次）排查、抢修管网，处理普通报警故障 570 余次。至 7 月 25 日，绵竹市城市居民用气供应恢复 17.78%，商业用气供应恢复 21.79%，工业用气供应恢复 50%。什邡市城市居民用气及商业用气基本恢复，工业用气供应恢复 60%。德阳市天然气公司完成泄漏抢险 33 次（参见图 225），出动抢险车 70 余辆（次），参与抢险修复 200 余人（次）。

兰州市一座燃气储配灌装厂站在地震中受损。兰州燃气集团公司派出抢修人员抢修，保证兰州市天然气正常供应。天水中油燃气公司在震后 20 分钟，对受损设施进行检验修复，对供气管网巡检，保证燃气安全与正常供应。

地震发生后，陕西省组织抢修因灾损毁供油气设备。5 月 12 日，为保证居民用气安全，西安市秦华天然气公司自动切断 19 台燃气调压器，停气影响户数约 80 栋楼房 2500 户左右；对 47 个用户小区自行关闭燃气供应，停气影响 6000 户；因地震灾害受停气影响 8500 户。同时，中压运行部昆明路巡线管理站巡线员奔赴各自管线，对管道进行拉网式重点检查，保证燃气设施安全。12 日 17 时 40 分，西安市秦华天然气公司共接漏气报警 19 起，查实 5 起，分别为室外架空管道变形和室内管道活结处漏气，经紧急检查抢修，21 时恢复供气。至 7 月 14 日，中国石油长庆油田完成损坏的集输管线更换，对管线塌方悬空地方进行填充抢险。

云南省天然气管理部门地震后检查水富县天然气设施安全，紧急抢修受损设施，未对群众生产、生活产生重大影响。

第四节　道路设施修复

汶川特大地震造成四川省、甘肃省、陕西省交通基础设施严重损毁。交通运输部立即启动国家公路交通运输突发事件应急预案。5 月 13 日至 7 月 2 日，分 4 次向四川、甘肃、陕西、重庆等地震灾区下拨抗灾抢通专项补助资金 2 亿元。从陕西省、重庆市、云南省、湖北省、贵州省等 13

个省（区、市）紧急调运58座战备钢桥运往四川省抢通受损桥梁。组织山西、内蒙古、浙江、山东、河南、湖北、湖南、重庆、贵州、云南、陕西、甘肃等省（区、市）对口支援四川受灾市州，交通系统和武警交通部队先后投入6545名救灾人员、1391台抢通保通机械设备、1153辆保障车辆，进入四川开展干线公路抢通、保通和通乡、通村公路抢通。（参见图226 ~ 229）

图226　5月13日，交通运输部与四川省交通厅组织人员，在都汶路抢通现场研究抢通方案

（四川高速公路建设开发总公司　提供）

交通运输部迅速组织全国12个省（区、市）对口支援四川灾区开展公路抢通保通工作，抢通8条通往重灾地区的国省干线公路。成都经雅安至理县—汶川西线公路和经绵阳至平武—松潘—茂县—汶川东线公路打通后，通过抗震救灾车2.4万余辆，使汶川县、茂县、理县抗震救灾运输紧张形势全面缓解。12月29日，汶川县龙溪乡直台村通往外界公路打通。至此，四川省因地震受损或断道的5条国道、11条省道、254条乡道、2114条村道全部抢通。

四川省交通厅公路局立即成立公路抢险保通指挥部，制定抢通保通方案，要求工程机械24小时不停机，施工人员24小时不离岗，抢通工作24小时不间断。公路局组成3个工程抢险组连夜赴阿坝、绵阳、广元等地开展抢修。成都市、德阳市、绵阳市、广元市、雅安市、阿坝藏族羌族

图227　5月19日，四川省交通厅组织人员和施工机械抢通平武县南坝大桥（四川省交通运输厅　提供）

图228　5月14日，抢通施工队伍在四川省道303线映秀至卧龙段实施艰难的抢通作业

（四川省交通运输厅　提供）

自治州集中机械设备和抢险人员，全力抢修打通汶川县、理县、茂县、北川羌族自治县、安县、平武县、广元市公路和通往重灾地区的乡镇公路。

地震发生后，成都市交通委员会启动应急预案，组织人员、设备抢修。至5月28日，投入公路抢险人员4800人（次）、机械设备及运输车辆1720台（班）、油料15吨、砂石5.3万立方米、麻袋5.3万条、交通标志牌771个、锥形筒0.51万个，抢通都江堰至龙池、虹口、青城后山公路，崇州至鸡冠山乡公路，彭州彭白路、银白路等损毁道路150公里，新建临时便桥2座，灾区通乡（镇）公路全部抢通。

至6月27日，四川省投入国省干线和农村公路抢险救灾人员53.6万人（次）、投入机械设备12.7万台（次）。

甘肃省交通厅启动交通系统处置突发事件应急预案，成立抗震抢险救灾工作领导小组，设立陇南市抗震救灾前线指挥部，组织开展抢险救灾保通工作，支援四川灾区道路疏通。5月16日，临夏回族自治州、陇南市交通部门两支抢修突击队赴茂县、广元市。临夏抢修突击队配备20名机械操作手、15台大型机械，陇南抢修突击队由60名专业抢修人员、3台装载机、2辆自卸车组成。17日，由3台装载机、2台挖掘机、8辆翻斗车组成的第二批抢通突击队赴松潘县，

图229　5月16日，武警水电第三总队十支队在青衣江畔架设水泥涵管桥

（武警总部　提供）

协助抢通国道 213 线松潘至茂县道路。甘肃省在支援四川省抢通道路的同时，组成抗震抢险队分 3 路开展甘肃省道路受损情况调查。第一路沿定西—天水—武都方向进入文县；第二路沿天水—成县方向进入文县；第三路进入平凉市、庆阳市。甘肃省交通厅先后从天水市、定西市、甘南藏族自治州公路总段调集养护职工投入抢险救灾。武都以北地区公路抢通工作由天水公路总段负责抢修，定西公路总段配合，并从天水至宝鸡高速公路项目办调集机械设备、施工力量协助抢修；武都以西地区公路抢通工作由甘南公路总段负责抢修，临夏公路总段配合，并从会川至宕昌公路改造项目办调集机械设备和施工力量协助抢修。经抢险队昼夜奋战，甘肃省 8 条国道和 25 条省道全部抢通，损坏农村公路中的 33 条县道、60 条乡道和 760 条村道被抢通。从兰州到临夏通往甘南灾区的国道 213 线，从兰州到临洮、宕昌进入武都和文县灾区的国道 212 线，从兰州到定西、天水进入徽县和康县的国道 316 线、省道 206 线救灾公路通道全线抢通。从 16 日开始，甘肃省交通厅把打通通乡、通村公路作为重点，甘肃省、市交通部门会同甘肃省军区、武警部队、陇南市政府联合成立交通抢险攻坚指挥部，联合抢通农村公路。（参见图 230 ~ 231、表 48）甘肃省军区承担 3 个行政村通村道路的抢通任务，甘肃省公路局与甘肃省军区联合承担 11 个行政村通村道路的抢通任务，陇南地方交通部门承担行政村通村道路抢通；平凉、定西公路总段承担 24 个行政村通村道路抢通。救援部队、武警官兵和交通系统投入机械 135 万台（次）、人力 50 万人（次）。至 22 日，文县碧口镇水蒿坪村和武都区白马街镇小庄头村通村公路抢通。至此，甘肃受灾地区农村公路全部抢通。

图 230　5 月 16 日，救援部队官兵在陇南市武都区抢通道路

（梁强　摄）

图 231　5 月 27 日，甘肃省交通系统组织大型机械设备开展公路抢通保通工作

（刘国安　摄）

5月16—22日甘肃省交通系统抗震救灾抢险队情况一览表

表48

抢险队名称	所属单位	人数	车辆、机械设备	抢险地点	抢险内容
甘肃省交通抗震救灾抢险总队	甘肃路桥集团	62	32台（辆）	陇南—松潘	抢通保通保畅34公里
甘肃省交通抗震救灾抢险1队	临夏公路总段	20	10台	国道213线进四川	
甘肃省交通抗震救灾抢险2队	甘南公路总段	18			
陇南总段抗震救灾抢险队	陇南公路总段	60	6台	沿X484线赴九寨沟	
兰州总段抗震救灾抢险队	兰州公路总段	40	10余台	国道213线赴茂县	
庆阳总段抗震救灾抢险队	庆阳公路总段	5	多台	陇南	
天水总段抗震救灾抢险队	天水公路总段	25	4台（辆）	陇南	
甘肃省抗震救灾抢险运输队	甘肃省运管局	460	465辆客车	九寨沟	运送被困旅客300余人
甘肃省抗震救灾抢险运输队	甘南藏族自治州运管局	40	40辆客车	松潘	运送救灾物资和群众

陕西省交通厅成立公路保畅督导小组，做好通往四川方向的西汉高速、国道108线、国道316线、省道210线姜眉公路、省道212线宝汉公路保畅工作。抗震救灾期间，陕西省提出“内保畅通、外援四川”口号，投入机械设备4437台（件）、资金约234万元，修复公路边坡塌方和落石及垮塌挡墙7310处，沉陷路基519处，桥梁790座、82606延米，涵洞463道，隧道35座、13018延米，涵洞（农村公路）3道，收费站27个，服务区2个，道班和段站房776个，保证6条进入四川省的“生命线”畅通，免费放行全国各地经西安、汉中到四川方向的救灾车223万辆。汉中市交通部门成立8个抢险突击队，分段包干，组织人工、机械及时清理塌方、落石。西安市交通部门安排车辆、人员，对进入四川救灾的国道210线、国道108线，进行24小时不间断巡查，发现山体滑坡、路基坍塌、落石等影响通行情况及时处理。宝鸡市交通部门成立16个抢险分队，对存在安全隐患的桥梁、隧道、临河挡墙、高边坡、山体松动路段加强监测，设立警告、警示标志，限载限速通行，防止次生灾害的发生，保证进入四川道路畅通。为储备抢险救援力量，陕西省交通厅按照“就近应急”的原则，除汉中市、宝鸡市交通部门自有挖掘机、装载机和自卸车等设备外，储备三级救援抢险梯队，储备人员1350人及挖掘机、装载机、自卸车等设备283台（套）。第一梯队西安市、咸阳市、安康市交通部门抢险队伍、设备，以及宁棋高速施工单位600

人、设备 112 台（套）；第二梯队渭南市、铜川市交通部门抢险队伍、设备及小康、凤永、机场高速施工单位 450 人、设备 99 台（套）；第三梯队为延安市、榆林市交通部门抢险队伍、设备及其他高速公路施工单位 300 人、设备 72 台（套）。（参见表 49）至 5 月 13 日 4 时，陕西境内所有高速公路、国省干线公路全部抢通。至 5 月 14 日 24 时，中国石油 21 辆油料运输车队、济南军区数百辆救灾车队、陕西省内 20 余辆战备钢梁运输车队通过西汉高速。

5 月 12—14 日陕西省交通系统抗震救灾储备抢险队人员设备统计表

表 49

单　位	设备数量（台、辆）			人员（人）	责任单位	附　注
	挖掘机	装载机	自卸车			
西安市交通局		6	12	150	省公路局	第一梯队
咸阳市交通局		5	10	150		第一梯队
安康市交通局		3	6	100		第一梯队
铜川市交通局		2	4	50		第二梯队
渭南市交通局		1	2	100		第二梯队
延安市交通局		4	8	100		第三梯队
榆林市交通局		5	10	100		第三梯队
高速集团在建高速公路项目	15	25	65	300	省高速集团	第一梯队 第二梯队
交通集团在建高速公路项目	15	20	65	300	省交通集团	第二梯队 第三梯队
合　计	30	71	182	1350	省交通厅	
省公路局	5				省公路局	
厅运管局	100				厅运管局	客运车辆

重庆市交通委员会成立抗震救灾组织机构，并立即组织重庆市公路局专家 10 余人、组成 3 个督导组赴受灾较重的梁平县、万州区、云阳县、垫江县进行实地查勘；组织市、区县两级工程技术人员和交通行政执法队员 1.2 万余人（次）、设备 1100 余台（次），对重庆市交通基础设施，特别是桥梁、隧道、涵洞等重要结构物及航电枢纽等进行排查。至 6 月 2 日，除万州区农村公路上的友谊桥尚在加固维修外，重庆市的公路桥梁、隧道全部排除地震险情。

云南省交通厅要求云南省公路投资公司、省公路局和有关市州交通局加强进入四川省救灾物资运输公路通道养护，加强公路巡查，对桥梁、隧道、边坡等关键部位进行重点排查，部署保通人员和机械，保证道路畅通。成立 6 个督导组，结合公路督查对云南省所有公路基础设施进行全面检查，组织人员对存有安全隐患路段进行全面抢修。

地震发生后，武警派出多支部队，协助交通运输系统抢通道路。武警黄金部队第三总队、武警四川森林总队、武警水电部队第三总队等迅速支援四川灾区，先后打通汶川县龙溪乡、茂县松坪沟乡和北川羌族自治县擂鼓镇通往绵阳市的10公里阻塞公路；抢通汶川县耿达乡通往外界道路，疏通汶川县映秀镇至水磨镇公路；抢通汶川县三江乡至水磨镇简易通道、国道317线理县古尔沟至汶川，汶川至草坡隧道28公里公路；都江堰至青城后山、都江堰市紫坪铺至虹口乡；平通镇至平武县城；什邡市红白镇至峡马口村、木瓜村；绵竹市汉旺镇至天池乡楠木沟、绵竹市汉旺镇至清平乡；阿坝铝厂至映秀镇；国道213线汶川至茂县；北川羌族自治县任家坪至唐家山堰塞湖；绵竹市汉旺镇至清平乡兰家岩等地道路。5月13日，武警某部工化营组织爆破手和机械操作手20名官兵组成道路抢修队，抢修汶川县东门口至龙溪道路。抢修队官兵克服作业面狭窄，人、机无法同时作业，且余震发生时飞石滚滚等施工困难，分为爆破组、机械组、清理组展开道路抢修工作。官兵腰上拴上保险绳在巨石侧面打孔装药，采用先爆破后机械清除的方法开辟道路，凌空打眼100余个，使用炸药130公斤、雷管400余枚。至28日，疏通汶川县龙溪乡公路39公里。18日，武警某部官兵80人徒步开进耿达乡，利用40把工兵锹及向当地群众借用的锄头、推车，以手搬、锹铲、木棍撬的方式，每天向前推进400余米，清理险要路段10余处，疏通道路5公里。19日，武警水电第二总队组织官兵120人、4台设备，担负汉旺镇至天池乡楠木沟的道路抢通任务。余震不断，官兵们每开进一步都听见施工机械被土石砸中发出的当当声，路面上随处可见成堆的巨石与倒伏的大树，抢通任务异常艰难。官兵们采取“先抢修安全路段，再快速突破高危路段，最终实现关键路段抢通”的办法，开挖土石方3000立方米、新修道路600米。22日9时，汉旺镇至天池乡的道路被抢通。（参见图232）

图232　5月22日，第二炮兵某部救援队与地方共同组织多辆大型机械，抢通安县睢水镇至高川乡的“老虎嘴”路段

（张建刚　摄）

第五节　沼气设施修复

一　修复部署

地震使灾区农村沼气设施受损严重，出现池体及管道等设施塌损、破裂及漏气、漏水等现象，给群众生产、生活和环境带来威胁。（参见图 233）

图233　阆中市解元乡东岭村村民家沼气池在地震中完全损毁（廖周荣　摄）

地震发生后，农业部和灾区农业部门派出工作组普查地震造成沼气设施损毁情况，排除险情隐患，研究应对措施，对损毁较轻的进行维修检测，加快灾区生活、生产恢复。5 月 19 日，农业部为灾区恢复生产筹集资金 220 万元，组织 10 个省的农村能源办公室选拔优秀沼气技术人员赴灾区，协助人口相对集中、养殖规模较大的地区修建沼气池和沼气厕所。21—22 日，农业部在部署抗震救灾各项工作时，强调对灾区沼气池进行拉网式排查，对报废沼气池及时处理，对受损沼气池及时修复，加快恢复进程。30 日，农业部抗震救灾前线工作组到成都市连夜了解沼气排查除险情况，与四川省农业部门研究扶持措施。28—31 日，农业部科技教育司组织人员冒着余震到受灾较重的甘肃省徽县、成县及天水市秦州区、麦积区 4 个县（区）7 个乡（镇）10 余个村，调研农村户用沼气灾情（参见图 234），并向农业部提交了《甘肃省农业抗震救灾情况调查报告》，建议对灾区受损沼气池的维修和重建给予扶持，提供必要的资金和甲烷监测仪、空压机、抽渣泵、沼气灶具等配套设施；调整灾区 2007 年和 2008 年沼气国债项目实施计划；提高灾区沼气项目补助标准，每户补助 3000 元，减轻地方配套资金压力。6 月 12 日，甘肃省农牧厅向农业部上报《关于地震灾区 2007 年、2008 年农村沼气国债项目受灾项目调整建设的紧急请示》。20 日，农业部提出，全国农业系统对口支援灾区，提供技术或设备，帮助抢修沼气池等农业基础设施。

图 234 5 月 29 日，农业部科技教育司组织人员在成县受灾农户家中检查沼气使用情况

（顾东 摄）

7 月 31 日，《农民日报》以题为《农业部沼气研究所调查显示：玻璃钢沼气池经受住地震检验》的报道，介绍农业部沼气科学研究所的调查发现。彭州市共建沼气池 1.2 万口，其中玻璃钢沼气池就有 5000 口，受地震影响，砖混结构沼气池主池损坏严重，而玻璃钢沼气池主池却基本完好。四川省有关农业技术人员介绍，玻璃钢是新型建筑材料，采用玻璃钢建筑材料做沼气池主池，在农村沼气建设中可大力推广。

根据农业部的部署，灾区农业部门分别对沼气设施恢复作出具体安排。5 月 15—19 日，四川省农业厅连续下发关于抗震救灾、灾后沼气工作及沼气安全 3 个紧急通知，要求农村能源部门进一步核实灾情、分类指导、科学维护，指导开展损毁沼气池排查、排险，做好灾后沼气恢复和安全工作。为防止沼气引起的次生灾害，提高沼气设施恢复效率，15 日农业部下发《关于确保震后农村沼气安全的紧急通知》，提出在重灾地区凡农房已垮塌或已成危房的农户，损毁沼气池暂不进行维护维修，池面要标出明显的警示标志和防火标志，进出料口要设置隔离物或加盖牢固的盖板，并尽快组织专业技术人员出尽池中残存料液，组织农户进行填埋。凡农房仍可居住的农户，损毁严重的沼气池要及时填埋；对池体损毁不严重或仅管路损毁的沼气池，尽快组织专业技术人员维修，清除沼气池中料液或接上排气管。在一般灾区，组织专业人员对受损沼气池和沼气灶具及配件进行登记、鉴定，制订维修方案，组织持有“沼气生产工职业资格证书”的沼气技术员开展维护维修，维修过程中要严格遵守安全操作规程，制止非专业人员入池维修，对已报废沼气池实施填埋。

甘肃省农村能源办公室 5 月 23 日下发《关于做好因震灾损毁损坏农村沼气调查和灾后恢复生产工作的紧急通知》，要求各市州农村能源部门组织所辖各县农村能源部门，组织技术人员和沼气生产工，进村入户进行灾后调查和技术指导，组织力量修复受损沼气池，保证管路、管件、密封剂等物资供应。

陕西省农业厅 5 月 22 日下发《关于做好农村沼气池震后排查和恢复工作的通知》，要求各市农业局组织人力，进村入户，认真做好农村户用沼气池的排查和恢复工作，要求加强物资采购，保证管路、管件、涂料等物资的供应。

重庆市农业局 5 月 21 日下发《关于做好震灾损毁沼气恢复生产的通知》，要求各区县农村能源办公室组织力量，进一步做好震灾损毁沼气的排查和灾后恢复生产工作，加快基层沼气服务网点建设。

二　检测排险修复

检测　各地灾区依据沼气行业已有的安全生产技术规范，在技术路线选择方面进行检测、排查，根据灾情细化检测方法，以保证安全。5 月 19 日，四川省农村能源办公室制订震后农村沼气池漏水漏气检查办法，提出观察沼气池气压变化：管线和沼气设备完好，观察沼气压力表（沼气压力表完好），压力表读数为零或读数在 1 以下，表明沼气池有漏气漏水现象。观察水压间水位变化：沼气池通过正常发酵产气后，水压间水位基本在一定范围内波动，如果波动范围在 50 ～ 100 厘米，表明沼气池有漏气漏水现象。观察拱盖裂纹：沼气池拱盖即气箱部位是储存沼气的唯一场所，扒开敷土，观察沼气池拱盖是否有裂纹，如裂纹超过 10 毫米，表明沼气池气箱有漏气现象。检查管线：管线是输送沼气的唯一途径，观察、检测管路和接头部位是否漏气。

各地灾区针对农村沼气受损情况，普遍组派工作组，进村入户对已建和在建沼气池进行拉网式排查，并登记灾情，由各省农村能源办公室汇总后报农业部。5 月中旬至 8 月底，四川省采取市、县检查与省能源部门核查相结合方式开展检测排查，保证灾情排查真实准确。德阳等市（州）组成调查组，分片包干排查损毁沼气池。苍溪县农村能源局组织施工队对 1.35 万农户进行排查。雅安市成立农村沼气应急小组，编制《雅安市“5·12”地震农村沼气抢险救灾应急方案》，对各乡镇沼气池进行挨户调查，安排专业技术人员对农村户用沼气池进行安全检查。同时，四川省农村能源办公室组织 150 名技术干部陆续赴各灾区核查汇总灾情。

5 月 23 日，甘肃省农村能源办公室提出实、细、准的检测排查要求，调查深入到每个受灾项目户，不留死角；保证调查数据真实性，严禁虚报或瞒报。至 6 月 2 日，陇南市和甘南藏族自治州各县（市、区）农村能源办公室均成立调查组，包村、包社进行全面调查摸底。

6 月 3 日，汉中市针对余震造成灾情加重的情况，明确重点排查沼气设施 3 类损毁情况，即输气管道是否脱落或破裂漏气（包括管道、开关、接头等），主池裂缝是否漏气或漏水，池体周围地面是否有裂缝、塌陷或断裂。

排险　5 月中旬至 7 月底，各地震灾区采取边排查、边处置和维修的方式开展工作。对暂时不能修复的，池面均标出明显的警示标志和防火标志，采取隔离措施；对报废的，组织填埋；对损毁较轻的，加快维修并经测试合格后启用。灾区各省在沼气维修中采取沼气行业已有的安全处置和维修技术规范开展工作，组织技术人员和持有“沼气生产工职业资格证书”的人员有计划地开展维修，要求严格按规程作业，避免火灾、中毒窒息、垮塌等事故，杜绝非专业人员私自下池，防止安全事故的发生。

什邡市群众生活照明和炊事用能困难。5 月 13 日至 6 月 23 日，什邡市农村能源部门抽调技术人员和 12 个镇沼气物业管理专业合作社技术骨干，组成 28 人沼气安全检查维护队，先后在湔氐镇、洛水镇等重灾镇抢修受损较轻的沼气池和沼气设备，免费安装沼气灯和沼气灶，保障防震棚 200 顶及受灾群众 1000 人照明和炊事用气。5 月 13 日至 6 月 20 日，德阳市旌阳区农业局能源办和沼气施工队组成 11 个调查组，对出现拉裂、错位、下沉、管件损坏情况的 2300 座沼气池均设置安全警示标志，填埋损毁沼气池 160 余口，抢修损毁沼气池 580 余口。根据四川省抗震救灾指挥部的建议，德阳市旌阳区农业局直接向沼气用户发放沼气安全使用手册等资料，出动流动宣传车 20 辆（次），共发放各类安全资料万余份。通过电视台和其他媒体发布公告，加强沼气池建设和使用安全教育。

5 月 17 日至 6 月 2 日，甘南藏族自治州农林局组织人员对灾区有安全隐患的设施，进行应急处理和安放警示标志。其中，舟曲县农牧局组织农村能源技术人员，抢修农村户用沼气池 369 个并投入使用；迭部县农牧局组织人员奔赴迭部县电尕镇、卡坝乡、尼傲乡、旺藏乡、多儿乡、阿夏乡、洛大乡、腊子口乡，完成 104 口沼气池的抢修任务。

5 月25 日至6 月19 日，绥江县组成5 个小组，出动27 人（次），对2300 余口户用沼气池逐户调查，组织技术人员及农户对其中 30 口轻微受损的沼气池进行粉刷维修，全部恢复正常使用。

修复　7 月 30 日，农业部下发《关于 2008 年第二批农村沼气建设项目的批复》，调整原投资计划，加大对灾区农村沼气项目的支持力度，安排资金 3820 万元，支持四川灾区修复 65688 口沼气池；安排资金 1362 万元，支持灾区建设 716 个沼气服务网点；调整四川、甘肃、陕西等已落实的投资计划、未实施的沼气项目资金 2112 万元，用于购置沼气抢修设备和配置高效低排生物质炉等。其中，追加绵阳市农村沼气灾后恢复重建资金 1388.21 万元，包括沼气池修复资金 1208.01 万元、沼气乡村服务网点建设资金 180.2 万元，修建沼气服务网点 94 个，占四川省网点总数的 13.13%。（参见表 50）

至 10 月 14 日部分受灾省市沼气池维修情况统计表

表 50　　　　单位：口

维修项目	四川	甘肃	重庆	云南
警示标志和防火标志	600000	3500	—	470
填埋报废沼气池	111200	1500	1501	43
维修沼气池	144600	7600	9542	1298

四川省农业厅 5 月 19 日在明确地震受损沼气池检测要求的同时，提出维修技术方案，明确不同损坏情况的维修方法。20 日，针对受损池体易发生火灾的情况，德阳市旌阳区在池体未维修前，保证安全的情况下，清除沼气池中料液或接上排气管，在高于房屋处对空排气，避免引起火灾。

陕西省农业厅下发的《关于做好农村沼气池震后排查和恢复工作的通知》中提出，各级农村能源主管部门要认真落实安全监管责任，及时督促施工单位根据天气特点，组织编制有针对性的施工方案，加强农村沼气池施工现场的临时工棚、围墙、土体的检查维护。组织做好在建工程复工前的安全检查，对施工现场的脚手架、用电线路等重点部位和环节进行认真排查，及时消除隐患，保证在建工程施工安全。5 月 27 日，汉中市农业局和农村能源办公室提出沼气池设施的具体维修方法，强调安全维修，要求及时清除料液、清洗池壁；及时通风换气，做活物试验；要安排专人监护看守，禁用明火照明。至 8 月 20 日，勉县农村能源工作站抽调人员，克服材料短缺等困难，自行设计和制作水压间钢模 36 套，用混凝土现浇代替砖砌，每口池修建减少用砖 400 块，降低维修成本 200 余元。截至 10 月 14 日，宝鸡市设警示标志和防火标志沼气池 628 个，维修沼气池 2700 个。

第二章　通信邮政服务恢复

第一节　通信服务恢复

汶川特大地震使四川省、甘肃省、陕西省通信设施严重破坏，各电信公司迅速恢复通信服务。

5月13日21时6分，中国卫通两名员工通过中国卫通卫星电话，向四川省抗震救灾指挥中心领导汇报地震灾情。这是地震发生后，从震中汶川县映秀镇打出的第一个电话。15日7时30分，中国卫通员工从成都出发；13时，携带卫星宽带视频语音系统设备成功空降到映秀镇；16时，完成两个视频语音系统安装调测，建立映秀镇灾后第一个实时视频传送平台；19时，两个视频语音传输站点将映秀镇的现场灾情，通过视频、语音实时传回四川省抗震救灾指挥中心。15日下午，为配合中国移动基站开通，中国卫通利用“中卫一号”通信卫星提供可靠卫星通信传输链路。16日8时22分，汶川县地震后第一个中国移动基站开通。至6月30日，中国卫通协助中国移动开通汶川、青川、北川等地25个乡（镇）的卫星基站，开通18辆卫星基站应急通信车；为中国电信、中国网通和中国联通紧急开通卫星传输信道88MHZ；为电信运营企业、广电、公安、武警等部门提供卫星转发器带宽666MHZ；四川省使用卫星电话通话用户1800户，中国卫通支援灾区卫星移动电话近1500部、累计通话95670次，通话时长260213分钟。

地震发生后，中国移动成都分公司紧急组织400余人、抢险突击队70支赴各受灾地区，全面抢修受影响基站和交换机，恢复主城区、重灾地区和高速路沿线通信；启动应急保障通信车5辆，分别派往四川省委、成都市公安局和彭州市、都江堰市应急指挥中心（2辆）；同时，启动“缓停机”机制，保证客户通信畅通；紧急调配物资、终端、号卡、充值卡，供灾区群众和抢险人员备用。中国移动广元分公司成立20支工程抢险突击队，参与人员500人（次），出动车900辆（次），新放和抢通传输光缆近500皮长公里，修复、新开基站525个。地震发生后30分钟内，小金县分公司在营业厅门口接通6部爱心报平安电话，供受灾群众免费使用。在会师广场接通2部电话供抗震救灾指挥部使用。5月16日20时40分，中国移动德阳分公司一名员工携带卫星电话，徒步8小时进入通信“盲区”绵竹市清平乡，打通清平磷矿与外界联系的第一个电话。

中国电信成都分公司1000余名技术人员和参与抢险的3500余人，在灾区投入海事卫星应急电话20部、对讲机20套、PHS移动基站50套、车载移动发电机6台、小型发电机150套及所需油料、AG设备1套及配套传输及电源设备、路由器10台、交换机5台；至5月26日，成都分公司完成国务院抗震救灾总指挥部通信保障任务25次，安装开通专线电话184部，提供相关专线通信保障8次。6月10日，成都电信恢复基站3399个、全球眼129个、模块局81个，恢复电杆2410根、线路长度660.21皮长公里。5月12日16时，中国电信都江堰分公司向市民开放8部免费报平安电话。同时，都江堰分公司利用油机资源接出电源插座，为市民各类通信终端提供充电服务。13日凌晨，中国电信绵阳分公司配合长虹集团将“4008”呼叫中心成功转移开通，为燃气、交通、供电、医疗等重要紧急抢险部门提供小灵通600余台，用于救灾指挥调度。保证绵阳市35万小灵通用户、40万农村用户、30万余城市固定电话用户、15万宽带上网用户不停机，简化一切办理手续，用户有需求立即先开通。在遭受重灾的北川中学现场开通免费电话10部，在绵阳城区8个点开通免费报平安电话83部。在抗震救灾期间，绵阳分公司设立免费服务点630余个，提供免费报平安电话700余部，免费服务150万余人（次），发放公益充值卡14.1万张。为抗震救灾免费发布公告信息7969万条，减免灾区漫游和长途通信费1900万余元。

中国联通成都分公司5月12—31日每日通过“8669”或“8408028”端口分别向会员用户、灾区用户290万人（次）发送短信，内容涉及政府公告、联通服务保障点地址、救灾热线、基站复通信息、灾期问候、地震小常识、防疫小常识等。中国联通绵阳分公司组织抢险队27支、车1500余辆（次），抢修光缆880余公里，处理断点250个、临时跳纤50对，抢代通新放光缆200余公里，基站发电达1.6万余小时，完成临时市电引入15处，抢救基站设备13处，配合新开通临时基站50余个。开通至中国移动、中国电信、成都军区、网通、马尔康县等省内紧急电路200条。开通成都—绵阳灾区卫星应急通讯电路4条，率先实现与绵阳市的通信。开通宁波—青川应急通信电路2条。网通租用成都—北京应急电路及其他至全国各地电路5条、各类应急保障电路37条，配合网建部门新开本地电路34条，变更调整电路100余条。同时，河北、辽宁、黑龙江、河南、湖南、重庆、陕西等省（市）分公司派出大量技术骨干人员及技术设备、发电机进行支援。13日，抢险人员冒着大雨调测成都至汉旺镇东汽办公大楼微波。14日10时，开通汉旺镇第一个基站，为汉旺镇打通通信“生命线”。中国联通绵阳分公司先后向安县桑枣镇中学捐赠手机635部、号卡（含话费）100张，向攀长钢技术学校捐赠50部手机、SIM卡并组建学校V网；地震灾区群众27104人（次）享受到话费惠赠，惠赠金额208万余元。至15日，绵阳市城区、三台县、盐亭县、梓潼县等片区通信网络基本得到恢复。在北川、平武、安县、江油等重灾地区，抢险队分别采用卫星传输、软放光缆等方式，17日前恢复通信。至6月12日，中国联通出动27个省（市）分公司抢险人员5000余人（次），提供海事卫星电话180部、通信应急保障车38辆、VSAT卫星地球站150套、油机2100台，建设VSAT卫星基站90套。

至5月23日，四川省电信通信阻断的7个县除北川外，全部通达光缆，基本恢复通信，通信阻断的211个乡（镇）恢复了176个。（参见图235～236）

图235　5月16日，成都军区陆军航空兵直升机飞抵因地震造成通信和电力完全中断的“孤岛”茂县上空时，学生手举五星红旗为直升机提供着陆标志

（贾国荣　摄）

图236　茂县地震后成为通信和电力完全中断的“孤岛”。5月16日，电信部门开通第一台卫星电话昼夜供群众向外界报平安，上千人排队等候1分钟的宝贵通话机会

（贾国荣　摄）

地震发生后，成都军区78108部队10名官兵组成应急通信保障分队，携带KU便携站2套、边海防100瓦数传电台1台、海事卫星电话1部搭直升机进入汶川县城，建立汶川通信站。5月14日13时55分，汶川县城恢复通信联系。15日15时，成都军区联指司令部在汶川县映秀镇开设一个卫星通信站，沟通救援部队与责任区指挥所和成都军区联指作战指挥中心的通信联络。16时21分，在北川开通卫星干线网和CDMA移动通信系统，沟通军区作战指挥中心与救灾部队通信联络。17时28分，茂县通信站开通，沟通成都军区联指作战指挥中心与救灾部队通信联络。16日，成都军区联指司令部与中国联通四川公司协作，在茂县县城开通卫星直拨电话，向受灾群众免费提供与外界的亲人通话联系。同时，汶川县映秀镇和茂县应急通信保障分队将军地通信设备整合为一体，建立以军队为主体的抗震救灾指挥通信枢纽。6月21日，成都军区联指指挥各责任区任务部队加速推进受灾群众的安置工作。第一责任区协助地方电信公司铺设通信电缆1200米，恢复500户固定电话通信；第三责任区支援中国移动什邡市分公司完成红白镇至马槽滩约7.4公里的通信光缆铺设任务；第四责任区抢通绵竹市21个乡（镇）、18个受灾群众安置点的水、电、气和广播通信设施。（参见图237）

5月12日15时，中国移动甘肃省公司调集4辆应急通信车、1辆通信保障车赴陇南灾区。同时，调度定西、甘南、天水等7支光缆抢险队，携带救灾物资赶赴灾区抢修光缆。15时50分，中国电信甘肃分公司传输局组织天水市、定西市、甘南藏族自治州传输分局光缆应急抢修队赶赴灾区，抢修光缆。13日10时，甘肃省委打通文县范坝中学唯一能与外界联系的“双保险”电话。18

图237　5月26日，成都军区某通信总站3营2连处置南充至蓬溪段光缆线路隐患

（解放军军事科学院　提供）

日 16 时，中国移动甘肃公司抢通宝成铁路 109 隧道路段通天坪、大山两个移动基站并紧急实施扩容，为现场抢修武警官兵及附近群众提供通信保障。

地震造成文县交通中断。中国电信文县分公司发现文县碧口镇还在线，但因一个程序受到限制，所有电话必须通过兰州中转。公司技术人员立即修复程序、修改数据，使电话不再通过兰州中转。文县县城与碧口镇的通信联络迅速接通，但与其他地方的通信仍然不通。有人发现碧口镇电信内部办公系统借用的一条其他线路可与外界相通。于是采用由县城一端口授，碧口镇接听打字的办法，于 5 月 12 日 17 时 39 分，将第一份文县灾情报告送到陇南电信公司并上报陇南市委。碧口镇电信人员又把办公系统接上互联网，使文县县委、县政府与外界取得联系。互联网成为文县县城最早与外界联络的手段。文县与武都区电信技术人员，通过电信办公系统线路，利用互联网的 QQ 聊天方式，接通固定电话。武警部队和省内各市州支援人员及当地电信人员开展农村线路抢修。（参见图 238）13 日，中国电信甘肃公司联合新华社利用中国电信网络免费开通“10629999”短信每日灾情播报，向甘肃省发送公益短信 1200 万余条。至 19 日，文县所有乡镇固定电话畅通。重庆电信部门为 200 余名灾区采访记者免费提供宽带，并恢复陇南市各县、乡与外界的互联网沟通。

陕西省电信部门在地震中投入资金 4271 万元，出动抢修人员 1.8 万人（次）、应急通信车 217 辆（次），提供卫星电话 54 部，动用发电机（油机）2496 台（次），发送震情短信 21 亿次。中国移动陕西公司出动抢修人员 9796 人（次），抢修车 4023 辆（次），向陕西省发送震情公告信

图238　5月16日，中国电信陇南分公司人员与武警官兵抢修文县口头坝通信线路，连通武都区至文县的通信线路

（张伟　摄）

息44次、短信7亿条、救灾彩信3300万条。中国联通陕西公司先后派出7支技术小分队上百人，支援四川及汉中灾区抢修通信设施，出动应急通信车70辆（次）、应急设备513台（次）、抢修人员4676人（次），发送公益短信2.8亿条。中国移动汉中分公司5月12日23时为汉中市委、市政府开通一辆应急通信车，通过短信平台向汉中市客户发送近期市内震情预测。

第二节　邮政服务恢复

一　邮政网点恢复

地震使四川省、甘肃省、陕西省、云南省邮政业受损，邮路运行受到影响。

地震发生后，邮政局为解决灾区邮政营业用房问题，保障恢复邮政业务，向交通运输部申请调配60个集装箱作为临时邮局，分配给都江堰市、彭州市、雅安市、绵阳市及其下属7个县的11个邮政支局，当作临时营业用房。5月23日，中国邮政集团公司决定，凡个人用户到邮政营业窗口交寄，寄往四川省、甘肃省、陕西省、重庆市47个受灾市、县民政局、红十字会、抗震救灾指挥部及慈善机构的衣服、被褥、食品和药品等赈灾包裹，一律免收邮费和相关费用；通过邮政汇兑业务汇往中国红十字会、中华慈善总会、民政部及下属机构和各类公益性基金会的捐款，一律免收汇费；使用邮政公司业务系统向四川地震灾区救灾捐款专用账号转账，免收跨行转账手续费和电子汇划费、邮费和电报费。

四川省邮政公司地震后立即成立抗震救灾指挥部，组织省内各市州邮政局开展抗震自救，尽快恢复地震灾区的邮政服务。5月13日，都江堰市邮政局在办公用房受损严重、城区尚未恢复正常秩序的情况下，迅速组织开出流动服务车，为灾区群众提供免费收寄包裹和汇款等邮政服务，是都江堰市最早恢复营业的公用事业单位。同日17时，汉源县邮政局中心营业厅设立“灾后临时邮政局”恢复对外服务，成为汉源县第一个恢复营业的部门。14日，汉源邮政中心恢复机要通信和大部分县城报刊、特快专递和其他邮件的投递。同日，青川县邮政局搭建帐篷，办起“临时邮局”，收寄和投递信件、报刊；19日，营业所从帐篷中搬迁到集装箱内，开办了第一个“集装箱邮局”。15日，绵竹市邮政局在垮塌的危楼外设立“灾后绵竹临时邮局”，成为地震后绵竹市对外服务的第一家邮政机构。16日，安县邮政局各支局在居民聚集区设立临时邮局，开办报刊、文件投递及汇款等业务。安县黄土邮政储蓄所的两名职工在院里搭起一顶军用帐篷，开展业务服务。17日，北川羌族自治县邮政局开设“步班邮袋”邮局，邮政职工身着制服，徒步上门投递邮件，并组成邮件运送突击队，随政府运送救灾物资车队，从绵阳市绕行平武—松潘—茂县，到达北川羌族自治县坝底乡、禹里乡和小坝乡，全程1403公里，历时78小时，顺利开通灾后最后3条乡镇农村邮路，使绵阳市邮政局、邮政服务全部恢复。19日10时，黑水县邮政局恢复所有联网业务，对外正式营业；16时，茂县开设临时邮局，为灾区群众手工办理邮政业务。25 日 14 时 48 分，北川羌族自治县擂鼓镇邮政支局使用宁夏回族自治区邮政公司支援的流动邮政服务车，开通邮政业务和金融业务。至 6 月 3 日，成都市邮政局陆续同房地产行业、大专院校、卖场等 9 家大客户达成合作意向，开发业务量 21 万件。6 月 3 日，汶川县映秀镇、水磨镇邮政支局在帐篷里恢复营业，使除山体崩塌或形成堰塞湖而阻断交通的少数村镇外，四川省重灾地区恢复邮政服务邮政局（所）达到 90%。在恢复服务的 578 个邮政局（所）中，115 个设在帐篷或租赁的门店（参见图 239 ~ 240），12 个设在流动服务车上，其余 451 个在原址对房子进行简单加固后恢复营业。

图 239　抗震救灾期间，汶川县邮政局盘沟邮政代办所开办集装箱营业所

（方华　摄）

四川省邮政储蓄业务迅速恢复。5 月 15 日 12 时，汉源县邮政局黑石河东路储蓄所恢复对外营业，成为汉源县第一家恢复办理金融业务的邮政机构。17 日，电信部门为安县黄土邮政储蓄所接通一条网线，恢复对外营业，成为安县唯一营业的银行网点。20 日 12 时，汶川县邮政局开始为用户办理邮政储蓄业务。23 日，民生保险四川省分公司、绵阳市民生人寿支公司、四川省邮政保代局、绵阳市邮政局 10 人，前往绵阳市中心医院，将北川遇难者熊某某生前通过邮政窗口所购的保险赔付金 9915 元，送到其亲属手中。至 24 日，四川省邮政储蓄网点营业恢复率达 96.7%。25 日 12 时 40 分，茂县邮政局开通邮政联网业务。江油市邮政储蓄银行支行积极组织员工进行灾后自救。江油市三合镇左家庙村一客户的住房和粮库在地震中受损，为整修房屋、恢复生产，向邮政储蓄银行申请 6.5 万元小额贷款，仅用两天就拿到贷款，成为江油支行灾后首个贷款客户。

图240　5月19日，汶川县绵虒邮电支局在帐篷中恢复邮政服务

（肖艳　摄）

至6月10日，邮政储蓄银行江油支行发放灾后重建小额贷款4笔，金额26万元。6月14日，青川县房石邮政支局采用集装箱临时邮局方式恢复营业，使广元邮政支局灾后各自办邮政网点及邮政金融网点全部恢复服务。

至6月24日15时，四川重灾县因地震停业的649个营业网点和邮政储蓄网点，全部恢复营业服务；成都市、绵阳市、德阳市、广元市、雅安市、阿坝藏族羌族自治州局所辖县（市、区）城区内党报党刊、机要邮件、特快专递基本恢复正常投递。

为支援抗震救灾，宁夏回族自治区邮政公司于5月23日、25日先后派出员工67人、全封闭箱式货车10辆、全电子化流动邮车10辆组成突击队奔赴四川地震灾区，23日晚派出技术人员3人乘飞机抵达成都，与四川省邮政公司协调，连夜进行网络接入测试。突击队将自治区红十字会、金融办、宁夏邮政公司筹集的赈灾药品安全送抵绵阳后，根据当地红十字会安排，将部分药品送至安县永安镇卫生院。24—25日，突击队流动服务车分别到达广元、绵阳、成都、德阳、都江堰、汶川、茂县等地开展邮政服务。25日14时，电子化流动邮局在北川羌族自治县擂鼓镇投入使用，实现重灾地区邮政营业、储汇业务联网运行。5月29日至6月2日，突击队与北川支局出动投递车40余辆（次），投递各类包裹近5500个，投递报刊和信件万余份，妥善处理北川支局滞留邮件。5月23日至8月29日，宁夏邮政公司先后派出突击队员100余名、流动服务车15辆，分别在青川、安县、北川、平武、什邡、绵竹、彭州、都江堰、汶川、茂县、理县等地办理邮政业务。其间，电子化流动邮局在四川省各地办理函件18.42万件、包裹9312件、特快专递7802件、储蓄13.8万笔3.51亿元、汇兑3808笔53.23万元。8月31日，宁夏邮政突击队在四川灾区最后一批13名队员返回宁夏。6月2日，由共青团上海市委、上海市邮政公司提供的第一批1.3万封“爱心专递”信函和赠送的63袋文具，到达成都。成都邮区中心局按照省公司要求立即分发到灾情较重的成都市、绵阳市、德阳市、广元市、雅安市、阿坝藏族羌族自治州所属的17个重灾县（市）局，并要求各局及时投送到灾区青少年手中。

5月13日，陇南市邮政局所属受灾较轻的网点恢复邮政业务，城市投递及部分农村投递线路迅速恢复投递。14—16日，大部分受灾较重的农村网点开始在室外设立临时营业场所恢复邮政服务，陇南市各城区邮政局正常开展营业和投递工作。至20日，陇南市邮政局130个营业网点，采取搭建帐篷设立临时营业场所等措施，恢复邮政服务。截至6月2日，重灾区陇南市及文县、康县、武都区和舟曲县等邮政局的县、乡邮路恢复畅通，邮件投递基本达到灾前的服务水平。（参见图241～242）

图241　5月28日，陇南市邮政局职工克服困难将邮件及时送到陇南市人民医院街头临时医院医护人员手中。图为医护人员正在签收邮件

（哈学贤　摄）

陕西省邮政公司地震后立即启动应急预案。汉中、宝鸡等地通过搭建临时营业帐篷等形式，恢复受灾地区网点正常营业。汉中市邮政局干部职工自救恢复生产。受灾严重的宁

图242　地震造成陇南市交通中断。5月19日，乡邮递员雇佣骡马，为偏远山区群众投递包裹和邮件
（哈学贤　摄）

强县广坪镇，略阳县新城、徐家坪、白水江、横现河、何家岩、峡口峄等邮政支局，灾后当天就挂起“临时邮局”的牌子，为群众服务。震后，宁强县广坪镇商铺大都关门停业，只有广坪邮政支局在不到两小时内就挂起“临时邮局”的牌子，开始服务，为镇政府安抚、稳定老百姓的情绪起到巨大作用。在灾后几天里，广坪邮政支局职工每天坚持按时投送报刊。在震情最严重的5月12—14日，汉中市邮政储蓄余额仍增加2000万余元，全市邮政网点未发生票款和邮件受损的情况，未因地震停业。至26日，陕西省受地震影响的邮政网点均陆续恢复营业。

二　邮政信息网络及邮路恢复

受地震影响，四川省邮政信息网省、市、县三级中心受到不同程度的损坏，其中省中心系统的两块磁盘震裂并损坏，数据丢失。中国邮政集团公司信息技术局接到四川省中心报告后，立即配合省中心重装备份系统，5月13日数据全部恢复，四川邮政信息网也在最短的时间内逐步恢复正常。14日，省中心至绵阳、阿坝的网络恢复。31日，四川省邮政公司完成存款、取款、查询、凭证请领及开户等多种交易测试并正式运行。25日，受地震影响中断的30个县（市、区）中心网络全部恢复正常。省中心主机系统、应用系统、网络系统、机房配套系统运行基本正常；省中心至21个市（州）中心网络、21个市（州）中心网络至所属各县邮政信息网络全部恢复正常。都江堰市、绵竹市、汉源县、青川县等局采取网点直联市中心方式，恢复信息系统；北川羌族自治县局采用流动服务车的方式，恢复信息系统。至6月9日，四川省邮政储蓄网点由5月13日的2236个恢复到2837个，营业率由76.92%提高到97.59%；四川省汇兑网点由5月13日的1430个恢复到2172个，营业率由62%提高到94.19%；运行的ATM机由5月12日的317台增加到530台，运行率由57.85%恢复到95.67%。

四川省邮政企业千方百计恢复邮路。5月14日16时30分，四川省除北川、汶川等地震极重灾县（市）外，邮路随着交通条件的改善，逐步恢复正常。15日，成都至周边各省的一级干线汽车邮路恢复正常。由于成都双流机场民航运力存在缺口，对不能经民航直接运达成都的邮政EMS快件，暂时利用航空运输至重庆，再由重庆组开快速汽车邮路运至成都，以保证特快邮件传递时限。因地震灾区抢运伤员和救灾物资，部分道路实行交通管制，邮运车辆不能通行，使各类邮件不能及时运进灾区。国家邮政局、四川省邮政管理局协调四川省应急办，为省邮政公司解决15个“应急交通”专用牌和可用10天的122吨油料，及时解决邮运车辆在灾区的通行问题。为保证阿坝藏族羌族自治州党报党刊、机要邮件、赈灾包裹及时传递，四川省邮政公司还采取接力运输方式，从19日起，组织开通成都至马尔康的临时邮路；20日，在马尔康设立成都邮区中心局临时二级邮区中心，负责转运由成都发往阿坝藏族羌族自治州各县的邮件。21日，又组织开通马尔康到九寨沟（松潘）、茂县（黑水）、汶川（理县）3条临时邮路。

三　积压邮件处置

地震发生后，陕西省西安邮区中心局安排调度人员引导成都邮区中心局邮运车辆到邮件转运局装运K165次轻件。5月13日，装发赴成都邮车6辆，输运四川、云南、贵州邮件4160袋。受地震影响，西安站运行火车车次大部分晚点。同日12时，需要装卸邮件的10列火车，在35分钟内相继进站。西安邮区中心局在35分钟内，装卸邮件3943袋，清理邮件3499袋。由于宝成铁路暂时停运，部分火车绕道西康线经襄渝线运行，安康市邮政局临时增加装卸火车邮件运输车次，并租用社会车辆运输邮件。至13日，共向汉中市的县局派发临时加班汽车3趟，疏运总包邮件1141袋。

5月14日15时，四川省邮政公司按照中国邮政集团公司、中国邮政储蓄银行开通“绿色通道”的各种部署，启动“抗震救灾四川邮政绿色通道”，利用省邮政网络向社会提供个人捐赠渠道和免费寄递赈灾捐款、衣物、帐篷等服务。15日，四川省邮政公司整合邮政业务、网络和渠道资源，陆续开通免费捐款、汇款，寄递爱心赈灾包裹和“免费寻亲报平安”3条抗震救灾“绿色通道”，受灾群众通过免费寄家书、发混合邮件、拨打邮政“11185”电话或登录邮政183网站发布信息等方式，寻亲、报平安。至31日，四川邮政企业共提供165万元免费服务。至6月9日，四川省各级邮政企业免费收寄爱心包裹49740件、混合邮件37件、平安书信151784件，提供平安电话2112次，为群众成功寻亲201人，免费汇款35.2万笔、金额2.2亿元。（参见图243）

为保证邮政网运畅通，成都市邮区中心局实行人袋候车，站台的转运员熬更守夜，没有漏接、漏发一袋邮件。5月12—20日，成都邮区中心局完成一级干线火车邮运产品量5336万袋·公里，一级干线汽车邮运产品量2460万袋·公里，二级干线汽车邮运产品量2489万袋·公里；汽车转运量26万袋，火车转运邮件量6.8万袋；报刊交换量1491万份；邮件处理平常信函342万件、挂号信函20万件、平常印刷品131万件、挂号印刷品2万件、包裹8.8万件。成都市邮区中心局组织邮运局备齐10辆大吨位邮车及人员，保证至成都加班车随时发出。13—15日，重庆市邮区中心局派发5辆加班邮车，经转外地入四川邮件2142袋至成都，并承担通过火车邮路转运邮件至达州，通过正常邮车经转邮件至南充等任务。根据中国邮政集团公司调度，北京至四川轻件邮

图 243　抗震救灾期间，四川省邮政公司及时调运救灾物资
（四川省邮政公司　提供）

件由 K61、K471 次列车带运昆明经转。同时，由昆明邮区中心局承担华南地区发往四川邮件经转任务。从 14 日开始，北京邮区中心局开通北京至西安汽车邮路，每天两班，主要运输进入四川的特快专递、报纸、信件。

甘肃省邮政公司、中国邮政储蓄银行甘肃省分行和陕西省邮政公司、中国邮政储蓄银行陕西分行分别开通“绿色通道”，对甘肃省和陕西省汇往中国红十字会、中国扶贫基金会、中华慈善总会等社会公益机构及四川遭受严重地震灾害地区的捐赠款，一律免收手续费；对使用邮政公司业务系统向四川地区救灾捐款专用账号转账的，一律免收其跨行转账手续费。5 月 20 日，一位四川籍打工妹通过中国邮政储蓄银行陕西省分行直属支行抗震救灾捐款专用窗口向家乡捐款 50 元，成为陕西省通过邮储“绿色捐款通道”向灾区汇出的第一笔捐款。至 29 日，陕西省共办理捐赠汇款 6539 笔。

湖北省邮政公司实施网运动态调度管理，对发往四川特快专递邮件改发民航航班运输。5 月 13 日 T246/7 次列车停运后，轻件、快件改发武汉至重庆汽车邮路至重庆经转，将十堰至四川轻件、快件调整至襄樊发运，保证省内邮件运得出去。13 日，上海—成都的 K282 次列车在襄樊折返，湖北省邮政公司网运调度中心立即发出紧急调度令，通知襄樊邮区中心局将列车上所有发往四川、重庆的邮件卸车，转发至重庆的列车。武汉邮区中心局周密安排，对华北、华东、中南部分地区发往四川的邮件，在武汉经转和发运，提高邮递速度。

地震发生后，四川、甘肃、陕西受灾地区各级邮政企业将投送党报党刊放在各项恢复生产工作的首位，保证灾区群众和救援部队官兵能及时听到中央的声音。5 月 13 日 11 时 30 分，都江堰市邮政局将第一份党报送到国务院抗震救灾总指挥部前线指挥部。从 26 日开始，四川省邮政公司通过临时邮路，为分驻在成都、绵阳、广元、阿坝等受灾地区 22 个驻地的 4.5 万余名救援部队指战员免费投递《人民日报》《参考消息》，免费传递《解放军报》《前卫报》和《战旗报》1 万份。至 6 月 2 日，四川省邮政公司每日投递 3.4 万份，其中为救援部队投送报纸范围涉及 200 余个营地。

第三章　特种设备检修

第一节　组织特种设备救援队

汶川特大地震造成四川省 20918 台特种设备严重受损，直接影响灾区群众生活和安全。5 月 13 日，质检总局下发《关于切实做好抗震救灾有关特种设备安全监察工作的紧急通知》，责成质检总局特种设备安全监察局负责人和专家组成特种设备抗震救灾工作组赴四川地震灾区，对受损特种设备进行抢修。质检总局迅速从 19 个省（市）的 33 个单位，抽调 3353 名质检人员赴四川灾区参加紧急救援。14 日，特种设备抗震救灾工作组携带卫星电话、便携式气体分析仪等设备赴四川地震灾区。同时，质检总局特种设备事故应急处理中心通过新闻媒体，向社会公布 24 小时专人值守灾区特种设备应急抢险热线电话。中国检验检疫科学研究院（以下简称中国检科院）与黑龙江省、江苏省、浙江省、广东省、重庆市质监局，组建检验检测队赴四川省实施应急救援。16 日，质检总局成立抗震救灾领导小组，并下发通知，要求保证灾区物资、食品质量安全，各地要对输入灾区物资、食品进行严格把关，保证质量安全；在保证质量前提下，保证进境救灾援助物资便捷、快速验放；保证灾区特种设备安全。至 26 日，质检总局设立的两条抢修热线电话，接报紧急抢修电话 863 个，涉及 366 台特种设备抢修，均通过四川省抗震救灾指挥部传达至各技术服务队，并得到及时有效处理。

5 月 16 日晚，质检总局调配全国质检系统检验人员和特种设备骨干生产企业抢修人员赴四川灾区，维修受损特种设备。17 日，质检总局特种设备局从上海、江苏、浙江、安徽、福建、山东、广东等省（市）组织 211 人，组成第一批特种设备救援队赴四川灾区，其中特种设备检验队 100 人，特种设备安全监察员 51 人（含质检总局机关 15 人），受损特种设备修复评估技术专家 60 人。19 日，质检总局特种设备局制定《关于指导地震灾区特种设备检验和修复工作的意见》，提出灾区特种设备的检验范围、重点检验项目、检验结果的处理、修复和报废处置要求，指导灾区及时消除受损特种设备隐患。同时，质检总局下发《关于派遣第二批入川抗震救灾特种设备检验人员的紧急通知》，要求重庆市、陕西省质监局各派出两支医用氧舱检验队，20 日赴灾区开展工作。重庆市质监局特种设备队赴泸州、内江，陕西省质监局特种设备队赴广元、巴中，分别检验医院高压氧舱，保证灾区受伤群众得到及时治疗。20 日 8 时，质检总局下发《关于派出第三批入川抗震救灾特种设备检验人员的紧急通知》，要求中国特种设备检测研究院、上海市、江苏省、安徽省、福建省、山东省、湖北省、湖南省、广东省质监部门抽调检验人员、设备及车辆赴灾区检验电梯、大型游乐设施，并要求所有人员于 22 日前到达成都。

21 日，质检总局下发《关于紧急派遣特种设备抢险工程队检验工作队入川支援抗震救灾的通知》，要求 13 个省（市）质监局紧急通知各辖区电梯、医用氧舱制造企业，根据在四川省设备数量和维修保养力量，派遣专业维修人员组成若干支抢险工程队，负责排查修复销往成都、绵阳、德阳、广元、雅安、阿坝等重灾地区电梯及四川省和重庆市医用氧舱。有关省市质监局按照特种设备受损情况和抢修队人数，配备相应数量抢修人员，配合抢险工程队的抢修进程，及时进行检验。（参见图 244、表 51）

图 244　5 月 18 日，质检总局局长、党组书记李长江（左二）在成都向质检系统技术服务队进行抗震救灾动员

（质检总局　提供）

截至 5 月 22 日部分省市质监局特种设备队电梯、医用氧舱检修人员配额统计表

表 51　　　　单位：人

省（市）	电梯抢修检验	医用氧舱抢修检验	小计	省（市）	电梯抢修检验	医用氧舱抢修检验	小计
天　津	8	0	8	福　建	12	0	12
河　北	10	0	10	江　西	0	2	2
辽　宁	16	0	16	山　东	12	4	16
上　海	12	4	16	河　南	12	6	18
江　苏	16	0	16	广　东	12	0	12
浙　江	16	4	20	贵　州	0	2	2
安　徽	6	2	8	合　计	132	24	156

第二节　电梯检修

汶川特大地震使灾区电梯受损严重，造成群众出行不便，群众对未检修电梯也不敢使用，因此，电梯检修任务十分艰巨。特别是四川省需检修电梯数量大、任务重，质检总局迅速组织特种设备检修队开展检修。（参见图 245 ～ 246）

图 245　5 月 24 日，质检总局派出的第二批特种设备工作组与山东省质监局特种设备队在绵阳检修电梯

（质检总局　提供）

四川广播电视塔承担着整个川西平原的电视转播任务，地震造成高达 339 米的广播电视塔严重受损。5 月 13 日，四川省特种设备检验所和三菱公司对广播电视塔电梯进行全面检查、维修。经 215 小时抢修，21 日 15 时，广播电视塔内的工作电梯全部修复，恢复正常运行。

5 月 13 日 23 时 30 分，浙江省质量技术监督局特种设备队第二批队员抵达四川地震灾区。当晚，特种设备队得知因电梯受损数量大，电梯零配件紧缺，严重影响抢修工作进度时，连夜向浙江省质量技术监督局进行汇报。在浙江省政府有关部门的协调下，22 日 15 时 20 分，杭州西子奥的斯电梯公司将 4 大箱重 1000 公斤的零配件，及时空运至成都，为电梯的抢修提供了物资保障。

河北省质监局特种设备队 5 月 22 日接受排查四川灾区电梯 520 台的任务。520 台电梯中，安全性能受地震影响的占 30% ～ 50%，受损严重的 51 台，急需进行排查的电梯 336 台。质监部门和电梯维护保养企业因排查力量严重不足，部分电梯部件、配件不能保证供应，排查工作受阻。23 日 7 时，河北省质监局特种设备队抢修人员按计划赶赴抢修区域立即开展抢修工作。20 时，成功抢修受损电梯 20 台。25 日晚，河北省质监局特种设备队接到四川省质监局通知，排查发现近 400 台河北省

图 246　5 月 25 日，江苏省质监局特种设备队在成都抢修居民小区电梯。图为队员在井道内检修

（质检总局　提供）

制造的电梯还没有检验。设备队立即召开会议，决定采取临时特别措施，由每个检验人员对应一个或几个维修保养公司进行检验。至 26 日，520 台电梯检验任务全部完成。

5 月 24 日 14 时，辽宁省质监局特种设备队在成都检验龙江路电信公寓 3 号电梯时，发现 22 层向下延伸至 19 层区间内有 4 个单侧（左侧）对重导轨架严重损毁。震后维修保养单位对电梯进行安全隐患排查时，只发现对重导靴损坏，并进行更换，但未发现对重导轨支架已损毁。其实，电梯导轨支架已损毁 4 处，其中有两根对重导轨（单侧）已无受力支点，电梯若继续运行，极易引发严重事故。辽宁省质监局特种设备队查出隐患后，立即指派维修保养单位关闭电梯电源，协调电梯制造单位迅速进行维修，于 25 日修复，经检验合格后重新投入使用。26 日下午，上海市质监局特种设备队与四川省质监局联系，召开当地维护保养单位会议调查摸底，先后联系 20 家单位，及时检验确认 180 家用户、879 台电梯。广东省质监局特种设备队排查抢修检验 6147 台电梯，每个队员平均每天要完成 30 台的检验任务。质检总局从湖南省质监局调集 5 辆汽车，拨给广东省质监局特种设备队使用，安排福建省质监局特种设备队 12 名检验员帮助广东省特种设备队进行抢修工作。

第三节　医用氧舱检修

汶川特大地震发生后，医用氧舱成为救护伤员的关键设备。质检总局特种设备队深入地震灾区，抢修重灾地区 101 台医用氧舱，使 3.5 万人（次）伤员得到救治。

上海市质监局特种设备队医用氧舱检查组行程 300 余公里，完成眉山市第二人民医院、简阳市人民医院等 5 处医用氧舱及其附属 13 台压力容器的检查任务。5 月 21—25 日，重庆市质监局第二批特种设备队对泸州市、资阳市、内江市、宜宾市 6 家医院的 9 台氧舱和 70 台其他承压类特种设备检查，排查事故隐患 51 处。为摸清地震对医用氧舱造成的损伤情况，重庆市特种设备队队员们爬进狭小的氧舱底部，仔细检查受损情况，每个角落都不放过，保证氧舱性能正常。

22日，贵州省质监局特种设备队深入广元、绵阳、德阳、什邡灾区，行程2000余公里。25日，提前两天完成在四川省12家医院12台医用氧舱的隐患排查、抢修、检验任务，保证医用氧舱在抗震救灾期间的应急安全使用。22—26日，江西省质监局特种设备队排查医用氧舱4台，修理故障10处，检验106项（次），查出隐患9处。23日晨，江西省质监局特种设备队对绵阳市中心医院医用氧舱舱体等系统和部位全面检验后，发现存在安全隐患，立即加班加点进行抢修，仅用4个半小时就完成原估计要4天才能完成的抢修工作，并对其他9台特种设备进行检查和维修，处理故障3处，检验32项，保证绵阳市中心医院特种设备的安全运行（见图247）。24日，江西省质监局特种设备队对成都市第三人民医院医用氧舱进行排查，处理故障2处、检验10项，保证医用氧舱正常使用；25日，对宜宾市第二人民医院6人医用氧舱进行全面排查，检验32项，发现隐患3处，要求医院及时整改；26日，对泸州市泸天化职工医院6人医用氧舱进行全面排查，处理故障5处，检验32项，同时排查出其他特种设备隐患9处；27日，对第三军医大学附属医院重庆市大坪医院38人空气加压舱群进行全面排查，检验32项，发现隐患2处，要求医院及时整改。陕西省质监局特种设备队对遂宁市、南充市、达州市、广安市的9家医院医用氧舱及配套压力容器进行检查，并对其他承压类特种设备的安全隐患进行排查。8天行程3000余公里，共检验18台医用氧舱、17台附属压力容器，完成54只氧气瓶的震后检验和隐患排查，其中医用氧舱检验比计划安排的15台超额3台完成检验任务。25—26日，浙江省医用氧舱制造企业抢修人员和四川省特种设备监督检验所两名专家组成的特种设备组，对仪陇县人民医院医用氧舱的关键项目进行重点检查，现场提出处理意见，并帮助医院制订整改方案和采取应急的保障措施。仪陇县质监局当场发出“特种设备安全监察指令书”，跟踪监察服务，保证隐患整改落实到位。

图247　5月23日，江西省质监局特种设备队对绵阳市中心医院医用氧舱进行检查维修（质检总局　提供）

第四节　锅炉检修

5 月 18 日上午，浙江省质监局特种设备队与广元市质监部门合作制订工作计划和实施方案，对四川信息工程学院（四川信息职业技术学院）、广元市第一人民医院、广元中学等 3 家重点单位的锅炉进行检验和技术分析，及时排查锅炉震后存在的问题，使 1.5 万余名学生饮水和伤病员的救治得到保障。19 日，浙江省质监局特种设备队锅炉组对电力保障重点单位广元东河热电发展有限公司、川北监狱电厂、广元监狱电厂锅炉进行检验和技术分析，经查上述单位所属电站锅炉均有不同程度的损坏。工作组针对各电厂受损情况，分别提出恢复措施和应急处置建议。

从 5 月 23 日开始，河南省质监系统派出特种设备队分头行动，河南省质监局分队负责成都市、焦作市质监局分队负责绵阳市受损特种设备的排查抢修工作。河南省质监局分队承压类设备检验组会同成都市锅检所专家，深入成都市区及都江堰市、彭州市排查企业 11 家、医院 1 家、天然气加气站 2 座、群众安置点 1 处，共排查锅炉 20 台，其中电站锅炉 7 台，使隐患及时得到妥善处理。

甘肃省、陕西省、重庆市质监局特种设备队完成检验锅炉 55 台。

第五节　压力容器管道检修

四川蓥峰实业有限公司复合肥厂位于什邡市蓥华镇穿心店，距地震震中约 30 公里。复合肥厂一台 1000 立方米液氨球罐的液位计底部阀门在地震中严重损坏，出现断裂，导致罐内液氨（NH_3）大量泄漏，严重危及周边 4 万余名群众和抗震救灾人员的生命安全。5 月 12 日 22 时，四川省质监局了解情况后，紧急启动特种设备应急救援预案，与德阳市及什邡市政府安全、质监、公安等部门密切配合，控制液氨的泄漏。13 日，德阳市质监局派特种设备监察、检验人员对受损液氨球罐进行勘察。为防止罐内液氨因余震再次产生泄漏，与企业协商后，决定组织液氨槽车进行罐内残存液氨的转移。7 月 19 日，德阳市质监局特种设备监察、检验技术人员与合肥市通用机械研究院派出球罐设计制造专家组，赴四川蓥峰实业有限公司穿心店生产现场，对受损球罐进行详细检查，制订球罐修复方案。24 日，德阳市质监局特种设备监察、检验技术人员再次赴泄漏球罐现场指导修复，并全过程督促和协助球罐修理单位，保质保量完成球罐修复任务。8 月 10 日，德阳市特种设备监督检验所对修复后的球罐进行了全面检验，确认液氨球罐可安全恢复使用。

质检总局特种设备工作组5月15日2时到达成都。9时，对重灾地区承压类特种设备进行检测，防止压力管道内的有毒、有害气体泄漏对人身和环境造成损害。四川省质监局成立特种设备、危险化学品应急抢险小分队，配合总局特种设备工作组抗震救灾。16日8时，通往震中汶川县的道路刚打通，四川省质监局特种设备队即赶赴汶川。汶川中烨天然气公司围墙全部倒塌，房间被从高山上滚落的巨石砸毁，两个巨大的天然气储罐被巨石砸裂。抢修队员们立即抢修，消除安全隐患。17日，四川省质监局工作组赴汶川检查指导特种设备、危险化学品安全监管工作，发现阿坝雪松牦牛肉厂使用的液氨储罐出现泄漏，储罐区域液氨浓度达到50PPM以上，严重超标，气体浓度报警仪鸣叫不停。检查组成员立即排除事故隐患预防次生灾害，对企业提出恢复生产应注意的重点问题。21日，绵阳市诚信肉类食品有限公司制冷设备因地震损坏严重，造成制冷工业液氨大量泄漏。绵阳市质监局派出应急救援队赶赴现场，找到泄漏点，切断泄氨源头，并把制冷设备中留存的约4吨99.8%液氨安全转移，防止氨中毒和氨爆炸等次生灾害发生。

成都市、德阳市、绵阳市、广元市、雅安市有CNG（压缩天然气）汽车17.05万辆左右、CNG汽车充装站116座。地震发生后，上述地区CNG汽车充装站不同程度受损无法正常工作，交通运输受到严重影响。四川省质监局立即组织特种设备应急工作小组人员、特检所技术人员紧急抢修CNG汽车充装站。至5月14日15时，绵竹市鑫鑫、德阳市鑫望及广汉市、什邡市城区等CNG汽车充装站恢复正常工作。

地震发生后，河南省质监局特种设备队赴四川地震灾区处理压力容器357台，发现存在严重安全隐患设备28台；处理管道4200米，发现存在严重安全隐患管道30米。（参见图248）浙江省特种设备队完成四川省4600米压力管道排查抢修检验任务。

重庆市质监局特种设备队处理压力容器65台、CNG气瓶43只。在四川省的7天中，对绵阳市、江油市和安县的77家企业、430台（只）特种设备进行检查，查出事故隐患305条，并对隐患逐项提出书面整改意见。

图248 5月26日，河南省质监局特种设备队在四川省制药厂排查氮气储罐震后情况（质检总局 提供）

第九篇

灾区公共安全

汶川特大地震使灾区公共安全秩序遭受极大破坏。为尽快恢复灾区社会（治安）秩序，保障灾区群众生命财产安全，恢复正常生产生活状态，维护灾区的社会稳定，公安部迅速落实中共中央、国务院及中央领导的指示，部署全国公安机关迅速投入抗震救灾，从治安管理、消防管理、道路交通管理等方面，全力维护灾区公共安全，恢复灾区社会治安秩序。

灾区公安机关设施设备受损严重，社会治安管理防范相对薄弱，公安部立即调集公安特警赴地震灾区抢险救灾，并要求增援灾区的公安特警在完成抢救生命阶段任务后，迅速将工作重心转移到维护灾区的社会治安上来。地震灾区各级公安机关加强对各类不稳定因素的排查化解，增加治安巡逻力量，督促检查重要目标、重点单位，保证灾区治安秩序稳定有序。在灾区群众集中安置点，公安机关建立帐篷派出所、警务室，使群众 24 小时“见警察、见警车、见警灯”，增强了安全感。在加强灾区治安管理工作的同时，公安机关出台灾区办理户口、居民身份证等便民利民措施，打破按管辖权限受理户政业务的常规，无条件受理灾区群众对户籍资料的查询，方便群众办理户政业务，并将群众安置纳入实有人口管理。

公安部消防局向全国公安消防部队发出进入等级战备的命令。在组织抢险的同时，通知灾区石化、制药、酿酒等易燃易爆物品仓库、堆场等单位，采取措施预防发生次生灾害。对受损建筑的电、气管线进行检查，最大限度预防建筑火灾、爆炸事故的发生。同时，组织灾区消防部门开展消防安全检查，对群众集中安置点、重点单位等加强督促检查，协调当地政府加强群众安置点的消防工作，保持地震灾区火灾形势总体平稳。

地震造成四川省道路等基础设施大面积损毁，大批救援部队、救援队、医疗队及救灾物资运输车辆、大型抢险机械急需进入地震灾区。公安部交通管理局向四川省周边省（市）紧急部署，保证进入地震灾区的主要道路畅通，控制驶往灾区的社会车辆，保障运送抢险救灾人员、装备和物资及车辆优先通行，防止发生重特大道路交通事故和严重交通拥堵。随着抗震救灾工作不断深入，由于大量救灾车辆持续进出四川灾区、救援队伍撤离及群众向外转移等原因，灾区主要道路交通压力逐渐增大。公安部交通管理局要求陕西、甘肃、重庆、贵州、云南、青海等省（市）加强对进出四川省道路的管理和控制，各地通过宣传提示、劝返、远距离分流，为抗震抢险救灾车辆开辟“绿色通道”等措施，控制进出四川灾区的交通流量，保证道路安全畅通。四川省交通管理总队及时了解、掌握全省各灾区道路受损情况，加强交通组织，保证抢险救灾及运输救灾物资的车辆通行，保证了灾区道路安全畅通。

在抗震救灾期间，全国各地公安机关与特警队、支援警力密切配合，灾区社会面治安秩序总体平稳，未发生重大刑事、治安案件，未发生重大交通、火灾等安全事故，未发生严重影响社会稳定的事件和事端，实现灾区社会政治稳定和治安形势平稳。

第一章　治安管理

第一节　治安管理部署

一　组织指挥

5 月 12 日 14 时 30 分，公安部指挥中心接到广西壮族自治区公安厅指挥中心主任刘方电话报告“发生地震，广西有强烈震感”。随后 10 分钟内，四川省、北京市、山西省、陕西省、浙江省、云南省、甘肃省、广东省公安厅（局）相继报告，所在城市均有明显震感，尚未接报重大人员伤亡和财产损失情况。14 时 45 分，公安部接到地震局“关于四川省阿坝藏族羌族自治州汶川县发生地震”的通报，立即启动突发事件应急预案。

5 月 12 日下午，胡锦涛指示，地震灾区和全国公安机关积极投入抗震救灾工作，全力维护社会治安，确保人民生命财产安全。16 时 44 分，国务委员、公安部部长孟建柱随温家宝乘专机飞往四川地震灾区。出发前，孟建柱要求“立即成立抗震救灾指挥部，密切关注灾区情况，各级公安机关立即加强值班备勤和各项安全保卫工作”。

公安部立即进入应急组织指挥状态，5 月 12 日 17 时 40 分，下发《关于全力投入抗震抢险救灾工作的紧急通知》，成立公安部抗震救灾指挥部（以下简称公安部指挥部），孟建柱任总指挥长，公安部常务副部长白景富、副部长刘金国等任副总指挥长，指挥部办公室设在公安部指挥中心。12 日晚，国务院成立抗震救灾总指挥部，下设 8 个工作组，公安部为社会治安组牵头单位，刘金国任社会治安组组长。

根据中共中央、国务院领导的指示，公安部通过四川、甘肃、陕西、重庆、云南等地公安机关随时了解地震灾情，并明确提出“全国各级公安机关当前的首要任务是抗震救灾、维护社会稳定”。5月12日23时55分，公安部下发《关于认真贯彻落实中央领导同志重要指示精神、全力以赴投入抗震救灾切实做好维护社会稳定工作的紧急通知》，要求各地公安机关把人民群众生命安全放在第一位，全警动员、全力以赴投入抗震抢险救灾，做好维护灾区社会秩序工作，严密防范、严厉打击各种乘机进行违法犯罪活动的不法分子，对借机故意制造散播谣言、蛊惑煽动的别有用心之徒，要依法予以严厉打击，全力维护灾区社会秩序。12日夜，公安部又发出《紧急通知》，要求全国治安系统立即投入抢险救灾，全力保护人民群众生命财产安全。加强与地震、民政等部门的联系，发挥“人熟、地熟、情况熟”的优势，及时掌握地震灾害情况和有关动态，摸清群众受灾、受困情况，积极主动地为群众提供救助。要加强治安管理和防范控制，维护灾区社会治安稳定。灾区治安系统特别是巡警、公安派出所要进一步强化社会面的治安巡逻防控，经济保卫、内部单位保卫部门要进一步加强重点单位、重要部位的治安保卫，严密防范、严厉打击趁灾作案的各类违法犯罪活动，维护灾区良好的治安秩序。加强群众工作，密切配合有关部门搞好舆论引导，对借机散播谣言、蛊惑煽动的人员，要依法予以严厉打击，以安抚群众情绪，防止引发不稳定因素。

5月15日2时20分，公安部在都江堰市紧急成立抗震救灾前线指挥部（以下简称公安部前线指挥部），刘金国任总指挥，下设作战指挥、治安、宣传、保障、综合组，并立即召集四川省公安厅、消防部队、公安特警等部门研究、部署抗震救灾。19日，公安部前线指挥部为疏导通往地震灾区道路交通秩序，成立交通组。

各灾区公安机关迅速启动应急预案，成立抗震救灾指挥部，投入抗震救灾和维护稳定工作。四川省公安厅立即启动应急响应机制并成立抗震救灾应急指挥部，统一指挥抗震救灾工作。地震发生后7分钟，省公安厅通过对讲通信系统，将抗震救灾指示传达到1.7万名公安民警，民警迅速走上街头，维护交通和治安秩序、疏散群众。省公安厅党委成员分赴都江堰、汶川、北川、青川等地震重灾地区，现场指挥、督促检查抢险救援。省公安机关立即实行24小时值班备勤，消防、交通、治安等部门抽调大批警力赶赴灾区。同时，向各市州下发紧急通知，要求全省公安机关立即启动应急响应机制，组织应急处置突发事件的力量，投入抗震抢险救灾，维护灾区社会稳定和治安平稳。四川省公安机关加大社会面治安巡逻和防控力度，做好党政机关和水电油气、通信部门等要害部位的安全保卫，保证重点部位和人民群众生命财产安全。公安交通管理部门立即动员、整合力量，投入一线，保证交通畅通及抢险救灾应急物资的安全顺利运输。5月12日，四川省公安机关抽调机关警力1678名，参加各市、县的抗震救灾。成都市、德阳市、绵阳市、广元市、阿坝藏族羌族自治州公安机关组织民警904名参与抗震救灾，执行维护治安任务。12日晚，四川省公安厅治安管理总队下发《关于全省治安系统积极投入抗震救灾工作的紧急通知》，并派出3个抗震救灾前线指挥组赴汶川、北川、什邡等地震极重灾县（市）开展工作。绵阳市公安局组织公安民警、武警官兵、消防官兵近5000人迅速投入抗震救灾。地震造成广元市固定、移动通信全部中断，“110”接警指挥系统完全瘫痪，广元市公安局通信部门在无基地台和转信台的情况下，采用山顶接力呼叫的方式，组建城区常规应急无线指挥系统，临时抢通两部“110”接警电话和两部指挥调度电话，接受群众报警求助，保持通信联络的畅通。

甘肃省公安厅在地震后，立即成立公安厅抗震救灾指挥部，下发《关于全力投入抗震救灾工作的紧急通知》。各市州公安机关组织力量营救遇险群众、抢救伤员；加强灾区治安巡逻和安全防范，打击趁灾盗窃、抢劫、诈骗和侵吞、破坏救灾物资及囤积居奇、哄抬物价、欺行霸市、敲诈勒索等违法犯罪活动。5月15日，省公安厅下发紧急通知并派出工作组，赴天水、平凉、陇南、甘南组织公安机关参与抢险救灾，加强对重点灾区、重点部位、重要救灾物资囤积地的安全保卫工作。

陕西省公安厅5月12日15—18时连续下发4份紧急通知，要求全省各级公安机关加强值班备勤，严守工作岗位，保证政令、警令畅通。启动《全省公安机关破坏性地震应急预案》，成立陕西省公安厅抗震救灾指挥部。各级公安机关立即组织民警上街面、进社区、进单位，加强社会治安巡逻，保证社会安全。16时，大量群众为避震走上街头、公园等公共场所，治安秩序一度出现混乱。省公安厅动员机关各部门、各警种立即调动警力维护治安，并派出6个督导组，对西安市公安局维护社会治安秩序工作进行检查指导。各市、区也派出督导组深入一线开展督导检查工作。

重庆市在地震发生时有明显震感，梁平、荣昌等地有房屋垮塌、人员伤亡的报告。重庆市公安局立即启动紧急应急预案，由副局长带领10名党员、领导干部组成特别工作组。指挥中心负责各地情况上报及受理群众报警求助，并在机关大院内空地上设立临时指挥部，通信、后勤、装备等部门也按应急预案要求进入工作状态。为保证重庆市区治安秩序稳定，指挥部决定所有带“警察”标志的车辆，3人一组到指定区域开展巡逻并负责受理群众求助。同时，加强金融、证券和大型商场、党政机关等单位及场所的安全保卫工作。地震发生后，成都双流机场关闭，飞往成都的飞机全部改降重庆江北机场。重庆市公安局增派警力对机场周边进行安全巡逻，保证道路畅通。从5月12日开始，重庆市机场公安局24小时值班备勤，保证每天173人在岗，其中机场公安局警力120人（民警50人、保安70人）、重庆市公安局警力33人、武警官兵20人。公安机关对重庆机场候机楼、飞行控制区、塔台等重点要害部位加强巡逻，维护机场治安秩序。12—17日，重庆机场公安局为方便受灾群众及支援灾区人员乘机，开设快速办证通道，在保证空防安全的前提下，简化程序，提高效率，办理旅客临时乘机证明247证（次）。16日18时16分至17日2时31分，台湾中华、长荣、复兴航空公司的3架包机直航重庆机场，执行因地震滞留九寨沟旅游景区台湾游客的疏散运送任务。机场公安局合理调配值班备勤警力，投入警力142人、警车8辆、消防保障车3辆，使台湾3架包机分别于16日、17日，顺利从重庆机场起飞，安全运送台湾旅客、游客675人（次）。

二　调集公安特警

从5月13日开始，公安部分两个阶段从全国27个省（区、市）32个城市调集公安特警10048名，支援地震灾区公安机关，开展抢险救灾及维护治安秩序任务。

5月13—25日，第一阶段共调集3550人，主要执行抢险救灾任务。13日，公安部指挥部紧急对全国36个城市逐个测算兵力、警力、实力情况。北京市、上海市、天津市日常治安保卫

图 249　5 月 13 日，天津、广州、深圳、重庆特警队赶赴四川灾区，执行抗震救灾任务
（公安部　提供）

任务就很重，8 月北京还要举办第二十九届奥林匹克运动会。公安部果断决定，任务再重也要调出警力，保障抢险救灾工作需要。公安部指挥中心连夜与 32 个被挑选城市公安机关联系，向全国公安机关发出特警警力调集命令。同时，发出紧急通知，要求驰援警力必须携带必要的通信、搜救器材、搜救犬、破拆、照明等抢险工具和医疗器具、药品，火速奔赴灾区。13 日 2 时，公安部发出《关于调动天津、重庆、杭州、宁波、广州、深圳公安特警队赴四川执行抗震救灾任务的通知》。（参见图 249）

从 5 月 20 日开始，公安部前线指挥部抽调公安特警队 20 支、公安特警 3550 人赴四川地震灾区开展工作。公安特警队分赴成都、绵阳、德阳等地震重灾地区，承担治安巡逻、看守重要目标和处置突发事件等任务，维护灾区社会治安秩序。至 25 日，各公安特警队共投入巡逻警力 2.7 万人（次），协助当地公安机关查处案件 192 起，抓获犯罪嫌疑人 281 名，守护重点部位、目标 1395 处，看护救灾物资 44913 吨。

针对灾区公安机关损失严重、民警身心疲惫及维护灾区社会治安秩序任务日益繁重等情况，为维护四川地震灾区治安秩序，根据中共中央领导的指示，5 月 26 日至 7 月 29 日，公安部第二阶段特警队共调集公安特警 5221 人，驻防四川省参与抢险救灾和维护治安，在此期间，轮换公安特警 1277 人（见表 52）。

5月26日至7月29日公安部第二阶段特警队驻防四川省警力统计表

表 52

<table>
<tr><th colspan="2">任务方向</th><th>队别（市）</th><th>警力（人）</th><th>配置位置</th></tr>
<tr><td rowspan="6">成都市应到6支1000人，实到1022人</td><td>都江堰
崇州
彭州</td><td>石家庄</td><td>100</td><td>都江堰市213国道旁50人、崇州市交警大队20人、彭州市交警大队30人</td></tr>
<tr><td>锦江
青羊</td><td>太原</td><td>200</td><td>锦江区公安分局巡警大队</td></tr>
<tr><td>彭州</td><td>呼和浩特</td><td>105</td><td>彭州市民政局救助站</td></tr>
<tr><td>金牛
成华</td><td>哈尔滨</td><td>200</td><td>都江堰市营门电缆工业园</td></tr>
<tr><td>武侯
高新</td><td>长沙</td><td>206</td><td>武侯区106人、高新区100人</td></tr>
<tr><td>都江堰</td><td>昆明</td><td>211</td><td>兴江集团印刷厂招待所</td></tr>
<tr><td rowspan="12">绵阳市应到11支2000人，实到2144人</td><td>安县</td><td>沈阳</td><td>239</td><td>安县桑枣镇中航泰丰源股份有限公司</td></tr>
<tr><td>涪城</td><td>大连</td><td>236</td><td>西南科技大学
城市学院教职工幼儿园</td></tr>
<tr><td>平武</td><td>长春</td><td>120</td><td>平武县南坝镇68人、平通镇41人、水观乡11人</td></tr>
<tr><td>游仙</td><td>福州</td><td>200</td><td>游仙区绵阳晚报印刷厂</td></tr>
<tr><td>三台</td><td>厦门</td><td>203</td><td>三台县体育馆</td></tr>
<tr><td>涪城</td><td>南昌</td><td>206</td><td>涪城区南河体育中心</td></tr>
<tr><td>北川</td><td>济南</td><td>202</td><td>涪城区南河体育中心群众安置点</td></tr>
<tr><td>江油</td><td>郑州</td><td>206</td><td>江油市开发区科学路江华汽车修理厂</td></tr>
<tr><td>高新</td><td>南宁</td><td>200</td><td>高新区四川中立电子有限公司厂房内</td></tr>
<tr><td>涪城</td><td>重庆</td><td>219</td><td>西南科技大学城市学院</td></tr>
<tr><td>涪城</td><td>贵阳</td><td>113</td><td>涪城区老茶树休闲山庄</td></tr>
<tr><td colspan="4"></td></tr>
<tr><td rowspan="7">德阳市应到7支1200人，实到1165人</td><td>绵竹</td><td>南京</td><td>200</td><td>绵竹市区（南轩中学）150人、孝德镇25人、土门镇25人</td></tr>
<tr><td>绵竹
（东北镇、西南镇）</td><td>宁波</td><td>200</td><td>西亭包装厂</td></tr>
<tr><td>绵竹</td><td>海口</td><td>200</td><td>城北中学</td></tr>
<tr><td>绵竹</td><td>兰州</td><td>125</td><td>绵竹市汉旺镇东汽运业公司</td></tr>
<tr><td>什邡</td><td>武汉</td><td>200</td><td>什邡市六十米大街下段170人、师古镇政府30人</td></tr>
<tr><td>什邡</td><td>西宁</td><td>139</td><td>什邡市洛水镇中学93人、湔氏镇龙鞠小学46人</td></tr>
<tr><td>什邡</td><td>银川</td><td>101</td><td>什邡市蓥华镇税务所43人、八角镇派出所旁空地15人、红白镇中学旁修理厂43人</td></tr>
</table>

续表 52

任　务　方　向		队别（市）	警力（人）	配置位置
广元市应到 2 支 400 人，实到 411 人	广元市区、青川	杭　州	205	广元市区武警 8743 部队营地 154 人、青川县马鹿乡马鹿社区 51 人
	广元市区、青川	西　安	206	广元市区武警 8743 部队营地 106 人、距离青川县城一公里河堤上 100 人
阿坝藏族羌族自治州应到 2 支 400 人，实到 479 人	理　县 茂　县	合　肥	200	理县、茂县各 100 人
	汶川（映秀镇）	深　圳	279	汶川师范学院 114 人、漩口中学 165 人
合　计	23 个县（市、区）		5221	

说明：警力数以实到人数为准

三　治安防控

在抗震救灾抢救生命阶段，各灾区公安机关、各地调集公安特警、武警官兵全力维护社会秩序，灾区治安形势总体良好。随着抗震救灾工作不断深入，四川省一些地区治安问题凸显出来。大量群众集中异地安置，加大了治安管理的难度；因地震造成灾区群众长时间缺水缺粮、缺医缺药，个别地区抢劫、抢夺、盗窃、诈骗及哄抢救灾物资的案件时有发生；在互联网上和个别地区出现谣言，引发一些群众恐慌，造成社会混乱，干扰抗震救灾，危害社会稳定。

5 月 17 日，公安部召开会议传达国务院领导关于做好灾区稳定工作的指示，部署全力做好地震灾区和全国社会稳定工作。会议针对灾区社会治安管理防范工作相对薄弱等情况，再次部署灾区和全国各地公安机关，加强对社会治安秩序管理和防范控制，严密防范、严厉打击各种违法犯罪活动，保证社会稳定。18 日，公安部下发《关于认真贯彻国务院抗震救灾总指挥部会议精神，切实做好维护灾区和各地社会稳定工作的紧急通知》，提出加强社会治安秩序管理控制，严密防范、严厉打击趁灾进行的各种违法犯罪活动；加强道路交通、消防和危险化学物品安全管理工作，严防发生重特大治安灾害事故；加强对各类不稳定因素的排查化解，积极预防、妥善处置各种不稳定事端；加强对社情动态掌握，高度警惕、严密防范境内外有人借机进行捣乱破坏。20 日，公安部前线指挥部在都江堰市公安局召开会议，专题研究维护灾区治安稳定问题，要求从全国调集的公安特警队在完成抢救生命阶段任务后，将工作重点转移到协助当地公安机关维护社会治安秩序上来，明确特警力量主要担负"参与治安巡逻、保卫重要目标、协助处置突发性事件"的任务。

5 月 23 日，公安部在四川省公安厅召开会议，听取四川灾区社会治安情况汇报，要求灾区公安机关把工作重心转移到维护灾区社会治安稳定上来，按照"全国保四川、四川保灾区"的工作部署，加强防范打击，全力维护地震灾区治安秩序。

四　警力对口支援

地震灾区灾后恢复重建工作逐步展开，维护社会治安和社会稳定的任务愈加繁重，灾区公安机关设施设备严重受损，公安民警连续工作，根本无法正常休整，队伍十分疲惫，公安部决定从全国18个省（市）公安机关抽调治安、刑侦、交通等专业警力，支援灾区做好维护治安和其他公安工作，并成立对口支援领导小组及援助四川警队协调小组，四川省公安厅成立援助四川警队协调办公室，负责做好援助四川警队在四川地震灾区的相关协调工作。7月9日，公安部下发《关于做好赴川公安特警队回撤归建和对口支援四川灾区公安工作有关问题的通知》，决定在20日前，逐步将第二阶段调集的赴四川省28支公安特警队撤回归建，由各对口支援省市公安机关组织抽调有关专业警力承担，做好对口支援警力及援助四川特警队的衔接。

从7月20日至8月5日，全国18个省（市）支援四川警队相继到达成都、德阳、绵阳、广元、阿坝开展对口支援工作（见表53）。18支援助四川警队发挥专业优势，加强与受援地公安机关配合，

至8月5日公安部对口支援四川省警力分配统计表

表53　　单位：人

支援方	应到人数	到达时间	实到人数	受援方
河　北	200	8月5日	200	平　武
山　西	120	7月28日	127	茂　县
辽　宁	200	7月30日	200	安　县
吉　林	100	7月21日	100	黑　水
黑龙江	150	7月26日	150	剑　阁
上　海	180	7月18日	181	都江堰
江　苏	500	7月29日	504	绵　竹
浙　江	150	7月23日	150	青　川
安　徽	100	7月18日	100	松　潘
福　建	100	7月20日	100	彭　州
江　西	100	7月20日	100	小　金
山　东	200	7月29日	204	北　川
河　南	200	8月5日	222	江　油
湖　北	200	7月30日	200	什　邡
湖　南	100	7月24日	101	理　县
广　东	200	8月5日	230	汶　川
重　庆	100	7月20日	101	崇　州
云　南	200	7月28日	200	什　邡
合　计	3100		3170	

建立“双重领导、混编联勤、共同督导、双向考核”的工作机制和队伍管理制度，在任务区公安机关的领导下，开展治安防范，打击违法犯罪，维护交通秩序，加强消防工作，了解掌握社情民意，服务受灾群众等工作。辽宁省援助四川省专业警力全部按专业分配到安县交警、巡警、刑警、消防大队和基层公安派出所，按照公安部要求与受援单位民警混编，同吃、同住、同工作、同考核；云南省援助四川省专业警力编成7个大队，分别与什邡市当地交警、巡警队和派出所民警混编同住、同工作；江苏省、山东省援助四川省专业警力在绵竹市、北川羌族自治县分别分片驻防，与分片公安局和乡镇派出所混编开展工作；湖北省、河南省援助四川省警力在什邡市、江油市相对集中驻防，与当地公安机关相关警种混编开展工作。

18支援助四川警队在工作中开展“民警入千棚万户、为灾区人民做实事”等活动，为灾区群众排忧解难；推进“服务进活动板房”的活动，在群众安置点警务室实行24小时办公，服务当地群众和企业恢复重建生产；协助加强灾区人口管理，配合当地公安机关逐户到受灾群众家中登记造册，掌握相关底数及基本情况，建立活动板房勤务工作模式，做好户口分类管理工作。全国各地援助四川警队配合当地公安机关维护灾区社会治安稳定，加强灾区公安基层基础工作，维护灾区治安秩序。至12月13日，援助四川省的18支警队协助查处刑事案件4700余起、治安案件3226起，抓获违法犯罪嫌疑人7323名；缴获被盗抢机动车272辆，收缴非法枪支75支、子弹506发、毒品25公斤，收缴转存爆炸物品20吨、雷管7.5万余枚；疏导交通近4万次，处置交通事故2700余起，纠正交通违法行为9万余次；投入火灾抢险98次；执行安全保卫任务4000余次；参与处置各类突发事件680起；为群众服务6万余次，捐款捐物折款350万元。

12月13日11时，云南省援助四川警队最后一批撤离灾区。至此，援助四川省的18支警队完成任务，全部撤回归建。

五　装备对口支援

为解决地震灾区公安机关急需的救援设备和应急物资，公安部启动应急物资调拨机制，从全国各地调集帐篷、服装、药品及救生、通信、防护装备、交通工具等各类抗震救灾装备物资200余吨、36万余件（套），总价值2000万余元，及时运抵地震灾区，为一线抢险救援及恢复灾区基层所队等工作提供保障。

公安部5月19日成立全国公安机关对口支援地震灾区工作协调小组，研究部署对口支援灾区公安机关的工作。21日，公安部召开全国公安机关视频工作会议，向各省（区、市）公安厅（局）下达对口支援任务，各地公安机关主动申请对口支援灾区公安机关。同日，公安部装备财务局下发《关于明确对口支援地震灾区公安机关尽快恢复基本工作条件有关事项的通知》，明确对口支援工作的主要内容、方法、时间及要求。26日，公安部在成都召开全国对口支援地震灾区公安机关工作会议，23个省（区、市）公安厅（局）支援单位负责人及四川省公安厅各警种、各部门的负责人，受援市（州）及23个县（市、区）公安机关主要负责人参加会议。会议要求，对口支援主要解决四川、甘肃地震重灾地区县级公安机关，特别是基层所队警务装备困难，使灾区县级公安机关和基层所队尽快恢复基本运转，支援包括简易办公场所、临时羁押场所、基本办公装备、必要交通工具和通信设施。会议协调支援单位与灾区受援公安机关结成对子，帮助灾区县级公安机关和基层所队尽快恢复工作。会后，支援单位装备财务部门负责人赶赴各对口支援县市公安机关，协商制订支援项目、支援数量等方案，并立即实施。各支援公安厅（局）均成立专门采购运输小组，紧急采购，采取航空、铁路、公路等多种运输方式，将对口支援物资尽快运抵支援县市公安机关（参见表54）。

5月26日公安部装备对口支援一览表

表54

援助方	受援方	援助方	受援方
北　京	什　邡	江　苏	绵　竹
河　北	崇　州	山　西	郫　县
上　海	都江堰	湖　南	彭　州
黑龙江	温　江	内蒙古	大　邑
山　东	北　川	吉　林	平　武
辽　宁	安　县	河　南	江　油
浙　江	青　川	云　南	剑　阁
重　庆	利　州	湖　北	汉　源
海　南	宝　兴	广　东	汶　川
福　建	理　县	天　津	茂　县
广　西	黑　水	安　徽	松　潘
江　西	小　金	北　京	陇　南
天　津	甘　南		

6月3日，公安部下发《关于进一步加快对口支援灾区公安机关工作进度的通知》，要求参与对口支援的各地公安厅（局）装备财务处加快对口支援工作进度，在规定时间内抓紧落实各项具体工作。6月中旬，装备财务局工作组赴灾区实地指导检查，要求各支援单位对口支援工作实行“包购置、包运输、包安装，保质量、保数量、保进度”，受援单位要做到“需求报好、地址选好、配套做好，快接收、快分配、快使用”。各地公安机关按照方案，加强领导和组织，分步骤实施，使支援工作落到实处，保证四川、甘肃地震灾区基层公安机关尽快恢复正常工作。

全国23个公安厅（局）对口支援四川、甘肃地震灾区公安机关资金、活动板房及装备物资价值8247.9万元，其中支援活动板房30360平方米，计算机952台，复印机、打印机、传真机、数码相机、摄像机等办公设备763台，办公家具604套，汽车206辆，摩托车171辆，对讲机935部及大批通信、网络、单警装备等。特别是针对四川重灾地区，加大对口支援力度。上海市公安局支援都江堰市公安局价值1000万元物资；山东省公安厅支援北川羌族自治县公安局价值874万元物资；浙江省公安厅支援青川县公安局价值678万元物资；江苏省公安厅支援绵竹市公安局价值 648 万元物资；辽宁省公安厅支援安县公安局价值 607 万元物资；广东省公安厅支援汶川县价值 508 万元物资等。

第二节　治安管理实施

一　加强治安防控

5 月 21 日，四川省公安厅召开加强灾区社会治安工作电视电话会议，对加强地震灾区社会治安工作提出要求。6 月 3 日，四川省公安厅治安总队研究制订维护灾区社会治安工作的“十二条意见”，指导灾区公安机关维护社会治安秩序和社会稳定。针对灾区流窜犯罪、街面犯罪突出的特点，四川省公安厅在成都、绵阳、德阳、广元等地发挥全国 5000 余名特警队员驻守灾区的警力优势，建立特警、驻地武警、交通民警、巡警的“多警联勤联动巡逻机制”，对街面实行 24 小时巡逻，对重点单位实行 24 小时值守，在治安卡点开展 24 小时治安盘查。同时，组织警力，发动民兵、治保干部和治安积极分子等群防力量，加大对社会治安秩序巡防密度和控制力度。加强党政机关、金融单位、危险爆炸物品仓库、救灾物资存放点、群众安置点及与群众生产、生活密切相关的供水、供电、供气设施等重点单位、重要部位的治安保卫工作。（参见图 250）

地震灾区各级公安机关加强社会治安秩序管理和巡逻防控，严密防范境内外有人借机捣乱破坏，严厉打击趁灾各种违法犯罪活动；加强道路交通、消防和危险化学品安全管理工作，严防发生重特大治安灾害事故；加强对各类不稳定因素的排查化解，积极预防、妥善处置各种不稳定

图250　安徽省淮北市援助四川省特警队在松潘治安巡逻
（公安部　提供）

事端；建立“帐篷派出所”“帐篷警务室”，加强暂住人口登记管理，及时出台灾区办理户口、居民身份证等便民利民措施。各灾区公安机关针对防范力量不足、装备短缺等问题及灾后居（村）民外出避震，家中财物无人看管，防范薄弱等情况，协调居（村）委会、乡镇（街道）党委和政府，组织治保会、综合治理巡逻队、义务巡逻队等群防群治力量，开展治安巡逻，组织群众开展自防自治。同时，组织社区民警深入群众安置点，提供“安全警示”服务，宣传防震、防火、防盗、防破坏等知识。

广安市群众于5月12日、14日、19日、20日，走出户外聚集到空旷地带避险。特别是19日晚，中央及四川省媒体反复播报避震通告，四川省抗震救灾指挥部发出临震预警后，户外避险人数骤然增多。广安市委、市政府组织公安民警、城管执法人员和武警官兵，出动警力15490余人（次）、车辆4200余辆（次），昼夜上街巡逻，疏导交通，维持秩序，对城市居民小区、重点要害部位、群众避震场所予以重点防范，维护社会秩序。在群众避震期间，广安市未出现拥挤踩踏、哄抢物资、损害财物等情况，未发生重大治安、刑事案件。地震发生后，在汶川县城滞留受灾群众75772人，汶川县公安机关协同交通、运输等部门，出动警力280余人（次）、警车50余辆（次），集中组织客运车辆500余辆（次），疏散转移受灾群众58605人，其中学生8200人、农民工12191人、游客34706人（含境外游客867人）、其他受灾群众3508人。成都市、广元市、德阳市、达州市公安机关及时对传播谣言、利用灾情实施诈骗等违法犯罪嫌疑人进行打击。同时，各灾区公安机关加强对灾区政府部门、金融机构、车站、机场、学校、水、电、气等重点单位和要害部位安全保卫，加强对群众集中安置点的治安巡逻防范，维持救灾物资发放秩序，防止发生治安灾害事故，使四川省社会治安平稳，各灾区未发生重大治安、刑事案件和交通、火灾等治安灾害事故。在抗震救灾期间，四川省治安系统出动警力2.45万人（次）、警车3200余辆（次），接受并处理报警6200起，完成各级警卫任务20余次，调解纠纷710起，救助群众3.6万余人（次），疏散群众2.36万人，清理炸药库存点14处，清理、转运、销毁炸药127.87吨、雷管18.75万发、导火索1.47万米、导爆索40万米。

陇南市公安机关在震后，以巡逻民警、武警官兵为主，在群众聚集区组织巡逻，维护社会治安秩序；加强对金融、商场、学校、医院等要害部门和群众聚集场所的安全保卫工作，保证重点部门和人民群众生命财产安全；以基层派出所和社区民警为主，深入社区、村社组织治安联防队、护村队、护校队等群众组织，广泛开展巡逻守护、看楼护院，充分发挥群防群治组织的作用，扩大治安防范覆盖面。以刑事民警、治安民警为主，在暂时无人居住的楼群、院落开展便衣巡逻，采取蹲点守候等方法，破现案、抓现行，打击违法犯罪分子。在抗震救灾期间，陇南市公安机关查处治安案件752起，查处各类违法人员876名。各派出所民警深入大街小巷、楼群院落，走村入户，宣传普及预防地震灾害和灾后自救及防盗、防火、防诈骗、防病等安全防范知识，清除各类谣言。同时，公安民警配合乡镇干部深入辖区，调查了解辖区村（居）民灾害损失和生活情况，掌握地震灾害情况和有关动态，对供油、供水、供气、供电和危险爆炸物品储存等部位开展检查，监督加固防护设施，落实双人值班及每日安全报告制度，发现隐患及时督促整改。甘南藏族自治州公安部门地震后紧急启动应急预案，维护社会治安、交通秩序，保证灾区社会稳定。甘南藏族自治州公安机关出动警力4573人（次）、车辆800余辆（次），救援受困游客 214 人。舟曲县、迭部县公安局成立抗震救灾领导小组和抢险应急分队，组织各警种深入灾区重点单位、各街道群众聚居区徒步巡查，组织群众开展自救。天水市公安局各部门、各警种和各县区公安机关及时抢救伤员，转移疏散群众，排除各种险情，维护社会治安。甘肃省公安机关在抗震救灾期间，共出动警力 19903 人（次）、警车 2929 辆（次），保证灾区社会治安形势基本稳定。

陕西省公安厅在抗震救灾期间，部署各县（市、区）公安部门，把抗震救灾、维护社会稳定作为首要任务。宝鸡市成立维护市区治安指挥部，在金台区、渭滨区、陈仓区、高新区街面设立指挥点，市、区警车全部出动，在大街小巷检查巡逻，防范突发事件，安抚受灾群众。宝鸡市抗震救灾期间，出动警力 52238 人（次）、车辆 7251 辆（次），救助群众 121 人（次），调解纠纷和制止打架斗殴 30 起。5 月 31 日，汉中市公安局印发张贴《关于维护抗震救灾期间社会治安秩序的通告》，在重点单位、要害部位和基层组织中广泛开展自防自治、群防群治、专群结合、专群互助活动，加强各治安区域和各单位内部安全保卫。在地震发生后 4 个多月内，宁强县多次发生 5.5 ~ 6.0 级强余震，县政府组织 34 万群众撤离。宁强县公安局利用巡逻警车，建起“流动派出所”14 个、棚户区“帐篷警务室”37 个、公安抗震救灾突击队 6 支，印发《民警提示单》3000 余份，将报警服务工作延伸到各棚户区。抗震救灾期间，宁强县无重大火灾，无因余震造成重大人员伤亡，无棚户区被盗案件发生。

公安特警队维护治安　5 月 26 日至 7 月 29 日，公安部调集第二批 28 支特警队在灾区执行巡逻防控，维护灾区治安秩序任务。各特警队配合当地公安机关打团伙、抓逃犯。至 7 月 18 日，共查获各类案件 646 起，抓获违法犯罪嫌疑人员 2272 名，缴获枪支 23 支、子弹 434 发、毒品 2066 克、爆炸物品 2234 公斤、被盗车辆 24 辆、赃款和赃物折款 207 万元。赴四川省各特警队共为灾区群众排忧解难、提供服务 6.3 万次，调解纠纷 7300 余起，为灾区群众捐款捐物价值 360 万余元。各特警队共出动巡逻警力 17.9 万人（次）、盘查各种车辆 13.9 万辆，有效震慑了犯罪。各公安特警队参与大型活动安全保卫 424 次，执行警卫任务 4310 次，担负重点部位守护任务 4139 次、疏导交通任务 1.3 万余次，转移群众 25 万人（次）。

公安部调集第二批公安特警配合成都市、绵阳市、德阳市、广元市、阿坝藏族羌族自治州公安机关，采取便衣与武装巡逻相结合的方式，加大对灾区重点部位、重点时段的巡逻防控力度。5 月 27 日至 8 月 1 日，各特警队在驻防地开展巡逻民警进入居民小区、沿街商铺、棚户区、治安复杂点和重点部位的“巡逻五进”活动，实行全天候巡逻设卡。公安特警队深入党政机关、学校、医院、金融单位、灾区群众安置点、救灾物资存放点及与群众生产生活密切相关的供水、供电、供气等重点单位和要害部位，督促落实安全防范措施和守卫力量，保证重点单位、部位和人民群众的生命财产安全。在重点单位及部位主要出入口进行设卡盘查，对可疑人员、车辆和可疑物资加强检查。组织五市（州）治安保卫巡逻队、保安、保卫人员等群防群治力量，采取徒步巡逻和机动巡逻相结合的方式，对居民小区、学校、群众安置点、救灾物资存放点等地，实行 24 小时不间断巡逻，强化社会面控制。（参见图 251）赴四川省公安特警队出动巡逻警力 17.9 万余人（次），盘查各种车辆 13.9 万辆（次）。

各公安特警队到乡村、社区采取发放安全防范宣传单、警民联系卡，举办法制讲座，开展

图 251　6 月，西安市特警队在广元市群众安置点周边巡逻

（公安部　提供）

图 252　7 月底，绵竹市群众欢送宁波市特警队归建

（公安部　提供）

法律咨询等方式，深入群众安置点、受灾家庭，开展以“防盗、防火、防意外事故”为内容的公共安全防范知识、国家法律法规和政策宣传，引导受灾群众安全生产生活，共发放宣传单 12 万余张，安全防范知识手册 10 万余本、警民联系卡 4.2 万余张，服务灾后群众生产生活。各公安特警队与当地公安机关密切配合，做好巡逻防控、打击犯罪、处置突发事件、维护社会治安和服务群众等工作，保护灾区人民群众的生命财产安全，使四川灾区社会治安形势总体平稳，各项公安保卫工作逐步恢复正常。赴四川省参加抗震救灾的各特警队无一伤亡、无一违纪，收到社会各界和群众赠送锦旗 919 面、感谢信 646 封，群众自发慰问特警队 400 余批（次）。8 月 1 日，赴四川省公安特警队结束在四川地震灾区工作，全部安全归建。（参见图 252）

甘肃省、陕西省公安机关在维护当地灾区治安秩序的同时，调集特警队赴四川执行维护稳定任务。兰州市特警队负责对遇难人数较多、房屋损毁严重的绵竹市汉旺镇东汽厂区、东汽技校周边、汉旺镇中心小学、东汽中学、中国银行汉旺分行、银汉商场等重点部位及周边

密集居民住宅楼区域进行警戒。在警戒区内设立5个卡口盘查点，24小时封闭管理，基本上做到不遗不漏。特警队员每天至少工作4个班（次）、10个小时。从6月22日开始，凭当地公安机关开具的身份证明和转移财物通行证，在保证安全的情况下，组织668户、2797人（次）分期、分批有序进入警戒区搬运各自财物。在四川省执行任务期间，兰州市特警队出动警力6471人（次）、车辆3196辆（次），担负重点部位守护任务759次，劝返进入警戒区群众9127人、车辆13269辆，检查进入警戒区车辆6848辆。兰州市特警队在警戒区封闭管理时，7辆警车上贴“兰州特警报警车”标志，昼夜在汉旺镇主要街道和武都镇进行社会面巡控，开展流动接受报警及处理报警工作，方便群众报警和求助。针对巡逻区域面积大、情况不熟悉等实际情况，特警队深入巡逻区域实地查看，确定重点巡控部位，绘制巡逻区域地形地貌图。在巡逻中，特警队深入群众集中安置点和分散居住地，了解社情民意和治安状况，设立15个警民联系点，发展17名治安联络员，主动公开特警队员手机号码，方便群众随时报警求助，并在巡逻区域内的各村、社区、居民聚居区，分别召开治安联络座谈会，与村委会主任、民兵连长、妇联主任及村民小组长等分析社情民意，查找治安隐患，确定防范重点。帮助各村、社区、居民聚居区组建6支、约50人的治安巡逻队，制作配发“治安巡逻”统一袖标，并组织带领巡逻队开展巡逻，建立起受灾群众自防组织。兰州市特警队在四川省执行巡逻任务中，出动巡逻警力2383人（次）、车辆1079辆（次），检查车辆31662辆。

5月30日，西安市特警队206名民警赴广元地震灾区维护治安，服务群众。特警队会同广元市公安局巡警支队、杭州市特警队先后3次召开勤务协调会，划分驻防区域，了解驻防区域治安基本情况，迅速展开工作。至7月18日，西安市特警队在广元市出动警力9181人（次）、车辆713辆（次）；检查车辆6210辆（次）；协助查处治安案件9起，破获刑事案件8起，抓获违法犯罪嫌疑人20名；担负守护重点目标任务171次，疏导交通任务202次，协助处置突发事件7起；担负大型活动安保任务3次、警卫任务5次；调解纠纷338起，为群众服务413次。

重点地区封控　为防止地震次生灾害的发生和灾区疫情蔓延，根据灾区抗震救灾指挥部部署，重庆市、济南市、兰州市、深圳市、大连市、济南市特警队冒高温、抗疫情，对北川县城、绵竹市汉旺镇、汶川县映秀镇等重点区域实行封控，防范次生灾害的发生。

5月29日，济南市特警队驻防北川羌族自治县后，冒着余震多发、唐家山堰塞湖险情加剧及城内尸臭有可能滋生疫情的危险，在县城入口处设立一个检查点，在周围山路高处设立3个观察点，对进入管制区的人员进行询问，劝阻人员、车辆进入北川县城，并承担检查从城内出来人员的消毒等任务，把住北川县城防疫封控的重要关卡。承担县城防疫封控任务的大连市、济南市特警队，自发向遇难同胞默哀，用真情感动大批欲进入封控区的群众自动离开。

6月2日，深圳市特警队到达汶川县映秀镇后，投入警力123人（次），对映秀镇中心区进行全天候封控。6月27日至11月，武警四川省总队达州支队对汶川县映秀镇高危污染废墟区的3个执勤点进行封控，维护封控区社会治安秩序。

6月2日，兰州市特警队到达绵竹市汉旺镇后，在废墟和瓦砾中设立5个执勤点，实行24小时封闭管理，维护汉旺镇社会治安秩序（见图253）。

图 253　6 月，兰州市特警在绵竹市汉旺镇高危污染区执行封控任务

（公安部　提供）

二　打击趁灾违法犯罪

各灾区公安机关特别是公安派出所，加大打击趁灾违法犯罪力度，对侵害受灾群众人身财产安全的犯罪案件，迅速组织警力严厉打击；对趁灾囤积居奇、哄抬物价、欺行霸市等扰乱市场经济秩序的违法犯罪活动，主动配合工商、物价部门依法查处；对制造谣言、散布恐怖信息案件的，在严惩造谣者的同时，利用新闻媒体及时澄清事实，避免引起群众恐慌；对利用各种手段诈骗救灾物资及社会捐款的，揭露本质，坚决打击。6 月 11 日，公安部制定下发《关于公安机关维护地震灾区社会治安秩序需把握的法律政策界限的指导意见》，为依法打击处理灾区趁灾违法犯罪活动，全力维护灾区治安秩序提供了依据。（参见图 254）

赴四川特警队配合灾区公安机关打击趁灾盗窃、抢劫、诈骗和侵吞破坏救灾物资、拐卖妇女儿童等违法犯罪活动；打击篡改捐款账户实施诈骗等新型违法犯罪活动；打击借灾制造传播谣言、散布恐怖信息、煽动扰乱社会秩序的违法犯罪活动；配合工商、物价等部门及时查处囤积居奇、哄抬物价、欺行霸市等扰乱市场经济秩序的违法犯罪行为。5 月 28 日，宁波市特警队在国道 106 线都江堰市青城山门路段巡逻，查获犯罪嫌疑人 3 名，查获“仿 64 式”手枪 1 把、砍刀 1 把、匕首 2 把和冰毒 2 小瓶。5 月 31 日至 6 月 1 日，石家庄市特警队在成都火车站巡逻，先后抓获涉嫌诈骗、盗窃犯罪嫌疑人 3 名，缴获手机 4 部、被盗信用卡 7 张。6 月 9 日，大连市特警队在绵阳市涪城区御营坝抓获一盗窃安置点群众财物的犯罪嫌疑人，缴获被盗手机 3 部。13 日，贵阳市特警队在北川羌族自治县羌寨入城口抓获 3 名犯罪嫌疑人，缴获手提式计算机 2 台、数码相机 2 部及部分金银饰品等赃物。17 日，长沙市特警队在成都市高新区执行巡逻盘查任务时，连续查获 2 起涉枪案件，收缴滑膛枪和“仿 64”手枪各 1 支、子弹 7 发、冰毒 55 克，抓获犯罪嫌疑人 6 名。

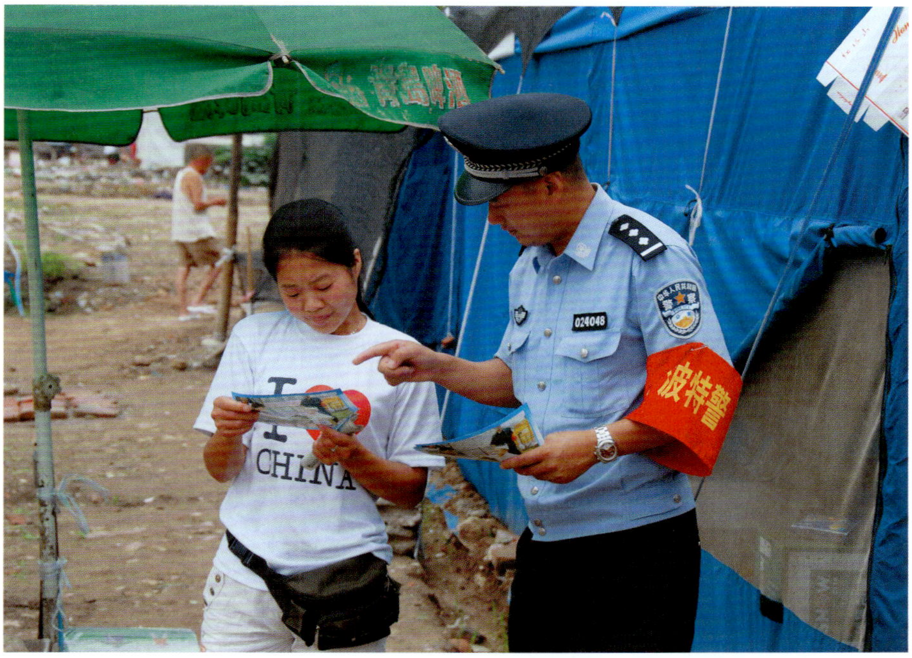

图 254　6 月 24 日，宁波市特警队员在绵竹市街头帐篷安置点宣传防盗知识

（公安部　提供）

18 日，兰州市特警队在绵竹市汉旺镇值勤卡点执勤时，在一汽车上抓获 2 名持枪犯罪嫌疑人，其中一人为汉旺镇地区黑恶势力头目。7 月 3 日，南京市特警队在绵竹市查获一非法收购活动板房建材摊点，抓获犯罪嫌疑人 6 名，收缴价值万余元的活动板房建材。13 日，太原市特警队在都江堰市蒲阳路一损毁居民楼内抓获盗窃犯罪嫌疑人 1 名，缴获部分金首饰、手表、手机等被盗物品。各特警队还承担大量警卫、守卫、交通疏导任务。石家庄市特警队在都（江堰）汶（川）公路上，冒着山体滑坡的危险，昼夜执勤，保证交通畅通。

武警部队抽调专门力量，协助地震灾区打击趁灾违法犯罪活动。6 月 2—9 日，武警四川省总队直属支队协助当地 4 个公安派出所，对都江堰市幸福大道、灌口镇安置区、幸福家园、亚细亚广场、长途汽车站进行昼夜巡逻，在长途汽车站制止盗窃救灾物资事件 19 起，抓获盗窃犯罪嫌疑人 15 名，收缴被盗物资 70 余件。5 月 25 日至 6 月 16 日，武警成都指挥学院协助驻地都江堰市 4 个公安派出所进行昼夜巡逻，在 7 个重要路口设卡检查，盘查过往车辆 4336 辆（次），配合公安机关查获一盗窃窝点，抓获盗窃嫌疑人 211 名，追回被盗现金 7000 余元、车辆 3 辆、手机 8 部及电冰箱、电视机等家电 53 件，抓获涉嫌盗窃偷运铝合金、钢材货车 40 辆；5 月 28 日 16 时，在都江堰市幸福路路口查获假军车 1 辆，查获毒品 50 克、“仿 64 式”手枪 1 支、子弹 4 发。6 月 8 日 20 时，在金水河大桥查获 2 台变卖价值 10 万余元电缆车辆。配合交通管理部门对成灌高速都江堰收费站、聚源中学、亚细亚广场、一号桥、东门口、蒲阳路口、新建小学西、蒲张路口等主要路口实行 24 小时交通管制。6 月 2 日至 8 月 25 日，武警四川省总队直属支队在安县桑枣镇执行武装巡逻任务，制止盗窃 38 起，抓获盗窃犯罪嫌疑人 63 名，收缴被盗物资 200 余件。6—8 月，武警成都指挥学院在德阳市旌阳区和绵竹市城区 45 个固定目标昼夜执勤，每天武装巡逻行程 300 余公里，排查车辆 2.25 万辆，清查可疑人员 600 余名，为保卫目标单位排除险情 5 起，协助公安机关抓获盗窃犯罪嫌疑人 12 名，处置民事纠纷

86起。在抗震救灾期间，武警四川省总队绵阳支队先后抓获盗抢分子70人，挽回经济损失50万余元。

四川地震灾区公安机关强化治安管理，加强与有关部门的协作，严厉打击趁灾违法犯罪。先后破获成都市趁灾盗窃车辆案、汶川县系列盗窃废墟财物案、天全县新闻车辆被盗案，维护了灾区的社会治安秩序。在抗震救灾期间，灾区公安派出所共出动警力31746人（次），处理各类治安、刑事案件544起。四川重灾地区公安机关刑事案件立案与2007年同期相比下降40%，治安案件与2007年同期相比下降27%，灾区社会治安秩序有序可控，基本稳定。

阿坝藏族羌族自治州各级公安机关与深圳市、合肥市特警队员400名、武警官兵700名，组织开展群防群治、治安防控巡逻，防止和打击趁灾抢劫盗窃、诈骗等犯罪活动。5月12日至12月，阿坝重灾地区刑事、治安案件与2007年同期相比分别下降17.1%和24%，火灾事故下降33.33%。

地震波及达州市，震后不少群众在外露宿。由于余震不断，加之通川、大竹、渠县等地先后发现河流、水井、动物出现异常现象，造成部分群众心理严重恐慌。其间，一人用手机短信恶意篡改达州市防震办公室公告，发布“即将发生更大地震”的信息，致使大量市民先后7次涌向街头。达州市委、市政府迅即通过市防震办公室，先后4次将四川省地震局专家的震情趋势意见，向社会发布信息公告，通过手机短信发布受众1329万人（次），通过广播电视台发布受众1231万人（次），通过宣传车发布受众620万人（次）。达州市公安局迅速破案，将犯罪嫌疑人依法刑事拘留，遏制各类谣言继续蔓延。广元市公安局与黑龙江省、浙江省、陕西省等特警队，加强社会面控制。地震发生后，广元市共立刑事案件3275起，与2007年同期相比下降13.2%，未发生重大恶性案件。

地震后，天水市公安局立即发布《关于维护抗震救灾期间社会治安秩序的通告》，要求坚决服从政府和有关部门发布的决定、命令和应急处置措施，不得妨碍公务人员依法履行职责，不得散布有关地震的虚假信息，不准垄断货源、囤积居奇、哄抬物价，不准毁坏地质检测或地震监测等公共设施，从严追究抢劫、盗窃、哄抢救灾物资及公私财物行为的刑事责任，严厉制止严重暴力犯罪活动。陇南市公安局对群众在外避险，特别是暂时无人居住的楼群院落，开展便衣巡逻、蹲守。打掉一趁灾混乱盗窃犯罪团伙，抓获犯罪嫌疑人6名，破获案件30起；武都区公安民警在巡逻中，抓获在城关清真巷一居民楼内实施盗窃的犯罪嫌疑人4名，经审查，犯罪嫌疑人又交代出趁灾入室盗窃案件13起。甘南藏族自治州公安局及时处理在舟曲县峰迭乡等乡（镇）趁灾哄抢救灾物资案件，并破获城关镇、曲告纳乡2起趁灾盗窃案件，为失主挽回经济损失3万余元。

陕西省公安厅组织各灾区公安机关打击各类违法犯罪特别是趁灾盗窃、抢劫、诈骗等违法犯罪活动，维护灾区群众安全。至6月11日，汉中市公安局破获刑事案件83起，抓获犯罪嫌疑人85名，其中网上通缉逃犯31名，使汉中市发案大幅减少。5月12日至6月1日，宝鸡市公安机关共出动警力61836人（次）、车辆8025辆（次），调解纠纷、制止打架33起，查处各类案件19起。市区“110”报警服务台共受理群众报警和求助电话12360起，出警处置2693起；刑事案件、治安案件与2007年同期相比分别下降37.5%、4.9%。

三　户政管理

警务恢复　地震发生后，各灾区公安机关和基层所队不同程度受损。四川省 1011 个公安派出所遭到不同程度损毁，特别是成都市、绵阳市、德阳市、广元市、雅安市、阿坝藏族羌族自治州的 778 个公安派出所中，有 338 个公安派出所办公用房在地震中垮塌或成危房不能使用。派出所计算机、打印机、第二代居民身份证（以下简称“二代证”）办理设备等办公设施及交通、通信、防护器材等警用装备损失严重。同时，由于大量受灾群众异地安置，原有行政区划被打乱，原有基层组织不能履行管理职能，公安机关警务管理职能亟待恢复。

公安部以组织部署对口支援的方式，解决地震灾区公安机关临时办公用房、羁押场所、民警宿舍、基本办公设备、急需交通工具等问题，使灾区公安机关在一个月内迅速恢复运转，全面履行职责。同时，组织地震灾区公安机关立足自救，尽快恢复派出所工作。6 月 2 日，四川省公安厅下发《关于全部恢复公安派出所对外办公的紧急通知》，要求各灾区公安派出所在一个月内恢复正常运转。成都市公安机关在地震中有 28 个公安派出所用房损毁或成为危房，办公设施及警用装备受损严重，无法在原址正常办公。5 月 29 日，成都市公安局下发《关于做好灾民安置点警务室建设及有关工作的通知》，要求各单位实施警务前移，将社区和农村警务工作延伸至群众安置点，加强安置点警务室的规范化建设。安置点警务室做到统一外观设计、统一公开内容、统一工作台账。6 月 5 日，成都市受灾派出所全面恢复正常工作。

在抗震救灾期间，四川省公安厅在废墟上和群众安置点，共建立“帐篷派出所”125 个（参见图 255）、群众安置点警务室 1180 个，其中帐篷警务室 395 个，基层警务工作基本得到恢复。

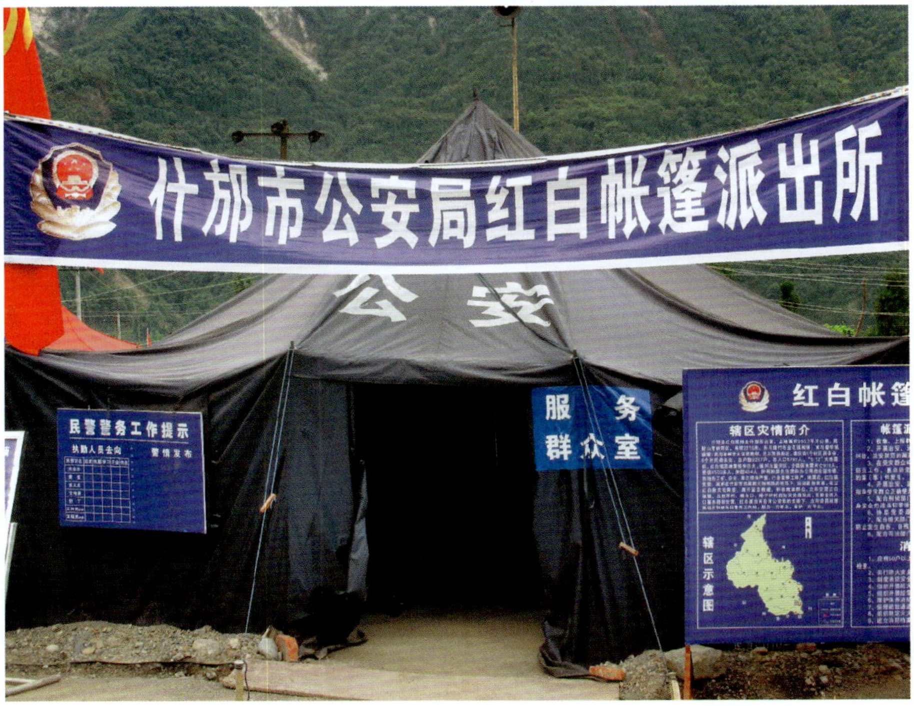

图 255　在抗震救灾期间，什邡市公安局红白镇派出所在灾区设立“帐篷派出所”（四川省公安厅　提供）

至6月10日，四川灾区受损的1011个公安派出所、1565个社区和农村警务室全部恢复办公。

人口管理 地震造成四川省公安机关人口信息遭到破坏或发生变动。灾区群众身份证、户籍证明损毁、遗失，给群众出行、办理银行业务带来极大不便。各级公安机关在尽快恢复正常运转后，立即加强实有人口管理，保障灾区群众正常生产、生活秩序。5月23日，四川省公安厅治安管理总队制定《服务受灾群众十条便民利民措施》，提出：“一、简化办证手续。在受灾群众聚居点设立临时办证点，方便群众办证。二、免费办理临时居民身份证。对急需用证的受灾群众，公安机关及时办理临时居民身份证，免收工本费。三、免费办理居民户口簿等户籍证明。对急需用证的受灾群众，其户口所在地市（州）范围内的户政管理机关应免费办理居民户口簿、户籍证明等身份证明材料，加盖出具证明机关户口专用章。四、方便受灾群众领取居民身份证。五、放宽灾区新生婴儿落户条件。对灾区出生新生婴儿，凭医院开具的出生医学证明或救援医生开具的证明落户。无医院或医生开具证明的，可凭乡、村或居委会证明予以落户。六、简化灾区死亡人员注销手续。灾区死亡人员亲属，可凭镇以上政府、医院、民政部门出具的死亡证明或死亡人员名单在常住户口所在地办理户口注销手续；无上述证明的，由乡、村或居委会出具证明，辖区民警负责核对，开具死亡证明书，辖区民警签名盖章后，办理户口注销手续。七、协助受灾群众查找亲属。群众要求公安机关帮助查找亲属的，公安机关应及时受理。八、放宽受灾群众住宿登记条件。受灾群众到旅店住宿，无居民身份证的可凭居民户口簿、户籍证明或乡、村、居委会开具的证明办理住宿登记。九、严格灾区犬只管理。对灾区无主野犬，一律予以捕杀，防止狂犬病等疫情在灾区流行，保证灾区群众生命安全。十、做好民用爆炸物品管理，服务灾区建设。”

四川灾区各级公安机关根据省公安厅《便民利民措施》下发相关文件，服务灾区群众，做好人口管理工作。5月21日，成都市公安局下发《关于切实做好为受灾群众办理户口、居民身份证等相关工作的通知》，要求公安办证中心与民政、房管等相关部门协调联系，掌握房屋损毁受灾群众分布、人数及详细情况。严密办证、领证信息审核，开辟受灾群众办理户口和身份证“绿色通道”。地震造成受灾群众有的户口所在地地址、门楼牌发生变动，成都市公安局决定，暂不为受灾群众制发“二代证”。对急需使用身份证的群众，各公安办证中心根据需要，现场补办户口簿和临时居民身份证，一律免收工本费。同时，做好受灾群众免费办证情况登记和领证信息记录，以便核实身份信息。对补办户口簿和临时居民身份证本人与人口信息系统照片一致的，可直接补办户口簿和临时居民身份证；对本人与人口信息系统照片不一致或无法辨认的，可通过核实驾驶证、结婚证、工作证等其他有本人照片证件，补办户口簿和临时居民身份证；对无法现场核实办证人信息的，公安办证中心及时联系办证人户口所在地派出所，在派出所核实并出具“受灾群众人口信息核实证明”后，公安办证中心可办理；对确实无法核实办证人信息的，公安办证中心暂缓办理，并做好群众的解释工作。成都市公安局治安防范人口管理处为实施《便民利民措施》，出台8条细化措施，开辟受灾群众办理户政业务“绿色通道”、设立灾区群众服务窗口。26日，成都市21个公安办证窗口全部对外接待群众。至27日，成都市公安办证中心共接待受灾群众12万余人，为受灾群众办理户口19249件，受理临时身份证5326张，制作“二代证”29022张。

德阳市部分受灾群众户口簿、居民身份证等重要证件丢失、损坏，无法办理出行、务工、存取款等手续，影响正常生产、生活秩序。6月1日至12月31日，德阳市公安局推出6项便民利民措施。至6月26日，德阳市共接受群众咨询、求助15890次；办理户籍证明和发放临时身份证14724张，办理暂住证459个，审批、办理、查询户政业务、信息34592件（份、次）、户口迁移395人，新生婴儿及婚迁等上户口141人，办理“二代证”2448张，开具死亡证明、注销户口300余个。

阿坝藏族羌族自治州一些受灾群众户口簿、居民身份证等证件在地震中损毁、丢失，特别是汶川县附近余震不断，交通不便，在成都、乐山等地投亲靠友和政府安置的受灾群众无法返回当地办证。四川省公安厅治安总队经与阿坝藏族羌族自治州治安支队协商，6月16日，在省公安厅身份证制证中心设立异地办证点，为阿坝藏族羌族自治州受灾群众办理临时身份证、户口簿及开具户籍证明，并对异地办证提出及时办理证件、简化死亡户口注销、免收办证费用、公布办证地点和联系电话等服务措施。16—17日，异地办证点为灾区群众办理户口簿50件，开具户籍证明136人（次），办理临时身份证228张，其中为在成都市安置的150名高三年级学生办理临时身份证，方便学生高考报名及参加高考。

图256　北川羌族自治县公安局震后迅速恢复户政业务，为群众办理临时身份证、户口簿

（四川省公安厅　提供）

绵阳市公安局简化群众户籍证明办理手续。对受灾群众急需办理身份证、户口簿和户籍证明的，公安机关通过人口系统查实核对或申请人可提供相关证明材料的，立即免费办理临时居民身份证、户口簿等户籍证明。绵阳市公安局授权江油市、安县公安局分别为受灾严重的北川羌族自治县、平武县辖区受灾群众办理临时身份证。绵阳市所有派出所户籍窗口、办证中心通过人口信息管理系统，及时查询为受灾群众开具户籍证明；并在北川羌族自治县、平武县、安县、江油市受灾群众集中安置点设立临时办证点，为受灾群众办理户籍、身份证明。（参见图256）绵阳市公安局放宽灾区新生儿和孤儿户籍办理条件，简化灾区死亡人员注销手续，放宽灾区群众住宿登记条件，简化支援灾区的国家机关、企事业单位刻制公章手续。

地震使雅安市雨城、汉源、芦山、石棉等地公安基层派出所不同程度受损，不能在原地办公。当地公安机关针对辖区治安状况，建立“帐篷派出所”或“流动警务室”。汉源县公安局富林派出所在老城区广场和新区扬子矿业公司门口设立两个“帐篷派出所”，向群众宣传法律法规、防火、防盗等知识和地震自救基本常识，接受群众报警、咨询和求助。（参见图257）根据灾后

图257　汉源县公安局富林派出所民警在“帐篷派出所”研究部署工作

（公安部　提供）

学校复课、医院搬迁、群众聚集的实际，建立“流动警务室”。芦山县公安局太平派出所在院内空旷地带搭建临时帐篷，恢复户籍、“二代证”办理等工作。石棉县公安局针对群众聚居在广场、草坪、街道等开阔地带，家中无人的情况，成立“流动警务室”，开展巡逻、接受群众报警、咨询、救助和打击现行违法犯罪等工作。

四川省公安厅6月26日召开部分灾区户政管理工作座谈会，就灾区户口迁移，父母、夫妻、子女投靠、分离户、死亡注销、办理居民身份证等工作存在的困难和问题进行研究。会议提出对要求将户口迁入灾区、要求分户的一律暂缓办理；研究出台便民惠民措施，能简化手续的简化手续，能减免费用的尽量减免，为灾区群众排忧解难，提供优质高效服务；加强群众安置点人口管理，灾区治安户政管理部门跟进管理措施，将群众安置纳入实有人口管理。7月27日，四川省公安厅治安总队下发《四川省公安厅关于切实加强灾后重建期间实有人口管理工作的意见》，对灾区3～5年灾后重建期间，户口登记、迁移、灾区人才引进大中专学生落户、军队复转人员和刑满释放解教人员的落户、婚嫁落户、常住人口、流动人口管理、孤儿上户立户条件、死亡人员注销、分户、立户等提出指导性意见。8月1日开始，四川省在全省范围内特别是成都市、德阳市、绵阳市、广元市、雅安市、阿坝藏族羌族自治州开展为期3个月的实有人口清理核实工作，做到遇难人员、失踪人员、常住人口、流动人口底数清、情况明，为灾后重建和实有人口管理工作提供保障。

在抗震救灾期间，四川省公安厅治安总队免费为灾区公安机关调拨户籍簿和办理临时身份证所需材料各30万份，组织人员送到基层公安机关。四川地震灾区公安机关共受理户政业务45.2万件，为群众办理身份证业务40.2万余张，办理临时身份证11.3万余个、户口簿8万余件，开具户籍证明38.3万张、死亡注销10234人，新生儿入户1936人，帮助查找亲属9645人。（参见图258）

5月27日，陕西省公安厅推出优先为灾区群众办理“二代证”，免费为灾区群众办理临时居

图258 在抗震救灾期间，四川省公安厅治安总队设立灾区临时户籍办事处，方便群众办理户政业务（四川省公安厅 提供）

民身份证，免费为失去家园的受灾群众补办户口簿，放宽灾区新生儿报户政策等7条便民措施。省公安厅治安局服务灾区群众，加班加点，赶制“二代证”，并冒着余震、克服道路堵塞等困难，先后44次深入汉中、宝鸡、安康等5个市的48个县（区）送发“二代证”53万张。

四 安置点治安管理

地震发生后，灾区群众安置点陆续建立，由于居住人员多，秩序较为混乱，消防隐患突出，群众间纠纷不断。各灾区公安机关普遍建立“帐篷派出所”、临时警务工作室，组织受灾群众中的党员、干部、治安保卫积极分子建立临时治安保卫委员会、义务巡逻队，加强治安巡逻及治安、消防安全知识宣传教育，提高受灾群众的自主防范意识和能力。同时，加强群众安置点治安纠纷的调解处理力度，防止群众间纠纷变为刑事或治安案件。

四川省治安管理部门创新管理模式，各公安派出所在群众安置点统一设立集体户，按帐篷编制门牌号，逐个帐篷进行登记造册，推行以“篷”管人，并在每顶帐篷确定负责人，及时掌握帐篷内入住人员的动向；利用人口信息管理系统，加强对群众安置点的人口登记管理、地震遇难者身份核实和失踪人员的清理登记工作。对散居人员分别进行见面审查，逐一登记造册，并对暂住人员免费办理“暂住证”。安县公安局抽调民警19人，在安置点建起6个“帐篷警务室”，组建抗震救灾治安巡逻队、抗震救灾治安信息队和抗震救灾治安防范宣传队。针对安置点帐篷多、火灾隐患突出的特点，警务室民警清理规范安置点的帐篷区域，设置消防通道。对每顶帐篷进行编号，方便老人、儿童入住和警务室管理。广元市公安局在受灾群众棚户区等临时居住点建立临时警务室和治安执勤服务点，在利州区、青川县、剑阁县受灾地区集中居住300人以上棚户区设立临时警务室，300人以下棚户区设立治安执勤服务点，共设立临时警务室15个、治安执勤服务点25个，并在各临时警务室和治安执勤服务点悬挂或张贴硬式、软式横幅标牌。执勤民警和辅警组建治安巡逻队，按棚户区规模大小及入住人员的多少，安排棚户区外围治安巡逻防控，巡逻民警在棚户区周边地区开展治安巡逻防范；治安巡逻员在巡逻民警指导下开展巡逻防控和安全检查，做好解释和疏导引导工作，及时澄清各类谣言，稳定群众情绪，增强群众安全感。临时警务室和治安服务点民警负责开展安全巡查，信息收集、上报，治安、消防隐患排查，指导群众使用灭火器材，调解群众矛盾纠纷及服务群众，配合做好群众心理疏导。以帐篷、活动板房等群众安置点建立的临时公安派出所和临时警务室，实行 24 小时接报警，设立临时户籍室，开展户政便民、利民工作。

陕西省公安厅组织基层巡警队和派出所利用巡逻警车，建起“流动报警点”“流动派出所”，让安置点群众随时能找到公安民警。各公安分局、派出所除值班人员外，全部下到社区、居民院落、大街小巷及群众安置点，带领协警员、社区人员，疏散群众、保护安置点安全，并对人去楼空院落进行巡逻。各派出所在群众安置点悬挂“民警就在您身边”等横幅，加大巡逻见警率，增强群众的安全感。

五　重点部门治安防范

地震使灾区各重点部门安全受到威胁，特别是金融部门受损严重。灾区各级公安机关加强对党政机关和涉枪、涉爆、涉毒单位，救灾物资存放点及与群众生产生活密切相关的水、电、气等基础设施的安全防范。在督促指导内部单位及时整改安全隐患，完善落实防范措施的基础上，协调援助特警、驻地武警等专职防范力量，实行 24 小时守护。对学校、医院等单位依托内保组织，派驻保安等防范力量，加强巡逻守护。为加强灾区“帐篷银行”“活动板房银行”“汽车银行”的安全，公安部会同中国银监会下发通知，要求做好银行安全保卫。

地震发生后，四川省公安厅治安总队针对银行及部分金库受损严重，安全保卫工作难度大等情况，与四川省证监局、银监局联合下发通知，迅速对证券、金融等重点单位安全保卫工作做出部署，要求 6 月 14 日至 7 月 10 日，在四川省证券期货系统要害部位和重点场所开展安全专项检查。各证券期货公司及证券期货营业场所，特别是成都、德阳、绵阳、广元等地营业场所治安防范工作和反恐怖措施落实情况，发现和排除安全隐患，预防可能出现的群体性事件。对证券期货经营机构保卫队伍的建设情况进行了解，制订处置突发事件预案，发现问题，督促整改。加强银行营业场所、金库、计算机数据中心等区域的物防、技防设施建设，健全内部安全管理制度，堵塞内部防控漏洞。加强对保安押运公司监督管理，严格枪支管理和使用，严防涉枪案（事）件的发生。7 月 3 日，四川省公安厅针对地震灾区“帐篷银行”“活动板房银行”等银行业金融机构临时营业网点和金库安全保卫工作作出部署，并下发《关于切实加强地震灾区银行业金融机构临时营业网点和金库安全保卫工作的指导意见》，提出各金融单位在临时营业场所选址要尽量靠近繁华路段、安置点的中心位置或警务室周边，有条件的地区采取合署办公、集中办理业务等方式。活动板房临时营业场所设有窗户的要加装防护栏，与外界相通的出入口安装防盗安全门，现金业务要在封闭的空间办理，现金业务区的物防要按照《银行营业场所风险等级和防护级别的规定》要求安装。临时营业场所安装视频安全防范监控装置，能实时监控营业场所内人员活动情况及出入营业场所人员情况，回收图像应能清晰分辨人员的体貌特征。现金业务区能实时监控、记录现金支付交易的全过程，回放图像应能清晰显示柜员操作及客户脸部特征。运钞交接过程要进行实时监控和记录，并能清晰显示回放录像；录像资料保存时间不少于30天。活动板房临时营业场所的板材，应采用具有防火功能的双面彩钢板，配备相应防卫器材、消防器材和自动应急照明设备。当地公安机关有“110”报警平台的，活动板房临时场所内要安装“110”联动报警装置；没有“110”报警平台的，银行内部应有联网报警装置。临时营业场所应配备两名以上保安，如果是帐篷银行、流动服务车、集装箱或现金金库、周边治安复杂地区等场所，可商请保安守押公司武装巡逻守护，营业网点要限制现金库存；对邮政储蓄银行和农村信用联社临时网点多，且多为帐篷银行、流动服务车、集装箱等应急形式，由公安机关指导落实安全防范制度；各保安押运公司和自行押运各银行、金融单位在押送钞时，要严格按照相关程序进行交接。在押运时，采取增加押运人员或派出护卫车护送，及时了解押运人员的思想动态，加强对押运人员安全教育。在交通方便的地方，夜间将现金等重要物品集中存放到金库中，实行集中统一守护，没有金库的临时营业场所采用寄库方法临时存放。在阿坝藏族羌族自治州等交通不便的地区，要向当地抗震救灾指挥部汇报，指定安全场所存放并加强守护。各金融机构要加强对持枪人员的安全管理，提高在特殊时期的安全意识，严格按照枪支、弹药各项规章制度进行操作。各临时营业场所要制订有针对性的防抢、防盗、防诈骗和火灾、余震等突发事件的应急预案，并根据实际情况制订安全防范制度。青川县人民银行、农业银行及城市信用社等金融单位严重受损，为尽快恢复灾区秩序，青川县委、县政府要求所有银行自行搭建临时营业点，恢复营业。5月25日至8月22日，武警四川省总队广元支队每天派出官兵20人，担负青川县人民银行金库约2亿元现金、青川县农业银行约3000万元现金的守卫任务。武警四川省总队广元支队相继派武警配合恢复临时营业点的青川县农业银行、青川县城市信用社维护营业点秩序，保证救灾资金安全。（参见图259）

图259　在抗震救灾期间，广东省特警队守护绵竹市“汽车银行”临时营业点

（公安部　提供）

针对灾后各种趁灾侵财型犯罪突出的情况，灾区公安机关及援助四川省的特警队加强对灾区废品收购业、典当业、旅店业等的治安管理。特别是结合救灾物资清理检查，开展废旧金属、救灾物资清理检查专项行动，规范行业场所经营行为，堵塞销赃、窝赃的渠道，查获大批被盗物品和救灾物资，有效遏制抢劫、盗窃和哄抢灾区受灾群众财物与救灾物资等犯罪行为的发生。

天水市公安机关以水、电、油、气、通信等重要行业、设施为重点，逐一进行检查、排险、监控，落实管理措施。公安消防、治安部门完成天水中国石油管道燃气有限公司气化站排险、奔马啤酒有限公司两座破裂烟囱拆除作业等多项紧急排险工作。5月13日后，各地援助陇南市的救灾物资陆续抵达天水市，按照援助陇南灾区物资储运领导小组的部署，天水市公安机关开展援助物资储运安全保卫，组织民警200余人、警车40辆，负责天水机场、天水火车站、天水转运站等物资装载地的安全警戒任务，并担负物资转运途中开道、引导、疏导交通等勤务工作，保障抗震救灾物资从航空、铁路、公路安全快速送往陇南灾区。5月14日至6月6日，共保障护送、运送救灾物资车辆36批522辆（次）。同时，天水市公安机关加强党政机关、要害部门和学校、医院、公共娱乐场所、公交车、大型商场、集贸市场、书城、图书馆等重要区域和人群聚集场所的治安管理，组织公安民警60余人，开展24小时不间断的辖区巡逻，做到"路面见巡警、辖区见警员、夜间见警灯"。陇南市公安机关加强重点部门安全保卫，军分区、各县区人武部检查民兵弹药、枪支库房，文县、康县、西和县针对弹药库房严重受损情况，5月12日连夜组织人员将弹药、枪支转移，重新安置，增派警力，加强夜间执勤，保证武器装备安全。甘南藏族自治州加强矿山、企业、电站、车站、电力通信设施、银行、学校、医院、供水、供电等重点单位和公共活动场所的重点安全保卫，实行24小时治安巡逻，民警深入重点乡镇、厂矿企业和重点单位，检查值班备勤措施；在灾区集中安置点建立健全群防群治组织，加强集中安置点的水源地等重点要害部位治安巡逻和防范守护。

六　危险物品管理

地震造成四川灾区部分枪支、爆炸物品等危险品流失，炸药存放点建筑物受到不同程度损坏，有的炸药仓库垮塌，炸药及雷管散落。公安部立即要求灾区公安机关迅速行动抢运危险物品，并协调当地政府做好爆破排险工作，防止爆炸事故的发生。5月20日，四川省公安厅召开加强地震灾区治安工作电视电话会议，就加强枪、爆危险品管理工作，防止被盗丢失事故提出工作要求，加强受灾地区枪、爆危险品抢险排危工作。四川省公安厅治安总队派出排爆专家深入灾区，实地查看枪、爆危险品管理情况。21日，四川省公安厅下发《关于加强地震后枪爆危险物品安全管理的紧急通知》，要求做好对地震受灾地区枪、爆危险品安全处置工作。对受到损坏的枪弹库房内枪支弹药进行全面清理登记造册，组织相关力量及时转运到具备安全条件的枪弹库内存放，并做好安全守卫，严防枪支弹药的流失。对受到毁坏的民用爆炸（以下简称民爆）物品仓库的爆炸物品，在道路开通情况下，能转移的组织车辆和人员进行安全转运；对道路不通或被掩埋的民爆物品仓库，暂时无法进行转运的，要标明位置或设立警示牌，加强值班守护，保证不发生流失，待具备安全作业的条件下，再逐一进行清理收回。对无法安全转运、确实需要就地销毁的民爆物品，在充分考虑销毁时震动带来的危险性及爆破带给群众的恐慌等因素，选择安全地点，采取少量、分批次的方法进行销毁。四川省各级公安机关治安部门采用先进行调查摸底、分情况制订转运方案、设立警示标志、分批次安全销毁的办法，稳妥处置民爆物品，保证灾区枪、爆危险品的安全管理。

四川省公安厅治安总队先后协调德阳市、绵阳市、广元市、雅安市、阿坝藏族羌族自治州、广安市公安机关和四川省工程爆破协会、西南交大爆破研究所、中铁二局爆破公司，积极做好民爆危险品转运和爆破抢险排危工作。5月15日，四川省公安厅治安总队协调绵阳市、德阳市公安局，将绵竹市兴远特化公司受损仓库内的12吨炸药，转运到绵阳市民爆物品仓库存放。18日，四川省公安厅治安总队会同德阳市公安局，组织专门力量将什邡市某涉爆从业单位被震坏炸药库内1.1吨炸药和上万枚雷管，转运到什邡市民爆物品公司专用库房存放。（参见图260～261）

图260　5月22日，阿坝藏族羌族自治州公安局民警帮助转移易爆物品
（四川省公安厅　提供）

图261　抗震救灾期间，什邡市公安局治安民警指导、帮助销毁炸药
（四川省公安厅　提供）

各受灾地区公安机关积极做好枪支、民爆物品等危险品的转移、销毁管理工作。5月19日下午，平武县抗震救灾指挥部向绵阳市抗震救灾指挥部办公室报告，南坝镇电解锰厂在地震后厂房全部垮塌，厂内库存有两吨多剧毒物品。剧毒物品一旦流入涪江，将造成极大污染，危及沿江群

众的生命安全。绵阳市抗震救灾指挥部立即决定，将剧毒物品转移至安全地带。绵阳市公安局治安支队派专人前往南坝镇，与环保局人员一起组织专用车辆、专业技术人员将剧毒物品安全装车起运。平武县境内道路塌方严重，转运途中，装有剧毒物品的货车陷入河沟，民警立即与救援部队联系，车拉、人推，硬是将车拖出河沟。在转移途中，南坝镇发生5.0级余震，陡峭山路上沙石滚落，转运人员冒着道路塌方危险，凭着熟练的驾驶技术，将剧毒物品安全转移到安县睢水银河化建公司。20—22日，绵阳市公安局会同绵阳市环保局等部门转移西南科技大学、市药品检验所存放的1300余公斤剧毒化学品。21日，绵阳市公安局转运北川羌族自治县境内炸药9.18吨、雷管近5万枚、导火索7500米。25日，阿坝藏族羌族自治州公安局会同在当地执行任务的济南军区某部官兵，将52吨炸药和30万余米导火索，紧急转移到茂县专用库房存放。地震造成北川羌族自治县疾病控制中心工作用氰化钾和三氧化二砷被倒塌房屋压埋。为保证唐家山堰塞湖溃堤后，不发生因剧毒物品泄漏造成重大安全事故，6月7日，绵阳市治安支队接到抗震救灾指挥部赴北川县城转移剧毒物品的指令。治安支队民警冒着房屋随时倒塌和剧毒物品容器受损泄漏的危险进入县城，在废墟中提取、装载、转移散落的剧毒物品。为避免剧毒物品在运输途中因撞击而引发爆炸，在崎岖山路的行进中，驾驶员尽量减缓速度，用3个多小时将1070克剧毒物品安全转移到绵阳市仓库。

在抗震救灾期间，四川受灾地区共安全转运枪支1913支、子弹14万余发、炸药272吨、雷管119.3万余枚、导火（爆）索47.7万余米、剧毒等危险化学品5793公斤。

四川省治安管理部门在转运、销毁爆炸物品的同时，及时处置和排除爆炸隐患。汶川县因地震损坏民用爆炸物品库房14间，其中位于威州镇七盘沟村2组的阿坝藏族羌族自治州民爆物品专营公司七盘沟中心仓库的房顶，被崩塌的山体飞石砸穿4个大洞，部分炸药被压埋在滚落的巨石下；距中心仓库80米的雷管库房顶也被落石砸穿，部分雷管被压在巨石下，被压雷管在余震频繁发生中，极易引起库存的2号岩石乳化炸药、4号岩石粉状铵油炸药、铵松腊炸药等52吨、雷管14万枚及导爆索30万余米爆炸酿成大祸。阿坝藏族羌族自治州及汶川县公安局组织民警6人、武警某团官兵30人、运输车辆20辆、阿坝藏族羌族自治州金盾爆破公司8人迅速赶赴现场，转运炸药50.4吨、雷管14万枚、导爆索2.5万米到茂县仓库，其余炸药、导爆索等爆炸品就地销毁。

四川省公安机关为地震灾区生产生活紧急购买、运输爆炸危险物品提供便利。5月15日，成都市、宜宾市公安局治安部门为成都市自来水厂调运氯气，解决水厂消毒药品紧缺的问题。17日，德阳市公安局治安支队为市新兴化工厂购买化验水质所用化工药品办理购买证、运输证，保证水质检测工作的顺利进行。23日，四川省公安厅治安总队专门推出便民措施，优先供应救灾工作所需民爆物品，因民爆物品信息系统或民爆从业单位卡受损，无法通过信息系统办理购买、运输证件的，公安民警就通过手工办证等方式办理，保证灾区的民爆物品正常使用。四川省公安机关协调爆破作业单位，为恢复重建排除险情。18日，省公安厅治安总队组织省工程爆破协会、西南交大爆破研究所、中铁二局爆破公司等单位爆破专家深入地震灾区，向有关地区抗震救灾指挥部提出利用爆破方式支持救援工作的建议，并协助准备爆破作业所需的小型空压机、手风钻、风镐、液压破碎锤、电子起爆器等设备及相关爆破工程技术人员。德阳市公安局治安支队组织当地爆破工程技术人员，对东汽、宏达集团等单位高危建筑实施爆破拆除，对绵竹市清平乡金鱼嘴等地执行爆破排险任务。25 日，四川省公安厅为省交通厅国道 213 线百花大桥爆破协调爆炸物品，保障爆破的顺利实施。

兰州市公安局治安管理处对全市 118 个枪弹库、288 个标准枪弹柜进行安全检查，收缴各机关、企事业单位内保系统超范围配备公务用枪 812 支及各类军用子弹 1.3 万发，集中销毁非法枪 950 余支；收缴烈性炸药 759 公斤、雷管 5677 枚、导火索 1432 米、导爆索 561 米、黑火药 15 公斤、烟花爆竹 212 箱、废旧手榴弹 10 枚、炮弹 18 枚、反坦克地雷 3 枚。

七　废旧金属收购管理

地震造成房屋大量倒塌，通信、电力、水利、市政等基础设施破坏严重，由此产生大量废旧金属，部分不具备合法收购经营资格的人员，企图借机发财，大肆收购、盗窃废旧金属。

地震发生初期，四川省公安机关通过开展废旧金属、救灾物资清理检查专项行动，规范废旧金属收购经营行为，遏制灾区盗窃、哄抢废旧金属、物资等违法犯罪行为。绵阳市公安局部署北川、安县等地震极重灾县（市）公安机关设置卡点，对在灾区运输废旧金属车辆进行检查，查扣大批从灾区拉出的无合法手续的废旧金属。安县公安局两次对辖区内 23 家废旧金属收购点开展拉网式检查，查处手续不全、无废旧金属收购经营资格的收购点 7 家；涪城区、高新区、梓潼县等地也集中清查废旧金属收购网点。绵阳市公安局制定《关于进一步加强灾后废旧金属收购业治安管理工作的意见》，依法打击废旧金属收购活动中的违法犯罪活动。各地公安机关履行监管职责，开展排查摸底工作，掌握灾后辖区内废旧金属收购企业和个体工商户基本情况，按照《再生资源回收管理办法》，指导督促回收生产性废旧金属再生资源回收企业，以及回收非生产性废旧金属再生资源回收经营者，在取得营业执照后 15 日内，向所在地县级公安机关治安部门备案，对于灾后交通不便或偏远地方，由县级公安机关治安部门委托辖区派出所代办手续；县级公安机关治安部门将备案废旧金属收购企业和个体工商户通报辖区派出所；监督检查再生资源回收企业回收生产性废旧金属时，对物品名称、数量、规格、新旧程度等如实进行登记。出售人为单位的，查验出售单位开具证明，并如实登记出售单位名称、经办人姓名、住址、身份证号码；出售人为个人的，如实登记出售人姓名、住址、身份证号码，登记资料保存期限不得少于两年。在排查摸底工作基础上，开展重点整治，打击收购废旧金属活动中违法犯罪行为，扭转一些地区违法违规经营状况。对非法设置收购网点，未在规定时间内备案、备案事项发生变更后未及时办理变更手续的企业和经营者，对没有如实登记回收生产性废旧金属及出售人有效信息的，对收购国家禁止收购的金属物品甚至收赃购赃的，对盗窃、损坏油气田设施、电力电信设施、广播电视设施及各类公共设施违法犯罪活动的，按照法律、法规处罚，构成犯罪的追究刑事责任。各地公安机关与当地工商、环保、宣传部门配合，开展对废旧金属收购企业和个体工商户经营活动进行联合执法检查，建立健全协调联动工作联系机制。

6 月后，绵阳市公安局治安支队针对北川县城周边及安北公路一线废旧收购点猛增，一些人员盗窃废旧金属物品等现象，及时研究工作方案，强化废旧金属收购管理整治力度。绵阳市公安局治安支队、巡警支队、交警支队抽调人员参与清查、设卡、车辆盘查，做好废旧金属管理。北川、安县等地公安局加强路面执勤警力，在公路沿线设置卡点，查扣一批从灾区拉出的无合法手续废旧金属车辆，同时以辖区派出所为单位，组织力量对各收购网点进行检查，处罚一批非法收购点。绵阳市公安局组织工作组深入地震极重灾区，参与当地公安机关对废旧金属收购业清查，查处非法收购点，破获窝赃、销赃及盗窃案件，清查站点1076个，查处治安案件10起。

雅安市在废旧金属收购清理检查中，发现3家行业场所存在安全隐患和违法犯罪行为，立即依法查处或责令停业整顿。

第二章　消防管理

第一节　火灾及次生灾害预防

一　组织部署

公安部消防局在5月12日15时35分成立公安消防部队抗震救灾指挥部；16时20分，向全国公安消防部队下发《关于做好地震救援准备工作的紧急通知》；17时，下达四川省公安消防部队立即进入一级战备，并就地开展抗震救灾的命令，要求重庆、贵州等九省（市）公安消防总队立即做好增援四川灾区的准备；17时30分，派出工作组赶赴四川地震灾区指导、协调抢险救灾行动。

5月15日2时20分，公安部派出人员到达都江堰市公安消防部队抗震救灾前线指挥部并成立公安部抗震救灾前线指挥部，下设作战指挥等组，公安部消防局局长郭铁男任作战指挥组组长。

四川省公安消防总队5月12日15时10分启动跨战区重大灾害事故处置应急预案。调集13个支队和总队教导大队3000余人，赶赴绵阳、德阳开展跨战区救援工作。15时30分，调集成都市公安消防支队特勤大队二中队，派出地震救援车2辆、多功能抢险车1辆、指挥车1辆及消防官兵26名，赶赴汶川县抢险救灾。

四川省公安消防总队在抢险救灾的同时，成立次生灾害预防领导小组，负责地震次生灾害和火灾预防工作。5月14日，四川省公安消防总队下发《关于切实做好地震次生灾害预防工作的紧急通知》，要求各消防部队成立地震次生灾害预防组，落实专人，明确职责任务，负责对地震次生灾害预防的组织指挥、信息联络、信息报送等工作，次生灾害预防组负责组织人员，通知灾区石化、制药、酿酒、生物和有毒、腐蚀、易燃易爆物品仓库、堆场等单位领导及有关安全负责人，采取紧急措施预防发生次生灾害。利用电视、电台、报纸、通告等形式，通过街道办事处、派出所、居民委员会、村民委员会及物品管理单位，检查受损建筑的电、气管线，向群众宣传防灾知识，预防灾后建筑火灾、爆炸事故的发生。

甘肃省公安消防总队在地震发生后，立即启动地震灾害应急预案，全省消防部队进入二级战备状态。陇南市公安消防支队立即集结支队139人、车辆25辆，编为7个工作组，开展抢险救灾工作。在陇南市通信、电力完全中断的情况下，消防支队在营区的空旷地带设立露天指挥中心，将火警、值班电话移至指挥部内，自备发电机供电，保证网络服务器、传真机、“119”接警台的正常运行。

陕西省公安厅地震后下发《关于切实做好抗震救灾期间消防安全工作的紧急通知》，要求落实等级战备制度，启动应急预案，成立抗震救灾临时指挥部；建立固定联络方式，各种执勤车辆全部停放在便于出入的安全地带；强化对车辆、装备、器材的维护保养，储备足够灭火药剂和救援物资。执行和落实领导带班、干部值班备勤、信息报送等制度，保证信息报送渠道和通信网络24小时畅通。

二　应急预防

地震使四川灾区消防站、消防供水、消防通道等公共消防设施受损。在地震发生初期，四川省受灾群众1000万余人及避震群众自发涌向公园、公共绿化地带、广场、体育场、公路中央隔离带、河堤等平整开阔地段，利用彩条布、广告布、农用薄膜、竹木板等连片搭建棚屋应急避难，临时避难场所生活用火、用电、用气频繁，均没有设置防火间距、疏散通道和消防设施。地震灾情稍稳定后，四川省各级党委、政府立即为安置群众组织搭建大量简易安置房和临时工棚。这些安置点人员众多，有的达万人以上，搭建安置房、工棚的建筑材料简陋易燃，加之缺乏必要的灭火器材，极易引发火灾事故。同时，灾区各级医疗机构收治伤员33万余人，所有病房、走廊和临时搭建的医疗帐篷内设满病床，人员高度密集，安全疏散困难。民政部组织调拨、采购、搭建的90万顶帐篷内住满受灾群众，群众普遍在帐篷旁生火做饭或在帐篷内使用大功率电热器具，使用蜡烛、蚊香或在通道上堆放物资等，火灾隐患突出。住房城乡建设部紧急建设60万余套活动板房，由于建设用地紧张，形成活动板房搭建密集，缺少配套消防设施，一些易燃易爆场所出现罐体破损、罐基沉降、管线泄漏，消防设施毁损等消防安全隐患。

5月21日，公安部消防局向各地公安消防部门下发紧急通知，要求加强地震波及地区重点单位和要害设施消防监督检查，全力做好灾区消防安全工作。26日，公安部消防局召集四川省公安消防总队研究部署灾区群众安置点和重建期间消防安全，提出依靠地方党委、政府做好灾区群众帐篷、活动板房搭建和永久性建筑建设过程中的消防安全。加强灾区重建整体消防规划及群众临时安置点帐篷和活动板房搭建消防规划，加强受灾群众安置点消防设施建设，落实消防执勤点和消防组织，各级消防部门要主动为群众安置提供良好消防安全服务，加强地震灾区建筑物消防安全检查，加强灾区的消防安全宣传教育工作。

各地震灾区公安消防部门立即组织力量，预防地震次生灾害的发生。5月16日，四川省公安消防总队下发《关于下发〈地震次生灾害防范工作基本要求〉的通知》，要求督促石化、制药、酿酒、生物和有毒、腐蚀、易燃易爆物品仓库、堆场等单位和场所采取有力措施，积极预防地震引发次生灾害事故的发生。18日，四川省公安消防总队下发紧急通知，要求对辖区易燃易爆场所进行一次专项检查，重点评估地震灾害后发生泄漏、爆炸的风险。对避险群众居住的帐篷密集区，通过发放消防安全传单、安全检查等方式保证消防安全。科学合理地调配警力，保证灭火救援必需的基本警力和器材装备要求，一旦发生火灾、化学危险物品泄漏，及时高效处置，防止灾情扩大。加强与本地气象、水利、安监等部门联络，及时收集掌握各种次生灾害事故不安全苗头和隐患情况，主动防范，保证安全。

5月23日，四川省公安消防总队下发《关于切实做好当前防火监督工作的紧急通知》，要求各地将易燃易爆场所和群众集中的医院、学校、临时搭建的防震棚等作为消防监督工作的重点，全面开展消防监督检查。发现易燃易爆场所存在火灾隐患的，及时督促有关单位、个人落实整改措施。情况严重的，立即向当地政府书面报告，预防灾害事故的发生。为应对地震所造成的次生灾害，做好后期应急救援准备工作。26日，四川省公安消防总队下发《地震次生灾害救援应急机动预案》。四川省治安管理系统和公安派出所积极配合，加强对灾区群众的宣传，增强群众防火意识，并采取各种有效措施，严防火灾事故的发生，保证灾区群众生命财产安全。

5月12日下午，绵阳市公安消防支队派人对城区12家商场、宾馆及群众安置点进行检查，共检查防震棚、群众安置点和各类单位、场所350余家（处），督促整改火灾隐患200余起。此后，消防监督人员坚持每天对30余处政府组织的帐篷和活动板房安置点、20余个群众自发的安置点、5个大型救灾物资堆放点进行监督抽查，并向露宿市民宣传用火、用电常识，禁止在帐篷区使用液化气，保证群众安置点的消防安全。从18日开始，绵阳市公安消防支队利用电视、电台、报纸等新闻媒介以及手机短信等方式，反复宣传消防安全知识，同时印制消防安全警示标语1000份，震后消防常识宣传单3万余份，发放到各群众安置点。在九洲体育馆、长虹培训中心等群众集中安置点和“帐篷学校”悬挂大型消防安全宣传标语20余幅。5月底，绵阳市公安消防支队为做好灾区重建中的消防规划，派专人与市规划局、建设局，做好活动板房的规划、设计、施工和建设，从源头上避免留下“先天性”火灾隐患。

至5月26日24时，四川省各级公安机关、消防部门发现灾后可能引发的次生灾害66处，主动向辖区单位和人民群众上门提供防火技术服务或排险264人（次），共检查群众安置点288处、医院98家、学校89个、易燃易爆场所327家，整改火灾隐患2194起，发放宣传资料5.76万余份。（参见图262）

陇南市公安消防支队制定《陇南市公安消防支队“5·12”灾后消防安全检查、抽查方案》《陇南市武都区灾后重建农村消防工作实施方案》，出动人员264人（次）、消防车43辆（次），对陇南市9个县（区）的3960余个防震帐篷密集区，进行防火安全检查和消防安全夜间巡查，重点检查督促整改在棚户区违章使用明火、液化气、电炉等行为，疏通规划棚户区安全通道，统一设置生火做饭区域，清理周边杂物，加强用火、用电管理，清理搬除液化气罐140余个，搬移电炉、煤炉等炊具500余架。在陇南市各棚户区醒目位置悬挂防火安全知识提示牌780余块，设置

图 262　5 月 26 日，消防官兵在地震灾区开展抗震防灾消防宣传活动

（公安部　提供）

消防器材应急点 520 余处，配备灭火器 1700 余具，散发消防安全宣传单 6 万余份，设立消防执勤点 37 处，消防官兵或社区专兼职消防员 24 小时在岗执勤。甘南藏族自治州消防部队根据藏区人口居住分散、受灾严重、消防工作难度大等特点，加强消防设施建设和随时待命的准备，共准备各类执勤消防车 10 辆，其中水罐车 8 辆、举高喷射消防车 1 辆、抢险救援车 1 辆；消防车载水总吨位为 54 吨，车载泡沫量为 3.5 吨；设立消防咨询台 30 余处，发放消防公益宣传资料 2 万余份；组织消防培训班 9 期、1000 余人参加，举办宣传活动 20 余次。

三　消防力量及装备保障

消防力量保障　公安部消防局针对灾区的消防力量严重不足等情况，紧急从南京士官学校抽调士官 320 人，从昆明指挥学校和武警学院毕业生中分配 114 人、抽调 112 人，共派出 546 人增援灾区公安消防力量。

四川省公安消防总队在重灾地区内调集消防官兵 300 人，在省内非灾区和一般灾区支队调整 300 名消防官兵，与增援的南京士官学校实习士官 320 人，共 920 人配置到重灾县（市、区）群众安置点，并按户数划分为 100 户以下、100 ~ 1000 户、1000 ~ 10000 户、10000 户以上 4 类，分类设置专业、半专业和志愿消防执勤备战力量。四川重灾地区市州公安消防部门在较大规模群众安置点设置消防执勤点 53 个，投入消防官兵 315 人。

从 8 月 12 日开始，受灾群众从临时性安置转入过渡性安置，陆续进驻活动板房。四川省公安消防总队对全省灾区安置点执勤力量进行调配。9 月 14 日，进驻活动板房安置区设置执勤点 46 个，其中成都市 13 个、德阳市 7 个、绵阳市 15 个、广元市 2 个、阿坝藏族羌族自治州 9 个，投入警力 343 人。

消防装备保障　在抗震救灾期间，公安消防部队购置及损耗装备器材价值 25799 万元，其中抢险救援装备器材 16854 万元，个人防护装备 3618 万元，通信器材 1683 万元，车辆油料、维修、人员装备物资运输共 3644 万元。救灾消防官兵生活保障和救助受灾群众开支 4672 万元，其中公安被服、装具等支出 2546 万元，医疗保障支出 704 万元，饮食保障支出 1422 万元。消防部队根据抗震救灾战线点多、面广的特点，坚持统一保障与自我保障相结合，严格落实装备器材、资金调度的审批权限和程序，严格落实现金保管制度，保证抗震救灾资金物资保障安全、有序、高效。同时，全国 23 个消防总队对口支援四川灾区的消防部队 3000 万余元、各类消防车 36 辆；公安部消防局为四川省消防部队调拨、配发消防车 23 辆、消防监督检查摩托车 69 辆、新式迷彩服 6000 套。

四川省公安消防总队共为安置点配备灭火器 5.4 万具、消防水带 38520 米、机动泵 148 台。重灾地区市州政府投入消防经费 2184.8 万元，为帐篷、活动板房安置点购置消防车 8 辆及消防器材装备，保证 329 个帐篷安置点、31209 名群众的消防安全。从 8 月 12 日开始，四川省公安消防总队调整装备消防车 44 辆、手抬机动泵 46 台、便携灭火装备 14 具，制订预案 73 份，消防警力覆盖四川重灾地区 50 户以上安置点 282 个。

甘南藏族自治州消防支队购置消防员 11 种防护装备，投资 81 万元购置 1 辆高喷消防车，投资 30 万余元购置消防员特勤装备和个人防护装备，投资 8 万元购置行军床、帐篷和部分警用器材，使车辆、消防装备、消防员防护装备基本配齐，车辆装备建设从根本上得到改善和提高。

第二节　防火管理实施

一　督促检查

6 月 9—19 日，公安部前线指挥部作战指挥组在四川灾区县市 60 余个帐篷、活动板房安置点进行消防检查，协调当地公安消防部门和政府加强群众安置点消防建设。四川省公安消防总队根据消防组意见，下发《关于进一步加强灾区消防安全工作的紧急通知》《关于印发〈帐篷安置点消防安全检查严格落实“五宣传、五确保”服务措施〉的通知》《关于印发〈帐篷安置点防火“八注意、八做到”〉的通知》。20—26 日，消防组在甘肃省、陕西省的 24 个帐篷、活动板房安置点进行消防检查，发现隐患当场提出整改意见，并与陕西省、甘肃省消防部门共同研究制订加强消防工作的措施。

四川省公安消防总队派出 6 个工作组分赴重灾市州协调活动板房建设中有关消防安全事宜，协调当地政府及援建单位在快速修建活动板房安置受灾群众的同时，保障安置点从规划选址、平面布局、板材耐火性能、安置点消防设施器材配备等方面满足必要的消防安全条件，保证安置点保留必要防火分区和防火间距，设置配备必要消防设施和消防器材，电气设备及电气线路选型、敷设符合国家有关消防安全技术规定。6月，四川省公安消防总队按照公安部的通知要求，再次开展群众安置点消防监督管理，派出7个工作组、19名防火干部，深入成都、德阳、绵阳、广元、雅安、阿坝等重灾地区群众安置点，与基层消防部门重点围绕安置点规划选址、合理布局、防火性能检查、消防安全管理、消防宣传、责任落实和消防设施建设等方面开展防火指导和技术服务。6月4—18日，检查组共检查帐篷安置点147个、活动板房安置点65个，提出督导意见486条，协调当地政府部署、落实消防工作30余项；清理出在帐篷内使用柴灶、燃气（油）灶6000余具；拆迁占用疏散通道、防火间距不达标帐篷450余顶，清理占用疏散通道自行车、摩托车1200余辆，打通消防车通道48处；活动板房安置点基本达到每10套或半径25米范围内配备2具灭火器，帐篷安置点基本达到每顶1具。8月13—21日，四川省公安消防总队派出2个督导组，分赴灾区，对安置点消防监督管理、灭火执勤备战、灾后重建消防规划进行督导。（参见图263）

图263　四川省公安消防总队督导组在群众安置点进行消防检查和消防知识宣传

（公安部　提供）

成都市消防、安全监察、民政、供电等部门6月11日组成成都市政府联合督查小组，对都江堰、彭州、大邑、崇州等地安置点开展联合督查。6月16日至8月8日，成都市各县区消防大队对218个群众安置点检查935次，发现火灾隐患758起，整改或纠正隐患614起，保证群众安置点消防安全。同时，成都市各县区消防大队检查人员密集场所，检查医院130所、学校173所、易燃易爆场所320处、其他场所716处。成都市公安局开展活动板房建筑材料防火性能专项检查，检查建材和帐篷生产厂家32家，其中能提供合格检测报告的8家，对其他厂家责令停业或更换合格材料后再生产。灾后恢复重建开始后，成都市消防支队监督检查群众安置点消防安全，巡查安置点7995个（次），督促整改隐患2409起。在抗震救灾期间，成都市公安消防部门排查受灾群众安置点537个，检查活动板房188995套，审核安置点199个，提出修改意见66条，验收安置点262个，提出整改意见448条，开展教育培训237次，参加培训6.25万人，悬挂宣传标语1705幅，发放消防资料2.89万份，开展灭火演练109次。

地震发生后，重庆市公安消防总队下发《关于开展灾区伤病员接收医院的消防安全专项检查的紧急通知》《关于印发四川地震灾区伤员接收医院消防安全保卫方案的通知》。各级公安消防部门与各地卫生部门，对辖区内110家涉及接收伤病员的医院进行摸底排查，发现火灾隐患172起，当场整改122起，下发23份“责令限期改正通知书”。同时，重庆市公安消防总队对辖区6家为地震灾区生产活动板房企业使用的板材进行专项消防安全检查，查出火灾隐患23处，当场整改19处，制订整改方案4处，责令一家使用氧指数低于32的聚苯乙烯夹心材料企业全部更换。

二　安置点防火管理

7月24日，四川省公安厅下发《地震灾区安置点消防安全管理工作意见》。意见提出，公安机关将安置点消防工作纳入维护灾区社会治安稳定的重要内容进行部署，定期分析研究安置点安全形势，探索安置点消防管理方法，建立健全安置点消防管理长效机制。消防部门及公安派出所协助安置点管理单位，落实消防组织机构，建立义务消防队，定期开展消防宣传教育和防火巡查。规范群众入住初期的消防安全管理及行为规范，开展消防宣传教育，规范群众生活用火、用电、用气，保障防火间距、疏散通道符合相关要求；指导、督促安置点管理单位与入住群众签订消防安全协议，制订《防火公约》，发动群众互相监督，加强安置点自我管理，落实自防自救。四川省公安消防总队印发《四川省灾区民警消防工作实用手册》，为安置点消防警务室民警提供消防工作指南。9月2日，温家宝在考察都江堰市“勤俭人家”活动板房安置点时，对执勤站消防官兵说：板房安置点的消防安全很重要，你们做得很好，考虑得很周到。23日，四川省公安消防总队在都江堰市召开四川省群众安置点消防工作现场会。会议提出，按照“群众安置点火灾不是一般火灾，群众安置点消防工作不是常态工作”的要求，做好群众安置点消防安全工作。截至8月21日，四川省公安消防总队在1077个帐篷、活动板房安置点，设立消防警务室106个；共检查安置点3894个（次），发现火灾隐患4904处，督促整改95%；印发帐篷、活动板房消防常识宣传材料（单）14.1万份，发送消防宣传短信229万条。

绵阳市公安消防支队6月初自筹资金，为灾区安置点购置灭火器1200具；9日，又购置灭火器600具，迅速配发到各群众安置点，以满足最基本消防安全要求。3—4日，绵阳市公安消防支队派出两个检查组，检查涪城、三台、盐亭等地11个唐家山堰塞湖疏散安置点。检查组还检查位于科创园上马社区、元通社区安置点，江油市部分安置点，三台县花园镇安置点、老马乡安置点、三台体育馆等处，规范各安置点用火、用电，指导各安置点社区消防组织防火巡查，培训社区工作人员、防火巡查人员消防知识和灭火器材操作。12日，在唐家山堰塞湖泄洪期，绵阳市消防支队由100人组成突击队，准备冲锋舟随时听从绵阳市指挥部的调动。6月，在汶川县威绵片区堰塞湖溃坝紧急避险安置区点，当地消防部队派驻消防官兵80余人、消防车6辆，

图 264　绵阳市公安局民警在帐篷安置点张贴消防安全提示

（四川省公安厅　提供）

分驻 11 个群众安置点，为 1.6 万余顶帐篷配发灭火器 2800 余具，张贴防火宣传单 2 万余份（参见图 264），开展 24 小时流动消防巡查。

阿坝藏族羌族自治州公安消防支队在抗震救灾期间，出动人员 5520 余人（次）、车辆 1500 余辆（次）。根据地震灾区消防保卫力量情况和安置点防火安全条件，组成 11 个消防工作组，组织消防官兵 54 人、消防车 5 辆，进驻各群众安置点 24 小时值守；开展防火巡查 3215 余人（次），发现并督促整改隐患 2987 余处；印制避震、防火知识宣传单，深入人员密集场所和易燃易爆场所，进行消防检查和防火知识宣传。汶川县群众居住多以帐篷为主，生火做饭都在帐篷内。汶川县消防大队加强对各安置点帐篷区防火检查，做到“每日必查、每查必登记”。每日 8—10 时、12—13 时、18 时 30 分—19 时 30 分，大队兵分三路开展防火巡查，对存在火灾隐患的单位和个人要求立即整改，不能立即整改的，落实整改责任人、整改期限和整改措施。对人员密集帐篷区配发灭火器，制订灭火预案并进行实地演练。消防官兵进入帐篷集中安置点宣传消防安全常识、消防法律法规、消防科普知识和消防工作方针 23 次，发放宣传资料 2 万余份，受教育干部群众 3.5 万余人；制作消防力量部署示意图 11 幅，向 3000 余户住户发放防震棚户区防火须知，拉横幅 56 条；指导安置点组建义务消防队，培训民兵义务消防人员 500 余人（次），在茂县、理县、汶川县映秀镇组织村民开展灭火演练。5 月 12 日至 11 月 19 日，阿坝藏族羌族自治州消防部队灭火 8 次，保护群众财产价值 560 万余元。

甘肃省公安厅 6 月 2 日向灾区市州公安局下发《关于做好地震灾区群众集中安置点安全防火工作的通知》，要求帐篷、活动板房等临时住所保持一定安全距离，避免造成连片火灾，并要为快速灭火预留通道。集中安置点划定专门用火区域，避免在帐篷内生火做饭，做饭、取暖用火时务必注意安全，安排人员看守，使用完后及时熄灭。集中安置点配备必要消防灭火设备，做好火灾救助预案，并指定专人巡查。各地震灾区对使用帐篷等临时住所区域，组织人员逐个帐篷、活动板房进行排查，安排防火事宜，杜绝火灾隐患。地震发生后，陇南市武都区不少房屋倾斜，出现裂缝，加上余震不断，一些群众在户外搭建密集的临时帐篷避难，火灾危险性极大。武都区公安局消防科制作《活动板房防火须知》宣传牌 100 个，设置在集中安置点和街道人行道分散安置点醒目位置，并及时整合警力，在夜间深入帐篷和人员聚集场所开展消防安全大检查和消防知识宣传工作。在安置点配备灭火器，制定灭火措施，在城区各集中安置点配备灭火器共 205 具，储备大量消防物资。在集中安置点设立消防值勤点，建立健全 24 小时消防值班制度；对街道人行道分散安置户实行全面检查和重点防控相结合制度，发现问题及时整改，保证城市安置点消防安全。天水市公安消防支队对 36 个群众安置点进行重点消防安全监管，制定安置点消防安全管理 10 条规定，对安置点消防安全状况进行检查巡查，发现火灾隐患及时督促改正。在灾区社区和单位组织开展“十户”联防，保障安置户消防管理制度落实；消防支队对安置点消防管理情况进行督查；利用电视、网络、报纸、手机短信，对安置点消防安全情况及时进行警示和通报；在每个安置点配置灭火器，制订应急灭火预案并组织演练，重点预防人为纵火。在农村安置点、分散住户管理中，由县区消防科、大队、中队与当地公安机关参考城市安置点消防安全管理制度，结合农村消防工作实际，制订灵活方案，开展工作，落实责任，加强防控。平凉市各县区组织民政、公安、质量技术监督、安监、卫生等部门4次深入21个乡（镇）机关单位、农户跟踪检查，做到活动板房、帐篷不撤，检查不止。在采取常规防范措施的同时，开展多种形式的消防宣传教育，通过张贴宣传标语、开展安全培训等方式，将用火用电、自救逃生、初期灭火等消防安全知识宣传到受灾群众中，增强受灾群众消防安全和自防自救意识。充分利用各安置点的地理特点，配备一定数量的灭火器，要求水桶、水缸盛满水，为义务消防组织配备扩音器，一旦发现火情，有效组织居住群众疏散逃生。至6月，平凉市共成立检查组8个，指导群众搭建帐篷、活动板房3次，组织群众学习灭火器使用方法和防火、灭火知识，落实群众安置点消防安全责任人10名，组建群众巡逻队10支，印发用火、用电须知1000余份，向群众安置点赠送灭火器50具，发现并整改火灾隐患100余处。

地震造成陕西省略阳县城95%建筑物不同程度破坏，各广场及空地等安全地带搭满帐篷，帐篷内临时照明线路、各种做饭用具摆放杂乱，人员居住密集地区及街道行走困难，无防火通道，没有消防安全条件。略阳县政府、县公安局与各单位消防安全责任人签订消防安全责任书，将安置点消防管理作为重点，坚持“提前介入、严格把关”的原则，与安置委员会研究制订消防安全措施，落实片、段、户管护责任人，并利用抗震宣传车高音喇叭巡回宣传消防常识，发放宣传单8000余份。（参见图265）

图265 5月24日，公安部消防局领导在勉县检查安置点防火安全

（公安部 提供）

第三节　消防基础设施建设

一　规范技术措施

6月4日，四川省制定《四川省地震灾区过渡安置房建设消防技术措施》，从规划选址、平面布局、构件耐火性能和建筑构造、消防设施等方面规范活动板房建设。要求安置点规划选址应避开地震断裂带、滑坡、崩塌、泥石流、河洪、山洪等自然灾害及次生灾害影响地段，避开水源保护区、水库泄洪区、濒险水库下游地段，避开现状危房、高大建筑物、重大污染源、可燃材料堆场、易燃易爆化学物品、放射物品存放处、高压走廊、高压燃气管道及其影响范围。尽量靠近干线公路，设置两条以上宽度不小于4米的通车道路与外部联系。安置住房成组团布置，每50套作为一个防火单元，每组团建筑面积不大于1200平方米。组团内建筑行间距不小于4米、公共服务设施作为单独防火单元，建筑之间间距不小于8米。安置点内主要道路宽度不小于4米，结合主要道路设置环形的消防车道，环形消防车道间距不大于160米。根据场地建设条件，设置不少于两个方向的安全疏散通道，并设置明显标志；活动板房采用不燃或难燃材料搭建；公用厨房围护墙和隔墙耐火极限不小于0.75米，厨房通风良好，宜采用自然排烟，燃气罐有统一管理措施；设置室外消火栓，有条件时各安置点应设置露天消防水池；消火栓间距不大于120米，保护半径不大于150米；每10套活动板房应在位置明显和便于取用地点，确定一个灭火器设置点，配置手提式1公斤磷酸铵盐干粉灭火器（MF/ABC1）不少于2具。学校、医院等公共场所设置应急照明灯具和疏散指示标志。

6月16日，四川省公安消防总队下发《关于进一步明确灾民安置点有关防火问题的通知》，对帐篷、活动板房安置点防火措施、消防验收提出要求。20日，四川省抗震救灾指挥部下发《关于进一步加快地震灾区过渡安置活动板房基础设施配套和项目验收工作的紧急通知》。28日，四川省公安消防总队下发紧急通知，要求分门别类做好帐篷、活动板房安置点消防安全；落实各类主体责任和措施；加强群众安置点执勤备战，把好灭火救援最后一道防线；严格执行恢复条件要求，从恢复使用前检测鉴定抓起，从城镇公共消防设施、建筑消防设施等方面严格把关；做好灾后重建消防专业规划。

甘肃省公安消防总队5月22日、28日召开会议，对灾后各项消防安全工作进行研究部署，并下发通知。陇南市公安消防支队报请市政府批转《关于做好临时安置活动板房和帐篷区建设消防工作的通知》《关于做好农村灾后重建消防工作的通知》《关于切实做好地震后消防安全工作的通知》和《关于在灾后重建新农村建设规划中落实消防基础设施的意见》，结合新农村建设开展消防宣传，提前与建设、规划部门协调，介入群众安置点建设，合理设定防火间距、划分生活区与住宿区。甘南藏族自治州公安消防支队按照有关消防技术标准，制定《灾区过渡安置房建设消防技术措施》，从安置房设置选址、布局和选用材料及灭火器材设置要求等方面进行明确规定。

二 建材专项检查

6月初，公安部指挥中心向国务院呈报了《关于建议提请国务院抗震救灾指挥部明确灾区安置房生产的有关防火要求及对地震灾区过渡安置房板材和帐篷材料防火性能组织专项检查的报告》。3日，温家宝在报告上批示："此建议很重要，除对建材要求外，灾区临时居住地也要有防火措施。"6日，公安部下发《关于开展过渡安置房和帐篷防火性能专项检查的紧急通知》。各地公安消防部门迅速协调有关部门摸清本地区为地震灾区生产活动板房和帐篷的企业数量，并深入生产单位专项检查，逐一核查燃烧性能检验报告。至18日，全国公安消防部门检查涉及26个省（区、市）活动板房、帐篷生产加工企业553家，其中416家灾区活动板房生产企业中，具备板材燃烧性能检测合格报告的163家，占39.18%；无检测报告的228家，送检25家。137家救灾帐篷生产企业中，具备篷布阻燃性能检测合格报告的73家，占53.28%；无检测报告61家，送检3家。由于大多数活动板房板材和帐篷篷布不符合防火性能要求，各地公安消防部门责令生产企业立即选用符合防火要求的板材夹心材料或篷布进行加工制作，对于未做防火性能检测的企业要求立即补检，不符合要求立即更换。

三 消防站及消防设施建设

消防站建设 四川省公安消防总队规定，安置点消防站应满足执勤备战基本需要，具备执勤人员住宿、办公、生活、学习和器材存放等功能。在用房紧张的情况下，可多室合并建设。安置点消防站在靠近站房位置设置消防车停车坪，便于消防车安全快速出动和日常管理。停车坪应做硬化处理，并搭建简易车棚。消防站外观与居民安置点有明显区别，颜色统一用橘红色，有明显消防标志，制作悬挂统一名称吊牌。安置点消防站力量配置，根据安置点规模和消防保卫任务，配置1～2辆水罐消防车（含随车器材）。消防站执勤人员按1辆消防车6人、2辆消防车10人最低要求配备。每个消防站配备1名干部（或代理排长），人员实行本地力量与增援力量混编，增援力量比例不超过50%。灭火抢险器材基本配置，机动消防泵1～2台（功率≥25马力），背负式细水雾灭火装置或脉冲水枪1～2具（有条件地方配置），金属切割器1～2台，消防斧6～10把，配齐11项个人基本防护装备（其中空气呼吸器每车3～4具），抢险救援服每人1套，移动照明灯组1组，便携式强光手照明灯每人1只，水带600～1000米，水源较远地方应备份更多，手持扩音器1～2只，手提式ABC干粉（或清水）灭火器6～10只。每站通信器材配有1部以上报警电话或便民联系电话；每车1部车载电台，每站不少于2部手持对讲机，有条件的地方应与支队无线通信联网。

地震发生后，绵阳市公安消防支队及时编制部队灾后重建规划，加快完成支队指挥中心、涪城中队、特勤中队、盐亭大队营房抗震加固工作；游仙、江油大（中）队官兵进驻活动板房执勤，并设计建设新营房；三台大（中）队营房进行选址新建；安县、北川羌族自治县、平武县、江油市政府按照普通一级消防站建设标准新建公安消防站。梓潼县在城南开发区新建一个标准消防站。

四川省公安消防总队研究制订了灾区消防执勤点文明执勤、热情服务的“八熟悉、八组织”要求，即熟悉群众安置点周围的地理环境和次生灾害特点，群众安置点的消防水源和交通道路，群众安置点帐篷、活动板房建设及入住的户数、人数，群众安置点生活、照明、驱蚊、防暑的防范措施，群众安置点重点保卫目标和执勤巡逻路线，群众安置点的火灾危险性，群众安置点消防车辆、灭火器材的技术性能，群众安置点事故处置的基本方法和措施；组织开展消防宣传教育，有关人员进行消防安全检查，义务消防组织进行防火巡查，整改消除火灾隐患，制订灭火、疏散预案并演练，做好群众心理疏导和稳定工作，开展便民利民服务。

消防设施建设 地震发生后，四川省公安消防部队消防设施受损严重，其中汽车68辆、器材3412套，支队级指挥信息系统8个，32个大、中队98套通信器材和教导大队新兵训练大楼及16座训练塔，烟热化工设施9座，体能训练设施6个。23个支队级单位营房均不同程度受损。四川省消防设施损失价值6亿元。

成都市公安消防支队在各消防站装备消防车，防控点装备手抬消防泵、灭火器，使消防安全防控覆盖率达100%，在开展防火监督的同时实施灭火执勤。各受灾县区安置点专职消防巡查人员每天在用火用电高峰期、夜间及特殊时段进行消防巡查，具体检查消防水源情况、疏散通道情况、厨房安全情况、灭火器是否完好，有无违章用电，有无室内动火，有无占用防火间距，有无室内吸烟等情况并做好相关记录。邛崃市城区共建鲁川小区、火电小区2处群众活动板房安置点，西街小学、实验学校及黄坝学校3处“活动板房学校”；邛崃市乡镇建有临济王山扁安置点、水口凉水10组安置点。安置点建成后，邛崃市政府拨出专项经费300万元，为邛崃城区内5个安置点设置消火栓管网和配置灭火器材。鲁川小区群众安置点配置消火栓21个、灭火器136具，火电小区群众安置点配置消火栓4个、灭火器8具、水带4盘、水枪2支，黄坝学校安置点配置消火栓19个、灭火器22具，实验学校安置点配置消火栓5个、灭火器40具、水带4盘、水枪2支，西街小学、南街二小安置点配置消火栓8个、灭火器40具。崇州市公安消防大队多次深入怀远镇、街子镇等群众相对集中的乡镇，对11个群众安置点消防执勤保卫室设立问题进行实地考察，确定在怀远镇、街子镇的道路畅通处、离中心适中位置设立2个消防执勤警务室，配置12名消防队员、2辆消防车、2辆摩托车及随车消防器材负责现场执勤备战工作。至8月20日，大邑县2个安置点均设置室外消火栓，并分别配置1台手抬消防泵，每10间活动板房配置1具2公斤ABC干粉灭火器。新招聘10名合同制专职消防员，充实大邑县2个活动板房安置点的灭火力量。彭州市公安消防大队先后投入86万元购置机动消防泵40台、消防水带3.65万米、水枪343支、消防桶1000只、灭火器2500具、消防斧200把、异型接口130个、消防栓扳手8把等器材装备配发到各安置点；投入资金52万元为龙门山镇、小鱼洞镇、丹景山镇、新兴镇、隆丰镇、敖平镇无法保障消防用水安置点修建消防水池40个。5月12日至12月31日，成都市共在受灾群众安置点设立活动板房消防站13个、消防警务室45个，配置消防车15辆、手抬机动泵69台、灭火器2.25万具。

绵阳市公安消防支队先后报请市政府下发《关于加强灾后重建消防工作的紧急通知》《关于加强受灾群众过渡安置点消防工作的通知》，重点加强极重灾区及各受灾群众安置点消防设施器材建设。绵阳市灾后新增消防车17辆，其中政府采购9辆，分配江油市2辆、北川羌族自治县2辆、涪城区2辆、平武县1辆、高新区1辆、三台县1辆；公安部消防局下拨3辆；外省消防总队支援5辆。绵阳市公安消防支队投入120万余元购置个人防护装备、特勤器材；投入260万余元改造消防指挥中心，完成GIS系统和“三远”工程建设。同时，绵阳市公安消防支队得到各级政府投入761.86万元购买消防器材装备。绵阳市政府加大投入力度，加快公共消防设施恢复和新建，修复损坏的市政消火栓161个，新建市政消火栓335个，新建消防水池48个，购买灭火器10835具，新增手抬机动泵56台。绵阳市各安置点因地制宜解决消防水源，配备水泵、水带、水桶等基本消防设备。绵阳市公安消防支队制定《安置点消防设施器材配置、维护管理制度》，建立《安置点消防基础数据登记卡》《安置点消防安全布局示意图》等，按照安置点50户以上列为消防安全重点单位、50户以上1000户以下设消防警务执勤点、1000户以上设消防警务室、5000～10000户编配1车10人、10000户以上编配2车20人的硬性标准，迅速落实重点单位建档、警务室（执勤点）设置、片区监督人员和驻点执勤车辆及人员。在各500人以上安置点，有市政供水管网地区，设置室外消火栓；未设集中供水管网地区，利用天然水源或设置消防水池，并配备2台以上手抬机动泵和水带、水枪。每10套安置住房在位置明显和便于取用的地点，确定一个灭火器设置点，配置手提式不少于2具的干粉灭火器。设立安置点消防警务室、消防执勤点，配备消防器材柜、消防斧、消火栓扳手、消防水带、水枪、手提式灭火器、手抬机动泵、破拆工具、手持扩音器和强光手电筒等消防装备。在中小学、幼儿园、托儿所、医疗等公共服务设施、公共活动房间和疏散通道设置消防应急照明灯具和疏散指示标志等。

雅安市消防支队官兵到汉源、宝兴检查群众安置点、医院、学校等人员密集场所、易燃易爆场所公共消防设施和正在兴建的灾区活动板房等场所设施，专项督察消防安全。至12月20日，雅安市群众安置点共建立消防执勤站3个，配备消防车7辆、手抬机动泵8台、灭火器1528具，设置消防水池9个。

汶川县政府6月17日采购灭火器2000具、应急照明灯800盏，发放安装到各帐篷安置点。11月18日，又拨出专款150万余元采购消防器材，向13个乡（镇）的每户农村临时过渡自建房，发放1具4公斤ABC类干粉灭火器。5—7月，在绵虒镇、七盘沟、雁门乡、映秀镇等安置点安装市政消火栓47个，在沿河道可供取水处修建取水码头7处。黑水县政府前期落实19万元专项资金为各安置点购买消防器材。8月，黑水县政府再次统一购买25万元消防器材，增配到各安置点。理县政府先后拨款80万余元购买灭火器（按每户1具标准发放）6000具、手抬消防泵12台、水带2800米、水枪70支、应急照明灯300盏、疏散指示标志160个和消防水桶200只，同时还在预算外拨专款6万元，用于消防宣传和车辆维护保养等。茂县政府划拨专款80万余元，购置消防机动泵20台、干粉灭火器5000具、消防水带4000米和消防水枪40支，配发到22个乡（镇）的群众集中安置点。9月上旬，松潘县政府组织相关部门召开消防工作会，并划拨专款15万余元购置消防机动泵6台、干粉灭火器700具、消防水带7000米和消防水枪112支，配发到6个乡（镇）集中安置点。小金县政府在财政紧张的情况下，先后为21个乡（镇）拨付6万元消防器材专项经费，购置消防水带、干粉灭火器等消防设备。

陇南市公安消防支队在地震后加快消防基础设施建设，对已建成的徽县、文县公安消防队，礼县、西和县、康县、宕昌县城市专职消防队，两当县城市兼职消防队，投入建设经费3200万余元，并投入690万余元增配消防车20辆，购置应急救援工作急需的生命探测仪、海事电话等器材。

第三章　道路交通管理

第一节　交通应急管理

一　应急部署

地震造成四川省道路等基础设施大面积损毁，大批救援部队、救援队、医疗队及救灾物资运输车辆、大型抢险机械难以前往灾区。

5月12日地震发生后，公安部交通管理局（以下简称公安部交管局）立即向四川省公安厅交警总队（以下简称四川省交警总队）了解灾区道路毁损情况，要求四川省交警总队立即启动突发事件交通管理应急处置预案，全体交通民警上路抢救地震受伤人员，维护道路交通秩序。15时，公安部交管局召开紧急会议，成立由局长杨钧任总指挥，副局长王金彪、刘钊、李江平为副总指挥的抗震救灾应急指挥部。17时，公安部交管局下发《关于全力做好抗震抢险救灾期间道路交通应急管理工作的紧急通知》，要求北京市、河北省、山西省、河南省、湖北省、广东省、重庆市、四川省、贵州省、云南省、陕西省、甘肃省、青海省公安交通管理部门立即启动应急机制，做好道路交通应急管理工作，适时实施交通管制，保证沪蓉、京昆高速公路和国道108线、213线、318线、321线等进入地震灾区主要道路畅通，控制驶往灾区的社会车辆，保障运送抗震抢险救灾人员、装备和物资及车辆优先通行，防止发生重特大道路交通事故和严重交通拥堵。

受地震影响，四川灾区交通安全设施毁损严重。为支援四川省公安交通管理部门做好抗震救灾工作，5月13日，公安部交管局决定，紧急从位于江苏省无锡市的公安部交通管理科学研究所，向四川地震灾区调拨车载显示屏50台、发电机20台、便携式红绿灯组20台、发光指挥棒1000支和帐篷20顶。运送物资人员行驶2400公里，14日晚到达四川灾区。14日，公安部交管局下发通知，要求灾区公安交通管理部门及时向社会宣传报道灾区道路损毁情况及公安机关采取道路交通管制措施，合理引导群众出行。

5月14日，公安部交管局派出两个工作组，分别前往重庆市、陕西省部署进入四川省道路安全保障工作，指导四川灾区公安交通管理部门做好抗震救灾工作。同日晚，工作组赴重庆市部署公安交通管理部门加强进入四川省道路的交通组织，保证救灾物资运送畅通。工作组沿成遂渝高速公路检查重庆市、四川省公安交通管理部门抗震救灾交通保障。15日，工作组赴绵竹、北川查看沿线抗震救灾交通保障工作，慰问执勤交通民警。检查中发现救援部队军车较多、对当地路况不熟等问题，即迅速商请四川省公安厅协调成都军区，派出部队交通督察进行现场指挥调度，维护救灾运输道路通行秩序。同日，李江平带另一个工作组前往陕西省，检查西安至汉中高速公路、汉中至广元公路和连霍高速公路西安至潼关路段情况，指导进入四川省道路沿线公安交通管理部门保障道路安全畅通。16日，工作组分别在陕西省与四川省交界的广元市朝天区棋盘山交警中队、陕西省与河南省交界的潼关收费站办公楼，召开四川省、陕西省、河南省省际道路交通协调会议，听取抗震救灾人员、物资运输道路保障工作汇报，协调省际道路交通存在的突出问题，要求河南省、陕西省、四川省公安交通管理部门加强执勤、疏导、快速处置突发事件和交通事故力量，加强与路政的联勤联动；做好抗震救灾车辆和人员服务，安排用警车为较大车队带路，派民警为零散车辆指路，及时为抗震救灾车辆提供维修和加油等服务；提醒广大司乘人员严格遵守交通法律法规，通过新闻媒体向社会发布路况和交通管制有关信息，突出宣传抗震救灾车辆优先通行原则，为抗震救灾车辆顺利通行营造良好的交通环境。

5月19日，公安部抗震救灾前线指挥部成立交通组，赴重庆市检查抗震救灾道路交通保障，加强抗震救灾车辆引导，省际协调、联动，做好道路交通事故预防。20日，工作组赴都江堰、汶川等地震灾区，检查抗震救灾道路交通保障工作，要求保障通往灾区道路安全畅通，各地及时采取交通管制措施，强化社会宣传，加强道路交通秩序管理，保证主要道路安全畅通。21日，工作组赴什邡、绵竹检查指导抗震救灾道路交通保障，要求公安交通管理部门根据实际情况，及时发布通告，严格控制进入灾区车辆；在灾区周边道路增设指路标志，引导救灾车辆进入灾区；协调救援部队、武警部队，加强对军车的管理。

地震发生后，各灾区公安交通管理部门及周边省市立即启动应急预案，全力维护道路畅通。5月12日16时，四川省交警总队启动应急预案，要求增设有线电话，架设无线电台，与上级和各市州交警支队取得联系；派出4个工作组分赴都江堰市、德阳市、绵阳市、广元市、汶川县了解交警部门受灾和道路损毁情况；高速公路交警和成都市、德阳市、绵阳市、广元市、阿坝藏族羌族自治州公安交警部门组织全体交通民警上路，控制成渝、成绵、成雅、成南等交通要道，全力疏导交通，排除障碍，迅速恢复主城区交通秩序；做好承担警卫开道人员、车辆、物资等准备；立即联络电视、电台、报纸等新闻媒体，准确发布道路信息，有序引导交通。四川省交警总队成立抗震救灾指挥部，将总队机关民警分成指挥调度、警卫开道、联络与处置突发事件、通信、后勤保障、高速公路应急保障、机动备勤等工作组投入抗震救灾及灾区道路交通管理，按照“救灾优先”的原则，实施交通管制，分流社会车辆，保证救灾车辆优先、快速、安全通行。17时，四川省交警总队用无线电台和8部有线电话与四川省大多数交警支队取得联系，保证各种信息汇集上报、指令及时发出。四川省交警总队紧急调集越野车14辆，连夜出发排除拥堵、疏导交通。

抗震救灾期间，四川省交警总队领导对成都市、德阳市、绵阳市、广元市、阿坝藏族羌族自治州交管部门实行分片督导，召开交通保障协调会20余次，派出20个工作组深入一线，保证抗震抢险救灾人员、物资运输顺利通行。5月14日，德阳市公安交通支队决定对什邡、绵竹地震灾区的广青公路、德什公路、德绵公路、孝黄公路、108国道过境段实行交通管制，并发出通告，进入交通管制道路的救灾指挥车、军警车辆、医疗救护车、工程抢险车、运送救灾物资车辆优先通行，其余车辆应主动避让；为不影响抢险救灾工作顺利开展，自行、零散到灾区捐赠物品车辆就近到指定地点进行捐赠；什邡市、绵竹市本地车辆凭机动车行驶证或身份证通行；一切车辆应服从交通警察指挥和调度，严禁超速行驶、货运车辆非法载人，自觉遵守交通法律法规，对违反交通管制规定或阻碍公安民警指挥的由公安机关依法严肃处理。地震发生后，都江堰市避险人群、车流混杂，造成道路交通秩序混乱。都江堰市公安交警大队紧急启动预案，不到20分钟全体交通民警投入路面交通整治，以“守点、护快、保通道”为主，控制城区东门口、一环路都江堰大道路口、建兴路口、客运中心、青城桥等进出城区的主要路段，无一道路出现堵死状况，为抢险救灾赢得时间。5月12日至6月12日，都江堰市公安交警大队完成一级勤务10次、二级勤务39次、三级勤务及引道保障勤务5000余次，投入交通警力8814人（次），出动车辆3785辆（次），清理道路近3700公里，保障抢险工程车辆23万余辆（次）进出，疏导车辆近80万辆，引导各类车队5335次、17万余辆。（参见图266）

图266 5月15日，四川省公安交通管理部门为抗震抢险救灾车辆开辟“绿色通道”

（公安部 提供）

甘肃省甘南藏族自治州毗邻四川重灾区，国道213线是抢险救灾物资和滞留灾区旅客返回兰州的主要通道。地震发生后，甘南藏族自治州公安局交警支队制订并启动道路交通应急管理预案，成立交通安全应急管理领导小组，设立开道引路护送组、信息督查组、交通管制组、应急处置组、交通事故处理组。迭部县、舟曲县公安局交警大队也成立抗震救灾领导小组，大队全体交警和协管员参与交通应急管理，会同公路、交通部门抢修受损公路。5 月 12 日下午，甘南藏族自治州交警支队与四川省阿坝藏族羌族自治州交警支队联系，掌握通往灾区道路情况。甘南藏族自治州交警支队巡警大队与碌曲县公安局交警大队民警沿国道 213 线查看通往阿坝藏族羌族自治州若尔盖县、松潘县、九寨沟县、马尔康县的道路状况，并通过广播、电视、手机短信向社会公布。筹措资金 10 万余元，在国道 213 线沿途道路塌陷处、受损处、交叉路口及落石路段设置警告标志 42 块、绕行标志 5 块。16 日，甘南藏族自治州交警支队民警前往迭部、舟曲、卓尼、临潭查看省道 313 线、306 线、311 线道路的受损情况，并督促迭部县、舟曲县交警大队在道路受损处、抢险主要通道处设置警告标志和指示标志 22 块。劝返甘南藏族自治州境内驶往四川松潘、汶川、成都的大型货车、客车、旅游车，保障运送抗震抢险救灾人员、装备和物资及“绿色通道”车辆优先通行。为减少社会车辆对国道 213 线的通行压力，甘南藏族自治州交警支队协调若尔盖县交警大队、临夏回族自治州交警支队，对社会车辆采取绕道分流措施，在碌曲县郎木寺、合作市卡四合收费站、夏河县王格尔塘中队设立抗震救灾服务站，坚持 24 小时值守，向过往车辆及旅客逐一发放“路况提示卡”，提醒驾驶员谨慎驾驶、不要超速。舟曲县、迭部县公安局交警大队在通往八楞乡、阿夏乡、多儿乡道路，每公里设立一个执勤岗，安排警力昼夜值守，在指挥车辆安全通行的同时，帮助受灾群众转移财产、救助伤员，为抢险救灾车辆开道引路。

陕西省交警总队在地震发生后立即下发紧急通知，要求立即启动应急预案，做好道路交通应急管理工作，适时实施交通管制，保证西汉高速公路西安至宁强段、国道 316 线宝鸡至汉中、姜窝子至眉县段、国道 108 线周至至棋盘关段、国道 210 线西安至铁匠垭段等进入灾区的主要道路畅通，保障运送抗震救灾人员、装备、物资及“绿色通道”车辆优先通行。按照“合理安排、科学布局”的要求，保证重点路段、时段、点段安全畅通。陕西省交警总队成立抗震救灾总指挥部，在潼关县、广元市朝天区棋盘关地区设立两个前线指挥部，各支队、大队主要领导亲自到有安全隐患、易堵、施工等路段督导、协调，保证道路畅通。提出对途经沿线车辆轻微违法行为可不予处罚，尽快放行，必要时对部分路段实施交通管制，控制车流量等方法。各支队交警、路政滚动交接实施，保证救灾车辆安全通过陕西境内。在辖区主要路段、点段设立临时宣传点，印制择路分流路段提示卡，发放到过往司乘人员手中。采取悬挂标语、利用新闻媒体发布交通管理及路况信息等措施，教育、引导广大群众及过往驾驶员遵守交通法规，配合交通民警维护交通秩序。

重庆市交警总队针对地震造成的道路拥堵情况，半小时内做出应急部署，下发紧急通知，组织全市公安交通管理部门投入抗震救灾工作。至 5 月 15 日，出动警力 8460 人（次）、警车 2970 辆（次），全市没有发生因地震引发的大面积道路交通堵塞和特大道路交通事故。17 日，重庆市交警总队在菜园坝火车站、龙头寺火车站、江北机场等地设立抗震救灾“绿色通道”服务站，全力保证道路畅通。至 23 日，重庆市共出动警力 21052 人（次）、警车 8712 辆（次），护送运输救灾人员、灾区伤员和救灾物资车队 120 余趟（次）、1500 余辆，护送伤员 2090 名。

二　疏通运输要道

随着抗震救灾工作的开展，大量救灾车辆持续进入四川灾区，救灾队伍撤离、群众向外转移，导致交通流量成倍增长，地震造成道路严重受损，通往重灾地区道路均出现严重拥堵现象，加上余震不断，交通安全隐患突出。5月22日，公安部交管局下发《关于进一步加强抗震救灾道路交通应急管理工作的通知》，要求重庆市、贵州省、云南省、陕西省、甘肃省、青海省加强进出四川的道路管理和控制，保证抗震救灾道路安全畅通，要求加强抗震救灾道路交通应急管理工作；四川省交警总队及时了解、掌握全省各灾区道路受损情况，加强交通组织，保证抢险救灾和运输救灾物资车辆通行；灾区及周边市、县公安交通管理部门加强对通往重灾地区道路的交通管制，限制驶往灾区的无关社会车辆，保证出入灾区主要道路畅通，保障运送伤员、群众、救灾人员、物资等抗震救灾车辆优先通行；四川省交警总队与从北线进入四川的陕西省、甘肃省、青海省和从南线进入四川的重庆市、贵州省、云南省公安交通管理部门沟通协调，建立协调机制，确定专人与相邻省市公安交通管理部门加强联络，保证进出四川省道路安全、畅通；各地要为抗震抢险救灾车辆开辟“绿色通道”，重庆市、贵州省、云南省、陕西省、甘肃省、青海省通过宣传提示、劝返、远距离分流等措施，控制进入四川省的交通流量。22日，公安部交管局在四川省、陕西省交界处的广元市朝天区棋盘山交警中队，召开四川省、陕西省抗震救灾道路交通第二次协调会，要求两省加强协作配合，加强西（安）汉（中）高速公路与成（都）绵（阳）广（元）高速公路进出四川省交通安全保障工作，根据道路交通流量、流向及车辆构成变化，及时调整警力安排，适时采取有针对性交通疏导和分流措施；建立完善协作机制，及时互通信息，加强联勤联动，保证抗震救灾主要通道安全畅通；迅速排查地震对道路及安全设施造成损坏情况，及时报告各级政府，尽快修复，恢复正常通行秩序。

四川省交警总队在通往重灾地区的高速公路及干线公路和重点区域设置“抗震救灾专用车道”，保障救灾车辆快速安全通行。在双流机场、广汉机场实施车辆停车调度；在火车站、汽车站、飞机场、医院、救灾物资中转枢纽和集散地等重要区域，实施交通管制。成都市交警支队成立“救护应急队”，清理凤凰山机场附近道路乱停、乱放车辆，设置“请礼让抗震救灾专用车辆”的温馨提示牌，并在成都市三环路川陕立交桥下开设专用通道，保证凤凰山机场救护车及运送物资车队，直接从专用通道逆行进入成都市区以节省通行时间。太平寺机场飞机起降频率高、运输任务重，在每架运载伤员直升机降落前10分钟，由机场方面将信息及时通报驻机场开道的交通民警，采取“分批投入、滚动开道”措施，全程护送救护车辆快速抵达四川大学附属医院。成都市交警支队把成都市区二环路至成灌高速公路连接线，设定为“救护车辆专用通道”，用锥形桶隔离出11.5公里快速通道，仅供应急救护车辆通行，社会车辆只准在“救护车辆专用通道”两侧行驶。对全市6条“救灾专用通道”，特别是对交通流量大、运输任务重的羊犀线（二环路路口至成郫交界处）11.5公里“救灾专用通道”，采取加大往返巡逻管控，限制社会车辆、非救灾车辆驶入，杜绝非机动车、行人违法横穿，加强路口疏导指挥，减少横向车流对直行救灾车辆的干扰。在全路段增设8块“驾驶员朋友请谨慎驾驶”交通提示牌，提示驶入“救灾专用通道”车辆在行驶中注意车速，保证安全行车。

结合交通管理融入社区工作，组织民警深入羊犀线沿线社区、单位、商场进行交通安全宣传，提示社会车辆在该路段行驶时，注意避让抗震救灾车辆，遵守“救灾专用通道”相关管理规定。

由于地震造成山体滑坡、路基塌陷，国道213线被阻断。都江堰市公安局交警大队紫坪中队队长李建春在通信中断、无法请示上级的情况下，带领中队7名民警，实施了第一个未经请示上级的国道交通管制行动。5月12日夜，都江堰市交警中队民警冒着余震、飞石和随时塌方的危险，疏导遇险车200余辆撤离到安全地带。都江堰市交警中队民警为打通成都通往震中汶川道路坚守岗位，地震发生后的六天五夜，80%以上民警前两天不知亲人生死讯息，95%以上民警前3天不知家中受灾情况，50%以上民警前5天未曾见过家人面。六天五夜，都江堰市交警中队民警共护送大型装载机械2900余台进入施救现场，为万余辆救护车、近万辆解放军军车提供道路保障。交通民警在执行勤务保障的同时，为1100余人提供帮助，疏导车辆数十万辆。18日后，都江堰市交通中队转入保证国道213线、龙池虹口大坝线畅通任务，分别在6914路口、紫坪铺大坝等重要通道路口、危险路段设卡点、固定岗24小时守护，保证施救车辆、人员、物资快速进入阿坝，投入交通民警400余人（次），协同疾控中心在灰窑沟等路口“防疫消毒点”进行防疫消毒。

彭州市公安局交警大队各中队为保证通往重灾地区道路畅通，在重要路口、桥梁、卡点实行24小时交通指挥，保障成彭高速路口—城区二环路（牡丹大道）—滨河路—人民渠桥头路口—彭关路—彭白路—银白路畅通安全。根据崇州市抗震救灾总指挥部部署，彭州市公安局交警大队保障连接崇州市鸡冠山旅游点及连接鸡冠山乡、文井江镇和街子镇等地乡村的崇州锦江收费站、怀远镇、怀远青峰岭、尖尖山、大偏崖一线道路畅通。崇州交警大队在城区维护交通秩序的同时，安排10个执勤小组，全天候执勤。在连续6天交通疏导中，执勤民警吃住在岗位上，共疏导前往鸡冠山抗震救灾车辆8000余辆（次），疏导经崇州前往都江堰抗震救灾及过境车9000余辆（次）。（参见图267 ~ 268）

图267　5月17日，公安交通民警在地震灾区指挥交通

（公安部　提供）

广元市各交通道路不同程度损毁，大量车辆堵塞滞留。广元市公安局派出4批民警赴青川县了解情况，抢修道路，运送炸药炸山开路。5月12日15时起，抽调民警100余人，赴广元市各重要关口、路段发布通告，实行交通管制，共疏导高速公路出入口滞留人员1.2万余人。5月12日至11月25日，出动警力5000余人（次），对剑青公路和进出四川省的重点路段，不间断地抢修维护、巡逻巡查和疏导执勤，共疏散滞留车辆7000余辆、数万人。地震发生后，每日从外省返回广元市人员5000余人，公安机关组织机动分队，安全输送旅客10万余人。至5月27日，除茂县至北川、国道213线汶川县城至映秀镇道路仍未打通，理县至汶川、黑水至茂县公路因山体滑坡时常中断，广元至青川方向国道212线775公里、781公里处塌方，广元市利州区

图268　5月21日，公安交通民警在地震损毁路段指挥交通
（公安部　提供）

金洞乡通往青川县的道路中断外，其他通往四川灾区的主要道路全部打通。5 月 13 ~ 30 日，广元市交警支队特勤大队女副大队长蒲云波冒着余震在竹（竹园坝）青（青川）公路往返行程 6 万余公里，完成警卫开道任务 300 余次，安全护送各类人员 10 万余人（次），几昼夜忍饥挨饿坚持疏导交通。后蒲云波被全国妇联授予“全国三八红旗手”称号，被公安部授予“全国公安系统抗震救灾先进个人”称号并荣记二等功。

为保障通往四川重灾地区的道路畅通，使救灾人员和物资迅速到达灾区，四川省周边省市公安交通管理部门立即行动。仅 5 月 21 日，重庆市各级公安交通管理部门就投入警力 1617 人（次）、警车 782 辆（次），服务和帮助受灾群众、护送运输救灾人员、伤员和物资车队 25 批（次）、250 余辆。重庆市公安交通管理部门派出赴四川省抗震救灾增援队，分为 3 个组在绵阳市、德阳市、都江堰市投入抗震救灾交通安全保卫工作。同时，加派警力、警车配合重庆市各大医院做好接收灾区伤员交通安全保障。21 日，贵州省、云南省、陕西省、甘肃省公安交通管理部门为加强通往四川地震灾区主要道路疏导管控力度，出动警力 11055 人（次）、警车 3327 辆，保证抢险救灾物资运输车辆顺利驶往灾区。

甘肃省交警总队要求各级公安交通管理部门优先保障运送救灾人员、受灾伤员和救灾物资等车辆通行；加强对重点路段、重点部位管控和巡逻密度，对因地震灾害造成道路、桥梁、隧道损毁及山体滑坡、塌方、路面塌陷等道路交通安全隐患，及时设置警告标志，协调配合公路部门排除险情，疏通道路，严防事故发生；发生交通事故时快速出警、快速施救、快速清理现场，迅速恢复道路通行，尽量减少交通事故对救灾运输车辆安全通行的影响。地震发生后，天水市成为运送救灾物资、转运伤员中转站，天水市交警支队启动《抗击地震等自然灾害应急预案》，成立抗震救灾应急领导小组和前线指挥部，从机关抽调警车 10 辆、民警 42 名，组成特勤保障小组，负责救灾物资车辆及各级领导视察特勤保障；并发出紧急通知，要求辖区内运输救灾人员和物资车辆违反交规的一律不扣车、不扣证、不罚款，并主动排除道路上的一切阻碍因素，必要时以警车开道。5 月 12—22 日，天水市交警支队承担警卫保障任务 7 次，其中一级警卫任务 1 次、二级警卫任务 1 次、三级警卫任务 5 次；为运送救灾物资的车辆开道护送 32 次，其中护送至陇南市境内 5 次、护送各类车辆 452 次；出动警车 360 辆（次）、警力 4200 人（次）。

河南省、陕西省交警总队承担着从陕西省进入四川灾区道路畅通安全保障任务，组织民警 24 小时管控路面，调集警力支援重点路段和部位，加强执勤、疏导和快速处置突发事件和交通事故力量，与路政部门联勤联动，共同保障道路畅通。

三 周边省协助分流

受地震影响，宝成铁路中断，西潼高速、西安绕城高速、西汉高速公路成为全国各地救援队伍、救灾物资进入四川地震灾区的主要陆路通道，车流量猛增到震前日常的 4 倍。陕西省交警总队担负高速路应急分流任务，及时下发《关于做好抗震救灾通行道路交通应急分流工作的通知》，要求陕西省各级公安交通管理部门组织民警，对途经四川省的其他车辆按绕行线路实施分流，运送抗震救灾人员和物资车辆由西安进入汉中道路，沿国道 108 线、西汉高速进入；由宝鸡进入汉中道路，沿省道 210 线（姜眉公路）至国道 316 线、省道 212 线（宝汉公路）至国道 316 线进入；由西安前往成都方向的过境车辆，沿国道 210 线至镇巴，沿西柞高速至柞水，沿省道 102 线至安康，再选择绕行路线出境；由汉中前往成都方向的过境车辆，沿西汉高速至城固，沿国道 316 线至西乡，沿省道 210 线至镇巴，沿省道 211 线至南郑，再选择绕行路线出境；由安康前往成都方向的过境车辆，沿省道 207 线至镇坪县，再选择绕行路线出境。为落实应急分流办法，各级公安交警部门制订方案，在主要省际卡口、主线收费站由民警值守，对重点路段、重点时段实施巡逻和道路管控。对运送救灾物资和人员的车辆做到不查、不扣、不罚，优先通行，快速放行；对非运送救灾物资和人员车辆，一律分流至其他道路。及时排查路面险情，维护高速公路正常秩序，保障运送抢险救灾人员、装备、物资车辆畅通。

陕西省交警总队高速公路支队与省高速集团联合采取措施，实行高速交警警车开道、高速路政后车收尾护送的办法，保证救灾车辆安全快速通行。为方便救灾车辆行驶，交警和路政部门通过电视、广播、报纸等媒体和公路沿线可变情报板，滚动发布路况信息，紧急制作 37 面大型指路标志，分设在西临、西三进入西安绕城高速入口及绕城高速进入西汉高速入口处，并连夜印制 1 万份温馨指路提示卡，向过往车辆发放。在高速路政收尾护送工作中，西安交警支队高速路交通大队落实 24 小时巡逻制度，并在涝峪口和秦岭服务区设立检查站，分别安排 1 辆车、3 个人驻站执勤，做好应对紧急情况的准备，拖移故障车辆 100 余辆，抢救车辆险情 30 余次，保证日均救灾车辆 3000 余辆安全通行。5 月 13 日 20 时许，高速公路大队接到紧急通知，当夜有 20 辆油罐车前往四川地震灾区，要求部署警力在西汉高速公路汉中辖区护送。高速公路大队立即抽调民警 30 余人，连夜在辖区路段作护送准备，并安排警力提前到达宁陕交界处迎接车队。14 日 3 时，车队到达洋县服务区后，汉中交警大队安排驾驶员休息，检查车辆安全。稍作休息后，汉中交警大队领导驾车引导车队，安全送出汉中市辖区。14 日，高速公路大队护送载有 3000 余名四川籍农民工的 160 辆大客车通过西汉高速公路，分段部署警力巡查道路，并采取前车开道、后车收尾的方式，保证车队不超载、不掉队。至14日23时，两批160辆客车安全通过汉中市辖区。

安康市毗邻四川地震灾区，在陕西进入四川铁路因地震中断的情况下，途经安康进入四川的西汉高速公路、国道316线成为全国各地运送救灾物资的主要通道。安康市交警支队各大队对高速公路及国、省道危险点段排查，增设标志牌，加固防护设施，增加警力，实行24小时巡查巡检。至10月14日，安康市交警部门出动警车1860辆（次），护送过境救灾运输车辆30万辆，未发生重大交通事故和交通拥堵事故。

咸阳市交警支队高速路交警大队会同杨陵区、三原县路政部门，对辖区内因地震可能出现的桥梁损坏及险情路段进行检查，对运送抢险救灾物资车辆开辟“绿色通道”。渭南交警支队西潼高速路交警大队调整勤务班次，24小时三班运转加强往复巡查，会同路政部门重点对路桥、桥墩进行检查。汉中市交警支队高速路交警大队取消休假，保证足够警力，加强与各管理所联系，随时掌握路面信息，并与有关施救单位联系，安排施救清障车辆，随时清除路面障碍。安康市交通支队高速路交通大队与沿线高速公路运营、路政部门联勤联动，利用高速公路报警、监控、通讯及情报信息系统，及时掌握路况信息，排查路面险情，控制驶往灾区社会车辆，保障运送抢险救灾人员、装备、物资及“绿色通道”车辆优先通行。

5月12日至10月14日，陕西省在高速路政收尾护送中（不含其他道路护送），出动交警63431人（次）、警车40498辆（次），护送救灾车辆74110辆，其中救援部队车辆2977辆、油料车1286辆、客车4867辆、救灾物资车辆58579辆、其他车辆6401辆。

四　调整交警警力

为解决重灾地区交警警力不足的问题，公安部交管局要求四川省交警总队，从省内受灾轻的地区抽调警力支援重灾区。四川省交警总队针对重灾地区民警伤亡、任务骤增、警力严重紧缺的情况，按照“道路抢通到哪里，警力就部署到哪里，安全保障工作就落实到哪里”的勤务原则，首次在四川省交警系统实施“异地调警、调车支援重灾区”的措施。5月16日，四川省交警总队下发紧急通知，确定自贡市、南充市、眉山市等10个支队对口支援青川县、平武县、绵竹市等9个交警大队，并自带车辆、装备、帐篷、食品，由受援支队统一指挥。

在雅安经马尔康、理县至汶川道路开通后，救灾物资、大型机械设备和重型货车从“西线道路”进入汶川县，四川省交警总队立即从达州市、宜宾市和内江市抽调60名交通民警增援。通往汶川县映秀镇的“南线道路”打通后，四川省交警总队从广安、凉山等地调集数十名警力增援。根据阿坝藏族羌族自治州1.4万名群众转移、唐家山堰塞湖应急避险交通疏散等工作需要，四川省交警总队指挥部又调集一批警力支援重点路段，实施交通管制，保证救灾道路专线专用。在增援警力短期内无法到达的情况下，阿坝藏族羌族自治州、绵阳市、德阳市、成都市、广元市交警部门通过内部调剂，将受灾较轻县（市、区）交警大队的警力，向重灾区和一线倾斜，全力保证道路畅通。从5月14日开始，四川省交警总队抗震救灾指挥部从14个交通支队，抽调交通民警2700余人（次）、各种车辆1150余辆（次），增援5个重灾市（州）、18个县（市、区），缓解重灾地区交通警力不足的问题。

7月16日，为解决四川地震灾区交通警力连续工作、一线警力不足的问题。公安部办公厅下发紧急通知，部署北京市、河北省等17个对口支援省（市）公安机关，组织交通民警535名支援四川灾区。20日，公安部交管局向四川省交警总队下发《关于抓好赴川对口支援交警相关工作的意见》，要求四川省交警总队抓好组织协调，成立工作领导机构，负责与赴四川省对口支援交警业务、后勤、信息等的工作组织协调；落实支援警力住宿、伙食、交通、勤务装备等后勤保障条件；制订相关勤务规范，明确受援地和支援地交管部门任务、勤务模式、执法权限、执法规范及队伍管理、考核奖励等制度。25日，北京市、河北省等省（市）535名交通民警分别到达四川省17个地震重灾县（市），执行对口支援任务。四川省交警总队建立勤务指挥中心，由受援地交警队主要领导任指挥长，支援地交警带队领导任副指挥长，对两地交警实行统一调度、统一指挥；建立警务责任区，实行岗位、人员相对固定警务管理模式，各警务组成员由两地交警共同组成，责任区内设置固定和流动执勤点；建立勤务联勤制，根据警务责任区划分，统一安排勤务时间、方式，合理部署警力。

各对口支援四川地震灾区的交警警力，根据受援地交管部门安排，在抗震救灾工作完成后，陆续撤回归建。

第二节　交通秩序恢复

一　保障救灾道路畅通

5月17日，国道213线都江堰至汶川县映秀镇段打通。18日，四川省公安厅、交通厅发布《关于对国道213线都江堰至映秀段实行交通管制的公告》。公告规定，全路段除抗震救灾车辆、工程抢修机具和持有四川省交通厅制发的“应急交通”通行证车辆外，禁止其他车辆通行；各类货运车辆总重不得超过20吨，超重车辆自行卸货转运；全路段限速20公里/小时，通过桥梁及特殊路段时实行单车单向放行，限速5公里/小时；进入管制路段车辆、工程抢修机具必须服从现场交通管制人员指挥，违者按《道路交通安全法》和应急时期有关规定最高处罚线进行处罚。

5月22日，在国道213线汶川至茂县段和汶川西线救援通道（汶川—理县—马尔康—小金—宝兴—芦山—雅安—成都）全线打通后，四川省交警总队发布《关于对国道213线汶川至茂县段和汶川西线救援通道实行交通管制的公告》，规定全路段各类货运车辆车货总重不得超过20吨限载通行，超重车辆自行卸货转运；全路段限速20公里/小时，车辆通过桥梁及特殊路段时实行单车单向放行，限速5公里/小时；汶川西线救援通道从芦山县飞仙关（国道318线与省道210线交叉口）至汶川县段（飞仙关—芦山—宝兴—小金—马尔康—理县—汶川）全路段实行交通管制，除运送抗震救灾物资车辆、转移群众车辆、道路施工专用车辆、持有四川省交通厅制发的“应急交通”通行证车辆和沿线居住地车辆外，禁止其他车辆通行。

6月2日，四川省交警总队发布《关于对地震灾区部分区域实施交通管制的公告》，对绵阳市、

图269　地震发生后，绵竹市公安局交警大队搭建临时办公点，处理各项车管业务
（公安部　提供）

都江堰市、绵竹市、什邡市、青川县及周边道路实行交通管制。除管制区域内车辆、人员及抗震救灾车辆、工程抢修机具和持有四川省交通厅制发的“应急交通”通行证车辆及有关人员外，禁止其他车辆和人员进入。7 月 4 日，四川省委提出 8 月 31 日前都汶公路恢复通车的要求。9 日，四川省交警总队制定《国道 213 线都江堰至汶川段交通管制方案》，并成立由省交警总队及成都、阿坝交警支队参与的国道 213 线映秀镇至汶川抢通工作保障组，保证映秀镇至汶川、都江堰至汶川县公路抢通期间，抢修车辆、应急车辆安全通行。省交警总队 9 日发布《关于对国道 213 线都江堰至汶川段道路抢通期间实行交通管制的公告》，都江堰市至映秀镇段除道路抢通车辆、工程机具和持有四川省交通厅制发的“地震灾区车辆通行证”及救灾车辆可通行外，禁止其他车辆通行。同日，成都、阿坝交警支队全力保障都汶公路抢通期间安全畅通。成都市交警支队在紫坪铺、都江堰市与汶川县交界处等地设立 3 个固定执勤点。成都、阿坝交警支队对都汶公路实行交通管制，出动警力 620 余人（次），出动警车巡逻 180 余辆（次），劝返社会车辆 500 余辆，完成二级警卫任务 3 次。阿坝藏族羌族自治州交警支队在寿江大桥、映秀镇烧火坪隧道跨江大桥等地增加 3 个固定岗位。（参见图 269）

天水市交通支队随时调整天水市交警警力部署，加大对重点路口、重点地段、重点单位交通疏导工作。5 月 12 日下午，在通信中断的情况下，天水交通支队迅速派出 3 个工作组，分别赴各县区交警大队，查看灾情，部署警力。应急机动分队分成 4 个小组，分别到国道 310 线、316 线和省道 304 线、305 线等主要路段查看道路通行情况，指挥疏导交通。在抗震救灾期间，天水市未发生重特大道路交通事故，未发生长时间交通堵塞情况。天水市在抗震救灾中柴油供应紧张，导致大量柴油车辆滞留天水市境内，特别是在东岔、潘集寨、伯阳、桥南、徐加店等加油站，因大量过境柴油车辆排队等候加油造成部分路段交通堵塞。天水市交警支队统筹安排工作，科学部署警力，抽调麦积区和秦州郊区大队 3 个中队民警，派往形成堵点的加油站，指挥加油车辆有序排队，保证路面畅通。同时，支队每日保证 4 名领导和 20 名应急机动队员，24 小时驻守支队机关，根据警情随时调动。

二　堰塞湖泄洪交通安全

5月下旬，北川羌族自治县唐家山堰塞湖对下游城市居民生命安全构成威胁。公安部交管局要求四川交警总队做好唐家山堰塞湖险区群众疏散和应急交通保障。22日，四川省交警总队发布《关于对省道S105线安昌镇至北川段实行交通管制的公告》。省道105线安县安昌镇—永安镇—擂鼓镇—北川县城段，除抗震救灾车辆、工程抢险车辆、工程抢险机具，以及持有四川省交通厅制发的“应急交通”通行证车辆、转移群众车辆和沿线居住地车辆外，禁止其他车辆通行。27日，公安部工作组赴绵阳市交警支队，研究完善交通保障方案，要求四川省交警总队做好预案。6月3日、5日，公安部工作组分别赴绵阳、遂宁检查唐家山堰塞湖应急疏散及交通保障准备。6日，工作组再次赴绵阳检查应急疏散交通保障工作。（参见图270）

图270　公安部交通管理局工作组与四川省交警总队，研究唐家山堰塞湖险区群众疏散和应急交通保障工作

（公安部　提供）

5月28日，四川省交警总队向洪水可能淹没区域及疏散工作涉及支队发出《关于认真做好北川唐家山堰塞湖发生险情应急交通保障工作的紧急通知》和《唐家山堰塞湖险情应急交通管制预案》，要求各交警支队立即制订应急交通管制预案，建立应急联络联动机制，做好应急交通管制物资准备，保证险情发生时不发生伤亡事故。29日，唐家山堰塞湖避险疏散预案三分之一溃坝方案启动，四川省交警总队召集成都市、绵阳市、德阳市、遂宁市、广元市及高速公路支队研究细化应急预案，明确管制路段、管制措施、远端分流方式等具体措施。6月7日7时8分，堰塞湖开始溢流，绵阳市交管部门在涪江泄洪流域沿岸及重点场镇，设置交通秩序保障执勤点，安排70名警力在三分之一疏散区域实行24小时执勤，并在唐家山堰塞湖泄洪沿线部署600余名警力，24小时待命做好全溃坝应急疏散准备工作。10日9时15分，唐家山堰塞湖导流渠流量迅速增加，绵阳市政府发布橙色预警警报。公安部工作组在赶赴绵阳途中，随时与四川省交警总队、绵阳市交警支队联系，了解现场情况，并要求四川省交警总队立即发布交通管制通告，要求绵阳市及周

边支队按照工作预案实施交通管制，有序组织交通，禁止外地车辆进入绵阳，禁止本地车辆和行人进入管制区，紧急疏散群众。四川省交警总队迅速向绵阳市周边的成都市、德阳市、遂宁市、广元市、雅安市及高速公路等支队下达远端分流指令。各交警支队按照交通管制预案，开展交通秩序管理和应急疏散工作。成都市交警支队启动 21 个检查卡点，通过设立醒目分流标志，采取远端交通截留、分流、提示绕行等措施，指挥通往绵阳方向车辆绕行避险；高速公路支队在各收费站利用车载信息提示板，引导劝返车辆不得进入绵阳方向；德阳市支队全警上路，在各条通向绵阳方向路口设立值勤点，对进入绵阳市车辆实施交通管制；遂宁市支队出动 4 个应急分队，对国道 318 线、省道 205 线和涪江沿线公路实施交通管制和分流。其间，四川省交警总队通过电台，向社会滚动发布道路管制信息。由于预警早，准备充分，预案制订详细，唐家山堰塞湖泄洪交通管制组织有序，绵阳市城区及周边道路沿线交通秩序井然。15 时 20 分，唐家山堰塞湖橙色预警险情解除，四川省交警总队要求成都市、德阳市、广元市、遂宁市、雅安市、阿坝藏族羌族自治州及高速公路支队解除对进入绵阳方向车辆交通管制。15 时 27 分，通往绵阳方向的道路恢复交通，交通远端分流措施结束，各任务区域未发生道路交通安全事故和严重交通堵塞。（参见图 271）

图 271　公安特警队在唐家山堰塞湖泄洪封控区管制车辆通行

（公安部　提供）

第三节　交通事故预防

5 月 15 日，公安部下发《关于全力做好抗震救灾期间道路交通事故预防工作的通知》，要求各级公安交通管理部门在保证抗震救灾运输道路畅通的同时，全力预防群死群伤道路交通事故，四川省及周边省市公安交通管理部门特别要做好抗震救灾车辆事故预防工作，杜绝发生非自然灾害引发的抗震救灾运输车辆道路交通事故。全面加强道路交通安全隐患排查，要迅速组织警力，会同有关部门，对辖区道路组织一次全面的安全隐患排查。对因地震灾害造成的道路、桥梁、隧道、涵洞损毁及山体滑坡、塌方等新道路交通安全隐患，要立即报告当地党委、政府，研究制订和落实整治措施；对暂时不具备整治条件的，要立即设置警示标志，并调配民警专人值守，防止地震灾害造成安全隐患引发道路交通事故；不具备安全通行条件路段，通过媒体、网络、短信、发放提示卡等方式提示，并提前做好交通分流。22日，公安部交管局下发通知，再次要求各地以预防和减少重特大道路交通事故为重点，深入开展奥运道路交通安全攻坚战，加强警力部署，强化路面管控，强化源头管理，确保不发生群死群伤道路交通事故。（参见图272）

图272　5月27日，灾区公安交通管理部门临时搭建车管所和事故处理室，及时处理交通事故
（公安部　提供）

四川省交警总队下发《关于切实加强灾区公路交通安全管理工作的紧急通知》。四川省各级公安交警部门会同交通、安监等部门聘请工程技术、地质等方面专家对辖区道路、桥梁、隧道、涵洞等进行全面排查，对排查出的道路隐患逐一建档；对因地震灾害造成新增道路隐患，进行实地分析、研判，提出科学合理整治意见，并及时报告当地党委、政府，督促有关部门落实整治措施；对暂时不具备整治条件及正在整治道路隐患，立即增设交通警示标志，加强宣传提示，采取巡逻疏导或调配民警专人值守等措施，保障道路通行安全；对已不具备安全通行条件的路段，及时通过媒体、网络、短信、发放提示卡等方式提示，并提前做好交通分流，避免事故发生。四川省交警部门排查各类危险路段922处，其中建议省级督办22处、市级督办264处、县级督办636处。

四川省交警总队6月3日下发《关于加强预防重特大道路交通事故工作的通知》，加强对客运车辆通行秩序管理，严格查处客运车辆超员、超速行驶、疲劳驾驶、车辆乱停乱放等交通违法行为，严禁拖拉机、三轮车、低速载货汽车及其他货运车辆运送群众。8月17—26日，在全省开展为期10天的公路客运交通安全集中整治，对通往地震灾区和农村短途客运，市、县客运班线进行检查，检查客车25.37万辆（次），查处客车超速729起、超员496起、其他交通违法行为3400余起。

7月13日，公安部交管局下发紧急通知，要求各地进一步加强道路交通事故预防工作，开展全面排查，要以高速公路、国省道和旅游景区道路及重特大事故多发地区为重点，突出对公路客运特别是旅游客运车辆、危险化学品运输车辆、校车等重点车型及弯道、坡道、窄路、无安全防护设施等重点路段安全隐患排查，针对排查问题和漏洞，提出切实可行的措施，立即加以整改；落实警力部署，围绕预防特大道路交通事故，坚持以面保点，实施重点防控，加强对路面警力部署和落实情况检查，落实路面岗勤责任，加大对高速公路、国省道和旅游景区道路等重点道路巡逻管控力度。对勤务不落实、警力不到位的，一经发现，严肃追究民警及相关领导责任；强化源头管理，组织民警深入辖区内单位、企业、社区、农村、学校，及时掌握有组织乘车外出旅游的情况，并结合事故案例进行教育，提醒注意交通安全。加强应急管理，加强与气象部门的协作，及时掌握天气变化情况，制订完善应对汛期和恶劣天气的道路交通突发事件预案，开展应急预案演练，提高应急处置突发事件的能力；快速处置事故，完善工作制度，强化业务培训，加强值班备勤，配齐事故处理装备和器材，积极与医疗卫生、救援部门协商，加强救护救援机制建设，缩短救护救援时间，减少事故和人员伤亡，防止因事故导致道路拥堵。四川省交警总队下发紧急通知，要求各地积极开展安全隐患排查，强化路面管控、宣教、培训，完善应急措施，加强督导力度，预防重特大交通事故。阿坝藏族羌族自治州交警支队派出工作组分赴汶川、茂县等地驻点督导保障交通。

地震发生后，甘肃省天水市交警支队减少对车辆的例行检查，以分流疏导为主。全力保障运送抗震抢险救灾人员、装备物资及“绿色通道”车辆优先、安全通行，对抢险救灾车辆做到“不扣车、不扣证、不罚款”，保证通往四川、陕西及陇南等地国道310线、316线交通安全、有序、畅通。对发生交通事故的，做到快速出警，快速处置现场，快速恢复交通。地震和多次余震造成国道310线出现几处滑坡和落石，造成部分路段交通堵塞。天水市交警支队立即通知麦积区交通、公路部门清除滑坡土石，修复公路交通。麦积区交通大队迅速派出警力进行车辆管控和分流，并组织民警在堵点指挥疏导车辆单向通行，防止发生新的堵塞和交通事故。5月12日19时，国道310线南崖段发生一起交通事故，造成道路堵塞。天水市交警支队领导赶赴事故现场，指挥事故勘察、疏导过往车辆。13日4时30分，国道310线滞留车辆全部疏散，道路交通秩序恢复正常。17日晚，天水市交警支队接到“为陇南灾区140辆运送救灾物资车辆开道护送”的命令，立即组织机关应急分队警车7辆、民警14名，到天水火车站物资转运处，指挥车辆编队，完成开道护送任务。

5月12日至10月31日，重庆市交警总队在全市开展道路交通安全自查、督查专项行动。针对地震波及重庆市易引发次生灾害危险路段、桥梁、隧道、涵洞、水塘等道路安全隐患进行排查治理。5月18日，重庆市交警总队召开支援抗震救灾、严防重特大事故紧急会议，要求增加路面见警率，全面加强路面管控；开好客运企业安全工作联系会；加强乡村道路执法；开展事故多发点段的排查；做好交通安全检查站工作。重庆市公安局6月18日至9月底，在重庆市开展农村道路交通安全集中整治。9月21日，重庆市交警部门开展“渝安0812”交通秩序集中整治行动，出动警力2213人（次）、警车832辆（次），设置固定检查站153个，检查车辆116427辆，纠正交通违法行为10987件，查处酒后驾驶31件、无证驾驶17件、故意遮挡和污损机动车号牌273件、悬挂单面机动车号牌38件、无牌无证车辆上路行驶242件、其他交通违法行为8364件，暂扣驾驶证216本、机动车423辆，警告3316件。

第十篇

救灾资金物资监管

第一章　纪检监察

第二章　民政监管

第三章　审计监督

第四章　质量安全监管

汶川特大地震发生后，中央和地方财政拨付大量专项资金，全国人民及国际社会慷慨捐助，大量救灾资金物资在短时间内集中调拨到各受灾地区。为保证救灾资金物资管理严格规范、运行简捷有效、堵塞管理使用过程中的各种漏洞，使救灾资金物资真正用于灾区、用于受灾群众，纪检监察机关、救灾主管部门和审计机关按照各自职能，对救灾资金物资进行有效监管。同时，质量监督部门对进入灾区的食品、产品进行全面质量监管。

中央纪委、监察部按照胡锦涛关于“尽早出台管理制度”的指示，制定完善抗震救灾资金物资监管规章制度，组成专项检查组赴国家机关有关部门、单位及接收社会捐赠的群众团体、社会组织和地震灾区，检查抗震救灾资金物资管理使用情况。中央纪委、监察部和有关地方纪检监察机关设立举报投诉电话或网络举报信箱并向社会公布，24 小时受理对抗震救灾资金物资管理使用中违法违纪行为的控告、举报。各受灾省市纪委、监察厅结合各自情况，在受灾县、乡和受灾群众集中安置点设立现场投诉点，及时受理群众投诉，开展对救灾资金物资的监督检查。

民政部门通过建章立制，开展监督检查，规范救灾物资分配和回收、救灾资金拨付和分发、捐赠资金物资管理和使用、救灾资金物资使用管理的信息公开等社会各界高度关注的环节。民政部确定物资分配原则、责任制度、分配方案，要求灾区各级政府设立抗震救灾生活类物资调配中心，负责统一管理、调配、组织发放抗震救灾生活类物资；对发放情况定期向社会公布，保证抗震救灾物资快捷、高效、公开、公平、公正发放。民政部通过建立严格的工作制度和规范程序，加强政府物资采购监管、检查，适时召开新闻发布会，对救灾资金物资发放做到账目清楚、手续齐备。

财政部在做好资金筹集、调拨和财税政策研究制定的同时，全力做好抗震救灾资金物资管理使用的监督检查。针对抢险救灾、恢复重建各阶段的资金使用特点，财政部连续下发监督管理工作通知，要求四川省、甘肃省、陕西省等地震灾区财政部门保证抗震救灾资金及时、足额拨付到位，并做好监管工作。财政部 6 次派出工作组，对抗震救灾资金物资使用情况和政策执行情况进行检查。全国各级财政部门不断完善联动监管工作机制和信息沟通机制，形成覆盖全面、上下一体的监管网络。

审计署针对救灾资金物资来源广泛、使用分散、环节繁多等情况，改变以往事后审计的模式，采取“关口前移、提前介入”的审计方法，对抗震救灾资金物资筹集、管理、分配、使用的全过程进行审计监督。同时，采取“跟踪审计，边审计、边整改”的方式，对审计过程中发现的问题，现场出具审计建议书，向被审计单位通报情况并督促及时整改。地方审计机关尤其是灾区的审计机关创新审计模式，开展对救灾资金物资的审计监督。抗震救灾期间，审计署 4

次公告抗震救灾期间资金物资审计情况。至11月底，审计署接到群众举报1962件，其中批转审计机关核查168件，转地方政府处理8件，各类救灾资金物资账目比较清楚，未发现重大违法违规问题。

质检总局加大安全监督力度，抽调19个省（市）的33个单位、3353名质检人员，赴四川省紧急救援，共检查食品企业973家，抽检水样172批（次），抽样检测供水点饮用水源60个；检查建材企业119家、危险化学品企业119家、计量器具企事业单位346家。在抗震救灾期间，全国质监系统配合有关部门和单位对捐赠、援建灾区活动板房80万套（间）、帐篷150万顶和篷布5.86万包，开展产品检测等技术服务。至10月30日，全国各地质监部门共出动执法人员45359人（次），检查食品、棉絮制品、建材、帐篷等生产经营单位17178家，查处违法案件367起。

第一章 纪检监察

第一节 机构机制

一 监督检查机构

地震发生后，中央和地方大量救灾资金物资调往地震灾区，全国人民、海外侨胞及国际社会慷慨捐助，为抗震救灾和灾后恢复重建提供物资保障。胡锦涛、温家宝及中共中央政治局常委、中央纪委书记贺国强等多次作出重要指示，要求加强监督检查，确保全部救灾资金物资真正用于灾区和受灾群众，保证廉洁救灾，向人民群众交一份“明白账、放心账”。

5月14日，贺国强主持召开中央纪委常委会议，要求加强对抗震救灾资金物资管理使用情况监督检查，保证以最快速度用于受灾群众，对贪污、私分、截留、挪用的行为严惩不贷。20日，中央纪委、监察部、民政部、财政部、审计署联合召开会议，专题研究加强抗震救灾资金物资监管工作。会议决定，成立由中央纪委、监察部、民政部、财政部、审计署有关负责人为领导小组成员的抗震救灾资金物资监督检查领导小组。中央纪委、监察部负责组织协调，领导小组办公室设在监察部；各部门按照“谁主管、谁负责”的原则，分工负责，履行各自职责，密切合作，形成监管合力；四川省、甘肃省、陕西省及各市（州）、县（市、区）和乡（镇）也建立起监管体系。会议决定，派出专项工作组赴四川、甘肃、陕西等地指导和督促建立抗震救灾资金物资监管机制。28日，在北京召开抗震救灾资金物资监管工作汇报会。贺国强宣布成立中央抗震救灾资金物资监督检查领导小组：中共中央书记处书记、中央纪委副书记何勇任组长；中央纪委副书记、监察部部长马馼，审计署审计长刘家义任副组长；中央纪委常委、监察部副部长王伟，民政部副部长姜力，财政部副部长廖晓军，审计署副审计长董大胜任领导小组成员，领导抗震救灾资金物资监管。领导小组办公室设在监察部，负责日常工作，王伟兼任办公室主任。

四川省、甘肃省、陕西省分别成立由省委常委、省纪委书记任组长的抗震救灾资金物资监督检查领导小组，所属受灾市、县、乡镇和村社建立相应领导机构；国务院有关部委和一些非受灾省（区、市）成立加强抗震救灾资金物资监管领导机构。

四川省纪委、监察厅5月13日设立抗震救灾应急指挥部。17—18日，四川省纪委、监察厅向省民政厅（含慈善总会）、红十字会、卫生厅、总工会、妇联、团省委、教育厅、财政厅、扶贫办和成都市、德阳市、绵阳市、广元市、雅安市、阿坝藏族羌族自治州等派出监督工作组，开展对抗震救灾资金物资接收、管理、拨付、发放、使用全过程的监督。6月4日，四川省委、省政府决定成立四川省抗震救灾资金物资监督检查领导小组，省委常委、省纪委书记欧泽高任组长，省纪委、监察厅、审计厅等有关负责人任副组长，省纪委、监察厅、民政厅、财政厅、审计厅分管领导为成员。办公室设在省监察厅。

甘肃省5月30日成立省抗震救灾资金物资监督检查领导小组。甘肃省委常委、省纪委书记蒋文兰任组长，省纪委、监察厅、民政厅、财政厅、审计厅等有关负责人为成员。领导小组在省监察厅下设办公室，由综合组及督察一组、二组、三组分工负责监督检查。省纪委、监察部门组织基层纪检干部深入灾区乡镇和村庄驻乡、驻村开展监督检查，在甘肃省3813个资金物资发放点，都配备1名以上现场监督员。

6月2日，陕西省成立省抗震救灾资金物资监督检查领导小组。陕西省委常委、省纪委书记郭永平任组长，省纪委、监察厅、审计厅负责人任副组长，抽调省纪检、监察、民政、财政、审计和省政府办公厅金融办公室等部门人员组成领导小组办公室，办公室设在省监察厅。16日，陕西省抗震救灾指挥部在省监察厅设立救灾资金物资监管工作组，下设办公室，与省抗震救灾资金物资监督检查领导小组办公室合署办公。

二　监督检查机制

6月17日，贺国强在北京主持召开中央纪委常委会议，研究加强抗震救灾资金物资监督检查工作。会议要求，各级纪检监察机关和广大纪检监察干部要从政治高度提高对抗震救灾资金物资监督检查工作重要性的认识，认真履行职责，建立横向到边、纵向到底的全方位监督检查机制，保证抗震救灾资金物资真正用于灾区和受灾群众。

6月20日，何勇在北京听取中央纪委、监察部赴四川省、中央有关部门及群众团体、社会组织专项检查组工作汇报。要求抓紧督促受灾地区建立健全监督检查工作体系，把所有救灾资金物资都纳入监督检查视野，保证抗震救灾资金物资真正用于灾区和受灾群众。承担对口支援任务的19个省（市）也要成立领导机构，加强对口支援灾区的财政性资金和社会捐赠资金的监督检查。中央纪委、监察部有关派驻纪检组监察局也要加强监督检查。会议还要求，加强和改进监督检查工作，逐步建立健全常态工作机制和工作方法，把抗震救灾资金物资监督检查工作贯穿于灾后恢复重建的全过程、全领域。纪检监察机关要充分发挥组织协调作用，通过组织联合检查组等形式，整合监督资源，增强监督检查工作的协调性、有效性。要结合政务公开工作，督促和指导有关地区和部门把公开透明的原则贯穿于抗震救灾资金物资管理使用的全过程，主动向社会公开抗震救灾资金物资来源、数量、种类和去向，广泛接受社会各方面监督。

7 月 2 日，马馼在北京主持召开中央纪委、监察部部分派驻纪检监察机构抗震救灾资金物资监督检查工作座谈会。会议强调，中央纪委、监察部派驻机构要加强对中央抗震救灾重大决策部署的贯彻落实情况监督检查，从驻在部门承担的职责和任务出发，加强对重大项目安排和资金拨付使用情况的监督，保证中央政令畅通。会后，中央纪委、监察部有关派驻机构迅速行动，配合驻在部门及时出台和完善救灾资金物资管理使用相关规定，严明纪律要求，组织开展专项检查。

9 月 17 日，王伟在成都主持召开对口支援资金物资监督检查工作座谈会。会议指出，对口支援项目是异地建设、异地管理、异地监督。根据对口支援项目的不同类型，明确支援方和受援方的监督责任。对“交钥匙项目”，监督检查责任主体是支援方，受援方要予以配合。支援方监督部门既要负责对工程项目设计、施工和监理单位选择监督，还要对工程施工、物资采购等实施全程监督。同时，向受援方移送有关监督资料或通报情况；受援方要积极支持配合支援方监督部门的工作，主动参与监督。对“交支票项目”，监督检查责任主体是受援方，支援方要予以配合。受援方监督部门负责对工程建设项目全程监督，并向支援方移送有关监督资料或通报情况；支援方也要积极参与监督。对“合作共建项目”，双方应根据物力、财力投入和项目建设分工情况，明确各自的工作范围，共同监管监督。受援省纪委、监察厅要加强对辖区内对口支援项目的监督检查工作领导，督促支援和受援双方建立有关沟通协调制度、联席会议制度、案件协调处理制度、联合检查制度；支援省市纪委、监察厅（局）加强对本省市援建项目的监督检查，也要支持配合受援省纪委、监察厅履行监督检查职责。

地震发生后，全国特别是地震灾区在短时间内，初步形成从中央到地方的抗震救灾资金物资监督检查体系。

第二节　规章制度

一　中央制定规章制度

按照胡锦涛关于“尽早出台管理制度”的指示，中央纪委、监察部针对抗震救灾资金物资管理中出现的捐赠资金移交规定在一些部门尚未落实、捐赠资金物资使用情况公示不能满足社会要求、骗取冒领抗震救灾资金物资问题在一定范围内存在、统筹安排抗震救灾资金物资力度不够等问题，协调配合有关部门制定一批抗震救灾资金物资监管工作规章制度。

中央纪委、监察部 5 月 13 日下发《关于严肃纪律保证抗震救灾工作顺利进行的通知》，要求各级纪检、监察机关加强对中央关于抗震救灾各项决策部署贯彻执行情况的监督检查，坚决纠正有令不行、有禁不止的行为。加强对抗震救灾拨付资金和捐助资金物资管理、使用情况的检查，切实保证救灾资金物资用于受灾群众，发现有贪污、私分、截留、挪用的，要从严处理，触犯刑律的移送司法机关。

中央纪委、监察部、民政部、财政部和审计署5月20日联合下发《关于加强对抗震救灾资金物资监管的通知》。通知要求，各级纪检监察、民政、财政、审计等机关和部门，要履行好各自职责，及时沟通联系，形成监管合力；要建立健全抗震救灾资金物资管理的规章制度，保证救灾资金物资合理使用和规范募集，提高救灾资金物资管理使用效益和公开透明度；要强化对救灾资金物资跟踪审计监督，重点查处滞拨滞留，随意分配、优亲厚友，损失浪费、弄虚作假，截留克扣、挤占挪用、贪污私分等问题；要加强对抗震救灾资金物资管理使用情况的监督检查，对贪污私分、虚报冒领、截留克扣、挤占挪用救灾资金物资等行为，要迅速查办，从重处理；对失职渎职、疏于管理，迟滞拨付救灾资金物资造成严重后果的行为或致使救灾物资严重毁损浪费的行为，要严肃追究有关人员的直接责任和领导责任，涉嫌犯罪的，要及时移送司法机关追究刑事责任。

5月29日，中央纪委、监察部根据《中国共产党纪律处分条例》等党内法规和《中华人民共和国防震减灾法》《行政机关公务员处分条例》《财政违法行为处罚处分条例》等国家法律法规，制定颁布《抗震救灾款物管理使用违法违纪行为处分规定》。处分规定要求严格禁止以赈灾、募捐名义诈骗的行为；敛取不义之财，截留、挤占或者无故迟滞拨付、发放抗震救灾款物的行为；虚报、冒领抗震救灾款物的行为；利用职权为自己、亲友和有关单位徇私发放或者有偿发放抗震救灾款物的行为； 擅自改变抗震救灾款物用途，挪作他用的行为；擅自变卖抗震救灾物资的行为；故意违背政府应急救助和灾后重建规划使用抗震救灾款物行为；伪造、变造和毁损抗震救灾款物原始登记资料及相关账簿行为；隐瞒抗震救灾款物管理使用分配信息，依照规定应当公开而不公开的行为；在抗震救灾款物管理使用中玩忽职守、贻误工作行为；贪污、私分抗震救灾款物的行为，并提出纪律要求和惩戒措施。

中央纪委办公厅、监察部办公厅6月30日下发《关于加强对对口支援救灾款物监督检查的通知》，要求把监督检查贯穿于援建全过程，对救灾资金物资进行全方位监督，尤其要加强对重要项目安排、大额度资金调拨使用及涉及受灾群众基本生活、社会关注程度高等重点环节的监督；要按照“谁主管、谁负责”原则，督促各相关部门按照职责和分工，加强内部管理，实行严格的责任制，做到每一笔对口支援救灾资金物资都有具体单位和人员负责；要督促有关地方和部门立即纠正、认真整改监督检查中发现的问题。

二　灾区省市制定规章制度

5月13—14日、6月6日、7月8日，四川省纪委、监察厅先后下发《关于严肃纪律确保做好抗震救灾工作的紧急通知》《关于严肃纪律加强对抗震救灾资金物资监督检查的紧急通知》《关于严肃纪律确保抗震救灾安置阶段各项工作顺利推进的通知》《关于对灾区安置住房建设工作开展效能监察的紧急通知》。通知严明抗震救灾工作纪律，规范救灾资金物资管理使用；要求督促有关部门梳理规章制度，清理收支情况，摸清底数，总结经验，建制堵漏；要求各级纪检监察机关对灾区安置住房建设工作中规划选址、进度质量、资金落实、干部作风等情况开展效能监察；严肃查处灾区安置住房建设中违纪违法行为。5月20日、6月24日，四川省监察厅、民政厅、财政厅、审计厅先后联合下发《关于切实加强抗震救灾款物管理使用与监督检查工作的通知》《关于加强抗震救灾物资紧急采购监督管理的通知》，对抗震救灾资金使用监督管理、规范抗震救灾物资紧急采购行为、提高抗震救灾资金的使用效率等作了明确规定。6月27日、7月7日，四川省抗震救灾资金物资监督检查领导小组先后下发《关于建立地震灾区恢复重建阶段规划编制、重点项目立项、大额资金拨付和大宗物资采购通报制度的通知》《关于报送抗震救灾资金物资监督管理规章制度文件的通知》《关于进一步加强监督检查确保受灾群众安置住房建设顺利推进的通知》。要求各地各部门建立地震灾区恢复重建阶段的规划、项目立项、大额资金拨付、大宗物资采购工作通报制度，向同级抗震救灾资金物资监督检查领导小组或纪检监察机关及审计部门书面通报情况；要落实专人收集、审核各地各部门各单位制定的关于抗震救灾资金物资接收、调运、分配、发放、灾后恢复重建中的重大工程项目资金、政府采购、招标投标等方面的规章制度、文件和其他监督检查制度，汇总编印《灾后恢复重建违纪违法处理法律法规和纪律规定摘编》。

甘肃省纪委、监察厅、民政厅、财政厅、审计厅先后下发《关于对抗震救灾款物接收管理使用情况进行监督检查的通知》《关于进一步加强救灾物资分配发放管理工作的通知》《关于严明纪律全力做好抗震救灾工作的通知》《关于进一步加强对抗震救灾资金物资管理使用情况监督检查的通知》，对救灾资金物资筹集、接收、管理使用做出规定。从严从快查处抗震救灾工作中敷衍塞责、玩忽职守、推诿扯皮、失职渎职、临危退缩的共产党员、干部；坚决查处挤占、挪用、截留抗震救灾资金物资及以权谋私的人和事。

陕西省纪委、监察厅制定下发《抗震救灾资金物资和价格监督检查实施方案》《关于切实纠正救灾资金物资管理中存在的问题的紧急通知》《关于加强抗震救灾资金物资监管的通知》《关于认真履行职能加强执纪监督为灾后重建提供坚强纪律保障的意见》《关于加强天津市对口支援陕西省灾后恢复重建资金物资监管的意见》等10余件规定，要求规范工作程序，明确工作标准，堵塞工作漏洞。陕西省有关部门也及时制定《陕西省救灾物资管理发放流程》《救灾资金管理制度》《抗震救灾资金物资审计工作方案》等，细化管理程序和要求，为抗震救灾资金物资的规范化管理使用和有效监督提供制度保证。

地震后，重庆市纪委、监察局、民政局、财政局、审计局联合下发《关于严肃纪律强化对抗震救灾资金物资监督管理的通知》等，要求加强捐赠资金物资管理制度。6月19日，重庆市监察局、民政局、财政局、审计局下发《关于进一步加强抗震救灾捐赠资金物资管理使用的通知》，要求各级纪检监察机关及有关部门加强对抗震救灾资金物资管理使用情况的监督检查。

5月23日，云南省纪委、监察厅、民政厅、财政厅、审计厅下发《关于加强对抗震救灾资金物资监管的通知》，对各项救灾规章制度落实、救灾资金物资合理使用及监督公开等提出明确要求。

第三节　监督检查

一　中央监督检查

中央纪委、监察部多次组织专项检查组深入灾区开展专项检查。贺国强、何勇多次赴地震灾区，检查指导抗震救灾资金物资监管工作。马馼、王伟等带领专项检查组先后到四川省、甘肃省、陕西省、重庆市、云南省等地检查指导抗震救灾资金物资管理使用监督检查工作。

5 月 19—21 日，贺国强赴重庆市查看地震灾情，指导协调抗震救灾。贺国强指出，各级纪检监察机关要认真履行职责，加强对中共中央关于抗震救灾各项决策部署贯彻执行情况的监督检查，加强对抗震救灾资金物资管理使用情况的监督检查，对贪污、挪用、截留的要严惩不贷，保证人力、物力、财力及时投入到抗震救灾最需要的地方。

6 月 20 日，何勇主持会议听取中央纪委、监察部赴四川省、中央有关部门及群众团体、社会组织专项检查组的工作汇报。何勇指出，抗震救灾进入到安置受灾群众和恢复重建前期准备阶段，财政投入和社会捐赠的巨额资金及大量物资将陆续集中调往灾区，加强对救灾资金物资管理使用情况的监督检查是一项长期的、重要的任务，要进一步加大监督检查工作力度，绝不能有丝毫松懈。

专项工作组 5 月 23 日赴甘肃天水查看救灾物资储运管理站和秦州区救灾物资发放点，看望慰问在抗震救灾一线的纪检监察干部和坚守在物资发放点的干部职工，听取甘肃省纪委、监察厅关于抗震救灾和反腐倡廉工作汇报。要求各级纪检监察机关坚持做到一手抓抗震救灾工作，一手抓反腐倡廉建设，扎实推动各项工作落实；参加抗震救灾和灾后重建；发挥职能作用，加强对抗震救灾资金物资管理使用的监督检查。

从 5 月 30 日开始，王伟带领专项检查组，分赴中国红十字会、中华慈善总会、全国妇联、中国华侨经济文化基金会等中央国家机关有关部门和单位、接收社会捐赠的群众团体、社会组织，检查抗震救灾资金物资管理使用情况，重点了解接收捐赠是否做到“手续完备、专账管理、专人负责、账款相符、账目清楚”，基本摸清这些单位接收资金物资数量和拨付等情况。

5 月 31 日，马馼带领专项检查组抵达成都，听取有关部门对抗震救灾资金物资管理使用监督检查情况的汇报，研究确定检查工作方案并指导督促四川省有关部门建立抗震救灾资金物资监督检查领导机构和工作机制。5 月 31 日至 6 月 3 日，检查组听取四川省纪委、监察厅、民政厅、财政厅、审计厅、审计署驻成都特派办及成都市、德阳市相关部门关于抗震救灾资金物资监管工作情况汇报，并先后到成都市红十字会、新都区大丰街道、都江堰市海蓉物资发放点，绵竹市汉旺镇、遵道镇及棚花村，什邡市洛水镇等物资接收和受灾群众安置点了解抗震救灾资金物资监督管理工作（见图 273）。6 月 4—6 日，检查组分两路，先后听取四川省抗震救灾指挥部物资组、省

图273　6月2日，中央纪委副书记、监察部部长马馼（前右二）在德阳检查抗震救灾资金物资管理使用情况
（刘海州　摄）

财政厅、省发展改革委、省教育厅、省民政厅、省卫生厅、省招商局、省扶贫办、省慈善总会、团省委等部门关于抗震救灾资金物资监管情况汇报，与四川省纪委、监察厅派驻省直12个部门，赴成都市、德阳市、绵阳市、雅安市、广元市、阿坝藏族羌族自治州14个督导组负责人座谈，研究抗震救灾资金物资监管方面存在问题和解决办法。7—8日，到广元市及青川县、都江堰市、彭州市检查调研抗震救灾资金物资接收发放监管工作。9日，到四川省红十字会、省商务厅、省经委、省招商局、省侨办、省总工会、省妇联、省畜牧食品局、省供销社等单位检查调研抗震救灾资金物资监管情况。10日，与四川省纪委、监察厅聘请的12名社会监督员进行座谈，了解情况，听取他们对抗震救灾资金物资监管工作的意见和建议。

贺国强6月13—15日深入四川地震灾区查看灾情，看望慰问灾区干部群众。13日下午，贺国强到海蓉药业物资调配中心、擂鼓镇救灾物资调配中心查看抗震救灾资金物资接收、管理、分发及监管情况。15日上午，贺国强到四川省纪委、监察厅看望慰问机关干部，强调纪检监察干部要认真履行职责，特别是要加强对中央国家机关和四川省委、省政府关于抗震救灾决策部署的监督检查，加强对抗震救灾资金物资监督检查。

从7月开始，中央纪委、监察部组建专项检查组重点监督检查受灾群众安置和灾后重建中的重点项目安排、大额度资金调拨使用、大宗物资采购情况；国（境）外捐赠资金物资管理使用情况；中央国家机关各有关部门、社会组织和群众团体执行国务院有关规定，向民政部或中国红十字会、中华慈善总会移交捐赠资金物资情况。7月8日，中央纪委、监察部赴陕西省专项检查组检查汉中、宝鸡等受灾地区和有关省直部门抗震救灾资金物资管理使用情况。16—19日，专项检查组赴四川省、云南省检查调研抗震救灾资金物资监管工作。在四川期间，赴汶川县漩口镇、都江堰市救灾物资调配中心等地，现场检查救灾资金物资管理发放，查看相关制度规定、资金物资发放登记台账、公示栏等。

王伟9月17日下午到彭州市小鱼洞镇大楠村查看安置点资金物资发放的救助政策公示、举报投诉点设置等情况，并走进受灾群众安置的活动板房了解生活情况。18日上午，王伟到北川县城外三道拐处、擂鼓镇活动板房小区，检查救灾资金物资管理使用情况。在擂鼓镇救灾资金物资发放信访举报投诉点，查看举报电话及救灾资金物资接收、调拨、发放、使用等情况，详细了解救灾资金物资监管操作流程及办法。18日下午，王伟到青川县竹园镇猛虎社区集中安置点查看抗震救灾公示栏，询问受灾群众生活、生产状况。在广元市纪委、监察局临时办公区，慰问纪检干部，并指出抗震救灾进入恢复重建阶段，大量资金投入进来，监管任务会更加繁重，纪检干部要履行职责，发挥监管作用，做到让党和国家放心、让人民群众满意。（参见图274）19—20日，王伟到宁强县天津中学、天津医院、汉源镇亢家洞村五里坡受灾群众安置点，以及略阳县天津中学、职教中心、郭镇西沟村受灾群众安置点，查看工程建设情况，在略阳县召开座谈会，听取陕西省、市、县和天津市援建方汇报，了解救灾资金物资发放管理情况。王伟强调，要严肃纪律，加大查办案件力度，发现问题及时排查，够立案的要迅速立案，触犯法律的要移送司法机关处理，绝不手软。20日下午，王伟赴甘肃省检查指导灾后重建和资金物资监管，先后深入康县王坝乡李家庄、武都区马街镇姜家山等5个村社，查看灾后重建资金物资监管情况，听取甘肃省灾后重建和资金物资监管汇报。

图274　9月18日，中央纪委常委、监察部副部长王伟（左二）在四川灾区检查指导
（刘海州　摄）

中央纪委、监察部8月18日向中共中央、国务院呈报《关于抗震救灾资金物资监督检查工作进展情况的报告》，总结监督检查工作情况及有效做法和体会，提出监督检查中发现的“社会捐赠资金规范管理，捐赠款物使用情况的公示不能满足社会要求，骗取冒领抗震救灾款物在一定范围内存在”等问题，并对下一步工作提出建议。22日，温家宝批示，对报告提出的救灾款物管理使用存在的问题，请责成有关部门认真研究，抓紧解决。

至10月14日，中央纪委、监察部共派出2批5个专项检查组，邀请10余名监察部特邀监察员参加，分赴四川省、甘肃省、陕西省和中央有关部门、社会组织、群众团体，对抗震救灾资金物资管理使用情况进行专项检查。检查前，检查组制订详细检查方案。方案主要包括检查抗震救灾资金物资（特别是大宗捐赠资金物资）管理使用情况、物资采购的领导体制和工作机制；接收、存储、分配、拨付、发放、使用抗震救灾资金物资（特别是大宗捐赠资金、物资）情况及公开、公示情况；采购抗震救灾物资数量、种类、价格、分配、去向和资金使用情况及公开、公示情况；抗震救灾资金物资监管机构建立和开展监管工作及群众来信、来访处理情况等。检查中，采取听取汇报与实地检查捐赠现场、财务账目、网上公开等相结合的方式，检查救灾资金物资接收、管理、分配、拨付、使用、公开等重点环节。同时，明确检查组成员的6条纪律要求，包括不接受被检查单位宴请和礼品、不使用被检查单位车辆等。通过检查了解到，抗震救灾资金物资募集、拨付、分配、发放、使用总体情况是好的，做到资金物资专用、账目相符、公开透明，但也存在一些问题。如国务院确定的每名“三无”受灾群众一天补助10元钱、0.5公斤粮的政策，个别乡镇没有完全执行到位；对在地震中遇难者家属抚慰金的发放，按照国家标准发放后，一些地方财政又拿出一部分资金提高抚恤金标准，县与县标准不统一，出现互相攀比的情况；个别地区存在灾情核实不够准确，统计出现误差，出现多报、多领财政补贴的情况；有的地区物资折价不准确、折价标准不统一；个别地区抗震抢险阶段过后，对出现的与灾区实际需要物资不相匹配的捐赠物资未按有关规定进行处理。检查组提出改进意见和建议，有关地区、部门迅速整改；对个别违法违纪人员给予处分。

二　灾区省市监督检查

6月1日，四川省抗震救灾指挥部和成都市、绵阳市、德阳市、广元市、雅安市、阿坝藏族羌族自治州抗震救灾指挥部聘任308名社会监督员，对救灾资金物资等情况监督检查。23日，四川省抗震救灾资金物资监督检查领导小组决定由四川省委巡视机构向6个重灾市（州）抽派6个工作组，开展抗震救灾资金物资监督检查。8月13日，四川省抗震救灾资金物资监督检查领导小组向成都市、德阳市、绵阳市、广元市、雅安市、阿坝藏族羌族自治州、南充市、巴中市及39个极重灾和重灾县（市、区）的392个重灾乡（镇），派出87个抗震救灾资金物资监督检查工作组。

甘肃省纪委、监察厅以纪检干部为主，通过组织村级纪检员、驻村干部、党员代表参与监督等方式，对发放点进行驻点监督检查。全省3813个资金物资发放点都配备1名以上现场监督员，形成开展监督检查抗震救灾资金物资监督网络。5月21日开始，甘肃省纪委、监察厅联合省民政厅、物价局向陇南地震灾区派出专项督察组，监督检查陇南市武都区、文县、成县的6个乡抗震救灾资金物资接收管理、发放情况和物价。22—31日，省纪委分别派出4个检查组，赴重灾县、一般灾区县的43个乡（镇）进行监督检查。6月初，甘肃省抗震救灾资金物资监督检查领导小组派出5个检查组，检查省民政厅、财政厅、发展改革委、经委、建设厅、国土资源厅、食品药品监督管理局、卫生厅、教育厅、工商局、总工会、妇联、团省委、红十字会、慈善会15个省级部门和单位救灾资金物资的管理、募捐、发放情况。检查组采取听取汇报、查阅资料、实地查看等方式，了解各单位管理使用抗震救灾资金物资基本情况，检查各类资金 20.02 亿元。

陕西省纪委、监察厅 5 月 26 日研究制订《对抗震救灾资金物资开展联合监督检查的实施方案》，决定从省纪委、监察厅、民政厅、财政厅、审计厅、物价局抽调 22 名干部组成 4 个检查组，分别由省纪委 3 名副书记和 1 名常委带队，分赴汉中市、宝鸡市、西安市、安康市、渭南市和省财政、民政、红十字会、慈善协会及省直有关部门，进行为期一周的专项检查。6 月 6 日，陕西省抗震救灾资金物资监督检查领导小组向省委、省政府报送监督检查情况报告。

重庆市纪委、监察局 6 月 30 日在全市范围内开展抗震救灾资金物资管理使用情况专项检查。抗震救灾资金物资监督检查领导小组办公室相继派出检查组对梁平、璧山、合川等地接受救灾资金物资使用情况，以及市经委、建委、卫生局等重点采购部门进行检查。检查中发现抗震救灾资金物资管理存在薄弱环节，如抗震救灾捐赠资金物资公开、公示不到位，有的单位对募集的资金物资未公示，有的单位只公示了一部分，有的单位公示出错、张冠李戴，造成群众不信任；存在多头筹集资金物资的情况，有的企业反映主管部门、工商、税务、协会、街道都在向企业筹集捐款；部分学校向幼儿园、小学学生筹集捐款，筹集捐款不切实际；对采购救灾物资的监督比较薄弱，等等。检查组责成相关责任单位及时整改，督促相关部门健全有关制度规定。

7 月 31 日至 8 月 6 日，云南省政府纠风办组成检查组，深入昭通市对灾后恢复重建资金管理使用情况进行检查。

第四节　案件查办

地震发生后，中央纪委、监察部制定《关于严肃纪律保证抗震救灾工作顺利进行的通知》《抗震救灾款物管理使用违法违纪行为处分规定》。受灾省市、各对口支援省市也出台相关规定。中央纪委、监察部和有关地方纪检监察机关设立并向社会公布抗震救灾资金物资管理使用违法违纪问题举报投诉电话或网络举报信箱。

5 月 20 日，中央纪委、监察部为方便群众举报，设立号码为“010-59592947”的举报电话，6 月 26 日，中央纪委、监察部开通“12388”举报电话，全天候受理对抗震救灾资金物资管理使用中违法违纪行为的控告举报。有关地方纪检监察机关设立并向社会公布抗震救灾资金物资管理使用违法违纪问题，以及举报投诉电话或网络举报信箱。四川省公布全省统一举报电话，建立快速查办督办机制。陕西省纪委、监察厅在受灾县乡和受灾群众集中安置点设立现场投诉点，及时受理群众反映问题。

中央纪委、监察部要求地方各级纪检监察机关严格执行纪律，对抗震救灾资金物资管理使用中出现的违法违纪问题，发现一起迅速查处一起，严惩不贷并公开曝光。对在抗震救灾资金物资管理使用中玩忽职守、贻误工作的，严肃追究相关人员责任。中央纪委、监察部对重要信访件进行督办，各级纪检监察机关履行职责，严肃处理违纪违法人员。至 10 月 14 日，中央纪委、监察部和四川省、甘肃省、陕西省纪检监察机关共接到群众投诉举报 16976 件，核查 11074 件。对查实有违纪行为的 204 人给予党纪、政纪处分，其中县处级以上领导干部 16 人，受到撤职以上重处分的 20 人。

各级纪检监察机关认真查处抗震救灾期间违法违纪问题。5 月 7 日，山东省滨州市工商局党组书记、局长邵某某主持召开党组会议，研究决定组织部分副科级以下干部分两批赴福建学习考察。10—16 日，第一批 15 人赴福建省武夷山、厦门等地风景名胜区游览 4 天，学习考察时间不足 2 天。17—23 日，第二批 17 人赴福建省风景名胜区游览 4 天，学习考察时间不足 1 天。在地震遇难同胞全国哀悼日期间，第二批赴福建省人员在武夷山等地赴宴、游玩。经滨州市纪委、山东省工商局研究决定，给予邵某某党内严重警告处分并免去其党组书记、局长职务，给予其他责任人相应党纪、政纪处分，责成以上人员写出深刻检查，公款旅游费用由参加旅游人员个人承担。

中国卫通四川省分公司副总经理孙某，中国卫通总经理助理、中宇卫星移动通信有限责任公司总经理佟某某在地震发生后，利用负责保管部分救灾卫星电话、提供技术支持的便利，擅自决定对外销售、挪用救灾卫星电话 43 部，其中经孙某决定销售 15 部，包括 5 月 18 日从地震重灾地区映秀镇擅自带出的 7 部；经佟某某决定销售 2 部，挪用 26 部，为公司牟利 21.08 万元。经中央纪委、监察部研究决定，给予孙某撤销党内职务处分，给予佟某某党内严重警告处分，并责成有关部门给予孙某行政撤职处分、给予佟某某行政记大过处分。

四川省纪检监察机关至 11 月 23 日，接到有关抗震救灾资金物资管理使用问题信访举报 5045 件，核查 3809 件，查证属实或部分属实的 575 件；给予党纪、政纪处分 116 人，组织处理 71 人，移送司法机关 1 人。

甘肃省各级纪检监察机关至 10 月 13 日，受理群众信访举报 1910 件，核查 1763 件，核实 111 件，给予党纪、政纪处分 9 人，组织处理 52 人。

陕西省各级纪检监察机关至 7 月 14 日，受理群众有关抗震救灾资金物资拨付发放情况反映 776 件（次），核查 643 件（次），属实或部分属实 162 件（次）；处理 59 件 85 人，其中给予有关责任人党纪、政纪处分 38 件 47 人，组织处理 21 件 23 人。

第二章　民政监管

第一节　规章制度

一　国家有关部门制定规章制度

5 月 24 日，中央纪委、监察部主持召开加强抗震救灾资金物资监管工作会议，要求民政部、财政部完善救灾资金物资监管制度。30 日，温家宝主持国务院抗震救灾总指挥部会议，研究加强、规范抗震救灾捐赠资金物资管理，做好救灾物资资金分配使用等问题，并决定由民政部尽快制定和公布实施《四川汶川地震抗震救灾物资分配办法》《汶川地震抗震救灾资金物资管理使用信息公开办法》。民政部和灾区民政部门在做好抗震救灾工作的同时，履行部门监管职能，建立救灾资金物资管理、捐赠资金物资管理监督方面的规章制度。

救灾物资管理制度　针对抗震救灾资金物资规模大、数量多，大量救灾物资在短时间内集中调拨四川等地震灾区，需要尽快对物资的分配、发放、使用和回收加以规范的情况，民政部迅速制定救灾物资分配和回收管理办法，提高救灾物资使用效益，防止浪费，保证救灾资金物资按时、规范发放，切实用于灾区和受灾群众。

民政部会同财政部、粮食局 5 月 20 日联合下发《关于对汶川地震灾区困难群众实施临时生活救助有关问题的通知》，要求灾区各级民政、财政、粮食部门深入灾区核查灾情，审核确定救助对象，登记造册，张榜公布，接受群众监督，做到不漏不重。因灾造成生活困难群众补助金、救济粮发放管理，专账核算，专款专用，严禁挤占挪用和虚报冒领，一旦发现违纪违规行为，依法予以惩处。

民政部 6 月 1 日下发《汶川地震抗震救灾生活类物资分配办法》，确定物资分配原则、责任制度、分配方案。要求抗震救灾物资分配根据受灾区域大小、受灾程度、人口密度、灾区群众需求，保证重点，快捷、高效、公开、公平、公正地发放；抗震救灾生活类物资分配建立责任制度，做到手续完备，专账管理，专人负责，账物相符；灾区地方各级政府向受灾群众公布抗震救灾生活类物资数量和分配方法，公布灾害专项救助的救助标准、享受救助条件等。规定抗震救灾生活类物资发放结果要定期向社会公示，接受群众监督；灾区各级政府公布抗震救灾生活类物资发放举报电话并及时反馈举报处理结果；对违反规定、玩忽职守、贻误工作的有关责任人员要依法给予处分，涉嫌犯罪的移送司法机关依法处理。

7月24日，民政部下发《救灾物资回收管理暂行办法》，明确可回收利用救灾物资的定义和分类；要求灾区县级以上政府及有关部门做好救灾物资的使用管理及回收、清理和登记，建立健全救灾物资回收利用责任制度，做到专人负责，手续完备，定点储存，专项管理，做好保养、维护（修）工作；要求灾区各级政府公布救灾物资回收利用举报电话，并及时反馈举报处理结果。暂行办法提出，任何单位和个人不得故意破坏、损毁、随意丢弃救灾物资，凡有上述行为的，依法追究有关单位和人员的行政责任或刑事责任；负责回收救灾物资的单位和个人，因不履行职责，造成救灾物资损毁、浪费的，要依法追究单位领导和有关人员的行政责任或移交司法机关处理。

救灾资金物资监督制度 民政部按照已有的规章制度履行部门监管职能，还针对地震救灾资金物资监督的实际需要，自行或会同有关部门制定救灾资金物资监督制度。

国务院办公厅5月30日下发《关于抗震救灾资金物资管理使用情况进行督促检查的通知》，要求民政部重点督查生产帐篷原材料供应和价格情况，帐篷生产任务分解到各对口支援省市的情况及各省市分解到各企业的情况，抗震救灾资金物资管理使用情况；重点督查救灾资金物资使用方向、采购物资价格、监督机制。

5月31日，民政部根据国务院的上述通知要求，下发《关于开展帐篷生产情况和抗震救灾款物管理使用情况自查工作的紧急通知》，要求各省（区、市）民政部门对抗震救灾资金物资管理使用情况进行全面自查，对救灾资金物资的使用方向、采购物资的价格、监督机制进行重点自查。自查的主要内容是财政救灾资金物资使用情况、救灾捐赠资金物资使用情况。财政救灾资金物资使用自查内容包括，救灾资金安排、已拨付的数量、用途、使用范围及到位情况；救灾资金分配、拨付、使用等制度的制定和执行情况；因灾生活困难群众补助金、救济粮落实情况和“三孤”人员基本生活落实情况；救灾物资采购情况，包括采购种类、数量、方式、定价机制等；救灾资金物资使用中的困难和采取的措施。救灾捐赠资金物资使用自查内容包括，接受捐赠的渠道、数量，转赠、拨付情况，捐赠资金物资使用范围、主要流向及监督情况；用捐款购买物资的程序，采购种类、数量、价格和采购方式，采购物资去向；救灾捐赠管理使用中的措施。

6月1日，民政部制定《汶川地震抗震救灾资金物资管理使用信息公开办法》，对抗震救灾资金物资的定义、应当公开抗震救灾资金物资管理使用信息的主体做出明确界定；对地方各级政府及相关部门、救灾资金物资接收部门和单位、灾区乡镇政府、村民委员会和城市居民委员会应主动向社会公开的事项及公开的主要形式做出明确规定。公开办法要求，要按照真实全面、及时快捷、方便群众、有利监督的原则，定期公开抗震救灾资金物资的管理使用情况，随时公开重要事项；情况紧急的，按照“边转移、边安置、边发放”的原则，先行发放救灾资金物资，灾情稳定后再按照规定公开抗震救灾资金物资发放、分配情况；乡镇政府、村民委员会和城市居民委员会逐次公开发放抗震救灾资金物资情况。公开办法规定，民政部负责对中央各有关部门、地方各级民政部门、中国红十字会、中华慈善总会等具有救灾宗旨的公募基金会、其他经民政部批准开展募捐活动的公募基金会接收的救灾捐赠资金物资的汇总，报国务院抗震救灾指挥部统一发布；民政、监察、财政、审计等部门负责对抗震救灾资金物资管理、使用公开监督检查；接收部门和单位应当安排专人负责做好捐赠人和社会对抗震救灾捐赠资金物资发放管理和使用情况咨询的答复工作，主动接受审计、监察等部门、社会各界和新闻媒体的监督；在信息公开中不认真履行职责，弄虚作假，欺骗群众，造成严重社会影响和后果的，对有关责任人员依法给予处分，涉嫌犯罪的，移送司法机关依法处理。

为解决抗震救灾资金物资使用管理中存在的资金滞留基层较多、捐赠资金物资与灾区需求脱节、捐赠资金物资统计和管理不够规范、救助政策不够细化、临时安置方式不够灵活等问题，6 月 14 日，民政部会同财政部、住房城乡建设部联合下发《关于进一步做好汶川地震灾区救灾款物使用管理的通知》，要求各灾区民政厅（局）、财政厅（局）、建设厅（建委）及时审核拨付各项救灾资金，加强抗震救灾捐赠资金物资的使用管理，做好因灾失去住所群众的临时安置，做好群众临时生活救助和抚慰金发放，加强对救灾资金物资使用管理情况监督和管理。通知要求，要重点查处不认真履行职责、造成救灾资金物资滞拨滞留、随意分配、优亲厚友、贪污私分、挤占挪用等问题，保证各项救灾资金物资使用安全、合规、有效；建立健全信息公开制度，把公开透明贯穿于抗震救灾资金物资管理使用的全过程；严格执行纪律，对抗震救灾资金物资使用管理中存在的违法违规行为，一经查出，从严从重处理。（参见图 275）

图 275　6 月 26 日，中央纪委驻民政部纪检组组长刘光和（中）在地震灾区检查物资发放情况

（民政部　提供）

民政部会同财政部 7 月 18 日联合下发《关于对汶川地震灾区困难群众实施后续生活救助有关问题的通知》，要求灾区各级民政、财政部门要严格按照“民主评议、登记造册、张榜公布、公开

发放”的程序，及时将补助金发放到救助对象手中；要加强困难群众补助金的管理使用，保证专款专用，严禁挤占挪用和虚报冒领，一经发现违纪违规行为，从严从重处理。

二 灾区民政部门制定规章制度

四川省民政厅下发《汶川地震抗震救灾资金物资管理使用信息公开办法》《汶川地震抗震救灾生活类物资分配办法》《四川省民政厅、四川省慈善总会抗震救灾资金物资信息披露制度》等10余个规范性文件。各级民政部门完善相应制度，逐步建立省、市、县、乡、村逐级规范救灾和捐赠资金物资接收、调运、发放制度、发放程序。根据救灾资金物资数量、受灾地区实际情况和重点使用方向，提出救灾资金物资分配方案，按四川省委、省政府的规定程序，报分管副省长审批后拨付。根据市州上报物资需求，提出分配方案、组织运输到市州，市州分配到县级，县级分配到乡镇，乡镇分配到村及群众手中，一律不得越级分发。对救灾物资收发情况，“收”有货物清单、提货单；“发”有物资调拨单、派车单、收据等，做到收发有据。建立统计台账，对采购物资，要做到需求清单、采购清单（发票）、分配清单和收据等手续完整。

甘肃省政府办公厅5月19日批转财政厅等部门制定的《甘肃省抗震救灾资金和物资管理办法》。甘肃省民政厅下发《关于加强对抗震救灾资金物资监督管理的通知》《关于进一步加强救灾物资分配发放管理工作的通知》《关于加强救灾专用帐篷管理工作的通知》，并建立抗震救灾《物资储运管理办法》《物资调运管理规程》《捐赠资金接收管理操作规程》《捐赠和募捐活动备案制度》等规范性制度10余项。要求救灾资金发放坚持调查摸底、民主评议、张榜公示、公开发放、本人签字等程序。对上级下拨、社会捐赠抗震救灾资金物资，建立台账，及时汇总，做到账目清楚、手续完备、管理规范、运行简捷。及时向社会和受灾群众公开公示，主动公开救灾物资来源、数量、种类和去向，增加透明度，自觉接受审计监督和新闻媒体及社会各界的监督。

陕西省民政厅、财政厅5月23日联合下发《关于做好“5·12”特大地震灾害救灾款物管理使用工作的紧急通知》，要求各级民政、财政部门按照中央有关救灾资金物资管理使用政策和《陕西省基层救灾款物管理使用暂行办法》，做好救灾资金物资发放管理工作。保证中央救灾应急资金在15日内发放到群众手中，造册登记，如实记录。按照国家规定，为“三无”困难群众和“三孤”人员及时足额发放生活补助金和补助粮。救灾资金使用，坚持“专款专用、重点使用”的原则，不得随意扩大使用范围，严禁滞留、挤占和挪用救灾资金。发放过程要主动邀请纪检、监察、审计部门和群众代表参与监督。

重庆市民政局根据市委办公厅、市政府办公厅下发的《关于对抗震救灾捐赠款物进行公示的通知》，要求积极协调市慈善总会、市红十字会、市级各部门和各区县，公开透明抗震救灾资金物资管理使用情况，接受社会各界和新闻舆论监督。6月6日，市民政局下发《加强“5·12”抗震救灾款物监督工作的意见》，提出健全制度，规范程序；阳光操作，严密组织；建立公示制度，提高捐赠救灾资金物资管理使用透明度；强化监督，严肃纪律。对检查中发现的违规违纪问题，按照中央纪委、监察部《抗震救灾款物管理使用违法违纪行为处分规定》查办。7月9日，市民政局、市财政局等部门联合下发《关于进一步做好汶川地震灾区救灾款物使用管理的通知》。

第二节　监督检查

一　民政部监督检查

督促检查帐篷生产　由于帐篷储备难以满足受灾群众的安置需求，民政部启动应急机制，协调帐篷生产企业尽快生产帐篷，并采取派员驻厂督导、开展全面自查等方式，督促检查帐篷生产。

民政部5月24日下发《关于派驻驻厂督导员的紧急通知》，要求帐篷生产企业所在地民政部门派督导员常驻生产企业，跟踪检查帐篷生产情况。从25日开始，帐篷生产企业所在省市民政厅（局）陆续向各生产企业派出督导员，全程检查督促企业生产。紧急采购帐篷生产任务下达到企业后，民政部委托国家军需产品质量监督检验中心全程跟踪产品质量检验。检验中心派出17个工作组前往北京、天津、河北、山西、辽宁、上海、江苏、浙江、福建、山东、河南、湖北、广东、陕西等省（市）的75家生产企业，验收检验350余次。通过首件检验、分批（次）检验、灾区验收检验，保证紧急采购物资符合质量要求。民政部从各中央救灾物资储备库抽调业务骨干30人，配合质量检验技术人员巡回抽查检验产品质量，进行首件检验和逐批（次）验收。至6月19日，90万顶救灾帐篷全部完成生产，比原计划的6月20日提前了一天。

5月31日，根据国务院办公厅有关通知，民政部下发《关于开展帐篷生产情况和抗震救灾款物管理使用情况自查工作的紧急通知》，要求各省（区、市）民政厅（局）、新疆生产建设兵团民政局重点自查帐篷生产企业任务进度和质量情况、帐篷生产原材料、配件采购和价格情况、地方政府督促和支持企业生产情况、有关省级政府采取价格干预措施等情况。

督促检查救灾资金物资落实　民政部副部长窦玉沛等5月21日到宝鸡市救灾物资储备中心检查救灾募捐和救灾资金物资发放情况。22日，民政部救灾救济司组织人员赴都江堰市查看受灾群众生活安置和检查救灾资金物资落实情况。

民政部副部长罗平飞等于5月28—31日分别赴青川县、德阳市、汶川县映秀镇、平武县、安县查看灾情，了解受灾群众生活安置和救灾资金物资落实情况，又于6月1—3日，赴四川灾区检查救灾资金物资落实、受灾群众安置等情况，并向省民政厅通报了监督检查情况。3日11时，罗平飞向蒋巨峰通报调研中了解到的灾区群众转移安置等情况。

6月2日，民政部成立抗震救灾资金物资监督检查领导小组，姜力任组长。4日，姜力赴安县黄土镇、永安镇、晓坝镇群众安置点，绵阳市九洲体育馆安置点及绵阳市救灾物资接收站检查群众生活物资发放情况（见图276）。5日，姜力赴德阳市救灾物资接收点、绵竹市汉旺镇和市体育中心群众安置点、什邡市群众安置点和救灾物资接收点，查看灾区群众安置及物资发放情况。9日，姜力赴绵阳市及北川羌族自治县查看灾情，了解因唐家山堰塞湖三分之一溃坝转移群众的生活安置及救灾物资调运、发放等情况。

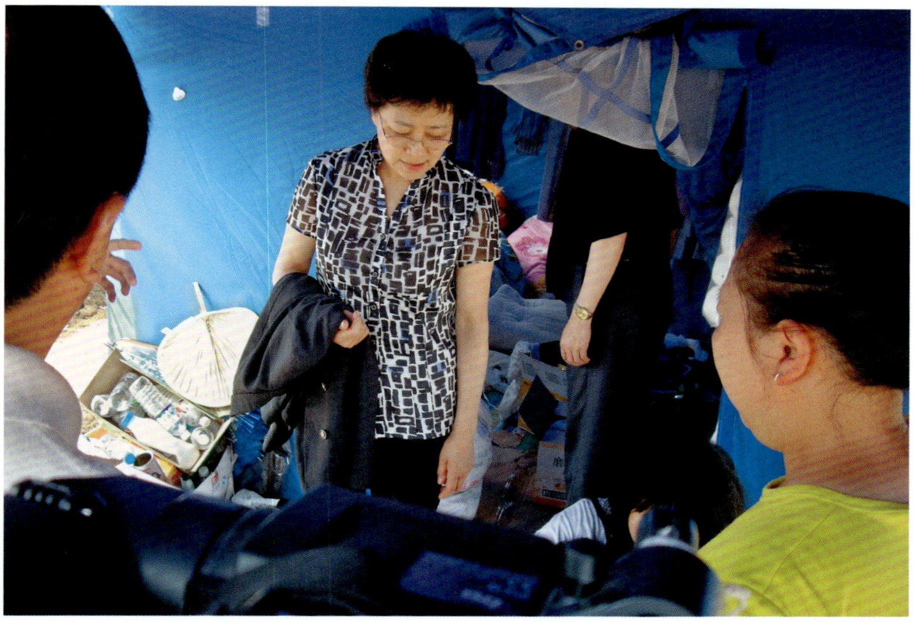

图 276　6 月 4 日，民政部副部长姜力在安县帐篷安置点检查群众生活物资发放情况（四川省民政厅　提供）

6 月 26—29 日，民政部党组成员、中央纪委驻民政部纪检组长刘光和先后到四川省民政厅、北川羌族自治县、绵竹市、什邡市、青川县、汶川县检查救灾资金物资监管情况。27 日，民政部前方工作组分两路到绵竹市汉旺镇和青川县关庄镇、红光乡、竹园镇群众集中安置点，召开座谈会，了解受灾群众安置和救灾资金物资发放等情况。

在监督检查中了解到，灾区各地救灾资金物资管理使用比较规范，在灾情相对稳定后，各灾区政府设立抗震救灾物资调配中心，负责登记接收、清点、入库，组织发放，做到手续完备、专账管理、专人负责、账款相符、账目清楚。抗震救灾物资发放点设置标志，便于政府管理和群众监督。灾区群众集中安置点设立救灾物资发放点，按照“公开、公平、公正”的原则，及时向群众发放各类救灾物资，做到账目清楚、手续完备、群众知情满意。

二　灾区民政部门监督检查

按照民政部的要求，四川省、甘肃省、陕西省、重庆市、云南省受灾地区迅速成立由民政厅（局）党组书记担任组长的抗震救灾资金物资监督检查领导小组，所属受灾市、县、乡镇和村社建立相应机构，监督检查抗震救灾资金物资。

四川省抗震救灾指挥部聘请 20 名社会监督员深入民政厅各物资接收分配站点实地监督，省民政厅组织 6 名政风行风监督员进行实地检查，选聘 10 名省民政厅抗震救灾特约监督员，重点监督检查救灾资金物资接收、分配、管理、发放中存在问题和民政干部工作作风方面的不良表现，及时向驻民政厅纪检组监察室反映。

甘肃省民政厅会同监察厅、物价局组成专项工作督查组，5 月 21 日，深入陇南市武都区和文县，调查抗震救灾物资接收管理和发放情况。26 日，省民政厅会同省监察厅、审计厅、卫生厅派出 4 个工作组，赴受灾重点地区，跟踪检查救灾资金物资发放情况。5 月底，省民政厅配合省纪委和监察厅，先后两次组织6个工作组，深入陇南、甘南、天水等地，跟踪检查抗震救灾资金物资的接收管理发放情况。5月28日，省民政厅根据省政府要求，派出3个工作组分赴陇南、甘南、天水，对“三无”困难群众、“三孤”人员补助和遇难人员抚恤等政策落实情况进行监督检查。同期，天水市民政局抽调人员组成7个工作组，对各县区救灾资金物资接收管理和使用发放情况，进行专项督查。

地震发生后，陕西省民政厅派出40余个工作组深入地震灾区市、县及乡镇、村组和群众家里核查灾情，检查救灾资金物资管理发放情况，重点查处不认真履行职责、造成救灾资金物资的滞拨滞留、随意分配、优亲厚友、贪污私分、挤占挪用等问题。5月22—25日，省发展改革委、民政厅、财政厅组成3个联合工作组，赴汉中、宝鸡、西安、咸阳等地震灾区，全面检查督促救灾资金物资发放工作，突出检查救助对象的确定、资金物资发放程序。检查中发现问题，及时纠正或处理。

重庆市民政局主动接受社会各界和新闻舆论的监督，每天在《重庆日报》《重庆晨报》《重庆晚报》等相关媒体和市政府公众信息网、市民政局公众信息网上，向社会公布捐赠资金物资接收的相关数据。6月18日、9月18日，重庆市政府两次召开新闻发布会，市民政局、市红十字会、市慈善总会负责人向社会各界公布捐赠资金物资接收、支出和管理情况，接受记者现场提问。重庆市政府社会捐助接收办公室、市红十字会、市慈善总会分别于6月26日、27日、30日和7月25日，在《重庆日报》上对抗震救灾捐赠资金物资接收情况进行公示。对捐赠资金物资分配使用情况，在《重庆日报》等相关媒体和市政府公众信息网上进行公示；并对每笔捐赠资金物资分配使用去向，逐一向捐赠单位和个人进行信函通报。

云南省民政厅对市、县救灾物资管理使用发放程序进行定期或不定期的检查。5月23日，省民政厅会同财政部驻云南省财政监察专员办事处、省财政厅向昭通市下发《督查通知》，并于27日组成联合工作组赴灾区督查抗震救灾资金拨付、使用情况。

第三章　审计监督

第一节　审计部署

5 月 14 日，审计署下发《关于做好当前抗震救灾工作的通知》，要求各省（区、市）和计划单列市、新疆生产建设兵团审计厅（局）、署机关各单位、各特派员办事处、各派出审计局积极做好救灾资金物资管理使用情况的审计监督。15 日，审计署下发《2008 年汶川地震救灾资金和物资审计工作方案》，要求四川省、甘肃省、陕西省审计厅，审计署驻成都、西安、兰州特派员办事处（以下分别简称审计署成都特派办、审计署西安特派办、审计署兰州特派办），审计署发展计划、贸易、社会保障、卫生药品、地震气象审计局对财政投入及各类社会团体接受国内外捐赠救灾资金物资的分配、拨付、使用、管理情况组织审计。《方案》提出，各审计组要按照救灾资金物资拨付、分配、管理和使用进度，及时跟踪审计。要根据抗震救灾的需要，灵活调度和组织审计力量，分阶段、有间隔地安排审计。在审计中，要突出重点、讲究方法、提高效率、注重效果，确保和促进救灾资金物资拨付使用。各审计组要及时上报审计情况，各相关司局、派出局的全面审计情况和特派办、省审计厅对四川省、甘肃省和陕西省的审计情况要做到"一周一报"，重大问题立即报送。

5 月 16 日，审计署召开救灾资金物资审计动员会议，提出采取提前介入的全过程跟踪审计方式，对救灾资金物资审计。19 日，审计署发出 11 份审计通知书，并组成审计组进入发展改革委、民政部、财政部、商务部、卫生部、气象局、中华慈善总会等单位开展救灾资金物资审计；根据审计通知书的要求，审计署驻成都、兰州、西安特派办和四川省、甘肃省、陕西省审计厅组成联合审计组，审计抗震救灾资金物资分配、拨付、使用、管理情况。（参见图 277）

5 月 28 日，审计署下发《关于成立抗震救灾款物审计工作领导小组的通知》。审计领导小组

图277　5月21日，审计署审计长刘家义（左一）在四川灾区与审计人员研究抗震救灾资金物资审计工作

（审计署　提供）

由审计署审计长刘家义任组长，审计署副审计长董大胜、余效明任副组长。审计领导小组下设办公室，在审计署社会保障审计司办公，负责日常工作。30日前，根据审计署部署，四川省、甘肃省、陕西省分别成立以审计署驻成都、西安、兰州特派办和三省审计厅主要负责人共同领导的抗震救灾资金物资审计领导小组，其他各省（区、市）分别成立由各省（区、市）审计厅（局）主要负责人任组长的抗震救灾资金物资审计工作领导小组。

地震救灾资金物资来源广泛、使用分散、环节繁多，审计署制定下发多项工作制度，主要有审计情况定期报送制度、公告制度等。

审计情况定期报送制度。5月20日，审计署会同中央纪委、监察部、民政部、财政部下发《关于加强对抗震救灾资金物资监管的通知》。23日，审计署下发《关于进一步加强四川汶川地震抗震救灾资金和物资审计工作的紧急通知》，要求各省（区、市）、新疆生产建设兵团审计厅（局），成都、西安、兰州特派办要定期上报阶段性审计情况，建立定期报送审计情况的工作制度。

审计情况定期公告制度。抗震救灾期间，审计署定期向社会公布阶段性审计情况；在救灾工作全面结束后，向社会公告救灾资金物资管理使用最终审计结果。审计署随后建立了定期公告阶段性审计情况、随时公告审计发现的重大问题、审计结束后全面公告审计结果的审计公告制度。

群众举报核查制度。5月31日，审计署又增加4条免费举报电话专线，并安排专人24小时接听，做好记录。对举报情况，安排专人每日整理、上报，并根据审计署领导批示，由专门核查小组进行核查。

纪律约束制度。5月29日，审计署下发《关于严格四川汶川地震抗震救灾资金和物资审计纪律的若干规定》，要求各审计组必须严格执行审计署《关于加强审计纪律的规定》和各项廉政纪律，不得以任何方式与被审计单位发生任何形式的经济利益联系；必须落实参加审计单位的一把手责任制，不得推卸责任、玩忽职守；必须服从统一安排和调遣，不得以任何理由拖延和拒绝执行任务；必须处理好审计与救灾工作的关系，不得因抗震救灾而延缓、放松审计或影响抗震救灾工作的正常进行；必须依法认真处理群众举报，不得敷衍塞责、推诿扯皮；必须确保审计质量和效率，对重大问题要一查到底，查深查透，不得因遇到困难和阻力而回避、退缩和放弃；必须及时、如实报告审计情况，不得拖延、隐匿和瞒报；必须坚持实事求是、定期、统一公告审计结果制度，不得擅自传播不准确的审计信息。

日常工作制度。四川省审计厅与审计署成都特派办6月4日制定《汶川地震救灾款物审计举报核查情况沟通协调办法》，规定举报事项登记、核查、汇总等内容。6日，四川省审计厅与审计署成都、重庆、昆明特派办共同组成的联合审计组制定《四川省汶川地震救灾资金和物资审计工作领导小组及联合审计组沟通联络管理暂行办法》，建立领导小组会议制度、审计组日报制度、审计组周报制度、审计组例会制度、审计组的重大问题和事项请示汇报制度等管理制度。

第二节 审计实施

一 跟踪审计

5月13日，审计署决定对救灾资金物资筹集、管理、分配、使用的全过程进行审计监督，改变以往事后审计的模式，采取“关口前移、提前介入”的审计方法。要求审计组深入到救灾资金物资运行的各个环节，横向检查抗震救灾资金物资在各部门、单位的分布和管理情况，纵向跟踪抗震救灾资金物资从省、市、县、乡、村、组到个人的来源和流向，对救灾资金物资接受、登记、分配、调拨、运送、发放、管理、使用，实行全过程、同步骤的“嵌入式”跟踪审计，发现苗头及时预警，发现问题及时纠正，做到“边审计、边整改、边规范、边提高”。16日，审计署机关和派出机构参审人员进行审计动员，进点审计开展审计。

从5月20日开始，四川省联合审计组进入四川省级部门进行审计，核实救灾资金物资总体情况及救灾物资分配、救灾资金拨付使用情况。从29日开始，四川省联合审计组对成都市、德阳市、绵阳市、广元市、雅安市、阿坝藏族羌族自治州实施现场审计，监督救灾资金物资的接收、分配和使用。从6月4日开始，四川省联合审计组对汶川县、理县、茂县、黑水县、北川羌族自治县、江油市、平武县、青川县、都江堰市、彭州市、崇州市、汉源县、绵竹市、什邡市实施现场审计（参见图278），并延伸至乡镇、村组，资金审计跟踪到人，物资审计落实到户。其间，四川省联合审计组共抽调2000名审计人员，采取混合编组方式，组成220个审计小组，共审计四川省省级、市（州）和县（市、区）单位4535个，延伸审计乡（镇）1610个、村2803个，调查受灾群众17913户。

图278　6月5日，四川省联合审计组审计人员在汶川进行现场审计
（审计署　提供）

兰州特派办、甘肃省审计厅5月29日抽调62人，市、县审计机关抽调484人，分成60个审计小组，对甘肃省财政厅、民政厅、发展改革委、卫生厅、商务厅和陇南市、天水市、甘南藏族自治州及其所属24个县（区）救灾资金物资接收、分配、拨付、使用、管理情况进行审计，其中兰州特派办负责甘肃省级和陇南市、天水市、甘南藏族自治州级救灾资金物资审计，甘肃省审计厅和市、县审计人员负责陇南市、天水市、甘南藏族自治州的县（区）救灾资金物资审计。对灾情相对较轻的其他7个市（州），由当地审计局进行审计。至7月18日，审计署兰州特派办、甘肃省审计厅和市、县审计机关共审计省级部门、单位19个，市级部门、单位170个，县级部门、单位987个，延伸审计乡（镇）945个、村3522个、受灾户41452户。

5月27日，陕西省审计厅、西安特派办联合审计组分别对汉中市、宝鸡市民政局、财政局、红十字会及宁强县、略阳县、南郑县、勉县、西乡县、陈仓区抗震救灾资金和物资进行跟踪审计。至30日，陕西省、市、县审计机关共抽调441人，特派办抽调14人，组成115个审计组，对陕西省级12个厅（局）和社会团体及西安市、咸阳市等10个市、杨陵开发区及103个县（区）的抗震救灾资金物资进行审计。

二　督促整改

四川省联合审计组采取“边审计、边整改”的方式。在审计过程中，审计组发现一些地区和单位存在救灾初期接收捐赠资金上报和存放不规范；应急资金使用管理不够及时、恰当；个别地方和单位多申报救灾资金；一些地方接收、发送捐赠物资上报数据不完整不确实；救灾物资分配使用和应急物资采购不合理；救灾物资存在积压或不适用的情况；部分设备物资的财务管理和实物保管不当；一些地区、部门和行业单位在国家规定的抚慰金标准基础上，另行增加发放抚慰金，标准不一，容易引发攀比；部分政策兑现落实不够及时等问题。针对问题，审计组以现场出具审计建议书形式，向被审计单位通报情况并督促及时整改。对省卫生厅医药物流管理系统不健全的问题，审计组建议建立药品物流收发存管理系统。省卫生厅根据建议，委托西南交通大学物流学院开发管理软件并投入使用。审计组针对绵阳市、德阳市、雅安市、成都市药品面临过期失效、形成损失浪费提出建议，被审计市立即对医疗卫生用品进行清理，对不合格或过期药品统一销毁，对合格药品统一调配使用。审计组对德阳市旌东街道办事处庐山南路安置点应入住 167 户，实际领取活动板房钥匙 125 户，其中 80 余户只象征性地搬入少量生活用具，造成活动板房闲置问题，提出“加强管理，避免活动板房闲置”的建议，德阳市政府立即组织人员深入调查，采取措施及时纠正。

5 月 31 日，马駇、刘家义赴四川省检查、指导救灾资金物资审计。刘家义提出，组成两个联合审计组，一组由四川省审计厅负责，牵头对绵竹市、什邡市、绵阳市、江油市、北川羌族自治县、平武县、安县、青川县等极重灾市（县）进行审计；一组由成都特派办负责，牵头对都江堰市、崇州市、彭州市、汶川县、黑水县、理县、茂县、汉源县进行审计。

5 月 20 日至 9 月 28 日，四川省联合审计组向被审计单位提出审计建议 1289 条，被采纳 1245 条，被采纳并就相关问题做出整改的 1083 条，根据审计建议出台有关规定或完善制度 236 个。

甘肃省联合审计组对天水市有关部门将募集救灾资金与单位一般经费账户混存、混用问题提出审计建议。天水市政府专门召开会议，进行清理纠正。针对审计组提出的对天水市县、乡两级统计报表反映的“三无”人员数字不一致的问题，天水市政府再次组织有关部门，在全市范围内按规定程序，逐村、逐乡进行严格核查。截至 7 月 4 日，对原初步摸底的 185103 名“三无”人员，核定为 113684 人，核减 71419 人，核减 38.58%。针对审计组提出秦安县未给 124 名“三孤”人员发放临时生活补助的问题，秦安县政府责成相关乡镇，严格按照政策标准进行核对。7 月 17 日，对 111 名“三孤”人员足额发放临时生活补助，核减不符合“三孤”人员标准的 13 人。至 9 月 28 日，甘肃省联合审计组共提出审计建议 113 条，被采纳整改 97 条。

陕西省联合审计组对陕西省救灾粮在计划、调拨、发放和储存方面存在的问题，提出整改意见，西安特派办与陕西省审计厅紧急召集省发展改革委、民政厅、粮食局等单位了解情况，提出核实救助对象和分配计划意见，并及时调整粮食分配计划。审计组对陕西省教育厅等 12 个省级单位，自行接收或上级部门下拨的捐款 15525 万元及汉中等 10 个市部分单位接收捐款 582 万元，未及时上缴法定募捐机构的问题，西安特派办发出两份建议，督促陕西省教育厅、省直机关工委、团省委等单位将自行接收的捐款及时上缴省民政厅，上述部门及时整改落实。至9月28日，陕西省联合审计组和市县审计机关提出审计建议372条，其中采纳、整改并出台规定、完善制度的有321条。审计建议中，涉及救灾资金物资接收、分配、使用管理不规范问题的198条，涉及国家各项救灾政策贯彻执行中存在问题的41条，涉及其他问题的133条。

三　分段推进

审计署提出审计工作要关注救灾资金物资，特别是社会捐赠资金物资的筹集、管理和使用情况，并区分重灾、轻灾、非灾区的不同情况，调整工作重点，明确主要审计内容和重点，提高审计效率和效果。

全国抗震救灾资金物资审计采取“统一方案、分别编组、同步实施、定期报告”的审计方式。四川省、甘肃省、陕西省采取特派办和地方审计机关“统一方案、统一编组、统一实施、统一报告”的“四统一联合审计”模式，即在审计署统一制订工作方案指导下，由审计署特派办和地方审计机关共同派员组成审计组，共同实施审计，审计结果由特派办和地方审计机关共同形成审计报告上报；除四川省、甘肃省、陕西省外的其他省（区、市）各级地方审计机关按照审计署的统一要求，就地同步开展审计；对重大事项和重大群众举报，审计署直接从审计署派出审计局中，选调业务骨干20人，直接前往灾区核查。

5月20日至6月12日，各灾区审计署特派办和地方审计机关组成的审计组重点对救灾资金物资接收、拨付、发放、管理进行审计，对食品、药品、帐篷及大型救灾设备等重要物资进行检查；6月13日至7月18日，各审计组重点检查救助资金、救济粮、抚慰金、活动板房建设等国家相关救助政策落实情况；7月19日至9月28日，各审计组重点对灾情核报、活动板房建设、耕地占用、资金拨付、管理机制及效益进行审计。

第三节　审计结果

一　审计结果公告

审计署公告　审计署在6月12日和24日、8月4日、12月31日，对抗震救灾期间四川省、甘肃省、陕西省等资金物资审计情况发布4次公告。

6月12日，审计署发布《关于汶川地震抗震救灾资金物资审计情况公告（第1号）》，公告了河南省安阳县工商业联合会主要负责人擅自将27.11万元捐赠资金用于购买救灾物资，其中涉嫌以权谋私（主要负责人被免除职务并立案调查）；中国工商银行绵阳涪城支行用“抗震救灾特别费”为职工购买名牌运动鞋；在一些地方发生涉嫌利用手机短信骗取赈灾募捐款等3起违法违规问题。

6月24日，审计署发布《关于汶川地震抗震救灾资金物资审计情况公告（第2号）》。公告指出，至6月12日，全国各级审计机关组织10650名审计人员，对19850个部门和单位进行审计，对四川省、甘肃省、陕西省的1068个乡（镇）和2451个村进行延伸审计，对14587个受灾户进行入户调查，审计资金总额289.46亿元。审计核实，至6月12日，中央财政安排抗震救灾资金190.09亿元，全国31个省（区、市）和新疆生产建设兵团安排财政性救灾资金物资65.91亿元。四川、甘肃、陕西、重庆、云南地震受灾省（市）收到各级财政性救灾资金184.76亿元，支出59.47亿元。中央和非地震灾区接受捐赠资金物资共452.97亿元，支出134.87亿元，结存318.1亿元。四川、甘肃、陕西、重庆、云南地震受灾地区，实际接受捐赠资金物资150.39亿元（包括省内捐赠、中央和其他省市等拨入的捐赠资金物资），支出35.51亿元（其中捐赠资金11.89亿元，捐赠物资折价23.62亿元），结存114.88亿元。中组部接受“特殊党费”到账50.19亿元，拨付灾区12亿元，31个省（区、市）和新疆生产建设兵团党委组织部门接受“特殊党费”65.03亿元，其中上缴中组部43.81亿元，中央企业在地方下属机构上缴其上级主管单位党委组织部门2250.75万元，各地组织部门暂存待缴20.99亿元。审计公告同时反映了审计中发现的管理不够规范、政策不够完善、执行不完全到位、一些地方和部门在捐赠资金物资筹集、管理、分配等方面存在一些不规范，个别人员涉嫌违规违纪及审计指出问题的有关部门单位的整改情况。

8月4日，审计署发布《关于汶川地震抗震救灾资金物资审计情况公告（第3号）》。公告了6月13日至7月18日的救灾资金物资审计情况，全国各级审计机关对18个中央部门和单位、31个省（区、市）和新疆生产建设兵团的1126个省级部门和单位、5281个地级部门和单位、20741个县级部门和单位进行审计，对四川省、甘肃省、陕西省、重庆市、云南省延伸审计2676个乡（镇）、5763个村，并对45149户受灾群众进行调查。审计核实，中央和地方各级财政安排637.08亿元，其中中央财政安排应急抢险救灾资金250.64亿元，安排灾后恢复重建资金300亿元，全国31个省（区、市）和新疆生产建设兵团共安排财政性救灾资金86.44亿元。四川省、甘肃省、陕西省、重庆市、云南省收到各级财政性救灾资金486.95亿元，支出117.82亿元。18个中央部门和单位、31个省（区、市）和新疆生产建设兵团共接受捐赠资金物资586.33亿元，支出123.1亿元，主要用于民政救济、物资储备和调运、基础设施抢修等方面；结存463.23亿元，其中资金453.43亿元、物资9.8亿元。31个省（区、市）和新疆生产建设兵团党委组织部门接受“特殊党费”75.63亿元，汇缴中组部67.23亿元。中组部接受“特殊党费”81.93亿元（含地方上缴67.23亿元），拨付灾区12亿元。审计公告同时反映了审计发现的主要问题及整改情况。审计公告指出，社会捐赠资金物资结存于多级和多个部门、单位。如四川省有4.22亿元捐赠资金分别结存在交通厅、国土资源厅等21个单位；安徽省各市、县民政部门接收的社会捐赠资金5.89亿元，近50%结存在各市、县民政部门。审计指出后，各级、各部门按照中共中央、国务院的要求，进行整合统筹。审计公告指出个别地区抗震救灾物资存在积压或不适用的情况。陕西省由于省民政厅核实的受灾人数比原上报人数有所减少，使中央第一批救灾粮计划多下拨原粮1.68万吨，分别积压在民政和粮食部门中转点及各乡镇。审计指出后，

图279 5月28日，审计署派出人员赴宝鸡市陈仓区指导救灾资金物资联合审计工作（审计署 提供）

有关地方政府和部门采取措施，调剂物资余缺，严格对接收物资的检查验收。审计公告指出少数地方和个别单位在发放补助时存在搭车收费、自行提高标准的现象。如广元市元坝区丁家乡青龙村337户受灾群众的10.11万元补助金，被抵扣作为修路集资款；宝鸡市陈仓区天王镇曹家沟村擅自决定，对全村98户自建住房受灾群众，每户收取200元“建设规划费”和2000元“重建保证金”，并已向85户收取18.7万元。审计发现问题后，各级地方政府对责任人作出处理并制定相关制度。（参见图279）审计公告指出，个别地区活动板房建设与灾区实际要求衔接不够，都江堰市个别安置点已建成活动板房闲置4011间。审计指出后，有关部门和地方政府加大规划力度，及时调整计划。通过审计查出，少数地方和个别单位上缴不及时、挤占挪用救灾资金的违规问题，个别基层干部出现优亲厚友问题36起，审计机关移送地方政府或相关部门组织查处，将上缴不及时、挤占挪用的资金物资全部追回，给予21名责任人党纪、政纪处分。都江堰市安龙镇卫生院开假处方套取救灾药品22.68万元，都江堰市卫生局通报审计查出违规问题，对院长予以停职处理。

12月31日，审计署发布《关于汶川地震抗震救灾资金物资审计情况公告（第4号）》，公告了5月14日至11月30日的总体审计情况。公告指出，从5月14日至11月30日，全国各级审计机关对18个中央部门和单位、31个省（区、市）和新疆生产建设兵团的1289个省级部门和单位、5384个地级部门和单位、24618个县级部门和单位进行了审计，延伸审计了四川省、甘肃省、陕西省、重庆市、云南省的3845个乡（镇）、9526个村，并对76709户受灾群众进行调查。至11月30日，中央和地方各级财政安排抗震救灾资金1287.36亿元，其中中央财政共安排抗震救灾资金382.42亿元，安排灾后恢复重建资金651.71亿元；全国31个省（区、市）和新疆生产建设兵团共安排财政性救灾资金253.23亿元。四川省、甘肃省、陕西省、重庆市、云南省收到中央及地方各级财政性救灾资金1166.48亿元，支出480.17亿元，其中综合财力补助支出20.41亿元，民政救济支出266.07亿元，卫生支出13.22亿元，物资储备和调运支出13.13亿元，基础设施抢修支出79.7亿元，公安、教育、广电等支出49.63亿元，其他支出38.01亿元。18个中央部门和单位、31个省（区、市）和新疆生产建设兵团共接受救灾捐赠资金物资640.91亿元，支出231.76亿元，主要用于民政救济、物资储备和调运、基础设施抢修等方面；结存资金物资409.15亿元，其中资金402.36亿元、物资6.79亿元，转入灾后恢复重建。全国4559.7万名共产党员交纳“特殊党费”97.3亿元，其中汇缴到中组部“特殊党费”专户91.89亿元（不含专户利息），留存甘肃省、四川省、陕西省5.41亿元。中组部从“特殊党费”专户向灾区拨付12亿元，其余部分（不含专户利息）按照中组部、发展改革委、民政部、财政部联合制定的使用管理办法，转缴到民政部中央财政汇缴专户，用于支援四川省、甘肃省、陕西省、重庆市、云南省的抗震救灾和灾后恢复重建工作。审计结果表明，救灾资金物资基本做到筹集合法有序、拨付及时到位、分配公开透明、管理严格规范、使用合规有效、存放安全完整，各类救灾资金物资账目比较清楚。审计中，未发现重大违法违规问题。截至11月30日，审计署共接到群众举报1962件，其中176件有较明确问题线索，批转审计机关核查168件，转地方政府处理8件。对核查属实违纪违规事项，审计机关和有关部门依法、依纪进行严肃处理。

第4号审计公告对8月4日前审计情况公告反映的救灾资金物资管理使用问题的整改情况进行了公告。公告指出，审计署6月24日发布抗震救灾资金物资审计情况第2号公告中，揭示财政安排救灾资金物资管理不够规范、政策不够完善、执行不完全到位等，相关地方政府制定和完善政策规定，全面规范，认真整改。对于揭示一些地方和部门在救灾捐赠资金物资筹集、管理、分配等方面存在一些不规范的问题，相关部门认真研究解决办法，制定完善相关制度，强化对救灾捐赠资金物资的监管，规范救灾资金物资管理，保证各项政策的贯彻落实。审计署8月4日发布抗震救灾资金物资审计情况第3号公告中，反映社会救灾捐赠资金物资结存于一些部门、单位，个别地方抗震救灾物资积压和不适用，少数地方和个别单位在发放补助时搭车收费、自行提高标准，个别地区活动板房建设与灾区实际需求衔接不够等，相关地方和部门及时出台管理制度办法，加大对社会救灾捐赠资金物资整合、统筹力度，及时调剂、处置不适用和积压的物资，全面纠正搭车收费、自行提高标准的行为，调整活动板房建设计划，提高救灾资金物资使用效益，避免损失浪费。

审计公告指出了8月4日后审计发现的主要问题及整改情况。在8月4日至10月30日的审计中，发现个别地区、单位在救灾资金物资管理使用中存在的问题。个别地区灾情上报不准确，如崇州市旅游局、交通局将通往九龙沟和鸡冠山景区的47公里公路受灾损失作为各自行业损失同时上报，造成数据汇总重复，多列受灾损失12.34亿元。经审计指出后，崇州市政府组织相关部门对上述受灾损失重新进行核定，纠正多报损失数字。天水市报表反映“三无”人员数大于县、乡两级汇总数，存在填报“三无”人员数不准确情况。经审计指出后，天水市政府按照规定程序进行核查，核减“三无”人员71419人。少数地区救灾资金拨付、使用不及时，四川省财政厅将收到财政部安排的地震引发次生地质灾害调查评价经费2000万元，未及时拨付到位，造成省地矿局等项目实施单位自行垫支经费开展工作。审计指出后，四川省财政厅于9月5日将上述经费拨付给有关单位。个别单位救灾物资管理不规范，至8月20日，彭州市抗震救灾抢险指挥部、市公安局接受捐赠的302万元移动电话充值卡收、发余额，未纳入救灾物资统计。根据审计意见，上述物资于10月21日全部纳入救灾物资统计。少数单位救灾物资未按需采购，部分物资价格偏高，天津市红十字会和陕西省民政厅因采购时间紧迫，在未进行市场调查或询价的情况下，于5月分别向蓝通工程机械（天津）有限公司采购照明灯车45辆和100辆，其价格比该公司2008年1—6月同型号产品平均售价高40%以上。审计发现后，有关地方政府建立健全部门间信息沟通机制，出台严格物资采购的办法，并责成相关单位核减物品价款。个别单位擅自改变救灾资金用途，陇南市交通征稽处将省交通征稽局下拨的抗震救灾专项补助款用于奖励、发放职工补助和防暑费4.96万元。审计指出后，陇南市交通征稽处纠正不合规定资金支出，调账归还抗震救灾专项补助款。部分行业募集本系统内职工捐款大量结存，四川电力公司、成都铁路局等7家中央在四川省的单位，组织本系统职工为灾区群众和本系统内受灾职工捐献救灾资金，至8月底，尚有2640.43万元存放在这些单位。审计指出问题后，这些单位按照规定渠道，安排使用募集捐款。

地方审计机关公告 除审计署统一公告外，各级地方审计机关也在不同时间、不同区域内，对抗震救灾期间资金物资审计情况，向社会进行公告。江苏省审计厅及苏州、无锡、连云港、常州、淮安、镇江、徐州、盐城、南通、泰州、宿迁等地审计机关先后向社会进行73次公告。11月10日，重庆市审计局将审计结果向社会进行公告。厦门市审计局于6月5日、7月2日、8月2日将审计结果向社会进行公告。海南省审计厅7月10日将审计结果向社会进行公告。北京市东城区、朝阳区、海淀区、昌平区、房山区审计机关，分别于7月14日和23日、9月11日、11月11日和26日，将审计结果向社会进行公告。安徽省审计厅向社会两次公告全省抗震救灾捐赠资金物资跟踪审计阶段性结果，全省各级审计机关向社会进行36次公告。贵州省铜仁审计机关9月18日将审计结果向社会进行公告。山西省审计厅7月4日、8月1日、10月23日，将救灾资金物资审计结果向社会发布审计公告。上海市审计局8月11日、22日，对市民政局、慈善基金会和红十字会等单位的抗震救灾资金物资审计结果及“特殊党费”收缴管理情况审计结果，向社会进行公告，7个区（县）审计局8月中旬向社会进行公告等。

二　审计结果应用

在抗震救灾资金物资审计中，审计署先后向中央办公厅、国务院办公厅上报14篇重要信息和值班信息简报，得到国务院领导批示要求尽快落实解决的21篇（次）。四川省审计组编发审计信息40篇，被国务院和四川省委、省政府采用32篇，其中得到国务院和四川省委、省政府领导批示的25篇。甘肃省审计组编发《审计专报》10期、《审计快报》21期，均得到甘肃省政府领导的批示。陕西省审计组向省政府发出4份审计建议函，上报3份审计要情，均得到批示和落实。

审计署及各级地方审计机关共向各级政府和相关职能部门提出审计建议3640条，被各级政府采纳整改2940条，根据审计建议出台规定或完善制度560项。12月5日，审计署向国务院上报《关于汶川地震抗震救灾款物审计情况的报告》，建议审计发现的应急机制不健全、救助政策规定过于原则、救灾资金物资管理法规不完善、信息沟通机制不完善等现象，在国家自然灾害应急预案中，增加对救灾资金物资监管规定，并根据抗震救灾实践，修订各部门应急预案。报告经温家宝阅示并转送民政部、财政部、监察部等部门研究落实。

四川省抗震救灾指挥部为解决审计反映的6个重灾市（州）大量救灾物资积压问题，制定《剩余抗震救灾药品医疗器械处置意见》。汉源县根据审计建议，纠正部分乡镇将必须拆除自家危房作为向“三无”困难群众发放临时生活救助条件的做法。广元市元坝区政府根据审计建议，将受灾群众补助款抵扣修建公路集资款，如数退还受灾群众并对相关责任人进行处理。四川省直属各有关部门根据审计建议，将结存捐赠资金全部缴入省财政专户。6月17日，四川省审计厅赴安县审计组在救灾资金物资审计中发现，少数县级部门接收捐赠资金105.6万元未纳入财政统管。审计组提出建议后，安县各相关部门于29日前完成整改，把捐赠资金全额纳入财政专户统一管理。西安特派办和陕西省审计厅联合审计组在审计中发现，活动板房建设资金下拨不及时，物资在局部相对过剩和不能满足需求同时并存，活动板房及其他配套建设支出没有资金来源等问题。提出审计建议后，5月27日，住房城乡建设部下达陕西省活动板房计划2万套、40万平方米，分3期建设完成。经陕西省政府研究并报住房城乡建设部同意，将陕西省活动板房核减为1.1万套、22万平方米，陕西省建设厅组织8家企业建设活动板房，8月10日前全部竣工。

在对抗震救灾资金物资审计期间，审计署依法依纪处理核查属实的违规事项。群众投诉反映阿坝藏族羌族自治州慈善总会少上报救灾捐赠资金4357万元，州慈善总会6月2日补报所有少报救灾捐赠资金，四川省委、省政府责成省纪委、监察厅进行调查，并给予相关责任人行政警告处分。四川省审计厅赴广元市审计，接到群众投诉，5月26日，广元市利州区卫生局一职工冒充村会计，在利州区红十字会领取抗震救灾物资卫生巾12件、裤子100件、衣服220件、鞋子42件、食用盐1件、方便面14件、饼干6件，价值约7万元。审计组建议广元市政府严肃查处。8月7日，广元市政府对责任人进行了处理。

第四章　质量安全监管

第一节　检验检疫

5 月 13 日，质检总局与民政部、外交部、海关总署就做好国际救灾援助捐赠物资检验检疫、通关便利事宜进行沟通协调，并联合下发《关于做好震后国际援赠物资检验检疫相关工作的紧急通知》，要求各地检验检疫机构建立 24 小时值班制度，保障通关顺畅，严防传染病传入，严格把好国际救灾援助捐赠物资质量的安全关。

5 月 14 日，民政部、外交部、质检总局、海关总署等部门就接受国际救灾援助捐赠物资召开会议，研究接受国际救灾援助捐赠物资协调机制。会议决定由民政部与质检总局、海关总署提出意见，提供急需援助和婉拒物资清单，交由外交部发各驻外使（领）馆，供向外国政府表示接受援赠或婉拒的参考。15 日，质检总局下发《关于做好国际救灾援赠物资出入境检验检疫相关工作的补充通知》，提出在应急救援特殊时期，保障国际援助捐赠物资顺畅入境和质量安全，特别是口岸防疫、通关便捷等措施。对国际救灾援助捐赠物资，凭民政部救灾救济司、全国妇联、中国红十字会、中华慈善总会或省（区、市）民政厅（局）证明，各地检验检疫局受理报检。通知要求，检验检疫机构实行分阶段检验检疫、分阶段监管模式，并规定具体的快速通关程序，包括受理报检、检疫查验、木质包装检疫处理、放行单证签发等工作流程。各口岸检验检疫机构要严防不法企业、机构，利用国际救灾援赠名义从事非法活动。对违法行为，一经发现，严厉打击。21 日，质检总局通关司向民政部发出《关于商请办理救灾物资证明的函》。函称，地震后，四川出入境检验检疫局仅有的液相色谱、质谱联用仪在地震中受损，急需配备一套新液相色谱、质谱联用仪，用于食品安全检测、水质、土壤、环境和废弃物污染监测。美国安捷伦公司获悉情况后，决定向质检总局无偿提供一台 6410 型液相色谱三重四级杆质谱联用仪，价值 32 万美元，用于援助四川地震救灾工作。质检总局协调民政部迅速办理有关手续。23 日，质谱联用仪顺利通关，投用到灾区检验检疫中。各地检验检疫局对国际援赠食品、药品、医疗器械、特殊物品等涉及灾区群众人身安全、卫生、健康的物资认真进行查验。（参见图 280）至 8 月 12 日，北京、上海、成都、广州、深圳等 15 个口岸检疫查验国际援助物资 867 批，其中 27 批（次）不合格（见表 55）。

图 280　6 月 13 日，江苏出入境检验检疫局工作人员查验来自韩国的援赠物资

（质检总局　提供）

至 8 月 12 日全国 15 个口岸检疫查验国际援助物资统计表

表 55

检疫查验机关	总批（次）	不合格批（次）	检疫查验机关	总批（次）	不合格批（次）
北京出入境检验检疫局	82	2	福建出入境检验检疫局	5	0
上海出入境检验检疫局	109	0	浙江出入境检验检疫局	4	0
天津出入境检验检疫局	8	0	江苏出入境检验检疫局	2	0
重庆出入境检验检疫局	10	1	厦门出入境检验检疫局	2	0
四川出入境检验检疫局	604	23	陕西出入境检验检疫局	1	0
深圳出入境检验检疫局	21	1	山东出入境检验检疫局	1	0
甘肃出入境检验检疫局	11	0	宁波出入境检验检疫局	1	0
广东出入境检验检疫局	6	0	合　　计	867	27

第二节　质量监督

一　组织部署

地震发生后，大批救灾物资被运往灾区。质检总局紧急组织全国质检部门，对灾区群众生活必需品开展检测工作。5 月 13 日，质检总局下发紧急通知，要求加大对救灾产品和食品质量安全

的监管力度，严厉打击各类质量违法行为，保证灾区食品、产品和救灾物资质量安全。从13日开始，质检总局组织全国质量技术监督系统多渠道调查四川省、甘肃省、陕西省、重庆市受灾情况，要求受灾省市质监部门调动现有力量，加大对衣物、帐篷、棉被、消毒液、照明器材、便携式发电机、汽（柴）油机的监督检查力度。15日，质检总局下属中国纤维检验局下发《关于协助做好抗震救灾衣被供应工作的紧急通知》，要求各级纤维检验机构特别是灾区周边纤维检验机构，要主动与当地政府和民政部门联系，提供有关质量较好生产企业和合格产品的信息，加强对供货生产企业的质量监督。同时，对有关方面需要检测的衣被，组织突击检测，随报随检，一律免收检测费用。16日，质检总局向工业信息化部发出《关于报送质检总局保障抗震救灾质量安全维护市场稳定工作落实进展情况的函》，通报质检总局加强食品质量监管，保证灾区食品安全、加强产品质量监督，保证灾区用品安全、加大执法打假力度，严防借机造假制劣工作情况。要求各地质监部门要主动与红十字会、民政部门等组织救援物资机构、组织联系沟通，提供对救灾食品质量的安全检测。

5月17日，江苏省、浙江省、广东省、重庆市质监局组成第一批4支、51人的检验检测技术服务队，携带便携式检验检测装备乘飞机到达成都、绵阳、德阳、广元、眉山，对食品、水源、建筑材料、危险化学品、计量器具等开展技术检验检测。19日晚，中国检科院和黑龙江省质监局检验检测技术服务队抵达四川灾区。26日，黑龙江省质监局检验检测技术服务二队到达四川灾区。质检总局共组织7支检验检测队、84名专业人员赴四川开展检验检测和技术服务。

5月19日，质检总局下发《关于开展抗震救灾专项执法打假暨应急服务工作的紧急通知》，要求以救灾食品、安置物资、农用物资、建筑材料和民生计量（指与人们日常生活相关的计量单位）为重点，全力开展执法打假“五查五打”，即查灾区急需的基本日用、方便食品和薄弱环节，严厉打击食品制假黑窝点、使用非食品原料加工食品的违法行为；查急供灾区的各类救灾物资和小、乱、差企业，严厉打击掺杂使假、以假充真、以次充好、偷工减料等违法行为；查灾后重建的重要建筑材料，严厉打击制售劣质建材的违法行为；查灾后复耕所需农用物资产品，严厉打击农用物资制假、坑农害农行为；查集贸市场、加油机站、液化气站、出租汽车和定量包装商品，严厉打击利用灾难时期克扣消费者的违法行为。通知要求各级质监局主动联系当地政府和有关部门，收集救灾物品供应信息，全力做好伪劣鉴别和服务；主动组织执法打假快速鉴别机动服务队，及时开展免费检测服务；主动组织开展农用物资打假服务进灾区活动，及时服务灾区农民；主动组织开展电力物资的执法把关，保障灾区生产生活用电，恢复电力供应；主动发挥“12365”等投诉举报指挥平台的作用，及时受理处置各类违法问题的“五项主动服务”。

5月28—29日，质检总局下发《关于严厉打击在抗震救灾中制假售假违法行为的通知》《关于对过渡安置房、救灾帐篷质量开展专项监督服务和执法打假的紧急通知》《关于进一步加强地震灾区饮用水监测和食品、日用品质量安全监管工作的紧急通知》，要求加大执法检查力度，保证抗震救灾和灾后重建产品质量安全，立即对活动板房和救灾帐篷质量开展专项监督和执法打假。质检总局要求各级质监部门帮助企业严把原材料进厂关、生产工艺关，派质量监督员提供驻厂监督服务，指导企业严格按技术规范组织生产，督导企业严格按质量管理体系运行，帮助企业严把出厂检验关，严格按有关标准要求检验，保证产品有毒、有害物质含量不超标，强度、防渗性、阻燃性合格，未经检验或检验不合格的产品不得出厂；督导企业建立产品销售台账，落实产品质量安全可追溯机制。通知强调，对各种质量违法行为，视情况分别给予强制收回产品、吊销证照、移送司法机关等处理；各地质监部门要紧急行动，抓好灾区群众饮用水的安全监测工作，做好集中供水点、水站等场所的检验检测技术支持服务，突出抓好桶装水、瓶装水的质量安全监管工作；优先保障灾区重点食品安全，在继续做好牛奶、面包、饼干、香肠、方便面、八宝粥等方便食品应急监管的同时，加强对米面粮食产品、食用油、酱油、醋等群众日常饮食必需品的监管；加强消毒液、消毒剂、口罩等安全卫生防护用品的监督检查；重灾区质监部门要抓紧调配快速检测车、快速检测设备、仪器等资源，将快速检测资源全部投放到灾区一线。6月5日，卫生部、农业部、商务部、工商总局、质检总局、食品药品监管局等部委联合下发《关于进一步加强地震灾区食品安全工作的紧急通知》，要求全国质监系统和卫生、农业、商务、工商、药监等部门密切协作，强化灾区食品安全工作的组织领导，加大农产品质量安全监管力度，加强食品安全监督检查和技术指导，深入开展食品安全宣传教育。

至10月30日，全国各地质监部门共出动执法人员45359人（次），开展灾区群众生活必需品检测，其中检查食品、棉絮制品、建材、帐篷等生产经营单位17178家，查处违法案件367起。

二　食品质量监督

粮油食品质量监督　质检总局在地震发生后，组织对大米、食用植物油、小麦粉等食品产品抽查监督，开展28类食品无证查处工作，检查生产企业、小作坊70403家，查处无证生产案件2419起，有效减少食品安全隐患。（参见图281）四川省、甘肃省、陕西省、重庆市等灾区质监局加强监督和检验检测力量，严把食品安全，共检验检测食品样品1121批（次），合格1079批（次），不合格42批（次）。

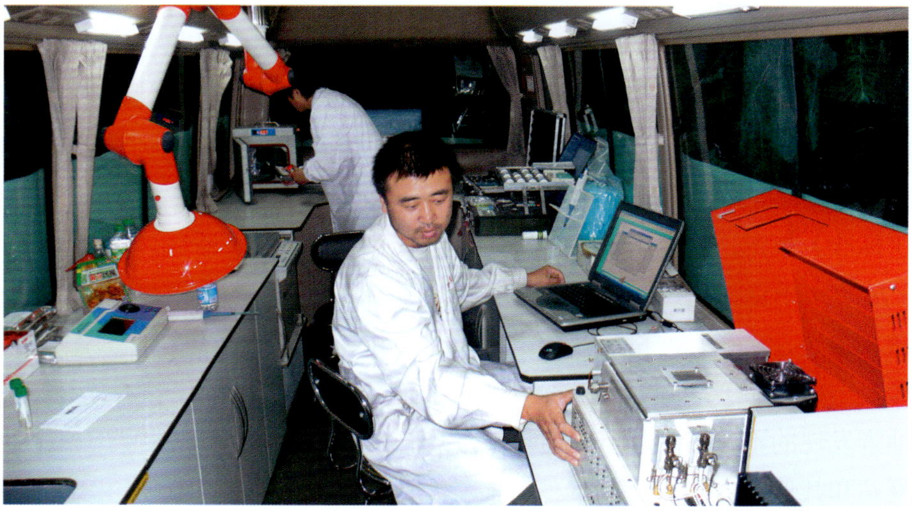

图281　5月30日，中国检验检疫科学研究院检验检测队在食品安全监测车上分析食品样品

（质检总局　提供）

四川省、重庆市等质监部门设立受灾群众集中安置点食品检测站，优先保障灾区重点食品安全。四川省质监部门迅速调集全省质监系统24辆食品快速检测车组建成检验检测服务队赴成都、绵阳、德阳、广元、雅安、阿坝等重灾地区开展工作，保证灾区群众食品、饮用水安全。检验检测服务队到达指定地点后，重点加强灾区捐赠食品、群众安置点生活用水、灾区农村取水点和企业生产用水取样检验检测。从5月20日开始，重庆市沙坪坝区质监局重点对米、面、饮料等食品生产企业进行拉网式检查，共出动执法人员54人（次）、车辆28辆（次），检查大米生产企业3家、小麦粉生产企业3家、油脂类生产企业4家、速冻食品生产企业2家，未发现滥用食品添加剂、以次充好、使用非食品原料生产加工食品等问题。

非灾区质监局对供应灾区食品质量进行监督。6月6日，安徽省组织召开援助四川省1万吨救灾大米落实工作会议，要求各相关单位简化程序，按时、按质、按量完成救灾大米加工、质检和运输任务。会后，安徽省质监局组织人员深入中标企业，对大米生产加工过程进行检查并组织国家农副加工食品质检中心对产品进行监督检验。国家农副加工中心开辟出“绿色通道”，对运往灾区的食品进行快速检验，共检测大米、方便面、饼干、饮料等救灾食品51批（次）、近1000组样品，保证运往四川灾区的食品安全。

质检系统加大对米、面等食品和灾区群众生活消费量较大的食用油、调味品的监督抽查力度，保证供应灾区各类食品整体质量合格。5—6月，质检总局组织对小麦粉产品质量进行监督抽查，共抽查北京、天津、河北、内蒙古、辽宁、黑龙江、上海、江苏、浙江、安徽、福建、江西、山东、河南、湖北、湖南、广东、广西、四川、陕西、甘肃、青海、宁夏、新疆等24个省（区、市）99家企业生产的99种产品（不涉及出口产品）。抽查中，主要对小麦粉产品中含砂量、脂肪酸值、过氧化苯甲酰、溴酸钾、镉、无机砷、黄曲霉毒素B17个项目进行检验。经检验，只有一种小麦粉过氧化苯甲酰超过国家标准规定限量，质量不合格。对抽查发现的产品质量问题，地方质量技术监督部门依法处理不合格产品及生产企业、责令企业立即停止生产不合格产品，限期整改。

预包装食品质量监督　5—6月，质检总局组织对方便面实施监督抽查，抽查北京、天津、河北、辽宁、吉林、福建、山东、河南、广东、四川、陕西等省（市）48家企业生产的81种产品（不涉及出口产品），产品实物质量抽样合格率95.1%。经检验，抽查的铅、总砷、食品添加剂等项目单项符合率均达100%，抽查中发现的主要质量问题是个别产品酸价超标。同时，质检总局组织人员对酱卤肉制品和酱腌菜进行监督抽查，酱卤肉制品共抽查北京、河北、山西、上海、江苏、浙江、安徽、山东、四川、陕西等省（市）76家企业生产的100种产品（不涉及出口产品），产品实物质量抽样合格率97.3%。强制性国家标准GB 2760—1996《食品添加剂卫生标准》规定，酱卤肉制品中山梨酸的限量为0.08克/千克。抽查中个别产品山梨酸检测值为0.76克/千克，超过国家标准限量。酱腌菜共抽查北京、天津、河北、上海、江苏、浙江、安徽、福建、山东、河南、陕西、广东、四川、重庆等省（市）68家企业生产的80种产品（不涉及出口产品），抽样合格率99.8%。抽查中发现，个别产品甜味剂和防腐剂超标。质检总局将抽查发现的不合格产品情况通报地方政府及相关管理部门和行业组织，并将抽查结果通过政府网站和其他媒体向社会公布。同时，责成地方质量技术监督部门对不合格产品及其生产企业依法进行处理。

地震发生后，质检总局组织全国质监部门对预包装食品进行国家监督专项抽查。各灾区质监部门集中组织执法力量展开食品质量安全巡查，对方便面、饼干、酱卤肉制品和酱腌菜等重点食品进行集中检查和整治，保证抗震救灾应急救援和安置阶段灾区群众和参加救援部队的食品安全。

四川省质监局与卫生、农业、工商、药监等相关部门5月20日建立抗震救灾食品、物资捐赠点食品质量检查机制。至6月30日，四川省质监局对省龙潭寺储备库、省备灾中心、省民政厅、省红十字会、中国储运仓库高新西区库38305件（箱、袋）救灾食品进行检查，发现一批奶粉无QS① 标志，其他产品均检验合格。四川省质监系统出动食品快速检测车24辆，共检验检测样品1121批（次），其中食品类挂面、糕点、方便面、皮蛋、菜籽油、火腿肠、香耳脆皮、水果等19个品种、625批（次）。所检样品中，合格1079批（次），不合格42批（次）；对不合格食品，及时通知停止食用。至8月31日，四川灾区质监部门共出动监督、执法人员14505人（次），检查捐赠点9879次，查验食品173.98万件，约143万吨，销毁过期变质食品11.2吨。

兰州市质监局派出40名干部驻厂监管，对20家重点食品生产企业全过程监控，对生产供应灾区物资的15家重点企业实施重点巡查。至7月31日，甘肃省质监局监督检查陇南市食品加工企业及小作坊369家，其中食品加工企业93家、小作坊276家；监督检查天水市144家食品生产加工企业。陇南市质监局组织开展食品安全大检查，检查超市2户、门市部26户、集贸市场1个，检查方便面2800件、饮料100件、高钙奶粉200件。甘南藏族自治州质监局监督检查食品生产企业2家、食品小作坊15家。

陕西省质监局5月14日成立应急救援队，确定30家食品生产企业，作为抗震救灾期间食品保障供应特许企业。应急救援队重点对米、面、油等基本日用品及香肠、方便面、饼干等救灾急需的方便食品实施专项抽查，经检验未发现问题；对食品生产加工企业和食品小作坊，提供必要帮助，支持企业早日恢复正常生产能力和水平，为灾区提供安全放心食品。西安市质监局派专人驻守生产加工企业，帮助企业严把产品出厂质量关。

5月17—19日，重庆市质监局对向灾区提供方便食品相关生产企业，实施24小时驻厂监督和技术服务，主要对原辅材料进厂索证、品种、批（次）及成品出厂进行检验。5月，重庆市质监局对重点产品每两天进行一次抽样，并实施全项目检验，共监督检查食品生产企业和小作坊250家，检查食堂13家、超市4家；监督抽查糕点47批（次）、方便面21批（次）、乳制品43批（次）、儿童食品43批（次）；查处无证生产企业41家，立案查处16起。针对抽查中反映出的问题，重庆市质监局下发整改意见书，要求企业限期整改。（参见图282）

---

① QS标志是食品市场准入标志。

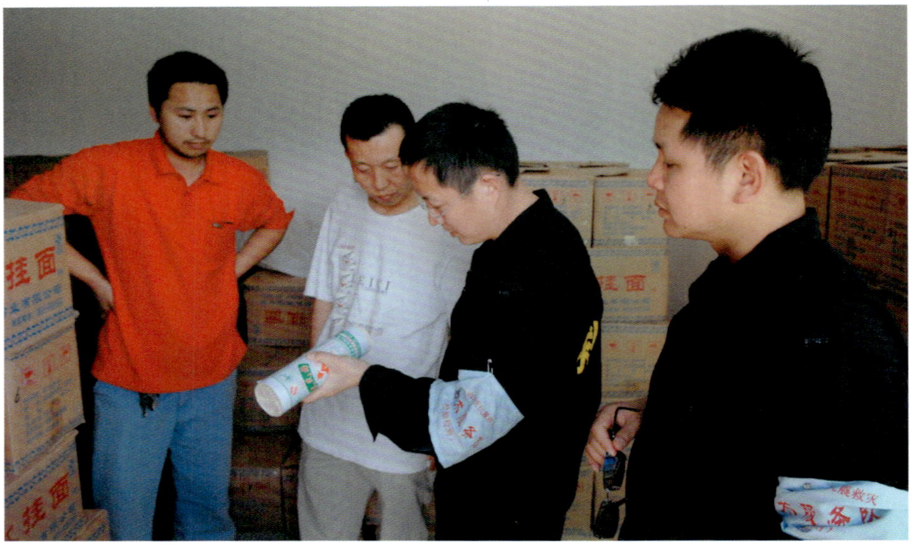

图282　5月19日，重庆市质监局检验检测队在绵阳对企业生产的挂面进行检测

（质检总局　提供）

三　饮用水质量监督

地震发生后，四川省、甘肃省、陕西省、重庆市质监部门采取措施，开展灾区群众饮用水安全监测工作，设立灾区群众集中安置点饮用水检测站，抽检水样172批（次），抽样检测供水点饮用水源60个。保障灾区群众饮用水安全。饮用水检测按照国家水质常规指标及限值，以桶（瓶）装水、生活饮用水为检测重点，对有毒、有害物质、微量元素等项目提出检测结果。（参见图283 ~ 284）

成都市不少市民在地震后担心水源遭受污染，纷纷购买瓶装水。四川省质监局迅速对成都市自来水二厂、五厂、六厂抽样检验和驻厂监管，并请中国检科院专家协助解决技术问题。经检

图283　6月23日，质检总局机关服务中心卫生防疫二队在都江堰取水配药，保证群众饮水安全

（质检总局　提供）

图284　6月2日，厦门市检验检疫局卫生防疫二队测定平武县南坝镇檬籽树村群众安置点水源余氯
（质检总局　提供）

测，成都市各大水厂水源水质和自来水水质均符合国家标准。同时，省质监局与水利部门对绵阳市、德阳市、广元市、雅安市、阿坝藏族羌族自治州源头江河水源地、重要江河断面及敏感水域，40个断面水质进行24小时监控，抽检水样148个批（次），抽样检测38个供水点的饮用水源，保障灾区饮用水质量安全。至5月20日，省质监局检查饮用水5.3万件。5月20日，省质监局成立瓶（桶）装饮用水驻厂监督领导小组，对饮用水实行全部免费检测和上门服务，做到现场抽检，特事特办。至6月30日，四川省质监局对600余家瓶（桶）装饮用水生产企业进行现场质量监督，抽检样品1200批（次），对不合格饮用水，及时通知停止饮用。

地震发生后，成都军区环境监测站每天派人往返于各供水站，取样、化验、出结果，在部分供水站的水源地安排岗哨，并在汶川县映秀镇供水站水源取水点养了几条鱼，每天确定鱼无异样，才让群众取水。

5月26日，住房城乡建设部派出3批30人，分为10组，成立城镇供水水质应急保障队，先后完成成都市、广元市、绵阳市、德阳市、雅安市、阿坝藏族羌族自治州26个市、县城镇供水水质核查。至7月7日，住房城乡建设部重点监控和调度地震重灾城市和县城供水水质监测38925项（次），其中水源监测7308项（次），水厂出厂水、管网水水质监测31617项（次），为灾区水质安全提供了保障。

科技部抗震救灾专家组针对分散安置点或分散用水点量大面广、瓶装水效能比较低、药剂净水消毒法操作要求高、灾区饮用水质不易控制等情况，提出研究软质材料制造净水器具的建议。5月20日，科技部抗震救灾前线联络组与四川省科技厅联合召开科技救灾专家咨询会第五次例会，向四川省抗震救灾指挥部报送《科技救灾专家咨询建议（6）》，提出在群众集中安置点发放饮用水应急试剂，提出新型饮水净化装置应适用于1～3类地表水、地下水，能处理细菌、铁锈、异味、悬浮物污染。6月3日，专家提出在群众集中安置区，增加烧开水炉等设备，保证受灾群众的饮水安全。17日，清华大学、中科院生态环境研究中心“863”计划安全饮用水保障技术课题组提出“高处取水”“面向灾区集中安置点的多点供水系统”“就地安置点、聚集地的生活饮用水快速供给技术对策”“灾区供水系统恢复进程及受损设施的快速抢修对策”等系列地震灾区饮用水安全建议。

5 月 18—25 日，“十一五”科技支撑计划重大项目承担单位之一的长春市吉大小天鹅仪器公司成功开发手持式分析仪器和试剂盒，为灾区提供 100 台（套）16 参数水质分析仪、200 台（套）手持式氯气测定仪器（其中世界卫生组织订购 100 台）及 480 套食品安全试剂箱（共计 17280 个试剂盒）。21 日，科技部农村司和江苏省科技厅紧急组织相关企业捐赠 200 套“纳米级碳基高价银晶体电池净水器”，并举办使用培训班，灾区群众 100 人参加培训。纳米级碳基高价银晶体电池净水器具有去除水体中有机物、色度、嗅味、悬浮物、胶体、病原菌等功效，适用于灾区群众集中安置点、山区小学和小型企业。同时，科技部与四川省科技厅联合在北川中学、桑枣中学等 4 个集中安置点安装“移动式反渗透饮用水成套设备”取得良好成效。刘延东考察后，要求在学校、社区等集中安置点大量配置使用。

兰州市质监局对为灾区提供的瓶（桶）装饮用水生产企业，开展专项监督检查和抽查。至 7 月 31 日，检查饮用水 5 万件、饮料 100 件。

重庆市质监局对为灾区提供的瓶（桶）装饮用水生产企业开展专项监督抽查，共抽查江北区、巴南区、九龙坡区、沙坪坝区、合川区、渝北区、北碚区、南岸区、潼南县 37 家企业生产的 51 批（次）产品，合格 46 批（次），合格率 90.2%，其中沙坪坝区质监局检查饮料和饮用水生产企业 14 家，对一家未获取食品生产许可证、擅自生产饮用水厂家封存产品，责令立即停止生产。重庆市质监局对上述不合格产品印发整改意见书，要求存在问题企业限期整改。至 7 月 31 日，重庆市质监系统共监督抽查饮用水生产企业 43 家、224 批（次）。（参见图 285）

图 285　5 月 24 日，重庆市质监局检验检测队在绵阳开展快速检测瓶（桶）装饮用水工作

（质检总局　提供）

四　帐篷质量监督

地震发生后，救灾帐篷需求量突增，全国各地质监局所属纤维检测机构通过派员到企业调查、检查、提供专业技术服务，驻厂跟踪、检验检测等方式，保质、保量完成救灾帐篷检验任务。5月29日，质检总局下发《关于对过渡安置房、救灾帐篷质量开展专项监督服务和执法打假的紧急通知》，要求开展产品质量专项监督检查，保障生产源头产品质量安全；加强技术服务，全力支持有关企业生产；严惩质量违法行为。6月4—5日，质检总局分别在广东、上海召开过渡安置房、救灾帐篷质量监督服务现场会。会后，上海市、江苏省、浙江省、广东省等主要生产地区的质监部门和检验机构，立即开展救灾帐篷及帐篷用布、帐篷支架等原材料，活动板房及彩钢板、人造板、泡沫板、五金配件等零部件专项监督抽查，保障生产源头产品质量安全。全国质监部门配合民政部、中国红十字会等部门，检验检测帐篷150万顶、篷布5.86万包。

图286　6月4日，上海市质监局指导生产企业进行帐篷水密性试验

（质检总局　提供）

上海、江苏、浙江、安徽、山东、重庆、四川、陕西、青海等地质监部门在帐篷质量监督检查中，发现少量救灾帐篷原辅料不合格，帆布防水性差、强力不够、缩水率高，帐篷用毡不合格等问题，对抽查中产品质量不合格企业依法进行处理，限期整改。（参见图286）

浙江省民政厅、质监局5月28日下发《关于做好抗震赈灾帐篷和衣被质量监督管理工作的紧急通知》，加强浙江省赈灾帐篷质量监督管理。浙江省纤检局抽调技术人员，深入浙江中强实业有限公司、宁波余姚洽丰公司等生产企业，检查面料生产的各个环节，将帐篷生产相关技术标准贴示生产车间各处，要求员工在生产过程严格遵守。同时，对民政部和宁波市民政局定点生产帐篷的宁波普鲁司旅游用品有限公司、浙江长青控股集团有限公司、宁波枫缘休闲用品有限公司、宁波贝来旅游用品有限公司进行走访检查、检验22次，出动人员65人（次），检查检验帐篷约4.22万顶。至12月27日，浙江省纤检局检验救灾帐篷45.7万顶，检验篷布5万包。

5月19日，安徽省纤检局接到省教育厅教育技术装备中心紧急电函，请求援派专业技术人员随行到山东聊城生产厂家，对捐赠地震灾区的帐篷生产进行技术指导和质量把关。接函后，安徽省纤检局立即选派技术人员连夜赶赴聊城，使安徽省教育厅采购的第一批100顶帐篷按时、保质运往灾区。

山东省质监局5月23日责成省纤检局下发紧急通知，组织专业纤检机构对帐篷生产企业进行调查。26日，省纤检局再次下发《关于做好当前抗震救灾和质检工作的通知》，要求纤检机构再次对帐篷生产企业进行检查。27日，省质监局召开加强质量监督，保证抗震救灾物资质量安全会议。会议决定，组织全省专业纤检机构，在33家政府定点帐篷生产企业派驻厂监督员，严把原材料、生产工艺、出厂检验关，防止不合格帐篷流入灾区。会议要求各检查机构每日9时前，将辖区内帐篷质量监督检查情况，向省纤检局监督管理科报告，监督管理科收到上报信息后，每日11时前做出数据汇总，将检查情况及时上报省质监局抗震救灾办公室。德州市纤维检验所对市政府经贸委采购的德州瑞博服装有限公司、东森（德州）帐篷有限公司生产的1000顶帐篷进行重点检查；对位于德州市德城区、武城县、临邑县3个县（区）的6家篷布生产企业进行不间断巡回检查。21日，淄博市纤维纺织产品监督检验所到张店区篷布厂检查帐篷质量；到淄博市技术标准情报所标准检索；实验室人员对抽取篷布面料连夜进行试验。针对检测帐篷面料存在阻燃性和断裂强力（纬向）、静水压不合格问题，淄博市纤检所以书面形式，向市质监局和市政府抗震救灾办公室汇报，并要求在成品帐篷显要位置印制“禁止烟火”安全标志。至7月10日，山东省帐篷生产企业共生产帐篷4.04万顶，抽验帐篷样品26批，检验出不合格5批，并责令不合格帐篷生产企业停产整顿。（参见图287）5月27日，重庆市纤检所组织质监人员对帐篷生产企业进行质量检查，在检查渝北区金阳帐篷厂的产品质量时，发现成品库房存放的125顶帐篷无质量标志、厂名及厂址，按照相关规定登记封存。青海省纤检局组织检查西宁市帐篷生产企业，为救灾物资检验开辟“绿色通道”，对一家为灾区生产帐篷企业所用50卷帐篷毡进行加急检验。内蒙古自治区锡林郭勒盟质监局组织检验检测机构，对锡林郭勒盟生产捐赠的20余套蒙古包，进行全程跟踪检验服务和义务把关，保证捐赠蒙古包全部合格。呼和浩特市质监局深入际华五三零三工厂，对生产条件、工艺流程、质量管理制度、产品原材料采购、过程控制、出厂检验等环节进行严格检查。通过严格检查，该厂生产的2000顶（12平方米/顶）救灾帐篷全部合格，被及时运往灾区。

图287　6月7日，山东省纤检局执法人员深入生产企业检查帐篷生产情况
（质检总局　提供）

五　活动板房及原材料质量监督

地震发生后，灾区群众安置急需活动板房，全国质监部门根据活动板房抗震、保温、防火、隔热，每户配置20平方米左右，配备液化气、供水、供电设施等建设标准，检测活动板房约80万套（间）。

5月21—22日，河北省质监局成立活动板房建设领导小组，对全省活动板房原材料、构件产品质量进行监督，并下发《关于加强对为四川地震灾区援建过渡安置房原材料产品质量监督的紧急通知》等6份文件，共向活动板房生产企业派驻监督小组40个，行政执法和技术人员87名，对39家活动板房原材料、构件生产企业进行督导、检查和技术服务。25日，安徽省质监局监督检验对口援建四川省的6万套活动板房质量，凡原材料检验不合格的，责令停止使用；样品不合格的，立即停止生产；成品不合格的，坚决不准出厂。27日，湖北省质监局、武汉市质监局、孝感市质监局在武汉召开专题会议，研究制定了《关于加强援建四川地震灾区过渡安置房生产企业质量监督的工作方案》。28日，湖北省、市、县三级质监局及技术机构组织107名驻厂监督服务人员全部到位，驻厂监督14家活动板房生产企业、20家泡沫生产企业、3家建筑外窗生产企业、4家钢结构生产企业，提供24小时全方位技术服务；至6月13日，检验合格1万余套活动板房发往灾区。5月29日，湖南省质监局制定《全省质监系统支援四川灾区过渡安置房建设质量监督工作方案》，成立活动板房建设质量监督服务工作领导小组，抽调6名专业技术人员组成质量监督服务小组，按照“一人一企”的要求，对担负6万套活动板房生产任务的6家企业，驻厂监督服务3个月，实行全过程、全项目检验；至6月25日，湖南省生产活动板房18395套，全部检验合格发运四川灾区。5月29日至6月2日，安徽省质监局组织省质检院监督抽查彩钢板、发泡材料、塑料门窗及门锁等类产品，活动板房板材、型材、衬钢及玻璃厚度、保温材料厚度、保温材料密度等有关参数均符合要求，安徽省援助四川省活动板房质量良好。6月15—17日，重庆市质监局派出3组质检专业技术人员赴南岸区、九龙坡区、大渡口区、江北区、永川区等12个活动板房生产现场，向承担重庆市援助四川省50万平方米活动板房生产任务的企业提供技术服务与质量把关；重点对现场生产、检验、上货情况和彩钢板材厚度、聚苯板容量等关键环节进行巡查与监督，从活动板房生产企业原材辅料采购到生产工艺控制及成品储运，实行全过程监督。至7月31日，重庆市质监局先后派出专业技术人员16组、50余人（次），共检验约6万平方米，出具检验报告16份；对不合格产品禁止出厂。

5月31日至6月12日，天津市、上海市、安徽省、山西省、内蒙古自治区、宁夏回族自治区质监局完成活动板房原材料、构件的产品质量监督服务任务，其中安徽省蚌埠市质监局共完成6万余平方米活动板房检测任务；天津市质监局对8万套活动板房原材料、构件的产品质量进行检验；山西省质监局对4万套活动板房进行检验；内蒙古包头市质监局对450套活动板房进行检验；宁夏回族自治区质监部门检验5000套活动板房。（参见图288）

6月26日，质检总局组织并完成对绝热用模塑聚苯乙烯泡沫塑料、铝合金建筑型材、土工合成材料等6种救灾安置重建相关产品进行国家监督专项抽查（见表56）。

图 288　5 月 29 日，福建检验检疫局优先验放灾区安置房进口钢材

（质检总局　提供）

6 月 26 日国家监督 6 种救灾安置重建相关产品专项抽查统计表

表 56

产　品	生　产　地　区	企业数（家）	产品种类（种）	质量抽样合格率（%）
绝热用模塑聚苯乙烯泡沫塑料	北京、天津、河北、山西、辽宁、吉林、黑龙江、上海、江苏、浙江、安徽、江西、山东、河南、陕西	82	82	98.4
热轧盘条	北京、天津、河北、山西、上海、江苏、浙江、安徽、山东、河南	37	39	97.7
铝合金建筑型材	天津、河北、辽宁、上海、江苏、浙江、安徽、山东、河南、湖北、广东、重庆、四川	123	123	96.7
土工合成材料	北京、天津、河北、辽宁、上海、江苏、浙江、山东、湖北	56	64	93.8
建筑防水卷材	北京、天津、河北、辽宁、吉林、黑龙江、上海、江苏、浙江、安徽、山东、河南、湖北、湖南、广东、重庆、四川、云南、陕西	147	147	88.8
新型墙体材料	上海、浙江、福建、江西、河南、湖北、湖南、广西、海南、陕西	60	60	85.1

六　衣被质量监督

全国各地专业纤检机构，针对救灾用衣被等物资开展大规模检验活动，保证灾区用品质量安全。（参见图 289）

图289　6月15日，河北省纤检局组织人员检查发往灾区的棉大衣

（质检总局　提供）

5 月 28 日至 7 月 10 日，质检总局组织全国各地纤检机构建立救灾用絮、用纤维制品免费检验统计日报制度，每天向质检总局报送相关信息。至 7 月 10 日，全国各专业纤检机构检验各类救灾用纤维制品约 368.71 万件，检出不合格品 28.95 万件，予以查封或收缴，或退回企业更换合格品（见表 57）。

至 7 月 10 日部分省（区、市）衣被检查检验情况一览表

表 57

省（区、市）	时　间	产品名称	数　量	附　　注
北　京	5 月 15 日	被褥、儿童服装	2 万余件	建立快速检测“绿色通道”
天　津	5 月 13—16 日	衣被	20 万余件	派出专业技术人员小分队
河　北		棉被褥	30 万余床	检验周期由 5 日改为 5 ~ 6 小时，委托自取检验报告改为主动送去
		服装	8 万余件	
山　西		棉被	12 万件	主动向相关单位提供加工企业名单和相关资质材料
内蒙古		棉被褥	10 万套	依照产品信息和检验报告向地震灾区发送 64402 条衣被
辽　宁		棉被褥	20 万余床	加强对进厂原料及生产过程监督
江　苏		棉被	6000 余床	连云港市纤检所到连云港红十字会实施现场检测
		踏花被、棉胎	3200 余件	
浙　江		衣被	17.53 万件	开展专项执法大检查
安　徽	5 月 20 日—7 月 7 日	棉被	10.48 万床	
		服装	686 件	
		床单、被罩、蚊帐	1 万件	

续表 57

省（区、市）	时　间	产品名称	数　量	附　　注
山东 青岛		各类救灾物资	4.37 万件	对企业责任分工，派专人驻厂负责，并发放产品质量标准
山东 淄博		棉被褥	1.29 万床	
		服装	5316 件（套）	
河　南		棉被褥	1.66 万套	
		棉衣裤	8340 套	
		绒衣裤	1.5 万套	
湖　北	5 月 21 日	棉衣、棉被等	9100 件（床）	印发《关于做好抗震救灾衣被质量监督工作的紧急通知》
湖　南		衣物	1.73 万件	检查检验 92 批（次）8.16 万件（床）
		棉胎	5.33 万床	
		被套	1.1 万床	
重　庆	5 月 27 日	棉被、棉衣	1.08 万件	2 批不合格棉被全部更换
四　川	5 月 13 日—6 月 5 日	棉被、毛毯、被套、被垫等	20.71 万床	查获黑心棉被 100 床
		服装	33.31 万件	
云　南	5 月 20—23 日	棉被	10.54 万床	
		捐助衣物	12 万余套（件）	
陕　西	5 月 14 日	棉被等	10.6 万床	开通检验“绿色通道”
甘　肃	5 月 13 日	衣被	14.80 万件（套）	出具检测报告 124 份
宁　夏		被褥、衣物	8626 床（件）	
		絮用生活用品	600 件	

质检总局组织人员对羽绒服装产品进行监督抽查，共抽查北京、天津、河北、上海、江苏、浙江、江西、山东、湖北、重庆等省（市）58 家企业生产的 58 种产品（不涉及出口产品），产品实物质量抽样合格率为 99.80%。抽查依据 GB 5296.4—1998《消费品使用说明　纺织品和服装使用说明》、GB 18401—2003《国家纺织产品基本安全技术规范》、GB/T 14272—2002《羽绒服装》等国家标准，对羽绒服产品的面料成分、里料成分、甲醛含量、pH 值、耐水色牢度、耐洗色牢度、耐干、湿摩擦色牢度、羽绒含绒量、耗氧量、清洁度、气味等级、嗜温性需氧菌、粪链球菌、亚硫酸还原的梭状芽孢杆菌、沙门氏菌、充绒量、可分解芳香胺染料及产品标志等 19 个项目进行检验。抽查中发现，个别产品充绒量偏差低于标准规定要求，其中有一种羽绒服产品充绒量实测偏差为 −9.4%；个别产品含绒量不足，其中一种羽绒服产品含绒量明示标注为 90%，但实测结果仅为 72.7%。对不合格产品质量问题，地方质量技术监督部门责令企业立即停止生产，并限期整改。

5月18日晚，江油市攀钢集团长钢总医院在接收宝鸡市一企业捐赠的救灾物资中，发现300床棉被质量不合格。四川省抗震救灾总指挥部立即将该批棉被原车装载退回，并报告宝鸡市政府抗震救灾指挥部。质检总局迅速下发《重要案件查处督办通知》，责成宝鸡市质监局立即进行查处。18日22时，宝鸡市质监局与有关部门组成24人联合调查组展开调查。调查发现，17日，宝鸡市一公司采购员在汉中路一劳保店购买300套被褥，当日发往江油市。21日，宝鸡市质监局执法人员将被退回的300床棉被全部扣押。经抽样检验，被褥属“黑心棉”[①] 制品。宝鸡市质监局根据最高人民法院《关于依法做好抗震救灾期间审判工作切实维护灾区社会稳定的通知》，将此案移送司法机关追究刑事责任。

5月22日，吉林省质监局纤维检验处接到举报：“一批用于四川省灾区救灾用抗震救灾物资存在质量问题。”省质监局纤检处立案调查，并立即通知省民政厅，在质量检验结果出来之前，救灾棉被褥不得发往灾区。23日，经检验，存放在省民政厅救灾物资储备库中的白城市、四平市、长春市民政局采购被褥均不合格，货值均超过15万元。省政府立即成立由纪检、质监、工商、公安参加的联合调查组。经调查，白城市民政局采购的5000床棉被，系从黑龙江省双城市周家大市场购进，每床48元；四平市民政局购进的5000条棉褥，系从辽宁沈阳军星、军成军人服务社采购，每床40元；长春市民政局从长春3504厂购进的3800套，每套160元。根据有关规定，省质监局将案件移交司法部门进行侦查、审理，当事人被依法追究刑事责任。

6月12日、16日，安徽省纤检局先后两次对安徽省救灾减灾中心仓库检查，发现由六安市裕安区民政部门捐赠的187床棉被、六安市金安区地税局捐赠的500床棉被有质量问题。经抽样检测，均为不合格品。17日，省纤检局执法人员到六安市民政局和金安区地税局进行调查。查实供货商为六安市某军品专卖店和军品店。执法人员检查两家涉案商店，发现六安市某军品专卖店正在销售的195床棉被、144件大衣，某军品店正在销售的26床棉被、3件大衣，均涉嫌质量问题。省质监局依法对违法者实施行政处罚并移交公安机关处理。

四川省纤检局组织开展对纺织品服装、絮用纤维制品、再加工纤维生产企业及絮棉制品专卖店进行质量巡查和专项执法检查，共出动车辆40余辆（次）、86人（次），检查、排查企业、商场、店铺50余家及生产原料4500余吨，检查制品3.5万余床，查封劣质絮棉5000余床、棉裤20余条、劣质军用被近百床、军大衣8件，对5家存在质量违法行为的企业按规定进行处理。

七　建筑材料质量监督

人造板质量监督　地震发生后，质检总局组织各省市，特别是四川、甘肃、陕西等灾区省质监部门，对建筑材料进行质量检测，以确保为灾区群众自建住房及灾后重建提供优质建筑材料。截至6月30日，质检总局重点组织对灾区细木工板、胶合板、强化木地板等3类产品品质

① “黑心棉”是絮用纤维制品禁止使用原料的俗称。

量进行监督抽查，共抽查580种产品，覆盖人造板主要生产企业。

从5月31日开始，四川省质监局将人造板、装饰材料、钢材、水泥、电线电缆等主要建材产品纳入重点产品专项整治内容，组织8个调研督查组，深入乐山市、德阳市、绵阳市、雅安市、广元市等11个建材主产区调研督查，加强建材产品质量监督。5—6月，陕西省质监局对全省人造板产品进行监督抽查，抽查的产品包括细木工板、装饰单板贴面人造板、中密度纤维板、胶合板。抽查产品79批（次），合格32批（次），合格率仅为40.5%。人造板存在表面胶合强度、横向静曲强度、甲醛释放量、浸渍剥离试验等指标不合格。陕西省质监局对抽查中产品质量不合格企业，督促认真整改，限期复查；对质量较差的产品及其生产企业列入黑名单，并予以曝光。6月，甘肃、重庆灾区也相继开展建材产品质量专项整治，保证灾后重建建材质量。

装饰材料质量监督　5—6月，四川省质监局专项抽查成都市、德阳市内外墙涂料生产企业生产的涂料产品质量，共抽取11家生产企业20批（次）产品。经检验，20批（次）产品全部合格，企业抽查及产品抽查批（次）合格率均为100%。7—9月，四川省质监局专项监督抽查省内24家企业生产的73批（次）涂料产品质量，抽查依据CCGF311—2008《建筑涂料监督抽查实施规范》和GB/T 9755—2001、GB/T 9756—2001、GB 18582—2008等国家标准，有23家企业生产的71批（次）涂料产品合格，企业合格率95.8%，产品批（次）合格率97.3%；两批（次）不合格涂料为成都市黄氏漆业有限公司生产的茂林牌内、外墙乳胶漆，存在低温稳定性不达标等质量问题。5—6月，陕西省质监局监督抽查建筑涂料，共抽查生产和销售企业50家，抽取样品56批（次），合格41批（次），不合格15批（次），样品合格率73.2%。不合格建筑涂料存在耐碱性、耐洗刷性、对比率等方面的质量问题。同时，抽查溶剂型木器涂料生产和销售企业41家，抽取样品45批（次），合格40批（次），不合格5批（次），合格率88.9%。不合格溶剂型木器涂料存在遮盖力、硬度、甲苯和二甲苯、VOC①等质量问题。陶瓷墙地砖共抽查生产和销售企业108家，抽取样品116批（次），合格105批（次），不合格11批（次），合格率90.5%。不合格陶瓷墙地砖存在吸水率、破坏强度、断裂模数、尺寸偏差等质量问题。7—9月，陕西省质监局监督抽查建筑涂料，抽查企业30家，抽取样品30批（次），合格18批（次），实物质量合格率60%。在所检的12个实物质量不合格样品中，耐碱性不合格的3个、耐洗刷性不合格的10个、对比率不合格的1个（耐碱性及耐洗刷性不合格导致产品涂层易脱落、掉粉，缩短使用寿命；对比率不合格主要影响涂层遮盖力，装饰性降低）。陕西省质监局立即对不合格产品生产企业开展质量分析和技术把关服务，帮助企业提高产品质量。

从10月开始，质检总局组织人员监督抽查北京、天津、上海、江苏、浙江、安徽、福建、江西、山东、湖北、湖南、广东、广西、重庆、四川等省（区、市）213家企业生产的213种供应灾区的溶剂型木器涂料，产品合格率93%，抽查发现部分企业产品可溶性铅和可溶性铬不合格，企业所在地方质监部门责令其立即停止生产，并限期整改。

钢材质量监督　5—6月，四川省质监局连续专项监督抽查检验省内企业生产的供应灾区使

① VOC是挥发性有机化合物（Volatile Organic Compounds）的英文缩写，浓度超标会影响皮肤和黏膜，对人体产生急性损害。

用的建筑用钢材。抽查发现存在严重问题，批（次）抽查合格率67.6%，引起国务院和四川省委、省政府高度重视，立即集中整治。7—9月，四川省质监局专项抽查39家企业生产70批（次）建筑用钢材，合格批次65批（次），合格率为92.8%，合格率比5—6月提高25.2%。10—12月，质检总局抽查北京、天津、河北、辽宁、吉林、黑龙江、上海、江苏、浙江、安徽、山东、河南、湖北、湖南、广东、重庆、四川、云南、陕西等省（市）147家企业生产的147种建筑防水卷材产品，包括弹性体改性沥青防水卷材、沥青复合胎柔性防水卷材、高分子防水卷材等品种，产品实物质量抽样合格率为88.8%。抽查中发现部分产品最大拉力时延伸率、扯断伸长率、断裂伸长率不合格，个别产品热空气老化不合格。5—6月，陕西省质监局监督抽查钢筋混凝土用热轧带肋钢筋、钢筋混凝土用热轧光圆钢筋、低碳钢热轧圆盘条生产企业12家，抽取样品56批（次），经检测全部合格。

水泥质量监督　6月10日，四川省质监局发布《对灾后重建建筑材料等产品加强质量监管》的公告，提出灾后重建所需建筑用材产品生产企业要履行产品质量安全主体责任；质监部门加大对生产灾后重建所需产品监督抽查力度，加大打假力度；支持帮扶生产灾后重建所需产品受灾企业恢复生产；行业协会发挥作用，公布举报电话，请社会各界人士参与监督。至6月30日，四川省质监局抽查重灾地区水泥企业15家，抽查产品15批（次），合格率86.7%，不合格产品存在不符合抗压强度标准的问题。从10月开始，四川省质监局再次组织专项监督抽查宜宾市、泸州市、德阳市、资阳市的60家水泥生产企业生产的水泥产品质量。5—6月，陕西省质监局监督抽查水泥生产和经销企业195家，抽取样品213批（次），合格193批（次），合格率90.6%。水泥产品质量存在三抗折强度、抗压强度，28天抗折强度、抗压强度，烧失量，安定性项目不合格。7—9月，质检总局组织监督抽查通用水泥，重点抽查四川省、甘肃省、陕西省水泥生产企业，同时抽查河北、辽宁、吉林、黑龙江、上海、浙江、福建、重庆等省（市）生产企业。共抽查242家水泥生产企业的242种产品，其中237种产品合格，产品合格率97.9%，大部分水泥生产企业产品质量高于国家标准要求。

建筑用砖质量监督　5—6月，质检总局组织对供应灾区的新型墙体材料产品质量进行专项抽查，加强对灾后重建相关产品的质量监督，抽查上海、浙江、福建、江西、河南、湖北、湖南、广西、海南、陕西等省（区、市）60家企业生产的60种产品，产品实物质量抽样合格率为85.1%，所检产品放射性核素限量指标均未超标。抽查中发现部分砖类、砌块类产品导热系数、孔洞率、体积密度等节能性指标达不到标准规定要求，部分产品抗冻性和强度等级不符合标准要求。对不合格产品，地方质监部门责令企业立即停止生产，并限期整改。（参见图290）

图290　8月25日，四川省质监局工作人员监督抽查建筑用砖产品

（质检总局　提供）

电线电缆质量监督 5—6月，质检总局组织对供应灾区的电线电缆产品质量进行监督抽查，抽查天津、河北、山西、内蒙古、辽宁、吉林、黑龙江、江苏、浙江、安徽、山东、河南、广东、重庆、四川等省（市）120家企业生产的120种产品，产品实物质量抽样合格率为93.7%。抽查中发现少数产品绝缘或护套失重项目不合格，个别产品机械性能或热延伸项目不合格。质检总局将抽查情况通报地方政府及相关管理部门和行业组织，并责成地方质量技术监督部门对不合格产品进行处理。7—9月，陕西省质监局组织监督抽查电线电缆产品质量，抽查企业30家，抽取样品40批（次），合格样品25批（次），合格率62.5%；其中省内企业产品18批（次），合格14批（次），合格率77.8%。

八　农业生产资料质量监督

化肥质量监督 5—6月，质检总局对供应灾区的磷肥产品进行监督抽查，抽查江苏、安徽、江西、山东、河南、湖北、湖南、广东、广西、四川、贵州、云南等省（区）175家企业生产的176种产品（不涉及出口产品），产品实物质量抽样合格率为94.4%。抽查中发现部分产品有效磷不合格，个别产品游离酸不合格；个别产品水分不合格。质检总局将抽查情况通报地方政府及相关管理部门和行业组织，责令地方质量技术监督部门对不合格产品进行处理。从10月开始，甘肃省质监局组织对兰州市26家生产经销企业40批（次）的复混肥、磷肥、有机肥料及其他肥料进行监督抽查，产品质量合格。

植物保护机械质量监督 5—6月，质检总局对供应灾区的植物保护机械产品进行监督抽查，抽查河北、浙江、安徽、江西、山东、湖北、重庆、四川等省（市）115家企业生产的115种产品（不涉及出口产品），产品实物质量抽样合格率90.3%。抽查中发现，植物保护机械市场占有率较高的大中型生产企业产品质量较好，所检产品全部达到国家标准规定要求。抽查涉及环境、人身安全的空气室耐压性能、整机喷雾性能、风机叶轮超转速试验、常温启动性能、调压阀性能、泵总效率等项目单项符合率均达100%。抽查中发现个别产品整机密封性能不合格；个别背负式喷雾器产品残留液量或药液过滤装置不合格，地方质量监督部门责令相关企业立即停止生产并限期整改。

九　消毒剂质量监督

国务院抗震救灾总指挥部第10次会议决定，要做好人员抢救、灾区防疫和善后处理，在四川省或附近省市企业组织生产消毒杀虫药品。5月13—15日，四川省质监局组织人员调查了解四川省消毒剂等产品生产企业产能、库存等情况。省消毒剂产品生产企业较好的有35家，但产品用于工业生产的比较多，绝大部分未取得卫生许可证。仅有成都洗消剂厂、德阳市罗江沈氏漂白粉厂生产的消毒剂产品在抗震救灾工作中被调用。16日，四川省质监局下发《关于加强消毒剂产品质量监管的紧急通知》。

6月15日，四川省医药公司向成都蓝洁消毒药业有限公司等企业统购消毒药剂等产品。蓝洁公司法定代表人邓某某向成都博宇化工有限公司及乐山市流洲化工厂购买漂白粉。在履行合同过程中，乐山市流洲化工厂厂长姜某某明知博宇公司和蓝洁公司向其购买的漂白粉将用于地震灾区防疫，仍用石灰粉假冒漂白粉，销售424.94吨，销售金额约57.07万元。博宇公司购进销售不合格漂白粉85吨，蓝洁公司向省医药公司销售382吨不合格漂白粉全部由省医药公司调配到地震灾区。20日，四川省质监局在对灾区救灾物资监督检查中，发现蓝洁公司销售的漂白粉产品为不合格产品。21日，省质监局稽查总队会同省公安厅经侦总队联合调查取证。四川省人民检察院指定乐山市人民检察院向乐山市市中区人民法院提起公诉。2009年12月29日，乐山市市中区人民法院做出一审宣判，以销售伪劣产品罪，判处成都蓝洁公司罚金100万元、成都博宇公司罚金10万元，5名当事人分别被判处2～12年有期徒刑，并处罚金5万～60万元。

文献辑存

民政部、财政部
关于规范特大自然灾害救济补助费
分配管理有关问题的通知

（民发〔2002〕127号）

各省（自治区、直辖市、计划单列市）民政厅（局）、财政厅（局），新疆生产建设兵团民政局、财务局：

为规范特大自然灾害救济补助费（以下简称中央救灾资金）分配管理，切实保障灾民基本生活，维护灾区社会稳定，现就有关问题通知如下：

一、灾情的报告、评估和核定

自然灾害发生后，省级民政部门应按照《灾情统计、核定、报告暂行办法》（民救发〔1997〕8号）规定，及时调查、了解、掌握全省灾情，在24小时内将汇总的初步灾情报民政部。

民政部初步判断特大自然灾害发生后，组织水利、农业、气象、海洋、统计、地震、卫生、财政等部门、有关科研机构以及和专家召开“灾情会商会”，综合各方面信息，分析灾区形势，确定特大自然灾害区域。

灾情稳定后，省级民政部门应进一步调查核实灾情，将分县的灾情数据通过全国灾情信息管理系统报民政部。民政部组织有关部门和专家组成“灾情评估小组”，采取抽样核定、典型核定和专项核定等办法核实灾情，并对灾区的灾害损失情况、灾区自救能力以及灾区需求做出全面评估，形成灾区损失情况和救灾需求评估报告。

二、中央救灾资金的使用原则和范围

中央救灾资金是由中央财政预算安排的，用于遭受特大自然灾害的省（自治区、直辖市、新疆生产建设兵团，下同）在安排灾民基本生活经费发生困难时给予的专项补助，必须严格遵循专款专用、重点使用的原则。

中央救灾资金的使用范围：一是新灾救济资金，用于特大自然灾害灾民紧急抢救、转移安置，解决灾民无力克服的临时吃、穿、住、医等生活困难，以及因灾倒塌房屋的恢复重建和损坏房屋的修缮补助；二是春荒、冬令灾民生活救济资金，用于补助春荒（3 月至 5 月、一季作物区为 3 月至 7 月）和冬令（12 月至下年 2 月底）期间的灾民口粮以及衣被和治病救济；三是采购和管理中央救灾储备物资资金，用于民政部、财政部采购和管理中央救灾储备物资。

三、中央救灾资金的申请、办理和拨付

（一）申请

当地方遭受特大自然灾害，地方政府通过自身努力确实难以解决时，中央可予以适当补助。中央救灾资金应由省人民政府向国务院申请，同时省级民政部门、财政部门向民政部、财政部提出书面申请。

新灾救济资金申请报告必须包括以下内容：紧急转移安置灾民数量、因灾倒塌房屋数量、需衣被救济人口数量、需治病救济人口数量、损坏房屋数量，地方各级政府已投入和计划安排的新灾救济资金数量。

春荒、冬令灾民生活救济资金申请报告必须包括以下内容：农作物受灾情况、因灾减产粮食数量、缺粮人口数量、缺粮数量、需口粮救济人口数量、需救济粮数量，需衣被救济人口数量、需治病救济人口数量，地方各级政府计划安排的救济资金数量。

紧急情况下，省级民政部门、财政部门可申请救灾应急资金。申请报告的内容应包括灾害发生背景、灾区损失情况、紧急转移安置灾民数量以及申请救灾应急资金的理由和数量。

（二）办理

根据国务院指示或省级民政和财政部门救灾应急资金申请，民政部按照灾情会商结果，提出救灾应急资金方案商财政部，两部协商一致后进行办理。

收到受灾省的新灾救济资金和春荒、冬令灾民生活救济资金申请报告后，民政部根据灾情评估结果，按照中央救灾资金的补助标准，提出补助方案商财政部，两部协商一致后进行办理。新灾救济资金应扣除已下拨的救灾应急资金。

（三）拨付

在拨款方案确定后 3 个工作日内，由财政部、民政部联合发文将中央救灾资金下达有关省财政部门和民政部门，同时报国务院办公厅，抄送国家审计署、省人民政府办公厅和财政部驻该省财政监察专员办事处。春荒救济资金在 2 月中旬前下拨，冬令救济资金在 11 月中旬以前下拨。

四、中央救灾资金的使用和监督

接到财政部、民政部拨款文件后，由省级民政部门提出拨款方案，商同级财政部门确定后，由财政部门和民政部门联合下文拨付，同时将拨款文件报送民政部、财政部。救灾应急资金应在 10 日内下达到县级，县级应在 5 日内落实到灾民手中；新灾救济资金和春荒、冬令灾民生活救济

资金应在30日内下达到县级，县级要在15日内落实到灾民手中。

民政部、财政部将对各地中央救灾资金管理使用情况进行监督检查。不及时下拨和违规使用中央救灾资金的省份，如再发生特大自然灾害要求中央补助时，民政部、财政部将不予补助或减少补助数额，并予以通报批评。

本通知自发布之日起实行，此前与本通知不一致的有关规定停止执行。

二〇〇二年八月五日

交通运输部
关于对抗震抢险救灾物资
免缴车辆通行费的紧急通知

（交公路明电发〔2008〕26号）

四川、陕西、甘肃省交通厅，重庆市交通委：

2008年5月12日14时28分，四川省汶川县发生7.8级强烈地震。为保障抗震抢险救灾物资迅速运往灾区，支持有关方面做好抗灾救灾工作，你厅（委）要尽快报经省级人民政府同意，在抗震救灾期间，对各地有关方面组织向灾区运送抗震抢险救灾物资的运输车辆，一律免缴车辆通行费，并结合现有“绿色通道”等专用收费道口，采取措施确保车辆快速、优先通行。

特此通知。

二〇〇八年五月十三日

财政部
关于切实做好中央财政抗震救灾资金
管理使用监督工作的通知

（财监〔2008〕27号）

财政部驻四川、重庆、陕西、甘肃、云南省（直辖市）财政监察专员办事处：

四川省汶川县“5·12”特大地震灾害发生后，社会各界按照党中央、国务院统一部署，全力投入到抗震救灾工作中。财政部也迅速启动财政应急保障预案，紧急调拨资金拨付灾区，同时要求相关省市财政部门积极筹措、及时拨付抗震救灾资金，全力支持抗震救灾工作。现就专员办协同做好抗震救灾工作有关事项通知如下：

一、务必把抗震救灾工作作为当前最重要、最紧迫的任务，在地方党委、政府的领导下，团结协作，全力以赴，切实保障干部职工生命安全，坚决打胜抗震救灾这场硬仗。

二、主动加强与地方财政等有关部门沟通协调，跟踪了解并督促有关部门做好灾情统计上报和抗震救灾资金拨付使用工作，形成合力，提高效率，千方百计保证抗震救灾资金及时下达，确保受灾地区群众的基本生活。

三、及时了解灾情及财政支持抗震救灾进展情况，对此次抗震救灾资金管理使用中出现的问题，及时向财政部反映，对资金管理使用中重大违法违规问题，一经查出，严肃处理。

二〇〇八年五月十五日

税务总局
关于做好地震灾害期间税收征管工作的通知

（国税函〔2008〕418号）

四川、重庆、甘肃、陕西、云南、青海、湖北省（市）国家税务局、地方税务局：

现就做好地震灾害期间税收征管工作的有关事项通知如下：

一、抢救和保护好灾区税收征管资料。各地税务机关应在保证人员生命安全的前提下，积极开展对灾区纳税人各类税收征管资料的抢救、清理，并尽快转移到安全区域妥善保管。对于计算机内储存的征管数据和资料，要按照税务总局有关规定，明确数据备份的岗位职责和人员安排，及时进行数据备份和验证；相关备份介质，应存放于安全地点，确保存储资料介质万无一失。

二、对于纳税人因地震而损毁、丢失的发票（含增值税专用发票和普通发票）、税票（含各种完税凭证）、税务登记证和发票领购簿等，凡纳税人提出申请的，各地税务机关应及时记录、核销或备案（如是增值税专用发票，还要将有关信息录入增值税失控发票快速反应机制系统），并按规定向社会公告。主管税务机关可根据纳税人申请，按规定补发税务登记证和发票领购簿，并及时做好发票供应工作。

三、各地要认真清点税务机关库存的空白增值税专用发票、普通发票和各种完税凭证，凡遭损毁的，应及时予以核销（包括增值税专用发票电子数据）并备案。

四、各地税务机关要采取措施，在完成人员、财产抢救工作后，积极开展税收征管秩序恢复工作，为当地抗震救灾工作做出积极贡献。

二〇〇八年五月十五日

中央纪委、监察部、民政部、财政部、审计署关于加强对抗震救灾资金物资监管的通知

（中纪发〔2008〕12号）

各省、自治区、直辖市纪委、监察厅（局）、民政厅（局）、财政厅（局）、审计厅（局）：

2008年5月12日四川汶川大地震发生后，党中央、国务院和中央军委高度重视，把抗震救灾作为当前最重要最紧迫的工作，实施了坚强领导，确保了抗震救灾工作有力有序有效进行。中央和地方财政拨付了大量专项资金，全国各族人民、港澳同胞、台湾同胞、海外侨胞以及国际社会慷慨捐助，为抗震救灾提供了强大的物质保障。目前，大量救灾资金和物资集中调拨四川等受灾地区，加强对这些款物的监管，对确保灾民救助和群众基本生活，尽快恢复生产、重建家园，推动抗震救灾工作顺利进行至关重要。现就有关事项通知如下：

一、建立健全抗震救灾资金和物资管理的规章制度。重点要制定和执行筹集、分配、拨付、发放、使用等管理办法，做到手续完备、专账管理、专人负责、专户存储、账目清楚，促进救灾款物管理严格规范、运行简捷有效，堵塞管理使用过程中的各种漏洞，保证救灾款物真正用于灾区、用于受灾群众。

二、确保救灾款物合理使用和规范募集。财政部门要按照财政专项资金管理使用办法的规定，合理安排，科学调度，强化监督，确保抢险救灾、灾后重建等专项资金及时足额拨付到位。当前尤其要严格执行中央规定的因灾生活困难群众补助金、救济粮、孤儿孤老孤残人员基本生活费和遇难人员抚慰金的发放政策，配合有关部门做到落实到位、手续完备、账款相符。各地区、各部门要坚持专款专用、重点使用、合理分配的原则，保证救灾款物用于解决灾民的衣食住医等生活困难，紧急抢救、转移和安置灾民，恢复重建灾民倒塌损坏房屋，恢复生产、重建家园，以及捐赠人指定的与救灾直接相关的项目等。民政部门要组织和协调好救灾捐赠活动，引导社会各界按照正规渠道，向民政部门、红十字会、中华慈善总会及具有救灾宗旨的公募基金会和慈善组织捐赠款物。要加强对其他机关、企业事业单位、社会团体、城乡基层群众性自治组织捐赠和募捐活动的指导和监督，督促其公开名称、地址、银行账号以及接受捐赠情况，并将全部捐赠款物及时通过上述可开展救灾募捐的部门和社会组织送往灾区，保证捐赠款物的使用符合捐赠人意愿。对违反上述要求的募捐活动，要及时纠正。对非法募捐、骗取民众钱财的诈骗行为，要协同公安机关坚决予以打击。要对捐赠情况进行汇总，逐级上报。民政部要统一发布全国抗震救灾捐赠动态，通报外国政府和国际组织援助、捐赠情况。

三、提高救灾款物管理使用效益和公开透明度。各地区、各部门要严格管理，相互配合，确保救灾款物的使用效益。要按照《政府信息公开条例》等规定，建立救灾款物信息披露制度，把公开透明原则贯穿于救灾款物管理使用的全过程，主动公开救灾款物的来源、数量、种类和

去向，自觉接受社会各界和新闻媒体的监督。物资采购要按照《政府采购法》等相关规定执行，凡有条件的都要公开招标，择优选购，防止暗箱操作；救灾款物的发放，除紧急情况外，都要坚持调查摸底、民主评议、张榜公示、公开发放等程序，做到账目清楚、手续完备、群众知情满意。市县两级要重点公开救灾款物的管理、使用和分配情况；乡镇要重点公开救灾款物的发放情况。

四、强化对救灾款物的跟踪审计监督。审计机关要关口前移、提前介入，对财政和社会捐赠款物的筹集、分配、拨付、使用及效果进行全过程跟踪审计。促进建立健全救灾款物管理制度，提高救灾款物运行效率。重点查处滞拨滞留，随意分配、优亲厚友，损失浪费、弄虚作假，截留克扣、挤占挪用、贪污私分等问题。对审计中发现的违规问题，要责令有关部门和单位及时整改，坚决纠正。有关省级审计机关每周要向审计署报告救灾款物审计情况，审计署每月向社会公布阶段性审计情况。救灾工作全面结束后，向社会公告救灾款物管理使用的最终审计结果。

五、加强对救灾款物管理使用情况的纪律检查。各级纪检监察机关要加强对抗震救灾款物管理使用情况的监督检查，对贪污私分、虚报冒领、截留克扣、挤占挪用救灾款物等行为，要迅速查办，从重处理；对失职渎职、疏于管理，迟滞拨付救灾款物造成严重后果的行为或致使救灾物资严重毁损浪费的行为，要严肃追究有关人员的直接责任和领导责任。涉嫌犯罪的，要及时移送司法机关追究刑事责任。

各级纪检监察、民政、财政、审计等机关和部门，要按照“谁主管、谁负责”的原则，既分工负责，履行好各自的职责，又密切合作，及时沟通联系，相互支持配合，形成监管合力。要定期汇总分析有关情况，注意研究解决工作中遇到的问题，重要情况要及时向同级党委、政府和上级机关报告。要通过扎实有效的监管工作，保证救灾款物都用于受灾群众，发挥最大效益，以回应社会各界对抗震救灾款物管理使用情况的关切，给群众交一本明白账、放心账，更好地体现党和政府对受灾群众的亲切关怀，进一步增强党和政府的凝聚力、公信力，为夺取抗震救灾全面胜利做出应有的贡献。

二〇〇八年五月二十日

发展改革委、粮食局、财政部、中国农业发展银行关于下达第一批中央储备粮抗震救灾计划的通知

（国粮调〔2008〕111号）

中国储备粮管理总公司，四川、重庆、云南、陕西、甘肃等省（市）发展改革委、粮食局、财政厅，农发行四川、重庆、云南、陕西、甘肃等省（市）分行：

根据2008年5月17日国务院抗震救灾总指挥部的会议精神，现下达第一批38.4万吨中央储备粮或国家临时存储粮（原粮，简称中央储备粮，下同）用于因灾生活困难群众的口粮供应。现就有关事项通知如下：

一、总体原则。按照统一组织、分级负责、落实责任、确保供应的原则，由国家统一安排抗震救灾粮源，地方政府负责及时组织抗震救灾粮的出库、加工和调运，并免费发放给因灾无房可住、无生产资料和无收入来源的困难群众。抗震救灾粮源由国家按照就地就近的要求，从现有中央储备粮库存中无偿划拨给地方。

二、供应数量及品种。地震灾区口粮供应数量，按照民政部会同有关部门提供的需救助人数、每人每天1斤救济粮（成品粮）、发放3个月的标准核定。供应品种按各地饮食习惯，国家对四川省提供约80%稻谷、20%小麦；对重庆市、云南省提供约70%稻谷、30%小麦；对甘肃、陕西省全部提供小麦。考虑到需救助人数目前尚未确定，第一批粮食暂按预计需救助人数、2个月测算，下达抗震救灾粮计划25.57万吨（成品粮），折合原粮38.4万吨（其中大米折率为65%、面粉折率为69%。含发改经贸〔2008〕1161号已下达的15万吨）。具体分省分品种计划见附件。民政部门核定的需救助人数确定后，计划不足部分再尽快下达。

三、组织方式。国家粮食局会同有关部门下达中央储备粮抗震救灾计划。中国储备粮管理总公司及有关分公司按照就地就近、高效快捷、保障有力、确保供应的要求，抓紧落实中央储备粮具体出库库点，配合地方粮食部门，及时出库。地方粮食部门在省政府统一领导下，抓紧与中储粮总公司有关分公司衔接，立即组织粮食的出库、调运和加工等，并配合民政部门及时将成品粮发放给救助对象。出库工作结束后，中储粮总公司要及时将库点安排和出库情况报国家有关部门备案。

四、财务处理。中央储备粮的库存价款由中央财政负担，由中央财政与中储粮总公司根据实际出库数量、品种和库存成本，在动用计划内据实清算，中储粮总公司及时归还农业发展银行贷款。原粮出库、调运和加工等费用由省级人民政府统一负责，原则上从原粮加工的副产品收入中抵顶。

五、统计处理。这部分中央储备粮出库后，承储库点按实际出库数量，在出库的次月报表中作“销售”统计（在备注中注明“抗震救灾粮”），并相应核减实际库存。

六、工作要求。妥善安排好地震灾区群众基本生活，确保地震灾区困难群众粮食供应，是抗震救灾工作的重要任务之一。各地各有关部门（单位）要加强领导、落实责任、密切配合、通力合作，以高度的政治责任感和使命感，切实做好救灾粮供应的各项工作，确保受灾群众有饭吃。要加强与铁路、交通部门的沟通协调，在抢险救灾物资运输高峰过后，把救灾粮作为重点物资优先安排运输，确保救灾粮能够及时发放到因灾生活困难群众手中。

附件：中央储备粮抗震救灾计划表（参见正文第32页《5月20日中央救济粮分配统计表》）

二〇〇八年五月二十日

民政部、财政部、粮食局关于对汶川地震灾区困难群众实施临时生活救助有关问题的通知

（民发〔2008〕66号）

四川、陕西、甘肃、重庆、云南省（市）民政厅、财政厅、粮食局：

为妥善解决汶川地震灾区困难群众的基本生活保障问题，根据国务院决定，对因灾生活困难的群众实施临时生活救助。现就有关问题通知如下：

一、临时生活救助包括补助金和救济粮。救助对象为因灾无房可住、无生产资料和无收入来源的困难群众。补助标准为每人每天10元补助金和1斤成品粮，补助期限三个月。

因灾造成的“三孤”（孤儿、孤老、孤残）人员补助标准为每人每月600元，受灾的原“三孤”人员补足到每人每月600元，补助期限三个月。

二、发放补助所需资金，由中央财政专项安排；救济粮由中央从中央储备原粮中无偿划拨给省级人民政府，省级人民政府统一负责原粮的出库、调运和将原粮加工成成品粮，免费提供给救助对象。

三、补助金由民政部门直接发放给救助对象，实行按月发放。救济粮的出库、调运、加工和发放由粮食部门会同民政部门办理。

四、灾区各级民政、财政、粮食部门要以高度负责的态度，克服困难，密切配合，准确把握救助政策，抓紧实施。要立即组织力量，深入灾区核查灾情，审核确定救助对象，并登记造册，张榜公布，接受群众监督，做到不漏不重。省级民政、财政部门要尽快将审核确定的分县（区）救助对象人数上报民政部、财政部。

五、灾区各级民政、财政、粮食部门要切实加强因灾生活困难群众补助金、救济粮的发放管理，专账核算，专款专用，严禁挤占挪用和虚报冒领，一旦发现违纪违规行为，要依法予以

惩处。

六、灾区各级民政、财政、粮食部门要根据本通知精神，制定本地区实施方案，及时、足额地将补助金、救济粮发放到救助对象手中。

二〇〇八年五月二十日

民政部
关于核定上报汶川大地震
受灾“三孤”人员情况的紧急通知

（民电〔2008〕56号）

四川、甘肃、陕西、重庆、云南、贵州省（市）民政厅（局）：

5月12日发生的汶川大地震造成了重大人员伤亡和巨大损失。灾害发生后，在党中央、国务院和中央军委的坚强领导下，在国务院抗震救灾总指挥部直接指挥下，灾区各级民政部门全力以赴开展抗震救灾工作，其他地区民政部门大力发扬“一方有难、八方支援”的精神，募集了大量救灾资金和物资，有力地支援了受灾地区的救灾工作。目前，抗震救灾的各项工作正处于关键时刻，灾区面临着严峻的形势和各种严重困难，群众帐篷、食品、衣被、饮用水等生活必需品的供应还十分紧张，受灾群众特别是孤儿、孤老、孤残等“三孤”人员的基本生活保障还面临着非常繁重的任务。

5月19日，中共中央政治局常委、国务院总理、国务院抗震救灾总指挥部总指挥温家宝主持召开总指挥部第10次会议，明确要求做好孤儿、孤老、孤残的救助安置工作，确保他们的基本生活，并决定3个月内，为每人每月提供600元基本生活费。会议要求民政部门抓紧核实确定“三孤”人员身份，采取就地安置和对口支援等多种形式妥善安置。

为落实党中央、国务院的部署，灾区民政部门在继续开展紧急救援的同时，要做好“三孤”人员的身份核定和人数统计工作，并汇总“三孤”人员人数、农村“五保”供养服务机构和城镇社会福利机构受损及需新建数量（样表附后）。其中“三孤”人数需统计原有“三孤”人员生存人数和因灾新增“三孤”人数。上述统计数据是继续做好“三孤”人员临时和长期救助安置工作的基础，有关地区民政部门要高度重视，务必仔细核实和汇总，确保数据真实准确，并对所报数据负责。

（样表略）

二〇〇八年五月二十日

民政部办公厅
关于做好收养灾区孤儿咨询工作的紧急通知

（民电〔2008〕80号）

各省、自治区、直辖市民政厅（局），计划单列市民政局，新疆生产建设兵团民政局：

四川汶川发生地震后，许多国内外组织和个人纷纷咨询收养灾区孤儿事宜。为解决目前各地答复口径不一致、具体操作不规范等问题，做好收养灾区孤儿咨询工作，配合抗震救灾顺利进行，现就有关问题通知如下：

一、省级民政部门要指派熟悉收养业务的同志，严格依照收养法律法规解答，同时指导本地区做好解释说明工作。

二、对要求收养灾区孤儿的，应表示感谢，并说明灾区孤儿已由当地民政部门妥善安置。因抗震抢险和紧急转移安置工作仍在进行，孤儿身份正在核实，尚不具备办理收养的条件等原因，灾区民政部门将待生产生活秩序逐步恢复后，尽早开展孤儿收养工作。

二〇〇八年五月二十日

民政部、公安部、卫生部
关于“5·12”地震受伤人员转移救治中
死亡遗体处理的通知

（民电〔2008〕89号）

四川、广东、重庆、贵州、云南、陕西、甘肃省（市）民政厅（局）、公安厅（局）、卫生厅（局）：

为做好四川汶川地震受伤人员转移救治中死亡遗体处理工作，现将有关事宜通知如下：

一、伤病员在转移救治过程中死亡的，由救治地民政部门指定当地殡仪馆统一负责遗体火化工作。殡仪馆要制订工作方案，指派专人负责，严格执行服务规范，免费提供遗体运送、冷藏、火化等服务，免费提供骨灰盒。骨灰可由亲属领回。遗体处理时要尊重死者尊严，尊重少数民族丧葬习俗，并做好亲属的安抚工作。

遗体火化后无人认领的骨灰，由救治地殡仪馆编号后暂时保存。待灾区恢复正常生产和生活秩序后，救治地公安部门和殡仪馆负责保存的遇难者相关资料、骨灰等再作移交。

二、受伤人员在医疗机构死亡的，医疗机构要依法出具《死亡医学证明书》，及时通知当地

民政部门指定的殡仪馆。对无法确认遇难者身份的，按照《公安部、民政部、卫生部关于做好“5·12”地震遇难人员遗体身份鉴别工作的通知》执行。

三、请将本通知精神尽快落实到有转移救治任务的地区和单位，并加强协调配合。

二〇〇八年五月二十三日

国家电网公司
关于全力做好灾区供电恢复工作的通知

（营销市场〔2008〕39号）

各区域电网公司、省（自治区、直辖市）电力公司：

当前，地震灾区的灾民安置和灾后重建工作正在紧张进行，灾区电网恢复重建工作任务非常艰巨，为进一步做好有关工作，提出要求如下：

一、受灾地区公司要全力保障抗灾指挥部、医院、学校、灾民安置点和临时抢险现场等供电，认真做好核工业单位、煤矿、化工企业等重要和高危客户的供电恢复工作。具备恢复条件的客户要制定抢修方案，明确恢复供电时间，抓紧施工；暂时难以恢复的客户，要通过提供应急发电设备等其他方式恢复供电；无法恢复的客户，要及时了解重建计划和进度，特事特办，加快报装接电进度。

二、各单位特别是受灾和实施有序用电措施地区的公司，要及时了解所供电辖区内救灾物资生产企业的生产用电情况，解决存在的用电困难，制定保电措施，保障救灾物资的生产和供应，坚决杜绝因实施有序用电影响救灾物资生产的情况发生。

三、应急发电设备调集单位和使用单位，要按照灾区抗灾抢险指挥部的统一安排和部署开展工作，克服困难，服从领导，听从指挥，严格执行有关安全规程，严格现场安全管理，确保人员和设备的安全。

四、各单位要进一步加强需求侧管理，认真落实公司抗震救灾和迎峰度夏期间电力需求侧管理的任务要求，受灾地区和电煤紧张地区，一定要密切跟踪天气和电煤供应变化等情况，按照可能出现的最大电力缺口细化有序用电方案并及时向政府报批，把保证有序用电的各项措施落到实处。

二〇〇八年五月二十三日

中国人民银行 关于地震灾区银行业金融机构 办理支付结算有关事宜的紧急通知

（银发〔2008〕第165号）

中国人民银行成都、西安分行，重庆营业管理部，兰州、昆明中心支行；各政策性银行、国有商业银行、股份制商业银行，中国邮政储蓄银行；中国银联股份有限公司：

为贯彻落实《中国人民银行、中国银行业监督管理委员会关于全力做好地震灾区金融服务工作的紧急通知（第1号）》（银发〔2008〕152号）的精神，按照特事特办、控制风险、简化程序、便民优惠的原则，进一步做好灾区支付结算服务工作，满足灾区居民基本生活和灾后重建需要，现将地震灾区银行业金融机构（以下简称银行）办理支付结算的有关事宜通知如下：

一、个人客户办理支付结算业务

（一）客户与银行约定凭密码支取存款，本人持有效存款凭证（包括个人银行结算账户、储蓄账户、定期储蓄存款、通知存款对应的银行卡、存折、存单，下同）和提供密码办理有关支付结算业务的，银行应按正常业务处理手续为客户及时办理。

（二）客户有效存款凭证灭失，但能够提供本人有效身份证件的，银行在核实客户身份和账户信息后，可凭客户本人签名办理密码、账户挂失，并可立即为客户设置新密码和办理存款凭证的补领手续。

（三）客户无法提供有效身份证件的，银行可区别以下情况办理累计金额不超过5000元的现金支取或转账业务：

1. 持有效存款凭证，但无法提供密码的，银行确认客户身份和核实账户信息后，可凭客户本人签名办理账户、密码挂失及存款的支取或转账。

2. 有效存款凭证灭失，但客户能够提供密码的，银行确认客户身份和核实账户信息后，可凭客户本人签名办理账户、密码挂失及存款的支取或转账。

3. 有效存款凭证灭失，且无法提供密码的，银行可采取与客户核对账户、身份和其他信息等其他方式确认客户身份和权益，并合理确定存款的支取或转账限额。

4. 银行确认客户身份的方式包括：通过公民身份信息联网核查系统核实包括客户本人照片在内的身份信息；公安部门出具身份证明文件；出具本人驾驶执照等。

（四）个人账户存款的支取或转账累计金额超过5000元的，银行应按现行支付结算管理规定办理。

二、单位客户办理支付结算业务

（一）已经恢复对外营业的银行网点，应及时恢复开办对公业务，并与单位客户主动联系，核对往来账务，确保准确无误。对尚未恢复对外营业的银行网点，可由其上级机构或临近的行内其他营业网点代理相关支付结算业务。

（二）单位客户无法提供预留银行签章的，在单位法定代表人或单位负责人出具本人签字的、要求采取应急措施并承担相应法律责任的书面声明后，银行可区别以下情况应急处理：

1. 单位预留银行签章灭失的，可凭单位的法定代表人或单位负责人的身份证件和签章办理单位银行账户存款的支取和转账。

2. 单位预留银行签章、法定代表人或单位负责人的身份证件均灭失的，银行比照对个人客户身份确认的方式，履行对法定代表人或单位负责人的身份确认手续后，凭法定代表人或单位负责人的签章办理单位银行账户存款的支取或转账。

3. 银行应督促单位存款人，尽快补齐相关证明文件，按现行规定办理预留银行签章的挂失和变更。

三、单位应急结算账户的开立和使用

（一）参加抗震救灾的军队、武警部队凭团以上单位后勤部门出具的证明、财务部门的通知、部队领导和财务人员的有效证件等证明文件之一即可开立临时存款账户，并可即时启用。救灾任务结束后，要及时撤销该账户。开户银行对所开立或撤销的临时存款账户以书面方式报人民银行当地分支机构备案。

（二）经确认受灾单位开立的单位银行结算账户在受灾地（银行）无法正常使用的，单位存款人可申请在非受灾地（银行）开立 1 个临时存款账户。单位存款人无法提供开户证明文件的，可由开户银行对其开户信息进行核实后办理，并以书面方式报人民银行当地分支机构备案。存款人原有基本存款账户启用后，该临时存款账户应及时撤销。

（三）对于基本存款账户在受灾地（银行）无法使用的，但在非受灾地（银行）有其他性质的银行结算账户的，可将其作为基本存款账户使用，开户银行将有关信息报人民银行当地分支机构备案。存款人原有基本存款账户启用后，该账户按原有性质使用。

四、银行卡机具布放与银行卡的受理

人民银行当地分支机构应主动协调当地银行和中国银联股份有限公司分公司，根据需要，布放 ATM 机，在已经恢复营业的银行网点，以及在受灾群众集中安置区域内指定的银行营业网点布放特殊 POS 机，为客户免费办理银联卡的查询和现金支取等业务；在商户布放 POS 机。特殊 POS 机的商户类型均设置为公益类商户，手续费费率设置为零。

五、对死亡和失踪者个人结算账户的处理

（一）人民银行分支机构应与当地民政部门协调，尽快向银行提供已确认死亡和失踪者名单。银行应根据当地政府有关部门提供的已确认死亡和失踪者名单，将死亡和失踪者的个人银行账户单独存储或标记，该类账户只收不付。

（二）银行应根据公证部门或人民法院的继承权证明书，积极做好死亡和失踪者财产继承人对前述银行存款的继承工作。

六、赈灾款支付系统汇划费用的减免

减免各银行通过大额支付系统办理的赈灾款项汇划费用。因系统技术设置原因，汇划费用减免采取“先收后返”的方式。届时，人民银行将通知支付系统各直接参与者汇总上报通过大额支付系统办理的赈灾款汇划支付业务量，据此返还汇划费用。

七、其他

银行可根据本通知精神制定本行的应急服务措施，对本通知未尽的其他特殊情况，可在有效确认客户合法身份和权益的前提下，制定灵活、有效措施，积极办理有关业务。

本通知自发布之日起实施。具体实施期限由人民银行省级分支机构根据辖区内实际情况确定。

请人民银行分支机构将本通知迅速转发至辖区内地方性银行业金融机构贯彻执行。执行中遇到的问题，请及时报告人民银行总行。

二〇〇八年五月二十六日

税务总局
关于增值税一般纳税人抗震救灾期间
增值税扣税凭证认证稽核有关问题的通知

（国税函〔2008〕513号）

各省、自治区、直辖市和计划单列市国家税务局、地方税务局：

四川汶川地震灾害发生后，一些地区增值税一般纳税人（含纳入增值税辅导期管理的纳税人，以下简称“纳税人”）不能按照规定期限办理增值税防伪税控系统的报税和认证，纳税人增

值税进项税额无法正常抵扣。经研究，现就有关处理办法通知如下：

一、纳税人取得的增值税专用发票（以下简称“专用发票”）经金税工程稽核为“缺联票”的，由主管税务机关通过专用发票审核检查系统进行核查。属于地震灾害造成销售方不能按期报税的，由销售方主管税务机关或其上级税务机关出具证明，购买方出具付款凭证，据以抵扣进项税额。

二、受灾地区纳税人购进货物和劳务取得专用发票、货物运输发票，未能在开票之日起 90 天内认证的，可由纳税人提出申请，经主管税务机关审核，逐级上报税务总局进行逾期认证、稽核无误的，可作为增值税扣税凭证。

三、纳税人取得货物运输发票经金税工程稽核为“缺联票”的，可比照本通知第一条规定办理；受灾地区纳税人取得进口货物海关完税凭证未能在规定期限内向税务机关申报抵扣的，可比照本通知第二条规定办理。

四、受灾地区纳税人发生专用发票（包括相应电子数据）和防伪税控专用设备损毁等有关问题的处理办法另行通知。

二○○八年五月二十六日

中国人民银行
关于印发中国人民银行支持受灾群众补助金发放实施方案的紧急通知

（银发〔2008〕第166号）

中国人民银行成都、西安分行，重庆营业管理部，昆明中心支行、兰州中心支行：

为贯彻落实国务院关于向地震灾区困难群众发放补助金的决定，确保补助金快速、准确、直接发放到受灾群众，中国人民银行制定了《中国人民银行支持受灾群众补助金发放实施方案》（以下简称《实施方案》），现印发给你们，并将有关事项通知如下：

一、中国人民银行各分支机构应积极协调当地政府主管部门及辖区内各银行业金融机构，按照《实施方案》要求认真做好受灾群众身份信息采集、补助金收款账户开立、补助金发放等各项工作。各有关单位应各司其职、各负其责，共同构建补助金发放快速通道，确保补助金准确、及时发放到受灾群众手中。

二、自文到之日起，中国人民银行各分支机构应立即组织并协调地方民政部门和财政部门启动受灾群众身份信息采集、账户开立等前期准备工作。中国人民银行将于 2008 年 6 月 2 日前发布“补助金发放信息专用工具软件”，该软件发放到位后，各地可立即实施补助金发放工作。

三、不具备按照《实施方案》采取转账方式发放补助金条件的地区，可以根据当地的实际情况采取现金方式发放补助金。中国人民银行各分支机构要会同有关部门完善内控管理制度，加强监督检查，确保补助金安全、足额发放到位。

实施中如遇到问题，请及时报告总行。

二〇〇八年五月二十八日

附件

中国人民银行支持受灾群众补助金发放实施方案

为贯彻落实国务院关于向地震灾区受灾群众发放补助金的决定，确保补助金通过中国人民银行支付系统和国库系统快速、准确、直接发放到受灾群众，拟定本实施方案。

一、总体目标

（一）根据地方政府相关部门统计的账户信息，以家庭、行政村或以地方政府救灾安置工作组为单位、通过转账方式完成补助金发放。

（二）依托中国人民银行小额支付系统、国库会计核算系统以及商业银行行内系统，实现补助金直接发放到受灾群众的快速、自动化处理。

（三）明确各相关部门的职责，优化流程，密切协作，共同构建补助金发放的快速通道。

（四）确定补助金发放总体流程，如图。

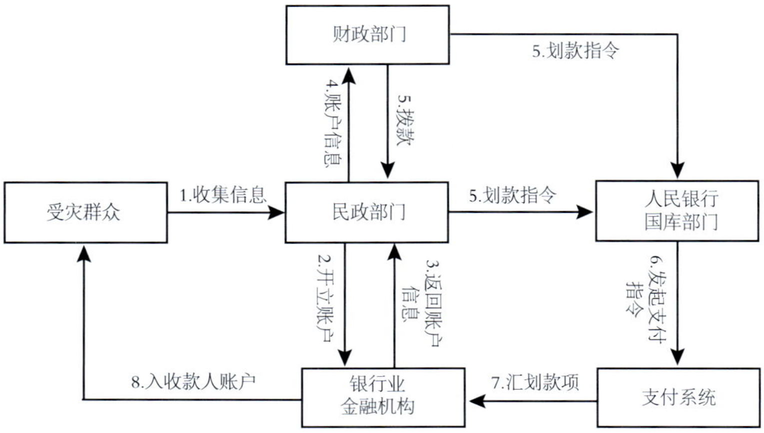

二、账户设置与信息采集

通过转账方式发放补助金应首先确定收款人账户。根据目前受灾群众的实际情况以及办理资金转账的业务要求，收款人账户的确定有两种方案：一是由民政部门选择一家商业银行为受灾群众重新开设个人卡基或存折账户；二是以行政村或受灾群众安置点为单位，以行政村或安置工作组的名义统一开设单位临时收款账户。各基层民政部门可根据本地实际情况自主选择。

（一）方案一：直接为受灾群众开设账户

基层民政部门组织受灾群众采集身份信息，并协调一家商业银行根据统计的身份信息分布开立账户。各收款人账户信息直接由开户的商业银行提供。具体操作流程如下：

1. 基层民政部门委托当地村民委员会或救灾安置工作组统计受灾群众的身份信息，包括姓名、证件类型、证件号码等内容，以此作为开立收款账户的依据。为简化操作流程，原则上只为一个家庭开设一个账户，即每个家庭指定一个收款人并为其开设实名账户，家庭所有成员的补助金均通过该账户发放。对于身份证件遗失的受灾群众，可补办临时身份证后再开立账户。

2. 民政部门协调当地一家商业银行，不同市、县、乡镇可选择不同的商业银行，根据统计信息为受灾群众分别开立账户。为便于补助金及时发放和支取，开户的商业银行应具备以下条件：接入小额支付系统，营业点较多并在受灾地区已经恢复营业。对于国库业务由商业银行代理的地区，应优先选择在该商业银行开户。中国人民银行分支机构支付结算部门应协助当地民政部门确定符合条件的开户银行。

3. 账户开立后，开户银行将收款人账户信息（包括账号、户名、本行小额支付系统行号及清算行行号等）连同银行卡（或存折）送交民政部门，由民政部门或委托当地村民委员会、救灾安置工作组统一将银行卡（或存折）交给受灾群众。

4. 每次发放补助金时，基层民政部门在收款人账户信息（Excel 电子文件）中填报补助金发放金额信息后，逐级报送至划款国库部门所在地的民政部门，由其汇总后向国库提交划款指令或交财政部门向国库提交划款指令。

该方案涉及大量的身份信息采集，考虑部分受灾群众的身份证件可能遗失、补办临时身份证需要一定时间等现实情况，民政部门可按受灾群众申报信息，经当地公安部门审核后交商业银行开立临时账户，日后再对账户进行实名制检查。

（二）方案二：统一使用行政村或救灾安置工作组开设的临时账户

基层民政部门组织受灾群众，以行政村或救灾安置工作组的名义统一开设单位临时存款账户，代理受灾群众接收补助金额款项，并由行政村或工作组直接向受灾群众发放使用。收款账户信息直接由开户的商业银行提供。具体操作流程如下：

1. 基层民政部门负责统计受灾群众的数量和身份信息，并以行政村或安置点为单位进行归集。

2. 民政部门协调当地一家商业银行，为各救灾安置工作组分别开立单位临时存款账户。该账户仅用于补助金的发放与支取，其开户依据为民政部门出具的函件，补助金停止发放后应立即销户。为便于补助金及时发放，开户的商业银行应接入小额支付系统并在受灾地区已经恢复营业。对于国库业务由商业银行代理的地区，应优先选择在该商业银行开户。中国人民银行分支机构支付结算部门应协助当地民政部门确定符合条件的开户银行，并做好账户开设的业务支持。

3. 账户开立后，开户银行将收款单位账户信息（包括账号、户名、本行小额支付系统行号及清算行行号等）送交民政部门，基层民政部门汇总并补充补助金发放金额信息后，逐级报送至划款国库部门所在地的民政部门，由其汇总后向国库提交划款指令或交财政部门向国库提交划款指令。

三、补助金发放

补助金发放分为民政或财政部门向国库部门提交划款指令、国库部门通过支付系统向受灾群众账户直接划账二个阶段。具体流程为：

（一）每次发放补助金时，财政部门根据民政部门提交的补助金发放信息（Excel 电子文件），通过中国人民银行提供的“补助金发放信息专用工具软件”（以下简称“专用工具”）制作支付指令并加编密押，生成磁介质文件后送交国库部门。

（二）国库部门收妥后，直接导入国库会计核算系统（以下简称“TBS”）进行解密处理和格式检查；检查无误后，按规定格式组成小额支付系统批量付款指令，将补助金款项实时汇划至各指定收款人。业务处理成功后，国库部门负责人将付款结果反馈民政部门或财政部门。为便于 TBS 及收款银行准确区分补助金发放业务，国库部门应在 TBS 中为补助金发放业务单独设定小额支付系统业务种类标识“90—救灾补助款”，各收款银行也应在行内系统进行相应设置。

四、补助金支取

补助金款项汇划至收款人账户后，持银行卡的受灾群众可通过 ATM 机或中国银联股份有限公司布放的特殊 POS 机取款，可以直接在商户 POS 机上消费，也可到商业银行网点柜台办理取款；持银行存折的受灾群众应通过商业银行网点办理取款。救灾安置工作组按照中国人民银行关于临时存款账户的管理规定办理取款。各银行业金融机构应积极支持，尽量保障受灾群众的取款需求；技术业务条件许可的银行机构应满足客户的跨行取款需求；未支取的款项按活期存款计息。

五、业务差错处理

（一）TBS 处理磁介质文件失败的处理

国库部门收到财政部门提交的划款指令磁介质文件后，导入 TBS 出现解密错误或格式检查失败的，将原磁介质文件退回财政部门，财政部门查明原因并更正信息后重新送交国库部门处理。

（二）国库部门发起支付指令失败的处理

因收款银行行号非法等原因导致国库部门无法正常发起小额支付指令的，国库部门应于当日内告知财政部门，待财政部门查明原因并更正信息后重新送交国库部门处理。

（三）商业银行入账失败的处理

因收款人账户名不符等原因导致商业银行无法办理补助金入账手续的，商业银行应立即向国库部门进行查询，国库部门接收查询信息后应立即检查收款人账户信息。若支付指令发送错误，应立即办理查复；若支付指令发送无误，国库部门应在当日至迟次日内告知财政部门，待财政部门查明原因并更正信息后重新办理。

六、补助金发放相关业务收费

中国人民银行对通过支付系统办理的补助金发放一律不收取费用；对于受灾群众通过商业银行网点跨地区或跨行支取补助金款项的，各银行机构一律不得收取手续费；对于受灾群众使用ATM机和特殊POS机（包括行内及跨行业务）支取补助金款项的，中国银联股份有限公司及各银行机构不得收取手续费。

七、各部门工作职责及要求

为切实做好补助金发放工作，中国人民银行及各有关单位、部门应各司其职、协调配合，确保补助金及时、准确发放到位。

（一）中国人民银行相关部门职责

支付结算负责牵头组织拟订实施方案，并负责组织实施。中国人民银行各分支机构支付结算部门负责协调商业银行为受灾群众集中开立补助金收款账户，并做好账户管理的业务支持工作；对于开户银行未加入支付系统的，应协调已经加入支付系统的商业银行做好业务代理工作。

国库局负责拟订国库部门补助金发放业务的总体方案及处理流程，并与中央政府主管部门协调相关事宜，负责拟订专用工具业务需求并组织业务测试；中国人民银行各级国库部门负责拟订当地国库部门补助金发放的具体方案及处理流程，协调当地政府主管部门做好账户信息采集等相关事宜，依据财政（或民政）部门提供的划款指令，通过TBS和小额支付系统将补助款项及时划到指定收款账户，并负责管理专用工具密钥。

科技司负责确定国库部门与财政部门磁介质信息传输的安全方案，组织专用工具软件发放，并提供技术支持。

金电公司负责在规定时间内完成专用工具软件开发，并提供技术支持。

（二）政府主管部门职责

民政部门负责收集统计受灾群众的身份信息和账户信息采集，协调商业银行开立补助金收款账户，并向财政部门报送补助金发放电子信息。

财政部门负责依据民政部门提供的补助金发放电子信息制作支付指令，并提交中国人民银行国库部门。

（三）商业银行职责

负责配合当地政府主管部门为受灾群众开立补助金收款账户，并准确提供账号、户名、本行小额支付系统行号及清算行行号等账户信息；收到补助金款项后应立即按国库部门的支付指令自动划入指定收款人账户，对异常业务应及时查询；及时完成行内业务系统计费设置，免费办理补助金款项的发放及支取工作；尽快恢复灾区营业网点正常营业，在受灾群众较为集中的地区增设ATM设备。

（四）中国银联股份有限公司职责

负责在受灾群众集中安置区域内制定银行营业网点布放特殊POS机，在商户布放POS机，协助商业银行布放ATM机；加强对灾区原有机具设备的管理维护，为受灾群众提供提现、购物便利。

八、实施计划

（一）2008年5月26日前，中国人民银行国库局完成专用工具业务需求拟订。

（二）6月2日前，金电公司完成专用工具软件开发，专用工具定版并投入使用。

（三）6月2日前，民政部门完成受灾群众账户开立及信息收集，并提交财政部门。

（四）6月3日起，国库系统通过小额支付系统直接向灾区群众发放补助金。

中国地震局
关于开展地震灾区过渡安置房
建设用地安全评价工作的通知

（中震函〔2008〕147号）

国土资源部、环境保护部、住房和城乡建设部：

根据国务院领导指示精神，为做好受灾群众过渡安置房建设用地安全评价工作，我局会同国土资源部、环境保护部、住房和城乡建设部于5月26日上午共同召开会议，研究制定了《地震灾区过渡安置房建设用地安全评价工作方案》（见附件），现将方案印送给你们，请你们按照方案开展相关工作。

附件：地震灾区过渡安置房建设用地安全评价工作方案

二〇〇八年五月二十八日

附件

地震灾区过渡安置房
建设用地安全评价工作方案

根据国务院领导指示精神，为做好受灾群众过渡安置房建设用地安全评价工作，中国地震局会同国土资源部、环境保护部、住房和城乡建设部共同研究，制定本方案。

一、任务

1. 解决受灾群众过渡安置房建设用地安全评价工作的组织、协调、指导和监督。

2. 做好建设用地地震、地质、环境等影响的评价工作，帮助地方选好址。

二、组织

（一）成立协调工作组，负责过渡安置房建设用地安全评价工作的组织、协调、指导和监督。

组长：卢寿德（中国地震局震害防御司司长）

成员：陈小宁（国土资源部地质环境司副巡视员）、赵维钧（环境保护部环评司副司长）、付殿起（住房和城乡建设部城乡规划司处长）

下设办公室，负责协调工作组日常工作，为协调工作组开展工作提供服务，办公室设在中国地震局。

（二）成立专家组，负责制定过渡安置房建设用地安全评价工作的技术要点和工作程序，指导过渡安置房建设用地安全评价工作的技术工作。

下设地震组、地质组、环境组，按分工负责开展相关领域工作。

三、分工

1. 地震灾害影响的评价和指导：由中国地震局负责。

2. 地质灾害影响的评价和指导：由国土资源部负责。

3. 环境影响的评价和指导：由环境保护部负责。

4. 建设用地的信息提供：由住房和城乡建设部负责。

四、工作方式

统一安排，分别实施，及时沟通，协调一致。遇重大问题及时沟通或召开会议解决。具体工作方式各部门自定。

五、信息汇总

协调工作组成员单位每日 12：00 前将当天的工作进展数据和累计进展数据，以传真和电子邮件形式报协调工作组办公室，协调工作组办公室汇总后上报指挥部，并及时送成员单位。

六、与地方的关系

地方是开展受灾群众过渡安置房建设用地安全评价工作的主体，协调工作组和专家组负责指导和监督。各部门每天应与四川省对口部门沟通、了解情况，做好指导和服务工作。

中国地震局
关于印发汶川地震灾区活动板房
建设用地地震安全评价工作方案的通知

（中震函〔2008〕148号）

四川省、甘肃省、北京市、福建省、安徽省、江苏省、广东省、天津市、云南省、重庆市、山西省、陕西省、河南省地震局，中国地震灾害防御中心、中国地震局地球物理研究所、中国地震局地质研究所：

根据国务院抗震救灾工作的部署和要求，为规范汶川地震灾区活动板房建设用地地震安全评价工作，保障灾区群众临时住房的地震安全，我局制定了《汶川地震灾区活动板房建设用地地震安全评价工作方案》，现印发给你们，请遵照执行。在执行过程中有何问题，请与我局震害防御司联系。

二〇〇八年五月二十八日

附件

汶川地震灾区活动板房建设用地
地震安全评价工作方案

为加强对地震灾区活动板房建设用地地震安全评价工作的指导，保障灾区人民的生命财产安全，参照国家标准 GB 17741-2005《工程场地地震安全性评价》等，制定本方案。

一、总体目标

在收集、整理和分析已有资料的基础上，通过现场考察，评价活动板房建设用地地震安全性，为活动板房安装、建设等提供相关依据，保障灾区群众临时住房的地震安全。

二、工作体系和职责分工

活动板房建设用地地震安全评价工作由中国地震局、灾区省地震局和市地震局共同组织实施。中国地震局负责指导、协调灾区活动板房建设用地地震安全评价工作；灾区省地震局负责本省活动板房建设用地地震安全评价工作的组织协调；活动板房安置地的市（州）地震局负责具体组织实施本地区活动板房建设用地地震安全评价工作和评价结果的审查。

活动板房建设用地地震安全评价工作设专家组和工作组。专家组负责制定工作要点，为评价工作提供技术指导，协调解决工作中遇到的具体技术问题，指导各工作组开展工作；工作组协助活动板房安置地市（州）地震局开展包括现场考察、给出评价结果等具体技术工作。

专家组组长由陈国星（中国地震灾害防御中心研究员）担任，成员有俞言祥（中国地震局地球物理研究所研究员）、周本刚（中国地震局地质研究所研究员）、周荣军（四川省地震局）。

工作组成员由负责对口援建的省（区、市）地震局指派获得地震安全性评价工程师资格证书的技术人员组成。第一期，阿坝工作组由北京、福建各派 1 名技术人员组成；雅安工作组由安徽派 2 名技术人员组成；绵阳工作组由江苏、广东各派 1 名技术人员组成；德阳工作组由天津、云南各派 1 名技术人员组成；成都工作组由重庆、山西各派 1 名技术人员组成；广元工作组由陕西、河南各派 1 名技术人员组成。（第二期、第三期工作组组成待具体援建方案确定后另行组建）

三、工作内容和要求

在收集、分析已有的地震地质、地震活动和工程钻探等资料的基础上，现场调查汶川 8 级地震对建设用地造成的影响烈度，地表破裂和砂土液化的情况，判定建设用地的场地类型及未来发生砂土液化的可能性，判定建设用地是否在汶川大地震地表破裂带通过或影响的范围内，利用汶川地震后所获得的新资料、新认识，判定强余震的发震断层，预测强余震的空间分布和震级，用确定性方法通过地震动衰减关系，计算给出未来 2 ～ 3 年活动板房建设用地可能遭遇的地震影响强度。

四、工作流程

各工作组赴活动板房安置地实地考察，填写活动板房建设用地地震安全评价工作登记表（格式见附件），经安评工程师和安置地市（州）地震局局长签字后提交建设方使用，同时上报省地震局，省地震局每日汇总本省活动板房建设用地地震安全评价工作情况，报中国地震局备案。

（附件略）

民政部、住房城乡建设部关于四川汶川大地震灾民临时住所安排工作指导意见

（民电〔2008〕97号）

四川省民政厅、建设厅：

为妥善安置受灾群众，切实做好活动板房、帐篷和篷布房分配使用工作，根据5月27日国务院抗震救灾总指挥部第14次会议精神，提出以下指导意见。

一、多渠道解决。解决受灾群众临时住所，要采取多种方式、措施。要在搭建帐篷、活动板房和篷布房的同时，发动群众，依靠群众，自救互助，利用安全的公共设施，投亲靠友，利用现有材料，制定鼓励政策，动员群众自建简易过渡住房，妥善安置受灾群众。

二、制定分配原则。灾民临时住所的建设和分配要区别情况，因地制宜，宜篷则篷，宜房则房。活动板房分配要研究确定优先和重点安排的对象，避免因分配问题引发矛盾。

三、规范发放使用。发放活动板房、帐篷和篷布，要遵循调查摸底、分类排队、登记造册、民主评议、公开发放的程序，要公示各类临时住所的来源、数量、发放原则、发放对象，接受群众监督，做到公正、公开、公平。

四、保证住所安全。临时住所要根据就地和异地安置的不同情况，注意分散安置和集中安置相结合。搭建临时住所要科学合理选址，避开地震活动断层和可能发生水灾、山体滑坡、泥石流、地面塌陷等灾害的区域，尽可能利用废弃、空旷地，少占或不占农田。

五、明确工作责任。要在当地政府统一领导下，民政部门负责帐篷和篷布的采购和供应，做好活动板房、帐篷和篷布的分配方案，依靠基层组织做好分配工作。建设部门负责活动板房的选址、建设和供应工作。

请你省依据本意见，进一步细化、实化，制定灾民临时住所安排使用的具体办法。

二〇〇八年五月三十日

住房城乡建设部
关于地震灾区过渡安置房（活动板房）建设有关问题的通知

（建办办电〔2008〕52号）

各省、自治区建设厅，直辖市建委，青岛、宁波、大连市建委，深圳、厦门市建设局，山东、江苏省建管局，新疆生产建设兵团建设局：

根据地震灾区过渡安置房建设的情况，现就有关问题通知如下：

一、过渡安置房建设应遵循因地制宜、节约土地和资源、节省成本的原则。

二、住房和城乡建设部印发的《地震灾区过渡安置房建设技术导则》是指导性的。各援建省（区、市）要与受援建的省密切合作，在保证质量安全，防震、防火、防风、防雨、防寒，满足基本使用功能前提下灵活执行《导则》。对于无法提供规模用地的山区，在听取地方意见后，可适当缩小建设点规模，受援建省与援建省（区、市）协商确定；根据当地实际情况，可采用单层双拼、联排、背靠背等多种形式，也可以建两层；每个居民点应考虑建一定比例的15平方米左右的小户型，供人口少的家庭使用。15平方米/套至20平方米/套都符合要求。

三、建设点的选址、场地平整应从实际出发。过渡安置房的选址要注意防泥石流、防洪涝等，尽可能利用废弃、空旷地。选址与布局要结合当地实际情况，采用灵活、多样的方式，由援建省（区、市）和受援建省共同做好工作。

四、国家质检总局将于近期组织对过渡安置房材料的质量进行专项检查。请各有关省（区、市）建设部门配合做好这项工作。

五、过渡安置房的建设，由于量大、面广、时间紧、各建设点条件不同，请各受援建省与援建省（区、市）加强协调配合，做好衔接工作。

六、各援建省（区、市）对过渡安置房的建设不要攀比，套型、面积等指标要从实际情况出发，只要符合国家要求即可。请各受援建省与援建省（区、市）齐心协力，按期、保质、保量完成过渡安置房建设任务。

二〇〇八年五月三十日

民政部办公厅
关于开展帐篷生产情况和抗震救灾款物
管理使用情况自查工作的紧急通知

（民电〔2008〕98号）

各省、自治区、直辖市民政厅（局），新疆生产建设兵团民政局：

为贯彻落实党中央、国务院关于加快解决灾区临时住所和做好抗震救灾资金物资管理使用工作的决策部署，根据《国务院办公厅关于对帐篷活动板房生产情况和抗震救灾资金物资管理使用情况进行督促检查的通知》（国办发明电〔2008〕29号），各省（自治区、直辖市）民政部门要对帐篷生产和保障情况、抗震救灾资金物资管理使用情况进行一次全面自查。现将有关事项通知如下：

一、自查内容和重点

（一）帐篷生产情况。重点自查生产帐篷原材料、配件供应和价格情况。

1. 帐篷生产企业任务进度和质量情况；

2. 帐篷生产企业原材料、配件采购和价格情况；

3. 地方政府督促和支持企业生产情况；

4. 有关省级人民政府采取价格干预措施的情况。

（二）抗震救灾资金和物资管理使用情况。重点自查救灾款物使用方向、采购物资的价格、监督机制。

1. 财政救灾资金和物资使用情况。

（1）救灾资金安排，已拨付的数量、用途、使用范围及到位情况；

（2）救灾资金分配、拨付、使用等制度制定和执行情况；

（3）因灾生活困难群众补助金、救济粮落实情况和“三孤”人员基本生活落实情况；

（4）救灾物资采购情况，包括采购种类、数量、方式、定价机制等；

（5）救灾款物管理使用中的困难和采取的措施。

2. 救灾捐赠款物使用情况。

（1）接受捐赠的渠道、数量，转赠、拨付情况；

（2）捐赠款物使用范围、主要流向及监督情况；

（3）用捐款购买物资的程序，采购种类、数量、价格和采购方式，采购物资去向；

（4）救灾捐赠管理使用中的困难和措施。

二、自查安排

各省（自治区、直辖市）民政部门要根据自查内容迅速进行自查。

（一）请于6月2日17时前，将帐篷生产任务分解情况、生产进度和各项保障措施（包括组织保障、配套资金等）落实情况、存在的问题和困难以及有关建议，报民政部救灾救济司。

（二）请于6月2日17时前，将执行救灾款物管理使用规定、建立救灾款物管理使用监督机制的情况、救灾款物管理使用存在的问题、遇到的困难，以及采取的应急措施、长远打算和建议，报民政部救灾救济司。

民政部将对部分省（自治区、直辖市）帐篷生产情况、保障措施落实情况进行抽查。具体安排另行通知。

二○○八年五月三十一日

民政部
关于印发汶川地震抗震救灾
生活类物资分配办法的通知

（民发〔2008〕74号）

各省、自治区、直辖市民政厅（局），新疆生产建设兵团民政局：

为了加强对各级人民政府安排和社会各界捐赠的汶川地震抗震救灾生活类物资管理，规范分配、发放和使用，提高使用效益，民政部制定了《汶川地震抗震救灾生活类物资分配办法》，现印发给你们，请遵照执行。

二○○八年六月一日

附件

汶川地震抗震救灾生活类物资分配办法

第一条　为了加强对各级人民政府安排和社会各界捐赠的汶川地震抗震救灾生活类物资管理，规范分配、发放和使用，提高使用效益，根据《国家自然灾害救助应急预案》（国办函

〔2005〕34号），国务院办公厅《关于加强汶川地震抗震救灾捐赠款物管理使用的通知》（国办发〔2008〕39号），民政部、财政部《中央级救灾储备物资管理办法》（民发〔2002〕193号），民政部《救灾捐赠管理办法》，制定本办法。

第二条　汶川地震抗震救灾生活类物资是指在抗震救灾中为保障群众基本生活，直接发放给受灾群众或者直接用于受灾群众的生活类物资。

第三条　抗震救灾生活类物资应当根据受灾区域大小、受灾程度、人口密度、灾区群众需求进行分配，保证重点，确保及时、快捷、高效、公开、公平、公正发放。

第四条　抗震救灾生活类物资分配要建立责任制度，必须做到手续完备，专账管理，专人负责，账物相符。

第五条　严禁物资发放中的优亲厚友、性别歧视、年龄歧视和孤残歧视行为，在保障需求的同时，避免浪费。

第六条　民政部会同有关部门，根据灾区政府提出调拨抗震救灾生活类物资的需求，商财政部启动政府紧急采购程序，采购急需物资，并快速调拨。

灾区政府根据抗震救灾工作中的物资需求，负责协调、组织、采购、调运、分配抗震救灾生活类物资。

第七条　定向捐赠的物资，由接收单位按照捐赠者意愿安排使用。为充分发挥物资使用效益，在捐赠物资过于集中某一地区或某一品种的情况下，接收捐赠单位经捐赠人书面同意后，按有关规定调剂分配。

第八条　各有关部门、社会组织依法根据抗震救灾工作的统一规划和灾区需要，在当地政府的统筹安排下，参照本办法，依据相关法律法规及政策规定，自行安排使用接收的捐赠物资，同时报民政部门备案。

第九条　灾区各级政府应当设立抗震救灾生活类物资调配中心，负责统一管理、调配、组织发放抗震救灾生活类物资。抗震救灾生活类物资发放点应当设置明显标识，将发放情况定期向社会公布，便于管理和监督。

第十条　抗震救灾生活类物资调配中心对抗震救灾生活类物资的接收和发放应当建立严格的工作制度。对发放的各类物资，应当区分种类、数量和发放地区，登记造册，分阶段对物资进行清理和统计，做到账物相符。灾区乡镇政府必须严格执行收发制度，实行收发“实名制”，物资收发单以及存档记录应当由负责人签字。

第十一条　抗震救灾生活类物资调配中心在接收抗震救灾生活类物资时，应当安排专人负责对所接收的物资进行登记和清点入库，并填写入库单；抗震救灾生活类物资出库时，必须由物资管理负责人员填写出库单，并核实抗震救灾生活类物资的种类和数量，保证记录数据进出一致。

第十二条　灾区农业、卫生、质检、药监等部门在当地政府的统一领导下，应当按照各自职责，对拟出库发放的抗震救灾生活类物资进行质量检验检疫和卫生监督，尤其要确保食品、饮用水、药品等在保质期内使用。

第十三条　遇到紧急情况时，抗震救灾生活类物资的分配可以特事特办，抗震救灾生活类物资调配中心负责人经请示上级主管领导同意后，可先发放物资，后补办手续。

第十四条　灾区政府在灾民集中安置点统一设立抗震救灾生活类物资发放点，负责抗震救灾生活类物资的具体发放工作，并公示负责人名单和联系方式。

物资发放点要吸收受灾群众推选的代表参与生活类物资的发放和管理工作。群众代表要积极协助发放管理工作，及时反映抗震救灾生活类物资发放工作中出现的问题，及时提出意见建议，重大问题由当地政府予以协调和解决。

第十五条　灾区地方各级政府应当向受灾群众公布抗震救灾生活类物资数量和分配方法。属于灾害专项救助的，要公布救助标准、享受救助条件等。

第十六条　抗震救灾生活类物资发放结果要定期向社会公示，接受群众监督。

第十七条　灾区各级政府应当公布抗震救灾生活类物资发放举报电话，并及时反馈举报处理结果。

第十八条　违反本办法规定，玩忽职守、贻误工作的，对有关责任人员依法给予处分；涉嫌犯罪的，移送司法机关依法处理。

第十九条　本办法由民政部负责解释。灾区各级政府可根据本地实际，制订实施细则。

第二十条　本办法自公布之日起施行。

民政部
关于印发汶川地震抗震救灾
资金物资管理使用信息公开办法的通知

（民发〔2008〕75号）

各省、自治区、直辖市民政厅（局），新疆生产建设兵团民政局：

为了进一步加强对汶川地震抗震救灾资金和物资的管理使用，保障相关信息的公开、透明，加强社会监督，提高抗震救灾资金物资的使用效益，民政部制定了《汶川地震抗震救灾资金物资管理使用信息公开办法》，现印发给你们，请遵照执行。

二〇〇八年六月一日

附件

汶川地震抗震救灾资金物资
管理使用信息公开办法

第一条　为了进一步加强对汶川地震抗震救灾资金和物资的管理使用，保障相关信息的公开、透明，加强社会监督，提高抗震救灾资金物资的使用效益，根据《中华人民共和国公益事业捐赠法》《中华人民共和国政府信息公开条例》、国务院办公厅《关于加强汶川地震抗震救灾捐赠款物管理使用的通知》（国办发〔2008〕39号）和民政部《救灾捐赠管理办法》等有关规定，制定本办法。

第二条　本办法所称抗震救灾资金物资，是指汶川地震抗震救灾工作中用于保障受灾群众基本生活的中央和地方政府投入的救灾资金物资、社会捐赠资金物资。

第三条　公开抗震救灾资金物资的管理和使用信息，应当坚持真实全面、及时快捷、方便群众、有利监督的原则。

第四条　应当公开抗震救灾资金和物资管理使用信息的主体包括：

（一）地方各级政府及其相关部门；

（二）各级红十字会、慈善会等具有救灾宗旨的公募基金会；

（三）经民政部门批准开展募捐活动的其他公募基金会；

（四）向以上部门和单位移交接收捐赠的其他社会组织。

第五条　民政部负责对中央各有关部门、地方各级民政部门、红十字会总会、中华慈善总会等具有救灾宗旨的公募基金会、其他经民政部批准开展募捐活动的公募基金会接收的救灾捐赠资金物资的汇总统计，报国务院抗震救灾总指挥部统一发布。

第六条　地方各级人民政府及其相关部门应当主动向社会公开以下事项：

（一）上级政府拨付的抗震救灾资金数额、分配情况；

（二）本级政府安排的抗震救灾资金数额、分配情况；

（三）接收抗震救灾捐赠资金的来源、数额，分配去向、用途、数额；

（四）接收抗震救灾捐赠物资的来源、数额，分配去向、用途、数额；

（五）其他需要公开的事项。

第七条　各接收部门和单位应当主动向社会公开以下事项：

（一）接收抗震救灾捐赠资金的来源、数额，分配去向、用途、数量及使用结果；

（二）接收抗震救灾捐赠物资的来源、数额，分配去向、用途、数额；

（三）发放资金、物资的流程；

（四）其他需要公开的事项。

第八条　灾区乡（镇）人民政府、村民委员会和城市居民委员会负责公开以下事项：

（一）受灾群众的救助条件；

（二）受灾群众的救助标准；

（三）救助对象名单；

（四）上级拨付、发放的抗震救灾资金数额、物资的来源、种类和数额；

（五）其他需要公开的事项。

第九条　捐赠人事先声明不公开身份信息的，应当尊重捐赠人意见。

第十条　公开的方式应当根据本地实际情况确定，主要形式有：

（一）政府公报、政府网站、新闻发布会公开；

（二）村务公开栏公开；

（三）政务公开栏公开；

（四）报刊、广播、电视公开；

（五）其他有效方式公开。

第十一条　抗震救灾资金、物资的管理使用情况要定期公开，重要事项应当随时公开。

第十二条　乡（镇）人民政府、村民委员会和城市居民委员会发放抗震救灾款物应当逐次公开。

第十三条　情况紧急的，按照边转移、边安置、边发放的原则，先行发放救灾资金物资，灾情稳定后再按照规定公开抗震救灾资金和物资的发放、分配情况。

第十四条　民政、监察、财政、审计等部门加强对抗震救灾资金和物资管理、使用公开工作的监督检查。

第十五条　接收部门和单位应当安排专人负责做好捐赠人和社会对抗震救灾捐赠款物发放管理和使用情况询问的答复工作，主动接受审计、监察等部门、社会各界和新闻媒体的监督。

第十六条　在信息公开中不认真履行职责，弄虚作假，欺骗群众，造成严重社会影响和后果的，对有关责任人员依法给予处分；涉嫌犯罪的，移送司法机关依法处理。

第十七条　本办法由民政部负责解释。

第十八条　本办法自公布之日起施行。

住房城乡建设部
关于地震灾区过渡安置房（活动板房）
建设有关问题的补充通知

（建办办电〔2008〕56号）

各省、自治区建设厅，北京、天津、上海、重庆市建委，青岛、宁波、大连市建委，深圳、厦门市建设局，山东、江苏省建管局，新疆生产建设兵团建设局：

6月2日下午，住房城乡建设部召开了进一步部署地震灾区过渡安置房建设工作电视电话会议，对过渡安置房建设过程中的有关事项提出了明确要求，请各地住房和城乡建设主管部门立即将本通知要求传达到所有与过渡安置房建设有关的规划、勘测、设计与施工单位以及在四川省的现场一线工作人员，明确要求，落实责任，加快速度，保证质量。

一、关于规划选址问题

规划选址是保证地震灾区过渡安置房建设的首要环节。当地政府应根据实际情况，在摸清底数的基础上，加快选址，抓紧落实建设地点，按安装进度及时提供一批符合施工条件的场地，保证过渡安置房的正常安装。四川省建设厅要加大对灾区政府的协调力度，及时把各市州的进展情况和存在问题向省委、省政府报告。过渡安置房的选址要尽可能地利用废弃、空旷地，不占用农田，如果占用少量农田的，施工方法及材料选用要考虑将来复耕的要求。同时，选址要符合安全、防火、防震、防雷击、防泥石流、防洪涝等要求，防止地质次生灾害的发生。

二、关于场地平整职责问题

地震灾区许多场地情况较差，平整难度较大，需耗费大量垫层材料，场地平整滞后将对工程进度产生很大影响。一些援建省市为了早日开工建设，主动承担了大量场地平整工作。这里进一步明确，场地平整工作由受援地区负责的规定没有改变，这样有利于发挥地方优势，就地取材，充分利用地方资源，降低建设成本。对于材料已到建设点，援建省市正在进行场地平整工作的，受援地区要积极主动会同援建省市共同开展场地平整工作。受灾地区确有困难的，四川省应统筹省内力量特别是非灾区的力量，给予对口支持。

三、关于场地建设规模问题

四川省受灾地区山地较多，情况复杂，在确定场地建设规模时，一定要从实际出发，在综合考虑可利用的场地数量、受灾人数、建设成本和社会管理等诸多因素的基础上合理确定，能相对集中的相对集中，需要分散的适当分散，建设点安排最终建成规模应由受援地区和援建省市共同研究，协商确定。同时应满足防灾、防疫等安全要求。

对于分散的建设点，是否采取援建省市给予技术指导，受援地区自己提供场地组织安装的做法，由双方主管部门商定，但是一定要满足质量和安全要求。四川省市县地方住房城乡建设行政部门要切实承担起责任，规模较小的建设点的配套工作原则上由受援地负责。

四、关于学校等公共设施优先建设问题

地震给当地学校造成了破坏，严重影响了灾区中小学正常教学。各受灾地区可以调整现有过渡安置房的援建结构，在现有分配任务的总量中优先建设一批学校等公共设施，以满足应急所需。这类建设工作可以折算为原分配的过渡安置房的套数，即可以减少住房的套数，并且冲抵受援地区的建设任务总量。我部将以套数和总的建筑面积对援建任务进行考核。

为保证学校等援建工作的尽快开展，各受灾市州必须在6月8日前，明确需要建设的学校、幼儿园等公共建筑的位置、面积等，以便于落实。同时拟优先建设的学校、幼儿园等的建筑场地必须具备马上开工的条件，不能马上开工的，要列出具体时间计划，以便统一安排进度。这类建筑的场地选址必须满足安全的要求。由于建设的板材规模已定，关于过渡安置房一期建设中的学

校、幼儿园建设问题，受援地区可与援建省市协商确定。

五、关于《导则》执行问题

住房城乡建设部颁布的《地震灾区过渡安置房建设技术导则》（试行）的目的是指导过渡安置房建设工作，仅是一个指导性文件，不是技术标准，也不是验收标准。

过渡安置房建设应从实际情况出发，因地制宜，以安全为前提，尽量节约土地和资源，节省成本，坚持可持续发展的原则。援建单位要与当地有关部门密切配合，在保障安全和基本使用功能的前提下，灵活执行《导则》。

六、关于建筑布局和形式问题

过渡安置房的建筑布局要结合当地实际情况，采用灵活、多样的方式，合理布局。在建筑形式上，可根据当地的实际情况，采用单层双拼、联排、背靠背等多种形式。为保证通风的要求，背靠背形式可有一米左右的间距。两排板房的建设间距，可以将 4 米调整为 3 米，另以每三四排为一组团，组团之间设立消防通道。此外，在保证安全的前提下，鼓励建两层。每个建设点应考虑建设一定比例的 15 平方米左右的小户型，供人口少的家庭使用。

七、关于基础与地坪问题

在保证房屋安全的前提下，基础和地坪可按照经济节约和施工方便的原则，采用多种形式，保证墙体与基础可靠连接，并注意基础的排水问题。如在需要复耕的土地上建造过渡安置房的室内地坪，应考虑将来复耕问题。可结合当地情况，因地制宜、就地取材，进行简易处理，如回填含水率适宜的泥土进行碾压平整，也可采用粗砂铺设红砖、三合土地坪等做法。尽量少用混凝土基础和垫层。如采用混凝土地坪，其厚度不要过大，符合过渡安置房使用需要即可，可以用 C15 砼。连续浇筑的混凝土地坪应设置伸缩缝，避免室内地面出现不规则的混凝土缩裂。

八、关于消防和防火问题

过渡安置房要注意消防和防火。各组团之间一定要留出消防通道，满足消防要求。厨房的墙体和屋面要采取一定的防火措施，必要时应单独设置。另外，在现场施工中，墙体、屋面材料的堆放和保管也要注意防火。彩钢板房内严禁使用明火。

九、关于供水、排水及垃圾处理问题

四川地区雨水较多，建设场地要采取有组织排水，设置专门的排水沟，防止地表水倒灌。

援建省市和受援地区在过渡安置房建设和供水、污水排放、垃圾处理及公共卫生间等配套设施建设中，应按各自职责，相互协调，同步进行。卫生间布置宜相对集中，以减少污染源，对此各地可灵活掌握。

十、关于水电配套职责问题

过渡安置房的水电配套工程的职责分工是：过渡安置房组团内的水电安装原则上由援建省市负责，过渡安置房组团外的所有水电配套工程均由受援地区负责。

十一、关于室内设施配套问题

本次过渡安置房的建设任务是保证通电、通水（到公用厨房）、通风和防火、防震、防雨等基本条件，满足过渡安置房的基本居住要求。因此，过渡安置房外的其他设施配备不包括在过渡安置房的援建任务范围之内。

十二、关于验收标准和验收方法问题

为便于建设单位、施工单位和监管部门对工程建设过程中有关质量标准的把握，四川省建设厅要于 6 月 8 日前制定过渡安置房项目验收办法，报住房和城乡建设部同意后印发，尽早让援建省市和质检部门参照执行。受援省建设厅要组织力量加强建设过程中的质量管理，并在过渡安置房安装完成后，立即组织验收，发现问题立即整改，确保过渡安置房及时交付使用。

十三、关于当地建材价格和质量问题

受援地区各级政府应加强对当地建材价格和质量的监管与控制。一要采取多种措施坚决打击乱涨价的行为，减轻援建省市的负担，保证援建资金有效地用于过渡安置房建设。二要加强对建材的质量抽检，保证产品合格，确保过渡安置房建设工程的质量。

十四、关于各方加强对建设过程的监管问题

受援地区和援建省市要不断完善对口工作机制，密切配合，分工负责，落实责任。援建省市要认真研究制定“三包”（包生产、包运输、包安装）、“三保”（保质量、保数量、保进度）的各项措施，落实工程进度计划和材料设备调配计划，加强现场工程质量管理，对过渡安置房建设实行全过程跟踪管理。受援地区的责任是“三好”（选好址、配好套、管好用）、“三快”（快接收、快分配、快使用），尤其要精心编制并组织实施选点、平整场地和配套建设水、电、路、消防等基础设施的工作方案，加强督促和协调，为援建省市工作提供保障条件。地方水、电、路配套建

设务必要跟上去，不能影响过渡安置房的交付使用。同时，受援地区和援建省市要同步进行过渡安置房建设中的质量监督、检查，共同努力保证过渡安置房尽早交付使用。

十五、关于建设质量和合理工期问题

目前，各地建设部门十分重视工程质量，建设质量是好的。各地要始终如一抓好工程质量，坚持全过程管理，特别是在建设高峰期更要重视质量，不仅要保证用户安全，还要保证使用年限。同时，各援建省市要坚持实事求是的原则，不要盲目攀比。

这次过渡安置房的建设任务重，时间紧，也给生产和运输环节带来了很大压力，各援建省市和受援地区一定要科学调度，合理制定工期，既要确保工期，又要防止层层加码，盲目压缩工期，加剧生产和运输的困难，造成工程质量隐患。

我部将定期对各援建省市的过渡安置房进度情况以及各灾区规划选址和场地平整的提供情况进行通报，接受社会监督。希望各受灾地区和各援建省市建设主管部门齐心协力，精心组织，密切配合，相互协调，共同做好过渡安置房的建设工作，为夺取抗震救灾的全面胜利做出更大贡献。

二〇〇八年六月二日

民政部
关于印发关于汶川大地震四川省
“三孤”人员救助安置的意见的通知

（民发〔2008〕77号）

四川省民政厅：

根据温家宝总理的批示精神，我部与四川省人民政府共同研究制定了《关于汶川大地震四川省“三孤”人员救助安置的意见》，并已征得国家发展改革委、教育部、财政部同意，现印发给你们，请遵照执行。要抓紧对暂时无家人认领的儿童、老年人、残疾人进行身份确认，并及时将其与其他受灾群众分离，予以妥善安置。同时尽快研究制定“三孤”人员安置规划，并组织实施。我部将继续协助做好安置规划的制定和组织实施工作。如四川省内临时安置“三孤”人员有困难，请尽快报告，我部将协调妥善安置。

二〇〇八年六月三日

附件

关于汶川大地震四川省“三孤”人员救助安置的意见

四川汶川大地震造成的孤儿、孤老和孤残人员（即无生活来源、无劳动能力、无法定扶养人的儿童、老年人、残疾人，以下简称“三孤”人员），是受灾群众中最困难的群体，要坚持“政府主导、多方参与，就近为主、异地为辅”的原则，对他们予以妥善安置，给予特别关爱。经与四川省人民政府共同研究，并征得国家发展改革委、教育部、财政部同意，对“三孤”人员救助安置工作，提出以下意见：

一、孤儿的安置

坚持“一切为了孩子”的原则，通过采取临时安置与长期安置相结合的办法，保障孤儿的生活、学习和身心健康。

（一）临时安置

对于暂时无人认领的儿童，要尽量尽快将其与其他受灾群众分开，一方面尽快帮助他们查找父母和亲属，一方面尽快把他们妥善安置到四川省内条件较好的福利机构和公办学校，暂时集中养育或在学校寄宿。四川省内安置有困难的，由民政部协调安置。

（二）长期安置

待孤儿身份确认后，采取以下办法安置：

1. 亲属监护。坚持亲属优先的原则，孤儿首先满足有监护能力亲属监护抚养的意愿，依法履行监护职责。孤儿亲属有监护意愿，但生活困难、抚养能力不足的，应当给予必要的生活保障，确保孤儿尽可能在熟悉的家庭环境成长。

2. 家庭收养。坚持依法进行收养，尽早对符合条件的孤儿依法开展家庭收养。遇难学生家庭中有收养地震孤儿意愿的，可优先安排。收养年满十周岁以上孤儿的，应当征得孤儿本人的同意。为保障孤儿生活、学习，促进其健康成长，收养人除具备法定条件外，还应具备一定的与收养孤儿有关的心理、教育、交流等方面的能力；收养残疾孤儿的，应具备有关的康复知识。

3. 家庭寄养。对于无法被家庭收养的孤儿，要通过家庭寄养为孤儿提供家庭化的照料模式。当地民政部门要按照民政部《家庭寄养管理暂行办法》的要求，选择有爱心、有条件、有能力的家庭开展家庭寄养，并切实加强对寄养家庭的监督、指导和服务。

4. 类家庭养育。招募社会上符合条件的爱心家庭，通过建立集中或者分散的家庭式设施养育孤儿。每个家庭为 3 ~ 5 名孤儿提供养育服务，使孤儿能够在家庭环境中健康成长。

5. 集中供养。要充分利用四川省内灾区和其他地市条件较好的儿童福利机构妥善安置孤儿。要根据灾后孤儿的身心特点，精心照料，使孤儿在亲情化的环境中生活，促进其身心健康发展。

6. 学校寄宿。对目前在中小学就读的孤儿，要根据他们的意愿，尽可能使其在原学校或国内其他条件较好的学校完成学业。学校要为他们提供住宿服务，负责生活照顾。

7. 社会助养。社会上爱心人士可以通过资助、提供志愿服务等形式，定向或者不定向、定期或者不定期地为一名或者多名孤儿提供生活、教育、医疗、康复等方面的资金保障或服务。被助养的可以是在福利院生活的孤儿，也可以是已经被收养、寄养的孤儿、在类家庭养育的孤儿以及在学校寄宿的孤儿。

（三）具体要求

1. 保护儿童权利。孤儿安置工作要坚持儿童权利优先的原则，充分尊重孤儿的意愿。对可以被亲属收养、抚养、寄养的孤儿，要尽可能维系其已有的亲缘和地缘关系；对确实不能在当地安置的孤儿，选择临近城市安置；对省外安置的孤儿，选择大中城市条件较好的福利机构或家庭安置。孤儿是少数民族的，要尊重他们的宗教传统和风俗习惯。

2. 开展残疾孤儿医疗康复。对残疾孤儿，要及时进行治疗和康复。凡是具有手术适应症的，全部纳入民政部“残疾孤儿手术康复明天计划”实施手术矫治和康复；需要安装假肢、矫形器等康复器具的，由民政部门负责及时装配。

3. 保障孤儿学习。要采取一切办法，保障孤儿接受良好教育的权利，完成义务教育。对不能到学校就读的残疾孤儿由本行政区域内学校提供送教上门服务；对考上普通高中和高等学校的孤儿，落实国家各项资助政策，提供各种帮助，以支持其完成学业；愿意接受中等职业教育的孤儿，都能免费进入中等职业学校学习，接受良好的职业教育。

4. 做好孤儿成年后的住房和就业工作。要按照民政部等 15 部门《关于加强孤儿救助工作的意见》（民发〔2006〕52 号）精神，采取更加有力的措施，着眼长远，切实解决他们成年后的住房和就业等方面的问题，使他们的生活、劳动就业得到较好保障。

二、孤老和孤残人员的安置

采取临时安置与长期安置相结合的办法，坚持集中供养与分散扶养相结合，保障孤老、孤残人员的基本生活和身心健康。

（一）临时安置

充分挖掘利用四川省内现有福利机构，并采取其他有效途径，临时安置孤老、孤残人员和暂时找不到家人的老人、残疾人。四川省内安置有困难的，由民政部协调经济发达省份在其大中城市福利机构妥善安置。根据孤残人员急需医疗康复的状况，可建立对口支援机制，安排部分孤残人员实施异地医疗康复。已疏散到省外医疗机构的，由接收地政府负责医疗康复。

（二）长期安置

待孤老、孤残人员身份确认后，采取以下办法安置：

1. 机构照料。按照就地就近安置的原则，利用现有和新建的福利机构进行安置。福利机构应努力营造和睦的大家庭氛围，发挥在设施、人员、技术等方面的优势，为孤老、孤残人员提供专业化照料、规范化护理和亲情化服务。

2. 居家照料。对选择在自己住所生活的孤老、孤残人员，要采用政府购买服务等方式，依托现有福利设施或社会中介组织，无偿为他们提供生活照料、康复护理、家政服务、精神慰藉等项服务。

3. 亲属照料。鼓励有能力的亲属对孤老、孤残人员开展亲属赡养，要征得孤老、孤残人员的同意，签订赡养协议，明确权利义务，保障他们的合法权益。要探索研究制度性的措施，对赡养老人的亲属给予资金支持、物质帮助和表彰奖励，帮助他们解决赡养中遇到的实际困难和问题。

4. 社区照料。要充分发挥“星光老年之家”、托老所、日间照料中心、老年人、残疾人康复中心等社区服务设施的作用，配置设施设备，完善强化其服务功能，为孤老、孤残人员提供日托、康复、护理、助餐等照料服务，丰富他们的文体生活。

（三）具体要求

1. 动员社会力量。要引导社会力量对孤老、孤残人员的社会扶养和社会捐助，充分利用新闻媒体，大力弘扬中华民族敬老、助残的优良传统，鼓励和吸引企业、高收入人群、知名人士等社会力量为孤老、孤残人员以资金和物资的扶助，努力提高社会力量扶养孤老、孤残人员和捐资的积极性，尤其是鼓励社会力量捐资设立基金或定向资助孤老、孤残人员的生活。

2. 开展医疗康复。要做好孤老、孤残人员医疗康复工作，尤其对肢体残疾的孤残人员和有需求的孤老，根据他们的残疾状况和实际需要，通过政府出资和社会捐助的方式，为他们装配康复器具，帮助他们解决医疗、康复问题，使他们尽可能恢复生活自理和劳动能力。

3. 促进社会融入。要引导孤老、孤残人员积极参与社会活动，帮助他们适应新的环境和生活。机构、社区和亲属要经常组织或帮助孤老、孤残人员进行必要的情感交流和社会交往，不定期为其开展送温暖、送欢乐活动，消除他们的心理障碍，照顾他们的特殊需要。提倡社会爱心人士对孤老、孤残人员开展“一对一”的帮扶活动，帮助孤老、孤残人员建立新的社会联系，满足他们的社会参与意愿。

三、保障措施

“三孤”人员救助安置工作时间紧、任务重、难度大，当地政府要高度重视，加强领导；民政部门要积极主动，发挥参谋助手作用；有关部门要协调配合，分工负责，切实把“三孤”人员救助安置工作落到实处。救助安置经费应以政府投入为主，通过社会力量捐助等多种途径筹措，并强化审计和社会监督，切实管好用好各类资金，为各项救助安置政策和措施提供保障。

（一）筹措城乡福利设施建设资金。福利设施建设资金，要纳入灾后重建规划，并通过灾后恢复重建资金、专项建设资金、救灾捐赠资金、福利彩票公益金、社会力量资助等多种方式筹集。采取必要的优惠政策，大力动员企业、基金会等对“三孤”人员进行定向的临时性或长期性资助。对于捐赠人定向捐赠建设的福利设施，可以设置显著的资助标识或冠名。

（二）保障日常费用。“三孤”人员生活费、福利机构管理经费、寄养家庭费用等，通过地方政府财政预算安排、社会捐助等多渠道筹资，使“三孤”人员的生活水平不低于当地群众的平均生活水平。中央按现行政策规定对“三孤”人员生活费给予一定补助。各级财政按照规定安排补助资金，帮助“三孤”人员参加新型农村合作医疗、城镇居民基本医疗保险制度，并实施医疗救助，保障其基本医疗需求。

（三）建立社会福利服务网络体系。在灾后重建中，要根据孤儿、孤老和孤残人员的特点，统筹规划福利设施建设，合理设计福利机构模式、种类和布局，形成省、市、县（区）、乡（镇、街道）分层次、广覆盖的福利机构网络。

（四）开展心理抚慰和疏导工作。针对孤儿、孤老、孤残人员心理状况，动员社会各方面力量，组织专业人员和志愿者队伍，积极开展心理抚慰和辅导，医治心理创伤，帮助孤残人员走出心理阴影，促进他们的身心健康。

税务总局
关于四川省遭受地震灾害地区
出口货物退（免）税有关问题的通知

（国税函〔2008〕555号）

四川省国家税务局：

为缓解地震灾害对你省受灾地区出口货物退（免）税工作带来的不利影响，帮助灾区出口企业尽快恢复生产经营，现将受灾地区出口货物退（免）税有关问题通知如下：

一、对受灾地区出口企业在2008年1月1日至2008年6月30日期间（以出口货物报关单〈出口退税专用〉上注明的出口日期为准）出口的货物，企业申报出口货物退（免）税期限及申请开具代理出口货物证明的期限延长至2008年12月31日。

对受灾地区在2008年1月1日至2008年6月30日期间（以增值税专用发票上注明的开票日期为准）的中标机电产品或外商投资企业采购国产设备等视同出口货物，企业申报出口货物退（免）税期限延长至2008年12月31日。

二、对受灾地区出口企业申报、办理出口货物退（免）税的纸质单证、资料因地震灾害导致损毁、灭失的，应分别按照以下情况处理：

（一）对企业尚未申报出口货物退（免）税的纸质单证、资料损毁、灭失的，企业应按有关规定及时补办。对确实无法补办相关单证的，由企业提出书面申请，经主管税务机关核准后，企业可按本通知第一条规定的期限申报出口货物退（免）税，主管税务机关依据相关单证电子信息审核办理出口货物退（免）税。

（二）对税务机关已受理企业申报尚未办理出口货物退（免）税的，因地震灾害造成纸质单证、资料损毁、灭失的，税务机关可依据相关单证电子信息的审核结果办理出口货物退（免）税。

（三）对受灾地区出口企业已办理了出口货物退（免）税的纸质单证、报表等档案资料损毁、灭失的，主管税务机关应对纸质单证、资料的损毁、灭失数量和涉及的已退（免）税款等情况及时进行清理、统计，并报四川省国家税务局备案。

（四）对企业出口货物备案单证等资料在地震灾害中损毁、灭失的，由企业提交书面申请，经主管税务机关核准后，出口企业可不再补办备案单证，但应将备案单证的损毁、灭失情况的书面材料报主管税务机关备案。

三、对于地震之前发生出口业务2年以上且3年内未发生偷税、骗税违法行为的受灾地区出口企业，由出口企业提出书面申请并经四川省国家税务局批准，出口企业申报出口货物退（免）税时可暂不提供纸质单证，主管税务机关可依据相关单证电子信息审核办理出口货物退（免）税；出口企业应在2008年12月31日前补齐相关纸质单证，逾期未补齐单证的一律追回已退（免）税款；对于出口货物退（免）税纸质单证、资料损毁、灭失的，仍按照本通知第二条规定执行。

本通知所指受灾地区，由四川省国家税务局根据本省实际受灾情况确定。

二○○八年六月四日

税务总局、财政部
关于地震灾区补发税务登记证问题的通知

（国税发〔2008〕67号）

湖北、重庆、四川、云南、陕西、甘肃、青海省（市）国家税务局、地方税务局、财政厅（局）：

为帮助地震灾区纳税人尽快恢复生产经营，切实减轻纳税人经济负担，经研究，现就地震灾区纳税人补办税务登记证的问题通知如下：

纳税人因地震而损毁、丢失税务登记证的，主管税务机关应根据纳税人的申请，及时予以补发。对纳税人申请补发的税务登记证，一律免收税务登记证工本费。

二○○八年六月六日

国家电网公司
关于加强灾区临时居住设施供用电安全管理的通知

（营销营业〔2008〕42号）

四川、陕西、甘肃省电力公司：

目前抗震救灾工作已进入灾后安置和恢复重建阶段，按照党中央、国务院的统一部署，主要受灾地区正在大规模地加紧建设集中临时安置点，以妥善解决受灾群众的过渡安置问题。公司对受灾群众临时居住设施供用电安全工作高度重视，提出要做到供电设施与临时居住设施建设同步推进，临时居住设施供电可靠、用电安全。为此，特提出以下要求，请贯彻执行。

一、充分认识做好灾区临时居住设施供用电安全管理工作的重要意义

确保临时居住设施尽快通电和安全用电，为灾区群众临时居住和基本生活提供条件，是落实党中央、国务院关于灾后群众安置和恢复重建要求的重要措施，也是公司当前抗震救灾恢复重建阶段的重要工作和义不容辞的社会责任。各有关单位必须提高认识，加强组织领导，落实责任，统筹资源调配，在继续做好受损电力设施抢修恢复工作的同时，千方百计、全力以赴做好临时居住设施供用电安全服务工作，为圆满完成抗震救灾任务做出贡献。

二、集中资源，简化流程，满足临时居住设施用电需求

各级供电企业应主动与当地政府安置点建设管理部门联系，了解掌握临时居住设施的建设计划、建设规模、用电需求，研究提出接入系统方案。在接到地方政府有关部门的安置点用电需求后，实行专人负责、特事特办，提供快速便捷的业扩报装服务，加快外电源工程建设进度，确保工程建设期间的人身、设备和电网安全，确保工程建设周期满足临时安置点用电需求。

三、切实加强供用电安全管理，确保不发生人身伤亡次生事故

1. 严格按照有关规程标准开展检查验收。对临时安置点的供用电设施，按照建设部《地震灾区过渡安置房建设技术导则》（试行）、国家电气装置安装工程施工及验收技术规范进行检查验收，验收重点要求：各类电气保护装置应齐备并设置三级漏电保护装置；变压器台架安装高度及接地措施应符合安全规范要求；各类安全警示标志应齐备；各类高低压配电箱柜必须防雨、门锁

完好；电缆孔、洞应进行防火封堵。对验收中发现的安全隐患，必须整改通过复验后才能接电，杜绝带病投运。

2. 迅速组织开展用电安全检查。对已经投运的临时居住点，组织用电检查力量，坚持开展每周两次现场安全用电服务，解疑答问，排查消除用电安全隐患，特别是对存在的私拉乱接、超容用电等违章用电，在政府的支持下坚决制止，维护临时居住区的供用电秩序；加强剩余电流保护装置的运行维护工作，坚持定期试跳测试并做好记录，确保不发生人身触电伤亡事故。

3. 加强对安置点群众的用电安全宣传。各有关公司统一印制用电安全宣传资料，在临时居住安置点广泛发放和张贴，普及用电常识，提高安置点群众和相关人员安全用电意识。

4. 做好临时安置点供电设施防雷工作。制订供电防雷预案，加强对供配电设施防雷设备的检查，对避雷针、避雷器、接地电阻开展实地监测，充实防雷物资的储备，最大限度消除防雷安全隐患。

四、强化供电抢修管理，加快事故状态下的应急响应速度

要保证 95598 客服电话的畅通，抽调精干力量组成抢修突击队，配齐配足各类备品备件和抢修物资，充分考虑防汛、防雷等要求，结合临时居住设施、地震灾区道路交通等特殊性，合理布局抢修网点，有效缩短服务半径，制订应对措施和方案，提高供电抢修车的配置水平，提高事故抢修和应急的快速反应能力。

二〇〇八年六月八日

民政部办公厅
关于印发四川汶川地震紧急采购规定的通知

（民办发〔2008〕8号）

各司局、全国老龄办，直属事业单位：

现将《四川汶川地震紧急采购规定》印发给你们，请遵照执行。

二〇〇八年六月十一日

附件

四川汶川地震紧急采购规定

为了保障四川汶川地震紧急采购工作顺利进行，确保采购资金的安全和使用效益，根据《中华人民共和国政府采购法》《中华人民共和国突发事件应对法》和《财政部关于加强汶川地震救灾采购管理的紧急通知》(财库〔2008〕43号)，制定本规定：

一、紧急采购项目在保证采购货物、工程和服务质量的前提下，救灾救济司在财务和机关事务司的主持、驻部监察局的监督下，可以以合理的价格向一个或多个供应商直接购买。

二、紧急采购期间，救灾救济司应当有专人负责采购活动，并落实采购人员工作岗位责任制。采购人员应当严格遵守国家有关法律法规，恪尽职守，廉洁奉公，认真做好采购工作。每个采购项目应当由两名以上采购人员组织实施。采购人员及供应商必须在发票等购买凭据上背书签字。

三、救灾救济司应当对所采购的货物、工程和服务进行查收，办理查收和交接手续，确保其种类和数量准确无误。

四、所采购货物、工程和服务的种类和数量出现问题的，应当由采购人员承担相应责任。所采购货物、工程和服务的质量出现问题的，应当追究供应商相应责任；涉及采购人员的，依法从严追究责任。

五、紧急采购活动完成后，采购项目的品种、数量、单价等应当在财政部门指定的政府采购信息披露媒体或其他媒体上公布，接受社会监督。

六、救灾救济司、财务和机关事务司应当加强救灾采购项目采购文件和凭据的管理，特别是要保存好紧急采购项目的有关采购文件或凭据，并对采购情况进行统计汇总，以备财政、审计、监察等部门检查。

七、驻部监察局建立紧急采购举报登记处理制度，依法开展有关处理并将处理情况向有关当事人作出答复；发现采购人员有严重违法违纪行为应及时移交纪检监察或司法机关处理。

八、部机关其他司局、直属事业单位如涉及汶川地震紧急采购，也照此办理。

住房城乡建设部
关于加强地震灾区过渡安置房
雷电防护的通知

（建办办电〔2008〕61号）

各省、自治区建设厅，直辖市建委，青岛、宁波、大连市建委，深圳、厦门市建设局，山东、江苏省建管局，新疆生产建设兵团建设局：

根据国务院《汶川地震灾后恢复重建条例》，为加强地震灾区过渡安置房防雷工作，现通知如下：

一、地震灾区连片建设的过渡安置房，应当采取雷电防护措施，保障过渡安置房的使用安全。

二、过渡安置房的防雷措施，四川地震灾区应按照四川省气象局和质量技术监督局联合颁发的《地震过渡安置房防雷技术规范〈试行〉》的有关要求执行；甘肃和陕西建设主管部门应主动配合本省有关主管部门尽快出台相应的技术规范并抓好贯彻执行。

三、地震灾区连片建设的过渡安置房，应当根据过渡安置房建设区的具体情况，结合规范要求，因地制宜地划分防雷保护区域，以防雷保护区域作为具体的防护单元，并以防护单元为基础采取相应的防雷措施。防直击雷宜采用独立避雷针。

二〇〇八年六月十一日

住房城乡建设部
关于地震灾区过渡安置房（活动板房）
建设的指导意见

（建科电〔2008〕66号）

各省、自治区建设厅，直辖市建委，青岛、宁波、大连市建委，深圳、厦门市建设局，山东、江苏省建管局，新疆生产建设兵团建设局：

在党中央、国务院的坚强领导和各援建省（区、市）及受援地政府的共同努力下，经过广大工程建设者的艰苦劳动，地震灾区过渡安置房建设进展良好，截至本月16日，已安装完毕16.8万套，在解决灾区群众临时居住方面发挥了重要作用。为认真贯彻落实国务院《汶川地震灾后恢复重建条例》以及我部办公厅52号、56号和64号明电精神，按照“因地制宜，以需定产，调整结构”的原则，继续深入做好过渡安置房建设工作，经请示国务院领导同意，现就有关问题提出以下指导意见：

一、以需定产，按期完成板房建设任务

（一）明确板房供应对象。过渡安置房主要用于安置因房屋倒塌和损毁严重失去住所的建制镇以上的城镇居民；受灾严重需整体搬迁、异地安置的受灾群众；用于地震灾区学校、医院、社会福利等公共服务设施临时用房。

（二）根据需求确定数量。受援地区要全面调查和掌握过渡安置房需求，并根据实际需求由援建省市与受援地协商确定具体数量和结构，合理安排建设计划；针对调整中出现的遗留问题，请相关援建省市做好沟通衔接工作。在满足并不超过当地实际需求的前提下，可以协商调剂任务量。同时，要根据建设计划及时调整订货及生产进度，既要保证受灾群众安置需要，又要切实避免浪费现象发生。

（三）做好两期衔接工作。根据实际情况，我部已经对原第一批的第一期和第二期建设计划做了调整（包括地点、结构和数量，见我部64号明电）。为此，在第一期过渡安置房建设后期，援建省市与受援地要充分协商做好衔接工作，合理安排过渡安置房材料订购、生产、运输、规划选址及建设安装等方面的工作。对于已经开工建设但尚未完全建成的过渡安置点，原则上由第一期援建省市继续完成。

二、调整结构，优先建设公共服务设施

（四）优先建设公共设施。各援建省市要认真贯彻落实我部56号和64号明电精神，根据实际情况，与受援地充分协商，在第一期未完的建设任务和第二期建设任务中，优先建设学校、医院、社会福利等公共服务设施临时用房。

（五）安置需求属地管理。地震地区的受灾单位无论隶属中央还是地方，其所需过渡安置房均需按照属地化原则，纳入统一下达的建设计划，由所在受灾地区统筹安排和分配。

三、因地制宜，坚持节约集约建设原则

（六）合理规划建设布局。过渡安置房建设要与灾后重建的永久性房屋建设加强衔接，从实际出发，综合考虑受灾人数、可用场地、建设成本和社会管理等方面因素，相对集中、适当分散建筑布局。

（七）节约利用建筑用地。要少占或不占耕地，最大程度发挥土地利用效率。在施工方法及材料选用上，要充分考虑将来复耕要求，结合当地情况，因地制宜，就地取材，如采用铺设红

砖、三合土地坪等简易处理，尽量少用混凝土基础和垫层。

（八）提高资源使用效率。在过渡安置房规划设计时，要尽可能推广使用节能、节地、节水、节材和环境友好的过渡安置房结构和材料体系，鼓励对灾后建筑垃圾进行资源化利用。

四、强化管理，确保及时验收交付使用

（九）确保板房质量安全。要加强过渡安置房选址安全工作，选址要符合防火、防震、防雷击、防泥石流、防洪涝等安全要求，避开易燃、易爆危险源。加强现场工程质量管理，确保板房建设质量。做好消防、防火工作，各组团之间要按照消防要求，设置消防通道。厨房墙体和屋面要采取一定防火措施，必要时应单独设置。连片建设的过渡安置房，应因地制宜划分防雷保护区域，采取相应的防雷措施。

（十）根据从简原则验收。受援省建设主管部门要在确保质量安全的前提下，根据过渡安置房属临时用房的特殊性，按照从简的原则与援建省市共同组织验收，确保过渡安置房及时交付使用。

（十一）加强使用回收管理。过渡安置房交付使用后，要定期对房屋进行检查。禁止损坏房屋、设施、设备及其他危及房屋安全的行为。不得随意进行拆除，确需拆除的，应报经所在地人民政府批准。安置期结束后，要加强回收利用。基本无损坏的，可作为救灾物资进行储备。损坏较小的，可通过市场出售回收部分成本，已严重损坏不能继续使用的物资，要核查登记后进行资源再利用。

二〇〇八年六月十八日

财政部
关于进一步做好抗震救灾资金监管工作的通知

（财监〔2008〕29号）

四川、陕西、甘肃、重庆、云南省（市）财政厅（局），财政部驻四川、陕西、甘肃、重庆、云南省（市）财政监察专员办事处：

四川汶川地震发生后，财政部驻相关地方财政监察专员办事处（以下简称“专员办”）和地方各级财政部门在当地党委政府的领导下，积极发挥财政职能作用，全力支持和保障抗震救灾工作顺利进行。目前，抗震救灾工作取得重大阶段性胜利，工作重点已从前期的全力抢救被困人员转向受灾群众安置和灾后恢复重建。做好恢复重建的各项工作，需要几年的时间，对抗震救灾资金物资的监管也将是一项较为长期的任务。为了加强资金监管，提高资金使用效益，现就进一步做好抗震救灾资金物资监管工作提出以下要求：

一、相互配合，形成监管合力

专员办和财政厅（局）应按照中央抗震救灾资金物资监督检查领导小组总体工作部署，充分发挥财政监管职责，在财政部和省抗震救灾资金物资监督检查领导小组的领导下，与纪检、监察、民政、审计等部门建立协调配合的监管机制，合理分工，明确职责，形成合力，共同做好抗震救灾资金物资监管工作。

二、强化财政监督，提高资金使用效益

专员办和财政厅（局）要进一步加强对抗震救灾相关政策落实情况和资金管理使用情况的监督检查，督促抗震救灾资金有关政策及规章制度落到实处，确保抗震救灾资金不出问题、少出问题，发挥抗震救灾资金效益。要高度关注抗震救灾资金政策的执行情况，注意发现和反映制度执行中不规范、政策不完善的问题，督促和指导有关地区和部门特别是基层单位，从实际出发制定具体管理办法。要强化财政监督检查，对抗震救灾资金管理使用及政策执行中存在的违法违规问题，一经发现，依法严肃处理。

三、开展调查研究，完善信息沟通

专员办和财政厅（局）要积极主动开展调研，收集相关基础数据信息，及时反映当地有关部门在抗震救灾资金物资监管、灾后重建等方面的情况、经验、做法等，加强与财政部及省抗震救灾领导机构、纪委、监察、审计、民政等部门的信息交流。对完善制度机制、加强监管以及灾后重建的政策性意见和建议，要及时上报财政部。

二〇〇八年六月十九日

住房城乡建设部
关于切实做好地震灾区过渡安置房
防火防雷工作的通知

（建办科电〔2008〕69号）

各省、自治区建设厅，直辖市建委，青岛、宁波、大连市建委，深圳、厦门市建设局，山东、江苏省建管局，新疆生产建设兵团建设局：

为切实做好地震灾区过渡安置房建设中的防火、防雷工作，现通知如下：

一、严格执行相关标准，把住生产关。请援建省市相关部门加强生产过程的全过程质量监督，加强对过渡安置房材料和产品的防火性能检查，从生产源头严格把关，对未达到防火性能要求的，应责令生产企业立即整改；情节严重的，应依法追究责任。

二、加强现场监管，把住建造安装关。第一，严格执行质量监督、巡查抽查和工程验收制度。第二，请各援建省市建设主管部门依据我部《关于加强地震灾区过渡安置房（活动板房）防火工作的通知》（建办科函〔2008〕357号）、《关于加强地震灾区过渡安置房雷电防护的通知》（建办办电〔2008〕61号）的相关规定，对过渡安置房进行现场检查。检查重点：一是屋顶是否采用双面彩钢夹芯板，是否已将可燃、有毒的聚氨酯或聚苯乙烯泡沫芯板包封严密，或采取以不燃石膏吊顶的方法；二是公用厨房的围护墙和隔墙是否满足防火要求，并配置了灭火设备；三是具备市政管网供水条件的安置点是否设置了消火栓；不具备市政管网供水条件的安置点是否修建了消防水池，且具备相应的取水设施；四是过渡安置点，特别是学校、医院等人员相对集中的场所是否依照《关于加强地震灾区过渡安置房雷电防护的通知》要求，设置了防雷设施。经检查不符合要求的，应由负责援建的省级建设主管部门或受援地方建设主管部门按职责分工，要求具体责任单位立即整改。

请各援建省市建设主管部门于2008年6月30日前将检查结果（出现上述防火、防雷问题的安置点、责任单位、存在的具体问题、检查处理意见、整改措施和期限）报我部科技司。

二〇〇八年六月二十六日

发展改革委、粮食局、财政部、中国农业发展银行关于下达第二批中央储备粮抗震救灾计划的通知

（国粮调〔2008〕140号）

中国储备粮管理总公司，四川、重庆、云南、陕西、甘肃等省（市）发展改革委、粮食局、财政厅，农发行四川、重庆、云南、陕西、甘肃等省（市）分行：

根据2008年5月17日国务院抗震救灾总指挥部会议精神，国家发展改革委、国家粮食局、财政部、中国农业发展银行印发《关于下达第一批中央储备粮抗震救灾计划的通知》（国粮调〔2008〕111号），下达了第一批中央储备粮抗震救灾计划38.4万吨。根据民政部门提供的需救助人数，现下达第二批中央储备粮抗震救灾计划19.85万吨。具体分省分品种计划见附件。民政部门核定的需救助人数确定后，计划不足部分再行下达。抗震救灾粮供应工作结束后，国家有关部门将根据实际需救助人口和供应数量，对中央储备粮抗震救灾计划进行清算。其他事项仍按《关于下达第一批中央储备粮抗震救灾计划的通知》（国粮调〔2008〕111号）

文件执行。

附件：第二批中央储备粮抗震救灾计划表（参见正文第32页《7月7日中央救济粮分配统计表》）

二〇〇八年七月七日

税务总局
关于四川地震受灾期间有关税收征管问题的批复

（国税函〔2008〕661号）

四川省国家税务局：

你局《关于汶川特大地震受灾期间有关税收征管问题的请示》（川国税发〔2008〕65号）收悉。经研究，批复如下：

一、关于2007年企业所得税年度申报问题

未受地震灾害影响的企业，应当按照税收法律、法规规定的期限办理2007年度内、外资企业所得税汇算清缴；受灾轻微的企业，其2007年企业所得税年度申报延期至2008年8月31日；受灾严重的企业，其2007年企业所得税年度申报延期至2008年11月30日。税务机关对受灾企业在延期期限内办理的年度申报，应及时办理有关汇算清缴手续。在延期办理期限内，对纳税人应纳的税款一律不加收滞纳金。

二、关于损毁金税专用设备的处理问题

对纳税人在地震灾害中遭受损毁无法修复使用的金税专用设备（包括金税卡、IC卡和读卡器），由航天信息股份有限公司安排当地服务单位免费更换。

三、关于查补税款滞纳金的加收问题

对因地震灾害遭受损失的纳税人，在2008年5月12日以前被税务机关查处需要补缴税款的，其所涉及的滞纳金从税款滞纳之日起起算，自2008年5月12日起中止计算。滞纳金重新起算的时间，由原作出决定的税务机关根据纳税人的受灾情况和生产经营恢复情况确定。

四、关于延期缴纳税款的审批问题

纳税人、扣缴义务人因地震灾害不能按期缴纳应纳税款，申请延期缴纳的，省税务机关可以在一次最长不超过三个月的期限内予以核准。核准延期缴纳税款的期限届满，纳税人、扣缴义务人因灾情影响仍需继续延期缴纳该笔税款的，省税务机关可依法按次审批至 2009 年 6 月 30 日；纳税人申请延期至 2009 年 6 月 30 日以后缴纳该笔税款的，应上报税务总局。延期期间，纳税人的应纳税款一律不加收滞纳金。

五、关于远程抄报税问题

鉴于地震灾区道路危险、交通不便，同意你省在保证系统安全和不增加纳税人额外负担的前提下，对受灾地区纳税人实行远程抄报税。

二〇〇八年七月九日

民政部、财政部
关于对汶川地震灾区困难群众
实施后续生活救助有关问题的通知

（民发〔2008〕104号）

四川、甘肃、陕西省民政厅、财政厅：

汶川地震灾区临时生活救助政策实施以来，灾区各地迅速落实《民政部、财政部、粮食局关于对汶川地震灾区困难群众实施临时生活救助有关问题的通知》（民发〔2008〕66 号）要求，制订本地区实施方案，及时将中央补助金和救济粮发放到救助对象手中，有力保障了受灾群众的基本生活，促进了灾区社会秩序的稳定。考虑到此次地震造成灾区群众损失程度深，生活困难大，恢复重建时间长，国务院抗震救灾总指挥部第 23 次会议决定，在 3 个月临时生活救助政策到期后，对汶川地震重灾区四川、甘肃、陕西三省困难群众继续给予后续生活救助。为贯彻落实会议精神，切实保障灾区困难群众的基本生活，突出救助重点，促进受灾群众自力更生，生产自救，现就有关事项通知如下：

一、救助对象和期限

救助对象主要包括："三孤"（孤儿、孤老、孤残）人员；生活困难的遇难（含失踪）者、重伤残者家庭人员；异地安置人员；因灾住房倒塌或严重损坏且生活困难的受灾群众。救助时间为今年 9 月至 11 月，共计 3 个月。

二、救助标准和资金

后续生活救助为现金补助，不再发放口粮，每人每月平均 200 元。你省要根据灾区上述救助对象生活困难情况，实施分类救助，适当提高"三孤"和生活困难的遇难（含失踪）者、重伤残者家庭人员的补助标准。补助标准由省级民政、财政部门统一制定，报省级人民政府批准后执行。实施后续救助政策所需资金，中央财政予以补助，一次性切块安排给地方，由地方政府包干使用。

三、政策衔接

今年 11 月底后续救助政策到期后，对于生活困难仍需救助的灾区群众，可分别不同情况纳入城乡最低生活保障、农村"五保"供养和冬春灾民临时生活困难救助制度，保障其基本生活。灾区各级民政、财政部门要及早准备，摸清各类需救助对象底数，做好政策衔接，切实保障后续生活救助政策向现行社会救助制度的平稳过渡。

四、工作要求

灾区各级民政、财政部门要严格按照"民主评议、登记造册、张榜公布、公开发放"的程序，及时将补助金发放到救助对象手中。已实行涉农资金"一卡（折）通"的地方，要将补助金纳入"一卡（折）通"发放。要切实加强困难群众补助金的管理使用，确保专款专用，严禁挤占挪用和虚报冒领，一经发现违纪违规行为，要从严从重处理。要及时上报补助金的发放情况，自今年 8 月份起，每月 10 日前省级民政、财政部门要将上月分县（区）的补助金发放情况上报民政部、财政部，今年 12 月中旬上报本省临时生活救助工作总结报告。

二〇〇八年七月十八日

民政部
关于印发救灾物资回收管理暂行办法的通知

（民发〔2008〕111号）

各省、自治区、直辖市民政厅（局），新疆生产建设兵团民政局：

经国务院抗震救灾总指挥部批准，现将《救灾物资回收管理暂行办法》印发给你们，请遵照执行。

二〇〇八年七月二十四日

附件

救灾物资回收管理暂行办法

第一条　为了加强救灾物资管理，提高救灾物资的回收水平和使用效率，防止救灾物资的浪费，根据国家现行有关政策规定，制定本办法。

第二条　本办法所称可回收利用的救灾物资，是指救灾过程中由各级政府有关部门安排、采购、征用、调拨（包括对口支援在内），以及由各级政府有关部门接收和管理的社会捐赠的、可回收重复利用的救灾物资。主要分为以下几类：

（一）生活类物资。包括帐篷、活动板房、移动厕所、净水设备、照明设备等。

（二）救援类物资。包括挖掘机、运输车、装载机、吊车、拖车、推土机等大型机械设备和运输工具，以及铁锹、镐、撬棍、千斤顶等小型救援工具等。

（三）医疗类物资。包括常用医疗器械、高值医疗器械、监测器械、消毒器械，以及救护车和药品等。

（四）通信类物资。包括应急通信设备和卫星电话等。

（五）供电类物资。包括大型发电车和发电机等。

（六）其他物资。

第三条　灾区县级以上人民政府及有关部门要做好救灾物资的使用管理及回收、清理和登记工作。生活类物资移交民政部门储备管理，作为各级救灾物资储备。其中，帐篷和活动板房，回收后要分别作为中央和地方救灾储备。作为中央储备的，省际间调运和储备费用，由中央财政负担；作为地方储备的，调运和储备费用，由地方财政负担。救援、医疗、通信、供电类等物资移交灾区原采购部门、受援单位或受赠单位，纳入国有资产管理，统筹安排使用。

第四条　由各级政府和有关部门征调的救灾物资，应当在救灾任务完成后及时归还。对一般损坏的，应由使用单位修复后归还。对于严重损坏的，应当由征调单位或灾区县级人民政府使用物资的有关部门按照国家有关规定给予合理补偿，或出具相关证明，作为被征调单位核销的依据。

第五条　救灾物资的回收利用要建立健全责任制度，做到专人负责，手续完备，定点储存，专项管理，做好保养、维护（修）工作，未经县级以上人民政府有关部门批准不得挪作他用。

对于因时间长久自然损耗（坏）等不能继续使用的物资，要逐件核查登记，经县级以上人民政府民政、财政等有关部门审批后作报废处理。对其中可再利用部分进行组装整合再利用，作为回收救灾物资管理。对于不宜长期收储的过剩物资或者当地收储能力有限的物资，经省级人民政府民政、财政等有关部门审批后调剂使用，用于省内外其他地区救灾，避免救灾物资的浪费。

第六条　救灾物资的回收利用结果应当向社会公示，接受群众监督。灾区各级政府应当公布救灾物资回收利用举报电话，并及时反馈举报处理结果。

第七条　任何单位和个人不得故意破坏、损毁、随意丢弃救灾物资。凡有上述行为的，要依法追究有关单位和人员的行政责任；构成犯罪的，要依法追究刑事责任。

负有回收救灾物资责任的单位和个人，因不履行职责，造成救灾物资损毁、浪费的，要依法追究单位领导和有关人员的行政责任；情节严重、涉嫌犯罪的，要移交司法机关处理。

第八条　灾区各级人民政府可根据本地实际，制订救灾物资回收管理具体规定。红十字会、慈善会等各级各类社会组织，其管理的救灾物资回收利用工作，参照本办法执行。

民政部
关于为汶川特大地震灾区有关人员
出具婚姻登记证明问题的复函

（民函〔2008〕237号）

四川省民政厅：

你厅《关于为汶川特大地震灾区有关人员出具婚姻登记记录证明问题的请示》（川民政〔2008〕87号）收悉。为保障汶川地震灾后重建工作有序开展，积极恢复灾区群众正常生活秩序，解决因地震造成婚姻登记档案遗失、损毁引起的有关问题，经商最高人民法院、公安部、卫生部，现就为汶川特大地震灾区有关人员出具婚姻登记证明问题提出以下意见。

对前来申请出具婚姻登记证明的群众，婚姻登记机关在确认婚姻关系一方或者双方当事人死亡且婚姻登记纸质档案、电子档案均已被毁的情况下，可以采取申请人声明并提供相关证明材料与婚姻登记机关公告相结合的方法为其出具婚姻登记证明：

（一）申请人范围

1. 婚姻关系一方当事人死亡的，申请人为对方当事人。

2. 婚姻关系双方当事人死亡的，申请人为任何一方婚姻关系当事人的亲属，包括近亲属（父母、子女、兄弟姐妹、祖父母、外祖父母、孙子女、外孙子女）及因继承等原因要求出具证明的其他家庭成员。

（二）受理部门

因汶川特大地震灾害造成婚姻登记档案被毁的受灾地区依法具有办理婚姻登记职能的乡（镇）人民政府或者县级人民政府民政部门。

（三）申请人应当提供的证件和证明材料

1. 申请人的居民身份证和户口簿。

2. 婚姻关系当事人双方的户口簿（申请出具离婚登记证明的，提供一方当事人户口簿）。

3. 婚姻关系当事人的死亡证明（申请人为婚姻关系当事人的亲属的，提供双方当事人死亡证明）。下列材料之一可以作为死亡证明采信：（1）公安机关出具的死亡证明；（2）医疗卫生机构出具的《死亡医学证明书》；（3）人民法院宣告死亡的判决书。

申请出具结婚登记证明的，若户口簿中未记载双方当事人夫妻关系或者婚姻状况一栏与申请内容不符的，申请人还应当提供婚姻关系当事人任何一方所在单位或村（居）民委员会或其他近亲属出具的夫妻关系证明材料。申请出具离婚登记证明的，若户口簿中婚姻状况一栏与申请内容不符的，申请人应当提供婚姻关系当事人任何一方所在单位或村（居）民委员会或其他近亲属出具的夫妻离异证明材料。

申请人为婚姻关系当事人的亲属的，若户口簿中未记载申请人与婚姻关系当事人的亲属关系，申请人还应当提供婚姻关系当事人任何一方所在单位或村（居）民委员会出具的亲属关系证明。

申请人无法提供居民身份证的，可以提供临时身份证；无法提供户口簿可以提供公安部门出具的户籍证明。

（四）公告程序

申请人应当在婚姻登记机关填写《申请出具婚姻登记证明声明书》（格式见附件 1）。婚姻登记机关应当制作公告文书（格式可参考附件 2），公告地点为受理申请的婚姻登记机关办公地点以及婚姻关系当事人户籍所在地的乡（镇）人民政府、街道办事处办公地点或者临时安置办公地点，公告期为 15 日。

公告期间，当事人的其他近亲属或利害关系人对公告内容提出异议的，当在公告期内持本人身份证件到婚姻登记机关提交书面说明，婚姻登记机关不得为申请人出具婚姻登记证明。申请人与提出异议者因财产继承、债务承担等原因引发争议的应当通过其他法律程序解决。公告期满后无异议的，婚姻登记机关应当在 3 个工作日内为申请人出具《婚姻登记证明》（格式见附件 3）。

地震灾区婚姻登记机关应当建立专门档案妥善保存出具婚姻登记证明中形成的档案材料，档案材料包括以下内容：（1）申请人身份证、户口簿复印件；（2）婚姻关系当事人的户口簿复印件；（3）婚姻关系当事人死亡证明复印件；（4）申请人填写的《申请出具婚姻登记声明书》；

（5）其他有关材料。以户籍证明代替户口簿的婚姻登记机关应当保存户籍证明原件。婚姻登记机关应当妥善保存公告完毕的公告文书、对公告内容提出异议的当事人的书面说明及身份证件复印件等材料。申请人再次书面申请出具同一《婚姻登记证明》的，婚姻登记机关在核查档案后可以直接出具。

（附件略）

二○○八年八月四日

中国人民银行 关于汶川地震灾区 支农再贷款实行优惠利率的通知

（银发〔2008〕234号）

人民银行成都分行，西安分行，兰州中心支行：

根据《国务院关于支持汶川地震灾后恢复重建政策措施的意见》（国发〔2008〕21号）文件精神，为加大对受灾地区的再贷款（再贴现）支持力度，增强受灾地区农村信用社贷款能力，人民银行决定对用于灾后恢复重建的支农再贷款实行优惠利率，现将有关事宜通知如下。

一、支农再贷款优惠利率的适用范围

支农再贷款优惠利率适用于人民银行有关分支行为满足汶川地震重灾区农村信用社流动性需求发放的支农再贷款（含地震前已发放尚未到期的支农再贷款）。各期限档次支农再贷款优惠利率在现行农村信用社再贷款利率基础上分别下调0.99个百分点（具体水平见附表）。地震重灾区为民政部等5部门《关于印发汶川地震灾害范围评估结果的通知》（民发〔2008〕105号）界定的极重灾区10个县（市）和重灾区41个县（市、区）。

二、支农再贷款优惠利率的执行

（一）执行时间。根据《国务院关于做好汶川地震灾后恢复重建工作的指导意见》（国发〔2008〕22号）精神，优惠利率的执行暂定3年左右时间，具体从2008年5月1日至2011年6月30日。

（二）会计处理手续。已于2008年6月20日结息的此类支农再贷款，在下一结息日或再贷款到期日农村信用社付息时，扣减2008年5月1日至6月20日多付的利息。可采取调减下一计息期间积数的办法处理。计算公式为：

应调减贷款积数＝贷款余额 ×51天 ×0.99%新利率

2008年5月1日以后发放但在2008年8月22日前到期的支农再贷款，对按原利率收取的利息不作调整。此次优惠利率的实施不涉及农村信用社存款账户余额及计息积数的变动。

（三）已发放的此类支农再贷款应办理贷款合同变更手续。

三、加强对支农再贷款的监督管理

优惠利率支农再贷款集中用于受灾严重地区农村信用社发放农户贷款，满足当地农户从事农业生产、生活消费和灾后恢复重建的合理资金需求。

优惠利率支农再贷款是人民银行为解决农村信用社发放灾后重建贷款资金不足问题而对其提供的流动性支持，不是政策性再贷款。农村信用社发放贷款的农户对象、条件、额度和期限由其按信贷原则自主选择并承担风险。优惠利率支农再贷款条件、用途、期限及操作程序均执行现行支农再贷款管理办法。人民银行有关分支行应严格按照规定，加强对此类支农再贷款的实时监测和监督管理，确保支农再贷款的合规使用，并负责到期收回。人民银行有关分支行应按季向总行专题报告此类支农再贷款的使用和管理情况。

二〇〇八年八月十四日

附件

汶川地震灾区农村信用社支农再贷款优惠利率表

单位：年利率%

项　目	利　率		项　目	利　率	
	现行利率	优惠利率		现行利率	优惠利率
二十天	3.42	2.43	六个月	3.87	2.88
三个月	3.69	2.70	一年	3.96	2.97

发展改革委、粮食局、财政部、中国农业发展银行关于下达第三批中央储备粮抗震救灾计划的通知

（国粮调〔2008〕191号）

中国储备粮管理总公司，四川、重庆、云南、陕西、甘肃等省（市）粮食局、发展改革委、财政厅，农发行四川、重庆、云南、陕西、甘肃等省（市）分行：

根据2008年5月17日国务院抗震救灾总指挥部会议精神和有关文件规定，以及民政部门核定的需救助人数，国家有关部门应下达中央储备粮抗震救灾计划626291吨。此前发展改革委、粮食局、财政部、中国农业发展银行先后印发了《关于下达第一批中央储备粮抗震救灾计划的通知》（国粮调〔2008〕111号）和《关于下达第二批中央储备粮抗震救灾计划的通知》（国粮调〔2008〕140号），共下达中央储备粮抗震救灾计划582500吨。据此，现下达四川、云南、甘肃三省第三批中央储备粮抗震救灾计划54903吨；同时，调减陕西、重庆中央储备粮抗震救灾计划11112吨（具体分地区分品种计划见附件）。

抗震救灾粮供应工作结束后，由省级粮食行政管理部门会同本省财政、农发行省级分行和中储粮分公司将分库点中央储备粮实际出库数量、入库结算价格等情况报国家粮食局、财政部。其他事项仍按国粮调〔2008〕111号和财建〔2008〕433号文件执行。

附件：第三批中央储备粮抗震救灾计划表（参见正文第33页《9月8日中央救济粮分配统计表》）

二〇〇八年九月八日

中国红十字会总会关于做好红十字系统救灾物资回收管理工作的通知

（红总字〔2008〕80号）

各省、自治区、直辖市红十字会，新疆生产建设兵团红十字会：

为了加强救灾物资管理，提高救灾物资的回收利用效率，防止救灾物资的浪费，切实维护红十字会声誉，根据国家现行有关政策规定，现将红十字系统救灾物资回收管理有关工作通知如下：

一、回收利用的救灾物资是指救灾过程中各级红十字会接受和管理的由国内外社会各界（包括国内外红十字会）以实物形式捐赠的或利用捐赠资金采购的，可回收重复利用的救灾物资。主要分为以下几类：

（一）生活类物资。包括帐篷、移动厕所、净水设备、照明设备等。

（二）救援类物资。包括挖掘机、运输车、装载机、吊车、拖车、推土机等大型机械设备和运输工具，以及铁锹、镐、撬棍、千斤顶等小型救援工具等。

（三）医疗类物资。包括野战医院、常用医疗器械、高值医疗器械、监测器械、消毒器械，以及救护车和有效期内药品等。

（四）通信类物资。包括应急通信设备和卫星电话等。

（五）供电类物资。包括大型发电车和发电机等。

（六）其他物资。

二、灾区县以上红十字会要做好救灾物资的使用管理及回收、清理、登记和储备工作。可回收物资由当地红十字会管理，并报上级红十字会备案。

考虑到红十字与红新月标志在全球范围内的特殊地位和影响，为维护红十字运动的声誉，在回收整理救灾物资的过程中，一定要确保帐篷等带有红十字（红新月）标志的物资回收到位，对于发放至受灾群众手中的需要长期使用的帐篷等物资，要对群众做耐心细致的说服和解释工作，要求其做好保管，坚决避免此类物资以各种形式流入市场或用于救灾以外的其他用途。

三、灾区各级红十字会要积极争取政府和社会各界在仓库和仓储设备方面予以大力支持。救灾物资的回收利用要建立健全责任制度，做到专人负责，手续完备，定点储存，专项管理，做好保养、维护（修）工作，要确保回收物资用于救灾工作。

对于因长时间自然损耗（坏）等不能继续使用的物资，要逐件核查登记，经本级执委会和上级红十字会批准后作报废处理。对其中可再利用部分进行组装整合再利用，作为回收物资管理，对不可利用并且带有明显红十字标志的部件要做专门的标志清除后再作其他处理。对于不宜长期储存的过剩物资或者当地收储能力有限的物资，经本级执委会、上级红十字会批准后可调剂使用，用于本地区或其他地区救灾工作，避免救灾物资的浪费。

四、救灾物资的回收利用要做到账目清晰，回收利用结果要向社会公示，接受群众监督。

五、对于捐赠方有明确捐赠意向的物资要按照捐赠人意愿移交指定的受赠人，并完善移交手续。

六、根据国家有关规定，任何单位和个人不得故意破坏、损毁、随意丢弃救灾物资。凡有上述行为的，要依法追究有关单位和人员的行政责任；构成犯罪的，要依法追究刑事责任。

负有回收救灾物资责任的单位和个人，因不履行职责，造成救灾物资损毁、浪费的，要依法追究单位领导和有关人员的行政责任。

七、灾区各级红十字会可根据本地实际，制定救灾物资回收管理具体规定，并报上级红十字会备案。

二〇〇八年九月十一日

编纂始末

历经4年的努力，《汶川特大地震抗震救灾志·灾区生活志》（以下简称《灾区生活志》）终于杀青。这是一部比较系统、客观记述灾区群众生活情况的资料性文献，内容涵盖群众生活救助、转移安置、社会事务、商品供应、教育文化、基础设施修复、公共安全等方面。当这部沉甸甸的志书呈现在世人面前的时候，所有参与编纂的人员都感到无比欣慰。因为，它不仅凝聚了众人的心血和智慧，更重要的是记载了中国人民可歌可泣的英勇事迹，传承和弘扬了中华民族伟大的抗震救灾精神。

2008年11月，按照国务院的统一部署和《汶川特大地震抗震救灾志》编委会的要求，民政部迅速牵头组织有关部委、单位及部分省市20余家参编单位，开展《灾区生活志》的编纂。12月6日，民政部成立《灾区生活志》编纂委员会，民政部部长李学举任《灾区生活志》第一届编委会主任，民政部、外交部、发展改革委、财政部、住房城乡建设部、农业部、商务部、中国红十字会总会及四川省、甘肃省、陕西省各一名副部级领导任编委会副主任，科技部、公安部、国土资源部、交通运输部、铁道部、卫生部、地震局、解放军总参谋部、重庆市、云南省各一名领导任编委会委员。根据编纂需要，编委会又先后邀请教育部、文化部、国资委、广电总局、质检总局、审计署作为编委会成员单位参加编纂。各成员单位设协调员和联络员各一人，负责资料征集、初稿编纂。编委会办公室设在民政部救灾司，救灾司司长任办公室主任。

《灾区生活志》编委会办公室成立后，立即制订编纂方案，并着手筹建编纂工作室，筹备《灾区生活志》编纂工作电视电话会议。2009年2月17日，民政部召开《灾区生活志》编纂工作电视电话会议，李学举到会并讲话，要求各地区、各单位坚持正确的编纂原则，坚持质量第一，力求编纂出精品佳志。编委会办公室主任、民政部救灾司司长邹铭对编纂方案进行说明。会议召开后，各成员单位分别成立《灾区生活志》编纂办公室或领导小组，聘请修志专家，抽调或聘请编辑人员，广泛开展资料征集和初稿编纂工作。

为尽快落实《灾区生活志》编纂工作电视电话会议精神，民政部及时落实办公经费，安排办公用房和设备，为编纂工作的顺利开展创造了良好的办公条件。同时，成立《灾区生活志》编纂工作室，负责开展业务培训、资料收集、篇目设计、聘请专家、志稿编纂等具体工作。针对参编人员对志书编纂知识了解不多、部分人员对编纂志书的重要性认识不足等情况，编纂室组织人员编写《〈灾区生活志〉编纂工作手册》，开展各种培训10余次。在培训的基础上，编纂室拟订《灾区生活志》篇目基本框架，并组织资料征集。经各参编单位一年多的努力，先后征集并分类整理出近千万字的资料，为编纂工作打下坚实的基础。自2010年3月起，编纂室在继续收集整理资料的同时，开始修订《灾区生活志》篇目。《汶川特大地震抗震救灾志》属事件志（或称专题志），是近年来修志领域遇到的新课题，没有现成的模式可资借鉴。编纂室按照“以类系事”的编纂原则，从资料中找线索、抓脉络，吸收消化大量资料，对篇目进行反复修订。4月2日，编纂室邀请有关专家和民政部亲历汶川特大地震抗震救灾的同志等9人，对修订后的篇目进行研讨，并根据研讨意见，重新调整篇目，使《灾区生活志》篇目分类更加准确、合理、严谨。4月9日，编纂室向《灾区生活志》编委会办公室汇报篇目调整情况，得到办公室领导的充分肯定和悉心指导。编纂室综合各方面意见，对篇目进一步潜心研究，精心修改，形成新的篇目。4月21—23日，全志编委会办公室（以下简称全志办）组织召开篇目评审会，与会专家充分肯定了《灾区生活志》篇目结构设置，并提出修改意见。

2010年5月20日，编纂室根据资料征集、篇目制定、编纂任务等情况，对编纂人员进行适当调整，聘请6名有修志经验的人员，全面展开《灾区生活志》（初稿）编纂。编纂室针对资料涵盖面广、内容庞杂、缺乏综合性资料等问题，积聚集体的智慧和力量，及时进行深入研究，提出解决方案。同时，制定“编辑负责制”的工作原则，形成“编辑完成一部分，交统纂统稿一部分”的流水作业方式，使编纂工作顺利展开。编纂室的同志们深知肩上担负的沉重历史使命，在一桩桩、一件件感人肺腑和催人泪下的抗震救灾史实鼓舞下，用心体会抗震救灾的伟大精神，充分挖掘和利用抗震救灾中群众生活的真实档案，淡泊名利、无私奉献、孜孜不倦，全身心投入到艰苦的编纂工作当中去。8月30日，编纂室克服各种困难，完成90余万字的《灾区生活志》（初稿）编纂任务。为确保志书编纂质量，8月30日至12月底，编纂室集中时间集体统稿，进一步统一编纂思想，提出和解决编纂中存在的共性问题。经过反复斟酌，数易其稿，形成了由“一支笔”统纂的《灾区生活志》（初审稿）。2010年9月，根据民政部领导职务调整及编纂需要，由民政部部长李立国任《灾区生活志》第二届编委会主任，民政部救灾司司长张卫星任编委会办公室主任。

2011年1月4日，编纂室在潜心研究、认真修改的基础上，将《灾区生活志》（初审稿）发至20余家提供资料的参编单位征求意见，同时送初审专家进行审读。1月20日，《灾区生活志》在《汶川特大地震抗震救灾志》11卷中，率先召开初稿评审会。到会的11位专家对《灾区生活志》（初审稿）的概述、体例、结构、文字等方面，给予充分肯定，认为《灾区生活志》观点明确、框架合理、资料丰富、行文规范、符合志体，较为全面系统地反映了灾后群众生活的基本情况，一致同意通过初审。同时，专家对《灾区生活志》（初审稿）部分章节的调整、数据的使用等，提出修改意见和建议。会后，编纂室根据承编单位和专家的意见，认真进行通篇调整和修改，对与其他卷交叉重复的心理抚慰、全国哀悼日、卫生防疫等章节进行大幅删减，并适当增加一些反映灾区群众生活的绵阳市九洲体育馆安置、社会工作服务、金融服务、邮政服务、“坝坝电影”、灾区群众生活必需品质量监督等具体事例及内容。4月19—20日，全志办组织部分专家对《灾区生活志》（初审修改稿）进行审读评议，专家对志稿的调整修改给予肯定，并重点对与其他卷的交叉重复问题进行研究，深入探讨了数据运用、地域记述、时间表述等具体问题。9月28日，按照全志办的要求，编纂室完成《灾区生活志》（总纂稿）的编纂，并请专家进行严谨、细致的修改。10月25日，结合专家的修改意见，编纂室再次进行修改，从专家提出的核心问题入手，举一反三进行全书调整，在细节及行文规范上狠下功夫；并就综合数据与分数据不符等问题，向《灾区生活志》编委会办公室提交报告，得到办公室的大力支持，并给予了明确答复，解决了志书中重要数据处理问题，使《灾区生活志》更趋规范、完善。11 月底，编纂室完成出版社责任编辑意见的修改，将《灾区生活志》(总纂稿) 正式提交全志办，进入排版阶段。

2012 年 4 月，编纂室细心揣摩、反复斟酌，与方志出版社密切配合，完成《灾区生活志》(复审稿) 三次校样的修改、核对及版式调整工作。5 月 18 日，《灾区生活志》编委会召开复审工作会议，由全志办、民政部、住房城乡建设部、交通运输部、农业部、商务部、教育部、四川省民政厅、甘肃省民政厅、陕西省民政厅推荐的 11 名专家组成复审小组进行复审。复审小组认为，《灾区生活志》指导思想正确，全面客观地反映地震灾区群众救助、安置等生活状况；资料丰富翔实，记述脉络清晰，体例把握适当，总体上符合《汶川特大地震抗震救灾志》编委会提出的质量要求，一致同意通过复审。在复审的同时，编纂室向编委会 26 家委员单位进一步广泛征求意见。编纂室认真汲取编委会复审小组及各委员单位的意见建议，对志稿进行深入、细致的再调整、修改。6 月，向全志办提交《灾区生活志》(复审修改稿)，由方志出版社进行排版。8 月 28 日，编委会办公室主任召集有关人员对《灾区生活志》前 4 篇进行深入研究，提出进一步调整篇目的修改意见。9 月 1—20 日，全志办组织召开《汶川特大地震抗震救灾志》统稿工作会议，由 6 名专家对《灾区生活志》进行评改。其间，专家们对编委会办公室提出的篇目调整意见进行认真讨论和研究，并于 9 月 7 日形成前 4 篇的新篇目。根据专家意见和新篇目，编纂室对志稿重新进行调整，更加突出了灾区群众安置中的管理与服务等内容，完成《灾区生活志》(终审稿) 修改任务。

在 4 年的编纂历程中，编纂室始终秉承“扎实工作、稳步推进”的工作思路，坚持“求真务实、创建精品”的工作理念，完成《灾区生活志》的编纂任务，积累了弥足珍贵的编纂经验。一是要积极取得领导的支持和帮助。领导重视是编纂好志书的关键。4 年来，各编纂单位的领导始终把《灾区生活志》的编纂工作摆在议事日程上，亲自抓，亲自改；在编纂的各个关键时期，领导同志都给予全力支持，协调解决编纂中的困难，为编纂顺利进行打下了坚实的基础。二是要科学处理资料和数据等问题。数据和资料是志书的生命线。编纂室针对资料不全的问题，不等不靠，先期大胆进行编写，并尝试“留出天窗”的做法，为各参编单位补充资料提供便利，取得良好效果。针对综合资料少的问题，总结出“综合资料在概述、篇下述中分配使用，取消章下述”的方法，避免了综合资料少造成的过多重复问题。针对数据来源广泛并具有多元性的问题，坚决舍弃有误的数据资料；对非用不可的数据资料认真核对；对综合数据与分数据不符的问题，在确认综合数据准确无误的情况下，坚持使用综合数据，舍弃分数据，用文字加以补充表述，较好地处理了编纂中的数据使用问题。三是要勇于探索和创新。事件志的编写没有先例可鉴，需要在编纂中打破固有模式，不断创新方法，坚持用科学的观点分析问题、解决问题。编纂室针对不同地区、不同部门对同一事件的记述，进行统一编排，坚持科学整合，融为整体。特别是对抗震救灾中物资的筹集、调运、发放及灾区群众安置、遇难遗体处置等来源广泛、种类杂乱的资料，采取“打破单位界限、统一整合”的办法，使零散资料化为有机的整体，按照“以类系事”的原则，积极摸索事件志编纂的新方法。在编纂过程中，编纂室坚持“述而不论”，采取以面带点、点面结合的方法，从大处着眼，抓住事关灾区群众生活的主要方面，精心选用群众灾后生活状况等事例，从具体记述中体现我国社会主义制度能够集中力量办大事的政治优势。在处理好与其他卷的交叉重复后，编纂室突破原有修志模式，集中解决“典型事件的完整性记述”与“以类系事原则要求分类记述”之间的矛盾。在灾区群众安置中概括提炼群众安置管理与服务的内容，而在其他篇章中展开记述整个灾区的各项管理与服务情况，既全景式地展示群众安置的内容，又兼顾“以类系事”的修志要求，在事件志的记述方法上，迈出可喜的一步。

《灾区生活志》是“众手成志”的结晶。全志办的领导及专家热情耐心的指导、精益求精的态度和自始至终的支持，使编纂人员受益匪浅。中国地方志指导小组办公室党组书记、全志办主任田嘉，中国地方志指导小组办公室副主任邱新立对《灾区生活志》的编纂非常关注，多次指导、鼓励编纂室的同志们，并亲自动笔进行修改，付出了辛勤的汗水；主审专家陈泽泓在百忙之中抽出时间，对编纂工作进行具体、耐心的指导，对志稿进行精心修改，付出了大量心血；赵庚奇、谭烈飞、罗保平、姜昆阳、段育达、李云、张东升、齐家璐、梅森、周慧等专家倾心参与篇目或初稿的审定，对《灾区生活志》的修改提出许多宝贵意见，付出了艰苦的劳动。各参编单位特别是参加资料收集的同志们在4年的编修过程中，多次给予热情的帮助和支持，为提高编修质量，加快编修进度，做出突出贡献。中国外文局总编室所属人民画报社、交通运输部、质检总局等单位，为《灾区生活志》提供大量质量上乘的照片，使《灾区生活志》锦上添花。谨此，一并表示诚挚的谢意！

由于编纂《灾区生活志》是一项全新的工作，无前例可鉴，加之经验不足、水平所限，以及汶川特大地震涉及范围广、资料征集难度大等因素，尽管编纂人员付出了艰辛的努力，但在史实叙述的详略、评价判断的轻重、资料的取舍运用等方面，难免有不当、不周之处，诚恳希望提出批评指正。

《汶川特大地震抗震救灾志·灾区生活志》
编纂委员会办公室
二〇一三年二月

汶川特大地震抗震救灾志　卷六　灾区生活志

编　　者：《汶川特大地震抗震救灾志》编纂委员会
责任编辑：何明忠

出 版 人：冀祥德
出 版 者：方志出版社
地址　北京市朝阳区潘家园东里 9 号（国家方志馆 4 层）
邮编　100021
网址　http://www.fzph.org
发　　行：方志出版社发行中心
电话　（010）67110500
经　　销：各地新华书店
设　　计：北京古涧文化艺术传播有限公司
排　　版：北京中文天地文化艺术有限公司
印　　刷：北京华联印刷有限公司

开　　本：889×1194　　1/16
印　　张：46.5
字　　数：1187 千字
版　　次：2015 年 8 月第 1 版　2015 年 8 月第 1 次印刷
印　　数：0001 ～ 5000 册

ISBN　978-7-5144-1197-3　　**定价**：828.00 元
审 图 号：川 S（2015）16 号